# 目　次

序……一

上篇　宇宙天地自然之部

一　整體與部分(一)(二)……一
二　抽象與具體……三一
三　時間與空間……四九
四　常與變……六五
五　自然與人文……八七
六　變與化……九七

七　道與器……一一三
八　物世界與心世界㈠㈡㈢……一二九
九　道與理……一六一
一〇　中庸與易簡……一七九
一一　質世界與能世界㈠㈡……一九三
一二　人生之陰陽面……二二一
一三　靈魂與德性……二四九
一四　大生命與小生命……二七一
一五　天地與萬物人生……二九一

## 中篇　政治社會人文之部

一六　國家與政府……三一三
一七　中國歷史上的政治制度……三二九
一八　政與學……三四三
一九　政黨與選舉……三五五

二〇 權與能……三六九
二一 國與天下……三七五
二二 政治與社會……三八一
二三 羣居與獨立……四〇三
二四 羣與孤……四一三
二五 中國家庭與民族文化……四三七
二六 中國文化中之五倫……四五一
二七 五倫之道……四九五
二八 中國五倫中之朋友一倫(一)(二)……五一三
二九 中國文化傳統與人權……五二九
三〇 簡與繁……五三九
三一 尊與親(一)(二)……五五五
三二 色彩與線條……五七五
三三 禮與法……五八一
三四 教育與教化(一)(二)……五九五

三五　操作與休閒……六〇九
三六　生命與機械㈠㈡……六二一
三七　共產主義與現代潮流……六五三
三八　道德與權力……六六五
三九　道義與功利㈠㈡㈢……六七七
四〇　創業與垂統……六九九
四一　帝王與士人……七一一
四二　風氣與潮流……七二七
四三　自然與人為……七三五
四四　組織與生發……七四七
四五　雅與俗……七五九

**下篇　德性行為修養之部**

四六　生與死……七八一
四七　樂生與哀死㈠㈡……七九五

四八　性與命㈠㈡……八一一
四九　平常與特出㈠㈡㈢㈣……八三七
五〇　公私與通專……八七一
五一　公私與厚薄……八七九
五二　情與欲……八八七
五三　天地與心胸……八九九
五四　己與道……九一三
五五　心之信與修……九三一
五六　為己與為人㈠㈡……九四五
五七　性情與自然㈠㈡㈢……九七五
五八　手段與目的㈠㈡……九八九
五九　傳統與現代化㈠㈡……一〇一一
六〇　歷史上之新與舊……一〇四三
六一　辨新舊與變化……一〇五五
六二　內與外……一〇六七

六三 安定與刺激……一〇八三
六四 器與識……一〇九一
六五 孟子論三聖人……一一〇一
六六 中與和……一一一七
六七 人物與事業(一)(二)……一一二七
六八 知識與德性……一一四五
六九 學問與知識……一一五九
七〇 知識與生命……一一七五
七一 知與情……一一九三
七二 修養與表現……一二〇三
七三 為政與修己……一二一九
七四 進與退(一)(二)(三)……一二三七
七五 積極與消極……一二五九
七六 存藏與表現(一)(二)……一二七五
七七 入世與出世……一二九三

七八　宗教與道德……一三〇七
七九　平等與自由……一三一五
八〇　文與物㈠㈡……一三二五
八一　靜與減……一三三七
八二　廣與深……一三五三
八三　多數與少數㈠㈡……一三七一
八四　福與壽……一四〇三
八五　同異得失……一四一九
八六　德與性……一四二七
八七　尊與敬……一四三五
八八　德行㈠㈡㈢㈣……一四四三
八九　客觀與主觀……一四七一
九〇　理想與存養……一四八三

# 序

余八十生辰，即撰述八十憶雙親一文，嗣又續撰師友雜憶一書，畢生往事常在心頭者，幾若無遺。八十三、四歲，雙目忽病，不能見字，不能讀書，不能閱報，惟賴早晚聽電視新聞，略知世局。又以不能辨認人之面貌，稠人廣坐，酬應為難，遂謝絶人事，長日杜門。幸尚能握筆寫字，偶有思索，隨興抒寫。一則不能引據古典書文；二則寫下一字即不識上一字，遇有誤筆，不能改正。每撰一文，或囑內人搜尋舊籍，引述成語。稿成，則由內人誦讀，余從旁聽，逐字逐句加以增修。如是乃獲定稿。費日費時。大率初下筆，一小時得千字已甚多；及改定，一小時改千字亦不易；內人為此稿所費精力亦幾相等。余九十一生辰屢犯病，大懼此稿不得終迄。內人告余：「未讀稿已無多」，心乃大定。直迄於余九十二生辰後又百日，而全書稿乃定。

此稿共分三大部：一、宇宙天地自然之部，二、政治社會人文之部，三、德性行為修養之部。大率皆久存於心，偶爾觸發，漫無條理，又語多重複。儻能精心結撰，或當更多闡申，或宜更多刪節，此則非盲目老年之所能從事矣。惟余之為此書，亦不啻余之晚學，爰題名為「晚學盲言」。又本書雖

共分九十題，一言蔽之，則僅為比較中西文化異同。或深或淺，或粗或細，隨筆所書，得失難定，幸讀者有以正之。

一九八六年秋先總統蔣公百年誕辰紀念前十日錢穆自識於臺北市士林外雙溪之素書樓時年九十有二

# 上篇　宇宙天地自然之部

## 一　整體與部分

㈠

有「整體」，有「部分」。但應先有了整體，纔始有部分；並不是先有了部分，乃始合成為整體。如先有了「天」，乃始有春、夏、秋、冬，非是先有了春、夏、秋、冬，乃始合成一「天」。亦是先有了「地」，乃有山、海、川、谷，非由山、海、川、谷，合成一「地」。一個住宅，必有門、牆、窗、戶。非由門、牆、窗、戶，拼湊成一宅。人體亦先由身之整體來產生出耳、目、口、鼻、胸、

腹、手、足各部分，非是由各部分來拼湊成身體。

西方人看重部分，中國人則看重整體。在醫學上，西醫更分別看重其身上之各部分，中醫則看重其各部分所合成之一整體。如西醫重視「血」，中醫重視「氣」。血是具體的，分別流行於身體之各部分。氣則不具體，不能從身體各部分中抽出一氣來，氣只是血之流通的一抽象功能。有了氣，血纔通；無氣則血不行；氣絕則人死。中醫重氣，西醫少提及。

如言心理學。西方人從「物理」談到「生理」，如目之視，耳之聽，西方心理學必先提及。其實這是「心」之部分功能。即如喜、怒、哀、樂，亦是「心」之部分表現。該有一整體的「心」，西方人較少重視。中國人言「心」，每指其整體，而頗不重視其部分。部分從整體生，不明其整體，即無法了解其部分。這是中國人觀念。

西方心理學家似主指揮全身者在腦，醫學家則認人身活動中心在心、肺。人之死，亦以心、肺部分定，不以頭腦部分定。但在心、肺與頭腦兩部分之上，應有一更高綜合機能；即人之心理與生理之上，當有一生命之總體存在，西方人在此方面似乎未加以深切之尋討。腦神經、心血管，具體可指，但只是部分存在。中國人則言「血氣」、「心氣」，又言「生氣」、「神氣」，亦言「體氣」。用一「氣」字，即指其生命總體之綜合存在。中國人言「心」，不指頭腦言，亦不指心、肺言，乃指一總體心，實即是「生命」。但生命又何在？此與西方心理學家與生理學家看法有不同。中國此一「心」字，只可抽象理會，難以具體指示。

如機器，亦有部分、有總體。但機器由人製造，亦可謂乃由部分配合成總體。非加入一指揮與使用者，機體自身無生命、無心靈，亦可說無血氣，不由自主，不能自動。人身則不像一架機器，有血氣、有生命，能自主、能自動，而且不當用外力來加以指揮使用。但西方人看人體，卻亦儼如一架機器般。即在西方的心理學家，亦在尋究人心如何由外力來加以支配與指使。如研究「制約反應」，即是一例。而對人心之自立自在、自動自發處，反不重視。所以他們並無像中國人所有的「人格觀」。他們的「人格」二字，只在法律上用，不在人的生命上用。中國人所謂人格，即人之生命，自動自發、自立自在，非由任何外力來支配使用。故孔子言「君子不器」。西方人則正要人來作一器用，故西方人生重「外力」。中國人生亦有一種外力，則曰「天」。實則「天」、「人」合一，仍非外力，乃「內力」。

中西觀念此一分別，最先應從其從事生產事業起。中國是一農業民族，耕種稻、麥、蔬、果，畜養牛、羊、鷄、豚，又鑿池養魚；在其觀念中，各業總為謀生，實成一體，無多分別。西方乃是一商業民族，觀念大不同。商人謀生，只從某部分著想，或賣布匹、或賣器皿，全從外面人所需來選擇從事。只從整體中選擇其部分，此是商人觀念。古希臘人心理，應即如此。

在此一觀念中，引生起中西文化體系之大不同。如言政治，此該是人群大總體活動中一主要項目，但希臘人無此觀念。雅典是雅典，斯巴達是斯巴達，各自為政。只是一「城邦」，不成為一「國」。在他們亦並非不知有一希臘民族之總整體，只是雅典人、斯巴達人都在部分上用力，結果合不

成一希臘國之總體。

羅馬亦只是意大利半島中之一部分，由此一部分來統一意大利半島，又繼之征服地中海四圍，跨有歐、非、亞三洲，而創建一羅馬帝國。但乃由部分合成，不得謂是一總體。以植物譬之，羅馬如一大樹，蔭蔽廣土，其下尚多灌木叢草，然皆與此大樹不同根，亦非此大樹之枝葉。大樹開花結果，亦與其蔭蔽下之灌木叢草無關。此諸灌木叢草，亦或有花有果，但亦與此大樹無關。各有生命，非同一生命，不能融為一體。

又譬之動物，如蜘蛛吐絲張網，網上亦黏有蝴蝶、蒼蠅其他生物，未能飛去，蜘蛛乃可將之逐一吞噬。忽有人持竿打破此網，蜘蛛不見了，網上蝴蝶、蒼蠅獲得解放。此網不得謂是此諸生命之體，並亦不得謂是蜘蛛生命之體。故羅馬帝國雖有「體」，無「生命」，不得謂是一「生命體」。

然此乃中國人觀念；西方人並不如此看，如此說。亦如上述，因中國多農人，稻、麥、蔬、果，牛、羊、鷄、豚，長日與生命為伍，故常有一「生命」觀念，並抱有一生命總體觀。西方工商社會只有「器物觀」，非「生命觀」。其所創製，胥屬無生命之器物，即大至一國亦然。

中國自神農、黃帝以下，即由中國人摶成一中國。中國民族生命，即以此中國之摶成為其體。人之生命必有其「體」，即其「身」是也。推而大之為「家」，又推而大之為「國」。身之與家與國，體有大小，但同為一生命體。人之生命，亦有大小。「小生命」寄於身，「大生命」則寄於家與國。要之，有一生命總體之觀念存在人之心中，而表現出此一國大群之組織。證之史乘，可加闡明。

中國古代堯禪舜，舜禪禹，禹又以天子位禪之益。使益果登天子位，亦不傳其子。則中國君位世襲之制當早已消失。但當時之中國人，乃盡朝禹子啟而不朝益，於是乃成此下之夏、商、周三代。而更有秦漢以下兩千年來之緜延。其中乃有當時全民族大群生命之情感成分寓其間。王道不外乎人情，故中國之建立，乃成為中國全人群生命一總體。苟以近代西方部分功利觀念言，則當時中國人之不朝向益，而轉朝向啟，豈不成為政治上一大退步？

西方觀念則大不同，即如其現代國家，上面是「政府」，下面是「民眾」，統治階層與被統治階層，依然是部分對立，而不成一總體。民眾惟當納稅，即當兵亦無分。政府以傭兵來統治，民眾納稅來育養傭兵，成為統治自己的力量，而無可反抗。此所謂「君權」。「朕即國家」，國屬君，不屬民。「民權」興起，乃在爭稅額須先得納稅人之同意。故民權代表之選舉，亦僅納稅額高達某水準之民眾有其權，則仍是部分的，非總體的。

及選舉漸進於普選，乃又分黨競選。多數即勝利，少數即失敗。但多數仍屬部分，非總體。總之，西方政治乃如一架機器，非生命的。生命僅在於各人。政治乃權力相爭，而有一套法律規定，即認為是最高理想。中國人稱「政治」，「政者，正也」，合四隅成一方為正。「治」指水流，眾水滴依道流行。四隅之於一方，水滴之於一流，即部分、即總體。水其總體，水滴其部分，不失其自由、平等、獨立之地位，而相互間無所爭，乃能融成一總體。故中國人言「群而不黨」。西方人言政必重「權」，有黨有爭。中國政治重「職」不重權，無黨無爭。

中國政治亦有爭，所爭在「道義」之是非，而不在多少數。多數有不是，少數有是。部分間亦有是非，而主要所爭則在總體上。民眾由考試參加政治，政府規定一水準，但非由君主一人定。此制度、此水準，由政府隨宜改變，非可由君主一人來改變。惟有一大趨勢，考試日開放，錄取額日增添，如此而已。

政府由民眾參加，亦由民眾支持，主要有兩項：一納稅，一當兵。惟同樣有一大趨勢，即納稅額日見輕減，而兵役則日見優待。秦漢以下如此。秦、漢以前，唐、虞、夏、商、周，當時有貴族階級，但並非由某部落、某氏族來統治天下，亦非由各部落、各氏族來爭此天下，乃由各部落、各氏族共融為一體，以成此天下，而使此天下達於平治之境。此乃中國傳統政治一共有精神，乃有一生命之總體觀存其間。此乃與西方「尚權政治」一大不同所在。

不僅政治史為然，即學術思想史亦然。中國學術思想即為尋求此一生命總體而加以認識，並求加以充實發揮光大，此之謂「道」。道亦一「體」，而有生命性，故能不斷繼續有其生長與變化。此體亦有部分，但各部分仍相會通，非可獨立，更不容相爭。如古代經學，亦文、亦史、亦哲，有政治、有社會、有人生，共相會通。詩三百首即然。若專以文學或政治視詩經，則淺之乎其視詩經矣。詩然，易亦然，尚書、春秋亦然。倘疑春秋何得稱為文學，則春秋之一辭褒貶即其文學，讀公羊、穀梁兩傳可知。倘疑易經何得稱為史學，則「易言商、周之際」一語，便可證其為史學。然若謂春秋是文學，易經是史學，則又不然。要之，當觀其總體，不就部分論，乃庶得之。其他子、史、集三部亦

然。但未有不「志於道」而能成其學者。「道」即人之總體生命所在。

西方學術又不然。必分別為各部分，而不成為一總全體。如文學、如哲學、如科學皆然。至如史學，必會通各部分、各方面以成，故於西方學術史上屬最後起。又有政治學、社會學，亦各分別獨立。而中國又不然，寧有不通其他諸學，而可獨立自成為一套政治學與社會學？此可謂之不知「道」，亦不知「學」矣。

於是而論為人。人之為人，則是一總體，非部分。西方觀念各治一業，各得謀生，即為一「人」。中國則認為此只一「小人」，非「君子」，非「大人」。「君者，群也」，必通於群道，通於人生總全體之大道，乃得為一君子，一大人。中國人講一切學問思想，亦在求為一君子，不為一小人。如只為一小人，則亦如一架機器，雖各有其用，只限於部分之用，各自獨立，無自由，不平等。人為機器所使用，如一電機工人，則其人為電機所使用。如一文學家，其人即為文學所使用。西方人乃重視此等「用」，各專一門，互不相通，稱為一「專家」。其自由乃為其專門所限。中國人則謂「君子不器」，做人不當如一架機器，限於專門一用途。縱謂其有生命，亦僅一小生命，乃生命中之一部分，而不得通於生命之總全體；此則終是人生一大憾事。

中國社會亦是一總體。先秦以下，當稱為「四民社會」，士、農、工、商各有專業，合成一總體，乃同為此總體而努力。孟子曰：

勞力者食人，勞心者食於人。

「勞心者」即「士」，依近代語，乃一「無產階級」，但實乃勞其心以為人。而「勞力者」則受「勞心者」之領導安排。故「有產」與「無產」，「食人」與「食於人」，乃相互融通和合，會成一體。或謂中國社會之士，乃從孔子儒家起。實則孔子以前已有士，如管仲、鮑叔牙皆是。其實封建貴族亦即是士，如文王、周公，實亦皆如後世之士。前如商代之伊尹，夏代之傅說，亦皆士。孔子同時鄭子產、吳季札亦可謂之皆是士。「士」與「貴族」本不易分。亦可謂中國封建時代貴族、平民本屬一體，應稱為「氏族社會」、「宗法社會」。秦漢以下，則為「四民社會」。政府則成為「士人政府」，惟士乃得從政。孔子曰：

士志於道，而恥惡衣惡食者，未足與議也。

士不當恥惡衣惡食，而農、工、商勞力者亦不得錦衣玉食，中國社會之經濟人生，有一適當之安排。要之，重「道義」，不重「功利」，不以部分妨害總體為原則。故中國不重「物質人生」，而重「精神人生」。西方則古希臘主要為一城市工商社會，郊外有農人，則稱為「農奴」，兩者大有別，明其社會之不成一總體。如人身有五官、七竅、百骸、四肢，又孰為主孰為奴？若分主分奴，即不成為

一體。

羅馬則軍人為主，而農亦為奴。馬克斯稱希臘、羅馬為「農奴社會」。但謂其社會中有一部分為農奴則可，謂其乃一農奴社會則不可。馬克斯此語，可謂乃屬哲學，非史學。其主「唯物史觀」，歷史演進乃以「物」為主，而「人」亦為之奴。故其分社會為「農奴社會」、「封建社會」、「資產社會」、「共產社會」，皆主物質經濟條件，不以「人」與「人道」分。中國之「四民社會」，士在上，農、工、商在下，乃分人生職業為四，而共成一體，非有主奴之別；則非馬克斯所知。

西方中古時期，除卻封建堡壘、貴族騎士之外，又有教堂林立。嚴格言之，可謂有「人群」，無「社會」。社會乃人群之總體，無社會，則可謂之有「人」而無「群」。近人謂西方乃「個人主義」是已。人必依於群以為人，個人相別，則儼如一物。故個人主義實亦與唯物主義相通。西方社會個人唯物，故有部分，無總體。中國社會乃一人群、人道之社會，其部分則盡在總體中。

倘稱西方為一「宗教社會」，或庶得之。人類共信一上帝，乃有其綜合性。但必死後靈魂上天堂，乃始見此道之眞實。方其在人世，則「凱撒事凱撒管」，其道仍不見。近代歐洲除共信一上帝外，一切不離希臘、羅馬兩型。「資本主義」之工商社會，則不脫「希臘型」。「帝國主義」之殖民政策，則不脫「羅馬型」。資本主義必建基在機器上。苟無種種機器，則近代資本主義亦不得產生。而各項機器則由近代自然科學之發展而形成。故古希臘只得稱為工商社會，而非資本主義社會。近代之資本主義社會，實應稱之為「機器社會」。人群集合在資本之下而有組織，實則乃集合於機器之下，而始有

其組織。然則人之生命，豈不寄託於無生命之機器。馬克斯之唯物史觀即此義。西方帝國主義，則必建立在異民族、異社會之上。如英帝國必建立在印度、香港諸地區之上。不僅如美國，即加拿大、澳洲，凡屬英吉利同一民族，則必各自獨立，不能共同建立一帝國。西方之資本主義亦必寄託在異人群、異社會之上。吸收他人錢財，以作自己利潤。若僅吸收自己社會之錢財，則資本主義即不得發旺。故資本主義必與帝國主義相依存，同根發榮。近日英、法帝國主義日趨衰退，其資本力量亦日趨減縮，即其證。

最近美國受阿拉伯石油政策之打擊，其資本力量即告不安。儻在帝國主義盛行時，美國必出兵征討阿拉伯諸邦。資本必寄託在機器上，而機器動力又別有所賴，則縱謂美國當前資本主義之生命，乃寄託於阿拉伯諸邦之地下石油，亦無不可。此亦證馬克斯唯物史觀之有當。至於馬克斯之「共產主義」，換辭言之，即為共有此機器所得之利潤，以共有此財富。即結合凡屬參加工商業者，成為一更大集團。故馬克斯之共產主義，實非反對資本主義。惟在利潤上求一公平分配，則共產主義實即資本主義之擴大與延長，仍必對外榨取利潤，亦仍必有賴於帝國主義為之作後盾。故馬克斯之所謂「無產階級」，乃專指從事工商業而只得較低利潤者言，農人則不在其列。馬克斯分別農奴社會在前，繼之以資本主義社會，乃始次之以共產社會，則其意共產社會乃資本社會之更向前更進步可知。然而人類不能脫離農業以為生。農業生產之重要，實當遠在工商業機器生產之上。依照馬克斯理論，既不反對機器與資本利潤，則向外工商業之發展，自不免在於異人群、異社會中仍有農奴之存在。故共產主義

亦必與帝國主義相依存，而農業社會則為一被征服者又可知。中國觀念，則農決非「奴」，農、工、商各業，乃同在人類生命之總體中，而農業則尤為生產事業中之最要基本。西方自古希臘以至馬克斯，則全無此觀點，宜其一切理論必乖戾違異於大自然之實況矣。

列寧蘇維埃共產政權之崛興，其名義雖承自馬克斯而來，其內在精神，則實承英、法革命，憑仗農人奪取俄羅斯沙皇政權，繼之乃可步上英、法帝國主義資本主義之前程。所奪取之對象，乃政權，非工商業機器。其次一前程，乃始為製造機器，憑以向外。故共產主義之為「世界性」，其實則是「帝國性」，亦仍是「資本性」。馬克斯之唯物史觀，僅從經濟著眼，只注意在資本社會上，未及注意在帝國政治上。故馬克斯徹頭徹尾乃一種偏見，未能窺見歐洲史演進之全部眞相。亦因馬克斯乃一猶太人，為其民族性所束縛，故只注意在經濟，而忽略了政治。其未足為此下全世界人類前進之領導人，即此可見。

然則全世界人類前進，終將以何一目標作領導？此有一義，當首先指出者，即人類決不當由「機器」來領導，而終必以「人道」為領導。人有生命，為人之道，首當認識其自己之生命。再由認識自己之小生命，而認識到人類共同之大生命。此大生命乃一總體。再由此總體而認識到其總體中之各部分。有了此種認識，乃知所謂「人道」，庶可領導此下世界人類之前進。而中國文化傳統，則正重在此一道義之認識上。故中國人生不重「職業」與「職位」，因其只是人生之分別面。特重「品格」、「品德」，因此始具人生之總體面。果使全世界人類能各自注重其一己之品格、品德，則人類庶可有理

想之前途，而各項科技與機械亦可得其正確之利用。中西文化亦可得其會通和合之所在矣。

（二）

中國人與西方人在生命觀念上有絕大相異之一點，即「靈魂」之有無。西方人自古即信有靈魂，投入軀體是為生，逮其死，靈魂離軀體而去。儻保存死後軀體，靈魂歸來，還得復生。埃及人之「木乃伊」及「金字塔」之建造，即由此信仰來。猶太人亦信靈魂，耶穌教本此而成。如此則生命顯分「軀體」與「靈魂」兩部分。此兩部分各受管制，管制靈魂者是上帝，管制軀體者是凱撒。直至近代，西方人生殆可說全由此一信念演變來。

中國人不信有靈魂之先此生而存在。余有靈魂與心一書詳述之。大意謂人生先有此軀體，軀體各部分俱有知，稱為「魄」；其總體之知乃為「魂」。人之死，魄隨軀體而亡，魂氣則無不之，可以流散天地間。此一觀念最主要者，乃認生命從物質中產生，與西方達爾文所創生物進化論之意見若相近，但亦有不同。達爾文進化論看生命，仍重部分觀。如微生物、植物、動物、脊椎動物等，歷級而生，但似缺乏一生命之總體觀。故曰：「物競天擇，優勝劣敗，適者生存。」倘謂有一生命總體，即是一鬥爭，一戰場。達爾文與耶穌，科學與宗教，只就部分與部分之鬥爭言，則雙方還是一樣。故宗

教與科學，若相反對衝突，但亦有其相通合一處，乃同得存在發揚於西方社會中。

中國人看生命從軀體來。軀體則由金、木、水、火、土五項物質所合成。中國陰陽家言，天地間萬物，總不出此金、木、水、火、土五項，稱為「五行」，亦稱「五德」。「行」者，猶言行為、行動。萬物各有行為、行動，皆由其內在德性之分別來。亦可謂，有生命與無生命，同樣有行為、有行動，亦同樣有其德性。其總體則為「天」。天生萬物，各有分別。但萬物同具一「天」，則共同成為一總體。一切行為皆由天賦，稱為「性」。自其「行」與「性」之將然可能之內足於己而無待於外者言，則謂之「德」。故中國人對有生、無生有一總體觀，則為「天」。就其部分觀，則各為「物」。有生無生，同為物，同一總體。而此總體，則是一「動」，故曰「行」，又曰「道」。人為萬物之靈，有「天道」，亦有「人道」。中國道家重言天道，儒家則重言人道。實則天人合一，同此一道。天地萬物有生、無生皆屬此道，不得在此道之外。道之作用，則以兩字可以包括，曰「化」，曰「育」。無生言化，有生言育。「化」、「育」二字，實亦相通。此總體乃是一有機的，亦可謂之即是一生命總體。

總體有化有育，有可能與將然，故此總體不僅佔有空間，更重要者在其涵有時間。大宇長宙，兼包時空，其存在、其化育，道家稱之曰「自然」。謂其自己如此，乃無別體使之然者。故凡其動、其性、其德，皆自然。亦惟如此，乃得謂之「行」。果有使之然者，則其動亦不得稱為行，而亦不得謂其有性有德。凡曰行，則必自主自動，而無有使之然者在其外，此乃一絕大之自由與獨立。凡屬其體內之各部分，則亦各自獨立自由，而成為一絕大之平等。

孔子教人常言「天」。若謂天在人與萬物之外、之上，而人與萬物皆聽命於天，此非孔子意。孔子乃謂天即在人與萬物之中。故孔子教人行，必先教人立志，而曰：

志於道，據於德。

「德」即天之在人，孔子謂「天生德於予」是也。子貢言：

性與天道不可得聞。

實則孔子言「德」，已兼「性」與「天道」。性有分別，偏在人與物上。德則見其共通大同處。孔子「五十而知天命」，乃見生命大全體之共通大同處。「六十而耳順」，則知天命後，凡即所聞皆順非逆，即見其皆天命矣。「七十而從心所欲不踰矩」，「矩」亦即天命，我心所存與天命合，心之德即天之命，則「心」而即「天」矣。孟子曰：

莫之為而為者謂之天。

道家言「道」言「自然」，實即「天」。中國人又常連言「天地」，即此總體，使人更不疑有一「天」在萬物之外、之上，而主宰運使此萬物。西方人不僅言天，又於天之上別有一上帝，則上帝明在此天地萬物之外、之上，而不在宇宙同一總體中。此總體乃不自由、不平等、不獨立。故近代西方人，競言自由、平等、獨立，乃由此來。果信上帝降謫人類於斯世，人類乃與罪惡俱始，又豈得與上帝爭獨立、平等、自由之地位？若謂人類可與凱撒爭，則耶穌又明言「凱撒事凱撒管」。上帝不取消此凱撒，人類又何能取消此凱撒？人生悲劇乃在此。中國人之信天、信上帝，則與西方不同。

孟子之後有鄒衍，綜合儒、道兩家而倡為陰陽家言，即上舉「五行」之說。荀況復非之，並言子思、孟子亦主五行之說。相傳子思著為中庸，其書實晚出，子思言無可詳考。孟子則既言「人性」，亦言「物性」，兼及有生、無生，則荀子之譏孟子，有其據矣。但孔子亦言：

知者樂水，仁者樂山。知者動，仁者靜。

則孔子亦已言人性有偏仁偏知，猶如山水之一動一靜，則陰陽五行家言，亦遠有來源，與孔子大旨無背，不過言之益詳益顯而已。孔門四科，「德行」為首，陰陽家言「五行」、「五德」，即本此。若如荀況言，人性惡，大聖由天降生，眾人皆當奉為師法；則人分兩體，孔子亦如西方之有耶穌，與眾人別，此實非中國之傳統信仰。漢儒興起，雖其經學多傳自荀況，而尤信鄒衍，故於莊老道家言，亦猶

多稱引。此亦文化大傳統一貫精神之所在。

老子言：

道生一，一生二，二生三，三生萬物。

實即言「道」生萬物，萬物皆即道，非有二也。道家又言「氣」，道即是氣，氣即是道，亦非有二。道抽象，形而上；氣具體，形而下。氣又分陰陽，「一陰一陽之謂道」。由陰陽而生萬物，故每一物又必有陰有陽。惟孔子論語不言陰陽，孟子亦不言陰陽；莊周始言之，鄒衍則倡言之，易傳又深言之。一男一女，一生一死，皆一陰一陽，天地亦一陰一陽。此下中國人觀念，乃若無可捨卻其「陰陽」二字以為言者。但中國人尊孔、孟尤在莊周、鄒衍之上。鄒衍以陰陽名家，而後人則更少言。其實莊周、鄒衍乃其陰，而孔、孟乃其陽。知其陽不知其陰，斯亦不能眞知其陽矣。中國思想傳統有待深究又如此。倘以中國觀念說耶教，則上帝天堂屬陽，凱撒乃屬陰，亦仍一體，乃於一體中生此二別。

陰陽家言金、木、水、火、土「五行」，印度人以人身分地、水、風、火「四大」，此兩者間亦不同。四大僅指物質言。由此四大合成人身，亦僅指物質，不涵生命之深義。釋迦言生、老、病、死，亦僅指此身之變，仍是物質的，仍無生命深義在內。人生豈生、老、病、死四字可盡？婆羅門教

分人為四階級，自生迄死，其身分、其地位，一成不變。不僅一生無變，世世生生仍無變。則仍非生命之眞相。若謂此四階級由上天派定，則上天只派定人以階級，非賦予人以生命。其淺視生命有如此。故自印度人觀念言，天亦實若無生命。釋迦言「六道輪迴」，天亦在其內，則天亦如一物。故印度人不信有靈魂，乃由其不知有生命之眞相來。無生命則僅一堆物質。故印度雖非一工商社會如希臘，但同不能組成一國，亦並無歷史觀念。

釋迦謂人生輪迴起於「業」。此一「業」字，似近中國陰陽家言之「行」字。但中國陰陽家言「行」，其背後有「性」有「德」，皆指生命言。佛家言「業」，則無德、無性、無生命，僅指「事」。事屬現象，無主體，即無生命，故謂「四大皆空」。一切業，亦如夢如幻。佛法即在教人如何消除前業，擺脫輪迴，得「大涅槃」，則全世界盡成一「空」。釋迦想法，其實還是印度人想法。其主要缺點，在無一誠懇鮮明之生命觀。此因印度地處熱帶，生命易起易滅，故視之不甚鄭重珍惜，而轉易生其倦怠心、厭棄心。此亦自然環境使然，乃陷於此而不自覺耳。

中國人言五行，又言「相生」、「相剋」。如水生木、木生火、火生土、土生金、金生水，此即「五行相生」。又如水剋火、火剋金、金剋木、木剋土、土剋水，此即「五行相剋」。在此生命大總體之內，有此相生相剋之作用，而人生大群亦如此。有利於此大群者，則求有以生之。有害於此大群者，則求有以剋之。如此則大群生命，以育以化，得以暢遂。明於五行之學，不僅可以「知命」，亦可以「造命」。人群有生大道，則莫貴於能知命而造命。人能知命、造命，乃可贊天地之化育，而與

天地參。造化之權，亦掌之在人。此為人道最大之期望，亦是最高之巔峯。

人之外「行」，當一本其內「德」。古之聖帝明王，所以能轉移一世，而主宰其命運，授予以莫大之影響者，則均在其德。大戴禮有五帝德篇，此為陰陽家以五行學說來說明歷史，而提出其知命、造命之主張。說法雖與儒家言有不同，要之，則有此一趨嚮。漢以火德王，而「五德終始」，不能專仗一德，則火德終必衰。相生則繼之以土，相剋則繼之以水，必有代漢而興、繼漢而起者。無歷世不變之王朝。如唐、虞、夏、商、周，自古皆有變，豈能至於漢而獨不變？則與其待他人之起而征誅，不如王朝之自為禪讓，於是乃有王莽新朝之興起。此亦由陰陽家言為之主動。讀司馬遷史記孟子荀卿列傳，以荀繼孟，又詳引鄒衍所言，而明斥其不得與孟子相比。蓋孟、荀偏重人為，而鄒衍則側近天命，尊於外而限其內，不如孟、荀一務於人生之自主。馬遷加以區分，亦見其識之深遠矣。

東漢光武中興，經學仍受尊重，而陰陽家言則漸趨衰退。魏晉間，王弼以治周易、老子鳴，向秀、郭象以治莊周鳴，中國學術思想又有由儒轉道之趨勢。而鄒衍陰陽家之言，實際政治朝代興亡，則概置不論；於自然宇宙論一邊，則特加闡申。增其水木之清華，減其金火之烹割。助其生消其剋，於亂世人心亦實相宜。又不久而佛法傳入，雖意歸現實之寂滅，而實重內心之修為。輕外而重內，亦不失亂世人心之一道。至於唐代，儒、釋、道三分鼎立，乃有韓愈一意闢佛，而以孟子自居。下及北宋，儒術大興，而邵康節乃以數字推算歷史上之盛衰興亡，則仍襲道家、陰陽家遺意。正以宇宙乃一大總體，有生無生，雖有分別，亦各有其理。故人生之變，乃亦可以數字推算。邵康節乃亦如一陰陽

家，同以數字推算人群之大生命，但偏重於數，跡近命定論，重外而輕內，有天而無人。後起理學家遂群推周濂溪，而邵康節則被見外。此亦中國文化傳統雖通全體，而終有偏重內在部分之一大趨勢。此儒、道之所以有高下。

世俗間又以數字推算個人之小生命，其本源亦仍自陰陽家言來。余生平亦不免隨俗，偶爾問命問相，亦頗有驗。事詳於余之師友雜憶中，茲不贅。今人概斥之，謂不科學，迷信。實則此等事果能以近代科學方法細加研尋，亦可闢科學園地，創成為一套新科學，不得盡以「迷信」二字斥之。父母、兄弟、子女，中國人謂之「天倫」，命中可算出，相上可看出，則以個人為小生命，天倫六親為大生命，豈不信而有據！聖賢之出處窮通，為人群大生命所繫，亦宜有命。惟中國人雖以象數來推命，終主以德性來定命。言「氣數」，不如言「理氣」，明其理則可以贊天地之化育。張橫渠言：

為天地立心，為生民立命，為往聖繼絶學，為萬世開太平。

此其深旨，誠大可玩味矣。

余治先秦諸子，嘗欲為鄒衍一派陰陽家言有所闡述。然念陰陽五行之學，散布中國學術之各部門、各方面，大之如醫學，如建築營造學，小之如命相風水等，廣傳社會下層。鄒衍親著書，今已失傳。余既未經深究，遂不敢輕易下筆。子夏曰：「雖小道，必有可觀者焉。致遠恐泥。」鄒衍亦其一

例，終不免徘徊在此天地大總體之外圍，未能深入其內裏。如注意陽光、土壤、雨水，而忽略了樹木生命之本身，掌握其膚末，忽略其精髓，儘在外物上尋求。孟子則言：

人皆可以為堯舜。

乃盼人往向大生命之高峯巔上爬。唐宋後，「孔孟」連稱，非無故矣。

近代英國人李約瑟寫中國科技史，認為中國科學思想源自道家。實則墨子早多科學發明，但主向外求，言「天志」，則近西方之宗教。與公輸般競攻守，又親製木鳶飛空三日不下。其徒著為墨經，涉及力學、光學方面，多與西方科學有合。墨者又言：「非禹之道，不足謂墨。」而中國之水利工程，為中國科學史上有極大極傑出之成就之一項。則宗教與科學，在中國亦遠有來歷。惟中國人很早便抱有一大生命之總體觀，故中國人學問多主向生命求，向內不向外，其大趨勢遂與西方有不同。即道家亦顯有反科學之一面，如其反對「桔槔」取水，謂機器創自「機心」，機心之為害，勝於機器之為利。則墨家與道家，亦同以現實人生為歸極，亦同抱生命總體觀，則為中國文化傳統一特點。

名家自墨家出，猶之陰陽家由道家出。惟墨家近似西方之宗教與科學，而名家則近似西方之哲學。「白馬非馬」之辨，亦即部分與總體之辨。若謂白馬即是馬，斯則近西方之個人主義。「凡人皆有死，蘇格拉底是人，故蘇格拉底亦有死」，此乃西方之邏輯。然必據凡人皆有死，始可判蘇格拉底

之亦有死。不能由蘇格拉底之死，而即判定凡人之必皆有死。此亦總體與部分之辨，西方人亦非不知。而必言白馬即是馬，此乃重其外。中國名家言白馬非馬，則重其內。此亦中西思想之一別。儒家分「君子」、「小人」，知有「己」，不知有「群」，則為小人，亦可謂不得為人。故人必有「倫」，夫婦、父子、兄弟、君臣、朋友，稱「五倫」。修身、齊家、治國、平天下，自小生命至大生命，一以貫之，乃成其為「道」，亦即生命之大總體。老子言：

道可道，非常道。名可名，非常名。

論其部分，則可道可名；論其總體，則非一道一名可盡。故曰：

同謂之玄，玄之又玄，眾妙之門。

惟其過重「同」而輕「異」，則不如儒家之執兩而用中。

名家又論「堅白」。「石」是其總體，「堅」、「白」乃其部分。然手撫得堅，目視得白，人之知識，僅知其部分。若知石之總體，則白必兼堅，堅必兼白，乃為通識。否則目視不知堅，手撫不知白，各執一見，何以推概其總體？西方專家之學乃類此。但石必堅，不必白。名家之辨限於「名」，

不如陰陽家五行之說，辨在其「德」其「性」，更能中肯近理。在中國後世，名家言不傳，不如陰陽家言之普泛流行。然陰陽家終不如道家，而儒家尤高出之。此由後人之能擇善而從，乃得完成其文化之大傳統。今日國人則又必以西方之眾說紛爭為是，以中國之獨尊一家為非，則誠難與之言矣。

老子又曰：

三十輻，共一轂，當其無，有車之用。埏埴以為器，當其無，有器之用。鑿戶牖以為室，當其無，有室之用。故有之以為利，無之以為用。

凡其用乃在「無」處。罐、甕、碗、碟，亦用其空。人之居室，亦居其空。「空」處即「無」處。必兼知其有無虛實，乃為知其總體。人身有五官、七竅、百骸、四肢，「心」則其「無」處。「一陰一陽之謂道」，可知獨陰獨陽皆不成「道」。在此一陰一陽之更迭變化中始見「道」。變化更迭，則在「無」處。生命亦天地萬物中一「無」處。人惟知「有之以為利」，而不知「無之以為用」。不知「用」，又烏得有其「利」？

今日乃一「科學」世界，即是一「機器」世界，一「人造物」世界。資本家利用紡織機，廠工則供紡織機之用。帝國主義野心者利用原子彈，駕機投彈者則供原子彈之用。機器觸目皆是，人皆以為大利所在，而誰為其用之者，則漠不關心，或無奈之何。良堪詫歎！

世人皆言中國於自然科學上有三大發明：一指南針，一印刷術，一火藥。西方人利用火藥造為槍砲，今日殺人利器皆由此來。但中國人僅以火藥放煙火花燈，供人玩樂。可知自然科學之背後，必有一用之者，乃人，非科學；乃生命，非自然。近人又好分「自然科學」與「人文科學」，中國向無「科學」一名，然兩者之學實兼有之。惟中國重「內」重「合」，西方重「外」重「分」。故中國乃以人文科學為主，以自然科學為輔。西方則自然科學為主，而人文科學為輔。亦可謂中國主自然人文化，西方主人文自然化。即如達爾文生物進化論，其所發現，豈不即可為自然人文化作證？而其用意則為人文自然化指路。其病乃在不知生命中「心性」之為用。中國人重視人之「品德」，更過於重視其「事業」，內外、同異、高下、輕重之間，實大堪深味。

「宗教」與「科學」在西方，似為相對之兩體。中國則宗教、科學和合會通，融為一體，皆為人文之輔，所謂「一天人，合內外」是已。故中國學術必貴其能成一通體，西方則貴其能分別為專門。

中國人好言「禮樂」，實則禮樂乃人生一整體，亦即天地一整體，兼自然與人文而為一，而人文則為其主。詩云：

相鼠有體，人而無禮。

鼠生有體，人生則不限於其身之體，範圍擴大，能與天地萬物為一體，於是而有「禮」。禮乃其大生

命之體，故在禮中自見其「樂」。故「樂」非金、石、絲、竹、匏、土、革、木之為樂，「禮」非跪拜、揖讓、俯仰、進退之為禮，皆必本之人之「德性」。「禮樂」形於外，「心性」主於內。孔子曰：「人而不仁如禮何，人而不仁如樂何」，是矣。是禮樂亦融內心、外物為一體。鼠生則僅在其形體，其心情德性之內涵則無足深言；人生則其要更在內心之性情，能通天人而合內外。故人生不能無禮。

孔子又曰：

志於道，據於德，依於仁，游於藝。

孔子以禮、樂、射、御、書、數「六藝」為教。許氏說文：

儒，術士之稱。

「術」即「藝」，今人合稱為「藝術」。禮樂可謂乃中國最高之人生藝術，亦可謂「藝術」與「道德」首尾相通，融為一體，故中國人又連稱「道藝」，或連稱「道術」。禮、樂、射、御、書、數亦皆藝術，並兼科學；而禮樂之主要性，則近似宗教。在西方，藝術、科學、宗教分而為三；在中國，則仍和合會通融為一體。此體則稱曰「禮」。其意義價值，即在其「合」處，不在其「分」處。故曰：

「禮以和為貴。」儻亦如西方以藝術為人生中一部分、一專門，可外於其他各部分、各專門而獨立存在，各自為體，則其在大生命中之價值意義，宜亦大相有異矣。

禮樂和合，乃一總體，而可有內外、賓主之分。樂在內，「心」為其主。禮在外，「形」為之賓。所謂「游於藝」，即其內心之樂矣。莊子有逍遙遊，乃遊於方之外。孔子之游於藝，則遊於方之內。無論其為方內、方外，能知「游」，斯即人生一大藝術。亦可謂中國人生乃一藝術的人生。呂覽有十二紀，淮南有時則訓，小戴禮記有月令篇，此亦皆是「禮」，皆屬鄒衍之徒之陰陽家言。乃一皇者尊天以為治，其發政佈令皆依於外，與孟子所謂「民為貴，社稷次之，君為輕」之意，大異其趣矣。道家主「天」不主「人」，重外不重內，其所向，較近似於西方之宗教與科學，與周公、孔子之禮樂大義則有辨。

孔子又曰：

祭神如神在。我不與祭，如不祭。

祭者，禮之「主」；所祭對象，則禮之「賓」。即如上帝天神，可謂所祭對象中之最尊嚴者，然亦同是賓。但禮之所重，則更在其主。在宇宙間，是否眞有此天神上帝？西方宗教則認為有，但宜由自然科學為之作證明。否則宗教、科學不能合，上帝事耶穌管，凱撒事凱撒管，不能融和為一，終是人生

一大憾事。中國則以人心為主，「祭神如神在」，即以己心為證，不待外在之科學以為證。此心則必形於外。有此「行」，乃始見此「心」。亦當有此「德」，乃始見此「行」。臨祭則心在祭；不與祭，則心既不在，神之在否又何論！故志道、據德、依仁，又必游於藝。苟無其「藝」，則「道」之與「德」與「仁」又何在？推此言之，治國、平天下，亦即一「藝」。否則其道、其德、其仁又何在？然藝非可作一呆板之死規定，當隨時隨地、隨事隨物而心靈游其間。故「游於藝」即是「道」。孔子中國千古大聖，然當其身則曰：「道之不行，我知之矣。」國又何嘗治，天下又何嘗平？孔子之辭魯司寇位，離魯，而周遊天下，此亦即是孔子之游於藝。中國人生藝術之精義乃如此。子路、冉有、公西華，以人生藝術論，當尚不如曾點。中國人生中之最高藝術，尚有遠超專心一意惟務於治國、平天下之上者。孔子不專心一意於為子路、冉有、公西華，但亦不專心一意於為曾點。故孟子曰：「孔子聖之時者。」其門人則謂：「孔子賢於堯舜遠矣。」志道、據德、依仁之外，尚有游藝一要項，其中精義則誠難與今之以藝術為一專門學者所共論。

老子則曰：

> 失道而後德，失德而後仁，失仁而後義，失義而後禮。夫禮者，忠信之薄，而亂之首。

老子不免分「天」、「人」而為二，必求捐棄人生，還歸自然。尊天而卑人，尊古而卑今。儒家則以

得於天者為人之「德」，則「德」在內，「天」在外，乃是「一天人、合內外」。而老子必分別之，則失於此，得於彼，天人已非一體。故莊子必言「渾沌」，乃有合而無分。儒家之禮則必主分，如人之一身，豈不可分耳、目、口、鼻、胸、腹、手、足？有其分，乃始有其合。今人儻能將西方宗教、科學、藝術諸項各專門，依中國觀念，亦加以會通和合，而融為一體，則此道乃即天道，亦即人道，亦即人生之最高藝術矣。而此心之德與其仁，乃始可因之以大表現。所謂「贊天地之化育」者，又更上一層樓，而何有中西文化之對立！

中國人又好言「性情」。「性」屬天，「情」屬人。人有情，又烏得謂天獨無情？中庸言：

喜怒哀樂之未發謂之中，發而皆中節謂之和。

喜、怒、哀、樂皆是「情」，情必對外而發，對人、對事、對物皆有情。「心」無對，謂之「未發」，但不得謂心之無情，斯則謂之「中」，亦即是「德」、是「性」。德與性之發，乃見情，又分喜、怒、哀、樂。方其未發，則無喜、怒、哀、樂之分，故謂之「中」。中即是其情而存於內之總體，喜、怒、哀、樂則為其動而分向對外之部分。西方哲學避言「情」，主言「理」。依中國觀念言，理乃部分中之條理。總體一合之內，必分有部分，苟無部分，即不見有理。情之發，不違理，即是恰到好處，此即所謂「中節」。發而中節，即合於理。如禮之有賓主而成一「和」。「和」亦猶「中」，而道家則謂

之「無」。人當無我，喜亦非其人、其事、其物之受我喜，乃我與此人、此事、此物交接時，理當有此一喜。此一喜不在我，亦不在所喜之人、之事、之物，乃內外相合之一「理」。中國佛教禪宗五祖告六祖：

金剛經言：「應無所住而生其心。」

此為禪宗修持一最要綱領。天台宗言：

一心三觀。

一「空」、一「假」、一「中」。華嚴宗言：

理事無礙，事事無礙。

此皆佛教中國化以後所有之觀念。中庸之言「中和」，亦即人生總體中一「無」處，而總體人生則主要在一「中」，在一「和」，亦即主要在其「無」處。專一注意於其「有」處，則惟見分別，又何來

得中得和？

西方宗教、科學對立，科學中又分自然與人文；能用其中而得和，亦庶得之。或偏左有共產主義，或偏右有資本主義，亦當知能用其中而得和。若必主張一邊，打倒一邊，此即知有部分不知有總體，不中不和，總體已失，部分又何存？

中國人又好言「情欲」。西方哲學戒言「情」，乃誤認情以為「欲」。「情」對外而發，「欲」為己而有。人之鬥爭對象當在己，即其欲。中國人謂之「天人交戰」。「人欲」亦人生中一部分，「天理」乃人生之總體。情發中節即為「理」，故中國人常言「合情合理」，又稱「天理人情」。農、工生活常與自己鬥，不與他人鬥；商業則必與他人鬥。中國以農工立國，商業後起，其政治常抑商。西漢鹽鐵制度已接近近代西方所謂之「國家經濟」政策。故中國雖地大物博，商業鼎盛，絕不產生一資本主義社會，但曰「信義通商」。信義屬人生總體，非部分人生。故中國人對商業乃有一極高明、極精微之安排，異於西方。討論西方文化問題，必從其部分言；討論中國文化問題，則當從其總體言。此乃中西雙方文化傳統一大相歧異處。

中國人又好言「陰陽動靜」。依宇宙全體言，則天屬陽動，地屬陰靜。亦可謂自然當屬陰，人文當屬陽。依人文言，則生屬陽動，死屬陰靜。依世運言，則治屬陽，亂屬陰。故治世貴有動，亂世貴能靜。依近代國際形勢言，則西方近似陽，中國近似陰。故西方常趨動進，而中國則惟宜靜伏。宋儒周濂溪主以靜立人極。曾子言：「慎終追遠，民德歸厚。」厚則易靜難動，對死亡之禮，如葬如祭，

可以為生人相交立其極。周公之治道，制禮作樂屬於陽，孔子之夢見周公欲為東周則屬於陰。今日之中國雖居陰道，善守其靜，亦可為後起新文化立極。中西文化對立，亦僅當前人文之一部分，此下當更求其人文總全體之出現而完成；則亦如孔子之志於周公，學於周公，而人生大幸福所在係之。孔子曰：「後生可畏，焉知來者之不如今。」誠可企而望之矣。若果有天命，則亦宜有此一日。志於此而游於此，竊願有德有仁者之相與勉之。

馬克斯主社會革命，列寧轉而為政治革命，毛澤東又更進而為文化大革命。動進益動進，此亦所謂「求變求新」，偏向一陽，漫無限度，漫無止境，絕不許有陰面之存在。其為禍之烈，乃有不堪想像、不堪言狀者。前車覆，後車鑒。果使能安和樂利，甘於靜伏，善守其陰面，亦庶為弱國處亂世之一途。幸國人其善加深體。

（一九八四年十一月東方雜誌復刊第十八卷第五期。）

# 二　抽象與具體

中國文字，可據以探討古人創造此字與運用此字之觀念與思想。如「象」，乃一動物，但體大，有些處像是離體獨出。如象鼻，只是象體之一部分，不能認它為另一物。象牙亦然。又如象足，大而分離遠，但只是象足，不得另認為一物。於是「象」字又作形象用，須認識其整體形象始得。則「體」字、「象」字，義實相通。近人用「抽象」、「具體」兩辭來翻譯西方語，其實依照中國本義，「象」即是「體」，當先識其抽象，再及具體。具體在抽象之內，本無分別。

老子曰：

同謂之玄，玄之又玄，衆妙之門。

今人亦以抽象義來解釋此「玄」字。其實異中得同即是玄。如天即是玄。天無體，會同諸體之異而謂之「天」。故中國人不言「天體」，乃言「天象」。如陰晴謂之「氣象」，其實此象亦即是一「玄」，

亦匯通眾異而成。如是則象乃成為超出群體之體。故中國人用「體」字，其中便有不具體之存在。

詩云：

相鼠有體，人而無禮。

其實「禮」亦可謂即是一「玄」。如禮分賓主，單是賓，無禮可言；單是主，亦無禮可言。賓主會合，始見有禮。鼠有形體，亦有生命。必相會合，乃成一鼠。儻無生命，則其體亦變。生命非具體，是在鼠體中即有不具體之存在。賓主之禮，亦在賓主雙方具體行為之上，有一不具體之精神，乃始見有禮。否則又何從把人生之禮來比作鼠體？可見中國古人，對天地萬物，對人生萬狀，實具有一種甚深抽象的看法。以今語言之，即是有一種甚高哲學觀點在內。

又如「性」字，從「心」從「生」。而此「生」字，則並不單指一具體個人之生命言，乃指生命總體，匯通人生、禽獸生、草木生，凡屬宇宙間之群生言，乃一極端抽象字。「心」字亦然。人必有心，古今人各有心，此「心」字亦一抽象字。會合「生」與「心」而有「性」，則「性」更屬一抽象字。孔子不言「性」與「天道」，但此「性」字之創造，則不知先於孔子已幾何年。此皆老子所謂「同謂之玄」，此「性」字即包涵甚深甚廣。民初新文化運動，主張「哲學關門」，主張「打倒玄學鬼」。其實中國文字之創造與運用中，即寓有甚深之哲學、玄學意義。苟欲哲學關門，則亦當盡廢

漢字。

中國周易好言一「象」字，又言一「元」字。「元」有原始義，即老子「眾妙之門」之「玄」，聲同義通。物自具體言，何止萬？但自其抽象言，則可分為乾、坤、離、坎、艮、兌、震、巽之八卦。詳分之，則有六十四卦；簡分之，則只乾、坤二卦。宇宙萬別，自象之大同言之則如上。再由乾坤合言之，則為「太極」，即其最原始者。故「太極」即「眾妙之門」。

古人傳說，八卦始於伏羲。要之，甚古即有之，或當在創始文字之前。則中國人好會諸異以求同，好於具體中作抽象觀，好由此來追尋一原始，好統萬歸一，再由一推萬，上引老子三語，可謂得其奧妙。儒家言亦然，即其好言「性」字可知。孔子雖少言性，然其言孝弟，言忠信，言仁，言智，皆性也。西方人好具體分別，如言男女戀愛。中國人言「汎愛眾」，亦同此「愛」字。但終嫌其具體，陷於事為上，乃改言「仁」字，始純屬一抽象。

「異同」之辨，實即「虛實」之辨。中國人每連言「玄虛」。「愛」落形迹，易見為實；「仁」則玄虛，無形迹可指。朱子釋「仁」字曰：

愛之理，心之德。

「心」與「愛」尚易知，「德」與「理」則難知。故中國人講道理，須以意會，不當從語言文字上拘

泥具體以求。故曰「心知其意」，又曰「體會」。此「體會」二字，即以己心會合此道理而適為一體，此始為善學。此又非一種「玄學」而何？

故抽象與具體，又有虛實之辨。依今人觀念言，具體是實，抽象乃虛。依中國古人觀念言，則具體乃虛，而抽象始是實。故中國人對此宇宙，不喜從物物上作分別之具體觀。中國人對人生，亦不喜從事事上作分別之具體觀。必凌空駕虛，作共通超越之抽象觀。如關羽失荊州身死，具體事業全歸失敗，而中國人乃謂如此始完成關羽其人一生之意義與價值。又如岳飛之死於風波亭，其具體事業亦全歸失敗，而中國人則謂如此始完成岳飛其人一生之意義與價值。故關、岳同尊為武聖，則中國人之看人生意義與價值，豈不轉在虛空一邊，而不在具體一邊？故中國人乃重視其人之德性，更過於其人之事業。

由此又有「時間」與「空間」之辨。空間若是一實，而時間像是虛。但中國人觀念，則空間只是虛，時間始是實。「天」、「地」之別即在此。「地」屬空間，終是虛；「天」屬時間，乃成實。西方人認天國有上帝，上帝亦一實。中國人認上帝為天之主宰，主宰則是一動，乃是一虛。若天是實，主宰此實之上帝乃是虛。心性為人生之主宰，亦可謂人生為實，而心性則為虛。其實心性尚可指說，而人生更難指說。今人認衣食住行、生老病死為「人生」，距中國人之人生觀，真如河漢之隔矣！

老子道家更作「有無」之辨。一切具體皆作「有」，抽象玄同乃一「無」。故曰：

三十輻，共一轂，當其無，有車之用。埏埴以為器，當其無，有器之用。

依老子意，則天地間一切用皆在「無」處，不在「有」處。其實儒家孔子言亦何獨不然？子貢言「夫子之文章可得而聞」，顏淵亦謂「夫子博我以文」。孔門此一「文」字，以今語釋之，當稱「花樣」。「花」亦是一具體，「花樣」則不拘一花。「江南三月，雜花生樹」，乃成花樣，則是一抽象。人生一切事，合成花樣，則謂之「人文」。「人文化成」，則為中國人之文化觀。

今再舉一顯著例言之。中國乃一廣土眾民大一統之國家，其首都尤為人文薈萃之地。如長安，如洛陽，今已不能詳言。姑以元、明、清三代之首都北平為例，言其建築，如天安門、午門、故宮，如東四牌樓、西四牌樓，如北海、中南海三海，以及其他大街小巷，合成一花樣。凡諸建築，皆在此同一花樣中。若一一分別而觀，則將失去其共同完成一大體統之意義與價值。故中國人對長安、洛陽之沒落，若頗不顧惜，以其具體雖已破毀，而其花樣則仍存在於後起之北平。其他一切城市，如蘇州，如成都，亦各有一套花樣，此亦人文之一面。西方重具體不重抽象。如遊雅典、羅馬，歐洲古代人文，均掃地以盡。現代之巴黎、倫敦，一切花樣已與古代之雅典、羅馬大不同。而對雅典、羅馬之一建築、一遺物，則不勝流連，賞玩不盡。此亦中西雙方觀感之不同處。

今再舉一小例。如廟宇，如墳墓，中國人皆不甚重視，而重視其對此廟宇、墳墓之祭祀，畢恭畢敬，不苟不忽。列代王朝崩潰，苟其不再祭祀，則其舊有之廟宇、墳墓，亦都荒毀不治，不再注意。

惟各代王朝祭祀之禮，則相承不變，繁文縟節，時有增加，此之謂「人文」。而一切具體之物質建設，則並不同樣受重視。

漫遊英倫，參觀牛津、劍橋兩地之書院建築，緜亙數百年之久。體制瓦石，一皆保留不變。增新之外，舊況依然。來者讚歎，為西方學校一楷模。中國人重視教育，歷數千年。先秦百家講學，漢、唐相承，勿替益盛。即自南宋朱子白鹿洞書院以下，元、明、清各代書院遍全國。然絕無一處堪與牛津、劍橋相比。西方重具體，書院建築，終屬「物質」方面；中國重抽象，大師講學，則屬「人文」方面。大師一去，書院舊址，其意義價值亦隨而失。依中國語言之，當稱為「形而下」；師道始是「形而上」。此亦與上述廟宇、祠堂、墳墓祭祀之禮，輕重有偏，又顯然之一例矣。

再以文學言。西方重具體故事，如英國莎翁劇本之羅密歐與朱麗葉，相傳迄今。一切戀愛小說劇本，大體相似。而中國則周南關雎之詩，婚姻大典，同所歌誦，亦歷久不衰。中國之所謂「禮樂」，顯然是一種抽象性之人文精神。此又是中西文化相異之一例。其他類此者尚多，茲不詳及。

「體用」兩字連用，始見於東漢末年。古人常言「用」，不及「體」。「體」即具體，必有分別。如一砂一礫，一草一木，分別乃成體。「一尺之棰，日取其半，萬世不竭。」擴大言之，不僅天體難窮，地亦然，究竟離地幾尺始不為地？水行地上，是否不屬地？海洋不屬地，則地即甚見狹小。地上有山，萬物叢生，是否屬地？如是分說，地之為地，乃無具體可言。

近代科學家始創「四度空間」說，其實每一體必與時間並在。溝澮有盈有涸，水流既竭，此溝澮

之體又何在？山上萬物叢生，分別重視其叢生之物，山之為體又何在？人自嬰孩長大成人，無日無夜而不變，則人之為體又難定。故具體若可指，實不可指。若有定，實甚難定。中國古人少言「體」，其意義當在此。

今言「人生」。人之所以為人，即在其有「生」，而生則只是一「變」。如言身體，體在變中，即無具體可尋。中國古人好言「氣」，不論有生、無生，皆一氣所成。而氣則只是一「變」，即以其變而成體。實則氣非體，後人乃言「氣體」，此乃俗語，非雅言。「氣」應是一抽象名詞，抽離其具體乃有此「象」。言「氣象」則較為近實。

周易六十四卦皆言「象」，此世界一切有生、無生，皆可歸納卦象中。一卦以六爻成，爻即是變。全易六十四卦三百八十四爻，即以包括天地間一切萬物之變。即後起一切變，亦可包括在內。故「易」有「變易」、「不易」、「簡易」三義。一切變只是一不變，其事至為易簡。孔子曰：「其或繼周者，雖百世可知。」易之為書，亦在求知人事之變。何由而能知？則在求之象。

宇宙間一切象，不外「和合」、「分別」之兩變。易以乾「⚊」坤「⚋」兩爻象之。乾坤猶天地，「⚊」象天，「⚋」象地。人生亦此二象，「⚊」象男，「⚋」象女。其他一切變化，全由此起。如「⚎」與「⚍」，此之謂「位變」。「⚌」與「⚏」，此謂「數變」。如是則宇宙一切可有四大變：即「⚌」「⚍」「⚎」「⚏」。數變增，而位變益明。如「☰」「☷」「☳」「☵」「☶」「☴」「☲」「☱」，乃成八卦。又上下相疊，乃成六十四卦。於數變、位變之中，又見有「時變」。易之大義，簡易言之，不

過如此。

中國人常兼言「天地」。天不易知，觀於地而天可知。如曰「履霜堅冰至」、「梧桐一葉落，天下知秋」，見此知彼，乃抽象之知。見霜僅知霜，見梧桐葉落僅知梧桐葉落，則屬具體之知。中國人貴抽象知，由是以知天。

若僅求具體知，天不具體，又何由知？霜具體，頃刻而變，實不具體；梧桐葉亦然。萬物實未有體，僅知霜與梧桐葉，千萬中知其一二，何得謂即知萬物之體？故中國古人不貴知「體」，貴知「用」；不貴知「物」，貴知「事」。依古訓言，「物猶事也」。俗語連稱「物事」，又言「東西」。東、西兩面對立，無東即無西，須同時知其對立之兩面。物與事亦對立，不知事，即不知物。見事乃見用。中國人之求知特性如此。

故中國人言「生」必兼言「死」，言「有」必兼言「無」，言「空」必兼言「時」，「存亡」、「成敗」、「治亂」、「興衰」、「吉凶」、「禍福」、「喜怒」、「哀樂」，每皆兼言之，不分別專舉一端獨立以為言。易言「陰陽」，亦兼對立之兩面。陰陽家又擴及「五行」。「行」亦猶言「物事」，金、木、水、火、土不當專作「物體」看，當兼其「事行」看。水流下，火炎上，金內凝，木外散；土得其中，不下不上，不凝不散，獨見為調和安定，最見地性，故曰「土地」。金、木、水、火，皆在地中行，能動作，各見其天。故金、木、水、火、土五行，即一天地、一陰陽。宇宙間種種物事，皆不外此。其實此五行亦皆是一種抽象，不當從具體求。

西方人從具體求知，故重「分別」，重「物」不重「事」。中國重「和合」。具體分別若見有「固定性」，和合抽象則特見有「流動性」。故西方人言「天」，必言上帝，亦具體而固定。易言天，曰：「天行健」，則乃一行動，無體可指。求可指，則言「地」。但易言地，則曰「順」，仍屬象，非體。亦不指言其體。故易言天地，只言「乾健坤順」，皆言其象，即言其事、其用，而不言其為一物一體。此乃最可表達中國古人之觀念。

人生從具體言，有「人」始有「生」。從抽象言，則有「生」始有「人」。生必和合，如飲食，即與物相和合。苟無飲食，即不得有生。又必男女和合，否則亦無生。又必有父母子女，世代綿延，否則其生短暫，仍歸絕滅，仍不為生。故有生必有「群」，非群即無生。若專指其個體各別之身為生，則大不通。身由父母來，由飲食而長成。故人生乃由事見物。陰居後，陽居先；地居後，天居先；人居後，生居先；具體必居後，抽象乃在先；豈不即此而可知？

中庸言：

人莫不飲食，鮮能知味。

此非甜酸苦辣之為味，乃今俗語所謂之「人情味」。飲食之意義與價值，非僅養吾身，尚有遠超其上者。孔子飯疏飲水，顏子簞食瓢飲，其味亦豈飲食小人之所知！門內膏粱，門外有凍死骨，此膏粱又

何味！實則此亦眾人所共知，故為「中庸」之知。聖賢亦不能離此以為知。天之生人，生庸俗，亦同生聖賢。聖賢乃在庸俗中成其為聖賢；離於庸俗即不得成其為聖賢。同此飲食，同此為人，中庸之德亦即天德。在其能充實而光輝之，斯即為聖賢。

中庸又言「夫婦之愚」，「夫婦之不肖」。天之生人，必分男女。婚姻和合，人群大道乃以肇始。中國人言「夫婦」，猶其言「天地」。故曰：

君子之道，造端乎夫婦。

則豈不乃造端於愚不肖，而天地亦為愚不肖？中國中庸之道，其難言有如此。至於「個人主義」，則絶非人群大道，向不為中國人所重視。

中庸又曰：

執其兩端，用其中於民。

夫婦一陰一陽，兩端對立，然相與間有一「中」。人群大道，即貴有此「中」，相通和合，使雙方各得其所，各得安定，各得親密往來，此即群道之大本。聖賢言「道」即在此，盡人與知與能。然此

「道」亦一抽象。看重具體，則分別對立，人事多端，必出於爭，終不能建立一大群。就西方言，宗教、科學相對立，宗教信「天」，科學偏「物」，於「人」皆不相親。如何在此天與物之兩端，求其互通相和，此為人生莫大一進程，亦為人類莫大一問題。論政治，民主、獨裁又成兩端。民主重多數，獨裁尊少數，在多數、少數間，亦貴有互通相和之一道。不能尚多數抹殺少數，亦不能尊少數忽略多數。論經濟，則資本主義與共產主義又成兩端。資本主義尚私有，共產主義尚共享。私有、共享，亦當兩存。如何求得一中道，此亦人類當前一問題。

推此言之，個人主義、社會主義亦成兩端。社會中何得無個人？個人相與，又何得不合成一社會？雙方互合成體，相和成道，則可以兩全；否則各謀發展，相互敵對，則同歸失敗。天地、宇宙、時空，亦成雙作對，而有和無爭。故曰：

君子之道，造端乎夫婦，及其至也，察乎天地。

因天地亦在此道中，無此道亦不得成其為天地。

具體求分別，則處人群中，又必求相異特出，不甘為一尋常人。即在和平中，亦求超群獨立，如今世一切運動會即其例。十人賽跑，一勝九負，群中見獨。但非負何有勝，非群何見獨？本屬兩端，和合成體，失則俱失，成則兼成。一人跑跳、棒球之獨勝其群，究何意義價值可言？中國人言「立

德、立功、立言」，立於己即立於其群。於群有大貢獻，遂於群中得不朽。孔子曰：

君子無所爭，必也射乎？

射亦中國古禮中一大禮，非近世諸項運動之比。

笛有七孔，共成一聲。樂有八器，金、石、絲、竹、匏、土、革、木，共成一樂。聲之與樂，亦抽象之和合。中國人重「禮」必兼「樂」。「禮之用，和為貴。」所以表其和者則在樂，樂即人生之可樂者。伯牙鼓琴，志在高山，志在流水。高山流水，可以見而知。伯牙琴聲志在此，則惟鍾子期知之。此見抽象之難知。中國古人言樂，又曰：

絲不如竹，竹不如肉。

絲聲尚近具體，竹聲出於空，肉聲出於心，心屬人，亦一抽象。聲屬天，天人和合以為一，此則最為中庸之大道。

莊子曰：

惟蟲能蟲，惟蟲能天。

此言道貴自然。人非蟲，乃能與天相對立。人文亦與自然相對立。故蟲聲即天聲，而人聲則別。能以人聲合天聲，乃最見「執兩用中」之大道。中國舞臺劇最能表現人生，最高表現則在樂。語言亦音樂化，語言之不足，而表達以歌聲。喜怒哀樂，皆從歌聲出，發乎天，成乎心。心與天若處兩極端，而歌聲則其中和。故中國戲劇乃最可樂之人生。即哀即怒，亦皆可樂。中國人生之理想，即此境界，乃以戲劇表達之，而始愜然覺其有當於此心。其實登臺演劇，亦一庸俗人，一庸俗事。而在臺上歌演，則不啻成為一聖賢豪傑。能知聖賢豪傑之無異於庸俗，則無違乎中庸之道矣。抑且生、旦、淨、丑，乃和合以成一共同之人生，非分別以相爭。即唐宋官驛皆有歌伎，以慰旅宦之羈孤。凡其歌唱，亦異於近代之商業相爭。此一節亦值注意。

中國舞臺臉譜，亦一種抽象化。若極平常，亦見其特出。衣裝亦然。有衣裝高貴而其人則卑下者，有衣裝尋常而其人乃為上等者。觀者望而知，此亦中庸而極高明之一道。若論具體，服裝人品顯相分別，但豈得以服裝定人品！

西方人以具體求人生，乃感人生有兩大事：一戀愛，一戰爭。其實戀愛亦如戰爭，男女雙方，不顧一切，竭其全心力以赴，此亦可暫不可常。西方人又言「婚姻乃戀愛之墳墓」。戀愛乃若更高出於婚姻。不知戀愛尚分兩體，夫婦則成一體。但此體屬於抽象，而實為人生理想所在。戀愛尚在個人主

義之階段，苟和合成家，而不變其雙方各人之立場，則轉多難處。故西方惟求為一小家庭，先與翁姑分，繼與子女分，如是庶得小安。家如此，國亦然。故西方亦惟有小國寡民，不能有廣土眾民一統之大國。大國則必為一帝國，多有殖民地，形大而體仍小。如中國之一統，有中央、有地方，和合而成，其體乃大；乃由抽象之中庸大道來。此義甚深，讀者試自參之。

戰爭為人群一大事，必有對立之雙方。一方敗，失其對立之地位，戰爭平息，乃轉覺失去一可樂。亦如謂婚姻為戀愛之墳墓，則婚姻豈不亦失去一可樂？無戀愛，無戰爭，人生落空，所樂何在？惟一幸事，今日尚多國林立，戰爭不斷發生。婚姻制度則逐漸取消，群尚戀愛同居。兵戰外又有商戰，又有種種運動場上特設之戰。戀愛、戰爭不斷可求，具體人生之悲劇乃如此。

中國人則曰「修身、齊家、治國、平天下」。修身、齊家，夫婦一倫乃其起步，婚姻事大，戀愛事小。治國、平天下，天下和平事大，戰爭事小。人道立，但人群之外，尚有天地大自然，與人類文化成雙對立，而其間仍有一中道。人文當參天地之化育，而人生乃無止境。然人生終不能無止境。大學言：

在明明德，在親民，在止於至善。

明己之明德以親民，內外和合，斯即至善，可止矣。千里之行，起於腳下。婚姻為男女結合一止境；

慈孝友弟，乃家庭一止境；君臣朋友，忠信相處，乃國與天下治平和合一止境；逐步得其止，又可逐步再向前，則止處即其起步處。止乃無止，此乃一番抽象大理論，而中國人則謂之中庸之道，人人能知能行。此一深義，乃大堪玩味。

西方人重具體分別，學術亦分門別類，如宗教、科學、哲學、文學亦各自獨立。中國古代則一切學問皆相通，皆歸於人生，歸於禮樂。禮則其體，樂則可樂，乃其用。知必歸之行，而人生全體大道亦俱備其中，更不必分門別類，多作各自之獨立。即如醫學，西方重解剖，一身器官皆各分別，不重其共通之生命；中醫則在一氣相通處求。故西醫據病言病，中醫則言病在生理。西醫治病，可去其一器官，其藥亦多無機物；中醫則治其生命全體，用藥亦多有機物。故中醫更重病前之營養。

身然，國亦然。西方政治、法律、經濟、外交、軍事亦各分別專治，不相會通。故國病最難治。求富求強，國乃為一相爭大武器；和平相安，只是暫時現象。中國以禮樂為治平大道。若似玄言，非具體可能，實則中國五千年歷史可作證。

學問知識之最具體者，則為近代之科學。但近代科學乃供作相爭之器，非治平之道。近人非不知。又每一物必分別之為「原子」、「元素」；今始言「電子」，分陰分陽，實一動態，則一切物皆原始於一「動」，此即中國之所謂「氣」。氣非「物」，有其「象」。宇宙乃一氣之流動。則西方科學之最新發明，中國觀念已早得知。中國非無科學，但當稱之為「生命科學」，或「人文科學」，與西方之所謂「自然科學」亦有別。此非會通於雙方文化大傳統之總全體，則無以明之。

然則人類一切學問知識，首當於何求之？曰：宜先求之人之「心」，以心合於「事」。聖賢如此，愚不肖亦爾。中國古籍，詩書為尚。詩言人心，書言人事。西方史學最後起，心性之學在西方可謂尚未開始。專尚理智，不求之喜怒哀樂之情感，何以知人心？喜怒哀樂藏於「中」，而有其「和」。中庸言：

致中和，天地位焉，萬物育焉。

喜怒哀樂亦愚不肖之所有。聖賢之學則「尊德性而道問學，致廣大而盡精微，極高明而道中庸」。孔子曰：

十室之邑，必有忠信如丘者焉，不如丘之好學。

孔子亦學愚夫愚婦之忠信。西方惟宗教家言，庶或有似。但言靈魂，又誰證之？故信仰非學問，非知識。

西方知識重具體，若為一固定，乃惟求其「變」。實則變乃一自然。中國人重人文，則不言變而言「常」。自然有變亦有常。以人文贊天地之化育，則貴於變中求常。曰「心」曰「事」，則非貴求

變，乃貴能常。知其常，心乃安，乃得生長，故心安則理得。今日舉世人心徒知求變，乃不得一安定感，今日不知明日事。獨上帝乃一安定，舉世惟當賴以為救。而科學昌明，上帝更不易見，其果將何道之從？此誠近世人類一大問題。則曷不從此心之喜怒哀樂以求和求安？此為中國中庸之道，乃始尋常而可求。

中庸一書，當出秦代，融通儒、道兩家言。易傳當為同期之書，亦融通儒、道兩家。求之中國傳統文化，於此兩書其勿忽之。本篇具體、抽象之辨，乃依近人觀念言，實即易、庸之義。

# 三　時間與空間

「空間」具體而有垠，須分別獨占。儻求擴張，則必相礙。而物質人生則必依附於空間，向外尋求，常趨於「動」而「爭」。「時間」抽象，綿延無已，前後一貫，可以共容，相互融通，互不相礙。精神人生則必依著於時間，故常趨於「靜」而「和」。但時空實合成為一體，動靜亦互融為一體。惟和與爭又何能合成為一體？中國人則主爭於內而和於外，爭於己而和於人。如曰「安分守己」，其安其守，則必求之於己之內。故曰「立志」，曰「改過遷善」，皆是。中國人好言禮，禮之中必有尊卑主客之分，主必尊客而自卑，則和。孔子曰：

君子無所爭，必也射乎？

孟子曰：

行有不得，反求諸己。

射即如此。射不中，其過在射者之術，不在所射之對象，即外物。射者所立之地亦稱「物」。一在己，一在外。所爭不在外，乃在己。射者所立之位定，而後可言射術。射而得中，乃和非爭，所爭則在己之術，即爭與和亦合為一體矣。

今人率並言時間、空間，此兩詞乃譯自西方。其實兩者意義不同，亦未可以對等視之。如地球僅為太陽系中一行星。地球上又分各部分。生為一中國人，與生其他各地人，所受影響各不同。故人生必論空間。人生又必同占一時間。即地球、太陽乃及其他空間，亦必同占一時間。而時間之影響人生，則更大於空間。

時間何在則難言。但空間則必包涵在時間內，相與融成為一體。使無時間，空間又何得存在？易繫辭言：

天尊地卑，乾坤定矣。

「天」指時間，「地」指空間，時間尊於空間，中國人觀念即如此。

周易之六十四卦三百八十四爻，中國古人即以象徵宇宙萬物之一切變化，其中皆涵有時間意義。

較之古希臘人之幾何學，僅知空間者，其聰明智慧當遠勝。實則只有兩爻。曰乾「⚊」，曰坤「⚋」。「⚊」即時間，象合；「⚋」即空間，象分。中國人觀念，一切分其先皆由一合來。幾何學由點成線，成面，成體，則一切合其先皆由一分來。此兩觀念乃大不同。豈得謂合亞、歐、非、美、澳諸洲始成一地球，合地球等諸行星始成一太陽系，合太陽系及諸星河始成一天體？則幾何之由分而合，其觀念之意義與價值，當尚待商榷。

繫辭傳又言：

乾知大始，坤作成物。

一切物之作而成，其先必有一始。未作未成，則無始可見。物之作於成，皆必占空間，時間亦必隨空間而始見。老子言：

有生於無。

「有無」二字近似具體，實不如易繫言「乾坤」二字之抽象，僅指動靜分合者之更為涵蓄而允愜。老子乃道家言，易繫又化歸之於儒義。以有無言，不如以分合言。周濂溪太極圖說則謂：

無極而太極。

此較老子「有生於無」之說亦勝。濂溪乃謂無即有，無乃有之合。合為一則無以名之，故老子稱之曰無。佛教主四大皆空，惟求歸涅槃，亦主無，不主有。耶教之天堂上帝靈魂界，乃主有，不主無。儒家言可代表中國人觀念，乃會合有無以為言。雖分有無，而無在有之中，亦即是有。

易繫又言：

動靜有常，剛柔斷矣。

濂溪太極圖說則言：

太極動而生陽，動極而靜，靜而生陰。

時間是一「動」，空間是一「靜」，如太陽地球皆是一靜，實則亦皆是一動。易卦以龍象乾，以馬象坤，則坤卦亦仍是一動。惟馬之動，盡人可見，龍之為動，則不可見、不易見。空間靜而實動，離去

空間，又何由見有動、見有時間？愛因斯坦有「四度空間」論，於空間中加進時間。而周易則必主乾在先為主，坤在後為順。動在先靜在後，動為主靜為順，乃於時間中加進空間，斯又中西觀念不同之大異所在。

易繫又言：

在天成象，在地成形，變化見矣。

今人則以成形為具體，由具體中乃有抽象。中國人觀念，則主先有抽象，乃成具體。如地乃一具體，天乃一抽象，非天何由有地？西方近代天文學，亦求之太陽系諸星河，盡從具體求，則天亦如地，無大異矣。即天堂亦仍是一空間，亦猶地，仍無大異。中國人之天，則超乎地。先有天，後有地，則由抽象生具體，而具體又仍在抽象中。亦可謂具體乃靜而定為形，抽象則動而在其先。此則中西觀念大不同之可見、易見者。

今可謂天地乃一大動體；而生有萬物，則較靜而定。人生亦萬物中之一形，故曰：

乾道成男，坤道成女。

乾坤乃其象，言「道」則指其動，男女斯成形，乃始有靜可言。又曰：

> 男女構精，萬物化生。

此「男女」二字，則兼言陰陽。其媾其化，皆指動言。則人生皆由一動來。人之畢生，亦只是一動。日出而作，日入而息。人之休息睡眠，其實亦仍是一動。天之生人，豈專為其休息與睡眠？則自中國人觀念，人生之貴「動」更可知，其貴「剛」亦可知。近人乃謂中國人貴「靜」貴「柔」，則失之矣。

今人又分「精神人生」與「物質人生」。其實決不能脫離物質以為人生，而在物質中則必顯有精神，仍只是此一人生。食衣住行，屬物質人生，但精神人生亦皆散見其中。各自分別，乃若不易見。孔子之「飯疏食飲水，曲肱而枕之」，亦即物質人生。顏子之「一簞食，一瓢飲，居陋巷」，亦物質人生。離物質，又何以為生？但在物質人生中，有精神之存在，則難具體指陳。具體屬空間性，而抽象則屬時間性，其輕重之間，則雅俗觀念有不同，亦即中西所不同。

要言之，中國主由合而分，西方則主由分而合。故西方主由「個人」合為「群」，中國則主「群」中分有「己」。己生之前，不知已有千萬世之人群之存在。非有此群，何從有己？故於己即見群，亦猶於己即見天。人之一己，又何得獨立為生？然己之生則具體，而群體之生則若為抽象。一中

國人之生，若與同時其他亞、歐、非、美、澳人之生渺不相干；當前一人之生，又若與以前千萬世之人生渺不相干。具體言之若如此，抽象言之則不然。故謂生命有一大總體，亦可謂「時間」即是此總體。

就個人生命言，可分嬰孩、幼年、壯年、成年、晚年各期。合百年之生，而分此諸期。非由此各期而合成為一生。此百年之生，若為一抽象；此各期之生，若見為具體。果認具體為「實」，則抽象轉成為一「虛」。然則豈合此諸實以成一虛乎？故百年之生，始為共通一實體。嬰孩、幼年諸期，皆依此共通之實體而各成其為實。嬰孩、幼年期夭亡，則此生實不啻一虛。兩者之間，虛實是非之判，亦可定。

中國人自幼即教以「孝」，稍長即教以「弟」。先教以在家族鄰里小群中做人，繼教以在國與天下大群中做人。在小群中做人，則為一「小人」；在大群中做人，始為一「大人」。能在古今人類長時期中做人，則為聖為賢，尤為大人中之大者。僅知有己，不知有人，則又為小人中之小者，斯不得視為人矣。方其為嬰孩，不知此下尚有幼年、中年、老年，故嬰孩不得謂之為「成人」。年漸長，始知其前為嬰孩，後有耄老，乃得謂之為「成人」。

今人重視「經濟人生」，中國古人則重「道德人生」。經濟人生若為具體，而人與人則各別相異。道德人生若為抽象，而人與人乃可會通合一，時間、空間亦隨之擴大延長，經濟人生豈得相比！又經濟以「財貨」為主，財貨在人生外部，亦可謂乃人生中一「虛」。道德以「心性」為主，心性乃人生

中一「實」。貧富與聖賢之孰貴孰賤，則不難辨。

經濟人生重商業，供求雙方對立，不能由一方作主。農工人生則生命在己。故農工社會重道德心性，商業社會重機會功利。如慈孝，父母子女和合相親。詩云：

孝子不匱，永錫爾類。

一人孝可感使人人孝，世世代代孝。孝道益弘，決不損及己之孝。老子言：

既以為人己愈有，既以與人己愈多。

道德人生即如此。商業牟利，供方多得，乃由求方多與。一方利，他方損。今日則勞資相爭，為世界人類一大禍害。

中國教育重培養情感，修心養性，為道德人生主要一項目。西方教育重傳授知識，訓練技巧，求學即為牟利，乃亦為經濟人生中一要項。近代學校學者繳學費，教者受俸給，來學求知，亦如出資購物，教育亦顯具商業性。中國則曰「尊師重道」。如孔孟周遊，如齊之設有稷下先生，從學者之生活皆賴於師。後代之書院，來者亦由書院供養。其決非商業性可知。

中國教育重「師道」，師道可以傳之久，學校則時興時廢。如宋初胡安定蘇湖講學，晚明顧高東林講學，載之史乘，歷千年數百年，常在人心人口，而其書院則皆早廢。西方如英之牛津、劍橋，美之哈佛、耶魯，或五、六世紀，或三、四世紀，其學校則常在。中國人重師道乃重「人」，有生命，屬動的一面。學校建築則屬「物」，非生命，乃靜的一面。中國文化傳統精神，亦可謂重「動」不重「靜」，重「精神」不重「物質」。經濟屬物質，道德屬精神。靜則易舊，動則易新。則豈不西方轉重守舊，而中國則反重開新？即如埃及、希臘，其器物建築尚多留存，而僅可稱之為「古埃及」、「古希臘」。中國則五千年歷史相傳，人文演進，不得仍謂是犧、農、黃帝時代之「古中國」。正因中國人重時間，屬「虛」屬「動」，故中國人求「常」不求「變」。西方人重空間，屬「實」屬「靜」，故西方人必求「變」求「新」。可謂中國五千年乃其民族生命之綿延，而西方則自埃及、希臘以至今日之英、法、美、蘇，民族相異，生命亦變。比較中西雙方文化異同，則誠有難一言以盡者。

依人類生活史言，先漁獵，次畜牧，乃及農工業，最後始有商業。亦如人之一生，自嬰孩迄老年，去死日近。亦可謂，漁獵、畜牧乃人之幼稚前進期，農工業則為成長安定期，商業當為衰老期。人之既衰，最要者乃在其憶往念舊，果使往舊無可憶念，則人生之意義與價值又何在？近代商業社會，仍不能無漁獵、畜牧、農工諸業，商則賴此諸業以成。依時間言，舊與新乃一貫相成。空間遊歷，則見新舊相異。時間回憶，則見新舊相成。多壽為人生一福，遠遊終不免為人生一勞。舊可以無新，而新則終不可以無舊。中國人知重歷史，此乃生命精神之所在。斯亦見時間之於人生，乃更重於

空間。

孟子言：

規矩，方圓之至也。

方有四隅，四隅皆方乃成方。故方似由分而合；圓則渾成一體，僅有一中心，合而不可分。中國人言「天圓地方」，又言「圓顱方趾」。圓偏動，方偏靜，故中國人更貴動。今人乃言中國人好靜不好動，好古守舊，不尚進步；不知西方進步在其具體物質，中國進步則在其人文精神，此又其別。

天地萬物，如一大圓體。自人類言，其中心乃在各自之一「己」。中國人言：

一天人，合內外。

此天地萬物，由己為之中心，乃能一，乃能合。此言非具體，乃抽象。而己之為天地中心者，非其「身」，乃其「心」；但非西方哲學「心物對立」之「心」。中國則主「心物合一」，天地萬物均融在此心中。此一境，此一理，則常靜而不動。故樂天知命，安分守己，此即「主靜立人極」。然而一言一行，一瞬一息，日常之應對酬酢，以至於一日二日之萬幾，苟日新，又日新，日日新，乃無不在於

此心之動。故大學言：

知止而後有定，定而後能靜，靜而後能安，安而後能慮，慮而後能得。

此一進程，豈非即是一動？而「知止」在先，則仍是一動。惟動中已包有靜，靜中已包有動。必分別動靜以為二，則難以得其境界矣。亦可謂「心」是一動，「物」是一靜。大學言：

致知在格物。

則心之動即在物。故惟格物乃能致知，而後我心之全體大用無不到，眾物之表裏精粗無不達。此始是中國之動靜合一，天人合一，內外合一，即心物合一論。

故中國人言修身、齊家以至於治國、平天下，莫不以己心為之主，為之一中心。其向前而進，日邁日達，而終亦不離此中心。其前進乃如繞一大環，到盡頭處，還是原先起腳處。依時間言，可謂極其綿長；而就空間言，則還是原處並未遷動。人則終是一人，己則終是一己。回吾本來面目，可謂至聖而神矣。「神」即融在吾之生。西方觀念，靈魂天堂，與此生世，境異非一。西方重空間觀，即宗教信仰亦如此。而中國人重時間觀，則非今日專慕西化者之所能與言矣。

孔子曰：

七十而從心所欲不逾矩。

此「矩」字指外面一切規範，較具體，較有靜定性。莊周則言：

得其環中，以應無窮。

故儒家重言「矩」，道家則重言「規」。因儒家重內心修養，而道家則重外面應付。規較近抽象，較有活動性。故中國人又言「循規蹈矩」，規宜「循」而矩則可「蹈」，可見規具向外行動意義，矩具守己靜止義。矩易落實，而規則空靈。「方」合四隅而成，一隅不成方，但亦自成其為一「隅」，中庸謂之「致曲」。規則為渾然之一體，非循其全，即不見其為規。人心所向，一言一行，皆可成矩。但一言一行，非可即成規。故矩實具空間義，而規則仍涵有時間義。矩為部分，規則全體。故西方人於方圓、動靜皆加分別；中國人言動中即涵靜，靜中即涵動。「規矩」連言，即猶「方圓」連言，亦猶「天地」連言，非只言一物一形。但儒家兼言天地重守矩，較之道家之循規僅從天，更適循用。細闡之，亦可謂精義無窮矣。

孔子又言：

智者樂水，仁者樂山。智者動，仁者靜。智者樂，仁者壽。

心分「仁」、「智」兩型。仁屬情感，動而易變；智屬理智，靜而不變。人之初生，即有情感，理智則後起。實則理智屬靜而較易變，情感則屬動而較不變。如慈孝，乃亦常而不變。何道以慈，何道以孝，則屬智。中國觀念，情感先起，屬天；理智後起，屬地。中國人尊天卑地，尚智更尚仁。故曰「王道不外乎人情」，又曰「天理人情」，天理、王道皆見在人情中，其尊人情有如此。

中國人言人情最重孝。舜為大孝。孟子書又有「上古有不葬其親者」一節，推論葬親之禮之由來；則孝道上古即有。知葬禮乃隨其孝情來。孝之禮隨世而變，而孝情則終不變。故孔子曰「仁者靜，智者動」。但孝行豈可謂之不屬動？惟其能常而不變，斯謂之靜矣。

今再推而言之，不僅人心有孝，即禽獸亦有孝。若以孝為愛，則草木雖無親，亦可謂各知愛其生。生命從天來，故孝之德亦從天來。即無生物，相互間若無孝無愛可言，然同出一源，同歸一體，物各有性，則宜亦有其相類似者。鄒衍陰陽家言，分「五行」、「五德」，其說尤流行於中國社會之下層。亦可謂即本孔子「智者樂水，仁者樂山」一章來。周易乾坤兩爻，一合，一分，象徵天地間一切事物之變，其言玄，普通人不易曉；孔子言仁、智兩型，一情感，一理智，則各反之己心而可得。又

山水一動一靜，則人所同見同知。然猶當辨者，既同屬一體，同屬一心，則動中必有靜，靜中亦必有動。仁中必有智，智中亦必有仁。仁而不智，陷於不仁；智而不仁，便是不智。其理雖深，宜亦可知。

「樂」與「壽」亦然。孔子稱伯夷、叔齊「求仁得仁，又何怨」，即其「樂」。餓死首陽山，三千年來，人人心中有其人，即其「壽」。顏淵居陋巷，簞食瓢飲，人不堪其憂，回亦不改其樂，亦不失為一仁者。不幸夭亡，而亦永在兩千五百年之人心中，則亦不得謂之不壽。則仁者壽，宜亦有樂。而智者樂，宜亦同有壽可知。

再推言之，天地萬物同此一動一靜，一樂一壽，而其間不妨仍有別。如孔子當其仁，莊老宜可當其智。儒家主仁，亦重智。道家偏智，亦有仁。其所不同，如一身之耳、目、手、足，各分左右，聽、視、持、行，左右如一，而亦終有其分。一心兼仁智，亦類此。

身分左右，終不宜偏左偏右。心有仁智，亦不宜偏仁偏智；偏則多失。孔子又曰：

執兩而用中。

中國人一切思想論議必分而有合，合而有分。西方則宗教近仁，科學近智，各走極端，不易和合，而尤近於偏尚智，其弊亦經歷長時間之演變，至今而益顯。西方尚智主「分」，中國尚仁主「合」，若

各就雙方同一短時期內之空間觀之，則是非得失，洵有難定。若統就其長時間之歷史變化言，則五千年來雙方之不同與其是非得失，亦可判矣。故空間之意義與價值，終不如時間。

依照中國陰陽家言：東方之人仁，西方之人義，或言智，似若僅為一種空間觀。今人亦有據此來分別中西雙方文化異同者。其實西外更有西，美國乃轉居中國之東。抑且中國古人不知有今日之西方。蓋此言雖僅空間觀，實仍涵有時間觀。日出於東，沒於西。故謂東方之人近陽偏仁，西方之人近陰偏義或智。其言「東西」，實猶言「始終」。人生當以仁為始而終以義與智。此亦一種心物合一論，亦即仁義、仁智合一，情理合一。無「情」烏得有「理」，無「理」亦烏得有「義」有「智」？

人生中年以前，日趨生長，則近陽而亦近仁。中年以後，日趨成熟，則近陰亦近義與智，亦證義、智由仁來。孔子曰：

十室之邑，必有忠信如丘者，不如丘之好學。

忠信近仁，好學則學其義與智。中年以前多情多近仁，中年以後多理多近義與智，此乃人生一自然進程。孔子之求為一完人，必具備人文全體之時間性。讀古人書，貴能通其大義，偏據一端，則又必失之。

孟子曰：

大人者，不失其赤子之心。

若謂赤子心近仁，大人多義多智，惟大人貴能不失其赤子之心，是智與義而不失其仁。赤子亦必進而為大人，是即仁而必臻於智與義，情而必達於理。故中國人言天，常兼言陰陽；言地，常兼言山川；言人之德性，則必兼言仁智、仁義。今若謂中國人重仁輕智輕義，重情輕理，豈不又失之？又如原始野蠻人，若其仁不如後世人，實乃其智、義不如後世人。原始人亦具好生之心，即其仁。惟不知何以好其生，又不知好人之生亦即所以好己之生。智、義不及，乃無以見其仁。理不到，亦無以見其情。而近代核子武器之發明，則其仁其情又遠不如原始之野蠻人矣。故人事複雜，世態多端，單憑短暫之空間具體無可判，必待悠久之時間抽象論乃定。

中國人言「始終」，又言「本末源流」。倘謂中國人重本源，輕末流，則又失之。故中國人兼言天地，而天尊地卑，又必加以分別。雖其語流為通俗，其義深長矣。

# 四　常與變

近代國人，率以吾中華民族為「守常而不知變」自譴。其實吾古人早知「變」，早貴能明變、通變、達變，典籍具在，隨處可徵，不煩縷舉。尤要者，在知變又知「常」。常中有變，變中亦有常，中國古人用一「時」字，即兼容並包此「常」與「變」之兩義。孟子曰：

孔子，聖之時者也。

易傳亦言：

時之為義大矣哉！

中國以農立國，書稱：「欽若敬授」，易象：「治曆明時」。敬授民時，即是敬授民事。春耕夏耘，秋

收冬藏。中國地處北溫帶，春夏秋冬，四季明晰，並分配均勻。四季又各分孟、仲、季，一年十二月，氣候各有分別，並與農事緊密相關。故中國古人之時間觀，並與生命觀相聯繫。時間中涵有生命，生命即寄託於時間。時間屬於「天」，生命主要屬於「人」。中國古人所抱「天人相通」、「天人合一」之觀念，即本農事來。人中即寓有天，貴能以人事合天時，故曰「人文化成」。此「化」字即包有天、有時間，人文即包生命，於自然中演出人文，即於人文中完成自然；故中國古人於同一事中即包有「天時」、「地利」、「人和」三觀念。孟子曰：

天時不如地利，地利不如人和。

此並不專指兵事言，乃可通指一切人事言。就農業民族之觀念，氣候固極重要，但必兼土壤。氣候、土壤固極重要，但又必兼人事。苟不務耕耘，則天時、地利同於落空。而耕耘則貴群合作。百畝之地，必治之以五口之家。夫耕婦饁，男童司牧，女童司守門戶。不僅如此，牛、馬、鷄、豚，在一家生事中，亦復相和。而稻、麥五穀，尤為生事所賴。稻、麥之生長成熟，更見與天時、地利、人事一體相和。其事則必經歷有時間之變，而變中必有常，可以資人信賴。故曰：

但問耕耘，莫問收穫。

人事既盡，而天心亦即已在人事中。不盡人力，則天意亦不可恃。故中庸曰：

人可以贊天地之化育，與天地參。

苟非有地，則天亦落空，故中國古人必兼言「天地」。但苟非有「人」，人不能「和」，則五穀不生長，既無人文之化成，則獸蹄鳥迹，草木茂盛，只為洪荒之世。故中國古人言天地，又必兼言人，而合之曰「三才」。此種觀念，其實乃是一農業人之觀念而已。

曠觀此世，人類所生，不僅在溫帶，亦有在寒帶、熱帶生長者。寒帶人僅能以游牧為生，逐水草而遷徙。不能安居，斯不能樂業。人事僅若為生命之奴，不為生命之主。其去禽獸之為生不遠。熱帶人氣候薰蒸，長夏炎炎，神昏欲睡。而采摭野果，亦可飽腹。故其心所憂，不在其身。好靜處，好冥思，視人生乃如一負擔，轉求擺脫，求出世。故印度乃產生有釋迦牟尼之佛教。

人類最適生長在溫帶，然使其占地不廣，耕稼區域狹小，僅賴農業，生事不易滿足，於是轉業工商，偏重製造，向外貿易。如西方古希臘，其人集居城市中，所謂「百工居肆以成其事」。農人在城市外，不為群所重，視之如奴。工人成器，出外貿易，又必遠越重洋；其主要目的地，仍為其他民族中之城市。於是其生活觀念，不重在民族分別，專重在城市與鄉村之分別。人生拘束於城市小範圍

中，天地大自然，轉若外於人而存在，與人生若疏遠，不見為親切。故希臘哲學家，每分「宇宙論」與「人生論」為兩套，從宇宙論降落到人生論，人生與宇宙，像是二而非一。沿至近代，科學興起，乃主以人生戰勝自然，與中國古人之天人合一觀，大異其趣。

又如西方古代猶太人，流離為生，備受壓迫，歷盡艱辛，人世無望，轉而期望於上帝。認人類乃以罪惡而降生，猶太人之前途，必賴上帝而得救。耶穌特擴大此觀念，謂上帝所救，當屬全人類，不限於猶太人。然其分別天人，上帝只管人死後，生前在此世界中，仍由羅馬皇帝凱撒管。耶穌亦猶太人，此乃其一種無可奈何心情之流露，亦即證人世之在充滿罪惡中。穆罕默德為阿拉伯人，經商沙漠中，承耶穌而起，創為回教，意態轉強。惟其視塵世為罪惡，以出世為究竟，則與耶穌無殊。

上述佛、耶、回三教之信仰，皆不產於溫帶之農業社會中。印度固亦有農業，但生事易足，勤勞不受重視，乃感人生空虛乏味，易起人生厭倦心；故佛教雖主出世，而不尚天堂，求歸涅槃。是人心之隨於其環境中「天地人」三要素之和合而各生變異，豈不即就此而大可證明。又如古埃及人、古巴比侖人，雖亦以農業產生文化，但尼羅河下流之氾濫，與巴比侖雙河之灌溉，其占地面積，較之中國河、濟、淮、江四大流域之廣袤寬宏，差別太鉅。故惟中國之農業文化，乃獨出迴異於世界古今其他諸民族之上，而自有其非常特殊之成就。

惟中國自古即成一農業大國。即在封建時代，亦有其封建之統一。雖在社會上有貴族、平民兩階級，然平民主生產，貴族主政教，兩階級分工合作，融成一體，農不為奴，而政則以農為本。呂氏春

秋十二紀、小戴禮記月令篇、淮南王書時則訓、汲冢周書時訓篇，雖諸書皆出戰國後，但遠溯之古詩豳風七月章，會合而觀，足徵古代中國人生要務在農，政府法令教訓亦重視農，社會風俗亦發端於農，歸宿於農業。月令篇有曰：

毋變天之道，毋絶地之理，毋亂人之紀。

人群綱紀，即俗稱「道理」。而中國人之傳統觀念，則「道」與「理」一本於天，由此天地大自然而人文化成。人類文化乃得贊化育，參天地，而與天地合。此可謂乃中國傳統文化精神一特徵。

故欲探討中國傳統人生，必注意其社會風俗。欲探討中國社會風俗，必注意及其天時氣候節令。此皆與農業有甚深關係。而中國人論衛生修養，起居飲食，必慎必戒，所宜所急，亦隨其氣候節令而變。生命從大自然來，即在大自然中長成。人類生命，亦如五穀稻麥、牛羊犬馬。中國古人，認為天地大自然，只是一陰陽五行；生命亦然。故中國人論生理、病理、藥理，無非此陰陽之順逆，五行之生剋。天人相通，萬物一體，亦如一身之五官四肢、五臟六腑，同屬一體。中國古醫書如素問、靈樞、本草，通天通物，莫非此意。中國人治學尚合尚通，西方人治學尚別尚專。西方人言生理、病理、藥理，亦從專處、別處尋究。中國人言眼疾通於腎，或其他內臟。西方人則專治眼，若可外於其身而治；治身亦若可外於天地大自然而治。此亦見中西雙方文化精神一大相歧。此因中國文化建基於

農業，農則必外通天地以為業。西方文化建基於工商，可以封閉於室內與都市，若可隔別於天地大自然。故中國人生，必納入自然中，貴能順應自然。西方人生則與自然劃離，而求能戰勝自然，克服自然。

工作業務如是，營養衛生、消遣娛樂亦如是。整個人生不外此三部分。中國人把此三部分全納入大自然中，必順應天時，配合節令。如讀齊民要術、農政全書、荊楚歲時記等書，可悟此中消息。故中國文化中之全人生，無不與外面自然環境乃至天時氣候相配合。此實一種極具體極客觀之科學，而亦極富藝術情調。故農業人生，本極辛勞勤苦，但中國人能加之以藝術化，使其可久可大，可以樂此而不疲。又自藝術轉入文學。如讀范成大之四時田園雜興，趙孟頫之題耕織圖，歐陽修之漁家傲詞，亦各十二月分詠。隨時隨事，無不可樂，人生可以入詩入畫，復又何求！

中國人愛栽花賞花。花之生命，最與天時氣候節令相配合，而又有其各別之個性。歐陽永叔詩：

淺深紅白宜相間，先後仍須次第栽，我欲四時携酒去，莫教一日不花開。

中國民間，因有「二十四番花信風」之説，自小寒、大寒，立春、雨水，驚蟄、春分，清明、穀雨，一月二氣六候，四月八氣二十四候，每候五日，各有每一花之風信應之。最可注意者，此二十四番之花信，不始於春，而始於冬，每氣三番，小寒即有梅花、山茶、水仙，循此以往，迄於穀雨之牡丹、

酴醿、楝花。尤以梅花凌寒而開，為群芳之冠，最為中國人生理想之代表。畫家有「四君子」與「歲寒三友」，古今詩人，莫不以詠梅為最足寄託其高情雅致。佳句名什，流傳唱歎，何啻千萬首！至今仍奉梅花為國卉。此乃天地大自然賦與人類生命一番最深切、最著明之大教訓。就哲學論，乃自宇宙至人生，融通合一，貞下起元，絕處逢生，一最大象徵，最高辯證法；而亦為最具體，最客觀，最富科學性的眼前實例。此一大真理，誠可以「建諸天地而不悖，質諸鬼神而無疑，百世以俟聖人而不惑」。而中國因其為一農業民族，地居北溫帶，目擊心存，不言而喻。中國文化之所以緜延持續，五千年以來，繼繼繩繩，不衰不輟，此其得於天地大自然之所賜者獨厚，即此一端可見。

何遜詩：

兔園標物序，驚時最是梅。

農事必重天時，花事同亦重天時，人生萬事何獨不然？中國文化以人生為本位，而天時在中國人心中，乃成為驚心動魄之惟一大事。所以中國人獨能知常又知變，知變又知常，常與變融為一體。試誦何遜驚梅之句，豈可復疑中國民族乃守常而昧變乎？又如文天祥詩：

滿天風雪得梅心。

今日之世界，今日之中國，正值滿天風雪之候，然而吾國人之能得於梅心者，又何在？實則梅並無心，僅一自然，乃移人心為梅心，此始透入中國文化、中國藝術、文學之極深處。今日吾國人乃擯棄此等，不加理會，則誠大可惋惜。

上述中國文化，建基於農業，既富自然性，亦富生命性。因其地居北溫帶，春夏秋冬四季，分明均勻。上自政府法令，下至社會風俗，乃及各私人之衛攝修養、娛樂消遣，以逮藝術文學，靡不一貫相通，和洽相成。人生之與天時地宜，莫不調協。人類文化之與大自然，融為一體。姑再從一年十二月春夏秋冬四季各項節日言之，亦大可見其涵義之平實而深邃。春者，蠢也；一切生命，皆由是蠢動。而農務工作，亦始於春。中國人言：「一日之計在於晨，一年之計在於春。」春耕夏耘，秋收冬藏，周而復始，只此一事。有常有變，而又有信。人之在天地大自然中，乃得融成為一體。朱子言：

天只是一元之氣，春生時，全見是生。到夏長時，也只是這底。到秋來成遂，也只是這底。到冬天藏斂，也只是這底。

又說：

如四時：春為仁，有箇生意；在夏，則見其有箇亨通義；在秋，則見其有箇成實意；在冬，則見其有箇貞固意。在夏、秋、冬，生意何嘗息？

又曰：

仁是箇生底意思，如四時之有春。彼其長於夏、遂於秋、成於冬，雖各具氣候，然春生之氣皆通貫於其中。仁便有箇動而善之意。

人之為人，必從人群中為之，此孔門所以提一「仁」字，而鄭康成以「相人偶」釋之是也。又必在天時大自然中為人，此朱子以春為仁是也。實則天地萬物，何嘗皆始於春？朱子所言，亦只是農業人觀點。然而自有其不可輕蔑之大意義存在。即以人心窺天心，而謂天地只是一「仁」。然則人生固不自罪惡降謫，而天地之生萬物草木鳥獸，亦並非為人而生。此與耶教義大背。近代西方人，稍窺中籍，亦知以「生機」說宇宙，惟中國人有之。此又與西方哲學、科學不同。西方科學家探討自然惟重物理。宗教家則一歸之於神，哲學亦不以生機說宇宙。惟吾中國，乃以生意、生機說宇宙，宇宙即不啻一生命，人類生命亦包涵在此宇宙大自然、大生命中。物理、神化，皆是此宇宙大生命之所表現。非宗教，非科學，人生與自然不加劃分，亦非西方哲學之比，而獨有其「天人合一」之特殊觀。然言

春必及耕，不忘勞作，勞作亦自然。而人之所以能贊天地之化育，與天地參者，則亦在此矣。

春令佳節，孟春有元旦、人日、上元，仲春有社日、花朝，季春有上巳、清明、寒食。凡諸季節中，重花或重月，主要更重在人。或由政府命定，如社日。或由民間自創，如上巳。然既成為節，則亦官民同之。上巳為修禊之日，春氣已暖，盥濯水邊，以祓妖邪。不僅為戲娛，亦為健身衛生。健身衛生，亦必依於四時，而隨其所宜。據韓詩章句，其俗盛於春秋時之鄭。論語四子言志，曾點曰：

暮春者，春服既成，冠者五六人，童子六七人，浴乎沂，風乎舞雩，詠而歸。

是暮春浴水濱，其俗魯亦有之。一地之俗，如風之播，遍及全國。亦如寒食起於晉，而亦遍及全國也。然曾點所言，孔子所歎而與之者，較之讀鄭風所詠，則已確然見其有殊矣。王羲之蘭亭集序，上巳修禊之俗，至是而大定。其文傳誦後世，所謂：

仰觀宇宙之大，俯察品類之盛，遊目騁懷，足以極視聽之娛。

凡中國社會四季佳日令節，各有其暢敍幽情、放浪形骸之所在，則莫不有一番宇宙論、人生論哲學，乃及深厚之藝術文學心情流貫其中，實無往而不寓其贊化育而參天地之意義。

「夏」乃大而歎美之辭。萬物壯大昌盛於夏，中國人亦歸其功於天。故釋名云：

夏，假也。

寬假萬物使生長也。夏令節日，孟夏有立夏，仲夏有端午、夏至。月令有曰：

是月也，日長至。陰陽爭，死生分。君子齋戒，處必掩身，毋躁。止聲色，毋或進。薄滋味，毋致和。節嗜欲，定心氣。百官靜事毋刑，以定晏陰之所成。

夏至為日長至，陽氣盛至於極，中午為其分界線，從此以下，日漸短，夜漸長，微陰由此暗滋。生命旺暢已達最高度，而收縮死亡之運亦隨而起。人生到此境界，不能因生機旺暢而自驕自縱，惟當齋戒靜定，遇事以謹備節伏為主。故雖自然有陰陽之變，而人道則惟以中和為常。不當以眼前一時自限，而貴能貫通之於時時。中國人最大人生意義、最高文化成就即在此。易繫辭所謂「聖人有以見天下之動，而觀其會通，以行其典禮」。

端午起源甚早，最先似與屈原無關。南北朝梁王筠，北齊魏收，皆有詩詠端午，皆不及屈子。中國人之四季佳節，固是一依天時氣候而定，然亦多牽引歷史人物故事，如寒食之介之推、端午之屈原

皆是。即各處名勝亦然。此亦中國文化傳統天地人三才並重之一例。然如孟嘗君故事早與端節有關，但後世社會終不於端節中拉入孟嘗君，此亦見中國文化傳統衡評歷史人物之高下大小，出於社會公心。此層亦值加以參考。而四季佳節涵義之遞有加深改良之所在，此亦文化演進一象徵，則更值注意。

中國人於四季，尤於秋若有特殊之興會。猶憶幼年讀楚辭宋玉九辯，開首即曰：

悲哉，秋之為氣也！

余生長農村，頗怪春夏秋冬平平而過，乃不知秋氣之可悲，此後遂知注意時令節氣。及讀書稍多，乃知漢武有秋風辭，其結句乃曰：

少壯幾時兮奈老何！

春氣方生，秋氣漸老，自春迄秋，此固可悲，然中國人之體會於四季中之秋氣者，其意猶不止此。及後讀潘岳秋興賦、杜甫秋興詩，以及劉禹錫、歐陽修之秋聲賦。而尤深感於淮南繆稱訓「春女思，秋士悲，知物化矣」之一語。農事當秋而收，有「收成」義，但亦有「收斂」義。春秋繁露亦云：

人無秋氣，何以立嚴而成功？

試觀世界諸民族，在其文化演進中，有成而終無成，如埃及、巴比侖、希臘、羅馬，其病乃在缺乏一番嚴肅收斂之秋氣，不懷有一種悲涼蒼老之氣氛，得意向前，遂無收殺。近人之只知有向前與進步，是亦不知大自然之不能僅有春夏，而更無秋冬也。惟中國得天獨厚，生長在此北溫帶廣大地區，四季分配，均勻明白，天地大自然之所昭示於人者，至深至厚，至通至達，宜非今日人類所信奉而盛行之任何一派宗教、任何一套哲學之所能比倫。

在秋令諸節中，有立秋、有七夕、有中秋與重陽。梧桐葉落，天下知秋，此為立秋。履霜堅冰至，此為霜降。中國人觀微知著之智慧，亦胥從此等節氣中得來。上巳之浴水濱，重陽之登高，亦胥於戲娛中寓衛攝養生之義。而中國人凡遇佳節，又必連帶及於花草，此不僅供觀賞，尤因花草同有生命、有個性，可予人親切之感興與教訓。徐積詩：

雪圃未容梅獨占，霜籬初約菊同開。

中國人重梅，亦重菊，正為其能在雪霜中茁奇葩，敷異采，更著生命精神。而重九之菊，又與歷史人

物陶淵明有關係，猶如上巳之蘭花與王羲之有關係，其涵義乃更深。若僅以重九登高為一健身運動，則登高固可無菊，更不必知有陶淵明。而如今日運動會乃有希臘古俗奧林匹克之聖火，亦見風俗轉移，在文化意義上，大可作升降之衡量與探玩之一端。

冬，有「終」義。萬物閉藏，貴於安寧以養。爾雅：

春為發生，夏為長贏，秋為收成，冬為安寧。

冬日之安寧較之秋日之收斂，又不同。爾雅又曰：

十月為陽。

注曰：

純陰用事，嫌於無陽，故以名。

荊楚歲時記稱十月曰「小春」，此乃由經典演而為流俗，其中尤見深義。在中國人心中，無時而無陽

之存在。郢中歌陽春白雪，殆亦謂白雪中猶有陽春之存在。是其稱十月曰「小春」，亦見淵源之有自矣。蘇軾詩：

荷盡已無擎雨蓋，菊殘猶有傲霜枝。一年好景君須記，正是橙黃橘綠時。

此亦詠十月。其時則夏荷秋菊，均已凋零。歐陽修所謂「莫教一日不花開」，而所開之花，又必求其各具特性，則至十月，終不免若有遺憾。惟天地間既有此一段生命存在，則必有其一番光采精神之發露。蘇詩正為彌補此遺憾，非謂只是橙黃橘綠乃一年之好景，乃謂四季十二月無不各有好景，即如十月之橙黃橘綠亦是。程顥詩：

萬物靜觀皆自得，四時佳興與人同。

萬物既各皆自得，四時自同有佳興，而人亦同之。此處「佳興」之「興」字，即詩經中「賦比興」之「興」。仰觀宇宙之大故能「興」，俯察品類之盛故能「比」。由天地大自然引起人生佳興，並亦可與萬物比並。遠自古詩三百首以來，中國人所特有之人生妙義，即常在詩文中顯現。故不通中國之文學，即亦不知中國之人生。而近人乃復以吾自古以來之文學傳統，比之為冢中枯骨，目之為「死文

學」。則余此所引，宜亦索解人不得矣。

冬令節日，孟冬有立冬，仲冬有冬至，季冬有臘日，有除夕。月令曰：

是月也，日短至，陰陽爭，諸生蕩。君子齋戒，處必掩身，身欲寧。去聲色，禁嗜欲，安形性。事欲靜，以待陰陽之所定。

此正與夏至同。如何處夏至，與如何處冬至，季節固已大變，而人生仍自有常。惟夏至言「止聲色」，而此言「去聲色」。夏至言「節嗜欲」，而此言「禁嗜欲」，則又加謹之至矣。然知有「謹」之一面，又當知有「興」之一面。邵雍詩曰：

冬至子之半，天心無改移。一陽初起處，萬物未生時。玄酒味方淡，太音聲正希。此言如不信，更請問庖犧。

周易有分指十二月之卦，復卦指十一月，彖曰：

復其見天地之心乎？

故邵詩云云也。剝卦五陰在下，一陽在上，為九月。坤卦六爻皆陰，為十月，而爾雅謂之陽月，說已詳前。坤之彖有曰：

萬物資生，乃順承天。

生命從天地大自然中來，故必須承此自然，乃得安全其生。又曰：

先迷失道，後順得常。

凡僅知有春夏之陽，不知有秋冬之陰者皆即是「迷」。而僅知秋冬之陰，不知有春夏之陽者亦皆是「迷」。消息盈虛，無往不復。故「易」為「變易」，又為「不易」，又為「易知易行」。人生自然大眞理，既有變，又有常，而又為人人所易知易行。此惟中國地居北溫帶，四時之變，明白均勻，而以配合之於農事，乃獨能得此變易、不易、又易知易行之三眞理。而其淵源又甚古，當尚在唐、虞、三代以前。中庸有曰：

自誠明，謂之性。自明誠，謂之教。

四季十二月節令變化，此即天地之「誠」。人類生命，即安住長息於其中，宜當自明此理。中國古人乃即本此以為教。孔、孟、莊、老無不然。而社會流傳四時佳節，一切飲食起居、消遣戲娛、花草玩賞、詩歌吟詠，以及醫藥療養、建築疏濬，種種人事，莫不於此歸宗。所謂「化民成俗」，固不僅止於農事。此所以中國文化傳統，有其道一風同之大成功；有其繼志述事、不息不已之大影響，而非其他民族僅尚宗教信仰與哲學思維之所能企。此中國人之所以為得天獨厚也。

人之處四時，處春秋易，處夏冬難。中國於夏至後有「三伏」，冬至後亦有「三伏」。楊惲文：

田家作苦，歲時伏臘，烹羊炮羔，斗酒自勞。

此文中之「伏」，乃冬伏，非夏伏。伏者，伏藏義。冬夏皆須知伏藏，楊惲或所不知。然田家作樂，羊羔美酒，亦俗之所不廢。中國人生，主尚平衡，中和即平衡義。中國文化中所寓人生大義，雖夫婦之愚，可以與知；雖夫婦之不肖，可以與行；皆當於此等處參入。

邵雍冬至之詩又曰：

何者謂之幾？天根理極微。今年初盡處，明日未來時。此際易得意，其間難下辭。人能知此意，何事不能知！

爾雅：

夏曰歲，商曰祀，周曰年。

歲以天象言，歲星年行一次，十二年而周。陽曆以日南至為一歲之終始。豳風七月：

曰為改歲，入此室處。

中國人又以冬至祀天，即如今西俗之耶穌降生，定在陽曆十二月二十五日，距離陽曆十二月二十二、二十三冬至，只隔一兩日。西方人之有耶誕，亦猶中國之有冬至。陸游老學庵筆記：

唐人冬至前一日，亦謂之「除夜」。

故中國人極重冬至，即重陽曆也。禾一熟為一年，中國人重農事，故改從陰曆。除夕方盡，元旦隨起。除舊布新，天運循環。陰曆二十四節，取名曰：立春、雨水、驚蟄，春分、清明、穀雨；立夏、小滿、芒種，夏至、小暑、大暑；立秋、處暑、白露，秋分、寒露、霜降；立冬、小雪、大雪，冬至、小寒、大寒。凡所取名，皆與農事及日常人生有關。上述「二十四番花信風」，即從小寒起。是中國從漢武帝時，雖決然一依陰曆夏時，而陽曆中之重要點，亦復保留。自今斷然改用陽曆，然社會習俗於陰曆諸節令，亦終不能盡廢。今社會乃有不重冬至與元旦，而改重耶穌誕日者。然從此乃與天隔絕，祀天之禮，毫無意義，必待耶穌為之作仲介。此則有合於宗教信仰，而無科學為之證驗。抑且中國民族又尚急切不能完成為一耶教民族。此誠邵雍詩所謂「此際易得意，其間難下辭」也。惟其「易得意」，故中國人於冬至與元旦，可以不煩多言；惟其「難下辭」，故宗教神學之外，猶須有哲學，以闡申此宇宙人生大理，而終亦彼此牴牾，莫能論定耳。

近人好論「農業社會」與「工商社會」之分別，然只就經濟觀點言。若改從文化觀點，則當另有更深意義。中國社會，自戰國以下，即已農、工、商三業並榮，大都市興起，不得單目之曰農業社會。然中國傳統文化，則必然當歸之為農業文化。即以本篇所舉一年四季諸節日之由來及其涵義，與其影響所及，豈不見農業之與工商業在中國文化涵義中，乃有其甚大之區別乎？

即如星期休假，中國今亦盛行，一若天經地義。雖「七日來復」，固已見於易之復卦。然謂自五月姤卦一陰始生，至此七爻而一陽來復，乃天運之自然，與今以日、月、五星為「七曜」者大不同。

七日一週之說，亦始於猶太教與耶教，羅馬人用之，乃通行於世界。六日工作，一日休息娛樂，在工商社會，爭取時間，僅以日計，不論歲時，其事較之教堂禮拜，更若相宜。要之，西方文化，可以自限在人事圈內，而中國則一切人事必會通於天地大自然。何以必七日一休假，實無大意義可言。

香港為英國殖民地，其政府亦知重視中國社會習俗，於星期休假外，凡屬中國四季節令，如清明、端午、中秋、重陽、除夕、元旦，莫不定為假日。雖若有損工作，然人生佳興，多所保留，轉於工作有益。今日吾國人，凡遇一切舊傳統，皆所鄙視，乃有斥此等為迷信，為習俗守舊，既背宗教，又不科學，亦並無哲學根據，乃主一併禁絕。甚至陰曆元旦，偶有活動，亦以違反政府法令為詬厲。然則吾民族生命文化傳統緜亙四五千年以來，「禮失而求之野」，社會習俗，源遠流長，遞禪已久，乃一無考鏡之價值。而建元立極，赤地開新，可以捨己從人，惟政府一朝法令之是遵。即繩以所謂世界民主潮流，宜亦無此途徑。此則仍有待於吾國人賢慧之有所斟酌抉擇之。

（一九七六年一月十一日聯合報。原題名為天時與人文，改寫入此書後改題今名。）

# 五　自然與人文

荀子提出一「積」字，中庸承之，乃云：

天地之道，可一言而盡也。其為物不貳，則其生物不測。天地之道，博也厚也，高也明也，悠也久也。今夫天，斯昭昭之多，及其無窮也，日月星辰繫焉，萬物覆焉。今夫地，一撮土之多，及其廣厚，載華嶽而不重，振河海而不洩，萬物載焉。今夫山，一卷石之多，及其廣大，草木生之，禽獸居之，寶藏興焉。今夫水，一勺之多，及其不測，黿鼉、蛟龍、魚鼈生焉，貨財殖焉。

朱子章句說之曰：

昭昭，指其一處而言。無窮，舉全體而言。此四條，皆以發明由其不貳不息以致盛大而能生物

之意。然天、地、山、川，實非由積累而後大，讀者不以辭害意可也。

我最近曾去遊覽了曾文水庫。數年前，已曾去過一次，那時工程方開始，環顧形勢，四山圍拱，溝谷紛錯，一條條潢潦的細流，縱横沙石中。亦可說只見山谷沙石，天曠地濶，卻像不見有水一般。及今再來，水壩已成，漫步壩上，水勢浩渺。據云，此庫水量，乃兼日月潭與嘉南大圳而過之。因坐遊艇，由水庫此一端達於彼一端，全程經歷四十分鐘，往返共歷八十分鐘之久。此一水庫，其勢宏偉，當為臺灣全省各水庫之冠。其實只如中庸所云，乃是一勺一勺之水，積累所成。我沒有詳細問其深廣，但論水量，至少須用科學儀器始可衡量。

回憶數年前初來所見，也只是一勺水、一勺水。但每一勺水，崎嶇沙石間，隨流隨涸，倏忽不見了，更不論其用。因想從有此群山，從有此許多溝谷，即有此一勺一勺水從中流出，已不知流了幾千年，乃至萬年以上；那一勺一勺底水，究曾發生了何等用？若說涓滴歸海，在其曲折歸海的途程中，亦似無其他意義可言。如今則匯成一大水庫，隨時放洩，灌溉之利，何可衡量！而且又具發電功能，並亦成為一觀光勝地，為臺灣南部增添了一大建設。實際仍是那一勺一勺底水，而竟發揮出此不測功能，這實是自然界一件深值啟發的現象。

我原籍無錫，家住鵝肫蕩邊，亦稱鵝湖。廣五里，長十里，亦一自然大水庫。如是般的水庫，在我家鄉，到處皆是，遂成魚米之鄉。家給戶足，全賴那一勺一勺底水。更大是太湖，三萬六千頃，

江、浙兩省之富庶賴之。我長大後，又曾遊歷過長江、大河之上下流，對我中華民族文化發育滋養之功，其盛大不測，固屬盡人皆知，而亦言辭難宣。然究其實，亦只是一勺水一勺水之積聚而止。一勺水積聚，由中庸言之，只是一「純」字。純者，純一不雜；亦即所謂「為物不貳」。一勺水之外，仍只是一勺水，永遠都只是那些一勺水，更無他物夾雜，別無新花樣，僅此一勺水。但積累久了，卻生莫大變化，發展出莫大功能。所以中庸說：

不見而章，不動而變，無為而成。

當你眼見一勺水，豈不等如無水？但積多了便煥然成章。當我站在曾文水庫的壩上，俯仰縱目，豈不亦如面對了天地間一篇大文章？但其實只是一勺水之積。在未有曾文水庫以前，沙石間涓涓細流，回憶只如無所見，故曰「不見而章」。一勺水還是此一勺水，但成了一大水庫便不同，故曰「不動而變」。僅築一水壩，把此一勺水一勺水積起，暫不使流去，更不須別有作為，但已成了一莫大之建設，故曰「無為而成」。

其實其他人事都一般。「生命」只是此一生命。最低級的微生物，已是一生命。人為萬物之靈，也仍是此一生命。生命積久了，便從微生物演進到人類。「聰明」附隨生命而來，聰明也只是那聰明。人類聰明，其先也只如曾文水庫未施工前沙石中那些一條條的涓涓細流。從原始人起，飢思食、渴思

飲，聰明逐步運用，每人都如此，每代亦如此。其時則可謂只見有生命，還不見有聰明。但不知經歷了幾十百萬年，人類聰明逐漸開出了一條路，乃知運用石器，又知火食，又知蠶絲，一昭昭的聰明，便彙聚成了大聰明。此亦如勺水涓涓細流，逐漸匯合成大水流。今天人類聰明，較之原始人，似乎已不可相提並論。其實今天的大聰明，還是由原始人的小聰明積聚而來。「量」變而「質」未變，昧者不察，好像量變即成為質變。中庸言：「天昭昭之多」，其實每一人的聰明，亦等於是那昭昭之天。坐井觀天，與爬出井外所見之天，同是此天。人類中之大聖人，其聰明，還是平常人、原始人之聰明。正如涓涓細流之與長江、大河，論其質，還是同樣一勺水。此所謂「為物不貳」。積聚只是量變，但驟看卻像是質變。孟子曰：

人皆可以為堯舜。是不為也，非不能也。

由荀子言之，則是「不積」；由中庸言之，則是「不純」。太複雜了，反而像質變，成其為小人。故中國古人，於「生命」與「聰明」之上，更好言「德性」。德性亦只是生命與聰明之總和，若有變，但其實也並無變。莊子有云：

仲尼適楚，出於林中，見痀僂者承蜩，猶掇之也。仲尼曰：「子巧乎？有道邪？」曰：「我有

道也。五六月累丸二而不墜，則失者錙銖；累三而不墜，則失者十一；累五而不墜，猶掇之也。吾處身也，若橛株拘；吾執臂也，若槁木之枝。雖天地之大，萬物之多，而唯蜩翼之知。吾不反不側，不以萬物易蜩之翼，何為而不得！」孔子顧謂弟子曰：「用志不分，乃凝於神，其痀僂丈人之謂乎！」

以手執竿，人人所能。竿頭放一丸則易墜。五六月工夫練習，可以竿頭疊放二丸而不墜。其實也並無異樣動作，仍只是以手執竿而已。以手執竿，豈不人人所能？但何以不能執之使停、使審、使不搖？手能執竿，是手之性。發展此性，而使執竿能停、能審、能使不搖，斯可以累二丸而不墜，此非於執竿之天賦性能外有所增，但須積之以人為之習。習以盡性，非以害性。害性則手不能執，盡性則手之執竿能停而審而不搖。至於累五丸而不墜，則可謂盡其手之能執之性矣。常人能執竿，竿頭放丸則墜，此皆未盡其手能執之性。如何使不墜，則惟執之又執之，一心專在執此竿，更無其他念慮夾雜，久則熟能生巧，人不能而惟我能。人人有兩手，痀僂丈人僅亦同有此兩手。然痀僂丈人所能，乃為人人所不能。實則非不能。中庸曰：

人一能之，己百之。人十能之，己千之。

痀僂丈人積五六月工夫，可以累丸二而不墜，我化上五六年工夫，亦即可能。輪扁以七十年工夫老斲輪。大馬之捶鉤者，年二十而好捶鉤，年八十而不失豪芒；則亦積了六十年工夫。實亦即是一種盡性工夫。惟人生究不能專為承蜩、捶鉤與斲輪。孟子曰：

養其小體為小人，養其大體為大人。

子夏曰：

雖小道，必有可觀，致遠恐泥。

莊子言承蜩、捶鉤、斲輪，而皆尊之曰「道」，其實皆只是「小道」。養其兩手，只是養「小體」；養其一心，乃為養「大體」。孟子又曰：

大人者，不失其赤子之心者也。

赤子之心，人人有之，惟能保而不失，積之又積，斯可以盡心知性而知天，為「大人」。其實大人之

心，亦仍是此一片赤子之心。只是為物不貳，純一不雜，亦如一勺水之為長江大海。

中庸又曰：

詩云：「維天之命，於穆不已。文王之德之純！」純亦不已。

此即所謂「天人合德」，即人類文化與天命自然之合一。其要在純，在不貳，在不已。痀僂丈人曰：「吾不反不側，不以萬物易蜩之翼」，是即其心之純。大馬之捶鉤者曰：「於物無視，非鉤無察」，是亦其心之純。用志不分，用之者假不用者，皆是純。人之病，在用於此又想用於彼，求多用，轉反成無用。若其他全不用，只求一用，故曰「假不用以長得其用」，其用乃凝如神。「純」是不貳不雜，又是單一不已。一勺水便是一勺水，永是此一勺水，此是純。惟其純，乃見「性」，乃見「德」。雜了，性亦失了，德亦喪了。只此一個生命，只此一番聰明。從赤子以至耄老，積著七八十年，學此一心，便可盛大不測。推而言之，由一人而家、國、天下，積著千千萬萬人，都如那不失赤子之心之大人，將更可盛大不測。再推言之，由一世而千萬世，其文化傳統勿輟勿墜，將更可盛大不測。如是則須由人工來完成此大自然。正如我此刻所見那曾文水庫，只是一勺水，堰之使暫勿流，積聚成此庫，便可盛大不測。此是中庸所謂「贊天地之化育，而參天地」。只要一人如此，一世如此，人人世世如此。事若易而實甚難，事若難實則甚易。此之謂「尊德性而道問學，致廣大而盡精微，極高明而道中

庸。溫故而知新，敦厚以崇禮」。我只站在這水壩上，卻悟得了中庸之深義。

我也曾讀了許多科學家們的傳記，他們的用心，亦都是至純不雜。工夫亦都是恒常不已。論他們的聰明，實也只如平常人，其先也只是一昭昭之明；及其成功，舉世推尊。論其所知，實也還是一昭昭之明，亦只是假於不知以成其知。那些大科學家，其實亦如莊子書中之承蜩、捶鉤、斲輪者，都只是用志不分，不馳騖於萬物，單一的只用在他之所志，而終使其躋於盛大不測之境。惟莊子書中所指乃藝術，非科學，不同僅此而已。

藝術如此，科學如此，人生道德又何嘗不如此？惟藝術與科學，究非盡人皆能，而道德則不然。中庸所舉如大舜，如文王、周公，其所成就，乃在德性，應屬盡人所能。此如曾文水庫的那些一勺一勺底水，用來灌溉，猶如人倫道德；用來發電，那是科學；用來作觀光勝地，那是藝術。水性主要是在灌溉上，次要乃在供人觀賞及發電上；就人事需要言，當先使可耕得食，纔感到有用電及欣賞風景的需要。苟其無食，何需用電，更何論風景欣賞？中國人文化傳統觀，主要先需人群中有聖賢，再次始及到科學家與藝術家，其理由正在此。惟此一分別，須有大智慧、大聰明始知。堰水成渠，在歷史上遠有來源，最先動機端為灌溉；全世界一切水利工程盡如此。其次乃有觀賞；動力發電，卻是近代始有。可見人類的聰明智慧，也是成於自然。所謂大聰明、大智慧，依然仍是些小聰明、小智慧之積聚湊合，量有不同，而質則無變。

近人好言「個人自由」。潤下乃水之性。方其一勺一勺之水，崎嶇沙石間前進，固亦是其自由。

但堰水築壩，亦並未失其潤下之性。只養蓄在此，一旦放洩，便可灌溉萬頃，其潤下之性，乃益獲暢遂。人之自由，亦須有一規範，如水之涵渟，乃可得更高級之眞自由。人類群居，即已是人類生命一大進步，亦若勺水之匯而成庫，雖仍未失其為一勺水，但大體上已與分散的一勺水不同。苟使一勺一勺之水各求自由，在此壩外氾濫橫決，則為禍將不可言。今日人類已進入群居，而仍高呼個人自由，忽了此群體，正如欲返人類於原始洪荒時期，亦如勺水之必將單獨崎嶇沙石間，乃為得水性之自由，夫烏可！

近人又好言「時代進步」。一若惟水力發電，始是近代科學之賜，堪當「進步」之稱。然水利灌溉，其事亦屬科學。堰水為渠，其事亦仍屬科學。科學進步，於灌溉外又加上了發電，其實亦只是在原始水利外，再增加上了一些子。只是積舊以成新，非是破舊以為新。若必因近代科學，唱為崇今蔑古之論，豈水利僅供發電，不再要灌溉、欣賞，乃始為進步乎？固使不得已而於此三者間必有所廢，則當先廢發電，最後終不得廢灌溉。故使今日人類，在其人群大道中遇不得已而必求有所廢，則必廢其最後起即今人所謂最進步者，即自然科學是已。如殺人利器原子彈之類當可廢，而刀斧之屬之為日常用具者不可廢。大城市中五十層以上之高樓大廈當可廢，而窮鄉僻壤間之茅茨草屋轉不可廢。科學人生物質享受可廢，德性道義基本人生不可廢。若謂人類有進步，其實只在原有舊的古老的上面增進了一些子。若謂人類有退步，則後來所增進的那一些子應可退，而在今人所目為落後的未進步前的許多舊古老，反而不能退。千里之行，起於腳下。其實縱越千里，還是腳下那一步。至於最理想的人類

進步，當如中國古人所想像人之為聖賢，亦如一勺一勺水之崎嶇流注於沙石間者，匯而成一大水庫。然水庫中之一勺水，與沙石間之一勺水，在根本上依然無相異。潢潦細流是此一勺水，長江大河浩瀚渾溟蔚為大觀者，還是此一勺水。人類進步，須得還是此人類。人文進步，須得還是此自然。由人來完其天，不當由人來毀了天。今乃以水庫中之一勺水，來笑沙石間之一勺水，自傲進步。似乎行了千里，遂可不要此腳下之一步。此之謂迷失其自身。自身迷失，尚何自由可言，更何進步可言！

我生於水鄉，於水較熟。此次來遊曾文水庫，只因未成此水庫前，早來了一次，遂悟得了此一番意義。欲為大人，勿忘赤子。欲求進步，勿忘歷史。欲討論文化問題，勿忘宇宙洪荒，乃及原始人之野蠻時代。純一不已，是乃中國人所講天人合一、人文進化一條在人心上發生大作用的主要原則，仰觀俯察，一切皆是。特此拉雜寫出，敬請有心人體會。至於朱子章句所謂「天、地、山、川，實非由積累而後大」，此又從另一面講自然之深義。所以知天知人，中國人更尊孟子所言。此處暫不申論。

# 六　變與化

中國人好言「變化」。「變化」二字，可分言，亦可合言。周易言：

乾道變化。

又言：

四時變化，而能久成。

古詩十九首言：

四時更變化。

宋理學家言：

> 變化氣質。

此皆合言之。但亦有分言之者。如漢書外戚傳言：

> 世俗歲殊，時變日化。

是也。四時之「變」，由於每一日之「化」。在日與日之間，則不覺其有變。然今日非昨日，明日又非今日，自春至夏，則已漸移而默化矣。故曰「時變日化」。周易又言：

> 化而裁之存乎變，推而行之存乎通。變通者，趨時者也。

如言氣候，只是一氣之化，在此化中加以裁割，一歲三百六十日，可以裁割成四個九十日，即春、夏、秋、冬四時；此即時變，而實是一化。何以於一化中可裁？因在此一化中，前後皆近似可通。就

其更近似更可通處而加以裁割，於是遂若一歲有四時之變，其實宇宙大化則並未變。所謂四時，決非是春季之末一日，忽然變出夏季之首一日來。此所謂「變」，只由人類智慧所裁定。定此一日為春末，定此一日為夏首，遂把此宇宙大化裁成為種種之變。知其有了變，便易參加進人類之適應。故曰「變通者，趨時者也」，「趨時」正指人事之適應。故古人言「變」，每言「時變」。易又曰：

觀乎天文，以察時變。

近人好言「現代」，亦是一時變，好讓人適應。若言「大化」，則遠古至於現代，一化相承，可謂如有變而實未變。

故中國人對宇宙大自然，每不言「變」，而僅言「化」。永恆是一宇宙大自然，故曰：「天不變，道亦不變。」若專主言變，豈能變成非宇宙大自然？若謂宇宙自然變了，則一切將至於無可言。不僅自然如此，即萬物亦然。莊子稱之曰「物化」，又曰：

萬物，一也。臭腐復化為神奇，神奇復化為臭腐。

神奇與臭腐，若全相反對，其實則只是一化。故中國人言自然，亦稱「造化」。賈誼曰：

天地為鑪兮，造化為工。

其實「造化」即指此天地，即指此天地之道。非於具體之天地外，別有一造化之精靈。造化亦即是此天地一氣之化。易曰：

聖人久於其道，而天下化成。

聖人師「天」，其道「天道」，亦即天人合一之道。中國古人，不僅言萬物只是一化，即論生命，亦只是一化。孟子曰：

有如時雨化之者。

即從此天地一氣之化中，化出萬物與生命來。故中庸又曰：

贊天地之化育。

「化」指物，「育」指生命，在萬物之化中，自可養育出生命。但萬物之生命各不長，有生即有死，此是「變」。但其統體生命則不見有死，乃若與天地長存。因天地是一自然，生命亦是一自然，天地不斷化育，斯即生命長存。故孟子曰：

所過者化，所存者神。

既曰「化」，則必隨而去，此是所過。然有其不隨而去者，中國古人乃稱之曰「神」。萬物同存有一神，生命亦同存有一神，天地大自然亦同存有神。易又言：

神而化之。

又曰：

窮神知化。

莊子曰：

今彼神明至精，與彼百化，物已死生方圓，莫知其根也。

陸機詩：

窮神觀化。

無生物之化如方圓，有生物之化如死生。合而言之如彼已。百化之內，皆有一和合。若有一不可測之神存在。其實亦可謂百化本身即是神，非於化之外別有神。化出物來，則若神奇化臭腐；臭腐不長留，即隨化而去，斯又為臭腐化神奇。

中國古人，言萬物與生命如此，其言人生亦然。人生亦只是一化。易有言：

男女構精，萬物化生。

自然間本無生命，但終於化出了生命來。生命中本無雌雄男女，但亦終於化出雌雄男女來。即此雌雄

男女，亦即是自然。子產言：

人生始化。

則嬰孩初生，即是在化中。孟子曰：

且比化者。

則人生之由幼而老，由老而死，亦仍是一化。知得了化，則並無死生之別。潘岳詩：

佃漁始化，人民穴處。

則自原始人洞居時代迄於今茲，亦仍是一化。然而其間乃有種種成就。此之謂「人文」，此之謂「歷史」。易又言：

觀乎人文，以化成天下。

則當前世界一切人文教化，皆不外此一化。凡吾中國古人，所以主張會通宇宙自然萬物乃及生命人生，而一以貫之，而指名之曰「道」，此即「天人合一」之道，亦即「萬物一體」之道，則胥當於此一「化」字觀念中認取。今人必認現代為神奇，前世為臭腐，皆由不識此「化」字。

然既由宇宙萬物中化生出人類，人之為人，其當一任乎天，一本於自然大化，而不復有所用心於其間？抑人之為人，固當不背乎天，不違乎自然，而仍可別有人之所以為人者之存在？大體言之，道家似主張前一義，儒家似主張後一義。老子曰：

我無為而民自化。

此即主前一義。董仲舒天人對策有曰：

立太學以教於國，設庠序以化於邑。

則主第二義。據董子意，把「教化」二字分別言之。民之優秀，則使之入於太學，而可以從事於受「教」。其未能入於太學，因其智慧未開明，不能對於人類歷史文化之大傳統心知其意，則僅可以受

「化」，而未遽能達於明教之更高境界。斯為君為師之在人類社會，所以終為不可免。中國古人，因既認人類在大自然中，應有其亦可自主自立之一分，乃於言「化」之外又轉而言「變」。上引「化而裁之，推而行之」之「變通」之義，即在此。中庸有言：

其次致曲。曲能有誠。誠則形，形則著，著則明，明則動，動則變，變則化。唯天下至誠為能化。

此一條，乃根據人文言，乃列「變」於「化」之前。由「變」成「化」，乃是由「人」合「天」，不如大自然，則當由「化」生「變」，人類則僅是化生之一種。其在宇宙萬物中，亦僅是自然之一曲而已。「一曲」決不是「大方」，然亦在大方之內，不在大方之外。故曰「曲能有誠」。「誠」即是天道，人道即在天道中，故人道同時亦可是天道。宋代理學家言「萬物一太極，一物一太極」，即此義。在天地萬物中，惟人為能推致其一曲以達於大方，此則有待於人類自身之智慧。莊子曰：

其形化，其心與之然。

人之為物，圓顱方趾，頂天立地，其形已與其他生物之形不同，故人能為萬物之靈，而智慧獨擅。然究其極，亦自大化中來。於自然中化育出人文，中庸謂之「自誠明」。人類有此智慧，乃能自主自立，

自動自發，人文日進，然終不能違反自然，而仍必以回歸自然為其極則，中庸謂之「自明誠」。以謂其「贊天地之化育，而參天地」。中庸又詳細剖析其一段經過，曰：

明則動，動則變，變則化。

而中庸又要之曰：

唯天下至誠為能化。

是中庸乃謂唯此大自然能化。而人類中有聖人，乃能超乎一曲，同於大方，明誠相融，天人合一，則亦能化。此乃由「人」以合乎「天」，必由「變」以達乎「化」。凡中國古人言「變」、「化」兩字之相異處乃在此。

漢武之詔令有曰：

天地不變，不成施化。陰陽不變，物不暢茂。

如此言變，實有歧義。當知天只化，不變，若亦變了，即不成其為天；地亦不變，若變了，即不成其為地；陰陽亦然。管子曰：

日夜之易，陰陽之化也。

陰陽亦只是一氣之化，不可謂由陰變陽，由陽變陰。陰陽非是兩物更迭為變，只是一物內體自化。惟化始謂之「誠」，若變則成了「幻」。生老病死，亦是人體一生之化。由生到老，仍還是此生。嬰孩之與耄耋，仍是同一生命。由老到死，依然是此同一生命。人之既死，其大生命尚猶持續，只可謂由大生命中化生出此人與彼人，不可謂此一人之生命變成了另一人之生命。「變」字終嫌其拘於一曲，流於物質觀，其義淺。「化」字始躋於大方，達於精神界，其義深。「所過者化」，只是此一現象過去了；「所存者神」，乃是此一現象之背後之本體仍存在。春夏秋冬四季像在變，但其背後，氣象本體並不變。生老病死四態像在變，但其背後之生命本體並未變。人身只落在現象界，生命始是其本體。萬物之有生無生，都只是現象，只有天地大自然始是其本體。大方乃是本體，一曲只是現象。「變」只變此現象，變此一曲。若論本體，則只有「化」，並無變。中國人之宇宙觀與其人生觀，其精要乃在此。一切現象不斷過去是一「化」；本體長此存在，而從不停滯在一態上，由同一本體衍化出千異萬狀是其「神」。

說到此，應再提出一「久」字來，略加闡釋。「久」屬時間性，一切化皆待久。老子曰：

道乃久。

又曰：

天長地久。天地所以能長且久者，以其不自生。

又曰：

天地之道，恆久而不已。

此猶言一切道化與自然皆待久，亦可謂時間之久，乃成其道化與自然之主要條件。易亦有言：

又曰：

日月得天而能久照，四時變化而能久成，聖人久於其道而天下化成。

中庸言：

悠久所以成物也。

此言天道、地道、萬物之道、人道皆待久。莊子曰：

美成在久，惡成不及改。

美成主要在「化」，惡成主要在「變」。堯舜之在中國古代，無功可舉，無業可傳，一若無所成。然中國文化之淵源於堯舜者，至深至大，是「美成」也。其成過而化，乃莫能捐。埃及有金字塔，巍然迄今尚在，永為世所驚詫，然不能化。埃及人文，終為吞噬而盡，此之謂「惡成」。歷數並世各民族，文化緜延之久，民族蕃滋之大，無過於中國。此惟中國人早知久而化成之義，所以有此。近百年來之中國人，則欲於旦夕指顧之間，盡變故常，全盤西化。然西方亦別自有其一段時間。乃曰「迎頭趕上」，不知「美成在久」。今日赤禍滔天，收拾之艱，殆難想像，是亦一種「惡成不及改」。

繼此試再言「積」字。如曰「積代」、「積世」、「積日」、「積歲」、「積漸」、「積習」，此諸「積」字，亦涵「久」義。又曰「積心」、「積慮」，「積愛」、「積信」，此諸「積」字，亦有心上工

夫。又曰「積志」、「積功」，「積學」、「積德」，則似乎人生大道中亦賴於有積。然而「積」字終嫌偏在物質一邊，終嫌其不能過而化。故天可謂「積氣」，不可謂「積道」。如「積寒」、「積暑」，「積涼」、「積熱」，滯不能化，而惟有積，在天地亦成病。故天地之道必曰「化」，不能「積」。專仗於積，則不得成天地。又如「積雨」、「積水」、「積潦」，「積雪」、「積霧」、「積露」，積而不已不散，皆成病。如人「積食」不化，亦成病。「積財」、「積貨」皆然。人若惟知物質之為貴則必求積。老子曰：

金玉滿堂，莫之能守。

豈有金玉滿國而獨能守？甚至金玉滿世界，亦決非此世界之福。惟有「所過者化」，乃能有「所存者神」。否則凡能積而成者皆「惡成」，斷無「存神」之可言。「存」與「積」亦不同。莊子曰：

目擊而道存。

易曰：

成性存存。

「道」與「性」皆可存，但不可積。又曰「生存」，不可曰「生積」。朱子詩：

境空乘化往，理妙觸目存。

又曰：

俯察方儀靜，隤然千古存。

故惟存乃可久，而積則不可久。能知「化」與「變」之辨，又能知「積」與「存」之辨者，庶可與語夫中國民族之文化理想與其人生大道之所在矣。

荀子譏莊子，謂其「知有天，不知有人」。其實荀子乃是知有人而不知有天，故主「性惡」，又提倡以人截天，教人師法大禹。禹治洪水，九年在外，腓無胈，脛無毛，三過其門而不入，可謂有實績實功。然不若堯舜之蕩蕩乎民無能名，有天下而不與。禹非不當效法，然不當惟禹是法。荀子所見終較孟子差一級。故荀子重「積」不重「化」，重「變」不重「存」。不知性可存，不可變。苟變了，斯失其性。性可化，不可積。苟只知有積，則不僅不能化，亦復不可變。凡積之所成，必皆在外面物

質事業上，失卻其內在所當存之心與神，則皆不免為惡成。荀子又著富國、強國篇，富強皆可積而致。求富強者皆由在人事上求能變。若知化，則有安足，無富強；而富強亦終無不變為貧弱。荀子不悟於此，故其言人生大道，亦僅知重「禮」，不知重「仁」。禮必隨時而變，仁之為道，則可以千古常存。荀子之學，傳而為韓非、李斯，終不為中國後人所信守。其中有甚深妙義。非於人文大道會通而觀，明辨以求，則不易知也。

朱子注中庸則曰：

天地之道，由其不貳不息，以致盛大，而能生物。

其生物之多，有莫知其所以然者。然天、地、山、川，實非由積累而後大。此因不貳不息屬「形而上」，積累乃屬「形而下」。由不貳不息，可以符於自然。積累則僅屬人事，並多違背自然。求人事之上通於自然，則決不從積累下手。若專從積累，亦不能不貳不息。故凡屬積累必散失，必崩潰，否則必有停滯不能向前，斷無不貳不息者。故積累只是人工。余前著自然與人文篇，乃主以人文配合自然，發揚自然，非謂人文可以替代自然、改變自然。自然應言「敦化」，非「積累」。積而愈多，非即敦而愈厚。篇中采荀子「積」字義，乃專就人文方面言，非謂自然亦由積累，故篇末又采朱子中庸注，另申其別一面。茲篇續加發明，讀者其合而觀之可也。

# 七　道與器

易有之：

> 形而上者謂之道，形而下者謂之器。

如人之一身，五官四肢，百骸七竅，皆有「形」。形則必可分別。限於其分別以為形者，謂之「形而下」。每一形必各有其用，故以謂「器」。至如身，乃會合此諸形而成。除諸形外，更無他形，則此身實已是「形而上」。但身亦有形，乃謂之「體」。體之形異於其他諸形，乃改名曰「象」。亦可謂象即形而上者，非超諸形之外而謂之形而上，乃會合諸形而謂之形而上，諸形則皆為此身之用，其用則謂之「道」。

五官如耳目，亦各有用，故謂之「器官」。然耳亦為目用，目亦為耳用，五官相互為用，亦共為一身用，斯則必有其「道」矣。更推而上之，夫婦、父子、兄弟各有一身，亦即各有其身之用。但夫

為婦用，婦為夫用，父子、兄弟亦互為用，如是而合為一家，則必有一家之道矣。家超於身，若無形，實亦有形。更推而至國與天下，實亦然。更推而至於萬物，有生物，有無生物，更推而至於天地，乃合成一大體，有其大用，是即天地之道。所以謂「形而上者謂之道」。

今問諸形何以得相通？則為有「氣」。一身之內有氣，一家之中亦有氣，一國、一天下，以及宇宙萬物之間，亦莫不有氣。氣無形，是氣亦形而上者。故中國人稱「道氣」，不稱「道形」；亦只稱「形器」，不能稱「氣器」。實則氣乃是一大作用，若言天地萬物乃一體，則氣即是其大用。非有此氣，亦不成其為體。亦可謂天地萬物皆形而下，惟氣乃形而上。道家言自然，主要即在此「氣」字上。

西方人言「形而上」，與中國大不同。如方圓，世界萬物依幾何學言，乃無一眞方，無一眞圓。標準之方圓，乃「形而上」，在此世界之外。由此標準，遞除遞變，而有此世界萬物之方圓，則盡屬「形而下」。故「形而上」與「形而下」，乃確然為兩物，而無所謂「道」與「器」之別。中國之言形而上，主要在其「通」而「和」。西方之言形而上，主要在其「變」而「別」。惟其主通而和，故天地萬物可以為一體。惟其主變而別，則天地萬物亦無成為一體之可能。

中國人以氣象言，天人可以一體。西方宗教則決不認天人為一體。西方人之「體」字，其觀念亦與中國大不同。如醫學，中國主要在求身體中之氣脈相通處；而西方人則把一身分為諸器官，耳是耳，目是目，腸是腸，胃是胃，耳目腸胃科，各成專家，可以分別治病。由醫學推之一切自然科學，

無不皆然。如中國藥物及農用肥料，多用有機物，因人身與土壤皆屬有機，兩者相通，乃生作用；西方藥物及肥料，皆以化學製成無機物，惟其為物不同，成為敵對，始有作用。

中國人認為一切作用在其「和通」上，西方人認為一切作用在其「敵對」上。故其治生物學，西方人認為「物競天擇，優勝劣敗」，亦從其相互敵對處看。中國人則謂「天地之大德曰生」，一氣相成，仍從其和通處看。製器利用亦然。中國如紡織，如陶瓷，皆貴有生氣；西方則主用機械，以無生氣者為上乘。中國人最先利用無生物，如鍊鐵、煮鹽，皆賴火力。而中國人視火亦非成形之物，乃屬生氣，故得與其他物和通以見用。中國人言五行「相生」、「相剋」，相生自屬一氣和通，而相剋亦是一氣相通之用。故金剋木，非金與木為敵；火剋金，亦非火與金為敵。近人言「戰勝自然」、「克服自然」，中國人則絕無此觀念。至於人群相處，中國人尚「禮」，富有生氣；西方人尚「法」，則無生氣可言。

今再深入言之。西方人視人亦如一物，亦相敵對，乃有其個人主義之產生。而人與人之相通，則端賴物，商業遂為西方傳統所重視。即在思想方面，亦賴語言文字相通。語言文字亦一物，故西方哲學最重語言文字之表達。於是立一名詞，必有界說；表達一思想，必重邏輯。而中國人則認為人之相通在其「心」，心則形而上，相通相和，亦在一「氣」。故西方哲學必求相異，乃始成其為一套哲學。而中國思想則貴相和相通，並貴其不著於語言文字而相通。情感之相通，尤要於思想。而西方人則戒言情感。

西方人輕情感，重理智。理智亦如一物，但必形而上者。故西方哲學多不建本於人事，亦多不切人事。西方文學好言男女戀愛，此始屬人之情感。然其戀愛雙方相視，亦各如一物，故曰戀愛非占有，即犧牲。而中國人言愛，則為兩情之相通相和。故中國男女之愛，必結為夫婦始得完成，而夫婦非專指一夫一婦言，則「夫婦」一倫當亦指為形而上者言。中國之五倫，則盡在形而上。中國人言「男主外，女主內」，其實內外皆指人生一體言。此人生之體亦形而上。而今人則以此為中國重男輕女之證。然使男女皆主外，各務一方，則不見有夫婦之道。

以上所論，乃見中國人即於形而下處見形而上，形而上之與形而下，乃相通和合成為一體。而西方人則形而上乃在形而下之外，兩者相別甚顯，相離甚遠。法國人笛卡兒「我思故我在」，亦西方哲學界一名言。自中國人觀念言，「我」即「身」之形而上，「身」則「我」之形而下，身在斯我在，人盡易知。然西方觀念不同，一身百體，何處見有一「我」？人生盡屬形而下，須具體分別，可指可說。如目能視，耳能聽，一切作用全從各器官發出。惟有「思」與「明」，有此一作用，但不見發處，故曰「我思故我在」，庶見為思想從我而出，是「我」亦成一形而下，亦具體可說矣。

若依中國人觀念，則喜、怒、哀、樂、愛、惡、欲七情，皆由「我」發，最易見「我」。但西方人則謂喜則外面必有事物可喜，怒則外面必有事物可怒。如目視必外面有色，耳聽必外面有聲，皆起於外，不得謂之「我」。惟有「思」，不自外發。故西方人輕視「情感」，而重視「思」、重「理智」。「思」則僅是一作用，而「我」則僅是一物，一器官，一分別獨立之物，則其為形而下亦可知。

西方哲學又分「眞」、「善」、「美」，此亦屬形而上。人生屬形而下，則無眞善美可言。縱有之，亦如方圓，無十足像樣之方圓，乃亦無十足像樣之眞善美。僅依稀髣髴得其近似而止。科學即在不斷求「眞」，宗教即在不斷求「善」，藝術即在不斷求「美」。惟人生既屬形而下，即永遠求不到，只有依照宗教信仰，死後靈魂上天堂，始轉入形而上。此世界則終有一末日來臨。西方人之悲觀人生有如此。中國觀念又不同，人生即是一形而上，人生即是一眞、一善、一美，並三者和合，成為一體。於是在中國乃有「人品」觀，最高理想，最高標準為「聖」，如堯、舜、禹、湯、文、武、周公、孔子，皆聖也。「聖人與我同類，有為者亦若是，我何畏彼哉？」此為中國人觀念。「人皆可以為堯舜」，即人皆可以為聖。聖則與天同德，與天同體，而眞善美盡在此一身一生中。

儒家別而為道家，則貴「常」不貴「變」，貴「同」不貴「分」。故曰：

道常無名。

即言其不可變、不可分。道如是，則天地萬物盡如是，人亦然。故老子又曰：

失道而後德，失德而後仁，失仁而後義，失義而後禮。禮者，忠信之薄，而亂之首。

蓋言「德」則必有分，而不能「同」。言「仁」則必有施為，而不能「常」。其實天地亦皆然。老子則曰：

飄風不終朝，驟雨不終日。

故道家言自然，有三大涵義：即不主分，不主變，不主有所作為。今儻以儒家義易之，則當曰：「由道而後有德，由德而後有仁，由仁而後有義。聖人本忠信以制禮，則形而下而近於器矣。」如是庶符人道之眞。老子之言，則所謂「彌近理而大亂眞」者也。孔子言「道」，則有分別，有變，有作為，而與道家言「道」在其更高處有相通。孟子曰：

孔子，聖之時者也。

「時」亦涵有「如此」義，「這樣」義；「時」猶「然」也。當前如此、這樣，即包括盡了宇宙一切萬變。宇宙一切萬變，莫非當前之如此、這樣而已。此後佛家來中國，中國人稱之曰「如來」。「如」者，即如此、這樣義。盡是一個如此、這樣，故曰「如如不動」。一切來者又盡是如此這樣，故曰「如來」。道家與儒家，雖多用同樣字，而涵義時有不同。佛教東來，中國僧人多用異樣字譯之，使人

易知其有不同。蓋佛家主出世，其彌近理而大亂眞者，更過於道家言。此見古代僧人之翻譯佛經，實費一番苦心斟酌。而近代國人乃多用中國原有文字翻譯西語，則思想混淆，易滋誤解。

道家又好辨「有」、「無」。老子曰：

三十輻，共一轂，當其無，有車之用。埏埴以為器，當其無，有器之用。

是老子謂作用乃在「無」處，不在「有」處。莊子齊物論力陳風之屬於無，並謂風聲乃眾竅聲，非有風聲。故道家之宇宙觀，可謂是一種「無」的宇宙觀。後起儒家採其意，而微變其說。易傳之言「形而上」、「形而下」，亦可謂即從道家之「有無」觀變來。

繼此有一大問題當提及。即中國人用自己文字來翻譯西方文字，而不先明辨其寓義之有大不同者，如上論「形而上、形而下」一語外，中國人又用莊老道家「自然」一語來譯西文，不知西方人乃根本無道家之自然觀。道家之所謂「自然」，乃謂其「自己如此」，「自己這樣」。宇宙間一切盡是自己如此，自己這樣，乃謂之自然。既屬自然，則外力無所施，人事無所用。故既主自然，必主無為。老子曰：

地法天，天法道，道法自然。

「道」尚在「天地」之上，而此道則只是一自然，此外再無可分別。無可分別即無變，無變即是常。故又曰：

道可道，非常道。名可名，非常名。

可名即可分。以西方人較之中國人，至少可言其有三特徵：一曰好作分別，二曰好變，三曰好作為。此正與中國道家言自然大不同。而中國人乃稱西方科學為「自然科學」，但西方科學乃最反自然，最不喜自然者。「然」字亦可稱為「現狀」。如日出於東，而沒於西，有陰晴晝夜，現狀如此，中國人則安於如此，以求適應。西方人發明了地球繞日轉，非日繞地球轉，此乃天文學上一大發明。但中國人知其如此，即安然接受。因中國一切人事只重現狀，地球繞日與日繞地球，與太陽之東出西沒，陰晴晝夜之常態現狀一切無變，則亦自可安之，不煩再作深辨。

然西方人之於太陽，則必求知其變由何處來，又變向何處去，與中國人認為太陽只如此一太陽，乃自然如此，雙方意見乃大不相同。但如此研尋下去，便不免把人的聰明智力全用在人生的外部太陽一邊去。中國人則「喫緊為人」，主要在農事，注意天文曆象二十四節令之訂定。可謂中國人乃研究太陽與人生之相通處，西方人則主要乃在研究其相別處。此乃一大異。由是而地，而生物。西方人又

發明人類乃從猿猴變來一新說。此與其發明地繞日轉之新說，對於西方人所持人生義理方面皆有大震動，有大變異。然此兩說來中國，中國人均能安然接受，若與中國舊傳統、舊義理無甚大衝突之存在。何者？中國人只重現狀，並認天地萬物與人類為一體。人類只在其一體相通處求適應，而重夫婦、父子之五倫，重修、齊、治、平之大道。至於人類之究為自天降生，抑為由猿猴變來，則亦與地繞日抑日繞地之與現狀同樣無關。增一新知，而無礙於舊傳，則又何不安之有！

繼自然而言「人文」，又合「自然」與「人文」而言「文化」，其實此皆中國舊觀念。近代中國人乃用「人文化成」一古語來翻譯西方語，而西方人則本無中國舊傳統中之人文觀與文化觀。西方人只重科學發明中器物創造如輪船、火車之使用，自此地傳達至彼地；此等皆注意在形而下之物質使用上，何嘗與中國舊傳統之人文觀與文化觀相同？姑就國與國言，每一國有其「立國精神」與「立國氣象」。孔子言：

齊一變，至於魯；魯一變，至於道。

又曰：

魯衛之政，兄弟也。

此指形上之人文而言其不同，在此方面乃有文化可言。而西方人則無此種觀念，乃以國旗來代表國。旗與旗不同，即代表其國與國之不同。國旗外又唱國歌，此等皆屬形而下。而立國精神與立國氣象則屬形而上，何可即以形而下來代表形而上！

如英倫三島，亦可立國，何必英國國旗必在全世界凡見太陽處均有懸掛，乃始為英國立國精神之所寄，英國立國氣象之所存乎？當前英國國旗又在福克蘭群島上沒落，然以較之愛爾蘭之對英、阿關係力持異見，兩事相比，輕重懸殊。愛爾蘭之在英倫三島上，究自成一國，抑仍共為一國，豈不更為英國人所當重視？再言美國廣土眾民，富強冠天下，已為當前舉世第一大國。然其對付以色列，則備見困難。在美國之猶太人心中，以色列乃成為其第一祖國，而美國次之。林肯總統之「民有、民治、民享」三主義，則豈誠美國立國精神之所寄，立國氣象之所存乎？

立國如此，立人亦然。中國人言「立」，則必繼之言「達」。「達」即「通」義。我之所立能通之他人，通之世界之全人群，乃可由修身而齊家而治國、平天下。今西方人則視人類亦如一物，亦在形而下中各別分立，而有所謂「個人主義」。個人生存，主要則在物質條件上。於是西方人之所重，乃在「人對物」，而非「人對人」。中國人所謂「人文」，「文」字俗稱「花樣」，人與人相交相處，有種種花樣，此稱「人文」。如人坐電燈下，乃人對物。人在電燈下如何相交相處，則是人文。今人只看重此都市或鄉村有否電燈，卻不重視此都市與鄉村中人如何相交相處，此即不重視人文。

人與人相交相處，第一項目便如男大當婚，女大當嫁，結為夫婦。人分男女是「自然」，結為夫婦是「人文」。夫婦和合，已是形而上，超自然了。由夫婦乃有父母、子女，成一家，這家便是「人文化成」。有了電燈，並不能使夫婦和合，一家相親。所以電燈不在人文之內，亦不得視為一文化內容。若必謂電燈亦屬人生，亦有關於文化，則當謂之為「物質人生」與「物質文化」，其與「精神人生」、「精神文化」自不同。故以前人類生活中無電燈，不得說是無文化；有了電燈，亦不得說是文化進步。此是中國人觀念。

由家而有國，此亦是人文化成。中國俗語連稱「國家」，因是化家成國，家國一體，故得連稱。此亦如「身家」連稱。又如民族，有了家便成族，族與族相處，便成一大群體，稱之曰「民族」。此亦由人文化成。若有幾架機器，建立一大工廠，招集許多勞工，各給以若干薪酬，如約而聚，如約而散，雖亦是人類生活中一花樣，雖亦可稱之為人文，然而非人文之主要精神所寄，亦非人文中理想氣象之所存。此種人文，只能化成出幾許商品，乃及資本主義。既不堅牢，亦無趣味。所化而成的，便於人生既少意義，亦無價值。第一則須用法律來維繫其內部團結，第二則須用強力來保護其外部推銷。此如百花中有曇花，非不美艷，然而轉瞬即萎；又如百花中有罌粟花，亦非不美艷，然而含有毒素，終為不可親。可見花樣亦須選擇。中國人於百花中最欣賞梅、蘭、菊，此有深意存焉。中國人之提倡人文，乃在此。主要意義，在知形而下中即寄存有形而上，而此形而上又有待於形而下之化成。其中有甚深涵義，則有待各種學術思想之發揮。

後世集儒學大成者，為南宋之朱子。朱子創為「理氣論」，其實此二字皆源自道家之莊子書中。淺言之，則「理」、「氣」皆屬形而上。深言之，則「理」可謂是形而上，超乎萬物之上，而即在萬物之中；超乎一氣之上，而即在一氣之中。盈天地皆一「氣」，而理寓其內，實無其存在。故理、氣實一體，有氣即有理，無氣即無理，不當再論理氣之先後。若必論其先後，則當謂「理先氣後」。此實道家「無生有」之義，而無即寓乎有之中。人能知有中之寓無，則始可與語中國之人生。

其實理即是一「分別」義，氣則是一「和通」義。分別即當在和通之中，而自有分別。分別實屬形而上。西方人則認分別為形而下，為具體實有，則與中國人觀念大不相同。如夫婦，如父母、子女，如家，如國，一切有分別，而實無分別。知此理，即為平天下之道，人群自能相處而相安。今人又必據西方觀念分「唯心論」與「唯物論」，其實「心」、「物」亦屬一體。試問無物又何來有心？心即在物之中，而又超乎物之上。如「情」亦寓乎物中，而又超乎物上。如夫婦和合，豈不即在夫婦之中，而又超乎夫婦之上？惟普通人觀念，則認為成了夫婦，乃始有夫婦之情。此非不是，但中國人則更認為先有了夫婦之情，乃始有夫婦之結合。中國人非為一種唯心論，乃為一種「心物一元論」，或「心物和合論」，而其重視心則或更超乎其重視物之上，如是而已。亦可謂物亦有其形而上，心亦有其形而下。此等處貴在人之自領會、自體悟，而非語言文字之辨之所能盡。

朱子同時有陸象山，似乎其重視「心」更過乎朱子。而輕視外物，則非真能重視內心之道。此則象山終有遜於朱子處。繼象山而有明代之陽明，提倡「良知」，亦未免有易於輕視外物之流弊。及其

晚年，乃有「四句教」，謂：

無善無惡心之體，有善有惡意之動，知善知惡是良知，為善去惡是格物。

又謂：

心體無善無惡，意亦無善無惡，知亦無善無惡，物亦無善無惡。

陽明謂為上等「利根人」說，當用後四語。為普通「中人」以下說，則當用前四語。此所謂「四句教」有前後兩說，遂引起此下絕大爭議。

「心」已是不可捉摸，不可指認的。「心之體」，則更屬不可說。只可說是一形而上，尚在有無之間，更何善惡可分？古書有之曰：

人心惟危，道心惟微。惟精惟一，允執厥中。

「道心」可謂形而上，「人心」則墮落在形而下之中。惟就其現狀論，則人心、道心同時兼在而並顯。

不僅兩千年前如此，兩千年後依然如此；更歷兩千年，恐亦復如此。不僅中國如此，舉世人類亦莫不如此。中國儒學精義，在即就形而下中悟出形而上，還就形而上來領導轉化其形而下。故認道心即在人心中，而求能以道心來轉化人心。其實道心、人心仍是一「心」，只在應對事物時，見其有人心、道心之別。而在分別中有和合，則道心中仍可有人心之存在，不貴超乎現狀來提出一形而上。如陽明之言「心體」，則陷入「無善無惡」，如莊周之言中央之帝為「渾沌」是矣。而佛家主出世「涅槃」，則陳義更高，乃求盡屏形而下以顯出其形而上。西方科學則儘在形而下之中打滾，其心則只是人心，更不見有道心。儒家則用「惟精惟一」工夫，而達至「允執厥中」之境界。何謂「中」？此即人心、道心之中，即兼有人心、道心而得其中。亦可謂道、釋偏乎上，西方偏乎下，而中國儒家則求兼存而並包之，故曰「執兩用中」。

然則就中國文化傳統、儒家人文理想言，儘可接受西方物質科學上之種種發明，儘可包容其種種形而下之「器」，還以完成為形而上之「道」，而無所障礙，無所衝突。所謂「中學為體，西學為用」，依然可以存有此理想。惟求其善為運用而已。如電燈只是一形而下之器，前人在無電燈狀況下生活，今人則在有電燈狀況下生活，在生活中則可見形而上之道。但不能說有了電燈，即生活合乎道；沒有電燈，即生活不合道。豈可謂孔子、耶穌盡在不合道中生活？今人有了電燈，可謂在生活中之物質條件上是進步了，但豈能謂是生活進步？又豈謂是人文進步？

今人以「人文」與「自然」對立作分別，但人文中不能排除自然。又豈可謂只當有精神生活，

可置物質生活於不問？但一切物質生活中，更當有一種精神生活作主宰。一切自然，則當由人文化成為理想。宋儒張橫渠言：

為天地立心，為生民立命，為往聖繼絶學，為萬世開太平。

此言實極富理想。如天地中有電，而人類發明有電燈、電話，乃至電腦等種種之用，是天地無心，而人類為之立心。人生只在自然中，受自然之種種限制，故人生乃若受命於自然。今有電燈、電話，乃至電腦等種種發明，則自然已變，此即為生民立命。然電燈、電話、電腦等，只是器，並無心，只供人利用，並不能命令人、指揮人去作何等事，過何種生活。故為天地立心，為生民立命者，仍在形而上之道，不在形而下之器。但形上之道，乃亦寄存於形下之器之中。故發明器，亦可有助於發明道。道之行，仍貴有器之成。形上、形下，和合為一，不當分別為二，則庶乎近之。

大學言「格物致知」有分別義，亦有和合義。如以排除為「格」，即分別義。以會通為「格」，即和合義。「格」者，如一標準，必須合格。人亦有格，稱為「人格」，亦稱「人品」。品與格，皆於形而下中見形而上。格物致知即通於物以為知。排除一切物，則知又何由見？故中國文化大傳統，主要當會通儒、道兩家言來作説明。道家言自然，儒家言人文，尤主以人文來化其自然，則儒家言更重要。而此「自然」與「人文」與「文化」三語，西方觀念均不與此相同。今人乃以「自然」與「人

文」與「文化」三語來對西方思想與事為作翻譯，則中西雙方之相異處，均為之混淆。不僅有失西方之眞相，亦有失於中國原有之涵義，而使人儘在不眞切、不分別、不主要處，遙起爭議，則終無是非得失之定見所歸。此誠不可不深思而明辨之。

# 八　物世界與心世界

## ㈠

余每言「心生活」與「身生活」，此篇轉移角度來言「心世界」與「物世界」。物世界在人生之外面，共同公有，比較簡單相同。心世界在人生之內裏，各自私有，比較複雜多異。人生絕不能脫離物世界，但更重要則在心世界。

試作一淺譬。某一旅行團乘機出發，此一飛機，即是此一旅行團之共同物世界，無大區別。逮其降落，進入城市，遊覽名勝，城市名勝亦為此旅行團體之共同物世界，亦無大相異。但在此團體中，各人所引生之情緒、所激發之興會、所增添之知識、所觸起之感想，其對各人此後人生種種影響，則人各不同。此一旅行，乃是在各人的共同物世界中，獲得了人各不同之心生活，來擴大與修改其各自的心世界。其事豈不甚顯易知？

人生正如一番旅行，各人投生到此同一物世界，而各人之生命旅程，所取所得，則千差萬異。旅行只是一外形，旅行者之心境，乃是此番旅行之眞實內容，有意義，有價值。換一人，便一切都換，絕不相同。

或說：「外面物世界，固是共同一致，但經各人占奪爭取，成為各別私有，便不復共同一致。」此說若不可否認。但此種私有，實假非眞。如進一旅店，租一客房，日間在此起坐，夜間在此睡眠，好像此房已為所占有。但退租離去，便不相干，另有人來租住。故此私有，乃屬暫時性之假私有。在此房中，日間想心事，夜間做夢，這些想和夢，離去時仍會由心帶走，甚至可以畢生不忘，此始是常久性之眞私有。縱使這些想和夢，終於忘了，不再記憶，但已融化心境中，起多變化而不自知。如撒鹽水中，水味自有變。心生活乃為眞人生，永屬私有。如租一間頭等豪華客室，在此室中，作荒唐想，做醜惡夢。或租了一間狹小黑暗的低等客室，但在此室中，或許得了一番人生眞理之啟悟，夜間或做了一場美妙生動的好夢。試問在此物世界裏，用金錢租來之兩旅室，其相互間之不同，較之居住人在其心境上之相異，論其意義與價值，固是孰眞孰假，又是孰高孰下？

實則在此物世界中，一切占奪爭取，仍屬心世界事。只要眞懂得心生活，眞進入此心世界，而確眞認識了此心，則對此物世界，大可不爭不奪，有退有讓。人生之所資於物世界者，實不貴多而貴少，不貴大而貴小。陸象山所謂「只要減，不要增」。鷦鷯巢林，不過一枝；鼹鼠飲河，不過滿腹。身如此，心尤然。心之所需於物者，在求能心定、心安、心樂。種種需求，要恰好，不要過分。若言

物世界，地球之外有太陽系；太陽系之外，有銀河星群。此宇宙中，不知有若干億兆銀河星群。每一銀河星群中，便可有千億以上太陽般大的星。星與星間之距離，多有超越一萬光年之上者。人則只住在此太陽系行星中之地球上，微小已極。起居之室，更有限。對此物世界裏的一切，太看重，太貪多，徒使此心不定、不安、不樂。不知足，不恰好，不徒無益，又且有害。

科學發明，日新月異，物世界更不簡單。但就人類文化歷史看，大聖賢、大豪傑、大哲人、大文學家、大藝術家、大科學家，一應大人物、大事業，對人生有大意義、大價值者，出現在一兩千年前簡陋之物世界中，並不比出現在當前燦爛光輝的物世界中者來得少，抑且反而多。科學文明，亦屬心世界事，物世界何來有科學發明？

古人夜間讀書，或燃薪取火，或燒蠟燭，或點油燈，只要光線配合便夠。現代人用電燈，也仍只要光線配合。古人旅行，騎騾乘車；近人用飛機、輪船、火車、汽車，豈不只是同樣代步？就人生價值言，相差並不大。急忙快速，並不比從容緩慢心境更好些。遙遠的旅行，也並不比近程的旅行，心境更好些。旅行在求心樂，並不爭快與遠。孔子一車兩馬，周遊在外十四年，其對人生之種種感觸啟悟，有意義、有價值之內心境界，不僅對自心然，對千百世以下之心世界，仍還有影響、有貢獻。若使孔子在今天，坐飛機、輪船、火車，或許轉因太匆忙、太急促、太多刺激，不夠親切，而在其內心生命上反會有減損。孔子在當時，所閱書籍無多，或轉易使其內心發展潛深廣大。後世書籍多，閱覽雜，或反只以遮眼。讀書難，選書更不易。心不專不一，不安不定，隨便繙閱，反會損人神智，成為

近代人生一大病。正如喫得多、喫得快，足以傷胃；跑得遠、跑得快，反而一些也沒看見。即小可以喻大，不能專在物世界中作狹隘浮淺的衡量。

此非謂物質文明不該發展，主要在求物世界與心世界有一恰好之配合。單求物世界發展，其事易。要兼顧到心世界，使心物、內外得一恰好配合，其事難。孔子飯疏食，飲水，曲肱而枕之，樂亦在其中。顏淵居陋巷，一簞食，一瓢飲，不改其樂。人生主要目標，在自求心樂。軀體所需簡單有限。在現時代科學文明之物世界中，果使孔、顏復生，心有修養，亦不會不樂。但所需修養功夫，比在二千年前當益難。耶穌說：「富人入天國，如駱駝鑽針孔。」生在當前物世界中，要進入天堂心世界，眞如針孔難鑽了。物世界供給愈進步，心世界享受愈剝削，其心反多不定、不安、不樂，總覺得不滿足、不好，這是千眞萬確事。當前人生問題之主要點正在此。

周濂溪教二程「尋孔、顏樂處」，二程當夜歸途，有「吟風弄月，我與點也」之意。現世界依然有此風，有此月，但往年孔、顏、周、程那一番心境，那一番樂趣，可不易覓，甚至不易瞭解。難道現代人沈浸在大都市夜總會裏，較之孔、顏、二程，內心會更滿足、更好嗎？「問我何所有？山中有白雲。只堪自怡悅，不堪持贈君。」若贈孔子、顏淵大都市裏一所花園大洋樓，現代設備一應俱全，其事易。但孔、顏當年樂處，又何法相贈呢？程明道本喜入山行獵，聽了周濂溪一番話，自謂此等樂趣已不再留在心上。濂溪說：「莫看得太易，怕此心還在。」過了十二年，途中偶見山中獵人馳騁奔逐，不覺此心躍然而喜，乃知濂溪話不虛。今天讀此故事，反說周、程太過「道學氣」，山中行獵為

何要不得？不知孔、顏樂處在心世界，不多要外面條件。入山行獵，乃屬物世界中事，並非要不得，但必須外面多種條件配合。一為這些條件黏纏，心上轉添了一病。物的占有，有時成為心的虧欠。而貪欲無厭，層層纏縛，看得物世界愈大，轉覺心世界愈狹。此心更無間隙，轉動不得，卻還恨自己力弱。心中只見有物，物外不見有心。心滋不樂，還儘向外面求消遣、求享受。消遣則是一無常，享受反成一毒害。若眞能明白到周、程當時這一番故事，能使此心自由自在，不為物縛，不受物占，清明在躬，虛靈不昧，也自會領略到人生尋樂眞諦。「吟風弄月」的一番樂趣，也並不是只有二程當年能享受。

而且物世界種種進步，實還來自心世界。所憾者，此種種進步之推動力量，多出於商人企業之求財、求利心。西方現代資本主義社會，自稱其中古社會為「黑暗時期」。但西方史學家中，也有人曾發問：「黑暗究竟在中古，抑在現代？」這一問，卻值得今人之深省。

中國歷史人物隨時代而異。抑且衰世、亂世，人物興起乃更勝於治世、盛世。皇古不論，春秋繼夏、商、周三代為一衰亂世，而人才則較多。戰國益亂，又益多。春秋時代，尚多在朝貴族人物，戰國則多起於在野之平民。

秦漢以下，封建改為郡縣，乃有「士人政府」出現。「百家言」轉歸於「王官學」，更無諸子紛爭。士風大變，乃匯成兩大流：一進顯在朝，一隱退在野；實為儒、道合流。秦代易傳、中庸兩書已顯其端倪，其他百家言盡歸消散。漢書藝文志，戰國諸子著作，尚多遺存。隋書經籍志中，則其書

多歸湮滅。此非出在朝帝王意旨，實亦在野學人之自由取捨。士登於朝，乃為治世、盛世，但政治屬群業，不可常。士退於野，乃為衰世、亂世，而隱退者之心志聰明，轉得橫溢四出，異鋒特起。一部中國學術史之轉變，因緣所在，深值探尋。

司馬談為漢史官，未見成績。其論六家要指，遵道家言。其子遷獲罪，轉為中書令，終成史記一書，為此下二十五史之冠。其學乃轉尊孔。父子從政志學相異，成績亦大不同，其中亦有妙義可尋。武帝表彰五經，而經學大業則成於晚漢在野之鄭玄。武帝招攬文學侍從之臣，而文學新運則在漢末之建安。學業成就，在野不在朝，亦其證。

兩晉、南北朝益衰益亂，但人物蔚起，實未遜於兩漢之盛世。姑舉王羲之、陶淵明兩人言。羲之以書法名家，書法乃中國一特有藝術。羲之生門第之家，身膺世宦，而能聚精會神，創此奇蹟，其心之淡泊寧靜、樂此不疲可知。書法雖小道，而羲之於此，亦猶孔、孟、莊、老之特出。無此創興，中國文化此下亦當闕書法一門，為此損色。唐太宗深愛羲之書法，中國在朝者每好在野者之好，尊在野者所尊，而豈所謂帝王之專制？淵明恥為五斗米折腰，退隱不仕，古詩三百首以來，特起以詩名家。梁昭明太子尤崇之。使中國後世無詩，文化傳統亦當大變。羲之、淵明對中國文化之大貢獻，即見心世界之尤重於物世界。

近代國人慕西化，譏前人好古守舊，不重創造。如羲之、淵明，豈非在中國文化傳統中兩大創造。書家群好羲之，詩人群好淵明，但亦各自創新，不蹈襲。儒林之與道家，亦非墨守孔孟、莊老，

各有樹立表現。性相近而時地異，所好在古，所成則在己。傳統相承，而推陳出新，此亦心世界事。周濂溪教二程「尋孔顏樂處，所樂何事」，亦猶王、陶之推陳出新，而豈守舊之謂！

孔子曰：

志於學。

濂溪言：

志伊尹之所志，學顏子之所學。

伊尹、顏淵，心所樂各不同。心既有樂，可於物世界無多求。孔子曰：

富如不可求，從吾所好。

中國文化，中國傳統，中國人物，皆能從心所好。此乃最為特異處。西方古希臘好經商，羅馬好黷武，現代國家自英、法至美、蘇所好，亦無踰此兩型。西方物世界，亦從心世界來。比較中西歷史，

非求之其心，又何以知之？

希臘占一小地面，故其人生每主空間擴大；中國乃一大地面，故其人生惟望時間延長。西方早信有靈魂，生前死後，各有其長時間之存在。塵世百年，僅是一短暫變態，僅求應付，殆無思前顧後之可能。中國則異此。始生有「魄」，繼之有「魂」。「魄」附體，耳聽目視，百官四肢之作用皆是魄。「魂」乃一種心作用。死則魄與體同歸腐朽，「魂氣」則離體浮游，亦言「神魂」。木主神位，使魂氣得所依附。置廟堂中，歲時拜祭。故有招魂禮，而不墓祭。人死而魂氣常在。曾子曰：

慎終追遠，民德歸厚。

對死者無情，則生人相與，情亦淺薄。孔子曰：

祭神如神在，吾不與祭，如不祭。

外界宇宙果有此神與否，孔子不深論。祭者自盡我心，使我心不復追念及於死者，即無鬼神可言。故中國乃併物質、心靈而為一。不僅心靈有彼我之相通，即物質亦然。身體髮膚，受之父母，我之生命即從父母分出。使無父母，何有我生？西方人信「靈魂」，靈魂既獨立，且生前即有，與父母無關；

彼我間，亦各不相干。耶穌講道，其母往聽。耶穌言：「誰為吾母？老於我之女子皆吾母。」佛家則有前世寃孽，後世投胎為子，以報前世之仇者。故信靈魂，必遵個人主義；出家為僧，亦一種個人主義；與中國人所信人群乃一共同大生命體之觀念大不同。

從中國人觀念言，百畝之田，五口之家，產業亦可傳百世。五口中，上有父母，下有子女，骨肉蟬聯，亦已三世。言其身生活，則血統貫注，我生即父母生，子女之生亦即我生。小生命分五口，大生命屬一脈。故中國人言「身」，必兼及「家」。一家之生命，實無異我一人之生命。而祖孫三世相嬗，至少當在百年之上，或可超百五十年。

更有七口、九口之家，上及祖，下及孫，則為五世同堂。自我上接高、曾，即為五世；下逮玄、曾，又五世；前後共九世，此非易得。然自心生活言，雖未目睹，口耳相傳，高、曾祖之為人為生，亦在我心中。一人之生命，可以上通五世，亦可下通五世，前後可達三百年之久。祠堂廟宇即此生命相傳。古人居宅在右，祠堂廟宇在左，死生同居一宅。自我玄孫至我高祖，上下三百年，成為一家之大生命。中國人重視家族勝於個人，其意即在此。

然家有內外之別，又有鄰里鄉黨。苟其有德服人，有功及人，其死，鄰里鄉黨亦紀念奉祠之。此則其人乃進而為一鄉之人。中國各地有鄉賢祠，即由此來。中國人言孝弟，孝之對象為其父母。論語言：

弟子入則孝，出則弟。

可見弟道不限於一家之內。「老吾老以及人之老」，十年以長，則皆以父輩視之。其有立德、立功，鄉人莫不敬事之如家長。敬老即弟道。故居家有孝，出門有弟。人自幼年即教以孝弟，則一鄉亦如一家。生命之擴大與緜延，其端在此。則惟心生活大生命中有之，非個人之身生活小生命所能有。

吾家居無錫東南鄉，離家四五華里外有皇山，其實乃一小土丘。相傳吳泰伯讓國來此，遂葬焉。鄉民三千年來奉祠不絕。環小丘十數華里內，皆稱泰伯鄉，又稱讓皇鄉。又有荊村、蠻村，亦以泰伯居荊蠻名。今則改蠻村為梅村，亦稱梅里。下及東漢，梁鴻、孟光夫婦來居，死亦葬焉。故此丘亦稱鴻山，鄉人亦奉祠不絕。一水通無錫城，名梁溪。泰伯、梁鴻，先後媲美，相距當一千五百年。梁鴻距今，亦當一千五百年。三千年之文化積累，今有梅里志一書，詳其事。

中國有家譜，世代相傳，多踰三千年。又有地方志，即記其地之名賢先德。余曾至日本及美國，各圖書館收藏吾鄉梅里志一書者亦不少。自泰伯、梁鴻以下，所載鄉賢，代不絕人，愈後愈多。宋代李綱，有讀書處。元代倪瓚，則居家所在。一部梅里志，不啻環吾鄉數十華里一大生命之記載。余自幼，清明佳節，即隨先兄聲一先生陪侍族中長老同舟往，登皇山瞻拜。鄉人來者，絡繹不絕，前後三日。在各自之小生命外，眞若有一大生命，淵源皇古，不廢江河萬古流；各自之小生命，則如一滴水。非由此一滴水，積累以成此大生命，乃於此大生命中始有此一滴水。中國人之人生意義乃如此。

古蹟之外，又有名勝。其實名勝古蹟，乃一非二。如孔林，乃孔子之墓地，一小平原，植樹數千枝，乃成中國第一名勝，兩千五百年來受國人之瞻拜。如泰山，歷代帝皇來此巡狩，自踵至頂，隨處有古蹟。泰安有岱廟，三面牆上，有宋眞宗來此巡狩一大壁畫。民初馮玉祥在牆上大書當時摩登宣傳語，壁畫遂破壞。千載古蹟，修復無從，良堪惋惜矣。中國山水實即中國文化之具體表現，雖一自然，備見人文，亦為我民族大生命所寄。即謂中國人文心世界乃存藏於自然物世界，亦無不可。

西方人亦非不好古，但崇其物，非敬其人。如埃及木乃伊，乃幾千年前之屍體。其人在歷史上非可尊，然木乃伊終為歐美寶藏。金字塔，巍峩矗立，瞻謁嗟歎，神往曷極。余曾遊英倫博物館，有一屋自雅典遷來。試問對英國之歷史意義與價值又何在？余遊紐約一修道院，從法國遷來。又在一處見一中國古墓，翁仲、石馬、石獅、石象，照樣排列。又如中國祖宗畫像，西方人亦陳列博物院中。美國西部開發，印地安人垂於滅跡，其遺物亦設立一博物院藏之。其他例證不詳舉。試問此等於美國人心情究何關係，又何感興？中國人則對古蹟之心情與西方大不同，阿房一炬，不加惋惜。

中國人認為「物」後必有「人」，人與人交必以「心」。徒物無心，或其心不足貴，物又何貴？故中國古物，必通於人文，涵有歷史觀。如孔子琴操，以及於嵇康之廣陵散，琴亦兼心。中國人常連稱「文物」，即此意。若琴不由孔子或其他名人所操，則其琴與聲又何足貴？亦猶中國歷史生命，一神位，一木主，為中國人文魂氣所依附。西方則僅貴古物難得，而物中無心，即猶無人，故西方所愛，在物不在人。古希臘雕刻人像，主要在其身，即女性亦裸體。中國石刻人像，必冠冕簪笏。孔子

行道圖，所重在孔、顏其人。羅馬一古堡壘中，有耶穌十字架像，血滴淋漓逼眞，乃宗教藝術。所重在耶穌之釘死十字架，則所重亦在其心不在物。瞻拜者心領神往，則求能心與心通，於其他藝術有不同。此始與中國有其相似處。但今之宗教信徒，化於習俗，亦徒知有十字架，而忽忘了耶穌之心，則耶穌十字架亦同為西方藝術之歸矣。

西方繪畫，山水人物、飛禽走獸、蟲魚花木，皆一物。中國則畫其意境，亦在人文中。「振衣千仞岡，濯足萬里流。」「采菊東籬下，悠然見南山。」詩中有畫，畫中有詩，各有所寄，而所寄則在人文中，又何等深遠！「犬吠深巷中，鷄鳴桑樹顚。」「結廬在人境，而無車馬喧。」鷄鳴犬吠亦人境，同是物境。可貴乃在心境，一如神境。可與知者言，難為俗人道。中國詩畫可貴乃在此。

西方人生觀，實可稱為「唯物觀」，人亦即物，求加利用。一切生活盡如自然物之活動，不僅科學、經商如此，即治平為政，亦何莫不然？其另一面則上帝、耶穌，奉宗教，信有神。無神論，不信宗教，西方人心不能忍受。人而非神，宜亦輕視。

中國人生，重孔子之「仁道」。孟子曰：

仁，人也。

又曰：

仁，人心也。

故「仁道」即「人道」。中國人重「人」，乃重其「心」之有道。心相通，即「仁道」，亦即「神」。飛禽中有鳳凰，走獸中有麒麟，花卉草木之有梅、蘭、竹、菊，皆由此心之所感而有化。大自然中，一拳石，一滴水，大至河嶽，上及風雲，亦皆此心之所感而通，而遂躋於神。此心旁通物，上通天，遂成一多神之宇宙。如是則「心」與「神」與「物」乃三位而一體。物與心合則皆神，物與心分則皆物。其主宰之所相通皆在「心」。

故中國歷史，乃一部人心的歷史。開天創物，堯、舜、禹、湯、文、武、周公、孔子，胥此一心。孔子曰：

其或繼周者，雖百世可知。

亦惟知之於此心。又曰：

自古皆有死，民無信不立。

亦惟信之於此心。小生命、身生活有死，大生命、心生活則有生無死。故中國人非不言「利用」、「厚生」，而又必首之以「正德」。德亦此心，德之正亦即心之正，修身、齊家、治國、平天下皆本此。中國人言人生大義盡此矣。

西方宗教，神不在心，而與心分。科學，物不在心，亦與心分。於是遂有「唯心」、「唯物」、「唯神」之三分。而於一心之明德，孔子所稱「仁」之一字，則終少提撕警策及之。此誠中西人生大歧點所在。故西方惟言「權利」，中國則言「德性」。天之生人，生其性，生其德。德性之表現為「道」，非為「權利」，此為中國觀念。

今再以東西方歷史文化之演進為比，亦可謂東方人尚「心」，西方人尚「物」。西方政治有「神權」、「君權」、「民權」之分，權皆憑於「力」。今日主宰一世之大強國亦然。「力」憑「物」不憑「心」。孟子曰：

以力假仁者霸，霸必有大國；以德行仁者王，王不待大。以力服人者，非心服也，力不贍也；以德服人者，中心悅而誠服也。

中國國際相交亦尚「德」，西方則尚「力」。中國人所謂「道」，在心世界，心之仁智始成道。西方人

則言「力」不言「道」。

既仁且智謂之「聖」，聖而不可知之謂「神」。神力不可量，不可知。西方則視機械如神，神在天堂，又在物世界。實則機械乃人心所創，宗教亦人心所立，而西方人則決不視心為神。馬克斯共產主義倡為唯物史觀、無神論，今日美、蘇以核子武器對抗，則神世界尚低於物世界。何由轉機？則惟望人心之有仁與智。其然，豈不然乎？則亦惟人心之仁與智權量審擇之。

人生主要在其「心」，非其「身」。身屬物，但非物亦無以見心，非身即無由有生。生有時間性，須待養育成長。孟子曰：

大人者，不失其赤子之心。

赤子之心，養之長之，而成一大人。大人之心由赤子之心來，此謂之「心生命」。

心必有「知」，所知乃在心外之物，惟「情」則即是心。如孝父母，父母別是一生命。吾心孝，則父母生命亦歸入己之心，而與己之生命融為一體。故「養心」貴能養其「情」，不在養其「知」。孔子曰：

入則孝，出則弟，謹而信，汎愛眾，而親仁。行有餘力，則以學文。

此為心情見於行為，始是生命。有生命，乃始加以外面文章知識之教育。生命開始重在其有家，家庭教育乃以教其情。西方人自幼即以知識為教，自心生活言，無以成人。西方哲學亦貴知不貴情。至少非中國人所謂「人倫」之學。西方科學就物以為知，更非養其心。為學立場不本於心生活，不本於生命之全體，而僅本於身生活之一部分，故其為害於全人生者轉多。

中國人言知，分「體魄」與「魂氣」。體魄之知，限於身之器官，各別不相通。鼻口所知為氣味，生命所賴，非呼吸、飲食則不得生。視聽所知為聲色，無聲色，無見聞，雖可有生，但生之境界狹，不得為人生之全。馬、牛、羊、鷄、犬、豕六畜，皆有視聽見聞。犬馬知親疏，人或自稱「犬馬」，然人生終與犬馬有別。

論語有子曰：

孝弟為仁之本。

知有父母、兄長，不孝不弟，即不仁。人而無仁，則所知非智。其心有仁，乃得謂之為「成人」。既成人，乃有魂氣之知，乃為心生活之知。若僅求通於物，則無仁而不智。科學造原子彈核武器，豈非皆無仁不智？哲學創為唯心、唯物論，其心實亦如物，不仁無智。仁、智皆即人之心生命，必通天

人、一內外而始得。故中國人所重在道，則重「行」又過於重「知」，而始得稱之為成人。西方人則生即為人，無中國人此觀念。

孔子曰：

智者樂，仁者壽。

惟仁乃得生生不已，此乃大生命之壽。惟智乃能「無入而不自得」，即自得其生命之樂。樂天安命，乃大智，亦大樂。原始人賴漁獵為生，漁獵必賴體魄之知。歸而洞居，家人相聚為歡，遇月夜，或出洞以歌以舞，如是始是「心」的人生，乃得謂之眞人生。其漁其獵，乃人生之手段或工具，此乃人生所不得已而應有之用。其洞居相聚，或出洞歌舞，乃始是人生自然眞生命之體之一面，人生可樂正在此。近代人乃轉以慕效原始人漁獵為種種運動，轉謂人生眞樂乃在此，則亦淺矣乎其視人生之樂矣。

即如鳥獸晨興，林中爭鳴，閒居相聚，乃其樂處，亦即其眞生命之一面。故生命必同類相和相親，不在同類之相敵相爭。有一家之和，有一國之和，有天下之和。道一風同，乃得之。眞人生則不僅在身，必在家、國、天下。在人生之大和中，乃得人生之眞樂。

目欲視，耳欲聽，此之謂「欲」。視聽而心樂，此之謂「情」。人生眞處乃在情，不在欲。西方人重「知」不重「行」，重「別」不重「通」，重「爭」不重「和」，重「欲」不重「情」，其生乃

不安不樂，則何貴有此生？孔子曰：

學而時習之，不亦悅乎？有朋自遠方來，不亦樂乎？人不知而不慍，不亦君子乎？

曰「悅」、曰「樂」、曰「不慍」，皆在人生眞處。學而時習，則可上通前古。有朋遠來，乃可旁通一世，並可下通後世。人生到此，何樂如之！己之所樂，他人不知，己又何慍？或問：「堯舜以前曾讀何書來？」不知非讀書乃為學。原始人洞內相聚，洞外歌舞，即有學。今日西方科學，乃僅學原始人之以漁以獵，學其人生手段，人生方法，學其為人生之工具者日見進步，而其距人生眞處、目的所在則更遠。不求之近而求之遠，乃求靈魂上天堂，則人生仍是一手段，非目的。

能疏於物而親於心，乃得孔子仁智之大義，而人生樂處亦在是，人生眞處亦在是。中庸言：

天命之謂性，率性之謂道，修道之謂教。

又言：

自誠明謂之性，自明誠謂之教。

性在天，率之、修之、教之則在人，求善處人生者其勉之！仁為己任，死而後已，實則乃是「止於至善」。孔子又曰：

富如不可求，從吾所好。

富貴乃外在物世界，所好則內在心世界事，此其別。

平劇中兩人對罵，其相罵聲，乃和合如一歌；兩人對殺，其相殺狀，乃和合如一舞。人生而戲劇化，即人生之藝術化。西方人生則一趨於機械化，非藝術。核子戰爭豈得謂是一場戲劇？又豈得謂是一種藝術？

人生貴能單純，多閒暇，此心乃有欣賞可言，而生命乃得感其悠長。若多外來刺激，惟感繁雜忙碌，則此心不安不樂，生命亦惟感其短促。「山中方七日，世上已千年」，一則為機械人生，一則為藝術人生，對此不當不辨。

有「醫德」，有「醫術」。醫術可以救人得生，亦可處人於死。但醫德只許救人生，不許處人死。法律主要則在處人死。中國古人極重醫，輕視法。西方教會創始大學即有醫、法兩科，不為醫師，即為律師，同以救人死為任務。縱是惡人患病，醫師必加以治療；犯罪，律師必為之辯護。中國人

言：

不為良相，便為良醫。

良相救人死，其道遠超於良醫。故中國人兼言「道術」，而「法術」則為中國人所輕，更何論於刑罰之「法」！西方宗教「凱撒事凱撒管」，治平大道，上帝亦所不理，則惟有律師可任。故西方人僅知有「法術」，不知有「道德」，乃為西方文化一大缺陷。

（二）

中國自古即為一農業社會，五口之家，百畝之田，生事已足。過求拓展，不僅收穫不增，或反致荒蕪。安分守己，斯為上策。夫婦和睦，父慈子孝，兄友弟恭，一家有福，群知羨慕。故所重在人之性情德行，在內心，不在外物。外物多同，所異則在心。

西方古希臘則為一商業社會，群出經商，或致巨富，或仍平平，或則虧折，遭遇不同，機會不同。故其所重，多在外，不在內。即反求之己，亦在其商品貨物上，不在其德性修養上。他人之向我

所求，亦在物，不在其心。中西人生相異其要在此。

農事最重天時，春耕、夏耘、秋收、冬藏，四季節令，穀雨、霜降，大體可信。航行大海中，朝夕之間，風浪難測。故農業民族仰天俯地，多信心。對之有「信」，始有「忠」。不僅對天地，即對五穀百蔬、鷄犬牛羊亦然。故農人其性「忠信」，一心瞻對，即為「篤敬」。孔子曰「言忠信，行篤敬」是也。商人不僅航行海洋，所至亦異地異風，無信心，亦無忠忱，惟以機變適應，甚至欺詐，無忠信、篤敬可言。故西方人所重在外，天地人群盡在外，與已若相敵對。中國人則重一己之內心，對人對天地萬物，同此一心。通天人，合內外，皆此一心。除忠信、篤敬外，更有何事？

人生所貴，在能「同」中求「異」。我之在天地萬物中，必求有所異，始見有我之存在。我之異於外者，亦只在此一心。故中國人所重乃在德性之學。忠信、篤敬，乃至為聖、為賢、為君子，只是此心德性上程度之異，其所重皆在內。富貴名位，事業權力，則在外，中國人乃不加重視。

人生要求主要果在己之一心，則求而易得。孔子曰：

我欲仁，斯仁至。

孟子曰：

是不為，非不能。

韓愈亦言：

足於己，無待於外。

而且人心相同，己之所得，亦可分之人人。詩曰：

孝子不匱，永錫爾類。

老子亦曰：

既以為人己愈有，既以與人己愈多。

如此則道一風同，禮運所謂「大道之行，天下為公」，即在是。

西方人則內心只有求，所求則盡為外物。又即以「身」為「己」，身亦一物，而心為形役，只成

人生一工具。但身之所求，如衣食，實易滿足。不易滿足者實在心。於是求衣食，轉而為求富貴。而富貴乃相形而見。他人貧，乃見己之富。故孔子曰：

為富不仁。

既求富，又當求貴，否則不足以自保。故財富之上，必繼之以權力。故希臘之後乃繼之以羅馬。

西方人重外不重內，故知有「事業」，不知有「德性」。事業有成敗，而德性則可有成不敗。兩軍交戰有勝負，而中國則「有斷頭將軍，無降將軍」。殺身成仁，亦無虧其為將之德矣。西方則兵敗將降，乃屬常事。拿破崙一世雄豪，兩度敗降，終不失為西方一英雄。以中國標準言，則不得不謂其德性之有虧。

諸葛亮病死五丈原，可謂事業無成，但亦已全其性命。較之曹操與司馬懿，事業有成，性命有虧，賢奸之辨顯然。此為中國文化傳統中之人生觀。近代國人競慕西化，「性命」二字，已不知作何解，則曹操、司馬懿必轉而居諸葛之上矣。

中國人重德性，其論人亦有「品格」。「品」較在內，而「格」則形於外。如曰「格式」，又曰「形格勢禁」。物必有「形」，形必有「格」。大學言「格物致知」，能於外物知有格，斯即其內在一己之德性。孔子曰：

飯疏食，飲水，曲肱而枕之，樂亦在其中矣。不義而富且貴，於我如浮雲。

人生主要在其一心之德性，亦即人生之眞樂所在。樂在「心」，不在「身」。故身生活必知有格，飲食起居皆有格。富貴屬身外物。顏子一簞食，一瓢飲，居陋巷，人不堪其憂，而顏子不改其樂。周濂溪教二程「尋孔顏樂處，所樂何事」。此誠中國人生哲學一最要端。身之格曰「廉恥」，心之格曰「禮義」。禮、義、廉、恥尚在外，孝、弟、忠、信始在內。而內必形於外。道、釋太偏內，西方太偏外；中國儒家則主一天人，合內外，始得謂之「中」。

中國人言天地萬物，亦主其德性。麟、鳳、龜、龍為「四靈」，麟與龍較難詳，鳳與龜則較易知。莊周言：

鵷鶵非梧桐不棲，非練食不食。

則其一棲一食皆有格。龜之飲食享受，活動作為，極有限制，極有禁格。但其壽命則長，故亦尊之為四靈之一。「靈」指心，指德性言。莊周辭楚相，曰：「寧為龜之曳尾於塗中。」故中國民族生命長達五千年，生齒日繁，人文日化。直迄於今，乃始改圖。生而為龜，必為人所恥。人心之變，於斯

可見。

中國人對禽獸之德性觀，尤可舉家畜為例。如「群」字从羊，因羊最能群。「善」字亦从羊，則惟能群始為善。如「美」字从羊，亦指其德性，不指其軀體，亦不專指其味。犬、牛、鷄、豚皆有美味，而羊則能群有善尤為美。「窈窕淑女」，亦指其德性美。古希臘雕塑美女，主要在其形體，與中國人觀念大不同。詩又云：

巧笑倩兮，美目盼兮。

女性美在其一笑一盼，此皆內心之表現；目與口其美淺。「義」字亦从羊，則未有不群無善而可得謂之義者。易卦馬象乾，牛象坤，羊象兑。兑指澤，尚通。能群而有善，則人與人相通。可見兑象羊，亦指其德性。群水匯聚則為「洋」，洋洋大觀，亦指其通。庠序之教，「庠」亦从羊。教育重在教人有善能群，亦重其德性。「祥」从羊，祭祀奉羊，亦為鬼神所喜，故得吉祥之報。「詳」字从羊，言語能彼此相通始得詳，不在多言。「佯」从人从羊，乃僞裝。羊富群性，缺個性；人之為性，則須能立己以通於群，否則為孔子所惡之「鄉愿」。故「佯」則不誠不實，雖非巧言令色，亦不在可取之列。中國文字創造遠在周公、孔子之前，而其義已如此。此見中國之文化傳統遠有來歷。依近代國人之意見，中國古人喜龜喜羊，宜其不得爭存於當今之世矣。

中國人尤以德性觀自然。盈天地皆一德一性之相通。一己之德性，即為天地之中心，為萬世之常軌，而事業亦盡在其中矣。故立己立德，乃為人生惟一大事。今國人則盡從外面事業上來談人生，則其無當於中國文化舊傳統之深情密意亦可知。

中國人言「己」，非個人。必在大群中始有己，無己亦無群。故己為人，人為己，人己相對而合一，有別而相通。相通合一，即人之「德性」。故不知人之德性，即無己，亦無人。今日舉世群趨於功利，不再論德性。自中國人觀念言，則一切皆架空虛構，物與物相叠，成此架構，乃如一大機器，其中只缺一「靈」。「靈」非「知識」之謂。「知」者知於外，「靈」則明於內。自知之明始為靈。人為萬物之靈，失其靈，即失其所以為人，更何論己。人死則屍體腐，而靈則常在天地間。西方人信有靈魂，有上帝，而上帝則在己之外，不在己之內；則上帝亦如一物。靈魂與上帝之相通，非中國人所謂德性之相通，而別有其所以為相通之道，此則成為西方之宗教。雙方之辨，有待詳申。

(三)

世有盛衰治亂。中國歷史，盛世治世，人物活動少，表現亦少；衰世亂世，人物活動多，表現亦多，其影響轉深而大。此為中國歷史一特徵，亦即中國文化一特徵。

唐虞之治，苟無洪水為患，則亦平安而過。堯、舜、禹之弘德大業，亦渺不可見矣。夏代稍可述者，則為少康之中興。必待夏桀無道，乃有湯與伊尹之出現。商代之稍可述者，則有盤庚之遷徙。必待商紂無道，乃有西伯昌、周武王之出現。及於成康，天下平治，乃亦無人無事可述；稍可述者，則為宣王之中興。平王東遷，春秋兩百四十年亂世，人物迭起，試讀一部左傳，何等燦爛，何等光明，較之詩書，影響當更大。戰國益衰益亂，而人物更迭起，其影響於後世者，乃更大更遠。

秦代一統，人物乃無可言。漢興，高、惠、文、景，以至武帝，由亂轉治，由衰轉盛，人物事業始多可稱。但其臻盛世，人物亦漸降。稍可述者，為宣帝之中興。東漢光武、明、章，又復由亂轉治，由衰轉盛，乃多人物可述。三國世亂，人物又鼎盛。西晉稍定，人物亦遽退。南北朝之際，北方之亂盛於南方，而人物則較多。唐代之起，由衰轉盛，由亂轉治，而人物亦特多。要之，世亂則人物起，世治則人物謝。宋不如唐之盛，而人物則更盛於唐。南宋更衰，而人物則更起，不遽遜於北宋。武臣如岳武穆，文人如朱晦翁，傑出古今，漢、唐以來，誰與相儔？

元代以蒙古異族入主，政治變於上，而社會則依然中國之社會，人物則依然中國之人物，文化傳統儼然無變。明初人物，皆起於元。下如王陽明，苟非龍場驛之貶，不有宸濠之亂，亦不成一後世相傳之王陽明。世益衰，而人物益起，乃有無錫顧、高之東林。

清代又以滿洲異族入主，而明遺民乃多千古傑出之人物。如顧亭林，如李二曲，如黃梨洲，如王船山，多在野，不在朝。下及乾隆盛世，十大武功，煊赫一時，然為中國人所誇稱者，則為在野之學

術，而非在朝之功業。吳派、皖派，常州派、揚州派，「漢學」之興，與「宋學」相抗衡，非由政府提倡，乃民間自由興起。嘉道以下，由盛轉衰，由治轉亂，而後有湖南湘鄉一派之崛起。此亦在下不在上。辛亥革命，於是又有新時代之新人物興起。

故就一部二十四史言，吾中華民族生命之旺盛，乃每見於衰亂世，更過於在昇平世。此則為並世其他民族所少見。即就西歐言，如希臘、羅馬，衰則永不復起。現代國家如英法，則衰象已見，恐亦不能再如以往之英法。其病痛所在，凡所建設，偏在物質方面，而人類本身，則似轉少注意，則如身之既老，乃不復旺。此亦一種自然現象，無足深怪。中國治世盛世，亦不重物質建設。唐、虞、三代古蹟，極少遺存。秦有阿房宮，項王入關，一炬而盡。長安為漢、唐故都，其建設遺跡存者有幾？北平為元、明、清三代故都，尚留有六、七百年以上之故宮，較之希臘、羅馬遺跡，尚媿不如。今亦僅供國人遊覽，而國人對之，亦不曾有崇敬心。惟有如曲阜孔林，則歷兩千五百年來仍然無恙。故中國傳統重「人」重「心」，西方傳統重「物」重「事」，此其大異。在中國，田野平民間，子女之孝其父母，其事乃更重於廊廟宮殿卿相之忠其君上。只說「移孝作忠」，未聞「移忠作孝」。

中國傳統政治制度，為臣者逢父母喪，必離職回鄉，守孝三年。期滿，始得再仕。則孝心重於世務，為子重於為臣，此即人生一事業。其事業則在「道義」，不在「功利」。功利事業必隨時而變，道義事業則千古常傳。既重道義，乃奉孔子為一宗師。雖有敵國外患，可以破壞其一國之物質建設，但難以破壞其四海皆同之精神傳統。故中國民族之命脈，乃在其內心，而不在其外物。

「哀痛心」，乃人類德性中極具意義價值之心情。孟子曰：

惻隱之心，仁之端也。

亦可謂哀痛之心乃仁之至。人莫不有父母，莫不有父母之喪。中國人教孝，愼終追遠，乃培植其哀痛心。世衰時亂，哀痛心生發，而後才智輩起，拯救非難。釋迦見生老病死，乃生恐懼心、厭惡心，但不知培養人之哀痛心。西方信靈魂上天堂，哀死之心則淡。故西方人惟求樂生，不知哀死。惟中國人生能哀樂兼存，又能得其中和。以是中國人之德性，乃特較其他民族為深厚，而其生命緜延乃有其悠久之前程。

孔子辭魯司寇，在外周遊十四年，老而返魯。魯之君卿，仍加禮重。是乃魯政府對孔子之遷就，而孔子則對魯政府終未有遷就。孟子見梁惠王，使能遷就，亦見大用。然孟子不遷就，而去梁之齊。見齊宣王，仍不遷就，所如不合。漢武帝信從董仲舒對策，表章五經，罷黜百家。但董仲舒並不遷就，不如公孫弘之曲學阿世。後世遂尊仲舒而鄙公孫。唐太宗用魏徵，魏徵不遷就，眞言以諫。太宗心憤，有「何日殺此田舍翁」之語，然終加以容忍。魏徵卒為唐代之名臣，而唐太宗亦為唐代一名君。中國傳統，政府常知「遷就」；而儒學之最高標準，則為「不遷就」。

韓愈諫迎佛骨，貶於潮州，幸免一死，卒復任用。此亦憲宗之遷就，而韓愈之對憲宗則卒未遷

就。漢、唐兩朝皆崇儒，宋尤然。神宗尊王安石、司馬光，而兩人政見不同，卒成新舊黨爭，神宗、哲宗亦惟遷就。明成祖攘奪帝位，方孝孺不遷就，乃受十族之誅。但後人則尊方孝孺，不尊明成祖。惟成祖既得位，終亦尊儒道，此亦其遷就。

最特殊者，異族入主，亦知遷就中國之儒道。許衡仕於元，其所貢獻亦甚大。待其死，誡其子：「我為名所誤，墓上惟立許某之碑」，不願再列其官位。後世亦對許衡多微辭，不如對同時之劉因。清代入關，更尊儒。明遺老守節不仕，清廷亦皆遷就。偶於李二曲稍有勉強，二曲終生居土室中，不與世相接。清廷不加逮捕，亦仍遷就；而二曲亦遂為後人崇奉一名人。中國自孔子以來兩千五百年，一心相傳，事蹟昭彰有如此。

抑更有進者，孔子不言「性」與「天道」，孟子言「性善」，乃得為亞聖。漢之司馬遷，「究天人之際，通古今之變，成一家之言」，為此下二十五史之鼻祖。此在史學上之貢獻，實已勝於孔子之春秋。鄭玄網羅百家，括囊大典，其功亦不遜於孔子之稱道詩書。韓愈後人尊之謂其「文起八代之衰」，為「百世之師」，開此下文學一大宗。此與「夫子之文章可得而聞」者，又異其趣。周敦頤著為通書，於漢、唐「儒林」之外，乃別啟「道學」，為宋、元、明三代群儒所共尊。中國學術分為「經、史、子、集」四部，如馬遷之於史，鄭玄之於經，昌黎之於集，濂溪之於子，皆可謂超絕一世，為後代之大宗師。而朱子尤匯通四部，可謂孔子集前古之大成，而朱子則集後古之大成。孔子曰：

後生可畏，焉知來者之不如今？

如上舉，孟子以下諸人，皆孔子所謂可畏之後生。然孟子則曰：

乃吾所願，則學孔子。

韓愈則曰：

並世無孔子，不當在弟子之列。

周敦頤則曰：

學顏子之所學。

鄭玄、朱熹注經為業，其尊奉孔子更所不論。上下兩千五百年，孔子永為至聖先師。人之所學，則皆孔子之學。人之所道，則皆孔子之道。孟子曰：

聖人先得吾心之同然。

後世繼孔子而起者，亦可謂皆有得於孔子之心矣。但皆尊孔子，各不尊其己。時異世易，所學所道，實已不同，而其統則一，乃有所謂「道統」。道則統於「心」。修身、齊家、治國、平天下，皆貴一統，其統均在心。其傳亦在心。但心與心之間，乃有一大遷就。中國人之「學統」、「道統」，乃於絕不遷就中有此一大遷就。「斯人千古不磨心」，惟中國文化、中國人生乃有此，豈於心外物者所能有！

然今國人則競慕西化，乃有「隻手獨打孔家店之老英雄」，乃有「線裝書扔毛廁」之新理論。心已變，則一切自隨而變。救國救民，不本之心，惟賴外物。惟期成於物，不期成於心。心無成，而所成盡在外，亦復與人生何關？亦可謂人亦為一物，物在心外，亦即心在物外，僅為一工具，僅為一機械，心為物役，如是而已，則何復文化、人生之足云！而所謂盛衰治亂，其重要性亦在物不在人，而又復何心物、內外之堪分別討論乎！

（一九七六年七月十七日中華日報副刊。）

# 九　道與理

中國人言「道」，又言「理」，俗又「道理」連言。道屬和合，理屬分別。和合中必應有分別，分別中亦應有和合。此乃中國人文大道一重要觀念。實則「人文」之「文」，亦即「文理」之「理」。

子貢言：

夫子之文章可得而聞，夫子之言性與天道，不可得而聞。

「文章」乃指凡屬人事、政治、社會、家庭、個人一切措施之明白可見者，此屬人生之陽面。「性」與「天道」，則屬人生之陰面，為人生百行之大本大源所在，而晦藏難知，故孔子避不詳論。而孔子之言文章，則莫不本源於此，而融為一體。此正孔子思想之偉大深厚處。

孔子既歿，墨翟繼起，主兼愛，尚天志，即言「天道」。莊周又繼起，其言天道則更廣大，更深微，較墨翟為遠勝。儒家有孟、荀，分主性善、性惡，則競言「性」。易傳與中庸繼起，采道家言，

融歸儒學，而後性與天道乃為後儒所必言。

「一陰一陽之謂道」，已兼性與天道而一言之。然就思想慣例，又必問一陰一陽以前，宇宙為況如何？此則無可名狀，無可言說。易傳乃言陰陽之前為「太極」。太極何所指？則出名狀言說之外，故曰「太極本無極」。此乃限於人類之語言文字以為說。

宋儒周濂溪太極圖說乃言：

無極而太極。太極動而生陽，動極而靜。靜而生陰，靜極復動。一動一靜，互為其根。

此亦限於人類之語言文字而為言。凡屬人類語言文字、知識思想，必由正反雙方之比較而言。宇宙整體乃一氣，有動有靜，有陰有陽。本無有純動之陽，亦無純靜之陰。陰陽動靜，混合成氣，融為一體。如白晝是陽，但非無陰。黑夜是陰，但非無陽。只是分數不同，故不得謂有純動而無靜，亦不得謂有純靜而無動。動靜實亦一體。猶如死生存亡，乃一體之變，由此至彼，實無分別。故「太極」即「陰陽」，「陰陽」即「太極」。

朱子之「理氣論」，承濂溪來。故曰：

理即太極，太極即理。

一氣中兼有陰陽，即其分理。然不得謂「氣」外別有「理」。人類思想慣例，必追問氣從何來？朱子則謂氣從理來。其實亦可謂理從氣來，朱子乃本儒家言。「理」非一「物」，乃是一「空」一「無」。老子言「無生有」，此亦人類思想慣例，相反相成。濂溪通書依中庸改言「誠」；而朱子又改言「理」，則更較妥適。此皆限於人類之語言文字，而不得不然。

近代科學家又言大氣層之上為「眞空」。其果為一眞空乎？此恐仍是人類語言文字之所限，而姑以名之而已。若以中國傳統語說之，則大氣層應屬陽面，太空層應屬陰面，仍是一陰一陽融為一體。而在此一體之內，有此陰陽之並存而已。大氣層與太空，有其分別，即朱子所謂之「理」。

依近代天文學言，宇宙究為有際限，抑無際限？若謂有際限，則此際限之外，又何境況？若謂無際限，則依人類思想慣例，無際限終該有際限。此皆從人類語言文字中生出問題，而終難解答。孔子曰：

知之為知之，不知為不知，是知也。

「知」中必涵有「不知」，而「不知」之中亦必涵有「知」，此亦一陰一陽之融為一體。而凡成一體，則又必涵有陰陽之兩面；偏舉一面言，則必失之。中國傳統思想之偉大深厚處，則在其必兼天人、內

外、死生、彼我而一言之。此皆所謂「一陰一陽」。

宋史於周濂溪以下創立道學傳，以別出於儒林傳。後人或非之。其實周、張、二程以下之為學，確與漢、唐以來「儒林」有不同，別立「道學」之名，亦未為非。南宋朱子起，融會周、張、二程，而集其大成，乃有「濂、洛、關、閩」之稱。而朱子之學，主要在發明一「理」字。陸、王與朱子啟爭議，亦在此「理」字上。後人乃稱程、朱為「理學」，陸、王為「心學」。近代乃有改稱宋、明「道學」為「理學」，似更恰切。孔、孟主言「道」，宋、明儒主言「理」，可謂中國儒家思想轉變一分界線。

孔、孟言「道」，主言「仁」。孟子曰：

仁，人心也。

故朱子以「仁」為「心之德」。孟子又言：

仁者，愛人。

但慈孝分數有不同，故朱子又以「仁」為「愛之理」。此「理」字，即指其分數不同言。故朱子言

理，必兼內外「心」與「事」合言之。若心不接事，則「理」亦不見。心與事皆屬「氣」，「理」則在「氣」之中，非外於「氣」而別有「理」。則「一陰一陽之謂道」，當亦可謂「一陰一陽之謂理」。仍無大分別，只一體動靜之相異。

人心有「愛」必有「惡」，愛惡若在正反兩面，實亦通為一體。若問愛惡孰先？依儒家意，應先有愛，乃有惡。若謂先有惡，乃有愛，則其義大不同。喜、怒、哀、樂亦然。當先有喜、樂，乃有哀、怒。孟子性善論之勝於荀子性惡論，亦在此。喜、怒、哀、樂、愛、惡亦分屬陰陽，陽在外，較易見；陰在內，不易知。如生易見，死不易知，故生屬陽，死屬陰。先有生，後有死，則應稱「一陽一陰之謂道」。何以轉稱「一陰一陽」？依近代人觀念，「自然」在前，「人文」在後。人文當屬陽，自然當屬陰。道家重自然，則先陰後陽，乃兼采道家意。濂溪則言「互為其根」，又言「無極而太極」，則義更深遠矣。如本末源流，末亦可為本，流亦可成源，雨降果落可知。

孔子主言「人道」，故「性」與「天道」不可得聞。墨翟則重言「天道」，故曰兼愛、天志。但天之生人，固屬平等，而人之相處，則不能無差別。視人之父若其父，實屬難能。墨翟所講可謂有「道」而無「理」。老子則曰：

道，生天生地，神鬼神帝。

道乃高出於天地、鬼帝之上。天地何由生？必有其道。苟天地可不以道生，則人類亦可從無道生，又何有此「道」字。生天生地，究屬何道？實難言。雖不知其道，而必有其道。孔子曰：「知之為知之，不知為不知，是知也。」知有此道，而不知其為何道，此即為知矣。「氣」即兼涵有「道」與「理」，而朱子言「氣」與「理」，「道」乃更易見。

老子又言：

道法自然。

即謂道乃「自己如此」。則「生天生地」，豈不即天地之自生？「神鬼神帝」，豈不即鬼帝之自神？否則天地、鬼帝不自然，亦非道矣。如是則道豈不亦無生無神之可言？故道家言「道」，乃不得不兼言其為「無」。但既無，又何言？此皆為人類語言文字所限，而道家言道之眞意，乃有難以言宣者。故貴心知其意，能超乎語言文字以為知。朱子言氣與理，則具體淺近言之。近人乃謂中國人言道理，不如西方哲學家所言之高深。但西方哲學僅成一種專家言，中國人言道理，則通俗化，幾於家喻戶曉，人人易言易知；則淺深之高下得失，亦有難以一言而判者。

中國人貴能言之深入而淺出。孔子論語乃為其最高之準則。顏子曰：

夫子博我以文，約我以禮。

「禮」與「文」，皆即孔子所言之「文章」。顏子又曰：

既竭吾才，如有所立卓爾。雖欲從之，末由也已。

此所立卓爾者，乃有「性與天道不可得聞」之妙義寓其中。宋、明道學之異於儒林，主要在「行」，非言教所能竭。孔子以身教，思想、行為融而為一。莊老道家近西方哲學，多涉言教，乃分思想、行為而為二。季文子三思而後行，孔子曰：「再思可矣。」可知孔子之重行。孔門七十弟子，顏子獨稱為善學。濂溪言「學顏子之所學」，不專在言語思想上，其義深長。

中庸曰：

自誠明謂之性，自明誠謂之教。

「誠」即「道」，謂其眞實不虛，已較莊老言「無」為有進。但亦未深及其內容。人道亦誠實不虛。孔子曰：

巧言令色，鮮矣仁。

巧言令色，不忠不信，虛僞不實，故非「仁」。「誠」亦可稱為一「存在」，但必兼具時間性，能持續，非剎那即歸消滅。易繫辭曰：

繼之者善。

能繼始為善。於中庸「誠」字外另增一「繼」字，道之涵義又益進。

今以宇宙萬物言，各有存在，各有繼續。蒼蠅不知是否先於人類，但其生命至今尚存，則亦是一誠一繼，亦必有其道其善可知。但其道其善，決與人類不同，其相異處即是「理」。萬物莫不有道有善，莊周乃有「齊物論」。道、善各別即是「理」。道家重在求其齊，儒家重在求其別。萬物之別在其「性」。孔子言：

性相近，習相遠。

孟子始倡為性善論。易繫則曰：

> 繼之者善，成之者性。

較孟子有更進一層之發明。中庸言：

> 天命之謂性。

有生無生，莫不有性，同出於天而各別，此之謂「性理」。濂溪易通書主在闡申易義，橫渠西銘主在發揮中庸，實皆兼采道家言。程、朱較多稱述論孟，但亦多包融道家義。換言之，孔孟多主人道，宋代理學家則兼及天道，人文、自然，一體闡說，而終以人文為主，不失孔孟之正統。

以一陰一陽言，則孔孟當儒家之陽面，而周、張、程、朱則當儒家之陰面。象山、陽明又一意欲挽歸之於陽，而疏失轉多。朱子謂象山偏在「尊德性」，而己則偏在「道問學」，戒其門人當取他長以補己缺。「尊德性、道問學」語見中庸，實即顏子所謂「博文、約禮」之兩面，亦即所謂「一陰一陽之謂道」。朱子能由道問學而歸本於尊德性，亦不失孔子言道之正統。

周易六十四卦，均不言及「陰陽」二字。易大傳始言之，此已羼進了道家義。故周濂溪曰：

無極而太極。

乃於「太極」前增上「無極」一語。孔子言「仁」又兼言「智」，道家則重「智」不重「仁」。就智之一面言，則內之本不易見，外之末轉易知。草木根柢藏於土，枝葉生長出於地，一易見，一不易知。嬰孩不如耄老之易知。故道家言「有無」，儒家言「本末」。儒家主要言人文大道，而以天地大自然為本。天道、天命難知，人事得失易見。一國、一天下之治亂興亡，一家之盛衰禍福，易見易知，而人心之為本則難知。「心」顯在外，尚易知；而「性」之隱藏在內以為心之本者，則又難知。喜、怒、哀、樂、愛、惡、欲，謂之「七情」，乃心之顯於外，猶較易知。而愛為惡本、喜為怒本、樂為哀本之精密至理，則又難知。然不得其本，則不知其末。「一陰一陽之謂道」，就人心之知言，陰為本，陽為末，道家之意應如此。孔子昌言仁道。仁，人心，仁道即人道。故易卦先乾後坤，則陽在先而陰在後。此以道之先後言，不以知之難易言。

墨翟言天志、兼愛，亦若以天為本，以人為末，亦求由末以返之本，而於人道則轉有大失。楊朱為我，則有人無天。莊周、老聃又反之，乃至於有天無人，故主「無為」。惟孟、荀堅守儒家義。而又有鄒衍唱五行家言，亦本儒家，而兼采道家，其地位聲名，在當時乃出孟、荀之上。實則鄒衍所

言，天道重，人道輕，不啻以天為本，以人為末，更近道家言，而與孟、荀乃大背。繼之又有呂不韋及漢初淮南王，皆招賓客著書，大旨不外於兼融諸家，會之一統，終亦有背儒家以人道為本之大旨。及董仲舒出，專尊五經，罷黜百家，儒術乃定於一尊。此不可謂非中國學術思想史一進步。

以「道」言之，固是天為本，人為末；但以「理」言之，則不妨以人為本，而天轉為之末。惟孟子主「性善」，仍可以人合天。荀子主「性惡」，由人中有聖乃有善，不免尊人而卑天。故後儒終尊孟不尊荀。俗語稱「王道不外於人情」，但不言「天道不外於人情」。又言「人情即天理」，但不言「人情即天道」。又「道理」連言。皆儒家義之深入淺出處。故道家專言「天」，乃深入而無窮。儒家主言「人」，則反己而有得。此則猶可待後人之繼續加以闡申與發揮。

仲舒治學，主要在孔子春秋，而以公羊為主；但亦兼采鄒衍，重天道。司馬遷繼之，著太史公書，其言曰：

究天人之際，通古今之變。

天人、古今，有其分際，有其變化。言「天」必重「時」重「變」，史學重人事，而亦不忽於天道。但司馬遷於天人之際，則一尊孟而貶鄒。西方科學，自然更重於人文，宗教更輕人世。故西方之學易偏趨於極端，而中國則務於大中而至正。遠自戰國之末，學術思想已大致形成了陽儒陰道之局面。惟

兼采鄒衍陰陽家之說，則不免道更重於儒。西漢末，揚雄倣論語為法言，又倣周易為太玄。東漢末，王弼注周易，又注老子。此皆儒、道兼容，而王弼為益顯。大抵處治世，人生多愛、多喜、多樂，而每不自覺；處亂世，多惡、多怒、多悲，而每滋不安。處治世多向外進取，處亂世多向內悔疚。故治世在陽面而易於轉向陰面，亂世在陰面而亦易轉向陽面。一治一亂，亦如死生，每循環而不息。死即所以成其生，非有死，即無生。亂亦可以引生治。人群不能有治而無亂。惟中國每以「一治一亂」作教導，不以長治久安為當然。夏、商、周三代，治亂更迭，亦天命。不能有禹不再有桀，有湯不再有紂，有文、武、成、康不再有幽、厲。此亦天人分際。亦如人生不能有愛、喜、樂，無惡、哀、怒，則人心自當有修養。人生不能有外無內，自不當專務名利，而當反之德性。有分別，即有和合。有和合，亦即有分別。儒家言「道」，乃在天人和合處。道家始言及「理」，則在天人分別處。「生」與「治」乃和合，「死」與「亂」為分別。儒家多重在正面積極處，而道家則多重在反面消極處。儒、道兼融，道、理並言，天人合一，而「道」之內容乃益見其寬大。

依中國古史傳統，堯、舜、禹、湯、文、武、周公，皆以聖帝賢相開一代之盛運。但秦始皇帝、漢高祖開基，則無說以通。鄒衍陰陽家言「五德終始」，其說遂大行於西漢。但光武中興，鄒衍之說衰。王弼代起，乃以易卦闡史。下經三國、兩晉、南北朝，而其說又大變。在野之百家言，又超於在朝王官學之上。而老子、釋迦乃與孔子鼎足三峙。

儒、道兩家同言「天命」，儒家積極，乃言「天之將降大任於斯人」。道家消極，莊子以「渾沌」

為中央之帝，而「儵」、「忽」為南、北之帝。中央乃一和合，南、北則為分別。儵、忽時間短，渾沌時間長。時、空亦當和合。西方人重空間，忽視時間。中國人則重時尤在空之上。天屬時，地屬空。中國人必「天地」連言，而一切衡量，以時間之悠長與短暫為主要標準。南、北之帝，儵、忽短暫，不應為中央之帝。但中央之帝亦宜終非一渾沌。即此一寓言，而人生、政治哲理之甚深妙義，有待商榷者，亦胥見於此矣。

佛法更消極，稍近道家。隋、唐之間，佛法中國化，天台、禪、華嚴三宗繼起，則又融會於儒家。宋代理學，反釋、道而一歸之儒，但亦兼融釋、道。不能只積極，無消極，此即所謂「一陰一陽之謂道」。「一天人，合內外」，終為中國人文大道文化大傳統之主要所在。

一陰一陽之變即是「常」，無窮緜延，則是「道」。有變而消失，有常而繼存。繼存即是善，故宇宙大自然皆一善。生命皆屬善。無生物亦然。異性同存，則必有其和合處。故天地一氣，曰「太和」。西方生物學家則言「優勝劣敗，物競天擇」。則試問當前人蠅並存，究是孰優孰劣，孰勝孰敗？西方人好分別，知爭不知和，亦徵其所見之狹矣。

人群相處始能繼，人性之和由之。人性乃由長時期經驗成，中國人則稱之曰「化」，所謂「人文化成」是也。「化」與「變」不同，變易見易知，化不易見不易知，須長時間之蘊蓄孕育。如人，經胞胎十月，又自嬰孩歷二十歲之長久演化始成人。故太和中必經長歲月而有萬化。陰乃其「規範」，陽則其「表現」，非長時間深透不可知。亦可謂「時」居陰，「空」其陽，非時則空無成。中國人言

和合必兼及其分別，言道則必兼有理。中國學術思想之必儒、道兼融者即在此。

中國語言文字能和能化，西方語言文字則惟變惟新。觀念思想隨之，而文化乃大異。故中國每能於相反相成處見道。就中國「五倫」言，如父慈子孝，言「慈」則父母居陰，子女乃其陽；言「孝」則子女居陰，而父母為其陽。行為主在陰，對象則為陽。「高山仰止，景行行止」，高山其嚮往之對象，循道而登乃其陰。人之在大群中，群屬陽，己則陰。惟亦可倒轉言，登山之已屬陽，一陰一陽，正反主客，互易無定指。道為主，行道者為客。亦可謂孔子大聖為主，其道乃為客。人可為主，天可為客。今可為主，古可為客。「一陰一陽之謂道」，其妙義不拘可如此。

孔子十有五而志於學，乃學求為一人。為人有道，道與人乃其主，己則為一客。及其立而達，而至於七十從心所欲不逾矩，則己心為之主，而道與矩盡為客矣。如是則己為主，群為客。人為主，而天為客。亦可謂空是主，而時則成客矣。孔子聖之時者，經時間修養乃成聖；及其為聖，一切時皆環向此一心，亦即環向此一空，主客倒轉，正反亦然。

西方個人主義，己為主，外面環境乃其客。嬰孩時，父母家人皆在環境中。日長日大，環境日擴，己仍為之主。老而衰，環境日促日小，己之為主，乃退居老人院中，其道難繼。邦國亦然。資本主義與帝國主義，外圍皆侵略對象，富強不可一世。久則貧弱，不再振起，以迄於亡。希臘、羅馬，先例俱在。此皆惟知陽，不知陰，不知一陰一陽之始為道，故其道終難繼。

人死屬陰，生屬陽。陽則短短百年而止。但上有父祖，下有子孫，緜延擴大，可臻無極。故人生

雖僅百年，而其心情乃能通達於父祖、子孫而無窮。天下之本在國，國之本在家，家之本在己，己之本在心。己心乃天地萬物、眾生大群一中心。此天地萬物、眾生大群，乃為吾心一陰面。己之一生，則為其陽面。一陰一陽乃有道。孔子之道乃即孔子之大生命，以宇宙天地萬物、眾生大群為之體。從此體內發出光芒，斯即成其為孔子，如是而已。孔子死，此光芒則依然常照耀在宇宙間，在大群中。每一小己，亦各受此光芒以為生。此光芒乃人生之陽面，己身則其陰面。

宇宙大自然即是一氣一動，即一道。但氣涵陰陽，正反相異，萬物各別，斯見分理。如父子一氣相承，而先後有別。理不同，斯慈、孝之道亦不同。失其理，則非其道矣。君仁臣敬亦然。彼我有別，君一臣眾。君當仁其眾，臣當敬其一。若君敬臣仁，則又失其理，而非其道矣。儒家之研道，益進而有理學。又有「心即理」、「性即理」之爭。「心」即「氣」，分別處乃見「性」，則「性即理」之說為當。孔子學「為己」，最為得之。顏子曰：

博我以文，約我以禮。

約以禮，即為己。朱子言：

即凡天下之物而格。

孟子曰：

萬物皆備於我。

則博文即以約禮，而約禮又必從事於博文。大學所格之「物」，即孟子「萬物皆備於我」之「物」。「致知」即以致己之知。故孟子、朱子之學，乃即孔子之學。本末源流，亦一以貫之矣。

陽明格庭前竹子，乃誤會朱子之言。竹在日常人生中，乃微末之一物，何待竭心以格。陽明處龍場驛，悟「良知」之學，自謂使孔子處此，亦何以異於我。此又誤會孟子之言。困而自得，斯可矣，又何必遽以自比於孔子？孔子曰「學以為己」，斯乃最當於理而合於道。又曰：

若聖與仁，則吾豈敢？

則自得之後，仍當有學。後儒陳義高遠，乃有近於西方之哲學。雖孟子、朱子，容有難免。然孟子、朱子之學，終亦以為己。而西方哲學，則主向外，為人為物，此又不可不辨。人能學為己，斯則身修、家齊、國治而平天下。人道亦即天道，得於內而亦順乎外。故「道」必得其「理」，理則必兼先

後彼此而見。個人主義有己無人，社會主義有人無己，皆失其理，又何道之存？

近代國人崇慕西化，又以「重男輕女」自譏。中國史學、文學中，崇敬女性，並世其他民族莫能比。一陰一陽，同等重視。易卦先乾後坤，豈即重男輕女？人群分上下，君在上，民在下。孟子曰：

民為貴，社稷次之，君為輕。

又豈國人所譏「帝王專制」之謂？試讀歷代帝王詔書，絕少自尊自大。其所稱頌，則在祖先。詔中要旨，則在百姓之福利。又豈得盡謂之虛語浮文？

若謂西方人生僅知陽，不知陰。亦可謂印度人生乃僅知陰，不知陽。中國則陰陽並重，又陰先於陽。西方人言「婚姻為戀愛之墳墓」，而婚姻之價值隨以大減。印度人以生、老、病、死作平等觀，而死之地位乃大增。年逾五十，入深山居洞中，期死之早臨。惟中國人男女、生死各求一合理之處置。國人又以「貧弱」自詬。論歷史，中國自清代乾隆前，富強亦超西方。富強貧弱，亦人生陰陽一體之兩面。富強在己，貧弱在人，此何理又何道？孔子曰：

貧而樂，富而好禮。

孔子過衛，曰庶矣，加之「富」，加之「教」。實則貧富乃由比較而見，豈能有富無貧？但求貧富不過分而加之以教，教以能樂、能好禮，斯相安不互爭，而人道乃可繼。人趨於爭，亂自隨之。濂溪太極圖說：

主靜立人極。

靜則安則定，又何爭？

人文一依於自然。西方人主動不知靜。嬰孩即入幼稚園，所見多，所聞雜，其心不寧靜。入小學，見聞益多益雜，其心活動，蘊藏不純粹。成年入世，不見眞情，乃亦不見有己。有動而無靜，有外而無內，所性、所好、所安無範圍，亦不見其所將歸宿，則又何道以為繼？

要之，人生則必有兩面，雖盡人有死，而生生不絕；雖安常守舊，而仍能與日俱新；雖危亂多敗，而仍可繼起有成；雖悲哀深切，而樂亦自在其中。此之謂「一陰一陽」。能知此，則隨時隨地皆可自得。僅知有己而不知有人、有群，僅知有今而不知有古、有後，有「氣」而無「理」，乃自絕於天道與人道，亦無可與語矣！

（一九八三年故宮學術季刊一卷一期。）

# 一〇 中庸與易簡

中國學術思想，儒家為正統。實則道家繼起，即已融入儒家，而合成為一體。中庸、易傳兩書，可為其代表。自漢以下，無不重此兩書。中庸書中，提倡「中庸」一語。易繫辭中，提倡「易簡」一語。此兩語，漢以下發生了大影響。先秦戰國與漢以下之大不同處，正在此。本篇稍抒其義。

中國歷史綿長五千年，而先秦戰國為其主要一轉捩點。戰國以前，乃為「封建政治」，中央為天下共尊。但天子外，尚有列國諸侯，各占一方，分疆而治，各自為政。秦漢以下，乃為「郡縣政治」，舉國統一，共尊中央一天子，不再有列國分封。此為中國五千年歷史古今相異一大變。

專就西周論，自武王、周公封建，下迄秦之統一，已歷八百年。田氏篡齊乃一小變，然齊之為齊，則一線相承，下至戰國，已擁有七十餘城，疆境之廣，傳統之久，近代歐洲如英法，尚難與比。其他如楚，傳統亦歷八百年。秦亦然，縱謂其後起，亦當有五百年之久。燕亦由西周初封。韓、趙、魏由晉三分；專就其分後言，亦已各占有兩百年以上，較之近代歐洲如德如意，亦已過之。當前歐洲如何得獲統一，誠一大難事。中國之能有秦漢一統局面，實值深入之探討。

在中國歷史上有一大值注意者，即為中國人之重視賢人。遠自堯、舜、禹、湯、文、武、周公以來，聖君賢相踞高位，有盛德，而臻一世於治平，此不論。及世之衰，踞高位者不必有盛德，有盛德者不必踞高位，而當時中國人已知重「德」尤甚於重「位」。春秋之世，齊桓公、晉文公為並世諸侯所推尊，成其霸業。霸者，伯也。如周文王三分天下有其二，以服事殷，稱為「西伯」。齊桓、晉文挾天子以令諸侯，其令諸侯，即以尊天子。舉世尊之，乃尊其德，非尊其位。後世事態變，而議論亦變，乃輕齊桓、晉文之霸。然在當時使無霸業，則天下將更亂。故孔子曰：

民到於今受其賜。微管仲，吾其被髮左衽矣。

則孔子亦尊霸可知。

霸業衰，上位更無賢德。鄭乃一小國，子產為臣不為君，然而舉世尊之。雖晉、楚兩強，亦無不尊子產。吳乃一蠻夷之邦，季札非大臣，周遊列國，備受敬禮。此兩人，即堪為當時中國人重德猶勝於重位一明證。其他類此者，全部左傳中不勝其例，茲不詳舉。

子產、季札已近孔子世，而孔子之受人推敬，則尤遠甚之。孔子祖先自宋避難遷魯，已失其貴族地位。其父仕魯，僅為一小軍官。孔子早孤，淪為一平民。魯亂，避之齊，無職無位，而得齊國君臣之禮敬。從後世人視之，孔子乃一大聖人，其到處受人推敬固宜。然在當時，孔子僅一平民，而齊國

君臣禮之亦如鄭子產與吳季札，其風可慕矣。

魯任孔子為司寇，位居三家下，最為尊位。孔子辭位去魯。在孔子意，亦只是重德更重於位。戀位損德，孔子不為。其至衛，衛靈公即以孔子在魯之祿奉孔子，是靈公亦知重孔子。此下周遊列國，其所遇皆如是。今人只謂孔子所如不合，不得意而返魯，而忽視列國對孔子之尊禮。此乃後世國人更進步，乃以孔子不見大用責諸國。不知當時諸國對孔子之敬禮重視，已為難得。孔子返魯，魯國君卿敬禮如故，此尤難能。後代國人，對魯國君臣只加責備，不加讚許。試觀歐洲及其他各民族史，固無如孔子之大聖，而當時我國人之尊賢重士同亦無之。

墨子繼孔子而起，其社會地位更低，然其受並世尊禮，則或更甚。繼之又有孟子，後世尊之為「亞聖」。所如不合，然其出遊，以鄒地一貧民，而後車數十乘，從者數百人，傳食諸侯，其聲氣有如此。其見齊宣王、梁惠王，齊、梁皆當時最大強國，孟子皆備受尊禮。莊周乃宋一漆園吏。宋小國，漆園吏乃卑職，莊周賴以為生，隱居自傲。楚國聘以為相，莊周拒之。楚亦當時一大強國。國人習熟此故事，不以為怪，乃謂中國為一「封建社會」。則此「封建社會」四字，究當作何解釋？

尤如齊，首都臨淄稷門之下，廣建高第大廈，延攬各國學者，尊之為「稷下先生」，奉以厚祿，使得自集門徒，論學傳道，著書立說，自為宣揚。政府不煩以政事，而許其批評議論，以備斟酌。當時稷下先生幾達七十人之多，以孔子僅一平民，亦門徒七十人；齊國乃當代一強國，故亦養賢七十以為比。

東方學人少去秦，但秦國亦知尊賢。商鞅後有范雎，乃魏一逃亡客，秦昭王長跪問政。其時秦亦已成一大強國，乃竟以一國王之尊，而敬禮一外國逃犯有如此。范雎終相秦，建大功。復有東方遊士蔡澤，勸之退。范雎乃薦蔡澤繼相。然東方學人終卑視范、蔡，為其未能闡弘大道，不得與東方學人相比。而秦國之尊賢下士，奉其國於異國游士之手，東方學人亦不特加重視，仍以夷狄視之，謂其不得與東方諸夏相類比。秦軍圍趙都邯鄲，趙欲尊秦為「西帝」，與齊「東帝」同尊。魯仲連反對，謂秦果為帝，則仲連惟有赴東海以死。當時秦兵之強，舉世莫敵，趙國亡在旦夕。魯仲連一匹夫並不代表某一國，在危城中，發此高論，而趙國帝秦之議，終以暫止。魏信陵君來救，趙圍遂解。信陵君之來救，主要得力於其門客侯嬴，乃一大梁守門人，與魯仲連同是當時一卑賤平民，而在國際戰爭大動盪之際，發生此等大影響；試讀並世各國史，上下古今，亦有其例否？可見當時之中國人，不重政治地位，而重私人品德。不僅社會如此，即踞高位，為君、為相、為將者，亦同有此等觀念。時風眾勢，乃以成此局面。此誠中國歷史文化一特徵。

然即如魯仲連、侯嬴，在當時地位，亦尚遠在諸子百家講學傳道、著書立說為一代大師者之下。要之，當時中國人尊「賢」尤勝於尊「位」，重「道」尤勝於重「政」。一言有道，相與尊之。試讀一部戰國策，類此故事層出不窮，亦不勝縷舉。又如呂不韋，乃東方一大商人，竟為秦相。時秦已居戰國列強之首位，而終受東方各國之鄙視，以其尚功利，不尚賢。呂不韋乃一變其風，廣招東方學人，集撰呂氏春秋一書。可知不韋同時亦一學者，深體當時尊賢不尊位、重道不重政之共同風氣，其

書乃廣羅當時百家異說，會通歸合，求定於一是。其書行，則不韋己身之政治地位亦從而定。其果有意為天下之共主，抑僅求秦之統一天下而己為之相，不為周武王，而為周公？其內心隱私不深論，而其抱有一種政治野心，則昭然矣。其書成，懸之咸陽國門，人能改其一字，可得千金重賞。則不韋仍不敢以國相高位自尊，而仍有尊賢之意可知。

秦始皇帝亦遊東方，熟知當時風氣。呂不韋得罪，乃為一種政治鬥爭。始皇帝既滅六國，李斯為相。李斯乃楚國一下吏，從學於荀卿。蒙恬為將，乃齊人。始皇帝長子扶蘇，則從在蒙恬軍中。扶蘇亦從師，治儒學。秦之宗族則不再封建。又效法齊之稷下先生制，凡為一家之學者，盡得為博士官，不治而議論。並得各招門徒，自相傳授。始皇帝之意，從此天下僅一天子居上位，不再有列國諸侯，而所重惟賢、惟學、惟道，更無政治權位之爭，故自尊為「始皇帝」。自此二世、三世，以至萬世，非重子孫權位，乃在永世太平。不意當時博士中，乃加反對，謂自古非封建則不足以長保天子之權位。主此議者乃屬儒家，但實不明大義，不通世變。秦之改封建為郡縣，使此下中國永趨於一統，乃中國歷史上惟一主要大進步。而秦始皇帝不親與爭辯，下其議於丞相，此亦未可厚非。李斯之為人為學，及此下焚書案，不在此詳論。秦雖短短二十餘年而亡，下起漢之一統，終為中國歷史一大轉捩點。則秦始皇帝之是非功罪，亦宜非一言可定矣。就今世界論，科學發達，商業交通，天下已如一家，而欲求世界之統一，則不僅遠無其望；即求歐洲之統一，能合成一大國，亦渺非其時。將來之世界，恐終不能如中國之戰國時代，有其統一之望，而仍為一鬥爭殺伐之世界。此誠大堪憂傷矣。

中國既歸統一，則此下之中國人，自當與堯、舜、禹、湯、文、武乃及春秋、戰國時代之中國人有所不同，此亦易知。其大變異所在，則「中庸」與「易簡」之兩端，實為其最顯明者。今姑約略申之。

何謂「中庸」？「中」字易知，「庸」字難解，但決非安於庸俗之謂。中庸言：

喜怒哀樂未發謂之中，發而皆中節謂之和。致中和，天地位焉，萬物育焉。

方其未發，有此喜怒哀樂之情，無此喜怒哀樂之別，則「中」亦一「和」。及其發而中節，則仍亦一「和」。是則「中和」二字，更重在「和」。「和」之一字，可以盡中庸之德矣。故曰：

中者，天下之大本；和者，天下之達道。

惟貴本於中以求和，故大群之和乃皆本於小己之中。即天地位，萬物育，亦位育於此「中」。莊子所謂「得其環中，以應無窮」，是矣。中庸又言：「君子和而不流，強哉矯！中立而不倚，強哉矯！」則中庸非不言強，惟貴其中和，無過不及，不走極端，不趨分裂。又曰：

「衣錦尚絅」。君子之道，闇然而日章。君子之道，淡而不厭，簡而文，溫而理，知遠之近，知風之自，知微之顯，可與入德矣。

是中庸之道亦非不主表現，但求表現於闇微淡簡中。此皆「中庸」之要旨。

戰國之際，列強紛爭。秦漢以下，全國統一。時不同，斯道亦不同。廣土眾民，大群相處，而求長治久安，則最要在能和。亦貴有一「中庸」之社會。而人物師表，亦歸於此。此正中國歷史一大進步。姑舉數例。賈誼乃一不世出之奇才，漢文帝能加賞識，君臣際遇難得。絳、灌之徒，滿朝大臣，皆從高祖戎馬間得天下，不欲賈生以一青年平安中驟膺重任，陵駕其上。此情亦平庸所有。文帝委曲隱忍，出賈誼為長沙王太傅。賈誼之陳政事疏，自謂乃「痛哭、流涕、長太息」之言。其所言非不誠，亦非不明。及其居長沙，乃自比屈原，終亦隱忍委曲以安其位。及文帝再召見，讚賞更有加，而終又出之為梁懷王太傅。賈生亦仍隱忍委曲安之。及梁懷王出獵，墜馬身死，賈生深感未盡為師傅之責，憂傷以夭。此誠一悲劇。近代國人則不加體會，認為自秦以來，君主專制，群臣以孔子儒道助成之。則試問，豈漢文必盡違絳、灌朝臣，重用賈生，乃始為不專制？而賈生則當怫然以去，或投水自盡，不受任命，乃始為不助長帝王之專制乎？

孟子論「三聖人」，如伊尹之「任」，伯夷之「清」，戰國學人皆慕之；獨柳下惠之「和」，慕者絕尠。蘇武使匈奴，守節不屈，牧羊北海上，殆亦如伯夷之清，伊尹之任；及其歸漢，則儼然柳下惠

之和。蘇武之為蘇武，則尤在其歸漢之後。相傳李陵報蘇武書，乃南北朝時人偽為，乃重李陵甚於蘇武。時代變，人物亦隨而變。而中庸之為德，其有助於中國秦漢以下之大一統，亦由此可知。

司馬遷亦不世奇才。武帝以用兵塞外，力懲邊將降敵，戮及李陵家屬，又罪及司馬遷，其所措施亦不得謂全不當。其內心則甚賢遷。遷出獄，擢為中書令，即內廷祕書長，亦可謂擇賢善任矣。而遷則以自請宮刑為奇恥大辱，特以承父遺命，願終成史記一書，而隱忍委曲為之。其報任少卿書，言之沈痛悲憤無遺藏。武帝下遷獄，又加重用，豈專制更甚於漢文？而遷之受任中書令，乃為助長專制之尤乎？中國人之尊君觀念，亦為一禮，亦一中庸之道。中庸言：

忠恕違道不遠。

人而非聖，孰能無過？君有過，仍當尊，此亦不失為恕道。曹操為述志令，自期為周文王，勉不篡漢自帝，豈亦漢獻帝之專制使然？曹操能政能兵，允文允武，亦當時一傑出人才。魏上承漢，下啟晉，當為中國政治史上一正統。而陳壽三國志魏、蜀、吳鼎足記載，並不貶蜀、吳為諸侯叛國。而魏臣之謚其君，則曹操為「武帝」，曹丕為「文帝」，則於操並無褒辭。唐杜甫詩有「將軍魏武之子孫」之語，則於操仍加稱揚，而後世則終列操為篡亂不臣之奸。此見中國人品評人物有如是之嚴正，但仍不失為一種中庸之道。君則終是君，臣則終是臣，孔子所謂「名不正則言不順」，正其名亦即中庸之道

而已。近代國人切慕西化，秦以下之政治則斥之為「君主專制」，秦以下之社會則斥之為「封建社會」，兩千年來之歷史幾於無一是處。竊恐持論過高，非中庸之恕道矣。

王猛出仕苻堅，亦不得謂於安定北方無功。但勸其主勿蓄意南侵，此亦中庸所謂「素夷狄行乎夷狄」。此下漢臣出仕北朝，最後如蘇綽，其苦心亦皆然。尤後如王通，亦非能嚴夷夏之防；但其著為文中子一書，亦於後世學術有貢獻，而後人亦仍目為大賢。韓愈自謂「並世無孔子，不當在弟子之列」，而以闢佛自比於孟子。其諫迎佛骨表，幸僅免死，而遠謫潮州。然亦終安於為臣，未能效孔子之辭魯司寇而去國，亦未能效孟子之終不仕於梁、齊。彼一時，此一時。在上有一君，乃中國之所以得成為一統之中國。秦漢以後之一統，正乃孔孟以及先秦諸子百家所想望。愈之為臣，亦以能直言極諫，亦可得中庸之恕矣。

明代王陽明，遠貶龍場驛。及其為江西巡撫，平宸濠之亂，而幾於獲大罪。其教學者門人如錢緒山、王龍溪，亦終勸以應科舉，勿務求不仕。陽明唱為「良知」之學，而其委曲求全有如此，豈亦助長君主專制乃如此？清代曾國藩，以湘鄉團練平洪、楊。此下中國社會之仍存有孔子廟，此亦曾氏一大功。乃今人又斥之以不能繼續反清革命。但曾氏亦終不失為一中庸人物矣。

孫中山先生辛亥起義，乃以正式總統位讓之袁世凱。及在廣州，再創臨時政府，而仍終北上與段祺瑞、張作霖軍閥言和。此亦最近代中國人一中庸標準。故秦漢以後之中國，可謂乃以中庸立國，列代名臣皆不失一中庸意態，成其己而和與人，其義深長矣！

「中庸」外，尚有「易簡」一辭。易繫辭言：

乾以易知，坤以簡能。易則易知，簡則易從。易知則有親，易從則有功。有親則可久，有功則可大。可久則賢人之德，可大則賢人之業。易簡而天下之理得矣。天下之理得，而成位乎其中矣。

中國人教孝教忠。父當孝，君當忠，從各自之一身做起，豈不易知而易從？而修身、齊家、治國、平天下之道，乃一以貫之。今人則以孝親為封建思想，忠君為專制觀念，其議論若遠見為卓越而進步。但群道究當何從？則似不易知、不易能，乃惟西化是慕，捨己從人，失其性，亦違於命矣。今姑略作一比較。似乎中國社會一切易簡，西方社會則遠較艱繁。專就婚姻一端論，中庸言：

君子之道，造端乎夫婦；及其至也，察乎天地。

中國人極重視夫婦關係。史籍、文籍多所載。春秋時，晉公子重耳出亡在齊，其新夫人姜氏乃與其從者謀，醉遣之離齊。楚滅息，納息夫人為后，息夫人乃三年不言。此等皆迥出常情，傳誦千古。又如孔雀東南飛，乃一家庭婆媳問題，而彌見夫婦之情深。錢牧齋與柳如是，乃一名宦在政治上之出處問

題，而彌見夫婦之義重。陸放翁詩：

斜陽古柳趙家莊，負鼓盲翁正作場，死後是非誰管得，滿村聽說蔡中郎。

此亦屬夫婦問題，乃當時民間有此等事，而上託之古人。熱中富貴，糟糠之妻遂以下堂，此等問題，則仍與近世崇尚西化之夫婦問題大不同。西方主張男女戀愛，中國則「男大當婚，女大當嫁」，不重視在婚嫁前之戀愛。而西方則視戀愛為人生一大事，小說、戲劇文學題材中，多所涉及。為婚前戀愛，已不知耗去幾多志氣精力，而婚姻反不美滿。據最近臺灣統計，一千八百萬人，每三十分鐘即有離婚事件一起。美國則男女同居已將代替夫婦婚配。小家庭制度亦將失其存在。社會當成何形態，則非能想像。要言之，婚姻一事，在中國極易簡，極中庸，而在西方則變難重重，出奇出格，乃成為人生一大問題。此實為探討中西文化異同值得注意一比較。

其次再及立國問題。一國則必有一政治領袖，中國古人言：

天生民，而立之君。

其事若甚易。伏羲、神農以來，中國早有君。黃帝、堯、舜，唐、虞、三代，為「封建政治」，多國

多君，仍有一中央一統之天子。秦漢以下，改為「郡縣政治」，全國共尊一天子。此天子非必賢聖，而父子世襲，其事亦甚易，不煩時有籌措，但亦得有一兩百年或三四百年之治安。中國以廣土眾民，大群相聚，歷五千年之久，為並世其他民族所無，在中國則若平常易簡。乃遭近代國人種種之批評。西方則希臘一半島小小地區，竟不得成一國。羅馬以一城，建立一帝國，又吞併遍及地中海四圍歐、非、亞三洲之土地。然其亡希臘，希臘人未必安；滅埃及，埃及人不之樂。始終只是武力壓迫，而帝國亦終不能久。中古以後，現代國家興起，亦各分裂，相互戰伐，迄無寧止。最近兩次大戰，生民塗炭，殺人技術則為歐洲文化最進步之第一項。今則第三次大戰又接踵將起。立一國，使其國內治安，國外和平，能維持四五十年之久，此乃歐洲一極複雜、極艱難事。非殺人，不得使人安；非滅國，不得使國定。而葡、西、英、法之海外殖民，今亦明日黃花，昨夜殘夢，轉瞬消散，重溫無望。為今之計，儻能全歐洲和平統一，建為一國，亦如中國之往年，豈非歐洲人一大福祉？而終亦一大難事。在中國為至易簡者，在歐洲則至繁艱；在中國為至平庸者，在歐洲為至特出、至非常。今吾國人，慕效西化，而家不得安，國不得定，豈非七十年來國人所共睹。此誠人類當前至堪注意研尋一大問題。

其次再言及人類之信仰。孔子言：

民無信不立。

宗教信仰亦為西方文化中一大事。耶穌乃一猶太人，生平傳教僅得信徒十二人，其中一人乃叛徒。耶穌稱「凱撒事凱撒管」，而凱撒竟釘死之十字架上。其門徒獲進羅馬城作地下活動，可謂極千辛萬苦之事。及耶教大行，組織教會，建立教廷，擁戴教皇，此亦非易簡事。苟使無教會，無教廷，無教皇，今日在歐洲耶教是否得存在流行，豈不仍成一問題。回教繼起，十字軍遠征，又極千辛萬苦。耶教內部又分新、舊派，相互紛爭，新派中又各有分裂，事極繁複。求定於一，艱難無望。

印度釋迦創佛教，亦極艱難，終亦衰熄，幾不存在。其來中國，乃得廣為流傳，迄今為中國文化一大支，又傳播至中國之四鄰。其保存流傳較之在印度遠為易簡。此又是深值研究一問題。

中國有孔子，近世人以與釋迦、耶穌並舉。而孔子之獲得中國人信仰，殆更盛於釋迦、耶穌之在印度與歐洲。但孔子生前，決未存心求為一宗教主，死後亦無教會組織。乃其教竟得廣泛流行，其為期亦更久。而釋、耶、回三教，反在中國並得流行，不相衝突，亦無損於孔子至聖先師之地位。此誠一奇蹟。抑尤有甚者，中國社會信天信地，又信及山川，信及萬物。近代國人則譏斥之為多神教迷信。但信一神，如耶、回兩教鬥爭，殺人幾何，迄今不能止。宗教提倡和平，實則引起殺伐。中國人既迷信，信多神，乃終不害其信孔子，又可相安無事，和平相處。在西方一極複雜、極艱難事，在中國則易簡若固然，宗教信仰又其一例。此誠深值研究之又一問題。

今再綜括言之。家不安，國不定，信不立，舉世人類又何得和平相處？但中國已往之文化傳統，則家安、國定、信立，已有其成績，故得五千年長為一中國。今日中國人已占全世界人口四分之一，

太過繁殖又成一問題。問題隨時隨處而發，又都連帶相關。求解決一問題，必牽涉另一問題，此之謂艱難複雜。惟待非常傑出、不世有之人物為之謀解決。於是人人乃各自務求為非常傑出、不世有，而相爭益甚，但此等非常傑出、不世有之人亦終於難產。生為中國人，寧不當對中國已往社會歷史文化傳統，略作探討，少加批評。果能小有所知，庶或對自己國家民族，對當前世界人類，或有所啟發與參考，此亦不失為一種中庸之道，易簡之方。較之務求現代化，務求為現代第一等國，第一等人，豈不較易知，較易從，較易立德成業，以無媿為一人乎？

今再簡約言之，中庸云：

君子尊德性而道問學，致廣大而盡精微，極高明而道中庸。

孔、孟、莊、老固已尊德性、致廣大、極高明於前，後之學者，則惟求道問學、盡精微、道中庸，豈不易簡之至？但今國人則又斥之以好古守舊，不務進步。果使古人復起於地下，恐亦無辭自解矣！

（一九八三年故宮季刊十七卷四期。）

# 一一　質世界與能世界

## (一)

我們這世界，與其稱為「質」的世界，似乎不如稱為「能」的世界，更為適宜。莊子曰：

指窮於為薪，火傳也，不知其盡也。

「薪」為具體物質，「火」非具體物質。物質可指有盡，能則持續無盡。試舉一更淺顯易明之例。電視公司拍攝電視，有聲有色，散入空中，每家每戶設一電視機，便可把此聲色照樣接收。電視機乃物質，散布空間之聲色，無可指，當屬能。

再深言之，空氣亦屬物質。散布空中之聲色，雖固看不見、聽不到，亦可謂屬物質，但有能，故

使人得從電視機中來收看、收聽。如此之例，同可來説明文字之用。語言寫入文字，亦如一架機器，他人讀此文字，便如聽人説話一般。其功能之大，實遠超近代機器如電視機一類之上。

中國文字，更屬功能卓越，流傳廣久。古詩三百首，已歷三千年，辭簡義豐，至今猶人人能讀。三千年前人之精神笑貌，心胸情懷，依然如在目前。使三千年後人，仍可投入三千年前之人生境界中，同樣感受，同樣孕育。試問如此興趣，較之人類登月球，荒涼寂寞，無親無故，刺激全異，何堪相比？今人則沉迷於質的世界中，能的世界日閉日狹，日消日淡。看一場電視，情緒興奮，已遠非誦三千年前一首古詩所能比。登上月球，雖片刻之頃，畢生難忘，舉世驚慕。中國古人發明了此一套卓越的文字，使三四千年前之人生，投入了一廣大悠久之能的世界中；質的世界之一切意義與價值，全已包涵在内。兩者相較，質的方面，自見遜色。古詩三百首，可以摶聚民族，陶冶性靈，有治國平天下之大用；較之物質世界中之財力、兵力，其功能之大小高下，難相比擬。但告之今之國人，又誰其信之！

吾國人正為生長在此能的世界中，四五千年來，不仗財力、兵力，而摶成一廣土衆民大一統之民族國家，舉世無匹。此有歷史實證，又誰得疑之！西方文字，隨語言而變。語言又隨時隨地而變。故羅馬人之語言文字不同於希臘，中古時期、現代國家時地異，又各隨而變。故西方人之語言文字，可稱為質的分量勝過了其能的分量。人生一切亦皆變。故中西雙方文化比較，正在其質與能之多少與強弱方面。以質的世界論，近人認之為進步；以能的世界論，長此分離，永不統一，鬥爭殺伐日烈，進

步何在？人生不能專論物質，其最大功能，乃在其大群之能壽。中華民族壽達五千年，此其功能之一。人生之又一大功能，則在其群之能大。中華民族之疆土，已超越全歐，此其功能之二。何以有此功能？則為其生長於能世界，與西方人之生長於質世界者有不同。

中國古人言，人之死，「體魄」腐於土，而「魂氣」則無不之。體魄屬質，魂氣屬能。魂氣之無不之，則在其生前已然。孔子曰：

君子之德風，小人之德草，草上之風必偃。

此「風」即人之德性，亦即其生前之「魂氣」。西方人信仰「靈魂」，仍是一種物質。惟其所在地則為天堂，非塵世。其在天堂，亦不言其相互間共通和合之功能。在人世，數百人同進一禮拜堂，每一靈魂各自直接通於上帝，無分風、草，不能有相互之影響。羅馬教廷則同屬一種政治組織，依然需擁有財力、武力，其所表現，仍在質世界。中國佛教，僧寺散藏深山大岳中，相互間無組織、無系統。但同一寺中之方丈與其僧侶，一是風，一是草，魂氣相通，並可波及外界，仍於塵世無異。

西方社會一切衡量，皆本於財力、武力，近代則為一種機器力，故謂之「質世界」。中國重風氣，在人不在物，在德不在力，在「能」不在「質」。如言風度、風範、風格、風致、風貌、風神，乃指一人言。並有一家之風，一鄉、一邑之風，一邦、一國之風，一天下、一時代之風。其言「氣」，如

孟子言「浩然之氣」，文天祥言「天地有正氣」。「風」與「氣」皆非物質，但皆有能，其能則猶在財力、武力以及各種機器力之上。故中國人對群體之觀察衡量，好言「風氣」。西方人則不之重，不之知。

如男女婚姻，結為夫婦，亦本於德行，而成為風氣。周南、召南為十五國風之首，而關雎為二南之首。後人謂文王之得天下，開有周八百年之盛運，乃自關雎之詩始。此等觀念，西方無之。直至今日，美國富強冠世，男女多同居，不結婚。此亦是一種風氣。依照中國人舊觀念，此種風氣，於人群治平大道，可發生反面之大影響、大力量。但西方人何肯承認！

中國人又言「氣象」。「象」是一種「模樣」，亦非物質。宋、明儒好言「聖賢氣象」，即指其一種「神氣模樣」言。孟子曰：

規矩，方圓之至。

規矩亦是一種模樣。而此種模樣，可以推廣，可以持久。一切事物皆求其成規成矩，有模有樣。俗又稱「模樣」為「神氣」。余書齋牆上常懸朱子橫幅書「靜神養氣」四字，大率中國人看人之生命，此「神氣」兩字即可說盡。故「靜神養氣」即中國儒家養生修身最大綱領所在。中國人重「禮」，俗亦稱「規矩」。夫婦婚姻，禮之大者。不僅人類，其他生物中亦多有此模樣。如雎鳩、如鴛鴦。甚至如

天圓地方，亦此模樣。張橫渠西銘言：

> 乾稱父，坤稱母。

亦同是一模樣。古詩云：

> 相鼠有體，人而無禮。

中國則要人做一像模像樣的人，生活得有規有矩。而人則自有此德，自有此能。故人生在能世界，更要於在質世界。中國人觀念，天地大自然，自始即是成規成矩，有模有樣，否則亦生不出人類與萬物來。「天地之大德曰生」，生生不已，即是天地之一種「德」，一種「能」。言「質」則稱曰「氣質」、「性質」，但不稱「物質」。專言物質，則不見其性、氣。言性言氣，則質亦自在內。性、氣乃兼言能，不專言質。西方人好言「物質不滅」，但最近發現了電子，他們的物質觀念亦終於要變，不能再保持。

言「能」必有「動」。故中國人又好言「氣運」，「運」即有「動」義。「動」的另一面是「靜」，靜則不變不動，而有此一存在。生動死靜。「生生不已」，不說「死死不已」。故死生一體，其

氣其性其德，則偏重在生，不在死。故生統死，死不統生。人生體統在求生，不在求死。果使死生不成一體，則無統可言。西方宗教主靈魂上天堂，世界有末日，死生分成兩體，則早非生命之大全。西方生物學家言「物競天擇，優勝劣敗」，但直至今日，人類豈是勝？蠅蚊豈是敗？海底魚類晝日晝夜成一大戰場，而生者自生，死者自死，亦與地面人生無大相關，則天地大自然亦不成一體統；轉不如中國古老觀念，「天地之大德曰生」，不失為一體統。天地眞有此好生之德否？中國人則謂氣象如此，不專向物質上作深究，斯得之矣。

中國人言「和氣致祥，乖氣致戾」。一身之氣，一家之氣，一國、一天下之氣，均有乖有和。待其積而運，則有祥有戾。中國人又言「王者氣象」。人群達於一理想境界，則王者興，而其地亦有「王氣」。此果為一不科學之迷信否？如讀二南，讀豳風，斯可知其二地之氣象，宜可有王者興。吳季札聘中原，觀聽列國風詩，即能指陳其數百年來民情風俗、盛衰治亂之概況。漢書地理志亦引詩經以證當時郡國文物之演變。此皆所謂「氣象」不同，實即古人死者之魂氣流衍，以積累而成之一種能的世界之景象；非在質的世界中，有一種潛在的力量，由觀察衡量而可得知其所以然與將然。今日世界氣象，王者興於何方，宜亦可用中國舊觀念加以推測。或當謂氣運未轉，庶或近之。

西方人長生活在質的世界中，對能的世界似少領會。最顯著者，即在其對一己之德性不自重、無自信，故每重於事而輕其人。即如文學，每一作者，亦不在坦白直抒其內心以告人。或其內心並無所存，所寫只外面事，與作者個己無涉。故西方文學中所表現，多作者體魄所接觸，加以虛構偽造，非

其魂氣德性之所在。故在西方作家中，求如屈原、陶潛其人，乃渺不可得。求感人，則在其作品中之故事，緊張刺激，曲折離奇，千變萬化，重要在外不在內。其內在情志方面，惟男女戀愛，而仍必故事重於情志。苟非故事之緊張，即不見情志之眞切。至於作者個人情志，則甚少誠懇表達，坦白透露。如是，則以一內無情志之人，又何能表達出動人情志之文學來？

即如哲學，亦不披露思想家一己之情志，而僅從外在求眞理。此種眞理，亦本此思想家體魄官知之所得，而遵從一種邏輯辯證方法，以完成其體系與理論，非其魂氣精神之所存。即如生物學，觀察外在生物界，無微不至，然不能反求之一己內在之生命。故西方學人盡向外面知識上滿足其欲望，不向內部德性修養上完成其一己。其學術氣象乃如此。一部中國學術史，先秦、兩漢、魏、晉以下迄於清末，無不各有其每一時代之「氣象」。其氣象有承有變，共成一體，乃成為中國之學術風氣。但此一風氣中，亦有厚薄精粗，偏全高下，乃全從其內在德性之「能」的一面來。西方學術只見方向分別，各成專門，其「能」亦盡限在外面物質上。故西方學人縱處亂世，亦仍鑽牛角尖，外面事若可置之不問。因其無自立，乃亦無自信。亦可謂其所信在外，而不信及於己。此即其生命寄託於體魄，而不知有魂氣之存在。

中國人言「氣象」，尤好於天地大自然中之山水求之。泰山、華山，各有氣象，各因其自然積累人文而化成，不可互易。其他諸嶽皆然。江河四瀆，湖澤溝渠，亦莫不然。無此自然，即無此人文；非此人文，亦非此自然。中國之自然乃積累古今數千年中國人之無數魂氣所共同締造，乃成此氣象。

此乃一神化，一奇蹟。人文有盛衰治亂，自然氣象則可光昌無變，而人文乃亦緜亙以俱新。故中國境內之自然山水，各有魂氣流衍，各有氣象呈現。生此天地中，無不受其影響，受其化育。吾中華民族傳統文化精神方面之同化力，主要乃在自然山水之間，更遠過於其在都邑城市中。故中國文化乃常與天地大自然融凝一體。中國人言：「言教不如身教」，而氣象大自然之教，則更深厚，更不可測。

以中國各大都市言，如長安、洛陽、金陵、餘杭、開封、北平，建都各數百年以上，全國人文薈萃，亦如山水大自然，各具氣象，一讀歷史記載，可以依稀想像而得。所可奇者，乃其各自成體，各異其象。此體、象亦經長時期之和合蘊積者始有。其他諸城市，亦各有其締構。如江南蘇州，單論其園林，唐有網師園，宋有滄浪亭，元有獅子林，明有拙政園，清有留園，分佈城內外，歷經盛衰治亂，規模尚在，會合成一氣象。能世界超乎質世界，其影響乃不止蘇州之一城。又如濟南、長沙、成都、廣州、昆明，類此者又何限？

西方城市建築，氣象自別。遠之如埃及金字塔，近之如美國尼加拉瀑布，僅供物質觀賞，無精神陶冶，氣象靈感則淺薄不深厚。故亦可謂西方都市中僅有物質之建設，而無德性之團聚。巴黎、倫敦、華盛頓、紐約，建設各不同，氣象則無大異，不如中國各大都市之各有深厚之特色。若以近人語說之，則近代西方都市建設可謂乃「科學」的，而中國則屬「藝術」的，此又一大不同。

故西方社會乃外在「科學性」的，而中國則內在「藝術性」的。若論科學，可說西方勝過了中國；但言藝術，則中國實遠超於西方。中國重禮樂，亦一種藝術，非科學。故亦可謂西方乃一「霸

者氣象」，中國乃一「王者氣象」，高下之判即在此。如繪畫。西方主模繪外面具體之形似；中國人畫山水，則須畫出此山水之氣象，於山水原形有所變，乃有出神入化之妙。東坡詩：

不識廬山眞面目，只緣身在此山中。

此心能超乎一世之外，乃能深入此一世之中，而識得其眞相。此一世乃亦融入吾心而與我為一。所謂「一天人，合內外」，此為人生一絕大藝術。司空圖言：

超以象外，得其環中。

宇宙大自然皆其「象」，吾之眞生命眞精神，則其「環中」。孔子志於道而游於藝，藝即禮樂。亦可謂禮其「環」，樂其「中」。人生眞理乃在此。非知識，乃德性。果使拘於外在之禮，而失其內心之樂，則決無當於中國傳統所謂之禮樂。

故形而下則質生能，形而上則能生質。亦可謂中國所有乃一種「有機科學」，即「生命科學」，亦即「能的科學」、「德性科學」，科學而藝術化，生命化，而道亦在其中矣；豈「物質科學」之所能

盡？西方藝術則終不免是科學的，而中國科學則務求其藝術化。西方科學最近有核子彈殺人利器之發明，但斷不得謂殺人乃藝術。山崩海裂，狂風暴雨，亦殺人，但非天地自然之有意於殺人，更不得謂天地自然有殺人之藝術。與科學家之精心設計求能多殺人者大不同。中國人之氣象觀，則屬藝術，非科學。西方主張個人功利，故科學可無限使用，而藝術之為用則有限。中國藝術亦即人道，故可無限使用，而科學之為用則有限。此為雙方文化學術一大不相同處。倘能科學藝術化，此即晚清儒所謂之「中學為體，西學為用」之一表現矣。

另從一角度言，中國自始即一大陸國；西方自希臘起，乃一海洋國。漫遊中國大陸，所至皆多相異。但仰天俯地，則覺有一「大同氣象」。從「大同」中呈現出「小異」，異中見同，氣象萬千，乃得合成一「大同世界」。海洋則遍望皆水，航行者空蕩蕩無依靠，惟此一舟，波濤時起，驚險萬狀，必得駛近一埠頭，此心乃安。而登埠後見聞，則異邦奇俗，與己土全不同。有所獲而歸，仍必再出。如此則畢生所求，乃非其所安。經歷交接，驚險奇異，習以為常。既老而衰，始告終結。故在希臘人心中，人生只在向外求，一切驚險奇異中，應隱藏一平安如常之眞理，而又驟不得其眞理之所在。彼中哲學家所欲探討告人者乃在此。科學亦然。幾何學一門，最受注意。大海中遙望見一山，露出雲層，即可推測吾舟離岸之遠近，此是何等重要事！柏拉圖榜其門：「不通幾何學者，勿入。」中國古人，何曾設想及此？天地不同，世界不同，無怪雙方人生之相異。

羅馬以一小城市，仗兵力征服地中海四岸，但仍非一大陸國。西方中古封建時期在大陸，亦不能

團結成一國。文藝復興，意大利沿海新城市再起，北方波羅的海沿岸亦興新城市，重返古希臘氣象，於是有葡、西、荷、比、英、法現代國家之出現。哥倫布橫渡大西洋發現美洲新大陸，此在西方史上，何等驚天動地！但哥倫布心中仍只是一海洋。人心然，天地大自然亦然。全歐諸邦，仍承希臘舊傳統，各成一海洋國，無大相異。

美國乃眞成一大陸國，但其內心積習，仍自海洋國來，向外更重於向內，與歐洲文化傳統無大相異。西部開發，印第安人殺伐殆盡。大總統統率海陸空三軍，國務卿則主國際外交，其立國精神乃如此。俄羅斯乃歐洲一大陸國，自彼得大帝起，亦求海外發展。蘇維埃繼之不變。美、蘇乃同具海洋國精神。英國哲學家羅素，曾謂此後世界形勢將不操於海洋國，而改操於美、蘇、中三大陸國。但不知美、蘇與中國立國精神大不同。其所猜測，乃成淺見，無足深究。

西方立國精神常向外，個人亦然。重「事業」，不重其個人生命內在之「德性」。雖稱「個人主義」，自生命立場言，實無「個人精神」。即如耶穌教之傳播，亦事業，非德性。亦可謂儒、釋重內，耶教則重外。中國人重內在之德，故其事業亦發於內成於內。西方人事業則向外求。亦有身，而事業則不在身；亦有家，事業亦不在家。家人各自獨立，不成一氣象。國與國相爭，乃始有國內之摶聚可見。勝則繼續向前，敗則氣散不復。故西方氣象乃在「爭」。國然，個人亦然。平居無事，則無氣象可見。希臘奧林匹克運動會，今又復盛，此亦西方一氣象。暫時相爭始有，爭畢即散。

黑格爾哲學唱為「正反合」辯證法。中國人則陰陽正反合成一體，並無永遠向前，只是正反對立

一局面。故中國之變止於常，而西方之常則止於變。黑格爾辯證法，甲與非甲合成乙，如是而丙而丁，變而無止，實乃無常。此又雙方觀念一大不同。故中國和順即是道，西方則相離相爭始是道。所謂自由，實一反抗，仍偏向外。人之德性則有反抗、有和順，而和順尤重於反抗。個人獨立，貴能合成一大群。人類生命實質如此，其意義價值亦在此。故身之上有家、國、天下，身是小生命，家、國、天下乃其大生命。合內外始能一天人，人文自然乃合一而無間。否則人文終亦是自然中一變，無逃於世界之末日。

西方哲學從宇宙論建立人生論，而中國人則從人生論來建立宇宙論。和順於道，於己有成，即與天合德，人而即天矣。天地一大自然，人亦自然中一部分。涓滴之水，必歸於江海，而江海乃集合涓滴而成。非涓滴，又何以成其為江海？孟子曰：

盡心知性，盡性知天。

中庸則曰：

君子無入而不自得。

人之生命在其身，亦在家、國、天下。苟其和順於道，則各有自得，各不失為一中心，如此而已。而曰「壹是皆以修身為本」，則亦修其分離、養其合一，修其反抗、養其和順是已。

身、家、國、天下，皆一氣之摶聚。人生先有體魄，後有魂氣。體魄歸於腐敗，魂氣則長流行。西方人重體魄，主向外尋求，而生命乃限於軀體，可在醫院中解剖，以詳知其內容；中國醫學則重在軀體中之一氣。生命終了稱「斷氣」。此一「氣」字，西方醫學所不論，今國人亦稱之曰不科學。實則天有陰陽四時之氣，地有山川陸海之氣，身、家、國、天下，亦各有其氣。有生氣，有死氣，盛衰興亡，莫不有其氣。上下四方，古今中外，通為一氣。中國此一「氣」字所指，今姑稱之曰「能世界」，以別於「質世界」。但質與能亦相通。今姑就中西文化相異處分說之如此。

宋儒言「變化氣質」，乃分「天地之性」與「氣質之性」而為二。天地之性亦稱「義理之性」，乃宇宙大自然所賦於人之共同性。人類即本此以展演出種種大中至正之人生道義來。限於軀體，則為氣質之性。故人自嬰孩，為子弟，即當從學受教，求能變化修養，以上達於天命之共同性，而躋於大中至正之大道。此為中國文化傳統人生哲理中一最要宗旨、最要目標之所在。如佩韋、佩弦，警戒成習，而氣質之性之或緩或急，乃不足為病矣。論語少言「性」，常言「學」，即此義。

孔子十有五而志於學，達於七十，而從心所欲不踰矩。此即孔子五十知天命之後，天地之性之充分用事，而達於與天合德之境界。其對門弟子，亦因材施教。「求也退，故進之。由也兼人，故退之。」此即變化氣質之教。孔子又曰：

不得中行而與之，必也狂狷乎？狂者進取，狷者有所不為。

中行之士，即本乎天地之性。狂狷則尚有偏，仍待變化。孟子曰：

人有不為也，而後可以有為。

則狷為始，繼此而狂而中行。孔門四子言志，子路、冉有、公西華，皆志在有為；曾點浴於沂，風於舞雩，詠而歸，若志在無為。而孔子歎曰：

吾與點也。

孔門四科，言語、政事皆有為，文學猶然，獨德行若無為而居首。閔子騫曰：

如有復我者，則吾必在汶上矣。

顏淵居陋巷，不改其樂，冉伯牛能居簡，皆似消極，有所不為，而皆列德行一科。此中深義，大值研玩。

墨翟繼孔子而起，則近狂；莊周近於狷。此下中國學術傳統，乃融會儒、道兩家。孟、荀為儒門兩支柱，孟子主性善，反己以求，謂「人皆可以為堯舜」，此近狂；荀子主性惡，向外各有偏，中正大道首在「勸學」，此近狷。漢儒傳經，章句訓詁，方法皆由荀；宋儒高談義理，修養主敬，乃近孟。繼有程朱、陸王之分別，陸王似更近孟，然按之論語，則多見其偏。後人並有擬朱於荀者，因朱子自稱偏於「道問學」，亦不忽章句訓詁，並曾以孟子為粗。孔子曰：

下學而上達。

子夏言：

切問而近思。

則朱子講學自亦有近荀處。清儒提倡漢學，上震於朝廷文字獄之鎮壓，多不敢放言高論。於程朱所言尚有諱，更何論於陸王？要之，儒學必歸於中行，而以狷為之始。

並觀當世，西方若近狂，印度若近狷。但西方進取，非中國人之進取。甘地以「不合作主義」反抗英倫之殖民統治，亦印度人氣質之性之一種表現。但印度人性多近惰，實非狷。佛教出世，此亦一種有為精神，故在印度終亦衰歇。惟來中國，乃得長傳。今印度雖亦成為一獨立國，其在人群治平大道上，終難有貢獻。要之，非能歸於中行，則亦不得謂之為狂狷，此又不可不知。

戰戰兢兢，如臨深淵，如履薄冰，知過弗憚改，勿以善小而弗為，勿以惡小而為之。此非居反面趨消極，實居正面，但謙退和緩，不激進，亦非無為。荀子主張性惡，亦求向善，此種心情，豈不亦為宋代理學諸儒所同情？其實韓退之亦謂孟子醇乎其醇，荀子亦大醇而小疵。如孟子「法先王」，乃主舉世古今皆善。荀子「法後王」，雖主性惡，亦謂並世有善，乃是其「醇」處；其不知法先王，乃是其「小疵」。此種思想非反抗，僅和緩，一意情實，亦中國文化一特徵。近人乃有譏國人為崇拜失敗英雄者。實則當前之失敗，仍可謂在永恆前進中一步伐、一成功。故孔子之淑世精神實近耶穌，而更遠於釋迦。但耶教之「原始罪惡」及「世界末日」論，則決非中國人性情所近，乃決不加以信仰與提倡。此亦研討中國傳統文化者所當加以深切之體會。

「居移氣，養移體」，美國人苟得善自求進，宜可歸於中行。如其解放黑奴，及其對加拿大、墨西哥南北近鄰不加侵犯，此即證其可與為善。但西方傳統一時無可擺脫，異民族雜居，道一風同，亦難驟企。猶太人經商為務，亦近狂。耶穌之狂，乃與釋迦之狷、孔子之中行成為世界人類三大教。馬克斯亦猶太人，唱共產世界主義，亦近狂。惟耶穌志在天堂，馬克斯意歸唯物，皆於人性有忽，與中國

之中道終大不同。中國人好言「性格」，西歐人、印度人、阿拉伯人、猶太人，性格各不同。中國大同之道，建本於人性，而變化氣質實不易。但中國人所理想，亦終不得謂其無深義。

又如蘇維埃，地處寒帶，生事艱難，民性陰鷙，恰與印度民族成一對比。今日國人或以美、蘇比之中國戰國時代之齊、秦。但戰國時，諸子百家思想言論，皆能超國別之上，而一為天下謀。故秦之統一，乃浮面事；而中國之統一，則經深厚之積累。中庸言：

今天下車同軌，書同文，行同倫。

此豈秦之兵力所能致？當前世界無此氣象，則不待智者而可知。然則此後世界將如何？吾民族、吾國家此後又當如何？孟子曰：

天下定於一。

又曰：

不嗜殺人者能一之。

今世界任何一弱小國家，幾乎無不願擁有幾顆原子彈。最近各國政治元首，接連遇刺。恐怖活動，遍地皆是，焉得有不嗜殺人之風？孔子曰：

如有用我者，吾其為東周乎？

孔子終生追慕周公，乃一旦得行其道，亦不敢想望西周之盛，退一步想，願為東周，緩以期之；此亦吾中華民族獨有之特性，亦吾中華文化特有之氣質，所以能不失於中行。北宋以下，中國貧弱，迭經遼、金、西夏乃及此下蒙古、滿洲之蹂躪，而吾中華民族傳統文化，仍得保留，此則承傳統中行之餘蔭。

孔子主去兵、去食，而曰：

自古皆有死，民無信不立。

此「立」字，不指個人生命言，乃指大群生命言。吾中華民族緜亙五千年，繁衍十億人口，可謂大群已立。苟惟富強進取，又何克臻此？老子曰：

以邦觀邦，以天下觀天下。

比觀中西歷史，此下大勢，依稀可見。

今吾國人盡唱現代化，實即西方化。孔子曰：

過我門而不入我室，我不憾焉者，其惟鄉愿乎！

鄉愿則「生斯世，為斯世也善」，此亦一現代化。但中國之鄉愿，雖忘失其為己，乃亦主於和順，不求為摩登時髦出鋒頭之人物，仍不失中國之國民性。與近代國人所想慕之現代化又不同。此亦不可不辨。

西方禁捕鯨，性非無仁。最近西方科學發展，乃有電腦出現，管理功能轉超機械生產之上，而冀及於人類內部之性能。果由此覺悟逐步自質世界趨向能世界，此或人類前途福祉之所望。中國舊觀念，其將一新於斯世，則誠天地生人之大德所在矣。天生德於予，東海、西海、南海、北海皆可有聖人出。中國觀念終自有其意義與價值。孔子之信而好古，誠不誣矣。但倘謂電腦功能遠超人腦之上，舉世將更進入機械時代，則前途展演，誠非余之所知。

## (二)

中國人言「知」，又必兼言「能」。易繫辭：

乾以易知，坤以簡能。易簡而天下之理得矣。天下之理得，而成位乎其中矣。

所謂「天下之理」，曰乾坤，曰天地，曰陰陽，曰動靜，曰剛柔，必執其兩端，始見其全體。而凡物之在天地間，則必有其位。不明乎其理，則不得成其位。曰「天理」，曰「地位」，理屬天，位屬地。西方人言「空間」，實即如中國古人之言「位」。中庸言：

君子素其位而行，則無入而不自得。

行而得，即屬能。反求諸己而得矣，故曰「自得」。又曰「良能」，實即其人其物之「德」，所謂「足乎己無待於外」者。今人則好言「環境」，不知環境屬外，非己所得主。易繫辭：

乾知大始，坤作成物。

主其始者，乃己之「德」；作成為物，則己之「業」。德貴可久，業貴可大，「時」與「位」一以貫之。所謂一天人而合內外者在此。若言「空間」，則與「環境」義近，而「位」之為義則轉疏矣。故知此譯實未精確，或亦可言此正中西傳統觀念之相異處。

中國人言乾坤、天地，是即其言「質」與「能」。易繫辭言「乾知大始」，是屬天、屬能；「坤作成物」，是屬地、屬質。又曰：

在天成象，在地成形，變化見矣。

「形」屬質，而「象」則屬能；「變」屬質，而「化」則屬能。是中國人之於質世界與能世界，乃既分言之，又復合言之。其曰「乾知大始，坤作成物」，則能在前，質繼之。非有質始有能，乃是有能始有質；非有形始有象，乃是有象始有形；非有變始有化，乃是有化始有變；非有業始有德，亦是有德始有業。先後之間，而尊卑定。朱子言「理氣」，亦必曰「理在氣中，而理必先氣」，是其旨矣。

西方人好言「分別」，中國人好言「和合」。朱子言「格物窮理」，宇宙大自然一切物，盡屬質方

面，皆可分別，但亦是一氣。氣則涵有生命性。生命無可分別，大生命乃是一「和」。於無可分別中求分別，始是「理」。故中國人言理，尚和不尚別。所謂「物理」，亦當從其生命性著眼始無害。

中庸言：

喜怒哀樂未發謂之中，發而中節謂之和。致中和，天地位焉，萬物育焉。

是必己心先有未發之「中」，乃始有已發之「和」。苟其無中，又何來有和？父慈子孝，各有其未發，即各得成和；非待慈孝相配合，乃始有和。天地萬物既位育於中和，亦即位育於己性之德。推己心之慈孝而天地萬物即位育於此心慈孝之一團和氣中，是天地之位、萬物之育即見於己心之德，而己為之中矣。故一己乃為天地萬物之中心，而天地即位於此中心，萬物亦育於此中心。使無己，即無此中心，即不見有天地萬物。此未發之「中」，即一己之「德」。德貫天人，而通內外，其旨深遠矣。故易尚指其外言，中庸乃一主其內言。讀兩書者，又不可不細辨。

易繫辭言：

一陰一陽之謂道，繼之者善也，成之者性也。

此道惟繼斯善。馬其頓興起，則希臘不可繼。北方蠻族入侵，則羅馬不可繼。兩次世界大戰以下，則西歐之現代國家不可繼。今天下則惟美、蘇是瞻，則西歐傳統文化每有其不可繼，宜有其不善可知。先希臘而有埃及與巴比倫，同亦不可繼。印度似稍可繼，較之埃及、巴比倫若略善。惟中國自羲、農、黃帝、堯、舜以來，五千年文化傳統，相繼不絕，廣土眾民，以有今日，較之世界其他民族斯可為最善矣。可繼之為善，人文即繼自然而來。中庸言：「天命之謂性」，則人文即屬自然。「率性之謂道」，此道乃人文之道。是易繫辭偏重自然，而中庸則更偏重人文。兩書同為融會儒、道，而亦仍各有偏。後儒繼起，重易繫，尤更重中庸，故言「氣質」又言「德性」。氣質屬自然，必有變化；而德性則屬人文，必求其可久可大。卦象多指氣質，而「中庸」則主言德性，此乃其別。西方科學但主變化氣質，以供人類之用，而不顧及於其物之德性。此在莊周書，稱之曰「機心」。心有機，斯心亦失其眞，非心之德矣。宗教家亦分靈魂與軀體為二，是亦「心」、「物」兩分，故西方有「唯心論」、「唯物論」之別。而中國則謂心物同體，心物一原。凡物各有其德其性，即其「心」。宇宙同體，則互顯己德以為他用，非毀他德以供己用。心為物役，固非中國古人所喜；而物供心用，亦非中國古人所主。物各有「德」，即物各有「理」。今人所謂之物理，則僅供人用，實非物之理矣。

亦可謂道家偏近質世界，儒家偏近能世界。所謂「善」，即質中之能。西方人愛分別，乃言「眞善美」。亦可謂道家好言「眞」，儒家好言「善」，而「美」則中國人較為輕視。中庸言「誠」，則眞與善和合而一。「誠者，天之道」，此是一自然之眞。「誠之者，人之道」，則是一人文之善。兩者得

和，乃始見美。不和不合，而分離獨立，則失其眞，失其善，亦失其美矣。

此善之在人，則為「德」。中國人教人為人之道，則惟曰立德、成德，以達其德於天下後世。德則必有能，如父能慈，子能孝，夫婦能和，皆其德，而後人類之生命可繼。則何嘗捨質以言能？但求能必本於質，如是而已。

西方又分「宗教」與「科學」。亦可謂宗教主於善，科學主於能。然科學發明至於近代而有核武器，斯即不可繼，為不善矣。宗教主靈魂上天堂，而人生界則必有一末日，仍為不可繼。自中國觀念言，則西方宗教信仰宜亦有其不善之存在。最要分別，則西方必分別言之，而中國則必和合言之。佛教來中國而中國化，天台主空、假、中「一心三觀」，華嚴主「理事無礙，事事無礙」，得其中而無礙，則可繼，可繼則可久可大。故易繫言：

可久，賢人之德；可大，賢人之業。

要之，必兼合時空言，必和會質能言，斯始得之。

近人言教育，亦必主西方化，乃分「德、知、體、群」為四育，若知育獨立化。科學有核武器發明，斯為不德。體育貴衛生健體，但何必定要參加運動會爭冠軍？則失其衛生健體之本旨。使人無德，何能群？故自中國觀念言，則教人惟教其立德、成德、達德而止，何更有「知、體、群」如許

分別？

然則論一切世界，惟求其可繼能善。質世界必達於能，能世界必歸於質，而惟求其可久可大，斯為中國傳統文化之宗旨所在。

然就中國舊觀念言，亦不能謂此宇宙僅屬能。因中國觀念質能和合，不加分別。如朱子言理氣，謂氣中有理，不能有先後。若必言先後，則當言理先氣後。然理無能，則非理能生氣，乃氣中自含理。如橫渠西銘：

天地之塞吾其體，天地之帥吾其性。

其塞、其體即指質，其帥、其性即指能，亦質能並言，但先質後能。則「帥」即其「塞」，非「塞」外有「帥」也。又曰：

知化善述其事，窮神善繼其志。

其化、其神，皆此塞之帥，非於塞之外別有化與神。濂溪太極圖說：

太極動而生陽，動極而靜，靜而生陰。

陰陽同是此氣，盈天地只此一氣，氣中復分陰陽，但非先有此氣再分陰陽，亦非先有陰陽合成此氣。若謂氣指質，陰陽指能，則質能仍同屬一體。凡此皆承道家義。老子曰：

道可道，非常道。名可名，非常名。

因此氣變動不居，變則無常，無常則不可名。又曰：

失道而後德。

德者，得也。萬物各得氣之一體，乃始得萬物之名。而氣之大全體則亦由此而分別。中庸繼言「至道」，凝於此「至德」，乃轉言「理」，則「道」與「德」皆備。理即此氣之分別，氣必分陰分陽，一陰一陽之謂道，非陰陽之外有此道，亦非由道始生此陰陽。故中國舊觀念乃主質能和合，不主質能分別。質能和合，無可名，故濂溪又言：

無極而太極。

「心」者，「物」之能，中國觀念不再分「唯心」與「唯物」。「性」亦物之能。宋儒言「氣質之性」與「義理之性」，義理之性又稱「天地之性」，實則兩者之別即在其分與合。分則為質，合乃見能。捨卻物質之性，又烏得有義理之性與天地之性之存在？「神」亦物之能，故中國亦神物不分，或似多神論，或似一神論，或似無神論。要之，「心」與「性」與「神」，皆主和合言，而和合中即見有分別。苟無分別，則又何和合可言？然則西方科學最新發現之電子，依中國觀念言，實仍是「氣」，則質與能皆兼之矣。

# 一二　人生之陰陽面

嬰孩初生，於外無所知，所知惟內在之一己。最先乃為一己之喜、怒、哀、樂、愛、惡、欲七情。飢欲食，寒欲衣，衣食則為自然人生之首要條件，故「欲」即「性」。喜、怒、哀、樂、愛、惡，則對人文深於對自然。嬰孩最先乃知愛其父母兄姊一家人之日相親接者，對物則惟知乳水、襁褓、搖籃等三數事，然決非親愛此等物亦如父母家人。生漸長，外面接觸愈多，對己有引誘，有拘束，有破壞，於是欲漸多，並有惡、有哀、有怒。中國人於哀主節，於惡與怒則多戒慎。論語：

弟子入則孝，出則弟，謹而信，泛愛眾，而親仁。行有餘力，則以學文。

孝弟愛親當求「信」，其他則求「謹」。人生主要在此「情」，情之表現為「行」，人生主要即在此。學文乃其餘事，縱不識一字，不讀一書，亦當求為一完人。

西方人心理學有「知、情、意」三分法。其實知即知此情，意即情之所向，是人心亦惟情為主。

乃其哲學戒言「情感」，僅重「思想」。中國人言「飢思食，渴思飲」，俗語「餓了想喫，冷了想穿」，則所謂「思想」，亦心之所欲，亦即心之意，乃一種不出聲之語言，不書寫之文字。季文子三思而後行，孔子曰：「再斯可矣。」只教人多想一想。又曰：「思則得之，不思則不得也。」此猶言：「我欲仁，斯仁至。求仁而得仁。」重在其心之想要與不想要。故中國人乃只言「學問」，不言「思想」，亦無如西方之「哲學」。西方人生主向外，知識從思想來，科學即其證。中國人生主向內，老斲輪行年七十，得於心，應於手，父不能以傳其子，此則為藝術，非科學。故重修養，不重思想。

「己」，人所共有。「人」其共相，「己」其別相。有其同始為人，有其別始有己。人各有一己，乃人文之本源。己各為一人，為君子，為大人，乃見人文之大同；即大群之道一而風同。然而人之得為一人，非由己，育焉養焉者乃他人。己屬陰面，他人屬陽面。及其老，記憶漸衰漸忘。己死而不自知，記憶之者乃他人，非其己。孔子為中國兩千五百年一至聖先師，一大聖，記憶之者亦兩千五百年來之中國人，而孔子不自知。則孔子之不朽長存亦其陽面，而孔子之己則其陰面。

人之生，陰為主，陽為輔。「一陰一陽之謂道」，人道如此，天道亦然。孟子曰：

莫之為而為者，謂之天。

天生宇宙萬物，是則宇宙萬物為之陽，而天則居陰。孔子曰：

未知生，焉知死？

推以言之，未知宇宙萬物，又何知天？故知在陽面，所知在陰面。使無此所知，又何得有知？此亦「一陰一陽之謂道」。

道亦一「存在」。此一存在乃一「行」，有其時間過程，乃屬所知，非屬知。中國人重道，故重「行」更過於重「知」。西方人先重知而行隨之，故西方人求變求進；中國人則重成重守。此乃中西文化一大相異。

莊子曰：

得其環中，以應無窮。

人生己之外有父母、妻子，有家、有鄉，有邦國、天下，大小廣狹皆其環。今人謂之「環境」，或稱「生活圈」。「己」即其中心。幾何學言圓之中心為點，但此點無長、無廣、無厚，則有等於無。故曰：

日夜相代乎前，而莫知其所萌。非彼無我，非我無所取。

老子亦曰：

三十輻，共一轂，當其無，有車之用。埏埴以為器，當其無，有器之用。鑿戶牖以為室，當其無，有室之用。故有之以為利，無之以為用。

莊子之「環中」，即老子之所謂「無」。車與器與室，皆指其外環，用則在其「無」處。人生同然，最大用處在其己，亦在無處，無可覓。

老子之所謂「用」，實即孔子之所謂「道」。故又曰：

道可道，非常道。名可名，非常名。

人有耳目，猶室之有戶牖。耳目以辨外面之聲色，然心不在焉，則視而不見，聽而不聞。有自然心，即赤子心。有人文心，即成人之心，以至大人心。孟子曰：

大人者，不失其赤子之心者也。

赤子自然心之成為大人人文心則待養而成。西方心理學指人身之腦為「心」。然非有耳目，腦亦無聞無見。有腦有耳有目，無血氣相通，仍將無聞無見。中國人言「心肺」，乃指氣血之所由流通言。「血」可見其有，「氣」不可見，但不得謂之「無」。中國醫學尤重氣。氣絕則血流停，即為死。中國人言「人心」，乃「心氣」之心，非「心肺」之心。其心乃通於一身，並及於家、國、天下，乃至宇宙萬物。亦在「無」處，不在「有」處。

老子曰：

萬物負陰而抱陽，沖氣以為和。

宇宙萬物，不論有生無生，中國人皆謂之乃「氣」。「沖」有兩義，一曰空，一曰動。車與器與室，其空無處，乃其用所在，而車、器、室皆在其外。故曰：

道可道，非常道。

名之曰車曰器曰室，則指其有，不兼其無。故曰：

名可名，非常名。

人生亦然。名之謂「己」，己不可得，即一空，實即是一存在，是為「靜」；己有生，則為「動」；故人生必兼靜與動。故曰「沖氣以為和」。一空一有，一動一靜，成為己之生，即是一「和」。有處動處可見可知，空處靜處不可見不可知。故曰「一陰一陽之謂道」，實即是一「氣」。

周濂溪太極圖說：

無極而太極。太極動而生陽，動極而靜。靜而生陰，靜極復動。一動一靜，互為其根。

濂溪言「太極」，即猶莊子言「環中」。究而言之，實一「無」，故曰「無極而太極」。所謂「無」，乃指其有無動靜之可分而不可分，則無實乃是一「和」。俗言「空氣」，又言「一團和氣」，盈天地則惟此一空一和而止。「和」是一「空」，僅求之外面之有，則難和；又是一「中」，偏有偏無，偏動偏靜，皆非中，亦非和。得中得和，始有萬物人生，此謂之天道，亦即人道。中庸言：

致中和，天地位，萬物育。

非中和，則無所位，亦無所育矣。

濂溪又曰：

主靜立人極。

人生無事不變，無時不變，而己則不可變，亦不當變。所謂「主靜」，實即「立己」。孔子十五志於學，三十而立，即立其己。直至七十從心所欲不踰矩，仍是此己。孔子最惡鄉愿，「生斯世，為斯世也善，斯可矣」。惟知從其鄉，一鄉謂之善人，但無其己；惟知從其世，一世謂之善人，但仍無其己；則何善之有？顏淵曰：

如有所立卓爾。

此即指孔子。莊子言：

得其環中。

得之者即在己。人生大環轉動，惟中心一己不動，故曰「靜」。但濂溪又曰：

無欲故靜。

鄉愿之求為一世善，即其欲。孔子則曰：

己欲立而立人，己欲達而達人。

所欲在內不在外，在己不在人。大學言：

欲明明德於天下。

明德即己之德，亦在內不在外，在己不在人。孟子曰：

養心莫善於寡欲。

實則所欲寡者指在外之「物欲」，非指欲於己之欲。欲於己者，後世則專謂之「性」，不謂之「欲」。性中自有欲。如「欲立」、「欲達」。喜、怒、哀、樂、愛、惡、欲七情，前六者皆從後一「欲」字來。故「情欲」並言，「欲」即是「情」。欲於外而忘其內，欲於人而忘其己，此為「物欲」，亦曰「人欲」，蔽於己，昧於性。濂溪言「無欲」，乃指此。佛學東來，乃以「欲」與「性」對立言，略與莊老相近似。孔子己欲立、己欲達之「欲」字，乃不再言。此當細辨。

濂溪太極圖說，在易通書中。其言「太極」，即本易義。易言陰陽，六十四卦乾、坤為首，乾動坤靜。乾之初九曰：

潛龍勿用。

九二曰：

見龍在田。

九五曰：

飛龍在天。

上九曰：

亢龍有悔。

就人之一生言，方其未冠笄，未成年，則當為潛龍之勿用。及其志於學而立，則為見龍在田。四十、五十，由立而達，則為飛龍之在天。七十、八十，老耄近死，則亢龍矣。故人之老而衰，乃天之善使人之勿亢而悔也。故自然則有存必有亡，有終仍有始，而不能純乾無坤，純坤無乾，「中和」乃自然之象。就德性修養言，則浴沂風雩，苟全性命，不求聞達為「潛龍」。內聖外王，山峙水流，既仁且智，亦壽亦樂，為「飛龍」。而名位富貴之逞心得意為「亢龍」，雖為龍，而終有悔。此則乾必轉為坤，純乾無坤，此亦不當不引以為戒。

儻以乾言「自然」，坤指「人文」，則人道亦不能有坤無乾，有乾無坤。龍象乾，馬象坤，人之為人當象馬，不象龍。坤之上六曰：

龍戰於野，其血玄黃。

人文演進而回歸自然，則有龍戰之象。人自為天不為人，為龍不為馬。戰血玄黃，天地並傷，今世乃其例。科學發達，水空污染，爭富爭強，必有終極；非「無極」，亦非「太極」。濂溪「主靜立人極」，義旨深長，良堪慎思。

孔子五十而知天命，乃知己之所立實乃天之所命，知此則天人合。故能七十而從心所欲不逾矩。「從心所欲」是其乾之動而健，如龍之潛而飛。「不逾矩」則其坤之無不靜而順，安分守己，而大群合。此之謂合內外。故學為人，則必以孔子為標準。

朱子常連言「理氣」。天地皆一氣化成，萬物盡生於氣，同歸於氣。而物則相異而各不同，有界線，有條理。理則盡在氣之中，不在氣之外，故理氣無先後。若必問其先後，朱子謂當言理先氣後。何以故？氣若是一「有」，而理則是一「無」；氣若是一「動」，而理則是一「靜」。有與動，必有變；無與靜，則無變。宇宙大自然常在變，而必有一不變者。果無此不變者，又何來有變？如人之生，自嬰孩迄於耄老，時時在變，而有一不變者，即其「己」。嬰孩乃其體與氣之始。己與人異，即其「理」。氣之有與動，顯見易知。然有與動必生於無與靜，故朱子謂理必先於氣。嬰孩在變中，屬人；己則不變，屬天。人在外，天在內，實是一體。但必謂天生人，內生外。此皆朱子理先於氣之

旨。朱子以「理」字釋濂溪之「太極」，亦可謂深得其義矣。

中國古人好言「禮」。禮者，體也。如夫婦相處，和成一體。父子兄弟，一家亦和成一體。君臣朋友，亦各和成一體。則家齊、國治而天下平，人生復何求？周公制禮作樂，善誦古詩三百首，亦可妙得其意矣。孔子善述周公之意以為教，故昌言仁道。墨翟、楊朱繼起，群言競興而其道亂。莊周乃擴大孔子言道之體，由人文推之自然，提出「氣」字。而氣之內，又必有「理」。莊子曰：

官知止而神欲行，依乎天理，以無厚入有間。

「間」即天理之無厚，亦即人之一己之「神欲」。易傳與中庸，兼儒、道而為言。朱子言「格物窮理」，亦曰：

物，猶事也。

本之人事，莫不因其已知之理而益窮之。夫婦、父子、兄弟、君臣、朋友，皆人事，遠自堯、舜、周、孔以來，其理已見。因而益窮之，此即承文化大傳統而益進。開創於前，守成於後。非守成，又何貴有開創？

人生必有死。孔子之死，歌曰：

梁木其摧，泰山其頹。

梁木、泰山，尚有摧頹，人身烏得不死？死則已何在？到頭一場空。但已即道，道在已猶在。哲人其萎，而有其不萎。孔子死，有子、曾子能傳孔子之道，門弟子群尊之。論語首篇學而，第二章有子言，第四章曾子言。有子曰：

本立而道生。孝弟也者，其為仁之本與！

曾子曰：

為人謀而不忠乎？與朋友交而不信乎？傳不習乎？

孝弟忠信，孔子所傳之道。居家孝弟，即見有已，已確然成為一潛龍。出門忠信，更見有已，已確然成為一見龍。何必飛龍在天，始見其為龍？父母兄長朋友，皆人生之「環」，非環又何以得「中」？

非坤之順，又何以見乾之健？非人生之顯在面，又何以見人生之隱藏面？非有父母、兄長、朋友，己從何立？

中國人言人生，必分兩面：一外在，易見易知；一內在，不易知不易見。外在多異多變，內在則一如不變。天之所命，常由外以成內。故「知」必歸於「行」，人性亦偏在行。由外知發為內行，斯則「成性存存，道義之門」，而人生之要在是矣。

佛教偏求知，四大皆空，一無所得，遂求「涅槃」。但涅槃亦在己，空其外而務求之內，終無可得。佛法中國化，乃有天台宗之空、假、中「一心三觀」。觀由心，此乃中國之傳統。禪宗與天台相近相通。慧可向達摩求心安，達摩語慧可：

將心來，與汝安。

慧可求心不得，遂悟。中國傳統，心即合內外，無外則心不見。若以問孔子，則還俗為人，孝弟忠信，斯心安矣。故慧可之悟，與中國傳統終隔一層。慧能偈言：

菩提本無樹，明鏡亦非臺，本來無一物，何處惹塵埃。

五祖則告以金剛經「無所住而生其心」一語，則心空仍須生。此即老子「沖氣以為和」之一「沖」字，則空中有動能生，亦即「空、假、中」之三矣。此皆多近道家義。華嚴言：

理事無礙，事事無礙。

則中國傳統人文中之修身、齊家、治國、平天下，一切皆無礙，而佛學乃終轉為宋、明之理學。

西方人向外求知，尤重物。認為知物乃知天，再回頭領導人。但西方科學之知於天者終有限。抑且求之天轉疏於人。今日人類已能登月球，但於人道之啟示終不多。生物學追溯生命原始，達於數十億年前。但與當身人道轉益疏。哲學家探討眞理亦向外，與當身人道亦疏。西方人重知，必求之「客觀」。無「主」何有「觀」？無「內」又何有「外」？中國人則主內外、本末、源流一以貫之，而重內在之「主觀」。求知態度不同，所得之知自別。

西方耶教信靈魂、上帝、天堂，與塵世人生隔闊有別。中國則分「魂」、「魄」兩觀念。曰「體魄」，曰「魂氣」。嬰孩目能視，耳能聽，鼻能臭，口能辨味，皮膚能感痛癢，凡知皆必附於軀體，故曰「體魄」。及其死，軀體腐爛，魄亦隨而滅。成人始有「魂氣」。「魄」所知在外，「魂」所知則由外歸之內，相通和合，成其一己。魂在內，而亦通於外，謂之「魂氣」。氣非具體實有，實可謂之乃一「無」，亦可謂之在「有」、「無」之間。人死魂氣猶存，流行無不之。中國古代有招魂之禮，死者

親屬登屋而呼，招魂歸來。又設為神主，使死者之魂有所依附。神主置祠堂中，歲時祭拜，亦鬼亦神。但祭拜亦五世而止。魂氣與生人疏，則亦散而滅。

中國世俗又有「寃魂索命」之說。今人謂之迷信。然人世確有其事。或出死者仇人內在一己之心理作用，宗教靈感亦如之。近代則恐怖運動遍於全天下，黑社會之謀財害命，因姦致殺，皆不見死者之尋仇。列國相爭，殺人盈城，殺人盈野，亦無寃魂求報。祠堂墳墓祖宗拜祭，亦全不再見。死社會對活社會已全無影響。科學進步，抑人心之退步？孔子曰：

未知生，焉知死？

中國人即以生世來觀死世。今則無死世，亦無後世，一以現代個人為主，亦無其大群之外環。心不同，則人生不同，死亦不同。孔子為中國之至聖先師，兩千五百年來，常在中國人心中，此之謂「不朽」。今則隻手可打孔家店，孔子魂氣又奈之何！則不僅西方世界之「靈魂」，即中國人觀念中之「魂氣」，亦掃地以盡。此可謂人心不靈，惟軀體之食衣住行乃為人生。故人生乃亦無「己」可言，有陽面，無陰面；有人欲，無天性。物質之欲則與生俱來，盡人皆然；孝弟忠信之天性，乃偶爾呈露；則宜當改稱「天欲」「人性」。天人之本末源流相倒置，個人主義、唯物史觀始有當於眞理。亦惟有制之以刑法，而禮樂則無可言。中國人言「心神」，亦惟見於電腦機器人最新科技上。心限於其

身，抑且身為主心為奴，物為主身為奴，其又何神之有？中國人言心，主要在性情，知識居其次，故得通天人而合內外。中國人之魂氣，亦即生前此心之流通，今則無可覓之矣。朱子釋大學：

物，猶事也。

五穀、茶水皆物，飲食始成事。父慈子孝亦是事。事則屬於生，屬於心，此始為眞人生。此心此理，惟讀中國書反之己而庶遇之。然此在人生之陰面，務外為人，誰又願此！但復興中國舊文化，捨此其又何從？

魂氣流通，融入空間，宇宙大自然亦隨而變。東晉南渡人士遊覽江邊，嘆曰：

風景不殊，舉目有江山之異。

江山在地，風景在天。人文在地，文化精神亦充塞流行而上達於天。南渡人士心懷故國，祖宗魂氣隨以俱來，乃感風景之不殊。風景中附有人文，即無窮魂氣之融入，故天人合一，古今合一。如登泰山，千古人文，舉目俱在。登華山、嵩山亦然。故曰：

讀萬卷書，行萬里路。

登山遊水亦如讀書，而豈探險觀光之足云！

死有餘，乃生無窮。惟其魂氣充塞，而天地則成為一新天地，自然亦成為一新自然。人生在此新天地、新自然中，亦能日新又新，不僅人文自然化，而自然亦人文化。當前之自然，亦豈宇宙洪荒時之自然？中國人之天地，乃非其他民族同有之天地；人文亦非其他民族同有之人文。其中契機，乃在每一人之「己」。人生之環，擴而愈大，其中心之己，乃玄而益妙。普通人以家鄉為之環，大聖大賢以天下古今為之環。張橫渠西銘發此意。豈一身衣食所賴，聲色所接，財貨營求，權利爭奪之所能盡？

曾子曰：

慎終追遠，民德歸厚。

死者長在生者之心中，既歷年數，祭祠不輟，死生打成一片，古今渾成一氣。此本之性，中國人則謂之「德」。德之厚，乃見天地之厚。中國之天地，乃獨厚於其他民族之天地。而中國之歷史人文，乃長與天地而並存。此亦死者魂氣所積累，實則亦生者德性之所致。人之德性，乃可合天人，一內外。

由此乃能進而論中國人之鬼神觀。「鬼神」即魂氣，外於自然人文，即無鬼神之存在。凡屬中國語，必以中國人觀念說之，乃見其意義。西方人信「靈魂」，而其死後之魂氣則薄。希臘、羅馬、中古、現代，魂氣不積，不厚不廣，惟見分裂，不見融和。人文演進在「物」不在「心」，外在生活提升，內在生命墮落，何論於中國人之所謂愼終而追遠！

中西藝術亦不同。西方人畫山水，乃眼中所見之山水，屬體魄之能。中國人畫山水，流連徜徉，魂氣投入，乃畫出畫家心中之山水。後人欣賞其畫，其人如在目前，較之在祠堂中瞻拜祖宗神位有更深入。

西方科學有照相機、留聲機，向外求，分別求，聲色之一部分，一剎那，即認為眞。乃求變求新，永無止境。中國人則從廣大面，長時間中求。生命如是，一切存在皆然。故曰「天長地久」。一切皆從己心之會通緜歷中來，乃得眞，乃得常。此則科學而藝術化。

中國畫家稱梅、蘭、竹、菊為「四君子」。此見花卉中亦經此心魂氣、德性之融入，而花卉亦人文化。詩則經比興而有賦，比興乃在賦之內，不在賦之外。故言「詩中有畫，畫中有詩」。詩畫中同有此人生，同有此魂氣。若人生、詩、畫，三者分別而觀，則失之矣。

書法乃中國人特有之藝術。僅見有線條，一鈎一勒，而書家之魂氣則已融入其中。王羲之、顏魯公皆一代偉人，玩賞其碑帖，加以神會，己之魂氣德性亦與相融通。中國人生，乃求之於此等不可見、不可知之對象中。古今人魂氣交流，非體魄之所能見、所能知。人生藝術莫大於此。若謂是一心

理作用，則前世無王、顏，我今日此一心理作用斷不能起。故名書名畫，貴能主客融為一體，一切人生則然。中國之文房四寶，筆、墨、紙、硯，融合會通，一皆本自書畫家之內心所好，逐步發展而來。此亦藝術，非科學。

又如音樂。孔子在齊聞韶，三月不知肉味。曰：

不圖為樂之至於斯也！

相傳韶樂傳自舜，非孔子厚德又何從領略此兩千年前之人文精神？此亦孔子之心與韶樂之魂氣相通。孔子於武猶有憾，於韶則無間然矣。此見韶、武樂聲，即表現了兩代之人生。乃為中國藝術之最深處。孔子擊磬堂上，有荷蕢而過孔子之門者，曰：

有心哉！擊磬乎！

聞磬聲而知心，此亦魂氣相通，非體魄之事。

孔子告其子伯魚：

不為周南、召南，猶正牆面而立。

周公以二南治國化民，此亦有大魂氣存在。故不通二南，則日常接觸，事而非德，物而非人，如面牆而立。孔子又曰：

鄭聲淫。

詩言志，其聲溢出於其志謂之「淫」，則失其本源，藝術而非人生矣。伯牙鼓琴，志在高山，志在流水，此則已心與山水為一。要之，音樂即人生，即自然，伯牙之琴亦即中國之所謂「人文化成」。白樂天潯陽江頭聽商人婦之琵琶聲，蘇東坡在赤壁聽同遊客之洞簫聲，此琵琶、洞簫亦同樣融自然與人生而為一。而樂天、東坡之文學，又與之融而為一。此則為中國之文學，亦皆所謂中國之人文化成，莫不有魂氣、德性之融入。

中國之平劇，合繪畫、音樂、舞蹈之三者而融為一體。而音樂尤為之主，人生盡化入樂聲中。劇中人物則忠孝節義，皆魂氣之最見精神處。人生化入戲劇，乃得人心之共同欣賞。故中國戲劇乃人生之抽象化。西方戲劇則逼眞畢肖，又加以布景，逐幕不同，眞人生轉成假人生。嬰孩以迄老死，苟非有其內在之一己，豈不亦如戲劇，盡在變中，而無眞之可覓？司空圖曰：

超以象外，得其環中。

中國舞臺空蕩蕩，其境超象外，而「環中」始得。故中國戲劇既超俗亦通俗，此亦老子所謂「玄之又玄，眾妙之門」也。故中國戲劇乃藝術而深具教育化。

孔子告其弟子曰：

吾無隱乎爾。吾無行而不與二三子者，是丘也。

最能學孔子者惟顏淵。然顏淵則謂：

如有所立卓爾，雖欲從之，末由也已。

是孔子人生亦同乎世，而超其世。亦可謂在世內者，乃孔子之體魄；超世外者，乃孔子之魂氣。自有中國人之魂氣觀，乃有中國人之鬼神觀。「鬼神」亦即「魂氣」。人生有死，衣服無生亦無死，乃世人見鬼亦穿衣服，王充以為譏。不知鬼神亦猶魂氣，亦人文化成，焉得裸體？自有人生，乃始有鬼

神。自有人文歷史，而此世界乃臻於鬼神化。中國人不僅於人世界認有鬼神，即在天地萬物大自然中，亦認有鬼神。今國人則譏之為多神論、泛神論、迷信不科學。惟如耶教一神始可信。必分別在人之外，天之上，乃得有此一神。中國觀念則通天人、合內外。孟子曰：

莫之為而為者謂之天。

又曰：

聖而不可知之謂神。

則可謂中國觀念有人神無天神。此乃一種極深至之人文科學，而豈迷信之謂乎！

西方宗教、科學皆向外，必具體；上帝則無證無驗，屬信仰，非知識。中國之上帝，則超時空，僅魂氣之所接。故老子曰：

道，生天生地，神鬼神帝。

此「道」亦即一魂氣。又曰：

五色令人目盲，五音令人耳聾，五味令人口爽，馳騁畋獵令人心發狂。

聲、色、味及馳騁畋獵皆在外，人生有外無內，則不僅目盲、耳聾、口爽，而亦心發狂。人而非人，天地自然亦有氣無魂。亦即周易坤之上六所謂「龍戰於野」。人生依然在一洪荒時代中，豈不可畏之至？故老子曰：

聖人為腹不為目。

腹則內有所藏，取於外而化為己，此正魂氣之能事。目則只是體魄之一部分，乃實利主義之所重。莊子曰：

以神遇不以目視，官知止而神欲行。

「官知」即體魄，「神欲」即魂氣，「欲」即是「神」，豈實利主義者所知！老子尚不免重內輕外，重

自然忽人文；則莊子為勝矣。孔子執兩用中，天人內外，會通和合，而得完成其無窮有餘一體之大全，其言平實，乃較莊子而益勝。

孔子十有五而志於學，三十而立。外學於人，內立其己。學須人功，己乃天德。釋迦涅槃無己，故不論。西方之學，則務外而忽內。大自然廣大悠久，必分門別類以求，又必隨時而變。科學、宗教、哲學、文學，各成專家。惟宗教乃有常，科學乃有進。中國人乃以一己通於大群。故西方惟相爭，中國則主於和。今日稱為「知識爆破」之時代，而相爭乃益亂益甚。西方人亦有轉而主張為通學者。但有此想望，而不知所從事。孔子教人則曰「博文約禮」。博文即博學於人，而約禮則約之己。禮即己與人相通。惟博文乃博於外，約禮則約之內；而禮又必見於外。人己內外，一以貫之，和合會通乃得。孔子又曰：

質勝文則野，文勝質則史。文質彬彬，然後君子。

「質」，老子謂之「樸」，存於內而本之天；「文」則見於外興於人。老子主由文返樸，孔子則主由樸有文。西方則興於文而喪其樸。「文」，俗稱「花樣」。只見外面有種種花樣，而不知其所由來。中國則博文必求約禮，「史」亦存於外之文。近人又好稱「現代化」，但僅知有現代而不知有史，則亦同是一野人。僅求之於往古外在之史，而不知有現代，則僅為一文人。必知古通今，文野相通，乃得謂

一文質彬彬之君子。此乃孔子「為己」之學。

屈原成離騷，為後代文學之祖。司馬遷成太史公書，為後代史學之祖。但屈原忠君愛國，司馬遷「究天人之際，通古今之變」，亦各有其己。中國經、史、子、集四部之學，皆內有其己，皆相通。故其學亦可各成為專門，而其人則必為一「通人」。北宋歐陽修，經學、史學、文學，各擅專門，而其學則自成一家，其人則自為一子。莊子曰：

參萬歲而一成純。

人亦參百世大群以成其己。故己立則無不通，其通處、同處則謂之「道」，其立處、別處則謂之「理」。自然與人文皆不能有道而無理。故中國人之為人、為學，有其同，亦有其異；有其通，亦有其別。而未有昧於己以為學者。故治其學，必先知其人。知其人，又必論其世。世即人之大環，人即學之中樞。此即莊子所謂之「道樞」。中國人重道而知樞，故天人、群己、內外、古今皆得相通。而其學亦不妨各成專門。各成專門，斯有「博文」；互得相通，始有「約禮」。其分其合，此之謂一陰一陽，太極而無極。

西方則人為學，非學為人。如牛頓治力學，可不問其人；莎士比亞治文學，亦可不問其人；其他皆類此。故西方人僅重知識信仰，而可離於人生。學術愈進步，而人生則益爭益亂，永不能達於大

同太平之一境。今日即然。今國人惟據西方學術來衡量中國，乃見中國傳統無一而可。捨其和合會通之舊，務趨於分崩離析之新，則於相爭日亂之外，又何所得?果能於己有立，而又於人相通，則有待於國人之知所擇而自勉之。

（一九八一年十二月幼獅學誌十六卷四期。一九八六年收入本書又作修正。）

# 一三　靈魂與德性

西方人自古即有一種「靈魂」信仰，乃為西方社會盛行個人主義一極深根源。靈魂乃一生命體，前世來世，悠久無窮。現世降謫為人生，拘限於肉體中，則僅屬一短暫期。前世、來世，或在天堂，或在地獄，極悲極樂。拘限在肉體之現世，雖亦有悲有樂，在其悠長的靈魂生命中，乃無甚大之意義與價值。

猶太人亦同信有靈魂。耶穌傳道，乃說「上帝事由我管」，只教人在此肉體世界中信仰修養，俾可死後靈魂升天堂。此乃現世人生一首要最當鄭重注意者。至於其他一切現世人生，則「凱撒事由凱撒管」，耶穌不再理會。

父母所生，只一肉體。我之悠長的靈魂生命，自有來，自有往，與此肉體無涉，與父母亦無涉。故信有靈魂，便會看輕中國人所講之孝道。耶教隨後雖信有聖母，但亦終不講究人世之孝。西方人講慈亦有限。子女婚姻後，即別離父母，自成一家。耶教講博愛，超肉體。教堂中，男女老幼，貧富貴賤，各向上帝，全屬平等，不相牽涉。惟男女結合為夫婦，乃靈魂降生所賴，教中對此乃稍加重視，

故必在教堂中受認可；其他幼年受洗禮，老年受葬禮；教中之涉及現世人生者只此。耶穌釘死十字架，其肉體人生，亦由凱撒管。穆罕默德繼起，一手持可蘭經，一手持刀，乃要管及凱撒事，其意態與耶教大不同。惟對靈魂一項，耶、回二教，仍無大分別。

印度人同樣信靈魂。佛教亦從印度教中轉出，仍分別有前世、現世、來世，只不言靈魂轉世，改言一「業」字。「業」指其前世人生之一切作為。肉體生命有盡，死後腐爛，化入大氣中，不再存在。生前作業，則不與肉體同盡，仍留在世。善有善報，惡有惡報，前世作業其因，現世人生其果。一切禍福，皆是果報。則佛教之所謂業，實仍是靈魂觀之變相。惟靈魂富分別性，而業則轉重共通性；此其異。

耶、回、釋三教，都不免看輕現世人生。惟佛教從人生之生、老、病、死四苦起念，較具體，較重現世。但生老病死，亦屬自然現象，故佛教亦重自然界，此是佛教一特色。佛教重自然，其所研尋，乃頗近西方哲學之宇宙論、形上論，由信仰轉入哲理，此乃佛教之第二特色。人生從自然來，誰也逃不掉此自然之生老病死。釋迦所悟，果使我心能對生老病死另作一看法，不同一般人看法，則生老病死，自亦不動我心，無奈我何。於是佛教又轉入人心修養方面來，此又佛教之第三特色。印度婆羅門教，分人類為四階級，遠從無窮前世來，現世種種努力，皆無可動搖此分別。但生老病死則四階級所同，故佛教對現實人生一切諸相，從自心修養盡作平等觀。而此等修養，則屬人類自創自立。雖在人類之上之諸天，亦當向佛來求教。故諸宗教皆依天傳道，獨佛教乃可向天傳道，此又成為佛教之

第四特色。佛教備具此種種特色，遂與其他宗教有大不同。

中國文化傳統中本無宗教，但佛教傳來，卻與中國人信仰有許多相近處。中國人有「魂魄」觀，與西方人之靈魂信仰不同，余曾有靈魂與心一書詳述之。今再約略重說。中國人言「體魄」、「魂氣」，皆自然現象，皆從現世人生來。「魄」在先，「魂」繼起；魄限在肉體中，乃個體生命之所有；魂則由個體生命達於總體生命一共通性。其人既死，體魄埋地腐朽，全不存在；而其魂氣則散入太空宇宙間，對於一切有生無生，仍可有其影響與作用。如孔子死，體魄埋於孔林，迄今當無存在；而孔子生前之魂氣，則可謂依然存在，而影響極大，難於詳說。要之，魂魄皆從人生來，而人生則不從魂魄來。一切文化人生乃從自然人生來，文化與自然，仍融為一體，非可違離自然以獨創一人生，自開一文化。

中國人言「德性」由天賦，亦一自然，但與魂氣有別。魂氣乃起於肉體之生後，而德性則早與肉體同生。其德性之在個體生命中者，亦可謂之魂氣。其流通於總體生命中者，如舜與周公之孝，歷數千年，依然常在中國後代人心中，隨時發現。此亦是一魂氣，可謂乃舜與周公德性、魂氣之常存。春秋時，魯叔孫豹稱人生有「三不朽」，立德為首，立功、立言次之。實則無德即無功無言可立。孔子稱管仲曰：「如其仁！如其仁！」管仲之九合諸侯，一匡天下，不以兵力，使民免於左衽，管仲之功，亦即管仲之德。但立德必在立功之上，因立功須在時代與人事上有此機緣，立德則隨時隨地自有機緣，人人能之。故立德人人可勉，立功則非人人所能。立言何以亦得不朽？人同此心，聲入心通，

以先覺覺後覺，以先知覺後知，惟言是賴。孔子曰：

有德者必有言，有言者不必有德。

此乃知及之而行有未及，德則更重於知。但既知之所及，亦可警策他人，提醒來世，故立言亦有其不朽。

中國儒家首重「德」，德必本於「性」。性乃一自然天賦，異於佛家之言業。業乃生命表現，無德無功亦即業。中國人抱淑世主義，佛教則厭世求出世。中國人之德、功、言，乃兼總體生命古、今、來三世，一貫融通，而有其建立。積德者昌，積禍者殃。佛家因緣果報，乃本個別私人言。中國人之德、功、言，則從生命共體言，不為個人果報；亦異於西方人之言靈魂。生老病死，限於個體生命。佛家求超脫此生老病死，乃並總體生命而亦掃蕩一空，以歸於「涅槃」，又與中國人言「不朽」之宗趣大別。故自中國人言，總體生命乃一「有」，佛家則求一歸之「無」。中國道家亦言「無」。儒家一天人，合內外，則「有」、「無」相通，仍與佛家異。

中國古人並言天、地、人「三才」，欲求於自然生命中建立起一合理想的人文生命。周易言：

先天而天弗違，後天而奉天時。

極其至，可以配天，與天合德。其端則自個別小己之內心修養來。此為儒家要旨。道家則主忘己以合天。故一主人文，一主自然。老子之言「無」，乃主減少人文中之種種不必要者，以回歸於自然。社會進入病痛階段，人心搖動，每求由儒轉老，認為虛無更要於建設。東漢末季，魏晉以下，正其時。佛教亦在其時流入。大體言之，儒家占人文建設之第一位；道家只求在人文演進中有消滅，為第二位；佛家則主歸之涅槃虛空，為第三位。然皆以現世人生為對象，不在人世外另有一上帝與天國，則釋迦終為與中國儒、道較相近。

故儒、釋、道三教皆有「己」，而耶、回則無「己」。德性屬己，而靈魂則非己。己在內則有外在之命，無己則亦無命可言。故中國人言自由亦一自然，而西方人則必戰勝自然乃有自由。西方人又言信仰自由。而「悟」則由己之德性修養，非可自由。又西方之靈魂，一任上帝安排，實無自由可言。中國之德性，則「我欲仁斯仁至」，「求仁而得仁」，乃有其自由。此等分別，大值深闡。

老子曰：

道，生天生地，神鬼神帝。

天地何由生？人類智識至今或尚不能知。然有可知者，天地之生，必有其「道」。苟天地生不以道，

則宇宙一切皆無道可言。天地之生以道，則上帝鬼神之有靈，亦必有道。但道是何物？老子曰：

道可道，非常道。名可名，非常名。

天地、鬼神、上帝皆具體，有分別，可指名；道不具體，無分別，不可指名。故曰：

無名天地之始，有名萬物之母。

天地之始有道，而無可名，非具體，無分別，此即老子之所謂「無」。老子又曰：

人法地，地法天，天法道，道法自然。

天地人皆生於道，皆當法於道。道為宇宙最先、最根本之第一因，不再有可法。「自然」者，謂其「自己如此」，非別有所法，故曰「道法自然」。

老子之宇宙論，實本於莊子。莊子言天地之間只是一氣運行之所化。此氣亦不具體，無分別，無可指名。運行而化，即是一自然。故在此宇宙間，若有上帝，則必是一渾沌，亦即是一氣而已。

孔子曰：

能近取譬，可謂仁之方也已。

儒家側重人生論，故言此。莊老始推而遠之至於宇宙論。老子曰：

失道而後德，失德而後仁。

道乃一形而上，宇宙萬物形而下，始有德性分別，乃可道。「失德而後仁」，則是宇宙萬物更降至人生一小區域小範圍中，由性生情，乃有仁。又曰：

失仁而後義，失義而後禮。

此則更具體，更多分別，其離無名常道也更遠。儒家言「德性」，乃專本人文言。其所謂「德」，非後起陰陽五行家之所謂「德」；其所謂「性」，亦不兼禽獸草木之性言。人生大道，一切本源於其德性，亦即本源於自然之道。佛家謂人生一切源於其前生之「業」。「業」專指人生作為言。消去人生

一切作為，即得「涅槃」。則人生涅槃，非即是宇宙之空無。佛法實亦不啻僅本人生言，較之儒、道兩家，顯又不同。佛說源於婆羅門教，本已有靈魂轉世之信仰，釋迦雖不重有靈魂，然仍主有因果報應之「輪迴」。故佛家言業，仍是變相之靈魂。如此言之，印度人觀念，仍近西方，而遠於中國。

佛教入中國後，即受中國化。中國僧侶多引儒、道兩家言來說佛法。竺道生言：

一闡提亦得成佛。

明白違反當時傳來小涅槃經「一闡提不得成佛」之說，遂受同時僧侶斥逐。及大涅槃經來，乃知生公所言不誤。故生公講道主「悟」，猶在「信」之上。信在外，悟在己，即由己之德性來。己之德性，由天賦，由總體生命中分得。故可由己悟道。孟子謂：

歸而求之有餘師。

又謂：

人皆可以為堯舜。

竺道生之悟亦同此。孟子又曰：

誦堯之言，行堯之行，是堯而已矣。

此非教人依樣畫葫蘆，乃因同有此德性，言其言，行其行，則自己德性自有開悟。顏淵言：

夫子步亦步，夫子趨亦趨。

亦非如邯鄲之學步。由「禮」可悟到「仁」，由個體人生之踐履，便可悟入總體人生之大道上去。故孔子曰：

述而不作，信而好古。

但竺道生終是一佛門弟子，其所悟，則終在佛法上。孔子又曰：

如有用我者，吾其為東周乎？

可知孔子學周公，並不依樣畫葫蘆。孔子又說：

甚矣，吾衰也！久矣吾不復夢見周公。

其實此非孔子之衰。六十而耳順，七十而從心所欲不踰矩，此其境界，實已上達於周公，則宜其不再夢見矣。竺道生已是一東方釋迦，自不須一一依據西來經典。在耶教中，只能有一個耶穌；在回教中，亦只能有一個穆罕默德；佛教中則可有諸佛，即「一闡提」亦得成佛，卻不謂只可有釋迦牟尼一佛。中國後人推尊孔子，崇之為至聖先師，然顏淵、孟子皆得為「亞聖」。明代理學家，則謂端茶童子亦即為一聖。中國道教則主人人可得長生。此一義則儒、釋、道三教又顯與耶、回兩教有分別。

唐代佛教，更見為中國化。禪宗六祖慧能，乃有「即身成佛」、「立地成佛」之說。成佛須經多世長期修鍊，菩薩亦有「十地」之別。中國人文修養，重在當身現世，孝悌忠信皆然。所謂「人文本位」，即以現世人生為主，必求當下即是，非有等待。學而時習，即在當下。曾子曰：

仁以為己任，不亦重乎？死而後已，不亦遠乎？

則當其生，即以仁為己任。孔子曰：

後生可畏。

後生乃來世繼起。當我生而盡仁道，但仁道則不以我生盡，故必待之後生。故就中國意義言，成佛須在當身，亦須立地即成。「殺身成仁」、「捨生取義」，亦皆當身立地而取而成；成佛亦然，無待轉世。此即佛法之中國化。

如何能即身立地成佛？禪宗則全以己之一心說之。果能心中無物，而不趨斷滅，即境生心，即是佛法，即現佛果，其人亦即是佛了。故印度佛法重外在，禪宗則重在其一己之內心，即其德性。此心即同孔孟、莊老之心。只是禪宗終是一佛法，終必在山林寺院生活中求之。而六祖又言，不必出家修，亦可在家修。在家終有父母、夫婦、子女，境不同，斯心不同，而禪宗終亦轉成為宋、明之理學，仍歸到人世中來。

朱子大學格物補傳言：

即凡天下之物，莫不因其已知之理而益窮之，以求至乎其極。至於用力之久，而一旦豁然貫

通，則眾物之表裏精粗無不到，而吾心之全體大用無不明。

或疑其分內心、外物而為二，有向外求知之嫌。其所知，當屬見聞，非德性。乃有象山、陽明之說起。但孔子言「仁」，必兼言「智」。孔子又言：

有鄙夫問於我，我叩其兩端而竭焉。

即鄙夫之意而竭其兩端，此即朱子所謂之「格物」。或大學「格物」即指「格去物欲」，則與佛義更相近。

王弼言：

聖人體無。

此「無」或即大學之格去物欲，以「心」為體，而修、齊、治、平皆其用。若以「道」為體，即以宇宙自然為體，則人之生命德性乃其用。但「體用」觀念乃後起，老子初意並不然。老子曰：

三十輻，共一轂，當其無，有車之用。埏埴以為器，當其無，有器之用。鑿戶牖以為室，當其無，有室之用。故有之以為利，無之以為用。

中國人言：

天地之大德曰生。

但獨陽不生，獨陰不生。陽光、土壤、雨水三者和合，草木始生。此三者之和合處，不具體，無分別，無可指名。故老子稱此曰「無」，儒家則指名之曰「天地」。則老子之言「無」，實即天地和合之大用。「用」在先，「體」在後。天地萬物一切之「體」皆從此道之和即「無」處之「用」來。王弼之所謂「聖人體無」，即此意。

孔孟儒家特提出「德性」二字，其實德性亦在和合處，亦在無處。無子女，何來有慈？非父母，何來有孝？父母、子女和合成家，為具體之有，孝慈乃其大用。使無孝慈，何以成家？故可謂先有此孝慈之德性，乃始有父母子女之別而成其家，乃始當於宇宙大自然之道。

孔子「五十而知天命，七十而從心所欲不踰矩」，是先以「無」處之用，即此「道」，而貫徹到天地鬼神、萬物人生之體。老子喜言「道」言「無」，此指天道言。孔子曰：「志於道」，則主人道

言。先知天命，乃知此道。繼之以「據德」、「依仁」、「游藝」，則盡在人生實際之「有」處。孟子言惻隱、羞惡、辭讓、是非，為吾心之「四端」，擴而充之，以達於仁、義、禮、智之人生大道。此亦為本之一己之德性。宋儒則言仁義禮智之大道先存在於人心，乃引生出惻隱、羞惡、辭讓、是非之四端來。此則兼採道家義，故每擴充及於宇宙形上；言「德性」，則必兼萬物言。易傳、中庸已有此跡象。實亦即孔子所言之「天命」。

今試再為闡說。老子僅言「有無」，不言「體用」。孔孟儒家則「有無」、「體用」均所不論，其他先秦百家亦少言體用。東漢之季，魏伯陽始兼用「體用」二字。今謂中國古人以「體」屬「有」為後起，以「用」屬「無」乃先存，此特會通中國古今思想，統合儒、道、釋三家，而姑為推定之。但亦可謂中國古人已先有此意。周易六十四卦始乾坤，坤卦為地，乃體，屬有，而後起；乾卦為天，乃用，屬無，而先存。此亦顯可見者。故龍象乾，馬象坤，馬乃實用之體，人人可見；龍則或潛地下，或飛天上，無所不在，變動不居，然誰曾眞見？可謂有此意象，無此眞物。故宋儒周濂溪太極圖說，於「太極」之上，必加一「無極」，而曰：

無極而太極。

又曰：

太極本無極。

此則中國人觀念，終以「無」在先，「有」在後；「用」在先，「體」在後。濂溪又言：

陽變陰合。

「變」則見其用，「合」乃成為體。惟變即其合之變，合亦其變之合。故言「天」則必兼及「地」。易卦首乾，亦必兼及坤。子貢言：

夫子之文章，可得而聞。夫子之言性與天道，不可得而聞。

「文章」即人文，「性與天道」即自然。是孔子只言人文，不及自然。但孔子又言「五十知天命」，此即人文之本於自然，惟孔子少言之而已。濂溪「主靜立人極」之旨，則孔子已先千年而揭示之矣。

再以具體事實證之。男女媾精，萬物化生，而胞胎終自母體中出。若非陰陽配合，則母體又何從得胎？中國人言「化」，則由「變」與「合」而來。惟陰陽之配合，又必以陽性為主動，陰性為被

動。此亦一自然。苟陰性轉為主動，陽性為被動，則一切自然皆變，人生亦必隨而變。故中國宗法社會必尊父。西方社會無宗法，仍亦以男性為主。但亦終不得抹殺母性。周人尊后稷為始祖，然生民之詩，后稷誕生，有母姜嫄，而后稷終為周人之始祖。姜嫄不能獨陰懷生，乃曰：「履帝武敏歆」，而置后稷之生父於不論，乃為神話。西方耶教主耶穌，自言為上帝獨生子，但終亦有聖母，又不明言聖母為上帝妻，此又神話之尤。此見中西仍有其大同處。濂溪太極圖說又曰：

一動一靜，互為其根。

此言允矣。但其最先處則終曰：

無極而太極。

此為宇宙論、形上學。下至人文社會，仍必另有說。中國孔孟儒家必兼言「父母」，又兼言「天地」，其特有精神乃在此。

天道主動，即莊老道家之「自然」，只是其「自己如此」，乃是一無上之自由。此為人道所不能有。孔子五十知天命，由「天」轉入「人」，人終不得不遵天。濂溪曰：

主靜立人極。

靜則安分守己，亦即孔子所謂之「知天命」。又曰：

士希賢，賢希聖，聖希天。

聖人不得即是天，惟為人類立人極，則不得不知天。西方宗教，即以教主來代表天，他人則無此資格，乃與中國人意想大異。佛教主人人皆可成佛；佛之上有法，悟得此法，則人而即佛。佛法之最終曰「涅槃」。依中國人想法，涅槃之虛無空寂仍有大用，故得產生出種種「業」，又得從「六道輪迴」之積業中產出佛來；則涅槃實非一虛無寂滅，亦猶莊老之言「道」。天台宗言「空、假、中」一心眞如，華嚴宗言「理事無礙，事事無礙」，禪宗言「即心是佛」，而佛教遂徹底中國化、人文化，與印度佛教乃大異。

濂溪之後，朱子專提「理氣」二字，謂理氣同時俱有，不當再分先後；必為分別，當說「理先氣後」。此層大有深義。近人謂朱子乃「理氣二元論」，其實乃「理氣和合之一元論」。「氣」可分體用，「理」則不分體用。朱子又言濂溪「太極」即是「理」。濂溪言「五行陰陽，陰陽一太極，太極

即無極」，則陰陽之氣與太極之理實亦一體。朱子理氣論本之。濂溪又言：

太極動而生陽，動極而靜，靜而生陰。

朱子則言氣有動，理無動，即謂太極無動，而動靜則仍是一體。朱子之言「理氣」，實亦即是「道」。一天人，合內外，自然人文，會歸融通。而有無、動靜、陰陽、先後諸分別，轉居次要，可不必再辨，「體用」觀念亦為之一新。此實中國思想史上一大革新，一大綜合。蓋朱子易學，既上承濂溪，又兼採康節。至於橫渠、二程，又分「氣質之性」、「義理之性」而為二，主張「變化氣質」，朱子言理氣亦於此有所襲。其所窺於宇宙論、形上學方面者，乃益為深卓。朱子又嘗謂象山偏於「尊德性」，而己則偏於「道問學」。實則由其道問學之工夫，而所得於尊德性者，乃亦非象山可比。故象山之說，可通於濂溪、明道，以上接孟子。朱子之說，則並可通於橫渠、伊川，合周、邵、張、程，上接先秦儒，而更合於孔子論語之所言。朱子又謂「孟子粗，顏淵細」，蓋濂溪、明道、孟子皆重修養，朱子轉而言問學。孔子曰：

學而時習之。

修養即是「習」，其上必當先有一番問學功夫。德性貴修養，但能問能學，德性乃能更大益明。可謂朱子深於問學功夫，乃能會通儒、釋、道三家而創此新義。其影響於後代思想者，乃更見其悠久而廣大。故言德性，不當僅重修養，而忽於問學。朱子之理氣論更深值研討。

陽明天泉橋「四句教」，謂「心」為「無善無惡」之心，則大學何以言「正心」？「意」為「有善有惡」之意，則大學何以言「誠意」？「知善知惡」為「致知」，則致知當另有一套工夫，不得謂之「良知」。「為善去惡」為「格物」，則大學言「致知在格物」，須格物後乃知善惡，何得以為善去惡為格物？大學先以「明明德，親民，止於至善」為「三綱領」。果「心」是「無善無惡」之心，即不得謂之為「明德」。非先「格物」，亦無以親民而止於至善，何以「格物」不在三綱領之中，而轉為「八條目」之首？是則陽明所言，乃於大學本文無一可合，而亦於孟子言有違，較之象山說於先秦儒義乃更遠。朱子言「格物」，乃謂「到達此標準」。此「物」字，即為天下凡事凡物中所寓之理，即一切言行之標準，仍與其「理先氣後」之說無背。

朱子注「格物」謂：

物，猶事也。

「物」亦一氣，實則即是一動，一事為。宇宙萬物亦可謂只是一大物，一大事。佛說為宇宙一大事因

緣出世，其實天地萬物皆從此一大事因緣來。朱子言「氣」，即是此一大事；言「理」，則是此一大事之因緣。「格物窮理」，亦即是格此一大事因緣，乃並自然、人文而為一。近代科學先主「物質不滅」，最後物質分析只存一「電子」，乃「能」非「質」，而電子動態亦可分別為陰、陽。則電子非「物質」，乃「事為」，與朱子所論終亦歸一。

荀子言「喜、怒、哀、樂、愛、惡、欲」，後人謂之「七情」。實則前六情皆本後一「欲」字來。有「可欲」，有「不可欲」。愛與樂與喜皆可欲，惡與哀與怒不可欲。可欲乃人生之正面，不可欲乃人生之反面。正反則仍是一體。亦可謂西方人生較多表現在反面，中國人生較多表現在正面。西方人專尚男女戀愛，其他則愛少惡多。愛發於內，惡興於外。喜怒亦對外而發，哀樂則蘊藏在內。亦可謂中國人較偏在哀樂，西方人較偏在喜怒，一外向，一內向，此其異。故西方人多爭。即如運動會爭勝負，亦喜在外。中國人慎終追遠，而哀主能節。多戒怒。顏淵「不遷怒」，怒有對象，俗稱「生氣」，怒氣易遷移，乃怒其所不當怒，故當戒。樂則樂天知命，樂此不倦，樂以終身。中國人尚禮，禮亦多哀樂。周濂溪教二程「尋孔顏樂處，所樂何事」？希聖、希賢，道即在是。喜怒多在事上，哀樂多為德性。故仕宦遇親喪，必辭位退居，亦即禮。西方人則重「法」輕「禮」，故亦可謂西方人生重在「事」，中國人生重在「德」。此亦雙方文化相異，即徵其德性之有殊。佛法戒淫戒殺，暮鼓晨鐘，哀樂存焉。耶教進禮拜堂，頌禱歌唱，其樂淺。十字軍遠征，其怒深。氣氛相異，亦即此而見。要之，七情皆由「性」來。孟子之「性善」，從其內在之德言；荀子之「性惡」，則偏指其外在之事言。德

天賦，因事而見，但又貴本德以成事。故中國人論性，必偏向於孟子，而於荀子則終謂其有小疵。德性天賦。求能視，故生目；求能聽，故生耳。近代科學發明電燈、電話，亦以濟耳目之用之不及。故物理昌明，實由於人欲要求。而今日則已成為一人欲橫流之世界。電燈、電話可欲，但電燈下所視、電話中所聽有不可欲。核子彈乃殺人利器，更不可欲。濂溪言：

無欲故靜。

近代科學乃由多欲來。董仲舒言：

明其道不計其功。

今日一切自然科學則在計功，不在明道。朱子主「理」、「欲」對立，窮理非窮欲，可欲則盡在理之中。戴東原字義疏證謂「欲即是理」。近代西方科學，則窮理即以窮欲，其為禍人世，乃有不勝言者。故中國人重「人道」，西方人重「物理」。此又文化一大相異。

牛頓發明「萬有引力」，但求物理，無關人道。人類非不該求明物理，但明物理當通於人道，不該僅為人欲所主使而利用。佛家言「業」，亦由「欲」來。耶教言靈魂上天堂，實亦同是一「欲」。

儒家言「德性」，則非不可欲。朱子言「格物窮理」，即我心之全體大用所在。有「心」終不能無「物」，有「仁」終不能無「智」，有「靜」終不能無「動」，有「體」終不能無「用」。要言之，仍當「執兩用中」。朱子言「性即理」，人之德性亦即此「理」，即此「中」，非專指物理言。朱子之上承孔孟儒家精義者在此。後人亦需有大智慧、大聰明、大學問、大藝術，乃能承此傳統，而運用得當。此誠人生一大課題，而又無時無地可避免。孔子五十知天命，亦理非欲，亦即天之德。好問好學，則為人之德。故「尊德性」與「道問學」，亦當融而一之。好問好學，而不出於多欲多求，其庶幾矣。

（一九八三年故宮學術季刊一卷二期。）

# 一四　大生命與小生命

文化乃群體一大生命，與個己小生命不同。個己小生命必寄存在軀體物質中，其生命既微小，又短暫；大生命乃超軀體而廣大悠久。不僅人類為然，凡有生之動植物無不皆然。如一草地，綠草如茵，生意盎然。實則今年之草，已非去年之草，而此草地則可歷數十百年而常在。此一草地，可謂有大生命存在。深山巨壑，群木參天，鬱鬱蒼蒼，此亦一大生命。詩曰：

鳶飛戾天，魚躍於淵。

三千年前詩人所詠，宛然如在目前。鳶與魚之生命，已不知其幾易，而其飛其躍，則三千年猶然。故鳶、魚僅有小生命，而其飛其躍，則乃大生命。人類文化亦然，亦有其綠意之盎然，亦有其飛躍之群態。中國古人謂之「人文化成」，今則稱之曰「文化」。此皆一大生命之表現，非拘限於物質條件者之所能知。中國人言「氣象」，今人多失其

解。氣象即超物質之存在。姑就個人言，或剛或柔，或安或躁，或健旺，或衰老，皆可以氣象覘。人之品德修養，亦從氣象見。宋、明理學家好言「聖賢氣象」，今人對此四字，則感毫無著落。

個人然，社會亦然。中國人言「風俗」，亦即氣象。今人則惟關心物質條件，更不言風俗。國家亦有氣象，即全國之大生命。又言形勢，或曰「王氣」，或曰「王者氣象」，可覘國運隆衰，可卜世局安危。如西周都鎬京，東周遷雒邑，兩地氣象即不同。西漢都長安，東漢遷洛陽，兩地氣象又不同。唐都長安，宋遷汴京，氣象更不同。南朝都金陵，南宋都杭州，偏安之局，氣象又各不同。元承遼，下及明、清，建都北平，逾八百載。歷代衡論立國建都，必就其天時地利，山川地勢，歷史演變，衣冠文物，聚散衰旺，而孰為之頭腦指揮，孰為之心臟營養，孰為之手足捍衛？而選都立國，必有其一定之氣象。記載昭然，讀者可自尋索之。

三國時諸葛孔明為劉先主謀建國於蜀，東聯吳，北拒魏。退可以守，進可以戰。及其輔後主，先南平孟獲，再六出祁山，無後顧之憂，必以北進為立國精神之所寄。盱衡全局，就天下大形勢以定建國方略，蜀地之氣象則然也。吳三桂起於滇，必爭三湘，移師中原，乃可立國。洪秀全起於廣西，而奠都南京，不知全軍北向，此已無成功之望。全部中國二十五史，何以定？則必定於一。何以一？則必以全中國為一體，即所謂「天下」者，而衡量其大形勢之必當進、必當安以為定。何者？國家大生命之延續，非僅止於其內部血脈之流通，必當超疆域而觀其全局，此謂「氣象」。豈淺見薄識者之所能知！

今國人言「氣象」，專指天時之陰晴寒暖言。古人言氣象，則兼指天時、地利、人和言。通天人，合內外，明天人之際，通古今之變。拘於一時一物，則有「氣質」，有「形象」，非「氣象」。故人物、社會、國與天下，皆可有氣象，而今人則不之知。

中國古人又言「風景」，今人亦失其解。西晉末，名士渡江，集宴新亭，有人謂：

風景不殊，舉目有江河之異！

聞者感慨，為之泣下。金陵江山豈能同於洛陽？故國已喪，羈留異土，烏得不感慨泣下！然而猶云「風景不殊」，所以中原文物尚能在南方緜延，而東晉、南朝，一線國脈，賴以保存。此後王勃亦尚謂：

風景挾江山之助。

「江山」限於有形之物質，而「風景」則超物質之上，雖不能脫離物質，非江山無以見，而實則起江山之上，有非江山之所限者。

蘇州城外有虎丘，亦風景名區，千古遊人同所欣賞。但僅一土堆，不成一山。丘旁亦無水流。然

丘上有千人石，有一線天，頗具名山勝概。丘隅一小茶樓，有一橫匾，書「其西南諸峯，林壑尤美」。憑窗遠眺，西南有太平、天目諸山。匾語見北宋歐陽修醉翁亭記，已隔千年。滁州、蘇州山水風土絶不同，而茶樓此一匾，卻正見「風景」之不殊矣。「風景」二字亦有用之人物者。晉書劉毅傳：

義士宗其風景，州閭歸其清流。

孔子曰：

知者樂水，仁者樂山。知者動，仁者靜。知者樂，仁者壽。

是人物與山水可以「風景」相擬，孔子已先發其趣矣。「風景」與「氣象」兩語，合而言之，可曰「風氣」，又曰「景象」。「景象」較落實於物質方面，而「風氣」一語則必超物質始能識。中國人言時代，每指言其風氣。風氣即此時代之生命所在，文化所在。然此義深邃，又豈今人所能領會！董仲舒曰：

夏尚忠，殷尚敬，周尚文。

此亦見三代風氣不同。「代」者，如傳宗接代，以後人代前人。「尙」者，宗也，子孫祖宗一線相承，正見大生命之所在。有宗則常，有代則變。中國人言乃如此。今人乃欲以一己之小生命，來對抗外在之大生命。大生命儻受害，小生命又何得完美？

使用機器，求省人力，亦並非不可。主要在省力後能把此力運用到對生命更有意義、有價值處去。不當僅憑機器來為私人謀發財。專從此一節言，共產主義亦有勝於資本主義處，主要在限制私人商業之無限擴展。如發明了電燈、自來水，可使大家省力。但共產決不該是「唯物」的，更要在省了力向何處用？主要還當「共心」，大家用心在大生命之理想上，此即中國人之道德與藝術，乃始有其更大之前途。

中國社會農業為井田制，工業為官廪制，不廢其私，而私皆為公。商業亦本屬官廪，後乃私營，但仍主為公不為私，又曰「信義通商」。而又曰：

勞力者食人，勞心者食於人。

言大生命，則曰「家」曰「群」，政治則群中一重要事項。故言政治，必推本於社會。而勞心者則指從事政治之人言。而言社會，則首言其風氣。此即社會生命之表現。

中國歷代社會風氣皆有變，漢、唐、宋、明、清各不同。即前、後漢，盛、中、晚唐，南、北宋，又各有不同。清代如順、康、雍與乾、嘉與道、咸、同、光亦各不同。但兩千五百年始終只是一中國。要之，中國人視社會猶重於政治，而言社會則必首重風氣。所謂不同，主要乃指風氣言。此乃一種超物質之生命表現，故尤當重視。

西方人抱「個人主義」，知有小生命，不知有大生命。即宗教信仰，靈魂依然屬個人，但有更長之延續，不見有大生命之存在。故靈魂與天堂，仍是一種變相之物質想像。換言之，西方人能有「分別」觀，不能有「和合」觀。如西方人其遊歷亦無如中國之「風景」觀。一江一山，形態各別。余曾遊美國尼加拉瀑布，汽車直達瀑布之上背，遊者皆為看瀑布來，不知瀑布亦當配合其外圍環境而成一風景。不保全其四圍之環境，惟一瀑布孤立特出，則不成為風景。有瀑布，無風景，則大失其可欣賞之意味。

故西方人言社會，亦不知言風氣或風俗。如雅典、羅馬，遊者只想慕其建築古蹟，皆物質方面，而生命則早離去。如瞻仰埃及金字塔，又烏得感觸到古埃及人生命之氣味。如遊倫敦、巴黎，僅觀其西敏寺、白金漢宮，凱旋門與凡爾賽宮，亦皆以物質建設來代表歷史精神。然物質建設乃死的，人文精神是活的。物質高壓在精神之上，精神亦終將窒息而死。埃及、雅典、羅馬即其前車之鑒。西方人惟重物質，故重分別，不知有超物質之共同氣象、共同精神。依中國人觀念，雅典、羅馬、巴黎、倫敦，除物質建設外，仍各有其氣象之分別。物質有分別，氣象方面亦終不得一共同之會通。整部歐洲

史，以分裂始，恐亦仍將以分裂終，至今不見一可以共同會通之跡象。國家如此，正因於社會如此。社會如此，正因於人生如此。東、西方之人生觀念，與人生境界，在此乃有大不同。

中庸云：

人莫不飲食，鮮能知味。

此「味」字誠大可味。舌以辨味，然使僅有舌，無茶可飲，無膳可食，味又何在？使僅有茶有膳，而非以舌辨，則味又何存？茶、膳為物，舌辨在心，心與物會合，乃生味。夫婦為人倫之始，非男女配合，焉有夫婦？又烏得有夫婦之情？雌雄男女，以物質分。陰陽剛柔，乃見性情。人同此性，亦同此情，喜、怒、哀、樂、愛、惡、欲皆人情，乃可味。飲膳之味最易知，其他之味則不易知。中國飲膳之味，至今為全世界之冠。調味之術，亦淺顯易知。如進西餐，牛、豬、鷄、魚分別烹煮，其他甜、酸、苦、辣、鹹，分裝瓶碟中，由人自加取用。另有蔬菜，如瓜如豆，亦另煮，加葷菜旁。中國烹調葷素五味同在一鍋中調製。即此和合與分別之調製法，乃成中西膳味之大不同。分別、和合，孰為得人情之眞味，則必有能辨者矣。

又西方烹調，五牲腹中腸、肚、心、肺之類，多廢棄，不列為食品；中國則此等轉成珍味。西方社會一時有一時之棄人。如農奴社會，農人即在所棄。封建社會所棄益多。資本主義社會，失業者即

是所棄，實則勞工亦然。共產社會，則非勞力皆所棄。大體言之，西方社會中，老人皆可棄；而中國社會則老人正屬人生調味中一珍品，有其「無用之用」。一家有老人，斯為一家之福；一鄉有老人，斯為一鄉之榮。非對人生眞知味者，則難與言之。

味覺在舌，覺亦有「能」、「所」之辨。舌是「能覺」，所飲食之物之味乃「所覺」。能、所合一，乃有覺。抑且舌非能覺之體，覺之體在心。耳聽、目視皆然。心不在焉，視而不見，聽而不聞。外無聲色，耳目何聞何見？但聞見在心，不在耳目。故聰明乃屬生命，非屬耳目。覺亦屬生命，不屬口舌。再言味，如茶，鎭江金山第一泉，無錫惠山第二泉，西湖有虎跑泉，烹為茶，味特佳。又有火候，非精於此道者不知。茶壺，宜興產最佳。蓋碗茶亦多味。儻盛於熱水瓶玻璃杯中，則味變。猛噏淺嘗，皆失味，又須一特殊之情調與環境，乃得飲茶知味。進食亦需齒牙咀嚼，口液相助。專賴舌，又何知味？又且飲食知味，亦久而始知。故學者，覺也。有好心情，乃有好滋味。學而時習，乃有覺有知。有先覺，有後覺；有先知，有後知。即一飲一食，亦皆生命，必積歲月而後成。燧人氏發明火食，豈遽即知味？生命乃一超物質之知，乃一種會通和合之知，積年累月乃知。所謂「通天人，合內外」，非學而時習，何以得此！朱子言：

眾物之表裏精粗無不到，吾心之全體大用無不明。

即飲茶一端，亦可喻之。

西方哲學必分別「心」、「物」言。或主「唯心」，或主「唯物」。或主「心一元」，或主「物一元」。若以中國人觀念，何有離物之心？亦何有離心之物？即以飲食知味一事證之即見。亦可謂飲食乃小生命，而知味乃大生命。幼童飲食僅解飢渴，乃個人小生命所需；而知味則成年人事，人人同，世世同。中國人飲茶，自唐迄今已逾千年，乃成一大生命中事。飢欲食，渴欲飲，飢渴既解，事即已。至飲茶知味，喜之愛之，此屬「情」。大生命中，亦包涵有小生命。儻無小生命，則大生命亦失其存在。然大生命終與小生命有別。「欲」則隨人隨時而異，「情」則異人可同，異時可同。人而無情，斯終不能見其生命之大。

何以能人同此情？中國人則本原之於「性」，性又本原之於「天」。天則超物質。飲茶之演進，由欲而達於情，出於不知不覺之自然，故亦成於人之性。而飲茶知味，必見於日常之人心，故曰「心情」。飲茶而好之，亦見人心之大同，故飲茶亦成文化中一事，即人類大生命之事。生命必附隨於物質，但生命之眞，則其主要不在物質，而在性情上。飲茶知味，特情性之微末小節，為易見易知之一端。

中國人言：

喜、怒、哀、樂、愛、惡、欲。

則「欲」亦七情之一，而又為七情之總。孔子曰：

> 我欲仁，斯仁至矣。

又曰：

> 己欲立而立人，己欲達而達人。

此皆人類大生命中至高至大之情。至於渴欲飲，飢欲食，則限於物質，事過即已。故飲食之欲，與「欲仁」、「欲立」、「欲達」之欲，大不同。後代終以「情」、「欲」分言，而「性」、「情」則合言之。然禮記曰：

> 飲食男女，人之大欲存焉。

飲食男女亦屬性。中庸言：

天命之謂性，率性之謂道，修道之謂教。

道須修。何以修？則修之心。修心所以養性。心屬人，性屬天，修心以養性，不啻謂修人以養天。此乃修其小生命，以養其大生命。大生命無可著手，著手當在小生命上。換言之，生命無可著手，著手乃在物質上。通天人，合內外，其實則仍從事在物質。故「修心」又謂之「修身」，捨物質、捨身，則一切又何所從事？

茲再進而言之。生命亦從物質中來，凡物質亦同有性。不論有生物、無生物，莫不有性。則宇宙大自然，實即一大生命。道家言「氣」，即主從宇宙大自然中見生命。儒家則重言「心」，此宇宙大生命即見於心；此心亦即為宇宙大生命之主。孔子曰：「五十而知天命」，即知此大生命。「七十而從心所欲不逾矩」，則我心與此大生命乃能合一而無間。天所命在外，心所欲在內，「從心所欲不逾矩」，則通天人、合內外之至，斯即生命之最高境界。合宇宙自然萬物而成為一生命，其事無所不包，無所不涵，至為廣大悠久，無時無地，皆此一大生命。極複雜、極變動，而其中有矩。孔子此一「矩」字，即後代宋明理學家之所謂「理」。故朱子言氣中必有理，必格物以窮理，此亦所以通天人而合內外。

今人好分言「自然」與「人文」，實則此兩者間，並無明白界線可分。如電燈、自來水，屬自然

抑屬人文？論及人類文化，電燈、自來水豈能拒棄不列，故電燈、自來水亦屬人類生命中之一部分，而亦不得不認為亦屬自然物質之一部分。惟當和合自然與人生，乃見生命之眞，乃見生命之大。故自然與人生，實可分而不可分，亦如天人內外之可分而不可分。

然生命之眞實而重要者，乃「情」，非「欲」。亦如飲食，不經消化，無營養，反滋疾病，轉致死亡。故物質建設僅以供人之欲，以今語言，當稱「文明」，不稱「文化」。物質文明愈發展，人欲日增，人情日減。欲日濃，情日薄。近代人類文化大患即在此。未有電燈、自來水之前，人類早有喜、怒、哀、樂。自有電燈、自來水以後，人之喜、怒、哀、樂未必有進，或轉有退。自有槍砲核子武器，殺人之欲乃大增。縱言享受，飲食解飢渴，非享受，「知味」乃享受，但極微末。電燈下之享受，未必勝於油燈下。飲自來水，亦未必勝於掘井而飲。喜、怒、哀、樂之深厚廣大，始是眞人生、眞享受。物質條件特其手段工具，與享受尚隔一層。

西方宗教信靈魂上天堂，亦從外面環境上打算。苟使靈魂在天堂，並無喜怒哀樂之情，則轉不如塵世人生之有此享受。即下地獄，有哀有怒，亦眞人生。無哀怒，亦即無喜樂；不能分別以求，只有喜樂，而更無哀怒。如飲食，甜酸苦辣鹹，五味亦只一味。無苦無辣，亦不成味。亦如生必有死。靈魂上天堂，無死即無生。中國人懂得眞人生，遂無其他民族一切宗教之產生。

中國人生最重禮。而事死之禮，更重於事生之禮。父母之喪，有哭有踊，哀之至矣。人生到此，非哀則不樂，極哀始是極樂。情之所至，又何哀樂之分！今一意求樂，不願有哀，斯則所樂惟在物欲

上，斷非人情。曾子曰：

慎終追遠，民德歸厚。

德即性情。違性非情，更何有德？孔子又曰：

志於道，據於德。

根據人性乃見大道，生命大道即在性、在情、在德，而一本於自然，故曰「天命」。孔子又曰：

天生德於予，桓魋其如予何！

孔子之生命，亦附隨於其身。孔子之德，上同於天，下同於古今億萬世之人類，並廣同於宇宙萬物，斯則桓魋所無奈何。

魯叔孫豹已先孔子言「立德、立功、立言」為人生三不朽。「功」、「言」不朽易見，「德」不朽則難指。惟善讀中國書，善觀中國社會，則其事亦易知。此誠我民族文化一最大特點，其他民族知不

及此。耶穌言「我將復活」，復活與不朽不同。埃及木乃伊不朽，但終不復活，並亦非中國人所言之不朽。木乃伊只軀體不朽，非生命不朽。耶穌之復活，則指軀體復活。德、功、言乃在大生命中不朽，非指物體之不朽。西方人只在物體上求不朽。軀體不能不朽，乃求靈魂上天堂，其視靈魂亦幾下同於物質。中國人分言「魂魄」，魄即軀體之靈，人死軀體朽，則魄亦落地而盡。惟魂氣則不隨體魄俱盡，而能無不之，則魂即是氣。孔子已死，而孔子生前所立之德、功、言則化為氣，尚流行廣被於宇宙間，常存在於大生命中，故謂之不朽。

道家以氣言道，偏重在萬物和合之大生命言，故曰：

> 失道而後德。

此猶言萬物大生命失落而降為人類之小生命。其實人類小生命即從宇宙萬物和合之大生命來，而此大生命仍在小生命中見。由人生即可見宇宙大自然，由一人之德即可見人類共通之大生命，如孔子是矣。故孔子曰：

> 志於道，據於德。

孟子曰：

> 盡心知性，盡性知天。

天由性見，性由心見，此心有明德，明明德於天下，此即由小生命擴大而為大生命。人可以知天，亦可以合天，並可以同於天，此乃儒家義。

中庸言：

> 小德川流，大德敦化。

宇宙大自然，乃大德之敦化；人文化成，則小德之川流。至如伊尹之「任」，伯夷之「清」，柳下惠之「和」，以至孔子之「時」，此尤德之小者，然亦大德敦化中之一斑一點。小德、大德，同此一德，孔孟儒家專從人文化成上言。墨子始推之於天，然而轉失人文之深趣。莊老又推而言氣，其於大德敦化之宇宙大自然，若更接近；然於川流之小德，則轉更失之。孔子之言「游於藝」，禮樂教化，治國、平天下，皆屬「藝」。墨家於藝不如儒，而道家更主無為，以渾沌治天下，則於藝更遠。

鄒衍為陰陽家，繼儒、道兩家而和合言之，分宇宙萬物為「五德」，其實仍此一德。分空間為東

南西北，分時間為春夏秋冬。而分中仍必有合。在此東南西北、春夏秋冬之四分中，仍各有一中，則為五德。總之是一道，亦可謂只是一變動。一切變動仍同是一道。隨時變、隨地變，而此道則終是不變。只是此道在變動中，此即宇宙自然一大生命。外言之則曰「道」，內言之則為「德」。在人言之，則為其性情與行為。人類之一切性情、行為，總超不出宇宙萬物大自然之外。中國人之宇宙觀與人生觀乃如此。惟儒、道兩家之所言，常盤旋沉浸於高級知識分子之心中；而陰陽家言，則衍散流布於下層社會，而展演出今人所謂之種種迷信。

要言之，陰陽家言，雖亦以「道」為本，而終不免偏於「藝」。儒家言禮樂，實亦一藝。故陰陽家言更近於儒，而於道則較遠。如言治平，而旁及於四時萬物，如呂覽十二紀、淮南時則、小戴月令，皆是。下至民間醫藥鉛汞神仙之術，以及相面算命之類，皆陰陽家言之引伸。其實西方宗教，歌頌祈禱亦一藝；科學家種種製造發明，亦皆藝。中國科學則尤與陰陽家結不解緣。孔子言道，必先據德、依仁，乃始及於藝。漢儒多雜陰陽家言，終多游於藝，而於德與仁之意境，則不免漸趨於疏遠。宋儒直探性命之本，乃為更切於德與仁之道，而於藝則較疏。如邵康節，乃擯不立於理學之正統。「道」、「藝」之分，「德」、「術」之別，其義深遠，暫不詳闡。

今以西方哲學言，必爭「心一元」，或「物一元」。若謂中國有哲學，則當稱「德性一元」。謂西方哲學必分宇宙觀與人生觀，則中國哲學每為「天人合一」觀。如朱子論理氣，皆兼天人言。實則中國人言心性，亦多兼指天人言。如言「天性」、「天心」是也。故又言「天道」、「天德」。道德、心性

是一，則天人亦是一，不可分。總之，實同一體，而其體變動不居，故謂之「道」。何以一切萬有變動不居，而能和合成一道？則由其同一德。同一道、同一德，而可有種種相異，陰陽家又分之為五德，又分之為陰陽之兩道。其實眾異仍是一同，此乃中國人見解。

以西方科學言，西方人既言「自然科學」，又繼之言「人文科學」。實則如電燈、自來水，皆屬人文，不當屬自然。孔子所謂之「游於藝」，此一「藝」字，即可包括一切西方科學之發明在內。不當外於人文而有藝，則亦不當外於人文而有所謂自然科學。左傳言「正德、利用、厚生」，此可舉為一切科學之主要綱領。西方科學僅知利用，而不言正德。不知所以正德，即亦不知所以厚生。故西方科學雖重利用，而並不能厚生，以其不知有正德也。何以謂其不知正德？即據其發明種種殺人利器言，即可為其明證。

生則必有死，亦必有殺。陰陽家言，春夏富生氣，秋冬富殺氣，東南富生氣，西北富殺氣。故言「東方之人仁，西方之人義」。「仁」為生德，「義」則兼殺。中國人言人生，亦非僅主生，不主殺。情中有怒，武王一怒而安天下，何嘗必避殺？孟子曰：

惟不嗜殺人者能一天下。

言不嗜殺，亦見人生不能絕不殺。惟殺道當本於生道，故孟子兼言「仁義」，而孔子尤特言「仁」，

亦見其深義所在矣。今若謂中國人之天時地利在東方，故其文化精神更重仁；西方歐洲人之天時地利在西方，其文化精神偏於義；各得一偏，而不能相缺；此亦未嘗不可。繼康德而起者，德國有哲學家黑格爾創為歷史哲學，謂日出東方沒於西，故人類文化起於遠東中國，西及印度、阿拉伯，乃及西歐，而德國為其最高之歸宿。彼不知德國後尚有俄羅斯，又不知日沒於西，又出於東，天運循環，則中國又當為人類新文化之再開始。其所擬議，豈不較兩千年前中國陰陽家言尚遠遜？以其存心偏，只據各自小生命為出發點，則宜其無當。孔子曰：

執其兩端，用其中於民。

生殺亦兩端，亦可謂「道藝」亦即兩端，又可謂「仁義」亦兩端，「執兩用中」之深義誠大值探討。人道有死有殺，死為自然，殺屬人文，實則仍為一體。故七情中有喜亦有怒，有樂亦有哀。大抵見殺則怒，見死則哀。中國人於七情中最戒怒，因怒近殺。不諱哀而戒其傷。孔子曰：

關雎樂而不淫，哀而不傷。

因傷亦具殺意，故亦戒之。西方文化則殺氣似多於生氣。資本主義、帝國主義皆寓殺氣。又言人生原

始罪惡，世界必具末日，則可怒亦可傷；乃以天堂極樂補償其缺憾。中國人則即此世界可有怒亦可有哀，能少殺、能不傷，斯止矣。

中國人於七情之外又言「怨」，有怨怒，有哀怨。孟子曰：

湯東面而征，西夷怨；南面而征，北狄怨。

有怒而不能發洩，斯怨矣。中國詩人屢詠怨婦、怨女，女性多情，有哀而不能洩，斯有怨。不怨天，不尤人，不怨於外，而只自怨其內，斯亦止矣。凡有情不能伸，則有怨。喜樂與愛皆伸於外，故無怨。有怒、有哀、有惡，而不能伸，則怨。怨不傷人，能不自傷亦止矣。蘇軾記吹簫者，「如怨如慕，如泣如訴」，此亦人生中可有之一境界，惟當同情。中國人之人生哲學，常運用在人情上，無人情，斯亦無人生。修心養性，亦修養此情而止，豈專在外面物質上用心？斯所以謂之「正德」。即及於物，亦必言德。中國之文化深義即在此。

今吾國人，外患迭至而不能禦，能知哀怨亦可矣；乃一意惟喜樂之求，一若惟喜惟樂乃能得救。喜樂不可得，乃轉而為怒。不能怒於外，而轉怒於內。不能殺敵禦侮，轉而自殺。此七十年來國人之死於內戰、死於政治壓迫者又何限？斯誠至可悲悼之極矣！亦可謂淺見薄情之至，夫復何言！中國古人見之，當歎成何氣象？言念及此，不覺心哀。

# 一五　天地與萬物人生

余嘗謂研討中國現代思想，東西方語言文字之繙譯，乃一大問題。如何把中文繙成西文，此暫不論。而西文中譯，則已有許多問題，深值討論。如「時間」、「空間」，已成現代中國一普通流行語。但就中國傳統觀念言，並無「空間」一詞。此語譯自英文之「司坤斯」（space）。但英語「司坤斯」應作「場所」講，即中國言「地區」或「部位」，卻不應繙為「空間」。不知此一繙譯源自日本，抑自中國？要之，意義不恰當，有待辨別。

中國人好言「天地」，「天」即指時間言，故又曰「天時」。「地」指地位，亦言處所，又言地理，皆指區域言。「位」，人所站，不指「空」。中國古人又言「海濶天空」，天乃可言「空」。佛教言「四大皆空」，又言「空、假、中」。中國古代儒、道兩家思想皆無此「空」字義。利馬竇來中國，著有天主實義一書，力斥佛家之言「空」，道家之言「無」。則知以「空間」譯西語，宜無當西方本意。

子貢有言：

夫子之言性與天道，不可得聞。

可見孔子以前古人，本亦言「性」與「天道」，只孔子不之言。孟子則好言性，莊老道家則好言天道。老子曰：

地法天，天法道，道法自然。

人生天地間，向前演進有一道，但無論如何此道總逃不出於天地之間。天地變動不居，亦各有其道，故老子言「天法道」，乃言天之為天，一切變動，亦有其道。而此道何來？老子言其乃自然如此，從俗語則為「自己如此」。道只是道，更無所取法。

天地是一大自然，萬物與人類同產生在天地間，故亦各是自然，即言其各是自己如此，更無其他力量使之如此。儒家言不同。中庸：

天命之謂性，率性之謂道。

此重言「性」，萬物與人皆有性，此性皆受命於天，乃不謂之自然。故儒家言「天」，實即如道家言「自然」。道家言「地法天」，儒家或亦承認，故曰「天尊地卑」，天地「地位」不同，卻不得謂天地皆屬「空」。故「空間」一語，中國向來無之。

中國人認為人生一切活動皆本於其內在之「性」，而人性則稟賦於「天」，故在人生中即涵有天之一部分，而與天為一。故曰：「通天人，合內外」，實即融為一體。推此言之，一切生物，草木禽獸，同有生，亦同有性，亦同本於天，亦與人可融成為一體。有生物之外，又有無生物，亦各涵有性，亦皆稟賦於天。而有生、無生，萬物同在天地間，故曰「天地萬物」。人生則其中之一部分，一形態，固不能自外於天地萬物而成其所謂人。故中國人觀念，特謂在天地萬物中有人之存在。而尤重其內在之心而言，其心又可謂乃天地萬物全體一中心之表現。中庸：

> 致中和，天地位焉，萬物育焉。

「中和」即人心。人能知己之生命，即天地萬物之一「中」，斯能與其他有生無生萬物相「和」，而天地即位於此，萬物亦育於此矣。

中國人此一觀念，乃自其農業來。百畝之田，五口之家，生命之所寄，春耕夏耘，秋收冬藏，胥視天時而定。五穀百蔬，牛羊鷄犬，豈不與我同此一生命？亦安此而樂之矣。

西方古希臘，生事重在商。內不足，必向外經營。故其天地萬物觀，自與中國人不同。一舟在海上，上蒼蒼，下茫茫，不知邊際，不知方向，內外隔別，而所重則在外。忽見雲霄中高山聳立，自舟中遠望此峯，視線成一弦，即可揣知舟達海岸之方向與距離。此實成一三角形。故古希臘人即知有幾何學，而中國古人無之。

柏拉圖榜其牆：「不通幾何學，勿入吾門」，則柏拉圖之哲學思想，其多本幾何學可知。幾何學分點、線、面、體為四，線有長度，面有寬度，體有厚度，而點則無長、寬、厚可言。然點既無長，何得成線？線無寬，又何以成面？面無厚，又何以成體？此誠難加說明。中國人觀念大不同，先認其體，乃有面、有線、有點之成立。點即自體中分出，故點亦有長、有寬、有厚，亦自為一體；惟其度數，微不可測。

莊周書言：

一尺之棰，日取其半，萬世不竭。

一尺之長宜可取其半。既有其他一半之存在，宜可仍取其半。如是以往，仍必有一半之存在，但非言語與數字之所能表達。一人之生，不過百年，在天地萬物中，其微小尚不如一尺之棰萬世取半之所餘，而仍自有其一存在。西方幾何學謂之「點」，中國則謂之「端」，俗謂之「起點」。中國人乃在一

體中認其點，西方人乃從一點上認其體。中國人重時間，西方人重空間，此為其大不同所在。

故中國人見解，先有天，乃有地，然後乃有萬物之與人。西方人重外，乃不知有天。近代科學中之天文學，實亦無異於地質學。太陽系有九大行星、十大行星繞之。太陽系又在星河中，尚不知星河有幾百千萬？此則自一物、一體、一形上來求天，天亦如地、如萬物，惟形體大小有辨而已。中國人之天乃自抽象言，而西方人之天則自具體言。即西方宗教家之言上帝與天堂，豈不亦具體？惟科學家渺不得其處而已。

不僅言天有如此，即言人生，中西方亦同樣有其極相類似之一大分別。中國人言人生，乃先從人生之大全體言，亦可謂乃人類之大生命。人必有性，性必稟賦自天，古今中外，凡屬人莫不如此。信得此理，守得此道，則同謂之人。違此理，蔑此道，嚴格言之，不得謂之人。故曰：

中國而夷狄則夷狄之，夷狄而中國則中國之。

中國與夷狄之分，亦在明得此理，守得此道而已。其他則本無甚大區別。西方人言人生，則從人生百年中言之。每一人百年之身，無不有大異。故西方人乃僅知有小生命，不知有大生命；僅知生命之短暫狹小一小形象，不知有生命大全體之大形象。今人則謂此小形象為「具體」，而指此大形象為「抽象」。必謂具體乃實有，抽象則屬人之想像。此即西方幾何學由點起言，而中國則由體起言。實則西

方人乃主自無生有，接近中國之道家言，終非中國人所主。

即從科學言，西方醫學必分人身為各部分。如頭腦、胸腹、四肢，人身乃合此諸部分而成。中國醫學視人身為一體，雖可分各部分，而實相互通。故中國醫學診病必方脈，而西方醫學則先從屍體解剖始。一視人身為一生命，而一視人身若為一堆物質之配搭，此即其大不同所在。

詩經言：

相鼠有體，人而無禮。

中國人不僅視人如此，其視鼠亦然。鼠亦有生命，此必有其體。鼠之體，即鼠之生命之所寄存與表現。故鼠體略相同，即知鼠之生命之略相同。人為萬物之靈，人之生命自與鼠之生命有大不同。鼠則各自為生而已，人則有大群體，如家庭，如鄉里，如國，如天下，非各自為生，乃會通大群之生以為生。此會通大群之體，則謂之「禮」。如人生有言、笑、坐、行，在大群生命中，則皆應有禮，乃可相安而共其生。

不僅生人相處有禮，即生人與死人之間亦有禮，乃可會成一體以為生。不僅對死人如此，即對天地萬物亦必各有禮。此禮即相與為生之一體。中國人「體用」之「體」，乃推吾身之體以為言，而變以為「禮」字。此非詳究中國人之人生觀，則不易知此義。

中國人言禮，更重在行此禮者之「心」。西方人認人身重要在腦部，一切知識，一切命令，皆由腦。中國人則重視心，又更甚於腦。心有兩義：一在身之胸部，血脈流貫全身，而集散則在心。傷腦，此身尚可活。傷及心，血脈停止，生命即絶。一則「心」為一抽象字，不限在身之胸部，而可會通及於身外。心與心相通，並可與千里以外、千年以上人之心相通。人心乃人類大生命一主要關鍵。腦只限於身，心始通於群。中國人言人心，於此尤有深義。

人與人之間，心與心相接相通謂之「仁」，其表現則為「禮」。故孔子曰：

人而不仁，如禮何？

此「仁」字極難譯為西文。西方人無此觀念，甚難有類似之字。而「禮」字亦難繙，其他類此者不少。孔子言人生，極重此「仁」字。人心何以有此仁？後起儒家則謂仁本之性，故人道即天道。孔子不言性與天道，專就人心之仁言。則孔子言人生，僅就平面言，後起儒家則就立體言。此則異而實同，所謂「吾道一以貫之」也。

數年前，余曾撰質世界與能世界一文，大意分西方人所認者為「質世界」，中國人所認為「能世界」。果以質言，人之一身乃多種細胞組成，新陳代謝，全身細胞無一日不在變換，此身非復前身，然人之生命則延續如常。且人之生命亦決不限於此身。如衣食溫飽，乃延續此身之最要條件。飲食進

口入腹，化為營養，此即生命所繫。衣穿身外，溫暖同亦生命所繫。而衣服之質料、顏色、式樣，亦可謂同屬生命一表現。又如目視、耳聽同為生命。視所見，聽所聞，寧不屬生命？心不在焉，視而不見，聽而不聞。日光、水聲，視聽所及，即同屬生命一部分，不得謂其在外，與此生命無關。惟言腦，則同如言耳目，同屬身之一器官，其功能同亦限於身。「心」則非此身之一器官，乃可謂駕於身而存在，即通於身之內外而存在，乃始為生命之表現。近人每言「物質人生」與「精神人生」，「心」即「精神人生」之表現。

孔子前，鄭子產已言，人死，體魄埋於地下而腐化，魂氣則無不之。已分人生之「體魄」與「魂氣」為二。如目之視，耳之聽，此屬人身器官作用，謂之「體魄」。人之死，視聽皆絕，耳目同腐，然人之生前見聞，功能不限於一身，而兼及於身外。所謂「魂氣」，飛揚無不之，即其生前已然；而其死後，則亦仍然，不隨此身軀以俱腐。孔子之生，老而死在魯，但其魂氣，則常周遊，普及全中國。死而猶然，迄今兩千五百年，可謂孔子魂氣尚在。中國人心中尚有孔子其人，此即孔子之魂氣。亦可謂今日國人之心，亦能遠颺兩千五百年前，與孔子當時魂氣相接。中國人又常言「精魂神氣」，前人言「魂氣」，後人言「精神」，此即一種精神人生，亦可謂乃人類之大生命。

人生自父母，其身即由父母之身分來。其魂氣，其精神，亦同有由父母分來者。父母、子女相聚一家，身軀各別，而魂氣精神則相通，故一家有一家之風。此「風」字即猶言「氣」字。如風之起，不限在一草一木，一地區，乃會合一廣大地區之萬千草木之搖動呼嘯而合成為一風。孔子開門授徒，

所謂「有朋自遠方來」，乃會通師弟子七十餘人魂氣精神之相通而合成一風，此即孔門之儒風。又烏得謂此風乃不屬於人生？此風乃「學風」，亦可謂之為「德風」。孔子大德，乃起此大風，遍流行於全中國，達兩千五百年之久，迄今而不輟。

若言孔子之身，亦遠有所自。其父其祖，乃魯國人；推而上之，為周代之宋國人；更上，則為殷人。自其遠祖契以來，傳至孔子，已數十代千年以上，在中國史籍記載中，皆有名字可稽。自孔子以下，迄今亦歷七十餘代。中國人視此大血統，為同一生命之相傳。其他人亦然。故中國乃一「氏族社會」，祖宗子孫，指其男性言；尚有女性，為母、為妻、為媳，為「外家」。故中國人視中國人，乃如一大生命，分化出無可計數之小生命。試讀百家姓，就此百家而瀏覽其家譜，各記數千年來之一脈相傳，而推以及於歷世之外家，則五千年來，中國人之同屬一家，豈不確鑿有據！

然此只就身言。若就心言，則道一風同。而在此一同之中，則仍不害其有眾異；惟眾異則必會歸於一同。中國人言「異」，則莫先於天地。易繫辭言：

天尊地卑，乾坤定矣。卑高以陳，貴賤位矣。動靜有常，剛柔斷矣。方以類聚，物以羣分，吉凶生矣。在天成象，在地成形，變化見矣。

中國人重「象」，「形」則小異，「象」其大同。上言西方人言天亦如言地，每以其形言。其言人生，

亦好以形言，不好以象言。故好言身、言腦，不言心。腦主知識，心則必及性情。如言喜怒哀樂，豈不人人同有？豈不更為生命所寄，而實無具體可言？西方文學述及喜怒哀樂，必詳陳具體事實。不知限於具體事實中，則非喜怒哀樂之眞矣。中國人則多表之以聲，聞其聲，斯知其情。禽獸亦有情，豈不聞其聲而知。不僅有生者有情，即無生亦同有情。楚辭言：

悲哉，秋之為氣也！

歐陽修有秋聲賦。人自天地中生，人之性情即自天地大自然之性情來。丘遲與陳伯之書：

暮春三月，江南草長，雜花生樹，羣鶯亂飛。

此非一片春情乎？草與花與鶯，皆有生命，然不得謂春亦生命。春夏秋冬四季，皆無生命，然不得謂生命中無此春夏秋冬四季之變化。生命中有魂氣，春夏秋冬四季，斯即天地大自然之魂氣。晉人言：

風景不殊，正自有山河之異！

河山屬地，僅有形。「風」乃氣流，「景」則光輝，此屬天。無風景，則河山亦何堪欣賞？陶淵明結廬在人境，非有河山之勝，亦同有風景之美。宋人詩：

雲淡風輕近午天，望花隨柳過前川。

一川流水必輔之以兩岸之花柳，又必在近午淡雲下，輕風中，此一川遂足資流連。故知人生不只限於身，仰天俯地，頂天立地，乃有此生，而豈衣食溫飽之謂生乎！

或疑尊卑貴賤，失平等義。不知平等乃從小生命觀相互起爭而來；苟從大生命觀著眼，則天自尊，地自卑，而萬物與人則尤卑。張橫渠西銘：

乾稱父，坤稱母。民吾同胞，物吾與也。

則無生尊於有生，自然尊於人類，亦可見矣。然天地乃因人而尊，苟使無人，則渾沌一塊，復何尊卑之別？杜詩：

國破山河在，城春草木深。

蒿目無人，則山河草木，有生無生，春意雖濃，亦惟增詩人之悲傷而已。惟中國人能抱大生命觀，故治中國文學，讀中國書，誦中國詩詞，看中國戲劇，乃見人生之眞處深處。此當超乎形上，得其氣象，乃見人生之性情。如西方文學，僅在具體人事中，而人事又必在具體器物中，則誠淺之乎其視人生矣！

故人生必在大同中，不在小異中。「方以類聚，物以群分」，類聚群分，皆以見小異，非以見大同，而吉凶乃於是而見。若論中國，大河、長江，南至珠江，北至黑龍江，西達瀾滄江，一片大地，盡為一中國。共於此土，則盡為中國人。類聚如此之眾，群分又如此之大，自生多吉。歐洲地廣雖遜亞洲，而分為四五十國，日以相爭。以吉以凶，人生眞理即此見矣。

繫辭又言：

乾道成男，坤道成女。乾知大始，坤作成物。乾以易知，坤以簡能。易則易知，簡則易從。易知則有親，易從則有功。有親則可久，有功則可大。可久則賢人之德，可大則賢人之業。易簡而天下之理得矣。天下之理得，而成位乎其中矣。

大人生乃一易知、易從之人生，小人生則一不易知、不易從之人生。故言中國人生乃一易知、易從之人生，而西方人生則乃是一不易知、不易從之人生。於是而有哲學，有科學。哲學不易知，科學不易從，而人之為人斯亦難矣。

中國人重「德」，德即性也。有德乃有「業」。且不言農業，姑言工業。如陶瓷成器以供用，而其形態，其光色，非為供用，乃以悅人之目，樂人之心，使為可親。故中國工業乃藝術化，亦與人同在一大生命中，而相與共融為一體。即中國之烹飪，亦臻藝術化。中庸言：

人莫不飲食，鮮能知味。

此「味」即藝術化。今人稱「人情味」，則此情亦藝術化。情化為德，中國人言道德，是亦人生一大藝術。苟非明乎大人生之意義，則亦不足以語此。

在上引繫辭一節中，有一字大堪注意者，厥為一「位」字。大人生中有小人生，此小人生在大人生中則有其所居之位。人之始生為嬰孩，在家中，惟待父母長上之養育輔教，斯其位最下。及其長大成人，成德成業，以立以達，而其位乃大不同。如魯哀公為君，季孫氏為三卿之長，而孔子則為一平民。然孔子之德業，則居天下古今之高位。以其志在人類，志在天地，不在其一小我，而在一大生命以及天地一大自然，所謂「居天下之廣居」。其位高，斯其人生之意義與價值亦遂與其他人不同。中

國人則稱此等人為「大人」，或稱「聖人」；稍下則有「賢人君子」；而最居小位者，則稱「小人」。其所居不平等，猶如家屋有大小，居屋不同，同一家人，地位亦有不同。德業不同，斯其人生之不同則尤大。

漢儒言：

遺子黃金滿籯，不如一經。

擁有黃金，乃可建造一大屋；通一經，斯可成德立業。既不得謂居屋非其人生之一部分，則德業豈得謂非人生？屋可親，豈得如德業之可重？抑且黃金與居屋，必求之於外；德則成於己，成於內。由立德而成業，其業亦在己在內，故為易知易從。今試問，從何處去覓此黃金？縱善經商，亦不易知。但成德立業，則即在己心。如居家為孝，幼稚皆知皆能。大舜之孝，亦易知易從。不如陶朱公之經商致富，其事必有待於外，非可本於己而必得。

鼠居廁則食糞，居倉則食粟，焉得謂其所居所食，乃在鼠之生命之外，與鼠之生無關？人生亦如此。故李斯觀於廁鼠之與倉鼠，乃棄其為吏，而從學於荀子。此後乃貴為秦相。中國人言，人品有萬般，惟有讀書高。此言為一文化人，即始得人生之高位。李斯為人，興於鼠，亦僅得比於鼠。倉鼠之與廁鼠，其為鼠則一。李斯亦終為一小人而止。觀其臨死前之告其子者，而可知矣。

左思詩：

振衣千仞岡，濯足萬里流。

振衣濯足，乃人生常事。然在千仞岡上，臨萬里流，境不同，斯其振衣濯足亦不同。陶潛詩：

採菊東籬下，悠然見南山。

則既不在千仞岡上，亦不在萬里流邊，而其意境又不同。若如顏淵居陋巷，則猶不如陶潛之東籬，而其意境又不同。顏子在孔門德行之科，則人生高位，在德不在境。今人好處富貴，不知富貴亦一境，在所遇，而不可求。故孔子曰：

富如可求也，雖執鞭之士，吾亦為之。

中庸言：

素富貴，行乎富貴；素貧賤，行乎貧賤。

富貴亦非不可居。子貢貨殖，億則屢中，其賢僅遜於顏淵。而堯舜貴為天子，天子亦一位，非不可居，但非盡人可求。孔子則位雖高，而盡人可求。故其弟子曰：

夫子賢於堯舜遠矣。

司馬遷贊孔子，亦曰：

高山仰止，景行行止。雖不能至，心嚮往之。

能知希聖，斯亦可謂之賢人矣。

繫辭又言：

聖人設卦觀象。

周易上下經六十四卦，三百八十四爻，可以象千古萬變之人生。而其大要，則不出兩端：一曰「時」，一曰「位」。小我人生必占一地，又必占一時。位屬地，時屬天。位尚易知，時則難知。詩人言：

山中方七日，世上已千年。

世上之時短，已歷千年；山中之時長，則僅七日而已。其實此事亦易知。忙忙碌碌，日不暇給，轉瞬之間，歲月已過。而方其岑寂孤居，則日長如年，有不勝厭倦之苦矣。或則飽食終日，無所用心；或者群居終日，言不及義。為奴為役，歲月易消。若由其作主，則已本無主，歲月難消，自不待言。

孟子曰：

孔子，聖之時者也。

亦可謂孔子大聖，乃最能處其時。孔子自言：

十有五而志於學，三十而立，四十而不惑，五十而知天命，六十而耳順，七十而從心所欲不

逾矩。

自孔子以來，已兩千五百年，人之壽躋七十者，雖曰「古來稀」，亦已不可勝計，誰復得「從心所欲不逾矩」之一境。是孔子之處其時，不啻如坐山中，乃竟如登天上矣。

孔子又曰：

述而不作，信而好古。

堯、舜、禹、湯、文、武、周公，二千年來之古，已盡在孔子之心中。又曰：

殷因於夏禮，所損益可知也。周因於殷禮，所損益可知也。其或繼周者，雖百世可知也。

是若孔子身後三千年之人生，亦已在孔子之心中。孔子雖生七十年，而所見所知，則達五千年。此所謂「山中七日，世上千年」也。唐人之詩又有之曰：

欲窮千里目，更上一層樓。

孔子志學地位之高，故有其所見所知之遠。小人惟求一身溫飽，否則求富貴，長陷塵網中，何以知於此！故人生當論其時，論其位。而其時其位，則惟在其心。烏得以百年之身為人生之位與時？

繼此當論「動靜」。一若時則動，位則靜。不知位亦有動，時亦有靜。天地合一，斯動靜亦合一。可分而不可分。一動一靜，分為陰陽。陰陽亦可合可分。陽則可見可知，陰則不可見不可知。人能見知及於不可見不可知，亦惟吾此生則止矣。我之祖宗、子孫不可見不可知者多矣，然實同此一生。吾之國，吾之天下，不可見不可知者又多矣，然實亦吾之一生也。孔子曰：

> 知之為知之，不知為不知，是知也。

是必知其所不知，始為知。中庸言：

> 今夫天，斯昭昭之多。今夫地，斯一撮土之多。

昭昭之外，豈不尚有天？然知此昭昭，不知其外，斯亦知天矣。故必兼不知以成其知。猶如必兼無生，乃以成其生。外於天地萬物，則無以成吾生。故兼天地萬物以為我之生，猶兼不知以成吾之知。

惟知有大小，亦如生有大小。要之，其為生、為知則一。中國人能安於所不知，此即「樂天知命」。西方人必求知其所不知，必求無所不知以為知。故天文學家不知天，地質學家不知地，生物學家不知生。不學醫，不習解剖，又何以知己之身？然至今西方醫學，仍為不知身。專務於知，宜其終陷於不仁而不自知。斯亦無奈之何！

孔子曰：

弟子入則孝，出則弟，謹而信，汎愛眾，而親仁。行有餘力，則以學文。

凡此孝弟愛親之行即其生，此即己之立矣。學文則推己以及人，旁及於他人之生，以至於萬物，而達於天地之廣大與悠久。各種花樣，皆謂之「文」。登高自卑，行遠自邇，己生不立，則又何自以及此？「盲人騎瞎馬，夜半臨深池」，不知孝弟愛親以為生，此亦可謂之「盲生」。科學發明，盡成瞎馬。今日之舉世顛危，又豈「夜半深池」之可相比擬！

孔子又言：

知者樂水，仁者樂山。知者動，仁者靜。知者樂，仁者壽。

此非「仁」、「知」分言。天地大自然有動有靜，有山有水，斯人性亦有仁有知。然繫辭言：

乾知大始，坤作成物。

則天之所賦猶其始，但僅有其可能而已；作成之則在地。如人之生，由母受父精為之始，由母懷胎十月作成之。惟有始，始有成。故人雖自母腹生，而終必尊其父。人之生，可以仁，可以知。繫辭又言：

一陰一陽之謂道，繼之者善也，成之者性也。仁者見之謂之仁，知者見之謂之知。百姓日用而不知。

是則人之成其仁、成其知者，其事乃在人。猶我之有生，始自父母，作成為人，則猶在己。故天一位，人一位，亦復各有其時。非有天可以無人，亦非有人乃可無天。即此章孔子言仁、知，若分言之，亦可謂乃兼言之。仁則知矣，知則仁矣。孝弟愛親屬仁，然非不兼知。不知父母，斯何孝？不知長上，斯何弟？不知有眾，斯何愛？不知有仁，斯何親？若如西方人，惟抱個人主義，向外求知，斯亦惟知動，惟知樂。男女戀愛，是一樂；經商牟利，是一樂；奧林匹克運動會爭一冠亞軍，是一

樂；核子武器殺人盈城，殺人盈野，滅人之國，絶人之族，亦一樂。然豈眞樂之所在？故兼「知」始是「仁」，兼「動」始是「靜」，兼「樂」始是「壽」。反而言之亦然。人生如循環，知有時，斯知有古往今來。知有位，斯知有彼我相別。知有天地萬物，斯知我生。知我生，斯亦知天地萬物之並在吾生矣。此所謂「通天人，合內外」。何以知之？入則孝，出則弟，汎愛衆，而親仁，斯乃可以為知矣，而豈不愛無仁之謂知！亦豈不知之謂仁，不行之謂知！可不求其全體，而惟鑽牛角尖、蠻觸相爭之謂即人生乎？而亦豈外於天地萬物而獨可有我之生之存在乎？即此求之，亦可當下而是矣。

中國人言「聖」，實亦言其聰明。目之所見，耳之所聞，遠勝於人，斯謂之聰明大聖。然耳聰則猶必在目明之上。目視有色可見，耳聽之聲無可見，猶有聽於無聲之聲者。如天命，此即無聲之聲也。孔子五十而知天命，此則聽於無聲，而不啻耳提而面命之矣。

中國學術思想好言其大局與全體。如言人生，乃舉古今中外人類生命之大全體言。人生以外，則言天地，亦舉其尊卑、陰陽、動靜、剛柔，亦言大全體。至於枝節部分，則貴因時、因地、因人、因事，分別善處。要之，以不違大局、全體為主。此亦中國傳統一主要精義所在，學者所當先知。

# 中篇　政治社會人文之部

## 一六　國家與政府

中庸言：

天命之謂性，率性之謂道，修道之謂教。

中國人重人之德性。故重公更過於重私，重大更過於重小。國家民族之大生命更重於家室個別之小生命。人類之德性，亦於此表達。而為政為教之大公至正之大本大源，亦胥在是矣。

今擇「國家與政府」一題論之。此大有關人事之諸方面，而亦中西文化相異一好例。西方人似乎

先有「政府」，而同時並無一「國家」觀念。如古希臘，乃以一民族同居一小小半島上，城邦分裂，雅典、斯巴達，如是者，乃以百計。此諸城邦，則各有一政府為之代表，但非先認有一民族與國家之存在。其城邦郊外，尚有耕地與農民，但受城邦政府議會之統治而供其奴役。故古希臘有政府，無國家。

羅馬亦一城邦。惟重軍事武力，異於希臘之重商業，遂以征服意大利半島，乃有羅馬帝國。但其政府則仍是一城邦政府，而統治此半島。非由此半島上人自建國家，自成政府。帝國逐步擴大，北及法蘭西、英格蘭，南及地中海四圍，遠及非、亞兩洲，然仍由此一城邦政府來征服與統治。此一政府綿延甚久，其間亦有種種變革，然論其大體，則先後相承，無大相異。故羅馬乃由一城邦擴張為帝國，實不得謂是一國家。如埃及、波斯，同屬此一政府之統治，不得謂同組成此政府。史例昭然，無可否認。

西方中古封建時期城邦廢，堡壘興。一家貴族憑仗武力保有此一堡壘，並及其堡壘以外附近之農奴及耕地。顯然更不得謂是一國家。文藝復興，沿海新城市興起，先自意大利半島，次及北歐波羅的海沿岸。此諸新城市，可謂乃古希臘城邦之雛型。由是而有葡萄牙、西班牙、比利時、荷蘭，乃至法國、英國等現代國家，則可謂是古羅馬帝國之雛型。此皆先有政府，後有國家。非國家由政府建立，亦非政府由國家建立。西方建國情勢，與中國傳統不同，大體同具有帝國型。推究根源，則仍以城邦為基礎。意大利與德意志兩國，成立最後，亦顯然以城邦擴張而來。

以上略述西方史蹟，而中國則大不然。中國自始即有一「國家」觀念成立在先，然後乃有政府來代表此國家，管理此國家之事。此國家則相傳稱「中國」。外有四圍，亦稱「四夷」或「四裔」。先無此固定之分別，而已有此固定之觀念。政府可有變，國家則終不變。如先有神農氏，次有黃帝，此兩時期政府之詳不可知，而其有變則可知。政府交替，中國人稱之曰「代」。每一代政府歷時有久暫，久者或緜亙四五世、八九世，乃至十幾世。每世則稱之為「朝」，指其為全國所朝向，所共同擁戴。故中國歷史上只見有朝代更迭，而國家則依然如故。至今二十五史相承，仍為一部中國史。故西洋的國家多變，中國則無變，僅政府朝代有變。繼此以往，西洋諸國當仍有變，中國應仍無變。觀念不同，而人事亦不同。中國觀念先有「家」，其家人乃有父母、子女、夫婦諸別。西方人則先有此諸別，乃始合成為一家。孰是孰非，孰為合理？討論中西文化異同，此一觀念，誠值研討。

就中國史言，此代表國家管理國家事務，而為國家人民共同朝向、共同擁戴之政府，其成立亦可有種種不同因緣。最先或不可免武力征誅，如神農氏之征三苗，黃帝之誅蚩尤。而黃帝之代神農，或亦有征誅。但武力保持與武力創闢，事大不同。中國人觀念，國之本在民，民之本在其生，而民生之本則在其有積世相傳、道一風同之共同標準，即所謂「禮樂教化」，即今人之所謂「文化」。而教化之本，則在「德」不在「力」。「權」仗力，不仗德。立國之本，在「德」不在「權」。故聖帝明皇，代表此一國家之政治元首人物，中國人則常稱其德性，不誇其權力。夷狄與中國之別乃在此。故又曰：

中國而夷狄，則夷狄之。夷狄而中國，則中國之。

「非我族類，其心必異」，則族類之異主要在「心」。舜，東夷之人；文王，西夷之人；同有此德，乃得同有此天下，此非空論，乃事實。中國人言，「一天人，合內外」。內為德性，外為道義。中國人乃為人類全體生命作廣大悠久之打算。符其標準，乃得謂中國人。細加推溯，當自黃帝時已有此觀念。明白言之，即在黃帝時，已有「中國人」與「中國」之觀念存在。故司馬遷史記以五帝本紀開始，而黃帝為第一人。中國古人所傳種種文物，亦多創始於黃帝時代。此下中國人則群奉黃帝為中國之始祖，中國人盡為黃帝子孫。再上溯則有神農，亦稱炎帝，故中國人亦群認為是炎黃子孫。

五帝之最後兩代，則為唐堯、虞舜。唐、虞禪讓，而堯、舜之君德則尤為後世所傳頌。堯禪舜，舜禪禹，皆以德，不以力。而禹之父鯀，以治水失當而殛死。禹繼父業，子生方呱呱，禹三過家門而不入。禹之治水，德功具盛。禹亦禪位益，而全國人民不忘禹之大德大功，終擁戴其子啟承父位。於是國家之政治領袖，又自禪讓轉而為世襲。此一大轉變，仍以德，不以力。此為治中國古史者，不得不特加注意一要目。

抑且禪讓亦出公意。堯禪舜，亦須「岳牧咸薦」。四岳、九牧，乃當時中央政府外許多地方政府中之首長，代表其他地方政府，而表示其公眾之意見。在當時雖同屬一國家，乃可有許多政府分層負

責，作為代表，以管理此國家之許多事務。此一形勢遠在黃帝時已然。及大禹時，猶稱萬國，是每一政府皆得稱「國」。以當時疆土言，主要不外黃河流域之兩岸，而猶有此萬國，則每一國疆土之小可知。大者當不過一城邦，小者當不過一堡壘。每地一政府，實即代表一家屬。層累而上，乃有一萬國共戴之共同政府，即一最高政府；而其首領則自黃帝以下皆稱「帝」，大禹以下則稱「王」。「王」者，眾所歸往，即眾所朝向。於是而有夏、商、周三代。其更迭亦以征誅，不以禪讓。當時則稱之曰「革命」。

「天生民而立之君」，「天之大德曰生」，其君之德能配天，能代表群生，而負責其政治任務，斯為「王」。禹之子孫失德，至桀而更甚，不克再配天，則商湯代之而起。湯之子孫失德，至紂而更甚，不克再配天，則周武王代之而起。天命所歸有變，故曰「革命」。商湯南面而征北方怨，東面而征西方怨，則湯之武力亦尚其文德。周武王滅紂，而周人必尊周文王為王朝之始祖。惟文王之德克配上帝，故能受命於天。而周人又尊奉后稷為始祖。生民之詩已明白告人，后稷亦有父有母、有鄰里，同時有漁牧諸業。后稷之前，已遠有生民，而必尊后稷為始祖者，因后稷教民稼穡，人民生業由是始定。

故周文王之前有后稷，猶黃帝之前有神農。中國人以農立國，遠在有政治以前，人民生業已定。生業定，而後有政府。故五帝、三代時之中國，即猶一「天下」。中國之外雖有夷狄，而不妨即稱「中國」為「天下」。大學以「明明德」為三綱領之首，「平天下」為八條目之末。中國古人一切思想

言論，皆本之其對以往歷史之實際觀念來，即大學亦如此。

現代國人治古史，謂必推本殷墟發掘之甲骨文字，乃有眞憑實據，其他盡傳說不足信。然甲骨僅中國古文字之一鱗片爪，若盡摒其他諸文字，則甲骨文亦無可說。或又謂，中國古史傳說皆由孔子儒家之「託古改制」，則孔子豈不將成為中國一大說謊家？儒家嘗詳說周公東征，殺其兄管叔，大義滅親，攝王位而不居，何一係虛構？尚有其他大政績，見於西周書，及其一切雅頌之見詩經三百首者，豈盡不如殷墟甲骨文之可信？此下治中國史，必仍溯詩書，迄今已三千年。所謂孔子之「託古改制」者究何在？

言生必言「性命」。孟子有「性」、「命」之辨。使孔子不生當時，不周遊當時之魯、齊、衛、陳諸國，則不成為當時之孔子。使顏淵、子貢、子路、子夏而不遇孔子，亦不成其為顏淵、子貢、子路、子夏。是命必有性，性亦必有命，天命、人性，相融成體。而性、命又各有分別。故行必兼乎言，而修必貴乎行，豈徒以語言文字為學所能盡其為人之深趣！

中國人重視個性，而能和平相處。每不見當身之成功，而能在長時期之大群中，永留其影響。孔子道不行，魯人欣賞其門人子貢，謂其賢於孔子。孔子死，子貢廬墓六年，其政治生涯隨以終結。段干木學於子夏，魏文侯往見，段干木踰垣而避。此皆所謂「苟全性命，不求聞達」。似無大表現，而實為中國傳統文化奠定其深厚穩固之基礎。故在儒家思想中，早包藏有道家精神，惟莊老始暢發之而已。秦漢以下，傑士名賢，無不同具此一型，所謂「一陰一陽之謂道」是已，而豈學術分家分派之觀

念所能盡其深趣之所在！

孔子又言「為己」之學。己亦一人，知為己，即知為人。人亦一物，能格人，斯能格物。物亦一天，能通於物，斯必通於天矣。故曰：

得其環中，以應無窮。

立足之地，瞬息之間，即廣宇長宙之中心。「環中」在握，斯無窮亦有窮，此之謂「止於至善」。非至善即不能止，但非能止，亦不得為至善。

中國人言「身、家、國、天下」，進則有國、有天下，退則有身、有家。亦有進至於天下而忘其國者，亦有退至於一身而忘其家者。孔子則曰：「執兩用中。」身、家、國、天下，一體相通，進退自如，斯止矣。西方人好分別，各走極端。其宗教、科學皆可忘其生命，或一意於天堂，或一意於太空，各有嚮往，而當前之性命則可置於不顧。濂溪言「無極而太極」，西方觀念可謂只是太極而無極，有進而無退，有動而無止，忘置其當前之性命，則又何極之有？

中國自古即有一「國家」觀，而西方無之。國家乃大群觀，而性命則各別觀。個別有性命，斯大群有文化。西方個人主義物質人生，不重視個人德性與大群體制，政治惟在小集團中爭權利、謀功利而止。柏拉圖之理想國憑空設想，以一「哲人王」主政，其下無家庭、無宗族，兒童盡歸公育，將來

當兵、經商，乃及其他一切業務，皆由政府指定分配。此其理想，較之近百年來猶太籍之馬克斯所提倡之唯物史觀、共產主義更為專橫獨斷。試問此哲人王何由產生？何由得人擁戴？此一政府乃僅憑個人空想之一種哲學，而非代表一群體國家，則此一國家、一人群，亦斷無久存之理。

耶穌亦猶太人，亦不存有國家觀。乃謂「上帝事由他管，凱撒事凱撒管」，政治截然在人生之外。耶穌受政治壓力上十字架，而凱撒終亦信了上帝、耶穌，但羅馬帝國則終於崩潰。神聖羅馬帝國，僅一幻想，難於實現。

盧騷始唱「天賦人權」說，引起法國大革命，遂有歐洲近代民主政治之出現。孟德斯鳩則分世界政府為三大型：一曰「君主專制」，一曰「君主立憲」，一曰「民主立憲」。實只專制、立憲兩型。惟求在權力政治上，加以一種法治，使政府權力有所限制而已。西方之現代國家與政府，始終不脫「權力」一意態，故孟氏有此說。

西方人又分政權為「神權」、「皇權」、「民權」三階層。其實神權乃回教主穆罕默德所唱。印度分社會為四階級，亦一種神權政治。歐洲人之宗教信仰，乃由亞洲傳入，神權政治非其本有。凱撒是一種皇權，古希臘城邦政府則可稱是民權。神權則後起。歐洲人之政治體制，實可謂乃由小團體民權，演進到大團體之皇權與神權。羅馬皇帝不能統治其廣大之領土，乃借耶穌為護法。故羅馬帝國後期，已可謂是一種神權政治。羅馬帝國崩潰，乃又轉而為現代國家之皇權與民權。首尾顛倒，反覆循環，但終無一穩定之立腳點。則因誤認政治僅一權力，而非代表人類之德性與道義，乃有此病。此誠

西方政治一致命傷，無可醫療。

馬克斯共產思想出現，無產階級儼成一有形之上帝，「無產階級專政」，實為一種變相之神權論。共產思想乃成世界性，而資本主義國家則終不能脫離希臘之「城邦型」與羅馬之「帝國型」。此下西方政治，恐將無法擺脫此一民權與神權之鬥爭。宜其與中國人「即國家即天下」之觀念，東西相望，若河漢之無極矣。

西方人又說，國家乃由「土地」、「人民」、「權力」三項結合而成。則試問此三項中之「權力」一項，究何由而生？若謂權力出於人民，則只土地、人民兩項已得，何必增入此權力之一項？由上所述，西方國家乃由城邦型轉入為帝國型。兩者皆建基於「權力」，又可分「財力」與「武力」。僅尚財力，則希臘城邦盡為馬其頓所覆亡。惟武力亦必藉財力，故帝國主義必向外侵略，向外搾取。西方現代國家乃由文藝復興之城市轉來，但又必轉為帝國型。要之，資本主義仍必藉帝國主義為後盾。共產政權，亦必仍仗財力、武力。惟力是尚，此又西方文化一至可憂慮之前途。

中國政治，只重「職務」，不言「權力」。人生亦惟言「德性」，不言「欲望」。西方思想傳入中國，中國人乃亦輕內而重外，不言德而只言權。始謂中國自秦始皇以後兩千年傳統政治，乃一「帝王專制」。則試問廣土眾民，比全歐洲而有餘，此一帝皇用何權力來專制，以達兩千年之久？此非一神蹟而何？秦併六國，在朝首相，為楚人李斯；防邊大將，為齊人蒙恬。政府組織，即以代表天下，非以代表秦。自居為始皇帝，二世、三世以至萬世，乃計天下之長治久安，非於私家權力有自信。「帝

王專制」四字，古代中國無之，秦後中國亦不言及。無此事實，亦無此觀念，無此語言。黃帝起，政府即以代表國家。五帝、三代，體制日益鮮明。惟封建時代，代表全國者，為王室，為天子；代表全國之各部分者，為諸侯。秦以下，代表全中國者，為中央政府；代表國內各部分者，為郡縣政府。古今一體，依然一中國，並無二致。

西周自幽、厲以下，以至平王東遷，中央政府已不足代表全中國，於是有霸者繼起。孔子謂，管仲相齊桓公，一匡天下，九合諸侯，不以兵力，而使中國人免於左衽。此非西方之神權、皇權、民權，乃中國傳統文化中固有之一種政教方式，政教力量。創業垂統，乃由主此政教者之德性。中國國家基本，則亦在此德性與力量上。惟建立與運用此力量者，亦有高下。孔子曰：

晉文公譎而不正，齊桓公正而不譎。

齊桓、晉文以下，霸業又衰。孔子曰：

如有用我者，吾其為東周乎？

是孔子繼管仲，當另有一套想法，惜其不見用未實施。孟子則曰：

> 不嗜殺人者能一天下。

又曰：

> 以齊王，猶反手。

是孟子繼孔子，亦另有其一套想法。

其他如墨、如道、如陰陽，諸子百家，亦莫不各有其一套治國平天下之想法。皆為大群體設計，不為當時某一部分人著想。遺書尚在，讀而可知。要之，莫非有一全中國、全天下存其心中。此下中國一統，乃中國人自為一統，而非齊、楚、秦、趙，某一國之力足以統一之。此為讀戰國史者首當注意一事項，否則即無以明中國人所謂之「道義」。

諸子中有楊朱，拔一毛利天下不為。孟子曰：

> 楊朱為我，是無君也。

無君即無群，無群即無國。楊朱為我，無國家觀，亦不成一家言。近人或疑楊朱即莊周，然莊子內篇七篇殿應帝王，非無君。尊君，乃尊其國，尊其群，而豈一人之為君？此亦中國文化一大傳統所在。莊周、楊朱之辨即在此。

秦滅六國，自稱始皇帝，以前為舊中國，此下始為新中國。則在始皇帝心中，舊中國已不存在。故秦之統一，二世而亡，亦固其宜。漢高祖為皇帝，非如西方羅馬，以豐沛征服全國。初即位，即下詔求賢，欲與共天下。武帝時，吳楚七國封建已崩潰，此下中國仍要一新中央，而公孫弘以東海一牧豕奴為全國之首相。中國此下乃有一新型式之「士人政府」，與舊傳統之政府實無大相異。而漢廷繼起諸臣，乃謂天下無百世不亡之王朝，群主漢帝禪讓，無待征誅之踵起。王莽登天子位，群情擁戴，非不愛國、不尊君，亦非反對君位世襲。惟為大群體著想，近代西方民選，事態紛繁，中國廣土眾民，其勢不可能。政府百官分職，君亦一職，尊君非即一罪惡。易君位，亦可為政府一尋常事。每一國之傳統文化，當從每一國之歷史情態妥善作解。中國史當從中國人立場求解釋，否則一部二十五史，又無從說起。

但王莽新朝，終亦不符人望，於是乃有光武中興。所謂「人心思漢」，「王道不外乎人情」，此亦為道為義，有一番眞理存其間，豈得以「帝王專制」四字說之？光武、明、章，可謂極王室教育之能事。下逮桓、靈，終於沒落，乃有魏、蜀、吳三國鼎峙。曹操一世梟雄，但僅求以周文王自居，待其子起為武王。司馬懿亦然。於是魏晉之際，禪讓、征誅、簒弒，混淆不淸，在朝代更迭上，形成一大

污點，並留下惡影響。若政治專尚權力，曹操、司馬懿，可以肆意欲為，何待如此忸怩？「五胡亂華」實中國一番內亂。劉淵、苻堅亦受中國教育，乃求以一新王朝興起。王猛仕苻堅，則僅求其安定北方，故戒其勿生心南犯。中國人對朝代更迭，又有「正統」、「偽統」之辨。曹操、司馬懿，皆內心自知不得為正統。王猛則知苻堅不得為正統，故有此告誡。此非深切瞭解中國文化，中國人之傳統觀念，則此等人物皆無可辨認，加以評論。此豈西方觀念所能道盡其底裏？

唐代滅亡，能不如西洋史上羅馬帝國之崩潰，實為此下中國一大幸運。五代八姓十三君，多半屬於夷狄，最為中國歷史上一黑暗時期。文化傳遞，乃在十國。宋興，一時學者競唱華夷之辨，競唱尊王，競唱孔子春秋大義。則孔子豈不乃為提倡尊王、尊中央、尊一統之中國自古一聖人？而近代國人，又必以擁護專制鄙夷孔子，於是中國史乃無一頁可讀，中國人乃無一人可尊。而宋代王室之尊賢下士，亦創自古所未有。宋後之猶有中國，則胥此是賴。宋神宗以下，新舊黨爭，宋室一蹶不復振。「君子群而不黨」，在中國亦自古有明訓。士人政府，職權之上下分配，亦貴有體制，豈得人人可自謂代表一政府，代表一國家？周、張、二程以下，理學興起，中國士傳統用意之所重，乃又轉而在野不在朝，此又中國歷史一大變。非通此下歷史，亦無以言之。

蒙古入主，中國「政」亡於上，而「學」存於下，蒙古政權不百年而遽滅。晚明東林黨又引起禍亂。滿洲入主，政又亡於上，學仍存於下。顧亭林乃有「亡國」、「亡天下」之辨。謂：

國家興亡，肉食者謀之。天下興亡，匹夫有責。

其實亭林所謂「亡國」，乃指政府王朝言；所謂「亡天下」，乃指社會大群文化傳統言。中國五千年建立，其本源即在此。中國人自信則謂其可以建諸天地而不悖，百世以俟聖人而不惑，故每以「中國」與「天下」並言，有天下斯必有中國，有中國自必成天下。中國人非不知中國之外尚有外國，而求一世於大同太平，則必以中國為中心。此可謂乃炎黃以來五千年中國人一傳統觀念。其信與否，則待此下中國人之努力。

辛亥革命，中國人自易國號曰中華民國。其實仍是此中國。惟此下則一變故常，由君主轉而為民主，一姓一家朝代更迭已不再見，國家元首憑西化選舉。故此下之中華民國，乃與以往之古中國大不同。國歌中有「以建民國，以進大同」，其意乃指打倒了秦始皇帝以下兩千年之帝皇專制，而走進了西化之大同；以上兩千年之古中國，則可不復存在。其然，豈其然乎？唐代杜佑以下，有三通、九通、十通，記載歷代政治制度，如租稅，如兵役，如考試、監察等，何一不有明確制度之規定？何曾由帝皇一人來專制？專舉一句西方話來講中國史，則可謂辛亥以後之中國，乃全無所承，赤手成家。此下之中國，慕傚西洋，先則英、法，今則美、蘇。但核武器僵持，今日不知明日，則高臥緩起，以徐待其定，亦不失為明智之一舉。

惟其民國創建，慕傚西方，於是乃有民初以來之「新文化運動」。主張「全盤西化」，繼之乃有

毛澤東之馬列主義。更荒謬者，毛澤東又改中華民國為「中華人民共和國」。試問「中華人民共和國」與「中華民國」，意義不同何在？豈國家民族一切體制，均得隨一名號而俱變？亦豈一二人之權力凌駕於全體國家民族之上，乃即成其為西化？抑且馬列乃猶太人、俄羅斯人，中國人惟此是從，則豈不成為一無民族之國家？若專以新舊論，馬列雖新，務求全中國人一意順從，則又無此情理。但此亦不當專怪毛澤東，近代中國人已先言「漢帝國」、「唐帝國」。漢、唐乃中國歷史上一朝代名，非國名；中國亦非一帝國。觀念不清，專在字句名號上求變求新，則無怪荒謬百出矣！

近人又尊孫中山先生為「國父」，乃傚美國人稱華盛頓來。但美國由華盛頓創始。中山先生亦僅得為中華民國之國父，不得謂乃中國之國父。中山先生辛亥革命先征誅，後禪讓，在中國歷史人物中，尤為難得。「三民主義」首民族主義，較之馬列新傳統，則如霄壤之相隔。

今再論，美國本由大英帝國來，蘇維埃乃從俄羅斯帝國來。美國立國僅兩百年，蘇維埃未到一百年，立國基礎皆未穩。中國立國五千年，並世無匹。惟今國人喜新厭舊，民國創建七十五年來，乃常陷於搖盪不安中。不治舊國史，何來新觀念？國人好學，其試再加決策。

（原載一九七九年七月十五、十六日中央日報專欄。復陸續有所增修。一九八六年收入本書時又曾作最後修改。）

# 一七　中國歷史上的政治制度

政治該有一理想，從那條路，向那裏去。孔子曰：

政者，正也。

社會人事有所不正，政府便該率以正，改其不正以歸於正。治猶治水，戒鯀之防，效禹之導。故國人常連言「政教」，不言「政法」。「教」主化導，「法」主刑防，此其大不同。即就中國文字，可瞭解中國理想；「政治」兩字，亦即其例。但理想須有人領導執行，故選賢與能，乃中國政治一大事。政治屬長期性，人物隨時有變，制度乃定一長期性選擇之標準。理想、人物、制度，乃中國傳統政治最重視之三要項。茲姑就制度一項約略言之。

秦前政治制度為封建，分封列國，共戴一中央政府，王朝天子為列國諸侯所同尊。政治上大設施，大作為，一切政令必自天子出。其他不詳述。秦以下封建改為郡縣，是為中國政治制度史上一大

變。遠自五帝、三王，封建制度已推行兩千年；秦以下，郡縣制度亦已兩千年。封建貴族取消，「宗法社會」一變而為「四民社會」，乃有「士人政府」。政治人物大變動，但選擇人物之制度則甚多相襲，有一貫傳綿之意。

秦代博士官，我嘗稱之曰「學官制度」。政府重視學術，特選學者加以廩給，許其自由講學，傳授弟子。政府不煩以行政雜務，對國家大政大法，許其參加討論，各抒意見，以供政府之採擇。此一制度，承襲自戰國齊之「稷下先生」制。而齊制亦有承襲，茲不詳論。而秦代博士官，乃有公開反對郡縣制，而主恢復封建制度者。在一次宮廷大宴會中，公開發言，成為一大爭論。秦始皇帝並未即由私人加以裁判，下其議於丞相李斯。丞相府復議奏上，乃有焚書法之決定。此事大為後代中國人所詬病。而秦始皇之為暴君，千古來亦從未有人為之作平反者。此事已成歷史定論，不煩再提。然近代國人崇慕西化，乃稱中國自秦以下歷代政治胥為一「君主專制」的政體，實大有商榷餘地。

法國孟德斯鳩分政治為「君主」、「民主」兩種，又分有憲法、無憲法兩種。有君主，無憲法，為「君主專制」；有君主，同時亦有憲法，為「君主立憲」；無君主，有憲法，為「民主立憲」。此乃孟德斯鳩根據西方歷史所作之分別。但在中國歷史上，無憲法，有制度。政府中各種職權之分配，皆有詳密之規定。精細周到，遠非西方憲法可比。所謂「君權」，在中國歷代政府制度中，亦有種種規定，種種限制。

即如焚書一案，始皇帝乃遵丞相意見，非逕自作主張。李斯乃一楚國學人。封建、郡縣兩項制度

之得失，誠是當時政治上一大爭論。李斯主廢封建，行郡縣，亦不失為政治上一開明進步的意見。其所奏對，僅主廢除那些主張恢復封建制度之博士官，並焚其所掌書之流傳在民間者，政府所藏則仍保留。最要在禁止民間之根據歷史舊傳統，來反對政府之新創制。此乃承其師荀子「法後王」之主張，實屬當時學術思想上一大爭議，並未主張君權專制。秦始皇亦一學者，未統一六國前，曾讀韓非書悅之。韓非亦與李斯同學於荀卿，主張為當時國家創新制，成為當時一法家。韓國特派其赴秦，辦理外交事項。但韓非依然忠心韓國，並不轉忠於秦，遂死秦之獄中。始皇長子扶蘇，仍遵傳統，為守孝道而自殺。可見在當時學術思想界，本極複雜，難於一致。而後人批評秦制，則專歸罪始皇帝一人，李斯亦無資格同受譴詬。於當時情實，實未恰當。

西漢興，博士制度依然承襲。直待漢武帝始特尊儒家，表彰六經，博士官纔為儒家所專有。在學術思想史上，較之秦始皇時代，實為一轉變。漢武帝生平作為，在當時，在後世，亦多受人批評。但今日國人乃與秦始皇帝同舉為中國歷史上專制皇帝之標準人物，則實無根據。漢武帝亦一學者，其為太子時，即奉儒者為師。即位後，即廣徵社會賢達，詢以國政，謂之「賢良對策」。此豈專制之謂?董仲舒對策合武帝意，繼加詢問，三次問對，原文俱在，可以覆誦。政府重視學人，豈即帝皇專制?公孫弘乃一東海牧豕奴，因賢良對策獲武帝拔用，打破高、惠、文、景七十年來「非有功不得侯，非封侯不拜相」之慣例。倘如此即謂專制，亦未可厚非。

漢武英明有為，引用極多文學侍從內廷人來和丞相府打交道。公孫弘雖稱「曲學阿世」，但亦不

得不大開東閣門，廣攬學人，來對付武帝那一批內廷侍從。此乃中國傳統政治「內廷」、「外朝」相對立一具體例證。姑不論武帝、公孫弘為人，但當時制度如此，稍讀史書，誰能否認！

武帝卒，霍光以大司馬大將軍輔政，僅是一內廷侍從之長，但可徑由內廷諸臣集議，援用伊尹廢太甲故事，不經朝廷會議，廢去昌邑王。謂是內廷王室事，不必經外朝宰相同意。後代對此亦未加批評。所受批評者，乃霍光以內廷輔政，而權任在外朝宰相之上。此豈贊成帝皇專制？王莽以大司馬大將軍接受漢禪，由外朝群臣共同主張。意謂湯武革命不如堯舜禪讓。王室不禪讓，難防政府有革命。又豈崇獎帝皇之專制？

但王室尊嚴，則自黃帝、堯、舜迄於清季，上下四五千年，古今一律。此因中國乃廣土眾民一大國，欲求和平統一，非在政治上有一共尊對象不可。惟王室雖尊，其政權則有限制。封建時代諸侯並列，王畿千里，所轄不大。秦後行郡縣制，王室地位益高，但其限制亦益密。政府由士人組成。王室近親，絕無在政府任職之可能。朝綱失常，亦惟有外戚、宦官弄權。其腐敗處，即可見其制度之用心處。惟王室失其尊嚴，則全國即陷禍亂。然如三國時，曹操並不敢自踞帝位，先為周文王，待其子始受禪讓。而司馬懿擅權亦歷四傳，至司馬炎始正式稱帝。制度影響人心，即證人心創造制度，此乃本之全國公意，而豈某一人、某一家所能形成此局面？

東晉南渡，「王與馬，共天下」，已無帝王尊嚴。南北朝禍亂相仍，隋唐興起，中國再臻統一，王室尊嚴亦再建。然皇帝權力則更受限制。如皇帝下詔書，實由中書省起草，又經門下省審覈，兩省連

署，始是一正式詔書。皇帝偶有私授一官，亦以斜封下詔示別。當時稱為「斜封官」，輕鄙之。唐代自中書、門下兩省外，又有尚書省，合此三省始為漢代之宰相。中書、門下兩省主出命，尚書省主執行。尚書又分吏、戶、禮、兵、刑、工六部。此一順序，直至清代不變。任官命職由吏部掌之。在西方，不僅專制時代無此一部，即近代民主制度下亦無之。政治領袖掌用人之權，而中國皇帝則無此權。必加以「專制」之名，此乃近代國人之無知！

吏部次為戶部。如今之內政部，惟賦稅亦歸其管制。又次為禮部，教育、考試皆歸之，外交亦屬此部。西方小國紛立，故行政首長之外，最要者即為外交官。如今美國之國務卿，亦主管外交。中國乃一大一統國家，政府組織，宰相之下為內政。余嘗謂中國文化體系重向內，西方文化體系重向外，此亦其一例。可見研討中西文化，首當分別以觀，不當專據一方作衡評。先得其異同，乃始有是非可判。

禮部之次為兵部。軍隊統制，西方必歸皇帝；近代民主政治亦不例外。如美國大總統，同時即為海、陸、空三軍大統帥。中國唐代，兵部列在尚書之下三部。在政府全體系中，實不占重要地位。皇帝既不掌握兵權，又何得肆其專制？中國政府多文人，少武人。將帥統兵在外，歸則交出兵權，有爵祿，無職掌。而文人則多大體知曉武事。此有中國人讀書為學一番甚深妙義之存在。歷史上文臣知兵超於武臣者何限？今國人又謂中國崇文輕武，信口雌黃，豈能一一加以辨正！

兵部之次為刑部。中國人重「禮」不重「法」。封建時代，「禮不下庶人，刑不上大夫」，貴族尚

禮不尚法。秦漢以後，禮儀尚在刑法之上。叔孫通為漢定朝儀，君尊臣卑，亦禮非法。中國一切制度皆稱「法」，法即禮，與刑法之「法」不同。陷於刑，乃由刑部司之。故中國政府無憲法，而一切法則詳密遠過於西方，刑獨非所重。西方三權分立，司法、立法、行政，鼎足而三。中國則刑部占尚書六部之第五位，然亦獨立，他部不加侵擾。重大事則六部會商。尚書每日兩會，上午六部分部會議，下午六部共同會議。中書、門下兩省亦有會議。則不僅皇帝，政府各部門職權，皆有限制。而皇帝以下，丞相與其他各長官，亦各不失其尊嚴，各得發展其所職掌，各有自由，不害其各體制之相互和合，融為一體。西方則必以分權為尚。雙方相異，又豈語言所能盡？

刑部之次有工部。物質建設為行政最下一部門，然國家一切大工程皆掌之工部。最著者如水利工程、交通工程等，盡由政府職掌，社會私人不得從中營利。近代如美國有鐵路大王等之出現。唐代遍國皆驛站，但不能有驛站大王。近代國人又譏中國文化不重物質建設。唐代各驛站，豈非物質建設乎？或以唐代驛程比之羅馬大馬路。但羅馬乃帝國，軍隊運輸頻繁。唐代則全國和平統一，車馬交通，官私兼利，意義價值互不相同；近代則工商牟利，意義價值又不同。而中國傳統政治之為民服務，亦由此可見。

唐代政制，上有承，下有傳。其有關名著有兩種：一曰貞觀政要。唐太宗與其諸大臣議論施為，記載詳備，可資模楷。尤要者，在可窺見中國政府中君臣等級，相互合作，以共成一代之治之大概情況。君臣一倫可作代表。後代帝皇皆必閱讀。故治中國政治史，此書亦當翫誦。又一為杜佑之通典。

中國政治制度，有因有革，隨時損益。五千年廣土眾民，王朝遞起，或禪讓，或革命，或封建，或郡縣，政府不同，而國家則仍是此國家。故政府一切制度，貴能求其通。司馬遷以下，各家著史，多詳其當時。杜佑此書，則歷代連載，故得為「通史」。西方「通史」又不同，各國並立，忽存忽亡，並合記載，乃為通史；可有歐洲通史，亦可有世界通史。杜佑此書，納入世界史中，則為一「專門史」，不得謂之「通史」。此又中國文化一特徵。

抑且杜氏此書並非其私人之政治哲學，根據歷史事實，敍述其各項制度之先後演變，上自創制時之爭議，下及演變中對此各項批評，一切意見，詳羅無遺。利病得失，無所遁隱，可供後人之參考與抉擇。故讀杜氏書，便知中國歷代傳統政治制度多「學術性」，非「權力性」。「政治」兩字，已表現了中國人之傳統理想。至於如何達成此理想，則各項制度有待學術上之不斷精研。如堯舜禪讓，禹啟世襲，湯武征誅，王位承遞制度，屢作大轉變。又如周文王「三分天下有其二，以服事殷」。此見中國史皆由中國人自己創造，由中國人自加讚嘆，此亦見中國人之自有其特異處。而近代國人又必求盡掃一空以為快，此亦豈天命？誠堪嗟嘆矣！

唐代後，種種政治制度，多承通典來。惟其政府全由社會高級知識分子經由選舉、考試而拔擢任用以組成。故此政府乃得成其學術性，而非權力性。春秋時鄭子產有言：

> 僑聞學而後入政，未聞以政學者也。

孔門亦言：

> 學而優則仕，仕而優則學。

則學後乃得仕，仕後仍需學，學術、政治緊密相關，古代已然。世界其他政府，或掌握在貴族，在軍人，在富人。惟中國，封建時代，即形成為一「士人政府」；或可謂其已積三四千年。豈必選舉，乃始得賢人出仕？使春秋末，魯國亦選舉，孔子豈必當選？戰國時，亦選舉，諸子百家未遽當選；漢武帝時，未必選出董仲舒；唐太宗時，未必選出房玄齡、杜如晦。中國廣土眾民，以農立國，亦未必能效近代西方小國寡民之推行民選。不經選舉，乃亦可有理想之政治，此誠出近代國人思考之外矣。

西方民選必分黨以爭。英、美兩大黨對立，最為楷模；其他多黨紛立，每形成紛亂。然一黨得勝，一黨下臺，所論在多少數，勝敗亦在權力，不在學術。故西方高級知識分子均安心在學校教書，或服務工商界，政治活動則由一批特具性好者為之；與中國傳統政治差異甚顯，無法相比。若謂政治、學術理當分途，則中國確早已政治學術化。孰優孰劣，亦非一言可盡。

中國傳統政治亦非無權力鬥爭。尤著者，如明太祖廢宰相，此為中國傳統政治一大變。惟洪武、永樂父子兩朝，起自草野戎馬中，人事歷練，亦既有素。縱不為當時學士文人所重，而總攬大權，亦

能控制，恣其應付。嗣王繼位，養自深宮，以中國政府組織之龐大複雜，一日二日萬幾，苟非宰輔，何從應付？於是朝權終落於內閣大學士之手，而閹宦乘機播弄。明代政治終不如兩漢、唐、宋之理想。明亡，黃梨洲著明夷待訪錄，即明白揭發其事。其原君、原臣諸篇，闡申中國傳統政治理想，可謂大義昭宣，亦非由其私人之一套政治哲學，自創新意；根據史實，為吾國歷代聖君賢相所共同遵循，亦千古學士文人之心聲公意。其書尚在法國盧騷民約論之前。試取比讀，孰為哲學，孰係史論；孰出冥想，孰據事實？中西雙方政治思想之相異，亦即此而覩矣。

晚清末，梨洲明夷待訪錄經國粹學報翻印流布，幾於人手一册。其時乃有康有為主變法，謂滿清王位猶可保留；章太炎主革命，謂滿洲異族統治必加排除，中國傳統政治制度可循不變。康氏有弟，亦告其兄，能廢科舉八股，創立考試新制度，作興人才，其他制度可從緩議。其時學人亦有簡編三通，本舊制度，提要删繁，廣布流傳，以供國人之研討。但一時風氣，則已群慕西化。民國創興，當時參政會遂有美國「總統制」與英國「內閣制」之爭。而中國傳統君相一體之成局，乃竟無人提出，供作討論。其實英國尚存保留君位，故行內閣制；美國則大總統為政府領袖，故行總統制。若求職權限制，則中國以往已設計周詳，遠超英、美之上，又何必改弦易轍，徒求變換，轉成倒退？

西方民主政治首要在選舉，但選舉亦有條件。中國一省一府，可比歐西一國家，鄉民多生平足跡未履城市。余抗戰時，在四川成都，識一八十餘老人，家距成都可三十華里，但生平未進成都城一步。德國一學者，晚清遊北京，城外未見一警察，心大驚奇，遂留不歸；讀中國書，成為西方一漢學

家。其子傳業不輟。一國有一國之國情，即在西方，民選制度亦傳遞數百年，遂有今日，中國豈能一企而及？但中國遠自西漢，即由地方察舉賢良，貢之中央任用。是中國民選，已有兩千年之歷史。隋唐以下，考試制度代起，迄於清末，亦已千年以上。各地依賦稅額分配考試錄取名額。政府人員即普遍分配於全國之舉人、進士中。豈不中國政府民選，已遠在西方之前？近代西方亦採用考試制度。中山先生「五權憲法」，特設有考試院。謂使一大學教授，與一汽車夫同在街上競選，此大學教授未必能獲選；若求眞得人才，公開考試，未必遜於民選。此誠不失為近代一至理名言。

西方為選舉而分黨。中國古人則主「群而不黨」。群公尚和，黨私啟爭。中國政府每集會商榷，但不分黨以爭。東漢以黨錮亡，北宋以新舊黨爭致亂，明末有東林黨，乃故以惡名加於朝賢之上，而國祚亦因此而斬。民國以來，終未能組成如西方之政黨。中山先生言，國民黨乃一革命黨。革命完成，政府已上軌道，則不必再分黨以爭。中山先生雖未明言，而涵意則甚顯。中山先生又主「選舉權」與「被選舉權」同需先經考試，故「五權」中有「考試權」，無「選舉權」。此項意見倘獲實施，則當為此下政治開一新面貌，惜無人繼而暢發之。

一黨又必有一主義為號召。其實西方現代政治，惟「民主」一主義。保守、進取，僅在步調方法上相歧。馬克斯乃猶太人，非歐洲人，唱共產主義，乃經濟問題，非政治問題。俄國人列寧，借為號召，排除沙皇專制，創造「無產階級專政」之蘇維埃政府。於是共產黨乃成為國際性、世界性一組織，傳播全世界，群起革命，實則乃沙皇傳統帝國主義之變相。至是始成為政治問題。

中國本非一資本社會，群慕西化，乃有人起而慕效馬克斯、列寧，創為馬列主義。舊知識分子，留戀舊傳統，即成為有產階級，盡加剷削。故馬克斯之共產主義主要在「經濟革命」，列寧則主要在「政治革命」，毛澤東又更進而為「文化革命」。馬克斯主張「唯物論」，列寧、毛澤東加進了種種意識形態，可謂實已轉化為一種「唯心論」。而當前之世界，乃成為資本社會與共產社會一對立之局面。

中國傳統政治之惟一美德，則曰崇尚學術，超在政治地位之上。馬克斯共產思想，猶近學術研究。列寧革命，史太林一黨獨裁，則偏向政治。中、蘇國情相異，慕效列寧、史太林，乃與馬克斯原來主張更相違背。馬克斯無產階級，農民不在其列。中國無資本家，非馬克斯所反對。中國共產黨，乃提倡「農民革命」，此則離題更遠。國人崇慕西化，所作所為，乃有遠超西方之上者。實則仍是中國舊傳統，崇尚學術。惟其所謂「學術」，則一味變我之舊，求彼之新而已。人性難變，當加深警惕。

毛澤東意謂，共產思想又西化中之最新起。而中國自秦以來兩千年，則屬帝皇專制，故彼以共產專政乃符合國情。曾有美國人勸袁世凱作皇帝，謂國情如此，何憚不為？此下美國某一史學家，亦謂毛澤東承接中國傳統。毛澤東「批孔揚秦」，儼然以秦始皇自居。近代國人雖力求西化，而西方人則但亦不得不謂乃近代國人崇尚西化，蔑棄傳統之一觀念、一風氣有以助成之，此亦深堪愧怍！

有勸國人自守傳統者。毛澤東可謂兩者兼得之。

國民黨與共產黨對立，但「三民主義」實應全國共遵，非可一黨專有。政治從民族來，故三民主義以「民族」為首。但尊美派則謂三民主義即美國林肯之「民有、民治、民享」。主臺灣獨立者，亦

崇慕美國之叛離英邦。不知一黨專政可反對，中山先生之「民族主義」則未可輕加反對，此又當辨。中山先生「民權主義」又謂：

權在民，能在政。

果政府考試顯其「能」，則可不煩有民選。惜乎國人深慕西方，厭棄傳統，考試院形同虛設。忽視了中山先生之民族主義，即無以體究中山先生之民權主義。「民生主義」，中國傳統自有一條路線。孔子曰：

貧而樂，富而好禮。

此兩項乃人生所嚮往。有此民族，始有此民生。資本主義、共產主義，西方所爭，實皆非三民主義中之民生主義所重。要之，三民主義乃為一國行政大綱建立，非為一黨建立。信奉中山先生者，當深切體究。

中山先生「五權憲法」中，又有「監察權」，此與「考試權」乃直承中國傳統而來。秦漢時代有御史大夫，乃副宰相。下有兩丞，一名中丞，即主監察皇室內廷事務。此亦中國傳統政治非帝皇專制

一明證。此下各朝代監察制度遞傳不絕。但今「五院」中之「監察院」，其職權實為「立法院」兼代，「監察院」與「考試院」同其冷落。以西方政制作楷模，則此「兩院」之無可作為亦宜。

中國歷史上政府種種立法，皆由各機構重要職官任之。以中國傳統論，政府高出民衆之上，而學術又高出行政之上，種種立法皆富學術性。民意則有此希望，無此能力。故立法當以民為本，不能任於民。所謂「權在民，能在政」是已。西方參、衆兩院，任監察之務尚可；任立法，則係學術性，似不勝任；與中國傳統相比，最多是互有得失。決不當謂西方新而是，中國則舊而非，下如此輕率之評語。

故中山先生之三民主義，首當發揮其民族主義。中山先生之五權憲法，首當研討中國之傳統政治。決不當一依西方現況來作標準，來作解釋。至於中西雙方政治制度之孰得孰失，孰優孰劣，則當待學術界之再作衡論，豈得如今日國人之所為！

（原載於一九八一年十二月文化大學史學彙刊十一期，收入此集時略有修潤。）

# 一八　政與學

中國自古為一統一大國，「政」統於上，「學」統於下。黃帝、堯、舜、禹、湯、文、武、傅說、伊尹、周公，政在上，而學亦輔之。孔子起，學在下，而政亦尊之。魯哀公、齊景公、衛靈公、衛出公，以及陳、楚君臣，皆知尊孔子。曾子居費，子夏居西河，同為主政者所尊。墨子尊於天下，與孔子同。齊稷下先生七十人，厚其廩祿，恣其教授，不煩以政，為學官之增設。秦博士官亦七十人，非政職，而得參預政議。漢武帝改為五經博士，主學不主政，亦得參預政議，與秦博士同。漢宣帝欲增穀梁博士一席，亦由朝廷公卿與諸博士洽議始定。王莽、劉歆欲增設博士，諸博士皆反抗，雖勉增設，光武中興，隨即罷廢。然東漢博士多倚席不講，在野開門授徒者，則聽眾四集，其盛遠勝於國立之太學。黃巾作亂，相戒勿入鄭玄之鄉。當時儒生之見重於社會有如此。

魏晉南北朝，學在門第。魏孝文尤敬學，北周、北齊繼之，其風益甚。隋初王通講學河汾，後世聲名遠超於魏晉南北朝歷代帝王卿相一切政治人物之上。唐代亦設太學，而學者競趨進士考試，不以列名太學為榮。宋胡瑗蘇湖講學，朝廷取其法為太學規模，並聘胡瑗掌教。王荊公、程伊川任天子

師，主師坐講，天子當立而聽。及南宋朱子集儒學大成，雖與伊川先後遭「偽學」之禁，然下迄元代，其注四書及詩、易諸經，定為國家科舉取士標準，歷明、清兩代相承不變。

元代異族入主，一時學者群以不仕為高，而書院遍天下。地方官初到任，必先赴書院聽講學。明承其風，學者不尚仕進。吳康齋、陳白沙身居林野，名高一世。王陽明弟子亦多絕意不仕。東林始矯之，勉學者當志在廊廟，不當輕政務不以為重。清政權亦以異族入主，一時學者如顧亭林、李二曲、黃梨洲、王船山、陸桴亭，皆不仕。亭林言：

國家興亡，肉食者謀之；天下興亡，匹夫有責。

以匹夫而負天下興亡之責，非學林莫屬。

故中國人傳統觀念，學尤在政之上。政當尊學，而學必通政。可則進，不可則退；合則留，不合則去。學者可不仕，但不當學不通政，故必以經史為學。詩、書、春秋，亦經亦史。易言商、周之際，亦仍史也。政尚禮治，禮隨時變，則禮通於政適於時，禮亦史也。故曰「六經皆史」。司馬遷為史記，即上承董仲舒發明孔子春秋之義，故曰：

究天人之際，通古今之變。

而司馬遷以其父議封禪與當時帝王意不合，禀承遺志，作為史記。議禮即議政之大者，封禪之禮，即天人之際。司馬遷為此下史學鼻祖。史學即經學，經史一貫，其義如此。

唐杜佑著通典，典亦禮也。一代之政，即一代之禮，古今一貫。朝代有變，而典禮相通，讀杜佑書可知。宋代歐陽修著新五代史，明夷夏之防，最可發明司馬遷史學之大義。夷夏之辨，實即天人之際。其為新唐書諸志，則頗符杜佑遺意。司馬光與王安石新政不合，一意寫為資治通鑑一書，退於政而務於學。政在當世，學則通於後代。中國之學風，乃中國文化傳統之大意義所在。縱或學有未合，而為學大體則無逃於此矣。朱子有意為通鑑作綱目。其書由其門人弟子成之。中國學人之志節相承，此亦其一端。

清代顧亭林日知錄，首為經術，次曰治道。考論歷代政制得失，以待後有王者取法。此即經史一貫，政學相通，匹夫而負天下興亡之重任在是矣。黃梨洲寫明夷待訪錄，首指明太祖廢相之非。中國歷代宰相，自漢武帝用公孫弘，此下遂胥由學者任之。不能正學以言，亦多曲學阿世者。然終不能因噎廢食。學人任相，乃中國傳統政制一不可廢之大綱。待訪錄又有學校篇，主張當以學校為議政之所，此即古代博士官議政之遺意。梨洲受學於劉蕺山，蕺山講學上承東林。學校議政，即東林之主張。王船山有讀通鑑論、宋論，皆史學。則清初諸大儒，其學皆為經史之學，不得專目以為經學，豈不明顯之至？

經學在明古，史學在通今，皆人生實用之學。惟諸大儒皆不願在清政權下求實用，故皆立志不仕，而徒託之空言。孔子作春秋，乃天子之事，亦徒託空言而已。自雍正後，文字獄大興，空言亦所不許。一時學風，遂變而有乾嘉之經學。其實乾嘉亦非盡經學，當時自稱為「漢學」，以示別於「宋學」。漢儒治經，豈不曰「通經致用」？則乾嘉經學之致用又何在？此又不可以不論。

後人論乾嘉經學，率分吳、皖兩派。皖派當始自江永，其為學則一尊朱子。著書有禮書綱目，即上承朱子意為之。亦即會通經史，兼政與學，而可以上承杜佑；惟明白歸之一「禮」字，則上承宋學無疑。又為近思錄集注，專引朱子言注朱子所纂周、張、二程言，治宋學者必誦此書。則皖學開山乃宋學，更又何疑！戴震幼年親受學於江永，遭鄉里譴責，襆被至京師。以皖學治禮，長於天文曆算之學，助秦蕙田編五禮通考。此亦通經史，兼政學，較之江永、杜佑書益為博大。而戴震又獲交於紀昀，入四庫館，助編四庫全書。紀昀實反宋學，觀其閱微草堂筆記可知。其時學人反宋乃反清，或主改定科舉考試標準。清廷一主元、明成規，用朱子書為標準。又定陸稼書入祠孔子廟。清廷大臣尊信朱子之學者大有人在，而稼書特一地方小官，未臻顯達之位，清廷特加崇祠，用心良苦。呂留良專為科舉應用，闡申四書注，而提倡夷夏大防。湘人曾靜，憑其書遊說陝督岳鐘琪反清，文字獄遂起。呂留良開棺戮屍，全家帶罪貶黑龍江。雍正自為大義覺迷錄一書，頒之天下學宮，為應科舉者一部必讀書。稼書與留良為友，清廷非不知，而獲擢升孔子廟，以見讀朱子四書注有邪有正。邪如留良，開棺戮屍；正如稼書，則升祀孔子廟。昭示天下，朝廷懸朱子四書注為功令，善讀如稼書，不善讀如留

良，功罪判然。然刺激過深，天下讀書人心終不服，紀昀即其一例。紀昀亦曾罪謫西域，歸而主編四庫全書，乃於提要中多發反宋理學之微辭。紀昀非專治經學，在其胸中當無後來「漢學」、「宋學」之門戶存在。其反宋乃反清廷，其意可知。中國學人常以學評政，此乃中國學人傳統。紀昀非能正學以言，然其編四庫全書菲薄宋儒，亦霑此傳統之餘潤。戴震屢應舉不得中進士第，既交紀昀，其為孟子字義疏證，亦染此種心理。毛奇齡先為四書改錯，已早在前。反朱即反清廷之科舉制，毛意早然。亭林日知錄明白反八股，又在毛前。各人學問深淺不同，中正褊狹又不同。戴震言主張義理乃以「意見殺人」，則明指大義覺迷錄等文字獄而言。清末章炳麟始揭出其內蘊。要之，戴震反宋，非為宏揚漢學可知。

吳派以惠棟為例，為易漢學一書，始明白揭舉「漢學」二字。宋儒自周濂溪、邵康節、程伊川、張横渠皆言易，與漢儒言易顯不同。上溯王弼注易，亦非漢學之傳。惠棟為易漢學，乃上追漢博士之言以治易，以別於王弼以下之言易。則稱「易漢學」，亦與言漢儒經學大不同。又惠棟有後漢書補注，有漁洋山人精華錄訓纂，則於經學外又兼治史學、文學，其非專治漢學又可知。錢大昕主講蘇州紫陽書院，其學亦兼經史，而尤以擅史學名。就此二氏言之，則其時學風明示經史並重，不以專經為業。而二氏皆恬退，淡於仕進，以在野學人主持風氣，與清初明遺老志節相似。政在上，而學在下，不失中國文化之大傳統，此與宋儒又何相異？惟二氏及吳中學人，皆不明白表揚程朱。則以其自遠於政，乃不願與清廷同其號召。

言乾嘉經學者，吳、皖以外，尚有揚州派與常州派。王安國親為王懋竑朱子年譜作序，則揚州之學本崇宋尊朱。安國館戴震於家，教其子。然此下二王之學，專精訓詁，不爭漢、宋。經義述聞固以釋經，而讀書雜志則兼及諸子，亦不以專經為務。段玉裁辨「小學」二字，當遵朱子義，不當以文字訓詁為主，更非反宋。其後終於推尊其師戴震之孟子字義疏證為定論，然畢生治許慎書，卒以小學名家，不以反宋為幟，則仍與二王同其途轍。同時如劉端臨，則頗亦崇宋尊朱。是揚州派為學，決非專經反宋可知。及焦循為孟子正義，一引戴震孟子字義疏證入其書，又為易學三書，則其為學乃求為通學；又為花部農譚，旁及各處地方戲劇，其學非務專經，則其不為尊漢反宋亦可知。惟阮元迭任疆吏，於當時學人中最為顯達，而極意尊戴。然其校印十三經注疏，則亦兼宋學，非專漢學。又其纂皇清經解，取捨特具繩尺。即胡渭禹貢錐指亦未列入。因錐指兼詳史乘，而阮纂限於經解，體裁有別，非有意尊經而卑史。汪中有意為述學一書，上推亭林，似乎注重治道，尤異時趨，惜其未成。約而言之，揚州之學，既博多變，其不為專經反宋，則斷可定矣。

常州之學，經史子集一時並起，博雜較揚州更甚。孫星衍治尚書，張惠言治儀禮，皆專經之學。而張惠言又與惲敬同為陽湖派古文。洪亮吉以罪貶新疆，歸而為地理史學；尤擅短品駢文，夐絕千古，惟同時汪中堪與比肩。趙翼二十二史劄記，較之錢大昕、王鳴盛益見為異軍特起；並善為詩。其學亦文亦史，而又兼似子學，自成一家言。惲敬為三代因革論，亦史而兼子之學。李兆洛亦史而兼子，自成一家言。故稱清代乾嘉為經學時期，則斷無是處。

又桐城有姚鼐，上承方苞唱為桐城派古文。方、姚亦非不通經學考據，方氏尤多致力於經。姚氏分學問為「義理、考據、辭章」三項，辭章必本源於義理，而於考據則有妨。考據煩瑣，不能成為辭章。但姚氏亦通考據。而依襲戴震以為言者，則乃謂辭章、義理亦皆一本於考據。今謂乾嘉學者長於考據則可，謂其能兼義理、辭章、考據三者而有之則不可。湘鄉曾國藩起，方其守制鄉居，為團練，平洪、楊。然曾氏有意傳習桐城，為一古文家。又於義理、考據、辭章外，增「經濟」一門，為儒學四要項。其謂經濟，則學而上通於政矣。上自清初晚明遺老，下及乾隆盛世，清儒皆不以學言政。曾氏此番意見誠為清代學術史上一大轉變。曾氏又為聖哲畫像記，舉及清儒，曰「顧、秦、姚、王」。亦可謂顧亭林、秦蕙田以義理、考據而兼經濟之用。姚鼐之辭章，亦可兼經濟之用，則乾嘉學人知之者少。而曾氏於當時之經學，則僅取二王之訓詁，誠可謂特具隻眼矣。曾氏又為經史百家雜鈔，以補姚氏之古文辭類纂。意謂辭章不背義理，又能兼合經濟，則必兼經史百家以為學。如唐、宋古文，韓愈、歐陽修諸人，豈不皆兼通經史百家？較之方、姚於明代獨取歸有光，規模恢宏，局度廣大。曾氏自言：

國藩之粗解文章，由姚先生啟之。

誠不愧出藍之譽矣。

又戴震同時有章學誠，於戴氏之高抬經學不滿意，特論文史，與戴分張。惟經史為學，合則兼美，分則兩損。章氏貽書錢大昕，期其出為號召。錢氏兼通經史，豈願造此偏枯之壁壘？遂不置答。而章氏又創分清學為「浙東」、「浙西」兩派，謂浙西為經學，源於亭林，傳之戴氏；浙東為史學，源自梨洲，而已承之。顧、黃皆學通經史，豈寧作此分張？又謂浙東史學一本心性，則豈可不通心性，而專以考據為經學？是章氏立言雖有意力糾戴氏之偏，而已亦不免有病，無當於中國學術傳統重要精神之所在。

章氏文史通義，意在矯時尚尊經之風，提倡文史，用心不為不佳。惟中國學術精義，文史與經亦必相通，同本一源。文史通義首卷即論述諸經大義，而獨缺春秋一經。蓋當時經學本避政治壓迫，又少言義理，多言考據。雖非「曲學阿世」，但亦不敢「正學以言」。考古不涉時政，可免得罪嬰禍，章氏言史學通於時王之吏事，大義則是。但章氏亦未敢昌言時事，亦未能一本於時王吏事以為學。春秋貶諸侯，兼亦貶天子，章氏豈敢有此想？則章氏言史學而諱言春秋，亦仍與同時諸儒以考古治經同病矣。

時方編修四庫，章氏校讎通義以漢書藝文志及鄭樵通志校讎略為分類目錄之學，此乃治學術史一大綱，較之杜佑通典以及秦蕙田五禮通考，塗轍自別。章氏論古今學術流變，亦多卓識。其主張學術當供時用，誠亦學術之通義。乃其自為史學，則僅供地方修志，豈不為用已微？此亦時代限之，而章氏不自知。時代與學術互為影響，政治高壓在上，學術自無法蓬勃於下。章氏之學，不得暢所發展，

在當時亦遂沉霾而不彰。

乾嘉以下，清政衰於上。道咸繼之，學術亦變於下。龔自珍起於浙，魏源起於湘。龔治春秋，魏治尚書，皆經學中之史學。龔主變法，魏主經世。學以上撼政，政亦俯就學。而所謂「今文經學」，一時乃大盛。但龔、魏皆旁通佛學，不盡在儒學經史之範圍。陳澧起於粵，其東塾讀書記較遵乾嘉之舊。然兩漢之下，繼以三國；鄭玄之外，繼以朱子；雖不主經世變法，而兼經史，融漢、宋，義理、考據互為用，而辭章、經濟，亦各有其地位；則近似一代之通儒矣。此因澧遠去京師，未入仕途，又值晚世政綱已寬，故得然。一部中國學術史，受上層政治壓迫，惟蒙古、滿洲異族統治為甚，而清代尤細切。讀清代之作，論其人其學，非另出心眼，不易適當而平允。

康有為始受學於朱次琦。次琦由宋儒義理而轉有意於史，雖一出仕，亦如陳澧，一意在野講學。康氏則有意從政，採當時通說今文經學春秋大義而昌言變法。章炳麟起於浙，以言革命下獄，與康氏為敵，主古文經學。一保皇，一排滿，但兩人皆兼通經史。惟康偏經，章偏史，亟於用世，所學皆不深；又皆旁治佛學，於中國學術史，博涉而非精通。刻意開創，不尊傳統，此皆兩氏之同失。今再推溯，則阮元在浙，設有詁經精舍；其在粵，設有學海堂、廣雅書院。康、章兩人，皆有聞而興。阮氏之創學設教，亦非無益於後世。至於康、章之未符理想，使近代中國多入歧途，則國運所係，不知誰之當責矣！

民國以下，上則政益亂，下則學益衰。胡適幼年留學美國，歸而提倡「新文化運動」。一曰「德

先生」民主，一曰「賽先生」科學，則惟主西化而已。故於傳統舊學，僅有抨擊，未有發明。梁啟超、梁漱溟隨而糾其失。然二梁於舊學皆未有深入，則惟見胡氏之失，亦無以見舊學之眞。而五十年來，白話文盛行，學者皆不讀舊籍，傳統墮地，無可復拾。故在今日而論中西學術之是非得失，則只分新舊。西化則是，傳統則非，一言可盡，亦成定論。誰復起而矯之！書不焚，儒不坑，而已成此無可奈何之局面。惟有待伏生之守其文，漢帝之訪其業，則不知為何日之事矣！

今試再言西化。中國政與學合，西方政與學分，此亦中西文化相異一大端。西方古希臘，寧有堯、舜、禹、湯、文、武、周公之相傳？一城市即一政治之獨立，多數選舉，早已民主。學術則惟民間一生業。文學、科學、哲學，各自分門，各別謀生，而亦無如孔子、墨子其人之崛起。下及羅馬，希臘學人為奴，亦為師。耶穌乃猶太人，其教傳至羅馬，亦主政教分。凱撒事由凱撒管，上帝事始由耶穌管；直至於今不能革。中古封建社會，貴族在堡壘中養騎士，不聞養學人。羅馬有教廷，然「神聖羅馬帝國」則僅為一夢想。文藝復興起於城市，文藝亦在教堂，不在政府。下及現代國家興起，此乃政治方面事，不關學術。西方現代學校，則皆從教會開始，如英國之牛津、劍橋，即如美國之哈佛、耶魯皆是。普魯士始唱「國民教育」，乃隸屬政府。大學教育政府不聞不問，事屬宗教，不涉政治。神學外，有醫學、法律。醫以救病，法律則律師為罪人平反，亦在社會下層，不問政治上層。

民主政治，先以納稅額定選舉權。國會最要在討論稅額，乃商人事，非學人事。由國會多數來掌政，由普選來擴張民權，民主政治乃成多數人政治，決非學人政治。而學校教育漸由宗教轉移到科

學，益為社會工商業所重視。其政學分之形態，則迄今未有變。學人亦間有對政治有主張，終為少數，不如工商業人有切身利害為多數。學術僅能影響工商業，再由工商業影響政府。在野之學，非與在上之政不相通，而終為間接，不直接，則烏所謂「正學以言」與「曲學以阿世」！

中國政學合。秦、漢以下，政治以學術為嚮導。全體政治人員，自宰相以下，皆出於學。先有察舉制，後有考試制，為之作規定。王室在政府之上，乃亦同受學。政治在中國，可稱為一種「學治」，而西方則否。今日國人僅知有西方，一依西方為依歸，乃稱中國自秦、漢以下，為「專制政治」，從政者皆仰帝皇一人之鼻息，全國人民皆聽帝皇一人之奴役。而按諸史乘，則殊不然。小戴禮大學篇「八條目」中有修身、齊家、治國、平天下，修身、齊家乃多數人共同之學，由此擴之益大，探之益深，人群治平大道，亦不外是。其人不能修身、齊家，焉能治國、平天下？然治平大業，則終屬少數人之事。選賢與能，亦由少數人任之。

西方人則修身惟在教堂中，一出教堂，則人各平等，自由進取，不違政府法律，其他不再有修。男女戀愛，結為夫婦，生男育女，即為家。亦可自由離婚，齊家無待學與修。治國另一套，無關身家修齊。外交、軍事，各成專長，更無平天下可言。故西方之為學，貴「專」不貴「通」，貴「創造」不貴「因襲」，各成為生一業，不見有共通之道。回視中國傳統之學，則百無一當。經學盡可廢，史學則「專制」、「封建」兩語已可定一切；子則思想自由，集則隨口白話。不從西方學，復有何途徑？今日吾國人心理，大體在是矣。如言學問途徑，則惟貴自我創造，不須有師道之傳。中西相異，

古今亦相異，自無師道之可傳。

今再綜以言之。人各有欲，而得其所欲則必在道。但道有在己，有不在己。求富貴，須外在條件，道不盡在己。即如西方資本主義社會，亦僅少數為富人，多數則仍為工人與小商販。民主政治亦僅少數得上政治舞臺，多數則仍為平民。即以共產主義一黨專政言，黨人既不占全國之多數，而專政者則尤屬少數人。既不得其所欲，則心不安，爭不止。中國人所好在孝弟忠信，其道盡在己，有志無不得。大學言修身、齊家、治國、平天下，修身在「德」，齊家在「禮」，治國平天下之道，亦無外此德與禮。故中國人言學治，即言「禮治」、「德治」，一以貫之。即人無不得其欲，則又何他道之可言？故政必尊學，而學必求通，此乃中西文化之基本異點，誠不可不為之明白指出。

# 一九　政黨與選舉

「文化」乃指人生之總全體言，文化不同，其人生之各部分亦必不同。如言宗教信仰、學術體系，在不同文化下，自必各不相同。而政治為人生各部分中主要一部分，其不能相同亦可知。

中國文化重「同」重「和」，西方文化重「別」重「爭」，政治亦無例外。希臘時代，各城市分立，無國家組織。羅馬繼起，乃有國家，但由羅馬一市征服了意大利半島，及其外圍各地。環地中海歐、非、亞三洲，列入版圖者，疆境至遼濶。然皆征服地，乃一「帝國」，由武力爭奪而成。國家與征服者，仍有一大分別。

羅馬帝國崩潰，封建時代繼起，仍然無國家。及現代國家成立，各國疆土狹小，各自分裂，實仍是一「希臘型」。向外發展，非洲、美洲，殖民地林立，實仍是一「羅馬型」。西班牙、葡萄牙兩國，同在一半島上，壤地極促，但不能合成一國，而殖民勢力遠及全球，兩國劃一界線，某部分屬西，某部分屬葡，幾乎將盡歸其統治。

英、法繼起，殖民地遍五洲。但所統治，盡屬異色人種。歐洲白色人種，則依然各自獨立，不能

相和組成一國。故使全球若盡歸白人統治，而全球仍必分裂相爭，斷不能有和平統一之希望。兩次世界大戰後，英、法帝國皆各崩潰。當前世界兩大強國，為美為蘇，亦皆西方傳統，不能相和合，亦勢所必然。而歐西則降居此兩大強之下，但依然小國林立，不相和合。

中國自始即和合為一。黃帝、堯、舜五帝時，只是一部落酋長時代，然有一共主，有一中央政府，已儼然一國。夏、商、周為封建時代，然諸侯之上仍有一中央統一政府，絕非如西方所謂之「封建」。西周東遷，中央衰落，霸者繼起，而王朝名號，則緜延達八百年之久。

秦廢封建為郡縣，為中國政治一大變。但同一中央統一政府，則秦之繼周，亦只是改朝換代，中國之為中國則無變。抑且秦相李斯乃楚人，大將蒙恬乃齊人，其他東方人在政府者，不可勝計。秦代之中央政府，較之西周武王、成王時，其統一性，已遠為進步。以較羅馬帝國，則相異不可以道里計。故秦代統一，斷不能與羅馬帝國相提並論。

漢興，亦僅一改朝易代，非以豐沛另創一中國。迄今兩千年，中國廣土眾民，以近代觀念言，乃一民族國家，即中國人之中國。偶有分裂，如南北朝，如五代十國，如宋、遼、金分峙，其元、清兩代之異族入主，中國之為中國則自若。

惟中國中央政府之元首，為一皇帝。其位則一家一姓，或父子相傳，或兄弟相襲，長至三四百年緜延不絕。政府元首之為一皇帝，在中國已歷四千年之久。而自秦始皇帝以下，乃為近代中國人內心一大詬病。一若中國文化無足稱道，即此一節已足論定。

其實此種觀念，乃就西方文化來衡量。果就中國自己傳統言，則尚有別解，決不如此之簡單。首先當指出者，中國人在「國」以上，尚有「天下」一觀念。大學言修身、齊家、治國、平天下，其書成於先秦。其謂「國」，當指封建諸侯之列國言。其謂「天下」，當指周天子所轄中央統一政府之全體言。固亦可兼及於中國以外之四裔，但主要實為一中國。秦漢以下，封建改為郡縣，則一國即是一天下，治國實即是平天下；固亦仍可兼及邊塞之外，而主要則仍此一中國。「天下」一觀念，其重要性不在政治上層，更要在社會下層。如宋代范仲淹為秀才時，即以天下為己任，「先天下之憂而憂，後天下之樂而樂」。清初顧亭林謂：

> 國之興亡，肉食者謀之。天下興亡，匹夫有責。

此「天下」乃指下層社會，不指上層政府。是則為士者之大責重任，可以不在治國，而更在平天下。亦可謂治國乃從政者之事，而平天下則為士者皆有其責。曾子謂：

> 仁以為己任。

仁道即平天下之大道。是則以天下為己任，此一義，孔門固早已言之。此即中國儒家教育與宗教之相

近處。惟耶穌絕不管凱撒事，而中國儒家則凱撒事亦所當管。孔子所謂「用之則行，捨之則藏」是已。惟「藏」乃為退出政治，藏於大群中；其在大群中，則更無可退可藏之處。此乃儒家大義，不可不知。

大學言「天下」在「國」之上，以今語說之，不啻言「社會」當在「政府」上。古語云：

天生民而立之君。

又曰：

君者，羣也。

此言君乃為民而立。故曰：

民為貴，社稷次之，君為輕。

必為民群所歸，乃始成其為君。故君之在政府中，職位愈高，責任愈重，非以權力提高其身分。故為

君必有君道，乃能盡其君職。決非西方人「君權」觀念可相倫比。故中國人言君位，必兼及君之人格、君之品德。堯舜禪讓，湯武征誅，皆是。周公制禮作樂，武王不得為開國之君，必推以歸之文王。又定謚法，如成、康、幽、厲，各就其生前在位成績，死後由群臣定其謚。直至東周，平王、赧王，始終皆有謚。謚即褒貶，而豈帝王一尊之謂？

孔子稱管仲：

桓公九合諸侯，不以兵車，管仲之力也。

又曰：

管仲相桓公，霸諸侯，一匡天下，民到於今受其賜。微管仲，吾其披髮左衽矣。

管仲在齊，僅是東周王室一陪臣，言其功在天下，即言其功在社會。國家、政府，均重政治方面。言天下、言社會，則更重文化方面。孔子又曰：

天下有道，丘不與易。

則從政仍重在天下之道。能負責天下之道，其人即屬聖賢，非經學養不可。學之優者，不容不出仕，孔子所謂「不仕無義」是也。從政優，仍須學，以求無愧厥職。中國人常以「仕」、「學」兼言，其政治觀念亦由此可想。

孔子前，堯、舜、禹、湯、文、武、周公，皆以聖人登天子位，故政與學出於一。孔子以大聖而不得位。自孔子以下，社會重學尤在政之上。孔子門人曰：

夫子賢於堯舜遠矣。

為君者亦知重學，如齊威、宣、湣諸王，廣招天下學者，謂「稷下先生」，自由講學，可議政，而不為臣。亦欲以此待孟子，孟子拒之。其意謂道可行則仕，不可行則去，不受虛廩。此即孔子「用行捨藏」之義。稷下先生並非皆齊人。孟子不為，齊君亦不之強。孟子僅一平民，見禮於時君有如此。

秦始皇曾為質於趙，備聞東方之風。及其返，呂不韋為相，方廣招三晉諸士，著為呂氏春秋，詳論治道。始皇帝即位，用前楚國一小吏李斯為相，則始皇亦有意為中國傳統一聖賢之君。中庸言：

今天下，車同軌，書同文，行同倫。

觀始皇巡狩所立諸碑，亦可謂有志於天下之風教，亦豈願為一專制暴君？

秦廷廣立博士官，即承齊稷下先生制，是始皇亦重學可知。博士中或主恢復封建，始皇詢之丞相李斯。李斯從學於荀卿，亦一儒者，主張不復封建，乃求整頓博士官位，根據古經籍主張封建皆罷免；並禁社會傳習其書，下焚書令；又以古非今者族。其意當承其師荀卿來。荀卿主「法後王」，置政統於道統上，其意異於孔孟。始皇遭後世詬厲，荀卿亦終不得為儒學之正統，而李斯更無以為人。又何人尊秦始皇為中國帝王專制之先導？

漢高祖本一泗水亭長，初不讀詩書，見人冠儒冠，必取而溺之。但其後過魯，使人祠孔林。及登基，愛戚夫人，欲廢太子。及見太子有商山四皓相隨，遂罷廢立意。是高祖亦受社會影響，知聖賢尚尊於帝皇。此即中國傳統，國以上尚有天下之觀念。此下歷代太子，必受教育。賈誼治安策，暢申此意。漢文帝重視賈誼，以一帝皇而敬禮一年輕書生，一如庶俗之交友。此下君臣關係，亦常有超政治地位之外者。政治亦在人事中，超人事，何以為政？帝皇亦一政治人物，異於為人，何以為帝皇？此一觀念，在中國，深入人心。漢文帝外，例不勝舉。

漢武帝表彰五經，一尊儒術，創建士人政府。政府用人，先博士弟子。而博士得自由為教，政府不加干涉。漢宣帝嘗學穀梁春秋，當時朝廷春秋博士為公羊，無穀梁。宣帝召開大會，由朝廷公卿與諸博士共議，穀梁春秋始得立為博士。當時公卿亦全由博士弟子出身。朝廷尊學術，而政治亦統一於

學術，由此可見。

博士官所教典籍，既明白規定在上；而在野經師，仍得自由施教，學徒群集，政府亦不加以限制。則學術自由，不由政府規定。全部二十五史，天下高於國，社會高於君，學術高於政治，例證明顯，舉不勝舉。故秦下兩千年，朝代屢易，而政治法制則一線相承，無大變動。杜佑通典以下，乃有三通、九通諸書。近代國人一意以西方歷史來衡量中國，乃謂中國秦後盡屬帝皇專制；不知帝皇乃中國傳統政治中一職位。「君統」即以代表「治統」。即如近代英國，豈不仍有一世襲之王室，但於帝國實政無關。然則又何必保留此皇室不廢？在中國人觀念中，則無說以通。政治不能長治而無亂。近代西方民主政治亦不能無亂，亦不能無失職之總統。中國要為四千年長治久安，朝代更易，無傷國家之血脈，無傷社會之大體，此實大有研究之價值。豈得以「帝皇專制」四字盡置不論？

時變世易，民國以來，已不能再有一世襲之帝皇。國家元首亦當常變。此處乃另生一問題。西方政黨分立，至今未臻穩定健全之境，惟英、美始有兩大黨之傳統。中國則從來不重「黨」，故曰：

君子羣而不黨。

學術界亦不貴有黨。社會亦無宗教組織。結黨而爭，為中國人情所不喜。東漢黨錮之獄，北宋新舊黨爭，明末東林黨，此皆不如西方眞有組黨活動。中國傳統崇德尊賢，不尚多數，故曰：

千人之諾諾，不如一士之諤諤。

又曰：

善鈞從衆。

遇大政，集會群議，擇善而從，但不聞舉手投票論多少數。稍讀中國書，稍知自己傳統，當知禮讓，虛己自謙，決不赴街頭向群衆作自我宣傳，自誇才能，而又誹刺對方，認為國家重任非我莫屬。如此行誼，識者齒冷。然則當今而求慕效西方民治結黨競選，其第一任務，自非推翻自己文化傳統，徹底改變舊有觀念不可。

抑且英、美分黨，黨與黨之持論，非有甚大區別，故黨爭有勝負，而政局則安定。西方後起如意大利之「法西斯」，德國之「納粹」，乃始以一黨來號召全國，與普通政黨不同。蘇維埃之共產黨亦然。此皆主一黨專政。惟意、德新黨，意向重在國內；蘇俄共產黨，則以世界性國際為號召。黨乃超於國之上，同一黨而勢力兼及異國。

中國此下成立政黨，其性質何去何從，亦值討論。孫中山先生主張「三民主義」，組織國民黨，

其性質略近法西斯、納粹以及共產黨之一邊。試問為中國一國民，豈能不尊「民族」、「民權」、「民生」三主義。此三者，尊重中國傳統，而又提綱挈領囊括了一切政治活動之重大意義。其他號召，難與對立。故三民主義在中國，與國際共產主義，其性質皆偏於一黨專政。而此兩黨之相爭，乃可於政治全局有甚大之變動與不安。即就今日言，國民黨主持民國，共產黨主持大陸中國，同一中國，而兩黨分成為兩國。此下演變，又何堪設想！

中山先生生平，於政黨一事，頗少明白指示。嘗言「國民黨乃一革命黨」，此語涵義，宜加發揮。政治乃國家民族經久不斷一事業，革命則倏起倏落，於短時期內必當完成。中山先生於民元退讓其臨時大總統職位，推袁世凱出任第一任正式大總統為條件，完成南北和約。此為中國傳統所特有之一種政治風格，堯舜禪讓，為其他民族所少有。宣統退位，革命已達成功。乃不虞南北重趨分裂，洪憲稱帝，軍閥割據，接踵繼起。中山先生謂「革命尚未成功，同志仍須努力」。乃不得不再赴廣州，黃埔建軍。中山先生親晤段祺瑞、張作霖言和，終於北平一病不起。是則革命仍未成功。中山先生又分革命為「軍政」、「訓政」、「憲政」三時期，軍政以武力統一全國後，尚須訓政，使國民到達某一程度時，乃可實施憲政。殺身成仁，捨生取義，革命僅乃一犧牲時期。逮及訓政、憲政開始，全國和平，出仕已屬榮顯，與參加革命大不同。中山先生意中，似謂屆時國民黨已可解散。故五權憲法中，有「考試權」代替「選舉」。不僅對「被選人」有限制，即對「選舉人」亦有限制。又不詳言結黨競選事。中山先生意中之民主政治，與西方相異者，大體在是。

西方民主政治初建，選舉人資格亦多限制。西方乃一工商社會，民眾對政府所爭，主要在租稅額一項。選舉人資格，亦以其向政府之納稅額為標準。此下逐步改變，始達於普選之階段。中國傳統政治意識，與西方大不同。自漢武以下，已創建一士人政府。有察舉、考試種種措施，皆求選賢與能，納全國人才於同一政府之下，以達成其政治之任務與理想。西方近代亦已採用中國考試制度，以輔助其政黨制度之所不及。中山先生之重視考試，可謂亦得其啟示。

「監察權」亦中國政府自古有之，自秦以下，御史大夫為副丞相，即負監察之權。上自宮廷，下至全社會，皆受監察。後世又分立諫院，主要以諫天子為職。官位卑，而責任重。果以忤天子去職，失一卑位，而得眾望，可為其私人將來之政治資本。中國人之政治用心有如此。中山先生之五權分立，誠使各得盡職，則總統雖位居五院之上，其職權亦有限。惟五院之上有一總統，政府則融合一體。西方三權分立，政府仍然是相互敵對，而不見為一體。惟今日我國憲法則參雜各方意見，復以附合美國體制為原則，違背國情，在所不計。是否一國政治必當抄襲外國，則為此下一大試驗，利害禍福，非可預知。

惟中國傳統，政府與社會為一體。史傳人物，有政治的，亦有不屬政治的。政治人物賢奸互見，而奸人惟見於政治之上層。政治下層及社會人物，則惟賢得列，奸者不得見。統計全部中國歷史人物，賢人當遠超於奸人之上。此為中國人觀念，天下高於國家、教化重過政治一絕大明證。故中國傳統，政府、社會本屬一體；而西方則政府、社會常為敵對之兩體。近代西方民主政治，則由社會向政

府爭權而來，故選舉權必掌於社會。然如今日之美國，猶太人擁有資本權，黑人擁有生殖權，均對選舉有利。最近黑人已競選副總統。再此以往，美國政治寧得不變？中國傳統政治選賢與能，考試制度利弊得失，可以隨時改定。土廣民稠，普及教育已難，普選更不易。蚩蚩者氓，豈勝選任一國家元首？即美國開國以來，歷屆總統已歷四十任，其眞得為一理想政治人物者有幾？此非美國不出政治人物，實乃限於體制。孔子曰：

中人以上，可以語上；中人以下，不可以語上。

民眾普選，都在中人以下，烏得所選必上乘之望？此為近代西方民主政治一大缺點。

又西方國家既多分立，而每一國家之內又然。如英國有英格蘭，有蘇格蘭，有愛爾蘭，一國三分，迄莫能改。美國則為聯邦制，自十三州增至五十州，各州自有憲法，自有州長議會選舉，互相平等；故欲再添新州，其事甚難。美國之獨不效歐西國家之無限擴張，其端在此。中國自秦以下，為郡縣統一，既非「帝國」，亦非「聯邦」。一國有一國之傳統，不讀中國書，何能談中國事？近日國人又好言「地方自治」，不知中國重合不重分，重通不重別。民國以來之軍閥割據姑不論，即各省有大學，亦必爭本省人為校長。中國往例，一名學者，可為全國各書院院長，何得以地域為限？如此則國立不論，即一省立大學，亦可延聘全國名學人為校長，何得限於本省？而中國傳統，

一地方政治首長，必限用外地人。而今日則模倣西例，必限用本地人。又中國一地方政治首長必經中央政府遴任，而今日則必限於地方民眾選舉。如由中山先生任中國大總統，由中央政府選派一廣東省長，一中山縣長，較之由廣東省、中山縣之民眾選舉，孰得孰失，孰高孰下，豈不可推想以知。中國重人治，西方重法治。法是死的，人是活的。中國人向不信死法可以治活人。西方重法不重人。以法治國，中國惟韓非法家主之。秦始皇帝讀其書而好之，此下中國人向不看重韓非，而秦始皇帝亦常受詬病。今日國人，慕效西化，乃必競推韓非，而秦始皇帝則仍受深斥，則眞不知其所可矣！

陳烱明主張「聯省自治」，明為中山先生所不許。今中央政府播遷來臺，臺灣只中國一小省，而在中央政府下仍自有省、市、縣、鄉、鎮、里各等級各首長，而其各首長多由民眾選舉，各地域各部門皆得自治，而猶有人起而主張「臺灣獨立」。其病何在？在於中國人之不自信，而必信美國人。縱如中山先生言論文字昭彰在目，而國人仍亦不信。在中國既無一人足信，則一不識字老婦，投一票，何得遽認為其是神聖之一票？國家前途豈得寄望於此等風氣之下？

儻使中山先生復生，再言「訓政」，恐將不為國人所接受。儻言「憲政」，則「五權」中之考試、監察兩權已形同虛設。儻言政黨與選舉兩項，則不知中山先生又將何言？再論大陸，已經共產黨統治三十餘年，民不聊生，而人口則已達十億之多。不識一字者何限？又不知所受是何等教育？依近代國人所認識、所想望之西方民主政治，則大陸全國又將何以開展其新政首要之選舉一項？換言之，將何

由結為政黨，何由普行選舉，何由言自治，何由言統一？千頭萬緒，一依蘇維埃既不可，一依美國恐亦難。而中國自己傳統，國人已群加忽棄，眞不知將何途之從矣！國人非無有心人，其亦曾慮及之乎？

# 二〇　權與能

孫中山先生「權在民，能在政」一語，可引歷史為證。西歐君民分隔，盧騷創為民約論，法、英革命繼起，遂有近代之民主政治。然政府領袖雖經民選，而民眾終須接受政府之領導，此亦「權在民，能在政」之一證。

中國歷史，自始即然。先是一「宗法社會」，封建制度即從宗法來。在下者擁護其上，在上者領導其下，君民一體，實即氏族一家。政府不向民眾爭「權」，民眾亦不向政府爭「能」。夏、商、周三代之政治制度即如此。

周代東遷，王室無能，一統之業，轉歸霸者。齊桓、晉文挾天子以令諸侯，惟天下終不心服。霸政衰，而民權遂出現於下。惟中國社會與西歐社會有一大不同處：西歐乃一商業社會，故民權乃操之於商人；中國自「宗法社會」轉成「四民社會」，故民權乃見之於士人。管仲相齊，首創霸業，管仲即一士。晉文公亦賴多士輔助。孔子以下，士退在野。戰國游士，即表民權，但多不抱國家主義，而抱天下主義。秦始皇帝之統一中國，不得不謂其仗此風氣，憑此意態來。惟始皇帝藉靠秦之強力，乃

乘機以起。李斯諫逐客書，極言秦之立國乃借助於東方之游士。此皆權在民而能在政之證。

始皇帝未一天下，即讀韓非書而好之。此下始皇帝暴政，不得不謂由韓非啟其端。所謂「權在民」，乃屬發蹤指示。所謂「能在政」，乃屬實際踐履。民意為行政者所本，發蹤指示是其「權」。然如何達其理想，則必待政之「能」。戰國百家風氣皆在討論此為政之道。民權提升，已有極深淵源。始皇帝好法家言，其長子扶蘇則好儒家言，少子胡亥受學於宦者趙高，亦守法家言。儒與法之為道，高下判然。為政者其所學異，而其政之高下亦隨以判。始皇帝以李斯為相，亦以其所學之同。從政者之選於學，此則尤為「能」之所在。

近代西方民主政治，多循資本主義、帝國主義，而亦本之民意。代表民意者乃商人，此外尚無與抗衡。但資本主義、帝國主義又當如何善為推行？則能在政，必由少數人任其責，又豈民眾多數之所得預？馬克斯倡為共產主義，無產階級意識興起，列寧借其說推翻帝俄政權，創為蘇維埃共產國家。英、法諸國，則資本主義之舊勢力一時驟難推翻，然罷工風潮亦屢起不息，法國今政府並已有共產黨參加。是英、法政府終不能不接受民意，此亦為「權在民」一證。而主政者如何善為調處，使英、法暫不為蘇維埃之繼起，此則其事在政。

惟西方近代民主政治，其議首創於盧騷。共產政權，其議首創於馬克斯。雖亦自一二學人發其端，而西方社會傳統則學術並不重視，必待眾議從同，其間必歷有一階段。中國社會尊賢重士，學術高踞在民眾之上，而學又尚同不尚異，故學之影響政，其勢更直捷。若可不再經民眾一番抉擇，如西

方之分歧紆回。此則治史者所當注意分別。

如劉、項爭天下，群士皆歸沛公，項王有一范增而不能用，遂以敗。故漢高得天下，即有求賢詔，謂願與群賢共此天下。此乃中國政治特有現象，非沛公之特出。國人習於見聞，亦加忽視。賈誼之於漢文帝，董仲舒之於漢武帝，皆發生重大影響。兩人皆在野寒儒，乃遭帝王賞識。此下中國政治傳統尊賢，上層領導人亦有其功，而士人政府之基礎遂以奠定。在西方絕無其例。政治必尚學、尚道，然實際執行則終在政，故曰「能在政」；其學、其道則在民，故曰「權在民」。今人乃以西方觀念，認為中國兩千年來為「帝王專制」，斯則遠失之。

近代國人羨慕西化，以傳統之「士」與官僚一體視之。不知中國社會，士為四民之首，民權正表現於士之一階層。士若無權，而如西方之商權亦驟難表露。民國以來，政權操於軍人之手。軍閥割據，為禍有年。國民政府北伐成功，軍閥方解體，而日本侵略，八年抗戰；初得寧息，共產黨已踵起。中國本非一資本社會，又何來有無產階級之共產思想？此則不得不歸罪於中國當時之智識分子。其實近代國人所稱之「智識分子」，即傳統之所謂「士」，其在社會，本屬有權；乃誤以西方觀念，認為無權。心懷忿悶，不甘自居為士，必提倡民權，乃倡為「新文化運動」。但民權於何表現？一派則主新文學運動，提倡白話文、通俗文學，發洩自由思想，但比較所需時間較長，較不見速效。一派則主共產主義，此則最為直捷，可使民眾立刻起而參預政治，又有具體之外援。乃先有陳獨秀、瞿秋白，繼之有毛澤東。其實三人在中國社會中，亦皆一士。士即有權，即三人之影響現代中國可知矣。

一國家，一民族，必有其文化傳統，即社會傳統、歷史傳統，其權勢潛伏不可侮豈不即此可見？

毛澤東之大錯誤，正為其接受當時新文化運動之號召。一則以中國傳統之士與官僚同視，又一則以中國政治傳統乃帝王專制。故乃批孔反孔，而又以秦始皇帝自比。其紅衛兵之「文化大革命」，實較其身所浸染之新文化運動，更為慘酷無忌憚。根據情實，平心論之，可謂毛澤東受當時中國一輩智識分子提倡新文化運動之影響，實遠勝於其受馬、恩、列、史共產思想之影響。

是則毛政權之成立，實成立於其當時中國之社會風氣，即其時之學術風氣。此亦所謂「權在民」之一證。毛政權之作為，民眾無如之何，此亦可謂「能在政」。然當時民意豈誠欲有如毛政權之出現？而毛政權亦豈自求如此之慘敗？故權在民而無法表達，能在政而無法施展，則勢不能免於亂。即就清代言，清政府初建，如孫夏峯，如史可法，如顧亭林、李二曲、黃梨洲、王船山、陸桴亭，有其力量，有其影響，此即所謂「權在民」。清王室之有康熙，亦可謂是一種「能在政」之表現。如雍正之所為，則離於在民之權，並不得謂之在政之能矣。嘉、道以下，如川、楚教匪，如洪、楊，如捻，亦可謂皆求表達民權。而眞實表達民權者，乃在曾國藩之湘軍，以及李鴻章之淮軍，清廷能加利用，遂以苟延咸、同以下之殘喘。中山先生辛亥革命，此誠民權之表現。而袁世凱、馮國璋、段祺瑞在政無能，即無以表此民權之要求，乃始終不免於亂。故民權不表現，政能不確立，此皆一世之亂源。惟中國傳統士人政府，下以表達民權，上以確立政能，使二者能緊密和合，融成一體，則為中國傳統政治之理想所寄。故自秦以下兩千年，雖不免時時有亂，而終能撥亂以返治。今日則士傳統已絕，資本

傳統與勞工傳統則尚未成立，而智識分子之西化信仰則充斥而益盛，遂無民權與政能之表達。此為現代中國之危機。

中山先生三民主義，首民族，次民權，殿以民生。今國人觀念則正相反。首重民生，家財富裕，則改入外國籍。美國、加拿大近二十年來，國人入籍者已難計數。次之亦寧為殖民地居民，故不願香港之改隸為國土。全國民意以及俊秀，多不願安居國土為一中國人，多願遷移國外為一外國人，則中國前途又何望？此一風氣，乃從近百年之鄙華崇洋心理來。以如此心理而昌言自由，則盡屬個人自由，而非國家民族之自由。

毛政權即如此。故馬、恩、列、史奉為開國之元祖，為國人最當崇拜之模範。「東方紅，出了一毛澤東」，亦只得屈居第五位。儻毛政府有能，「大躍進」有成，大陸居民豐衣足食，則馬、恩、列、史豈不將更高捧上天，而豈炎、黃、唐、虞之所能比？而中山先生之民族主義不亦成為一種落後主義嗎？實則縱使海外自由民眾，信奉中山先生之「民族、民權、民生」三民主義，亦終不如其崇仰美國林肯之「民有、民治、民享」謂更偉大而高深，親切而平實。此乃時代國民心理，中山先生復起，不知將何以施行其訓政？

近代國人又好言「自由、平等、獨立」，乃從當前日常生活言，不從國家民族歷史文化言。故民權亦必模倣近代西方之民權，而非中國自有民族傳統之民權。言及中國歷史，則必曰「專制政治」、「封建社會」。民既無權，政又何能？故必先言「民生」在「民權」之上。而所謂「民族」，則實當為

以後繼起之新民族，而非歷史傳統以往之舊民族。中山先生之三民主義其書尚存，然乎？否乎？國人其試再究之。

故就中國傳統觀念言，民有權，始可使政有能。果使吾全國民眾壹是皆以鄙華崇洋為懷，則政府之能亦盡在崇洋。惟崇蘇崇美，則又成問題，又須選擇。當前世局無安定之望，即美、蘇，亦同有此感。落後國家，又何待先事擾攘，自討苦喫。暫守中立，以待美、蘇敵對之解決，世局平定，如今所謂之「第三國際」，亦屬一道。當前弱小國家政治之能，其惟在此矣。

世變逼在眉睫，孰高孰強？孰勝孰敗？美、蘇不自知，但轉瞬即可知。安於故土，安於舊俗，安於落後，莫求前進，此亦處當前亂世之一道。不法孔、孟，亦可法莊、老、釋迦。不得已而思其次，亦一道矣。五代時有馮道，自稱「長樂老」。當時亦受稱慕，宋儒乃始非之。馮道為人，亦儒亦道亦釋，但求自安自樂。毛澤東在其得政後，儻能慕馮道，或亦可安然長樂，國人亦少受其苦。周恩來居毛政權下，其自處乃不失為馮道之流。政治人物中，如馮道，如周恩來，求之西方歷史，殆少其比。此亦吾中國落後民族所特有之角色。與其為毛澤東，不如為周恩來，今日大陸人心覺悟正如此。

今吾國人既不甘為孔孟，又不願為莊老，更不肯為馮道與周恩來，而必西方人是慕。「非我族類，其心必異」，西方人亦豈易慕？則何不眞心誠意以中山先生為師表，信守其所創三民主義之首先第一項民族主義，不慕美，不慕蘇，自己看重自己。文化傳統，歷史背景，不當忽視。乃始於「權在民，能在政」一語，亦知精研以求其深義之所在；而民生問題，亦庶獲得一出路。國人賢達，其勿忽之！

# 二一　國與天下

中國人生當分「身、家、國、天下」四階層，而修、齊、治、平，其道一貫。故「自天子至於庶人，壹是皆以修身為本」。此為中華民族傳統文化提綱挈領最要一說法。雖語、孟之書，早已有此主張，而明白簡要綜合闡說以昭示於國人，則首在小戴禮記中之大學一篇。宋朱子定此篇為四書之一，並冠四書之首，成為此下七、八百年來中國人初識字一部人人必讀書。此實為朱子對中國傳統文化一大貢獻。

西方人主張「個人主義」，家與國皆受限制，而可謂並不知有天下。希臘人知有城邦，不知有國。羅馬國人，則可分「征服者」與「被征服者」，而雙方對國之觀念自不同。羅馬人亦有家，然其家與中國人之「家」大不同。亦可謂羅馬人知有天下，然與中國人知有之「天下」則更不同。直至於今，亦可謂西方人仍不知有中國觀念中之家、國與天下。姑以最近英國與阿根廷之爭奪南大西洋福克蘭群島之一事言，即可為西方人知有國不知有天下一明證。實則當前世界，由科學進步，已到達一國之上共有天下一境界。天下不寧，國又何得安？故今日之世界，實為中國傳統觀念、傳統文化，「平天下」

一觀念，當大放異彩之時代。姑就中國史略加闡釋。

中國古史遼遠，甚難詳定。而後代史則多有國人未加注意，亟待闡發者。如近代國人定有巢氏、燧人氏、庖犧氏為「三皇」，此頗有合於原始人類文化演進之程序。然有巢、燧人、庖犧三氏，究在何年何地存在，則難詳定。此下經神農、黃帝、堯、舜，以迄於大禹氏之萬國，則中國早已有一「身、家、國、天下」同時並存之文化大統，和平合一、太平大同之大社會。縱謂其僅是曙光初露，但決不得謂其無此光芒，無此局面，無此理想。此下憑以演進，於是乃有殷、周相繼，中國後人稱之為三代先王之世，即中華此下文化傳統深本大源之所在。而秦以下之中國，乃得確實建成一民族國家。

今人必謂秦以下之中國，乃一「帝王專制」之中國，不知皇古以來，犧、農、黃帝三代相傳，已演成為中國人與中國。而中國人與中國以外，則尚有非中國人與非中國之天下。秦以下之中國人，豈並此而不知？今姑舉最淺顯者言之，秦始皇帝築為萬里長城，即知長城之外之尚有天下。秦始皇帝只求中國自安，其專制亦僅在國內，並未求專制於天下。當時人盡知朝鮮乃由中國箕子遷入，與中國同一血統，同一人文。而萬里長城僅到大同江，過此以南即放任不加管理。此下中國國防僅止於鴨綠江，而朝鮮三韓，則終不在中國人求加統治之下。

安南早列秦郡，兩漢以下，分離獨立。直迄晚清之末，韓、越常為中國之隸屬國，與中國為同文。中國亦教韓、越科舉考試，選賢與能，成一文治政府，或賢人政府；卻從不教以帝王專制。此有

兩國文字書籍歷史為證。韓國文獻猶存，越國淪為法國之殖民地。對日抗戰時，余曾路過河內，尚見其種種典册，碑碣古物，可資考證者不少。今則未聞人述及於此。要之，越南非中國之殖民地，兩千年來，與中國為友不為敵，即就中國史考之可知。

漢以前之中國人以匈奴為夏禹氏之後，則同樣不視為敵人。此下直迄唐代之突厥，宋代之蒙古，兩千年以迄於今，其與中國之關係，中國人如何應付此一區域，二十五史記錄已詳，具可考證。要之，中國人自秦以下，並非僅知有國，不知有天下，不煩詳論。

今所欲論者，中國人此種觀念，絕不與西方相似。西方人視國外盡是敵，抑不許敵我之相安而並存。中國人之「天下」，則敵我一體，同此天，同在天之下，同為人，不同一政府，此謂小別而大同。余幼時備聞國人譴責古人，謂其閉關自守，不知有天下，而妄謂國之外有天下。但如中國之萬里長城，固可謂其閉關自守，然終不得謂中國古人不知長城外之有異民族同居此天下。惟能於天下內閉關自守，則乃中國文化之長處，而非中國文化之短處，豈西方之帝國主義、資本主義所能比？若謂中國古人不知有西歐，則此乃耳目之知，非心胸之知。當時之西歐人，又豈知有中國？

近代英國殖民地遍天下，而如美國，如加拿大，如澳洲，同文同種，先後相爭獨立。惟血統、文化相異之其他民族，大之如印度，小之如香港，則必加以嚴密之統治，豈許其輕易脫離而去？此見西方帝國主義，必有其深一套與中國人相異之觀念。孟子以大國事小國為「樂天」，小國事大國為「畏天」。西方人「天」非可畏，亦非可樂，宜其無如中國人之天下觀。耶穌信上帝，非信天，科學則以

戰勝自然為任務。「天」屬自然，亦在被戰勝之列。人與人、國與國相爭，而天之與其他自然界萬物，則尚無與人平等相爭之資格。故中國傳統觀念下之天人關係，在西方則斷無其相似之存在。

今再專就中國內部人文言，辛亥革命後，國人常號稱漢、滿、蒙、回、藏「五族共和」。清代滿洲人入主，而關外遼寧、吉林、黑龍江三省，已與關內諸省同一統治，無大分別。蒙古雖未改為省區，而蒙古人與中國人之關係，則實遠深於滿洲人。滿洲皇族亦特親蒙古人，更超漢人之上。蒙古在清代乃成一特殊區域。而在其入主中國以前，早已奴役歐西之俄羅斯而為之帝王，歷有兩百年之久。故西方人先不知有中國，而早知有蒙古。故後起人類學家，其論人種，東亞則舉蒙古人為代表，中國人亦隸屬其下。近代國人一切學術皆尊西方，故論東亞人種，亦同樣稱「蒙古種」。實則以地域言，稱蒙古不如稱突厥，更不如稱匈奴，尤可稱玁狁。謂中國屬「玁狁種」，殊較近情。而周口店之「北京人」，宜亦可稱之為玁狁種。惜乎近代之中國人，乃無雅量，無膽識，不敢創此新名稱，不知「北京」一名，更屬晚起，何得以「北京人」稱之？至言「漢蒙共和」，依西方人觀念，則當言「蒙漢共和」，蒙在先，漢在後，乃庶有當，而惜乎非史實之所許！

回族則更疏遠。唐代以來，回教即傳入中國。回、佛組織不同，回教勢力勝於佛教，亦更在耶教之上。惟其來入中國，中國人獨能以和平相安處之。元室入主，而回教勢力之在中國則更大。下迄明代，乃有「土司」制，普遍設立於廣西、貴州、雲南諸省。土司不僅為回族，並有自古相傳之苗族。土司一制，仍不失為中國傳統政治自杜佑通典、鄭樵通志、馬端臨文獻通考三通之後，一至有深意之

新創制度。試問土司豈亦由帝王專制？在帝王專制之傳統政治下，亦豈得有土司制度之出現？而近人則於明代以下之土司制度，沉默不贊一詞，究不知其作何評價矣！至於西域三十六國，直自兩漢張騫、班超以下，其在中國國際政治史上，迭經幾多變化，直至清代中葉，乃始有新疆省之建立，此亦值甚深闡述。

西藏自唐代以來，亦與中國有甚深甚密之交往，清中葉後，乃始隸屬中國版圖。而中國亦僅為一宗主國，西藏仍不啻為一隸屬國。討論中國文化，討論中國人國與天下之觀念，討論中國傳統所謂治平之道，西藏一區域，亦自主，亦和合，其在中國政治傳統下，中央與地方之關係亦有其深值闡發者。則所謂漢、滿、蒙、回、藏之「五族共和」，其在中國傳統文化中，實有其深妙獨特之成績。而此下之政治制度，又當作何安排，作何改進，實大有待於此下國人之繼續努力。此在西方，則無可模倣。而對自己傳統文化之認識，其大本大源之精義淵旨之所在，又豈可擱置不加理會？而豈「民主、自由、法治」之西化新口號所能勝任而愉快？然則中國此下果一意慕傚西化，先求分黨競選，以中國疆土之廣大，亦能如當前之西歐，分達數十國，日以相爭圖存，已屬甚難期望之莫大幸事。而所謂漢、滿、蒙、回、藏之五族共和，終將由何道以達成，此豈不值國人之熟思而深慮？

然則中國又何以經五千年歷史之演進，緜延擴大，以有今日？扼要言之，不外兩端：一則在個人之上有一家，一則在一國之上有一天下。身、家、國、天下遞演遞進，縱其有一極深厚之個人觀，而終不害於身之上有一家，家之上有一國，國之上有一天下。層累而上，而終不害其以個人為中心。否

則家何以齊，國何以安，而天下又何以平，而使每一人得安樂生存於其下？此處乃有一極深厚、極精妙之心理修養，故大學八條目於「修、齊、治、平」之上，必先有「誠意」、「正心」兩關，而於誠意、正心之上，又必有「格物」、「致知」兩關，此中皆有甚深妙義。西方人於此皆所不論。而今日吾國人亦置之不加理會，則又何以續加因應而演進？

然則今日吾國人果將何道之從？世界局勢不安不定，紛亂日增，已所共睹。英、法已成過去，美、蘇亦難望將來，國人慕傚西化，言變言新。變在當前，必有一新局面之出現。則國人之所期望，豈不昭然如在目前？孔子曰：

後生可畏，焉知來者之不如今？

能寄望於可畏之來者，此亦中國傳統文化一深意，豈必盡求之於自我之當前？凡我國人，又何焦躁不安之有！

# 二二　政治與社會

近日國人，又每疑中國史籍多言政治，少言社會。深言之，中國自來本無「社會」一觀念，因亦無「社會」一名詞。國人依據西方觀念來讀中國書，自應有此疑。抑且政治即社會中最主要所表現一事項，言政治亦即言社會。中國古人言：

天生民而立之君。

若謂民屬社會，君屬政治，則政治由社會而產生，亦即以社會為依歸。中國文化大傳統，在政治、社會之相互影響間，特有一深義，即政治常由社會來領導，不由政治來領導社會。此一層必當申述。

中國古代乃一種「封建政治」，乃由「宗法社會」來，封建即依據於宗法，此即所謂「禮」。禮之主要內容，即是宗法，富自然性，與政府制定法律強人以必從者不同。故中國人所謂之「禮治」，與西方人所謂之「法治」，意義大不同。中國古代政治組織，由宗法來，同一政府，即同一宗族。凡

所統治，亦多同在此宗族之內。列國由諸侯分治，天子所統治之中央，則僅王畿千里。天子與諸侯亦同一血統，同是親屬。其所謂「法」，主要即是宗法。及周室東遷，春秋、戰國時代，宗法在政治上乃漸失其重要性，「親親」轉而為「尊賢」。但由社會來領導政治，非由政治來領導社會之大傳統，則可謂依然仍無變。

「禮」今俗亦稱「道理」。中國人觀念，政治須由天理、人道來作領導。法律則僅是政治下面一小項目，豈得與禮與道理相比？中國人又有「道統」與「法統」之別。「法」乃指政治上之大經大法言，但亦不得與「道」相比。道則必在天下大群，即社會方面。戰國時，齊有稷下先生，招集弟子，自由講學，不治而議論。所講即道，不負政治實際責任，僅從旁加以議論批評。是中國人觀念，於「政」與「道」，高下輕重，其所分別，已顯然可見。孟子主講學明道，其事即退隱亦可；若荀從政，則須行道。遂辭稷下俸不受。荀子則三為稷下先生祭酒，其論政主「法後王」，宜與孟子意見不合。

秦代博士官，即承齊稷下先生制來，亦尊重社會自由學術思想之一種表現。雖為政府一正式官位，亦不負政府任何實際的行政責任，只備政府作顧問與參議。博士官與稷下先生皆七十人，乃承孔子門人七十弟子來。此亦當時政府俯從社會、道統高出政治法統之一證。但當時博士官有反對秦廷之廢封建、興郡縣，謂其有違歷史傳統；而秦廷乃堅不主復封建。此乃當時實際政治上一大爭議，遂使秦廷不得不廢止某些博士官，而焚其書。此則由政府出面來禁止某些講學自由，而又禁止根據古代來批評現代，成為政府法統轉高踞在社會道統之上。此事乃大反中國之傳統，遂永為後世人詬病，為秦

始皇帝一大罪狀。由中國傳統觀念言，則為秦始皇帝輕蔑上代之道統。由近代國人之新觀念言，則謂秦始皇帝之「專制」。亦復一重道統，一重法統，分別顯然。

漢高祖初即位，便下招賢令，謂願與天下諸賢來共治此國家。政治大原則，不親親則尊賢。要之，中國歷史傳統並無以天子一人來統治全國之一觀念，則亦顯然。此下乃有「賢良對策」一制度，求由社會賢良來指導政府，此又與政府君相來統治社會之觀念有不同。所謂賢良對策，乃由政府舉出幾條當前重要的政治問題來向社會賢良請教，謂之「策問」。賢良們各自發抒自己意見為「對策」。原文有記載，明白可稽。漢武帝因於當時賢良政策，遂來改革朝廷上的博士官制度。把代表後起「百家言」的博士盡廢了，專由研究古代經典「王官學」的來任博士，謂之五經博士。但此事並非有意限制學術思想之自由。百家言在社會仍可自由傳述，政府博士官則盡用治王官學者來擔任。所謂王官學，更在百家言興起以前之古代。中國政府本多專掌實際政治以外有關學術方面之官吏，如詩即掌於學官。書與春秋即掌於史官。易則掌於卜筮之官。禮則如天文曆法等，更由多官掌握。秦始皇帝罷免博士官，並禁以古非今，則專掌古代王官學之博士，正多遭罷免。如此則不免現實政治凌駕在學術傳統之上。漢武帝則又尊重傳統學術於現實政治之上。上視秦始皇帝，此一轉變，實涵有深義。而近人乃常以秦始皇帝、漢武帝並稱，此則大失之矣。漢武帝又起用公孫弘為相，公孫弘在東海牧豕，亦由賢良對策出身。中國歷史上以一平民為宰相，古代早有其例。秦始皇帝時之李斯，亦即其一。但自公孫弘始，宰相任用之制度乃大變，此下宰相可謂全由士人任之，絕少王親國戚。此亦由漢武帝始。

西漢因有新的博士官制，遂有國立大學制之創興，由博士官分科任教。太學行政與課程內容，一任博士自定，政府不加干涉。太學生畢業後，或留中央為郎，或返地方為吏，均有出仕政府之途徑。此下中國政府乃成一「士人政府」，盡由社會上之士來組成。故當時說孔子「為漢制法」，乃是說漢代之法統即承孔子所提倡之道統來。遇太學中設科教讀有爭議，亦由太學博士會議公決，政府大臣亦得參加。其時政府大臣實幾已全由太學生出身，則此等會議，宜可參加。

如春秋本以公羊傳為教本。漢宣帝曾學穀梁春秋，即為天子，不能直接命令太學以穀梁傳為教本，遂下詔太學舉行會議，終於增加穀梁傳，與公羊傳同為教本。而民間又有左氏傳，到王莽時亦經太學會議增為教本。東漢起，又經罷廢。惟在民間則左氏傳仍盛行，直待西晉大臣杜預為作注，左氏傳乃得列為此下太學之教本。是則左氏廢於上，而仍盛行於下。其他經籍尚有其例。此見社會學術自由，可以影響政府，較之政府之影響社會，其力或更大。

西漢末，東漢初，太學五經教本既已確定，而社會之自由講學，私門授徒，創說新經義，則更為發展。學者多不進太學而投向私門，一大師所在，學徒群集，結廬成市。如此情況，幾於遍國皆有。東漢末，鄭玄乃高踞兩漢經師之冠冕。不應政府徵召，稱為「徵君」。黃巾作亂，戒不得入其鄉。中國傳統政治社會之相互關係，以學術為其最重要之一項，而上下之間，孰為主，孰為從，專就兩漢論，即已可資闡明。

漢代於徵召「賢良」之外，又徵召「孝廉」。徵召賢良，主要在向其請教政治問題。徵召孝廉，

則為提倡社會風氣，乃政府從事對下教化之一端。迄於東漢，孝廉乃更成為選舉之主要對象。而社會亦由此興起了一大變。位居高官，縱廉亦不得無餘財，退而居家，敬宗卹族，此亦一孝道，而又得不為一豪戶。此下「門第」之興，實與提倡孝廉有甚深之關係。而門第乃為此下中國社會一新景象，一新特色。政治亂於上，而社會得安於下。若非有門第，東晉亦無以南渡，南朝亦無以支撐。五胡至於北朝，亦無以構成一胡漢合作之局面。要之，在魏晉南北朝時期，中國社會力量之貢獻，乃遠過於政治力量。換言之，中國歷史文化大傳統，寄存於下層社會，實更大於上層政府。此惟門第之功。故言中國社會，於「四民社會」一傳統名稱下，不妨增設「門第社會」一名稱。

佛教東來，影響社會大，影響政府小。政府君相大臣雖亦有信仰佛法者，但政治大傳統則大體承襲兩漢。惟梁武帝不免以私人信仰，羼混進政治任務中，乃以招致一朝之禍亂。下及唐代，帝王多信佛，但不再蹈梁武之覆轍。政治傳統則更能承襲兩漢，而不斷有改進。尤其是科舉制度之推行，使士人政府之組織益臻擴大，而社會門第勢力亦漸歸衰退。惟在社會上則產生了一大危機，即士傳統變形，不免招致道統力量之渙散。此一事，或為向來論史者忽視，而實值鄭重提出。

唐代科舉重辭章，魏晉以來之一部文選，人人朗誦。故曰：

文選熟，秀才足；文選爛，秀才半。

然史學已不如兩漢。經學訓詁考據，義理闡發，須有師傳。故科舉興，而太學制度遂衰。求仕者不向太學，轉向科舉。不務道義，僅誇才能。而士風遂因此而大壞，治道亦由此而不振。求仕者為數遠多於入仕者，而社會士之地位乃遠不如政府之官僚。師道亦衰。高尚不仕，則為僧侶為道士，老、釋地位，亦超然於孔子儒家之上。故唐代學業以詩成風。漢、唐雖同稱盛世，而唐代之詩人，就文化大傳統之意義與價值言，其所貢獻，遠遜於漢代之經生。韓愈力矯其弊，倡為古文，曰：

> 愈之所志於古者，不惟其辭之好，好其道焉爾。

又曰：

> 非三代兩漢之書不敢觀。

又提倡師道，闢佛闢老。其道終不行。士風頹於下，而政風亦壞於上。五代後，中國終以復興。此乃中國文化傳統之功，非唐人之力。

北宋雖仍守唐代科舉制，不加廢止，但有從旁矯其弊者。有胡瑗、孫復、范仲淹諸人之書院講學。甚至中央太學亦模倣胡瑗蘇湖講學制度，並擢胡瑗為太學之長。此又上層政治取法下層社會具體

之明證。

此下如周濂溪、張橫渠、程明道伊川兄弟，周、張、二程之講學，下開元明兩代六七百年之理學新風氣，其實亦即胡瑗書院講學之變相。下迄清代中葉，乾嘉以下高唱「漢學」，以上與「宋學」為敵，其實仍即是書院講學之遺風，非有所大變。故若以唐代為「科舉社會」以與「門第社會」劃分，則宋以下，又可稱「書院社會」以與「科舉社會」劃分，而其為「四民社會」之大傳統則一。有如明清兩代之進士與翰林院制度，其實亦即是民間講學之變相流傳，尤值闡申者。

今再要而言之，中國文化大體，道統必寄存於社會，政治法統則必尊道統。漢武帝之表彰五經，最足發明此義。此下歷代帝王乃亦終不敢以道統之繼承人自居，讀歷代帝王詔令可知。此亦中國文化傳統一最要精神之表現。惟中國社會信仰，有道統，無宗教。佛法傳入，而中國社會乃遭遇一大變。兩漢以來道統一尊之精神，由此乃不振。最著者則在師道上。唐代一和尚，可得尊奉為國師。每一僧侶，亦盡得「師」稱。而士人乃循至無師。如是演變，豈不社會之基本已臻搖動，而上層政治自亦無安定之望？其轉變之重要性，則首見於士之一階層。

唐代之士與漢代有大不同，一則漢代之士在門第之前，而唐代之士則在門第之後。漢代之士上承戰國諸子，其志在治平道義上；唐代之士則上承門第與佛法。又唐代雖仍有太學，但以科舉取士，而以南朝梁代之文選為考試標準。故唐代士風，身世窮達，其觀念乃又超於治平道義之上。故就漢代經生，與唐代詩人，即可見漢、唐社會之變。

社會變，斯政治亦必隨而變。道統不振於下，而政治法統漸趨於無所遵循。單靠政治權力，一中央，一帝王，何得以維持一世之治？此即見中國傳統文化一大衰敗。首識其危機者，為唐中葉之韓愈。然今誦讀其集，送別贈新，飲讌酬酢，此乃唐代之士風。碑碣銘誌，諛墓榮終，此乃門第之遺習。西漢前有賈誼、董仲舒，後有揚雄、劉向，何嘗作此等文字？後人讚愈「文起八代之衰」，實豈得與西漢相比？至其討論義理，鑽研學術，如原道、師說之類，則在全集中所佔篇幅不多，又焉得與先秦諸子之家言相比？韓愈幾乎為唐代惟一傑出之士，而其成績乃如此，其他又何堪言！宜乎柳宗元不敢以師道自任。讀其集，亦多崇揚佛義，少發揮儒道孔、孟、莊、老之精言，較之愈又遠遜。李翺隨愈而起，其意乃欲會通儒、釋，但僅見麟爪，未成體製。宋儒起，於文尊韓，於學崇李。唐代士人之特為後世甘拜下風而不敢仰企者，仍惟李、杜之詩。韓愈、李翺之文，最多亦僅得與李、杜媲美。故唐代乃一「科舉社會」、「辭章社會」，僅以詩誇，唐詩在中國文化學術史上，亦自有其標格，如是而已。然中國之一切詩辭、文章之作者，果其於經、史、子三者無深造，斯其為詩文亦無足觀。所謂「一為文人，便無足道」是也。其實全部文選中，亦豈遂無眞文學可取？斯則可為知者言，難與俗人道矣。然在中國全部學術史上，集部終不能與經、史、子三部爭勝。今姑以近代之藝術觀念言之，下與書家、畫家媲美，則仍為遠勝矣。此亦不可不知。即如清代，先之如王漁洋名擅一世，亦僅為一詩人；後之如鄭子尹，詩學超經學之上，然其詩雖可好，終不入學術之林。如古文，明代之歸有光嶄然露頭角，亦不能入學術史。中國學術史上，詩文終是另一格。此亦不可不知。晚清曾國藩分學術為

「義理、辭章、考據、經濟」四項，韓愈於義理、考據、經濟三項，皆未躋上乘，而得為唐代士人之冠，則唐代之士，亦即此可獲定論矣。

故論唐代學術著述，惟佛教天台、禪、華嚴、唯識四宗，各有超人上品。或譯或著，傳誦後代，貢獻良大。其他惟有關實際政治之紀錄，如貞觀政要，尤其如杜佑通典，亦值後人重視。但杜佑之史學，不得比司馬遷。尤其是經、子方面，唐代乃闃焉無人。故唐代在中國學術史上，實僅可稱一文學時代，前不如南北朝，後更不如宋。而韓愈則不得不為唐代文學中之第一人。則唐代可稱述者，除富強外，人物則可謂渺乎在後矣。其過不在政治，而在社會。苟以個人之表現論，則韓愈、杜甫皆上無千古，下無千古。苟以其處身社會論，則韓愈後之不能比歐陽修；杜甫前之不能比陶潛。唐代人之傾倒於韓、杜，一時影響之活潑幽深，大有無堪衡量者，斯則社會關係，所謂生非其時也。

五代終成中國歷史上一黑暗時期。北宋歐陽修重倡韓愈古文之道，但為本論，不效韓愈之闢佛。謂政教明於上，則佛法自衰於下。而一時巨儒競興，昌明師道者，上自胡安定，下有周濂溪。奮起變法者，上自范仲淹，繼以王安石。當時社會，乃始有道統與師道之復興。而言學術思想，則在中國歷史上又每以漢、宋對比。宋代實為中國歷史上之「文藝復興」時代，而唐代實乃其衰落時代。所謂「復興」，則在社會，不在政府。

有一最值提起者，漢代以周公、孔子並尊，而宋以下則改稱孔、孟。「孔孟」代替了「周孔」，此中寓有絶大之深義。中國文化傳統，在古代，每稱堯、舜、禹、湯、文、武，一時之政治領袖，同

時亦即為道統所寄，是法統、道統乃若混而不分。周公則僅居相位，未為天子。法統所尊，自武王以至於成王；而道統則在周公。其地位不僅在其姪成王之上，亦轉若在其兄武王之上。孔子志學周公，不必躍居政治上之最高位置，為天子，為帝王，而亦可行道於天下。故孔門德行之科，用之則行，捨之則藏。非得用而行，即捨而藏可也。孔門四科中之言語、政事、文學，皆有關於用而行。孔子又曰：

不仕無義。道之不行，已知之矣。

則孔子在當時，其志在出仕用世可知。而儒學之重仕亦可知。故戰國每以孔、墨並稱。孔子乃特為「百家言」之創始人。漢代孔子則與周公並尊，乃為「王官學」之繼承人。南北朝、隋、唐，孔子乃與老聃、釋迦並尊，如一宗教主，其地位乃超政治領袖帝王之上。唐代孔子為「至聖先師」，其意義亦在此。

後人或以宋史於儒林傳外，別出道學傳為一疑。不知儒者正貴出仕用行。苟社會儒林日盛，地位日高，人數日增，先之如東漢之黨錮，次之如魏晉以下之門第，繼之如唐代之詩人，不免皆有流弊。更繼之如北宋之新儒，在政治上多得重用，而又多有意見，多起紛爭。前有慶曆，後有熙寧，兩度變法，皆無成功。而北宋之國運亦以衰歇。濂溪以下之道學家，則不貴出仕，而其道更能暢行於社會。

於是政治地位乃更當在社會之下。但儒義終不成為一出世之宗教，而其地位乃更超於宗教之上。故以中國傳統文化言，兩漢「儒林」之外，終不能不有宋以下之「道學」。道學既非百家言，亦非王官學，又非宗教，其所立志陳義，乃特有其更高之地位。實則其大本大源，則仍師法孔子，並無違離。此實中國傳統文化自身內在一發展，而非近代人所謂之開創。此為宋代道學對中國文化大傳統一新貢獻，其意義價値乃更超於漢代儒林之上。故漢代尊五經，而元明以下乃改尊四書尤超五經之上。此為中國讀書人人人所知，而其涵義之廣大深遠，則實有難以言語盡者。

唐代尊孔子為「至聖先師」。古代尊帝王為「聖」，孔門弟子亦尊孔子為「聖」，而曰：

夫子賢於堯舜遠矣。

豈不如西方宗教，亦尊其教主於政治領袖之上？惟西方政教分，中國政教合，則中國之尊道統尤在政統之上，豈不中國為師者尤尊於西方一宗教主？惟唐代之尊孔子，其用意則不然。下至宋代，儒學重振，孔子高出於帝王，乃始不與周公並稱，而以孟子繼之，此誠宋人對中國文化傳統一大貢獻。不僅遠超於唐人，但又不同於戰國時代之百家言，亦不同於南北朝、隋、唐之老聃與釋迦，實亦遠超於漢人之尊經而上之矣。

元代以蒙古入主，統一全中國，為中國傳統政治一大衰落。但社會則依然是中國社會。專以學術

思想之自由一點言，不少大儒隱退在野，以講學傳道之大任自負。其有不免仕進者，如許衡，乃終不得預於道學之大傳統。但元代統治階層，亦知尊儒重道，亦承襲唐代之科舉制度，則不得不謂是許衡諸人出仕之功。元代又於全國郡縣中設書院，長官到任，必先到書院聽講，此猶是尊道統於政統上之遺意。科舉考試，一遵朱子四書集注，其影響後世，乃可與漢武帝之表彰五經相提並論。此等亦皆許衡諸人出仕之功。故中國「社會」實際常在「政治」之上，而學術思想乃於社會中常保其自由，即在異族統治下猶然，亦信而有據矣。

明代起，中國歷史上又有兩大新形態出現。一則士人多沿襲元代風氣，不以仕進為榮。此在中國之道統上論，終不免有缺陷。修身、齊家、治國、平天下，一以貫之，不關心治平大道，終非中國道統之正。此須待東林講學，始明白求矯其弊。二則明太祖廢宰相制，則為中國治統上一大變。有明一代，亦無明白糾其非是者。直待清代黃梨洲明夷待訪錄一書，始力陳其不是。此兩大變，亦互為因果。士人既不關心政治，則在法統上，明太祖始有此廢相之決定。然而社會自由，則明代法統亦無能加之以禁止。

清代亦以異族入主，其治統一如蒙古元代。而社會自由，則仍沿舊貫。故顧亭林言：

國之興亡，肉食者謀之。天下興亡，匹夫有責。

苟非社會有思想學術之自由，試問此匹夫又何得負天下興亡之責？故中國傳統政治，在積極方面之主要原則，為「民之所好好之，民之所惡惡之」，政治措施，一以民意為依歸；在消極方面之主要原則，為對社會自由不加干涉，而學術思想之自由，則尤其主要者。私家講學之影響，其力量常遠超於國立大學之上。其他如門第興起，如佛教流行，胥由社會培植，不由政府促成。即在經濟方面亦復如是。牧民如牧羊，惟視其後者而鞭之。然如西漢鹽鐵政策，如對民間經濟橫加干涉，實則仍對民間經濟作一開放，防止私家經濟之獨占，妨害自由經濟之發展；此仍為政府對社會經濟政策之一種民主精神，與專制獨裁風馬牛不相及。

近日國人乃謂中國政治自秦以下為「帝王專制」，而社會則始終為一「封建社會」。不知西漢五經博士弟子畢業太學，為郎為吏，以組成一「士人政府」，此即中國民主政治一不成文之憲法，直傳至晚清之末而不變。惟帝王一位世襲，而又有宰相制度輔其缺。西方近代民主制度，乃由民間向政府爭稅額，要求政府每年預算決算必須公開，而民意代表則最先以納稅額高達某一程度為標準。僅在此一項上起爭執，較之漢代之賢良對策，其意義價值何堪相提而並論！若謂中國是一專制政府與封建社會，誠屬擬不於倫。

西方文化體系中，有法統，無道統。若謂有之，則屬宗教。然西方又政教分，「神聖羅馬帝國」僅有一理想，未能實現。直至最近，全歐洲在宗教同一信仰下，可有數十國分立。大學全由宗教創始，與政府不相關。政府創辦國民小學，此為「社會」屬於「政治」，非「政治」屬於「社會」之一

證。故西方政治法統下之所謂民意，最先只在經濟財富上。繼之以普選，亦僅論多少數。多數即是，少數即非。計較在數量上，不在品質上，則「人」亦下同一「物」。馬克斯之「唯物史觀」，乃可用來解釋西方史，不能用來解釋中國史。「千人之諾諾，不如一士之諤諤」，故中國民意代表，惟曰賢良，曰博士弟子太學生。如是則中國社會除父母子女親屬之不平等以外，豈不又有知識教育上之不平等？但孟子曰：

人皆可以為堯舜。

此則在道統上一屬「平等」，而力求其品質之向上，則仍屬人之「自由」。惟待個人之各自努力，此則為一種「獨立」精神。

故中國人求「自由、平等、獨立」，主在求道、明道、傳道上努力。而五倫之道，則亦人人平等，而可獨立、自由以求。在日常生活中之物質擁有上，則又力戒其不平等。故不見有資本社會之產生，乃亦無共產社會之反動。孔子曰：

貧而樂，富而好禮。

則財貨縱有不平等，而每一人之品性行為則仍有其平等。在西方社會中，惟在宗教方面，乃始有自由平等。而宗教信仰，亦趨於組織化。羅馬有教廷，有教皇教宗之選舉，則宗教亦變成一「法統」。當年北方新教亦為反抗此法統而起，然新教仍亦不免於法統化。耶教在歐洲社會流傳，自當接受其文化大傳統之束縛，難以避免。今日西方學校亦全納入法統之下，全歸於組織化，為師、為弟子，皆有一定之資格與年齡限制。縱是一極誠之好學者，亦得在規定年齡下畢業；縱是一極高明教授，亦得在規定年齡下退休。中國社會終生以學，終生以教，乃絕無此限制。要之，西方在組織化與法統之下，乃有自由平等。中國人之自由平等，則在「道」，超乎法統與組織化之上。故惟中國，乃有團體中之個人，同時有個人外之團體。此個人與團體，同屬道，非屬法。同屬形而上，非屬形而下。故非經西方人昌言自由平等獨立，中國人乃向不鄭重言及於此。

先秦九流十家中，惟墨家有「鉅子」組織，近似耶教。然其風不久即息。「流」者，如水之同向於海。「家」則必有傳，子子孫孫，繼繼承承，始為成家。司馬遷言：

藏之名山，傳之其人，成一家之言。

惟有傳人，乃成家言。然師弟子之傳，乃道統，非血統；乃人倫，非自然；而皆出自由，不加組織。孔子為百世師，非由一組織中選舉得來。故中國人所謂道統，乃與政治上之法統大不同。道統亦有規

矩，而非由法律；不從外面限制，乃從內自嚮往，自遵守；故既自由，亦平等。

佛法東來，亦無組織。南朝四百八十寺，各自獨立，各有自由，其上並無一總組織。初唐禪學盛行，五宗七派，盡屬自由分衍，非有組織劃定。「宗」如宗族之宗，即猶古代之家言。「派」則如水流之歧，即猶戰國時代之有九流。中庸言：

其人存，則其政舉；其人亡，則其政息。

政必主於人，人必主於道，故政統必遵於道統。孔子曰：

人能弘道，非道弘人。

故道統乃由人心所建立。處於內者為「性」，值於外者為「命」，故道即人之性命，而人之性命亦即是道。西方學校如英國之牛津、劍橋，可以緜亙五六百年，至今依然，此皆有一組織。中國書院講學，即如朱晦庵、陸象山，皆一代大師，其道則傳，其當身講學之書院，則隨其人而熄；所存則是建築遺迹而已。此由無組織。然道則決不在組織上。

近代西方民主政治，又必有政黨組織。但中國則「君子群而不黨」，傳統政治中無黨。東漢黨錮

之獄，實本非黨，乃由外面加以黨名而錮之。北宋新舊黨爭，亦本非黨，乃如近代人所謂自由意志之對立，亦互加對方以黨名，非眞結有黨。故舊黨操政，亦即有洛、蜀、朔之分；此亦有三派自由意志，非組織有三黨。晚明東林黨，起於東林書院之講學，欲加之罪，乃以黨名之。小說中有水滸傳，梁山泊忠義堂一百零八位好漢，宋江為之首，然乃結義，非組黨。以「替天行道」為標幟，則仍自居為道統。結義在五倫中為朋友，有道義，非法律。故自中國文化傳統言，可謂有自由無組織；西方則稱自由組織，乃憑組織爭自由；此亦其一異。故西方之自由，內由組織，加以支持；外有法律，加以制裁。其眞得稱為「自由」與否，亦大有商討之餘地矣。

元、明、清三代，漕運工人中有「幫會」，俗稱「江湖」，乃以表示其非正常社會之所有。亦以明其在野，與政治無關。此種在野結合，戰國時代有「俠」。或疑俠從墨來，惟墨有「鉅子」組織。團體分散，為謀經濟給養，海濱煮鹽，深山煮鐵，本非一種資本主義，而或與政治法令有違背，受壓制。韓非書言：

儒以文亂法，俠以武犯禁。

其實儒士發表言論，批評政治，乃一種思想自由；俠者自由結合，自謀生存，其來歷或由墨家兼愛主張；皆非政治性，而具有一種道統之意味，流行在社會下層，而似有亂法犯禁之嫌。故戰國時，

「儒」、「俠」並稱。及西漢後，俠亦失其集團，而僅有以私人稱俠者。如梁山泊，則又為集團之俠，不免以打家劫寨為生。至後起漕運工人之幫會，則為勞工集團，自為生活依賴，而有一種俠義之風流傳其間，成為一集團。在西方社會中，絕不見有此等集團之出現。即現代西方之勞工結合，亦與中國社會之幫會絕不同。此亦是文化本質不同，無可強求其類似。

中國之幫會，非有政府之高官嚴法臨其上，而幫會中之一規一則，開拓及於數省數千里之廣，緜亙達於數十代數百年之久，而遵守奉行之者，乃臻數十萬，以至數百千萬之眾。抑且在內有其和，在外不見其有敵。在前有其嚮往；在旁在後則未見其有所逃避，有所抗拒與攘奪。中國國民性之堅韌與其柔順，誠有難知難解者。此亦社會道統之一鱗片爪，實繼兩三千年之風氣教育，乃得陶冶成其如此；而在上之政令法統，乃亦莫奈之何。

孫中山先生從事革命，認為中國江湖幫會力量大可運用。但自西化運動起，中國一切舊傳統盡遭廢棄，即此種幫會亦不禁而自絕。中山先生言：「國民黨乃是革命黨」，此亦謂革命可有黨。革命完成，憲法建立後，是否仍該有黨，則未加明言討論。三民主義理當贏得全國信從，自不該由一黨來專政，反把三民主義的號召力運用得狹了。在中國文化傳統上說，三民主義應是一道統，而不應僅成一法統，或僅為一黨之黨綱。西方政黨，只在爭法統權力，並無道統觀念之存在。中國之政治傳統，則憑於道統，而法統觀念則僅成次要。

近代國人「自由、平等、獨立」三口號，亦皆來自西方。其實中國社會上之自由、平等已較西方

為多，上文已略有申述；獨立亦然。伯夷、叔齊與武王、周公同尊，此即尊其一種獨立精神。孔子曰：

伯夷、叔齊，古之賢人也。

人當在群體中能獨立，但不當外於群體、違犯群體以求獨立。伯夷、叔齊之不同意於武王伐紂，其用心亦在群體，故孔子稱之曰「求仁得仁」。能在群體中獨立，始為眞獨立。孟子則尊伯夷為「聖之清」，即指其能不受外面一切汚染，此即一種獨立精神。淸初有李二曲，居土室中，惟顧亭林來，乃得下土室相見。此種獨立不懼、遯世無悶之精神，亦得謂之聖之淸，乃可與三千年前之伯夷、叔齊後先輝映。李二曲之不屈仕於淸廷，近代國人皆知愛敬。但伯夷、叔齊反對湯武革命，則近人不易同意。至於此三人，皆無意結合團體，從事反抗革命，而僅作個人表現，此則均不易得今日國人之贊許。可見如何來提倡獨立，宜仍由文化傳統之商討，非可一憑西方式樣為模範。

在中國歷史上，類此三人流芳後世者尚不斷有人。即如東漢初年之嚴光，中期之梁鴻，末年之管寧，此等人物，眞是指不勝屈。中國文化傳統最重人之品格，而時不同，地不同，位不同，每一人之品格，則必具有一種獨立性。其得稱為聖之淸者，雖不出世，而仍在群中，但實是獨立。而其獨立，則仍必在道之中，不在道之外。中國社會尊道統，但「道」必有「己」，故亦最富獨立性。獨立人物

之在中國社會中，亦最得寬容，最受敬仰。孔子言：

過我門而不入我室，我不憾焉者，其惟鄉愿乎！

「鄉愿」僅求群眾化、摩登化，無個性，不能獨立為人。能知人當各有個性，能獨立，則相互間自見為自由、平等。今日國人又好言「突破」，此語亦來自西方。但突破非獨立，乃求超出於他人之上，或脫離於他人之外。若果突破了中國社會之舊傳統，此下社會至少當為一無傳統之社會，較少自由、平等、獨立之社會。若以一意模仿西方為突破，則縱說是突破了為古社會之奴隸，至少仍當為西方異民族社會之奴隸，又烏得謂「突破」！

即如孔子，以一平民，平生以師道自任，自由來學者逾七十人。但一旦死，墨子繼起，即以非儒反孔創新學派。此下九流十家，相踵繼起，人持一說。儒、墨雖為顯學，亦僅其中之一二。秦始皇帝罷黜經學博士，焚民間經書，又禁以古非今，最為對儒家一重大打擊。直至董仲舒賢良對策，始提出尊五經罷百家之主張，而儒術始獨尊。然上距孔子之死已數百年。孟子之學本亦立為博士，罷百家遂亦廢。直待唐代韓愈闢佛，自比孟子，然距孟子死已近千年。待宋代歐陽修出，韓愈始再見尊；王安石則僅提孟子；然同時司馬光，則仍疑孟、非孟。再待百年後，朱熹出，孔孟並尊之論始定。在此近兩千年內，不斷有人自由提出其主張，並不一以孔孟為尊。亦可謂孔孟道統，乃於南宋後始獲確立。

然朱熹以後，學術界仍是一自由，仍無組織，無會黨。所謂道統，仍憑社會人物之自由獨立精神，不斷繼起，不斷宣揚，而亦不斷有人加之以反對。朱子同時即有陸象山，繼起又有明代之王陽明，皆非反孟而反朱。明太祖則又明白想要反孟。直至近代，乃又有批孔、反孔之新潮流出現。凡此皆中國社會一種自由、獨立、平等之舊傳統之不斷表現。果使耶穌生中國，無強大之教會組織，無教廷教皇之堅強支持，即耶穌是否亦能如孔子之見尊，而仍能成為一教主，其事亦仍待討論。今日國人則謂孔孟道統胥由帝王專制之提倡；典籍尚存，史實明白俱在，何不一加審讀？

而尤有其異者，伯夷為聖之清，已與西方社會之所謂獨立精神有不同。又如柳下惠為「聖之和」，乃以「爾為爾，我為我，爾焉能浼吾哉」為「和」。此尤與西方人結黨為徒，以舉手投票競獲多數以取勝為和者大不同。而伊尹之任，則以堯舜其君、堯舜其民為己任，此又與西方為黨魁競選總統，以得代表人民為之公僕為己任者，大不同。要之，文化傳統既不同，則社會一切之有意義、有價值之所在，尤將見其無往而各有其不同。斯又隨處相異，有更僕而難加指數者。

中山先生手創民國，乃親以正式第一任大總統職位讓之袁世凱。不久即洪憲稱帝，毀棄此民國新法統於不顧。中山先生退居在野，完成其「三民主義」之構想。在廣州建臨時政府，又親身北上，欲與段祺瑞、張作霖言和，而病死於北平之醫院中。窺中山先生之意，似欲由其所主張之三民主義成為一新道統，以高出於民國新法統之上。而此新法統之最高位置大總統之職，則中山先生實非有意爭取。及對日抗戰勝利，製造民國第一部憲法，國人乃竟以美國林肯總統「民有、民治、民享」之三口

號，來替換了中山先生「民族、民權、民生」，而同亦稱之曰「三民主義」。不久又毛澤東崛起，以承接馬、恩、列、史之共產主義、無產階級專政，來攘奪中華民國之新法統。擾攘鬥爭，民國七十餘年來，迄無一日寧。或尊美，或尊蘇，多主以西方傳統來替代中國之舊，似已成為中國社會近代一潮流。獨中山先生一人，可謂有意承接中國五千年來之舊傳統，運用其自由、獨立之新思想，來求中西雙方文化之平等。故中山先生乃一依中國舊傳統，以「先知先覺」自居，勉其信從者為「後知後覺」，而全國人民則盡歸於「不知不覺」之列。此種意想，惟在中國舊傳統中有之。中山先生縱不以孔孟自居，求之中國史，亦當如董仲舒、韓愈、朱熹諸人之傑出其倫類。孔子曰：

後生可畏，焉知來者之不如今？

此下中山先生之影響終將仍待國人後生之自為抉擇，而豈中山先生一人之力所能為？今日國人所群相推奉者，曰「科學」，曰「民主」，亦皆承襲於西方。民主乃法統，非道統。科學僅為手段，非目的。若謂西方道統在宗教，則又在天上，不在人間。若果謂法統之外仍該有道統，則中國之一尊西方，果將尊其政治為道統，抑將尊其宗教為道統，則豈不仍待我國人之自加論定？今國人又群相提出「社會」一觀念之重要，則中國社會如余此文所述，亦究有深入研討之價值否？此亦待孔子所謂可畏之後生任其責矣。

# 二三　羣居與獨立

中國人好「群居」，西方人好「獨立」。此又中西雙方文化相異一要端。人生不能離群，而西方人乃於群居中好獨立。人必有一「己」，此己即具獨立性，而中國人則於獨立上好群居。故中國人乃在異中求同，其文化特徵乃為一「和合性」；西方人乃於同中求異，其文化特徵乃為一「分別性」。推此求之，中西雙方文化異同率無逃於此矣。

人生自幼至老，本屬一體，和合無間，而仍可分為嬰孩以至少年及中年、老年為三期。年齡有別，而生命無殊。但西方人注重其分別，未成年人即教以獨立。嬰孩即不與父母同房而臥，待其識字上學，則以童話為教本。及其成年，則教材又別，儼若為另一人生。中國則自嬰孩以至成年，同教之以孝悌之道，教材大體相同，無特別所謂之童話，專供幼童閱讀。直迄老年，孝悌乃人生大道，當永遵勿失。成年人離家出門服務，遇年長十年左右，即以兄視之；過此則以父輩視之。其在家之子弟心情，依然保存不失，猶如童年，豈非人生一快樂？而就他人言，常若有子弟在旁，豈不亦是一番怡悅與安慰？「王道不外乎人情」，眾所歸往，斯即王道，乃為人群相處之大道。故王道非政權，此則首當

辨認。

孟子曰：

愛人者人恒愛之，敬人者人恒敬之。

孝弟即是愛敬。中庸言：

天命之謂性，率性之謂道。

人群相處，一如其居家。孝弟愛敬，即本於性。孟子曰：

大人者，不失其赤子之心。

性不變，斯道亦不變。惟時不同，地不同，所遇對方之人與群亦不同。周公之孝文王與大舜之孝瞽叟自不同，故道貴隨時、隨地、隨人而修。修道以為教，教不同而道自同，道不同而性則同。孔子曰：

入則孝，出則弟，謹而信，汎愛眾，而親仁。

此一教不僅可以自幼至老而不變，亦可歷千百世而無變。此亦中國傳統文化特性之所在。

西方人不言「道」，而愛言「權」。道者人所共由，故尚同，而必和；權己所把持，故各別，而必爭。道如大路，人人得行。權如天秤，必分兩端，眾所聚則傾；求其平，則銖兩必爭。然又不得無變，變又失平，故平權實非治道。此為西方社會之常態，故其亂常多於治。

中國人言命為性，西方人亦言天賦人權。其實未成年，受父母養護教育，何來有權？中年投入社會，能獨立，尚權則必爭。即在家庭中亦然。西方人言父權、母權，夫婦則必言平等。人各有權而平等，則不見一家之同情，而相處乃必爭。年老不能爭，又不能獨立，乃無地位。入養老院，更復何權可言？故謂「兒童如在天堂，中年如入戰場，老年如進墳墓」。此乃人權社會之實況。今世乃群向此途邁進，誠亦大可憐憫之事。

西方人言「人權」，主要為對政治。人群有良政，則其群安而可大；有惡政，則群亂而趨亡。中國乃廣土眾民，五千年一大國，其有良好政治可知。中國人論政必重「道」，曰「王道」、「治道」。而西方則政必歸於「權」，故曰「神權」、「王權」、「民權」。神非有權，乃主政者託神之名以張其權。王權則直誇己權，法國路易言：「朕即國家」，是也。民權最先乃由在下者與政府爭稅額，於是而有選舉權與審議權。權不在全民，而在少數納高稅額之人。然即在少數中，相互間亦不能無爭，於是而

有法。相傳英國某時某地區，僅有一合格選民。逢選舉開會，其人登臺為主席，宣布開會；又下臺為選民，自舉名；又作另一選民，舉手呼贊成；再登臺宣布被選人姓名；又下臺舉手呼贊成；乃如兒戲。但言民權選舉者，乃群傳此為嘉話。此見西方法治，亦不能無不合情理處。中國人之法，有「律」復有「例」，亦皆能求其變通。

國會開議，則必分黨以爭。若只分兩黨，則所爭尚可有條理，不致紛呶。惟近代只有英、美兩邦差能接近；其他諸國多黨分立，則爭益亂，而議不定，權亦無可見。爭議以多少數定勝負，論量不論質，以一票之差定是非，則可謂無是非。而是非只定在此一票，其又何以言治？故所謂民權，實亦一無是非之權。人各有權，則皆是而無非。是與是相爭，惟有判以力。力不能見，以一票之差來定多少數，則「權」又何在？「力」又何在？故民主政治之實際政權，乃仍多操於政治元首一人之手。儻謂政權以憲法為限，則事變之來，憲法豈能一一預為規定，以資應付。近人謂西方民主政治乃「法治」。政是一活的，權亦是一活的，法則是一死的，豈能以死的法來規定、領導活的政與權？西方民主政治之起，實際乃為防亂，非以求治，故富限制性、消極性，實非有積極性、前進性。故常由社會來推動政治，而非由政治來領導社會。其崇尚多數，亦可謂有當於政治性之大原則。惟西方之多數，實乃個人主義之多數，非大群之多數。此則大堪研討之事。

若就中國傳統言，政必論道，合理則是，不合理則非。中國君主世襲，然為君亦有君道。舉國尊君，亦一道。君無道，即不當尊。「聞誅一夫紂矣，未聞弒君也。」其君失道，即為一夫。中國傳統論

政，重道不重權，亦不重法，其要旨在此。

然齊家、治國，其道究不同。大小難易，相差甚鉅。惟其基本則皆在人。其最高理想，則在人各有道，不在人各有權。中國乃一廣土眾民之大國，其中央統一政府之組織甚龐大，管理極繁複，縱使其君掌大權，亦難統治。故求國之治，必須有道，須求人人同行此道。但性情不同，斯行亦不同；以不同性行之人，而能同行此一道，斯始見其道之大。孟子舉伊尹、伯夷、柳下惠為三聖人。伊尹「聖之任」，乃有志負大群之重任。一官必有一職，百官分職，即各分一任。君亦一職，其次有相，相之職僅次君一位。伊尹在畎畝之中，即以堯舜其君、堯舜其民為己志，肯願擔當此大任。其五就桀，五就湯，以及相湯之故事，今不論。太甲為君失君道，伊尹放之桐宮，自攝政。及太甲悔過，伊尹又迎太甲重歸君位。方其攝政時，乃是代君行道，而非與君爭權。且以臣代君，亦無法可據。伊尹之為聖即在此。

其次有周公。天下未定，武王卒，武庚、管叔叛於外，成王年幼，周公攝政，興師東討，大義滅親。成王年長，再退居宰輔之職。周公亦如伊尹，亦可謂聖之任者。漢有霍光，為大司馬大將軍輔政。昌邑王無道，霍光不學無術，或告以伊尹事，乃廢昌邑王，立宣帝，漢室以安。三國時，劉先主卒於白帝城，臨死告其相諸葛亮，少主可輔則輔之，不可輔可自為之。諸葛亮出師北伐，宮中廷中事，皆囑咐有人，可謂大權獨攬。然其告少主，成都有桑八百株，薄田十五頃，臨死不使長分毫。則其鞠躬盡瘁，非爭權，非謀利，亦可謂聖之任者。歷代尚多有其人。「將在外，君命有所不受」，內而

宰輔，外而將帥，皆可不受君命。君無能，國亦可治。

伯夷「聖之清」。武王伐紂，伯夷、叔齊扣馬而諫，獨以武王為非。乃不食周粟，餓死首陽之山。孔子稱以為古之仁人，孟子推以為聖之清，後世亦同尊伯夷、叔齊之為人。群道大，不能風吹草偃一面倒。孔子謂：

韶，盡美盡善；武，盡美未盡善。

則王位繼承，惟堯舜禪讓為盡美盡善，湯武革命終仍有憾。光武中興，其同學嚴光，獨垂釣富春江上，光武訪得之，嚴光卒辭歸不受祿，則亦猶伯夷之清矣。宋之范仲淹，自為秀才時，即以天下為己任，乃亦推崇嚴光，曰：

先生之風，山高水長。

則有任不害其有清，乃亦有出仕在朝，直言極諫，如漢武時有汲黯，唐太宗時有魏徵，骨鯁之臣，何朝無之？此實亦伯夷、叔齊之流亞也。

柳下惠「聖之和」，三仕三已，無喜慍。其仕必盡職，故能三起。其仕亦必直道，故亦三已。不

務求進，亦不務求退，故稱其和。秦漢大一統以後，如柳下惠之和者，其人則更多。政府當為一國人才薈萃之所，而人之才性各不同，大略分之，當不出此三型。孔子稱殷有三仁，微子去之，似伯夷；比干諫而死，似伊尹；箕子為之奴，則似柳下惠。惟伊尹、伯夷易受人注意，柳下惠則易為人忽略。戰國秦師東侵，戒勿近柳下惠墓，則柳下惠之深受後世崇敬，乃至聲名遠播全中國，亦可知。中國文化傳統，重在教人如何做一人。或仕或隱，同有其道。為任、為清、為和，才性各不同，而其大道則同。同此人，同此道，乃能合群而為政，此是中國人論政、論道一大原則。

孔子「聖之時」。人性表現有不同，而孔子則為集大成之聖。隨時隨地而發，乃若兼此三型，變動不居。孔子深許顏淵，乃曰：

用之則行，舍之則藏，唯我與爾有是夫！

孔子又論人性為「狂」、「狷」、「中行」三類。伊尹之任為狂，伯夷之清為狷，惟孔子乃得謂之是中道。柳下惠則僅得謂之和，不得謂之中道。孔子之中道，兼存伊尹、伯夷之兩型；而柳下惠之和則於伊尹、伯夷兩型外，自成一型。惟孔子乃會合伊尹、伯夷、柳下惠三型而為一。其存於中者至廣大、至精微，故得發而時中。三子之存於中者與孔子異，故其發於外者乃亦不免時有異。

中國人做人，非不重獨立。伯夷、伊尹、柳下惠則為獨立人格之三型，孔子則為三型以上更高之

一型。孔子最惡「鄉愿」，與世浮沉，隨俗流轉，「生斯世，為斯世也善」，則無獨立人格可言。孔子三十而立，此即已臻於人格之獨立。獨立不懼，遯世无悶，則近伯夷。孔子曰：

> 吾非斯人之徒與而誰與？

是獨立又必貴能處群，群居而又不能獨立，則為鄉愿。即以居家論，為子必獨立成為一子，有其獨立之人格，大舜、周公皆然。惟為子者之獨立人格其主要則在孝，為幼者之獨立人格其主要則在弟。居官為臣，亦有其獨立人格，其主要則在忠。伊尹之任即其忠。清與和雖非忠其君，但亦忠其群。忠、孝皆人群同居之大道。人之獨立，亦必獨立在此群，非可獨立於此群之外。群而無獨，斯不成群；獨而無群，又何以成其獨？中國人之講人群大道，主要在此。此即人之心、人之性、人之情，而烏有所謂人之權？為子者無權以強其父，為臣者無權以強其君。即為父、為君亦然。父無權以強其子之孝，君無權以強其臣之忠。斯必自反，為父則止於慈，為君則止於仁，如是而止。故每一人必有其各自獨立之道，斯即人群同居之大道。不僅有任，亦可有清、有和，而孔子則尤能會合此三者而變通運用之，但依然不失孔子之獨立人格。若謂人必有權，則惟父慈、子孝、君仁、臣忠，乃及任、清、和、時四種品格，乃始得為人之權。其權則在能自獨立而不與人爭，而豈今人之所謂權？

今國人競尚西化，不言「人道」，競言「人權」；不言「治道」，競言「政權」。於是言政治則必

曰君權無上，帝皇專制。則秦漢以下兩千年來之中國，除歷朝帝王外，乃無一人有獨立人格可言。惟陳勝、吳廣、黃巢、李自成、張獻忠庶或有之。此豈有當於情實？

再言社會，中西亦不同。中國既未成為一資本自由之社會，亦非農奴社會、封建社會。中國自有其特殊之一套。國人求西化則可，亦無權強五千年來之古人全歸西化。以往之舊歷史，與今國人所嚮往之新文化，自可不同。今人則謂只是西方人先走了一步，中國人遲走了一步，故中國只如西方之中古時期。一切以西方歷史來解釋中國之固有。但如印度，如阿拉伯，亦各有其一套，又豈得盡以西方歷史作解釋、作評判？

今日國人競尚西化，但又或轉言「尊孔」。孔子固當尊，但孔子乃集任、清、和之大成，而為「聖之時」，則尊孔亦當尊伊尹、伯夷、柳下惠。又當尊孔子以下能任、能清、能和之歷代人物。今日國人競言獨立，競言人權，則能任、能清、能和，亦各是一種獨立人權，豈能一筆抹殺？果能各從其性之所近，學得任、清、和三型中之一型，而各具一獨立人格，豈不於政治社會各有益處？豈必盡求西化乃謂學孔子之「時」乎？

西方人言獨立，言人權，凡事必出於爭，乃以法防制爭。故西方言「民權」，同時必言「法治」。但法治乃以防制少數，民權則必崇尚多數。但如孔子、墨翟、莊周、伊尹、伯夷、柳下惠皆具獨立人格，皆屬少數。西方民權政治，必結黨競選，上述中國此等人恐難當選。在議會中，此等人有提案，亦恐難得多數通過。故在西方歷史中，求如孔子、墨翟、莊周、伊尹、伯夷、柳下惠一類之人物，乃

亦難得。孔子言「群而不黨」，不結黨，則又何從於崇尚多數人權之社會中，獲得其出頭之機會？惟墨翟主有黨，但在中國，墨家至秦代即始衰。清末群尚西化，乃又提及墨家。此又史例之至顯然者。今國人亦同尚多數，則中國古人仍惟墨翟一人可宗，孔子、莊周、伊尹、伯夷、柳下惠，將全不可提。此又今日極具體一問題，值得吾國人之研討。

西方主結黨，共產主義亦有黨。意大利羅馬教廷所在，耶教之黨最所盛行，而共產主義亦最猖獗。故自世界第二次大戰以來，三十多年，而意大利之政府改組，已過五十次。即在英、法、德、美之邦，亦不能禁止共產信仰之流行，只防其成為多數而止。西方社會昌言人權，乃不得不然。中國則尚少數，孔子如天之不可階而升，伊尹、伯夷不論，柳下惠之和亦無黨，亦少數，而仍見尊。故中國人重尚獨立，而不言權，不言黨。西方人言獨立，又言黨，無黨則獨立而無權。故主張獨立，又主張結黨，亦大可詫異之一端。惟中國無黨而有群。有黨則其群不能大。中西雙方至少亦互有得失。今日國人一意西化，尚群乎？尚黨乎？於此宜當深思。僅知結黨，終非善為合群之道。故人道合群為首，結黨必居其次，亦至易明白一事理。國人其試思之！

# 二四　羣與孤

人生有「群」與「孤」之兩面，不能偏無，但亦不能無偏向。為求平衡，於是尚群居者轉重孤，尚孤往者轉重群。姑舉農業社會與工商社會，或鄉下人與城裏人為例說之。

農業社會以鄉下人為主，工商社會以城裏人為主。似乎鄉下人常見為孤，而城裏人必群居聚處。其實不然。農村人都以家庭為本，又安土重遷，生於斯，長於斯，老於斯，死而葬於斯。又有宗族鄉黨，戶宅與墳墓相毗連，不僅與生人為群，亦復與死人為群。故農業社會實是一群居社會，而城市工商社會則不然。

工業人各操一藝，如梓匠輪輿，皆封閉在各自之工作場所，可以互不相關。農業人，同此田野，同此耕耘。在雙方心理上，農業是和合的，群而不孤。工業則是分散的，孤而不群。商人更甚，各是一店舖，同賣一種貨品，如藥材等，可以一條街盡是藥材舖，而相互孤立，有競爭，非合作，不成為一群。

工商人亦各有家，但與農業家庭不同。農業家庭乃成一工作單位，日出而作，日入而息。春耕夏

耘，秋收冬藏。舉家人隨其工作之變異而內心有合一之感。故農民心理，個人與家庭，工作與生活，常若成為一體，不加分別。工人則不然，主要工作在於一人，憑其一人之工作養其家，家人不易參預此工作。其工作又是朝夕不異，寒暑如一。故在工人心理上，每視己之與家，工作之與生活，若可各別而為二。莊子言：

大馬之捶鉤者，年八十矣，而不失毫芒。大馬曰：「子巧與？有道與？」曰：「臣有守也。臣之年二十，而好捶鉤，於物無視也，非鉤無察也。」

故工人之用心常孤。輪扁之告桓公曰：

臣斲輪徐，則甘而不固；疾，則苦而不入。不徐不疾，得之於手，而應於心；口不能言。臣不能以喻臣之子，臣之子亦不能受之於臣；是以行年七十而老斲輪。

然則雖父子傳業，其工作之甘苦則不能傳。捶鉤之與斲輪，年達七十、八十，其家可以有孫、曾，然所操工藝，則存其一心，不得與家人共喻，故其心則常孤。古人以家業世世相傳為「疇人」。然農與工傳業不同。國語云：

人與人相疇，家與家相疇。

後漢書云：

農服先疇之畎畝。

農尚辛勞，不尚技巧。苟有技巧，亦與人同之。且農業必通於天時地利，而成其和，不如工之較可自外於其他萬物，而專一以成其技巧。故雖同稱疇人，而演繁露必曰：

疇人者，籌人也，以算數名之。

此見農之傳業與工之傳業有不同。在農人每見其業之可以相通而為群，而業工者則每感其為分別而成孤。

抑且莊子所言業工者之技巧，乃就農業時代之工業言。迄於近世工商社會之工業，轉以機器為主，一工廠麕集數百千工人，不啻為一機器之奴。縱言工作八小時，晨往晚返，在其工作時間，轉苦

無所用其心，而其心之孤可想。逮其歸，乃始見為有生活，故生活與工作更見隔絕。而工作外之生活，若惟剩有消遣與娛樂。家庭又未必為其消遣與娛樂之最佳場所。於是歌廳、舞場、劇院、餐室，乃至電影院與電視機，專供其消遣娛樂者，其中之意義價值，乃轉若在其家人之上。業商者則更甚。雖曰貿易通有無，必投入群中以為業，然往往離家去鄉，獨出孤往。重利輕別，久而不歸。故商人心理，尤易抱孤獨感。人生常求平衡，習於群居生活者，一旦離群孤處，其心易生異樣感覺，故中國詩人好詠孤況。孤寂雖若有不慣，而孤清之生活亦覺可喜。抑且其人生既偏重於群的一面，故能孤立孤往，孤獨超群，每易見為可貴。而心情之孤，實因其人之能不忘其群而然。蓋習於群居之人生，雖處孤境，其心猶常有群。而偏向於孤的一面之人生，其身雖處群境，其心亦猶不忘其為孤。

農業文化與工商文化，在物質生活上，其相異處易見；而在其精神心理方面之相異，則非善觀人生者不能知。徒見工商城市人好群，農村鄉裏人好孤，此皆皮膚之見；於雙方內心深處藏於隱微，則窺見不易。此乃文化相異處，即親身生活其中者，亦難自知，更何論於他人之瞭解？

西方工商社會，好言自由戀愛，一若視此為人生主要一事項。其文學作品，亦多以此為主題。實因男女雙方，自始即都抱一種孤立感。雙方既各自孤立，其結合為夫婦，進入共同生活，宜必先有一番戀愛之情，庶使兩心結為一心；然此兩心之孤立則始終存在，故自由離婚，亦為順理成章之事。甚有認「結婚即為戀愛之墳墓」者。夫婦如此，則家庭之結合，其內情亦可想。在其物質生活上，固有

一團結；但在精神生活上，未必與之相稱。故西方工商社會，則必尚小家庭。老年分居，成為必然之常事。中國以農業文化為傳統，首尚家庭團聚，年老不離其家。為父母必尚慈，為子女必尚孝，兄弟姐妹相處又尚弟，一家人相互間以一心相處。孝弟之道即仁道，即是人與人相處之道，而以家庭為其出發點。孔子曰：

為仁由己。

仁道貴於由一己做起。父母之慈，子女之孝，皆貴於雙方之各自分別遵循。其修行固在己，其對象則在己以外之他人，即屬群。故中國人自嬰孩幼小，即在此種群居心情中培育長大，與人相處，極少孤立感，人與人無甚深之隔別。男大當婚，女大當嫁，此若人間一例行事。父母之命，媒妁之言，皆為我謀，不為剝奪我自由。夫婦結合，乃是一種群居生活之開始，惟求和好，相親相愛，事屬當然。故戀愛之主要在婚後，不在婚前。但夫婦在相愛中又須相敬如賓，常保留有對方之地位，此乃在群之中求別，在合之中求分，求孤與群之平衡。不如西方人自幼至老，皆重個人自由。婚姻必先戀愛，則在別之中求群，在分之中求合。雙方人生目標，本無大異，而途徑有不同。此非深透雙方人文心理，則不易有瞭解。

西方人因在孤的心情中生活，故自外面觀之，若其甚愛群。如日常健康運動，中國人往往屬個人

的，如八段錦、太極拳之類。西方人則愛群體運動，乃成為競技性。則參加運動者，仍在群體中發揮其孤獨感。尤其是參加競技者尚屬少數，圍而觀者，則每在萬人、數萬人以上。外面看是大群體，其實仍是個別娛樂。中國舊俗，此等現象較少見。中國人主要在從群中求有孤，西方人主要在從孤中求有群。雙方之心理出發點不同，斯其表顯在外之一切事象亦不同。農業文化與工商文化之實質相異，當從其內心求之。若僅從物質生活、經濟條件作外面觀察，則自難中其肯綮，得其癥結之所在也。

即就宗教言，西方耶教信仰，本屬個別的，各由每一人之內心直接上通於上帝與耶穌。其在同一教堂，同作禮拜，同唱讚美詩，同為祈禱，正亦是從孤中求有群。西方社會每星期必有此一共同儀式，乃為西方孤立人生一莫大之調劑。及至近代，科學與宗教，顯相對立，然終不能偏廢。中國人亦信天，並信祖宗。於天之下，共同存此人類，成為一體；於祖宗之下，共同存此宗族，亦共同成為一體。孔子曰：

人而不仁，如禮何？人而不仁，如樂何？

在禮樂之共同儀式下，尤貴保留有各別之心情。此則為從群中求有孤之一例，與耶教心情，顯有不同。

人生所內蘊之心情，每於文學中流露宣達。中西雙方人生不同，亦可於其文學中尋取。西方文學

重戲劇與小說，莫不以人事為主，但非個人的。分立的個人，不易成一本戲劇與一本小說。中國文學則重詩歌，詩歌所詠，常屬個人，不屬群眾。常屬個人之內在心情，而非外在之人事。在中國詩歌中，又常愛詠一「孤」字。其僅詠心情境界，而不明落一「孤」字者姑不論；專就其明白拈出一「孤」字者，在古今詩人中，幾乎觸目皆是，隨手可得。此下試略加申釋。

如張衡賦：

何孤行之煢煢兮？

陶潛辭：

懷良辰以孤往。

又詩曰：

中宵尚孤征。

又陳子昂詩：

日暮且孤征。

杜甫詩：

片雲天共遠，永夜月同孤。

又曰：

骨肉滿眼身羈孤。

又謝綘詩：

夜永影常孤。

又蘇舜欽詩：

江湖信美矣，心迹益更孤。

陸游詩：

燈孤伴獨吟。

又曰：

僵臥空山夢亦孤。

元好問詩：

雪屋燈青客枕孤。

此等詩句，皆明著一「孤」字。但讀者當知詩人之心情，正為常有其家人或更大之鄉里親族之一群，乃至於一國之與天下，存在其胸懷中。所以以孤為詠，正以詠其離群之獨。則詠孤正所以詠群。心情之孤，正從其群居生活中來。商人重利輕離別，隻身孤羈，在其心中，不覺有孤，此自不見於吟詠。其遠行探勝，結隊旅行，江湖信美，正足怡情悦性，亦不感有孤。其一意從事於藝術、學業工作者，永夜一燈，正是其工作之好時光，其心中亦不存有孤獨感。

正為人生求平衡，中國文化傳統重群居生活，故於自然現象中偶值景物之孤，往往別有會心，特加欣賞。書經已稱「嶧陽孤桐」。如陶潛詩：

萬族各有託，孤雲獨無依。

謝靈運詩：

亂流趨正絶，孤嶼媚中川。

此皆傳誦千古之名詩句。又如柳貫詩：

千峯不盡夕陽孤。

庾信詩：

石路一松孤。

元好問詩：

霜松映鶴孤。

楊萬里詩：

夕陽斜照一塔孤。

水經注：

獨秀孤峙。

何以中國詩人於自然景物中，獨愛此一孤？一則人生遇孤獨，此等景物，可以相慰，元稹詩所謂「我與雲心兩共孤」是也。此正見愛孤之內心乃由愛群而來。二則「為仁由己」，人生大道，正貴從孤往獨行之士率先倡導。老子云：

六親不和，有孝慈；國家昏亂，有忠臣。

此為菲薄忠孝而發。但教孝，本求群道之和；教忠，本求群道之治。而忠孝諸德，亦必先期於人類中之少數。故尊孤亦即為善群。

晉書：

挺峻節而孤標。

舊唐書：

塵外孤標。

沈約賦：

貞操與日月俱懸，孤芳隨山壑共遠。

柳宗元詩：

孤賞向日暮。

孟郊詩：

孤懷吐明月。

陳與義詩：

先生孤唱發陽春。

韋應物詩：

孤抱瑩玄冰。

歐陽修詩：

倏然發孤詠。

陳傅良詩：

忽然一長嘯，孤響起空寂。

凡此之孤，皆須人立意追求。岑參詩：

來尋野寺孤。

蘇軾詩：

中休得小菴，孤絶寄雲表。

陸游詩：

偶來徙倚小亭孤。

此等小亭、小菴、野寺之孤，亦成為中國畫家之絶好題材。中國詩人皆愛取孤處入詩，陸鏗詩：

天際晚帆孤。

孟浩然詩：

開軒琴月孤。

僧皎然詩：

清影片雲孤。

司空圖詩：

人影塔前孤。

蘇軾詩：

茅簷出沒晨煙孤。

此等詩句，豈不皆可入畫？昧者不察，乃謂中國詩人、畫家，其心無群。王昌齡詩：

誰知孤隱情？

張九齡詩：

孤興與誰悉？

齊書薛侃傳：

欷園琴之孤弄。

李群玉詩：

雅操入孤琴。

張羽詩：

歲寒誰可語？莫逆有孤琴。

白玉蟾詞：

何處笛？一聲孤。

群中不能無孤，而孤者終不見諒於群。孔子已勉之，曰：

德不孤，必有鄰。

至於其孤而至極，孔子亦曰：

知我者其天乎！

可見此孤中乃寓甚深境界。梅堯臣詩：

共結峯巒勢不孤。

蘇軾詩：

道人有道山不孤。

文天祥詩：

本是白鷗隨浩蕩，野田漂泊不為孤。

此皆極詠其不孤，然亦正以彌見其心情之孤處。

近代國人，競慕西化，既主追隨潮流，又主個人自由。然個人亦當有不追隨潮流之自由。又自「新文化運動」以來，群認舊文學為已死之文學。不知中國舊文學與其藝術，其間莫不有中國文化傳統中甚深的人生理想，與其親切之體會與實踐。今只群認西方文學戲劇小說中有人生，然此乃從外面敘述，又都限在人事圈子之小範圍以內。而中國詩人與畫家之所詠所繪，則直抒其心坎所得，從人生內部敘述。又其所得，不僅限於人事上親切之經驗，並亦曠觀宇宙自然之大，天地品物之繁稠，興感

涵詠，陶情治性，而達於人生之廣大隱微處。今顧不認其與人生有關涉，否則鄙之為封建人生與貴族人生，譬之以塚中之枯骨。則如本文所舉，人生心情孤處，豈亦盡限於封建時代之貴族乃始有之？今既盡力提倡個人自由，又寧可只向群處，只向社會物質人生方面去鬥爭攘奪，卻不瞭解人生別有此內心孤處？如中國詩人之所詠，孤高孤獨，孤吹孤唱，孤韻孤標，孤超孤出，孤論孤賞，苟非尊重個人自由，何來有此等吟歎？「生斯世也，為斯世也善，斯可矣」，此之謂「鄉愿」。孔子曰：

過我門而不入我室，我不憾焉者，其惟鄉愿乎！

樂意追隨潮流，此固不得不謂其亦屬個人之自由。然孔孟儒家所重，別有狂狷之士，慕為絕群、殊群、出群、越群、邁群、高飛不逐群者，此亦同一種個人之自由。捨己從人，惟變是尚，固是自由。然「國有道不變塞，國無道至死不變」，寧得謂其獨非有一己之自由意志者之所能？近代西方，政界爭選舉，工商界爭罷工，必結黨合群而爭，所爭者乃謂是個人自由。然個人之在黨，其自由亦當有限。遯世無悶，獨立不懼，如伯夷之清，不食周粟，餓死首陽山，此亦一種個人自由。韓昌黎伯夷頌有云：

士之特立獨行，適於義而已，不顧人之是非，皆豪傑之士，信道篤而自知明者也。一家非之，

力行而不惑者寡矣；至於一國一州非之，力行而不惑者，蓋天下一人而已矣；若至於舉世非之，力行而不惑者，則千百年乃一人而已耳。若伯夷者，窮天地亙萬世而不顧者也。

此亦可謂其表揚個人自由之心情之達於極致。中國人因尚群居人生，故必言仁。但在群居人生中必貴有孤立精神，故言仁又必兼及義。孔子許伯夷以仁，昌黎頌伯夷以義。既不能有不仁之義，亦不能有無義之仁，個人自由與群居為生，乃可相得而益彰。故中國人又貴能和而不流，中立而不倚。此「中」、「和」二字大可參。所謂「中」者，實本於每一人內心之孤；「和」則是群道之公。尊群而蔑孤，斯將有仁而無義，群道亦將喪。元好問詩：

端本一已失，孤唱誰當從？

此一孤，正即每一人之心，乃群道之大本大源所在。苟非深有會於中國傳統文化之精義，亦無可以淺見薄論作闡說矣。

西方十八世紀有名小說魯濱遜飄流記，已成為近代西方三百年來一部家喻戶曉之文學名著。在西方之評論家有謂：此一書，乃為每一個人之生活寫照。每一人都是命定要過孤獨生活的。魯濱遜飄流荒島，正是人類生活普遍經驗之一種戲劇化。此正足證明本篇上文所述，西方人生之偏於孤而疏於

群；亦同樣可以證明西方文學之偏於人事而較缺於內心之認識。但就東方人觀念讀此書，魯濱遜亦並非眞能營為孤立生活者。魯濱遜之流落荒島，隨身尚携帶有鐵釘長釘、大螺旋起重機、大剪刀、斧、槍、玉蜀黍和米種，以及其他物品。此諸物品，論其來歷，有在其當身，並有數百千萬年以上之相傳。苟非其隨身有此諸物品，此下在荒島之生活，必然和本書所述，有絕大之相異。如是言之，魯濱遜實非能由其個人單獨營生，乃是其倚仗於其當身及其以前數百千萬年人類生活之共業，以完成其在荒島之一段生活者。故中國人言人生，必首重一「仁」字，人不賴群，更何從營其生？然如魯濱遜飄流記所描述，則只描述其個人之如何奮鬥努力，卻不見在其內心流露懷念群居為生之情感。此則東西雙方文化相異、生活性情相異一重要之證明。今我國人，幾乎群認中國前代人生已死去，惟當一意追求西方人生，以為吾儕之新人生，斯誠不知其立論根據之何在！

又魯濱遜之流落荒島，已二十七歲。在其先二十七年中，實已接受了人類群居為生之不少訓練與經驗。果使魯濱遜在十七歲或七歲時流落此荒島，更不知將何以為生？魯濱遜在荒島過了二十八年，逮其回到人群中，已快近六十。人生最重要之一段生活，恰在荒島上度過。是不啻謂重要人生過程，乃如魯濱遜之在荒島。蘇東坡詩：

萬人如海一身藏。

就東方人之人生經驗與人生理想言，即在京華宦海中，人事錯雜，果其人自身有修養，仍能保留其一份孤獨心情之存在，仍不失其個人內心之自由。此乃中西雙方文化人生理想上大異不同之所在。至於如伯夷之采薇首陽，亦屬單獨營生，與魯濱遜之飄流荒島，實無甚大之不同。惟魯濱遜乃遇不得已，而僅恃個人活力，自謀生存。在伯夷則豈不可已而不已，彼孤獨之心情中，別自有一番為人類大群之懷抱。此雙方之故事流傳與文學想像，各自有其寄託與深義，為求瞭解雙方文化人生之內情者所當兼取並觀。終不宜僅取一面，而擯棄其另一面於不顧不議之列也。

（一九七六年二月八日聯合報副刊。）

# 二五　中國家庭與民族文化

家庭是中國文化中最重要的一部分。文化有其歷史傳統，而其精神則可隨時有變。今日國人喜新厭舊，只想推翻舊的，創建新的，此亦可說是一種時代精神。本篇主要在陳述歷史上的舊家庭狀況，至於此下如何開創新家庭，發揚新理想，來符合此時代精神之所要求，則並不擬及。

文化乃人生之整全體。各民族人生不同，斯即文化不同。家庭乃當前舉世所共有，但各民族間亦各有別。中國人講人生，注重倫理，不重個人主義，不獨立，不平等，不自由。人生乃由人與人相配搭，相聯結，相互成倫，而始融成此群體，此之謂「人倫」。

中國人倫有五：夫婦、父子、兄弟、君臣、朋友。前三倫屬家庭，君臣一倫屬政治，朋友一倫屬社會。可見中國文化體系中家庭之重要性。

夫婦為人倫之始。動物有雌雄，但不必有配偶。犬早與人為友，但無配偶。鷄普通受人畜養。老子曰：

雞犬之聲相聞。

陶潛詩：

狗吠深巷中，雞鳴桑樹巔。

可證雞犬與人生之親切。雞亦有雌雄，無配偶。禽中有鴿，雖不如雞犬之日常與人相處，但亦易相近。鴿有配偶，成雙成對，永不分離，亦不再有第三者介入。

中國人認此等雌雄相處為「性」，雞、犬、鴿皆有性，皆本於自然，而各不同。人為萬物之靈，人性能觀察，能比較，能選擇，能學習。孔子曰：

性相近，習相遠。

人有男女，但不效法狗、雞，願以鴿為榜樣，為標準，為模範。詩三百首，首關雎，為古代人類結婚典禮時所歌唱，可證中國古人認為人之男女婚配結為夫婦，其事當效法於鴿。至少夫婦一倫，乃向鴿學習，故詩人詠之如此。

中庸云：

天命之謂性，率性之謂道，修道之謂教。

各率性即為「道」。人則修明此道，從中有一番比較挑選，擇善固執，則須「教」。道屬自然，屬天；教屬文化，屬人。人中有天，人學鴿，即學鴿之天。最先少數人學，關雎詩中所謂之「君子」與「淑女」。再由少數人教多數人，成禮成俗，此即是中國人之所謂「天人合一」與「天人之際」。少數人始能盡性知天，大雅、流俗之別亦在此。中國文化淵源，非宗教，非科學，又非哲學，乃是性情。如鴿成雙成對，易見易知，易效易習，天道乃成為人之常識，亦即宗教，即科學，即哲學。學於鴿，便成為人倫之首夫婦之道之規範。惟其責則在大雅君子，不在流俗小人。

由夫婦之道推廣出君臣之道。戰國王蠋言：

忠臣不事二君，貞女不更二夫。

屈原離騷亦以男女來比君臣。有夫婦始有家，有君臣始有國。修身、齊家、治國、平天下，其道一以貫之。夫婦亦屬人性，男女非結為夫婦，即違失了人性。只是人性經習，遂有夫婦。中國人性命天人之

學，非西方之哲學，亦非科學，非宗教，只是一種日常人生普通常識實踐之學。中國古代文學，即表達了中國古代之人生。詩言比興，人比鴿，而興起了夫婦之道，比興亦中國文化進展一極值研考之途徑。

人生複雜，夫婦百年偕老，只是一標準，一規範。中國古代，夫再娶，婦再嫁，亦常事。但夫婦一倫，關雎以下，緜亙三千年。歲月愈久，情感愈篤，可歌可泣之事，文學史籍，愈後愈盛，難於縷述。姑舉柯鳳蓀新元史列女傳一例。宋季程鵬飛被俘於興元張萬戶家為奴，張以所獲一宦家女妻之。婚三日，女勸程逃，程疑之，訴於張。張箠女。越三日，女復勸程，程又訴之，張命程出妻。臨別以一繡鞋易程一履而去。程亦悟，遂逃亡。後為元人陝西參政。事隔逾三十年，不復娶，遣使訪得其妻，遂重為夫婦。此事始見於陶宗儀之輟耕錄，明初修元史，陶書未出，此事遂未錄入。柯氏為新元史，始加補入。近代編為平劇，名韓玉娘，又名生死恨，至今演唱不衰。程鵬飛當金、元晦盲之際，淪落虜區為奴，婚配非父母命，亦非媒妁言，更非自由戀愛。三日而離，隔三十年，男不娶，女不嫁，隆情偉節，實超尋常。在春秋時，晉公子重耳出奔，謂其妻季隗曰：待我二十五年而後嫁。其妻對曰：「我二十五年矣，又如是，則就木焉。請待子。」重耳在齊，桓公妻之，其妻齊姜殺侍婢勸之行。時隔近二千年，以一不知姓名之女子，乃兼春秋時季隗、齊姜兩女之美德。至程鵬飛夫德勝重耳，更不論。豈不以同為中國人，同具此一番性情，同在中國傳統文化人倫名教薰陶之下，故得有此表出？今國人則必詬之曰「封建思想」，斥之曰「禮教吃人」，不得與西方之自由戀愛相比擬。男女各得獨立自由，夫婦成為一暫時之名色，一若惟此乃當於人道。理論思想變，實際生活亦隨而變，但

人之性情則終難驟變。余觀平劇韓玉娘之演出，座中常有聲淚俱下者。又如王寶釧寒窰十八年，此出說部，事實虛構。然余遊西安，乃有一寒窰遊覽區，余曾往品茗小坐。此故事在倫敦演出，英人亦轟動。儻韓玉娘亦能在歐、美上演，宜必受欣賞可知。然則中國社會夫婦一倫，縱今世慕西化已突變，思古幽情恐仍難免。

有夫婦然後有父子。有中國式之夫婦，乃可有中國式之父子。而中國人教孝，尤為中國傳統文化一特色。自宗教言，人類各從上帝降生，耶穌告聽眾：「誰為吾母？誰為吾姊？年老之女皆吾母，年長之女皆吾姊。」耶教中有聖母，乃後起事。佛教則謂人生由作業輪廻，欲超苦海，先離父母妻室，出家修行。西方科學生物學，人類由其他生物進化來。中國人獨守常識，謂父母生我，父母不啻是我天。故蓼莪之詩曰：

哀哀父母，生我劬勞。

又曰：

哀哀父母，生我勞瘁。

又曰：

父兮生我，母兮鞠我。拊我畜我，長我育我，顧我復我，出入腹我。欲報之德，昊天罔極。

唐人詩亦謂：

誰言寸草心，報得三春暉。

我之生命從父母來，此乃人生常識，故曰「天下無不是的父母」。我之生命從父母來，父母對我那有不是？中國教孝大端在此。詩又曰：

母也天只。

論我之生，則母更重於父。禽獸不知父，但亦必知其母，而孝道終少見。烏反哺，詩人稱之曰孝烏，但亦僅有之事。西方宗教、科學、哲學，所講皆宇宙人生大道理，父母生我，轉若小節，置之不講。中國人三千年來，乃只在此小節上講究孝道。今國人譏我民族庸劣落後，宗教、科學與哲學豈如此般

簡單？中國人之人倫大道，宜乎不為今日國人所重。民初「新文化運動」，亦必非孝，義即在此。

中國人倫有夫婦、父子，乃有「家」。詩疏有曰：

家，承世之辭。

承世謂其世代相承。若僅夫婦為家，則是暫時的，子女之家，即非父母之家。此乃不承世之家，即非世代相傳之家。中國如孔子家，自孔子迄今，已傳七十餘代。若自孔子上溯，其先為宋大夫、宋君，更先為商代。自商湯以前，更可上溯。故孔子一家，已相承逾百世，可謂全世界獨有之一家。

中國有「家譜」，即是家史，所以詳其家世。除孔子一家外，歷久相傳一二千年之家尚多。故中國人稱父祖、稱子孫，若無祖孫，則上無承，下無傳，非中國人所想像之家。故中國人說：

不孝有三，無後為大。

於是有家必有「族」，乃成中國之民族、國族。中華民族緜亙五千年，乃為全世界特出稀有之一民族，其要端即在此。

今日國人喜言「獨立、自由、平等」，但中國夫婦一倫，即有大不平等處。何以夫婦成婚，必妻到

夫家，不夫到妻家，此即可算是一大不平等。但天地單付女方以生育重任，則先已不平等。左傳疏：

妻謂夫曰家。

桃夭之詩曰：

之子于歸，宜其家人。

此「家人」乃指夫家言，妻去夫家乃言「歸」。故為婦又為媳，明是妻從夫。故又曰：

夫者妻之天。

又儀禮喪服傳：

女子有三從之德：在家從父母，出嫁從夫，夫死從子。

女性既主三從，乃若無獨立之人格。此乃中國社會以能承襲世傳為主，認為此乃人生一大理想，於是女性乃若有此委屈。中國人又以夫婦比天地。易大傳：

天尊地卑，乾坤定矣。

天地乾坤，平等中有不平等，故有尊卑。若必求男女平等，則即就今日西方言，在此亦尚有甚遠距離。惟西方婚後即成一小家庭，夫妻各自脫離其原有之家，故其父母與子女間，只有上半世關係，下半世即日疏日遠。其視中國孝道，至少已截去了下半截。故「個人主義」與「人倫主義」大不同。

但若眞從個人主義言，何以男女交媾必成為婚姻，如此豈不雙方仍有不平等、不自由、不獨立處？是則男女之道，以西方觀念，與其學於鴿，不如學於狗。狗亦非無可取，有忠犬、義犬，只無夫婦一項關係而已。譚嗣同仁學，主張廢中國五倫之四倫，而獨存「朋友」一倫，亦即此義。其實朋友一倫，仍亦有不平等、不自由、不獨立處。如夫婦為朋友，又何以生育子女之責必由女性任之？故眞講個人主義，則必無「倫」可言；眞講獨立、自由、平等，則必無「群」可言。必重財富與法治，然財與法究能使此人群常相繼承否？國人賢者，主張西化，曷不一申論之！

余曾認識一美國青年，交往甚稔。其父母乃一中產家庭，開設一油漆廠。培植其子畢業大學，即勉其獨立。其子乃在一教會任職。有祖父擁產數百萬以上，一人獨居，已逾二十年，雇一女管家兼看

護。余謂此青年：「君今亟於謀生，他日當可分得祖父遺產。」彼謂：「祖父遺產，即其父母亦不存懷，據常情推測，大半當由女管家承受。」余又問：「數十年前中國人，常舉美國為例，勸人遲婚。今中國一般婚姻較美國為遲。君今年尚壯，為何亟亟謀婚事？」彼謂：「不成婚，返家仍是一兒子。婚後返家，乃為一賓客。余未成婚，父母邀我假期回家，又不能急求離去。若成婚，自有家，遇假期，不必定回父母家。回父母家，亦可自定居住日期，父母不再相強。」此乃美國家庭。祖孫三代，各成一家，各自獨立、自由、平等。今日我國家庭正向此邁進。然其間仍有不同處。

中國父母尚多守慈道，節衣縮食，罄其所有，為子女謀求學業上進。國內大學畢業，猶供留學費用，待得外國最高博士學位始止。又兼負子女之婚嫁費。父母過於慈，乃益形子女之不孝。子女備受父母照顧，易見其此下之忘恩負義。抑且為子女時，已心存自由、平等，對父母不加尊敬。而為父母者，幾乎即以賓客待子女。子女自少受家庭驕寵，一旦出至社會，心轉不滿。幼年即視父母如平人，壯年入社會，豈所遇皆得如在家之父母？益感人生獨立、自由、平等之重要。苟若在家知道尊敬父母，一旦出至社會，所遇全不如父母般之尊嚴，乃知己已成人，心中自感一大舒坦；亦知個人入人群，所需於獨立、自由、平等者亦有限。此是人生幼年期家庭中一番大教育。今日父母不教孝，已無春秋時代所謂之「義方」，此實是父母之不慈。此下子女長成有知，亦不感激其父母往年對己之驕寵。余居華盛頓，見參、眾兩院議員之子在街派報。在芝加哥一牛肉館，見大學女生暑假來此服務。又一友告我，彼曾住一旅館，隔室一老婦，旅館主乃其親生女，但此老婦亦得付房租。可知西方人重視全

人生之獨立、自由、平等，非專為錢財，實亦尊重對方之人格。故西方家庭無老無幼，各以「獨立」為主。「自由」乃在其獨立可能範圍中求之，此之謂「平等」。

中國子女在學費零用外，尚多需求，不知獨立、平等，惟爭自由。父母遺產，分所應得。贍養喪葬，則其自由。余曾遊星、馬，社會資產多由華僑掌握。華僑初至，襆被不完，艱苦創業。二世弘業，三世守業，四世以下業即多敗。故華僑從商，鮮有門第可言。古人言：

遺子黃金滿籯，不如一經。

經學傳家，必待其子女之自努力；財富傳家，則易傳不易守。富家子與創業人有辨。今日中國家庭，半新半舊，不中不西。既非個人主義，亦難創造出資本主義之社會。果一意慕效西方，似乎首當改造中國之家庭。首當教其子女儘早獨立，爭自由於家庭之外，不當縱其享自由於家庭之內。能獨立，能刻苦，始能創業。坐擁遺產，即不啻削弱其創業之才能。富家可有窮父母，當亦可有窮子女，乃始為平等。中國人言「詩禮傳家」，「孝弟傳家」。今則競尚興業，但不宜專尚「財富傳家」。西方人雖重財富，而財富不為害，因其重個人之獨立故。中國人重性情，亦可彌補其不重財富之缺，乃有中國世代相傳之家庭。兩者間亦各有得失。未可謂重財富者皆是，重性情者皆非。至於性情、財富，如何兩相全，兼相濟，此須有智慧安排。新舊相雜，中西各半，恐終無善後之策。

中國家庭中又有「兄弟」一倫，此實已越出小家庭之外，而雜乎家庭、社會之間。論語：

弟子入則孝，出則弟。

入則在家庭，出則在社會。孟子：

徐行後長者。

亦指出在社會言。在家不必有兄長，惟在家知孝，出門自知以幼輩自居，自有弟道當行。齊語：

不慈孝於父母，不弟長於鄉里。

墨子非命篇亦言之。中國舊俗，長我十年，即當以禮事之。故曰：

老吾老以及人之老，幼吾幼以及人之幼。

推家庭以至於社會，遂使社會相處，亦各不獨立、不平等、不自由，而自有一套秩序。「長幼」即其著者，故曰：

有事弟子服其勞，有酒食，先生饌。

此縱非即是孝，但亦人道所有。中國人對師長稱「先生」，學生自稱「弟子」，此亦友道。友道亦即從孝道來，故弟子之事師，亦等如其事父母。

孔門創「心喪三年」之禮。今日則無長幼，無先後，人人平等。小孩進幼稚園，其師即稱之曰「小朋友」。及其回家，心感地位驟降，宜再難以孝道告之。今日中國人亦尚言尊師，其實已決非中國古道之尊師。人人平等，尊又何在？故西方人處家庭，即猶其處社會。中國人處社會，即猶其處家庭。西方人言獨立、自由、平等，乃由其處社會言。中國人言「孝、友、睦、婣、任、恤」，乃由其處家庭言。中西兩方人生不同，文化不同，要端在此。

今日國人每言「封建家庭」、「父權家庭」，此亦依社會立場言；又競言「民主、法治」，此亦社會立場。西方家庭，則僅是社會中夫婦共同生活之一暫時組合。中國家庭，既不民主，又非法治，乃在社會中自有一套千古相傳之法度。故以西方觀念繩東方，則中國人生活將無一而可。今日國人又好言「大同社會」。然中國古人言大同，亦從家庭生活為其立腳之起點。故禮運言：

> 人不獨親其親，不獨子其子。使老有所終，壯有所用，幼有所長。矜、寡、孤、獨、廢疾者，皆有所養。男有分，女有歸。

一切皆就家庭言，其重要性乃在性情道義上，不在財富權利上。今人僅知有獨立、自由、平等，僅知有個人之財富權利，無親子老幼觀，亦不許有男女分別，此恐與中國古人所想像中之大同社會已遠異其趣。若必從個人主義、財富權利上求大同，則西方之共產主義或轉近之。要之，中西人生不同，文化相異，終不可以無辨。

今日國人競言新文化。既主新文化，宜亦主張新家庭，於是有新夫婦、新父子，乃今國人又尚言孝道。其所謂孝，宜亦是一種新孝。惟「父子」一倫乃對稱的，既有新孝，宜亦當有新慈。更要是在「夫婦」一倫，夫婦變，則父子自變。而夫婦、父子，自中國文化舊傳統言，乃特為五倫之主。夫婦決不當獨立，父子決不當平等，而亦遂無自由可言。今既主新夫婦、新父子，宜亦有新倫理。但破舊易，開新難。求破中國三千年人倫舊統，其事恐亦不易。開闢新道義、新途徑，其事恐更難，非咄嗟可冀，當待新聖人出。而今日國人又主張平等，互不相尊，新聖人恐難出現。本文僅闡舊統，於此亦不敢深言，希讀者諒之。

（刊載於一九七七年七月三至五日中華日報副刊。）

# 二六　中國文化中之五倫[1]

## 一

「人倫」二字，始見於孟子，曰：

聖人，人倫之至也。

荀子亦曰：

① 編者按：本篇所述，又重見於雙溪獨語篇十一、十二。本篇後出，文字小有修改。

聖也者，盡倫者也。

倫有「理」字義。人之相處，其間必有一些分別，次序等第，謂之「倫理」。故人倫即指人相處之道與義。盡倫者，即盡其分別次序等第間之道與義。故人倫即人事，即人與人相處之道。人之處群，必有其配偶搭檔，以相與共成其道義。「倫」字又有匹配義，有相伍為耦義。五倫亦始見於孟子，曰：

父子有親、君臣有義、夫婦有別、長幼有序、朋友有信。

中庸亦言：

天下之達道五，君臣、父子、夫婦、昆弟、朋友之交。

兩書所舉相似，而以孟子為尤允。一則人生必先有父子，有前後輩相續，始有人道可言。禽獸各自獨立，父子不為伍，則群道終不立。故就人文進化順序言，必先有父子，乃始有君臣，而中庸以「君臣」一倫占「父子」之前，此顯不如孟子之允。二則人有獨生，無兄弟姐妹，則「昆弟」一倫不徧

賅，孟子舉「長幼」，兄弟亦已在內，此亦較中庸為允。亦有以「夫婦」一倫為人道之最先者，易序卦傳：

有天地然後有萬物，有萬物然後有男女，有男女然後有夫婦，有夫婦然後有父子，有父子然後有君臣，有君臣然後有上下，有上下然後禮義有所措。

中庸亦曰：

君子之道，造端乎夫婦。及其至也，察乎天地。

此等皆後起儒家說，著重於陰陽觀，故特舉夫婦一倫為首。又曰：「有上下而後禮義有所措」，立言更為失當。儒道乃以禮義定上下，非為有上下始有禮義。

其次當辨者，乃在人群相處之道之內而有此五倫，非於人群相處之道之外而別有此五倫。簡言之，五倫在人道中，但亦不能謂五倫即已盡了人道。人之處群有其道，其在群中必有最相親接、最相合作之人，相互成雙成對，各為耦伍以處群。而如何處此耦伍盡其道，其關係為更大。故五倫各有對方，應各盡各職以合成一道。孔子言：

君君臣臣，父父子子。

是即謂君有君道，臣有臣道，君臣之間，貴乎各盡其道。而孟子則合言之曰：

君臣有義。

父子之間，亦貴雙方各盡其道。而孟子則合言之曰：

父子有親。

凡孟子所舉有親、有義、有別、有序、有信，此五者，皆是人類大群相處中所應有，惟特別在此五倫中，比較最易顯出。如「朋友有信」，非謂處其他四倫可以無信。亦非謂處朋友一倫只要有信，而可以不親、不義、無別、無序。可見所謂五倫，乃就人類大群相處中，抽出此五項要端來設為五倫；又就每一倫指出一共同相處之主要標準，以教人對於對方之各能善盡其道。而在此目標下，每一倫之雙方，又分別各有其應盡之道。如父子一倫，貴在能有親，而父母一方曰「慈」，子女一方曰「孝」，

在此雙方之盡慈、盡孝中而相互合成此一「親」。其他四倫皆然。

人之處群，必先無逃乎此五倫之外。人對此五倫，各有其應盡之道。推而遠之，擴而大之，此處五倫之道，亦即是處大群之道。而此諸分別，實亦非分別，應知其背後有一大根本，實和合為一「道」，宋儒稱此曰「理一分殊」。人之處群，貴各就自己分上，各就五倫所處，而會通到達於此「理」，又貴能會通和合於此五倫以外之其他一切人事而共成為一「理」。中國文化重實踐，貴能從各自之切己實踐中，透悟出人生大道之會通合一處。不在多言，而言之亦轉有不盡。孔子曰：

吾道一以貫之。

講五倫亦當知其一貫處，當更知五倫之道與一切人道之一貫處。

## 二

先言「父子」一倫。孔子曰：

父父子子。

可見父有父道，子有子道，雙方對立平等，相互成為一倫。大學曰：

為人子，止於孝。為人父，止於慈。

「孝」與「慈」乃父子相互間所合成的一番相親之情。此一種相親之情，中國儒家奉以為人類相處最主要之基本大道。人若不相親，何能相處？以不相親者相處，徒增苦痛，終不能久。父子之間，正好能培養此一種相親之情，乃可從家庭推廣到國與天下，使天下人各能相處相親，此為人類理想最終極的一最高希望。人在家庭中，父母、子女各能相親相處，此為人生理想最初、最基本、最起碼的要求。

論語：

葉公語孔子曰：「吾黨有直躬者，其父攘羊，而子證之。」孔子曰：「吾黨之直者異於是。父為子隱，子為父隱，直在其中矣。」

父子有相親之情，父攘羊而子隱之，即便是直道。若子證父罪，反違於道。道有曲直，曲處亦有道，非盡在直處。人之相處，固專是人與人，或個人與大群，而其間尚有種種差異，當分別各盡其道。中國人特設五倫之道之意義即在此。

孟子曰：

責善，朋友之道，父子責善，賊恩之大者。

又曰：

古者易子而教之。父子之間不責善，責善則離，離則不祥莫大焉。

推此義，父子之間不論善惡，善亦吾父，惡亦吾父。人情亦即是天理。瞽瞍之惡，終為舜父。舜為天子，瞽瞍則為天子之父，不聞為舜臣。堯子丹朱，舜子商均，皆不肖。堯、舜不傳以天子之位，但不聞不認其為子。故父子乃天倫，定於天，非人所能變。

孟子：

桃應問曰：「舜為天子，皋陶為士，瞽瞍殺人，則如之何？」孟子曰：「執之而已矣。」「然則舜如之何？」曰：「舜視棄天下，猶棄敝蹝也。竊負而逃，遵海濱而處，終身訢然，樂而忘天下。」

皋陶為臣，君臣之倫，臣止於敬。舜命皋陶為士執法，皋陶惟有敬守其職，有犯殺人則執之，不問其他。舜則處父子之倫，瞽瞍雖犯殺人之罪，舜不忍見父之死而不救。然在君臣一倫中，舜又不當禁皋陶之執法。乃惟有自違法，自犯罪，竊負而逃。見父攘羊而隱不為證，其罪小；因父殺人而竊之以逃，其罪大。抑且舜為天子，棄天下於不顧，其罪更大。然而天下後世，皆曰舜之孝，更尊之曰至孝。殺人者死乃王法，父子天倫，而王法可以不顧。然則父犯殺人之罪，為子者皆可越獄行竊，負父而逃否？是又不然。舜為天子，若瞽瞍果置於法，是不啻由舜置之法；而又不能為父而毀天下之法，則惟有棄位而逃。若在凡人，父死於法，則哭泣收葬，哀祭盡禮，如是則已。此是天理、王法、人情，三者兼顧，而人情實又為天理、王法之本。違情之法不可立，反情之理不當守，培養人情，則由父子一倫始。

中國後人言：

天下無不是底父母。

其實此語乃從上引孟子語中來。父母儘可有不是，但就為子女者之心情言，父母始終是父母，不能因其行為有不是而不認其為父母。但亦不聞人言「天下無不是底子女」。則父子一倫，其間自有尊卑分別。又中國傳統，教「孝」重於教「慈」。此孔孟以前已然。大率言之，慈可以有一限度，即此便算是慈；但孝則沒有一限度，不能說即此便算孝。又且不慈可恕，而不孝則不可恕。老子曰：

六親不和，有孝慈。

正要在家庭種種不合理逆境中完成此一分孝。後世只聞稱崇舜，卻不聞責怪瞽瞍。只說閔子騫孝行，卻不說其父母不是。此中亦有道理，茲試姑加推究。

其一，慈屬自然先起，孝則人文後續。父母護育嬰孩，至少要經三年之勞。此下童年，仍需父母撫養，此即是父母之慈。若赤嬰初生，即棄之田野；孩提之歲，即逐之門外；此始是父母之不慈，而人道亦將絕。故即就三年之免於懷抱言，此已是父母之慈。慈屬天生，亦須經人文陶冶。而中國人則特別提倡孝道，遂成為中國文化一特徵。

其二，父母養育子女，待其成年，仔肩已盡。其自身則轉入晚境，精力就衰，不應續盼其對子女有更多之努力。但子女成年後，則如雛燕離巢，羽翼豐滿，高飛遠走，天地方寬。若不以孝道相敦

勸，恐興風木之歎，徒增蓼莪之痛。故慈是人生自然現象，孝則必待人文教育培植。

其三，人自幼年迄於成立，此一段時期，乃屬人生之預備時期。最當就此時期教以孝道。有子曰：

孝弟也者，其為仁之本與！

仁為人生大道。人在幼年期，在家雖孝，在其能力上，尚未能獨立為人；但在其心情上，則薰沐於人生大道中，實已與為聖為賢，同一本色，同一踐履。中國人提倡孝道，乃使人在其幼年期無力為人時，而早已在人生大道上邁步向前。他年成立，即可與其幼年時同一道路前進。此為中國人教孝一甚深淵旨。少成若天性，習慣如自然，何況人在少年時本有此天性，易成此習慣！只因幼年未經訓練，此後踏入功利複雜之社會，反使失其最良善、最寶貴之天性。是父母不教子女以孝，正是父母之大不慈。古人曰：

愛子，教之以義方。

孝正是義方之大者。

其四，孔子曰：

弟子入則孝，出則弟，謹而信，汎愛眾，而親仁。行有餘力，則以學文。

孔門以「博文」、「約禮」為教，然博文之教，非盡人所能享得此機會。在為子弟時，無機緣從師受學者實眾。而且博文仍必歸於約禮，如孝弟，如謹信，如愛，如親，此皆約禮之大者。而為子弟者皆可受此教訓。故約禮是小學，博文是大學，而約禮又是大學之最終歸宿。其人雖未有進受大學之機會，但其為子弟時，於為人大訓，已徹始徹終受過，此為孔門最高教育宗旨與理想所在，而教孝則其最先、最高之第一項。

故中國人提倡孝道，乃是根據人類心性而設施的一項特殊教育，其主要目標，注重在為人子女者之心性，並不是專對父母而有孝。故曰：

孝，德之本，教之所由生。

人類教育由此開始，人類德性由此建立。故曰：

老吾老以及人之老，幼吾幼以及人之幼。

人類如何善處其前一代與後一代，如何使人類能超越其年代間隔，而繩繩繼繼，在其心情上能脫去小我軀體之自私束縛，而投入大群人生中，不為功利計較，而一歸於性情要求。父子一倫，教慈教孝，是此種教育之最先開始與最後歸宿，並不在養成人類對家庭之自私，而實為養成人類群體大公無我之美德。

孝之反面為不孝。若使人幼年在家做一孝子，將來處身社會，亦易成一善人、一仁人。若使其人幼年在家即是一不孝子，將來處身社會，亦難成一善人、仁人。中國人最認為惟有不孝、不善、不仁之人，其貽害社會特大。故五刑之屬三千，而罪莫大於不孝。務使人自幼即不為不孝，以根絕其將來不善、不仁之滋蔓，故教孝為人道莫大之先務。

三

其次說到「君臣」。父子在家庭，君臣在政府，各為一倫，亦當雙方對等，各盡自己一方之義務。故孔子曰：

君君臣臣，父父子子。

君有對臣之義，臣有對君之義。大學曰：

為人君，止於仁。為人臣，止於敬。

君憑高位，臣居下位，君臣職位有尊卑。故為君者，必知善待其臣。不論其臣為狀若何，而為君者則必先以仁心待之。

抑且君權位高，職責重。季康子問政於孔子，孔子對曰：

政者，正也。子帥以正，孰敢不正？

然則為臣下者之不正，乃為之君上者不帥以正之罪。人能反躬自責，此亦仁心之一端。季康子患盜，問於孔子。孔子對曰：

苟子之不欲，雖賞之不竊。

是則為下多盜，其罪亦在上。季康子又問於孔子，曰：

如殺無道，以就有道，何如？

孔子對曰：

子為政，焉用殺？子欲善，而民善矣。君子之德風，小人之德草，草上之風必偃。

不責風吹，卻責草偃，事豈得理？

孔子之論臣則曰：

以道事君，不可則止。

又曰：

勿欺也，而犯之。

定公問：

君使臣，臣事君，如之何？

孔子曰：

君使臣以禮，臣事君以忠。

孟子言之尤顯豁。有曰：

欲為君，盡君道；欲為臣，盡臣道；二者皆法堯舜而已。不以舜之所以事堯事君，不敬其君者也；不以堯之所以治民治民，賊其民者也。孔子曰：「道二，仁與不仁而已矣。」暴其民甚，則身弒國亡；不甚，則身危國削。

又曰：

將大有為之君，必有所不召之臣。

其告齊宣王曰：

君之視臣如手足，則臣視君如腹心；君之視臣如犬馬，則臣視君如國人；君之視臣如土芥，則臣視君如寇讎。

又齊宣王問卿，孟子對曰：

有貴戚之卿，有異姓之卿。君有大過則諫，反覆之而不聽則易位；此貴戚之卿也。君有過則諫，反覆之而不聽，則去；此異姓之卿也。

齊宣王又問：

湯放桀，武王伐紂，臣弒其君，可乎？

曰：

聞誅一夫紂矣，未聞弒君也。

孔孟論君臣一倫大義，率具如是。然中國自秦漢以下，君臣體位有一大變。秦前為封建，秦後為郡縣，一君巍巍在上，全國受其統治；萬民孱孱在下，無不受統於一君。君尊臣卑之勢，遠甚於孔孟時代。遂使後人論君臣一倫，每嚴於臣而恕於君。乃特提一「忠」字，與「孝」並言。忠臣孝子，乃若並懸為中國人做人兩大標格。此已與孔孟言父子、君臣兩倫異。

抑且「孝」專對父母雙親言，從不移作別用；「忠」字則為對人之通德，不專為君而有忠。論語云：

為人謀而不忠乎？

楚辭：

交不忠兮。

是凡人相交皆當忠。又當忠於職責，故吏以愛民為忠。臨患不忘國，公家之利，知無不為，皆為忠。又君亦當忠，故曰：

上思利民，忠也。

則人人當孝，亦人人當忠，中國人每以「忠」、「孝」並言，又以「仁孝」、「忠義」並言。教孝所以育仁，教忠所以全義。離了仁義，亦無忠孝可言。不仁不義，其孝是「私孝」，其忠是「愚忠」，皆是小忠小孝。小孝妨仁，小忠妨義，皆要不得。故此君臣、父子二倫，皆當從仁義大本源上來踐行忠孝，不當在忠孝小範圍裏來阻塞仁義。

晏嬰不死齊莊公，曰：

君為社稷死，則死之。

然亦伏屍哭之成禮而去。義只如此，不死不便是不忠。龐籍為相，以公忠便國家為事。只忠於一姓一家者，非「公忠」。蒙古入主，及其亡，中國人亦有為之殉者，後世並不以忠許之。清之亡，亦有以「遺民」自處者，更為人所不齒。此皆所謂「妾婦之道」，不得以忠論。孟子又曰：

天下有道，以道殉身；天下無道，以身殉道；未聞以道殉乎人者也。

凡言「殉節」、「殉忠」，皆當知「殉人」、「殉道」之辨。殉道可尊，殉人可卑。以強力迫人作殉者，更可惡。

從另一方面言，中國士大夫，都帶有一種反政府的傳統氣息。舉其著者，西漢末，大家起來擁護王莽受禪。東漢有黨錮之獄，魏晉以下，迄於隋唐，門第高過了王室。北宋諸儒鑒於唐末藩鎮及五代十國之紛亂，最提倡尊君，但范仲淹、王安石皆得君信任，主持變法，而遭受舉朝之反對。其間是非且不論，要之，反范反王，未必皆小人，而為臣者不聞專以唯阿為忠。北宋程伊川，南宋朱晦菴，皆遭「偽學」之禁。明代東林，亦標榜清議反朝政。其明揭貶君非君之論者，前有朱晦翁，後有黃梨洲。孔子曰：

不仕無義。

但後世尊高蹈不仕一流。至於犯顏直諫，守正不阿之臣，散見史册，更難歷數。此等皆能在君臣一倫中，發揮制衡作用。故中國自秦以後，雖為一中央政府大一統的國家，歷時兩千年，而君權始終有一節限，不得成為專制。其誤國召亂者，每為昏庸之君，而暴君較少見。儒家君臣以義之主張，至少已呈顯了其極大之績效。

# 四

次言「夫婦」一倫。戴記孔子告魯哀公：

夫婦別，父子親，君臣義。

孟子亦言：

夫婦有別。

夫婦生則同室，死則同穴。人生中最相親者無過於夫婦。此所謂「別」，乃指夫婦與夫婦間必有別，亦泛指男女有別。嚴其別所以全其親。古禮叔嫂授受不親。嫂是兄妻，叔縱未娶，亦當有別。中國人最重性情，其文化體系，亦一本性情而建立。夫婦之有愛，尤為人類性情之最眞摯者，然必為之立禮別，亦如築堤設防，使水流暢順，而勿致於氾濫。若只言自由戀愛，則亦可自由仳離。以父母之命媒妁之言定婚配，未必全是怨耦；僅憑男女雙方自由戀愛，亦未必全成嘉耦。白首偕老，亦何如中途分張？中國夫婦一倫，驟視若過重禮別，其實際意義，乃為夫婦雙方感情求保障。

抑且五倫在其相互間，必求和通會合，不貴獨立乖張。夫婦、父子兩倫，尤為密切，首當情禮兼顧。春秋時，魯敬姜哭其夫穆伯，僅晝哭。哭其子文伯，則晝夜哭。孔子以為知禮。後人說之曰：

哭夫以禮，哭子以情。

夫婦易偏於情，故貴節之以禮；父子易偏於禮，故貴親之以情。其間若有偏輕偏重，乃亦各有斟酌。

戴禮郊特牲有曰：

> 男女有別，然後父子親；父子親，然後義生。無別無義，禽獸之道。

此數語闡釋父子、夫婦兩倫相關，極為深切明白。不嚴男女之別，則夫婦一倫終不安。夫婦不安，則父子不親。人道至於無相親之意，則義於何立？理智之計較，功利之衡量，法制規律之束縛，皆不能導人於義。中國古人言：

> 發乎情，止乎禮義。

當知一切禮義皆必發乎情，而情之發則必止於禮義。夫婦一倫，主要正在此。中庸曰：

> 君子之道，造端乎夫婦。

亦與郊特牲數語相發。

中國古代，有「出妻」之俗，其起源當甚古。孔門亦有出妻，禮疏有「七出」之文，亦不知所始。「七出」者：一不順父母，二無子，三淫，四妒，五惡疾，六多言，七竊盜。論其大義，主要乃為顧全家庭，然亦多有不合情理者。如公儀休見其家織好布而出妻，漢王陽為其婦取東家樹上棗而去

婦，此皆過甚其事，未可為訓。又如孔雀東南飛所詠，傳為曠世悲劇。要之，當時出妻之風必頗盛，故頻見於歌詩。如曹丕、曹植、王粲各為出婦賦，可見其事為世人同所憐憫。然亦有妻自求去者。如晏嬰御者妻，從門窺其夫為晏子御，意氣揚，乃求去。朱買臣妻為其夫賣樵帶讀，亦求去。可見雙方各有互求離散之自由。下至北宋，范仲淹、王介甫家，亦尚出婦。而南宋詩人陸放翁之賦釵頭鳳，亦為後世傳詠。惟出妻之風，似乎愈後則愈少見。程伊川有言：

今世俗乃以出妻為醜行，遂不敢為。

可見出妻一俗，為人心所不許，輿論所共譏，故乃遞衰。妻自求去，亦隨之少見。此亦中國社會尚情忠厚之一證。

「七出」之外又有「三不去」：一、有所取，無所歸。二、與更三年之喪。三、前貧賤，後富貴。出妻必令其可再嫁，故每有以對姑叱狗等微罪為辭。使出妻已無家可歸，則何論再嫁？此一不出。出妻主要為不順父母，與更三年之喪，此二不出。糟糠之妻不下堂，昔日貧賤所取，今為富貴，則三不出。此三不出，固非有人出此主張，立此條文，強人如此。亦由社會輿情，得所慕效，積漸蔚成風氣。惟有此三不去，則七出之條可施行之範圍已大大削減。又於七出中無子、惡疾兩條，認為非本人所欲，不關人事，不當出。故七出為後世律法所許者，僅得其五。要之，中國社會於夫婦一倫，重其

偕老之意則自見。

又夫死再嫁，此亦自古通俗。如晉公子重耳自狄去齊，謂其妻曰：

待我二十五年，不來而後嫁。

其妻曰：

我二十五年矣，又如是而嫁，則就木焉。請待子。

狄非禮義之邦，夫別不歸，自可再嫁，故重耳請其待我，而狄妻允待終身，此已開後世婦女守節之風。亦出眞情，非關強制。

列女傳：魯陶嬰，少寡，以紡織養幼孤。或欲求之，嬰作歌曰：

悲黃鵠之早寡兮，七年不雙。宛頸獨宿兮，不與眾同。飛鳥尚然兮，況於貞良？

聞者遂不敢復求。是以一鄉婦而守節。又秋胡久別，歸途戲妻，其妻拒之。歸家見夫，乃即途上戲之

者，遂投河而死。傅玄秋胡詩：

彼夫既不淑，此婦亦太剛。

婦積年矢志自守，夫歸，乃戲途中之女，則無怪婦之怨憤。此則由守節而成烈行，事出至情。傅玄雖譏其太剛，要自獲後人敬仰，至今傳述不輟。

三國時，曹爽從弟文叔早死無子，其妻夏侯令女，恐家必嫁己，乃斷髮，又截兩耳。曹爽被殺，一門盡滅，夏侯家上書與曹氏絕婚，強女歸。女以刀斷鼻，血流滿被。或謂之曰：

人生世間，如輕塵棲弱草，何辛苦乃爾！

女曰：

仁者不以盛衰改節，義者不以存亡易心。曹氏衰亡，何忍棄之！

事聞於曹爽政敵司馬懿，聽使乞子養為曹氏後。此事可歌可泣，後人讀此事狀，豈能不增感動？此皆

事出至情，豈理智議論所能強，亦豈理智議論所當貶？

戰國王蠋有言：

忠臣不事二君，貞女不更二夫。

戴禮亦曰：

壹與之齊，終身不改。

然古人雖有此言，在社會上對於夫死再嫁，終是認為當然，斷未有為寡婦守節作硬性之規定。下至宋代，范仲淹母改嫁朱氏，仲淹隨母姓朱；後始回宗。程伊川言：

取孀婦，是取失節者配身，即己失節。

或問：居孀貧窮無託，可再嫁否？曰：

餓死事小，失節事大。

中國歷史上如孟母、歐母、岳母，以寡婦撫養孤兒，終為歷史文化中大人物，此類不勝縷舉。若寡婦不守節，如孟子、歐、岳此等人物，失於培育，此誠不得不謂是大事。然如范仲淹讀書山寺，斷虀畫粥，其貧窮可想。其母若非改嫁，恐母子均不獲存全。仲淹亦宋代一大偉人，果使早年餓死，亦非小事。後仲淹既貴，創立「義莊」，使宗族孤寡者皆得養，既少餓死之逼迫，而社會守節之風，乃更為普遍。

明史列女傳謂：

婦人之行，不出於閨門。詩載關雎、葛覃、桃夭、芣苢，皆處常履順，貞靜和平。其變者，行露、柏舟，一二見而已。劉向傳列女，不存一操。范氏宗之，亦采才行高秀，非獨貴節烈。魏、隋而降，史家乃多取患難顛沛，殺身殉義之事。國制所褒，志乘所錄，里巷所稱道，流俗所震駭，而文人墨客借以發其偉麗激越跌宕可喜之思，故傳尤遠而事尤著。然至性所存，倫常所係，正氣之不至於淪澌，而斯人之所以異於禽獸，載筆者宜莫敢忽。明興，著為規條，巡方督學歲上其事，大者賜祠祀，次亦樹坊表。僻壤下戶之女，亦能以貞白自砥。其著於實錄及郡邑志者，不下萬餘人。豈非聲教所被，廉恥分明，故名節重而蹈義勇歟？

清代承續此風。直至最近七、八十年來，俗尚始大變。夫婦一倫變，則父子一倫亦必隨而變。中國文化，以家庭為重要一單位，家庭制度破壞，文化傳統亦必隨之。如何善闡性情，復興禮教，通其變而不失其宗，則有待於後起。

## 五

今試再言「長幼」或「兄弟」。論語曰：

弟子入則孝，出則弟。

孟子亦言：

長幼有序。

所謂「弟子」亦不專指家庭。中庸始改言「兄弟」，後世多沿中庸，以兄弟為五倫之一。儒家言五倫，本由人倫大道中分別濃縮而來，亦當由此五倫會通融解而化成為人倫之大道。即就長幼與兄弟言，兄弟即長幼之濃縮，長幼即兄弟之融解。有其分別，亦有其會通。

五倫中父子、兄弟，同屬天倫。兄弟異體同氣，皆屬父母之遺傳，故既知孝父母，則自知兄友弟恭。中國古書每兼言「孝」、「友」。如詩：

張仲孝友。

後如晉書有孝友傳。善事父母為「孝」，善於兄弟曰「友」，兄弟一倫，宜可包在父母一倫中；惟五倫各有分別，夫婦一倫既主有別，叔嫂尚不親授受，則兄弟之親自有限隔。後漢許武與兩弟分財，曰：

禮有分異之義，家有別居之道。

此為父母之後事。西漢初，陸賈有五男，出所使越得槖中裝賣千金分之，子二百金，令各生產。石奮有四子，父子官皆至二千石，一門孝謹，雖齊魯諸儒質行，皆自以為不及。此兩家，一為小家庭型，

一為大家庭型。然後世自以小家庭為常。

南北朝時，門第方盛，然亦率為小家庭制。南朝宋周殷有曰：

今士大夫父母在，而兄弟異居，計十家而七；庶人父子殊產，八家而五。

又北魏裴植，雖奉母贍弟，而各別資財，同居異爨，一門數竈。史稱其「染江南之俗」。蓋北方胡漢雜處，形勢所逼，故多大家族同居；南方無此壓迫，故尚小家庭。至於「共甑分炊飯，同鐺各煮魚」之誚，此或貧寒下戶有之。唐宋以下，父母在而別籍異財，皆有禁，則見小家庭制已蔓衍流行。若如陸賈、石奮，有四子、五子，異財同居，此亦各有得失。若僅一子無兄弟，而父子殊產，則誠不可。唐張公藝九世同居，高宗問其本末，書百「忍」字以對。居家如此，轉成苦事。明浦江鄭氏累世同居幾三百年，其對太祖問，曰：

惟不聽婦人言。

則於夫婦一倫，似亦未能全顧。在中國社會，特稱此等曰「義門」，乃因其少有而稱之，非是以小家庭為不義。漢末應劭風俗通有曰：

兄弟同居，上也；通有無，次也；讓，其下耳。

此因東漢崇尚兄弟讓財，故有此議。實則兄弟分居是常，讓固不必，能通有無即為上。後世儒生過高嚴之論，皆未為社會所取。

人可無兄弟，但出門必有長幼之序。兄弟限在家中，長幼則擴及社會。故兄弟一倫必擴為長幼一倫。先生為兄，後生為弟。古人每以「父兄」、「子弟」並言。曲禮：

年長以倍，則父事之。十年以長，則兄事之。

今亦可稱父老兄長為「先生」輩，子弟為「後生」輩。人生即由先生、後生兩世界積疊更迭而成。自呱呱墮地，迄於弱冠成年，是為後生。大聖如孔子，亦曰：

三十而立，四十而不惑。

至是始由後生躋身為先生。方其為後生時，一切生活，養育、教導、訓練、扶掖，都由先生輩負其

責。苟無先生在前，究不知後生當如何生活，如何成熟？亦可謂後生一輩，乃全由先生一輩代為雕塑營造。故後生輩乃接續先生輩一貫而下，不覺有衝突、有破綻。人壽百年，但人類生命則已經歷了五十萬年以上，長江後浪逐前浪，不斷成為萬古流。

固然後生較先生可能有開新進步，但亦有限。如每一人之軀體，自嬰孩而長大成人，而日趨衰老，豈不亦日有變，而變亦有限？不能於朝夕間，故我驟失，新我乍成。亦如家，祖與父為先生代，子與孫為後生代。如是層累積疊，逐代蛻變。家與家皆然。亦有驟興驟衰，倏起倏落。要之，必有一段時間之緜亙與交替。孟子曰：

其進銳者，其退速。

莊子亦言：

美成在久，速成不及改。

人類生命之高出於其他生物者，正為其有一段較長之幼稚期，即後生期。人在後生期中，此一段未成熟的心情，則更值重視，更待教導。教之「孝」，教之「弟」，教之「徐行後長者」，教之「有事服其

勞」，教之「有酒食，先生饌」，教之「恭」，教之「順」。人生一番最寶貴之心情，正在此時養成。孔子「溫、良、恭、儉、讓」，大聖人之盛德光輝，其實仍是一未成熟時之後生心情。為子弟當如是，為大聖大賢亦復如是。故曰：

大人者，不失其赤子之心。

中國民族，亦可謂乃是一未成年的後生民族。中國文化，乃是一未成年的後生文化。後生謂其未成熟，故猶得有長進，有前途。在後生心目中，常有較其先生一輩之存在，此謂前輩、長輩，已則為晚輩、後輩，所以成其為後生。故後生不自獨立，必依倚追隨於先生一輩而加之以繼續。實則孰能呱呱墮地即獨立為人？孰能抹殺了自古在昔而其命維新？故中國民族，同時亦為一好古敬老之民族；中國文化，同時亦為一好古敬老之文化。後生一代常緊貼於先生代，沉浸在先生代中，滋養潤澤，更無分別。推而論之，所謂「天人之際，古今之變」，亦復如是。若後生代必欲擺脫先生代而宣告獨立，徑自挺進，此如破釜沉舟，過河拔橋，固未嘗不可收一時之奇功；而人生段段切斷，只望將來，不顧已往，有後無前，只求成熟，不問生長。後生一輩看先生輩，只是老腐敗，陳舊不鮮，摧枯拉朽，不值顧惜。不知我之神奇，即自此腐敗中來，而轉瞬又必自成為腐敗。何如先生、後生，交融合一，常保留此一段未成熟時之後生心情，如幼孩之眷戀其父母，弱小之敬畏其長老；生命源泉，長此不竭，生

生成成，前瞻無底？此中國人之所謂「不忘本」，所謂「飲水思源」、「厚德載福」。此一種心情，卻即可從「徐行後長者」五字中透露。而長者之於幼者，前輩之與後輩，則匡之、直之、輔之、翼之，使自得之，又從而振德之。在人生中有後生，遂使先生者感其責任之未盡，亦感其步伐之有繼；不使人生若一潭枯水，而汩汩乎其味厚而情多。此即長幼一倫在人生大道中占有重要地位之所在。

# 六

「朋友」在五倫中為最後一倫。孔子自言所志，曰：

老者安之，朋友信之，少者懷之。

人之處群，先生前輩，是為「老者」；我之後生子弟，是為「少者」；又有同輩，志行相合，是為「朋友」。我之處老，求能安之，亦當使老者安於我之奉事；我之處少，求能慈之，亦當使少者能常懷我慈而不忘；不僅我交友以信，亦當使朋友之信於我。果如此，我在人群中，乃能人我融洽，不感彼此之隔閡，此即孔子常所提倡「仁」之境界。人生心情，莫貴於此；人生事業，亦莫大於此。孔

子大聖，其所志亦惟在於此。

但朋友非即同輩，相交相識即是。孔子曰：

有朋自遠方來，不亦樂乎？

此承「學而時習之」言。學成行尊，慕我者自遠而至，此是我同類相近之人，在我心情上，自會感到莫大之快樂。曾子曰：

君子以文會友，以友輔仁。

「文」即人文，孝弟忠信，政事文學，皆文也。講學以會友，必我自有所學所立，乃有同志相類者來與我友。而朋友間之講貫琢磨，相助相益，即皆所以輔成我之仁道。此在我之事業上，自會獲有莫大之進境。人生必貫徹前後，有先生，有後生，上有古，下有後，乃使小我短暫之人生，緜延而成悠久無窮之人生。人生亦必破除彼我，融會人己。朋友即是我之化身，遂使我狹隘之人生，擴展而成廣大無限之人生。此是朋友在人生中莫大意義之所在。

中國古人，在朋友一倫中，為後世稱道者，前有管、鮑。管仲曰：

生我者父母，知我者鮑子。

然必我有可知，乃求知我之人。「人之相知，貴相知心」，得有知心之友，此是何等快樂事！「二人同心，其利斷金」，朋友能成我事業，輔我以仁者，其故在此。管、鮑之後有廉、藺，稱「刎頸交」。亦惟兩人同心，遂使趙國安定，得禦強秦而無憂。

人群中與我志同道合者為朋友，其主要關鍵則在「己」。若己無志無道，又何從求友。孔子教人：

無友不如己者。

世之論交，或擇權勢，或慕名位，或附財富，或從種種便利，此皆所謂「市道交」。皆是以物易物，不能以心交心。故曰：

道不同，不相為謀。

彼我志不同，道不合，何得相交？五倫之道，其對象皆在外，其基樞皆在己。曾子日必三省，曰：

與朋友交而不信乎？

子夏亦曰：

與朋友交，言而有信。

正為吾志吾道，與友相交，可以竭意披誠。交友即所以立己，亦即所以達己。夫豈言必信行必果，為硜硜之小人，乃以為朋友相交之道乎？孟子曰：

責善，朋友之道也。

成為朋友，乃可責善，否則言人之不善，當有後患。孟子又曰：

不挾長，不挾貴，不挾兄弟而友。

友也者，友其德也，不可以有挾。有所挾帶，乃是私貨。無論其人之長與其貴，以及其與我之親善如兄弟，我皆不當挾帶此等私心以與為友。友者，乃友其人之德，乃其人與我志同而道合，可以求為吾輔，相與責善以共達此志與道。孟獻子百乘之家，而有友五人。孟獻子與此五人友，在孟獻子心中，並不自挾有此百乘之家；在此五人心中，亦並無孟獻子之家，否則不能以相友。魯繆公亟見於子思，曰：

古千乘之國以友士，何如？

子思不悅，曰：

以位，則子君也，何敢與君友？以德，則子事我者也，奚可以與我友？

人之相友，惟在此心，惟此赤裸裸的一心，志相同，道相合，外此當各無所挾，乃得成交。人生中心情最樂、事業最大者，莫過於此，所以朋友得與父子、夫婦、兄弟、君臣共成為五倫。

孟子又曰：

一鄉之善士，斯友一鄉之善士；一國之善士，斯友一國之善士；天下之善士，斯友天下之善士。以友天下之善士為未足，又尚論古之人。頌其詩，讀其書，不知其人，可乎？是以論其世也。是尚友也。

是朋友有此四等。其等第之高下，亦即從我自己一心之高下而判。若我尚不得為一鄉之善士，即亦無友可言。若我以交一世士為未足，雖異世不相及，頌其詩，讀其書，論其世，可以知其人，越世而知古人之心，即可與古人為友。可以上友千古，亦可以下友千古。千古之下，乃亦有越世上友於我者。必至是，而後我之心情，我之事業，乃可以上下古今而無憾。

故人道絕不能無友。有天子而友匹夫者，堯之於舜是已。「將大有為之君，必有所不召之臣」，湯之於伊尹，桓公之於管仲，皆學焉而後臣之。此非君臣，乃師友也。燕郭隗言：

帝者與師處，王者與友處，霸者與臣處。

唐人杜淹曰：

自天子至庶人，未有不資友而成。

必欲君臣、父子、兄弟、夫婦四倫之各盡其道而無悖，則朋友責善、輔仁之力為不可少。故曰：

人非人不濟，馬非馬不走，土非土不高，水非水不流。

又曰：

不知其子視其父，不知其人視其友，不知其君視其所使，不知其地視其草木。

此皆見朋友於五倫中之地位。

古人又連言「師友」。荀子禮論篇曰：

天地，生之本；先祖，類之本；君、師，治之本。

後世習用「天地君親師」五字，殆本於此。戴禮學記：

五年博習親師，七年論學取友。

禮運曰：

安其學而親其師，樂其友而信其道。

荀子又曰：

非我而當者吾師，是我而當者吾友，君子隆師而親友。

論語：

三人行，必有我師。

是知「師」與「友」乃同類，師即寓於友之中。故又曰：

嚴師而畏友。

朱子曰：

人倫不及師者，朋友多而師少，以其多者言之。

後世社會日趨複雜，群道日形龐大，遂若取友日易而日多。徐幹曰：

古之交也近，今之交也遠。古之交也寡，今之交也眾。古之交也為求賢，今之交也為名利。

故徐幹有譴交篇，朱穆有絕交論，抱朴子有交際篇，劉梁有破群論。群日大，交日廣，不能善用此朋友一倫，遂使人之志日小而道日狹，恩疎而義薄，輕合而易離。古者朋友有通財之義；父母在，不許友以死。今則人各知有己而已，實不知有友。友之質日變，如范式、張劭之故事，遂若神話，曾莫之信。此一倫既滅，他四倫亦喪。唐元次山有言：

居無友則友松竹，出無友則友雲山。

與大自然雲山、松竹為友，猶勝於酒食、遊戲相徵逐，笑語相下，握手出肺肝相示，指天日涕泣相誓，而虛偽不以信相交。不能以志與道相責相輔，而群道敗於其有友，不如謝絕，尚庶全此孤獨。然此非友之過，乃人不能善取友之過，實己之過。人之道義，由有師友而能立能達。能善盡此朋友一倫，庶父子、夫婦、兄弟、君臣四倫皆能盡，而群道之日暢日遂，亦必於此乎幾之。此乃朋友一倫之大意。

# 二七　五倫之道

一

道家言相反相成，儒家言執兩用中。凡屬敵對，皆可和合，融成一體，此屬中國人觀念。而中國社會亦如此，兼容並顧，積私以成公，凡公皆為私；絕不如西方社會資本主義與共產主義相互對立，勢成水火。中國社會重五倫，每一倫皆雙方對立，結為一體。由此倫理，以造成此社會。

「夫婦」為人倫之始，而中國夫婦一倫，與西方言自由戀愛大不同。自由戀愛在尚未結為夫婦之前，男女雙方顯為兩體，故西方人言「結婚為戀愛之墳墓」，又稱「戀愛非占有，乃犧牲」。中國夫婦則稱「和合」，既必相愛，尤主相敬。理想夫婦，日常相處，當須相敬如賓，既非占有，亦無犧牲可言。各保其私，共成一公。夫婦之間，既非各私而無公，亦非一公而無私，相對和合，謂之「倫理」。故曰「夫婦有別」，別即各成一己，又得和合也。

但中國習俗，一夫多妻，近人遂謂其重男而輕女，而以姨太太為中國文化一特徵。其實此俗亦有來歷，當為闡申，加以原諒。中國古代乃一封建制度之統一，天子為天下共尊，下有列國諸侯，與天子有君臣之分，此又另屬一倫。尊為天子，亦不能無夫婦。而中國又為一宗法社會，王畿千里之內，為之公卿大夫者，同屬一宗一姓。同姓不婚，則天子議娶，必當求之異姓諸侯之家。姬、姜最親，故周天子求婚多娶之齊。婚禮隆重，往返不便。故齊女既嫁為周天子之后，即終身不再歸省。其他諸侯婚娶亦然。魯女嫁齊為后，即不歸省魯邦。凡此皆為政治關係，而家庭情誼之私則不得不求稍變。古人定此一禮，亦有其斟酌調停之苦衷。故曰「禮不下庶人」，在庶人間，自可不守此禮防也。

夫婦成婚，在求有後。天子、諸侯，其位世襲，苟使無後，則政治上易多糾紛。然成婚豈必能有後？在庶人中，娶妻不育，可以再娶。而上層天子、諸侯，則不宜輕論再娶。不得已，乃增媵妾之禮。出嫁者之姐妹行，可以隨嫁，俾多生育機會，亦減家庭糾紛。乃亦有此國嫁女，而他國有願隨嫁為媵者，藉此增加國際親密，事亦可行。故天子可有九媵，諸侯公卿則第減。他日或嫁為妻者不育，而諸媵有育，皆得為後；而夫婦一倫則可以不變。媵之子即后之子，不得降后位以讓媵，以免節外生枝，另有曲折。而豈「重男輕女」之謂乎？

後代禮變，而亦仍有斟酌。如出仕在外，或不易迎養父母，妻代夫職，留奉翁姑。而夫在外，則納妾伺候。要之，乃夫婦同心，同為一家養老育幼計，男治外，而女治內，夫婦一倫，相親相敬之情誼，仍可維持，不得於納妾一事輕肆詬厲。小節有變，而此夫婦一倫之文化大傳統，則仍保持不變。

俗稱妻為「內人」，夫為「外子」，中國重內輕外，則妻不輕於夫。西方人則重外輕內，夫婦各自鶩外，又烏得成一家？

中國男性失偶得再娶，女性失偶不再嫁，居寡守節一事，又為近日國人詬病中國古人重男輕女一話柄。其實女不再嫁，中國自古並無法令規定，後世亦然。此仍是一種社會風俗，乃出民間之自由，惟政府亦每對此加以褒獎。既為民間重視，則政府褒獎，亦不得議其非。至於民間何以有此風俗之長成，此須對史實詳加考證闡發，非本篇所能盡。姑舉一事言之，如北宋范仲淹早孤，其母不能養活其子，乃改嫁。中國女子三從，幼從父母，出嫁從夫，夫死從子。仲淹母為子再嫁，亦從子一變例。仲淹長，復姓范，非不孝。但其母之改嫁，亦非不慈。在夫婦、父子兩倫中，自可有此種衝突之存在。仲淹既居官致富，乃設「義莊」，凡范、朱兩姓，鰥寡孤獨失教養者，皆得義莊資助。使早有義莊，仲淹母亦不必改嫁。至程伊川言：「餓死事小，失節事大」，亦非詬及仲淹母，但或有感於仲淹事而發。茲不詳論。

明末，顧亭林母居寡守節，嗣亭林為子，明廷曾加褒獎。亭林母遺戒亭林，勿仕二姓。其母果有此遺戒否，今亦不詳求證明。要之，其母受朝廷褒獎，嗣者心中必受影響。亭林乃為明遺民中一大賢，為民族文化傳統一大榜樣，則近代國人亦未嘗加之以非議。又同時柳如是以一名妓嫁錢謙益為妾，老夫少妾，豔聞盈天下。而謙益出仕清廷為貳臣，如是竟自縊死，乃大受後人之敬仰。豈復計其為妓為妾，而亦豈國人之重男輕女有以致之？

## 二

有夫婦，乃有「父子」一倫，更為中國人所重視。而在父子一倫中，亦有種種難題，出人意想之外者。如其父攘羊，其子隱不作證。孔子說：

父為子隱，子為父隱，直在其中矣。

攘人之羊，在公則必治其罪；子為父隱，一若因私害公。此正見中國人在公私之間，另有一種想法，另有一番安排。果使人人無父子私情，那還有大群之公可言！

孟子曾設一譬，謂舜為天子，皋陶為士，舜父瞽瞍殺人，皋陶執法，殺人者死。君臣一倫，亦屬平等，舜不能以為君之尊而強其臣失職違法；然終不忍其父之死於法，則惟有牢獄中私盜其父，離天子位而遠奔於海濱。其時之司法大臣皋陶，則亦只有裝癡作聾，不加查究。舜之違法輕棄帝位，後世亦不當追咎。要之，父子一倫之不當毀棄，則顯然矣。

孟子又言：

父子之間不責善。

相互責善，乃人群大義。然父子之間責善，則有傷父子之情。故古者易子而教。孟子又曰：

人皆可以為堯舜。

然不當盡責其父為堯舜，亦不當盡責其子為堯舜。人皆可以為堯舜，乃公義；父子不責善，乃私情。而中國五倫中最為重要之父子一倫，則情又勝於義，私又勝於公。公義必通之於私情，即父子之不責善而可知。

父子一倫亦復與夫婦一倫有衝突處。子長當娶，女長當嫁，結為夫婦，則自為一家。此在古代已如此，觀井田制可知。然為子者仍當孝養父母，於是為媳則奉侍翁姑，此尤為西化東漸後中國人自詬重男輕女一明證。然此中利害，實亦別有衡量。愛因斯坦之「四度空間」，為近代西方科學一時推尊之一項新發明。其實中國人自古即重時間觀。為母者在家得子女親切侍奉，較之為父者之多出門不在家已遠勝。西化東漸，婆媳之間易起衝突，小家庭制驟盛，最受損者，姑尤勝於翁。含飴弄孫之樂，已不可得。果論事業性，則男必勝於女；若論情感，一家團聚，女性要求尤過於男性。此亦在大生命

中，男女兩性所不可避免之差異。然則小家庭制之有傷於女性，實必更多於男性。為媳不奉婆，若是女權伸展；然轉瞬之間，媳即為婆，亦不再得媳之奉養。男性晚年成鰥，尚可以事業消遣；老婦寡居又奈何？故通就人生長時期而論，中國人善為女性謀，似更深於西方矣。屈於此，則伸於彼。若以自由戀愛論，則西方似女性有伸；及為父母，則中國女性，未必屈於西方；達於老年為翁姑，則中國女性遠較西方為伸舒。當前中國女性之受苦，則正為五倫之道之不再受重視。人類女性較更富情感，西方個人主義、集體主義均重功利，不重情感，則女性受損更大。事理甚顯，不煩詳申。

三

夫婦、父子兩倫以外，有「兄弟」。俗稱父子、兄弟為「天倫」。然亦有獨子、獨女無兄弟、無姐妹者。孔子言：

弟子入則孝，出則弟。

則弟道不限於家。蓋「兄弟」即「長幼」，在家為獨子，出門則仍有長幼之序。兄友弟恭，亦兼愛敬

言。夫婦既愛且敬。父子既敬亦愛。兄弟之友恭亦猶父子之慈孝，仍是此一愛敬之心，惟在程度上三者各有差別而已。論語又言：

四海之內皆兄弟。

有長幼，即當知有愛敬。惟不當如墨家言「兼愛」，視人之父若其父。果如墨家言，豈非人類一大幸福？而無奈天賦人性乃不能然。惟四海之內皆兄弟，則人性所能，故兄弟一倫亦盡人所當有。

中國人重長老，但同亦重幼小，惟長老對幼小當多友愛心，幼小對長老當多恭敬心。「幼吾幼以及人之幼，老吾老以及人之老」，則太平大同之道在是矣。詩有云：

兄弟鬩於牆，外禦其侮。

其在家門之內，兄弟可各以其私相鬩；門外有侮，則共禦之。中國五倫之道，惟在此一分愛敬心。但愛敬亦可有其私，惟有「親」、「疏」之別，又有「能」、「所」之別。所愛所敬在己外，此是公；能愛能敬屬己內，此是私。私最親，惟貴推親以及疏，推私以及公。「通天人，合內外」，當於此闡之。

兄弟一倫亦或於父子一倫有衝突，如周公之大義滅親，誅管叔、放蔡叔是矣。伯夷、叔齊乃孤竹

君之二子，其父愛叔齊，父卒，伯夷讓位，謂父命當遵。叔齊不肯立，謂焉有攘兄位之理。遂兄弟偕亡，而國人立其仲子。在伯夷，則孝悌之道備；在叔齊，則恭於兄，而違父意，於孝道若有遜。但父意亦非不可違。如瞽瞍欲殺舜，舜屢逃之。孔子亦教曾子：「小箠則待，大箠則走。」故不能謂叔齊乃不孝。中國後人亦常兼稱伯夷、叔齊。或獨稱伯夷，則如孔子稱泰伯三以天下讓，亦不及虞仲，稱其兄即連及其弟，非於虞仲、叔齊有貶也。惟泰伯、虞仲讓之王季，而及文王，則立德又兼立功，故孔子尤稱之。伯夷、叔齊之見稱，猶在其「恥食周粟」事，以其關係君臣一倫之道更大。季札之讓位不居，則似於孝悌兼有虧，而同見稱於後世。可見中國人孝悌、君臣之道，其主要者，尤在自成其一己。豈有己不成，而得稱孝悌、為良臣者？至如燕噲之讓位於子之，則兩無足稱矣。

# 四

夫婦、父子、兄弟三倫均在家庭之內，而兄弟一倫，則可推及門外。「君臣」一倫專屬政治，與上三倫又別。孟子曰：

君之視臣如手足，則臣視君如腹心；君之視臣如犬馬，則臣視君如國人；君之視臣如土芥，

則臣視君如寇讎。

則知君臣一倫亦如夫婦、父子、兄弟，雙方有其公，不害各自之有其私。君臣亦相平等，而臣之視君可如寇讎，則甚似出格之論，而中國古史上亦有其實例。楚王囚伍子胥父，而招子胥兄弟，謂來則父可免死。子胥兄謂，往則俱死，不往則父罹難而不救，不如己往，由弟出亡。遂父兄俱殺，而子胥奔吳，終復父讎。父子乃一家之私，而子胥以楚人借吳兵覆楚國，豈不以私滅公？然後世論者，終不以此罪子胥，但稱頌申包胥而止。此見人群相處，亦可無國、無君臣，而終不能無父子關係。故父子一倫應較君臣一倫為重。然無夫婦，則亦無父子。故此兩倫當同重。兄弟一倫在長幼，人群相處亦到處遇之，抑父子亦已寓有長幼之別，故此一倫亦附帶父子一倫中，中國人常連稱「子弟」是也。君臣一倫乃大別。六親不和，可得視如寇讎否？

但子胥僅獲見諒，不以此見稱。舜殛鯀於羽山，而繼用其子禹治水。禹盡其力，水患終治。「殛」乃流放，非殺戮。鯀之治水亦禍及萬民，罪有應得。禹贖父愆，幹父之蠱，斯為大孝，不得與子胥事相比。中國人言五倫大道，乃盡在人人之日常踐行中，非如西方哲學懸空提出一真理。故欲知其得失，亦當從其歷史演變中據實體玩，亦非可僅憑議論思辨來加以評定。

後世繼孔子尊孟子為「亞聖」，其書亦為人人所必誦。至少自元以下，亦積六、七百年之久矣。乃今國人又稱中國自秦以下為「帝王專制」，則君臣一倫在中國歷史上當早失其存在。今姑亦舉一例，

歷朝用人惟以選賢舉能為尚，帝王親屬，如諸伯叔，如兄弟，豈竟無一賢者？然朝廷極少用及。史實具在，可資證明。蓋因政治不免刑罰，故為帝王者，必戒用親屬；而其親屬亦安之勿求進用。亦如古代女子出嫁為后，則絕不歸省其親。孟子曰：

動心忍性。

能於此戒忍，其他糾葛則自能免，又豈一人專制之謂乎？

在西漢之初，雖宰相之貴，亦有下獄受刑者。當時群情謂，宰相不當下獄，乃由朝廷賜以自盡。今日國人則亦以此為中國帝王專制一明證。不知當時群情乃以尊臣，非為尊君。不求史實，輕肆臆斷，寧得有當？古代行封建制度，君臣關係已極複雜。如魯君為周天子臣；而魯三家則為魯君之臣；三家之宰則又為三家之臣，於魯君則為「陪臣」，其於周天子則位分隔絕。孔子曰：

禮樂征伐自卿大夫出。

則如管仲是矣。又曰：

陪臣執國命。

則如陽貨是矣。孟子亦曰：

君一位，卿一位，大夫一位。

君臣之間，僅是職位之大小高卑而已，非謂天子一人，乃獨出於天下之上。然在孟子當時，已提出其「貴族之卿」與「異姓之卿」之分別。異姓之卿不得於君，可以離職去位，並轉至他國。貴族之卿不得於君，而果是君不盡其君職，則可以另立君。如是則為君者，寧用異姓卿，不願用貴族卿，如秦之多用客卿是矣。秦漢以下，古代宗法關係已從政治組織中退出，郡縣一統，帝王乃若獨尊。實亦不然，朝廷群臣皆直轄於三公，非直轄於天子。古代有「禮不下庶人，刑不上大夫」之說。至是禮亦下於庶人，而刑亦上於大夫。然舊觀念未能驟泯，故主宰相下獄不如自盡，始為不失身分。亦即「士可殺，不可辱」之義。而豈出於帝王之專制？

又「將在外，君命有所不受」，武臣統兵在外，而竟可不受君命，豈不將成政治上一大危機？又豈帝王專制之謂？近代西方民主國家，其政治領袖亦同時為海、陸、空三軍之大統帥。即如美國參加韓戰，麥克阿瑟不能下令轟炸鴨綠江，則何以制止中共之人海戰術？麥克阿瑟亦終以一老兵退職，雖

備受國人歡迎，而總統之命，則不動如山。南、北韓亦終以三十八度線言和。儻使麥克阿瑟亦不受總統命，則此數十年來世界局勢宜當大變。今日西方民主政治之統治權，豈不更嚴於中國古代之帝王專制？其間是非得失且不論，而中西雙方文化傳統有不同，須加瞭解，再作評判，則斷然可知矣。

漢代政治顯然有「王室」與「外朝」之別，而王室亦受外朝管制。宰相下有御史大夫，御史大夫下有中丞，即任管制王室。漢武帝始以大司馬大將軍輔政，所輔之政指王室言，不指外朝言。大司馬大將軍統兵在外則有權，退師回朝，軍隊即復員。大將軍乃一爵名，有位無職，不得問朝政。而其時霍光為大將軍，與漢王室為外戚，故使輔政以統制內朝。而霍光循伊尹故事廢昌邑王，不詢外朝宰相意見，謂此乃王室事，非外朝事。不知伊尹亦外朝之臣。但霍光亦僅能專制王室，不能專制外朝；而後人亦不以此加罪於霍光。下及王莽，乃以大司馬大將軍篡漢，而其議則出自外朝。中國政治傳統當就中國史加以評判，此又一例。此下史實複雜，暫不詳論。要之，不當以「帝王專制」四字作空洞之反案。

## 五

君臣一倫之外，復有「朋友」一倫。如漢光武與嚴光，乃朋友，非君臣。亦有誼兼君臣、朋友之

兩倫者。而中國人又稱「天、地、君、親、師」，師與君、親並尊，乃獨不在五倫中。凡從師皆自稱「弟子」。孔子之死，其弟子心喪三年，則師猶父。故俗常言「師父」。孔子曰：

有朋自遠方來。

則師弟子亦如朋友。俗又「師友」並稱，則朋友一倫中，兼師、弟子可知。中國朋友一倫有通財之誼，故顏淵死，其父請孔子售馬以為顏淵槨。孔子拒之曰：子鯉死，亦未有槨。苟使以顏淵比伯魚，如孔子之子，則顏淵父亦受學於孔子，即孔子之弟矣。故朋友一倫，其義亦通於父子、兄弟之兩倫。中國人又稱：

父母在，不許友以死。

則朋友不僅通財，即生命亦相通。然朋友一倫又與兄弟一倫相別。論語言：

四海之內皆兄弟。

若言「四海之內皆朋友」，則為不倫。

中國文化傳統中，師道最尊嚴。人必有父母，亦必有君，同時亦當有師。即貴為天子亦然。如東漢章帝師張酺為東郡太守，章帝過其郡，先行師弟子禮，再行君臣禮。則君臣不妨為朋友，而朋友亦不妨為君臣。

亦可謂中國全部文化傳統乃盡在此五倫中。五倫實只一心，曰「愛」，曰「敬」。非此愛敬之心，則不得有五倫。中國提倡五倫，亦只在教人實踐修行此愛敬之心而止。人人同具此一分愛敬心，則人道已盡。一切事變，皆以此一分愛敬心應之，更復何事。此一心愛敬，中國人則稱之曰「德」。「志於道」，則必「據於德」。明其德，即所以行其道。「道」屬公，而「德」則私。非有私德，何來公道？而今日國人群慕西化，又言中國人尚「私德」，不重「公德」，乃如一盤散沙。余幼時即聞國人以「各人自掃門前雪，不管他人瓦上霜」為言。不知五倫即皆自掃門前雪。各有夫婦、父子、兄弟、君臣、朋友，各得自盡其道，斯可矣。清官難斷家私事，君臣一倫豈得去管人家夫婦父子間事？至於他人瓦上霜，自可不去多管。說得儘明白，而還肆批評，則復何可言！且中國五千年成一民族國，廣土眾民，在大一統之下，又猶稱其如「一盤散沙」，而又稱其為「帝王專制」，則誠無置辯之餘地矣！

晚清譚嗣同早慕西化，著有仁學一書，謂中國有五倫，西方只有朋友一倫。斯則誤以人相交接即為朋友，大失中國朋友一倫之義。朋友一倫，亦從人與人之愛敬心來。謂朋友一倫通於其他四倫則可，謂有此一倫即可無其他四倫則大不可。今世界方盛言「國際關係」，國與國之間亦當有一分交誼，

亦當以中國朋友一倫之大義通之，即所謂「友邦」是也。今日世界認有友邦，即有敵國。而中國於朋友一倫外，凡非朋友，亦非即仇敵。人各有私，亦可人各有友，豈得有友又必同時有敵？公私必對立言之，則中國五倫之義宜無一可通矣。

## 六

今國人又謂五倫皆屬私德，當增設「第六倫」以應現時代之需。遂有主立「群己」一倫者。依中國語言，道屬公，德屬私。人皆修私德，行公道，「道德」合成一辭，即是公私融成一體。即如君臣一倫，君亦有私，故又言：

自天子至於庶人，壹是皆以修身為本。

修身即修其私，家、國、天下皆屬群。非修己私，何以處群？中國人正為悟得一大生命，而大生命正在小生命上見。除卻小生命，何從去尋大生命？夫婦有其大生命，即在夫婦雙方之小生命上見。父子、君臣皆然。群體上只見大生命，不見小生命。故五倫乃「私」對「私」，群己則「公」對「私」，

不得成一倫。

或主張以「勞資」雙方為一倫。資本家與勞工宜可對立，如一廠主與一勞工，不屬君臣，即屬朋友，應可包括在五倫中。資本主義則有共產主義與之對立，如勞工集體罷工，則在資本國家與共產國家內，應付之道有不同，而皆與五倫之道不相關。若依中國五倫之道，則既不許有資本主義，亦不許有共產主義，中國社會公私兼存並包，不容再有此種之對立。今日國人所當努力者，在如何發揮舊道德來應付此新時代，故曰：

周雖舊邦，其命維新。

時代新則命運新，命題新，命義新，一人、一家、一國皆如是。以一人言，中年時代決不與幼年相同，老年時代又不與中年相同，然其人之生命則一。中國人惟悟此義，故每一人之私生命可以不朽。一家一國一民族，各可綿延數千年至今。西方人則不然，各人之小生命死後，惟有靈魂上天堂，家與國均不得久傳，此因其不悟有一大生命之存在。故曰，「一天人，合內外」，乃中國文化大生命所在。而中國社會乃另有一套，即如上述五倫之道是矣；不得以西方相擬。

故中國五倫中，惟父子一倫最其主要，而孝道則亦為人道中之最大者。然非有夫婦一倫，則父子一倫亦不立。父子屬「天倫」，而夫婦則屬「人倫」。非有人倫，即天倫亦不立。而男女之別，實亦

本於天，非人力所為。則中國所謂「一天人」，即此二倫而知矣。既有夫婦，即有「內外」。妻娶自外而主內，夫生於內而主外。兄弟一倫之內外合一，上已言之。天人一，內外合，又何公私之別乎？若自西方觀念言，靈魂各是一私，惟天堂乃一可以共處之公。此世界則必有末日，因其公私對立，無各私和合之大公也。資本主義、共產主義各居一偏，或偏左，或偏右，亦如左右手，何以不可共供一身之使用？則群己權界之爭，勞資雙方利潤公平之分配，若使人與人間共同培養得一分相互愛敬心，亦終易解決耳。

又中國人言「倫常」，常之中必有變，凡變則皆所以求常。「常變」又如「公私」，相反相成，貴能執兩用中。今日國人則惟言變不言常，求變求新，不貴守舊守常。觀念已變，如何能不遠復，回到己身來？己身實只是一小生命，而舊與常則乃一大生命。此亦一大值商討之問題。

（一九八二年五月七日青年戰士報。）

# 二八　中國五倫中之朋友一倫

(一)

幼年讀譚嗣同仁學，謂中國有五倫，而西方則惟有「朋友」一倫。其言亦若有義據。然中國朋友為五倫中之一倫，與西方之獨為一倫大不同。即中西雙方之所謂「朋友」，必大不同。此則不可不論。夫婦為人倫之始，夫婦乃「人」合，非「天」合，亦猶朋友。但既為夫婦，必求生育子女，成為家庭，與朋友大不同。父母、子女皆為「天」合，亦與朋友不同。惟兄弟一倫，推及長幼。論語言：

弟子入則孝，出則弟。

當其出，則有長幼之序。惟長幼一倫中之至親者，則為兄弟。詩曰：

兄弟鬩於牆，外禦其侮。

是也。至曰：

兄友弟恭。

則凡長幼相聚皆宜有之。

君臣一倫亦以人合，若與朋友為近。然君尊臣卑，其位不能無分別，此則與朋友異。論語言：

有朋自遠方來。

則師弟子亦當納入朋友一倫中。中國人稱「天、地、君、親、師」。勿論天、地，以君、親、師三者言，無君不成群，故君為一群所共尊。無父母則無生，故父母為一群中各別所當親。師則明道、傳道，尊君、親親之道，皆由師傳。而師之當尊、當親，則尤有高出於君父之上者。

何以言之？君有不當親，如孟子曰：

> 聞誅一夫紂矣，未聞弑君也。

是矣。父母當親，而親之之道，則可以各不同。古者易子而教，則如何教人子之各親其父母，有待於師。而為父母者，轉不當自任其教。故中國乃常以「君、親、師」並言。而朋友一倫，乃有轉出於父子、君臣兩倫之上者。孔子傳教，顏路、曾點之登門受教，年齡當相差不遠如兄弟；顏淵、曾參亦同在孔子門下，則如父子輩。孔子曰：

> 回也，視予猶父，予不得視猶子。

則孔子亦視顏淵如子矣。孔子死，其弟子心喪三年，則其親孔子如父，而尊尤過之。故朋友一倫，有時乃超出於父子一倫之上。周公誅管叔，放蔡叔，大義滅親，兄弟一倫可以至此。但周公亦不能無友，則不煩言而知。

孔門兩世出妻，今不能詳考。論語僅載伯魚兩次過庭聽訓一章。伯魚在孔子心中，恐尚不能如顏淵。顏淵卒，孔子哭之慟，曰：

天喪予！天喪予！

伯魚先卒，不聞孔子有如此。孔子仕為魯司寇，其去魯，惟門弟子相從。是則在孔子生命中，朋友一倫為最重。後代人物類此者尚多，此不詳及。

孔門之教，曰「孝弟忠信」。有子曰：

孝弟為仁之本，本立而道生。

但亦有人知孝弟而不仁，惟未聞有其人能仁而不孝不弟者。草木有「本」，能生能長，本之可貴在此。孔子曰：

十室之邑，必有忠信如丘者焉。

舉「忠信」，不舉「孝弟」。孝弟易，忠信難。亦有在家能孝弟，而出門則不忠無信。但忠信亦為人之本。孔子捨其易而言其難，以見人之無異於己。曾子曰：

為人謀而不忠乎？與朋友交而不信乎？

言「為人謀」，不言「為君謀」，則五倫中君臣一倫，亦猶兄弟、朋友。兄弟乃言長幼，而君臣則言上下。人可以無兄，但不能無長於我者。人可以不出仕，不為臣，但必有在我之上者。忠於職，忠於事，故凡為人謀皆必忠；而與朋友交則必信。「信」與「忠」有不同，忠有人己之別；信則心心相印，彼我一心。人之相交，貴相知心。彼心如我心，我心如彼心，身雖異而心則同，兩人如一人，始謂之信，乃始為朋成友，而豈市道之交之利害為友乎！故朋友有通財之義，則朋友亦如一家。「父母在，不許友以死」，可以許友以死，則朋友乃如一身。朋友一倫，其深切之義可知。

故朋友一倫，乃在其他四倫之到達終極處而始有。儻謂未有其他四倫，可以僅有朋友一倫，則決非中國五倫中之朋友亦斷可知。西方主張個人主義，並夫婦、父子亦不成倫，則更何有於朋友？譚嗣同僅見西方亦有人與人相交，乃謂其只有朋友一倫。但不知相友有道，日常相交非友道。中國古代有「士相見禮」，乃望其相交後得成為朋友，故其禮鄭重。儻相見即成相交，相交即成朋友，則又何待有此鄭重之禮？能知此禮義，則相見相交而不成為友，亦無大害。今人廣交無禮，則其去朋友一倫益遠，宜乎今之人相交滿天下，而卒無一友。互不相信，吾道日孤，斯為人生一大苦悶，而終亦無以解之。

人生廣大複雜，每一人僅占人群大全體生命中之至狹小、至單純之一部分，其不能與人生大全體相比，亦固其宜。然既處此人群大全體中，則終當求此狹小單純之個人人生能與此廣大複雜之人群大全體相融和、相會通，勿相離而相遠。此乃人群共同一理想，為每一人所當努力。中國五倫之道，其要旨即在此。夫婦、父子、兄弟三倫限於家，君臣一倫限於國，惟朋友一倫，在全社會中儘有選擇自由，亦儘有親疏遠近之斟酌餘地，而其影響亦至大，有非前四倫之可相擬者。

朋友一倫亦與人之為學最相關。獨學而無友，則孤陋而寡聞。孔子無常師，亦有教無類。其所從學廣，所傳教亦廣。孔門有四科，言語有宰我、子貢，政事有子路、冉有，文學有子游、子夏。才性、興趣、遭遇各不同，故子貢、宰我相異，冉有、子路，子夏、子游亦各相異。而同受學於孔子之門，相互間切磋琢磨，相薰陶，相影響，在各一人之生命中，乃有其他人之生命之羼入相融合，潛移默化而不自知。使此諸人不同登孔子之門，將不得各有其如此之成就。

即如孔子，傳教既廣，豈於言語、政事、文學諸科，造詣盡必超於諸人之上？孔子特分其端緒，而揭其終極。諸人之分別成就，以傑出於同學間者，或亦有超乎孔子之上，而為孔子所未及。四科中最高為德行，然如顏淵，任外交使命，豈必勝於子貢？治軍、理財，豈必勝於子路、冉有？其從事文學，又豈必勝於子游、子夏？故德行一科，長在通達，不在專精。即孔子亦猶然。韓愈言：

弟子不必不如師，師不必賢於弟子。聞道有先後，術業有專攻。

即此之謂矣。

孔子後有墨子，其傳教更廣。儒分為八，墨分為三。如墨經所言，殆有甚遠離於墨子之初教者。此下中國學術傳統盡如此。齊之稷下先生，秦之博士官，既群處多接觸，豈無相感染？故中國學術界，雖多分別，終多相通。此下亦然，暫不詳論。

學問相通之主要點，在求人生相通。惟高居君位，最不易與人通。中國歷史上如漢武帝、唐太宗，皆有為之君，而亦能最多與人通。漢武帝廣延文學侍從之臣，及其晚年，既下司馬遷於獄，又任之以中書令，則漢武之心情居可知。唐太宗從父起義，其群僚中即有十八學士。其次惟漢光武，亦多太學時同學，同在朝廷。又其次如曹操，亦能廣攬多士，惜所志不正，但亦僅敢冒為周文王，不敢親受禪居天子位。此非畏後世史筆，實亦受親身群僚影響使然。至如劉備之與關羽、張飛，又其與諸葛亮，其朋友情誼，皆遠超君臣名位上。朋友一倫之深切影響人生者，當由此等處微闡之。

明太祖乃一僧寺中小和尚出身，彼雖亦能廣攬多士，然內心終不脫自卑感。其於多士既不能相處如友，亦不敢指揮如臣，遂多猜忌，多戒備，乃至廢宰相，開中國歷史一大惡例。推以言之，居君位，亦宜有友；宰相、群臣，亦當與君為友。君臣一倫，即可包在朋友一倫中，乃始符於政治之理想。中國政府多用士，士與士始得同事如友。尤其如明清兩代，進士入翰林院，即為開其多友之門。晚清名臣如曾滌生，其學其人，皆成於其為進士之一段時間內。觀其與諸弟之家書而可見。及其以湘

鄉團練出平洪楊，幕府賓僚，稱盛一時。諸賓僚多不習兵事，更有出滌生治文學之外者。晨夕相處，大賢多方面之人生，實多從朋友交遊中養成，而學業、事業，亦皆受其無形之霑溉。

西化東來，家庭、政事，變端已多。即朋友一倫，亦今非昔比。余幼孤家貧，民元，年十八，即在鄉村小學教讀為生。迄今七十餘年，未離教職。自念生平得益友，多於師。然友道亦限於職業，除學校同事外，交遊甚少。然余之得成為今日此一人，則非余一人獨成之，乃胥賴先後諸友之輔成。余心所感，亦非言辭筆墨所能宣。余著師友雜憶一書，亦僅指陳其蹤跡之粗略而止。

余畢生忙於教讀，迄今追憶，乃如一幅白紙，空無所存。而生平諸友，一言辭，一笑貌，乃有深留腦際如在目前者。因知此等皆已為余生命之一部分。今諸友率多逝世，東坡詩：

泥上偶然留指爪，鴻飛那復計東西？

則余生亦僅如一塊泥，偶留飛鴻之指爪而已。每誦東坡此詩，感慨良深。然孟子言知人論世，使非此世，何得有余此人。而余之生為此人，乃猶得留有此世，則此生亦不虛矣。如顏淵，豈不以留有孔子之一指一爪在其心中，而其死，孔子慟之曰：「天喪予！」後人念孔子，亦必追念及於顏淵。朋友一倫之在人生中，其意義為何如？

今世則皆以職業為友，或以學業為友。西方人皆如此。職業、學業，即其人生。如柏拉圖，如康

德，畢生治哲學，其為人，即見於其著作中；未受業者，亦各求自樹立，自表現。哲學然，文學亦然；其各學各職亦莫不然。一有名之政治家，亦必與其他從事政治者為友；非誠為友，亦各以成其當身之事業而已。其所用心，則各專在其所從事之學業、職業、事業上，而非有一內心潛在共同之人生。其在家，則有其家庭生活；其在各公司、各機關，則有其公司機關之生活；其在學校，則有其學校生活；其從事政治，則有其政治生活。要之，生活則屬於個人，其之於朋友，則有親於夫婦、父子、兄弟、君臣之上者。然而中國五倫中之朋友則於此有異。因中國朋友一倫，乃同屬我生命之一部分；而西方則僅在外面事業關係上，非可認為即是我內在生命之一部分。

同業者，為友亦可為敵；甚至夫婦，同成一家，亦可為敵；同營一商業，則為敵更多於為友。同從事於政治，則必分黨以爭。若以同黨為友，則異黨即成敵。尤其如各項運動會，相爭為冠軍，有敵無友，亦可謂敵友不分。觀眾可達四、五萬人，非敵亦非友，今人則稱之曰「群」。人生即在大群中，而此群則轉瞬可合可散。易乎其為群，亦難乎其為群矣！

中國古人並稱有生死之交。「父母在，不許友以死」，則許友以死亦常事。子畏於匡，顏淵後。子曰：

吾以汝為死矣。

顏淵答曰：

子在，回何敢死？

其時顏淵父尚在，而孔子疑淵之死。淵之答，則以孔子在，故己不敢死。則在顏淵生命中，孔子之生命當較其父之生命為更重。孔子尚在，顏淵得從學，則顏淵之生命當更有意義，更有價值；尚勝父母在，得盡奉養之勞。此見中國人生命觀，不限其一己之軀體。父母生命，師之生命，皆成己之生命之一部分。夫婦、兄弟、君臣亦然。夫婦既為同一生命，則夫死，婦守節死，亦屬常事。而今日國人則必謂是中國人之重男輕女。則許友以死，豈不亦是中國人之重友輕己乎？

仁義為人之大生命，故「殺身成仁，捨生取義」，捨小而取大，仍是貴其生。西方人生命觀不同。如有人謀刺美國總統雷根，法庭判其有精神病，得無罪不死。西方人重視生命乃如此。謀刺雷根，不僅有傷雷根之生命。雷根乃一政治元首，群心所歸，所傷實大。然謀殺犯之生命仍當重。亦如雙方對陣而戰，一方敗而降，對方亦必受其降而全其生。中國則以戰敗為辱，將軍者更為大辱。故有「斷頭將軍」，無「降將軍」。西方人以生命愛國，中國人則以愛國為生命。斷頭而死，則捨其軀體之生命，以全其愛國之生命。而其生命，則依然可寄存在其他愛國者之同一心情中。故中國人視生命亦如一道。孔子曰：

朝聞道，夕死可矣。

不聞道，則不知己之生命之究為何物。交友亦有道，故與朋友交，亦我生命之所在。能交友，其人之生命始大。此其為義，亦有重於夫婦、父子、兄弟、君臣四倫之上者。

今欲宣揚中國文化，宣揚友道，亦一要端。如一國之政治元首，能廣其友道，多交名賢，即此一端，便可於世道有大影響。學者能多交其他專家，哲學、科學、文學諸家，多相與為友，此便於學術上有大影響。非僅讀其書，聽其言論，而尤貴於日常生活之相親。則在各自生命之內心潛存處，可各有轉移，各有融通；而其影響之大，則非具體所能盡。轉移生命，始是轉移文化一大關捩；而中國朋友一倫，乃於此有其深究之價值。

## (二)

人道有「相處」與「相交」。相處之道，如夫婦、父子、兄弟、君臣、朋友五倫，皆彼此相處融成一體；偶相交接，則彼此不相關切。老子曰：

有德司契，無德司徹。

契分兩半，雙方各持其一。老子曰：

聖人執左契，而不責於人。

其人即執右契者。夫婦之道，相互愛敬，「琴瑟友之，鐘鼓樂之」，此為君子之德。為夫者自盡夫道，不以責其妻。舉案齊眉，此乃孟光之德。為妻者自盡妻道，不以責其夫。父母之與子女亦然。父母之慈，於其子女，顧之育之，養之長之，非必責子以孝。子女之於父母則有孝。「天下無不是的父母」，雖父頑母嚚，舜之孝自若也。若必以道責人，此之謂「市道」，乃相交之道，非相處之道。以己所有，易己所無，交易各得其所，日中而散，與常相聚處者不同。

但父子一倫與夫婦一倫有別。父子乃「天倫」，而夫婦則屬「人倫」。「遊子寸草心，難報三春暉」，使非春暉，何來寸草？子女之生，來自父母，更勝寸草之與春暉。「投我以桃，報之以李」，孝心則本之性情，非以為報。或問孔子：

以德報怨，何如？

孔子曰：

何以報德？以直報怨，以德報德。

「報」乃人生之直道。孟子曰：

君之視臣如犬馬，則臣視君如國人；君之視臣如草芥，則臣視君如寇讎。

則事君之道，亦可以言報。「殺父之仇，不共戴天」，如伍子胥之報楚平王是也。而屈原則為宗親之臣，君亦宗親，則身分與伍子胥不同。作為離騷，沈湘以死，非以忠君，乃以報國。君之於我可言交，身之處國則非交。如岳武穆之於風波亭，亦報國，非忠君。

朋友亦如君臣，盡我忠信以交，斯已矣。朋友不忠不信，則不成為朋友。故中國人言人道，必言孝慈。推此心以處世，即執左契而不以責人也。西方人有「相交」，非「相處」，合則聚，不合則散，一皆人與人相交，此老子所謂「無德司徹」也。「徹」者，孟子「助、貢、徹」之「徹」，故王弼注

曰「法」。老子用此字，亦其書晚出之一證。西方人非以「德」相處，乃以「法」相交。而法亦創自人。誰創之？又使誰守之？故法必定於多數人之同意。多數人之意變，斯法亦隨而變，則人之處世，其道無定，惟隨多數意見而變。己又何得為多數？則惟有結黨。曰「黨」曰「法」，斯即道矣。故西方人乃知有「道」而不知有「德」。人之無德，何以處家，何以處國，何以處天下？不能處即不能安。一家不安，不能以法治；一國、一天下不安，亦不能以法治。不治則亂，亂則可稱曰「無道」。無德斯即無道矣。今國人乃欲創造「群」與「己」之「第六倫」，混中西而一之，亦所謂「風馬牛之不相及」矣。

西方人好分別，故離人以言道。若於人與人相處之外別有道，人乃遵此道而行，則又何自由可言？人不能離此道，道亦不離人以為道，故必合言之曰「道德」。西方宗教既主人生原始罪惡，則人之生本無德，必有待於「法治」。老子生二千年前，已知其事，故曰「無德司徹」，斯亦可怪也。老子又曰：

天道無親，常與善人。

此則老子亦分別人有善惡。西方人亦好分別，乃有所謂慈善事業；而行此慈善事業者，西方則不稱之為「善人」。斯誠無往而不見其有所分別矣。

西方人又分「眞、美、善」為三。眞則自然之眞理，美乃見於藝術，善則屬人之行為，但必信仰上帝而始有。則眞、善、美皆在人之外，不在人之內。要之，可謂無人之存在。苟有之，則惟見人之有「欲」，不見人之有「德」，則又何「人倫」之可言！

# 二九　中國文化傳統與人權

「人權」一詞譯自西方，中國向無此義。然最知人權大義，最尊重人權者，則惟中國傳統文化為然，並世其他民族難與倫比。

姑舉一例為證。中國自黃帝以來，即已明確成立一民族國家。一民族，一國家；一國家，一民族。道一風同，向心凝結。五帝、三王以下，土日擴，民日聚，而其為一廣土眾民大一統的民族國家，則不變不息，有進無已。秦漢以下，易「封建」為「郡縣」，而其為一廣土眾民大一統的民族國家則仍然。迄今五千年，並世各民族、各國家，誰與相比？苟非尊尚人權，又曷克臻此？

大學言「修身、齊家、治國、平天下」。身不修，即家不齊；家不齊，即國不治；國不治，即天下不平。此四者，層累而上，本末一貫，而以修身為之本。修身由「己」不由「人」，此即中國人之「人權」。一家之人盡能修其身，斯其一家齊；一國之人盡能修其身，斯其一國治；天下之人盡能修其身，則天下自平；無他道矣。

何以修身？大學「三綱領」即言其道，曰：

在明明德，在親民，在止於至善。

明德者，備於身而自顯。明其明德，如孝如弟，如忠如信，則自能親民。如夫婦相親，父母子女相親，又兄弟姐妹相親，則家自齊。所謂家齊，乃其闔家之人，人人有明德，人各自明其德而相親，斯之謂家齊，非有一法律臨其上而制之使齊。

人有明德，斯能相感。父慈可感子使孝，子孝亦能感父使慈。相親斯能相感，相感則更能相親。人之相處，能各以其德相親相感，斯即人生之至善。人生亦惟求能止於此至善，而更復何求？齊家如是，治國、平天下亦如是。人人自能之；而又必待人人之自能之，非可從外從旁有強力以使之然。此即中國人對「人權」之認識。故中國人權有八字可盡，曰：

樂天知命，安分守己。

中國人不言「人權」，而言「人道」。「道」本於人心，非由外力，此始是「自由」，始是「平等」。「權」則是一種力，力交力必相爭。力與爭則決非中國人之所謂道。中國俗語云：「力爭上流」，此亦指修身言。彼人也，我亦人也，彼能是，我烏為不能是？希聖、希賢，此即力爭上流，而豈與人

之相爭？

大學「八條目」在「修身、齊家、治國、平天下」之前，尚有「格物、致知、誠意、正心」四條目。「物」字古義，乃射者所立之位。射有不得，則反求之己，此之謂「格物」。射不中的，非目的不當，亦非射者之地位不當，乃射藝有不當。家不齊，非家人之不當；國不治，亦非國人之不當；天下不平，亦非天下人之不當；乃齊之、治之、平之者之自身之道有不當。過不在人，而在己，不能以己志不得歸罪他人。此尤中國人尊尚人權之大義所在。

故「格物」斯能「致知」，必先知有此規矩不能踰越，乃能反而求諸己，求方法上之改進，而一切正當知識遂從而產生。故孝子不能先求改造父母，「天下無不是的父母」，即父母而善盡我孝，此之謂人道。吾道所在，即對方人權之所在。豈得背棄父母不加理會，即顯出我之人權？換言之，在人有「權」，我斯有「道」。既人各有一分不可侵犯之權，則亦必有一套和平廣大可安可久之道，以相處而共存。其與高唱人權，相爭不已，高下得失，亦不待言而可知。

周武王伐紂，戰於牧野，紂之眾皆反戈。彼輩亦知紂之為君無道，武王始合君道，叛殷而服周，此亦紂眾之人權。自古不聞以紂眾之反戈為非者。然伯夷、叔齊則以武王不當伐紂，扣馬而諫，武王謂其「義士」而釋之。周有天下，伯夷、叔齊恥食周粟，餓死首陽之山。伯夷先曾以不違父志，讓國出亡。其弟叔齊亦不欲凌其兄而居君位，遂亦讓國偕行。兩人皆以孝弟修身而讓國，又豈能同意武王之出兵爭天下？然後世皆崇奉周武王，不聞以其革命為非。而孔子稱伯夷為古之仁人，孟子尊伯夷為

聖人。人生必有群；君者，群也。有群則必有君，故尊君亦愛群一大義。君有一時之善惡，而君臣上下，乃千古之大防。伯夷之存心，亦惟此千古人群之大防。故孔子稱伯夷「求仁而得仁」，與周武王之弔民伐罪同得稱為「仁」。當孔子之時，君道已久不行，孔子雖尊伯夷，而亦未效伯夷之隱遁餓死。孟子稱「伯夷聖之清」，乃聖中一格。孔子為「聖之時」，則為集聖之大成。而周武王與伯夷與孔子，乃同為中國古代之聖人。要之，自盡其心，自明其明德，自修其身，自行其道，及其至，雖事業有大小，地位有高下，而同得為聖人。由此亦可覘中國文化傳統之大義深旨所在。

中國古人又以「經」、「權」並稱。經，常道。然道雖常而必有變，衡量其是非、利害、得失、大小、輕重而為變者，稱為權。故經必有權，而權必合經。變之與常，是一非二。多數人惟當守經守常，惟具大智慧、有大見識之少數人，乃能通權達變。孔子「述而不作，信而好古」，歷史經驗乃人道守經守常之所本。然孔子又曰：

人不知，而不慍。

又曰：

知我者其天乎？

此乃孔子之隨時代而通權達變處，豈盡人之所知？故孔子「十有五而志於學，三十而立，四十而不惑」，此乃其為學之守經守常階段。及於「五十而知天命」，乃其為學之上躋於通變之階段，又豈人人之所能企？

故孔子又曰：

弟子入則孝，出則弟，謹而信，汎愛眾，而親仁。

此乃多數人所當守。又曰：

殷因於夏禮，所損益可知也；周因於殷禮，所損益可知也；其或繼周者，雖百世可知也。

此則少數人始能知，斷非多數人事。知識不平等，亦可謂即是人權不平等。然人權終有一平等處，則即修身是也。修身有高下，人各不同；但亦有一平等處，即人人對人當知有所尊、有所親。果使人人知修身，則人之在大群中，亦必各得有尊之、親之者，而治平大道亦盡是矣。

西方言人權，主要乃為多數人言。人人有權，各自平等，各有自由，遇有爭端，惟賴法律為解

決。然法律不教人有尊，不教人有親，僅保衛各人之權利，禁人之為非作惡而已。中國人言道，則主在教人知所尊，知所親。此尊與親之兩種心情，最是人權基本所在。果一付之法律，法律豈能強人孰尊而孰親？重法而輕道，則人權終不立。

大學一書，在中國成為一部人人必讀書，已逾六、七百年之久。大學言修身，乃教人在大群中如何做一人。西方注意教育普及，乃正名為「國民教育」，其意在教人在某一國之政府下如何做一公民。教人在人群中做一人，與教人在某一政府下做一公民，此兩者意義價值大不同。在上者既要求民眾在其政府下做為一公民，斯在下之民眾勢必要求對此政府有預聞之權。此一要求，乃成為近代民主政治之理論根據，而政治遂成為多數人之事。大學又言：

自天子以至於庶人，壹是皆以修身為本。

則依中國之道言，多數人欲預聞政治，仍必先自修身。孫中山先生根據中國自己文化傳統，乃有「權在民，而能在政」之辨。民眾有權要求政府用人選賢與能，政府不賢能，決不能久安於位，此即「民權」。然選賢與能，則非多數民眾之所能，其事仍當由政府少數賢能者任之。中山先生乃於「五權憲法」中特設一「考試權」，不僅「被選舉人」當經考試，即「選舉人」亦當先經考試，此始有符中國傳統文化之深義。

抑且在人群中做一人，必當知有尊，知有親；必當知謙虛，知退讓；必當知與人和、不與人爭之大義。果使稍受中國文化傳統修身大教之陶冶，而使其人出頭露面，在街頭大眾前，自誇己長，指摘人短，以博取多數之選票，則必恥此而不為矣。果使西方民主政治結黨競選之風氣普遍流行於吾國，則國人向來所受修身大教，主謙主讓，主退不主進，主和不主爭，群認為人生美德者，勢必淪胥以盡。而伯夷之「清」，柳下惠之「和」，雖其德性修養已臻於聖之境地，亦將不得預於競選之林。即以伊尹之「任」，亦當隨時代潮流而變其風俗。至如孔子之「時」，則不知對今日之民眾競選，將具何意見，抱何態度？要之，當前之所謂民主政治，一切棊範在西方，不在中國，則身為中國人，惟有作東施之效顰，邯鄲之學步，亦復何「人權」之可言！

文化傳統本有相異。西方政教分，宗教信仰獨尊耶穌、上帝，不尚多數。西方政學亦分，學術各部門，科學、哲學、文學等，各有專門，各有權威，亦不尚多數。惟近代民主政治則轉而尚多數。每一事之是非從違，即從舉手與投票之多少數而定。其言「人權」，亦指政治言。中國文化傳統則政教合，政學亦合；惟學術必在政治之上。未聞不受教，不尚學，無知無識，亦得與聞政事者。不先修身，焉得問政？西方人主分，故於人事中，政治亦獨立分出為一項；中國人主合，則政治亦只視為人事中一項。政治領袖與社會平民，職位有高下，而其為人大道則仍合一不分。惟當一政治領袖，其權大。所謂「權」，乃其通時達變之權。故為一庶人，能守經守常即可；為一政治領袖，通時達變，須具大智慧、大見識、大修養、大決斷，庶可勝任。中國歷史上，歷代帝王能勝任愉快者，實不多，猶

賴有政府中其他文武百官，輔之弼之，承之翼之，以共維此大業；但猶治亂相乘，不易見常治久安之局。一部二十五史，言之非不詳，而豈「帝王專制政權」之六字所能恰當表達之？今吾國人，又奈何不重視吾五千年相傳民族國家之「民族權」與「國權」？五千年來，凡吾國人所能組織成此一廣土眾民大一統之民族國家，以緜延長久而不壞，其所經營，豈能不聞不問？而僅曰：「我有人權，我亦當預聞國事。」乃不惜釀亂以相爭。則國人必曰：「西方進步，我豈能故步自封，常此守舊而不前？」則試問：西方之進步又何在？自第一次、第二次世界大戰以來，西方實在退步中。美、蘇對立，豈即英、法之進步。兩次大戰後，不知警惕，不加謹慎，大戰之再起，又豈即是美、蘇之進步？今日美國總統以「人權」二字來呼喝蘇聯，而蘇聯人則以整軍經武為對美國爭國權之惟一上策。苟無國權，又何有人權？人權乎！人權乎！其終將以何辭作解答？竊恐在西方亦未有一定論。我國人追隨其後，恐終亦望塵而莫及。

茲當遵依中國文化傳統來試釋西方所言之「人權」。竊謂人權當不屬於分別之個人，而當存在於和合之群體。人之處群必有其道，必當有所尊，有所親。人生來自父母，中國人提倡孝道，為子女者必當對其父母知親知尊；斯則為父母者，必各得其受尊受親之地位；此可謂天賦之「自然人權」。人之處群，所當尊親者，不只父母；推此知有尊知有親之心情，以修之身，而見於行，斯其人亦必受人之尊親；此可謂乃經文化陶冶之「人文人權」。由此道，而使人群成為一相尊相親之人群，亦為一可尊可親之人群。國治而天下平，即在是。

西方人重個人主義，乃謂人權分屬個人，爭富爭強，自尊自親。近代西方國家之帝國主義，乃至其社會之資本主義，胥由此根源來。但耶穌言：「富人入天國，如橐駝鑽針孔」，是耶穌不教人爭富。又曰：「凱撒事，凱撒管」，上帝不管凱撒事，則凱撒當非可尊可親，是耶穌不教人爭強。惟西方政教分，故在政始言人權，在宗教則不言。人生與罪惡俱來，豈有權爭入天國？

中國孔子之教，與耶穌又不同。孔子「五十而知天命，六十而耳順」。凡所聞人之一言一行，入於耳而皆順。蓋孔子至是始知，凡屬人，皆有一分天命在其身，故皆可尊，皆可親。惟當有所教導感化，以使歸於正，故能所聞不逆。至七十則「從心所欲不逾矩」，此心能對人知尊、知親，而能達其極，斯我心自無不是，乃可從其所欲而不逾矩矣。若使對人不知親、不知尊，斯其人即不足尊、不足親。此乃中國文化要旨。惟耶穌則教人對上帝當知尊、知親而已。至今日之言人權者，除其小己個人外，果誰當尊、誰當親？如謂惟當各別自尊其個人之地位，自親其個人之利益，而人與人之間，既互不相尊，亦互不相親，則所謂人權亦僅一法律名辭而已。若謂法律可以齊家，可以治國，可以平天下，則除上帝外，誰能來制定此法律？故中國人向不重「法」，而一切最後則歸之於「天命」。天命則猶人生中最高最大之法律。然誰知此天命？則仍貴由少數以達於多數。中國教人，惟教多數親少數，尊少數，而豈尊多數個人各自之人權？然果使吾國人能對此五千年炎黃以來，歷祖歷宗所艱難締造之民族國家、歷史文化傳統，古聖先賢之嘉言懿行，知所尊，知所親，則道在邇，不煩求之遠。中國人權即可由此而得。

今人言「人權」。「權」字本義為權衡，舜父頑母嚚弟傲，日以殺舜為事。何以處其家？此須舜之自作權衡。周武王伐紂，伯夷、叔齊扣馬而諫，武王不從。既得天下，伯夷、叔齊耻食周粟，餓死首陽之山。陽貨欲見孔子，孔子不見。陽貨時其亡而往拜之。孔子是否當答拜？則須孔子之自權。楚聘莊周以為相，允之拒之，則待莊周之自為權。司馬遷以死罪下獄，非出五十金贖，則自請宮刑可免，亦待遷之自權。嚴子陵垂釣富春江上，光武招之，仕乎否乎，亦待子陵之自權。曹操封關羽以漢壽亭侯，留乎去乎，亦待關羽之自權。岳飛出師朱仙鎮，朝廷以十二金牌召還，父子終死風波亭下。文天祥在蒙古獄中，為正氣歌，卒赴刑場。曾國藩以在籍侍郎辦團練自衛，應鄰邑之呼援，卒以平洪楊。即如為陳勝、吳廣，為黃巢，為李自成、張獻忠，為吳三桂，為洪秀全、楊秀清，何亦非其自權？又何一非其自由？以上不過偶舉其例。讀一部中國史，皇古不論，唐虞以下四千年，即一部人權史，亦即一部自由史，豈不昭彰已顯？

中國人分人為「狷」，為「狂」，為「中行」。孔子所最不齒者為「鄉愿」，「生斯世，為斯世也善，斯可矣」。此非其人自為權衡之一種自由乎？即如一部西洋史，希臘人亦自權自衡，自由為希臘人、羅馬人。中古封建社會，近代國家資本主義、帝國主義諸色人等，亦何一不然？直至晚近世，始有「自由」之呼號，更進而有「人權」之主張，此非一可怪之事乎？試一比讀中西雙方史，始知其深蘊之所在矣。今國人則群以不知自由、不知人權為中國古代人耻，不知其較鄉愿之可耻又如何？

# 三〇　簡與繁

人生有喜走向簡單，有喜走向繁複，此亦中西文化一歧點。姑以音樂為例，中國在三千年前即極知重視。其時樂器有金、石、絲、竹、匏、土、革、木八種，但以絲竹為主。詩曰：

鼓瑟吹笙。

絲音之主為琴瑟，此後漸變出箜篌與琵琶。琵琶彈奏自較琴、瑟為簡單。又其後有胡琴，不用指彈，只用手拉，只兩弦，更簡單。笙如莊子所謂之「比竹」。其後僅用一管，如簫、笛，亦更簡單。明代崑腔以笛為主，清代皮黃以二胡為主，皆極簡單。其他樂器皆屬配音，亦有趨於簡單之致。中國人重視人生之整全體，一切發展盡視其對此整全體之功用與影響而定。

中國古人重視禮樂，禮為主，樂為副，樂當配於禮而行。書有言：

詩言志，歌永言，聲依永，律和聲。

樂以配於詩，言語則配以文字。詩以言志，所謂「志」，實屬情感方面。尚書所言皆關政治，故用散文體；詩以表達情感，故用韻文體。所言不同，文體亦隨之而不同。情感不易言宣，喜怒哀樂，有無可言者；情志深處，又決非一兩語可為表達；則惟有表達之以聲。如哀則哭，喜則笑。然哭笑又嫌太簡單，仍不足以深達人心之深處，遂有歌以代。我之情志，只一語可盡，而又萬語千言不能盡，則以詩以歌。詩限於文字，仍屬言；而歌則永其言，使其一語纏綿，反復而不盡，此所以達吾之情。又依聲而副以樂，使吾之歌更盡其纏綿反復，悱惻動人，而吾志遂庶可達。是情為「志」，「言」副之，「詩」又以副言，「歌」則以副詩，而「樂」則又以副其歌。其間有主有副，而副則終不當轉而為主。如人無情志內蘊，何來有詩有歌，更不必有樂。故樂之在人生中，少可自發展，自為主，以成為人生中一獨立項目。此乃中國人生主要趨嚮之一例。

試再以旁例說之。禮，婦有容。而戰國策言：

女為悅己者容。

此又不同。其意不在禮，而在情。女之有情而為之容，亦如唱詩言志，以永其言而已。故此女之為容亦決不違於禮，非特為容以求取悅於人，猶歌者之非特為此聲以取悅於人。失其本主，而徒求取悅於人，於是音樂乃始在人生中自有其獨立發展之前程。中國人則不樂有此等獨立發展，遂稱之曰「淫聲」。淫，多餘意，如稱「淫雨」。女有淫色，樂有淫聲。聲與色，在人生整全體中，皆有其正當作用，因亦皆有其意義與價值；多餘則為淫為害，為中國人生所力戒。

古詩三百首之配有樂，此本有甚深意義。但古樂漸衰，今樂日興，樂聲漸趨於淫，後人乃僅誦其詩，而不復配以樂。故至漢代，有詩經，無樂經。因古樂淪亡，而今樂又日趨於淫。經學家講究人生，不再加以提倡。然歌與樂之在整體人生中，終不能缺。燕人送別荊軻，歌曰：

風蕭蕭兮易水寒，壯士一去兮不復還。

此亦詩以言志。「壯士一去不還」六字，豈能盡當時送別者之情意？然亦僅此六字可言，乃只有加以歌唱，以永其言。當時亦或可有人隨帶樂器，配合歌聲以為之和，而庶可更多其表達。惟記者則僅言送別者之歌，而未及其樂。此即古詩三百首中風詩之流變。項王困於垓下，而有「虞兮虞兮奈若何」之歌。試問此七字，內涵項王當時幾許心情，非以詩歌唱，其何以達。但此垓下之歌，以當時情勢言，決不附配以樂器，亦可知。但以樂副歌亦人心一種至深厚之自然要求。後人言：

絲不如竹，竹不如肉。

則歌聲自勝於樂聲。但樂聲之附帶於歌聲，則此下中國一部音樂史終屬常然。

漢高祖以一泗水亭長貴為天子，衣錦榮歸。豐沛父老，鄉里民眾，集會歡迎，高祖有「安得猛士守四方」之歌。較之項王垓下之歌，一喜一悲，而亦憂深思遠，有其說不出、說不盡之一番心情，付之一歌，附之以樂；此與垓下情勢大不同。但此等音樂乃始於人生有大意義、大價值，亦可謂乃漢初開國一氣象，豈僅為音樂歌唱而止？在中國文化體系中，音樂不能有其專門獨立之發展，此等妙義，又豈盡人可知？

武帝在位，始命李延年廣搜各地民歌集為樂府，此亦三百首中風詩之遺響。能下察民情，瞭解各地之風俗疾苦，此亦為政一要端。然而時變世易，一千年前周公制禮作樂之深情密意，漢武時已不能追求恢復，此亦無足深怪。要之，音樂乃中國文化體系中一要項，則無可否認。

曹孟德揮兵南下，而有「月明星稀，烏鵲南飛，繞樹三匝，無枝可依」之詩。蔡文姬自匈奴南歸，而有胡笳十八拍之歌。凡此之類，皆淵源深遠。下至唐代，七言絕句，仍皆付之歌唱。其事多見於唐人之傳奇雜載中。宋代則有詞，元代則有曲，文學流變，但亦多副之以歌樂。至於絲竹樂器，雖多獨立吹奏，但終不得謂在中國文化傳統中，音樂有其獨立發展之一途。如明代之崑曲，清代之平

劇，樂器演奏，皆佔重要地位。但其演變，主要在文學一端，而音樂則僅為其附屬品，亦不待深論而可知。

今論文學。詩經為三千年前一部文學總集，為中國文學傳統之鼻祖。此下三千年之中國人，無不愛誦知敬。即近代國人提倡新文學，排拒舊文學，亦於詩經尙少詬詈。竊謂專就此書，正可闡申中國文學之特性。孟子曰：

詩亡而後春秋作。

春秋之為史，含有極濃之政治性，而孟子不以春秋繼尙書，顧以繼詩經。窺其意，尙書只收集一些政治文件，乃歷史材料，而非一部歷史著作。詩經則包羅西周一代，遠自后稷、文王以來，又旁及列國諸侯，既富社會性，更富歷史性。其在西周一代政治上之實際運用，亦更重要過於尙書。苟不熟當時之政治情況，即決不能窺其詩中大義妙用之所在。此可說明中國文學自始亦即無其獨立性。換言之，文學亦當在文化之大體系中而始有其地位與價值。樂以輔詩，詩以輔政，必與其他事項會通配搭，始能於人群大道社會整體有其相當之意義。詩言志，志亦然。其他事項莫不然。此為中國文化傳統一大特色、大要項所在。

孔子曰：

誦詩三百，使於四方，不能專對，雖多，亦奚以為？

春秋時代，國際外交多以唱詩代達辭令，其事具詳於左傳。孔子又曰：

不學詩，無以言；不學禮，無以立。

人與人相交，必以言語傳達意志，而又戒直率冒犯，故以詩代言，斯則最為有禮。國際外交辭令，尤為重要。孔門四科，「言語」猶在「政事」之上。如是言之，修身、齊家、治國、平天下，皆有待於學詩。孔子又曰：

人而不為周南、召南，其猶正牆面而立也與？

面牆而立，豈處群之人道？則詩之為用，不僅以言志，乃使言與言相接，志與志相通，人生之整全體由此而立而成，豈僅以取悅於人或擅名於己，而有音樂與文學之發展？

離騷繼詩經而起，同為中國文學古遠之鼻祖。「離騷」猶「離憂」，乃由屈原之憂心而作。然屈

原所憂，不在其私人，而在其宗邦。忠君愛國，志不得伸，終於沈湘而死。非知屈原其人，非知屈原之時代，非知屈原當時之天下，即不知屈原之所憂，亦即無以讀離騷之為文。故欲通離騷，首須讀史記屈原列傳。知其人，知其世，乃能談其文。亦如不知周公與其時代，即無以讀詩經三百首。故中國傳統文學，必與史學相通，必與其作者之身世，與其當時人生之整全體相通，乃知作者之志之所在，而其作品之意義價值始顯。換言之，即文學非有獨立價值可言。文學之意義與價值，乃不在其文學之本身，然後乃得成其為文學。此又豈今日所謂文學專家之所得預知！

詩如此，騷賦如此，即散文亦然。戰國時文字最為後世傳誦致敬，認為文學之上乘楷模者，有樂毅報燕惠王書。讀此書，當先知樂毅其人、其身世，及其離燕去趙之經過。知其人，讀其書，又當論其世。必先有知於當時之人生整全體，以及作者個人之所志所立，而尤要者，則在讀者所自立之志，如是始可會得其作品之精義妙道所在。若必脫離一切，專以文學言文學，則中國文學決不如此。

繼樂毅報燕惠王書後，有諸葛武侯之出師表。諸葛武侯高臥隆中，即以管仲、樂毅自比，斯其有志當世為一大政治家可知。然其出師表言：

苟全性命於亂世，不求聞達於諸侯。先帝三顧臣於草廬之中，遂許先帝以馳驅。

則其出處之間，亦可謂略與樂毅相似。所謂「苟全性命」，苟不知人生之整全體而有其所志，則何為

「性」，何為「命」，亦豈易言？逮及荊州失守，劉先主逝世，大局不可為，諸葛固已知之，故曰：

鞠躬盡瘁，死而後已。

此亦即全其性命之所在也。此種為人處世之大志大節精神所在，苟非有通於我中國傳統人生大道，即人生之整全體，則又何足以及此？故非其人則無其文，非其志、非其世則無其人。樂毅與諸葛武侯，時代不同，此為「命」不同，而兩人之於「性」之表現亦若有不同，此兩文遂亦不同。以此兩人比之屈原、周公，又不同。故曰：

苟日新，日日新，又日新。

文學亦日新又新，墨守前人成規，豈得成為一文學？但又豈立意創造之作品，乃得成為文學乎！

上舉周公、屈原、樂毅、諸葛亮四人，皆從事政治，隨其所需，而得創造出中國文學之極高榜樣。而在四人之當時，可謂乃尚未有「文學」一觀念之存在。此四人亦絕未想到撰出文學作品，成為一文學家。中國人開始有文學觀念，可謂即在諸葛亮同時之曹操，即後世所謂之「建安文學」。操子丕乃有典論論文一篇，備及當時諸文學家，而曰：

文章，經國之大業，不朽之盛事。

後世之有文學獨立觀當始此。但必以文章為經國大業，是其文學觀仍未能脫離政治觀之證。晉、宋之際有陶潛，唐代開元、天寶間有杜甫，皆未於政治上有表現，而獨以文學擅名。然彼兩人心中，亦何嘗欲專為一詩人或文學家？韓愈「文起八代之衰」，為「百世之師」，而曰：

愈之所志於古者，不惟其辭之好，好其道焉爾。

則亦豈專一有志於文學而以古文家自命？即如十國時之李後主，及南宋之辛棄疾，亦何嘗欲專成一詞人？近代國人，乃專認元代明初之劇曲、說部為文學，因其略有似於西方文學之所為；不知其特為中國文學中一歧流、一別派、一旁枝。時代人物不同，而作品亦隨而變。上述古人多求在時代中做人，近代國人乃求特出時代，在時代外做人。讀古人之作品，當先知其作家。讀近代作品，可不詳究其作家。亦可謂中國一部文學史，凡其作品乃均涵有作者之一番苦心存在，而此心當不得僅謂之文學創作心，乃正胚胎於全體文化之傳統中而生此心，亦非別有所創新。清初，金聖嘆以董解元之西廂記，施耐庵之水滸傳，媲於莊周、屈原、司馬遷、杜甫，定為中國「六大才子奇書」。此實不失為一種通識。

聖嘆亦在異族政權統治下，故特寄意於西廂、水滸之作者，而豈如近人之強為區分，必以開新除舊之見羼其中乎？

小戴禮大學篇提出「修身、齊家、治國、平天下」四項，條貫而上，為人生之大本要旨。中國並無「社會」一名稱，所謂「天下」，實猶西方人所言之「社會」，而廣狹不同。西方「社會」在「政府」之下，中國人言「天下」，則在「政府」之上。政治乃人群中一組織，然所能講究治理者亦有限。「天下」則更超「政治」之上，猶言「人道」尤超於「治道」之上。小戴禮禮運篇言「天下為公」，即指普天之下之全人群言。古今中外全世界人，言「社會」則花樣百出，言「天下」則全體如一。簡單、繁複之分別，主要乃在此。

周公事業主要終在政治上，孔子事業則超乎政治而在天下後世人群大全體上。中國人尊孔子為「至聖先師」，其地位尤超堯、舜、禹、湯、文、武、周公而上之。中國人又言：

作之君，作之師。

師道當猶在君道之上。此又中國人一特有觀念。

范仲淹為秀才時，即以天下為己任，先天下之憂而憂，後天下之樂而樂。其時宋以外尚有遼與夏，天下分裂；仲淹僅為宋朝一秀才，未登仕途，乃即知以天下為憂。此惟中國傳統之士，乃有此

想。仲淹極推東漢嚴子陵。子陵值光武東漢中興，垂釣富春江上，不出從政，其出處進退實有關人道之大。孟子稱伊尹「聖之任」，伯夷「聖之淸」，柳下惠「聖之和」。莊周、屈原、陶潛、杜甫，不從事政治活動，而同受中國後代人崇奉。其仕其隱，亦有外在條件。為淸為和，同得為聖。顧亭林有言：

> 國家興亡，肉食者謀之；天下興亡，匹夫有責。

其言「天下興亡」，乃指人倫大道，風俗民情，即人生之總全體，近人謂之「文化」。政治僅文化中一項目，在政治上無可用力，猶可在天下更高處、文化之廣大面用力。惟其用力中心則在各己個人身上，至為簡單。苟無此中心，則時地不同，性情不同，各有志向，各自努力，各闢途徑，互不相關，並生衝突。在人事繁複中，亂端迭起，而無一共同大道可遵，乃僅於繁複中求其融和會通，此事甚難；西方社會即如此。

希臘乃一商業社會，各人經商道路不同，向外發展，相習成風，影響及於學術界。如文學，不重作者從人生內部深處自吐心情，以獲讀者之同感；專從外面獵取戀愛、戰爭、神話、探險等題材，講造故事，曲折離奇，緊張刺激，取悅人心，消遣娛樂，斯即至矣。所謂文學之美，在外不在內，在事不在心。如此發展，乃於人群大道日趨日遠，轉增紛擾。

又如音樂，中國重由內發出之心，西方重向外發展之音。故中國音樂與文學常能融合為一體，而西方則音樂、文學各自獨立，分別成兩途。以樂器言，如中國之笙，轉入西土，演變為風琴，組織繁複，音聲之變，日漸超越。尤其如各樂器合奏，益增繁複。音樂乃若離開人生，別有一境界獨立在外，待人尋求，由人發現。不知音樂本亦從人生內部發出，如鳥鳴獸啼，在鳥獸內心自感舒暢。西方音樂則變而益遠，至少由聲動心，非由心發聲。愈失其簡單，愈趨於複雜，遂使人生問題日漓而失眞。

更如希臘有哲學，乃為人生要求認識問題、解決問題之一項學問。但亦不本之於內，而主向外尋覓，乃有「宇宙論」、「形而上學」等討論。而在中國則無之。中國所謂「一天人，合內外」，仍主反就己心自找出路。故論語論「仁」，孔子並未把自己意見組織成一套「仁的哲學」來自我發揮，只就其門人隨問隨答，留待問者之自悟自定。儒家如此，道家亦然。凡屬中國思想，都不獨立成「哲學」一門，亦並不講究「邏輯」，強人服從。但由此卻正見其自信之深。孔子曰：

人不知而不慍。

又曰：

知我者其天乎！

但自信深，而對人則有仁有禮；此即中國之人道，亦可謂即是一種人生哲學。西方則如亞里斯多德言：

我愛吾師，我尤愛真理。

惟求自伸己見，恐人不信，多方作證，成篇累牘，著作專書。但多外面發揮，而己心之內蘊則轉少。人生外部何等廣大繁複，道路分歧，景象各別。聰明智慧無繼承，無積累，各自向前，乃終不能有一共同之定見，則又何所謂「前進」?所進則惟日趨複雜而已。

孔子卒，墨翟、楊朱競起，皆反孔子。孟子則曰：

乃我所願，則學孔子。

各人為人群一中心，皆可自擇其所學。一世盡臻於亂，而我一人仍可自學自修以臻於自治。孔子曰：

後生可畏，焉知來者之不如今？

孟子即孔子之後生。孔子能自修其身，孟子亦然。兩千年來願學孔子者多矣，各得自修自治，不隨一世以俱亂，人道遂終得一大傳統，與天地以俱存。孔子畏後生，此誠一種甚深之人生哲學，而自信之堅，亦建基於此，豈待言辯？孟子曰：「予豈好辯哉？予不得已也。」今誦孟子書，其所謂「好辯」，亦與西方哲學中之「辯學」有不同，其故可作深長思。

莊周與孟軻略同時，兼反儒、墨，唱為「齊物論」。孟子曰：

物之不齊，物之情也。

階前小草，豈能與千年古柏相齊？牆角一老鼠，豈能與深山猛虎相齊？莊子則以比竹「人籟」、眾竅「地籟」為喻。風為地籟，兼眾竅聲為聲，「吹萬不同而使其自己，咸其自取」。眾竅自發聲，合為一和，「泠風則小和，飄風則大和」。風非有聲，乃和眾聲以為聲。人間世群言共鳴，合成一大共和聲，豈能以一聲蔑眾聲？然莊子則效大鵬高飛遠走作「逍遙遊」，但世間除大鵬外，亦自有鷦鷯，不妨兩存。此其意境何等恢宏，亦何等豪放！

其實儒家亦與莊周持義無大相異。孟子告曹交：

子歸而求之，有餘師。

不屑之教誨，是亦教誨之矣。孔子曰：

有鄙夫問於我，空空如也，我叩其兩端而竭焉。

鄙夫亦自有其意見，孔子亦只就其意見推及其正反兩端而加以叩問，使此鄙夫自有所取捨，執中亦出其自取。孔子之所最惡者曰「鄉愿」，以其隨眾無己見。孔孟亦何嘗欲以一聲掩眾聲？但孔子又曰：

君子之德風，小人之德草。草上之風必偃。

孟子又曰：

待文王而後興者，凡民也。若夫豪傑之士，雖無文王猶興。

豪傑之士，即猶莊周之言大鵬。故儒、道兩家，義非大殊。中國三四千年來一部思想史，實乃集眾呼聲成一大和，如吹笙管，眾口一聲，先後一調，誠可謂簡單之至。

西方人則各務自創一調，自成一聲，以不和互異為尚。不自闢蹊徑，則不得認為一思想家。故一部西方哲學史，則日趨繁複，不相協調，而成一爭衡不統一之局面。循此以往，爭衡愈多愈烈。宗教若求大同，然宗教與哲學仍不和，仍有爭。

科學則更多歧，更繁複，更以啟人爭。故西方學術最後乃歸趨於科學一途，惟求知物，不求知人。人亦物中一物，與物為伍，乃至從物為奴，而人事乃更趨於複雜。果使有物無人，宇宙重反於大自然，則較當前人世豈不轉趨簡單化？豈此乃非人性之所嚮往乎？即以醫學言，中國人認人身一體，醫理亦力求簡單。西方醫學重解剖，病生一處，即加割除，其對全部人生亦如此。希臘病，割除希臘；羅馬再病，割除羅馬；全部歐洲史，直到現在，依然如此。一部西洋史，乃一部人類病痛割除史。歷經大手術，病痛越大；愈求簡單，愈趨複雜。中國則四千年來依然一中國，首重衛生調養，割除大手術極少應用。此亦「簡單」與「繁複」之一具體明例。今人乃謂中國無科學，焉得如孟子之好辯者起而辯之！

總之，中國主從整全體來推申及於各部分，故其事簡單；西方主從各部分來會合組成一總全體，則其事繁複。何以有此歧趨？則散見本書各篇，此不一一詳論。

# 三一　尊與親

## （一）

「天、地、君、親、師」五字，始見荀子書中。①此下兩千年，五字深入人心，常掛口頭。其在中國文化、中國人生中之意義價值之重大，自可想像。但在西方則似乎僅有「天」與「君」兩字。耶穌自稱為上帝之獨生子，上帝事由他管，凱撒事則由凱撒管。天上、人間劃然分開。但他則由凱撒管了，釘死在十字架上。此後羅馬皇帝亦信了耶穌，但上帝只管皇帝之死後，人間事則仍由皇帝管。一時有「神聖羅馬帝國」之想像，但終於做不到。政教分離，「天」與「君」在西方遂生、死兩界分

① 編者按：此五字非荀子原文，此處云云，蓋溯其原而稱之。荀子禮論篇原文為：「天地，生之本；先祖，類之本；君師，治之本」。此下各篇同此者，不另注出。

別為兩尊。

孔子亦尊「天」，論語可證。莊老道家，以及鄒衍陰陽家以下，乃「天」、「地」並尊。有些處則「地」代表了「天」。天高高在上，那管得塵間私人一切事？塵間私人亦無法一一接到天，於是在人間由「君」來代表天。西周統一天下，上推文王為開國之君，乃言文王之神在天，克配上帝。諸侯來朝，皆祭文王；在其國內則只祭其境內之山川，所謂河嶽之神是已。民眾則只祭土地神，即所謂「社」。「稷」為五穀神。天子祭社稷，則天上、人間同有尊崇，融成一片。而人間則自有尊卑之別，故民眾不得逕祭天，只祭土地神。

周文王天下同尊，祠在京師，列國諸侯須赴京師與祭；在其國內，惟得祭其開國之祖，不得祭文王。卿大夫亦各祭其祖，須陪赴諸侯之祠，始得祭其國君。故惟上帝與天子乃天下所共尊。此下則人各私其私，親其親；天子則以至尊待天下以至公。此下諸侯、卿大夫各等職司，層累而下，斯民各得所親，可各伸其私；層累而上，以獲天子與上帝至尊之兼顧。故俗言「天高皇帝遠」，尊而不親，而仍覺其可親。此乃中國人文大體一極細密之組織，務使此總體之尊而可親，此乃其極深用意之所在。

西方如古希臘，尚未成一國。城邦分治，選民集議，亦並無一共尊共親之對象。故希臘社會，實為一無尊無親之社會。個人主義之功利觀念，遂得普遍流行。

羅馬帝國建立於武力，故其社會，乃有尊而無親。耶教傳入，群信上帝天國，仍是有可尊而無可親。或可尊在上帝，而可親則僅在凱撒。羅馬人亦知有家庭，但尊父，稱「父系家庭」，社會則尊法

律，故仍若有尊無親。則大群集居，宜趨於崩潰，而無可收拾。

中古封建時代，堡壘貴族亦各仗武力，若論大群，則亦無可歸嚮。當時有「神聖羅馬帝國」之幻想，欲依上帝神權來統治各貴族，以教廷之教皇為代表，其地位乃高出封建貴族之上。然政教終屬分離，教皇實無權力來統治貴族。於是私人內心要求直接上帝，則反覺教皇橫梗其間，乃有馬丁路德之新教興起。實際則終有「文藝復興」之城市興起，此乃「希臘型」之復活。繼之而有現代國家，則為「羅馬型」之復活。於是政治所尊在人間，宗教所尊在天上。而帝王專制，終非可尊，遂又有「人權運動」之革命興起。政府改為民選，政治元首成為「公僕」。「獨立、平等、自由、人權」之呼聲，彌唱彌高，人類大群，乃無一共同所尊。於是在國內則爭財富，乃有「資本主義」；國際則尊武力，乃有「帝國主義」。西方社會乃徹頭徹尾，只向個人主義之功利觀念一途上前進。

至於宗教所尊之上帝，則轉覺各人可以私下相親。但耶穌明說：「富人上天國，如橐駝鑽針孔」，而資本家大富翁，仍亦信上帝，似乎上帝亦仍許其進入天國。此如父母之親其子女，子女雖驕縱，父母終亦不忍深究。是則上帝之道，亦不能如人世界父母之教子以義方，當終不能領導此世界，惟留人一條可親之路而已。故近代西方雖自然科學備極發展，天文學、物理學、生物學新發明競起，處處與宗教信仰有衝突，而科學、宗教終亦並存，不忍放棄其一，亦只為此。

中國社會則不然。雖說「天高皇帝遠」，而「地」在天之下、君之上，則可尊又可親。人生必在地，天亦必倚於地而見，政亦隨於地而施。「普天之下，莫非王土；食土之毛，莫非王臣」，天、地、

人之關係，亦可據是而見。故地之可尊，一如天與君，而其可親則過之。中國人言「天人合一」，其最顯見者，則莫過於「人」、「地」之合一。凡一名勝，必有古蹟；凡一古蹟，皆成名勝。聖賢明德，乃與河嶽山川結不解緣，同尊同親。即如城隍土地神，到處有之，皆與其地之孝子烈女、忠臣義士，亦同尊同親。人生地上，後人乃若與前人同群同生，長宇廣宙，融成一可親可尊之境。故中國古人，言「天」必兼言及於「地」。中國人之「天地」並言，亦中國文化一特徵。又由土地而旁推及於金、木、水、火，地上萬物，合為「五行」，同此德，亦同此心，可尊可親。人地合一，乃天人合一之具體實證，而為人生之最安樂之所在，亦為人死之最後歸宿處。中國人從未認為人死必離開地而升上天去，此亦與西方信仰一大不同處。西方人之視地，則惟有利用價值，既不親，更亦無足尊。而中國人之人群相尊，尤其尊「師」，乃有更在其尊「地」之上者。

人之有生，賴於父母。故父母之尊，實可上擬於天，而親尤過之。中國五倫最重孝，孝為百行之首。故父母之尊乃在君之上。中國人只言「移孝作忠」，可見人當先有孝，亦必共有孝。出而從仕為臣者，遇父母喪，必告假乞歸，守哀三年；君喪則無此禮。故不孝則非人。既有孝，斯必有尊有親，不能有個人主義。人之孝其父母，乃本其有生之情義，非為功利。孝如此，百行亦當然。天地生人，亦非為功利，乃一大自然。中國人言道義，亦一本於大自然，故曰「殺身成仁，捨生取義」，仁義亦天地大自然。故人亦必以仁義為情義，而豈功利之足云！

明此「天、地、人」之自然大道義以教人者是為「師」。不明此道此義，則人而非人，故人生自

幼即從師受教。師之可親，擬於父母，可尊則尤有在父母之上者。父母生我，使得為人；師教我，使知為人之道。父母之親，則若有私；師之尊，則一本之公。故父母重撫育之慈；道義之教，則在師。若父母教子女以孝，似若父母有私；故父子不責善，又易子以教，乃見道義之大公。

韓愈師說篇云：

師者，所以傳道、授業、解惑。

人道即天道，人道淪喪，禍亂相尋，天道亦無以見。人生必有業，業皆以善道，亦即以善我之生。君亦一職一業，亦有君道，亦待師之教。故人群中有師，其位當尤在君之上，為君者亦必尊師。孟子曰：

聞誅一夫紂矣，未聞弒君也。

紂無道，乃為一夫可誅。則為君者，亦必尊道、尊師可知。於道、於業有惑，則賴師為之解。故傳道、授業、解惑三者實一事。

聖君必推堯舜。孟子曰：

人皆可以為堯舜。

非言必效堯舜之為君，乃學堯舜之為人。為師莫高於孔子，孟子曰：

乃我所願，則學孔子。

然不曰「人皆可以為孔子」。故孔子弟子曰：

夫子賢於堯舜遠矣。

則師尊於君，中國古人早有定論。故人可以不仕，但不可以不學；人可以不親於君，但不可以不親於師。中國人重道尤過於從政，尊師尤過於尊君。自稱「弟子」，則視師猶父兄；又自稱「門人」，猶言家人。孔子死，門人心喪三年。孔子曰：

回也視予猶父，予不得視猶子。

則孔子、顏淵豈不如父子之相親？

孔子終生，門弟子七十餘人。此後師道益廣，而弟子之親其師，則若無減。即君之事其師，如東漢之明、章二帝，其尊其親，亦一如社會之平民。下及北宋，王荊公、程伊川為君師，爭當坐講，君為弟子當立而聽。當時從之，後人亦未有非議。則中國「天、地、君、親、師」五者中，惟「親」與「師」為最當親，亦最當尊，自孔子以下兩千五百年來未有變。事例昭彰，不能縷舉。

人生有親，乃由人之「性」；親中又有尊，乃屬人之「行」。「仁」本於性，乃見人之「德」；「智」由於行，乃成人之「業」。生而不知有親，是為不仁無德；生而不知有尊，是為不智無行。尊必尊其親，親必親其尊，尊與親又必相和合融為一體，斯為德性與事業行為之合一，即「仁」、「智」合一，此為人道之大本，乃人生之原始與歸宿之所在。西方人男女戀愛，結為夫婦，斯亦成家；但父母、子女之愛則較淡。子女成長，各有婚嫁，又別成家。故其人道，似以夫婦結合為中心，異性相合，乃暫時的；中國家庭以父子相傳為中心，世代緜延，此為長時的。兄弟亦可分財別居，但同尊一父母，其精神則仍屬一家。於是世代相傳，由家成族，有祠堂，又有義莊，緜延至數百千年以上，仍有一共尊之祖先。

母族則稱「外家」，為表親。故中國乃為一「宗法社會」，古代之「封建政治」亦由宗法社會來。由親親而貴貴，中國民族之大一統乃在此，與西方中古時期之所謂「封建」大異其趣。故中國古代之

封建政治，以生物學言，乃同一「血統」；以文化學言，則由親親而達於尊尊，乃同一「德性」。尊君亦尊其祖先，亦尊其所親，非憑權力以為尊。井田授地，亦非「農奴」，君民上下一皆有其所親，仍屬平等。

亦可謂中國社會乃一「個人中心」之社會，而非「個人主義」之社會。人孰不有父母祖先？親而尊之，斯一家一族即以個人為中心，但決非個人主義。或疑中國社會「重男輕女」，但在一家中，母更親。周人尊其祖為后稷，但生民之詩述及后稷母姜嫄，而不及其父，豈此之謂重女輕男？依西方人觀念來解釋中國事，必有難圓其說者。姬、姜兩族，世代聯姻。果使男女必爭平等，婦不為媳，壻不為子，子女各自成家，不復親其父母，則只有效西方之短暫家庭。親既不存，尊又何來？人之所親所尊，不從其自然內心來，乃轉從外面財富、權力來，人生苦痛即由此。若不尊財富、權力，而求一共尊，則惟有宗教。但上帝、耶穌，可尊終不可親；而仍留一凱撒，強之必尊，故遂不斷其「獨立、平等、自由」之要求。但人類之群體又何從而維持？於是尊凱撒轉而為尊法律。近代西方之民主政治，必得三權分立，民主乃由法律來。然法律亦終非可親。人群相處，而心不相親，又何以善其群？此誠一大問題。

故人群相處，終必建基於各人內心之相親。有親斯有尊，尊必本於親，則天理人情，吾道始可一以貫之矣。此道由師而傳。師之傳其道，則首貴教人以「修身」。大學言：

自天子至於庶人，壹是皆以修身為本。

其實修「身」只在修其「心」，此曰「明明德」。必使其心知所親、知所尊，則齊家、治國、平天下皆一以貫之矣。修身則必由「己」，不能由他人作代，亦不能由己代他人。故惟修身乃最獨立、最平等、最自由之人生大道，而必屬於個人。其實一切可親可尊，皆由各自一己之心來。而己心之有親有尊，乃更見己之可親可尊。故謂中國社會乃以個人為中心之社會，但決非個人主義。

西方宗教信仰似近中國之所謂「道」。惟中國人於「人道」、「天道」有分，故曰：

天道遠，人道邇。

而耶穌不就本身可親之人道，而只教人信在遠之天道，此則與中國異。中國以「人」教人，孔子「述而不作，信而好古」，非自創教，乃稱述古人以為教。漢、宋儒教，皆承孔子。故其道乃人群之道，乃我民族自古相傳之大道，可廣大，可緜延。今人乃譏中國人為守舊泥古。宇宙間寧有一日新月異之上帝與天堂？又寧有一日新月異之國與群？惟個人在人群中，無尊無親，乃見其短暫多變為可慨耳！

西方哲學，亦歷兩三千年。但必人人自立說，自創論，始成一家。故西方哲學，均重思維探討辯

論，而無所謂「傳道」。中國師道，惟貴善述古人之道而傳之。孔子傳述周公，上及堯舜，墨子述禹，莊周述黃帝，許行述神農；戰國九流十家，皆有所述。鄭康成、朱晦翁，為漢、宋兩大師，亦功在傳述。師之貴與尊，在其人，更遠過於其知識。略近西方之宗教，而與哲學為遠。近人但稱孔、孟、莊、老、鄭、朱為「思想家」，斯又失之。或稱「學者」，乃庶近似。

抑且中國成年猶從師，一大師之門人弟子，盡屬成年人，其學乃謂之「大學」。終身於學，斯乃人生大道。韓昌黎言：

弟子不必不如師，師不必賢於弟子。

而為弟子者必尊師，此為禮之常然。故中國之師道，乃與中國之歷史文化、民族精神相融而為一。西方近代之「國民教育」，乃教幼年為一「國民」，不及成年；亦非教以「為人之道」；進入大學，則惟傳播知識；皆與中國之所謂「小學」與「大學」者不同。

近人又謂國人尊孔，乃由專制皇帝所提倡。董仲舒三年目不窺園，尚在其為賢良對策前，豈亦由漢武帝所提倡？武帝在即位前，亦師儒家受學。及其即天子位，尚屬一青年，讀董仲舒天人對策，而加喜愛，乃因近其師傳。此下中國乃有「士人政府」，豈不與「帝王專制」背道而馳？後人尊董仲舒更尊於武帝，乃為尊其「道」與「學」。公孫弘不能正道以言，乃曲學以阿世，特為後世所輕鄙。漢

宣帝欲立穀梁博士，須經博士論定。東漢太學生則輕視朝政。東晉南渡，「王與馬，共天下」。此下南北朝多門第執政，亦非帝王專制。孔子之尊，乃由歷代中國學人之自由意志之共相推尊。周濂溪言：

士希賢，賢希聖，聖希天。

中國乃一「四民社會」，士風如此，而政風隨之。故中國人尊孔乃遠在其尊帝王之上；帝王亦必尊孔，始為國人所尊。而歷代學人見尊過於帝王者，亦累世有之。

今人又每以孔子與耶穌、釋迦同視。惟耶教必結黨以博人信。佛教僧侶沿門求乞，不聞僧侶沿門傳教；高僧則居深山，世人自往學；但教「出世」，則與孔子之教「淑世」異。而孔子之非一宗教主，則亦一言可盡。人自束脩以登孔子之門，乃自求其尊、親，孔子則「學不厭，教不倦」而已。中國人重言「信」，必自信其己，而後能信及他人，人亦自信之。即有上帝，亦必由己之信。不求自信，而僅求信上帝，則顯存有功利之心，而非道義之歸矣。父母則可親可尊，不在其可信；師道亦然。

今再要言之，個人主義與功利觀念，不成家，亦不成國，又何以言及天下？宗教信仰，靈魂死後登天堂，仍屬個人主義之功利觀念。即如佛教之言「涅槃」，中國學人亦謂之是一種個人功利觀。必人與人相親相尊，乃始是中國之人倫大道。宗教之信在外，親與尊則在「心」在「德」，此即人生之至善。故中國文化惟以人之德性為重，所謂「一天人、合內外」，端在此。此乃中國文化之深義所在，

當加以深切之體認與宣揚。

## (二)

中西文化各走了一條不同的路線，雙方亦各有其升降起落，同以曲線前進。若隨時以一平切面來衡量，則極難判定其是非得失之所在。近百年來，此兩線始緊密接觸。中國滿清政權，已走衰運，即無外憂，內亂亦不可免。嘉慶末之川楚教匪，即其顯徵。而西方則正值上升之期。西、葡、英、法，揚威海外，所向無敵；帝國主義，殖民侵略，如日中天。鴉片戰爭，英倫以一島國，迫使清廷割地賠款，開埠通商。國勢之強弱高下，儼有霄壤之別。然而各有因果，各有其內部之所以然，非可邯鄲學步，捨己從人。正是自毀生命，萬無是處。毛澤東既死，迷途知返，乃謂將採「中國式的社會主義」，此意亦非不是。但中國以前究是何等一社會？惜乎近代中國學人乃尠有措心及此者。

馬克斯論西方，先為「農奴社會」，次為「封建社會」，下及近代乃為「資本主義社會」，而主張改為「共產社會」。以中國社會論，既非西方之資本主義，亦不同於其中古之所謂「封建社會」。中國自古以來，有一中央政府，決不當與西方中古時期相提並論。又西方希臘、羅馬時期皆有城市，而中古時期無之。中國則唐、虞以下，早有城市，即政府所在地。中央政府所在稱「京師」，如西周之

豐、鎬。諸侯政府所在地曰「國」，如魯之曲阜，齊之臨淄。此下復有分封，是曰「都」。如魯三家分封，有費、郈、郕三都。此下尚有城市，如子游為武城宰。戰國時，齊國共有七十餘城。專以商業名者，如陶朱公所居之陶。中國古代社會，即以城市為中心，此又與西方中古時期大不同。

城市既為政府中心，社稷宗廟、君臣百官廨署皆在。民眾亦同居城中。農民郊外授田，春、夏、秋三季出居城外，故曰「田中有廬」；冬則歸入城居。士、農、工、商同為民，農屬第二位，焉得獨為農奴？封建時代十一而稅，漢三十稅一，唐則四十稅一，輕徭薄賦，乃中國傳統政治一要點，故農民乃特受優待。

工業亦由官派，同亦世襲。百工亦稱「百官」，凡所製造，皆供公用，非私產。鹽鐵全國共用，漢代有鹽鐵政策，由政府經營，使不得成私家資本。其他如絲綢、陶瓷以及製茶、開礦等，凡所社會共需，可成私家資本者，均由政府設局經管。故中國雖廣土眾民，地大物博，國內商業極臻繁盛，而始終不能有資本主義之產生。非屬「共產」，而求「均富」，此亦可稱中國文化一特徵。

商業在古代，亦由公營，設官為之，主要在國際通商。民間僅日中為市，各以所有，易其所無，交易而退，非有街市商店。孔子謂子貢「不受命而貨殖」。此乃子貢奉使出國，道途所經，隨便買賣，乃以贏利。此下乃有自由經商。然商居四民之最後，備受政府種種限制，歷代皆然。唐以後科舉考試，必報「家世清白」，祖先三代中有經商者，即不得預考。「商」與「仕」嚴格分別。又稱「信義通商」，經商者不得以謀利害其信義。此見中西社會，分別各走一路線，不得以西方社會之各名稱來

相比附。

中國乃一宗法社會，「小宗」、「大宗」有別。小宗五世則遷，大宗百世不易。唐、虞、夏、商、周時代固然，即秦、漢以下亦仍然。東漢以下之「門第社會」，即古代「宗法社會」之變相。宋初有百家姓。每一姓皆可上溯至唐、虞、三代，乃至唐、虞以前。其一家之史，即可與一國之史息息相通，血液流注，融成一體。而每一個人，即不啻為此一全體之中心。此為宗法社會即中國文化大傳統一特性。

中國自春秋以下，又可稱為「四民社會」。士居農、工、商之首，「親親」之外，尤當「尊賢」。中國五倫中夫婦、父子、兄弟三倫皆主親親，君臣、朋友兩倫則主尊賢。堯舜禪讓，皆尊賢。禹讓天子位於益，國人思念禹德，共擁其子啟接天子位。是由尊賢而又歸於親親。此見中國人心理，親親亦歸於尊賢。

夏桀無道，商湯起而征誅，東面而征西夷怨，南面而征北狄怨。湯之革命，代夏稱帝，是又以尊賢代親親。商紂無道，周武王起而征之。而武王軍中一車載文王木主。及代商有天下，尊文王為開國之祖。此亦親親中有尊賢之一證。周人追溯始祖，必推后稷。而后稷亦有父，周人不之及。此又親親中尊賢之一例。姜姓祖神農，同於姬姓祖后稷，此皆農業社會之尊賢。故曰：

賢其賢而親其親。

所尊則必賢，而仍在親親中。權利勢位，非所尊、親。周初封建，不專姬、姜二姓。興滅國，繼絶世，凡古賢聖，亦皆封其後，此亦由尊尊而親親。故中國社會，乃由此尊尊、親親之兩語而定；中國歷史，亦由此尊尊、親親之兩語而變。孔子殷人之後，乃曰：

> 郁郁乎文哉！吾從周。

又曰：

> 如有用我者，吾其為東周乎？

是則孔子之尊賢尤在親親之上。此亦深得周公封建制禮作樂之大意，而承續光大之。中國人尊君乃尊其賢，非尊其位。否則孟子曰：

> 聞誅一夫紂矣，未聞弑君也。

君如不賢，乃一匹夫，何足尊？其他政治人物亦然。商有傅說起於版築之間，乃一工人。又有伊尹，耕於有莘之野，乃一農夫。而皆為一朝之相。周初有伯夷、叔齊，乃孤竹君之二子，讓位在野，餓死首陽之山，而後世推以與傅說、伊尹同尊，皆稱之為士。春秋時，齊桓公首創霸業，其臣管仲、鮑叔牙先皆士。晉公子重耳出亡在外，從者三人，亦皆士。士之見尊，亦中國傳統文化。及孔子起，而士乃益尊益顯。此皆證中國社會尊賢之風。

秦併六國，改「封建」為「郡縣」，皇帝之位乃益尊，而始皇帝乃永為後世詬病。然始皇帝亦知尊賢，李斯為相乃楚人，大將軍蒙恬乃齊人，其長子扶蘇亦從在軍中。劉邦以一泗水亭長而躍起為皇帝，自言能用張良、蕭何、韓信，此亦為能尊賢。及即天子位，即下詔求賢。但又恢復封建，非劉氏不得王，非有功不得侯，此又並重親親、尊賢之兩意。及吳楚七國亂後，武帝起，一尊儒術，尊賢之意乃益顯。公孫弘為相封侯，雖其曲學阿世，後世不謂之賢，然亦不害武帝尊賢之用心。博士弟子為郎為吏，創後世「士人政府」之新局，此誠一種尊賢政治。惟王位世襲，猶存前世親親之意。

宣帝以下，舉朝諸臣競言自古無不亡之王朝，與其下啓征誅，不如王室先自禪讓。雖蒙殺戮，言者繼起，遂有王莽之受禪。但王莽亦非賢，無以副眾望。光武中興，則仍漢室之賢。曹操、司馬懿僞為禪讓，實則篡弒，有才無德，不賢之尤。魏晉而下，中國遂臻衰運。然如劉淵、石勒、苻堅，胡人而慕漢化，北朝魏孝文益然。隋文帝、唐太宗賢君迭出，中國重臻盛世。趙宋經五代後，益尊賢，有

「不殺士」之家訓。而士之見重，更超越前代。蒙古、滿洲入主，科舉制度仍保持，社會尚賢之風依然。中國文化傳統精神，亦可由此一端而見。

孫中山先生肇建民國，秦以下兩千年之王位世襲告終。創為「三民主義」、「五權憲法」，「民族主義」主承續民族傳統文化；「民權主義」主「權在民，能在政」，不失尚賢之意；於西方「三權」外特增「考試」、「監察」兩權，皆中國舊有。考試為政府求賢，隋唐科舉承兩漢選舉來。中山先生主張「被選舉人」、「選舉人」均當先經考試，此即古人所謂「善鈞從眾」，賢鈞亦當從眾，不當不論善惡、賢不肖，而徒務從眾。當先尚少數，乃及多數，義始深遠。漢代舊制，丞相主行政，御史大夫副丞相主監察。御史有中丞，監察王室內朝。地方行政，則郡國太守外有州刺史，亦司監察。監察之外，復有專司諫議者。唐代三省中有門下省，明代尚有六科給事中。中國自秦以下之傳統政治，考試、監察兩權佔重要地位。實際史跡，一部二十五史網羅詳備；復有通典、通志、通考，三通、九通，詳陳其利弊得失之所在。近人以「帝王專制」四字，盡棄古籍而不讀，則論政惟有一趨西化，乃無絲毫自由可言。中山先生之五權憲法，即承其民族主義來，乃有超乎西方三權以外之兩權。近百年來，能於中國與西方以平等地位看待，則實惟中山先生一人。「民生主義」亦非慕效西方專重經濟。中國歷代田賦制度、兵役制度等，君民一體，百姓一家，亦均不失親親傳統之大意。故不本於民族主義，亦難究民生主義之深旨。

不幸近代國人群以「帝王專制，社會封建」八字括盡了中國以往傳統，則與中山先生之民族主義

已大相違背，其他更何足論？孔子曰：

必也，正名乎？名不正，則言不順，事不成，禮樂不興，刑罰不中，民無所措手足。

今為中國社會正名，當稱「宗法社會」、「四民社會」。為政治正名，當稱「士人政治」、「尚賢政治」，庶為近情。中山先生之民族主義，乃指以往舊民族，今人則僅望開來創造之新民族。兩者相異，尤當深思明辨，萬不可忽。

以今日言，可謂社會士階層已沒落，政治尚賢之意已消沈，社會惟求工商化，政治惟求民主多數化。要言之，則惟求「西化」。而自兩次世界大戰以來，西方已成美、蘇對立，除美、蘇外，已別無西化可言。以中國較之美國，乃成為一「無產社會」。如此則馬、恩、列、史以無產階級一黨專政，豈不於我轉為合情合理？毛政權乃以此特興。再論政治舊傳統，中國所重在「禮樂」，輕視刑罰，財與權更所不論。西方則尚「法」不尚「禮」。大資本大企業大組織皆賴法。豐衣足食，眾所想望。但資本愈集中，企業組織愈龐大，無產階級愈普遍，如此則勞工守法，何樂存之？馬克斯在倫敦親睹其現象，唱為共產主義，仍是一種變法，非變禮。並其所變在社會經濟，不在政府。其說傳至蘇維埃，始變為政治性。一旦移來中國，則又五千年相傳之舊禮，成為馬克斯思想之大敵。此禮為何？曰親親，曰尊賢。

中國社會上下一體，本由宗法來，但宗法之維持擴張則需賢，故親親中必尊賢。禮尚祭祀，祭祀則最崇賢。故中國社會、政治得融成一體，秦前之「封建」與秦後之「郡縣」無大殊別。資本主義則重私財。馬克斯共產主義，乃求私財公有，此則與禮無關。中國之禮，則有公無私，凡私皆融入公中。由「宗法」而產生「井田制度」，亦公私融成一體。百工之官亦然。後代有「社倉」，有「義莊」，亦公私共成一體。如鹽鐵，如茶政，如漕運，一切財賦政策，皆求公私融和，合歸一體。此皆中國傳統政治尚賢不尚權之所致。故中山先生言「權在民而能在政」。革命即革去其不賢，禪讓即讓於賢。西方人高唱「民權」，中山先生則說之曰「權在民」，謂政治當一依民生為依歸，非當由民眾來作主張。既如此，則「能在政」，亦「權在政」；五權皆屬政。惟選舉屬於民，而中山先生則主「選舉」與「被選舉」皆先以考試，則仍上下一體，禮即體，則仍是一「禮治」，與「法治」不同。西方尚法，則統治與被統治顯分兩級，顯成兩體。無產階級專政，則專以財富分階級，不分智愚、賢不肖。共產主義之本於「唯物史觀」，洵可謂信而有據矣。此與資本社會之專重富又何異？知此則知東西雙方之政治社會，乃亦各有其一貫相承處。

今必慕效西方，則必破除社會之尚宗法，政治之尚賢，人與人無親無尊而後可。孟子曰：

仁之於父子，義之於君臣。

今則不講仁與義，惟求財與權，乃庶可獲西方化。毛政權首懲「溫情主義」，主要在家庭。次則懲「有產階級」之意態，即指才智與賢能。民族傳統文化，即民族之大財富；盡破一切傳統，無文化，乃成無產、唯物。馬克斯乃一猶太人，亦如耶穌，無深厚之家國觀。惟耶穌則獨尊上帝，馬克斯則轉主唯物。列寧、史太林，則非其比；毛澤東則更非其比。列寧借共產思想作政治運動；毛澤東則借作文化運動，一若非掃盡中國五千年舊文化，即無以完成馬克斯之思想。今國人於馬、列、毛三人亦尠知辨。

中國社會擁有四五千年來親親尊賢之文化大傳統，唯物史觀絕不相當。中國人所重在「同德」，非「共產」。然則當前如鄧小平，果欲行「中國式之社會主義」，首當知親親。家庭宗族百姓，一國如一家，公中有私，私中有公，非無產，亦非共產。深一層言之，則財富絕非人生要道。國以民為本，民以食為天，食求果腹，與剩餘價值、資產無產無關。知此義，即賢者，尊之信之，不待結黨競選。則「民主」、「獨裁」現代化口號，亦豈能挽回當前之國運，而使我民族再登康莊之大道？然孔子曰：

後生可畏，焉知來者之不如今？

拭目待之，又復何憂！

# 三二　色彩與線條

繪畫有「色彩」，有「線條」。西方人生似重色彩，中國人生則重線條。姑以男女言，西方人重戀愛，情感方濃，男忘其男，女忘其女，兩人渾如一人。但此種態度有其限止，正常人生不能老如此。西方人言「結婚為戀愛之墳墓」，結了婚，成了家，以前那一種濃郁色彩便消褪了，不能再存在。中國人重夫婦，男女雙方有其分別，兩人間若有一線條，然此乃人生正常狀態，可久保勿失。

以幾何學言，線條在兩面中間，無寬度；有了寬度便成面。因此夫婦間縱存一線，實則兩體融和合一，有界隔還是無界隔，此為中國之理想夫婦。其實五倫盡如此。賓主相見，顯有界隔，情味和洽，則不啻一體。線條乃和合成體無可避免之必有現象。

「君子之交淡若水」，此言其無濃郁之色彩。言辭讚頌，貨物餽贈，過分在禮貌上用心，亦如酒食徵逐，同為一種「市道交」。色彩濃，則情味淡。君子之淡，則淡在色彩上；水則融成一體，淺深流止皆然。人與人相交，則必有一彼此之界線。故論語以「繪事後素」為「禮後」。君子相交，禮隨於情。但必有其禮，而後情乃可久。人事貴於有線條正如此，形體已成，而再加以線條之劃分。此為中

國文化，所謂「止於至善」。徒求色彩之濃，則不能久而不變。

朋友然，君臣亦然。君臣無貴賤，同為國，同為民，亦一體，惟職位不同而已。君臣之「禮」，亦君臣間一線條，亦實如無此線條。果眞有此線條，則君臣間隔，不成一體，又何從相與為政？今人惟重「權」，有君權，有臣權。臣權在下，恐受吞滅，制為法律，求加保障。君臣非一體，衝突不可免。

以人體言，如首領，如胸腹，如手足，苟使各為一體，則人體分裂，烏得為人？故人體不可分，首領、胸腹、手足乃體中之部分，各居其位，各有其職，而血氣相通，可分而不可分，猶如幾何學上之線條，實無此線條。余之謂中國人生重線條，乃指此。即師、弟子間，亦當有線條。教者當為學者留餘地，不當蔑越學者之位以為教。孔子曰：

學而時習之，不亦悅乎？有朋自遠方來，不亦樂乎？人不知而不慍，不亦君子乎？

此乃學者之三大要事，孔子未作定論，亦未加詳論，僅粗引端緒，以待學者之自思索，自體會。又曰：

不憤不啟，不悱不發。

教者之啟發，必有待於學者之憤悱。故教者如一鐘，大叩則大鳴，小叩則小鳴，不叩則不鳴。孔子又

曰：

不患莫己知，求為可知。

盡其在我，知與不知，事屬他人。人我之間，不得不有此一線條。此線條即中國人所謂之「禮」，乃中國人生、中國文化主要精神之所在。

西人似無此線條，亦知盡其在我，而不留他人餘地。教者儘為教，色彩太濃，已侵染淹沒了學者之地位。惟恐人不知我，不厭在我之表現，則人我之間，倘其見解不相投契，惟啟相爭，而不得融和成一體。貴賤之外，有貧富。富者崇樓峻宇，畫棟雕梁，務極其富有之色彩；相形之下，貧者之草廬茅舍，幾若不得成為家。貧富儘有界隔，而非線條，則貧富不相和。中國社會亦非無貧富，孔子曰：

貧而樂，富而好禮。

貧者若不知人間之有富，自足自樂；富者則自戒誇耀。貧富之間乃僅見一線條，即孔子所謂之「好禮」。西方社會無此一「禮」字。家與家如此，國與國亦然。今人所謂「國際」，亦當使國與國之間僅有一線條，此即為國界。同立國於天下，貴相和相通，不貴相爭相凌，故得有界若無界，此亦有

道。一天下，平天下，即此道，亦如一國、一家、一身之為道，各有部位，各有界線，而相和成一體。故人必自修其身，又能通於他人，不加隔閡，不加侵犯，則可以齊家、治國而平天下，而豈爭富、爭強、爭權、爭位之所為乎？

今言通商，日中為市，以所有，易所無，各得其所欲，交易而退，中國古代商業乃如此。其間當有信有義，而豈攘利謀富之謂？使必攘利謀富，求己之有，乃以致人於無；於己有得，乃必於人有失。則經商不如整軍，希臘轉為羅馬，而循至於近世之帝國主義與殖民政策，乃有共產主義繼起。西方文化演進如此。此亦如繪畫之僅務於色彩，而不知有線條。

色彩外加，若具體；線條則本體所涵，若有若無，乃抽象。西方人生重外，重具體，如富、如強，如權、如位，莫不相與重而爭之，有增無已，即自己本身人生亦為淹沒。試問大富、大強，其對人生本身意義價值究何在？故色彩愈濃，而內涵則愈淡。此如飲膳，「五味令人口爽」，而或致傷及胃腸。又如「五色令人目盲，五聲令人耳聾」。又且口舌耳目萃於臉面，通於全身，傷及此則必害於彼，增於外有害其涵於內，即小可以喻大，即近可以喻遠。而西方人又好分門別類，專業以求，則其人生各部分之外加，其有害於人生全體之內涵者，亦推而可知。當前世界種種病痛，則皆感染西方文化有以致之。中國人生則務求有節有止，有廉有度，相通而不害其內，則積久亦自能及於外。此所謂身修、家齊、國治、天下平，吾道一以貫之也。

目之於色，耳不必知；耳之於聲，目不必知；互不相知，而自有其相通。所以人生當知有線條，

而線條實非有其存在。西方幾何學，積點成線，積線成面，積面成體；此乃一說。亦可謂有體乃始有面，有面乃始有線，有線乃始有點；此則為又一說。否則以無厚、無寬、無長之點，何能積成一長寬厚之體？果使點亦有其長、寬、厚，則點即成體，而幾何學亦無可成立。西方個人主義，若能眞為一個人，其生命無厚、無寬、無長，則何能成人之大群？惟當先有此大群，乃始有國、有家、有身。有此大群之和通而合一，悠久而常存，故得在此群中成其為一人。見父母必知孝，見兄弟姐妹必知友，夫婦相處必知相愛敬，君臣、朋友相處必知有忠恕。其一人生命之有長、有寬、有厚，皆於其身外之家、國、天下得來。儻僅視一身為我生命之所存，而家、國、天下皆在我生命外，與我生命無關，則我此一身，豈不將如西方幾何學上之一點，無長、無寬、無厚，又烏得謂之為有生？故人生之內涵應為仁、孝、忠、恕之「明德」，人生之外揚應為修、齊、治、平之「至善」。大學「三綱領」已言之。今人則以食、衣、住、行為人生，不以身、家、國、天下為人生，則誠孟子所謂「人之異於禽獸者幾希」矣。

原始人類先有此天下，群生演進，乃有國有家，乃始有今日之人生。有巢氏、燧人氏之世，當已有群，斯即為天下。庖犧氏興，其時當建有國。庖犧氏始定嫁娶之禮，而其時或尚未知有家。自神農、黃帝以至於堯、舜，而中國人群家、國、天下之各線條始漸顯。此下中國人繼此演進，而始有今日之中國。

希臘人海外經商，非不知有天下，但抱個人主義，則天下僅為人類謀生外面一環境。猶太人到處

播遷，亦非不知有天下，但謂人類創始於亞當與夏娃，則亦仍是個人主義，而天下大群，亦在個人生命之外面。直至近代西方，仍為個人主義，無天下觀。國與國相分裂，以侵略吞併為務。僅得有小家庭，而夫婦仍以自由離婚為個人之權利；近乃盛行男女同居，而婚姻制度可有可無。則可謂直到今日，西方之「國」與「家」，實尚未成體，相互間仍不能如中國古代之各有其線條。「天下」終如一外加物，惟「個人」乃有其確定之存在。

釋迦佛教，認生、老、病、死為人生「四苦」，若求擺脫，乃有「四大皆空」之說，則整體人生失其意義，但實仍為個人主義。耶穌唱為靈魂上天堂，而有「世界末日」之說，則整體人生失其價值，而各自一靈魂，則仍屬個人主義。惟中國人觀念，則修、齊、治、平，個人生命即在天下、國家整體生命中，而又為天下、國家整體生命之一中心、一本。此說乃恰合於幾何學中「體、面、線、點」之觀念。大學「三綱領」、「八條目」，即明白昌言個人與天下之融成一體。「三綱領」中之「明德」屬於個人，亦通於天下，故「明明德」斯必「親民」。惟此乃「至善」，既可普及於天下，亦可單屬於個人。知此義，乃知人生之有「止」。「止」亦人生一線條。西方人則儘在色彩上著意，求富求貴，爭權爭利，個人如此，家、國亦然，有進無止，前途難言。將來不可知，即如過去無存在，而人生則終於在不斷前進中落空。

是則西方人生雖重外加，而所加則只在「點」上，不在「體」上。既不在體上，亦不能有長度、寬度，愈務其厚，而愈見其薄。觀於當前之人生，豈不然乎？

# 三三　禮與法

老子言：

失道而後德，失德而後仁，失仁而後義，失義而後禮。

此由老子重自然，輕人文，認惟「道」乃自然，「德」以下皆已落入了人文，故有此言。其實人文亦從自然演出，亦即自然中一枝節一表現。依儒家言，德出於「性」，性即自然。中庸言：

天命之謂性。

韓愈言：

足乎己無待於外之謂德。

是也。人類既具此德，便演出「仁」來，仁乃人之德性中一最先亦最高之項目。有此內在之德，與外達之仁，乃始有一切人道可言。孔子曰：

志於道，據於德，依於仁。

是矣。孔子言人文之道，而其道乃由天來。孔子十五志學，五十而知天命，即知此人文大道之本源來歷。當謂「有道始有德，有德始有仁」，乃為有當於自然、人文演進之道之大順序。老子重本輕末，乃有此失。

人類原始時代，惟見有自然之道；由是而演出「德」與「仁」，乃始有人文之道。「義」與「禮」，則為推行仁道之兩項目。仁根於其內在之德，義與禮則仁之表現於外在之枝。孔子常「仁」、「禮」並言，而曰：

人而不仁，如禮何？

則仁在內，禮在外；仁為本，禮為末。至於「義」，在論語中其地位似尚不如「禮」之重要，故言「仁義」，或言「禮義」，義皆居次，有其遵依，似無獨立地位。墨子始重言「義」，孟子並言「仁義」，而荀子則重言「禮」。孟荀皆闡揚孔子之道，孟偏內，荀偏外，孔子則執其兩端用其中，更為周到而完備。老子言：

禮者，忠信之薄，而亂之首。

是亦謂禮當本於忠信。忠信亦德之內存，亦仁之所有，外見於禮，較之內存於德者，自易趨向於薄，非謂禮無忠信，讀老子原文自知。至其曰「亂之首」，則禮亦在治道中，非可謂禮即為亂，亦讀老子原文而可知。

惟人道演進至於禮，當已為人文之道之最高階層；離失於此即成亂，此亦無可疑。然則人群果失於禮而亂，又當奈何？今姑為老子續下一語，則或當曰「失禮而後法」。荀子言禮，韓非學於荀即繼言「法」。韓非書中，又多闡申老子義。司馬遷言：

申韓本於老莊，而老子深遠矣。

老子書不言法，此即較申韓之深遠處。而申韓實從莊老來，司馬遷所言，亦見其深遠。

中國重「禮治」，西方重「法治」。然西方社會亦非無禮，中國政治亦非無法，主從輕重之間，乃成雙方文化一大差異。中國古人言：

禮不下庶人，刑不上大夫。

此已「禮」、「刑」並言，惟禮在上，刑在下。此乃在西周盛世，宗法封建，禮乃其大端。宗法重「孝」，孝道乃仁道中最主要者，則宗法亦仁道之本。以今日語言之，政治即建基於人之「性情」。換言之，即建基於人之「德」。所以禮治亦即是「德治」，非可離人之德性以為政而治。「刑」非人之德性，外於德性乃有刑。故刑法乃政治之末梢，非政治之基本，不得已而用於庶人，但決不能尚刑以為治。

自孔子以下，可謂禮已下及於俗庶。儀禮十七篇，乃「士禮」，實起於孔子之後。禮既下及於士，遂亦廣及於庶人，而刑法乃亦上及於高級行政人員，即大夫一階層。因宗法封建，即不啻政府操於一家長、族長之手。春秋、戰國以下，宗法政府日趨崩潰，士、庶人升進從政者日多，則在政府中亦自不能只尚禮而不用法。禮下及庶人，而刑上及大夫，此為秦漢以下政治與上古三代政治一大演變，亦可謂乃由社會演變到政府。社會既變，政府亦不得不隨而變，是亦一種極自然之趨勢。

然變亦由漸不由驟。如西周之初，周公誅管叔，稱為「大義滅親」。一門親族同執政，何得論

下及戰國，如吳起在楚，商鞅在秦，乃客卿，非親屬，則法？以義滅親，乃禮之變，非法之所能定。下及戰國，如吳起在楚，商鞅在秦，乃客卿，非親屬，則可以法處，不以禮遇，「刑不上大夫」之說遂漸廢。下及李斯，以楚國一庶民為秦相，父子同遭斬首，烏所謂「刑不上大夫」？漢興，蕭何與高祖同起，最相親，然其為相，亦以罪入獄。行政不能無法，有罪嫌宜當下獄受審。然當時一般人心理，皆以周祚八百載，秦二世而亡，故群尊禮而鄙法，認為既居宰相之位，又焉得下獄受審？士可殺不可辱，宰相尤為士中之冠冕，豈得施刑？故此下漢廷大臣遇罪嫌，乃僅由皇帝賜死，不再下獄受審。乃以表示皇帝尊禮大臣，不敢以法相處；大臣自盡，乃表示其地位之尊，其人格之高，而死生則猶在其次。故此下中國武臣有「寧為殺頭將軍，不為降將軍」之風。下至宋儒，亦有「餓死事小，失節事大」之說。此皆重視「禮」在「生」之上。孟子已言：

> 嘑爾而與之，行道之人弗受；蹴爾而與之，乞人不屑也。

所謂「無羞惡之心，非人也」，「羞惡之心，義之端也」。禮之本在仁，而禮之節則為義，過此一步，雖死不蹈。中國文化傳統尚禮之風有如此。尚禮則主者與受者，人我易成為一體；尚法則執法者與犯法者，彼此敵對。故禮啟和，法啟爭，此為二者之大別。今人競慕西化，輕禮重法，乃以西漢賜大臣自盡為「帝王專制」之一證；此猶指鹿為馬，而竟不知馬之外尚有鹿。萬物有生，何必只是一形？可悲亦可歎矣！

從中國文字言，「禮」即「體」。詩云：

相鼠有體，人而無禮。

鼠屬自然生命，有此體，即有此生。人類進入人文生命，單有此身體，則僅為禽獸生；前進而為文化人生，則必處大群中以為生。禮即是此大群之生之體。飲食、衣服、居住、行走往來，此屬維持生命之手段，而非人類有生之體。人生之體在其群，非可單獨以為生。禮則以處群，離群即無禮，斯不得有人生之體矣。衣食住行所需，皆屬物質，皆在身外，亦僅以補給維持此身。其生命之內存於心者，則為人之情感。中國人則謂其最主要者曰「仁」，仁即人生群居之情。故曰：

人而不仁，如禮何？

則禮雖表現於外，而必屬於心。仁與禮當表裏一致、內外一體，亦不能僅存此仁而無禮以為表。

人生之禮最大者有二：一曰婚禮，一曰喪禮。夫婦人倫之始，無夫婦即無人生，即墮退為禽獸生。禽獸之生，亦有演進成夫婦者。故婚禮最為人文之大禮。而喪禮則更大於婚禮。「禮尚往來，來而不往非禮也，往而不來亦非禮也。」惟死生之際，喪葬哀祭，有往而無來，有施而無報，最見此情

之眞，此心之仁，合死生為一體。故喪禮尤大於婚禮。西方文學重悲劇，中國人則哀禮猶重於喜禮，孰為有當於人生之眞情？此亦一大別。

中國人言社會，則尤重其「禮俗」。「俗」亦禮也，惟俗限於一地一時，禮則當大通於各地各時，其別在此。故中國言「天下」，而西方則僅言「社會」。而其言社會，則僅重經濟，不重禮俗。如此則將何以得大群之長治而久安？老子以禮為忠信之薄，而亂之始。如婚姻之禮，相與為偶，即終身不變，此非忠信之厚乎？一死一生，乃有葬祭之禮，此非忠信之尤厚乎？人無忠信則其群亂，群之亂，則非「法」無以為治。故當曰「禮失而後法」。西方人婚姻，法尤重於禮。結婚、離婚莫不有法，無法則無以為夫婦。然法制雙方之「外」，禮則實根於雙方之「內」，而相通相和，成為一體，則亦可謂禮厚而法薄矣。中國社會既貴禮，彼我相通，則不待法之制其外。余抗戰時寓成都北郊賴家園，識一老農，年踰八十，其家距成都府城不到二十華里，步行兩小時即達，但此老農終其身未到府城。中國人未赴城市，未睹官府衙署者，到處有之。晚清一德國人至北京，城內亦有警察裝門面，城外無之，大驚奇。遂留中國，研究中國文化，讀中國書，成為西歐一有名之漢學家。中國廣土眾民，乃可無警察，近代國人則亦謂之「帝王專制」。不知民眾尊王，乃其禮，而政府之統治，亦不待警察。此亦中國文化一特徵。

中國崇禮，精義深旨，繁文縟節，非片語可盡。如衣服，西方人主要在求個人合身，中國人主要則求在群中得體。故西方衣服亦一種藝術美，即使特出群中亦為美；中國則衣服之禮亦在道義中，非可謂

之乃藝術。但亦可謂中國道義乃人生最高藝術，則中國之衣服是一種群體美，須其融入群體以為美。故西方人袒胸露臂，衣服可不掩其肉身，衣服乃是「藝術美」，肉身則為「自然美」；中國則以衣服掩其身，露其肉身，則為非禮；冠冕裙釵都為禮，非為美，故曰「得體」。亦可謂此乃中國之一種「抽象美」，即「人文美」，乃屬「精神之美」。西方則重「具體美」，即「自然美」，實亦一種「物質美」。

如平劇，梅蘭芳、程艷秋皆以男性為名旦，亦有以女性演男角者，男女互易，不覺其不自然。此因中國人重抽象尤過於重具體。「人皆可以為堯舜」，聖賢亦一種人文抽象美。若必求具體，則如富貴，又烏得人人同有之？故西方女性美，則具體言三圍；中國則曰「窈窕淑女」，言其德性，乃在抽象。又或言其動態之美，如西施之顰，而東施效之；又曰「巧笑倩兮，美目盼兮」，一笑一盼，皆屬動態人文，非具體物質。

又如民間遊戲，舞龍舞鳳，皆屬抽象動態美。龍最無具體可求，乃於人人之心意想像中得滿足。論語言「北辰眾星拱之」，此亦非具體，乃一抽象。中國人尊君，亦如在天之北辰，在地之龍，亦皆尊其抽象，尊其「位」，非尊其「權」。位則虛。為君者能恭己而南面，僅居虛位，不仗實權，則其尊長在人心。今人以西方憑仗實權之君，疑中國自秦以下兩千年為「帝王專制」，則擬不於倫矣。

然抽象亦不離於具體。離具體，則無抽象可言。易言：

亢龍有悔。

凡具體則無不卑下，無不平常，能於具體中呈現其抽象，始有高貴稀奇可言；而抽象必落入具體中。孔子門人稱孔子賢於堯舜，因堯舜猶高居天子之尊位，孔子則一卑下平民，乃更見其偉大。孟子曰：

規矩，方圓之至。

方圓亦一抽象，規矩則落於具體。西方人重具體更甚於重抽象，柏拉圖榜其門曰：「不通幾何學，勿入吾門。」幾何亦一種抽象之學，而柏拉圖之於方圓，則從具體求之，認為眞方眞圓乃在天上；落入世間，則其形非眞。是世間實無抽象可求，則西方人之重具體，亦由此可推。

今以禮言，天子居朝廷，進宗廟，萬方諸侯皆來朝，雅頌即屬治平之大禮。然庶人賓主相聚一堂，亦同是禮。中國人以天地萬物為一體，「關關雎鳩」通於夫婦之禮，「呦呦鹿鳴」通於賓主之禮。上下交相敬。孔子之在魯，進而仕，退而離去，魯君及三家皆於孔子致敬禮。其游齊，及在衛、在陳、在楚，各國君臣亦均知敬禮。老而返魯，魯君臣仍敬禮不衰。雖不聽孔子言，而敬禮有加。孔子當身固親受之。蘇格拉底在雅典，青年相從講學，乃下獄幽死。其所講較之論語，一屬玄言，一屬實論。孔子對時政明加譏評，而備受尊養；蘇氏未有具體陳說，而遽嬰罪戾。尙禮重法，東西社會顯不同。

孔子後有墨子，亦顯獲諸侯之尊禮。下至於孟子，「後車數十乘，從者數百人，傳食諸侯」。見梁

惠王、齊宣王，皆當時一世鉅君，其致敬禮於孟子者又何如？而柏拉圖則在自己宅第中，講學著書，不聞雅典政府於彼致敬禮，亦不聞其他城邦社會上下於彼有若何之禮遇。

下及羅馬，希臘諸學人多以家奴為師。猶太人耶穌，自稱上帝獨生子，於偏僻小漁村傳道，信從者得十二人，而上十字架與兩盜同釘死。其徒乃潛入羅馬，黑夜地下講道。其時乃值中國西漢之初，如淮南王、河間王，皆廣攬賓客群聚講學。其風傳至中央，武帝亦心慕之，乃以天子之尊，禮賢下士。朱買臣以會稽一樵柴漢，其妻恥而離之，武帝乃加親遇，任為宮庭侍從。朝廷無此用人之法，而帝王有此賞識之禮。在上者有禮以親其下，在下者又烏得無禮以敬其上？而今國人則鄙之曰「專制」。不知「專制」、「民主」，皆西方語，皆從法律制度言；中國則崇禮。叔孫通為漢定朝儀，尊君卑臣，後代學人譏之。禮之深義，叔孫通固未足與語，但其所定朝儀之尊卑，亦與近代國人所深譏之專制有別。要之，「禮」與「法」必當辨。

在上既重法，在下者亦不得不對法有爭。耶教徒始在社會下層興學，首為在下犯法者作律師辯護。次為醫，為貧病者治療。但避不言政治，乃由納稅人爭選舉議員，始成民主政治。政府徵稅，必得納稅人同意，此亦法，非禮。至如為君者上斷頭臺，政治領袖稱「公僕」，更為非禮。上下無禮，何以言治？此為西方歷史演進與中國大不同處。

中國人道貴「人」，而西方無之。如言「男人」、「女人」，在中國語中同是「人」，而西方則分別為兩字，無同一「人」稱。又如中國語，「希臘人」、「羅馬人」、「英國人」、「法國人」同是「人」，

而西方則主要以地區為分別，亦無共同一「人」稱。即此一端，可證西方人自始即無一共通的「人」之一觀念。孟子曰：

彼人也，我亦人也。

西方似無此觀念，則宜其個人主義之伸張，非賴法，無以成為群。中國則在大群中有個人，由禮以見其相互之分別。若果各個人本自分別，則獨立、平等、自由，何待有禮來再加以分別？然果各以獨立、平等、自由為務，則何以成群？群日大，爭日烈，惟有繩之以法，而法亦終難以作長久之維持。

今國人則一慕西化，惟知法，不復知有禮。夫婦之禮，則謂之夫婦之不平等；父子之禮，則謂之封建思想；君臣上下之禮，則謂之專制政治。清末譚嗣同有言：「中國有五倫，西方人惟朋友一倫。」其實中西雙方之所謂「朋友」亦不同。苟使西方人亦知有如中國人所謂之朋友，則烏得不知有父子、兄弟、夫婦、君臣其他中國之四倫？譚嗣同受知於光緒，終以身殉，中國傳統君臣之禮未盡擺脫。此下如王國維，曾為宣統師，乃不薙長辮，終亦於頤和園投水自盡。此亦有君臣之禮存其心中。然譚、王兩氏此等行為，拘小禮，傷大道，實未可謂有當於中國傳統尊五倫之要旨。王國維昧於民族大義，堪供嗤笑姑不論；譚嗣同在保王變政運動中為「六君子」之一，其所為雖亦忠君愛國，實亦不足為當時之楷模。中國人之知禮守禮，其中乃有一套大學問。王國維治文學，獎許及於曹雪芹，實已深染

西化，未能通達大禮可勿論；譚嗣同首得讀王船山遺書，出處進退，此誠中國士人所講求之大禮所在，果以譚氏較之船山，則相差遠矣。通時達變，大仁大義，此乃中國尚禮一重大精神之所係，譚氏似不足以語此。

禮之大者姑勿論，而論其小者。余生晚清之末，幼時見婚禮中新娘必穿紅裙，禮畢即卸，平時決不穿。遇家族有禮，始得再穿；死後入殮又必穿。紅裙乃婚姻之表幟，女子必成年出嫁始得穿，所以每逢穿紅裙，即不啻告其已為一成人，必鄭重將事，是謂「禮教」。此乃教其心深處，而豈法律禁戒所能及？不憶何時起，遂不見此紅裙，此之謂「禮廢」。

中國稱衣冠之邦，亦不憶自何時起，男子乃無冠。尚憶民國十六、七年間，教書蘇州中學，講堂上學生二、三十人，各戴一帽，各不相同。余告諸生：「如此成何形態！」然其時尚各穿一長袍，以後則長袍亦不見。衣與冠皆以蔽身禦寒而止，不知國家社會遇大典禮，何以為容？但當時尚有此感想，此後則並此感想而無之。

又其時中學開學、放學必在禮堂行禮，大學則無之。喪禮為中國社會相傳一最大典禮，今則盡在殯儀館舉行。弔者可集千人以上，送葬則數十人而止。公墓興，私墓幾廢。要之，喪葬已變成一公共儀式，私家哀情轉非所重。喪服亦廢。中國之人生變、文化變，當以禮之變為最重大、最首要。所變者，不在其儀式之表於外，乃在其情感之存於心。中國民族成為舉世最大一群體，其來源首當及於其心之能有誠。孔子曰：

人而不仁，如禮何？

迄今則人而不仁，無情無禮，不知將何以維其後？但遇一運動會，則觀者可上萬人，又有「聖火」傳遞，更形隆重；國家大慶典，遊行結隊可達數十萬人，一時喧傳謂其空前；皆尚局面觀瞻，不問內心情感，一散會則渺不復存矣。此非「禮」變，實乃「心」變，乃實際人生一大變，此社會將何以維持？今日國人深慕西化，則惟有待西方人來作維持，庶國人有所追隨。

實則西方自始即是一商業社會，個人之交接，以及群體之團結，皆賴財富。故不貴禮而貴法。中國此下立國，群認惟有進為一商業國家，乃始有望。西方又是一宗教社會，宗教亦有禮，惟在信仰上。中國此後儻能亦同有此等宗教信仰，豈不亦庶有望？而中國文化大傳統中之所謂「禮」，則與商業與宗教信仰皆有扞格不相容處。僅言民主、科學，似非窮源探本之圖，此有待善言歷史文化者有以闡發之。古人言：

捨其舊而新是謀。

捨舊非難，謀新實難。此則待吾國人之善謀之。

# 三四　教育與教化

## (一)

余嘗言中國文化主「和合」，西方主「分別」。和合中亦有分別，惟共有所主，乃見和合。民初創辦新教育，率言「德、智、體」三育，後乃增「群」為四育，今又增「美」為五育。就中國傳統言，教育在教人如何「做人」，「知識」屬其次。雖不識一字，亦得受教做人。人生乃一「自然人」，受教育應為一「理想人」，或稱「文化人」。西方則似乎認為自然人生即是人，不再有理想人；惟宗教似乎開始教人做人，但所重只在死後靈魂升天堂，「凱撒事凱撒管」，其人生前仍是一自然人，教會並不過問。近代西方開始有國家義務教育，其大學則由教會創始，最先有神學與邏輯，為傳教主要所需；醫學、法學，則為醫師、為律師，可以救助人；如是而已。此下大學教育分院分系，課程繁多，則胥為傳授知識，重「智」不重「德」，重「技」不重「行」。中國則惟以「德行」

為教育主要目標，顯成中西文化一大歧點。即中小學教育亦然。中國近代新教育一切皆承襲西化，但傳統心理積習一時未能盡皆祛除，故於各門課程外，又特加品行分數一項，此見未忘德行教育之重要。故德育在智、體兩育之上，而其實際重要性則為智育。

體操、唱歌兩科，本屬身心修養，而在中小學中，則視為附屬課程。中國傳統教育首重禮、樂，即猶近代之體操、唱歌，而近代則轉不重視。定為德、智、體三育，乃為注重運動，甚至出國競賽，爭取國家民族榮譽。其實運動只是一項技術，果為私人健康衛生，則不需做種種比賽，多耗精力，而有損智育之進修。甚至各項運動，乃分別成為各項專門教育，或跑步，或跳高，分別至數十項目，一青年即專門受此一項之訓練。如此以為人生之教育，從中國傳統教育言，眞可謂無理之尤。

「群育」一名，尤不可通。人之處群，端賴德性，次之則為知識。中國傳統言齊家、治國、平天下，乃德育，亦智育，此即是群育。除卻家、國、天下，更何有群？中國傳統又以父子、兄弟、夫婦、君臣、朋友為五倫，除此五倫，又何有群？至如日常生活乃及開會、旅行等，皆當有德育，並需有智育，除德、智兩育外，不需再有「群育」一名稱。苟使除卻德智，特別來提倡群育，不知如何提倡法？果其群育別有一項技能，則就中國傳統觀念言，可謂乃反群育之至。

「美育」則更難獨立成為一目標。西方哲學家有「眞、善、美」之分，中國則無之。不善而美，要不得；不眞而美，亦要不得。善而誠即是眞，亦即是美，此即是一種「德」。但中國傳統在人文方面，很少言一「美」字。即如女性，中國詩人有「淑人」、「佳人」之稱，但亦少以「美人」為尊稱。

故以中國教育言，決不能有「美育」一名目。亦可稱中國有「藝術學」，但亦不得稱之曰「美學」。今乃有「德、智、體、群、美」五育，可加分別，各自發展，則歌女、舞女亦經美育，核武專家亦經智育；此等教育之於人類，其為禍為福，恐難判定。依中國觀念言，中道而行，為一善人，此其「自由」；違道為惡，則不得有自由。同為一善人，斯即「平等」；求富求貴，爭權爭利，斯即求為不平等。處群惡中，仍可為善，斯即我之「獨立」；富貴權利，則必爭於人、取於人，非可獨立得之。凡中國人之大群相處，自立為人，則惟一道，曰「德」曰「善」，斯即中國教育傳統之大宗旨所在。中國人又以「立德、立功、立言」為「三不朽」，然「業」與「言」皆隨其「德」以立。苟非有德，則又何業、何言可立？故中國傳統最重此「德」字，而知識在其次。「德」乃共通性，「知」則有分別性。愈分愈細，則忘其共通所在。如今又並言德智體群美五育，則德與智之意義與地位，已遠為低落。當前之人生日歧，世亂日亟，人莫不惶惶然不知所歸嚮，亦胥此之由。在西方傳統下，則惟歸嚮耶穌。兩年來，羅馬教皇每赴一地，群眾圍聚每達二、三十萬以上，可見西方人心之一斑。但齊家、治國、平天下，人生具體大道，耶穌均所不言。此誠一無奈之事。

今人於學校教育外，又言社會教育、家庭教育。此又言紛意雜，轉失教育之眞意。教育功能主要當由學校負之。中國人本無「社會」一名稱，群居相聚，重言「風俗」、「風氣」，可以影響人，陷溺人，鼓勵人，但非教育之比。人人各當受教育，而教育此群體，主持其風氣，轉移其風俗，以啟導人心之嚮往，則非大德高賢莫能勝其任。西方人無此觀念，不知人品有高下，僅在法律上作平等觀，防

制其為非作歹，而不知以教化作領導。譬之治水，西方如鯀，僅知築堤防；中國有大禹，乃知導其流以歸於海。此乃通知水性以為治，正乃如孔孟儒家之通知人性以為教。知共通之人性，乃知共通之人道，斯知有共通之教育。故中國人言，主持教育者為「師」，「師」即有「眾」義；非通知大群之共同性，又何以成為人師以有教？西方教育以「知識」為教，故尚「專家」；中國教育以「人道」為教，故必尚「通德」，此又其異。

至於家庭，乃社會中一小團體。有「家風」，亦有「家教」，亦由家中之賢德長者主持之。但家中子弟，仍必送學校受業。中國傳統有「易子而教」之語。孔子之教伯魚，其事俱詳於論語，實不能如其教門弟子之詳且盡。故凡賢父兄，均不能盡心力以教其子弟。果使無學校之教，又何得專責社會與家庭以為教？今人因青少年犯罪問題，不能詳究學校教育之得失，反以責之家庭與社會，則學校豈反無其責？孟子曰：

遁辭知其所窮。

此等多立名目，廣為說法，實皆「遁辭」。當前世界其途益窮，其道益窄，則遁辭亦益張。如人人爭財求富，則有各種科技以及各種企業方法以輔導其發展，復有種種法律以防止其氾濫。又人人爭權求貴，則有民主政治結黨選舉等種種規定以使其步伐之常有範疇，復有種種法律以防其踰越。一若思慮

周詳，防備嚴密。然而舉世之求富求貴，循至國與國、群與群相爭相亂。當前世變，今日不知明日，群言龐雜，實多遁辭，各有所獲，亦各有所窮。觸目驚心，寧非明證？

途窮則知返，西方人則必返之於宗教。果使人人不求富，不爭權，盡到禮拜堂懺悔禱告，斯亦未嘗非一道。終奈其稍安則思變，仍趨權、富一路，又將來一次「文藝復興」；而當前之世變，則仍必接踵追來。然則人生究何望？曰：仍必望之於教育。教育與宗教大不同。教育重在人性與其當前之處境，此則正中國傳統文化特殊精神之所寄。國人不此之究，而一惟西化是慕，斯亦無奈之何矣！

中國古代不言「教育」，而常言「教化」。「育」、「化」二字，有「自然」與「人文」之辨，倍當深究。如養育嬰孩，此屬人文。易言：

果行育德。

此「育」字，則深具自然功能。中庸言：

贊天地之化育。

「化育」連言，實多屬自然天道方面，而「教」則偏在人文方面。西方教育與宗教分離，偏在人文。

中國則言「教化」，一天人，合內外，更重自然方面。孔門四科首「德行」，「德」本於「性」，則人而通天，由人文而重歸自然。此乃中國文化中教育一項之重大目標所在。故西方宗教重在死後，而中國教育則重在生前。顏子居陋巷，一簞食，一瓢飲，人不堪其憂，顏子不改其樂。人文修行之與自然天道，短暫狹小之個人生命與廣大悠久之宇宙生命，均已融為一體，顏子乃可謂受孔子化育最標準、最理想一人物。其內心之樂，又何樂如之？而顏子不壽。儻以近代國人教育觀念言，或當謂顏子於體育有未盡，而於群育、美育，顏子似亦皆有所缺。然顏子則謂：

夫子博我以文，約我以禮。

則今人之所謂體、群、美三育，豈不均已存在孔子「博文」之內？抑孔子之「約禮」，亦已及於體、群、美之三育。孔子曰：

吾見其進，未見其止。

則顏子之學，常在進步中。今國人自慕西化，輕薄孔、顏，此辨自亦為言中國教育者所當知。

道家如莊周，亦樂舉顏子為言。東漢中葉，名士黃憲，人稱其「汪汪若千頃陂，澄之不清，淆之

不濁」，或以顏子相擬。宋代理學家周濂溪，教二程「尋孔、顏樂處」。又曰：

學顏子之所學。

胡安定主教太學，乃以「顏子所好何學論」命題。中國人不敢輕言孔子之為教，乃好言顏子之為學。從來中國人於顏子無貶辭，無異論。而中國人之好學，其心誠摯，其情深厚，並世民族亦無其比。故中國人好稱「學者」。人而能為一學者，斯即其最高之人品。而中國人之學，不僅在其少年時，尤在其中年、晚年，時時有學。即為官從政，亦多不忘學而好之。至如西漢初曹參，以一軍人，任齊相，乃知遍國中求賢問學。賈誼陳政事疏，主太子必從師為學。此下即帝王亦有師，亦向學。四鄰受中國文化，如朝鮮，如越南，如日本，帝王從師，亦多有之。

西方則政治領袖惟有信宗教，不聞尚有從師為學之事。而西方人士所謂「學」，亦多在人文界，甚至有「反抗自然」、「戰勝自然」之口號。故教育愈發達，而人文地位愈增，不僅人自相爭，抑且與天地大自然爭，德性淪喪，而人心亦轉以不安不樂。如顏子之居陋巷，貧而樂，自亦不為當代人所齒矣。

近代大學任教稱「教授」，實本一職業。其所傳授之知識，亦儼如一商品。來學者多知識、多技能，亦如一商人之能自成一資本家。則西方教育豈不亦儼如一職業？中國教育則大道之行，為政者亦

當受教，而教之為業乃高出於人生其他一切業之上。「天、地、君、親、師」，師之地位之尊如此。故中國人每不敢自稱「師」，孟子曰：

人之患，在好為人師。

但不諱言「學」，故「學者」乃為人類一最高尊稱。今人不知中國傳統文化中此等深義所在，乃改稱「學者」為「知識份子」，或「高級知識份子」。一切語言盡皆西化，即教育一門亦無以異。然則自今以往，做一中國人，語言觀念，盡當以西方為準，並亦有似是而非者，則亦何所謂社會教育？

今人又好言「復興文化」，則中國以往之教育恐首當注意。儻必以復興文化責之人，則弗以責之師，當以責之學者，尤其責之中年以上之學者。中國傳統文化，學者多在中年以後，乃在今日大學畢業以後，乃大學，非幼學、小學。「大學」者，大人之學也。求其標準，則如顏子。顏子未著書立說，亦未建功立業，而又生活貧困，但其於中國傳統文化則有大貢獻。亦可謂中國歷代莫不有顏子其人者出。今日中國社會何以無顏子，其中必有一番深義，或可資求欲復興文化者尋究。

（二）

「新」、「舊」觀念，又為近代國人相爭一要端，教育亦然。當前之所謂新教育，已與百年以上之傳統舊教育相違異。喜新厭舊，固是近代國人一普遍心理。西方屬新，群所嚮慕；傳統屬舊，群所鄙棄。但苟無舊，何來新？人之嬰孩以迄青少年豈不是人生一舊，中老年乃人生之新？人生豈能有新無舊？果人生無舊，尚有何情味？天地更是一舊，天地變新，則人文何所寄託，又何堪留戀？抑且西方人亦喜舊。埃及金字塔，競相重視。埃及尚非西方直接之祖先，希臘則更受重視。余遊英倫，參觀其牛津、劍橋兩大學，尤其是牛津，亦可見英國人尊古崇舊之心理。余遊美國耶魯、哈佛兩大學，美國人心理尊古崇舊大體亦然。哈佛一小樓，專以招待外賓，自路右遷路左，自基層起整棟遷移。屋宇不大，陳設亦簡，儻另構新屋，既省財力，又可創新規模，而哈佛則以能保持此一舊屋為榮。又如芝加哥大學，新校舍落成，牆壁故加塗飾，以減其全為一新學校之愧慚。

惟西方人之慕古好舊，重在外面物質上；人文方面無可慕無可好，乃付闕如。學術方面亦僅知以人為學，不知學以成人，故僅重學，不重人。即一人生哲學家，其人生亦無足稱道。中國孔子，除晚年作春秋外，本非有意著書。論語乃薈萃其門弟子所記，言簡意深，後人闡申不盡。更要者，乃由孔

子之學以成孔子之為人，故曰：

吾無行不與二三子。

又曰：

如有所立卓爾。

反求之己，則先得吾心之同然，一貫相承，何待自起爐竈，再創新說？希臘如柏拉圖，一意著書立說，所言務求詳盡，期無罅縫，乃使後起者不能不趨變趨新，別成一套。故亞里斯多德謂：

吾愛吾師，吾尤愛眞理。

其實西方人所謂之「眞理」，乃在人生之外，則亦宜其人各一說，可以日變而日新矣。

故中國人之慕古好舊，乃在人文方面，尤要則在人生內部之本身，即心性方面；而外面事物，則轉加輕視。中國人慕堯舜，而堯舜時一切器物此後盡無存在。宮殿、墳墓亦無可考。迄今古蹟留傳，

則首惟曲阜之孔林。中國人好古守舊之所偏重，即此可見。

人生有異同。中庸言：

天命之謂性，率性之謂道，修道之謂教。

「性」與「道」，乃人生最大相同，亦即最大相異處。此即所謂「命」。地域不同，世代不同，時空異，斯凡人之性與其所行之道亦必有相異，故人生事業各相異。尊其大同，人生雖只百年，而性命自可常存；尊其小異，則所得甚少，而所失則甚多，轉不如一器一物有其相同，斯得長留矣。

如為一網球家，即不得同時為一足球家、籃球家、棒球家。如從事開礦，即不得同時又從事於造船。又所事相同，必於競爭比賽中始見「我」。運動會必爭一冠軍，工商諸業，必爭為一廠主資本家，始為出人頭地。但得於己，必失於人；又不能常保。人群日相爭，終不得安樂，而常陷於紛亂。今之世局豈不如此？

實則同異、內外亦無可深辨。人皆求同，但亦可傑出異人；人爭求異，天下烏鴉一般黑，又何以異？各尊一己之性命，事若務內，而孝弟忠信則必見於外。各重一己之事業，務外而無己，無己又誰其成者？論新舊，實一體，無舊則無新。故心理物象，有可辨，有不可辨。天地大自然，乃亦日變日新，但亦一常仍舊。

近日國人好言新，但凡所謂「新」，實指西方言。其實乃亦有中國遠出於西方之上之新。如言「國」，中國遠自黃帝、堯、舜以來，列國並存，而共戴一中央政府，其元首為帝、為天子，成為統一之大國，此事遠早於西方。中國人言一統，有統亦有散，統益大，散益遠；西方則有散無統。本於散以求統，則難大難久，至今乃為一四分五裂之天下。中國之國統，乃由人生性命之統來，而中國人則謂之為「道統」。西方重物質，亦以物質建國，曰「富」曰「強」皆是。今之資本主義與共產主義，民主自由與極權獨裁，亦從人生外部之財力、權力上生此分別，與人類心性之共同大生命無關。故其所爭，亦惟在「力」不在「道」，有強弱，有勝負，而無是非、本末可辨。中國自民國成立，民主憲政，定時選舉，政府按年改組，但立國大本則以個人經濟為立場。此亦可謂由散求統，但七十年無寧日，竊恐其終難如往古傳統之可大而可久。則國人當前之喜新厭舊，亦不啻捨本務末之謂矣。

又如學校，遠自西周中央已有辟雍，乃至鄉里之庠序，此不詳論。而國立大學之創立，亦遠自西漢武帝時。豈不中國之「新」實遠早於西方，乃若益見其為「舊」。中國儒學傳統遠自周公、孔子，綿歷三千年，包括了一部中國學術文化史，可謂政治史亦在其內。守舊、開新，一貫相承，學術文化乃一大生命，又何新舊可分？中國民族五千年之生命，所繫亦在此。若必斬絕舊生命，始能產生新生命，試求之宇宙生物，又寧有其例？

又中國社會師弟子相從講學，主要乃在中年以後。顏淵、子路從學孔子達三十年之久，直至明代陽明講學，其弟子相隨亦多達二、三十年以上。此風下迄清代猶未變。故書院講學就世界教育史言，

亦可謂乃中國之一「新」。今則新教育開始，從學年齡率在三十歲以前；小學以至大學，師長當可達百人。此屬中國傳統教育下層「小學」一階段已大變，而中國傳統教育之上層「大學」一階段，則已廢失無存。

夫婦好合，百年偕老，已成為中國自古相傳五千年來之舊風氣、舊傳統。今臺灣僅一千八百萬人口，據統計，不到半小時即有離婚案一起，按月當得一千五百件。夫婦關係變，父母子女家庭關係亦隨而變。自此以往，舊家庭當不易再遘。故中國之宗族制度，宗法社會，就世界之社會史言，亦可謂乃中國之一「新」。

中國五千年來之舊文化、舊傳統，家庭生活與學校教育，以及政治制度，當為其主要之三根幹、三基礎；今則皆已解體，恐再難復興。即商業上之機械與資本，乃及工廠與公司組織，亦當追隨西方而變。則試問何一乃可不變？又可不追隨他人而變？此實深堪警惕矣。

簡言之，中國重「人」，西方重「物」。中國人言：

人惟求舊，物惟求新。

今日國人最所醉心者，曰科技，曰財富，皆物非人。由科技爭財富，由財富爭權力。今乃由政府來倡導科技、財富，再由擁有財富人回頭來向政府爭權力，而主要根源則在科技上。能發明科技而加運

使，乃得為新人才。「人才」建國，實即「科技」建國，物為主，當重；人為副，可輕。自中國觀念言，則本末倒置。若更求重人而輕物，則中國人之「舊」或將又轉為此下世界之一「新」。期吾國人能於人、物輕重，乃至風氣新、舊間，面對當前國際之實際情勢，而再加深思。於一務求新中，風氣人心能轉一新方向，更臻一新境界。不僅吾國家民族前途所賴，亦於世界情勢增添一新希望。幸吾國人能勿忽此。

# 三五　操作與休閒

人生之勤勞操作，與休閒娛樂，同占重要。而中西人生對安排此兩部分，則有重大之不同。

西方社會對此，自始即有其嚴重之分別性。如古希臘郊野農民，僅供奴役榨取，乃無休閒娛樂可言。羅馬軍人主政，農民仍供奴役，與希臘無異。中古封建時代，貴族僅封閉在堡壘中，工農皆供奴役，更無休閒娛樂可言。文藝復興，城市興起，稍復希臘、羅馬時代之工商生活，而農人則仍僅操作。現代資本社會，即工商業亦惟少數資本家有休閒娛樂，多數則仍勞動操作。其如何獲得少許休閒娛樂生活，則無人計慮及之。故「自由」、「平等」，實乃社會多數人向少數人爭取此休閒娛樂生活之口號而已。

中國社會則不然。遠在夏、商、周封建時代，即有城市。除中央政府所在地「京師」以外，諸侯則君有「國」，卿有「都」，大夫有「邑」。春秋時代，國、都、邑之可考者遠超兩百以上，大體為政府百官、宗廟社稷、貴族家庭及農工住宅一集合區，而以政治為中心。農作地在郊外，田中有廬，以便春耕、夏耘、秋收之操作，冬令則歸城居。百工城中授宅，生活有廩餼，其操作等如一藝術活動，

僅給公家之需。商人最居少數，亦居城中，僅供上層國際貿易，亦官給廩餼，不為私生活顧慮。農人最勞苦，然井地授耕，亦僅供九一、十一之稅，生事易足。故中國古代實一「宗法社會」，乃同一血統之共同生命一集合體。雖分貴族、平民，亦團聚如一家，與西方社會大不同。農、工、商各有盈餘，乃擇城中曠地，日中為市，各以所有易所無，交易而退，如是則已，非如後世有商業店舖之街道。孟子曰：

勞力者食人，勞心者食於人。

各有所勞，亦各有休閒。而勞力者之休閒，則由勞心者為之安排。

詩有豳風，豳非國非都，僅一邑。從其七月之詩細玩其農民生活，勤勞即似一休閒，操作同是一娛樂，融成一體。非於勤勞、操作之餘，來別尋一休閒娛樂。此實中國人生活一理想境界，遠在三千年前之豳農已得之。此下歷代有「憫農詩」。農人生活固可憫，然玩賞其詩，亦一如豳詩所吟唱、所描寫，其生活非真有可憫。其他鄭、衛、齊、晉、秦、陳諸國風詩，民間風俗各不同，然同有休閒娛樂，為此下三千年來國人同所追慕，故得同與二南、豳詩傳誦不絕。

當時貴族生活則備詳於雅頌諸什。祭祀、盟會，朝聘、宴享，凡屬軍國大事，政治要端，莫不行之以禮樂，實即當時勤勞操作與休閒娛樂之凝合結晶。此乃中國人生一特性。雖曰「禮不下庶人」，

然如冬獵、春漁，貴族、平民集體舉行，既以表上下之親和，亦以習武備戰。治社會史者，苟於中國古禮細加闡尋，則知中西人生理想之大不同所在矣。

又兩軍交戰，個人之死生，集體之存亡，決於片刻，此乃何等大事！然讀左傳，晉楚城濮、邲、鄢陵三大役，乃及其他戰事所載，在兵刃交戰中亦多有禮，參揷有許多休閒娛樂成分之種種雅事嘉話，尤見中國人生之特殊性格與其特殊面目，非如西方小說家描述戰事憑空想像之所能及。在中國，戰鬥人生亦幾如一種禮樂人生，乃形成為一種極上乘之文學人生，亦即藝術人生。非有文化傳統之極深積累，又何克臻此高雅之一境？

中國之為「四民社會」，遠在春秋初年即見有「士」之一階層出現。而孔門儒家在春秋晚期最見特出。論語鄉黨篇纖屑記載孔子之日常生活，其他十九篇中，亦幾於每篇有之。孔子乃中國一大聖人。「聖」乃指整體全人生言，非指其一特殊面。西方人對人生無此觀念。周濂溪言：「士希賢，賢希聖。」乃希其全人生。大思想、大哲理，終屬人生之一方面、一部分，憑此即成為西方一哲學家。如康德、如盧騷，或嚴肅、或浪漫，均不得奉以為人人之準則。北宋張橫渠正蒙，頗似西方一哲學書，同時二程議之，謂其乃「苦思力索所得」，非由整體全人生之自然體驗中來。此一分辨，涵有極深意義。象山、陽明亦猶嫌伊川、晦翁過具學者氣味，與親切之日常人生若有隔，而在理學中別創其理論與風格。明初吳康齋、陳白沙，學奉程朱，亦重日常人生，皆似一詩人、隱士。惟康齋嚴肅，白沙放任。但兩人之人生，皆即操作即娛樂，亦休閒亦勤勞，不失自古相傳禮樂人生之精詣。凡此皆與

西方哲學家不同。

墨子兼愛，摩頂放踵利天下為之，近人擬之於耶穌「十字架精神」。然耶穌教人靈魂上天堂，墨子則上法天，下法古人中之禹，僅為個人人格力追上乘，自我作犧牲，享受則在他人，與西方宗教信仰大相異。但其惟務勤勞操作，不圖休息娛樂，整體全人生僅趨一邊，非禮非樂，終非中道。故莊子非之，謂墨翟人格固為大群所仰慕，然非人情所堪，烏可奉為人生之準則？

楊朱為我，拔一毛利天下不為，近人又擬之於西方之「個人主義」。然為個人計，拔一毛乃小損失，利天下亦於己有大報償，即專論個人功利，亦何樂不為？實則楊朱乃專論私人人格，不作功利打算。此亦中國一種有所不為之「狷」。若謂墨翟所教為一種「禮」，則乃一種非樂之禮；若信楊朱之道為一種「樂」，斯乃一種非禮之樂。孟子謂墨無父，楊無君。中國人為整體全人生著想，則必有家有國，有父有君。既有己，必有人。有愛亦必有敬。斯之為「禮樂精神」。故中國人對上帝鬼神，有禮亦必有樂；專為個人獨居，有樂亦必有禮。此之謂中國之「禮樂人生」。周公制禮作樂，夏商之際已遠有其淵源。

楊墨之後，莊周老聃道家繼起，亦如楊墨，不言禮樂，消極無為更近楊朱。但亦能於休閒娛樂中不廢勤勞操作，而旁通於儒。孔孟儒家之積極有為，近似墨翟，但特重休閒娛樂，則旁通於道。中國後代人生，則兼采儒、道，樹立一大中至正之理想。中庸、易傳成書，當已在秦代，已指示其蘄嚮。要之，則亦以倡導整體全人生為主，與西方哲學之別於人生外求眞理者不同。

次論文學。詩三百後有屈原離騷。屈大夫忠君愛國，投湘自盡，離騷篇中所呈之文學人生，亦即禮樂人生。宋玉、景差慕師為文，勤勞操作，而非其整體全人生之暴露，乃始近於現代國人所稱重之「文學」，僅技術，非生命。漢賦亦欲追踵雅頌，但非但內容不符，而徒騁辭藻。揚子雲悔之，謂「雕蟲小技，壯夫不為」。故司馬相如實亦宋玉、景差之流。惟如長門賦等尚稍存古意，然以較之漢樂府所收民間作品，則尚非其倫。

最堪上承屈大夫之流風者，晉、宋間有詩人陶潛。誦其詩文，可想像其整體全人生。此即一禮，其作品乃一樂。陶潛為人，亦可謂儒、道兼融。其心性生命與其生活作品，亦合一無間。如是始謂中國文學之上乘，亦即中國人生一楷模。陶潛生平，有情志，無事業。言其情志，則田園飲酒；言其田園，則鷄鳴犬吠，五柳一松。其作品乃堪與屈子離騷上下媲美，則古今無異辭。屈原為仕宦中人，陶潛則隱逸中人；如諸葛亮，兼此兩型，高臥隆中，自比管、樂，隱逸中不忘仕宦。及其白帝城受託孤之命，軍國大事寄於一身，但仕宦亦一如隱逸。諸葛非文人，其出師表、誡子書，亦傳誦千古，無愧於屈、陶。既曰「鞠躬盡瘁」，又言「澹泊寧靜」。食少事煩，而一生如在休閒娛樂中，亦可謂儒、道兼融一人物矣。片語隻辭，凡此流露，亦皆得成為大文學。「一為文人，斯無足道」，自然流露斯乃眞文學，刻意為文則終為一文人。

即如樂毅報燕惠王書，後世奉為戰國時代第一篇文章，但樂毅非當時一文人。莊周著書入子部，今人謂之哲學書。司馬遷太史公書入史部，今人謂之史學書。而此兩書，則同為中國文學之冠冕。漢

初賈誼，作過秦論，上治安策，皆屬政治文字。雖作鵩鳥賦，但後人終不稱之為一文人，然尊之為中國一大文學家，則絕無媿色。故在中國，「文人」與「文學家」乃大有差別。中國古代最高文學，皆出自非文人之手。宋玉、司馬相如始有意為一文人，然終不得成一高標準之文學家。東漢書始有文苑傳，而陶潛在宋書中入隱逸，不入文苑。及唐人修晉書，仍有陶潛，一若不列其人，即為晉書損色；然仍列隱逸，不列入文苑。則中國古人之視「文苑」人物，其意量輕重，亦由此可想矣。

此下在中國文學史上之第一流人物，為後人歷久崇奉者，如唐代之李白、杜甫、韓愈、柳宗元，北宋之歐陽修、蘇軾，南宋之陸游等，莫不以其一生之整體人生寫入其文學中，而其作品亦即為作者生平之寫照。故其文學之高下得失，乃胥視其作者之生平為人而定。杜甫為「詩聖」，李白為「詩仙」，儒、道高下，亦依以定；此皆在人品上。至於所謂「神、理、氣、味，格、律、聲、色」，亦盡在其中。此亦中國文學一傳統精神所在。故凡屬中國之文學家，並不以文為生。換言之，中國人之學，皆屬其人之品德，非其職業與行業。此如封建時代之農、工、商，其行業乃由官授，由公家廩給。其私生活則乃公職，非私業。中國社會中之士，實亦一公職，非私業。李、杜、韓、柳、歐陽、蘇、陸，莫不有公職，莫不有其生計安排。其文學寫作，則乃其閒暇生活之自由流露，乃其內在品德之表現發展與完成，絕不為其私生活之職業經濟打算而有此寫作。或譏韓愈受諛墓金，然此乃當時門第積習，此下亦因承不輟；較之今人一意罵祖，又何遽為非？愈亦豈為此而起八代之衰，為百世之師？非明乎此，則決不能知中國社會之特有情況，亦決不能欣賞中國文學之特有性格。中國歷代有書

畫名家，亦豈如西方，有展覽會公開出售，乃始有其作品之成就？中國社會亦有依賴文學為謀生職業者。放翁詩：

斜陽古柳趙家莊，負鼓盲翁正作場。死後是非誰管得，滿村聽說蔡中郎。

此負鼓盲翁之唱說蔡伯喈故事，也即一種文學生業。其事有似於西方，乃大為近代國人重視。其事雖在南宋，但已遠有淵源。最早當始於唐代，而漸盛於金、元以下。然元、明兩代之說部，如施耐庵之水滸傳，羅貫中之三國演義，亦多為其一生之休閒娛樂，而非為其身家謀生之一種勤勞操作。此則仍未脫離中國文學之特殊傳統。惟不為作者自己生平性行作表白，異於屈原、賈誼之所為；然言其寫作內容，則仍有傳統之遞承。

施耐庵避吳王張士誠之召，隱居淮北，其敍水滸諸英雄，既有「官逼民反」，亦有「民逼官反」。一面反對朝政之敗壞，一面亦不贊同江湖之作亂。大旨仍宣揚其對當身時代一己之意見。而羅貫中之三國演義，描繪歷史人物，縱其違失本眞，有似負鼓盲翁之唱說蔡伯喈，仍存有一種文化傳統之大意要旨。通俗演化，使普遍民眾共得瞭解，其用心亦在公不在私。如其闡揚關公之為人，道義昭然，五、六百年來深入人心，有功社會，此不再述。如其描繪諸葛亮之綸巾羽扇，指揮若定，數百年後之京劇，其神情意態皆從羅貫中之演義來。如其坐街亭城樓上，一童一琴，彈弄泰然。城門洞開，兩老

軍坐城門外，詼諧作態，而司馬懿大軍竟不敢進空城一步。此其表現出一種休閒娛樂之人生，眞可謂只應天上有，不在人間逢。中國歷代正史及各大家詩文集，幾許大人物，驚天地，泣鬼神，遭遇著絶大艱難曲折，而竟以孔明城樓上琴韻悠然之心情應付度過，以完成其品德與事業。表出之於小説與戲劇，則人人易知。雖不能符合於文化深處之高度修養與其境界，而小説、戲劇亦遂得由此而預於中國文學之林。

中國後代文人，又常分詠漁、樵、耕、讀。柳宗元詩：

千山鳥飛絶，萬徑人蹤滅，孤舟簑笠翁，獨釣寒江雪。

此漁翁之生事艱窘，不見詩中，而其所處境界之夐絶塵寰，則供後世讀者想望無窮。其於樵、於耕，亦每見其如此。其於學者之讀，亦何獨不然？即如柳州之山水遊記，下至歐陽永叔之記醉翁亭，蘇東坡之賦遊赤壁，窮途潦倒，仕宦顛沛，遭遇人生中之大失意，而文中所表達，又豈非休閒娛樂之一種至高佳景乎？

隻身行役，本非樂事。而唐詩人張繼楓橋夜泊詩則曰：

月落烏啼霜滿天，江楓漁火對愁眠。姑蘇城外寒山寺，夜半鐘聲到客船。

江楓漁火，月落烏啼，山寺鐘聲，後人誦此詩，莫不心往，乃以不能同嘗此終夜對愁之苦味為憾事。又如杜牧詩：

清明時節雨紛紛，路上行人欲斷魂。借問酒家何處有？牧童遙指杏花村。

於是此清明之時雨，路旁之牧童，杏花村中之酒家，亦常在後人心中。路上斷魂，乃亦同所嚮慕。勤勞操作與休閒娛樂，既已渾化融成一體，人生之悲歡離合，乃不如常情之所分別。孔子曰「殺身成仁」，孟子言「舍生取義」，殺身、捨生，尚所不計，勤勞操作，更復何言？岳武穆之賦滿江紅，文文山之作正氣歌，其為大仁極義可無論；即詩人之對愁無眠，行路斷魂，論其心情，亦何嘗非孔門所唱修心養性之流風餘韻。中國詩中乃別有天地，別有人生，此則可與知者言，難為俗人道耳。

故中國文化有其傳統，有其端緒，歷史、文學皆然，而社會人生亦已盡在其中。近代國人慕尚西化，群認中國乃一如西方中古時期之「封建社會」，非可與現代歐美工商資本社會相比。於是遂認中國文學與其人物，莫非封建性、貴族性、官僚性，非現代所宜有。於是稱中國文學謂「死文學」，惟後世晚起之白話章回小說，尚稍近西方體裁，而書中之人物生活，則仍為要不得。一如今人之意，不僅中國已往舊文學乃死文學，中國已往舊人生亦不啻是一死人生，此下則需有大爐竈，另加製造。則

又誰來任此？

近人尚猶推尊清代曹雪芹之紅樓夢，乃有所謂「紅學」興起。賈寶玉、林黛玉之相戀，若有近似於西方，然本不為中國人生所重，亦非曹雪芹著書用意之所在。詩、騷以下，歷代詩詞歌曲，亦多男女相戀；晚起之通俗文學，演義及戲劇中更多。余曾於論中國之悲喜劇中略抒其意。①即如蒲松齡聊齋誌異，盡以託之狐魅，而極富人情味。中國人生之可貴，正為其人情味之到處洋溢，不擇地而出。父子、君臣忠孝大節，則尤人情味中之更深更大者。詩三百，首關雎，夫婦一倫又豈男女相戀而止？賈寶玉與林黛玉，亦當從中國文化大體系、歷史大傳統、人生大理想、文學大宗旨中加以衡論，於此亦始見曹雪芹紅樓夢一書作意之所在。

提倡新文學，先當提倡新人生。西方人生固是一「新」，但亦只是一「異」。中西人生如此，文學亦然。西方新文學乃從其舊文學中來，中國此下有新文學，亦當從其固有之舊文學中來。若單論中西雙方之文學，則中國之變，實遠多於西方，此又不可不知。

元劇趙氏孤兒先傳入西方，德國文學家歌德甚加欣賞，謂其時我德人方在樹林中投石擲鳥為生。其實趙氏孤兒事起春秋，不在元代。此見雙方文化演進深淺之不同。英國莎士比亞與我明代歸有光同時而略晚。歸氏善寫家庭鄉間生活，瑣情細節，栩栩如生，至今讀之，猶如活躍紙上，尚能深入人

① 編者按：此指情感人生中之悲喜劇一文，收入全集丙編中國文學論叢中。

心；莎氏則生世不詳，至今在英國仍無定論。故中國文學乃作者之內在人生，而西方文學則作者與作品可以絶不相關。若謂人生乃一勤勞，文學乃一娱樂，在中國則兩者一體，在西方則兩者各別，亦即就歸氏與莎翁兩人之生平而可知。此非文學相異，乃文化相異。兩人苟易地而生，不知其兩人之作品又如何？

同時又有魏良輔，孤居樓上，二十年不下樓。此下兩百年間，紅氍毹上，亦歌亦舞，莫非魏氏之新腔，即所謂「崑曲」。甚至滿洲入關，此乃民族興亡一大關鍵，而社會上魏氏新腔，依然演唱不絶。「商女不知亡國恨，隔江猶唱後庭花」，即至近世，崑曲仍尚流傳，較之歌德與莎翁，影響深遠，當猶過之。今日國人則惟歌德、莎翁是崇是慕。誠使善得其神髓，在中國文學史上，亦可另放一異彩。但歸氏、魏氏，何必輕之鄙之，定要其作品死去？民族自由，豈果如此？

胡適之提倡白話新文學，曾有過河卒子一詩，以自喻其不後退之意。其實象棋卒子不僅過河不後退，未過河前亦不後退；抑且過河後猶得旁行，不如未過河時之只有前進。知象棋者多矣，但屢見稱述胡氏此詩，旨在通俗，終未聞有譏及於此者。今日國人批評古人則太嚴，批評今人又太寬。或以古人已死去，乃可肆吾自由；今人尚活在，則猶得稍有顧忌。如此心情，距文學意境已遠，可不再論其新舊之别矣。

近代「新文學運動」從「新文化運動」來，亦可謂是一種「新人生運動」。人生當會通各方面，非文學一項可盡。文學新舊亦不專在文言、白話上。胡適之白話文學史，其所舉材料，亦遠及漢、唐

以上。其實中國文學至少已有三千年，焉得無新舊之分？離騷楚辭之於詩三百即是一新，兩漢辭賦又一新，建安以下又別為一新，此不詳論。但新舊非即是高下、是非之別；中西相異更然。中西同有新舊，西方非全新、全是，中國非全舊、全非。文學然，人生亦然。呱呱墮地，隨時有新人生加入，乃彌覺舊人生之可貴；否則舊人生要不得，則惟有自殺，再作呱呱。今日國人對我民族五千年歷史、文化、人生、文學，正在努力向自殺一途前進。而此七十年來之新文學、新人生，究在走向何處？此眞我今日國人所當警惕作深長思者。

本文主要在討論人生，亦即討論社會，歷史、文化、思想、文學皆所兼及；而勤勞操作、休閒娛樂之當融為一體，則尤本文要端所在，幸讀者善體之。

# 三六　生命與機械

## (一)

中國以農立國，以耕稼為業。五穀百蔬，瓜果蟲魚，牛羊雞豚，無日不與生命為伍，亦無日不賴生命以為生。其四圍之生命，即其己之生命所依存。故其與四圍之生命，乃無不親之如家人，愛之如手足，以耕以耘，以撫以育。其視宇宙自然界，乃亦如一生命界。「天地之大德曰生」，凡屬生命皆從天地自然中來。春風夏雨，秋霜冬雪，土之培植，水之滋潤，自然界之護養群生，可謂無微不至。故其仰天俯地，亦如一家四鄰之和睦相依，以共維此生命。

生命時時變，節節變，大體有「生、長、成、熟」之四階段。方其生，即依其他生命為養；及其熟，則還以養其他之生命。故生命乃一大共體，絕無不賴他生而能成其為生者，亦絕無不以養他生為務者。故有「孤生」，有「群生」。一穀一蔬，皆獨有其生命，然無不群集以為生。孤生有熟有成，

群生則相繼不絕。百畝之田，以養五口之家。生命必熟，即以奉養其他生命。而其孤生又必傳種再生，以達於無窮。人生亦如此，方其初生，及其既老，已不能自生，必賴他養以生。方其壯，則以己生養他生。不僅其居家侍奉父母有孝，撫育子女有慈，即其日常辛勞，操耒耜以耕作，其視田中禾麥，亦不啻如家人。人之養五穀，豈不亦如五穀之養人？則不僅一家、一國、一民族為群生，人之與禽獸草木同此天地、同此會合而相聚，亦不啻相互為群生。此生命乃為一大總體。孤生有死，群生則傳，世代緜延，日益擴大。孤生之死，只是此大生命中一小變化。此為耕稼人民共有一宇宙觀，共有一人生觀，即成其共有之生命觀。雖不明顯共有此觀念，實則潛藏有此共同一意想，即其民族生命之悠久演進而可知。

西方古希臘，乃一工商社會之都市生活。農業非其大群生活主要所賴，故郊野農民僅為「農奴」。工業與農耕不同，對象多屬無生物，富機械性，缺生命性。一斧一鑿，一尺一繩，一切物皆成材料，由我意向，經我製造，以供使用與玩賞。製造既成，乃由商人外出販賣，以其利潤供生活。故工商亦非一體，一「賣方」，一「買方」，雙方性質不同。賣方先逆探買方之意向，投其所好，然後有條件的出賣。故交易非友誼，乃不啻為有敵意，但可和平解決，不必以兵戎攘奪，如是而已。故交易雙方雖各得所欲，而相互間無感激、無懷念。故工商社會之與外界接觸，雖較農耕社會為廣大，而其心意間，則終存一種封閉感、孤獨感。大都市人群相聚，亦不存有一種和通感、親睦感。有孤生，無群生，與農村社會絕不同。

農業社會中之工業，為農業之副。最要如絲織，其侍奉蠶蛹，蒔桑採葉，待其產卵，照顧周詳，辛勤勞瘁，乃有過其侍奉己生者。故「農桑」並稱，其奉他生以還養己生，體貼周至，情意相似。又如陶業，燒土為窯，對象為無生物，與農桑若不同；然辨土性，則仍同其對有生物。人生出於自然，自然亦儼若一大生命。故陶業非如機械性之製造，亦可謂乃富生命意味，故其供日常應用，愈悠久，而愈生親切感。其販賣，亦與其他商品販賣意義有不同。

農人鑿井，為「桔槹」以取水，莊周道家乃謂其具「機心」，將有害於自然與生命。此一層，討論人類文化演進，不當不深辨。機心起於功利觀。自然醞釀出生命，生命依順乎自然，非由功利觀主使。中國人不言「功利」，而言「道義」，乃一本之自然與生命，而功利亦不能外於道義而自立。此為中國人文演進一重要原則。

中國商業起源亦甚早。然日中為市，以其所有，易其所無，交易而退，與西方之城市交易大不同。故商為農工之附屬，與農工之附屬於商，其意義亦大不同。不同深處，乃在人之心理上，在其對人、對物之觀念上。生命有其全體一貫性。其過程中，亦有種種變。必會合部分之變，從其全生命看，始得生命之眞意義與眞價值。若劃分全生命為各部分，各自切斷，單從每一部分之變分別來看，必失其生命眞實內容之意義與價值。如植物，先有根苗，然後有幹枝花果。故根苗在植物生命中，有大意義大價值。又如青蛙，初生為蝌蚪，僅為青蛙初生期之一變，非有獨立性。苟使不長成為青蛙，亦非可有蝌蚪之生命。

人類生命有一絕大冒險期，即其嬰孩與幼童期，遂使其此下之成年期有更大可能之變化。人文界可以卓然獨出於自然界，而與其他生物大相異，以自臻一妙境，正為其有一較長之嬰孩、幼童期。故嬰孩、幼童期之在人生全過程中，乃有其至高無上之意義與價值，亦莊老道家所謂「無用之用」。

孔子乃中國之至聖先師，自言：

十室之邑，必有忠信如丘者焉，不如丘之好學也。

孔子乃一學者生命，其生命即學問，學問即生命。其言「十有五而志於學」，至於「七十而從心所欲，不踰矩」，此乃自述其學問生命之進程，可謂自「自然生命」中創造出一最高理想之「人文生命」來。十五志學，即志於道；三十到五十，則修道；五十以下，則行道。孔子之道，即孔子之學；孔子之學，即孔子之全生命。而孔子之生命與其道與其學，皆自十五志學之一念來。第二、第三階段，整個學問生命，由「志於學」以達於「從心所欲不踰矩」，融貫為一。孔子生命可謂乃一最自然之生命，可為人人生命作模範，其可貴乃在此。至於嬰孩、幼童期，乃人類由自然進入人文一最先階段，孔子亦不例外，但孔子未詳言，今亦難作深論。

就一般言，人生嬰孩幼童期，苟無家庭，早投入自然環境中，向外奮鬥，早長成了許多應付自然的機智技巧，則人類亦將如其他動物一般，所謂「習與性成」，此下的一切即常困在此積習上，不能

更有進步。惟其人類有此較為隔離自然環境之一段預備時期，遂為人文演進增加了種種可能性。

幼年如此，晚年又然。人到耄老，亦得有一人文環境，善加護視，使可遠離種種掙扎。至少在其心理上，可得一分恬淡安泰，自在不煩，少生憂傷。此一心理之在大群人文中，有益無損。抑且大群人文之獲有大啟發、大進步，實多從老年人來。果使老年入困境，生命無安全感，則無此影響可生。抑且未臻老年，其心已變，其影響人文界有損無益。故幼年、老年，乃人生中無用而有大用之兩時期。孔子言：

老者安之，少者懷之。

人之全體生命中，必求其幼有懷而老有安，乃可使其中年生命有一正當之展拓。此為中國人在人生全體過程之各階段中，各有其穩妥安排之大理想所在。

人之生命不僅當通歷其「全體」，又當融入於「總體」。個人生命有其全體性，而群體生活乃有其總體性。既不當從總體生命中單獨抽出個人生命來作考慮，亦不當從總體生命中抹殺個人生命來做安排。必面面顧到其生命之全體與總體，乃可使人類生命有一廣大高明之理想演進。

人生在嬰孩、幼童期，則總體生命主要在家庭。及其成年，男婚女嫁，結為夫婦，中國人稱之為「人倫之始」。人生必有「倫」，「人倫」即人之總體生命之所由以表現。自夫婦而有父母、子女，此

為每一人生命總體之擴大。人類又必由家而有群有國，於是而有君臣、朋友，此為總體生命之更擴大。由是而有天下，乃始為人類生命總體之大全。更由是而有古往今來之延續，於是此總體生命乃傳達於無窮。故中國人言人生，乃由修身、齊家而達於治國、平天下，使人生總體生命獲得一好安排，而其基本則仍在人之個體生命上，故曰「壹是皆以修身為本」。

西方人則並不顧及生命之總全體，而單獨抽出其個體小生命，有所謂「個人主義」之提倡。迄於近代，又有「社會主義」之產生，其對生命，擴大觀點達於世界性，而及於生命之總體，但又抹殺了生命之個體。此皆違失了人類生命之自然性，無異生命之自殺。又在個體生命之全過程中，就其各階段而一一為之切斷分離，各視為一獨立性，此亦不啻乃一種生命之自殺。

男女戀愛，異性求偶，此亦生命過程中一應有之事，在全生命中有其意義與價值。若抽離為一獨立事項，則必失去其意義與價值，或將損害其生命之全過程。異性相戀之情感，實本自然。如飢思食，渴思飲，寒思衣，倦思睡，皆其生命對外在物質之需求，中國人謂之「欲」；人對人，則謂「情」。生命中有此情，乃求配偶；非為求配偶乃生情。中國人觀念，「情」由「性」來，但非凡情即性。婚嫁本於人之性，非可謂一本於人之情。換言之，婚嫁乃生命中一大事，而戀愛則不然。食、衣、睡眠皆當有一適可之限度，欲如是，情亦然。夫婦和好，有禮有法，而情更加深。故夫婦之情實非男女戀愛可比，此乃由自然進入人文一大關鍵。中國人以夫婦為「人倫之始」即此義。西方人重視男女戀愛勝過於夫婦結合，重欲勝於重情，更甚於重禮，亦中西文化一大相歧。

西方又言「戀愛自由」。飢思食、渴思飲，乃生命要求，非自由。能解飢渴即可，寧必嚴擇對象？戀愛亦有限，非儘得自由。父母之命，媒妁之言，其於對象，亦有一番客觀挑選，豈即違反於人性？西方文學過分渲染戀愛若神聖，今則自由離婚日增，一結一離，內心之激盪轉變，所影響於其生命之全過程者，難以想像估計。其他則更何言？

生命過程中有戀愛，又有鬬爭。動物禽獸皆然。人文社會則婚姻求安定，戰爭求消失。中國人言「止戈為武」。言其感情，戀愛屬「喜」，戰爭屬「怒」，而中國人則「哀」、「樂」尤在「喜」、「怒」之上；力戒「怒」，慎言「喜」。周武王「一怒而安天下」，但又言「哀兵必勝」，故在人文生活中，哀遠勝於怒。詩云：

琴瑟友之，鐘鼓樂之。

則樂又遠勝於喜。喜怒無常，最要不得。中國人分別喜怒哀樂之高下深淺，莫非有當於全體生命之意義與價值。西方人似對生命深處有所疏隔，事事物物僅重外面。哲學家探討人生眞理，專尚理智客觀，摒棄感情，一若其與眞理為敵。而文學家又特好言感情，又偏重喜怒，皆觸景而生。事過境遷，喜怒無常；哀與樂則深著而常存。

中國人之生命觀，大之為「通天人」，近之為「合內外」，故其宇宙觀亦為有機的。大自然乃一

生命之大總體，此體即是生命一神靈，亦有其德性。人生即從此生命之大總體而出現，又歸入此大總體而長存。故在中國，只言「天」不言「上帝」，而「地」則可以配「天」。長宙廣宇中有天地，一陰一陽亦如自然之與人生，又如人生之有男女夫婦。死後靈魂，亦歸入總體化，天地即人類生命一大靈魂。故在中國文化中，無宗教，無上帝與天堂。

西方人必於自然與生命作分別觀。其視自然，則幾如一大結構、大組織、大機械。宇宙則為一非生命的、無機的。故西方有宗教，信有一上帝，在主宰管理此世界。無機中有一「神」，「唯物論」與「有神論」並存相濟。若此宇宙唯物無神，則此億萬種生命又將如何安排？生命亦是一自然，但究與無生物不同。西方哲學有「唯心論」，亦有「唯物論」。惟宗教則心、物雖有別，仍同在一世界；科學則專注意在物質方面作研尋，以求滿足人生之種種慾望。至如達爾文生物學，主從無生物中產生出生命，則生命豈不乃無中生有？又何來有如中國人所謂之「性靈」？故西方生物學仍是一自然科學，與宗教不同；而與中國人之生物觀亦大不同。

中國亦早有科學，惟中西科學之發展過程亦有不同。如醫學，中國人即常以一有機的生命體視人身。頭顱手足、心腹腸胃種種不同，然在同體中各有所司。故言生理、病理，皆主言「氣」。氣即有生命性。其言宇宙亦然。天地萬物全體中一氣運行，即屬有機的，即具生命性。西方人則無此觀念。

對日抗戰時，余在成都，有兩英國農業專家來考察灌縣都江堰水利工程。曾言中國農田施肥都用有機物，如河泥之類，盼加意保留；西方肥料用無機物，久則土質變，有損農作物，今乃知其害。余

曾訪之金陵大學農系某教授，彼言西方人言如此，但吾儕仍當采西法。最近有日本京都某教授來臺告余，彼退休後築室湖濱，以種植自娛，試用東方舊習，以有機物為農肥，效果甚佳。中國之治病、施肥，皆用有機物。此即中國觀念信自然即具生命性一徵。而西方科學，則必在自然中盡量發展其非生命之一面。此誠中西文化傳統一大相異處，不得不深加注意。

西方人看人群社會，亦若一無機體，好言「自由」與「組織」。人群集居，生命之總體機能即潛伏其中，善為發揮，乃能以安以久；豈如一器物，可專以機械與組織來求其完成？中國社會尚「禮」，西方社會尚「法」。禮主利導人性，亦可謂乃有機的；法主防堵人性，屬無機的。西方社會組織皆由法，極權、民主皆然。工商企業，教會組織，皆憑法。馬丁路德之新教與後起之共產主義，亦皆憑其組織，即憑法以爭。故西方社會，不僅商場如戰場，即政治界、宗教界亦然。而耶、回兩教中古時期之相爭，乃至今不能平息。佛教具東方性，雖亦有分別，但無組織，無戰爭。人群自可有組織，亦見有力量，但無組織之力量，有時則更遠超於有組織之上。佛教來中國，至唐代禪宗，深入人心，掩脅全國，緜延達於千年之久，然亦非有特殊之組織。「棒喝」乃是一種機鋒，非鬬爭。

即言政治，西方亦重組織，近代政黨即其顯例。共產主義一黨專政，非組織，又何以建權力？中國秦漢以下，全國統一，皇位相承，但非有組織為之支持。細讀中國史，亦何嘗有所謂「帝皇專制」？中國傳統政治，其大群內部之共同生命性，實遠超於其外在之組織性之上。苟以近代西方之組織與功利觀相繩，則中國上古三代開始，禹之卒，中國人朝向啟而不朝向益，誠為在民權政治之發展

進程上一大退步。但此乃出於當時群情之所向，此亦一種「民權」表示。政治當以「民情」為本，中國人言「民為邦本」即此義。

中國傳統惟曰：

尚德不尚力。

「力」須組織與機械，「德」則是一種自然。中國人常連言「德性」，性是生命的。生命同，性與德亦同，故曰「同德」。使人心服，乃是一種無形之力，乃一種有機力。西方哲學不言德；科學研究物理，在力不在德；宗教主原始罪惡論，亦不能有德。故中國人之德性觀，乃為西方人所無。

西方人言「知識即權力」，但知識只是生命中一項次要工具，非即生命。故知識可分門別類，無整體。由此知識生長出另一知識，故知識有進步。西方人對知識，又分「歸納」與「演繹」。歸納則是一組織，演繹則實是一變相之歸納。如言：

人皆有死，蘇格拉底是人，所以蘇格拉底亦有死。

其實「蘇格拉底亦有死」一語已包涵在「人皆有死」一語中，故可說是一種變相歸納。中國宋明理

學家分別「德性之知」與「見聞之知」。見聞之知得之外，乃事物性；德性之知發於內，乃生命性，其重要乃遠過於見聞之知。西方人只重見聞，不言德性。柏拉圖榜其門曰：

非通幾何學，勿入吾室。

幾何學乃機械的，無生命的；幾何學中所解答，實皆包涵在定律中，並無新意義生長。孔子曰：

過我門而不入我室，我不憾焉者，其惟鄉愿乎！

鄉愿「生斯世，為斯世也善」，無個性，不重一己之內德，即是不重其一己之生命。知識即見聞，而不能深切貼近於其內在之德性，則於自己生命無關，乃為孔子所不喜。西方人所重之知識，可以日變日新。中國人之知識，則於日變日新之自然過程中，更有一種內在生命日化日成之體性存在。由此形成雙方學術之相異。一重己心之修養，一重外在事物之運用。重外在運用，乃日趨於機械化，而生命則幾近於停息。今日之世局乃如此。

孔子問子貢：

汝與回也孰愈？

子貢曰：

賜也，何敢望回？回也，聞一以知十；賜也，聞一以知二。

聞一知二，限在見聞上，知其正面，即可推知其反面，此乃所謂「是非之知」。如知「人」，即知其他有生、無生諸物之「非人」。西方人言知識，於「邏輯」外又有「辯證法」。邏輯言歸納、演繹，辯證法則言正反同異。「甲」與「非甲」合為「乙」，「乙」與「非乙」又合為「丙」。如是求知，則純成為機械的、組織的，只見自然面，不見生命面。子貢之聞一知二，與相近似。顏淵之聞一知十，「十」是全體總體，惟「德性之知」能之。「心」與「物」，「自然」與「生命」，會通以為知。亦可謂子貢之聞一知二，其知在「量」上；顏淵之聞一知十，其知在「質」上。西方人之「功利觀」重在量，中國人之「道義觀」重在質，此亦中西文化一大相異。

顏淵又自言：

夫子博我以文，約我以禮。

「博我以文」，即見聞之知；「約我以禮」，則反之己身、己心，體貼之以自己之生命，乃可知其全體。雖若亦仍有限，而可得其會通。如嬰孩、幼童，不能知成年、耄老之所知。顏淵年未過五十，僅到孔子「不惑」而「知天命」之階段，未能到孔子「耳順」、「從心所欲」之階段。故曰：

如有所立卓爾，雖欲從之，末由也已。

孔子以一大聖人體段昭示於顏子之前，顏子知有此一境界，乃嘆無法企及。孔子則贊之曰：

吾見其進，未見其止。

其在川上則曰：

逝者如斯夫！不舍晝夜。

又言：

後生可畏，焉知來者之不如今？

則生命有止亦有進，故孔子學不厭，教不倦。「至善」只是一境界，雖可止，而「學」則乃是一生命，不可止。耄老有如嬰孩，孟子曰：

大人者，不失其赤子之心者也。

赤子當學，大人亦當學。生命相通，時代千古亦相通。後聖之學通於前聖，而學則無止境。豈如是非之與權力，乃可定於一時一事而有其所止乎？亦可謂東方人看生命，乃視其自幼到老之一段進程言；西方人看生命，則重由我與彼之一種比較言。一重「時間性」，一重「空間性」。亦可謂西方人不知有「生命之學」，故亦不知有此等境界之存在。

宋儒言「德性之知」，亦即猶孟子所謂不學而知之「良知」。陸象山言：

堯舜以前曾讀何書來？

但中國古人自始即知讀此一部有機宇宙天地大自然之無字天書，生命與大自然起共鳴，此即其「德性」。只讀詩三百首中之比興部分，即知中國文化之深根固柢即在此。孔子曰：

智者樂水，仁者樂山。

見於山之寧靜生育，其內心深處即有樂，啟牖感發乃其仁；見於水之流行滋養，其內心深處亦同有樂，啟牖感發即為智。人類生命德性中之仁、智，即從大自然中來。人類中有先知先覺，亦從大自然來，此之謂「德性之知」。如何培養牖啟此知，中國人之傳統教育精神即重此。

自中國觀念言，身、家、國、天下，皆同一生命之一貫相承，層層包容，通為一體。西方人則一意加以分別，其病乃由中國道家莊周所謂之「機心」來。如言「國」，乃必分別為「土地」、「人民」、「主權」之三者。人民之上，何以又必加一主權？非有人民，主權又何由生？必分人民、主權以為二，此可謂不自然之至。改言「人權」，人各有權，苟不相通，群又何來？乃言「組織」，以組織來運用此「權」，此之謂「機心」，既非自然，亦非生命，乃憑空創造以求運用此自然與生命。機心之要不得乃如此。中國人則言，「天時」、「地利」、「人和」，三者合而成國，此始是自然、人文之合為一體。故中國人言國，乃深具生命性；西方人之國，則只具機械性。人之為群，在德不在力。一切人事須從生命上著眼用力，若以機械來求駕御人事，則無往而可矣。

## (二)

余一友，其女來北平投考協和醫學院學醫。一日，告余擬退學。問其故，言上解剖課，面對課桌上一屍體，心不能忍。余告以當改變己心，莫作一死屍看，只當一機器看，心變則自忍。踰月又來告，已心安。遂留校續學，十年後，成為一名醫。此即西方醫術不存生命觀一證。

西方心理學言，人之知覺、記憶全在腦。但無目何見？無耳何聞？無鼻何臭？無舌何味？無皮膚亦無痛癢。使此腦離此身，更何知覺？故依常識，知覺在身不在腦，亦未可謂之不是。記憶更難言。此身緜延數十年，使無時間積累，又何來有記憶？知覺與記憶乃生命中事，不盡在身，更不專在腦。但生命何在？豈不仍在身，亦在腦。使腦機能失靈，縱此身尚存，亦如已失去。

可知生命中實確有如機器之存在。生命乃有賴於此機器，而更有其超機器之存在。或言腦，或言身，皆可作一機器看。心亦身中一機器；但中國人言「心」，則非機器的。亦可謂「心」即「生命」，乃一超物之存在。此一存在非可具體指說，惟有心領神會，以心知心，更無他途可循。

今試再言心在何處？亦可謂在全身之綜合和會處，更可謂乃在超軀體以上之綜合和會處。西方人喜在具體中來加以分別，專就一事一物言，乃不得中國人所謂之「心」之所在。不得心之所在，斯亦

不得生命之所在。不僅醫學如此，其他學術亦全如此，多分類各成專門，如文學、科學、哲學，自希臘開始即然。因此乃無當於人心，亦無當於人類生命之存在。

因此言西方歷史，希臘史、羅馬史、現代歐洲史，各自為體，在其內部決無一貫之相承。現代全歐洲形成數十國家，亦難和合為一。政治如此，社會亦然，亦各分別，無一超其上之綜合和會可言。中國則不然。

姑以「死」、「生」言，其實亦是一體。生必有死，而死則仍在生中。中國人言「生生」，即指生之不絕言。而西方社會則顯分死生以為二。「世間事凱撒管」，此言其生；「上帝事耶穌管」，此言其死；死、生顯有一大別。人生必有「男」、「女」，實亦一體，而西方人亦作分別看。某一西方學人言，穿皮鞋與穿拖鞋不同；男性生活如穿皮鞋，女性生活則如穿拖鞋。中國古人穿履，入室前，脫在戶外，履之內有襪，或厚腳套。履後變為靴。又有布鞋，日常所穿，可不多變。亦可謂中國布鞋乃中性的，男女無分別。

中國家庭男主外，女主內，男子自外歸，一家團聚。不僅夫婦和合，上有老，下有小，乃成生命一大和合。中國社會富生命性，家庭尤為社會之中心。農業社會日出而作，日入而息，夜間則一家人團聚，故農村亦為中國社會一中心；失卻此農村與家庭之兩大中心，即不見中國社會之特性。

西化以來，中國社會最大之變在女性。婆媳不再能同居，即變為一夫一婦之小家庭制。又婦女亦必離家工作，亦與舊時小家庭不同。中國社會之第二大變則在都市地位超農村之上，以前是都市附存

於農村，此下則變為農村附存於都市。此兩者間，意義亦大不同。

中國人言「一陰一陽之謂道」，此「道」即指生命向前一大進程言，「陽」其明顯處，「陰」其隱藏處。陽指動，陰指靜；陽在外，陰在內。然中國人言「陰陽」，不言「陽陰」，即就生物進化言，亦先有陰性，後有陽性。幼稚知識亦先知有母，再進始知有父。陰為生生之主，而陽為其副。陽在外活動，乃以輔陰之在內生生。中國人言天地陰陽，其實天道亦有其陰面。中國社會之人生大道即在此。

原始人類，惟求謀生，乃能用「器」，如今人言「石器時代」、「銅器時代」、「鐵器時代」等。然器非生命。一如人之身，耳目口鼻、手足腸胃皆其器。器為生命之副，非生命之主，僅供生命之利用，非生命之本質；乃手段，非目的。由於器物之運用，乃分「職業」。職業亦供生命之利用，斷非生命目的所在。中國在戰國時，已成士、農、工、商之「四民社會」。農、工、商皆職業，「士」則可謂乃一非職業之職業。孟子曰：

士尚志。

孔子曰：

士志於道，而恥惡衣惡食者，未足與議。

是士不當以衣食為志，道則生命之大道，亦即人心所嚮往。而人各有心，苦不自知。詩曰：

他人有心，余忖度之。

能忖度此心，以詔導群眾，以共赴此人生之大道，士之大業乃在此。

漢代成為「士人政府」，士人從政，先由察舉，後有考試，選賢與能，為其要旨。是士人政府實即一種民主政治。惟西方民主尚多數，中國民主則尚賢、尚少數。故士人政府亦得稱為「賢人政府」，由社會中少數俊秀傑出之士，出而任之。西方社會中之教徒與中國之士略有相似處。學校本由教會設立，學校任教，亦非為謀生。而遞變至今，教授亦成一職業；學校在社會中，亦如一機器，有其特定之用途。今人群中各機構，皆各有使用，皆如一機器，則人群乃如一架大機器，無生命之眞實意義可言。

「生命」與「機器」有一大分別，即一有情，一無情。換言之，亦可謂一有心，一無心。人心之主要生命即在情，故人心即人情。人而無情，即可謂之無人心。人類心情之表現，或在空間，或在時間，皆在其綜合和會處，不得一一加以分別。又心情必在隱藏處，未可明顯指示；其可明顯指示者，

乃「欲」非「情」。草木禽獸亦有情，其生命之表現，即在情。中國人言「修身」，實乃修此情。先之曰「齊家」，即修其對家人之情；擴之曰「治國」，即修其對國人之情；又擴之曰「平天下」，即修對天下人之情。家、國、天下，皆就「空間」言，謂之「行道」。又有「傳道」，則加入「時間」言。道可以亙古今而貫萬世，而皆自每一人當前之修身做起。故曰：

自天子以至於庶人，壹是皆以修身為本。

其實「修身」乃指「修心」言，指「心」之表現於「身」者言，本則在隱藏處。蘇軾詩：「萬人如海一身藏」，修身則貴在隱藏處修。千仞之木，亦必有本，深根固柢，人所不見；所見者，乃其枝葉之茂盛，花果之燦爛，皆由其本來。

今再約略申言之，「身」如一架機器，「人」則是一生命。無此身則無此人，但人與身終有別。中國人言修身，乃由各人自修己身，修己身以善為人。社會之根柢則在此社會之每一人，故每一人之自修其身，即為社會深厚培植其根柢。

中國人本不言「社會」。家、國、天下皆即社會，其本則在各個人，中國人稱之曰「己」，家、國、天下則其枝葉花果。老子言：

三十輻共一轂，當其無，有車之用。

車亦一器，構造極複雜，但其「用」則在車之「無」處，此即其和會綜合處，亦即其隱藏處。和會綜合無處可指，如「身」可指，「人」不可指，須從此「身」之和會綜合處得此「人」；亦可謂其「人」乃在「無」處。此社會之大生命，亦即在「無」處。專從「有」處求之，則必失其所在矣。

中國人之為學，主要亦在其「無」處。換言之，乃學其「人」，非學其人之「事業」與「作為」。顏淵學孔子，博文約禮，即孔子之所學。「如有所立卓爾」，乃即孔子其人。戰國百家並起，儒家之學在孔子，墨家則學墨翟，道家學莊周、老聃，名家學惠施、公孫龍，陰陽家學鄒衍，法家學申不害、韓非，農家學許行；雜家無其人，不得謂學呂不韋；縱橫家亦不得謂學蘇秦、張儀；小說家更無其人可學。故九流十家中，雜家、縱橫家、小說家，其學無主，實亦不成家。其他七家皆有所主，故亦相傳成家，而最大最久者，則惟儒、道兩家，而孔孟、莊老遂永為中國社會之宗師。

西方人為學乃學其人之所學，而非學其為學之人。西方之學術傳統，亦在其所學，不在其學者。文學、科學、哲學，各有傳統；實則以中國人觀念言，亦可謂非傳統。因中國人言「傳統」，其傳統必有「人」；西方則無此觀念。如學文學，讀莎士比亞書，可不知莎士比亞其人，即其例。故西方學術分門別類，各有專家，而無其綜合和會處。實則「專家」只為「個人」，非可謂之有「家」。中國則不然。司馬遷為太史公書，為後代史學鼻祖，而司馬遷自言其書乃學孔子之春秋。深一層言之，司

馬遷亦有意學孔子其人。非學其人，又何以學其書？此乃中國人觀念。韓愈倡為古文，其實亦有意學孔子，故曰「並世無孔子，即不當在弟子之列」。故孔子乃為中國社會之百世師，即在其學之綜合和會處。學者學為人，即從其生命所在處為學，由小生命通入大生命，故其學乃得為百世師。

苟失其生命所在，則人之一身可分為頭腦、手足、胸腹、耳目、口鼻諸部分，地位不同，職司皆異。然則誰為此一身之主？西方醫學對人身亦各分科，有眼、耳、口、鼻各科，可以各擅專技，互不相顧。其他諸學亦然，政治、社會、經濟、法律、外交、軍事，亦各得成為專門。但一國之大政方針，豈能如此割裂拼湊，而謂可得一正確之方向？遇有爭議，則惟於會場上以多少數為定。政治然，社會尤然。社會乃人群大生命一集合體，其根柢所在，乃尤難言。

姑依馬克斯所分之西方社會言，希臘、羅馬時期為「農奴社會」，農奴低壓在社會之最下層，豈得以之來代表當時之社會？中古時期為「封建社會」，當時封建貴族堡壘乃高壓在社會之最上層，然整個社會則不盡在貴族堡壘之內，又豈得以此來代表當時之社會？現代則為「資本主義社會」，繼之則為「共產社會」。資本家亦高壓在整個社會之最高層，資本具體內容為財富，可以繼漲增高，於是西方人對社會乃有一進步觀。然財富之進步，豈即社會之進步？又豈即是人類生命之進步？自中國人言之，財富乃身外之物，不視財富為生命。共產社會只是把資本家的財富，分到無產大眾手裏。其分其合，實仍於生命無關，則又何進步可言？原始人類全是無產階級，豈得謂之乃進步？孔子曰：

貧而樂，富而好禮。

同一社會中，雖有貧富之別，而其樂、其好禮，乃見人類之眞生命，社會之眞進步。中西雙方，一重生命，一重器物，於此亦可見其相異。

中國人言社會，只有一分別，曰「有道」、「無道」。有道則治，無道則亂；亂而不救則亡。西方歷史，希臘亡，有羅馬，有中古封建時期，有現代資本主義社會，實可謂是亂亡相繼。今則英、法諸國亦已衰，倫敦、巴黎亦將仍蹈雅典、羅馬之覆轍。中國人言「鑑古知今」，觀於西方史之過去，亦可知西方史之將來。中國則自炎黃以來五千年，仍只是此一社會，枝葉花果或有變，至其根深柢固處則無變。

中國社會根柢首要則在「士」；而男女相較，則重女性。近代國人群譏中國為「重男輕女」，其言荒謬，余屢有申闡，此不詳論。老子曰：

天下有始，以為天下母。既得其母，以知其子；既知其子，復守其母，沒身不殆。

雌性、女性乃生命之始，雄性、男性則其子。大抵雄性、男性多在明顯處，供使用；雌性、女性則在隱藏處，為根柢；莊老道家所謂之「無用之用」。生命固貴有「用」，但更貴其能「藏」。孔子曰：

君子不器。

非主無用，乃不貴如器之徒供使用。稱子貢為「瑚璉」，瑚璉亦器，但藏在宗廟，不供人隨意使用，則有用若無用，故為器之貴。其稱顏淵則曰：

用之則行，捨之則藏。

是顏淵其人乃一有用之人，而非徒供人用，為一被用之人。「用則行」，是其有用；「捨則藏」，是其不為被用，所以為大用。其主要處在能修身。女性亦貴在修身，能務修其身以為不可用，乃為最上之用。此義又誰知之！

生命之用首在食。「民以食為天」，士之修身，則謀道不謀食；其為學，亦貴在志道、行道、明道、傳道。女性亦同然。而謀食為生，則多由男性任之。男主外，女主內，即由此。生命藏於內，身體顯於外，凡用其身，皆以保其生命，故曰：「既知其子，復守其母。」中國之士道，凡「修」首貴「藏」。諸葛孔明言：

苟全性命，不求聞達。

高臥隆中，自比管、樂。藏器在身，非誠無用；不求聞達，則貴潛修。同時如管寧、徐庶，皆知藏。近代國人競尚西化，只求表現，此義已失。乃謂中國之為士者，皆志在仕進，縈心利祿，一惟奉迎專制帝王之頤指氣使，為官僚則不啻為奴隸。其所想像，距五代時長樂老馮道尚遠。不讀書，而輕肆譏評，其荒唐淺陋又何足怪！

詩三百，關雎為首，曰：

窈窕淑女，君子好逑。

惟言君子求淑女，不言淑女求君子，「窈窕」亦言其深藏。中國言女性有「三從四德」，「三從」已別闡。「德、容、言、功」為「四德」。容不指色，窈窕亦即容。德、言、功則叔孫豹所謂「三不朽」，女性所同具。烹飪、紡織，衣食大端；相夫教子，為功尤大。德與言亦胥綜合和會，不能強作分別。故求人生大道眞相，觀於中國之女性，即可得其梗概。儻專在大群外在事功上求，則女性轉不見其重要。中國人惟為深知人生大道，故重士，而士則無職業；又重女性，女性則藏於內而不外揚。能無業、內藏，乃始易保其性情之眞，既敦厚，又深摯。中國人文演進乃深賴此兩端。

中國農、工、商三業，又重農。農之求食，首在修身。日出而作，日入而息，春耕、夏耘、秋收、冬藏，稼穡艱難，首重勤勞；三年耕，有一年之蓄，則又重在儉；勤儉為修身之根柢。中國為士者，必出於農。唐代科舉，先須「家世清白」。三世為農，斯為「清白」。工商業皆不預。農人勤勞無貪求，安分守己，故生活易清白；商人向外牟利，則生活易陷不清白。中國人重農輕商，其中亦寓有人生大道。近人乃專以財富功利觀，謂農業社會乃一未開發之社會，進步而有工商，更進步而有機器。但機器可使財富進步，不得使生命進步，或轉使之退步。「知其子」不復「守其母」，而危殆隨之矣。

欲知中國社會眞相，試先求之中國之文學，尤要者在詩。古詩三百，首關雎，即詠男女夫婦。豳風七月，則詠農村。婦女與農村，乃中國詩主要題材所在；此下三千年皆然。又有田園詩人，如晉宋之際之陶潛；此下亦代不乏人。田園詩之外有山林詩：

問我何所有？山中有白雲。只堪自怡悅，不堪持贈君。

求之孔門，顏淵、曾點乃田園、山林詩人所宗。尚書曰：

詩言志。

志在顏淵、曾點，所言自不離田園、山林。田園詩多近儒，山林詩則多近道，綜合和會以求，則孔孟、莊老儒道兩家仍為中國社會所宗師。用而行，則廊廟朝廷；捨而藏，則田園、山林。故不親田園、山林，則亦無從認識中國人之眞趣所在。

田園、山林之外，又有邊塞詩。中國軍人盡出於農，不認識中國之農，亦無以認識中國之軍人。士則兼通文武，出在邊塞軍旅間，即猶在田園、山林中。此一義，不熟誦中國之邊塞詩，又何以知之？外此乃又有廊廟朝廷詩，乃獨無市區商旅詩。白居易琵琶行，潯陽江頭商人婦，乃可入詩；寧有一市井商人而入詩者？商不入詩，亦中國文化傳統一特徵。但亦有酒樓妓女入詩者，此當善求其意義。「商女不知亡國恨，隔江猶唱後庭花」，此其意義易求；獨以不知亡國恨責之商女，則其意義又難求。試觀史乘所載亡國之際，一國之人能知其恨者又幾人？非有遊客，何來此商女之唱？詩人亦自抒其恨而已，又何尤於隔江之商女？非融通生命大道，又何以誦中國之詩？

詩之後有詞，其體裁內容與詩亦略相仿。然詞為詩餘，其所詠亦轉益深藏。多在閨門之內，多在行旅之餘。「楊柳岸，曉風殘月」，詠在行旅，情在閨門，而能為一代之名詞。非深求，又何以誦中國之詞？今國人則一律謚之曰「死文學」，又曰「封建文學」、「貴族文學」、「官僚文學」。如「楊柳岸，曉風殘月」此七字，豈不仍在目前，而豈得謂之已死之封建貴族與官僚？

詞之後又有傳奇劇曲，主要題材仍不得離女性與家庭。其家庭亦多在田園、山林間。即帝王家

庭，亦必田園化、山林化。如貴妃醉酒，如四郎探母，皆有園林。又如遊龍戲鳳，以一帝王，入市井一小酒店中，遇見一酒家女，此亦詩詞題材；戲劇一貫相承，其背後皆有一修身、齊家之人生大道存在。劇情反正離合，觀者自可會心。一帝皇之尊，一商女之卑，遊龍戲鳳，禮貌曲折，同一尋常人，同一尋常事。孟子曰：

梓匠輪輿能與人規矩，不能使人巧。

詩詞平仄聲韻有規矩，戲劇亦同有規矩，一啟口，一發聲，一舉手，一投足，到處有規矩。演唱者惟於「規矩」中見「巧」。「規矩」實即生命之本質，道家稱之曰「自然」，儒家謂之是「天命」。孔子「五十而知天命」，即是知此規矩。「七十而從心所欲不踰矩」，乃始是生命全在規矩中。「大巧若拙」，孔子晚年，乃到達此境界。此非外面安設些規矩，以強加之生命之上之所能比。

希臘以商立國，弄巧營利，不如農業之耕耘、收藏顯有規矩。中國社會婦女與農民，皆能不失規矩。為士者之修身明道，則亦必納己於規矩中。一切學問皆然，文學亦無不然。今日國人競慕西化，文學如小說、電影，以男女自由戀愛為題材；亦必別開生面，出奇制勝，緊張刺激，為人意想所不及；必求曠天地，亘宇宙，可以一遇，難以再遘；失生命之自然，無規矩之可循。即當前文學一門，亦可識中國社會古今一大變。

或以為社會必「求變求新」以達於「時代化」。不知每一社會皆必有變有新、有其時代化。以中國史言，堯舜禪讓，湯武革命，下及春秋戰國，兩漢、魏、晉、南北朝、隋、唐、宋、元、明、清，莫不各有其時代化。不如西方史，蒙古、滿洲異族入主，中國社會亦依然有其時代化。但雖屢變，而終不失其為一中國社會。不如西方史，希臘、羅馬、中古時期以迄現代，前一時代化為烏有，後一時代乃告興起。故中國史乃一生命之時代化，而西方史則為舊生命變成了新生命，時代變而生命亦變。而今日國人心中之「現代化」，則實為「西方化」一代名詞。老子曰：

知和曰常。

中國社會重在求「和」，故變而不失其「常」。西方社會重在「爭」，故此起彼仆，乃成「無常」。今日西方已成為美、蘇相爭之局面，更何有往日英、法之常？今日國人亦以尊美、尊蘇相爭，而所謂「西化」，亦與兩次世界大戰時迴異。如此則「現代化」實即一「無常化」。老子又言：

善建者不拔，善抱者不脫，子孫祭祀不輟。

中國社會一部百家姓，西方社會無之，此亦一相異。

余曾遊南洋新加坡、馬來亞一帶，其華僑社會應自明初鄭和下西洋開始，此乃遠在哥倫布橫渡大西洋之前。哥倫布僅以一葉扁舟達美陸，而自此西班牙、葡萄牙乃在大西洋上劃一界線，以分彼此兩邦向全世界開闢新徑之藍圖。不久而荷蘭、比利時繼起，又不久而英、法追隨其後。俄國彼得大帝失敗在前，德意志兩次大戰又失敗在後。然而目前之英、法又如何？比、荷、西、葡又如何？其間又何嘗不各自有其現代化？而如中國明代鄭和之下西洋，則大海船結檣連艙而去，較之哥倫布之西渡遠為壯盛，並連續七次，所航日遠，直達非洲，亦在歐洲人之前。但中國社會則依然如故，鄭和事，若無大影響；而移殖南洋各地之華僑，則日增無已，至今乃儼成為中國社會，不僅遠在英人移殖美洲之前，亦尚在西、葡南美移民之前。最相異者，中國僑民寄人籬下，所至即安，不爭政權。英、法帝國主義後來，遂高踞其上；而中國社會則依然如舊，仍不失為一中國社會；亦可謂亦經多次之現代化，而依舊不失其故常，故風遺俗，猶有超中國大陸之上者。

惟一大異，大陸重農，而移殖南洋者多務商，少業農。其最守舊者則為女性，故家庭完好，子孫相承，祭祀不輟，迄今無大變。又尊士，僑民多閩、廣籍，開設私立學校，必往上海延攬江、浙籍人去任教。其惟一憾事，則國內西化之風已盛，往為師者，每携帶西化觀念俱去，幸未能驟改其舊習。此乃余三十年前之所見，今則又經現代化，則不知其詳矣。

南洋華僑外，又有美國三藩市華僑。初以勞工赴美，迄今亦歷一百三、四十年，可謂已達五世之久，而中國之故風遺俗亦多存在。民國七十年來，中國大陸力求開新，而舊金山華僑則仍多守舊。紐

約市亦有華人街，其他美國都市同有數十百家中國人集居，亦多保留有中國社會之舊狀。「禮失而求諸野」，今國人競求變求新，求現代化，而遊覽美國，華僑轉多較中國本土為落後，亦是一奇。

最近美國「太空梭」之創始，可謂現代化最新一目標。然美國外，繼起者惟蘇維埃，英、法諸邦無意追隨，則現代化亦自有其限度。抑且今之所謂「現代化」，乃在機器，非在生命。生命待機器而化，機器則別有其根柢。非得有如美國之財富，又烏來有太空梭之創造？蘇維埃則犧牲生民衣食以為之。然老子又言：

物壯則老，是謂不道，不道早已。

太空梭不十年亦將臻於老化，西方科技進展當如此。中國人言：

人惟求舊，物惟求新。

中國社會主在人類生命本身上發展，故得有炎黃以來五千年之舊。西方社會主在器物資本上發展，生命本身轉居其次；生命表現，亦僅在器物、資本上。如一工廠，其重要表現，亦惟器物、資本，多數勞工無表現。但如太空梭，豈非亦造於勞工？太空人亦可謂即勞工。圍觀其起飛與降落者，可多達數

十萬人；其他全世界人，則全在電視中略覩其形象，或在電報新聞中略聆其消息。故今日之現代化，可謂已全落入機器，而人類生命之本身似已不復足道。然苟無生命，何來機器？惟機器之享受，雖曰歸於多數人，而機器之創造，則終必歸於少數人。今日之言現代化，則惟求多數之享受有機器生活而已。中國人言人生享受，則如父慈、子孝，齊家、治國、平天下，均屬生命，不屬器物。今日言享受，則惟器物、資本之相爭，他復何有？

老子又曰：

含德之厚，比於赤子。

赤子知和不知爭。竊恐兩百萬年前原始人類之赤子，亦復如是。中國人則善保此赤子之心。西方人求變求新，方其為赤子，亦如在天堂；及其中年，乃如入戰場；及其晚年，則如在墳墓。視人如物，則亦宜其老而早已矣。耶穌以「原始罪惡」言人生，今日科學昌明，世界進化，乃證耶穌之言不虛。本此而言現代化，則恐非末日之來臨，無他途之循矣。「現代化」之意義豈果如此？竊願有意治中國社會史者之有以闡其說。

# 三七　共產主義與現代潮流

馬克斯共產主義思想，不數十年，影響全世界，勢力之大，可謂前無倫比。但其主張「唯物史觀」，則實一大問題，豈能遽視為定論？人類歷史千端萬緒，而馬克斯所注意者，實只經濟一端，其他尚有政治、教育、宗教信仰等各大問題，馬克斯似乎並未顧及。豈能專據一端意見，來改造此世界？豈不成一極不可能之空想？

馬克斯當時亦僅據其在英國倫敦之見聞，而提出其主張。認為資本主義社會發展達於頂點，乃可有共產社會之產生。苟其無大資本家有產階級，則何來有勞工無產階級。馬克斯認為歐洲在「資本主義社會」之前，尚有中古時期之「封建社會」，乃及更前希臘、羅馬時期之「農奴社會」。其說是非且不論，但馬克斯並不認農奴為無產階級，亦不認封建貴族為有產階級。當知馬克斯之所謂「有產、無產階級」，乃專主同一工廠中之廠主與勞工言。果其社會並無工廠林立，即不可謂有此兩階級之存在。故馬克斯之共產主義，乃從其工業生產之「剩餘價值觀」立腳，非謂貧人可以分富人之產乃謂共產。稍讀馬氏書，其義即易知。

俄國列寧乃借端於馬氏之說來從事推翻俄國之帝王專制。此乃一種政治革命，與馬克斯意見大有距離。在歐洲歷史上，政治乃另一端，別有其來歷，又別有其趨向。此當分端討論，而為馬克斯注意所未及。

歐洲史發端於希臘，論其政治，則為城邦型。希臘一半島，地區狹小，而城邦林立，迄未形成一國家。馬其頓崛起，乃始立國。羅馬繼之，以羅馬一城市兼併意大利半島，又兼併地中海四圍歐、非、亞三洲廣大土地，而成為羅馬帝國；其中心基點則仍在羅馬。是則羅馬建國仍本源於希臘之城邦，擴大成國，非合各城邦共建一國。在歐洲文化傳統中，論其政治，可分「希臘」、「羅馬」之兩型，一為城邦自治之「民主政治」，一為向外侵略之「帝國政治」。此下仍承此兩型而演變。

中古封建時期，則僅一「社會」形態，無「政治」可言。迄於現代國家興起，全歐洲分立為數十國，此則仍是一希臘型，不過稍加擴大而已。又繼之以海外殖民，乃始蹈襲羅馬型，而有殖民帝國之產生。其先為葡萄牙、西班牙，繼之以荷蘭、比利時，又繼之以英、法。此可謂歐洲政治史乃希臘、羅馬兩型並存之顯證。

惟其希臘乃歐洲文化大傳統之始祖，故歐洲人雖主向外擴展，而至今仍是數十國並列，難以融合，亦難加兼併。惟其在歐洲文化大傳統中尚有羅馬為之繼宗，故各國間多主海外兼併，而殖民帝國紛起。其間尚有一問題值得注意者，歐洲人海外殖民，實仍從希臘型之重視商業來。而羅馬型之武力侵略，則僅為之副。歐洲人又有一種安土重遷之心理，不慣與異族人和平共處。希臘人雖歷世經商海

外，而終必回歸希臘，仍為一希臘人。此一心理，迄今無變。羅馬人亦如此；近代英、法人亦無不盡如此。

美國人移民新大陸，北美十三州已集為一大群，離英自建一國，此即希臘型之心理。否則只要求英政府減稅，平等相視，豈不可仍永為一國？其他如加拿大、澳洲，聞風繼起。英帝國只能在海外統治異族，而同為英國人則盡歸分裂，此為歐洲文化之希臘根柢，無可否認。

又美國十三州不斷向西擴展，而印第安人則屠殺殆盡，此亦歐洲人不易與異族人和平相處一特徵。英國人對印度惟求統治，不求安居，從政經商，終必回歸。數百年來，英國人留居印度，成家傳代者極少，可謂無之。其在香港亦然。香港本一荒島，倘英國人不斷停居，迄今百年，香港早可成為英國之一部分。但迄今百年，英國家庭定居香港者，可謂絕少其例。

此一心理遠自希臘起，商人自居為供方，對象則屬求方；自居為贏方，對象則屬輸方。供求、贏輸之間，乃自尊而卑人。故希臘人永為希臘人，雅典人永為雅典人，直迄近代英國人永為英國人，法國人永為法國人。不僅如此，愛爾蘭人永為愛爾蘭人，蘇格蘭人亦永為蘇格蘭人。又不僅如此，美國為十三州聯邦，至今擴大為五十州，仍為一聯邦，各有政府，各有憲法。歐洲人重分不重合，其趨勢有如此。

而在同一政府下，又必分黨相爭。中國人言「群而不黨」，群主「合」，黨主「爭」。歐洲人則不分黨以爭，即不能合成群。重我輕人，常稱之為「自我主義」或「小我主義」，今稱「個人主義」。

政治權力方面如此，社會經濟方面亦然。耶穌、馬克斯均猶太人，所唱導皆一「世界主義」，非歐洲人所自有，而其道乃大行。就實論之，耶教與共產主義仍亦以「個人」為本。靈魂上天堂，財富平均分配，仍皆以個人為起點，亦仍以個人為歸宿。

歐洲人信奉耶教，而政教分離，宗教不當影響其政治。近百年來，歐洲資本主義國家，亦非不採用馬克斯共產思想，如各工廠皆許勞工組織工會，爭取報酬；政府則推行社會福利政策，年老退休及失業者，皆予養護。此等在各國皆已成為共同性，而各國之政府則依然是分裂性、獨立性。

列寧在俄國推行共產主義，下及史太林，而性質乃大變，政治權力更重於社會經濟。乃以共產政策來推行其帝國侵略，依然承續帝俄時代之大傳統，分裂性仍重於和合性。第一次、第二次世界大戰以來，近四十年，第三次大戰已如箭在弦上，一觸即發，此見歐洲大傳統決非耶教與馬克斯思想之所能取代。此為歐洲文化大趨勢，深值認識。

馬克斯共產主義本主「分富於貧」，亦可稱為是一種「共富主義」。列寧則一轉而為「合貧求富」，此當稱「共貧主義」。如何合貧求富，則須政治力量，與馬克斯之專言經濟者已不同。至史太林則又轉為「合貧求強」，此尤大不同。而經濟衰退與經濟不景氣，實乃發自富國，即工業先進國，即資本國家。可見共貧雖不易，而共富則更難。就社會求共富尚易，就國際間求自己一國之獨富則更難。孔子曰：

富而可求也，雖執鞭之士，吾亦為之。如不可求，從吾所好。

又曰：

富與貴是人之所欲也，不以其道，得之不處也。

又曰：

不義而富且貴，於我如浮雲。

又曰：

邦無道，富且貴焉，恥也。

西方社會上自希臘、羅馬，下迄近代英、法、美、蘇，始終以求富求貴為目的。中國人則必主仁義，不求富貴。孔子之所謂富貴不可求，乃屬自然天道。富者不三、四世，或四、五世即衰；貴亦然。例

證顯然，不詳舉。故曰：

遺子黃金滿籯，不如一經。

又言：

自古無不亡之國。

此可謂之深識明見矣。西方宗教信仰靈魂上帝天堂，豈不亦億兆斯年，恒常不變，更何富貴之堪求？故中國傳統文化，家必求齊，國必求治，此為與西方大不相同之處。

商業必分供求、贏輸。今日之工業先進國家，為供方、贏方；而工業落後國家，為求方、輸方。事勢轉變，非可預測。姑舉一例，如皮鞋、汽車，皆為人生「行」之一項所需。但皮鞋易得，汽車難求；而皮鞋獲利微，汽車獲利昂。工業先進國家乃不造皮鞋，競造汽車。亦可稱皮鞋為必需品，汽車則為奢侈品。貧國以競買汽車而更貧，致於不能再買，而經濟不景氣則更見於工業先進之富國。

又且工業先進國不僅不造皮鞋，競造汽車，又更競造軍火。如坦克車、巡洋艦，如潛艇，如飛機，其出售獲利，又更甚於日常交通運用之汽車。工業落後之貧國亦以競買此等軍火而更貧。但更貧

後可以不買，而經濟之不景氣與衰退，則反易見於工業先進之富國間。

求方、輸方已無力求輸，供方、贏方乃貸款濟之。以今日之科技進步，而人生日進於奢侈，以至於軍火殺伐之成為商品，則更由奢侈而轉進於罪惡。至於唱導此等奢侈與罪惡，而使人生陷於不得一日安者，則為工業先進國。如是則經濟之不景氣與衰退，就全世界人類大群言，乃福非禍。而今日之所謂經濟景氣與經濟旺盛，則實為人類之禍而非福，而其不可久之勢亦甚顯。

故今日之世界，實非一資本主義與共產主義相爭之世界。雙方各謂消滅對方，世界可躋於和平，實為一種皮相之論，亦非誠實語。內心所存，爭富爭強，以小我為中心，政治社會種種禍害皆由此起。專就社會經濟言，苟上有好政府，均富不難，均貧亦不難。惟就政治言，求均權、均貴則難；就國際言，則更難。主要在人心之「均」與「和」。不尊己而輕人，不重我以輕彼，勿爭「人權」，僅講「人道」。父子爭權，則無孝慈之道，僅得有小家庭；夫婦爭權，則婚姻破壞，惟可男女同居。人道不立。而求取政權則惟結黨相爭，但論多少數，而賢德、是非皆所不計。以如是之政治，而推之國際，則爭富爭強，商業戰爭之上，繼以政治戰爭。「希臘型」之上，又繼之以「羅馬型」。自歐化言，世態千變萬化，要之，不外此兩型。而馬克斯乃卑淺言之，專為貧者爭均富，則宜乎歆動一世得多數之樂從。今乃謂天下之亂由此起，一若共產主義為天下之禍源。然果使百年前無馬克斯其人者出，豈天下即能遽歸於平治？稍知歐洲史，宜見其不然矣。

今人好言「平等」，不好言「貴賤」，但商業所爭在物品貴賤。多數人能買決不貴，惟少數人能

買始貴。是商業乃重少數，不重多數。殺人利器最貴，憑以交易，則商業盛，斯人無噍類。

植物花草亦有貴賤。商品貴難得，中國人最貴梅、蘭、竹、菊，皆易得，所貴則在其品格。動物亦有貴賤，西方動物園必畜獅、虎猛獸，中國則稱麟、鳳、龜、龍為「四靈」，皆不噬人。莊子言鳳鳥「非梧桐不止，非練食不食」，其所貴在此。龜之生最易足，而又最壽，故在四靈之內。是中國人所貴於草木禽獸者，皆寓人生教育意義，其貴賤人者亦在此。

寒食節始於介之推，乃晉文公出亡一從者。文公返，賞未及，之推恥自言，奉母隱介山。文公燒山求之，竟不出，致焚死。中國人貴之。讀漢書古今人表，帝王少得列上品，多下品，則帝王非所貴。又如宋徽宗好繪畫，又擅書法，實一藝術家，但為帝王，乃不獲人稱道。斯則平民易貴，居政治高位則難貴矣。臺灣有吳鳳，僅為一通譯，其人乃更貴，即鄭成功若不及。使一臺灣總督，能防止高山族殺人，職責所在，亦無足稱貴矣。

又中國人貴師，孔子為師，自行束脩以上無不誨，非以收學費為教。顏淵死，其父欲乞孔子馬以為之槨，孔子不之與，其同學乃助其父厚葬顏淵。孔子曰：

鯉也死，有棺而無槨。回也視予猶父，予不得視猶子也。非我也，夫二三子也。

此下至戰國為大師者，來學轉得給養。中國貴師道乃如此。如「市道交」，則又何貴之有？中國此風，

西化新式學校起乃變。

又如平劇，觀三娘教子，無不貴其家人老薛保；觀西廂記，無不貴其丫頭紅娘。為人自有可貴處，而不在其富與貴。

惟社會可以無巨富，政治不能無高位。中國人言「君一位，臣一位」，此亦階級。馬克斯言階級，僅只貧富，故曰「有產」、「無產」。政治上之權位上下，馬克斯所不論。若分「無權」、「有權」為階級，而出於鬥爭，此豈馬克斯之意？故西方論學，貴「專」不貴「通」，否則其弊不堪言，如列寧、史太林之於馬克斯即其例。今國人必連言「馬列」，政治、經濟混為一談，不僅不識列寧，亦為不識馬克斯，乃兼失之。故今日西方人所嚴斥，乃在史太林以下；而中國人所慎防，則當在馬克斯以前。此尤關心人道而論世者所宜深知。易繫辭言：

乾知大始，坤作成物。

馬克斯所論，如「唯物史觀」、「階級鬥爭」，皆就其當時之所成。有坤無乾，其為淺識，無可深責。

最近如石油之產銷，足以影響一世人生之榮悴與安危。古代無石油，豈不同樣有人生？人本有能，今乃稱如石油等品為「能源」。馬克斯之唯物史觀，本由觀於當時倫敦商業資本主義之情況來，亦待此下商業資本主義之繼續發展而加以證成。果使經濟不景氣，不再復蘇，商業資本主義不再生

長，則馬克斯之唯物史觀與共產主義亦將隨以消失，豈非人類福祉？

第二次世界大戰，蘇俄共產與英、美列同一陣線。蘇俄勢力東來，亦美國所引。中國共黨崛起，英、法首加承認。迄今凡屬歐洲資本主義國家，幾無不承認共產中國，甚至美國亦然。美、蘇對抗，西歐諸國亦各有取捨，並不一意偏袒美國。可見資本主義國家，無分敵友，惟爭一「利」。今法國政府中亦有共產黨加入，故謂當前為「自由世界」與「共產世界」之爭，實屬皮相之論。所謂自由世界，主要在自由通商，一國受其利，他國蒙其害。共產國家乃閉關自守，不與資本國家自由通商。繼之則以核子武器為雙方鬥爭之最後工具，如是而已。「鬥爭」乃西方傳統，商業爭富，必繼以武力爭強。則經濟不景氣，爭富之風衰，或轉為治本之道。

農、工、商三業分別，人盡知之，惟業農則必「天」、「人」合作；業工則必「物」、「我」同規；此皆易有一「和合心」，而又自給自足，不分敵我。中國人自古在農工社會中，物質生活到處同然。故遇異地人，易生同類感，相親相和，結為大群。上有賢德，助成其大群之結合，則群尊為非常人，至於累世不忘。立德、立功、立言之「三不朽」，即由此來。其言「夷狄」，則多指畜牧、漁鹽之群。如驪戎，亦姬姓，又有姜戎，非同姓，同目為「諸夏」。故孔子曰：

微管仲，吾其披髮左衽矣。

故「中國而夷狄則夷狄之，夷狄而中國則中國之」。苟其生活習慣同，斯亦一視同仁矣。此即所謂「人文化成」，重「道統」尤過於重「血統」。其言商，則曰：

日中為市，致天下之民，聚天下之貨，交易而退，各得其所。

則此交易乃兩利，非分敵我。以己所裕，易人之裕，遂使己無不足，人亦無不足，如是而已。故於農工俱足之餘，乃有商。漢代以下，乃採賤商政策，如鹽、如鐵，後世如漕運，凡公用所需，政府皆加管制。並禁商人進入仕途。武裝軍備，亦絕不經商人之手。要之，一國維持，絕不賴於商，可謂與歐洲人走了絕相違異之兩路。

希臘內不足，始經商。供之在我，而取、不取之權則在人，而又為我之所必爭。故「個人主義」與「人權觀念」，古希臘已開始。而人權觀則必分敵我。我有權，逼人不得不取，斯為商業之上乘。所謂「出奇制勝」，商戰與兵戰亦無異。故「經商心」易啟「作戰心」，希臘型之後又易起羅馬型。近代科學發展，此兩型乃益見進步，而人道亦益不易立。中國人言「人道」，乃本之農工業，商業居其次。歐洲人則倒轉為「商工農」，不言人道，惟言人權，必分敵我，難期和合。此乃其大相異處。

然則處今世，當何以為人，何以成家為群而立國？又何以謀國際和平，而臻於一大同太平之天下？此恐惟有如中國，置商於農工之下。此則非有深心達智、厚德仁道之人，不足以當唱導之大任。

此則中國「四民社會」，「士」居其首，要義所在。

現代科學發展，果使各安於農工業，以求家給人足，事亦不難。「西化」已遍全人類，無不知爭平等、爭自由。只歐洲人不再侵犯他人自由，則平等亦即在目前。商業資本主義消退，則共產主義亦不復存在。即就當前情況，亦未嘗不可盼此世大同太平之來臨。經商勿爭利，從政勿爭權，亦和平即在望。吾往古至聖先賢之崇言高論，可漸待闡申，亦勿煩今日國人之必加駁斥鄙棄矣。如此之好景，我惟有拭目以待，企足以竢，又復何言！

# 三八　道德與權力

今人競言「自由」、「平等」與「獨立」。其實人生是多方面的，若各別分開，則千端萬緒，但其在人生總體上之意義與價值，則總不能說平等。

專就人身生活言，五官、四肢、百骸、七竅，各有其作用。目司視，重對色；耳司聽，重對聲；但各在全身生活上始有其意義與價值。視生活發展而有繪畫，聽生活發展而有音樂，繪畫、音樂則成為藝術人生。但藝術人生不全憑耳目，亦僅只是人生總體中之一部分。其所有之意義與價值，須憑其在總體人生中之意義與價值而定。獨立分離，則其意義與價值便不見。

手能持，足能行，其在人身總體生活中，亦各占地位。手足殘廢，使日常生活不健全，但其人仍有一整體生命。耳目功能較近「心」，其在生活上之地位高；手足不能與相比。故手足殘廢，不如耳聾、目盲之更多損失、更可憐憫。

近人儘說平等，又儘想出人頭地，分別人生各部分活動作比賽，如種種運動會。但就人生理想言，應可說有藝術人生，卻不能說有運動人生。西方有藝術家、運動家，運動與藝術，似乎成為一種

分別觀。人生之意義與價值，乃亦隨而變。

運動會比賽，在爭勝敗優劣。競爭群情所喜，但出席運動會者，則只少數，多數人環而觀之。少數中得勝，已成出人頭地；萬眾懽呼，在得勝者之心理上更感滿足。但就其人之全人生論，其意義與價值究何在？逢場作戲，偶一為之，亦非不可。今乃成為人生一目標，一專業。方幼年時，即全部精力加以訓練演習。但過三十、四十，即須退出運動場，尚有下半生又將奈何？其回顧前半生，則如一夢。若以獲取獎金，換來下半生溫飽，則其前半生，亦僅是一手段，或似一貨品，不得謂是真人生。人生相處，理當相親相敬。作一拳王，或可致人於死地，則更要不得。黃金與頭銜、名利當非人生之所求，此一義，今人又誰知之？

最近有世界奧林匹克運動會，乃引起美、蘇等國之國際衝突。許多運動員競起反對，謂政治不當干預運動。是猶不啻謂運動人生可以超出政治人生，而有其獨立之地位。但每一運動員，亦必兼具一國籍。近代人群爭自由，但尚未有一無國籍之運動員。個人自由，不當侵犯他人之自由；而在大群中，則必有其不自由處。至於個人內部自起衝突，則又何以完成其個人？

「個人主義」乃起於西方之商業社會，所爭有其共同目標，一曰「財」，一曰「權」，為富為貴。財利不平等，乃轉而爭權力之平等。爭則必有勝負，而勝者終屬少數。多數不得意，乃另求發洩，如運動會之花樣，層出不窮，即其一例。但此種發洩，反以提高其求爭求勝之心情。發洩亦即是一成長，非解消。求爭求勝之心愈趨強烈，禍亂迭起，乃使人生共向於無意義、無價值之途徑而邁進。當

前世局之可憂，其本源即在此。

人生決不是「個人」的，而有其總體，即「群」。亦如五官、四肢、百骸、七竅，同屬一「身」；夫婦、父母、子女，同屬一「家」；列國則同在一「世界」、一「天下」。各有其地位，即各有其意義與價值；總體相通，即決不能各自獨立、平等與自由。故個人在群體中，一如水滴之在川流，亦如各細胞之同在一身，各有作用，各不可少；而其意義與價值，則在全身，不在各細胞上。

家為群中之小者。夫婦和合，百年偕老；有子女，有孫曾，可以遞傳而不絕。一家之內則人人平等，又各有其獨立與自由。如父為慈父，子為孝子，就人之內在德性言，豈不各自自由、平等、獨立？故曰「妻者，齊也」，又曰「齊家」，夫婦平等，一家之人亦相聚平等。若子女不孝，父母不慈，則其家散。夫婦亦必相愛敬，其相互間之自由、獨立當有限，否則即不成家。故一家生活在「和」不在「爭」。

家為小群，國則大群，乃有政府。中央、地方，文武百官，各有職司，猶身之有耳、目、口、鼻，亦同稱為「官」。職司有大小，地位有高低，然同屬一政府，於不平等中仍屬平等，但不得各自獨立、自由。生命乃一自然，目視、耳聽，中國人謂之「自然之性」。「性」乃一大生命，身之視聽乃生命中分別一功能。人身乃一自然生命，其有群，則成為一「人文生命」。人之在群，各有職司，共為一體。此由人之「性」，即人之「德」，故又合稱「德性」。孔子曰：

志於道，據於德。

人群大道，必本於各己之德。老子則曰：

失道而後德。

又曰：

六親不和，有孝慈；國家昏亂，有忠臣。

不先有人性之孝，何來有六親之和？不有忠，何來有國家之平治而不昏不亂？老子重自然，輕人文，意態偏激，終不如孔子所言之中正。

西方重「個人主義」，昌言「人權」，謂由人權結合乃有群。故家有「母權」、「父權」之別，國有「神權」、「君權」、「民權」之別。盧騷民約論謂人之有權，乃由天賦。由人群授權於君，乃有君權。則君權不得凌駕於人權之上。西方人尚「權」，中國人尚「德」。權必爭之外，德則修之內。此乃中西文化精神之大不同處。

言人權，則家與國乃人生外在一組織，即不啻對人生一束縛。自由與束縛爭，乃尚「法」。然法由何來？故西方政治必爭立法權。而其權又必在多數，不在少數。民主政治之大經大法乃如此。君民結合，有法有爭，夫婦亦然。爭法爭權，則一家蕩然。國際間乃無法而必出於爭，則天下蕩然矣。「自由、平等、獨立」，乃相爭一口號，而人道亦蕩然矣。

中國人稱：

天生民，而立之君。

天地生人，有其性，有其德，則自能有群。有群則必有君；「君者，群也」。人之有群有君，人文大道亦由自然來。君在政府中，亦一位一職。此下尚有多位多職，則政府亦一群。故家國同是群，忠孝同是德。德由天生，亦須人為。而人為必合於天道，此為中國人理想。

人性非無「爭」，主要則在「和」。「和」之意義與價值則更大。如人之一身，相互間亦有爭，而必以和為主。家、國、天下皆然，而每一人為之中心。故修身為齊家、治國、平天下之本。修身乃修其德性，使和而不爭。所謂政治，政，正也；治則平也。何以能正而平？則在「明德」以「親民」。故齊家、為政均尚德。天德、王道，不言權利。「王」、「霸」之分，即尚德、尚力之分。人同此德，故能使人心悅而誠服。力則必出於相爭。孔子曰：

君子羣而不黨。

又曰：

君子無所爭。

西方民權政治必結黨以爭，不待修身，亦不重道德；惟黨爭之上必有法。中國則道以待君子，刑法治小人。此又中西之相異。

人群大道，非限於政治一項。中國傳統政治，選賢與能，廣羅社會人才，以組成此政府。而人才賢能則必待教育。故「道」尤重於「君」，「君道」之上又有「師道」，為君者亦必有師。孔子為「至聖先師」，中國歷代帝皇莫不知尊孔子。君道行於政府，師道則行於天下之大群。中國人言「天下」猶在「國」之上，故「道統」必尊於「治統」，而師道則決不尚權力。

西方人又謂「知識即權力」；中國則師以傳「道」，非以傳「知識」。道亦須知，而知識非即道。西方人憑「知識」向外求「眞理」，中國人則內求之「德性」以明「道」。孟子告曹交：

子歸而求之有餘師。

又曰：

聖人先得我心之所同然。

則道在人心。中國人言道德若先天，西方人言知識則在後天。孔子之言道，有非人人之所知，但亦以先得人人之同然。故中國人言學，先德後知；西方人則知識為重，德性乃所不言。

人性亦喜自我表現，又喜高出人上。中國人教人表現高出人上者，亦在其德性，不在其知識。知識而違於德性，則亦同為小人。德性人所同有，知識則可獨出。故德性乃平等，可自由，可獨立；知識不平等，乃成為一權力。中國人只爭在己之德性上，不爭外在之權力，乃以成其和。

德性尤必見於群，如仁義、忠信皆是。「獨立不懼，遯世無悶」，必遠離於權力、財富舉世所爭之外乃能然。伯夷餓於首陽之山，而獲萬世之同情。孔子稱伯夷為仁人，乃言其德性，非言其事業。其身獨立於一世之外，而其心仍常存於萬世之所同然，中國人稱其人曰「聖」。西方則人世間無此等人之存在。

中國人重德性，亦可謂乃是另一種「個人主義」。德性天賦，此為大同；但亦因時因地而人各

異。故子路、顏淵不能盡同於孔子，禽滑釐不能盡同於墨子，老子更不能盡同於莊子。故德性雖平等，可自由，而必有其獨立性。孔子曰：

古之學者為己。

乃求獨立以自成其一己。又曰：

為仁由己。

則己之處大群，求能為一君子，即多得與人相同處。又曰：

富不可求。

富則必求異於人以見。故德性乃為至廣大、至悠久之個人主義，而爭財富、爭權力則為短暫狹小之個人主義。近代人務求之外面之財富、權力，乃愈見己之不獨立、不平等、不自由。盡力以爭，所爭仍在外。眞所謂「道在邇而求之遠」，南轅而北轍，其終將何所達而止？此以成當前之悲局。但反而求

之，道固猶在，則亦無足悲觀。

孔子常「仁」、「智」並言。後儒以「仁、義、禮、智、信」為「五常」，後起陰陽家乃以「五常」配「五行」。人生原始當先有仁，人生演進乃繼有智。是仁在先，智在後，有仁乃有智，不仁則智又何途之用？今大體言之，中國人尚仁，西方人尚智。故中國人重道義行為人物，西方人重物質功利事業。中國史聖賢迭起，輝煌照耀。「高山仰止，景行行之。雖不能至，心嚮往之。」其文化乃仁者之靜而壽。孔子言：

智者樂水，仁者樂山。

如山巍然，屹立常在，萬物滋生，蘊藏無窮，而山則仍然是一山。西方史如水流前進，「逝者如斯」，後浪推前浪，僅見波濤洶湧，而涓滴若無預。事業則愈變而愈新，功利則日擴而日大，其文化傳統或可謂乃智者之動而樂。事業變，人物乃無足追憶。求其舉世共尊，千古常在，則惟耶穌一人。但耶穌乃猶太人。抑且耶穌之見尊乃因其在天國，不在塵世。西方人物多以事業傳，如哥侖布橫渡大西洋，其平日為人，則無可稱述。莎士比亞創為樂府，其人有無，尚難尋究。其他率類似。要之，重「事」不重「人」，即重「功利」不重「德性」。中國如大禹，治水乃其功業；其子方呱呱，三過其門而不入，乃其德性；功業無可詳述，而其德性之一端，乃千古傳誦不絕。又如關羽、岳飛，事業則失敗，

其品德則尊為「聖」。近代國人乃謂中國崇拜「失敗英雄」，不知事業失敗，乃其德性之完成。文天祥、史可法同然。孔子言「殺身成仁」，孟子則曰「捨生取義」。所取所成為仁義，所捨所棄則屬其人之生命。中國人之教人有如此。

又如三國時曹操，政治、武功之成就外，文學亦卓越。然後人則崇拜諸葛亮，不崇拜曹操。同時又有管寧，並無事業，而後人崇拜，或有尤超諸葛亮之上者。至如吳泰伯、虞仲，伯夷、叔齊兄弟，則更不待言。中國女性，劉向列女傳以下，歷代正史所載，難以數計，皆無事業，而以德性見尊。故中國人生，宜可以「壽」稱。一人之生，可傳數千年，常在他人心頭口頭，筆下歌下，追憶不輟，稱道無窮，豈不可謂之壽？即讀百家姓家譜亦可見。若論「樂」，則壽即是樂。女性如孟母、歐陽修母，乃及其他節烈，就其景況言，豈不悲多樂少？然就其心情言，則仍是一樂。「人不堪其憂，回也不改其樂」，此等處皆似之。中國人之樂，樂在其德性，不在其事業。周濂溪教二程「尋孔、顏樂處，所樂何事」，皆不在飲食起居生活上，亦不在事業上，而在其德性上。近人謂西方文學重悲劇，實則西方人僅在生活上尋樂，而悲劇則涉及德性，乃以補西方人生之不足，故西方人重之。在中國則偏重德性人生，全部歷史人物，幾乎無不具有悲劇性。惟此種悲哀，乃為眞樂、至樂。「春蠶到死絲方盡，蠟炬成灰淚始乾」，試問人生到此境界，究竟是悲是樂？當知「孔顏樂處」，亦正在此等境界中。人生自有其心嚮往之、欲罷不能之一境，此即情味無窮，又何必強加分別其為悲為樂？眞人生即眞樂處，而勤勞操作，自在其中。即尋不到眞樂處，而勤勞操作，仍不能免。故曰「民生在勤」，「君子

無入不自得」，「小人閒居為不善」，其理亦在此。若謂西方歷史多悲劇性，則中國歷史實多喜劇性。壽即是樂，五千年相傳不輟，生命日繁，非有喜樂何以得此？

中國人尚仁，亦兼重智。西方人尚智，則並不兼重仁。此如高山峙立，外觀無水，內實涵水，不崩不裂，叢樹灌木生焉。而且山靜無爭，水則流動有爭，無堤防，則泛濫橫越。故讀中國史，實覺人生可樂；讀西洋史，則時時有虞有防。孔子歌：「梁木其摧，哲人其萎」，可為中國人寫照；耶穌之上十字架，則為西方人寫照。故孔子不言復活，非其悲；耶穌言復活，非其樂。

今日國人爭慕西化，到處尋樂。獨立、平等、自由，若為人生三大樂處。夫婦和合，何必爭獨立？父慈子孝，何必爭平等？出門則警察林立，讀報則罪案羅列，又何再爭自由？不仁不智，人生樂處又何在？中國人言「人倫」，言「相人偶」，言人與人相處，乃不爭獨立、平等、自由。披閱一部中國史，廣土眾民，相生相長，以有今日，豈非人生一大樂事？其由道德，抑由權力來，幸吾國人其回頭深思之。

# 三九　道義與功利

㈠

孔子曰：

三人行，必有吾師焉。擇其善者而從之，其不善者而改之。

孟子曰：

舜之居深山之中，與木石居，與鹿豕遊，其所以異於深山之野人者幾希。及其聞一善言，見一善行，若決江河，沛然莫之能禦也。

中庸言：

天命之謂性，率性之謂道，修道之謂教。

人文本於自然，人類文化演進亦自然之一途。天賦人性，有善有惡，但亦有由惡向善之可能。故三人行，此兩人之善惡由比較而自見，第三人則於兩人中擇善去惡，即是人文演進之大道。

堯舜為中國上古大聖。陸象山言：

堯舜以前曾讀何書來？

然學問不限於書本，舜居深山之中，其聞善言，見善行，亦可有學有進。人文演化如是。上引論、孟、中庸三章，可謂盡之矣。

子在川上，曰：

逝者如斯夫！不舍晝夜。

此章可謂乃孔子之人生哲學，如詩之賦而比。人生如水流，為善去惡，由是至彼，其前無已，其道不竭。中國文化自皇古有巢氏、燧人氏，下至犧、農、黃帝、堯、舜，以至於禹、湯、文、武、周公、孔子，循是以下五千年迄於今，傳統不絕，如水流之逝，中國人稱之曰「治」。率性而行，其心自安。長治久安，乃見人文演進之無窮。細讀一部中國二十五史即如是。

歐洲人天性若與中國有別，其文化演進亦與中國異。希臘亡，有羅馬，有中古時期之貴族堡壘，又有現代國家興起，而有當前之美、蘇對立。同一水流，但非治水之流，乃屬「潮流」，今稱「時代潮流」。前潮後潮，波瀾洶湧，起伏無常。自中國觀念言，乃動亂，非治平。就西方現代國家興起之一時期、一階段言，遠自葡萄牙、西班牙遠航大西洋，海外爭霸，分全世界為兩部分，荷、比繼之，下迄英、法；陸上爭霸，又迄於德意、英法，第一次、第二次世界大戰，直迄於當前之美、蘇對壘。歐洲民族常此數十國並列，兵戈相爭，迄無寧日。西方文化三、四千年演進率如此。此與中國之長為一民族國家，惟見生齒日繁、疆土日擴之大一統局勢相比，豈非一人文演進之大相異？

立國形勢如是，其他學術思想之演進亦復類是。依照中國人觀念，學術思想之進步，當在國家社會之長治久安、太平無事中。故中國人言治學猶言治水，當和平前進。其前進則平正通達，非如波瀾之洶湧，潮流之起伏。

孔子一日與子路、冉有、公西華、曾點同坐。孔子言：「平日言無知我，儻遇知者，當如何？」

子路言治軍，冉有言理財，公西華言外交，各有所擅。曾點鼓瑟不言，詢之，謂：「異乎三子者之撰。」促之言，曾點捨瑟曰：

暮春者，春服既成。冠者五六人，童子六七人，浴乎沂，風乎舞雩，詠而歸。

孔子嘆曰：

吾與點也。

孔子非不欣賞三子者之各有所擅，然既懷才不遇，其心已不平不安。一旦遇機得逞，又或有偏有激，不能達於平正和順之境，非能如孔子之所謂「游於藝」。如水流有木石阻塞，下流即多激蕩，失其平暢。故學者亦貴先正其心，其學乃得平正通達。有宋理學家，於孔子「吾與點也」之意深有契悟啟發，可參究。

孔子讚顏淵曰：

用之則行，舍之則藏，惟我與爾有是夫！

顏子「一簞食，一瓢飲，在陋巷。人不堪其憂，回也不改其樂」。顏子之樂，樂在其能以孔子為師，學孔子。顏子曰：

仰之彌高，鑽之彌堅；瞻之在前，忽焉在後。欲罷不能，既竭吾才，如有所立卓爾。雖欲從之，末由也已。

此「欲從末由」之嘆，實即其學而不厭之樂之所在。顏子又曰：

夫子博我以文，約我以禮。

如治軍，如理財，如外交，皆孔門博文之一端，故能「用之則行」。約之以禮，則出處、進退、辭受之間，自有道義可循。孔子為魯司寇，墮三都，不成而退。儻必欲行其志，則當如西方政客之反抗與革命，而中國人則謂之非禮。孔子之去魯赴衛，仍求行其道。及其失志於衛，又困於陳、蔡之間，乃曰：

道之不行，已知之矣。

乃歸魯以老。然孔子曰：

人不知而不愠。

又曰：

七十而從心所欲不踰矩。

顏子之居陋巷而不改其樂者，亦猶孔子之此心。

中國自古即以農立國，但問耕耘，不問收穫。其生勤勞，乃是「道義」，非屬「功利」。其為學亦然。雖講究治平之大道，其心有伊尹之「任」，而亦有伯夷之「清」與柳下惠之「和」。孔子聖之「時」，即任、清、和之隨其時宜而互發。西方人自古即以商立國，功利觀念充塞胸中，有功利，無道義；影響及其學術，乃至於政事。自希臘人已然，演進迄於今，人生惟多刺激、多問題。一切學術思想，乃為消弭刺激，解決問題，特富功利性。上引子路、冉有、公西華之志，略與相似；與曾點之意

則大相背。換言之，亦可謂中國學術思想重情感，而西方則重理智。中國人乃本於其情感而生理智，西方則必排除情感乃見理智。

中國人非無刺激、無問題，主要皆從內心情感來；西方人之刺激與問題，則主要多在外面物質對峙之形勢上。故中國人言學，主要曰孝弟忠信；而西方人則曰富曰強。一重內情，一重外力，相互間大不同。

諸葛孔明教其子曰：

澹泊明志，寧靜致遠。

方其高臥隆中時，「苟全性命於亂世，不求聞達於諸侯」，可謂澹泊、寧靜之至矣。劉先主三顧之於草廬之中，遂許以馳驅。及輔劉後主，乃曰：

鞠躬盡力，死而已矣。

是諸葛一生，皆由劉先主友情刺激所生動。

徐庶母被拘於曹操，徐庶告劉先主：「本欲與君同事者，乃此心；今此心已亂，請辭君別。」遂

去曹操營。終其生，乃再不見徐庶之一言與一行。如諸葛亮與徐庶之故事，大可發明孔子「吾與點也」之用心。儻諸葛亮、徐庶專以討伐曹操為其出仕用世之大業，則決不如今傳之諸葛亮與徐庶。

南宋岳飛，其母以「盡忠報國」四字刺其背，飛父子同死風波亭獄中。宋高宗所以一意信從秦檜謀和，乃為受金人威脅，將放縱欽宗南返，使其不得安於帝位。及岳飛死，國人莫不以為冤，高宗後乃悔悟，讓位與其子孝宗。故大學言齊家、治國、平天下，壹是皆以修身為本。「修身」即修其「心」。諸葛亮、徐庶、岳飛三人，事業皆無成，而此三人之心，則長在後世人心中。人心有「清」有「和」，如伯夷、柳下惠，豈必以伊尹之「任」為心？中國文化傳統之傑出於其他民族之上者乃在此，五千年來之永為一民族國家之長存而日大者亦在此。此之謂「道義心」，非「功利心」。

若為功利心，企業家贏利，勞工即集體罷工求增薪。企業家歇業，諸勞工亦失業，則豈不以罷工求歇業？美國首先以核子武器戰勝日本，今日乃受蘇維埃核子武器之威脅。故富更富，強更強，吾道一以貫之，爭富爭強無止境，乃至無一日之安寧。以前然，以後當無不然。

今之日本，最為舉世一富國，其要在於經商，出口勝於入口。然使舉世經濟不景氣，入口皆減，日本之出口豈能獨增？蘇維埃以核子武器凌逼群敵，然使群敵盡屈服，核子武器亦無所用，又何以長此稱強？羅馬帝國征服四鄰，而帝國亦隨即崩潰。富者即敗於其富，強者即敗於其強。往迹昭然，豈不足戒？

今再約略言之，「道義」可從貧弱中轉富強，「功利」轉可從富強中轉貧弱。中西史跡昭然，不

煩縷舉。不幸西方歷代學術思想多具功利觀而不悟。姑舉宗教一項為例。耶穌一日講道，聽者告以其母其姐亦來聽。耶穌謂：「孰為吾母？孰為吾姐？女老者皆吾母，女長者皆吾姐。」耶穌自稱乃「上帝獨生子」，則耶穌本不認己有父，此又不認己有母與姐。上帝教義本出猶太人，謂猶太人當有上帝相救。耶穌則謂上帝不獨救猶太人，乃當救一世人。是則耶穌心中，不僅無家人特出，並又無其同族猶太人特出。耶穌心中，舉世人盡皆一罪惡，信教得救，乃有「世界末日」；則其視舉世人，亦有如其他猶太商人之視一切財貨諸物，其無人與人之一番情感可知。故信耶教，崇拜上帝，僅求登天堂，仍是一種功利觀；不如中國人，從「尊天」觀念中生出一種人與人相處之道義觀，而達於舉世之治平。西方大學，最先即從教會來，則西方知識界之不重人生道義亦可知。

余有一美國友人盧定，本北歐瑞典人，移居美國，曾為耶魯大學歷史系主任，喜治非洲史，不直西方帝國主義。在香港酒席上告余，彼欲為一書，專寫世界人類一切罪惡禍害，皆從人群社會中知識分子來。余告以中國殊不然，一切人類相處相安之治平大道，皆由學者發明提倡。尤其如儒家孔孟，更為特出。如西方史實，可如彼意著一書，特不當舉以概中國。中西文化不同，主要正在此。而當前國內學術界則多主張西化，亦正如盧定所譏，多足以增禍亂，非可以期治平。青年從中學生起，其心中已不知積有若干刺激，若干問題。絕不問自己當如何對人，惟求他人當如何對我。亦知求知己，能賞自己長處；但不問如何親近人，只求如何對付人。人生如陷群圍中，只求自由、平等、獨立，而無中國人積古相傳家、國、天下，父母、兄弟、夫婦、君臣、朋友之五倫觀念。如此處世，自無道義可

言，只有功利可商。孔子曰：

質勝文則野，文勝質則史。文質彬彬，然後君子。

此猶今人之言「人文」、「物質」。中國重人文，西方重物質。中國人之視物，甚至亦尊之、親之同於人，故曰「衣冠文物」。衣冠亦「物」亦「文」。人為萬物之靈，而禽獸中亦有麟、鳳、龜、龍「四靈」。詩與易涉及物者何限？西狩獲麟，孔子乃以作春秋。孟子曰：

民為貴，社稷次之，君為輕。

都邑山川，古蹟名勝，天時、地理、人和，非有物，又何以成家、國、天下？大學言「格物致知」，橫渠西銘言「民胞物與」。文質彬彬，乃人群和合大道，故曰「然後君子」。近人或譏中國為「多神教」，其實盈宇宙一自然，即一大神體。人文仍在自然中，宜其多神。豈如西方只上帝一神，凱撒事凱撒管，上帝棄置不管，則宜其禍亂相乘，而末日之終必降臨矣。

西方之重物輕人，商場、戰場皆可見。英人之 Civilization，德人之 Culture，皆從物質方面言。最

近發明之電腦機器人，豈不皆是物？故中國人對物皆論「品」，西方則論「量」。甚至治平大道，選舉會議，亦論量，重多數；中國則「善鈞」始「從眾」。如是則西方文化其重物精神，豈不仍上同於皇古原始野蠻人？而中國則為文化傳統最悠久一史國，孔子之言可謂信而有徵。

然則此下人類如何轉移重點，能在人文方面著眼用力？其道則甚簡。首當重人情，知率性之為道，知「自然」與「人文」之和合而無間。孟子曰：

養心莫善於寡欲。

加重人情，減輕物欲，則庶乎近之。

（二）

孔子言「用行捨藏」，儒家為學重在人群相處之治平大道，故「學而優則仕，仕而優則學」，仕學兼營，乃有出處、辭受、進退之禮。顏子曰：

夫子博我以文，約我以禮。

人文治平大道皆屬「文」，如言「夫子之文章」；孔門四科最終為「文學」，治軍、理財、外交、內政一切諸端皆屬之。捨而藏，則稱文學。師弟子相傳如一家，可以永世不絕。戰國時代稱為「家言」。今稱西方學者為「專家」，有行無藏，不待用於政治，與中國之家言大不同。如「哲學」，本其一人思想著書立說，即以行世。亞里斯多德言：

吾愛吾師，吾尤愛眞理。

其師柏拉圖早亦著書立說行世，亞里斯多德承之，亦如其師。哲學非政治，故僅言「眞理」。儻亦一守師說，依樣葫蘆，則不自成家。故西方專家之學，正如西方父子分財，各成一小家庭；非如中國大家庭制，子孫對其父祖以述以尊，世世相傳，始謂成家。故中國貴「守舊」，西方貴「開新」，此為中西雙方學術上一大異。

中國人之「道」，貴在用世。時代不同，則道亦有變。孔子曰：

如有用我者，吾其為東周乎？

故學道貴能用世，非為世用，故曰「君子不器」。孔子曰：

道之不行，已知之矣。

不行則藏，所藏乃其道。不用吾道，乃為捨我。西方人重才藝不重道，才藝乃方法技巧，僅求供人用，最要如科學。不適用、不時髦，則為不成學。中國長生家言，實亦如西方之科學。但他人不信，已可獨守獨行。西方文學如小說、劇本，乃亦如商品，必討他人歡；不時髦則廢棄，非可藏。中國文學則必藏有作者之生命與個性，故亦可謂以文學作品藏其己。如屈原離騷即是。宋玉則僅慕效其師之為文，非有藏，故不如其師之成家。揚雄早年為辭賦，晚而悔之，曰：

壯夫不為。

乃為太玄、法言，始有己可藏。故曰：

後世復有揚子雲，必好之矣。

柳宗元雖不昌言如韓愈之願為人師，但其為文亦有藏，與韓無大異。其他中國文學，上乘名作皆有所藏。

今言哲學思想，儒有「用行」、「捨藏」之兩端，墨家偏於「用」，故曰：

非禹之道，不足謂墨。

禹治洪水，十三年在外，三過其門而不入，腓無胈，脛無毛。墨則視人之父若其父，用世之心太過偏切，非盡人所堪。道家則惟主「藏」。楚聘莊周為相，莊周辭以願為塗中曳尾之龜，其不求用世有如此。老子則並其人之詳而不知。易傳、中庸以道家言加入儒學，亦並其作者而不知。故此下中國傳統，乃儒、道兼融，儒為主而道輔之。

東漢如嚴子陵，垂釣富春江，其人應屬儒，而大似道。三國諸葛亮「苟全性命於亂世，不求聞達於諸侯」，其人亦儒而道。西方之學非深本於人性，如柏拉圖、亞里斯多德，所思所論，皆在其一身生命之外，讀其書，非可得其人。全部西洋史，一切科學、文學皆然。即如宗教，亦可謂耶穌信己為上帝獨生子，實與耶穌之己無關，道在其父上帝，不在己。與中國人之言孝道，道即在子，大不同；並尚不如中國墨子，視人之父若其父，而孝道則仍在己。故非上十字架，即無以見耶穌精神。西方人

重客觀，全部西方史一切人事，皆依著於身外之物質上，即己身亦一物質。亦可謂有物無人，故其人生，乃有變無常，有行無藏。

中國社會之「士」精神，隨時有進退。最墮落，在晚唐及五代十國時期。宋代士道復興，已在開國後五、六十年間。清代人著宋元學案，濂溪學案前諸人皆是。最先胡安定，次孫泰山，次范希文，而實當以希文為最要。范希文生已在宋開國後三十年，父早死，母再嫁，後父朱姓，希文年長復姓范，讀書蘇北長白山一僧寺中，斷虀畫粥，晨去暮歸。考試得秀才，即以天下為己任，「先天下之憂而憂，後天下之樂而樂」，其語見於岳陽樓記。是希文初未意獲仕進，而已志在天下，亦可謂如伊尹之任。及其任宰輔，兩子僅一袍，不得同出外。又創設「義莊」制，使同族中孤兒寡婦皆得育養。千年來此制偏行全中國，實為中國農業社會一共產制度，影響之大莫與比。

又有胡瑗，讀書泰山棲眞觀道院，在蘇、湖創辦書院，其事已詳予他著，此不贅。與希文兩人，一仕一不仕。清儒為學案，首胡瑗及孫復，次乃及希文。實則希文長孫復三歲、胡瑗四歲；因看重隱退講學者更過於出仕從政者之上，故如此。其實就當時情況論，則希文之貢獻與影響，不亞於胡瑗。此下如司馬光隱退十九年著資治通鑑，其對後世之貢獻與影響，又遠勝於王安石之為相行新政。但其時貢獻影響後世更大者，則莫如周濂溪，為一小縣令，而著通書、太極圖說一小篇；又與二程兄弟短短作兩夕之談。此見用行捨藏，各適其時，相互間實無輕重高下之分，不必只以捨而藏者為高，以用而行者為下；亦不必以用而行者為幸，捨而藏者為不幸。「一陰一陽之謂道」，此皆天道之流通，不

須斤斤計較於其間。

惟如最近世之新會梁啟超，不幸而幼年即從師於康有為，名滿朝野，未及六十而死。其晚年實迭有契悟。其為國風報，實已遠勝於其先之為新民叢報。初僅知有「新民」，次乃知有「國風」。其在抗袁運動中，又能知晚清曾國藩之足可師承處。其後又知在野為師，自稱二十年不再有意於出仕，此則亦近於知「捨之則藏」之一途矣。其在南京講演，有提倡中國崇尚禮治之說。及其為歐洲戰役史論又歐遊心影錄兩書，與其幼年之醉心歐化者大異。又能發「老子不出孔子前」之論，乃中國學術思想史一創古未有之大發明。惟其最後為近三百年學術史，則仍未脫早年從師康氏之影響，此誠大可惋惜之事。但其為歐遊心影錄，則足可證明其思想之已有變，而惜其不壽，未能更有所深入。

以梁氏如是不世出之奇才，而惜其幼年從師康氏。此如韓非、李斯，亦誤從師於荀卿。使顏淵不得孔子為師，則不知其成就當如何。師道之可尊乃在此。故千古人才，其「性」則賦於天，而其「才」則成於師。師道之可貴乃如此。然而即就梁氏之一生，已足開示吾人以無窮之契悟，則在吾人之善自反躬以求。如梁氏，其對當身則貢獻小，而損折實大。近百年來之新風氣、新潮流，災禍未知所終極者，則梁氏之影響實更大更廣於康氏。此則誠近代史上一大堪惋惜嗟歎之事。

故中國社會之重士重在「道」，不重其為「器」；在能用世，不在其用於世。故曰「君子不器」，又曰「大器晚成」。此則其能藏，終貴於其能行；其行於當身，終不如其更能行於後世。此則已成中國傳統文化中一常識。所謂實至而名歸，蓋棺而論定，其中皆有精義，所當深究。

(三)

中國人常「才」、「德」連言，猶其「道」、「器」連言。德屬形而上，才則形而下。德則相和通，才則相分別。德則藏之內，才則顯之外。德為心對心，才則物對物。故尚道義則必言德，尚功利必言才。中西文化相異正在此。

余嘗謂西方人重「事」，中國人重「人」，實則重事即重其才，重人乃重其德。如堯、舜、禹之世，禹為治水長才，但使無堯舜，禹何得自竭其才？禹亦非無德，其子啟方生呱呱，禹三過家門而不入。又其父殛於羽山，禹豈不孝不慈一意以功業自顯之人？則其為德之厚，亦誠難言之矣。非有此德，亦無以自竭其才。而中國人志在尊德性，乃並薄功業而不談。故多言尊堯舜，少言尊禹。

叔孫豹「三不朽」，「立德」在「立功」、「立言」之上，此為中國古人一絕大見識，並世其他民族莫能逮。孔門四子言志，子路志在治軍，冉有志在理財，公西華志在外交，皆分別專門之才。獨曾點「冠者五六人，童子六七人，浴於沂，風乎舞雩，詠而歸」，無志事功，乃見其德，而孔子與之。孔門四科，「德行」為先，「言語」、「政事」、「文學」為副，此皆尚德次才之意。孔子曰：

古之學者為己，今之學者為人。

「為人」即須才，而「為己」則見為德。自此以下，凡有為有迹可見，皆歸入於才；而無為無迹可見，乃歸本其德。諸葛亮謂：

苟全性命於亂世，不求聞達於諸侯。

是矣。而後世尤必以管寧為三國第一人才，則中國人重德輕才之證，由此可見矣。

孔子問子貢：

汝與回孰愈？

子貢曰：

賜也，何敢望回？回也聞一以知十，賜也聞一以知二。

此正才與德之辨。聞一知二，乃其才；聞一知十，則其德。孔子自謂「雖百世可知」，乃即孔子之德。德在內，天之生人百世皆然；得之己，則百世可知矣。聞一知二，則對物之才，如知前則知後，知東則知西，能知成斯知敗，能知直斯知曲。子貢在孔門，乃以才勝；而顏淵則以德勝。觀於此章「回賜孰愈」之論，誠子貢評論人物「方人」之至言矣。今人則方震於西方人之才，又何以衡量測度中國人之德？則宜其讀古書而全不知其所云矣。孔子曰：

述而不作，信而好古。

不為己尚德，則又何所信而述？信則當知反己以求。信即信其己，斯能信及人而有述。今人果知反之己，又認為要不得，必求變；則試問天之生我，又豈如今西方電腦之類之所能變？故古之學者為己，亦貴其能自信於己而不變。孔子之當其世而不變，宜亦於此求之。孔子又謂子貢亦器，但惟為「瑚璉」宗廟之器，非家常日用之器。又謂其「不受命」，義旨誠深矣。儻今人亦知畏天知命，則亦何有核子武器之發明？

當年美國兩度投原子彈於日本，可以預知美、日戰事之勝敗，但何能知四十年後之美日？又何能知更四十年後之世界？則所謂「聞一以知十」者，豈今日自然科學之所謂知者之所能及？今日全世界方群騖於為西方自然科學之知，乃至舉世人盡不知世界明日之究將為如何之世界，則孔子之所謂「雖

百世可知」，豈非乃大愚欺人之妄言！

今再進一步言之。才實為一「應付」，而德則為一「領導」。事之來，必有才以資應付；事既過去，人生仍當向前。但外面事來則甚複雜，故才必分門別類，各尚專門，不相會合。西方人自古希臘起，即重才不重德。即如哲學、文學，以至宗教，實亦皆重才不重德。故人生必分別相爭，而不能和合成群，直至於今依然。中國人尚德，乃以一和通合一之性之才能來領導人，得於不知不覺中不斷進步，乃有今日。故「平天下」觀念，惟中國人有之。其他民族能事止於「治國」，而平天下則無其意想，其本亦在此。故中國人重視政治人物，重視帝王地位，而豈得以西方「君主專制」四字妄自菲薄。

舉世人不忘禹往年之大德，而求有以報之，此亦曾子之所謂「慎終追遠，民德歸厚」，亦可以見中國國民性之厚德於一斑，而又豈「權力」一語所得羼列其中？是則不明人心，不尊古人之德，又烏足以談前古之史事？即湯之「東面而征，西夷怨；南面而征，北狄怨」，亦何嘗不見當時中國國民性之厚德。今人必以秦代以後兩千年為中國一帝王專制政治，亦見近代國人之德薄，不足以繼承往古之傳統。

法國人重拿破崙之事功，而忘其為人。凱旋門之雄峙於巴黎，斯即見東西方人心理之相異。儻以倫敦西敏寺較之法國凱旋門，亦見英國國民性，尚較厚於法國。而英、法兩國在近代西方史上之成績，亦居可見矣。

然則當今之世，欲躋一世於太平，得免武力兵燹之爭，得免貧富有無之爭，而相和相安，以度此一世，其大本亦當建基於中國傳統「無為」與「為己尚德」之學。改「國民教育」為「普通教育」，或「人本教育」，則使世人盡有志於為一「人」，不止為一「國民」，不止為一「民族分子」。必有「中國而夷狄則夷狄之，夷狄而中國則中國之」之觀念，則庶乎近之。此則希有德者能暢發其大義，以待世人之共信，其庶或有福於世人。

# 四〇　創業與垂統

有「垂統」必先有「創業」，有「創業」則不盡有「垂統」。就西方歷史言，希臘、羅馬垂統已絕。即現代國家如英、法諸邦，能否常有垂統，亦在不可知之數。西方人重創不重垂，創斯為新，垂則舊矣。競尚趨新，不尚守舊，此若為西方文化之特性。中國則不然。

中國重垂統，若尤過於創業。「業」之可貴，亦在其能有「統」。如「治統」，中國政治乃遠自四千年前之唐堯、虞舜，直垂至於四千年後之清末。今日國人言中國政治，率好言秦以下，而不詳言秦前、秦後之分別。自堯舜以迄周末，一王在上，諸侯封國在下；自秦以下，一王在上，其下不復有諸侯封國；然其為治之道則一，非有異也。故「治統」即「道統」，「道統」之在上則為「治統」，在下則為「學統」。學統中有儒家，自孔子至今二千五百年，此統未絕；有道家，莊老以來，亦踰兩千年未絕；其他百家諸子，無不有垂統，惟久暫有別而已。故中國學人重「傳統」。

家世亦有統。孔子一家，傳至今超七十世。此非孔子一家為然，中國人尊孔，乃獨尊此一家以作榜樣。宋以下有百家姓，趙、錢、孫、李，周、吳、鄭、王，莫不有家譜。遠溯數千年前，枝葉紛

披，一脈綿延，家史乃與國史媲美。國史乃其大一統，家史乃其各分緒。由國史創興出家史，由家史會合成國史。惟中國文化之家與國乃有如此之分合與異同。

中國人之重史，其好古守舊，乃其天性，為功為罪不在人。中國乃一大陸農國，在黃河、長江南北東西方數千里間。五口之家，百畝之田，到處所見皆同等相似，無大差別。故使中國人認為此世界乃大同而小異。生斯世，則為斯世之所同。又農業必依仗於天時，春耕、夏耘、秋收、冬藏，在天有四季之變，但不失其四季之常。又使國人認為此世界乃在小變中有大常。變不失其常，所變小，所守大。故中國人非不知變與異，乃若終不如其「常」與「同」之可守而可信。此則中國人所謂之「天人合一」，乃人生大道之所在。

西方地形，割裂破碎，錯綜複雜。既非大平原，亦無大河流。居民各自困處在一小區域內，出境所見多異多變。氣候跨寒、溫兩帶。若在中國，不啻遠自貝加爾湖以北，南達彭蠡、洞庭。故其所遇天時亦無常。雖亦有農業，皆分在各小區，互不相聞。商業都市則大群聚居，家各相異。出外貿易，一切行為，又得隨時隨地而變。除俄羅斯天寒地凍，自有一範圍外，其他各地則惟知有異有變，不知有同有常。中國人大同至常之天地觀，在西方人心意中，則不見其存在。此亦自然所限，無足深怪。

於是而西方乃有耶穌教之信仰。惟有上帝，乃亙古今遍四方而不變。但耶穌言上帝事由他管，凱撒事凱撒管，則天上、人間仍加分別。直逮羅馬帝國崩潰，凱撒不再管世間事，人心所向，求耶穌之凱撒化，於是乃有羅馬教皇之出現。但教皇非即耶穌，人間世亦終為天時地理所限，「神聖羅馬帝國」之夢

想難以實現。人間仍要有新凱撒來管理，而政教之爭，乃在西方歷史上興起。政在人間，尙異尙變；教在天上，始有同有常。人間則在生前，天上乃在死後，則無怪西方之終不離於一多異多變之人生。

中國人生主同主常。舉頭在上之天，已降落人間。好好做人間事，即不啻如在天上。堯、舜、禹、湯、文、武，乃凱撒而耶穌化，故曰「克配上帝」。而如西方般的宗教信仰，在中國文化中，遂失其地位，不可得而存在。魏晉以下，中國轉入衰世，佛教適自印度傳來。印度之天地，又與中國及歐西不同。處在熱帶，林間摘果，即可充飢；身披一衲，即可禦寒；可不需農、商業，所憂則只在此身之生老病死，轉瞬眼前，無可擺脫。釋迦則既不重視人間，亦不重視天上，認為根本一切皆空，則生老病死亦不為患。佛教大意如此，皆據人間實事言，不據對天之空想言。此一層，卻與中國人心理大體相同，於是佛教在中國，一時乃大行其道。

然中國之天時、地理，終與印度不同，人間亦各相異。及唐代再轉盛世，佛教中乃有禪宗特起，即心即佛，卽身卽佛，立地成佛，佛即在當下現前之吾身吾心中。推言之，佛即在現前人生中，不在天上，即在人間。「一切空」，轉成「一切有」，「一切實」。由同時佛教中之華嚴宗言之，則「事理無礙」轉成為「事事無礙」。又由同時之天台宗言之，則「一切空」乃「一切眞」，「一切假」，「一切中」；「一心三觀」，所變只在此一心。故天台、禪、華嚴三宗，皆是中國佛學，與印度原始佛學有不同。此亦由中國之天時、地理、人和來，與印度終有其不同。故「出世成佛」，轉成為「現世成佛」，又轉成為「即身成佛」，宗教亦化入人文，而相通為一體。如此亦可稱為乃一種「人文宗教」。中國

亦早有科學，惟亦當稱為一種「人文科學」。討論中國文化者，此層不可不知。

由唐代之新佛教，轉入宋代，乃有「理學」之興起。中國之學術思想，遂又成一大一統局面。佛教乃盡化入中國傳統中，而成為中國人道至常大同之一部分，多相通，少相異，有所變而終不變，有所異而終不異。此誠可見中國文化獨特精神之所在。故創業必求有垂統。非有垂統，則中國當成佛教化。今則佛教終成中國化，中國文化力量乃有若是偉大之成就，是亦大足矜尚矣。

中國人創業必求垂統。如農業，百畝之田，父子相傳，可以百世。其他工業亦然。工業為農之副，本由農業分出。如陶業，亦世代相傳，故古有陶唐氏。「唐」者，搪塞其外而中空，陶器即然。其部落中之酋長，為其他部落酋長公推為共主。其時中國或尚未發明有文字，不知當時每一人如何取名。後人傳述，乃姑名其酋長曰「帝堯」。「堯」字上从「垚」，乃為累土之象；下从「兀」，乃一高出而能轉動之器。垚在兀上，陶業從事即如此。此酋長乃以其共主地位，讓於另一部落之舜。舜為有虞氏，「虞」乃掌山澤之官，常巡行山澤草間，當時亦視為一工業。「舜」本草名，其弟名「象」，則乃山澤間一獸，性善良，易受教，不似獅虎之難馴。舜弟亦終成為一善人。則舜與象之取名，或亦後世傳述其事者姑託名之而已。舜父「瞽瞍」，雙目有病，非其本名。

堯使鯀治洪水無效，舜殛鯀於羽山，又命其子禹繼父業。「鯀」乃大魚名。「禹」則乃一大蟲，當亦水族動物。然則鯀與禹之名，亦以其父子以治水為業，後世取以名之。在當時則有其人，或無如後世相傳之名。吾友顧頡剛，由此「禹」字生疑，創為古史辨。不知遇古史有疑，當就其時代善為解

釋，不當遽以疑古為務。儻中國古史盡由僞造，則中國人專務僞造，又成何等人？此豈不別生一甚大問題，令人無可回答。或謂中國古史乃一部神話。但中國古人亦非好作神話，仍與中國國民性不合。明屬人文社會事，中國人信而好古，本之傳說，而姑為之假託一名。則中國古史之異於神話，亦顯然可知。宋代陸象山有言：

堯舜以前曾讀何書來？

其時不僅無書，疑亦無文字。今故為之猜測如此，不知其有當否，則待國人衡定之。

自堯舜又推而上之，有黃帝軒轅氏，又上有神農氏、庖犧氏，更上有燧人氏、有巢氏，凡此均不得謂無其事、無其人。但其人名則顯由後人假定，非前世眞有。故中國古史乃顯屬歷代傳述，非神話，非僞造，其故事亦少穿插。如大禹治水，豈不絕少想像穿插之故事？而其所穿插，則如「三過其門而不入」之類。故中國之上古史，乃以特見中國文化與民族心情之一斑，豈其他民族之神話僞造可相比擬？

堯舜在中國邃古時代，諸部落之共主亦當時一高位，何以堯竟以讓之舜，舜又以讓之禹？堯舜禪讓遂成為中國古史一嘉話，永為後人所仰慕。此因中國天下大，居其間，凡事可讓，讓之人而仍有其自身及其後代之地位；西方天地小，居其間者惟有爭，無可讓，讓則何以自容？在西方辭典上，乃無

一字堪與中國「讓」字意義相當。此亦中西文化一大不同所在。

再推說之，中國古代商人，亦由官設職，世世傳襲。商人之祖先名「契」，乃「券契」之「契」。最早商人疑不用契。則商先之契，殆亦後人假託名之，與姬姓之祖「稷」，姜姓之祖「神農」相同。故在中國古代，農、工、商凡百諸業，皆世襲相傳。故後代凡有創業，則必求有垂統。其風至春秋時猶然。如齊桓公有臣管仲、鮑叔牙，「管」氏治樂器，「鮑」氏治皮革，此亦世代相傳之業。管仲、鮑叔牙，乃由其業中脫身為士。其後，士之為業，亦世代相傳。孔子亦一士，其後人亦世代相襲為士。直至西漢孔安國，世為士，皆有名字可考。如顏淵、曾參，皆隨其父在孔子門下，此亦世代相傳以「儒」為業。於是中國社會，乃有士、農、工、商之四業。有創必有垂，其中乃有甚深甚妙之精義。姑以余一人生平所歷，微小一例，來加說明。

余幼居無錫蕩口鎮，家宅前門有一酒釀舖，已歷數十年，酒釀味美，冠絕一鎮。每晨一大缸，未及傍晚即銷售一空。舖主夫婦有三子，年皆二十許，每日下午各挑一擔，出街分售，不到薄暮，亦空售而歸。每年秋，添製一缸糖芋奶，亦美味，三子亦分擔出售。年以為常。其家老幼勤奮安詳之生活情況，常在余心。余年長，經驗多，乃知此家之保泰持盈，只求細水常流，維持此一生活水準於不敗不壞之地，不求擴大發展，此亦創業不忘垂統之一種精神。

余後移家蘇州，城中有稻香村、采芝齋兩著名糖果店，兩舖駢列，門面皆不大。時京滬鐵路已開始，顧客麕集，朝晚不斷。此兩店皆有數百年歷史，或云起於清初，或云傳自明代。蘇州糖食小品馳

名已久，此兩家招牌日老，而門面依然。因念此與蕩口酒釀舖實同一精神，保泰持盈，不求無限向前，此亦我中華文化傳統一特徵。

又有一慶裕堂老藥舖，亦盛名久傳。藥材來自四方，皆須精選精鍊，又須善保善藏，此為藥舖信用，可使購者安心。此藥舖又發售一種膏藥，聞係一江湖走方郎中所授，每年按時製造，求者自遠而至。但膏藥銷售，本為藥舖增加信譽，不為求利，乃從不增價。因念中國江湖多有祕方絕技，不輕傳人，必慎擇傳者，或僅傳一人，垂統不絕如縷，此亦有深意。多傳則不勝防，或牟利，或爭名，漸傳而漸失其眞，反以誤人害世。故創業又必慎謀其垂統。湖南有「辰州符」，能趕死屍回家。在途四、五日，其屍步行如常，一到家門即氣絕倒地。對日抗戰時，有兩美國人親訪此術，邀兩術人赴美，以廣傳授，許以巨額美金。兩人拒絕，謂受此術時，曾誓言乃以濟人，非為牟利，若背誓言，術恐不靈。此若迷信，實涵至理。凡事必具一心靈作用，非其心，則失其傳。語大語小，無以異也。則垂統當守舊，又何譏之有？

蘇州以園林名，獅子林創自元代，拙政園創自明代，留園在城外，創於晚清。內容各別，各擅勝場，皆成一極高藝術境界，使遊者生遺世之感，發思古之幽情，可以再至三至，屢至常至，不生厭膩。其他唐宋以來名園故迹，無慮尚一、二十處。又如虎丘，僅近城一小丘，南朝生公說法之「千人石」，已歷千五百年上下，來者不期而生思古之幽情。但僅山坡一小茶樓，可容數十人。儻亦效今俗，闢為觀光區，多加增飾，儘廣招攬，圖眼前一時之利，則決不能保此千古常垂之統矣。

故蘇州在中國歷史上成為一商業都市，遠超兩千年之久，其實則藝術集中。自微小一糖果、一食品起，上至名園古蹟，使居者常置身在一藝術天地中。實乃居者所集合創造，而得永垂千古，舉國涎羨。一部中國史，皆可舉此一地推之。凡事凡物，各有其恰到好處一境界，常守勿失，不再求創新。亦可謂中國人心理，重視垂，更過於其重視創，故惟中國文化乃有傳統可言，甚至達五千年之久。而今國人乃輕忽視之，一若平淡無奇，又轉生厭棄之心，豈非一索解無從之奇事？

中國人言：「上有天堂，下有蘇杭。」余童年常有修理家用金屬品之行腳商來村中，都掛「張小泉」招牌，乃杭州一家有名刀剪舖。及去杭州，城中見有一街二、三十舖，盡懸「張小泉」招牌，並都懸有「只此一家，並無分出」的另一招牌。此或是不肖商人冒名頂替，否則由張氏一家分出，宜可註名二房、三房，三代、四代諸分別。又其他諸街，亦極多與此相似。同一舖名，可達十數家。此誠是一種惡劣風氣，但仍從舊傳統看重垂統一觀念來。一若舊家世、舊招牌則必更有價値，他人亦不敢輕加非議。但何以杭州一城此風特盛，則余未加詳究。杭州乃南宋舊都，何以政府對此等事置若罔聞，亦可見中國人重視垂統一觀念有如此。若在西方重商尚爭之社會，商品必有註册商標，使人不得假冒。但又醞釀出另一種心理，一切商品，總是新的好，舊的差。求異求變，求創新，求進步，如張小泉舊招牌便成最要不得。試問此又豈是事理之公？此亦可謂「楚固失之，齊亦未為得」矣。

但杭州的西湖則不然，此是中國歷代傳統一大名勝。唐代有白堤，宋代有蘇堤，循此以下釋回增美，續有新建，成為千五百年以來一集體創業。此則創業與垂統，乃融成為一體。以衆名勝，成一總

名勝，積新成舊，垂統亦同即是創業。到今已完成為一最佳、最大之名勝，此可謂乃中國一種最高藝術結構，為中國文化傳統中所特具的一種藝術表現。最近西方風氣傳來，即亦隨之有破壞。在西湖邊上創建了一所藝術學校，高樓聳立，全採西方式建築，鬥爭性掩滅了融和性，四圍風景盡受威脅。十景中之「平湖秋月」一景，雖只水邊小小一亭，而規劃周至，令人體味無窮。自藝術學校興建，此一小亭即全無風景可賞。又湖邊有詁經精舍，在自然風景中增添了人文歷史之回憶，大可留戀。後又興造西湖公園，公園是新的，精舍是舊的。但爭新，不守舊。自然風景中抹去了人文精神，風味大異，全無深度可言。若循此以往，興改不已，西湖可以面目全新，而精神則一非往舊，無可追尋。今日全國名勝，乃至全國人文舊統，大體盡然。知創不知垂，弊害如此。一切創實非創，僅乃追隨他人腳步依樣葫蘆，此誠良堪嗟歎矣！

中國舊都北平，又是一集體創業，千年垂統盡納其內。即如小小一白切肉舖，招牌膾炙人口，至少亦有百年以上之歷史。中國飲膳，亦一藝術，至今為全世界人所共認，所貴亦在其有垂統。又如昆明有一米線舖，以一小舖面，擅名全城，外省人來，必一賞其異味。余鄉無錫，以肉骨頭馳名。但標準美味，僅城中一家。於家門口每晨僅售一鍋，九時至十二時即罄。相傳其鍋底留有原汁，已歷百年之上。北平一煮羊肉鍋，亦如此。昆明此米線鍋，亦如此。中國地大，家傳一、兩百年之珍味者尚多。昆明又一家售火腿月餅，遠方爭購，中秋前後一月間，即閉門謝售，謂讓同業同霑利市。在其閉門期間，則航銷京、滬各地，利市不減，而美譽益盛。中國向稱「信義通商」，無義則何信？不求暴

利，不博虛名，不務廣告，不爭宣傳，貨眞價實，深藏若虛，乃決無如西方資本主義之出現，此亦中國文化一特徵。成都有豆花，亦如昆明之米線。佛寺尤精製，有遠起唐代之佛寺，其煮豆花，當亦遠有垂統。常熟虞山佛寺筵席精美，亦遠非市區素食店可比。中國工業製造多成藝術品，亦在其世代相傳，有垂統；商業亦臻藝術化之境界。烹飪工而兼商，亦成為至高一藝術。而中國文化傳統之富有藝術性，亦可由此為證。

民初新文化運動，有「打倒孔家店」之口號。「孔家店」三字雖屬生造，亦具意義。中國學稱「家言」，亦貴垂統。孔門七十弟子，遞傳以至子思、孟子，此謂成家。莊老之衍為道家亦然。此兩家遞傳迄今已逾兩千年。司馬遷曰：

究天人之際，通古今之變，成一家之言。

使非明天人之際，通古今之變，烏得成一家之言，而永久垂統不絕？中國學術思想凡成家言，乃亦一集體共創之大業。垂統亦如創業，前後相承，儼成一體。使無孟子，則後世所傳之孔子亦必有異。使無程、朱，則孔、孟此下傳統又必有異。使無班固，則司馬遷史學之傳亦當有異。使無歐陽、司馬、班史學之傳又必不同。使無李、杜、韓、柳，則古代詩、騷、辭賦之成為中國文學者，亦將必不如今日之傳。使無後起之桐城、陽湖，則李、杜、韓、柳亦有異傳。故學術史上一家，亦如商業中一

店，非有垂統，何成創業？今日則人人盡求創業，無統可垂，又何業之存？日新又新，須成一舊。政府有朝代，有守成乃見有開創，使無守，何來創？人人競求開新，則一切舊皆必閉歇消失於無形。人生限於一空，則末日自將來臨。故西方在科學開新中，必有宗教之守舊，兩者對立，亦合成一體。新文化運動，打倒孔家店，專主科學、民主，乃不同尊西方之宗教，則無舊又何以見新？中國有平劇，本屬新興，乃成舊傳。余幼年知有譚鑫培，後知有梅蘭芳、程硯秋，姓名相傳，歷數十年，亦各弟子相傳，音韻依稀，風格猶然，尚不聞在菊壇中昌言創造進步。今則風氣已非，不能再有譚、梅等名角出現。同時如大學教授，亦競創新說，不提舊傳。不待其死，亦不待其退休，其門弟子即已群起代興。講臺精神可謂新興不已，各自創業，各無垂統。全人生之意義與價值，只在求變求新中，而後起之青年，乃為惟一可望之角色。但轉瞬亦為老成，即無典型可言。只有新門面，更無老招牌。孔家店該打倒；百家姓中任何一家店面，都該打倒。社會一切商場化，而商場則不得成為資本化，僅求眼前暴利，商人亦有新無舊，則一國一民族之生命，又何所寄存？孟子曰：

亦義而已矣，何必曰利？

今日之人生，其大義亦僅在一「新」字，利害在所不計。打倒孔家店，仍沿孟子語格調，豈即此之謂新乎？

中國文化已歷五千年，自當為一舊文化。當前如美國，僅兩百年，自當為一新文化。如蘇維埃，僅五十年，更當為一新文化。人生自幼童乃至成年，豈不群望能為一八十、九十之老人？寗得以幼童稚齡即為人生之準則，而八十、九十之耄老，則即當摒棄？豈必立國達於幾何年，而其國必亡，其社會則必變滅無存？誰定此準則？誰為之證明？又誰加以信仰，以傳授之於吾今日之國人？

伊朗為回教民族，王位傳統已達一千五百年，此與吾今日國人所仰慕之西方國家亦有別。最近以石油驟增國富，乃亦引起內亂，王位傳統中絕。其國人言，日產石油五百萬桶，達二十年，油藏即罄。故欲減少產量，以為久遠計。今試問石油豈立國之本？往年無石油生產，何以早得有伊朗之存在？而多產驟富，則適以增亂。乃有人能不圖近利，而遠為二十年後謀，則亦近代所少有矣。姑以美國言，科學發明，資本雄厚，舉世莫比。然人生日常必需品，多賴國外輸入；輸出則多殺人兵器，如飛機、潛艇、大砲、坦克之類，但即美國日常用品所賴。試問二十年後，殺人利器充塞全世界，世界將是一何等世界？而美國又是何等一美國？又美國乃是今世民主政治之標準，其國內黑人日增，已有人出而競選副總統。儻二十年後，果有黑人總統出現，那時之美國又將是何等一美國？而今美國人乃只爭目前利害，不考慮二十年乃至二百年後事。果照中國人意見，眼前二十年可讓步，二百年後事卻當顧慮，絕不放鬆。此因中國天地大，不爭空間爭時間，不爭眼前爭身後，所以商業資本主義亦不在中國滋長。其他中西文化相異，實難屈指計數。中國史有統可垂，有成可守，烏得蔑棄而不問？

（一九七九年八月十三日中華日報。）

# 四一　帝王與士人

中國文化有一特徵，即自西周開國，周公制禮作樂，列國諸侯貴族階級，無不受詩書理想之教育。迄於東周，左氏傳所載春秋時代君卿大夫遺聞逸事，嘉言懿行，隨在可證。孔子始在社會講學，百家繼起，戰國諸君，尊賢養士，其風益熾。秦漢一統，封建改為郡縣，乃有「士人政府」之成立。受教育之士，未必全上政治舞臺，多數隱淪在下；從政受職，亦有高卑；但政府禮賢下士之風，則相承不輟。雖帝王宰相，其對卑職下僚，乃至遁退在野者，亦多崇敬，史不絕書。直迄清代之末，古今一貫，其風猶存。近代國人，則多斥自秦以來兩千年政治傳統為「帝王專制」，然即以此一政風，加入思考，可知君尊臣卑，乃政治制度所宜然；而士貴王賤，亦中國文化傳統中一特殊觀念、特殊風氣，有非晚近國人高呼「民主政治」者之所能想像。下文偶舉數例，恕不能詳。嘗鼎一臠，亦庶略知其味。

漢高祖以一泗水亭長，略如當前偏縣小鄉一警察派出所所長。其人本未受良好教育，遇人戴儒冠，則取而溺之。其無禮如此，亦乃表現其一種反抗心理。及其得天下，嘗過魯，乃以太牢祠孔子

墓，則其心中已受尊儒感染可知。晚年暱戚夫人，欲易太子。呂后用張良策，卑辭厚禮，為其子惠帝邀致商山四皓，年皆八十餘。一夕，四皓從太子見高祖，鬚眉皓白，衣冠甚偉。高祖怪問之，四皓答。高祖驚謂：

吾求公等數歲，公等避逃我，今何自從吾兒游？

四皓對：

陛下輕士善罵，臣等義不受辱。太子仁孝，恭敬愛士，故臣等來耳。

事畢，高祖召戚夫人，曰：

我欲易之，彼四人輔之，羽翼已成，難動矣。

遂為戚夫人楚歌，曰：

鴻鵠高飛，一舉千里。羽翮已就，橫絶四海。橫絶四海，當可奈何？雖有矰繳，尚安所施？

漢高祖畢生在戎馬中，躍登開國皇帝之大位。晚年誅戮功臣，韓信、彭越雖擁廣土強兵，曾不厝懷慮間；乃於此隱遯山林四老人，獨躊躇崇重，爽然自失，內心充滿了一種無可奈何的壓迫感，縱以兒女私情，亦不得不翻然改圖。此種心理，實大值後代國人之玩味。

漢文帝召見賈誼，誼年二十餘，文帝大賞異之，欲不次超遷。絳、灌諸功臣言：

雒陽少年初學，專欲擅權。

文帝不得已，出以為長沙王太傅。歲餘徵見，宣室對語，至夜半，問及鬼神事，文帝不覺自移其座席近賈誼。語罷，曰：

吾久不見賈生，自以為過之，今不及也。

又拜為所愛少子梁懷王太傅。梁王出獵，墜馬死，賈誼亦愧怍而卒，年僅三十三。文帝孫武帝，又召賈誼孫二人任用之，位至郡守。其一賈嘉，最好學，昭帝時列為九卿。此見文帝之不獲任用賈誼，乃

為異世所同情。故武、昭皆著意擢用賈生之後人，而史官又備載其事以傳，又何「帝王專制」之足云！

東漢光武帝，以王莽時一太學生，起兵光復漢室。一時太學同學如鄧禹等，攀龍附鳳，位登宰輔。嚴光獨變名姓，隱身不見。光武心念舊遊，圖其形貌遍國求之，得於會稽釣澤中，安車徵至。光武親幸其館。又引入宮內，論談舊故，相對累日。因問：

朕何如昔時？

光對：

陛下差增於昔。

夜留共臥。欲官之，不屈。歸耕富春山。此一故事，千古流傳。西漢商山四皓，已老年，尙屈赴太子之召。嚴光與光武同學，光武有天下，嚴光尙年壯，慕為巢父，而光武終物色得之。同榻留宿，情同手足，乃竟放歸。光武在帝位十七年，復加特召，光竟不至。八十卒於家。光武傷惜之，詔下郡縣賜錢穀。中國自秦代亡，而上古封建貴族之王室遂以消失。兩漢之興，皆以平民為天子；而光武猶能不

忘其早年士人修養之情意與風範。明、章繼承，家風家教，益明益顯，較之西漢惠、文二帝猶有過之，而無不及。則「帝王專制」之制度又何由而來？

郭泰亦一太學生，獲見河南尹李膺。膺時名高海內，士被容接，名為「登龍門」。乃忘其名位，而與泰友善。泰後歸鄉里，衣冠諸儒送至河上，車數千輛。泰惟與膺同舟共濟，眾賓視之，以為神仙。自郭泰事，稽之上古，下考後代，中國政府之帝王卿相，以及社會中之士人，其身分階級，可分可合，若即若離。故曰：

作之君，作之師。

又曰：

天、地、君、親、師。

則在全國人心中，「君」、「師」並尊，而士人之為師，抑猶有高出於為君之上者，如孔子之為「至聖先師」是已。即如漢文與賈誼之宣室夜話，如光武與嚴光之宮內共臥，如李膺與郭泰之同舟濟河，彼等當時之心情意態，豈不從政者忘其尊嚴，而在不自覺中，一如同為一士人？故中國傳統政治，其中

央、地方之政府，盡由士人組成，當名為「士人政府」。士人則代表民眾，帝王世襲，則利便於廣土眾民一大國之一統。而為帝王者，亦必深受士人之教育。其中所涵蘊之精義，則有難於詳申者。一誦史乘，事證俱在，亦可不煩詳申矣。

下及三國，天下已亂，但從政階層與士人階層之融和會合，沆瀣一氣，則更深更甚。曹操為漢相，劉備奔逃流離，窮而歸之，操表以為左將軍，禮之愈重，出則同輿，坐則同席。一日，操從容謂備曰：

今天下英雄，惟使君與操耳。

備方食，失匕箸。於時正雷震，備因謂操曰：

聖人云：「迅雷風烈必變」，良有以也。一震之威，乃至於此！

兩人皆一世梟雄，此番對話，固是充滿了不同尋常之心情與機變。但其相與之間，亦皆不失一種書生本色。今人讀史，其自身已遠離了中國傳統所醞釀之士人風情，則對此故事，亦將難以體會其當時之眞味。及備去荊州，聞諸葛亮名，三顧於草廬。時亮年二十餘，躬耕於野，固是絕無所表現，而備以

漢朝左將軍之尊，並為舉世群雄所重視，而不惜三度枉駕，乃始得見。兩人從此情好日密。備自稱得遇諸葛，如魚之得水。及備永安病篤，召亮，屬以後事。謂曰：

若嗣子可輔，輔之。如其不才，君可自取。

又為詔勅後主曰：

吾亡，汝兄弟父事丞相，令卿與丞相共事而已。

此等處，豈當以政治體制看？以君臣身分地位看？惟若以中國傳統讀書人間之相往還視之，則尋常可解。

兩晉以下，門第鼎盛，士人階層與政治階層間更形混一。抑且士階層之氣勢地位，尤見為凌跨在政治階層之上。元帝東渡，登尊號，百官陪列。命王導升御牀共坐，導固辭，至於三四，元帝引之彌苦。導曰：

若太陽下同萬物，蒼生何由仰照？

帝乃止。若謂秦漢以來，中國政治已走上了「帝王專制」一途，則何以到此又忽然冒出門第來，有此「王與馬，共天下」之形象。大抵南朝諸帝，其朝位固猶踞百官之上，其君臣間之尊卑倒置，則率可以此為例。

下及唐代，復覩統一盛運，唐太宗尤為中國歷史上一傑出英明之帝王。高祖武德四年，寇亂稍平。太宗為天策上將軍，留意儒學，於宮城西作文學館，收聘賢才，杜如晦、房玄齡等十八人，並以本官為學士。分三番，遞宿閣下，給以珍膳。每以暇日，訪政事，討論墳籍，榷略前載，無常禮。命閻立本圖像，使褚亮為之贊，題名字爵里，號「十八學士」。在選中者，天下慕向，謂之「登瀛洲」。此在當時，一方面固是一政治集團，亦可稱為一革命集團，而在同時則顯然是一士人集團。治中國史，討論中國文化傳統及政治體制者，於此從政階層與士人階層之融和無間之一特別形象，誠不可不深加注意。及玄宗開元時，亦仍於宮中含章亭別有十八學士，繪其圖像，皇帝御製贊。嘉話流傳，迄今猶有知者。顧何以於中國古人重視社會群士勝於朝廷百官之此一番遺意，乃漫不加省？言政治則必曰「專制」，言社會則必曰「封建」。惟求以西方名詞，強自誣蔑中國歷史，必求證成中國兩千年來之傳統政治為無一是處而後快，斯誠不知其用心之何在矣！

宋以下，門第衰絶，群士皆以白衣進，而士之在政府，其氣勢地位乃益進。姑舉神宗一朝之情勢為例。神宗亦宋代有志大有為之一好皇帝。惟其當朝有新舊黨之爭。此為士階層之爭，而為帝王者亦

無奈之何。王安石在英宗朝，已名重天下，士大夫恨不識其面，朝廷常欲授以美官。神宗為潁王時，韓維為之講論經義，神宗稱善。韓維曰：

非維之說，乃維友王安石之說也。

神宗即位，乃召安石。初入對，神宗問：

方今治當何先？

安石曰：

陛下當以堯舜為法。

神宗曰：

卿可謂責難於君矣。朕自視眇然，恐無以副卿意，可悉意輔朕。

安石遂大用。觀其一時君臣對話，固皆不失傳統書生氣味。研究一民族之文化，於此等千古相傳神情之常然處，不當不更加以深切之體會。

司馬光與王安石同負盛名，神宗即位，首擢為翰林學士。光力辭，曰：

臣不能為四六。

神宗曰：

如漢制詔可也。

光曰：

本朝故事不可。

神宗強之，竟不獲辭。在當時神宗意，亦惟知重士尊賢。王安石、司馬光同是當時一名士，在神宗心

中，同占重要地位。神宗之重視此兩人，亦由當時群士之公論，神宗固別無私意存其間。此下新舊之爭，則更非神宗所預知。司馬光既不贊同王安石之新政，而神宗則一面信任安石，一面亦仍欲重用光。光曰：

陛下徒榮以祿位，不取其言，是以大官私非其人。

於是神宗終不能不許光之退，然仍不願其離去，乃許其設局繼續編修資治通鑑。司馬光不願居汴京，欲遷居洛陽，神宗仍許其以局自隨。光居洛十五年而書成。劉恕、劉攽、范祖禹，皆許隨局編修。二劉皆有官位，許以原官隨光。獨祖禹僅登進士甲科，未仕，乃寧願犧牲仕途，亦隨光在洛十五年。及通鑑書成，光乃薦祖禹為祕書省正字。祖禹之得仕，乃違反於當時之政治體制。其時安石尚當國，尤愛重祖禹，乃祖禹竟不往謁。凡此等事，皆當時政治階層中事，但必當從士人階層中之傳統風氣中去求瞭解。若專以政治言，則此等事皆與規章法制無合。惟有深曉於中國文化傳統中士階層之風氣習尚，則上自帝王宰相，下至卑官隱逸，同此一矩矱，同期於趨赴，無足深怪。故劉安世嘗言：

金陵亦非常人，其質樸儉素，終身好學，不以官爵為意，與溫公同。但學有邪正，各欲行其所學，而諸人輒溢惡，謂其為盧杞、李林甫、王莽。故人主不信。

則當時之黨爭，明係士階層中一學術思想問題。故劉安世謂其邪正有別，而宋神宗則雙方兼重。司馬光在當時，儼然以政府之政敵自居，而神宗始終優禮不稍衰，此又豈「帝王專制」之謂？故凡有志研討有宋一代之政治情勢者，與其求之帝王之身，實不如求之當時之群士，更易直捷明瞭其一切癥結之所在。今日國人，於中國社會四民之首之一士傳統，既漫不經心，則無怪其論中國文化之一切無當情實，則謂中國乃一「專制政治」與「封建社會」，其又何怪？

王安石在神宗初年，為經筵講官，又爭坐講之制。其意謂，論職位則君尊而臣卑，但講官所講者「道」，帝王亦當尊師重道。於是安石坐而講，神宗立而聽。神宗對安石之益加尊信，此一事宜非無影響。此亦帝王之尊士，自有其歷史傳統，不得謂乃以助長其專制。安石後，程頤以布衣為講官，亦爭坐講。正言厲色，又時有諫諍。時文彥博為太師平章重事，侍立，終日不懈。上雖諭以少休，不去。或問頤：

君之嚴，視潞公之恭，孰為得失？

頤曰：

潞公四朝大臣，事幼主不得不恭；吾以布衣職輔導，亦不敢不自重。同時司馬光、蘇軾輩，則皆疑頤之所為。今試以現代人目光評論，又豈得以王安石、程頤為正，而文彥博、司馬光、蘇軾之遽為不正乎？評論一件事，宜可有正反兩面之意見。即如文彥博、司馬光、蘇軾諸人，彼等豈亦贊許帝王之專制？歷史事件，又豈得不精心細究，而輕以意氣加以評判？

在中國歷史上，開國之君與其同時之士最疏隔者，在前為漢高祖，在後為明太祖；而明太祖尤甚。但歷代開國，士儒之盛，唐初以外，亦首推明初。明太祖對士人，亦多方羅致，無所不用其極。洪武十五年，國學成，行釋菜禮，令諸儒議之。議者曰：

孔子雖聖人，臣也，禮宜一奠再拜。

太祖曰：

聖如孔子，豈可以職位論？昔周太祖如孔子廟，將拜。左右曰：「陪臣，不宜拜。」周太祖曰：「百世帝王之師，敢不拜乎？」遂再拜。朕深嘉其不惑於左右之言。今朕敬禮先師之禮，宜特加尊崇。

儒臣乃定其儀。

嘗竊謂西方政教分離，上帝事由耶穌管，凱撒事由凱撒管。「神聖羅馬帝國」，乃中古時期教會中一幻想。故在西方政治自成一集團，不如在中國，政治集團即同時為一士人集團。中國歷史有孔子，非宗教主，而為歷代帝王所共尊。中國傳統政治歷代取士標準，亦必奉孔子儒術為主。「政統」之上尚有一「道統」。帝王雖尊，不能無道無師，無聖無天，亦不能自外於士，以成其為一君。明汪仲魯朱文公年譜序所以謂：

師道之立，乃君道之所由立。

但明太祖既得天下，乃私欲尊「君道」於「師道」之上，而遂罷廢宰相制。清初，黃宗羲明夷待訪錄倍加訶斥，以明太祖之廢宰相為大不道。

近代國人，必斥秦以下歷代政治為「帝王專制」，則孔子亦不得辭其咎。故民初新文化運動，盛倡民主，「非孔」亦題中應有之義，故有「打倒孔家店」新口號。惟論語、春秋，其書俱在，是否提倡「帝王專制」？二十五史及三通、九通諸書亦俱在，是否其一切制度及其故事皆為「帝王專制」？義理、考據，兩皆明備。若必以「帝王專制」作定讞，則此諸書，惟有棄置不讀。本篇所舉，乃屬隨

手拈例，無當於九牛一毛，亦僅姑妄言之。非必欲迴護中國傳統政治，然亦足資必欲鄙斥中國傳統政治者作一參考。

（本文原名皇帝與士人，刊載於一九七六年七月十日、十一日聯合報，收入本集時易今名。）

# 四二　風氣與潮流

「風氣」二字乃一舊觀念、舊名詞，為中國人向所重視。近代國人競尚西化，好言「潮流」。「潮流」二字是一新觀念、新名詞，為中國古書中所未有。此兩名詞同指一種社會力量，有轉移性，變動不居。惟潮流乃指外來力量，具衝擊性，掃蕩性，不易違逆，不易反抗，惟有追隨，與之俱往；而風氣則生自內部，具溫和性，更具生命性，自發自主，自有其一番內在精神，不受外力轉移。然則吾今日中國社會，如何能適應外來潮流，而不隨以俱去，猶能善保其生命內力與固有的獨立精神，使風氣與潮流得相與引生而長，實為當前最宜看重之一要點。

中國古人言風氣，請舉孔子為例。論語孔子曰：

君子之德風，小人之德草。草，上之風，必偃。

孔子生在兩千五百年前封建社會尚未崩潰之時，其言「君子」，指在上層貴族言；其言「小人」，指

在下層平民言；而其主要則在「德」字。「德」指人之「德性」，為人人所同具。孔子言，在上君子之德性如一陣風，在下平民之德性如一叢草。風東來，則草西偃。風西來，則草東偃。社會風氣之易成易變有如此。

孔子又言：

道之以政，齊之以刑，民免而無恥。道之以德，齊之以禮，有恥且格。

可見轉移社會風氣，主要不在其上層之政治與刑法。政治刑法雖是一種力量，但此力量可求避免，而不生媿恥心，於其心可無所轉移。故政治與刑法之力實有限。惟能以在上位者之德性為領導，而具體化，成為一種上下彼我共行之禮，則受者內心自生感動。不夠此標格，會自生一種媿恥心，能不別加限制而自生限制，不別加壓迫而自感壓迫，自能到達此標格。

故中國人言政，不重「法治」，重「禮治」。此為中國文化自古相傳一特性，歷兩千五百年而不變。西方社會中稍具此力量而與中國略相似者，則為宗教。不尚權力，更不待刑法，進教堂唱詩膜拜，有似中國之禮樂。而耶穌之十字架精神，亦可謂尚德不尚力。其所表現之力，乃出自耶穌內心之德。耶教傳布亦近二千年，徧及歐洲全社會，此亦一種「道之以德，齊之以禮」，而信教者自有一種「有恥且格」之風。其力量不仗政治，不仗刑律，可勿論。所異者，西方政教分，中國則政教合。而

宗教所最後歸宿則仍為上帝之力，而非耶穌之德。中國則崇尚人類共同之德性，雖曰賦之自天，但所重近在人，不遠在天。在中國文化中，並未產生宗教，然亦同具一種信仰。惟其信仰之主要目標，則在人之德性，即在上位者亦無以自外，故其精神有與宗教相異而實同之處。孔子雖非教主，而永尊為「至聖先師」，其一種德性教育之力量，實即近似一種宗教力量。

中國人言「風教」，言「風化」，社會風氣乃由一種教化來。注意及此乃能來研究中國之社會史。

晚清曾文正有原才篇，開首即曰：

風俗之厚薄奚自乎？自乎一二人之心之所嚮而已。

人才自社會善良風俗培育而成，而善良風俗則從其社會中一二人之心之所向來。曾文正所生之社會，距孔子時，已逾兩千年，社會形態已大變，而曾文正所言，亦與孔子意無大相異。試以歷史事例為證。

中國政治風氣之敗壞，莫過於三國時代之曹操與司馬懿。社會風氣之敗壞，則莫過於唐末與五代。宋興，有胡安定、范文正，而風氣復歸於正，一時人才輩出。此風氣之厚薄非由於一二人之心之所向而何？蒙古入主，有文文山、謝疊山、黃東發、王伯厚。滿清入主，有史可法、顧亭林、李二曲、王船山。政權移於上，而社會風氣則堅定於下，依然一中國人之中國社會，無可搖移。此無他，

亦由於一二人之心之所向而已。曠觀古今中外，此惟中國始有之。古希臘、古羅馬乃及現代之西歐，宜皆不能相比擬。此乃中國文化之特可自傲處，非其他民族所能想望。

西方重多數，中國重少數。多數尚力，而少數則尚德。以力服人，非心服也；以德服人，乃使人心悅而誠服。不尚德，乃始轉而尚力。多數壓迫，乃若潮流之洶湧；少數主持領導，有同情心，有感召力，乃為大眾所歸往，始成一理想之風氣。中國社會風氣之堪貴乃在此。現代西方雖科學昌明，而宗教則依然尚在，彼中有殷憂其文化之沒落者，亦惟以復興宗教為念。可見人類社會不能專尚科學與物質文明立國，即西方人亦自知之。

近代中國，則惟有一孫中山先生，堪當少數中之尤少數。其唱「三民主義」，首「民族」，次及「民權」。「民權」當由「民族」來，非摶集多數人即得成為「民」。而民族精神其深厚基礎，則保存於少數，亦惟遞禪闡揚於少數。故中山先生有「知難行易」之論。「不知不覺」而行易者屬多數，「後知後覺」已屬少數，而「先知先覺」則更少數中之尤少數。故中山先生之革命過程亦分三階段：一曰「軍政時期」，次曰「訓政時期」，最後始曰「憲政時期」。中山先生所理想之憲政，實必由民族傳統文化之精神來，當稱之曰「民族憲政」，既非向外襲取，亦非多數能創。故中山先生心意中之國民代表，不僅被選舉者當先經考試，即操有選舉權者，亦必先經考試。此等主張，今日國人皆不敢明白稱引。何者？西方論政重多數，潮流所趨，既不深知，自難違抗耳。

今日國人，觀其體膚毛髮，則儼然仍是炎黃嫡系；論其心情好惡，則盡歸現代化。其實今日國人

之所謂「現代化」，即屬「西化」。就歷史實況言，中國五千年來，非不時時有其現代化。孔子即周公之現代化。中山先生在近代，亦即周、孔之現代化。現代化貴能化其自我，而非化於他人。故中國宜有中國之現代化，而非即中國之西化。如今日國人之所謂現代化，則不過為時代潮流沖捲而去之一較好名詞而已。故中國之古人，即吾儕之祖宗，則必加鄙棄；中國之後生，即前代之子孫，則首貴留學。「行易」則在中國，「知難」則付之外洋。故中山先生其人，則必比擬之於華盛頓；其所創之「三民主義」，亦必比附之於林肯之「民有、民治、民享」，乃始有其意義與價值。

中國人言道統、治統，必曰：

作之君，作之師。

並不期望之於人人。中國人言政治，必歸之「選賢與能」。而其選舉權，則下不操於民眾，上不操於帝王政治領袖，而別有其客觀之規章與職位。中國人言生活，亦不專為物質生活與私人享受。中山先生三民主義中之「民生主義」，其言明白具在，亦豈林肯之民享一項可相比擬？今日臺灣人乃有從事「臺灣獨立運動」者，其意即自謂乃追隨美國十三州獨立之腳步。判定是非之權威在國外，在此權威下，則一切言論行動各得自由。若言平等，則古今不平等，中外不平等，惟時代潮流之馬首是瞻。吾國今日之社會風氣，非此而何？蔣公乃為此而提倡「文化復興運動」，但吾國人則仍以當前之社會風

氣為應，則又其奈之何！

孔子不得中行而與之，則曰：

必也狂狷乎！

則又曰：

過我門不入我室，我不憾焉者，其惟鄉愿乎！

今日國人，就其在中國社會言，則崇洋排己，有似於狂狷；就其在外國社會言，則捨己從人，皆為一鄉愿。惟為「洋鄉愿」，國人仍所崇重。故當前之中國社會，實已變成一洋社會。其名猶是一中國，其形象則全成一洋象，較之蒙古、滿清入主時，可謂已天壤相別。此誠時代潮流之所迫，又何風氣可言？潮流乃外在一種力量，風氣則成自內在之德性，由我為主，非在外力量之所能操縱。但德性出於共同之天賦，實屬多數；而權力則必掌於少數人之手。故中國傳統實為眞重多數。此又難於以名言分析之。

孟子曰：

經正則庶民興。

經者，正常大道，乃樹人立國之大本所在。此非多數所能知，然多數亦必由之以行。故孔子曰：

民可使由之，不可使知之。

此「不可」，非「不欲」。顧亭林亦有言：

天下興亡，匹夫有責。

此責亦在少數，非每一匹夫盡能負其責。苟欲負其責，則必學顧亭林、范文正，乃知周、孔之為人。如演平劇，一跑龍套、一打鼓手，同需負責，但譚鑫培、梅蘭芳則仍需深厚培養。今必求每一匹夫之同負其責，則宜天下之日趨於亡而不可救。

經不正，民何由？奉公有貪污，居恆恣奢淫，此乃一種歪風穢氣，為國法所不容，刑律所當先。若欲正人心，興風氣，首必及此。然正本清源則別有在，當求之於正常之大道。惟此乃我國人之舊觀

念、舊信仰，又為當前之時代潮流所不容。不知今日國人賢者，其終何去何從？國人今方討論改革社會風氣，漫談及此，以供賢者之參考。

# 四三 自然與人為

近人率稱西方近代科學為「自然科學」，其實西方近代科學主要在反抗自然、戰勝自然、征服自然，乃一極不自然之手段。如自來水，大城市中皆塡塞河道，另裝水管，即三、四十層高樓皆可輸送上達，顯屬「人為」，決非「自然」。電燈發明，經千次以上之試驗始成，至今轉夜為晝，通宵達旦，光明照射，亦出人為，非自然。自有電燈與自來水，乃有現代之大都市，此亦出人為，非自然，更可知。

又西方自羅馬時代即有噴水池，至今各地林園，幾乎到處皆有。中國則築石為假山，如元代蘇州有獅子林，至今尚屹立如舊，尤為奇特。假山較近自然，噴水池則顯見人為。以此為例，可謂其餘皆然。

深論之，人為必本於自然，而自然中亦必演生出人為，兩者不能嚴格劃分，然終不免於有輕重之偏。東方偏自然，西方偏人為，此乃雙方文化一相歧。姑就氣候曆法言，地球繞日運行，同此自然，同此歲月。而計時、計月、計歲，則可有不同。西方用陽曆，一年十二月三百六十五日，年年如此，

每年只有一天之差，此即顯見其重人為之跡象。中國用陰曆，一年亦分十二月，但以空中月光為準，月圓為一月之中，其他如上弦、下弦、晦、朔，皆以月光定，其與自然若更親切。惟分年有閏月，則稍似不自然。

中國最先有夏曆，其次有殷曆、周曆，歲首相差各一月，但同為陰曆。孔子曰：

行夏之時。

以春、夏、秋、冬四時言，則夏曆更自然。殷曆以十二月為歲首，周曆以十一月為歲首，皆在冬，不在春。冬、春、夏、秋，則為不自然，故孔子主用夏時。以太陽之運行論，日南至宜為一歲之首。中國人亦言「冬至夜大過年夜」。兼顧季節及農事，則夏曆歲首若最為自然。西俗又特重耶誕，雖與冬至相近，然其重人為不尚自然之意，則更顯。

又中國分二十四節氣，亦最重自然。以三月三為上巳，五月五為端午，六月六為浴佛，七月七為牽牛、織女兩星相會，八月十五為中秋，九月九為重陽，則因農村人事辛勞，故多擇春秋佳日，供其休息娛樂。而配以端午、重陽等名詞，則若人事必追隨於自然，而又必附會之以歷代人文故事，則若休閒娛樂之更富自然性。西方城市工商之尋求休閒，從事娛樂，假宗教之名，七日得一假日；又增週末，則每七日得兩日假。此等規定，亦顯屬人為，非自然。中國則五日、旬日一休沐，亦似較近

自然。

推此言之，一尚自然，一尚人為，事無大小深淺，到處可見。如文學，中國人謂「詩言志」。人心有志，出言成詩，此亦一自然。西方如荷馬史詩，沿途歌唱，博求聽眾，事同商業，則屬人為。故其題材多戀愛、戰爭、神話、冒險等外在故事，而張皇誇大，聳動聽聞，則更見為不自然。神話為玄古人類之自然所有，但亦可張皇誇大，離情離理，失其自然。

中國古詩三百首，亦有戀愛、戰爭、神話，但一出於自然。如：

期我乎淇之上矣。

此亦言戀愛，然僅止於此。又如：

昔我往矣，楊柳依依。今我來思，雨雪霏霏。

征人遠戍，有涉戰爭，然亦僅止於此。生民之詩：

履帝武敏歆。

此明是神話，然亦僅此而止，更不張皇誇大。周公、孔子以後，神話漸消。墨子言「天志」，莊老言「自然」，皆無神話成分。屈原離騷始有之。但離騷乃忠君愛國之辭，神話非所重。近人乃從詩、騷中，挑出其神話成分，亦可得數十百條，擬之西方，則如小巫見大巫，不相倫類。漢、魏以下，詩體大變。孔雀東南飛、木蘭詩，皆如小說，可以演成戲劇。然後來此等詩體絕少。孔雀東南飛本言愛情，木蘭詩本言戰爭，而兩詩敍述，則皆偏重在家庭倫理方面。此可徵中國詩之特性，亦即中國民族特性、文化特性之所在。

唐詩有：

閨中少婦不知愁，春日凝妝上翠樓，忽見陌頭楊柳色，悔教夫婿覓封侯。

又有：

打起黃鶯兒，莫教枝上啼，啼時驚妾夢，不得到遼西。

此兩詩亦兼涉戰爭與戀愛，而吐詞含蓄，乃深入人心，傳誦不輟。若亦小說化、戲劇化，則事變感人

轉不如性情感人之深切。中國詩特性正在此。近代國人乃謂中國詩文不昌言戀愛、戰爭，為封建禮法所限，認為其不自由、不自然。不知戀愛、戰爭特草昧時期之自然；發乎情，止乎禮義，不務戰爭，乃進入人文時期之自然。人類之從自然進入人文，乃人類一大自由，進化一大自然，又安得以戀愛與戰爭為人生終極之止境？

西方自史詩外，又有小說、戲劇，皆主戀愛、戰爭，力求張皇誇大。於戀愛、戰爭外，又有神話、武俠、冒險、偵探等。但眞實人生中，此等事極少見。乃又有創為寫實體之文學，而寫實終非寫實，仍必張皇誇大，否則無以刺激人，廣號召，即不成為文學。故西方文學終屬人為，非屬自然，亦宜可知。

中國人言：

目擊道存。

張皇誇大非可「目擊」，即失眞非「道」。中國文學則貴能抒情寫意。人生情意無窮，然人同此心，則亦同此情意。人能深入此大同中，獨自抒寫，迴異尋常，此乃是文學家大本領、大手筆。故曰：

文章本天成，妙手偶得之。

此妙手之偶得，乃始為文學家能事所在。但非深入自然，則亦無可有此偶得。故中國文學不重在外面事務之描寫，而小說、戲劇乃不得為中國文學之正宗。唐人元微之有會眞記，乃當時言情寫實一小品，不能躋於文學之上乘。元代乃有西廂記，始成小說，可演為劇本，實則從會眞記來，一如搜孤救孤之從史記趙世家來。此皆張皇誇大，而近代國人則必認此等乃始為中國之新文學。明代又有西遊記，始近似於西方之神怪小說。但元明興起之小說劇本，皆非中國文學之正統，在中國文學史上乃後起一旁枝。近人乃必崇奉此等作品，認為到此中國乃有眞文學之影子出現。而認為以前文學皆「死文學」，必如此乃始是「活文學」。不知在人生中，事變皆易死去，情意則可長存。中國文學重情意不重事變，正亦常求其能成為一種活文學。此則近代國人或尚未深知之。

人類思想亦即人生一自然。日有所思，夜有所夢。孔子夢見周公，則日必思之。孔子又曰：

學而不思則罔，思而不學則殆。

孔子自稱「好學」，則決非學而不思。孔子之於「學」於「問」於「思」三者，乃相互融洽會通一體。下及墨翟、莊周諸人皆然。「思」必見於「行」，行必本於思，行與思同歸一體，故不得單獨稱孔子、墨翟、莊周諸人為一「思想家」。要之，學問、思想、行為三位一體，齊頭並進，中國學者則

皆然。專務思想，此惟西方哲學家為然。此亦先有一番張皇誇大之心情寓其間，乃以思想為人生一項最大學問，終身以之，而其與當身、當代之日常人生親切行事反不顧及。於是西方之哲學與文學乃同為專門，同出人為，於人生中之學問、行為轉多不自然處。中國人從事學問，皆從其當身、當代日常人生親切行事之實際需要，有情意，有思想，一本自然，而不加以人為之過分張皇與誇大。故在中國學術史上，多「通人」，少「專家」。不僅無哲學家，亦可謂無思想家。張橫渠著正蒙，程明道猶言其乃苦思力索所致，非自然所得。西方則好言「創造」，力求自我表現，必別標一格，以求異於他人。此又中國尚自然、西方務人為之一例。

故儻謂一部中國思想史，古今幾千年來，先後相承，只就前人所認幾項大題目、大綱領上，不斷推闡體認，極單純，但亦多變化，如一老樹，冬季枝葉凋零，而根幹依然；西方則如雜樹叢生，雖亦蒙密鬱勃，然無巨幹大本，不能有老樹之參天。又譬之水，中國如長江、大河，眾流匯歸；西方則不擇地而出，各成斷港絕潢，即有大湖巨澤，亦無朝宗於海之大觀。即譬之史乘，中國古代封建上有一中央政府，西方封建則各擁一堡壘而止。故西方學術思想，於哲學外，仍得有宗教；中國則無哲學，亦無宗教。近代國人譏中國如「一盤散沙」，守舊，不進步。但趨新尚異，只是花樣多，未必是進步。中國人信古好學，西方人則重自我表現。中國文化寓有極深厚之時間性，西方文化則重在空間之擴張。西方亦有自然，但不如中國乃為「人文化成」之自然。中國亦有人為，但天人合一，內外合一，乃成為一種極天真、極自然之人文。此乃其大異所在。

歷史記載人事，亦一種自然之學。中國歷史遠古即有，西方歷史則極為遲起；既重現實，則前代人生有所不顧。羅馬帝國崩潰，乃啓後人之驚訝。何以偌大一帝國，竟爾一蹶不振。於是乃旁搜遠索，網羅一切零散材料，編排比次，寫為羅馬帝國衰亡史一書。西方之有史學，可謂肇於此。但史學記往事，須求眞實，不當張皇誇大，尤其記一國之衰亡，更無可張皇誇大處。於是遂繼起有文學、史學之爭。中國則詩有雅、頌，宗廟歌唱，文學亦即史學。司馬遷成史記，為中國正史二十五史之開山祖，其書之文學，亦卓絕千古。文學通於史學，中國人並不以為異。馬遷有言：

究天人之際，通古今之變，成一家之言。

是乃馬遷之一番歷史哲學。文、史、哲三學在中國，乃可渾然一體，不得顯為劃分。此下不詳論。西方文、史、哲為學，則可各自獨立，相互不顧。故中國學問，和而不爭，一若皆本於自然；西方學術間，則爭議紛起，盡出人為，違於自然。

重學重問，則其心中常有他人之存在；重自我表現，則其心中常有一自我，求標新立異，跨越他人，以成就其一己。故西方自有史學，亦即分門別類，紛歧百出，政治史、社會史等，難可縷舉；其在中國，則社會之上必有一政府組織，政治之下必有社會基礎，上下一體，無可劃分。即如先秦時代，諸子百家興起，豈非當時一大事？但究該劃入社會史抑政治史，豈不轉成一難題？漢初社會又

變，史記有貨殖列傳、游俠傳、儒林傳。若此三者盡歸入社會史，則仍必幷入政治史，乃見當時之眞相。若謂儒林傳宜歸入政治史，則貨殖、游俠又何一不與政治有關？合而觀之，始成史學；分而成書，則一鱗片爪，眞相難明。

又如魏、晉、南北朝、隋、唐門第鼎立，此又中國社會一大變。然若將門第歸入社會史，則各朝正史又將如何寫？今人則謂中國古人不詳知社會史，不知中國社會史已盡融入正史中。今人必以西方眼光讀中國書，則宜其有此誤解。佛教東來，下迄隋唐，此又中國社會一大變。宋代理學興起，書院講學，直迄明清，此又中國社會一大變。釋氏出家逃俗，正史中只約略道其情況，山林僧侶之思想行事，則別以專史詳之。宋明理學家，仍如漢唐之儒林，正史不得不詳。若專寫中國社會史，豈可只詳釋老，更不提儒學？又豈可一幷付闕，則不成為中國之社會史。又如宋代之「義莊」，以及宋代之「鄉約」等，皆歸入社會史，則以前之門第，此下之書院講學，又何得不列入？書院講學列入，則如東漢馬融、鄭玄等，倶當列入，而洙泗孔門早當列入；其他當列入者又何限？推類求之，必將見其扞格而難通。

中西社會不同，斯歷史記載亦不同。國人儘可不通希臘史，而徑讀柏拉圖、亞里斯多德之書；亦可不通中歐史，而徑讀康德、黑格爾之書；但豈可不通春秋、戰國史，而能通孔、墨諸子書？又豈可不通漢史，而徑讀董仲舒之書？不通宋史，而徑讀程朱之書？故專治哲學，在中國學人中，即為不通。因此中國無「哲學」與「哲學者」之專稱。

近代國人，寫中國社會史，乃將端午競渡、中秋賞月等，盡量納入。不知此乃社會風俗，而在中國，風俗與教化，又融為一體。風教間，文學又是一大項目。詩經有十五國風，楚辭有九歌，兩漢有樂府，魏晉以下有世說新語，唐代有太平廣記，宋代有宋稗類鈔，元明之際有元劇、有水滸傳，明代有金瓶梅等，此等皆文學書。又如清初顧亭林有天下郡國利病書，非文學，而實為明代社會經濟一部主要參考書。其他有關社會問題之書尚多。不通正史，此等皆無可詳論。今人讀大學歷史系，即不理會文學；又治社會史，即不理會歷代正史，又不通歷代之教化風俗，又或將社會史與經濟史相混淆。要之，歷史乃一大整體，不會通以求，則眞相難得。此乃一極自然之事。多為之分門別類，則出人為，非自然。

西方又有經濟史，特為最近國人所重。中國以農立國，國之本在民，民以食為天。「敬授民時」，乃古代政治一重要項目。又井田制度，受田者既非「農奴」，而授田亦非西方之「封建」。又兼有庠序之教，俊秀得進為士。秦漢以下，井田制度廢，而輕徭薄賦，俊秀皆得經選舉考試入仕。其他如農田水利，更為政治一要項。史記河渠書，歷代漕運制度，清初胡渭禹貢錐指所載之歷代治河防災政策，何一不以農業經濟為重？其他工商業，自漢代鹽鐵政策以下，相承有一貫之政策。通商惠工，而不使走向資本主義之途徑。考論中國經濟思想與經濟制度，捨棄正史，則無所本。漢代如晁錯，唐代如陸贄，其所抱之經濟思想與經濟政策，莫不一一與當時之現實政治息息相關。但在中國，乃無特出之經濟學與經濟學者，正如其無特出之政治學與政治學者；社會學亦然。融通協合，不再多有分別，

則其無一部專門經濟史，固亦宜然。

中國經濟無不與社會政治有其緊密之相關。如顧亭林天下郡國利病書，網羅晚明各地經濟情況，分別撰述，而追溯淵源，有遠至數百年千年之上者。故治中國經濟史，不重在年代分別，而尤重在地域之分別。中國疆土廣，生產富，工商業各具地方性。利病得失，既相通，又相別。政府之各項制度總其成，又以社會風氣立其基。故如經濟，必當由通學，不得為專家，即讀顧氏此書而可知。

故治中國史，又必通疆域輿地之學。漢書有地理志，唐有元和郡縣志，宋有太平寰宇記，明有一統志。與地疆域之學，遂或從史學中獨立，而有若與史學並駕齊驅。各地疆域志，自魏晉以下已極盛，惟其書多失傳。至南宋，有吳郡志，類此者當可二十種左右。此下愈興愈繁，分省、分府、分縣，莫不有志。下至清代，如吾鄉有泰伯梅里志，此乃與無錫同城之金匱縣所轄之一部分，東西南北各不踰二十里之一小地區，乃自吳泰伯以下三千年來，社會經濟、人物文化，靡不畢載，乃成為一最小型之地域史。下至一山、一寺有志，一書院有志，風俗經濟，人物文化，莫不歸入，融為一體。此亦本之自然，非出人為。西方一多瑙河，一萊因河，既非長川巨流，兩旁又疆土分裂，諸國駢立，此皆違背自然，事出人為之證。故西、葡、荷、比，各自立國，不能合併。甚至如英倫三島，英格蘭、愛爾蘭、蘇格蘭，雖同為一國，猶必分疆裂土，各有其獨立之鴻溝，此尤西方史不自然一明證。

西方人群尊耶穌，必分天堂、人間，生前、死後以為二，此亦為一種違反自然之信仰。又必共推一教皇，乃有馬丁路德之新教興起。新舊教相互衝突，遂成西方史上一大事。而新教中又宗派繁興，

分歧百出，幾於難可指數，此又一不自然。中國佛教寺院林立，分宗分派，亦在疆域上。如禪宗有南嶽、青原之東西分峙，臨濟之北方特起，此亦形勢自然。儻亦必推一佛教皇，以為一舉世之宗主，則縱無爭端，必多弊端。人為之不可久，亦自然趨勢所必至。余又論東西方之音樂，亦一重自然，一本人為，已詳別篇，①不再論。其他類此者尚多，俟讀者推類求之。

其實此一東西文化之大分別，乃從農業、商業來。中國以農立國，故崇尚自然；西方古希臘即以商立國，乃重人為；其相異處，人人易知，不煩詳論。而工業則界在兩者之間。中國「農工」相連，即如歌舞，亦屬工，故又連稱「工藝」。中國一切工業皆趨向於藝術化，實則乃「天人合一」化。而西方則「工商」連言，乃日趨於機械化，而唱歌跳舞等則不謂之「工」。藝術必求精製，若係人為，而忽視其本源之同本於天，亦出自然。機械則求贏利，亦若自然，但實一出人為。此中奧義，恕不具申。

（一九七六年二月二十二日中國時報副刊，原題為自然與人工，發表後又有修改，收入本集改題今名。）

---

① 編者按：先生別有略論中國音樂一文，已收載全集甲編現代中國學術論衡。

# 四四　組織與生發

西方社會重「組織」，中國社會重「生發」，此又東西文化一大歧點。西方古希臘乃一商業社會，人生分為兩截，經商乃手段，贏利尋樂始是目的。故其工作必帶有一種功利觀。城邦林立，不易團結；海外活動，蹈履風波，妻離子別，死生莫卜，家庭觀念遂滋淡漠，易生一種個人主義；「悲莫悲兮生別離」，又易帶一種悲觀主義。

他鄉異國，投人所好，此乃一種揣摩心理；機械變詐，不以深厚之同情為基礎。還鄉享樂，如文學，如戲劇，如藝術，如跳舞、運動之會集，都在大群中尋找個人樂趣。內外分隔，各重其己，不在於群；又轉瞬即變，貴能當前爭取，不計前，不計後，無長久之時間觀。但每一人終須在群中生活，此群則總是個人的、功利的、分散的、暫時的。如何來維持此群，則端賴於有組織、有法律，這又是外在的。人生須在此外在束縛中來謀求個人的功利與娛樂。

法律組織力量薄弱。馬其頓起，希臘即告崩潰。羅馬於商業外，注重軍人之武力結合，乃有帝國創興。而羅馬法亦為此下歐洲人所稱道。帝國崩潰，封建貴族堡壘紛峙，終不能組成一國家。其時宗

教盛行，各求靈魂上天堂，亦屬個人主義。而「凱撒事由凱撒管」，宗教信仰，其勢單弱，乃有教會組織。故西方宗教，不如中國社會之禮樂，亦仍是西方社會一形態，一組織，乃必附帶有法律。苟非法律與組織，即不能維持此信仰之存在。

文藝復興，城市工商業又復起。現代國家建立，其組織又變。然個人主義之本源則仍無變，乃又產生出近代之「民主政治」。但仍必有政黨組織。要之，有組織必生有分裂，亦惟有分裂乃始有組織。西方社會，乃可謂實一分裂性之組織，亦可謂乃一組織性之分裂，如是而已。

現代科學興起，商業益盛。大企業、大工廠、大公司，各有其組織，而個人主義則亦日益猖狂。「自由、平等、獨立」之口號，乃舉世瀰漫。要之，則是個人與組織爭，組織與個人爭。宗教信仰、國家政治、社會經濟，莫不皆然。科學乃為其相爭之武器，其他各項學術思想則為之助陣。此誠近代西方世界不可避免之一大悲劇、一大厄運。

其實人生分先、後兩截，內、外兩面，自原始人類已然。出離洞居，以漁以獵，圖果已腹，此為其生命之前一截；及其返洞閒暇，漫向洞壁繪畫雕刻，或月夜洞外，歌舞作樂，此為其生命之後一截。而其顯分內外，則人人易知，不煩論。漁獵轉為畜牧，此為人生一大進步。牛羊成群，同遊如友朋之好，同時即是一種娛樂享受。人生之前後兩截、內外兩面，不啻融成一片，豈非一大進步而何？所憾者，逐水草而遷徙，穹廬流徙，無可寧居。及其轉為耕稼，而人生又獲一大進步。

農業人生之進步有兩端：一在其有定居；再則耕耘收穫，可免游牧人群之日務宰殺，以成全其

內性仁慈善良之德。日出而作，日入而息。其於五穀，生之育之，若撫嬰孩；長之成之，若侍老人。而俯仰天地，一心同德。苟不與天地參，亦無以成其業。故農耕民族，「一天人，合內外」，亦辛勤，亦娛樂，其生命乃可無先後、內外之分。水旱荒歉，則三年耕有一年之蓄，九年耕有三年之蓄。曰「勤」曰「儉」，有生產，又有積蓄。子孫百世，不盡顧其前，乃亦顧其後，而始有一種「悠久」之生命觀。鄰里鄉黨，率土之濱，亦莫不同此一生命，於是乃又有一「廣大」之生命觀。抑且業農不盡為己，亦以為人，故決非個人主義。天地生五穀，不專為農人。業農亦不專為己。孔子曰「仁」，曰「知天命」，「罕言利，而與命與仁」，實已道盡農業人生之意義與價值。中國儒家思想，實本農業人生，一而二，二而一，非有他也。

農業之外，又輔以工業。蠶桑紡織，陶冶為器。一家織，一家陶，衣服居住，利及他家。自無而創有，為私亦為公，並在工作中帶娛樂性。工、農性質同。百工繁興，乃日中為市。各以所有，易其所無。交易雙方，商得同意，故曰「商」，非由第三人居間為商。有登壟斷而望者，孟子譏之。此後乃有第三人居間為商，又有貨幣為媒介，商人乃可掌握貨幣以為生，不漁獵、不畜牧、不耕耘、不製造，而乃可獲大利，超漁獵、畜牧、耕稼、製造之上。於是遂又回復到原始兩截生活、內外兩面之人生。惟商人重利輕離別，則其家庭生活，較洞居人為不如。此則又為人生一大變。雖在人生中若有大進步，而亦有大退步之另一面。不定居，此其一。心多機巧，投人所好，斲人性，傷人德，有所不顧。獲大利而求娛樂，亦以斲己性，傷己德。此其二。商業之有害人生者在此。

中國古代，早有商業。然始終以農、工為本，商業為末，本末分明，故商業乃未見其大害。後代中國人則言「信義通商」，講「信」則不務欺騙，尚「義」則不重私利，商業乃亦不以個人功利為本。凡屬公利，則不許私營。商人並受政治統制，不許進入仕途。選舉、考試，商人皆擯不在其列。祖先曾有經商者，乃謂之「家世不清白」。故商人之在中國社會，乃為「四民」之末。中國人之輕商有如此。中國人僅重謀生，不重營利，此為中國社會一特色，亦即中國文化一特色。

中國人又言：

利者，義之和。

大群人生必主「和」，即個人人生亦主「和」。夫婦為人倫之始。禽獸之生命延續，乃一「自然」；人類之生命延續，則屬「人文」。西方重男女戀愛，為夫婦之始，仍屬個人主義。中國主夫婦和合，融成一體，為成家之本。禮者，體也。故夫婦和合，有禮有樂，成為人生一新「體」，但非如西方人所謂之「組織」。父子易代，亦有禮，先後亦合成一體，而樂亦寓其中。此皆從「生命」言。個人乃一小生命，夫婦、父子各相為倫，乃成大生命。「生命」則必有一種「生發」作用。夫婦生育子女，乃由夫婦一倫生發出父子一倫，由已有生發出未有，從舊有生發出新有。詩曰：

周雖舊邦，其命惟新。

湯之盤銘曰：

苟日新，日日新，又日新。

五穀一年一新，人生則可以日新月新。成群為國，亦可常新。此乃一民族之大生命，推而至於天下並世各民族，亦無不然。

故中國人言修身、齊家、治國、平天下，皆從生命內部生發來，不從外部組織來。中國乃一「宗法社會」，群體日擴，主要在其內部生命之生發，不重在外部之組織。自部落社會進至於諸侯封建，又進而至於郡縣一統，政治體制之日益擴大，亦由內部生發，不由外部組織。近人亦知中國人群乃由「禮治」，非「法治」。此言甚允。中國人僅稱「君位」，不言「君權」。「位」以「禮」言，「權」則以「法」言。居君位，當盡君職。為君者而求擁有權，必先掌有軍。但中國秦漢以下，中央衛兵額數少，邊陲戍卒多。戰事平，統帥回朝，有爵而無位，乃絕無軍權可言。唐代府兵，分佈全國，而關內占少數。宋代傭兵制，亦多在地方。明代衛所，略如唐代之府兵，同亦分在地方，不集在中央。唐、宋、明三代之兵部尚書，乃文職，並不由帝王直轄。皇帝既不擁兵，又何得而有專制全國之權？元、

清兩代，外族入主，乃特有蒙古、滿洲之部族兵，以防漢人之動亂。但其他制度，則一承中國，無可改動，仍依前朝。要之，中國自秦以下兩千年，絕非一「軍人政府」，亦無「帝王專制」制度之存在。一讀通典、通考諸書自知。

再言法律。歷代律文，皆可詳考。制定法律，亦政府專職，而皇室無其權。律文大意，親親、尚賢。君位自當尊，君權則有限。君位世襲，可免爭端，而亦無傷於一國治平政治之大體。中西法律用意大不同，乃由其社會與政府之不同來，此篇不詳論。

唐以下，有「吏、戶、禮、兵、刑、工」六部尚書，迄於清，千年未有變。吏、戶、禮乃為政之「體」，兵、刑、工則為政之「用」。六部之上，則尚有相位總其成。「王室」則與「政府」分，政府內部和合成體。職位之別，則如一身之有五官四肢。故政治實同人類一生命體，乃由其生命生發出組織，非由組織可以產生出生命。

近代西方民主政治，「立法、司法、行政」三權鼎立。「國會」代表民意，與「政府」相對立。而司法院則評定其兩敵體之爭。行政則美國由總統、英國由首相一人掌握。三權之分，乃由組織。而此組織，則非生命。則可謂西方民主政治乃無生命的。若謂其生命在民眾，則民眾與民眾又必分黨以爭，則仍是組織，非生命。生命乃一「和」，豈有一內部分裂相爭之體，而得成為一生命體？

美國總統之下有國務院，實即外交部。中國外交屬禮部。孟子曰：

仁之於父子，義之於君臣，禮之於賓主。

中國國際關係亦尚禮，禮則與仁、義相配合，則國與國，亦當如父子、君臣之融合為一體。此乃見生命之大。故一國一政府之在天下，亦如一身之有五官四肢，同在一大生命中，又豈當分權以相爭？近代世界各國皆由組織來，而國際則獨無組織。天下無一大生命，則列國生命又烏得相安而長存？

中山先生之「五權憲法」，參酌中西，主要乃主「權在民」，而「能在政」。行政、立法、司法、考試、監察五院，一歸「治權」，不屬「民權」。惟「國民大會」選舉總統，始屬「民權」。而「選舉人」、「被選舉人」，其資格皆須經考試院衡定。此不失為中國傳統「尚賢」政治之用心。漢代有御史大夫，唐代有門下省，宋代有諫院，明代有六科給事中，皆司監察之職。有考試、有監察，而政體仍屬合一，何待於競選與司法之必分權以相爭？

故知中國傳統政治自有其一套內在精神。換言之，此亦一種生命性能之表現，不斷綿延、不斷發展，此可謂之乃代表民心、民意，而始有此一種生發。如父母教子義方，子女幼稚無知，其生命前程正由父母代表作主。學術生命亦有其傳統，後生無知，正待為師者之督促領導，代表作主。政治亦然，蚩蚩者氓，正待聖君、賢相之代為作主。父子一體，師生一體，君民一體。中國人稱「天、地、君、親、師」，每一人之小生命，皆有一大生命為之代表作主。人文生命亦當由自然生命為之作主。今則因果顛倒，乃由各個人之小生命自我作主，爭派代表，監督指揮；則為之君、為之師者，轉為之

僕為之從，又何政治、學術之理想可言？為父母者，又豈能先徵胎兒同意，乃始生男育女？為師者，乃豈能先聽學生意見，以教以誨？為君者，乃必得聽從民眾決奪遵以為政；意見分歧，則必服從多數。則一身之頭腦，必尊重於五官四肢互相分裂中之大部分，而定其趨向，又何以為頭腦？人之處群必相爭，其處宇宙萬物亦必爭。今謂「征服自然」、「戰勝自然」，乃有人生之前途。則人生本出自然，亦即自然；戰勝、征服自然，人生豈不亦將被征服而敗下陣來？當知個人小生命，終不得與大群乃至宇宙之大生命爭。故生命終由生發而來，非由組織而成。尚「德」不尚「力」，此誠人生最主要一大原則。

撒克遜人遠涉重洋，開闢新大陸，此本撒克遜人生命體之一大發展。北美十三州獨立，自創新國，則乃由發展而分裂，由分裂而敵對，從此英、美兩國再不能和合成為一體。又如加拿大、澳洲，亦皆由撒克遜人分散發展而各成國。此皆分裂乃有組織、組織即成分裂之一證。其他西歐各國之海外殖民莫不然。即西歐本土亦各國分裂。今則大敵在前，各國仍不能和合。只從外面組織，即斷絕其內部生發之機。苟能從內部生發，則自無另加以組織之必要。其病害則仍從商業來。故其開展中即有限制，成功中即寓失敗。其實商必以農為本，古希臘之經商，亦即以農奴為之本；近代資本主義之帝國，亦仍以殖民地之農業為之本。生命之寄託，在外不在內，在人不在己，則何得有此生命之常存？農業民族，生生世世，永在生命親接中，乃知生命之深義。孔子曰：

志於道，據於德，依於仁，游於藝。

人生大道必以生命所天賦之「德性」為根據，即「仁心」為依歸。德與仁，即在其生命之內部。修身、齊家、治國、平天下，人倫、政治，禮樂、工商，人生各業，皆屬「藝」。惟從內部生命根基上出發，則生生不已，可以游泳自在，濟其深而達於遠。人生百藝本屬相通，亦得和合成體。長江、大河，達於海洋，實皆水滴之集合和會，流動不居，不待組織，而自成為江河。中國傳統文化，即依此形象而前進。五千年來一部廣土眾民之大歷史，又誰與倫比！

學術思想方面，亦可用「組織」與「生發」兩觀念來作東西雙方之分別。西方重向外，注重純理性之客觀探求，人生情感擯而不論，謂是「主觀」。哲學如是，科學亦然，皆摒去人事，而向外面自然界求；其實即宗教亦外於塵世而求之天堂。則宗教、哲學、科學，此三者，皆同一向外，非有內在生發，均不能善盡其指導人生之功能。既不能單從一方面來指導，又不能把此三者組織為一。而實際則取決於人生當前之利用，乃為一種純功利的，至少是以當前功利為主，其距客觀之純理性則甚遠。

中國人則認為人生眞理應從人生內部生發，不從人生外部求。再進一步言，人生眞理應向自己求，不向他人求。親切眞實，易於從事。人生有此「身」，更有此「心」。身屬「物質」，心屬「精神」。物質乃一「自然」，精神則發於「人文」。自然、人文，本屬一體，有其分別性，但亦有其和合

性。西方人認精神、物質為二，雙方應有一組織。中國人則主精神從物質來，仍然和合。再言「心」，西方人分作「智、情、意」三面，惟純理性乃屬「眞理」。中國人則認智、情、意三者合一，即「心」即「理」，毋寧由情感生發出理性，而純思辨即非眞理。故西方必分「知」、「行」為二，中國則主「知行合一」。而行為實即是智情意三者之和合而產生。孔子「仁」、「智」兼言，仁偏情感，智偏理性，由有理性，而情感始得表現到恰好處。故眞理不在哲學之思辯組織上，而在人生之行為上。此種行為，乃由人之「德性」。「德」本於「性」，而性則是人生行為不斷生發之眞來源。

西方又有「經驗主義」，仍重人生外面種種經驗，組織成為一眞理。此種眞理，仍是一種認識性，仍待一種純理性之智慧來探求。孟子曰：

盡其心者，知其性也。知其性，則知天矣。

由「知性」透到「知天」，則仍是一種生命性之生發。盡心、知性、知天，一貫相承，只是一種生發，決不是一種組織。而「盡心」工夫則已兼行為，亦非一種純理性之探索。

西方哲學、宗教、科學，此三者既相分別；此外又如文學、政治學、法學、社會學等，亦分門別類，各有專家。大學中分院、分系，盡向廣大外面分別探求。大學則亦如一組織，而實無組織。儻能有組織，則院系分別上，當更有一會通所在。故組織亦只是外面一形式，不能成為內在一生命。

中國各項學術思想，則多自人生實際行為及其生命中生發而來。如文學，古詩三百首，豈不即生發於當時之實際人生？風、雅、頌皆然。不瞭解於當時之政治與社會，即無從瞭解此三百首。屈原離騷，亦自屈原之實際人生及當時楚國之政治情況來。近代國人又認文學應具獨立性，則如樂毅報燕惠王書之類，皆因事而發，豈不得稱之為文學？而中國傳統文學，其原有地位乃可一掃而空。

又如莊周書，內篇七篇，斷然為中國文學之無上妙品，此豈莊周有意為一哲學家，又兼為一文學家，乃得有此成就？又如司馬遷太史公書，其文學之美，有口皆碑，亦豈司馬遷有意為一史學家，又兼為一文學家，乃得有此成就？實則莊、馬之哲學、史學、文學，皆從二人之內心來，亦即二人之生命來。故知「人」當知「心」，而知人論世，如屈原、莊周、司馬遷，皆當就其時代與其生平，而識其為人，深體其性情內蘊，及其眞生命之所在，而始得瞭解其所表現。此眞近人所慕拜之所謂「創造」，惟乃一種「生命創造」而已。但正其名，則應稱「生發」，不曰「創造」。

東漢以下，中國始正式有「文學」一名目。此下凡為一文學家，莫不從中國人文精神之長期生命中栽根立腳。故文中必有作者其人，無其人則亦無其文。但中國人又稱：「一為文人，便無足道。」此乃求「以文為人」，而非有意於「以人為文」。中國人在一切學問背後有一「人」，故其學問皆乃其人之生命生發，即由其生命發出學問來。西方一切學問，則皆可超離於學者其人而存在。從事學問，即所以成其人。無此學問，即亦無此人。故其學問皆從外面知識組織來，非由內部生命生發來。

西方學人之成就，可謂乃其人生命中之一番「事業」，不得即謂是其人之「生命」。如是則事業

乃以功利為目標，而生命轉成為手段與工具。中國則生命乃目的，事業則為朝向此目的前進過程中之生發。組織則即是手段，亦為功利；生命自身之生發則為道義，非為功利，甚至亦不稱為事業。西方重事業，乃有組織觀、功利觀，而生命地位則為之退失；中國則重道義，輕事業，而生命之意義與價值乃益顯。此為中西文化相異絕大一要端。

西方醫學重解剖，亦即重人體組織，而此人體之全生命，則轉所忽視。重解剖乃重斬割，人體可斬割一部分，換進一部分，以革新其組織。如最新之機器人、電腦等，乃皆以組織代替生命。中國人則重人體中之生命，更過於其組織。「精、氣、神」皆對全體生命言，不對部分組織言。有生命乃始有組織，重衛生尤過於治病；其治病亦通全體以為治。

隨生命而自然生發者，有兩要項：一曰病，一曰死。但生生不已，乃為生命之眞生發。其病其死，則為其生發中之一附帶現象。生命之附帶，則為病為死，而無害其生生不已之眞生命。中國社會乃一生命生發之社會，故有治亦有亂，有盛亦有衰，有升亦有降，有進亦有退。通讀中國一部二十五史，在其大生命中，不少病、死之象。然病必復健，死必再生，無害其生命體之繼續發展而前進。

西方重組織，非生命，則病而死，乃不再健，不復活。故中國好言「常」，而西方好言「變」。中國則變而不失其為常，西方則即變以為常。中國又好言「同」，西方好言「異」。中國乃於同中見異，而仍不失其同；西方則求異中得同，其所重則仍在異。此亦其相異處。

# 四五　雅與俗

(一)

中國民族之歷史文化生命，緜亙五千年，不斷擴大，舉世無匹。其有關人生大道之理想與實踐，經多方斟酌調整，「尊德性而道問學，致廣大而盡精微，極高明而道中庸」，決非專拈片面單辭所能發其蘊奧。余曾論中國民族重群居，但絕不妨礙其個人特立獨行之抒展；又論中國民族重視人生之普通面，但亦絕不妨礙有關其個人超卓之表現。今再重提一義，中國人每分「雅」、「俗」，崇尚「雅正」，輕視「流俗」；此一觀念，似與其重「群居」，言「普通」、「尋常」，義相反而實相成。

小戴禮有言：

廣谷大川異制，民生其間者異俗。

漢書王吉傳言：

> 百里不同風，千里不同俗。

故「俗」必富地方性。拘閡於俗，實與重群居、重人生之普通面者有別。中國古人每言：「移風易俗」、「匡時正俗」、「拂世摩俗」、「化民成俗」，又言：「振風蕩俗」、「陶物振俗」、「鎮風靜俗」、「和人寧俗」，又言：「倍世離俗」、「拘文牽俗」；凡涉「俗」字，皆加鄙視。惟老子主：

> 小國寡民。使民甘其食，美其服，安其居，樂其俗。鄰國相望，鷄犬之聲相聞，民至老死不相往來。

果如此，決不能形成為一民族團體與文化傳統，並亦決不能求其擴大與緜延；與尚群居而言普通、尋常之義顯不同。莊子山木篇與老子抱不同意想，市南宜僚告魯侯：

> 南越有建德之國，願君去國捐俗，與道相輔而行。涉於江而浮於海，望之而不見其崖，愈往而

不知其所窮。送君者皆自崖而反，君自此遠矣！

此言必遠俗乃能近道，捐俗乃能建德。離俗愈遠，捐之愈盡，而後道德之意始顯。

史記趙武靈王胡服騎射，告其臣下曰：

窮鄉多異，曲學多辯。齊民與俗流，賢者與變俱。

肥義之勸其君，則曰：

負遺俗之慮，無顧天下之議。論至德者不和於俗，成大功者不謀於眾。

蓋俗必限於地，限於時。既富區域性，亦限時代性。莊子秋水篇所謂：

井蛙不可以語海，拘於墟也；夏蟲不可以語冰，篤於時也；曲士不可以語道，束於教也。出於崖涘，觀於大海，乃知爾醜，將可與語大理。

故重群居與普通、尋常，譬之水，乃大海，非潢潦。仲長統所謂：

至人能變，達士拔俗。

「俗」與「群」不同。務功利如趙武靈王，唱為道德如莊周之徒，莫不知此。孔孟儒家教人不從流俗之持義，則尤峻而平，尤通而實，最為的當。

(二)

最先辨「雅」、「俗」者，起於詩。凡中國傳統論及音樂、藝術、文學，皆必辨雅俗。論語：

子所雅言，詩、書、執禮。

「雅言」乃指西周語，如今人言「國語」。「方言」則是鄉音俗語。凡大群相居，必當有一種普通語文，如歐西中古時期，亦共同使用拉丁語、拉丁文。現代國家興起，語言文字乃始日趨分裂，於是歐

西諸邦，遂極難有融和合一之希望。在中國，則自西周封建，其時疆土已極遼濶，包有河、淮乃至長江流域，諸侯之朝聘盟會，必有禮，亦有樂。禮則「雅言」，樂則「雅音」。禮樂之用，主要在詩。文字、音聲皆尚雅，即是一種普通語言與普通文字，亦如西方中古時期耶穌教會之必用拉丁文、拉丁語。故在秦代郡縣統一之前，西周時代已有封建之統一，提倡尚雅實有莫大之影響。即從春秋時代列國卿大夫所取名字，亦可證其時采同一文字，有同一意義，並寓同一尊尚，此即文化統一明白可指之一例。

文字一成不易變，語音則易變，樂聲則更易變。孔子主「放鄭聲」。鄭聲先只流衍於鄭地，乃受各地之喜好而競相慕效。雖若通行，實係「俗化」。此猶婦女服裝，亦分雅俗。雅取共同一致，俗則各趨所好。戰國時邯鄲趙女，其服飾儀態，亦受各地之慕效，李斯稱之為：

隨俗雅化，佳冶窈窕。

其實趙女之「佳冶窈窕」，其得舉世之慕者，雖若已化而為雅，實則仍是邯鄲一時一地之俗而已。故齊宣王告孟子，亦曰：

寡人非能好先王之樂，直好世俗之樂耳。

先王之樂，可以通行於各時各地，歷久不變，故謂之「雅」；世俗之樂，則起於一地，盛於一時，不久而必變，故謂之「俗」。

中國傳統觀念，則貴「矯俗厲化」，須能矯其俗而化之於雅，不貴隨其俗而貌化為雅。隨其俗而貌化以為雅，論其實質則仍是俗。西方文化傳統，則正近於李斯之所謂隨俗而雅化，故多變。如婦女服裝，經三數年一變。即如音樂，在先有古典樂，繼起有爵士樂，經多數愛好，即風行一時；久則生厭，標新立異，花樣又變，格調更新，主要皆在投人所好。此之謂「時髦」，此之謂「潮流」，大眾隨之趨赴。孟子告齊宣王，提出「獨樂樂」、「與人樂樂」，「與少樂樂」、「與眾樂樂」之分別，而主要則在「與民同樂」，因曰：

今樂猶古樂。

此雖孟子所言，後人終不以為然，乃曰：

今樂古樂何同？當如孔子言，必用韶舞，必放鄭聲，乃始是為邦之正道。孟子之言，則屬救時之偶語。

孟子意，只勸齊宣王能與民同樂。果能此，則必知進而求人心之所同，則終必歸於雅道。限於一時一地之俗，非人心之大同，則終與雅道異。故中國人常連稱「雅道」，亦稱「雅正」。「正」即有「定」義，本於「道」始得定。

古人稱：

君子三日不廢琴。

又稱「雅瑟」、「雅琴」。琴瑟樂器，日常不廢，此亦一道。鍾子期死，伯牙終身不復鼓琴。此事流傳古今，亦成一佳話。伯牙擅琴技，為一大音樂家，但人不易知。中國人觀念，睎人能知音習琴，但不望人人能為一伯牙。不知音、不習琴乃俗人；知音習琴而必求為伯牙，亦未能免俗。悼念知己，心有不忍。若鼓琴專為求知於人，亦仍不免俗。鼓琴本以自怡悅，求如伯牙，乃在成名。怡悅在心，大群普通、尋常所當從事，不失為雅。伯牙之不鼓琴，乃為人生一大話題。人生貴能超俗自娛，自適其適，盡其所至，而得為一不世之人物。故人人可習音樂，但不必人人成一大音樂家。宋玉言，有下里巴人，有陽春白雪。此一喻，亦千古流傳。下里巴人多得附和，僅是俗；陽春白雪少獲知賞，始是雅。故欲知中國文化傳統，雅俗之辨，涵有深義，不容不知。豈得由比較多少數而即知？抑且鼓琴本

為自怡悅，鍾子期死，伯牙心念知己，鼓琴而不悅，其不鼓琴固宜。至如論道講學，則孔子言：

人不知而不慍，不亦君子乎？

故顏淵死，孔子哭之慟，曰：

天喪予！天喪予！

而孔子之講學論道則如故，又豈得以伯牙為例？

論音樂必分雅俗，論其他一切藝術亦然；文學亦然。唐之初興，文章承續徐、庾餘風，天下祖尚，乃已成俗。陳子昂作感遇詩三十八章，始變雅正。文學「復古」，即是文學「開新」，亦即是由「俗」返「雅」。由俗返雅亦是變，但變而不失其常。其詩曰：

前不見古人，後不見來者。念天地之悠悠，獨愴然而涕下。

在子昂心中，正為知前有古人，又知後有來者，乃不欲以追隨時尚俗好為足，而有此愴然涕下之心

情。繼子昂而起者有李太白，其詩曰：

大雅久不作，吾衰竟誰陳？

此亦一種復古呼聲。而太白之詩在唐代，顯然亦是一開新。惟中國文化傳統，開新必在復古中。蔑古開新，則必隨於時俗，不得謂之「雅」與「正」，亦即非「道」所在。李白同時有杜甫，亦以復古為開新。其詩曰：

山居精典籍，文雅涉風騷。

又曰：

風流儒雅亦吾師。

中國人必連稱「文雅」，而「雅」之一義必兼古。蓋「雅」必通於古今，「俗」則限於當世。後浪逐前浪，後浪起即前浪退。故尚俗則惟知當世，前無古，後無來，惟知變，不知常；若言有常，亦惟常

陷於俗而止。此非中國文化之大理想所在。中國人亦常言「儒雅」，因儒學貴通古今以求常，故荀子有「雅儒」、「俗儒」之分，其實俗儒即不得為眞儒。

韓愈倡為古文運動，亦承陳子昂、李、杜古詩運動一脈而來。韓愈自言為之二十餘年：

> 始者非三代、兩漢之書不敢觀，非聖人之志不敢存。處若忘，行若遺，儼乎其若思，茫乎其若迷。當其取於心而注於手，惟陳言之務去，戛戛乎其難哉！其觀於人，不知其非笑之為非笑。如是者有年，然後識古書之正僞而黑白分。其觀於人，笑之則以為喜，譽之則以為憂。如是者亦有年，然後浩乎其沛然矣。

韓氏所言，實亦只辨一雅俗。「正」即雅，「僞」即俗。古書中亦有雅俗，惟其歷久而能傳，則必雅多而俗少。韓氏言：

> 志乎古必遺乎今。

「今」即是俗。韓氏之文，亦未能大行乎其世，直至於宋始大行。蘇軾謂其「文起八代之衰」，即指其能反俗以回之雅。俗必變，雅則始能正，垂之後以成其常。

推而言之，中國全部藝術史、文學史，乃至文化史之進程，亦莫非以此一義，貫徹始終。即在莊子，亦必言：

技而進乎道。

昌黎亦言：

愈之所志於古者，不惟其辭之好，好其道焉爾。

中國人言「道」字，即猶今人言「文化」。理想中之藝術、文學，必從全部文化中生根流出，亦必回歸於文化大體系中為其止境。此等理想，即在魏晉南北朝時代，亦同樣有之。陶淵明言：

少無適俗韻，性本愛丘山。

又曰：

詩書敦夙好，園林無俗情。

淵明之為人與其詩之備受後代愛崇，其主要即在此。其先曹植亦曰：

人主有所貴尚，出門各異情。朱紫更相奪色，雅鄭異音聲。

上自帝王所好，下至社會眾情所向，自中國傳統觀言之，皆不脫俗。林逋詩：

閒草徧庭終勝俗，好書堆案轉甘貧。

莊子亦言：

不為窮約趨俗。

故必甘貧乃能違俗。蘇軾詩：

可使食無肉，不可居無竹。無肉令人瘦，無竹令人俗。人瘦尚可肥，士俗不可醫。

又曰：

鳴蛙與鼓吹，等是俗物喧。

范成大詩：

竹枝芒𩭹俗綢疎。

司馬遷史記亦謂：

今拘學或抱咫尺之義，久孤於世，豈若卑論儕俗，與世沈浮而取榮名哉！

是違俗必耐寂寞，薄榮名。此非達理慕道，無以躋斯。陸游詩：

窮理方知俗學非。

此皆辨雅俗。

(三)

會合中國古今各時代、各方面之共同意見，無不以媚俗為羞，脫俗為高。中國以一廣土眾民之大國，統一政府高高在上，君相之位，貴莫與倫。自秦以下兩千年，為士者，不論在朝在野，不論治亂昏明，要之，當有一番自立不屈之氣概，不為當前政權所掩抑。又其民阜物豐，從事工商業，易有成就，致富不難。然在社會上，亦終無豪商巨賈、大企業之得意興起，如近代西方之資本家。此正緣中國傳統觀念，富貴皆不能免俗，乃皆淡漠視之。此實中國傳統文化一項內在精神之所寄，所當特別提出，而繼之以深入之闡發者。

權勢所在，財利所集，則必為眾情所共赴。而中國傳統觀念，則深思遠慮，視之為畏途；防微杜漸，戒人勿近；而統以一「俗」字包括之。人既鄙恥其俗，則權勢財利，可於人群大道少所牽掣，而每一人之內在心情，乃可多有其自由發抒之機會，而不致為外面事態所沈溺。今再以中國歷史上學

術思想之轉變言之。西漢以經學取士，迄於東漢，群目以為祿利之途，而民間之「古文學」，乃與朝廷博士之「今文學」代興。魏晉以下門第鼎盛，而佛教東來，高僧迭起，乃以出家為人生最高之嚮往。唐代禪宗如日中天，北禪成為兩京帝師，三朝法祖，而神會菏澤辨道，不啻公開向朝廷作翻案。厥後南禪掩脅天下，五宗七葉，全國皆南禪，而神會之名字與其著作，轉歸湮晦。最近始於巴黎重覩敦煌孑遺之孤本，乃知在當時有此一番驚天動地之大事。然何以南宗諸禪之祖師皆不樂予以稱道，遂使此事於短期間即歸消沉，若不復為人所知？此亦中國人觀念，鬨動熱鬧，喧張翻滾，大眾奔湊，一時甚囂塵上，皆不免於俗情俗態，而鄙夷視之；方外自屬尤甚。蘇軾詩：

屢接方外士，早知俗緣輕。

此見中國僧侶更不喜世俗囂張。今人乃以西方觀念讀中國史，遂認此事為不可理解。

又如唐代以詩賦取士，宋代易之以經義。然王荊公三經新義，亦招來同時之詬議。元、明、清三代，以朱子四書義取士，而當時群鄙之曰「時文」。姑不論其內容，政府所提倡，社會所群趨，即不免為俗套。今人又群以中國自秦以下兩千年，乃一「帝王專制」政府，一若惟帝王一時意志所向，即舉國遵奉，而不知其有大謬不然者。中國觀念中，又有「道統」、「治統」之分。道統屬於雅，此始可尊；治統則可雅可俗，果失雅正，即不為群所尊。故自古無不亡之皇朝，而孔子則永為中國人所

尊。此可謂無統，必附於「道」以成統。則中國人論政治，實亦憑於其雅俗之辨以為判。

(四)

西方人似無中國所謂雅俗之辨，亦可謂有俗而無雅。如希臘各城邦各有其俗，但如何得為一希臘之大雅君子，則各城邦人士均無此想。如宗教，如科學，以及各項學術分派皆以成俗，非以成雅。耶穌之上十字架，以及羅馬耶教之地下活動，豈不皆以此俗反他俗？但及耶教風行，教會、教皇，蜂起矗立，便又有新教，起而反對。科學亦如宗教，其先在落寞中為人所不為，但其後則與宗教成為對立之兩型。如哥白尼之天文學，即遭教會壓制。其他大批科學家，亦幾乎莫不如此。馬丁路德與哥白尼，皆受囚禁；而伽利略則遭遇更酷。其實宗教、科學外，哲學亦然。蘇格拉底被判死刑。凡一俗起，即遭他俗之反對。此乃違時違俗，並非違理違道。班固漢書有言：

依世則廢道，違俗則危殆。

此兩語，在西方歷史上，表現得更鮮明。

事態時代化，習俗難返，流弊滋生，此一層，亦在西方史上表現得更清楚。即如科學，在今日之西方，豈不已成世俗化？尋求眞理之精神日減，供給俗用之趨向日增，其所以為學者已變質。姑舉愛因斯坦為例。初發表相對論，幾於欲索解人不得，此眞乃一種超俗之新理論。但原子能被發現，美國製造原子彈的曼罕頓計畫，究不能不說其亦由愛因斯坦所發動。要說明一個秩序井然的宇宙存在，此顯是一項眞理尋求；但變成為一項大量殺人之武器，終不能不說是一項世俗應用。最高宇宙眞理，一經世俗運用，而轉成為一項大量殺人之武器，可使人類在刹那間全歸絕滅。原子能的驚人力量，不得不謂之亦出於眞理。但今天人類的邁向原子時代，卻不能說其亦是一眞理，只能說其仍是一世俗。「眞理」與「世俗」間，豈不應有一分別？中國傳統觀念，力求提出「道」與「俗」，「雅」與「俗」，「正」與「俗」，「眞」與「俗」的一切分別，正為此故。惟其如此，故在中國傳統文化四、五千年的長期演進中，世俗力量，終不能過分得勢；在西方文化中，則正因此一分別未能鮮明提出，遂不免世俗力量時時上升。蘇格拉底、耶穌之遭遇，在中國史上固未見。而如愛因斯坦，雖不願接受「原子能之父」之稱號，但原子時代，究是由其開始。此亦可謂俗勢終於勝過了眞理。西方史上一切悲劇皆由此。

今天的中國人，一味西化，道俗、雅俗、正俗、眞俗之辨，不復關心，而且盡可能加以放棄與否認。儘求科學化，一若科學即是眞理，不悟羼進了世俗，則眞理可成為非眞理，抑且反眞理。今天的中國人，又甚至認為能供世俗應用，纔始是眞理。則如耶穌上十字架，當時其所宣揚，尚未為世俗接

受信仰，豈得因此即認其為非眞理？又如愛因斯坦之相對論，是否當因其發展成了原子彈，乃始可十足認其是眞理？又如康德在十八世紀之末，寫了永久和平一書，主張有一個強大的國際聯盟來維持世界之永久和平；此一理想，至今已彌見為不失為人類和平前途一眞理，但此理想，迄今亦仍未能為世俗所好好接受與運用，又豈得即此而便認其非眞理？

## (五)

上舉西方史上宗教、科學、哲學諸項來闡明中國傳統觀念中道俗、雅俗之辨之涵義，可會通於西方歷史之具體演進而無礙。此下試再舉藝術、文學為例以加說明。中國人辨雅俗，主要本在文學、藝術兩項，已如前舉。在西方歷史上，宗教、科學、哲學諸項，顯可援用中國道俗之辨來作說明，而藝術與文學，則西方人似乎更偏尚通俗一面，與中國傳統觀念中雅俗之辨更有距離。俗則必尚新，必趨變，無傳統可言。近代西方畫家如畢加索，在其中年以前，實於彼邦傳統畫法有甚深造詣；但晚年則畫風一變，大異往昔。在世俗眼光中，新與變，總覺可喜，而畢加索之畫遂更轟動。但循此以往，另有新畢加索繼起，仍必求變，畢加索亦仍必被遺棄。全部西方繪畫史全如此，全以能變能新轟動一時，但不久即又為後人之求新求變所棄，而棄之惟恐不速不盡。在中國傳統觀念下，則一畫家果能獲

得同時及後人多數之愛好欣賞，自必有畫理、畫法寓其中。一為共通之理法，一為獨擅之技巧。若過分注重其前者，則理法不免成為俗。惟注意其後者，則理法雖創自前人，然可以為後世繼續發揚光大，成為傳統，而永垂不絕。司空圖曰：

超以象外，得其環中。

「象」亦稱「相」，屬外在；「環中」當屬「體」，乃內在。外在之相，與俗共見；內在之體，則作者一心之技巧，惟待知者知。固須內外共成一體，但西方則似偏重外，中國則偏向內。但中國人之重其內，亦有過於西方人之重其外。故在中國畫史上，歷代畫品非無變，但規模格局，比較近似守舊，只在守舊中不斷有開新；西方則在不斷開新中，到底亦脫淨不了舊。其不同只在此。孔子說：

鄭聲淫。

「淫」即指其太過滲進了俗的成分。俗聲、俗調一時成為風氣，最多只如李斯所說之「隨俗雅化」，究與雅聲有辨。俗情、雅意互為消長，苟不能超乎象外，即不能直探環中。明代理學家倡為「流行即本體」之說，究非真言。果違本體，流行亦何足貴？故莊子屢言「技而進乎道」，而並不貴於道之流

為技。繪畫與音樂皆如此。

文學亦然。韓愈倡為古文，「惟陳言之務去」，「陳言」即是俗套。韓愈又言：

樂也者，鬱於中而泄於外，擇其善鳴者而假之鳴。人聲之精者為言，文辭之於言又其精，尤擇其善鳴者而假之鳴。

韓愈於音樂、詩文一貫說之，鬱於中成其「體」，泄於外成其「象」。善鳴決非世俗。又曰：

人之於言有不得已。其歌也有思，其哭也有懷。聲出於口，皆有其弗平。

若俗情，則其所謂「不平」與「不得已」者皆甚淺；亦可謂無所思，無所懷，隨於眾以成俗。時俗既遷，風氣隨之。故其人苟習熟時俗，則天下靡靡，日入於衰壞，恐不復振起。又曰：

與世沈浮，不自樹立。雖不為當時所怪，亦必無後世之傳。

韓氏所論，皆從古今道統大本原處出發，不依世俗之毀譽從違為進退。後人稱其「文起八代之衰」。

若依當時俗見，則一部文選已足，而韓愈力求跨越，一意上追三代、兩漢，亦欲以復古為開新，亦甚讚陳子昂與李、杜。此雖韓愈一人之言，而全部中國文學史演進精神，亦可謂無逃其所指陳。

宋、元以後，戲劇、說部，驟興特起，如王實甫之西廂記，施耐菴之水滸傳，尤其膾炙人口，迄今不衰。然戲劇、說部，終不免以英雄、美女，戰爭、戀愛，為其主要中心題材；此皆於世俗大眾，有刺激、有興奮、有迷戀、有嚮往，為俗情所共湊，然究非人道大統本原之所在。渲染過分，近於孔子所欲放之「淫」，故終不得預於中國文學之正統。遠自詩、騷，下迄近代，在詩文、辭賦之正統文學中，亦未嘗不及於英雄與美女，戰爭與戀愛，然皆避俗而歸雅，亦不以為文學之中心題材。故「立言」得與「立功」、「立德」並稱「三不朽」。而又連稱「文化」、「文教」，凡言「文」，必不忘於「教」與「化」。猶如凡言「技藝」，必不忘乎「道」與「德」。故文藝必主於雅而忌於俗，此為中國一傳統觀念，亦中國文化一特殊精神之所寄。

今人慕效西化，崇尚通俗，好言「地方化」、「時代化」，獨避言一「雅」字，於緜延五千年之文化傳統，轉成廣土眾民之大一統國家之所以然，全不顧及。則茲篇所陳，亦僅拾古人餘吐，殊不值時賢一哂矣！

（刊載於一九七七年六月十三至十五日中華日報副刊。）

傷文義之前提下，皆不再改動。目次中有一題之下，分列數篇者（如㈠、㈡之類），殆先生就同一題目分撰成文，未必一時所作。另有一題之中，又細分小節（如一、二之類），而在目次中並未列出者，則多因本文篇幅過長，故予分節以清眉目；與前類之分篇性質有不同。今仍存原式，並略加說明，俾便參詳。排校工作雖力求慎重，惟疏漏之處在所難免，尚祈讀者不吝指正。

本書由何澤恆先生、張蓓蓓女士負責整理。

錢賓四先生全集編輯委員會　謹識

先生晚年最後之著述也。

全書共分三部：上篇宇宙天地自然之部，凡十五篇；中篇政治社會人文之部，凡三十篇；下篇德性行為修養之部，凡四十五篇。觀其立目，若整體與部分、抽象與具體；群與孤、簡與繁；生與死、情與欲之類，多執其兩端而竭其底蘊；此一意態已顯見於前著之湖上閒思錄及雙溪獨語。要之，雖篇各一義，而相貫相承，宗旨則一；其宗旨則為討論中西雙方文化傳統之異同。自文化體系言，主要本於「和合」與「分別」作比較；自學術思想方面，則以「通」與「專」二字為其著眼點。至於中詳吾國傳統文化中「一天人，合內外」（或曰「通天人，合內外」）之精義，尤三致意焉。凡吾中華民族遞傳五千年廣土眾民達於十億以上人口，迄今一線相承，日廣日大，前途無限之所以然，悉已於各篇中分別闡詳。此皆有憑有據，非屬空言。凡吾國人平心讀之，亦可以明吾祖先之苦心孤詣，有未可輕蔑而忘棄者；是則讀此書，宜亦可於世道人心有所啓示。

本書編成於一九八六*年秋，先生高齡九十二歲；交由臺北東大圖書公司於翌年八月初版。其所徵引古籍故事，惟賴記憶，偶有疏略；且全書篇幅頗大，凡逾七十萬言，排校工作繁重，不免頗有訛誤；今悉加校正，一般不另出注說明。又依全集例，加入私名號、書名號、引號等；引述古籍，則儘量提行別出。引文多經覆核，然亦有顯為先生所節錄以及約引其義，或略增數字以完文意者；在不

*新校本編者注：原文為「民國」紀年。下同。

# 出版說明

第二次世界大戰時，昆明西南聯合大學有若干教授曾創辦一雜誌，名為「戰國策」。彼等認為當時世界之大勢，正猶中國之先秦戰國，列強相爭，終則成東齊、西秦兩帝；最終則盡歸於秦之兼併一統。蓋卽謂當前一美一蘇，而將來之演變，世界必歸統一，惟歸美抑蘇未能遽定耳。同時錢賓四先生則反對此說，曾在民國三十一年撰戰後新世界一文，指出此下世界，應由合而分，決非由分而合之局；前此為歐洲帝國主義殖民政策所兼併支配之各民族各國家，均將在戰後獲得解放，重歸自由；故特為二次大戰定名為「解放戰爭」。已而大戰結束，而戰後新興國家如雨後新筍，不斷產生，果證先生先見之明，洵獨卓而不誣。經此戰役，先生乃愈知西方文化確有其病痛，而吾傳統文化亦自有其特長。其所為論著，在此之前，多在我國固有學術範圍內，並不牽涉西洋；而自此時期所作中國文化史導論一書以後，乃往往觸及中西文化之比較。亦可謂先生後半生精力，實集中在探討此一問題。晚歲雙目失明，仍就此時時思索，有意作為中西文化比較一書，分別就文化思想之各方面比論中西異同所在。以目不見字，撰述心得遂備極艱困。然八九年間，亦積得九十篇文稿，題曰「晚學盲言」，蓋

# 新校本說明

錢穆先生全集，在臺灣經由錢賓四先生全集編輯委員會整理編輯而成，臺灣聯經出版事業公司一九九八年以「錢賓四先生全集」為題出版。作為海峽兩岸出版交流中心籌劃引進的重要項目，這次出版，對原版本進行了重排新校，訂正文中體例、格式、標號、文字等方面存在的疏誤。至於錢穆先生全集的內容以及錢賓四先生全集編輯委員會的注解說明等，新校本保留原貌。

九州出版社

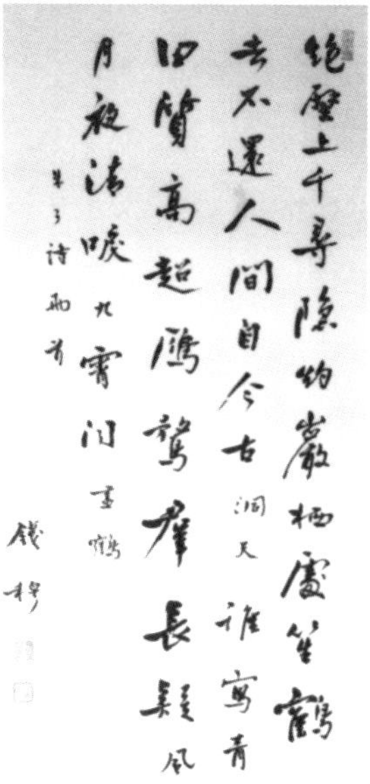

錢穆先生書法

錢穆先生

圖書在版編目（CIP）數據

晚學盲言：全2冊 / 錢穆著. —— 北京：九州出版社，2011.7（2016.3 重印）
（錢穆先生全集）
ISBN 978-7-5108-0995-8

Ⅰ. ①晚… Ⅱ. ①錢… Ⅲ. ①比較文化－中國、西方國家 Ⅳ. ①G04

中國版本圖書館 CIP 數據核字（2011）第100599號

晚學盲言

作　　者　錢　穆　著
責任編輯　周弘博　周敏浩　郝軍啟
出版發行　九州出版社
裝幀設計　陸智昌　張萬興
地　　址　北京市西城區阜外大街甲35號
郵　　編　100037
發行電話　（010）68992190/3/5/6
網　　址　www.jiuzhoupress.com
印　　刷　三河市東方印刷有限公司
開　　本　635毫米×970毫米　16開
插頁印張　0.875
印　　張　95.25
字　　數　1070千字
版　　次　2011年7月第1版
印　　次　2016年3月第2次印刷
書　　號　978-7-5108-0995-8
定　　價　208.00元（全二冊）

# 晚學盲言（上）

［新校本］

錢穆先生全集

九州出版社

錢穆先生全集

錢穆先生全集

錢穆先生全集

［新校本］

# 晚學盲言（下）

九州出版社

# 目次

序……一

上篇　宇宙天地自然之部

一　整體與部分㈠㈡……一
二　抽象與具體……三一
三　時間與空間……四九
四　常與變……六五
五　自然與人文……八七
六　變與化……九七

七　道與器……………………………………一一三
八　物世界與心世界㈠㈡㈢……………………一二九
九　道與理……………………………………一六一
一〇　中庸與易簡………………………………一七九
一一　質世界與能世界㈠㈡……………………一九三
一二　人生之陰陽面……………………………二二一
一三　靈魂與德性………………………………二四九
一四　大生命與小生命…………………………二七一
一五　天地與萬物人生…………………………二九一

**中篇　政治社會人文之部**

一六　國家與政府………………………………三一三
一七　中國歷史上的政治制度…………………三二九
一八　政與學……………………………………三四三
一九　政黨與選舉………………………………三五五

二〇　權與能……三六九
二一　國與天下……三七五
二二　政治與社會……三八一
二三　羣居與獨立……四〇三
二四　羣與孤……四一三
二五　中國家庭與民族文化……四三七
二六　中國文化中之五倫……四五一
二七　五倫之道……四九五
二八　中國五倫中之朋友一倫㈠㈡……五一三
二九　中國文化傳統與人權……五二九
三〇　簡與繁……五三九
三一　尊與親㈠㈡……五五五
三二　色彩與線條……五七五
三三　禮與法……五八一
三四　教育與教化㈠㈡……五九五

三五 操作與休閒……六〇九
三六 生命與機械㈠㈡……六二一
三七 共產主義與現代潮流……六五三
三八 道德與權力……六六五
三九 道義與功利㈠㈡㈢……六七七
四〇 創業與垂統……六九九
四一 帝王與士人……七一一
四二 風氣與潮流……七二七
四三 自然與人為……七三五
四四 組織與生發……七四七
四五 雅與俗……七五九
下篇 德性行為修養之部
四六 生與死……七八一
四七 樂生與哀死㈠㈡……七九五

四八　性與命㈠㈡……八一一
四九　平常與特出㈠㈡㈢㈣……八三七
五〇　公私與通專……八七一
五一　公私與厚薄……八七九
五二　情與欲……八八七
五三　天地與心胸……八九九
五四　己與道……九一三
五五　心之信與修……九三一
五六　為己與為人㈠㈡……九四五
五七　性情與自然㈠㈡㈢……九七五
五八　手段與目的㈠㈡……九八九
五九　傳統與現代化㈠㈡……一〇一一
六〇　歷史上之新與舊……一〇四三
六一　辨新舊與變化……一〇五五
六二　內與外……一〇六七

六三　安定與刺激……一〇八三
六四　器與識……一〇九一
六五　孟子論三聖人……一一〇一
六六　中與和……一一一七
六七　人物與事業(一)(二)……一一二七
六八　知識與德性……一一四五
六九　學問與知識……一一五九
七〇　知識與生命……一一七五
七一　知與情……一一九三
七二　修養與表現……一二〇三
七三　為政與修己……一二一九
七四　進與退(一)(二)(三)……一二三七
七五　積極與消極……一二五九
七六　存藏與表現(一)(二)……一二七五
七七　入世與出世……一二九三

七八　宗教與道德……一三〇七
七九　平等與自由……一三一五
八〇　文與物(一)(二)……一三二五
八一　靜與滅……一三三七
八二　廣與深……一三五三
八三　多數與少數(一)(二)……一三七一
八四　福與壽……一四〇三
八五　同異得失……一四一九
八六　德與性……一四二七
八七　尊與敬……一四三五
八八　德行(一)(二)(三)(四)……一四四三
八九　客觀與主觀……一四七一
九〇　理想與存養……一四八三

# 下篇　德性行為修養之部

## 四六　生與死

生必有死，乃人生共同一大問題。世界各地人類對此問題具有甚深異見。姑扼要言之。埃及人認人死可復活，遂發明了「木乃伊」及「金字塔」。今日猶稱其為古代之傑作，羣相瞻仰，無可模仿。實則木乃伊終未復活。此則當時聰明絕頂之發明，乃從至愚極蠢之想法來，此亦人類一莫大諷刺。至今人類已不建金字塔，不造木乃伊，然從至愚極蠢之想法中，產出聰明絕頂之發明，其例尚多，則誠大堪警惕。

耶穌上十字架，自言將復活。至今耶教中「復活節」仍為一大典禮。試問果誰見耶穌之復活？縱使耶穌復活，亦非盡人之死皆得復活。然則此一舉世風行之絕大典禮，亦從一至愚極蠢之想法來。人生同有此希望，雖至愚極蠢，仍得流傳。可知凡屬流傳，非盡可信。

至耶教之一般信仰，分人生為兩截：一為生前塵世，則屬凱撒世界；一為死後天堂，則為上帝與耶穌之世界。故生前則爭財爭權，求富求貴，惟凱撒之是瞻；死後則求恕求贖，悔罪悔惡，惟耶穌之是依。兼顧並及，斯為耶教民族共由之大道。最近羅馬教宗若望六世前去波蘭，數百萬人在共產政權下，渴望宗教信仰之自由，重獲上帝神力之佑護，舉國若狂，盛況空前。卽在意大利境內，其人民擁戴共產主義，三十年來不斷恐怖活動，使意大利政府長陷於不安寧之狀態中。安得使波蘭、意大利兩地人民各饜其望，生則享無產階級無上之人權，死則又有神權下靈魂之安定，彼此雙全，寧非兩地人民之無上希望？但耶穌所管與凱撒所管，又何得會通而合一？此誠人類莫大一問題。

釋迦既怕死，亦畏生；求得不死，莫如無生。於是生、老、病、死遂視為人類四大痛苦。佛教不信靈魂，卻認有前世之業，六道輪迴，投胎轉世，痛苦無竭。惟信佛法，消除業障，成「大涅槃」，得「大解脫」，到時則無人類生存。此與耶教之有世界末日大意略同。惟世界末日乃上帝之懲惡，而「涅槃」境界則人類之自覺醒、自修為所致。故其他宗教多尚「神」，而佛法則尚「法」尚「己」，最後則期求其己之絕滅，歸於大空，此為佛法在各宗教中一大異之所在。

以上舉其大者，其小者不詳言。惟中國人對人類死生之想法則與各民族皆不同。中國人先分人生為兩方面：一曰「身生活」，又一曰「心生活」。身生活屬於「氣質」，今稱「物質生活」。心生活謂之「德性」，今稱「精神生活」。中國人之「靈魂觀」亦與其他各民族異。中國人分「魂魄」為二。

「魄」屬體，故曰「體魄」。人死骨肉埋於地下，魄亦隨之。骨肉腐朽，魄亦隨失。「魂」則不附體而遊散，故曰「魂氣」，亦曰「神魂」。後死者製為木主神位，使死者之魂有所依主，而藏之宗廟，歲時節令，以祭以拜。故古人祭在廟，不在墓。死者之魂，亦與生者之心相通，乃得顯其存在。逮及三世、五世，死者之魂與生者之心已漸疏遠隔絶，則宗廟中之神位亦移去。年代既久，斯神魂亦失其存在。

故中國人所重在生，不在死。孔子祭神如神在，曰：

> 我不與祭，如不祭。

神在祭者之心中，祭乃祭者自盡其心。至於心外是否眞有神，是否眞能來受享，孔子似所不問。故曾子曰：

> 愼終追遠，民德歸厚。

葬祭其死，可使生者德性歸厚，厚死即所以厚生。不僅死者可以長留生者之心中，抑且「身體髮膚，受之父母」，生者之體即從死者來，是死生身心實相通。即從物質軀體言，六尺之軀，百年之壽，此乃個人之小生命。上自父母，下及子孫，一線相承，大生命猶尚超其軀體小生命而存在。故中國人特重血統家族觀念。一陰一陽，一晝一夜，同是一「天」；一死一生，一存一亡，同是一「生命」，即同是一「人」。故曰：

不孝有三，無後為大。

無後則我此小生命中斷，父母祖宗之生命傳統由我而中止，此為不孝之大。

身生活如此，心生活則猶有大於此者。人羣之生，其心相通，不限於家族血統之一線。身之外有家，家之外有鄰里、鄉黨，以至於有國、有天下。同此人生，心生活皆相通，成一大生命。此一生命則超「血統」，而成「道統」。身、家、國、天下皆一統於道，一切有血統之小生命，皆在此道統之大生命中，此道上通於天。天之大德曰生，生從天來，能上通天德，則此生命可以曠天地、亙古今而不絕。中庸曰：

小德川流，大德敦化。

小德乃個人之小生命。父傳子，子傳孫，一如川流。聖人具大德，則如天之敦化，亦大生命之所賴以永存。其他各民族僅見川流之變動，不覺敦化之常存。或又必分川流與敦化以為二，不知其融合而為一。乃與中國人生觀多別。

春秋時代，魯國叔孫豹先於孔子，而以「立德、立功、立言」為「三不朽」。此為中國人對死生問題千古永傳之名言。何以謂立德不朽？如舜之孝，至於周公，即不啻舜之復活；迄於後世，孝子輩出。詩曰：

孝子不匱，永錫爾類。

果使中國民族長在，中國文化不滅，則在中國社會上將永遠有孝子出現。就孝子之肉體生命言，固各已消失；但就孝德及孝子之心言，則長留後代生命中不匱不朽。斯舜與周公乃及一切孝子之生命皆不朽。此乃小生命在大生命中之不朽。苟無大生命，則何來有小生命？就個人之小生命言，則皮膚骨肉之身生命必有死，而心情德性之心生命，則可永傳無死。此乃中國人觀念。

又如堯以天下讓舜，舜以天下讓禹，「讓」之一德，亦永為中國後代重視。吳太伯三以天下讓，周初有吳太伯，即猶堯、舜之復活。伯夷、叔齊之讓國，讓有大小，而同一讓德，是伯夷、叔齊亦即堯、舜、吳太伯之復活。孔子論伯夷、叔齊「求仁得仁，又何怨」，仁之為德，惟在心生活大生命中始見。重視個體小生命必有「爭」，重視心生活大生命則始有「讓」。亦必重視心生活大生命乃始有

「孝」。孝與讓，德相通，皆孔子之所謂「仁」。仁即人類在大生命中之一種心生活。故朱子釋「仁」曰：

愛之理，心之德。

若就個體小生命言，則所愛唯此一身，而此身則必死而無存。西方人既重個體小生命，則必重此身之死，乃有宗教。然宗教愛上帝，非人與人相愛，故其不朽則必在靈魂之上天堂。中西雙方觀念不同，宜其思想行為之見於實際人生者多不同。

「立德」之次有「立功」。生為天之大德，亦即天之大功。耶穌釘死十字架上，耶教徒乃不許人世復有第二耶穌，是則耶穌在人世，僅有立功，未為能立德。人人不得為耶穌，以至世界末日之終必來臨，此非上帝予人類以一大懲罰乎？即亞當、夏娃，亦膺罪被謫而生，則與中國人觀念「天之大德曰生」之涵義大相反。中國人意見，人類生生不絕，此即天地之大德。中西雙方同戴一「天」，而其異則無可會通。耶穌為上帝獨生子，而在中國則天降斯民，人皆可以為堯舜。此又何說以相通？釋迦則主人自憑己力得「大涅槃」，天亦無如之何。此與中西雙方又不同，惟與中國人觀念較相近。佛教入中國，有禪宗，「即身成佛」，「立地成佛」，人人現前當下一心之悟，皆得成佛。悟立信謝，悟在己不在佛，只憑己心，斯亦不再須有心外之佛法。

中國言立功，每指大禹之治水。禹父鯀，治水無功，殛死於羽山。禹繼父業，終成父志，是即禹之大孝。在外十三年，三過家門而不入。子生方呱呱，亦不一視。急公忘私，此見禹之為人之德。試讀中國史，凡建功者莫不有德，背德則無功。亦有當其身若無功，而功傳後世，亦其德使然。如岳武穆，朱仙鎮召回，復國之功未見；文文山軍敗被俘，保國之功以敗。兩人皆不保其首領，而功垂萬世。故立功皆以立德。專於事上求，則其功必淺，或竟無功。

又次為「立言」，亦必有德之言。言有德，斯有功。如叔孫豹言「三不朽」，即有德之言，其為功亦大矣。近日國人率譏中國乃一「封建社會」，然叔孫豹明言「世祿」非不朽，此決非封建社會人觀念。倘謂孔子亦封建社會人，但孔子為中國立言不朽之最高榜樣，何嘗教人常困縛在封建社會中？人生必能超社會，乃能超時代而不朽。今日國人方自負得為工商社會人，得為民主自由時代人，得為「全盤西化」人，鄙薄孔子，不知身死即朽，而孔子言則猶當垂世。一則囿於社會、囿於時代，雖有此生，非有此德；一則上通於天，下通於羣，有德方有言。則盈世之鄙薄，又何傷孔子之毫髮？曾子曰：

鳥之將死，其鳴也哀；人之將死，其言也善。

人將死，其囿方解，其德或露，故有善言。今日工商自由社會亦臨將死之際，容有善言，如鳥哀鳴，則亦天地生人之大德，而人生乃亦終有其可望。

孔子曰：

學而時習之，不亦悅乎？

孔子之德生於天，然亦成於其學。學以成己，其悅如何？孔子又曰：

有朋自遠方來，不亦樂乎？

一門師生講學，成己亦以成人，其為樂又如何？然天有不可知，人之生能上達天德，斯亦宜有不可知。就私人小生命言，人不我知，此亦可慍；就人之大生命言，則世代相傳，後生可畏，豈知來者之不如今？言垂於世，有私淑艾者。孔子百年後出孟子，私淑艾於孔子。自此以來，兩千年私淑艾於孔孟者，又何止千百人？斯皆孔孟之復活長生而不朽。亦有未聞其言而遙符其德者。均在大生命中，其德相符，亦卽己之不朽，而又何知、不知之辨？故「人不知而不慍」。

中國後世多以文章為立言，然亦必有德，其言始不朽。陶淵明詩：

采菊東籬下，悠然見南山。

菊到處可採，山到處可見，然淵明之採菊見山，乃有淵明之心之德之存在表現。誦此十字，而冥然有會，則淵明其人亦恍惚如在誦者之心中。此亦卽淵明之不朽。陶淵明後有杜子美，皆以有德之言成其不朽。卽如李太白：

舉杯邀明月，對影成三人。

一己獨酌，若覺有三人同懽，此亦太白一時之心情與意境，亦卽其心德之流露。誦其詩，想見其人，斯亦卽太白之不朽。又如陳子昂：

前不見古人，後不見來者，念天地之悠悠，獨愴然而涕下。

此與李太白心情意境又異。一人忽若成三人，斯卽不孤寂。舉世忽若只一人，其孤寂之感又如何？然在此大生命中，必有會心之人。或前在古人，或後在來者。斯則子昂之不孤寂，乃更在太白一人獨酌之上矣。此卽子昂之不朽。故凡所不朽，皆在己心，而又何求於後世之不朽？此卽其心之至德矣。

中國人重心生活，故其詩人亦多直吐胸臆，道其心事，自古詩三百首以來皆然。故曰：

詩言志。

心牽於事，卽不成「志」。諸葛孔明「澹泊明志」，其心澹泊，卽不牽於事。詩之外有文，戰國時有樂毅報燕惠王書，有魯仲連義不帝秦，皆千古至文，亦皆直道己志，不為事牽，乃卓然見其為人，卽卓然見其居心。苟心隨事轉，心不為主而為奴，所謂心為形役，僅知有身生活，則「生老病死」四字足以盡之。魯仲連曰：

惟有蹈東海而死。

死者此身，非此心。孔明亦曰：

鞠躬盡瘁，死而後已。

死者亦此身。其心報先帝以馳驅，亦馳驅此身，心則主宰此馳驅，此謂之「志」。志不俱死，既非苦痛，亦非空幻。中國人生之不朽，卽不朽在大生命中，亦卽在此方寸間之一心。故誦中國之詩文，而中國之人生亦宛然在目。西方人生與中國異，亦卽觀其文學而可知。今國人惟求西化，移西方心易己心，見中國古人心，厭惡之惟恐不遠；讀中國古詩文，謚之曰「死文學」。若就五千年中國文化大傳統言，則誰死誰不死，宜仍當有辨。

惟心生活則仍必寄託於身生活。不論其身之在廊廟、在市井、在田野、在山林，處身有別，而心則可通。此相通處，卽心之德。如人身耳目手足五官六臟各有所司，而通於一身，主宰此相通者卽心。「心不在焉，視而不見，聽而不聞」，行屍走肉，身又何貴？身在家，則求通一家之心。身在國與天下，則求通一國、一天下之心。故齊家、治國、平天下，「壹是皆以修身為本」。

修身則以正心、誠意、致知為本。此心、此意、此知，則又必外見於物。大學「八條目」首「格物」。不論在農村社會、封建社會、工商自由社會，物各不同，必當隨物而格。此「格」字，卽孔子「從心所欲不逾矩」之「矩」字。卽在一家之中，父母、兄弟姊妹乃至夫婦，此心皆有愛，而所愛有分寸之不同。貴合格，不貴過格與不及格。則大學之格物卽孔子之中道。一家然，一國、一天下亦然。大生命一氣相通，而有理存其間。故朱子言「仁者，愛之理，心之德」。德在心、在內，理在物、在外。故朱子言：

衆物之表裏精粗無不到，而吾心之全體大用無不明。

心物一，即內外一，天人一，亦即我之大生命所在。

大學「三綱領」曰：

在明明德，在親民，在止於至善。

「明德」即此心。此心即人類之大生命。故明明德則必親民。即在犬馬，亦非終日𧾷虎嗑吞噬之為生。

程子曰：

觀雛雞可以知仁。

雛雞之相處，與其母亦有相親相安之狀，亦即其心其德，其仁其善。即此亦是大生命中一表現。儻悖德違仁而徒務外在之功、言，則為禍為害之烈，乃別有其不朽。故中國儒家孔孟以來，即少言叔孫之「三不朽」，即防其「德、功、言」三者之皆化而外在，失其中心內在之一德。今則人生進步，乃有資本主義、帝國主義之相爭相殺。徒慕其經濟之財力，與其武裝之強力，而曰惟我個人之自由。此吾國人今日之所心慕。而西方人則尚存一身後天堂可資歸宿，否則又何「至善」之可止？幸吾國人其三思之！

抑中國古人言，凡有生必同有此身、此心、此德，此心此德皆稟賦之於天。此不專為中國人言，乃同為天下人言。故曰：

中國而夷狄則夷狄之，夷狄而中國則中國之。

舜，東夷之人也；文王，西夷之人也；先得此心此德之同，乃同為中國之大聖。孔子欲居九夷，或曰九夷陋，孔子曰：

君子居之，何陋之有？

釋迦、耶穌亦夷狄之人，其道來中國，中國人同以聖人視之。但孔子之與釋迦、耶穌，其果孰為聖人之正乎？於何正之？亦正之於我國人之心之德之同。今日吾國人既不以孔子為正，又不以釋迦、耶穌為正，乃一正之於銀行中之美鈔，武裝庫之原子彈。而反之於心，終有未安。舉世之亂，乃由此起。故中國古人之所言，依然可證驗之於當世。今日吾國人之所非未必非，所是未必是，亦惟有曰「明明德以親民，以止於至善」而已。

人生有死，此乃人類惟一大事，即釋迦、耶穌、孔子所欲格之惟一重要之物。但三家對此所知各有不同，然三家之所從格，則同由誠意、正心來。今日世人所知曰美鈔，曰原子彈。賴美鈔以為生，是曰貪生；遭原子彈而死，則為枉死。於貪生中求免枉死，今日人類生死問題則此一語足以盡之。但今日美鈔之主要任務則為製造原子彈，是不啻以貪生為借徑，以枉死為歸宿。此誠一種至愚極蠢之想法。而美鈔之與原子彈，則終不能不認為是一種聰明絕頂之發明。惟與中國人之所謂格物而致知，則有其不同而已。

果如孔子言，「後生可畏，焉知來者之不如今」，則芸芸眾生中，寧不再有釋迦、耶穌、孔子之復生？是則非有「世界末日」，即為「大涅槃」，否則為「天下太平」。此三境界之展開，終為人生必有之三結局。美鈔之與原子彈，則皆產生於耶教世界中，是耶穌之人生原始罪惡論，亦信而有徵矣。若果世界末日來臨，或亦可謂其猶近似於釋迦所想望之一大涅槃。惟吾中華子孫則霑溉於孔子之教言以為生者，亦積兩千五百年之久，天下太平，終非世界末日。此則當警惕者，亦終以吾中華子孫為尤然矣。

若使孔子而生今日，誦李太白詩，方其月夜獨酌，豈不有釋迦、耶穌兩影可以伴飲？孔子而時代化，是亦可陶然而醉矣。若誦陳子昂詩，則知我者天，亦可愴然而涕下。然而前有古人，後有來者，則吾心之愴然亦從心之所欲而已，其與良夜之獨酌復何異哉？是則孔子生今日，亦必誦太白、子昂之詩，是亦終不失為一中國之人生。「君子居之，何陋之有」，今日吾國人亦多乘桴而浮海，此亦皆可為今日之孔子，其亦終將有契於孔子之所言乎？企予望之，企予望之。

# 四七　樂生與哀死

㈠

樂生、哀死，為人生兩大事。西方社會信有靈魂，生前、死後與現此生世各不同。如生世為一家，父母子女，生前不如此，死後亦不如此。故孝父母僅當生現世之事。抑且家人集居，同財不同權，故西方有母權、父權之分。父母死，即無權，子女得自由，對死父母自亦少哀思。其靈魂上天堂，又何哀？其靈魂下地獄，必其生世有罪孽，亦不足哀。

故西方人在生世，僅知對生求樂，不知對死有哀。其歷史人物能留後人以哀思者亦極少。如古代亞力山大、凱撒，近世如拿破崙，生掌大權，來自武力，死後僅供景慕，不留人以哀思。其他軍事家、政治家、哲學、文學、藝術、科學各界諸偉人，當生享名獲利，受其所業之報酬，死後亦留有景慕，無哀思。埃及古帝皇，死後有金字塔。巴黎有凱旋門。美國華盛頓市，華盛頓大銅像矗立。雅典、羅馬，以及其他各處，古蹟森然，皆增景慕，非存哀思。要之，西方社會可稱乃一無可哀思之社會。其唯一可供人哀思者，惟耶穌。但耶穌乃猶太人，其十字架精神誠堪哀思。進教堂聽頌禱詩，亦多哀思聲。教中人物如聖女貞德之類，亦可生哀思，然為數甚僅。西方乃一個人主義之社會，人與人間惟有爭，對人之死，宜無可哀，亦無足深怪矣。

中國則大不然。中國人生僅自然大生命中一現象、一枝節。身體髮膚，受之父母，我生卽從父母來，父母之死不啻若己身之死。如是則父母之生，已變而為己身之生。故曰「節哀順變」，則其哀亦可知。故中國古代家宅其西偏為生人所居，東偏為死者神位所藏。歲時祭祀，卽在家中。後世農村多聚族而居，亦必有祠堂，卽在村中。歲時禮拜，哀死亦卽所以樂生。

詩有風、雅、頌，頌專以致哀死，而最為禮之大者。周人尊文王，又尊后稷，歲首必祭，天下諸侯皆集。清廟之歌，一頌而三歎，莊嚴肅穆，大、小雅迥不能及。然則哀死豈不猶遠在樂生之上？中庸言：

> 喜怒哀樂之未發，謂之中；發而皆中節，謂之和。

後人遂以喜、怒、哀、樂、愛、惡、欲為「七情」。人惟有情，方其未發，藏於內，故曰「中」。其存藏於中者，僅此一情，非有七也。及其受外面事物刺激而發，其狀異，遂目之曰哀、樂。然哀、樂非有二情。其發而中節，不失其分寸，則當曰「和」。不僅與外面事物和，其藏於內者，亦仍一和，非有哀與樂之分別。父母在堂，壽登耄耋，孝子不勝其情，既歌且舞，人目其情曰樂；及其父母死亡，孝子不勝其情，既泣且踴，人目其情曰哀。孝子內心非有二情，但其發而有異。乃是此孝子之心與父母和合為一，故其情亦與父母之壽考與死亡之異和合為一。故情藏於中，因於外而發，貴其能內外相和合，斯曰「中節」。哀、樂如此，喜、怒亦然。獨怒之發，每易與外不相和合。然武王一怒而天下平，則怒亦一「和」。苟能中節，則怒亦如喜，非有相異。中國古人言：

發乎情，止乎禮。

禮卽其節。又曰：

禮之用，和為貴。

人生無情，則又何禮、何和之有？

人之生命惟一情，生則樂，死則哀；順於生則喜，逆於生則怒。生所需則愛，生所厭則惡。此皆生命自身內部一自然動向，卽謂之「欲」。如飢欲食，與之食則喜，奪之食則怒；遇食則樂，失食則哀；可食則愛，不可食則惡。使無欲食之心，則上之六情皆不見。此欲食之心與生俱來，謂之「性」。「性」則在內未發，發而向外則曰「欲」。生命對外，複雜多端，變化無窮，乃有「可欲」，有「不可欲」。故中庸言「天命之謂性」，即言其與生俱來；「率性之謂道」，即本乎性而發於外，一切人生皆卽道；「修道之謂教」，則道亦須修。如飢欲食，但食不能不擇，又不能無節，又須食而知味。僅知飲食，則為一事，可謂不知「道」。

中國乃一農耕人生，日與生命相處，種植耕耘，日夜勤勞，惟以養育生命為事，與畜牧不同。畜牧則大群牛羊，任其自為生長；稻麥五穀，則由農人助之生長。孟子曰：

心勿忘，勿助長。

實則此心之不忘，卽在助之長。孟子之所謂「助」，則謂不中節之助。故農業民族乃特與生命有情，熟知各種生命內部自生自長之眞情，而從外助其長。中國文化之最高可珍貴處卽在此。

中國人哀死之情，成為一種禮俗，普遍全社會，其事至明顯，其義至深厚。如端節祀屈原。屈原特一楚國人，忠君愛國，而賫志以歿，未有勳績成就，乃獲得此下全中國人之哀思，歷久而不衰。卽論文學，離騷非人人能讀，遠非如西方創造一劇本、一小說可以廣泛流傳之比。而屈原身後，能獲得全中國人廣大深厚悠久之同情與哀思，則全世界各民族之文學家，亦絕少有之。可見此不當專以文學論，而當以文化論。近日國人認為文學可以獲人心，則不免為一種偏淺之薄識。

如春秋時代晉人介之推，從公子重耳出亡。重耳返國為晉文公，行賞未及，之推偕母遁隱山中。文公求之，終不出。至焚山搜索，而母子俱死。遂有寒食節，亦迄今不衰。論其人，無事業功績可言，而守志以死，引發國人之哀思。又如東漢初嚴光，乃光武一同學，避不出仕。光武訪得之，終辭歸。而嚴灘古蹟，兩千年來遭人憑弔思念不已。嚴光高德，固不可及，而中國人之深情，亦由此而見。近人好言中國為「專制政治」，為「封建社會」，上述屈原、介推、嚴光三人，其高節卓然，歷兩千年，國人思念之不已，豈亦帝王專制、社會封建強令之然？而此三人之人生，其為可樂抑可哀，又豈今人之言哀樂者之所能評定！

以上不過於天時節令、地理名勝上偶舉此三人言之，其他不能一一詳及。春秋時代有息夫人。楚滅息，楚王納之，息夫人三年不言，名載左傳，為後世所稱道。今試問左傳二百四十年列國之治亂興亡、君卿大夫賢奸昏明，有關世運之大者，千端萬緒，長篇巨幅所不能盡；息夫人特一亡國之嫠，既不能以死守節，其與當時國際大局又何斡旋？又何建白？而楚王之寵愛，終亦未轉移其內心之深痛。三年不言，斯誠竭人世之至可哀憫，而時人能與之以同情，傳之後世。此乃中國人道一大節目，治國、平天下一大綱領所在。豈有人與人無同情，而此生可樂、此羣可安之理？讀史者不深明乎此，又何從與言中國之文化？

若循此以誦中國一部二十五史，以及古今各家詩文集所詠所載，旁及地方志乘、小說筆記中所述，其人其事，何限何盡？即如漢末有蔡文姬，棄其異國之夫與其子女，不顧其為一國后妃之尊，而決心歸漢。途中有胡笳十八拍，其詩豈不亦傳誦千載？歸國後之晚年生活，亦未見傳述。要之，其無關世運，無所影響於當代之治亂，而其孤獨一人之淒涼身世，則為盡人所同情。蔡文姬之名字及其作品，遂亦永傳於後世。觀於息夫人與蔡文姬，死可哀，而生亦有可哀。但生可樂，死亦有可樂。伯夷、叔齊，餓死首陽之山，孔子曰：

求仁得仁，又何怨？

殺身成仁，捨生取義，成仁取義，豈不可樂？秦檜死岳飛於獄中，瞻拜西湖岳飛墓，豈不岳飛死可樂，而秦檜生可哀？死生一體，哀樂一情，此當體之生命深處，而豈言辭之分別所能盡？

故在中國，史學、文學，一皆取材於眞人眞事；而衡量取捨之標準，則不憑於權位財富，亦不專限於功業成就。品德修養，乃為中國人之最所重視。但懸格亦不嚴。苟有一節可取，尤其遭世不淑，受人所難受，則悲天憫人之情，乃於是乎發之。韓愈有言：

誅奸諛於既死，發潛德之幽光。

此乃史家之職責。而集部中所見之潛德幽光，則盈幅皆是。故中國乃有最富人情味之人生，同情心到處充沛洋溢。苟其專為一己，則乃私欲，為中國人所不齒。「欲」亦本於「性」，而可以害性；發為「情」，亦可以害情。中國人貴性情中人，而深戒多欲。孟子曰：

養心莫善於寡欲。

周濂溪言：

主靜立人極。

靜者，無欲之謂。寡欲無欲，非寡情無情。「情」、「欲」之辨，一對人，一對物，乃為中國後代論人生最大一問題。

爭權奪位，謀才求富，皆欲非情。西方惟以財富權利為尚，全部歷史活動亦以此為中心。其文學則多出虛構。好言戀愛；孝弟忠信，人情之大者，甚少涉及。哲學則更諱言情感，一若人情皆無當於「真理」。故言政治，無論君主、民主；言社會，無論為封建、為資本主義；同屬無情。法律之最高境界，則僅可免於過分之不義，而無「仁」。此為中西人生一最大相異處。

余於民國十三、四年間，初看西方電影，尚係默片，片名已忘。其事蹟依稀猶在記憶中。一德國中年人，忠懇誠實，成家立業，有社會地位。因事遠行，火車中邂逅一女，鍾情為偶，僞造死訊不歸，其家人信之。歷年後，女忽死，其人潦倒念家，出門漫遊。一夕，偶抵家門，適逢其生辰，家中妻兒正廣邀親朋飲宴紀念。賓散，家人猶聚談，燈火輝煌。此人終不叩門直入，僅窗外窺視，黯然離去。劇情生動，樂生必哀死，哀死即所以樂生。果使此老人叩門直入，哀樂之情又當如何？往事荒唐，老人內心之媿恥，家人意外之驚詫，皆非日常人情所有。咄嗟間，又何得相安相樂，一如往年？老人離去，則終以保全其一家之和樂。而此老人亦猶得常念其家人以為樂。此亦可謂不幸中之大幸。此片亦甚富人情味，但荒唐終非不幸。不幸由「命」，乃在外；荒唐失「德」，則在己。中國人同情不幸，不幸事遂亦因而減少。果遭不幸，亦得自寬自慰，而輕其不幸之感。人同此心，心同此情，則貴乎其慎修己心，善自為處。則人生主要仍在此一「情」字上。

余以十三歲幼年，初讀西方小說天方夜譚，迄今八十年，尚所記憶者，乃其最後能言鳥一故事。此鳥在一山上，山下有人指示，循路而上，尋求不難。然當一意直前，路旁羣石競發人聲，呼之喝之，苟一回顧，即亦化石倒斃。路益上，石益多，聲益大，終使人不易不回顧。某家三兄弟，其兩兄弟皆已一去不返。最後一弟，乃塞兩耳上路，終得此鳥而返。路旁諸石亦盡得復化為人。此乃一阿拉伯神話，後乃知其影響西方實亦多。西方人皆一意向前，雖經失敗，而目的在望，仍不回顧。西方宗教、哲學乃及文學、科學，皆不啻為人指示一能言鳥所在地，教人信從，決心向前；已往之失敗，既無同情，亦不回顧。如中國人，尊崇古人，同情不幸，則惟為路旁之石，又烏能終得此鳥。西方文化之向前邁進，豈不如此？

現代人稱中國社會多「人情味」。其實「味」猶「情」，甜、酸、苦、辣、鹹實一味，猶之喜、怒、哀、樂實一情。物必食之始知味，人必相交而有情。「物」與「人」在外，「味」與「情」在內。內外和合，而情味生。惟所食異則味異，所交異則情異。能於異中知其同，乃為知情知味。飲食所以解飢渴，然當有餘味留在舌根，存在心頭，始為樂事。苟事過境遷，飲食下嚥，更無留存，是為寡情，亦成乏味。孔子曰：

> 飯疏食，飲水，樂亦在其中矣。

又曰：

> 一簞食，一瓢飲，人不堪其憂，回也不改其樂。

此謂人生於飲食外，尚有他樂，更深更厚。若僅知飲食之為樂，則孟子所謂乃「飲食之人」。然孟子以易牙比之師曠、子都，則飲食之樂，聖賢亦不諱言。中庸言：

人莫不飲食，鮮能知味。

亦猶謂人鮮不有生，乃不知生之宜有情。無情求樂，亦猶不知味而求飽，則僅求為一飲食之人而不如矣。

余家在江南魚米之鄉，乾飯、稀粥已不知有幾多作法。自冬至至歲尾，農家種種糕糰，亦不記有幾多名目。魚蝦、果蔬，俯仰卽是，若可一拾而得。又家家戶戶各種醃菜、臘味，多者可有二、三十色。孔子曰：

貧而樂。

飲食知味，最普通，最基本，亦最易得。然亦經兩、三千年文化積累，乃有此成績，非偶然而致。

又余家曾住北平，傭一車夫，擅製麵食，品類多種。余常至竈間賞其技。對日抗戰時，余又歷各地，皆有特製飲食，價廉而味美，易得而難盡。此亦卽中國貧者之樂。今人皆必謂西方物質文明遠勝中國，但中國之庖厨烹調，能在物質中深藏人文精神，西方飲饍烏能相比！姑舉茶與咖啡一項言之。咖啡味濃刺激，多飲易厭；茶味涵泳，自唐迄今實歷千幾百年之演變。亦如西方都市味濃少變，居久易生厭；中國鄉村味淡多變，久居而安，不易厭。故品茶乃知茶味，品人則知人情。而人之高下亦以別。財富權力唯有爭，唯有鬥，無能品。今日國人亦盡尚爭，不知品。回念數十年前，窮村三餐較之今日市肆之一席千金，其為味或有過之。然老年知味者，則亦與日俱逝。既無老成人，亦少典型，渺不再得，世運堪嗟乃如此！

中國人言「聲」必及「韻」，言「色」必及「采」。此猶食之有「味」，生之有「情」，皆在質體之外，有餘不盡。而其感動影響，留在人心，則惟深惟厚。孔子曰：

未知生，焉知死？

又曰：

未能事人，焉能事鬼？

此非孔子不信有死有鬼。苟無生，何來死？苟無人，何來鬼？聲、色而無韻、采，聲、色倏去，復何可樂？然使無聲、色，亦無韻、采可求。生可知，死不可知。聞聲乃知韻，知生斯知死。中國人又言「風采」、「風韻」、「風味」、「風情」。風亦非質體，而在人心和通相互感動影響之間。孔子又曰：

君子之德風，小人之德草。

其實風起於靑蘋之末，果無草動，何來風生？然而今世之抱物質主義以為生者，此皆知有草而不知有風，死卽絕滅無餘存。後世人生，皆從前世來，故中國人謂前世人為「神」。中國人又言「神采」、「神韻」、「神味」、「神情」。自自然言之，則曰「風」；自人文言之，則曰「神」。神與風亦無大分別。西方人言人體美，必先論三圍；中國人則曰「神采風韻」，「風神絕世」。卽一顰一笑，亦必有風有神。若唯知三圍，則必寡情乏味，歸於一堆泥土，復何風神可言？

晉、宋間有陶淵明，史乘列之隱逸。隱藏塵俗之中，而又逸出於雲霄之上，斯誠人生一種至深厚之韻味。其詩曰：

此中有真意，欲辨已忘言。

韻味固非言辭之所能辨白，然使人低徊神往歷千五百載而不能已，斯文學所以尤為人生韻味之所在。

卽證之家人父子之間。中國人以三十年為一「世」，父母三十生子女，父母為前世人，子女乃後世人。然子女一世則無不深受父母一世之影響。中國人教孝，父母之生，子女應無不知。父母之死，他人則謂其已去，其子女乃感其常在心頭。故知生方知死，死與生乃同一存留。人鬼之間，息息相通，此卽所以為「神」。但家人父母之死，三世而絶；賢人君子之死，則其生常在。不惟在其家，抑在於天下。如孔子豈不上下古今、四面八方而常在？中國人之視人生如此，此之謂「大羣主義」之精神人生，與近世「個人主義」之物質人生大不同。前人已死，後人繼起，在後一世之人心中，決不留存有前一世，惟有向前追求，更無向後回顧；但求樂生，不知哀死；寡情乏味，雖千言萬語，亦難道盡其種種。此則惟個人主義之物質人生為然，則復何樂生哀死之有！

(二)

人各自愛其生而畏死，則其世易治。人不愛其生，輕生而不畏死，則其世易亂難治。此理甚為明顯，可不詳論。

今問人為何不畏死？曰輕生，不自愛其生，故不畏死。再問何以輕生不自愛其生？老子曰：

為其生生之厚。

家畜一豕，他無所有，轉覺其家之可愛；女主中饋，不務外勤，其家乃可安。此皆生生之薄，乃有此心理。今則成為一科學世界、機器世界，各項機器增新無窮，農、漁、工、商各業，衣、食、住、行各項，皆賴機器。人力為副，退居次要，或不重要地位。家中電燈、自來水、冰箱、電風扇、冷氣機、暖氣機、電鍋、電話、電視、吸塵機、洗衣機、汽車、照相機、手錶、計算機，凡此之類，舉不勝舉，覼縷難盡。此可謂「生生之厚」矣，而人力乃無所用。故人之生亦惟機器為貴，而自身人力，皆遭蔑視。於是乃輕生，不自愛其生，而轉愛身外之物。非此諸物，亦即無以為生。

但此身外之物，取之無盡，用之不竭。我得其十其百，所缺何啻千萬？抑且必求變求新，歷時三載，家中所有諸物皆陳舊，非另換一套，則將無以見人。故凡我之所盡瘁耗神者，皆為獲取此諸身外之物，而非一己之生。非此身外之物，亦即無以成吾生，則其貴物而輕生也亦宜。

故物質世界愈前進，則人生價值愈後退。資本工商業愈發展，則人生情味愈減縮。身為一汽車司機，日入甚微，如此人生，復何意義可言？只有駕駛前進之頃刻，始若稍可快意。車經平交道，復何耐心停車枯待？駛車直前，與火車相撞，此司機當場死亡，而其他司機闖越平交道而身死者不斷繼續而來，此之謂「民不畏死」。人生貴在能快意，彼何嘗存求死之心，乃求當前之快意。此種心理，亦宜同情。行刺大總統，行刺教宗，亦何嘗與之有深仇大恨，但亦求得一時之快意而已。今羣眾方以小心謹慎告誡汽車司機，世風方趨於輕生不畏死，以務求一時之快意，則此告誡宜不生效，更何論於古訓？

今日世界大量需用人力者有二：一曰軍隊，一曰警察。警察不許人快意，惟專以法律束縛人，則亦徒增人之不如意。軍隊則仍亦自求快意。蘇維埃派兵直入阿富汗，一時何嘗不感有快意？美國飛行太空梭，則所感快意益甚。第一次、第二次世界大戰以後，未滿四十年，第三次世界大戰，卽咄咄逼人，呼之欲出。生不如意，乃求一時之快意，然此快意則仍須在物質上、機器上求之，此乃今日世界形勢之無可奈何者。

馬克斯倡導共產主義來反對資本主義，其是非得失暫不論，但其主張「唯物史觀」，則全部西洋史，實尚未到達此境界。而此下演進，則物質勢力日益增高，馬氏觀念恐不久終將實現。人生所求惟在物質方面；所憑以求者，仍在物質方面。以前是以物質來供獻於人生，此後則以人生來追隨於物質。物質進步，始是人生進步。人生之於物質，一如影之隨形，則宜乎其輕生貴物不畏死，而惟恐物質之不具備、不滿足。伸於物，而屈於心，則姑於僅備之物質上求獲一時之快意。人同此心，心同此理，亦何可違逆！

釋迦指出「四大皆空」，教人歸於「涅槃」。僧尼皆單身出家，逃深山，居佛寺，以求其道。然跳崖自殺，絕食自盡，凡諸輕生事，皆所力斥。耶穌教則以十字架為標幟，此非輕生不畏死一象徵乎？人生自始卽一罪惡，則生自不足重，尚復何愛於此生？所愛乃在死後之靈魂上天堂，則復何死之足畏？故在西方史上，宗教戰爭屢見迭出。逮於文藝復興，城市興起，古希臘、羅馬之物質人生重見追求，而始有今日之歐洲。然則唯神、唯物，實同為輕生不畏死之一種表現，則無怪於西方之卒有今日矣。

余生八十七年前無錫南郊四十里外一鄉村，其時現代西方種種科學機器皆未見。一家牆上懸一大自鳴鐘，則家家歆羨；一人進城攝一照像，則人人爭慕。不憶何年，乃始見有電燈、自來水、汽車與飛機。然至今回想，當時亦確然一人生，其與今日實亦無大差異。因此追想及於兩千幾百年前，孔子、老子亦確是與我相似同在一人生中。孔、老當年之物質生活，一切條件，當較我幼年時遠遜，自不待論。單就我一人之心境論，則幼年愉快實遠勝於晚年。再就古今人之生活與思想觀念言，則孔、老當時之一切，又豈余幼年所能知、所能遇、所能相比擬？可徵物質人生愈進步，精神人生或當愈退步。今人乃專以物質與機器來作人生一切之評價，亦終宜其更無有稱心滿意之一日矣。則又生何足愛，死何足畏乎？余老而貧，乃幸得有幼年一番境遇，又多讀中國古人書，乃不禁發此怪論，則幸讀者恕之。

# 四八　性與命

㈠

中國人言「性命」即猶言人之「生命」。實則「性」、「命」二字，當作分別觀。中庸言：

天命之謂性。

人性稟賦於自然，若天所命。人之為生，貴能知性兼知命，而善加保全，並加發揚。諸葛武侯曰：

苟全性命於亂世。

亂世性命不易保。「苟全」則指置其他一切於不計，惟求全其一己之性命，則正見其事之不易。飢思食，寒思衣，亦性亦命，而一身溫飽，不得謂之性命之全。

「性」與「命」之分別，性在己、在內，而命則在天、在外。孝亦性，在己之內。所孝為父母，則在外。人之父母各不同，此皆天所命。舜與周公，父母兄弟各不同，斯卽命不同，但其孝則同。舜處境之艱，遠異於周公，而其孝，乃若更大於周公。

中國人又稱「不孝」曰「不肖」。實則舜之不肖其父母，卽其孝。周公聖父賢兄，求肖若更難。則所謂不肖，實非謂其不孝。堯子丹朱，舜子商均，同稱不肖。一則不能肖於其父之為大聖，一則不能肖於其父之擔當當時天下之大任。其所謂不肖當如此，非謂其不能孝。若不能孝，則不惟不孝其父，並亦不肖於人矣。抑且堯禪舜，舜禪禹，乃禪以天子之大位。丹朱、商均當仍居於其父堯、舜所傳邦國諸君之小位，為當時一諸侯，非廢為一庶民。此雖史所不詳，亦可推而知。而丹朱、商均之孝其父母，或尚更勝於常人。此可不再論。

由上言之，境有順逆，行有難易。舜處逆境，其孝若難實易；周公處順境，其孝若易實難。丹朱、商均處境更順更易，而實更難。故性與命有別。孔子志學周公，而其處境則較周公為難。故周公得成為一西周，而孔子不得成為一東周。後人處境，多似孔子，少似周公，故師孔子，不師周公。孔子乃為「至聖先師」，而周公則否。故周公之政治事業雖大於孔子，而文化事業則為遜。此則不在其性，而在其命。

故人文修養有兩大原則：一曰「盡性」，一曰「安命」。諸葛武侯言：

苟全性命於亂世，不求聞達於諸侯。

而劉先主三顧之於草廬之中，武侯遂不得不出。推薦武侯者為徐庶。徐庶母見拘於曹操，徐庶不得不北上以侍其母，乃無一辭一行以終其身。孔子曰：

不知命，無以為君子。

徐庶之與諸葛，在三國時代，一出一處，誠可謂知命而安之兩大賢。中國歷史類此人物，不遑枚舉，此皆中國傳統人文修養之所成。

宋儒張橫渠西銘，以事天地與事父母並言。而曰：

富貴福澤，將厚吾之生也。貧賤憂戚，庸玉汝於成也。存吾順事，沒吾寧也。

富貴之與貧賤，一順境，一逆境，皆天命，皆當順受。此卽孔子之所謂「知命」，亦卽孟子之所謂

「盡性」。盡性乃所以順命，而知命則所以盡性，故性、命雖別，而盡性、安命，修養則一，非有異。今人或不知盡性，而僅求安命；或不知安命，而僅求盡性；則胥失之。

知命乃知其外，盡性則盡於內。人生內外一體，不能有外無內，亦不能有內無外。盡內所以事外。如孝，如凡五倫之道皆然。人相與則為「倫」，人不能無倫，不能離倫以為人。「倫」在外，屬「天」；順事之，則本「性」。喜、怒、哀、樂、愛、惡、欲謂之「七情」，果無外，則何來有情？而情則在己心之內，方其未發謂之「中」；發於外，乃謂之「和」。人之五倫，其相處亦貴能中和，能內外和合而為一。於人如此，於天地萬物亦如是。故曰：

致中和，天地位焉，萬物育焉。

其主宰則在己之一心，盡性、安命，非有二也。

昧者不察，認為喜怒一在心，不悟吾心僅能喜能怒，而所喜所怒則在外，烏得有「能」而無「所」，有「心」而無「物」？釋迦主外不見物，即內不見心，此為「大涅槃」。但此為死道，非生道。儒、佛不同。曾子曰：

死而後已。

橫渠曰：

沒吾寧也。

自古皆有死，然死道即在生道中，惟生乃有死，故死道亦生道之一。人生貴求生道，死道乃亦兼在其內，此孔子之所謂「執其兩端」。

西方人惟求所喜所樂之事，而不知能喜能樂之「己」。僅求之外物，不重其內心。不知有能喜能樂，乃亦不知有當喜當樂。一切科學發明，僅求「可」，不求「當」，故重功利而輕道義。以外在之命為敵，而不知以內在之性為主。有敵無主，則爭亦成空。故凡人之喜怒哀樂，皆當一「內」、「外」，兼「能」、「所」。喜不專在外，亦在內。有能喜乃知所喜。不有所喜，亦何見能喜？外面一切空，己亦不存在。莊子曰：

至人無己。

此非眞謂無己，乃謂無「人」、「己」之分為「無己」。貴能和於人以成其為己；有己無人，則必并己而失之。

故外面一切存在，實皆存在於己心。而己之心則並不專存於其己，上自千古，下迄千古，人同此心，則此心乃千古萬古心，非一時一己心。詩曰：

孝子不匱，永錫爾類。

舜與周公，與歷代之孝子，其心同。中國人以孝為道、為德。道在外，行之千古；德在內，存於一己。則己即千古，千古即己。道德即人之性命。性得於一己，故曰「人性」；命行於千古，故曰「天命」。行於千古，在外有命，使人不得不安以順之。但順之即若主之，則若命之在我。張橫渠言：

為天地立心，為生民立命。

如舜與周公是已。

孟子曰：

口之於味，目之於色，耳之於聲，鼻之於臭，四肢之於安佚，性也，有命，君子不謂性也。仁之於父子，義之於君臣，禮之於賓主，智之於賢者，聖人之於天道，命也，有性，君子不謂命也。

孟子「性命」之辨，亦即莊子所謂「內外」之分。易傳言：

先天而天弗違，後天而奉天時。

「先後」之辨，亦即「內外」之辨。口、目、耳、四肢之欲，皆本於天，是亦性。於此求之，即「後天而奉天時」。仁孝之於父母，此亦人性，亦稟賦之於天。父頑母嚚，舜不違其孝，乃成為大孝。孝乃人之同行，舜之孝則「後天而奉天時」；然其孝乃有人之所難能，則為「先天而天弗違」。上古嘗有不葬其親者。羣不知葬，己亦不之葬，此亦「後天而奉天時」。惟見父母之屍，狐狸食之，蠅蚋咕嘬之，而心有不安，乃歸反虆梩而葬之，此則亦是「先天而天弗違」。天何嘗教人葬其親？故人之葬其親，乃先於天之意，而天亦不之違。然此不安之心，則亦出於天；而葬親求安，則非天之命。故孟子曰「命也有性，而君子不謂之命」。天非以葬父母命我，乃本我性而葬我之父母，則我之於天，可謂乃先意承志。橫渠之所謂「為天地立心」亦此意。

至如埃及之金字塔，則在尼羅河旁，另創一新天地。若謂死魂復歸，則保留木乃伊即可，又何必建築此金字塔？此亦違於人性。一人所好，非人人同好，則不謂之性。人文然，物質建設亦然。雖亦有當於物質之性，而無當於人文之性。則此等建設，並無當於「天地人」三者會合之總體。只是在人文社會內，別創一特殊之形與質，而與人文總體則有礙。近代科學演進，種種發明宜可援此推說之。中國萬里長城，則保國衛民，本之人之性。因天地自然大形勢而立此邊防，亦可謂之天命。故遊萬里長城，所見乃天地大形勢，與土石物宜中，而人心人力隱焉。當從國防之意義與價值上論其是非得失，與埃及金字塔大異其趣。金字塔則惟見人力，不見人心，除收藏木乃伊外，並無其他一切之意義與價值，又烏得以偉大建築一觀點，與萬里長城相提並論？

「天地之大德曰生」，人羣之生，不得不謂之天意。人有羣則不得不立之君以為治。人屬平等，誰為君，誰為臣，天未立此分別，人自立此分別，而天亦不之違。人之賢愚，天亦未為人分別，亦人自加分別。教人為賢勿為愚，亦「先天而天弗違」，亦即橫渠所謂之「為生民立命」。

人之生，有父母。長大成人，則可離父母而獨立。此亦天命。故子女之獨立為生，乃「後天而奉天時」。而心有不安，遂終身侍父母，創為孝道。此則人性，非天命。然性由天賦，故孝為天道，實則人自創之，而天弗違而已。故曰「為天地立心，為生民立命」，此皆大聖之立德，亦即大聖之先覺而先知。故「繼往聖之絕學」，乃可「開萬世之太平」。

舜父頑母嚚，而以大孝化之，亦即化其父母之天。荀子言人性惡，惟可「化性起僞」，舜之父母終與舜相和協，即其化性起僞，化而起之者則為舜。是荀子言亦有驗。惟舜之父母，終亦可化可起，此可化可起者卽其性，卽亦天之所命。則孟子言人性善亦非無據。惟荀子據舜之父母為標準，孟子則據舜為標準。荀子「化性起僞」之「僞」，卽人生之有為。天屬自然，人屬有為。以有為變自然，則自然不能無違，此則為性惡論之無當。

西方古希臘自始卽為一商業社會。須先知外面需要，再由我來製造。宋人資章甫適諸越，則惟有餓死而歸。故商業必依外以定內。心理習慣所影響，故其科學、哲學皆主向外求。雖知有天人之分，而不知有性命之辨。注意偏在孟子「性也有命」之一面，以個人主義之物質生活為重。至於孟子「命也有性」之一面，如仁之於父子，義之於君臣，則非其所重；而智之於賢者，聖之於天道，則更非所知。故其所謂「智」，亦僅向外尋求，卽此以為賢，非中國人之所謂「賢」。既無賢，斯無「聖」。故西方文化，乃有「天」無「人」，有「命」無「性」，有「外」無「內」，有「自然」無「人文」。此終人心所不安，乃言「自由、平等、獨立」，皆主向外抗爭。本無內而求有一內，誠不自然之至矣。

故西方知有個人生命，而似不知有羣體生命。有個人之物質人生，無羣體之精神人生。換言之，有「小生命」，無「大生命」。希臘有城邦，無國家。羅馬帝國實非國，故不久而崩潰。現代國家林立，而不知有「天下」。卽在同一國之內，亦僅知有個人，由外在種種物質條件而結合以為羣，非有其內部精神心靈之凝合而成羣。故其羣乃亦建於法制，而非一「生命體」。自中國人言之，則可謂西方人乃知有「命」而不知有「性」。

耶穌創教乃曰：「上帝之事由彼管，凱撒之事凱撒管」，此亦分天人而為二。但凱撒則終釘死耶穌於十字架。故耶穌非教人以爭，而其徒則必結黨以爭以傳其教。靈魂上天堂，仍屬個人事，但求免上十字架，則不得不結黨以爭。故世界之有末日，不待靈魂盡上天堂之後；而信與不信之相爭，已足陷斯世於末日。甚至歐洲第一次世界大戰，英法軍、德意軍同信耶穌，同在戰壕，同禱上帝，迅賜勝利，早獲和平。求和平亦不求之人，必求之天，知命不知性，西方史悲劇率類此。中國人之生命觀，與西方個人各具一靈魂之觀念大不同。中國人認大羣同此一生命。不僅人，甚至動植物、無生物，亦各有其生命。此乃一種「自然生命」，而「人文生命」亦由此來。故「天」乃一大生命，有空間，有時間，乃綜合此一天體而謂之「神」，謂之「上帝」，非由上帝之神來管理主宰此一「天」。

人之中有「小人」，即分別之個人；有「大人」，則個人而融入大羣體。「聖」亦然。孟子曰：

大而化之之謂聖，聖而不可知之謂神。

則聖猶天地。各人小生命由天賦，自然人文之大生命，則由人中之聖之神合於天而融合之。故曰「先天而天弗違」。今日眼前之大羣體，豈能離天而獨立？羣體之上有一天，然此羣體則實非由天所創，乃先天之意而由人自創之。但其所憑以為創者則仍本之天。故先天、後天其實則一，惟聖乃能一天人，此其所以為「神」也。

周濂溪有言：

士希賢，賢希聖，聖希天。

天能創，聖亦希天而創，故曰聖合天。文王在上，克配上帝，西周八百年之天下，亦由文王首創之。故由中國人言，則凱撒必效上帝。凱撒事固非上帝所能管，但凱撒亦必代表上帝來管人間事，不能由己意來管，此始為中國人理想。而西方則凱撒事凱撒管，似上帝不能管凱撒。於是耶穌之後，又來了穆罕默德，而此世乃管得更亂。

科學重「物」，異於宗教之重「天」。然其重「外」則同。天生電，非以供人。乃科學能役電以供人，亦若「先天而天弗違」。但發明原子彈，則決非天意。循此發明，將可不舉手，不動足，安坐一室，而人類宰盡殺絕而無遺；則科學豈不更勝於天，更較宗教為可信？實則宗教、科學皆在「爭」，不僅異教有爭，即同教亦有爭；科學更不論。所爭則在財富，在權力。西方人言「知識即權力」，故「知識」亦所重。但不重「德性」。耶教主「原始罪惡」，無德性可尊，故信仰天，不信人；一落人間事，難免有爭殺。科學能助爭殺，故為當前所重，但亦豈天命所許？

止爭止殺，實乃人生之大任。孟子曰：

舜發於畎畝之中，傅說舉於版築之間，膠鬲舉於魚鹽之中，管夷吾舉於士，孫叔敖舉於海，百里奚舉於市。故天將降大任於是人也，必先苦其心志，勞其筋骨，餓其體膚，空乏其身，行拂亂其所為。所以動心忍性，增益其所不能。人恒過，然後能改；困於心，衡於慮，而後作；徵於色，發於聲，而後喻。入則無法家拂士，出則無敵國外患者，國恒亡。然後知生於憂患，而死於安樂也。

孟子此章，先舉個人，推及羣體。就個人言，凡其所舉，非哲學家，非科學家，亦非宗教家，而均得為政治上一傑出有成功之人物。在西方均屬凱撒一邊，而絕少其例。此皆本於人之性，而亦若出於天之命。中國人謂人生大任，必降於勞苦憂患之社會，而非溫飽安樂之社會。果使此社會惟求溫飽安樂，此乃死道，非生道。西方人言文化生於閒暇，孟子則主文化生於勞苦憂患，兩意適相反。耶穌猶太人，猶太乃當時一備受流亡奴役之民族，故得出生耶穌，膺此大任。其教播之羅馬，必先在地下，不得在地上，乃得發揚光大。此亦勞苦憂患，而非溫飽安樂之所能致。而耶教在西方，終不能克盡厥職。溫飽安樂，哲學、科學易於上揚，宗教信仰轉滋衰落。性也有命，務求飽逸安樂，則必出於爭。故孟子曰「君子不謂之性」。君子之盡其性則多在勞苦憂患中。董仲舒亦有言：

質樸之謂性。

又謂性必成於教化。質樸賦於天，教化出於人，兩者相融，斯能成其德而當大任。西方人於此不深知，此乃其大缺點所在。

今試問中國之大羣人文精神，其淵源究何在？犧、農、黃帝以上不可詳，堯、舜、禹三代，實有其遠大之影響力。當堯之時，部落酋長號稱萬國。洪水氾濫各地，無法自救，堯居天子位，乃命其臣鯀治之。水不治，災益烈，乃訪求得舜，使攝政。舜改命鯀子禹。禹之治水，跋涉山川，在外十三年。堯已老，天下人心所仰望者則在舜與禹。於是堯傳舜，舜傳禹。此皆一以天下心為心。洪水既平，天下人心盡在禹，而其子啓乃承父為天子。此亦天下人心所同歸。則當時中國之得成其為中國，亦中國之人心共成之。此為並世其他民族、其他國家所無有。而洪水為災，亦卽天之命此大任，亦卽孟子之所謂「生於憂患」也。惟憂患乃易見人性，亦見天之命。中國文化精神之淵源卽在此。

今再言堯、舜、禹乃中國古代三大聖人，皆生於天，故中國人心有聖卽有天，惟聖配天。此卽中國人之信仰，亦可謂當堯、舜、禹之時而已大成。則中國人之觀念實亦一本於事功，此亦人心之共同自然。惟能在「事功」觀念上，又增出一「德性」觀念，此則為中國人所獨。德性亦天亦人。人與天地參，在其事功上；而其基礎本源，則在德性上。天之生人，「性」中有「欲」。德性立，則「欲」成「和」而不起「爭」。孔子「七十而從心所欲不踰矩」是已。孟子「性也有命，命也有性」之精義亦在此。

孟子又言：禹抑洪水，而天下平。周公兼夷狄驅猛獸，而百姓寧。孔子成春秋，而亂臣賊子懼。孟子歷舉禹、周公、孔子三大聖人，亦皆指事功言。自大禹治水，乃有中國之天下。自周公之制禮作樂，乃有中國之社會。自有孔子之設教，乃始啓中國文化之大統。此為以下中國大功大利、大本大源之所在。但中國人則必同尊此三人之德性。孟子道性善，言必稱堯舜。又曰：

人皆可以為堯舜。

然未聞其言人皆可以為大禹、周公與孔子。孟子僅曰：

乃我所願，則學孔子。

而不謂其能為孔子。顏子亦曰：

舜何人也？予何人也？有為者亦若是。

然其於孔子則曰：

既竭吾才，如有所立卓爾，雖欲從之，末由也已。

堯舜禪讓乃其德性；而德性之上，則猶有學問，有事業。惟學問、事業則仍當一本之德性，中國人一切學問、事業莫不皆然。孔子曰：

好古，敏以求之。

其所好而求者，亦在古人之德性。又曰：

行有餘力，則以學文。

其文則為古人之知識與事功。德性乃天之所命，知識與事業，則由人性之學問而始成。孟子「性也有命，命也有性」之兩語，其中乃寓甚深妙義，姑為粗發其旨，如上所述。其深義所在，則貴讀者之反躬深思而自得之，非語言文字之所能傳。陸王主以傳心，其要義重在知性、盡性上；程朱則又重在知命、安命上。幸讀者其深體善會之。

## (二)

孟子曰：

人之異於禽獸者幾希。

人與禽獸同具生命，但人生嬰孩期特長，此乃人生之異於禽獸處。赤子離母胎，有此身，尚未成為人，無知無能，亦未知彼之何以生世。若謂有知，則僅知此渾然之一體，一天人，合內外。但不知內之有此我，外之有此世。呱呱一啼，渴則飲之，飢則食之，寒則衣之，欲睡則臥之搖籃中，人生之初乃如此。

嬰孩漸長，漸知內外分別，然所親則在外，如父母、兄姊、祖父母，日夜在旁，彼則親之。但尚不知親之者為己，但已知飢、知渴、知寒、知倦。亦可謂已知有求，但不知求者之為「己」，而所求則在「人」。此之謂「性」。性反身而見；所求則各不同，更若有在其上而命之者，此之謂「命」。誰命之？謂「天」。孟子曰：

莫之為而為者，天也。

則亦莫之命而謂之命，命亦實卽性。但性命屬「己」，又孰為己？則自天地有人至今亦復不知。惟知赤子為己之始，故孟子曰不失赤子之心為「大人」。實則大人卽「天眞」。故莊老道家又謂之「眞人」。若失其天眞，又何得謂之人？

不失其眞，中國古人謂之「全其性命」。安常處順，治世則易，亂世則難。諸葛孔明有言「苟全性命於亂世」是已。今試言，自赤子而嬰孩，漸長達於成人，當有二十年時期，此為人生之「預備期」，卽「淵源期」。生長在家庭，不出門戶外，無職務，無營謀，惟性命之眞，無人為之擾，此為人生之「培養期」，卽人生之最寶貴時期。逮及七十八十耄耆之年，血氣已衰，精力日減，此為人生之「回味期」。家庭生活又勝於門戶之外；職務卸，營謀息，反老為童，天眞爛漫，轉與未成年人相似，此亦同為人生之寶貴時期。其為人生之「主幹期」者，自二十以上至七十，當得五十年。在此期中，職務忙，營謀繁，日不暇給。幸而有一家，孝其老，慈其幼，天倫之樂，性命之眞，時得流露。有此心情，精力賴以不疲，血氣賴以日旺。人生所為何來，乃若時有昭示其前者。故童年、老年，乃為人生「無用期」中之「大用」。

今若缺去一家庭組織，無老無幼，人生乃專為職務營謀。何為如此？則曰衣食。進則曰富貴，曰名利。富貴名利無限度，於是而比賽鬥爭，富求愈富，貴求愈貴，名利之上復有名利，既無止極，亦難滿足。人生惟相爭相傷，而互不滿足。豈天地之生生不已，乃僅惟此之為？

鬥爭之外，復求娛樂。人生最大娛樂，則當為孝老慈幼。他人同樂，乃己之眞樂，此即性命所在。失其性命，而求之衣食物質生活，則一無是處矣。中國人則生活必在性命中，此之謂「一天人，合內外」。赤子之心，則正在此。赤子變而為成人，盡失其本來，轉認為人生之進步。人將進於非人，又何得有止境？

諸葛孔明許劉先主以馳驅，其馳驅亦一皆從性命中來。劉先主卒，事勢已非，諸葛尚鞠躬盡瘁，死而後已。成都有桑八百株，軍中食少事繁，病死五丈原，諸葛之生活可想。但諸葛非為「生活」，乃為「性命」。同時管寧、徐庶亦兼能全性命。中國史上之亂世，此等人物亦多有。諸葛亮自比管、樂，撥亂返治之才，本其素養。一世豪傑，故求全性命。倘庸俗亦能全性命，則世自不亂。此乃吾中華文化傳統所孳孳以求者，乃吾中華文化大意義、大價值之所在。

庸俗全性命較豪傑易。豪傑多知多能，宜多務；庸俗人則淳樸簡單，可少務。余在五十年前，首次看一部西方無聲電影，片名已忘。德國一富商，出外經營，火車中遇一女，生戀情，乃僞稱已死，變姓名與女同居。女亡，商人潦倒為丐。返家，從窗外窺視，見室內賓客群集，妻老，子女皆成人，方為己紀念生辰。賓客散，妻子女仍哀悼不已。欲叩門，終不忍，踉蹌離去。

人同此心，心同此理。此一故事，正是「生活」與「性命」相衝突之一例。果使老人叩門徑入，一家人十餘年來環境依然，惟憾老人之遭横逆。忽而再面，心之愉快，生之幸福，孰更超之？然而一失足成千古恨，此老人應本屬忠厚純樸一君子，故得使其家人與相識懷念無窮。十餘年後，生辰紀念，猶如此之盛。果吐露往事，他人縱不深責，而一己前後已成兩人。生活可恢復，性命則如一白璧，遭擊破壞，宛然心頭，修復無從。此老人終於徘徊門外而決去。其心中自有一番難言之隱，所不得不然者。而其妻與子女心中，則常保一美好回憶。失在己，而得在人，此誠性命與生活相爭一好例。

西方人不辨性命，過重生活。嬰兒獨臥搖籃中，父母道一聲晚安，即熄燈而去。習慣成天性，嬰孩自搖籃中已知獨立為人。余嘗旅居美國華盛頓，每晨見幼童乘自行車送報。宅主告余，此等皆國會議員之子，假期派報，覓外快，供積蓄，此亦早為他年生活打算。但苟留家，父母膝下依依言笑多歡，有事服勞，既感親切，亦人生一樂；豈必出門送報，乃為人生之正道？東西習俗，此亦當辨。要之，西方人認獨立謀生乃人生要道，於是有犧牲性命來謀求生活者。惟性命乃生活根源，源不深，根不固，生活終無良好前途。

老年人更無好安排。子娶女嫁，皆離去。老夫婦亦淒涼為家，自謀生活。鰥寡更難度。或入老人院，惟老人相聚，子女孫輩，偶一來訪。縱其生活優裕，其性命中烏得無餘憾？然則人惟獨力謀生，人與人間，即同一家亦互不相顧。外此惟有市道交，徒為一己謀幸福，則尚何幸福可言？

西方個人主義，男婚女嫁，亦終不得常為個人。但男女婚嫁乃性命中事。婚前戀愛，始多個人意味，遂為西方文學一主題。上述電影中此德國商人，亦為戀愛而失其性命。西方人非不知，遂成為題材。但在西方文學中，則此等故事並不多見。西方人重生活輕性命則宜然。

余常勸人，求知中國人生，莫如玩賞中國文學。今姑舉戲劇一項論。如四郎探母，此正「性命」與「生活」相衝突一好例。亦是一失足成千古恨，生活難贖性命之遺憾。楊四郎本宋朝一名門子，不幸為遼俘虜。若求不辱家風，則惟有一死以了。既為忠君報國一豪傑，亦當為一己性命之所安，非由外在道義所逼。四郎不此之圖，改姓易名，惟保殘生。乃又受遼國重視，妻以公主，貴為駙馬，安富尊榮幾達二十年。又與其妻鐵鏡公主相愛逾分，生一子，家庭幸福，萬倍尋常。乃宋、遼邊釁又啓，其母其弟，率軍臨遼境。四郎乃能不忘其舊，渴盼一晤。此即四郎之「性命」。驟獲機緣，憂形於色，「生活」為之不安。其妻察問，又不加責備，並許以盜取令箭，俾其出境。此亦鐵鏡公主之性命深處，非常人可及。

四郎既出關，晤其母弟。其故妻亦在營中，驟遇豈忍遽別，其悲痛之情乃超四郎之母之弟之上。四郎非不孝不弟，亦非不愛其妻，而鐵鏡公主之情義又何能蔑棄？為生活計，回歸宋朝非無尊榮，但性命終所不安。不知大賢君子，為四郎謀，又何道義可循？四郎乃一豪傑，又出名門，又貴為異邦之駙馬，其妻、其岳母又尊之、親之逾於平常。生活之榮華，乃與其性命不相當。「一失足成千古恨」，則實大值深思一名言。

四郎既歸遼，終以鐵鏡公主哀求獲釋罪，仍得過其安富尊榮之生活。然而經此一度之身分吐露，則其內心終有難安，不得與前二十年相比，劇中不再及。然其成為一悲劇，則觀者皆所同感。故知諸葛孔明「苟全性命」一語，此中深義，豈徒謀富貴名利物質人生者所能知？中國古人之所謂「名教」，中國文化大傳統之深謀遠慮，試觀四郎探母一劇，亦可心知其意矣。

平劇中又有三娘教子，亦觀劇者所盡知。故事為薛家主人因公外出，訛傳死訊。家有一妻二妾，聞訊，大娘、二娘盜財改嫁，三娘獨留。二娘有一幼子，三娘撫之，認為薛家惟此一子，當使長大成人，為薛家留一後代。乃命之從師受學，勤加教督，期其長進。三娘可謂乃能從性命中見眞情，與大娘、二娘之僅知生活者大不同。而其子聽人言，母非生母，歸而抗命不順。三娘方織，垂泣訓之。老僕薛保，同情三娘，旁加勸譬，此子終勤讀如常。如老薛保，亦可謂不計生活、能全性命之一人矣。

中國戲劇中常有「義僕」。專就生活言，如老薛保，離去薛家，豈遂無一噉飯地？中國故事中又常有「義犬」。近見報載美國最近亦出現一義犬，主人死，教堂出殯，此犬隨眾往葬。眾散，此犬乃常徘徊教堂四圍不忍去。遇有他人出殯，亦每隨往，歸則仍留教堂四圍不離去。犬無知識，僅知念其主，認為與教堂有關，此亦如人之有赤子之心。有生活，亦有性命，故稱之曰「義犬」。老薛保亦一義僕。倘謂之愚，則惟失性命乃得為大智乎？此亦惟中國人乃有此分別。

三娘之夫，竟於邊疆立功得高官以歸，其子亦應科舉得中狀元。夫婦、父子歡樂團聚，喧赫震動。大娘、二娘乃亦欲歸同享其盛，則眞可謂無恥之尤矣。近日吾國人競慕西化，乃謂西方小說、劇本以悲劇為尚，中國人好言團圓榮華，俗陋非文學。不知團圓榮華卽在性命中，但當全性命，乃為眞生活、眞榮華。人生非無榮華，但有違性命，則不眞不實，終成悲劇。身、家如此，國亦然。故西方歷史乃為一悲劇的。中國則炎黃以來五千年，何嘗是一悲劇？將來當仍望其不淪為一悲劇。即以夫婦團圓論，亦豈得盡望其離婚為悲劇？豈團圓即是庸俗，仳離則為文學乎？紅樓夢中之賈寶玉、林黛玉，亦豈得乃為人生之榜樣？

就中國傳統觀念言，亦可謂賈寶玉、林黛玉非知性命。賈寶玉僅知大觀園中有一林黛玉，林黛玉亦僅知大觀園中有一賈寶玉。曹雪芹紅樓夢乃敍述大觀園為賈府一悲劇。近代國人則以賈寶玉、林黛玉之未能相互完成其戀愛為悲劇。西化淺薄，誠近代國人一大悲劇。

必以悲劇為尙，四郎探母一劇當為其上選。普通人觀此劇，每好其坐宮與回令之兩幕，而於探母正題反多忽略。卽論坐宮，悲劇情味已夠深沈。若論回令，為人子探視其母，匆匆一面，卽當正法論死；仍得不死，依然享受其安富尊榮之生活；就人心性命論，尙何悲劇堪出其上？再言之，悲喜亦如死生，同為性命中所有。豈必悲無喜，乃為人生上乘；必求死不求生，乃為人生之正規？中國人作悲喜平等觀，以不失性命之正為止。

不僅對人生如此，對宇宙大自然，萬物羣生，一草一木，一禽一獸，壹皆重視其性命。唐人詩有之：

舊時王謝堂前燕，飛入尋常百姓家。

昔為王謝之堂，今為百姓之家，人世炎涼，驚心動魄，而燕子歸來，則仍棲舊巢，貧富貴賤，在所不問。卽此一端，可入詩人之詠矣。誦詩者，只悲王謝之無常，不慕飛燕之念舊，亦不得謂善誦此詩。又如中國人喜愛梅、蘭、竹、菊，稱為「四君子」，此亦從梅、蘭、竹、菊之性命言。中國人非不喜愛桃、李。孟子曰：

待文王而後興者，庶民也；豪傑之士，雖無文王猶興。

桃、李有待於春風之吹噓，梅則先春開花。如蘭、如竹、如菊，皆可無待春風吹噓。自中國觀念言，一為豪傑，一則庸俗。從師為弟子亦稱「桃李」，此乃讚師道之如「春風」。師之為教，亦猶文王之為治，而一世庸俗，盡成桃李，豈不亦人羣一理想？

今再論三娘教子，機房之訓，悲涼萬緒。果使其夫不復歸，其子冥頑不靈不上進，而三娘牢守此心，老死不去，則亦知命安命，卽孟子所謂之「盡性知天」。大聖大賢，同企此境。人生到此，亦豈得謂之乃悲劇？今日國人則於知命安命，不加鬥爭，不加進取，必予訕笑。三娘豈逆知其夫之必歸，又逆知其子之必達，而始為此訓子之一幕，以坐待他日團圓榮華之來臨？果如此，其生活打算，可謂難得之上智；其內心品格，則下流所羣趨。三娘豈果其人？叔孫豹以「太上立德」為「三不朽」之首，如三娘，可謂卽叔孫豹所謂之太上立德矣。孟子曰：

人皆可以為堯舜。

如三娘，乃「女堯舜」。惟今日國人言之，則三娘教子即一幕悲劇亦無堪承當。此皆不識性命、徒務生活之所宜至。

論語言：

弟子入則孝，出則弟，謹而信，汎愛衆，而親仁。行有餘力，則以學文。

中國人教人，常從其為弟子時教之，即從其在未成人時教之，即從其居家在鄉時教之。能知孝弟謹信，汎愛親仁，庸俗人亦可全其性命。但人羣不能徒有庸俗，無豪傑。「作之君，作之師」，此惟豪傑之士任之。故曰：「行有餘力，則以學文。」此即求於庸俗中出豪傑。故中國人為學，亦與西方不同。要言之，則為學亦當重性命，不為謀生活。所謂「學文」，非學文學。古聖先賢，前言往行，人生中多種花樣，多知則於己之性命多所擇。不為成學計，仍為做人計。豪傑即由此而出。

「立德」之外，乃有「立功」、「立言」。司馬遷成太史公書，為中國史學之鼻祖，但司馬遷意在學孔子，何嘗有意求成一史學家？韓愈「文起八代之衰」，為後世古文開山，但韓愈亦在學孔子，何嘗有意求成一古文家？以人為學，學之前人，所學不離於性命；求有成學，學為一業，則所學仍在生活中。西方人不免於此。年過六十五、七十，即當退休，則「教」與「學」豈不亦生活中一業？孔子「學不厭教不倦」，非聞其七十而退休。一部中國學術史，年過七十，教學不厭不倦者，尚多有之。彼等亦僅全性命，非為生活，此亦「鞠躬盡瘁，死而後已」，寧有所謂退休金，以補其晚年之生活？試求之西方學術史，亦見有學問所好，但非此即可謂之性命所好。若謂亦其性命所好，則不得不謂中西雙方人之性命各不同。其然，豈其然乎？

人之性命果何在？中國人常言之，西方所少言。耶穌教乃有「原始罪惡論」，亞當、夏娃之生，乃由上帝之降謫，則世界末日亦惟為一悲劇。教徒惟懺悔贖罪，求靈魂上天堂。則上帝亦如一司法官，人生則如在監獄中待判。稍得閒暇，自尋娛樂，宜亦為上帝之所許。而中國人所謂之「天命」，則決不如此。天有好生之德，並求能好好做人，遂賦人以德性。故為人之道可反己而自得。雙方意想中之「天」有不同，斯其為人亦不同。中國人只求為一好人，樂取於人以為善，樂於與人為善，斯即成為於己可樂一善人。學即學於此，教即教之此。善屬性命；若求生活，則富貴為尚矣。故生活求之「外」，性命求之「內」。求之外則成為「事業」，求之內則成其「德性」。中西雙方文化傳統之不同，正在此。德行多求親近人，而事業多求突出人。如伯夷、叔齊，非有事業可言，然孔子稱之為古之仁人，孟子稱之為聖之清。則雖遯世獨立，其意仍與一世大羣為親，非有事業，而德行則高不可及。至於兩者間之是非得失、利害禍福，則此篇不詳論。

# 四九　平常與特出

㈠

我們該做一普通人抑特出人，似乎東西雙方在此有分歧。東方重在前者，西方則重在後者。西方是一工商社會的文化傳統，工商業花樣多，大家總想與眾不同，有所特出，乃可謀利。不如農業人生，大家差不多，無可特出處。大家想特出，互為不同，卽就此點上，依然會見得中西雙方大家都一樣，不見有眞特出。大家走普通的一條路，無多相異，但也依然會在普通中時見有特出。

西方人看人生重在其外面「事業」上。業各不同，而亦時有特出。但農業五穀桑麻，生產收穫，年年差不多，因此農業雖不可無，而不為西方社會所重視。在古希臘，工商百業居都市，自成一階級。農人居郊外，聽命於城市，其身分較卑，被視如農奴。羅馬軍人最特出，其地位尤在工商百業之上，而農民則仍視為農奴。中古時期，又以教會中掌教權者為最特出，當時惟羅馬教皇，尤特出於舉世人之上，一切人皆當俯首聽命。其次現代國家興起，於貴族階層中產生出政府，國王最特出。政教歷經衝突，教權終屈居政權下。此後革命迭起，有民選議會、民選政府、民選總統，而選民則以工商界資產階層為主，於是貴族漸失勢，工商業遂躍居社會中最高特出地位。此為近代西方自由資本主義社會之來歷。故西方社會多變，主要在孰為當時之特出階層，而在每一階層中之每一人，又復各求特出，乃終使其社會常處於不安。

近代西方社會，惟工商企業界為最特出。至若政黨政客，乃及自然科學界之智識分子，不過為工商界作扶翼與依存而已。乃又有工人崛起。近代工人在機械統制下，本屬普通人，無特出可言。乃美其名曰「無產階級」，無產階級革命專政，又預言此下人類，惟將以無產階級為最特出。並不許無產階級外，另有其他名色之存在。此惟西方社會傳統崇尚特出，一線相傳之歷史演變有如此。

東方觀念則重「人」不重「業」。人則普通，業較特出。百業中以農為主，農最普遍，亦最受重視；其他工商百業，較不普通，較特出，乃亦較不受重視。其實凡百諸業，莫非附加於人之上，皆不普通，更普通者乃是「人」。業農者是人，其他工商百業亦同是人，惟以農人居多數，較更普通而已，故中國農人最受重視。此不專為經濟政策，乃為「人道主義」。近人好中西相比。所謂「人道主義」，亦非西方社會以濟貧卹災、慈悲為懷者為人道。中國人之所謂「人道」，乃是一種人倫大道，人則必當以普通人為主，不當以特出人為主。人倫則是普通的，非特出的。中國人的傳統觀念，則抱一種極宏通、極和平的人道觀。

人總是人，不論諸名色、諸行業，人與人之間，必有大家差不多的普通面。如每一人必各有其父母，則為子女者應如何對待其父母，亦應有一番普通道理，中國人稱此曰「孝」。每一人亦必各有其年長的一輩，幼年人對年長人，亦應有一番普通道理，中國人稱此曰「弟」。每一人，年長了，進入社會營生做事，應必忠於其業。在每一團體中，又必有上下之分。忠於其業，亦應忠於其上，中國人稱此曰「忠」。人與人相交，必該有「信」，彼此不欺騙，不謊言。中國人認為孝弟忠信，乃是做人一項最普通的道理，人人都該遵行，富貴貧賤，男女老幼，都一樣。貴為天子，也該懂得孝弟忠信；富可敵國，亦該懂得孝弟忠信。每一人，在此項道理之下，則都屬普通的，更無特出可言。如是始得謂之「人」。中國人最看重此一點。在此最普通之道理中，亦可有特出人。如古代舜與周公之孝，後世岳飛、文天祥之忠，此是大孝大忠，乃成為孝子忠臣中之特出人物，為中國人之最所重視。其他特出，中國人觀念，則轉居次要地位。

在中國人此項觀念下，最成問題的應是宗教。因宗教顯具特出性，中國文化傳統裡不能自己產生出宗教，正為此故。佛教來中國，教人出家，出家是一項特出事。但我們只讀中國歷代的高僧傳，卻也沒有不孝不忠的。而且中國社會，每以佛事為亡故父母求超度。如此則佛教雖若特出，但在中國社會裡，亦已盡量普通化了。其次如哲學，每一哲學家，似乎都在思想上務求特出。但中國思想界，則似乎先有了一限制，種種思想，似乎都只在此限制下進展。老子說：

六親不和，有孝慈；國家昏亂，有忠臣。

老子之意，應是不求在普通人中有特出的孝子忠臣。他認為六親和，便不必有特出的孝子；國家政治清明上軌道，也就不須有特出的忠臣。若如此，老子思想，乃求正本清源，使人生更普通，更沒有特出處。老子只求於自然大道中謀求六親和、國家治，其意決不在提倡不忠不孝。宋儒在佛學禪宗盛極之後來提倡理學，近代人多喜指摘他也深受了禪學影響。其實理學家主要宗旨，亦正求在人生大道中盡量回到最普通的孝弟忠信的路上來，至少是反對人出家，反對人離開了普通人羣來做一特出人。

再其次，如近代西方自然科學，其中所發現的種種自然奇祕，中國人非不信服，亦非有意拒絕利用。只因自然科學主要在講求自然物理，而中國傳統文化中最所重視的那一套人倫大道，則不為自然科學所研窮探討。科學眞理乃都是一套特出眞理，只在特出場合中使用。而中國人最重視的普通人所最當普遍遵行的那一套孝弟忠信的道理，則並不能因有了許多特出場合中之特出使用之發現而便棄置不問。這一層，實為近一百年前中國智識分子最先接觸到西方新興的自然科學所極端關心之事。最近科學潮流似已無可遏抑，但在整個人生文化問題上，能不能把自然界許多特出眞理來代替了人類大羣所應共同遵行的一些普通眞理，此處終是一大問題。

再簡要地說，人生都趨向特出，總易忽略了普通面，如此則易使人羣陷於渙散破裂。而且一種特出面占勢，另一種特出面便受壓抑。無論是工商業方面，抑或是軍人武力方面，宗教信仰、哲理思維乃及科學方面，只要一方面太占勢特出了，便易忽略了其他方面，使人羣滋生不和不安。此就西方歷史已有過程，卽見其如此。所以中國傳統觀念，常著重普通面更過於特出面，只求於普通中見特出，不求於普通面之外來尋求特出。這一主要觀念，還是值得我們來重新提出、重加探討與發揚。

如言宗教，西方歷史上的宗教衝突與宗教戰爭，直至於今，仍不絕迹。每一宗教，當然絕不在提倡衝突和戰爭，但因各宗教都不免有其特出面，於是相互間遂易生衝突。是否該提出一項普通的來領導此一切特出面，或和協此一切特出而解消其衝突？如每一宗教，都主博愛人羣，我們先該有此普通信仰，信此教與信那教的同是人，甚至不信任何教的亦同是人。信此一教，是我之特出面；但我仍還是一人，則是我之普通面。我不該把我之特出面來毀滅了我之普通面。不要把我此一信仰看得太特出了，如此則不僅妨害了其他信仰之存在，抑且會妨害到人羣大體之其他事項。因任何一事項，都不該太特出。太特出了，便會不普通、不平常。任何一人亦然。一人太特出了，便易妨害到其他人。故人生不該儘求特出，但可儘求普通平常。各大宗教的教主，似乎都被其信徒信其為太不普通了，這中間便有病。只有中國人觀念中之「聖人」，則仍然還是一普通人。聖人固亦有特出處，但總不損害其普通處。惟因其不過份特出，遂不成為一教主。

其次說到一切學術思想，哲學、科學都在內，當然亦各有其特出面。但儘管是一大思想家、大學問家，他總還是一人，總還有他普通的一面。只要他跳不出那普通的一面，卽可證普通一面之重要性。那卽是任何一思想家、學問家，都該有他普通平常為人的一套。就中國人觀念言，他總不該不孝、不弟、不忠、不信。或許有人以為中國人向來提出的孝弟忠信，並不能認為是人生的普通大道；則試問人生普通大道究該是什麼？此仍是今天人類所應最先注意探討的問題。今天的時代思潮，似乎認為自由卽是最普通的人生大道。但自由也該使人人各自由在普通面，不應使人人各自由向特出面。人人各向特出面自由，便易滋生種種病害。

如近代歐洲，販賣非洲黑人到美洲去當奴隸，但還向他們宣揚耶穌教。傳教是他們的自由，販奴也是他們的自由，他們不悟兩種自由間有衝突。只把宗教看得太特出了，遂認為人人該信教，其他全可不問。卽其人淪為奴隸，亦若無足措懷。西方人對其殖民地民眾亡國之痛，亦淡漠置之，仍亦向他們傳教。一若亡國滅種皆次要事，信教乃首要事。或許認為亡人之國，淪人為奴，可使其人轉易信我之教；或許認為既非同一宗教，則其國可亡，其人可奴。總之是把宗教信仰看得太特出，遂使對其他事的認識全差了。

最近科學地位又特出在宗教之上，於是只把科學上之發明與使用，憑為衡量一切人事之準則。西方人以科學先進自傲，其他全目為落後。向落後民族與落後地區宣揚科學，遂成為西方人今日惟一大任務，而宗教信仰轉可不問。但宗教是一種精神人生，科學利用則只是一種物質人生。遂使今日的西方，以物質人生為其惟一的特出面，不悟在宗教與科學之外，尚有其他人生之普通面。信仰相異，物質差別，不該使人生在此上太過劃分。如黑人為歌后、為拳王，亦受西方人重視，但仍只重視其特出面，與人生普通面無關。

在中國文化傳統中，亦未嘗無許多特出面。試舉一例，如音樂。中國古代有關教育上「師」之得名幾從音樂來。故師多為一瞽者、為樂師。周代掌樂者有太師摯、少師陽。周官有磬師、鐘師、笙師、籥師。春秋時有名人師曠，為晉太師。孔子學琴於師襄。此等皆瞽者，以其人身體上之特殊性，遂使其成為一特出人物。然理想之師，則更應在普通面。又如「受業」、「肄業」之「業」字，本稱懸掛鐘鼓之大版。詩經：「虡業維樅」，又曰：「設業設虡」；禮記：「樂正司業」。音樂在人生中有其特出面，亦有其普通面。孔子學琴於師襄，在孔子人生中卽屬普通面，在師襄則屬特出面。陶潛詩：

息交遊閑業，臥起弄書琴。

中國人主要在從人生之普通面學琴治音樂，並不重在求為一音樂方面之特出人，如學琴必求為伯牙，治音樂必求為師曠。嵇康之卒，廣陵散絕，然後人之悼念於嵇康者，決不為其廣陵散。蓋嵇康仍自有其人生之普通面，其能廣陵散，則僅屬其特出面。中國古人又曰：

經師易得，人師難求。

專業治經，亦屬人生之特出面；人師之可貴，則在專業外尚有其人生之普通面。

循此推論，一切為人、修學、治業，愈普通愈平常，愈可貴；愈見為特出者，縱為人生所不可廢，然在中國觀念中，每恐其因於特出而有傷於普通平常面而不加提倡。教育子女，必望其為孝子忠臣，或賢妻良母；在家庭，在鄉邑，在邦國中，更要者，在希望其為一普通人平常人。近代社會，慕效西風，觀念轉變。頗聞人言，今日鄉村婦女，生男盼其能成一少棒名手，可以揚名海外，舉國皆知；育女盼能成一歌星，在電視臺、夜總會播唱，月薪收入，超過一大學教授三五倍以上。此皆前廿年所未有之新名色、新行業。費數年時間，在青年期卽成社會一特出人物。就社會總體言，亦若多采多姿。就每一人之出路言，亦若遠較以前之安常習故為變通而進步。然在前代，亦並非無此等名色與行業，而社會終不重視，目之為江湖賣藝，非不得已，輒戒勿為。卽如國劇一項，在百年前，朝野欣賞。名藝人如譚鑫培、余叔岩、梅蘭芳、程硯秋輩，豈不舉國崇仰。然社會終以流品觀念，因其易特出，不認為一普通職業。亦有性所喜好，私下演習，偶爾登臺，謂之「玩票」；若竟轉入此業，則稱「下海」。此非一好名稱。可見不普通、不平常之特出人物，向為中國社會所戒慎，不加提倡。

又如一名書家、名畫家，豈不更受中國社會尊重。然其最要條件，應是一業餘者，必在普通名色之範圍內，成其絕藝。試讀歷代書畫名家之傳記，自鍾繇、王羲之以下，迄於近代，凡為此項藝術大名家，必求不脫離其普通身分，不僅見為一特出人物。如西方習慣，開一展覽會，公開售其作品，恃為一職業，憑以營生，在中國卽受輕視。若富貴人出重貲求之，每拒絕不與；而隨興所至，濡墨揮毫，播之貧賤交往中，乃成佳話，增其地位。亦有受政府羅致，培養宮廷中，如翰苑供奉之流；縱其作品亦臻絕頂，而在社會心目中，終亦不與業餘人等量齊觀。

又如詩文作家，其受社會重視，每更過於書畫藝術。然同樣須在普通行列中有其特出表現，不憑以為特殊一生業。所謂「洛陽紙貴」，乃屬社會傳鈔，非作者藉以牟利。後世印刷術興，大著作歸書商販賣，作者絕無版權享受。亦有為人家子孫撰其父祖墓誌碑銘，而接受潤筆；此亦交誼人情，非論價售貨之比。然若為額已豐，亦添朋儕閒口實。

又如其他大著作，亦皆由公私旁人代為付印，俾便流傳，絕無賴此憑為生業之事。若果有之，則學術亦如市道，必受社會鄙視。即如明清易代之際，士人不願出仕，生事維艱。其抗節不屈，乃屬一種特出表現；然其維持生活，則仍必有一普通規範。或處館，或行醫，或出家為僧，或赴邊墾荒，要之仍不失為一普通人。如呂晚村以選刊制科時文獲厚利，雖其內情乃為宣傳民族思想，在當時亦發生甚大影響，並在身後受禍；然在中國傳統觀念下，此等事，要不可為訓。在其當身，亦已不受朋儕之原諒。

然則中國傳統所重視之普通人，不僅在其行為操守上，有一普通規範；即在其營生過活上，士農工商，亦各有規範，戒其踰越。在此普通規範下，儘可有特出表現。但種種特出表現，卻不可夾雜有一種營利謀生之目的。縱如一工人，亦可有其特出表現。如陶瓷、如雕刻、如絲織、如紙墨製造，歷代皆有名匠。但其表現，乃本之其內在德性之自然流露，非僅為營生。中國社會上，工藝精品，優美絕倫，自古流傳，為今人所寶賞者，難可縷舉，然要之不為經商營利，則故事軼聞，可資為證者實多。果若夾雜了營利謀生之目的，則其動機在外不在內。若有所成，中國人鄙之為「奇技淫巧」。若推廣此義，即書畫詩文，若亦夾雜了營利謀生之私圖，亦可不必是其內在德性之自然流露，中國人亦鄙之為一匠，同樣亦可列之於奇技淫巧之列。「技巧」可以特出，而「奇淫」則所當慎戒。總之，凡其人之特出表現，均應表現在其人生，即表現在其德性上。即其人之行業，亦即其人生之一部分。一切特出表現，縱是從其行業中表現，亦即是人生與德性之表現，不應由其在行業上之特出表現而妨礙及其全人生與其德性大本之所在。此為中國傳統觀念中所深思慎慮之一要端。

蓋人之德性，本於天賦，乃屬人之普通面。在人之普通德性中本可有種種相異與互見特出處。人類大羣，則必建基於其普通德性之上。若人人僅求自異，各務特出，離此普通大本，則其羣終必渙散，乃至破裂。在人事上，求為特出，實並不難。而在人倫大道上，能僅保此天性，以謀發展而共同形成一普通面，其事實不易。中國文化傳統，四五千年迄今，惟因看重此一大目標，謹守弗輟，驟視若蹈常襲故，陳陳相因，遂無急劇之轉變與改進；然而其羣自大，其基益固，縱經艱險，亦能維護其羣於不壞；較之其他諸民族，殆少其匹。今若改弦易轍，獎勵人人求特出，又以外面功利為誘導，則天賦共同之德性，終必日以稀薄，而人之處羣，乃惟以相爭互勝為事，不以相安互和為務。非不有一時之成功，恐難期長久生命之維持與滋長。此有中西歷史為證，實亦大值深思也。

## (二)

民國初年，東方雜誌似有人寫一論文，已忘其篇名與作者，稱中國從來知識思想犯一通病曰「籠統」。一時此說盛行，報章雜誌屢見「籠統」兩字，成為詬病中國知識思想一公認通用之名辭。由今思之，「籠統」猶言「囊括」，乃指包涵總體言，此正中國傳統文化一最大特徵之所在。當時以「籠統」二字羣相詬病，亦正可謂把握得其要領。

如言「孝」，時代不同，社會不同，家庭亦不同。人各有父母，而父母亦各不同。即使是兄弟，甚至如孿生兄弟，其對父母之孝，亦必不能盡相同。如何盡其孝，既各不同，又何能清楚分別，具體言之？空洞只說一「孝」字，豈不為一籠統之名辭？

如舜與周公均大孝，而兩人之孝，具體言之，實大不同。兩人之間又有禹，其父鯀治水無功，舜殛之羽山，而使禹繼任其父業。禹治水在外十三年，胼手胝足，三過家門而不入，洪水終平。舜殛其父而用禹，禹能幹父之蠱以答舜，此亦禹之大孝。而其孝則與舜與周公之孝又大不同。西周之初，又有泰伯、虞仲，讓國逃亡，此亦當稱為大孝。中國相傳有「百孝」，百人之行，互不相同，而互得稱之為孝。可見「孝」正是一極籠統辭，而乃特為中國人所重。

其他籠統之名辭，屈指難縷數。如言「讓」言「和」，言「無所爭」，言「禮」，一切皆然。禮主讓，以和為貴。孔子曰：

君子無所爭，必也射乎？

除射無所爭，而射亦有禮，其爭實非爭。但所言皆不具體，皆籠統言之，而一切事則皆在此「禮」之一字之籠統之內。「禮」與「孝」兩字亦同為中國人所重。

大學言：

在明明德，在親民，在止於至善。

此亦皆籠統之辭。何謂「明德」？此指天所賦於人之性，而發之於吾心者。此非一籠統之名辭乎？至於如何明我之明德，則人各反己自得，倘有所言，當更屬籠統。然中國傳統人生大道，則此籠統之「明明德」三字已足包涵淨盡。孝亦一明德，此皆人生之至善，人生一切大道在明其明德，在止於至善。如：

為人君止於仁，為人臣止於敬，為人子止於孝，為人父止於慈，與國人交止於信。

皆籠統言之。慈孝與仁與敬與信，皆人之明德，皆人道之至善。人當知止於此而不遷，故曰：

知止而后有定，定而后能靜，靜而后能安，安而后能慮，慮而后能得。

人當知為人子則惟孝為至善，當止於此至善，更無遷移。「止於至善」者，非謂己之能至於此至善，乃謂惟此乃至善，為人所當止。如舜父頑母嚚，至屢欲殺其子，然舜無他道，惟有止於孝。即只有此一道，未有其他路線可供選擇。知此則心自定。

孔子曰：

必也正名乎？

「名」乃其分別，而「道」則其籠統。孔子之意，乃更求分別以企於更加籠統。當知中國人之籠統正從分別中來。猶如中國之認識總體，乃從認識其部分中來。此為研究中國傳統文化者所不得不知，尤當加倍注意努力之所在，故不憚詳言之如此。

父母只是父母，子女只是子女，名分早已定，而吾心不定，則何道之從？心定則自靜。「靜」者，不動義，即止於此而不遷移之義。能靜始能安。舜之孝，在能心安於其子之名位上，而道自見。其心安乃能慮。父母設計殺我，我奈何？聽其殺，抑逃之乎？逃了又如何？仍守子道，抑逃後再不為子？處處、時時、事事皆當有慮，而終不逃其子之名與位，斯可得矣。凡其所慮所得，皆具體有分別。而事皆未來，各不得具體分別以說；可說者，惟此一籠統空名曰「孝」是矣。故中國人必先知此一籠統大道，曰「明德」，曰「至善」。知此然後乃可分別時地以明其明德，而止於至善。明其德而止於至善者則在「慮」，非可前知，亦非能推知，在能隨時、隨地、隨事而慮，始可有「得」。而其先決條件則在知此一籠統之大道。故中國人之「止」，乃可與中國人之「通」合而為一；猶之中國人之「分別」，乃可與中國人之「籠統」合而為一。孔子曰：

執其兩端，用其中於民。

「兩端」即分別，「中」即籠統，正亦此義。

此一籠統，不僅籠統吾之一生，亦籠統一切人、一切時、一切境。有一道曰「孝」，此非極籠統之尤乎？若必具體言之，則必隨時、隨地、隨事、隨人而有分別，難於前知，亦難可推知。此必先有一籠統之知為之本，即對人生大全體之終極理想與最高目標有所知，亦即所謂「止於至善」之知。無知無本之人，其平常處境，仍必隨時、隨地、隨事、隨人而分別為慮；縱可慮而有得，然籠統之大全體則並無有得，斯必於異時、異地、異事、異人而俱失之。凡其所慮所得，皆至狹小、至短暫。時、地、事、人變動不居，而此心亦不定、不靜、不安，有所「得」而無所「止」，亦終不得謂之「至善」。

大學書中，分「知」與「慮」為兩項。以今日語說之，「知」乃「知識」，「慮」則「思慮」。亦可謂中國人乃以知識謂「知」，實卽「識」而非「知」。而「思慮」則稱「慧」。孔子之言「仁且智」，「仁」亦一種知識，卽是識；「智」則指智慧言。知識乃籠統識得此總體；臨時在此總體上分別應付則謂智慧，乃對部分，非對總體。西方人僅求知，而不論識與慧。其謂「知識卽權力」，乃近慧，非近識。中國人則重識猶勝於重慧，故曰：

士先器識而後文藝。

「文藝」乃本於慧，不本於識。又曰：

識時務者為俊傑。

「時務」亦一籠統語，先識時務之大籠統，而後智慧有所用。苟不識時務，而徒用智慧，則雖有小得，終必大失之矣。西方今日之科技，亦屬一種智慧，而總有其不識大體、不得大體處，故乃對其大體為害甚大。

孟子以伊尹為「聖之任」，伯夷為「聖之清」，柳下惠為「聖之和」，其任其清其和，亦皆得謂之「識時務」。則識時務不僅為俊傑，抑更可為聖。孟子又稱孔子「聖之時」，則變通任、清、和而隨宜使用，尤更為識時務。識時務即識大體。孔子之讚顏淵曰：

用之則行，舍之則藏，惟我與爾有是夫！

「行」與「藏」，即任、清、和之更迭變換而使用，此之謂「聖之時」。孔門惟顏淵能有之。子路仕於衛而死，復何所成？冉有仕於季氏，季氏富於周公，孔子曰：

非吾徒也。小子鳴鼓而攻之可也。

是子路之善治軍，冉有之善理財，其在具體事務上之智慧，雖可謂未必差於孔子，而其對時務之籠統大知識，則距孔子甚遠，皆不得謂之識時務。孔子作春秋，曰：

春秋，天子之事也。

而春秋之一褒一貶，游、夏之徒不得贊一辭。是游、夏在文學之科亦不得謂之識時務。不知又歷幾何世、幾何人之會合攻專，而始有春秋三傳之結合。孔子又稱管仲，曰：

桓公九合諸侯，不以兵車，管仲之力也。管仲相桓公，霸諸侯，一匡天下，民到於今受其賜。

則管仲宜亦可謂之識時務。但自有孔子，而孟子則曰：

乃所願，則學孔子也。

子誠齊人也，知管仲、晏子而已矣。

是則天子之事卽時務，乃「王道」，管仲則僅為「霸道」。孟子「王霸」之辨，為此下兩千年中國儒道所承襲。可見「知」與「識」大不同。知有管仲，豈能卽識王道？知治軍、理財一切文學之變，又豈能識王道？知僅是一分別名辭，識則必達於籠統境界。王道乃籠統之更大者，又豈專務政事、文學者之所能識？

今再嚴格分別言之，則「識」最居首，「慧」次之，「智」又居其次，「知」則最當居末。書曰：

非知之艱，行之惟艱。

而孟子以不學而知為「良知」。但人斷不能不學而有「識」。俗有云：

有眼不識泰山。

則有眼能見不能識可知。故國人每以「學識」連言。而智慧見聞則皆從學功夫中所當有。此四字之大分別乃如此。而西方人似乎僅重一「知」字，此亦其文化相異之基本所在矣。

近人競慕西方，亦崇其個人主義與功利觀點。此須用智慧隨時、隨地、隨事、隨人作具體分別之應付，俾易於有得。如冉有可謂理財專家，而孔子曰「非吾徒也」。孔子所言，乃為人生大道，雖若籠統，然易世以後，季孫之富終於何在？則孔子之言，豈不信而有徵？今人看法則不同，認為冉有之後當求另一冉有繼之，則季孫氏不患不長富。故惟求變求新，但求進步，不肯求所當止。人生千變萬化，豈有一可止之境？西方社會與西方人生，自希臘至羅馬，至近世之英法，而至當前之美蘇，變則變矣，然希臘、羅馬乃至英法，其一時盛況皆不可得而止，豈美蘇當前之盛境獨可止？人心不定、不靜、不安，縱亦有慮、有得，然不旋踵即失之。孔子曰：

雖百世可知。

此「知」則即是「識」。由「識」自能有「慧」。個人主義與功利觀念盡在眼前，寧論百世？故西方傳統重當前之智慧，不重籠統之知識，此則與中國大異。近人以籠統譏中國，亦此意矣。孔子言：

足食，足兵，民信之矣。

去兵，去食。自古皆有死，民無信不立。

又言：

其言「兵」與「食」，皆具體易知；言「信」則籠統不易知。但死生乃宇宙生命大自然一體之兩端，人生亦然。希臘、羅馬、英法、美蘇，雖極一時之富強，其民皆有死，豈不易知？但生必有死，又死必有生。耶教所信，乃信在上帝天堂，不信及於塵世。中國人則信人同此性，人同此心，人同此德，人生大道乃本此心此德而立，可永存不息。故己之一生，卽存在通達於他人之生命中，而有其不朽。果得有此信念，雖若籠統，卽可信人生之不朽。而西方人不之信。民信而立，所立者卽其「位」。故中國人必求正名定位，又豈西方人僅爭平等之所能知？中國民族之立於宇宙間，則廣土衆民已綿亙五千年之久，此非孔子所謂信而有立之確證乎？則中國人所言雖籠統，亦皆有具體分別可證，亦惟國人之善體之而已。但若必求說明，則千言萬語終有不盡不明處，亦惟反求之己心而可得，亦幸國人共識之。

## (三)

「平常」乃一籠統語，而中國人則最重平常。安分守己，樂天知命，平平常常做一人，其中卽可有傑出人；不安分，不守己，不樂天，不知命，不平不常，只想做一傑出人，則人而非人，決不得成為一傑出人。孟子曰：

## 人皆可以為堯舜。

此一語七字，在中國流傳甚廣，影響亦甚大。但孟子意乃指堯之好賢、舜之孝、堯舜之讓，指其德性，不指其地位、事業與功名。堯舜德性，平常人所同有，故平常人同得為堯舜，非不能。但孟子也說人有所不能。孟子曰：

> 天之將降大任於是人也，必先苦其心志，勞其筋骨，餓其體膚，空乏其身，行拂亂其所為，所以動心忍性，增益其所不能。

可見人是有所不能的。如堯舜為天子，出任人羣大任，豈人人能之？堯舜為人，史迹荒遠，難以詳考。但知堯為天子，聞舜至孝，嫁以二女，遂得舜之許。適逢洪水為災，擢舜攝政，又以天子位讓之；舜又以讓禹。果使堯為天子，洪水未興，則堯亦平平常常過了，那能成得像今所傳之堯？次言舜，無勢無位，生在一平常家庭中，亦僅得做一平常人。乃不幸父頑、母嚚、弟傲，生在一不平常的家庭中，而舜還想做一平常人，能孝能弟，於是歷盡幾多曲折艱難，而終以大孝名。經堯物色去，獲禪天子位。同是在一不平常環境中，成得一不平常之傑出人。

再次言禹。其父鯀亦當是一平常人，並非一惡人、壞人，所以堯使之治水。果使他是一惡人、壞人，堯也不會使他來治水。舜殛鯀，而使禹。禹既先知其父治水之失其道，又念其父被殛，乃盡心力以治水，以贖父之愆。是禹亦在一不平常之處境下，而得成一不平常之傑出人。乃亦受舜禪為天子。果使無此洪水大災，鯀與禹亦自在一平常父子標準下，不失為一平常人。但鯀禹又焉得乞求天降洪水，以期己之不平常？

今再就此三人論。治水大業成於禹，但非在上之堯舜授以此大任，則禹亦無以成其業。堯舜之於禹，正如孟子所謂「天之降大任於是人」。堯舜之德，實已上通於天。天生斯人，即賦之以斯德，故人皆可以為堯舜。但孟子繼楊朱、墨翟而起，其時則楊墨之言盈天下，天下不之楊，則之墨，人人不願為一平常人，斯誠一世之大憂。故孟子乃曰：「人皆可以為堯舜」，其意即猶謂人人能做一平常人，即已為堯舜。堯舜亦只是一平常人，無煩勉求傑出。孟子乃唱導天下以人人盡所能行之一正道，乃為平常人立教。謂平常人儘不平常，如舜以若是之父母而能孝，則平常人又誰不能孝？以堯居天子位，遇艱難能讓位，則平常人又誰不能讓？孝與讓，皆平常人德性所俱有而俱能。孝且讓，斯即不平常矣。若必求如舜之為大孝，如堯之能以天下讓，時運環境不同，則孔孟亦所不能，其他人亦誰歟能之？故孟子自稱則曰：「乃所願，則學孔子也。」但並不言願學堯舜，亦不言人皆可以為孔子，則孟子之深義亦大可尋求。

人生必當為一平常人，但平常人中，又必當有傑出人。惟不能尋求違異於平常以為傑出，惟當在平常中能傑出。楊墨則務求違異於平常以見其傑出，故孟子指示一正道，即平常亦即傑出，如堯舜是已。如禹、如周公、如孔子，此亦皆傑出，則非盡人能為；此須進於學，成於才，乃能達。志學求達，此乃極平常事，為平常人所當勉。孟子曰：

我四十不動心。

即猶如孔子之「四十而不惑」，此即志學勉達後所成，但豈平常人所能？此則已見在平常中傑出，而豈事業、功利、名望、地位之所謂？當知此等在大羣中既不能平，又不能常，雖若傑出，存心於此，則決非人生之正道。

莊老道家則只教人為一平常人，不教人為一傑出人。老子曰：

絶聖棄知。

絶學無憂。

為一平常人，歸而求之有餘師，固不待學。佛教東來，教人學釋迦，亦求為一傑出人。中國高僧如生公，則謂「一闡提」亦具佛性，頓悟成佛，乃與佛教大義有違。生公之說，實旁採孟子義。及唐代禪宗繼起，乃有「即身成佛」、「立地成佛」之說，則遠非佛教之本義。佛教必求出家，盡屏人事，反己求之，庶得不學而能；若求為孔孟聖賢，在大羣中做人，或將出任天下之大任，則焉能棄家而絕學？

南宋陸象山言：

堯舜以前曾讀何書來？

不教人讀書，以一平常人，得為堯舜則可。以此為六祖慧能求成一佛，亦無不可。但絕不能在平常人中，為一傑出人，出任天下之大任。當知象山教人不讀書，在當時已為不平常，所以不見有大害，因同時有朱子。朱陸門人互通聲氣，治象山之學者，常有朱子學在旁作警戒，故得規矩無大差。及明代王陽明，在龍場驛歷盡艱辛，乃問：使孔子亦如我今日，當作何處置？遂發明其「良知」之學。但陽明此一問題，在當時實是一極不平常之問題。以一平常學者來作問，當問：我學孔子，當如何來效法始可。今謂果使孔子處我境，亦只得如此處，則未免自視太高，太傑出了。此等想法，乃使人不能眞傑出。若問：我處孔子境，亦得如孔子般處否？則其間自當有學。要我學孔子，乃一平常人想法；要孔子亦如我，此乃一傑出人想法。此後陽明離去龍場驛，出任政府重任，乃有「事上磨練」之教，則已知人當在事上磨練，不能僅憑良知。然事上磨練已不易，仍當先在學上磨練，惜乎陽明在此終未有大發揮。

繼陽明而起者，有王龍谿、王心齋，專以陽明良知之學來教平常人，乃二王亦見為傑出。尤其如王心齋，本一擺地攤之小商人，其在鄉任教，陶匠、樵夫，皆聞其風而起。殆皆上承孟子所謂「人皆可以為堯舜」義。然天下尚有大任，則恐非龍谿、心齋之教所能盡。更降而有羅近溪，乃至有李卓吾，則離題更遠。卓吾本一政府官吏，烏得搖身一變即為一佛徒？以卓吾之才情，入深山中為佛徒，亦得為慧能，為一代宗師。何得身披僧衣，仍預塵事，仍滯仕途，僅憑一己良知，豈得盡棄人世規矩、歷史經驗於不顧？即昔之「狂禪」，亦不若是之狂。孟子僅言「人皆可以為堯舜」，並不曾言人皆可以僅憑一己之良知。後人之言良知，實已非孟子所謂之良知。孟子所言乃一平常語，而後人之論，則甚為傑出，亦已不待論而知。

禹治水有大功，不得謂人人可以為禹，而中國人則認「立德」尤在「立功」之上，其義深矣。繼堯、舜、禹而起者，有商湯、周文王、武王、周公。文王之德尤在湯武之上，而周公則最難為。使武王不遽死，或成王年已長，或管蔡不如是之無道，則周公尚不若是之難為，亦無以成今傳之周公。惟周公兼德、業於一身，有似於禹。但禹治天災，周公則處人事，其難則猶甚於禹。孔子志道志學，乃獨以周公為其最高之準則，曰：

甚矣，吾衰也！久矣吾不復夢見周公。

斯見孔子一生志業之所在。孔子又曰：

十室之邑，必有忠信如丘者焉，不如丘之好學也。

則十室之邑皆有忠信之德如孔子，但不能如孔子之好學。好學必先立志。卽人人立志好學，亦不能人人如孔子。但孔子又曰：

道之不行，已知之矣。

是孔子已知其道之不能行，而猶學不厭、敎不倦。其門人弟子則曰：

夫子賢於堯舜遠矣。

孔子之賢於堯舜者何在？此則値後人之深思。孔子亦居平常位，為一平常人，而已能與堯舜同躋聖人之列；則果使孔子亦居堯舜之高位，當堯舜之大任，堯舜又何得與孔子相比？墨翟繼孔子起，亦立志好學，但曰：

非禹之道也，不足謂墨。

則又豈得人人而為禹？楊朱繼墨翟而起，又唱「為我」之學，拔一毛利天下不為。楊朱宜非一不學無志人，然欲盡人如楊朱，斯亦甚難。而當時則楊墨之言盈天下，天下不之楊，則之墨。此則當時學風盡求為一不平常人，而不計其可能與否。故孟子曰：「乃所願，則學孔子也。」則因孔子為學之造詣雖不可企及，而孔子為學之路向則仍不異於平常人。僅曰「三十而立」，又曰「七十而從心所欲不踰矩」，此非平常人之所想望乎？是則孟子之學孔子，亦非求超出平常為一傑出人可知。

今日之世情，則人人盡求為一傑出人，再不願為一平常人。爭富爭貴者不論，即日常遊戲，參加一運動會，亦必求列為冠軍。人人又盡加以榮譽獎勵。則世道所趨，更何可問？人人能為之事，我不能不為，此乃平等而不自由；人人不能為之事，我亦不能為，而必求能為，此則自由造成不平等。此亦中西文化相異一要點。而孟子「人皆可以為堯舜」之說，乃誤解為人人皆可傑出為世界第一人之想。而不知最傑出者，仍當不失為一極平常人。則誤解孟子義，其為禍之大，乃必有出乎李卓吾之上者。而今人治學亦正不以李卓吾為怪，而更有重加以崇奉而取法者。世道人心如此，使孟子復生，不知又將何以為言？此誠大堪警惕矣。

## (四)

中國人好言「心」，人之相知，貴相知心。但心有深淺、厚薄、高低之不同，因此傑出人要得一知己不易。

西漢初賈誼，少年傑出，漢文帝賞識了他的陳政事疏，但同時朝廷先進絳灌之徒都不賞識他。文帝無奈，命他為長沙王太傅。賈誼屈居遠僻，不免自傷悼，自比屈原。再見文帝，作長夜談。文帝說，久不見賈生，自謂進步了；再見賈生，乃知仍不如。但當時朝廷形勢依然，乃命其為梁懷王太傅。梁王出獵，墜馬身死。賈誼亦憂傷不壽。一代偉人，遽此長逝。數十年後，司馬遷為太史公書，以賈誼與屈原同寫一列傳，賈誼遂成此下兩千年來，中國歷史上一傑出人物。

使賈誼於文帝世，果得大任用、大作為，恐亦未必有大成就、大建立，使其名望地位更遠超於今傳之上。賈誼亦幸而仍為一平常人，乃更見其為一傑出人。此則誠學者所當深切以思、懇摯以玩之一途。

北宋蘇東坡與王荆公，各為詩文來批評賈誼。東坡作賈誼論，說他修養不足，政治前途須耐心等待，憂傷遽逝，豈不可惜？荆公作詩詠賈生，則謂賈生因梁王墜馬未善盡師傅之託付，遂自憂傷而卒。兩人批評大不同。誰得賈誼內心之眞？賈生初赴長沙，或亦自傷不遇。待其再見文帝，仍不識文帝心情，一意只在自求進取，那亦無足深取。荆公之評應得其眞。今姑不論賈生，即就荆公、東坡兩人之批評，亦自見兩人之心，深厚淺薄高低之不齊。單就兩人在其當時之一切表現言，即把他們批評人的來批評他們，亦宜不太離譜。

余嘗深玩荆公之詩文，較之其並世前輩歐陽六一，同輩如曾子固、蘇東坡，亦決不少傑出處。而荆公特多受當時與後世之詬病，此亦因其得神宗之賞遇，過分傑出於尋常之上之故。此亦學者知人論世之所當深思。儻以邦國相擬，今人之議論，豈不於美蘇為集中特甚，亦以其地位傑出之故。明白得此一番道理，則中國之特能於衰後轉盛、亡後復興之所以然，亦可研思以得矣。

今再以美國論，人稱美國為一「移民國家」，其國中各處移民雜居。英倫最先移民，實屬少數。但彼等乃美國之主人，乃處處必求傑出於其他移民來此之上，此實美國前途殊堪憂慮之一端。而何以善其後，則不僅深謀遠慮所未及，抑且亦少明白提出認為一問題，是誠堪憂慮之更甚矣。又如蘇維埃遠自俄羅斯彼得大帝以來，以俄國較其他歐洲現代國家為落後，一意追求前進，迄今仍專求傑出，不甘平常，乃其立國最大之病根。

中國人則時時處處教人為一平常人，又時時處處每以傑出於他人為慮。此誠一極平常，而又極傑出之一大道理。「貧而樂，富而好禮」一語，則更寓精義，更當實踐勿違。當知貧應是人生一平常狀況，富則乃屬人生一傑出狀況，故曰：

士志於道，而恥惡衣惡食者，未足與議也。

豈務求爭前，惟恐落後者之所能體諒其心情？此誠值得提醒國人崇慕西化者之再加深思。

民國以來，批評成風，尤好批評古人，號為「文化自譴」，而孔子遂為批評最高對象。「打倒孔家店」，口吻淺薄，號為「新文學」。當時論語受批評最普遍者有兩章：一為「女子小人為難養」，一為「子見南子」。此事在當時子路已懷疑，但孔子不自表白。人之一心，豈能事事自加表白，此亦見己心之無深度、無高度。故孔子對子路亦僅曰：

予所否者，天厭之！天厭之！

孔子他日又曰：

人不知而不慍。

老子亦言：

知我者稀，則我者貴。

中國人不求人知，乃為人生一要端。子路伉直善改過，其從孔子忠誠不變，偶有懷疑，當已冰釋。及衛亂，孔子在魯，早知子路之不歸。子路死，孔子自哀曰：

噫！天祝予。

若其慟顏淵。則子見南子一事，孔子、子路已絕無芥蒂可知。在魯、在衛、在陳、在楚，亦絕不有為見南子而稍減其對孔子之敬禮。何期兩千年後，乃成為批評孔子一好題目？卽此見批評者之淺薄，於孔子曾何損！

某年前，有十數大學生見余，談及中國文化傳統。余告以當稍讀幾部中國書，論語尤當先讀。一女學生卽問：孔子言「惟女子與小人為難養也」，何義？則此一語受國人疑難已歷數十年未變。余告以此語當注意「難養」二字。若母、若妻、若女，豈得認為僅受我養，又復難養？又豈得謂「近之不遜，遠之則怨」？則此章「女子」顯指家中傭僕，不指凡天下之女性。余家一女傭，正如孔子言，甚感其難養。諸位崇慕西化，今臺北家庭雇女傭者日少，漸已接近美國，而孔子已先兩千五百年言之，豈得為此一語，遽棄論語而不讀？

近年來則風氣又變，古人已不值批評，乃轉對同時人批評。批評他人，不啻卽表揚自己。風氣如此，自己卽同在受批評之列。知名度愈高，受批評亦愈烈。人與人不相敬，不相信，又何以成羣而相安？更何相樂之有？

西方人重「人事」，不重「人心」。一事之是非從違，乃不得不以多數人意見為定。而多數人之心則率淺、率薄、率低，深厚與高度則僅可從少數人心求之。故當前西方民主政治，實是一平常人政治，非中國古人所追求之賢人政治。使賈誼從事競選，參加會議，必不得多數贊同。此層在近人中，惟孫中山先生一人提及，但亦絕不為大多數崇拜孫先生者所稱道。中山先生言「知難行易」，而惟知心為尤難。但人羣相處互不知心，則又何以自安而自樂？

既知己心之可貴，斯知知心之難求。所以中國古人說：

得一知己，死而無憾。

然人不知我無可責，己不知人斯可慚，亦可恥。父母不知我，無可責；我不知父母，當自愧自疚。此舜之所以成為大孝。所以知人為貴。能友一國之士，友天下之士，而猶不自足，乃求尚友千古，此為中國人處人處己之最高理想、最高態度。中國文化之最高可貴正在此。人與人相友，與人與人互相批評，其間究當作何分別？孔子曰：

知之為知之，不知為不知，是知也。

顏淵最能學孔子，正為顏淵能自知於孔子猶有不知處，故曰：

既竭吾才，如有所立卓爾。雖欲從之，末由也已。

不知為不知，斯為顏淵之知。故周濂溪言「學顏淵之所學」。濂溪不敢言「學孔子之所學」，而濂溪遂亦卓絕於千古。中國人之所以為中國人者正在此。而今人則豈肯自承於孔子有不知，僅以能批評孔子自負。人心人道如此，可慰抑可樂？

今人好學西方，如希臘之亞里斯多德，曰：「我愛吾師，我尤愛眞理。」今人亦當謂：「我愛古人，我尤愛眞理。」豈不卽已西化？眞理則在亞里斯多德之一己，不在其師柏拉圖，此之謂自由、平等、獨立。東施效顰與邯鄲學步，則非西方人所貴。今以顏淵之學來學西方，則又當為西方人之所慚所恥矣。

孔子曰：

## 君子無所爭，必也射乎？

今當易其辭曰：「西方無所學，必也爭乎？」羅馬與希臘爭，英法與羅馬爭，美蘇又與英法爭，善學美蘇則當與美蘇爭。批評自己中國古人，又曷若能批評西方之更為西化？如參加西方運動會，即在能與西方爭。今全世界無一處不相爭，即美蘇亦無奈何。國人求現代化，莫如不讓而爭。古人已死，與我無可爭，轉移目標，始為善學。美國行民主政治，蘇維埃則為極權統治，惟中山先生乃創為「三民主義」與「五權憲法」，斯則可謂善學西方者。不知國人以為如何？

孫中山先生亦為中國五千年歷史上一傑出人，但同時實亦是一平常人。論其生前實蹟，辛亥革命成功，身居臨時大總統位共幾月，即謀和讓位於袁世凱。及再起革命，偏據南土，又共幾年，即北上與張作霖、段祺瑞謀和，而病逝北平。其創立之三民主義與五權憲法，皆待後人為之實現完成。論其生前之實際地位，前不如袁世凱，後不如毛澤東。但袁與毛豈得與中山先生相提並論？故中國人論人生，必在大羣中有其歷史緜延，中山先生一生之意義與價值即在此。其所唱之民族主義，或亦以此為要。願國人之崇奉孫先生者，其再熟思而深發之！

# 五〇　公私與通專

農業生產賴人力，當屬私行為。近代資本主義工業生產賴機器，應屬公行為。「公」、「私」輕重，亦中西文化相歧一要點。

古希臘以商業立國，不盡賴個人勞力。海上航行，集團出國，皆非私人行為。業農則可私人各別為之，被視為「農奴」，其受輕視可知。羅馬帝國興建，賴軍隊武力，亦屬集體，私人力量不受重視。現代國家自航海發展，繼以工廠興起，資本主義與帝國主義兼營並進，實匯通古希臘、羅馬而一之。故西方社會雖重個人主義，而實際則其內心乃輕視個人。個人無可作為，乃以種種方法、種種行為以加強其個人。故個人主義雖借公營私，實則重公賤私。

馬克斯僑居倫敦，成其共產思想，首唱「賸餘價值論」。認為工廠工人賴機器牟利，廠主擅有機器，而勞工則為機器之附屬品，但機器生產利潤當由廠主與勞工平均分享。若其重視勞工，實則其思想乃從西方傳統個人主義而加以一番糾正，非專從重視勞工來。換言之，機器是一公，而勞工則各別是一私，如是而已，又豈得謂其乃重視勞工之亦仍各為其私乎？故馬克斯又謂其主張乃「唯物主義」，此亦自謂其主張乃非一種「人生道義論」，非為勞工階級仗義伸寃抱不平，其意亦自可見矣。當時如英法諸國，皆已自農業社會轉進為工商社會，農產品則賴殖民地供給，故馬克斯共產思想並未討論及農業。惟應推行於資本社會、帝國社會中，而不意列寧乃在蘇維埃首先推行。

當時農業生產，機器並不重要。倘亦推行機器，人力將感過賸。如當前美國，農村占地雖廣，而人口則稀，其農村亦儼如一工廠。蘇維埃則農業落後，其工商業亦終不能與西歐、北美相抗衡，其機器使用主要乃集中在武裝設備上。今日蘇維埃核武器演進，至少堪與美國相競。而世界第三次大戰乃若迫在目前。此為當前人類最為警惕，而又無可挽救一大難題。

然則馬克斯之共產主義，乃求勞工私人力量與機器力量之稍加平衡；而蘇維埃之共產政策，則並廠家資本而盡加深斥，乃使機器力量遠駕於私人勞力之上，而盡供政府之用。一思想之推行，其結果乃可因環境有別而得如此之相異，而有如此之不同，此亦大可驚奇矣。

繼蘇維埃之後，中國亦推行共產思想。中國自古以農立國，其農業成績遠超西方之上。近代機器之使用，中國則尚無基礎。馬克斯共產思想本為機器與勞工打算，中國農業則不用機器，亦非勞工；於是共產思想推行到中國，主要乃成為分農產，遂創為「人民公社」。使人人不願盡其私人之勞力，而農業遂成為無產，使全國陷於無衣無食之困境。不注意自己文化傳統，而輕效他人，肆意改革，其為禍有如此。

今日大陸已有廢棄「人民公社」，重歸舊日農村之意想。然重返舊日農村，則須賴私人勞力，又必讓私人自享所得，則共產主義又何得維持？抑且農產僅賴私人勞力，重私不重公，又何得與並世工商資本社會之重公輕私相抗衡？若必走向近代工商社會，而不推行共產思想，又何以避免勞資利潤之不公，如當前資本社會之弊害？此其間有種種問題，須待思考，須待解決。而此種問題之提出與思考與解決，則必有待於史學與文化之通識，而非今日所謂之「專家」所能勝其任。

實則馬克斯亦僅是一專家，而非能具通識。彼所認之問題與主張，實專在經濟一面利潤之分配上，乃為「賸餘價值論」。有關機器生產之種種專門知識，馬克斯全不知。史學方面亦然，馬克斯不得謂是一史學家。其分別西方歷史為一「農奴社會」、「封建社會」、「資本主義社會」、「共產社會」之四階層，亦卽證其眼光與精力之專限在一問題上，而其他事項盡所不知，故亦置之不問。既專門注意在一問題上，其對東方更所不知，此則馬克斯自己所承認。試問如此一種西方的專家，東方人如何可以據以作政治、社會、文化、思想全盤之改革？列寧在蘇俄依照馬克斯已為過分，毛澤東在中國竟亦依照馬克斯來改革一切，可謂荒唐。

依據中國歷史論，既未有農奴社會、封建社會乃及資本主義社會之出現，則何來又忽然需要一共產社會？若必改為共產社會，則其他一切人事盡待改革，豈經濟分配一項所能限？今日國人已在知識上僅尚「專門」，不知有「通才」，其他種種病害乃連帶發生。中國古人則必尚「通」，不求「專」，身、家、國、天下，一貫相通，其間皆有「道」。以專門知識論，則無可相通。

此因中國重師承，堯、舜、禹、湯、文、武、周公以至孔子，皆以一師承來領導羣倫，故一人之修身可以達於齊家、治國、平天下。西方人輕視師承，故只許在大羣中分門別類作專家，不許駕大羣而作為一領導人，此乃中西文化一大相異。

故中國歷史上一切人才皆尚通識，而專門知識則居其次。農田水利，豈不有賴於專門知識？而授田制度、租稅制度等，則皆須有通人為之規定。此須善治中國政治制度史、社會經濟史者為之闡述，而豈徒拾西方人牙慧，謂其乃農奴社會、封建社會、帝王專制者所能有當於萬一？捨此不論，專論當前，中國傳統觀念，身、家、國皆屬「私」，天下乃一「公」。而一身之私，則可直達於天下之大公。西方人則僅知有「國」，不知有「天下」，可謂其心乃有私而無公。明末遺民顧亭林言：

國家興亡，肉食者謀之；天下興亡，匹夫有責。

亭林自為一亡國遺民，而其心猶能不忘興天下。故中國平民，必顧全其自身之私生活；而高級知識分子，則必鼓勵其有志於天下之大公。今則一趨西化，僅尚專門知識，而通才達識，以前中國人之所謂「士」，則已失其存在。而私人生活，則或主共產，或主資本主義，要之，皆僅有羣體共同生活，不得有私人獨立之生活，實已全失中國之舊傳統。既無當於中國四千年相傳之人心積習，其前途之無可期望，亦可不待論而知。

如何維持四、五千年來吾民族自己之傳統文化於不墜不失，而又能對近代世界之經濟侵略、武力侵略善為維護，此須具最高通識之大聖大賢為之計畫，為之領導。而近世通行分門別類之各項專家知識，皆不足以勝任因應，而亦非結黨結派多數會議之所能制定其策略。此兩項乃不幸不為近代國人所認知，於是國事蜩螗，歷百年之久，而益趨於紛亂。即如當前大陸「人民公社」廢除，此下農村生活如何善加領導，此亦非農業專家之所有事。又如大陸森林水土盡遭破壞，水災恐當遍及全大陸，不僅社會人心變，而天地大自然亦隨而變，此誠中國最近一大問題，亦豈民主自由之所能解決？又豈傳習西方農業水利之專門知識所能克治？此須熟識中國人文地理之歷史演變，乃及歷代相傳之水利、水害之具體事狀有所通曉，否則不足以謀對策。而又豈今日國人用心之所在？專作無知識之應付，其後果又何可設想？不讀胡渭之禹貢錐指一書，何得輕言黃河之水害？不讀顧亭林之天下郡國利病書有關三吳之一部分，又何得輕言太湖之水利？豈當前現代知識盡在西方，而中國舊傳統乃更無一顧之價值乎？

又如當前英國與阿根廷有關福克蘭羣島之爭議，此乃舉世一注目之問題，而愛爾蘭之於英國國策，可以公開反對。又愛爾蘭亦可公開加入西歐之列國會議。而英倫三島之共為一國，豈不人人盡知？此乃當前最近世界最大一帝國。試問不通曉英國民族心理，乃及英國歷史演變，何以解答此問題？推而言之，不通曉西方人心理及其文化精神，此問題亦無可解答。

今日國人一惟西化是尚，則試問中國自今以往，又何得常為一擁有廣土眾民之大國？苟非亦如歐洲分成二、三十國，又何得謂西化之有成？無論此下中國之共產化，抑自由民主化，最主要者，皆在其求「西化」。而如中國四、五千年來之統一大國，則決非西化所能有。即如美國，此亦廣土眾民，然有黑人、有猶太人諸民族，乃一「移民國家」，與中國之形成為一「民族國家」者又不同。而今日國人又盛唱漢、滿、蒙、回、藏「五族共和」，則不知當為文化舊傳統之「共和」？抑為現代化美國式之「共和」？其間宜亦有一大分別。此須中國人自以中國民族心理、中國歷史演進、中國文化傳統解決之。而豈僅仗師法於美國，或師法蘇維埃，所能解決其問題？即如中國西南諸省，如雲南、貴州、廣西、四川皆有「土司」制度，以容回民之自治。此一制度，豈西方諸帝國所能知、所能有？

今試問，不遠以前，吾國人能具吾國家民族自己相傳之一套歷史知識，即修、齊、治、平一貫相承之一套大道理者，能有幾人？苟有其人，能出而為中國全民族作領導，則中國而民主，必為一套中國式之民主，即中國傳統文化下之民主；中國而共產，亦必將為一套中國式之共產，即中國傳統文化下之共產；雖亦西化，終當具中國固有之特性，成為中國之西化。豈如今日言共產則必馬、恩、列、史，言民主共和則必旁通之於美國林肯之「民有、民治、民享」，而即以解釋「三民主義」之內容。此則以西化化中國，中國又將成何模樣？此皆無可說明。而今日國人渺不知明日之前途，而不舉以為怪，斯誠可怪之尤矣。

然則繼今以往，竊以為國人宜有兩大任務當先明知：一則當知須先顧及吾國家、吾民族自己之私，即所謂「傳統文化」，亦即我之私而非公。次則當知現代化，當具世界知識，當知全世界各民族、各國家亦各有其私。故雖現代化，亦仍當容有吾一國之私，不得為現代化、世界化而把自己私有之傳統文化盡加蔑棄，一掃而空；而其事實亦有所不能。能勝任此兩大任務者，則須一番通識，此由自己民族一番私有之學術傳統來。專尚西化以求通，欲並攬西方之各項專門知識，則更為難通。知識不通，則事業亦無可通，可不待論。

然則西方知識何以尚專不尚通？則因其文化傳統與我有別。其先乃為一商業社會，重「公」不重「私」，故其知識乃尚「專」不尚「通」。惟此當分篇另論，茲不及。

# 五一　公私與厚薄

中國人言社會，首要在其「風俗」。「俗」因地而殊，「風」則隨時有變，而風尤重於俗。余少時讀曾國藩原才篇，開端即謂：

風俗之厚薄奚自乎？自乎一二人之心之所向而已。

此謂人才興於風俗之厚，而風俗厚薄則源於一二人之心之所向。每喜其持義之高，而近百年來國人則少言及此。

西方小國寡民，地區已狹，疆域不寬。一國之內，風俗可以無相異。故其言社會，乃不重言風俗。即如英倫三島，有英格蘭，有蘇格蘭，有愛爾蘭，風俗各異，但亦無大相殊，習以為常，不再重視。如何移風易俗，西方人似少措意及此。此亦中西文化相歧一要端。故風俗厚薄之辨，西方亦無之。商業重廣告宣傳，務向外不向內。宏揚宗教亦重向外。政治則多結黨羽，亦主向外。專重外則方向多而內容變，其心不安不定，不能積，亦不厚。亦可謂之為無情。中國人則事事必求向內，一心一意，貴其情厚。

嘗聞民初北京大學聘馬一浮任敎，一浮以「禮有來學無往敎」七字拒之。一時羣譏以為不合時宜。其實中國傳統學風正如此，乃尊師重道之禮。近代則以教育為職業，宜其不相合。佛教東來，中國高僧率隱居深山僻寺中。行腳僧可以持鉢沿門乞食，但非沿門宣教。此則仍是中國風氣。至於政治更少宣傳，卽觀歷代帝皇詔令可知。中國各種文體，惟詔令最貴簡要，不主繁文浮辭。儻詔令不厭詳瀆，則必增羣下之輕視與反感，更又何可宣傳？此亦見中國風氣之一端。

中國人移風易俗，主要樞機在一二人之心，更要者，其心若只為「己」不為「人」。果行育德，是謂「修養」。換言之，若只為「私」不為「公」，而人自嚮往，風俗亦自見轉移。卽以學術思想言，先秦諸子中，儒、墨、道三家最大。墨家似乎重向外，重宣傳，而墨家終於最不傳。莊老道家最尙隱，最不重宣傳，而在諸子百家中，除儒家外，其傳乃最廣最久。儒家居墨、道之中間，卽所謂「有來學無往敎」者，而其傳乃最大。卽觀其傳授方術之不同，亦可徵其內容之有異矣。

儒家言孝弟，豈非僅一身一家之私。然人心所同，至私卽大公，故曰：

孝弟為仁之本。

中國人言「德」，必據私言。行其德，感其德，皆在私。非私不成德；德之厚，卽易得人心之同情。墨家主「兼愛」，視人之父若其父，同視天下為一家，豈不大公無私？然必分而薄。故無私卽無公，捨其私而為公，轉不易得公眾之同情。故墨家雖明辯暢論，而踐履篤實，又黨徒團結，自鳴以大義，其宣教之人，遠勝於西方之耶穌，但不三百年，戰國末卽衰。楊朱為我，拔一毛利天下不為。有私無公，則不得謂之成德。人自為我，似亦人心所同大公之道，人孰不愛其私？於是有人謂楊朱近仁，墨翟近義；或則謂楊朱近義，而墨翟則近仁。要之，楊墨之言盈天下。孟子則曰：

聖人先得我心之同然。

我卽是私，同此私則成為公，但須一二人之成其德。楊朱為我之教，則非成德之教。儒家教成德，乃始有移風易俗之效，則在其能卽私以為公之教。孔子所謂「執其兩端，用其中於民」是也。

至於在位行政，居上以臨下，地位不同，則凡其所言必當屬於公，而無可疑拒於在下者之各可有其私。但為政者之言，旣必出於公，乃最不易得在下者之信。中國之居政者明乎此，故凡其所言，每不據政治職位言，乃常本儒道教化言，卽言必出於「道」，而不本於「權」，以明凡所言之不出於我私，而盡為公。而今國人則譏之，謂其借孔子之道，以申其專制之權。則試問為君者終將如何以為言，而所言之必求得在下者之信而有其效乎？明乎此，則可謂中國傳統政治，乃一「儒道政治」。為君王者，亦多知其道，為天下之公，卽亦保其君王之私。故通讀中國歷代帝王詔旨，自得其用意深厚之所在。當知帝王詔旨，亦非出帝王之親筆，必慎選一代名儒以掌此大任，所以得有此成績。但如雍正御批等，則又當別論。此非兼通史學、文學之士，難與詳言。

當前社會風氣日趨頽敗，而一應學術機關，則盡歸政治統治，於是移風易俗，乃亦責歸政府。然除法令外，政府又何能別有措施？又有報章、電視等，廣肆宣傳。然此等功用乃在誘引人之欲望，否則激發人之怨憤。生事則易，移心則難。故民主、自由，僅用法治，而移風易俗，則非其所能。中國人所重，又豈當前西化時代之所能有？

當前時代人心，可稱有兩大端：一曰要人窮，一曰要人死。如商業求富，豈非要人窮？國防求強，豈非要人死？而科技綜其樞。科技僅以對物，今人則稱之曰「客觀」，一若其學至公無私。其實僅對物，此無私卽無情。故無私之公，較之借公濟私，為害更大。中國人重言「德」，德必具於私，而卽私以為公，其事乃誠，其心則厚。社會風俗求其誠而厚，而不求其僞而薄。一切人才當由此分。

故中國人必言「人品」，誠而厚者其品高，僞而薄者其品低。西方人無人品觀念，惟有法律觀念，法律之前一切平等。但坐輪船，艙位分上、中、下三等；乘火車亦然；甚至搭飛機，亦無不然。則西方人之等級觀，乃在物，不在人。坐上等位，其人卽屬上等；坐下等位，則其人卽屬下等。則豈非人之上下之分，卽分在其擁有之財富與地位、權力之大小上？故富貴卽屬上等，人如此，國亦然。所以有帝國主義、資本主義之出現，一若乃天地間一大公至正之道。但反而求之人人之私心，其何能安？

卽西方之有宗教亦然。必選一教皇，亦尚位不尚德。若謂乃由大羣公選賢德以登此位，則豈得謂德貴公認，不貴私修？求公認必趨於僞而薄，務私修乃躋於誠而厚。孔子曰：

不患莫己知，求為可知。

今日世界風氣，則競求人知，又必求廣眾大羣多數人知之，其誠與厚則可不再論。然則從宗教之弘揚、商業之廣告，以及政治之宣傳上來求風俗之改移，自無甚深之希望可冀。

今人但言「時勢」，不言「人心」。一若時勢屬之公，人心則屬私。但中國古人則謂公由私來，故時勢實啓自人心。而一二人之心，乃可轉移天下。今人則謂必如西方，由廣眾大羣多數人乃可轉移天下。進一層言之，乃由物不由人。資本主義、帝國主義皆由物來，非有物之轉移，又何得謂之有轉移？今人又好言「求變求新」，其實在求物變物新，非求人變人新。中國古人則一由人心來轉移人心，其間乃有一大不同。故中國社會乃建立於「人心」上，而西方社會則建立於「物力」上。果其物力變，則其社會自不得不隨而變。故帝國主義可以沒落，而資本主義亦可有不景氣，乃至於崩潰。故西方社會必趨於變。而中國則積四、五千年來，此一民族國家之摶成，可以綿延擴大而終不變。今則人心變，斯其社會自亦變而不復矣。

然則今日人生大道乃有一要端，即當研究人心何以勝物力。換言之，人心之「私」可以勝物力之「公」。此因人心有情乃若私，物力無情乃若公。中國人則重「情」而輕「力」，西方人乃重「力」而輕「情」。知此乃可知「公」、「私」之為辨，即「人」可以勝「物」。最重要者，在使人知此心之屬於我內在之私，而物則僅屬於我之外在之公。心不變，乃得積而愈厚。物則必變，故孔子曰：

富而可求也，雖執鞭之士，吾亦為之。如不可求，從吾所好。

當知吾心所好實在「內」，不在「外」。如衣、食，如居住，如行路交通，其事皆在外。不僅在心外，並亦在身外。「身」之一關，最當明辨。身亦一物，身之主乃在身內之心，不在身外之物。此層最為中國古人所盡力明辨，而惜乎今人則不加注意矣。心之所好亦有屬物者，舉最淺例言之，如鹹蛋、皮蛋，皆為中國人所好。今則皆變質，更乏佳味。又如中國家庭善作醃菜，每家必製七八甕，或十幾甕，味絕鮮美可口，今均失傳。衣著如綢緞刺繡，今亦盡變不復傳。如居住，則中國所最不如西化者，為毛廁；而獨勝西化者，乃園林。今則每家必具新式毛廁，而園林之勝則失傳。亦見西化之無深趣矣。

耳目之娛為聲色。姑舉樂器一項言，琵琶亦外來，然自西漢迄近代，亦歷兩千年。余幼年尚習聞之，今數十年來，國人皆競學鋼琴或大、小提琴，擅彈琵琶者乃較少。是則人心所好之變，其主要關係豈不亦在外？西化屬新，盡可喜；舊傳則盡可棄。此心已為奴，不為主，亦由此可證矣，更何論於學術思想之高出其上者？明白言之，可謂今日國人內心之所好，已無一己之私，而盡屬天下之公。而其將日趨於薄於僞，亦可不待有爭矣。

然則盡今日國人之所為，乃日向於外物，而不求之內心。果可美其名而謂之務「公」不務「私」，然實為奴不為主，而仍美其名曰「自由」，曰「平等」。今再明白言之，則此乃中國人之平等意志，求與西方人平等；而中國人生之內在價值，則置而不顧。而中國舊風俗則有較西方更為平等者，如父母家產必分傳其子，長子則稍優，其他兄弟必平等分配；而西俗則待其父母臨死遺囑，高下有無，漫無定準。然則誰為平等，誰為不平等，又不待辨而可定。

抑且國人常言中國男女不平等，其實嫁女必備嫁粧，四時之衣裝，日常之家具，乃及金珠首飾，視家有無。其女嫁後，畢生使用，可以無憂。而其翁、婆、丈夫，皆不得顧問。此非法律規定，而係風俗習慣。有嫁女時家境尚佳，而臨死時家境已落，諸子所分，乃遠不如諸女之嫁粧所得。此又何得謂中國之重男而輕女？自社會新風氣漸成，嫁粧一事乃告缺如；而國家法令，乃有出嫁之女亦得分父母遺產之規定。余在大陸時，乃有出嫁女回家爭遺產，與諸兄弟爭訟上公堂之事。風俗厚薄亦由此見矣。故儻尊西化，必求將一切舊傳盡量廢止。父母遺產則一依其父母死時之遺囑。然又豈得當於中國之人心？

要之，風俗既薄，則人才無望。自非中國古人言全不可信，否則中國前途亦必終自有艱耳。

今再要而言之，西方人多「私」，故貴「公」，乃重於「物」而輕於「人」；中國人多「公」，故貴「私」，乃厚於「人」而薄於「物」。東西文化相異略如此。

# 五二　情與欲

西方人信有「靈魂」，遂生宗教。又在科學、哲學上皆主「身」、「心」兩分，故哲學上有「唯心論」、「唯物論」，科學上有「生理學」、「心理學」。然西方科學言心理學，實多偏在生理。心之一切作用，皆從腦部求之。孔、孟、莊、老之腦，若經解剖，宜與其他人腦無大不同，而其心則大不同，則又何說以解？中國人之於身心，每不過分作分別看。心在身而為之主，如國之有君，而君亦不離於其國。無君不成國，離國亦不為君，大體如是。

莊子齊物論：

南郭子綦隱机而坐，仰天而噓，荅焉似喪其耦。

人與人相處為耦，而此處「耦」字，則不僅指人與人言。下文：

形固可使如槁木，而心固可使如死灰乎？

身如槁木，則喪其「心」；心如死灰，則喪其「身」。則此處乃謂心與身相耦成「我」，喪耦即喪此心與身之相耦，故曰：

吾喪我。

「我」卽此身心之相耦。心必接於物而見。身亦物，苟無此身，又何由見此心？莊子曰：

非彼無我，非我無所取。是亦近矣。

此可指自然與人生言，亦可指身與心言。慧可問達摩安心術，達摩答：

將心來，與汝安。

慧可悟，離開事物，心何可得？達摩面壁，已離開了外面事物。目不見色，卽如無目；耳不聞聲，卽如無耳；耳目俱無，則已失去了此心之大部分。伊川瞑目閒坐，不知門外雪深，不知兩弟子侍側，此所謂「心不在焉，則視而不見，聽而不聞」。不視不聽，又何見聞之有？儒、釋、道三家，皆有打坐工夫，主要卽在喪耦、喪我，卽以求深處之眞我。

中國為人本位文化，重要在人與人相接相處。普通人皆從此相接相處中見心，而儒、釋、道之深處，則求於不相接、不相處中見心。其先原人時代，主要在與物相接。及其有家洞居，主要乃在人與人相接。人與人相接相處，乃有中國人所謂之人倫大道，亦卽是中國之人生哲學。此處乃見有人心。惟人與人相接相處，千差萬別，有難有易。最親切，最接近，則最難處。夫婦人倫之始，朝夕相處，長時相接，而求能百年和好，成為佳耦，此實最難。西方人言自由戀愛，十萬人一都市，成年未婚之男女，各可達萬，萬中擇一，此自由卽不易。僅從少數幾人中偶爾相值，則僅乃一極有限之自由。又主自由離婚，則見夫婦相處久安之難。其實自由戀愛易，夫婦相處難。西方人又以「結婚為戀愛之墳墓」，中國人則夫婦求如雎鳩，求如鴛鴦，雎鳩、鴛鴦僅乃一生物，可以人而不如禽乎？則最難亦卽是最易之至矣。

有夫婦乃有父子，已成隔代。能不生代溝，父慈子孝，代代相傳，家祚永隆，事似不易。但慈以教義方，孝以幹父蠱，有道亦卽易。兄弟如手足，兄友弟恭，實亦不難。儻一家夫婦、父子、兄弟尚不能相處，則又何論於出門處世？故君臣、朋友兩倫，必在夫婦、父子、兄弟三倫之後。大學言：

家齊而後國治，國治而後天下平。

治國需有君臣之義，平天下需講朋友之道，其本皆出於一心，其事皆始於一家。豈有不能齊家，而轉能治國、平天下之理？

孔子言道依於仁，孟子曰：

仁，人心也。

又曰：

仁者，人也。

其實皆言人與人之相接相處，皆在此一心。不有此心，亦不成為一人。大學言：

自天子以至於庶人，壹是皆以修身為本。

其實「修身」即「修心」，即修其人與人相接相處之道而已。

中國以農立國，百畝之田，生事已足。五口之家，和樂且耽，乃更所重視。治國、平天下之大道，亦推此和樂之心以為解決。西方古希臘以商立國，生事問題難於農，不能心顧其家。先求人對物，再求人對人。又先對人中之疏遠者，再來對人中之親切者。情感輕於功利，並不須夫婦和好、父慈子孝、兄友弟恭，始能出門經商。乃反其道而行之，必先出門經商，獲得利潤，乃始回家享樂。但回家無樂可享，於是乃仍求之都市中。男女戀愛亦一樂，甚至兵戈相見，戰場相殺，亦夠刺激，亦一樂。其他樂事亦尚多，但非人情之常，亦非齊家之道。乃至無國可成可建，其天下乃一功利之天下。羅馬乃一帝國，羅馬人、意大利人、意大利半島以外人，分為三大部分，亦惟一兵力統治之暫時局面而止。

西方現代國家，乃啣接其「封建時代」之貴族，擴大成一王室，組成一政府。封建貴族建立在權力上，現代國家亦然。故西方人言家庭，亦言「母權」與「父權」。權力與權力間則必言「法」。有「法」而無「情」，乃有近代民主革命之興起。遂由「神權」、「君權」而變為「民權」，主要仍在一權力。乃結黨爭權，以多數勝少數。其天下乃成為一權力之天下。

故西方有「個人主義」，又有「集體主義」，主要皆在「權」。集體主義實即個人主義之變相，則人與人間自無情感可言。權力則為「人欲」。中國則重「情」輕「欲」。但情中必有欲，欲中亦必有情。大體言之，對物則欲多於情，對人則情多於欲。對未得則有欲，對已得始有情。故男女戀愛多在欲，夫婦結合乃見情。果有情則欲自淡；至於無，斯見情之純，夫婦之百年偕老是矣。父母、子女乃天倫，父母非欲誰某之為其子女，子女非欲誰某之為其父母，非欲故其情純。夫婦結合，亦求其不本於欲而純於情，故雖父母之命、媒妁之言不為病。則夫婦雖人倫亦如天倫，乃得成為佳耦。以道義相處，則情深而可久；以利欲相結，則情不深不可久。雖男女之愛亦如此。情發乎己心，故可自由；欲起於外物，故不應有自由。內自足則生情，內不足始生欲。飢欲食，此欲卽是「性」；食求美，乃「欲」非「情」。情以「理」節，欲以「法」制，兩者之別，實有深義之存在。

推至於君臣、朋友亦然。孔子曰：

不仕無義。

仕非為欲，君臣初不相識，但相與間亦可有眞情。朋友相知，貴相知心，知心則眞情生。酒肉朋友，乃「市道交」，各先有欲，而無情，又烏得謂之為朋友？故中國人好言「名義」。父子、夫婦、君臣、朋友皆是名，有是名則有是義。「名」乃指一種既得已成之局面，非由我要來，亦可謂由天賦。如天生我為人，在此家、此國、此天下，而有父子、兄弟、夫婦、君臣、朋友之五倫，非由我之私欲來，我一任其天，仁至義盡，則我乃為「一天人」。儻必欲違天由己，只自尋煩惱，自找苦痛，自毀其己而已。故夫婦則言「天作之合」，此中大有妙義，惜乎今人之不加體會。中國乃一農業人生，有其絕好之教育場所，自能多「情」寡「欲」，乃使中國造成一惟主多情、但求少欲之文化傳統，此亦可謂得天獨厚。

「情」有「愛」有「敬」，愛易滋生欲，敬亦人心自然。農村人多知敬，天地山川，一草一木，皆所敬。鄉村曰「桑梓」，一桑一梓，植自父祖，與我並生並長，任意斬伐，心有不忍，並亦敬之若神。今日國人則譏之曰「迷信」，又稱之曰「多神教」，不知此亦農民心中一番敬意之自然流露。既敬天，乃敬及草木。其心有敬，乃不於己自足自滿。

孔子言「仁」亦言「禮」。孟子曰：

仁者愛人，有禮者敬人。

愛與敬實只一心。孝養父母，孔子曰：

至於犬馬，皆能有養；不敬，何以別乎？

又曰：

孝可有私，敬則大公。中國尚敬老之禮，老而得人敬，豈非人生一大安慰？近代老人得一分養老金，乃以濟其欲，不足以慰其情。此亦一大分別。

弟子入則孝，出則弟。

敬者尊人，非自卑。愛則當知尊，夫婦「相敬如賓」是矣。禮有賓主，敬其賓，亦即主人之自尊，非由賓爭來，此之謂「平等」。天與人不平等。中國古禮天子祭天，諸侯祭其國之山川，平民不得預。但祭者是主，所祭者則是賓。賓主平等，即天與人亦平等，惟在主者之心知有敬而已。闡明此道者為「師」。故天、地外，君、親、師皆當尊。尊親為孝，尊君為忠，尊師為重道。忠孝亦皆道，尊師尤人道之大者。孔子為至聖先師，其尊乃猶在君、親之上。中國之人道乃如此。今人乃謂當尊青年。青年乃子弟，尊幼不尊老，豈不顛倒之甚！此乃一種功利觀，非道義觀。

中國子弟入學，教以敬業樂羣。能敬業，斯知尊師。同有所尊，亦人生一樂。西方人進禮拜堂亦一樂，正因其同有所尊。孔子曰：

有朋自遠方來，不亦樂乎？

同受教，同相尊，亦為師者一樂。今日則教師亦一職業，受業同為謀生，同業相爭，即非樂。今社會乃僅知有愛，不知有敬，財富、權力皆不足敬。徒重財與權，決非人情之正，亦非人道之常。

孔子「仁」、「禮」兼言。墨子主「兼愛」，非禮非樂，轉言「天志」，則非人情之愛；乃言尚「義」，此「義」亦當屬天不屬人。莊子兼反儒、墨，盛言「自然」，人與物相類，無愛亦無敬，尤少言人情。但莊子實近儒。內篇七篇：逍遙遊、齊物論，開宗明義；繼以養生主，則生命當養；又繼以人間世，則人當處世；繼以德充符，有小德、大德，有德、無德之辨；繼以大宗師，大德則為世宗師；殿以應帝王，宗師大德，乃可為帝王。則莊子思想，實亦其與儒又何異？名家歷物，則由墨家來。

墨子非禮非樂，一以自苦為極。莊子則非禮不非樂，與惠施遊濠梁之上，而言鯈魚出遊之樂。惠施名家墨徒，與之辯。寧有人不如魚，不知生之可樂者？莊子妻死，鼓盆而歌，此即阮籍「禮法豈為吾輩設」之義。妻死而歌，母葬而飲酒，蔑棄人間禮法則有之，非對母妻無情。莊子書又有至樂篇。治莊周道家言，無不知對外當「和」，對己當「樂」。和與樂，即皆「情」。莊子乃主「寡欲」以至於「無欲」，故曰：

至人無己，神人無功，聖人無名。

無己卽無一己之私。孝弟不為名，忠恕不為功，無欲而至情乃見。故儒家言愛敬，道家言和樂，皆人情。墨家自苦以兼愛，亦非無人情。後代中國宗孔孟，兼采莊老，獨墨學不傳。中國文化一本人情，亦卽此可知矣。

莊周兼反儒、墨，但於孔子前提出一老子，於堯舜前提出一黃帝，雖寓言無實，豈不仍是孔子「述而不作，信而好古」之意？墨子亦言：「非禹之道也，不足謂墨。」則仍是「述而不作，信而好古」。信好及於古人，此見人情之深厚。亦可謂中國國民性如此，中國傳統文化如此，此誠無奈之何者。

孔子提倡「仁」，鄭玄言：

仁者，相人偶。

人與人相處成偶，其道卽為仁。莊周齊物論南郭子綦「喪耦」、「喪我」，其實彼我不兩立，喪我正是成耦一最佳心情。易詞言之，喪耦亦卽所以成全其耦耳。孟子言「舜為天子，瞽叟殺人，皐陶為士」，皐陶執法無私，則殺人當抵命。舜不能使其臣皐陶不執法，乃偕瞽叟同逃海濱無人之境，以求全其父之生命。舜之逃離其天子之位，較之釋迦之逃離王太子宮，豈不其喪我之心情更為崇高。孔子言「殺身成仁」，孟子言「舍生取義」，此又是喪我之一種最高心情。此皆中國人情之至深極厚處。中國人所理想之人生最高境界，乃在此。

人生必有耦，最大者有二：一曰「生」與「死」，一曰「彼」與「我」。人生種種問題皆從此二耦生。釋迦牟尼為王太子，新婚有子，離家出走，一人坐菩提樹下得悟，重還人間，宣揚「涅槃」境界，求解決人類生死一大問題。但中國人對此問題，則並不重視。君子休焉，小人息焉，生則勤勞，死獲休息，又何足畏？張橫渠亦言：

> 存吾順事，沒吾寧也。

「寧」即休息義。故死生在中國人觀念中，終不相對立，不成一大問題，故亦不產有宗教。

近人言中國科學起於道家，是又不然。道家言自然，乃一種生機論。一切物，莫不以有機的生命體視之。故人之處自然，亦能和能樂。此一宇宙，似無情，實有情。莊子書中反對機械論，屢見不一見。近代西方科學，乃與權力觀、功利觀同流，皆為道家所極端反對。故道家言自然之發展，乃藝術，非科學。科學中無人情，而藝術則極富人情味。苟無情，斯亦不成為藝術，亦可謂非中國之藝術。儒家言則為「道德人生」，道家言則為「藝術人生」。總言之，則為人情的，而非權力、功利的。此亦中西人生大不同所在。

中國科學亦富同情心。大禹治水，求通水性；后稷治稼，求通五穀之性；神農嚐百草以療人疾病，求通百草之性。西方藥物則多屬無機性。中國人發明火藥，演而為爆竹、煙花，供人娛樂。西方則演為鎗砲，為殺人利器。亦可謂中國之各種科學發明，亦均富藝術性，其端仍當自農業社會始。

故中國人生徹頭徹尾乃「人本位」，亦即「人情本位」之一種藝術與道德。儒家居正面，道家轉居反面，乃為儒家補偏而救弊。然皆不主張「欲」，故亦絕不採個人主義之功利觀與權力觀，此則其大較也。

西方宗教，權力一歸之上帝，靈魂上天堂，則仍為一種功利觀。哲學則「知識即權力」，而功利隨之。科學改造自然，權力、功利，兩途兼顧，故在西方乃最盛行，超於宗教與哲學之上。然科學最為無情，啓爭有餘，求和不足。惟見物對物，不見人對人，乃欲非情。藝術則物亦人化，科學則人亦物化。人世界全化入物世界，則不和不樂，無愛無敬，所敬只賸一上帝，可愛只在男女，此豈人類之眞理所在乎？

要之，「欲」必以外物為滿足。物無窮，則欲亦無窮。「情」則相通互足，相愛相敬，至和且樂，乃始為人生康莊大道所在。

# 五三　天地與心胸

余嘗謂中國人重「內」，西方人重「外」。外則為天地，內則為心胸。天地愈大，則心胸愈小。心胸愈大，則天地愈小，適成對比。此又中西雙方文化一大不同之點。

先以農業人生與商業人生言。五口之家，百畝之田，生於斯，長於斯，老於斯，卒於斯，葬於斯，子孫百世，如此相傳，俯仰之間，天地豈不甚狹小？然而即此天地便是吾之人生。盈天地吾心乃無不顧及，吾心即此天地。吾此心已充塞天地間，則其心胸之廣，自不待言。

古稱「十室之邑」，其生活盡是一般，只各在一狹小之天地內。後人又稱「三家村」，其生活亦盡是一般，亦各在此一狹小之天地內。故農村人天地之狹小，乃僅為其一心之所容；而其心胸之廣大，則已能與天地而為一。

五口之家，各有父母、子女。我孝，誰當不孝？則孝已盡人道；我慈，誰當不慈？則慈亦已盡人道。三家之村、十室之邑相為鄰里，我對他家人盡其忠信，又誰不當忠信？豈不已盡了天地間之人道，於我又何憾？

若我不孝不慈，在家卽不和不安；若我不忠不信，在鄉黨鄰里中亦將不和不安。此理至明，反之吾心而卽知，則天下人之道，又孰能外於此心以為道？吾心卽天地間人之心，吾道卽天地間盡人所當行之道，簡單明白，如是而已。

都市商業人生則不然。生活條件內不自足，必求之外。如古希臘，僅一小半島及近海各島嶼，通商非、亞兩洲，複雜多變，形形色色，難以言狀。惟求一己贏利而止。然亦多變，虧者傾家蕩產，盈者富可敵國。故商人無自足心，亦無自信心，互顧皆然；惟見外在天地之廣大，內在心胸則渺小，與農人心理又烏得相比！

孔子亦生農業社會中，自稱「好學」，亦學於十室之邑之忠信。擴而大之，忠於國，忠於天下；信於一世，信於萬世。心胸愈擴愈大，求與天地參。則孔子心中之天地，豈不仍是一小天地？孔子不僅在曲阜，至齊、至衞、至陳、至楚，天地亦無大變。其弟子有子曰：

本立而道生，孝弟也者，其為仁之本與。

曾子曰：

為人謀而不忠乎？與朋友交而不信乎？

則孔門之所謂「道」，亦惟此心之孝弟忠信而止，又何嘗離此心胸而別有所謂道？

古希臘之學有兩大端：一曰科學，一曰哲學；皆本於「外」以為學。上本天地，旁及萬物，其所求知既在此，則所學亦在此。天地既大，事變既繁，孝弟不得專恃以養家活口，而忠信亦不得專恃以出門營利。古希臘人之為學，其主要乃在向外求眞理，而科學、哲學遂以成立；不信人性由天賦之善，故在人生行事中無眞理。向外求，則重「客觀」；在己、在人，則為「主觀」，皆不足信。於是其所求，乃在「物」不在「人」。在天地萬物間求得眞理，乃反以限制人，是為法制刑律。人事不越出法制刑律之外，斯可矣。然希臘人尚計不及此，必待羅馬人起，法制刑律乃特見重。故希臘僅有「城邦」，至羅馬乃始有「帝國」之建立。

然法制刑律僅在消極的限制人，不能積極的領導人。總之，法制刑律非卽眞理，何能成羣立國？故羅馬帝國未崩潰，而宗教卽興起。但宗教信仰靈魂降謫，人生由「原始罪惡」來，則人生中仍無眞理。果使宗教卽眞理，此眞理亦在外，在上帝，不在人。人生罪惡除懺悔禱告外，別無其他得救之道。故宗教所信仰之天地雖大，而信教人之心胸則更狹，甚至只許有上帝，不許有己心。

西方人之所賴以維繫人羣，建立國家，則惟科學、哲學、法律、宗教之四端。皆求之人之外，不求之人之內。愈向外求，則天地愈大；愈不向內求，則心胸愈狹。至於今日，因於科學之發展、交通之便利、商業之繁興，而五大洲人類可以朝夕往來；天地益大，而心胸則益狹。幾於人人盡守一

「個人主義」，互不信，互不親。卽男女婚姻雙方，亦各站在其個人立場而結合、而離散，亦惟雙方個人之自由。其他如父母子女、兄弟姊妹、君臣上下、朋友相互之間，又更何親信可言？此非心胸之日狹乎？

孔子曰：

足食，足兵，民信之矣。

其弟子問：必不得已，於此三者而有去，當何先？孔子曰：

去兵。

又問：於此二者必不得已而去，當何先？孔子曰：

去食。自古皆有死，民無信不立。

在今日，則首畏兵不足。兩次世界大戰以來，美蘇為舉世兩大強，然孰居上，孰為次，美蘇各不自信，惟日孳孳，患兵不足。繼此以往，美蘇互爭，乃各不能有兵足之一日。其他二等、三等以下，全世界百五十國，亦各求足兵，各自爭強，各無兵足之一日。又美蘇兩強，爭以贈與武裝，出賣兵器，為其敦睦邦交之首務；故兵器精良，武裝充實，今日各國已遠超於第二次世界大戰時；然而足兵之望，則渺不可及。小戰賡迭不休，計惟美蘇大戰，兩敗俱傷，庶有了局。

次言「足食」。科學發達，足食非難。但餓死事小，失兵事大，今日之世界乃如此，以國與國無可互信故。不僅國際間無信，卽一國之內亦無信。民主政治，下不信其上，故必選舉；又必分黨以爭，故必經年改選，而黨爭終不已。共產極權，則上不信下，流放拘禁入集中營，以至大量屠殺，亦無寧日。則孔子「民無信不立」之語，迄今亦信而有徵矣。

西方宗教信上帝，而人與人間則無可信，卽上帝亦無奈之何。故曰「凱撒事凱撒管」。第一次世界大戰時，敵對雙方，各在戰壕中默禱「上帝助我，和平庶可保」。勝敗既分，而和平仍不可保，第二次大戰繼起。兵力不足恃，上帝亦無可信，則人類和平其將何途之求？

和平眞理惟一「殺」字，以殺止殺，而殺終不可止。中國人以「天地之大德曰生」，以「止戈為武」。孔子言「民無信不立」，已不可行於今日。儻明日美蘇能互信，則核子武器一切殺人利器皆可廢。孔子曰：

子為政，焉用殺？

孔子又曰：

聽訟吾猶人也，必也使無訟乎？

誠使無訟，則一切法制刑律亦可廢。然則孔子言政治究何以為道，其道究將何從而得，實仍值深究。孔子所言「道」重在「信」，信從心起。必先信己心，乃能信及他心。夫婦人倫之始。西方人言戀愛，但雙方對此愛心均無自信，故對上帝宣誓，赴法堂定約，而自由結婚後仍得自由離婚；中國人則言夫婦和合，愛可信，斯和合亦可久。

晉公子重耳離狄出亡，告其妻：「待我二十五年而後嫁。」其時本無女子不得再嫁之法律規定。其妻季隗告重耳：「我年二十五，待子二十五年，將就木矣，願終身以待。」至齊，齊又妻以齊姜。齊姜亦愛其夫，與其客謀，醉而行之。重耳之秦，又娶懷嬴。重耳因秦力返，又將賴秦力以成其大志。是重耳志在功業，其愛舊之心則自有變。此亦天地大而心胸轉狹。女子在閨房，天地小而心胸則大，能自守，能自信，乃能信及他人。狄人聞重耳返，而送還季隗，齊姜則不復有所見。若使當年齊姜不信重耳，烏能許重耳之離？城濮一戰，重耳為諸侯盟主。使齊姜尚存，或聞之，其心當有慰，亦可無憾矣。中國人言「一陰一陽之謂道」，非有當年之齊姜，又烏得有他日之晉文公？而今人則必為齊姜叫屈。使齊姜當年不許重耳離去，毀其夫，亦即以自毀。而今人仍謂之愛情至上。此則愛心大，而天地為之狹矣。

重耳亡臣中有介之推，重耳歸，賞從亡者，忘之推。之推不言。其母從子隱。之推從亡亦其忠，豈圖他日之賞？賞不及，無傷其忠。我獲我心，何待自言乞討？其母亦以子心為心，從隱亦一樂。晉文公物色之，之推隱不出，亦非心存怨恨。初不為賞，今又出而受賞，其君必表媿歉，其先受賞者必表仰敬，轉滋多端，心反不安，乃終隱不出。搜者焚山迫之出，之推母子卒被焚死。後代有「寒食節」，即紀念之推，傳遍全中國，逾兩千五百年不息。在之推則亦惟守其初心不變而已，既不為當前之利，亦不為身後之名。名傳千古，亦豈其當年意想所及？則亦心胸大，天地為之小矣。孔子言：

七十而從心所欲不逾矩。

若齊姜，若之推，亦皆其一時之從心所欲。故孟子曰：

人皆可以為堯舜。

能有此信，他復何言！

中國人言女子有「三從」：在家從父母，出嫁從夫，寡居從子。此三從皆內在之心德，非外定之法律。曾子曰：

君子思不出其位。

齊姜當時惟勸其夫速離，在妻位則然。之推母從子隱，居寡母位則然。而中國此下逾兩千五百年來之歷史大傳統，則齊姜與之推母皆具有大影響。故仁、義、禮、智一切人生大道，皆由此心之自信始，則非近代個人主義、功利觀念之所能相提並論。

漢樂府：

上山采蘼蕪，下山逢故夫，長跪問故夫，新人復何如？

婚後被棄，上山采蘼蕪以為食，而其關切故夫之心則仍不變。長跪而問，有情有禮。短短二十字，可謂能深入天下千古之人心，至今傳誦，猶有餘味。離婚在中國，亦非法律所禁。樂府所詠，亦非重男輕女之意。此心異，則天地亦隨而異。非此心，又何來有此辭？

程伊川言：

餓死事小，失節事大。

乃指夫死寡居者言。然使寡而有子，其子不當餓死。范仲淹母再嫁，乃得使仲淹長大成人，此乃「夫死從子」，非失節。故女德之「三從」，乃一種無我之心，惟以父母與其夫、其子為心，其天地乃甚小，其心胸則甚大。孟子曰：

養心莫善於寡欲。

內有欲而求之外，則天地橫梗矗立在前；所欲愈多，斯外面天地愈大，而內在心胸則愈窄。鄭康成言：

仁者，相人偶。

人必相偶為人，不能獨立為人。女性多情，故「窈窕淑女，君子好逑」。能知求窈窕之淑女，斯其所以為君子，而豈好色多欲之謂？多欲則在家可以自陷於不孝，既嫁則可以離婚求自由，夫死則人盡可夫。天地更大，一惟己意之所欲，而己則獨立為人，可有相偶而不相偶。故有欲斯有我，多欲則多我，多我斯多變。在我多變，尚不自信，何能信人？人亦豈能信我？各不自信，又不互信，斯其心胸愈窄，而外面天地則愈大；乃欲轉向此大天地中尋求眞理，是亦人心之一欲而已。道在邇而求之遠，不知反求之心，而誤認「人欲」為「天理」，斯其貽害人羣將無窮，卒無思以挽之者。此亦誠堪悲歎矣！

范仲淹為秀才時，以天下為己任，先天下之憂而憂，後天下之樂而樂。即以天下之憂樂為憂樂，此亦一種無我精神。無我非無憂樂，乃不憂樂其一己之私，斯之謂「無我」。無我實乃一廣我、大我，則心胸大，而外面天地則小。不見一己之私憂樂，惟見一共同之大憂樂。顏子居陋巷，一簞食，一瓢飲，人不堪其憂，顏子不改其樂。實則顏子亦非有樂無憂，如見卓然有立，雖欲從之，末由也已，是則顏子之所憂，亦即顏子之所樂。范仲淹讀書山寺中，斷虀劃粥，非其所憂，實其所樂。故其先天下之憂而憂，實亦即其一己之樂。此之謂天地小而心胸大。及其居高位，當大政，兩子共一袍。兄穿出，弟留家；弟穿出，兄留家。其子赴江南收租，故舊石曼卿三喪無以葬，捐租以濟。歸告父，父亦大樂。此種心胸，昭在史册。後人讀史，豈不以人羣中有范氏父子為樂。然范氏上十事疏，卒不行，實無以救當時之社會。此孔子之所謂「道不行」，而此道則長在天地間。此非心胸大、天地小而何？中國之廣土眾民，至今依然，而益發皇，此即其道之所在矣。

顧亭林言：

國家興亡，肉食者謀之；天下興亡，匹夫有責。

明社既覆，終不復興，而中國人之天下，則豈不至今尚存？顧亭林自以一匹夫負其責。使當時無顧亭林、李二曲、黃梨洲、陸桴亭、王船山諸匹夫，則不知中國人之天下至今當何似？此亦天地小、心胸大一例證。有顧亭林諸人，斯民有以立，立則立在其所信。先有亭林諸人之信，繼之以大羣之共信。明末以下之天下，卽立於此信。今則此信失，斯民又將於何立？此則仍必待如范仲淹先天下之憂而憂者出。曾滌生原才言：

風俗之厚薄奚自乎？自乎一二人之心之所向。

以今世言之，一二人之心，又豈能轉移天下之風俗？天地已日大，心胸已日小。但今日之中國，而仍能有范、顧、曾諸人者出，則其言猶可信。文化傳統不同，非可一概而論。今日國人一心模倣西化，心既變，天地亦隨之變，雖有范、顧、曾諸人之言，亦將無足信。

其實「新」、「舊」卽「時代」與「傳統」之分，故曰「新時代」，又曰「舊傳統」。時代多重外在空間，傳統則必經時間緜延。故每一時代中必存有某種或某幾種傳統之存在，未有無傳統之時代。

惟傳統則必有其內在精神，以心傳心，始有傳統；外在事物，無傳統可言。老子曰：

功遂身退，天之道。

此「功」字，即偏指外在事物言。故凡重外在事物功利者，功成即身退，此乃歷史之大例。專就近代史言，英國國旗遍受全地球各地太陽光照射，英國人之帝國主義可謂已功成；兩次世界大戰，英帝國皆佔勝方；而英帝國亦告崩潰，則老子之言已有信。而今國人則改慕美國。倘美國亦有功成之日，我國人仍當改慕繼美而起者。此見天地之大，而我國人心胸之狹，則宜我國人亦盡譏孔、老所見天地之狹矣。

帝國主義既崩潰，而資本主義猶存。最近幾年來美鈔價格時有搖動，不能保有世界市場之標準價格。抑且美國之對外貿易，武裝軍備為最昂貴之第一項，日常用品反成入超，則美國資本主義之終將身退亦可知。

共產主義乃敵對資本主義而起，果使資本主義崩潰，則共產主義亦必隨而崩潰。近人誤解，乃謂資本主義失敗，即共產主義成功。不悟功成身退，其成功不啻即失敗。一而二，二而一。時代已變，相隨俱亡，更復何有？

更進一層言，帝國主義、資本主義、共產主義，同是西方傳統，一體多面。體亡則面不存。今人誤解，以為變而日新，亦淺之乎其為見矣！然則此下之新時代又將為如何一時代，此誠人類當前一大問題，而有待詳密之思考與討論者。

則試重引孔子言說之。孔子曰：

殷因於夏禮，所損益可知也。周因於殷禮，所損益可知也。其或繼周者，雖百世可知也。

孔子此言，非不知時代之有變，而終有一不變者存。此不變者，則雖百世而可知。其所損益即其變，所因即其不變。變則成為「時代」，不變則為「傳統」。所因則因於人心之有信。自信、互信、共信，則又何變？帝國主義崩潰，即孔子之所謂「去兵」；資本主義衰落，猶孔子之所謂「去食」。「民無信不立」，此一「信」字，內本人心，外通天道，乃可萬世因之而變。西方文化重外在之事功，故隨時代而必變；中國文化重人心，重忠信，故可隨時代而變而終有其常。不忠無信，則此時代無可長存。

帝國主義、資本主義決不能謂其忠於外、忠於他人，而可得外面他人之共信。不共信，又烏能共存？今日西方人惟一口號，曰「自由、平等」。惟其在帝國主義、資本主義下，不自由，不平等，故此一口號乃獲人人之共鳴。然果使人人自由、平等，則何來有帝國主義與資本主義？然則近代西方人之呼號正不啻毀其立場，則宜其時代之不可久而必變矣。

然則若使帝國主義崩潰，資本主義衰落，而人人自由、平等，又如何？曰：自由、平等正對帝國主義與資本主義而發，若使此兩主義俱告沒落，則此兩口號亦將失其存在，此亦功成身退一大例。嬰孩初生，若使卽獲自由、平等，則此嬰孩亦惟有卽趨死亡之一途。嬰孩之獲長大成人，卽正為其不平等、不自由，而獲父母之養育，否則何得長大成人？及其疾病衰老，又復不平等、不自由，有待人之護持。忠信乃人生始終所依，方得為人生之大道。

故不忠不信，則人生不能有夫婦家庭，而更何論於君臣與朋友？卽論國際，亦賴忠信。如漢之對匈奴，唐之對突厥，皆有實例。而東北之有朝鮮，西南之有越南，中國對之尤復忠信有加，故此兩國受中國文化之陶冶亦特深。三千年之史事，舉不勝舉。今日國人乃稱「漢帝國」、「唐帝國」，尤為妄稱。帝國經營有成敗，資本商業有盛衰，惟忠信之為人道，則無成敗可言。忠信乃德性，非事業。大學之道所謂「明明德於天下」，亦明此忠信之德而已。使忠信之德而明於天下，則世界大同而天下平，斯曰「至善」，乃可止矣。

要而言之，人羣和平相處之大道，家、國、天下之大本，必建基於人心之忠信。西方文化實亦不能離此，而演進日遠，回頭非易。若論中國，此義早揭發於古人，近日嚮慕西方，此義亦臻暗晦。迷途知返，非無其機。而當前人類之厄運，亦殊堪嗟嘆。天旋地轉，本於一心。心胸開，天地亦盡歸此中心。有心者，曷不反省一試之？自覺自悟，當下卽是。是不為，非不能。縱不信古人，寧不信己心？

# 五四　己與道

## 一

我們中國人最普通最重要是講一「道」字。「道」是一條路。我們人生應該跑的那條路，就叫道。那條道不該只求「知」，更貴在能「行」。因此中國人看重行為更過於知識。中國人常「知行」合講。尚書裏說：

非知之艱，行之惟艱。

知道並不難，行才難。這是說「知易行難」，鼓勵人重行。到了明代王陽明提倡「知行合一」論，他說不行就等於不知，也是看重行，教人該去行。近代孫中山先生主張「知難行易」，好像與舊說「知易行難」相反，其實中山先生意，也在鼓勵我們應該照他言去行，仍與舊說意見相同。可見中國傳統文化重行猶過於重知，三千年來是一貫相承的。

中國人所謂「道」，指人生大道，貴人人能行。就空間論，中國人甚至於亞洲人、歐洲人、非洲人、美洲人、澳洲人、全世界人，都該行此道，此所謂「大同」。即是說人人同行此道。就時間論，每一人從嬰孩到老，一生就該行此道。甚至千萬年前，到千萬年後，凡人都該行此道。所以中國人教人各自自己去行，不要等待別人，看別人。別人跑上此道你纔跑，徒然遲慢誤失了自己。此道人人當行，纔稱「大道」。由各自去行，亦可稱是「做人之道」，要做人便該行此道。中國人看重此道，故看重「己」，即行此道者。

我在中日抗戰後，第一次去日本，詢問一日本學人：「你們日本人自稱學中國文化，證據何在？」他當然很感到歉疚。但他說：「中國人罵人說：『你這樣無道，不講理，還算個人嗎？』這句罵人話，全世界其他民族都沒有，只有我們日本人也普遍這樣罵人，這是我們日本人接受中國文化一明證。」此語有甚深妙義，我此下二十多年常以此語告國人。

## 二

上言中國人這「道」，在歷史上由何人開始來提倡主張？實在沒有這一人。中國人講的道，古今中外人人該行，非由某一人來主張提倡而始有此道。故此道並不由特別一人的思想來。中國人言「學問」，並不重「思想」。學他人，問他人。西方哲學由專家來思想探求眞理。中國從古到今，並無「哲學」一名稱，此名稱乃從翻譯而來。中國人非無思想，但可說並無一套像西方般的哲學思想。中國人看重「行為」，看重「學問」。論語二十篇開始第一章，孔子說：

學而時習之。

「學」就是一行為，「習」則是一長時間反復的行為。今天這樣學，明天再這樣學，這叫「習」。思想則不能如此，今天想過了，明天不再如此想，又另想別的了。季文子三思而後行，孔子說：「再，斯可矣」，不必重複想到三次。行此道，你想一想對不對，就夠了。所以中國的大學者，如孔子、孟子、莊子、老子，都不像西方哲學家般的專一用力在思想上，也遂無「哲學」一門學問。現在我們不得已，稱他們為「思想家」，其實也不通。他們不重在思想，重在學問、行為。親身經驗如此，那裏只是一套思想？學問時該思想，所得是知識，思想在其次。中國人重學次知，不論思想。

中國人講的「道」，乃是一「本然之道」，本來這樣的；亦可說乃一「同然之道」，大家這樣的；又可說乃一「自然之道」，它自己這樣的；因此又是一「當然之道」，人人都該這樣的。所以中國人又稱此道曰「天道」，是天叫我們這樣的。西方人觀念，分別「自然」與「人文」。自然是外邊「物世界」，人文是我們人類社會文化的「人世界」。中國人的講法，自然出人文，人文本於自然，兩者融成一體。人文不能違反自然，更不講憑人文來征服自然、戰勝自然。人文只是自然中一部分。中國人講的道，亦從自然觀察得來。今稱西方哲學有「宇宙觀」、「人生觀」，即此一「觀」字。中國人一切道都由觀察得來，有目共睹，一張眼便看得到。不是要一個特別的思想家用一套哲學的方法來發明。我今天此刻所講，不是講我個人的思想所得，乃是講我們中國古人所講。中國古人為何這般講？乃由他們觀察而來。亦非一人之觀察，乃積累好多人的觀察得來。我們亦可學這般的觀察，所得自會相同。

三

現在我再講中國古人怎麽般的觀察。中國古人說只要回過身來看你自己就知道。但我們回顧自身，大家謙虛，覺得我並非就算一個有道之人。我們或可說，人到成年，出在社會做事，種種牽涉，違離了道，越做越不像人。但當我們在未能言、未能行的嬰孩時期，確早已是一個天眞的人。初從母胎出生，能說他不是一人嗎？一兩、三歲的小孩，確已明白是一人。俗話稱曰「天眞」，這是一個由天所生眞實不虛的人。年齡大，知識漸增，又有思想，天眞喪失了，便會不像人。孟子曰：

大人者，不失其赤子之心者也。

中國人所稱崇之偉大人物，主要第一條件，便是要不失其天眞的赤子之心。失其天眞，便為小人，這是中國人講法。

我們試來回想我們的幼年，不幸我們的記憶，最多只能回想到三、四歲能言能行後的我。前面這一段，大家記不得、想不起。三、四歲以後，逐漸有知識了，纔能回想，纔能記憶。但沒有知識以前，已有此心，已有行為，這是人生之大本大源所在。他一生下來便會哭，這就是他的行為。亦可說他當先有「知覺」，但與後起之「知識」不同。人是有了行為纔有知識的，不是有了知識纔有行為的。沒有知識，不失為是一個人；沒有行為，那算得是人呢？有了知識後的行為，已經不同嬰孩時期沒有知識、只有知覺的天真行為，這有時可稱為不算是一人。我們雖不能回想自己的嬰孩期，但可觀察別人的嬰孩期，如我的弟弟、妹妹，可盡量觀察。人同此人，心同此心，不是觀於「人」就可知得了「己」嗎？

現代想法，則要己異於人，出風頭時髦。布衣菜根並不夠，定要錦衣玉食。如我在此講演，需要講得和人家不一樣，纔是發明、是創造。每一哲學家，必該有他自己的一套思想，高出於人。但中國人向來想法則不然。我今天所講，不是我客氣，只是講的古人所講，書上留下的，不過改用現代語來講而已。我希望道道地地做一個中國人，不敢由我個人特出來講一番與中國古人相異的道理。

嬰孩初生，他有些甚麼呢？西洋心理學講「知、情、意」三分法，人心分有知識、情感、意志三部分。但嬰孩心可說是一無知識，甚麼都不知道。惟一所知，只是他的內心情感。他哭，或許因他初出母胎，皮膚受刺激，覺得冷；或許肚子餓，想吃。只此兩項，沒有別的。大人為他洗了身，加以襁褓，哺以乳水，他不哭了。或覺疲倦，臥之搖籃中，他安然的睡了。這是他所知。可用兩個字來講：一曰「欲」，飢欲食，寒欲衣，倦欲息，此之謂「人欲」。喜、怒、哀、樂、愛、惡、欲為「七情」。嬰孩初生卽有欲，並此無之，便不成人。欲連帶便生「情」，喜、怒、哀、樂、愛、惡皆自「欲」

來，這是嬰孩所有。「意」便是情之所向，實卽是欲。飢思食，寒思衣，倦思息，這是嬰孩的意志。其另一字則是一「樂」字。情感滿足，心便安樂了。如此言之，情感與生俱來。西方人不這樣講，但亦可從此處去觀察是否如此。現代人不同意此種觀察，但還可有後代人繼續觀察，或許終會同意中國人的看法。西洋哲學只講「理智」，不講「情感」。或因情感屬私，講了情感，便怕尋不到「眞理」。中國人看法，「天理」卽在「人情」。人而無情，此外便無可講。

上面說道貴同然，人情卽然。我之喜、怒、哀、樂，大體上須得人人相同，嬰孩期便如此。嬰孩初生卽啼，這是一哀，豈不古今中外皆然，此下亦將仍然？嬰孩同飲奶，只奶有不同。中國嬰孩飲母奶，現在模仿西方飲牛奶，惟此不同而已。西方人信仰有上帝，中國人信天。天意便像要嬰孩飲母奶，所以其母懷孕其兩乳便生奶，嬰孩口中亦不生牙齒。最多喝一年多兩年，嬰孩有了牙齒，母奶也沒有了。不是其母自己要長奶，也不是嬰孩自己不要長牙齒。這都是自然天意，亦卽謂之「天道」，乃一本然、同然、自然、當然之道。嬰孩飲母奶，對母親情感會更深厚，更能孝。現代人有思想，有理論，有種種方法，嬰孩不再飲母奶，亦認為是進步。到底是否是進步呢？怕尚待討論。

人生最先其心就只是一情感，此是人生之本源。樹有根，水有源，人生究以「身」為主，還是以「心」為主呢？中國人最重此「心」此「情」，謂之天賦之「德性」。西洋人不講「心」，講「腦」。腦是人身一部分，一器官。目以視，耳以聽，鼻以呼吸，口以飲食，腦以有知識思想，西洋心理學講這些極詳細。但人何以會有喜、怒、哀、樂等情感，西洋心理學似乎並不太看重來研究。中國人說

「我覺得開心」，這句話很重要，但西方心理學對此卻不深加研討。似乎西方人想法，認為物質生活便是人類開心的主要條件。西方對物質人生覺得有很多問題，須少數高級知識份子傑出人來研討來解決。中國人講「道」，乃為普通一般人講。西方人論知識特別看重少數特殊人才，所以亦同意提倡培植此等少數人才。中國人所重道，在行為上要大家這樣，從前這樣，將來還是這樣，此所謂「中庸之道」。那麼中國在物質人生上，宜乎不能像西方般快速進步了。

嬰孩能言能行，好像是人生一大進步。能言便把自己的喜、怒、哀、樂告訴人，與人相通。中國人講「道」，最要在能「通」。這裏跑到那裏，道要能通。己心與人心亦要通。語言轉成文字，著書立說，古今相通。西方傑出的高級知識份子，著書立說，亦僅限少數人能通，多數人不能通。西方人要講特別高出的，中國人要講普通的平常的。故一貴專，一貴通，此又中西雙方一相異。今天的現代人又那個肯做一普通人、平常人呢？於是中國舊的一套，要求人人能知能通，如言孝、弟、忠、信等，亦遂不再成為學問了。

嬰孩初生，接觸外面便可分兩世界：父母、兄姊或其他家人，為「人世界」；襁褓、乳水、搖籃等，為「物世界」。人生亦可分「身生活」即「物質生活」，與「心生活」即「精神生活」之兩面。長大成人，回憶以往，物世界一切可全忘，但誰也忘不了自己的母親乃及父親、兄姊等，這是心生活、精神生活方面的事。中國人認為乃人情之常。今天我們大家說要「變」，但變中有「常」，變不了。縱使你一切全忘，亦總該忘不了你的母親。中國人說忘了父親還可，忘了母親連禽獸都不如。今天說我們中國人重男輕女，其實中國人從來不如此。物世界、身生活可變、可忘，人世界、心生活不可變、不可忘，所以人生以情感為主。西方一切都尚理智，不重情感，認為情感私，理智公，情感無用，須憑理智來滿足。所以西方人重手段、重方法。但中國人觀念，嬰孩私情正是人類之大公，亦即人生之目的所在。不失此心，乃得有世界大同，這是中國人看法。

人生長大，讀書求知識，學技能，謀職業，這是手段，是方法。但中國人更看重「本源」二字。一切手段方法，都當使用在此本源上。人生本源在嬰孩期，在其天眞之情感上。中國人講道是「人本位」的，重在講「人道」，人道之本源則為「天道」。嬰孩從父母生，父母又父母，人類實由自然生。中國人所稱的「天」，即是此「自然」。人從天生，一切人文皆從自然來。中國孔孟儒家重講人文，莊老道家重講自然，秦漢以下儒、道兩家思想又融通為一，故曰「一天人，合內外」。

外面物世界，我們的身生活，嬰孩時可以一切相同，長大成人多所變。但物世界、身生活問題，易於解決獲得滿足。只人世界、心生活，情感方面事，可以益廣益大、益深益厚，以期於世界大同、天下太平，這就難於到達了。

現代人重要在講「自立」，但中國人講自立又不然。生物進化人類為最高一級，而惟人類之嬰孩期為最長。自嬰孩以至成人，此一長時期中，須經受一最大教訓，即人生不能單獨自立為生，要靠別人，須在羣體中生。這是天意安排。父母、兄長，以至家、國、天下，這都是你的人生，不能單獨一人為生。這便是孔子所講的一個「仁」字。用現代語講，便是對人類的「同情心」。不要認為現在我進了大學，有了許多知識，學習到了許多技能，儘可自立謀生了。那一人眞能脫離人羣自立謀生呢？西洋小說有魯濱遜飄流荒島，他隨身還携帶了一頭狗，幫他忙，還帶去飄流前許多東西，纔能在荒島上度生。倘魯濱遜在嬰孩期，他父母卽放他到荒島上，他能自立謀生嗎？魯濱遜也帶去了許多人生日用知識技能，不是從別人那裏學來的嗎？孔子說：「學而時習」，這亦是天道、天命，要我們人如此，我們人不得不如此。

縱使你謀一職業，你還得要靠他人，對他人還得要有一番情感。人生須有家，安家須賴國，治國須顧及到天下。像現在的天下，請問我們怎麼辦？經商要賺錢，賣方富，免不得買方貧。原子彈轟炸，你也得用原子彈對抗。在此世界上，不富不強，又如何立國？中國則治國不求富強，但求國際間能和平相處。從大講到小，大家要富要強，便不免違法犯罪。法亦由人定，以法制人，還是一不平等。中國人不看重「法」，而看重「禮」。禮則是一「道」，此刻不詳講。「大道之行，天下為公」，當從禮來，不從法來。人與人有禮，國與國亦當有禮，這是中國人想法。

諸位只要看嬰孩，再讀中國書，自會懂得人道。西洋人不講這一套，單讀西洋書，亦就講不通。

## 四

現在我要講中國人所講道的具體內容究是什麼。我剛才講過，主要是我們的情感，嬰孩期大體相同。有了知識，有了思想理論，而忘失了本來的情感，就多不相同了。「人之相知，貴相知心」，嬰孩期的心，稱為「天眞」；成年後的心，或許會都是假的「人僞」，不天眞了。中國讀書人自稱「弟子」，在家為子為弟，尚未獨立成人，他的心還都存有天眞。中國人要保留其情感的天眞，纔來求知識。現在人進學校便稱「知識份子」。中國人則稱「學問」，要像子弟在家時的學與問，所學所問都是做人之道。深一層講，情感的背後便是「性」。惟由天賦，故稱「天性」。「情」從「性」來，「性」從「天」來，一切人文都從自然來。中庸言：

天命之謂性，率性之謂道，修道之謂教。

此下便提及「喜怒哀樂」四字。孔子說：

## 性相近，習相遠。

嬰孩長大，習慣不同，漸失天眞，便就覺得人與人隔得遠了。依照孔子的話，聚集一羣中國嬰孩，乃及亞、歐、美、澳、非世界五洲的嬰孩在一塊，他們的性情，豈不相近嗎？膚色不同，這不算。逐漸長大了，黃人、白人、紅人、黑人，便各不同了。嬰孩期的相同，還是在情感上。

我此刻姑且只提出「孝弟忠信」四個字來講。嬰孩同知孝父母，敬兄姊。用現代語來講，至少便是對父母兄姊有一番同情心。即是孔子所謂之「仁」。倘他對父母兄姊沒有同情心，怎對別人會有同情心呢？推此孝弟之心，便是年輕人對長輩一番尊愛心。知識思想不論，將來的職業也不論，跑出家庭到社會做個人，便會懂得兩句話。一是「謙虛」，不當驕傲自大；一是「退讓」，不當搶先爭強。像開運動會，冠軍、亞軍、季軍，各抱一番爭勝心，便少對落後失敗者的同情心。

中國人教人做人，最好當做一小輩、後輩。天生人先做嬰孩，便是要教人懂得此道。現代科學進步，要戰勝自然，有電腦，有機器人。電腦勝過人腦，機器人勝過生人。科學越發達，人的意義價値越降低。那麼戰勝自然，豈不就是戰勝了人類自身嗎？將來的世界，豈不將變成一機械世界，要人做電腦機器人的奴隸嗎？

中國人講「孝弟」，但每一家的父母各不同，兄弟姊妹亦不同。所以中國人講「道」，要講「己」。每一己所行道，即如孝弟，亦各有不同。「大道」儘相同，「小道」則各異；而小道相通，即就是大道。舜的父母和武王、周公的父母大不同，但都得盡其孝。父頑母嚚，行孝難；但父母是聖賢，或許孝更難。我們不要說自己父母不好，父母更好，或許孝道更難。兄弟姊妹間的相互之道亦然。諸位亦不要說學校裏老師不好，老師更好，好學生便更難做。我們要做孔子學生，怕眞難。家庭不同，時代又不同，孔子教人孝弟，兩千五百年後的我們，還得各自行孝，孔子不能一一來教我們。

論語孔子曰：

弟子入則孝，出則弟，謹而信，汎愛衆，而親仁。行有餘力，則以學文。

孔子教人先行孝弟，讀書求知識那是餘事。孝弟外再講「忠信」。論語首篇第二章，孔子學生有子說：

本立而道生。孝弟也者，其為仁之本與？

孔子主要在講仁，孝弟是其本。第四章孔子學生曾子說：

為人謀，而不忠乎？與朋友交，而不信乎？

盡己之謂「忠」，要把你自己的全心全力拿出來對待人，這叫忠。對父母之孝便如此。故對父母不忠，如何叫做孝？不孝又那能忠？中國人的語言文字可分講，又可合講，同是這一「道」。人同此道，所以我國人能綿亙五千年，繁殖至十億人口，試問全世界其他民族有此成績沒有？

老子曰：

既以為人己愈有，既以與人己愈多。

為了人，自己更有了；給予人，自己更多了。物質人生不如此。這杯茶你喝了，我就沒得喝；這件衣，你穿了，我就沒得穿。心生活精神人生便不然。我這一番情感，為了你，給予你，自己更多了。這即是孔子所講的仁道。西方哲學不講此。但人同此心，心同此理，西洋人亦逃不出此道。你這番感情不拿出去，永遠不會長，還得滅。中國人在長，西洋人在減。現在我們也都講西洋道理，老子這番話便都不懂，想不通了。所以為人謀而忠，便是忠於他自己。或許別人所得，還不如自己得到的多。岳飛之忠，其實宋高宗全未得到，都是岳飛自得了，岳飛受後代崇拜。現代人說，中國人崇拜「失敗英雄」，其實岳飛非失敗，乃大成功。

與朋友交當「信」。「仁義禮智信」這一「信」字，極重要。我要信得你，你要信得我。至少我要信得我自己之昨天與明天。進了學校，長了知識，反把自己的嬰孩期大本大源所在不信了，則試問你究竟到了那天，你纔正式成為你這一個人的呢？豈不是自己迷失了嗎？現在我們要講客觀，豈不嬰孩就是客觀的你嗎？這是一天眞的你。現在你知識多了，反把對你自己的天眞也丢了。此之謂「忘本」。

中國講人道有「五倫」。父母、兄弟為「天倫」，夫婦、君臣、朋友為「人倫」。人生最重要的朋友，首先是夫婦。天生有男女之別。結為夫婦，仍是天意要我們如此。但今天只講結為夫婦前之愛，不看重結為夫婦後之信。自由結婚，自由離婚，互不信任，愛又何在？今天信你，明天又不信了，一切情感隨而消失。君臣朋友亦然。互相不信，於是來一套法律。對無信無情的人，法律又有何用？今天則是一法治的世界，宜乎禍亂日增了。

信則必能忠，忠則必能信。忠信便是愛，不忠不信便無愛。忠信亦就是人之德性，天意要你忠信，你自然能忠信。不忠不信，便是違天非人。中國人說「信義通商」，商業亦該講道，要義要信，要能忠於人，不僅為自己賺錢。現在則相與爭利，不信不忠，卻謂是「自由」，那又如何講呢？

我此刻引論語「孝弟忠信」四字，是孔子弟子有子、曾子講的話。現在再引孔子自己講的話，論語首章第一句：

子曰：學而時習之，不亦悦乎？

孔子所學，非哲學，非教育，非政治，亦非其他一切，實只是學的孝弟忠信做人之道。上面引的有子、曾子兩條可知。今天、明天、後天，今年、明年、後年，這叫「時習」，並不在求變、求新、求進步。人總是一人，我只是一我，父母只是一父母，兄弟只是一兄弟，家總是一家，國總是一國，天下總是一天下。現在我進步了，我不再是我，父母、兄弟、家、國、天下，都變都新了，這又何以往舊時之情、道可言呢？「悦」即是此情感，你試反身自學，究竟此心悦不悦呢？這要問你自己了。諸位說，我心所悦運動、唱歌、跳舞、看電影、喝咖啡，多得很。孔子不是說這些不開心，孔子只說像我這般學習也開心。那麼你何不從此途上來一試呢？

有朋自遠方來，不亦樂乎？

「悦」在心，「樂」則顯露在外。故悦在己，樂則在己之處羣中。

人不知而不愠。

別人不知道，沒有關係，我心樂就好了。這樣便叫「君子」。若必待他人知，則權在他人，那就麻煩了。論語第三條：

巧言令色，鮮矣仁。

討人喜歡，迎合人意，失其眞誠，卽是不仁。故「仁」只是在「己」之一心，這不簡單省力嗎？而中國「道卽在己」之深義，亦卽此一語而可見。

中國道理，簡單講來，只在論語開頭這四章中。第一句話，人生重要在情感。第二句話，情感要在己。第三句話，己心要能樂。人生大道只在此三句中。或說這是守舊，不合時宜、不進步，則孔子說：「人不知而不慍」，也就夠了。我今天講題是「己」與「道」，亦盼諸位反己一省吧！

（一九八五年一月十一日中央日報副刊，題為中國人之己與道。）

# 五五 心之信與修

一

中國文化重「和合」，西方文化重「分別」。中國文化重「全體」，西方文化重「部分」。中國文化重「向內」，西方文化重「向外」。故中國人貴「通」，西方人貴「專」。

孔子曰：

執其兩端，用其中於民。

每線必有兩端，「其中」則指線之全體言，非指兩端各折其半之中間一點言。莊周引名家言：

一尺之棰，日取其半，萬世不竭。

一線取其半，猶存其半，故云「不竭」。西方幾何學重點，由點成線，由線成面、成體。線有長，面有寬，體有厚，點則無長、無寬、無厚。但天地間何來有此物？故西方人言：眞方眞圓，只在天上，不在人間。分之又分必如此，一切皆成為虛無。中國人則認點在體之和合中，體則可萬世不竭。

二

人生有「身」，「心」所附著。身有五官、四肢、百骸，乃有視聽活動作為。西方人信靈魂，靈魂無身，則無視聽活動作為可言，當僅有一存在。一如幾何學之無長、無寬、無厚之點。抑且靈魂疑當無男女，否則億兆斯年，天堂雖廣，何得容此無窮之生育？故靈魂乃各自獨立，互不相通。其高處有上帝，當亦一靈魂，對其他靈魂無主宰無管理，僅有降謫，靈魂無反抗、無逃避。但降謫塵世，又分亞當、夏娃，則無理可說。凱撒事凱撒管，上帝亦不過問。世界末日，亦若固然。上帝於塵世之無情，實堪驚詫。但累積兩千年，塵世人日夜禱告懺悔，上帝無頭腦，而能一一覺知，記憶裁判，或升天堂，或降地獄。此等皆無理可據，無事可徵。

又上帝無配偶，無家室，乃有獨生子耶穌。耶穌在人世上十字架，上帝亦無奈何。耶穌死後復活，當仍在人世，與親生父仍久隔絕。此等亦皆無理可據，無事可徵。是則上帝、耶穌、天堂、靈魂之存在，惟一可信，乃在人之一心。使人心無此信，則耶教一切不存在。是西方之靈魂與宗教仍是一心，復何疑辨？但此乃東方人觀念。西方哲學重思維，科學重證驗，宗教一本信仰，故其內容亦各自獨立，與東方人觀念之尚會通者大不同。

西方人所信之「上帝」又與「天」有別，天堂乃其居處。西方天文學，星河雲海，渺無邊際，亦皆物，上帝對此亦不管。上帝乃一獨立存在，與物若互不相通。西方之重專，重分別，上帝最其一例。

中國人觀念則萬物皆生於「天」，人乃萬物中一物，而天則為其一總體。中國人亦言「帝」，為天體一主宰。帝在天中，猶國之有君，故亦尚有德，詩「殷之未喪師，克配上帝」是矣。

又中國人觀念，天生物各有「性」。人則有「個性」，有「羣性」。性各有別，此謂個性；同在天之中，同受天之命，同相聚處，故有羣性。故「性」、「命」一體，即「物」即「天」，即「別」即「和」；有生、無生，乃其小異。

西方人似重個性，不重羣性。但如論多、少數，少數亦皆有個性，乃見抹殺。中國人則於重個性中更重少數。如家有夫婦，有父母子女，有兄弟姊妹，一家如一人，羣體中存有個體，個體和合成羣體。故中國乃一「氏族社會」、「宗法社會」，個性、羣性乃得兼育並長。而有祖有宗，有賢有聖，則屬少數。齊家、治國、平天下，皆由此個性、羣性之互相和合兼長並育來。而「壹是皆以修身為本」，所修則以祖宗賢聖為歸，則仍重少數。而五千年之久，始終摶成一民族國家，皆由此羣中之有祖宗聖賢來。

中國人言「性」又言「心」。心由性來，性相通始見心，心相通始見性。一身五官、四肢皆物，和合相通始見心。心非身中一物，而附於身以著。西方人以腦為心，腦乃身上一器官，異於中國人之所謂「心」。中國人言心臟之心亦身上一器官，乃由其掌全身血脈流通言，而人心則不限在心臟。心之在身，無在而無不在。身內、身外，一切相通處皆為心。心有知，可以若無知；心有覺，可以若無覺。深言之，此「心」即「天」。天人合一，即心與天之合一。

今人誤認知識思想為心，此實僅心之一活動、一作用。中國人言「性」、「情」，乃始是心之眞全體。今可謂性屬體，心屬用；但亦可謂心性皆屬用，惟物惟器始為之體。老子「有之以為利，無之以為用」是也。故「心」、「性」皆抽象名詞，非具體事物。

三

印度佛教不信靈魂，謂塵世一切，皆由人生前業來。其視人事，有始有終，重時間綿延，與西方異，近中國思想。故佛教傳入中國，中國化卽有天台宗「一心三觀」說，或「中」或「假」或「空」，皆出此心之所觀。華嚴宗有「理法界」、「事法界」、「理事無礙法界」、「事事無礙法界」四法界。事有理為據，理有事可徵，理與事皆無礙，卽非「業」。業有障，理事皆無障，以其皆出於一心。禪宗六祖云：

本來無一物，何處惹塵埃？

臨別五祖，贈以金剛經「應無所住而生其心」一語。理卽由心無住而生，卽有事非業。二祖向達摩乞安心術，達摩告以「將心來，與汝安」。二祖由此得悟。此非悟人之無心，乃悟心無住處。否則覓心者卽心，豈不易知？此下禪宗皆暢發此心之義，卽「卽身成佛」、「立地成佛」，卽是「卽心卽佛」，與中國傳統重心之義大相近。孔子「七十而從心所欲不踰矩」；莊周「得其環中，以應無窮」，又言儵、忽為渾沌鑿七竅而渾沌死。此心妙用，中國傳統自孔子、莊周以來，已深得其神髓之所在矣。

「心」非「物」，但必依於物而見。中國人所謂相反相成，心與物卽如此。物乃存在，心則流通，此乃宇宙中一切存在之兩端。西方哲學有「唯心論」、「唯物論」，宇宙間有無心之物，卻不易見無物之心。惟心能不住於物，而與物和合相會通，此乃心之正。莊周齊物論譬之以風，風必依於物，非物何有風。養生主又言：

指窮於為薪，火傳也，不知其盡也。

薪盡火傳，非薪何有火？如風如火，亦一存在，同時卽一流通。流通必依據於存在，故二者實一。實則人心亦卽存在與流通之和合，非有和合，卽不見心生。故雖云無所住，仍必有所住。中國佛教此下有禪宗與淨土宗合一，口念「阿彌陀佛」，心無所住，乃若有所住；若有所住，實乃無所住。此事人人能之，遂為中國佛學之最後最高一成就，其要義仍在心。

# 四

「靈魂」本皆中國字。靈，通義。心最相通，惟人有心，故稱人為「萬物之靈」。中國「魂魄」連言，又言「體魄」、「魂氣」，「體」言其「存在」，「氣」言其「流通」。所流通者卽其所存在，果存在亦自有流通。故魂魄乃一非二，亦可謂魄指「身」言，魂指「心」言。心之流通，自生已然；非必死後有鬼，乃見流通。夫婦好合，夫死，其生前之心在妻心中；妻死，其生前之心在夫心中。父慈子孝，父母死，其心在子女心中。「人之相知，貴相知心」，生處羣中，此心卽通於羣。羣常在，斯生前此心亦無不之而得常在矣。抑不止此，心可流於物，如作書、繪畫、音樂、舞蹈，乃至陶瓷、雕刻、製造，一切人間藝術，亦皆人心所寓。文學本之文字，亦卽藝術。凡文學、藝術，皆其人生前魂氣所至。魂氣在生前，故能無不至，非死後始能無不至也。孟子曰：

乃所願，則學孔子也。

此乃以孟子生前之魂氣，上感於孔子死後之魂氣。主動者，乃在孟子，非孔子。孔子祭神如神在。曰：

吾不與祭，如不祭。

則祭祀亦此心之魂氣相通。祭者心在，則所祭者如在，此則信而有徵。西方人祭上帝、耶穌，當亦如是而已。故羣體為大生命，個體為小生命。小生命當從大生命來，其死亦歸入大生命中。大生命不絕，斯小生命亦常存，惟當入「化」而已。其化則不僅在死後，乃在生前。人心卽此生命。近人乃知生命有存在，不知生命乃更有流通。此卽猶知人有體之魄，而不知其兼有氣之魂。

孔子死，其心尚在其弟子心中。其弟子乃心喪三年，廬墓不去，乃成孔林，迄今為中國一名勝古蹟。試一瞻謁，即見孔子與其門人弟子魂氣之所至。吾鄉有泰伯墓，乃一小土丘，歷三千年常存，此亦魂氣積累。自泰伯之讓天下，其心迄至今三千年，感動鄉人心，知恭知敬共達於此墓。凡中國名勝古蹟率如此。則死世界仍存在生世界中，而籠罩此生世界，相與和合會通，亦可見矣。

## 五

孔子曰：

志於道，據於德，依於仁，游於藝。

凡心不能無物可依，空空僅一心。中國人謂「虛心」，乃近似佛家言「無所住」，非言心空無物。故中國人修心必言「志」，志於「道」，非志於「物」。孔子曰：

富而可求也，雖執鞭之士，吾亦為之；如不可求，從吾所好。

不可求，故無志可立，僅從心好而已；道可求，始言志。實亦由志乃成心，故曰「立志」，即猶言立此心。言「修身」，亦猶言「修心」。則齊家、治國、平天下，所齊、所治、所平，皆此心，非物；物則何修、齊、治、平之有？

「道」即此生命之大全體，「德」即此道之得而存於己，「仁」即此道之通而達於人。據德、依仁，是為道德人生。「藝」即此心兼及物，使此諸物亦能會通和合而納入人羣之大生命中，與之俱化，始為藝。文學亦一藝。人生不能離此物世界，又何得無藝？實則道德乃藝術之至高，而藝術乃道德之至精。中國傳統人生當亦以道德與藝術合一並稱，非道德即不成其為藝術，非藝術亦不成其為道德。

道德、藝術皆由人心來，故中國人言人生必言「心」，與西方人言「靈魂」大不同。靈魂由人生外面來，又向人生外面去；人心則即此人生，人生在，即人心在。中國人生能通天人、合內外，皆由此心。心不存，則人生活動猶如行屍走肉，復何生之足云？

孔子心，言其近，可以通於七十門弟子之心；言其遠，可以歷兩千五百年而通於今。故孔子之心，亦即孔子之性命，亦即孔子之德、之天。孔子曰：「天生德於予」，是也。亦可說孔子性命至今尚在。人生可以如天之尚在，此誠中國人生之大藝術，亦即人生至德要道之所在矣。

個性、羣性只通於人與人之間，惟藝術心則超於羣而通於物。大學言「格物致知」，人生不能離於物，故心知亦必通於物，必格物乃可言知之至。是則人心不當僅通於人心，猶當通於物；不當專言道德，而又必兼言藝術。

西方人亦有藝術，但重物不重心，又主爭；中國藝術則主和。西方藝術在分勝負，而中國藝術則僅見高下。近代西方各種運動會，則以藝術化入商場中；各種殺人武器，則以藝術化入戰場中。中國藝術則非商、非兵，皆在人生性命之安居樂業中。

孔子曰：

君子無所爭，必也射乎？

射亦以殺人，但射亦有禮，禮貴和；羣中有殺，亦出天意，亦以致和。猶如生中有死，死亦生道中一端，死生乃終始如一。如天之有陰陽晴雨，陰雨亦通入陽晴中，共成一「天」；「止戈為武」，文、武亦同在一「道」中；皆所謂相反相成，執兩用中。此有深義，可密闡細究。

## 六

詩云：

相鼠有體，人而無禮。

鼠生在其「體」，人類大羣之生則在「禮」。禮分賓主，夫婦、父子、兄弟相處，亦互為賓主。禮即道德，亦即藝術。閉門讀書，上友古人，則千百世上人皆如賓客，可以自由接對；而諸賓客皆靜默無言動，儘待主人之心領而神會；為主人者，又何樂如之？此又非一種大藝術而何？孔子之「學不厭」即在此。

中國人生亦可謂乃一禮樂人生。古代「禮不下庶人」，文化演進，乃至全人生皆歸入於禮。讀清代五禮通考一書，約略可見。但吉禮、賓禮、嘉禮易言，凶禮、軍禮難知。「慎終追遠，民德歸厚」，凶禮猶易知；軍禮更難言。但當知非僅以禮治軍，更要者，在知軍之亦必以禮治。「禮之用，和為貴」，則軍之用，亦必以和為貴。不惟在軍之內當求和，即在軍之外，與敵相對，其要亦在和。「止戈為武」，「不嗜殺人者能一天下」，治軍所希之能事在此。

孔子曰：

足食，足兵，民信之矣。

不得已而去，先兵後食。曰：

自古皆有死，民無信不立。

「信」即此心，苟非此心，何來有信？然則人生可去兵，猶可去食，最不可去者，乃此心之信。伯夷、叔齊餓死首陽山，亦由伯夷、叔齊之心有所信。非信紂可為天子，乃信周武王不當興兵伐紂。孔子稱其為古之仁人，孟子則稱之為聖之清。至於今，伯夷、叔齊之心尚傳，抑且所傳之盛，尚過於周武王之伐紂心。心之清，可除去一切，如伯夷、叔齊豈不並兵與食而盡去之，惟存一信？其實不僅伯夷、叔齊為然，人心亦莫不有信，惟所信有不同而已。

今日世人不知重此心，但亦仍有信。求富於食，更求強於兵。原子彈、核子武器更所信，次之則經商求利潤。核子武器且不論，經商買方日不足，賣方不景氣，又奈何？若依孔子言，先去核武器，再去一切商業政策，惟保持此自信心，即人類互信心，則人類大羣自可立。若問「秀才遇到兵，有理說不清」，有心者遇無心者又奈何？曰：心得性命之正，無心則違失性命。此天地乃一性命大體，亦即性命一大場合，違失性命，又焉得久安居天地間？故信天乃信心，心與天一，其可貴乃在此。

今人不信己心，又如何信他人心？當更不信古人心，如孔子心。孔子自信己心，由於信他人心，更貴在其信古人心。古人心猶能通於今，此則更可信。孔子信而好古，敏以求之，學不厭，教不倦，乃成其為孔子。遠推古代，為原始人，則烏有近世之核子武器與商業政策？然原始人與近代人，僅四圍外物異，內在性命則同，遞傳迄今，仍此性命。故孟子曰：

大人者，不失其赤子之心。

赤子尚不能視聽，但已有知覺。此心卽原始人心，亦卽後來之大人心。大人心本源於赤子心。依孟子意，亦可謂不失古人心，乃得近世心，此亦始終一貫。

故「心」則只是此一心，天人如一，古今如一，焉得有所謂「進步」？外在年歲「境」與「物」可言進步，內在性命「天」與「心」不可言進步。故中國人只言此心之「立」與「達」、「修」與「正」而已。顧亭林言：

天下興亡，匹夫有責。

此亦從心上立言。伯夷、叔齊卽此心。今人不知重心，則此等語又何從去解釋？

余上所述，乃盡從余之讀中國古書來。古人心藏在文字中，余從文字中檢得，非一種藝術人生乎？故此一番心，只是檢不到，卻非不存在。其實天常在，羣常在，斯心亦常在，惟有志者能信之、修之。此乃一種道德人生。但亦有步驟，有規矩，此又為一種藝術人生、禮樂人生。

但此心之「信」，乃由此心之「修」來。心猶天，豈不天亦當修？朱子言「理先氣後」是已。中庸亦言：

天命之謂性，率性之謂道，修道之謂教。致中和，天地位，萬物育。

印度佛教言，諸天亦來佛前圍坐聽講，此亦稍近中國意。易傳言：

天行健，君子以自强不息。

今國人圖強，惟求西化，美其名曰「時代化」。今日之時代，又豈盡為西方人所占？竊願以易傳「自強不息」四字與國人共勉之，惟國人之相與共信而共修，以歸於正，則反己而自得之矣，其歸則仍要在國人之能信。余年九十二，長在病中，報館索稿，姑妄言之如此。

（原載一九八六年二月十五日聯合報副刊。）

# 五六　為己與為人

㈠

孔子曰：

古之學者為己，今之學者為人。

中國人言學，主要在「為人」。人生大羣中，必有其一番道義與責任。學則在知此道義與責任，而如何善盡之。故「為己」即「為人」。取悅於人，見重於人，則生之意義與價值，在「人」不在「己」，此何可？荀子曰：

小人之學也，以為禽犢。

見人携禽犢為禮，為人則如以己為禽犢。

西方人重「權利」，中國人重「道義」。故西方為人，在向外爭獨立、平等與自由；中國人則重在己之道義與責任。孔子曰：

為仁由己，而由人乎哉？

仁卽人道，亦人生之大任。自行己道，自盡己任，此非獨立、平等、自由而何？曾子曰：

任重而道遠。仁以為己任，不亦重乎？死而後已，不亦遠乎？

自守仁道，自負仁責，畢生以之，雖獨立而不懼，雖遯世而無悶。人皆如此，豈不平等之至？殺身成仁亦自由。道義卽自由，而豈外面之束縛與限制？中國人謂此乃「德性」之人生。彼人也，我亦人也，有為者亦若是，復何權利之足言？

人生嬰孩期最長，無知無能，此為人生與禽生、犢生最大不同處。嬰孩初脫母胎，惟能哭，但亦不自知。故嬰孩實未成人，「我」非「眞我」。其成一人，成一我，則胥賴父母之撫之、育之，養而長之。但此已屬「人文人生」，非「自然人生」。已不能自生活，乃賴父母兄姊之生活長成之，此卽道義責任之所由來。而我生乃由人生之道義與責任中生，亦可知。

童年無知，胥待父母兄姊年長者告之，始漸有知，始得為人。故己之成長為人，卽有種種道義與責任，此皆人文人生中事。人自有生，在其未成年前之一段長期人文人生中，亦無時無刻不在受教。人之教之，亦皆其人之道義責任。故可謂人生卽由道義、責任中來。

人生之老年期亦較禽犢為長，亦如未成年前得享受人文人生，須他人侍奉輔護。中國以農立國，十八授田，耕種為生；六十則還田，卽須子媳奉養。老人在家，只以抱孫為樂。其實年老之祖父母，正如年幼之孫子女，各自無能，而相守為樂。此皆有中年成人，負敬老慈幼之道義與責任，否則又何克有此人生晚年之樂境？

西方小家庭制，年老受公家養老金，或入老人院。相顧同屬可憐，心終無懽。中國則自古有敬老之禮，六十杖於鄉，七十杖於國，到處受人敬。余生之中年，尚多獲親於各家各地之老人。政治亂於上，而老人仍得其安樂；幼小亦然。家不安於國，而老小猶得安於家，則人生若尚有一前途可冀。及今則情況大異。大陸不論，卽在海外，家庭養老之禮已不易再見。二老相伴，子女則寄居異邦。卽同在國內，亦每不同居。喪一老，則一老孤獨，卽子女迎養亦不安。近人言，美國乃幼童之天堂，中年之戰場，老人之墳墓。人老未死，已如入墳墓。人孰不希老，但睹當前之老人生活，竟已逆知其人生前途之所趨。一老人之歸宿，亦即為其一家人之歸宿寫照，亦可謂乃其社會全人生之寫照。老人無歸宿，即不啻告人以人生無歸宿。今日世界人類歸宿，即觀於當前老年之無養不敬，亦已彰灼可見矣。人之成人，即各自奮鬥，亦可謂是「為己」。惟乃自然人生之為己，非人文人生之為己，乃絕無道義、責任之可言。

孟子曰：

老吾老，以及人之老；幼吾幼，以及人之幼。

人生老幼兩端，皆不能自主自立，小戴記禮運篇特舉此以為理想的世界大同作基礎。其曰「天下為公」，公私一體，為公即為私，非廢私以為公。惟人性慈幼易，敬老較難。西方「個人主義」，亦知慈幼，逮其長大，尚有功利可期；老年向死日近，養之敬之，無可期其報答。人死則一切皆完，而中國人特重喪葬之禮。曾子曰：

慎終追遠，民德歸厚。

眞實人生乃情感，非理智。老與死乃人生必然之歸宿。由其老死，而回念其生平，亦可謂至是乃見其人之眞意義與眞價值。人有不隨老死而俱往者，始是人生眞意義、眞價值所在。財富、權力，只是生前所有，死則轉歸他人；亦有死後不歸他人者，「事業」可轉歸他人，而「行為」則不得轉歸他人。

堯舜禪讓，天下之大，可以轉歸他人，而禪讓之行為，則堯舜私有之。死則一切行為皆停，然如「讓天下」之一行為，則尚存天地間，並仍存他人心中，可以永垂不朽，其人乃仍若未死。堯舜禪讓，湯武征誅，事業不同，然湯武之征誅行為，亦同列為聖，亦得永垂而不朽。孔子開門授徒，其教言尚常存七十子門徒心中。及其編寫為論語，其書流傳，常存二千五百年中國人心中。中國人尊行為，不尊事業。周文王未登天子位，論其事業，若不如其子武王；然文王生前之行為，則猶在武王之上。故周人乃尊文王為開國祖，明非事實，而有合於天下之人心，亦有合於後世之人心。以此為教，則深入人心，而萬世不忘矣。故好古非好古人，乃好古人之不隨古以俱去者。故好古人，亦即好今人。今無可好，乃好人生中之眞意義、眞價值，乃人心所在，不隨時代先後、死生、古今以俱變，而與人生俱在者。

父母生我，此乃父母一行為，非父母一事業。父母之老且死，此亦行為，則常在我心。我則養其老，葬其死，終我之生，不忘我之父母，此即人生之道義與責任。人心同，斯道義與責任亦同。故道義之與責任，乃人心所同好同安，則亦以自為我心而已。人人如此，則民德歸厚，而人生之眞意義眞價值自顯。若言功利，則此亦即人生莫大之功利。今人誤認知識思想為「心」，此實僅心之一活動，一作用。中國人言「性情」，乃始是心之眞全體。識得此分別，則一切心之活動與作用，自可無逃於人生之眞全體。

墨家言「兼愛」，則近功利主義。惟不為個人功利，而為大羣功利。但欲人視人之父若其父，則非人之眞性情所能。人文亦從自然來，人各一父母，乃自然，人文亦不能背。必求平等，則轉成為己之父母亦若人之父母。孟子譏之曰「無父」。孝乃人心一私，人心各尊其私，乃為人道之公。惟此心則已屬「人文心」，故行為之私，乃得成為事業之公。如堯舜禪讓，湯武征誅，皆是。然征誅終屬事業一邊，故湯武終不如堯舜。中國人尊堯舜尚勝於湯武，非為堯舜更在古代；猶有古於堯舜者，如犧農黃帝亦不與堯舜同尊，可知矣。

西方無古可尊，英法之尊希臘，與中國之尊堯舜顯有別。西方人並亦尊埃及、尊巴比侖，此皆歷史之古，非英法人心之古。惟中國史乃與中國之人心進程大體合一，此誠人類不易得一佳境。

中國人重行為，實皆屬私。舜父頑母嚚，並世誰加重視，則舜之孝非私而何？但不能心其私，又烏能心其公？余幼時，西化已東來，國人自譏，引「各人自掃門前雪，不管他人瓦上霜」詩句，謂中國人知「私德」不知「公德」；不知「德」得自己心，卽屬私，舜之孝卽舜之私德。門前雪，自當掃；他家瓦上霜，豈能由己來管？舜盡其私，而堯讓以天下。莊子曰：

為善無近名。

「名」乃公器，「善」則私德。人人捨其私而爭為公，則天下必亂。人孰無私？幼其幼，老其老，皆私也。惟如此，斯世界大同而天下平，無他道矣。

人有私行、私業，百畝之田，仰事俯畜，即農人之私業。百畝之收穫，無以遠勝於他人，故農人之用心，尤在其仰事俯畜，更過於其耕耘。輕事業，重行為，其教易。古代之工，由官授廩，生事無憂，故能使業工者不爭「量」而競於「質」，畢生從事，又世襲相傳，習熟久而私好深，他人莫能踰；而中國之百工乃盡成藝術化。孔子曰：

志於道，據於德，依於仁，游於藝。

百工之藝，亦志道者之所游。故中國古代之工、農，所貴皆在其性情。

日中為市，各以所有易其所無，各得所欲而散。此亦私心即公道，乃行為，非事業。恃商為業，則必求利潤，故業商則必求損人以利己。中國古代，商亦由官授廩，而限於國際。國與國間之通商，有關治平大道，故不許私人經營。奉公守法，則有道義存焉。故中國古代社會，能使人重其私德不重其私業。凡業皆為公，而凡德則見之行。孝弟忠信皆本私德，而會為大羣之公道，此實中國文化精義之所在。

明此道以教人者則為「士」。士不進而仕，則退而為師。士亦非業。孟子曰：

勞力者食人，勞心者食於人。

秦漢以下，社會大變，而此大分別則無變。故「四民」以士為首，農次之，工又次之，商居其末。大學言：

自天子以至於庶人，壹是皆以修身為本。

即仍以各自之私人行為為本，則無大變。

惟其重私行，故伯夷、叔齊猶尊於周武王。如夷、齊，誠可謂之違公心而信私義。其信於私者，則歷千萬世而無與倫比，中國人之重視此兩人亦在此。此可謂之最獨立，最自由，而不平等。人各有私，伯夷、叔齊可為之榜樣。一切道義責任，即皆由其私來。老老幼幼，不信其私，又何以為人？

近人均認中國為「人本位文化」。然人不能孑然孤立為人，必人相偶，與人相處始為人，故有「五倫」。小人則離於倫以為人，乃不得謂之「人」。否則亦人中之至小者，此亦古人忠恕之辭。孔子曰：

必也正名乎？

曾子曰：

君子思不出其位。

名為「夫」，居夫位，行夫道；名為「妻」，居妻位，行妻道。五倫各有其名位，亦各有其道。各為其己，守己位，行己道，而家自齊，國自治，天下平亦如此。然則「人本位」卽「己本位」。今人慕西化，好言「人權」，但爭權卽非中國人之所謂「道」。果使夫有道，則妻何待爭權？夫無道，妻又何得爭權？亦惟自守其道而已。晉重耳在齊娶妻姜，齊姜勸之行。重耳回國，不聞其召齊姜，亦不聞齊姜之再嫁。然而晉文公之霸業，不得謂齊姜之無功。孔子曰：

晉文公譎而不正。

此亦其一例。為人妻，守妻道，齊姜可謂正其名而思不出其位矣。中國人言權，乃指己之「權衡」、「權量」以定己之行為。齊姜則亦權之矣。後世敬仰齊姜，試披史籍，為齊姜者不絕書，則為己亦所以為人，惟權其道而已。而晉文公乃事業中人，非性情中人，亦可知。後人之評量前人亦有權，惟當權量其「性情」，不當權量其「事業」。中國聖賢，皆在其性情，不在其事業；亦皆在後人之權而定之，而豈聖賢之有權得自居為聖賢乎？故中國「人本位文化」，亦卽「己本位文化」，亦可稱之為「心本位文化」。然非西方哲學所謂「唯心論」之「心」。西方哲學重知識，向外尋求眞理；中國之心本位，重性情，重一己之行為，向內自求己心；斯則其異。

然則人生無事業可言乎？此又不然。事業屬公，而必本之各己之私；未有違於各己之私，而可成為公眾之事業者。此種事業乃為禍害，事業成而失敗隨之。以西史言，希臘、羅馬、封建貴族、現代國家，皆由成而敗，敗則不復再成，而始有當前之美蘇。豈美蘇乃得長如今日？惟中國則五千年來日以擴大，而成為一廣土眾民之民族國家。孔子曰「富不可求，從吾所好」，富若可求，則希臘人先得之，何致遞變轉手而有今日之美蘇？從吾所好，各顧自己之私，而共同公行，乃為中國文化傳統之本源所在。

今且莫問孔子大聖之所好，試問當前各自小己之所好。孰不好有一賢妻？則莫如先為一賢夫。又孰不好有佳子弟？則莫如先為一賢父兄。求於人，則莫如先求之己。己之行，則所好易得。己得為一好人，斯亦同為人所好。孔子大聖，亦不過同為人所好而已。妻賢而己不賢，子弟佳而己不佳，己之可恥可悲，又孰愈於此？「一薰一蕕，十年尚猶有臭」，人決不以有臭自豪。此則人生之道義責任所在，亦卽「為己」之學。吾國人其各捫心深思之！

（二）

嬰孩初離母胎卽知啼哭，所以啼哭，則為外面刺激。如光明耀眼，或寒冷刺膚，皆屬外面事。次則如飢餓，如勞倦，乃屬己身事。遂知有父母，有兄姊，或祖父母等，皆屬家人與彼相親者。最後乃知有「己」。其實己不能單獨成其為己，必有內外始成己。先識「外」，後識「內」，此之謂「合內外」。外多屬「天」，內始屬「人」，此之謂「一天人」。合內外、一天人始成己。

嬰孩能學言語，言語不屬己，亦屬人。他人如何言語，己則學之。不僅言語，一切學習盡如此。學於人，乃成己。使外無所學，則己何由成？先學於家，乃成一家之己；次學於鄉，乃成為一鄉之己；繼學於國，斯成為一國之己；再學於天下，則成為天下之己。所學有大小廣狹。要之，己則為之中心。學於外，以成其內。學猶食也，食於外，以長養其內。物質的則為食，精神的則為學。合內外以成己，則如此。

「家、國、天下」皆在外，「身」為內。自身言，則「心」為內。自心言，猶有「性」為其內。而性則賦於「天」，受之「自然」，盡人皆同，無所大異。故人生乃同此自然，同此天下，同此國，同此家，同此身，同此心，同此性，外觀多異，而內蘊則同，各成其一己，而盡歸於大同。中國文化傳統中之人生大道，主要卽在此。

己之孝，所孝乃己之父母。孝父母乃己之心，亦卽己之性。孝之一行，全以成己。外觀之似為父母，內究之實為己。外孝父母，己始成為一孝子。一切德行皆如此，此之謂「道」。道者，乃指人生大道，卽為人之道，亦卽所以成己之道。否則飢而食，寒而衣，百年匆匆而死，所為何來，豈不一場空？故佛教則要人修「涅槃」，耶教則指導人靈魂上天堂，皆為人求有一歸宿。中國人則天生我為一人，我則在人羣中修成為一「己」，此卽已是人生之歸宿，尙何涅槃與天堂之求？

何以天生我為一人，我必修成為一己？因人與人宜各有異，宜不相同。己之父母，非卽彼之父母。己之家、國、天下，非卽彼之家、國、天下。故人人修其一己，卽所以成其為一人；人不修為己，則己不成為人。孔子言「知天命」，卽如此。知此乃知「學」知「行」。捨於學與行，而空言「知」，今人乃尊之曰「客觀之知」；不知客觀之知，於己何干？

愛因斯坦發明「四度空間論」，在西方科學上，乃一新觀念；在中國則是一舊觀念舊思想。寧有無時間之空，寧有不與時俱變之空？孔子，聖之時者也，時變則己亦變，亦可謂「時」卽己之生命。天命日新，則為己之學亦當日新。然而天雖日新，而實陳舊不變；己雖萬異，而仍是一共同不變之人。斯其義極精，而人人俱知，亦可謂之極粗。新舊、精粗，卽是此體；主觀、客觀，亦同是此體。如嬰孩，如幼童，如成年，如老年，同是一「我」，而與變俱新。惟主觀乃知之，若求客觀則不知。故知人始知天，知天始知人，同此一知，無大異也。

大學言「格物致知」，所知乃為知己，非為知人。百工成器精美，此乃知於己而始得成此精美。如絲織品、陶瓷品，何一不由識得人性所喜，乃得精美？物品須精美，人品寧得不精美？人之一生，若得烹飪、衣著、居住、行走，以及日常使用諸物品，皆得精美，豈不為人生一大樂事？則人生交接，自父母家人，以及親戚隣里，國與天下，皆屬精美之人品，人生樂事寧有更大於此者？若人生僅知求之物，不知求之人，則將永為一無可喜樂之人生亦可知。又當知物品精美乃是一種藝術，而人品精美則更屬一種藝術，為人生中一最高藝術。藝術則必建本於人類心理學，其高低精粗，胥將於人心求判定。中國人說：「人之相知，貴相知心」；「聖人先得吾心之同然」。得己心，始可得人心。己心何由得？此乃人之為學至要一問題，亦人之為學主要一目標。

故學者學此心，有此心必見之行，故學者學此行。而「知識」乃為行中一手段、一條件、一小事，不能得於心、見於行，孤立一知識，斯又何貴？孔子曰：

性相近，習相遠。

「性」尤是「心」之根，更所難知。而「習」則行之更顯而易知者，故學必尤重習。孔子曰：

學而時習之。

曾子曰：

傳不習乎？

中國為學則更重在習，不僅終生，尤貴世襲。絲織、陶瓷百工之業，皆父子世襲。學成一家，門人弟子，斯亦世襲矣，而豈一世之所能盡其能事乎？

故西方學貴「專」，而中國學貴「通」。不僅貴通之人人，又貴能通之世世。此則惟心性之學為可能。故中國之學，內主「心」，外主「行」，而「知識」特其次。如言孝，人人同有此心，又必同見之行。而人之父母則各不同，如舜與周公，兩人之父母分別如天壤，其當孝則一。舜何以行孝，成為一大難事。陸象山言：

堯舜以前曾讀何書來？

實則即有書，各人之行孝，仍不能見於書。故學貴反而求之己。凡學皆貴本於己之心。古人言孝，後人當學，而學必能「創」；亦步亦趨，非學之能事所在。何況不本之心，不見之行，而客觀特創一

「眞理」，則決非中國傳統之所謂「學」。故在中國學之傳統中，乃特無一如西方之「哲學」。哲學教人一思想方法，卽「邏輯」或「辯證法」；而中國則教人一行為方法，亦稱「規矩」。近人稱「道德」，然則道德當分別言之。「德」者其心性，「道」則其行為。行為必本於心性，而外面遭遇仍不同。故孔子曰：

志於道，據於德，依於仁，遊於藝。

「仁」卽心之相通處，「藝」卽行之所由得成之一種藝術。中國古人以「禮樂」為藝，實則禮樂亦貴隨人、隨地、隨時、隨事而變，豈可墨守成規，而謂之是禮樂，謂之是道德？此必知有「化」，亦稱「發」。有化有發，始得成其傳統。不能化不能發，又何傳統之有？其化其發，乃其「智」。古人之重智慧，與今人之重「知識」又不同。一為一，二為二，此知識乃死物；而智則一活物。故孔子曰：

智者樂水，仁者樂山。智者動，仁者靜。智者樂，仁者壽。

人有智，乃能成其仁，有動乃能成其靜，有樂乃能成其壽。中國傳統文化，乃一至壽至靜，四、五千年不變之一種「仁」的文化，而其中寓有至動至樂之「智」的成分在内，所以得成其仁。舜之大孝，又何嘗非其大智之所成？有智始能化，始能發。舜之大孝則胥由其能化能發來，豈死守成法所能成？

今日國人盡言世界大變，死守成法不能應。其實中國文化最不教人死守成法，最不教人死應。故中國人言治道，亦最輕「法」。孟子曰：

徒善不足以為政，徒法不能以自行。

中國人在政治上重「道」不重「法」，更不言「權」。「權」者，通權達變義。百官居職，在其職守上必須通權達變。如殺人者死，此乃刑法一大綱。然殺人情況不同，有須加重，或須減輕。故中國刑法於「律」之外又有「例」，此則審刑者之「權」。凡人處事，亦皆有權。孔子告曾參：

小箠則待，大箠則走。

則為人子孝道亦有權。「權」不離「經」，「變」不離「常」。人各有權，則亦權之道，權之心，權以成德，而豈有「權力」之謂？

故凡言「權」言「變」，則必須有「智」，非智則無以通權而達變。西方人言「知識即權力」，其義大不同。中國人言「權」，常蘊藏於內心；西方人言「權」，必表現在事外。中國人言「智」必本於「仁」，仁卽「道」，亦卽「心」。人各有心，此心則大同，而亦萬變。此心卽是「己」。人各有己，此己亦大同而萬變。人必當知尊己。然人各是一己，則尊己自必知尊人，豈可獨尊我之己而不尊人之己？己不變，而己之各有其一父一母亦不變；但己之父母與他人之父母則有變。如舜則父頑母嚚，與他人父母大不同，其各為己之父母則一。父與母亦各有己，其頑其嚚亦卽其己。凡己必欲人之順於己，又何況其父母？舜之父母亦欲舜之順。欲殺舜，舜不能順，然終不能不孝。舜非有大智大權，則又何能成其孝？然則成舜之為大孝，豈不其父與母之頑與嚚亦與有功。故凡子之孝，皆其父母預成之。未有無父母而得成己之孝者。

舜居山野之中，其孝乃上聞於天子堯，堯乃妻舜以二女，欲以詳知舜之為人。使無堯，則又何以成他日之舜？然舜之孝，則出於其心之能權。舜之得妻天子之二女，則其權不在舜，而在堯。此乃堯之大智大權，非舜之所能預。然舜既妻帝之二女，處夫婦又須孝父母，豈不又增舜之難處？非更具大權大智則不能處。而舜則終能善處，此又舜之大權大智矣。故己之得成為己，必有他人助其成，而終於成者則仍是己。

孔子「十有五而志於學」，「三十而立」，所立卽其己。然使無曾點、顏路諸人之登其門而求學焉，亦何以成他日之孔子？孔子曰：

學而時習之，不亦悦乎？有朋自遠方來，不亦樂乎？

學而時習，此出孔子之智與權。遠方朋來，則權在朋，不在孔子。使無七十門弟子相聚，則孔子決不成他日之孔子。人知弟子之成於師，不知師亦成於弟子。無弟子又何成為師？然使無弟子不得為師，仍必為一我，仍必為一己。己之成己者，其權必仍在己。故孔子又曰：

人不知而不愠，不亦君子乎？

亦豈有成己而必求之人，乃始得為己乎？

孔門弟子七十人，亦人各有己，各不同。孔子之教亦各不同。是孔子乃順於弟子以為教。故善為師者，必知順於其弟子，此又為師者之大智大權。不順於人，又何成於己？然亦有獨立不懼，遯世无悶，以成其己者。周武王伐紂，紂為君，武王為臣，臣伐君，此亦武王之大智大權。使非有紂，亦不得有武王。若是則武王之成，乃成於紂。惟君之暴與父之頑不同。父頑仍當順，君暴則必爭。然順乃常道，爭則非常道。伯夷、叔齊扣馬而諫，若以當時羣情言，伯夷、叔齊知常不知變，非能順羣情，轉若逆羣情。而伯夷、叔齊執己不變，恥食周粟，餓死首陽之山。孔子稱之曰：

古之賢人也。

蓋孔子謂伯夷、叔齊其心為萬世謀，不為當前一時。紂之為人，人人當得而誅之；紂之為君，為萬世謀，則為之下者不當加之以殺伐。故夷、齊為人，亦必待孔子、孟子、司馬遷，下迄唐代韓愈特為伯夷頌，而後始得評定。

孔子曰：

若聖與仁，則吾豈敢？

是孔子不自居為聖，而其門弟子則必尊之以為聖。下及孟子，以及此下兩千年，無不尊孔子以為聖，並尊之為「至聖」，而豈孔子之所得自尊乎。孔子又言：

仁者，己欲立而立人，己欲達而達人。

己之為生，僅限一時；而羣之存在，則延於萬世。己在羣中乃有立、達；苟使無羣，己於何立，又於何達？故曰「敬業樂羣」，己之立達賴於「業」，業之立達賴於「羣」。仁道則必具敬樂心，又必具順讓心；一出於爭，則無順無讓，更又何敬何樂？

今日之世則大不同，必主爭之人，乃得成其己。如奧林匹克運動會，其源起於古希臘，至今世界盛行。我喜跑喜跳，舉世人人莫不喜跑喜跳，在我言之，豈非一大佳事？而必集會相爭，我得第一，人人盡出我後，斯為我之成功；則豈非求人之敗，乃以成己之勝？人人如此，國亦相然。人之國盡為紂，我之國獨為武王。抑且一國之內亦如此，我所欲爭則盡為紂，我所欲尊斯為武王。殺人盈城，殺人盈野，要之非仁道。然又誰復知仁道之必出於順與讓？此或一時知其可然，而又豈萬世盡知其可然？故人必有賢愚，而世則必有治亂。

故知一人如此，決非人人能如此；一時如此，決非時時能如此。惟順與讓，乃為人人、世世可行之大道。但順與讓亦必不失其己。殺身成仁，捨生取義，夷、齊雖餓死，終不失其己，斯則其可貴也。己之立，己之成，則必見於其行，而豈空言之謂乎？故中國人言「學」，亦必主於「行」。學卽是行，未有離於行而得稱之為學者，亦未有止於言而得稱之為學者。尚書言：

非知之艱，行之惟艱。

孔子曰：

先行其言，而後從之。

今人則稱言為「思想」，尤重視過於行。然孔子又曰：

學而不思則罔，思而不學則殆。

「思」與「學」對稱，又有辨。季文子三思而後行，孔子曰：

再，斯可矣。

思只學中一事，寧有止於思而可得為學者？西方以哲學為思維之學，中國傳統無哲學。孔子曰：

吾無行而不與二三子。

惟有行，乃見為學，亦豈有僅思以為學？孔子門人分「先進」、「後進」。孔子曰：

先進於禮樂，野人也；後進於禮樂，君子也。如用之，則吾從先進。

禮樂必見之行事。野人質樸，即行以為學；君子多文，則先學而後行。然孔子則主從先進。孔門四科，德行、言語、政事、文學。其前三科皆重行，皆先進弟子所從事；其第四科乃重學，乃為後進弟子所治。然孔門四科之所謂「文學」，與後世之稱為文學者又不同。其所治，實仍禮樂行事之實，惟博學先於實踐，研討多於習行，斯以謂之「文學」矣。其意則求知多於求行。孔子曰：

知之者不如好之者，好之者不如樂之者。

好之、樂之，皆必見於行；僅好知，僅樂知，而不務於行，則非學之正規矣。

西方哲學僅以好知為學，與中國傳統講學重行大不同。故在中國學問中，實無「哲學」一門。西方科學之最先亦務知不務行。如論地繞日轉，如論萬有引力，又論生物進化，皆與人事無關。有關人事者，厥惟宗教。然耶穌不問凱撒事，則其有關人事之實踐者亦有限。至今則一切人事皆有學，然所學則多限於知識。故西方之學多為一事，而中國傳統之學則學為一人，此又其大異所在。

「己欲立」、「己欲達」，即指「人」言，非指「事」言。有人斯有事，非有事始為人。故當超於事而論其人。如讀班固古今人表，可見其大義。此卽中國史學重人不重事一極大明證。而為人則必於羣中為之，非可孤獨離於羣以為人。故中國之學貴孔子所謂之「為己」。以今語說之，學者學做人。做人有道，人生所由之謂「道」，人所共由之為「大道」。故道則貴同，大道行於天下，此為「大同」。西方學貴知識，謂「知識卽權力」，獲得知識乃可超出人上。而知識又貴各別相異；人苟同知，卽無足貴。故西方之學乃務求異於人以為知。故中國之學統於一，其一則曰「道」；西方之學趨於異，其異則曰「知」。

統論西方之學，有兩大異：一則宗教，一曰科學。耶教有言：「富人入天國，如駱駝鑽針孔。」而科學則利用物質以開財富之門。今日西方盛行資本主義，以致富為人生行為一大原則，然仍信奉耶教，則卽在其行為上有兩大歧趨，故其心終不安。眾心不安，斯成亂世。中國人講求做人之道，其最理想、最高等者，謂之「聖」。「人皆可以為堯舜」，卽人皆可為聖，所以為盡人可由之大道。如富如貴，有外在條件，非盡人可得；又必相比較，富之上更有富，貴之上更有貴；則必出於「爭」，而不能達於「同」。斯貴有知有權，而其所謂「權」，則為一外在客觀之權，非內心衡量之權。而中國之為道，則必由其同而歸於治，必由其自審自好而定。此則人有其權，而非今日西方所謂之「人權」。故西方之學貴於多統而相爭，中國之學則貴於一統而同道。孔子「為己」之學頗有些近似西方之所謂人權自由，開創變新，但與西方個人主義之功利觀點則大相違悖，無相近處。

西方人貴求「眞理」，中國人貴明「大道」。眞理有正反兩面，其實正反一體。中國人言「一陰一陽之謂道」，陰是暗面，陽是明面；明其正，斯則反亦存於此而不見。中國人重行，只向正面道上行，斯其背亦從之，不必反顧而論究其反面。如晝作而夜息，晝能勤作，夜斯安睡。睡得甜，斯卽通晝夜之道。如善惡亦卽正反面，陽其善，則惡自陰。故中國人之為學，務教人為一善人；而惡之一面，則「君子道長，小人道消」，自可不見有惡。西方學者求其正，而仍必求其反。反與正相敵，不與正相通，則反之一面乃層出不窮，可達於萬異，而不見其一同。孟子曰：

> 舜善與人同。舍己從人，樂取於人以為善。取諸人以為善，是與人為善者也。

善卽人生之正面，其道可以一善而無異；惡之為行，則各不同。西方人不務歸之一同，而戒其萬異，乃不重「禮」而重「法」。法以防惡，而惡不勝防。今日西方乃有主張廢止死刑之說。孔子曰：

> 子為政，焉用殺？

又曰：

> 聽訟吾猶人也，必也使無訟乎？

此乃從正面著想，與從反面著想之大不同處。

道又有「內」、「外」兩面。其實內外亦一體，如「羣」屬外，「己」屬內，羣己亦一體。中國學重行，故立之己而達之外。如孝道，豈不立於己而達於父母？忠信之道，豈不立於己而達於夫婦、朋友？故重行則內外通；若重知，則內不易知，而外則不難知。人之知，必先知其外，如嬰孩是矣。知人則易，知己則難；知物則易，知心則難。西方人重知乃重外，不論人生，而上究天堂，旁及自然界，故宗教與科學為所重。而中國人論孝弟忠信之道，則非彼所樂聞，亦若非彼所易知。

中國俗語有云：「秀才遇著兵，有理說不清。」今之世，西力東漸，正是此一形勢，則中國人又當何以自處？實則其道仍在。父頑母嚚，舜亦有孝道可行；洪水為災，堯亦有君道可行。順於外，讓於旁，而內守其己，父母亦為之感悟，洪水亦為之平息。若遇一兵，己亦變而為兵，則既先失其為己，他又何足論？孫子兵法有云：

先為不可勝，以待敵之可勝。

為己、立己之學，此即「先為不可勝」之學。己之能立，即己之不可勝；能達，則勝於外矣。此須有待。孔子曰：

道之不行，已知之矣。

知其外之不可勝，而仍能立其己以待，此亦中國傳統之所謂為與學之所有事。而至其極，則曰「殺身成仁」、「捨生取義」，則至矣盡矣。己身可殺，己生可捨，而己之道則仍立於己，而可達之於後世，此則待己之有信而始能。故孟子曰：

人有所不為也，而後可以有為。

我必為一秀才，而不為一兵，此即我之不「為人」而必「為己」之志。為己則非不可為，而又非外力之所能勝。故為一秀才，乃中國為人之道之正面，為一兵則為人之道之反面。先自為一秀才，又多勸人為一秀才，為人之道止於此，又何不可為之有？

顧亭林有言：

國之興亡，肉食者謀之；天下興亡，匹夫有責。

人有不能為國謀而轉能為天下謀者，顧亭林之言是矣。人有不能為一家謀而轉能為天下及後世謀者，如舜之大孝是矣。中國人為己之學，其意義之深長者有如此。或疑僅為己謀，如何又能為天下後世謀？則當知天下後世亦盡是人，己亦是人，先能為一己謀，是卽可為天下後世人謀矣。孟子言：

道在邇，而求諸遠。

若求為天下後世謀，豈不甚遠，是故難；僅為己謀，豈不甚近，而亦易。惟當知其所以為己謀之道而已。今則盡人謀食不謀道，斯為可憂耳。

或又疑嬰孩初生，卽知求食，不知求道，奈何言「大人者不失其赤子之心」？中國古人言：

民以食為天。

求食卽人生大道。自嬰孩以至於老人，自有人類以至於天下後世無盡之將來，當莫不以求食為求生之大道。惟其為嬰孩時，僅知求食，不知如何與人爭食，亦不知攘人之食以為食。能保此心，卽人類無窮大道之起先第一步。謂「不失赤子之心」者，謂不失其無攘人之食以食之心而已。呂氏春秋載一故事，謂有師弟子兩人夜行，遇大雪無投宿處。師告弟子：「我兩人，一人合穿兩人衣，則一人死，一人得生；兩人各穿己衣，兩人各不得生。」則其師講兼愛之道，謂己得生，可以傳道於天下，命弟子讓其衣。其弟子謂：「師傳兼愛之道，讓衣於我，斯卽傳其道。弟子尚未得道，奈何反讓衣於師。」其師無言，遂讓衣而死。墨家「兼愛」，卽猶孔子儒家之言「仁道」。其師所為，亦卽猶孔子言殺身以成仁。使兩人爭衣，可以並死，不得兼生。求為讓，則求之人不如求之己。其師身雖死，而道則傳。故謀生必謀食，而謀食亦必謀道。孔子言：

謀道不謀食。

謀食卽在謀道中。惟謀道則兩全，謀食可兩亡。呂氏春秋此一故事，亦可見中國人求仁以謀生之大道所在矣。當知其師之讓衣以死，卽儒家為己求仁之道；而墨家之言兼愛，有不得兩全者，亦由此見矣。故儒家主言「道」，不主言「愛」。耶穌之上十字架亦此義。耶穌言當復活，十字架精神之常傳卽耶穌之復活，而豈耶穌之身之復活乎？然則卽儒家之言，亦可闡申耶穌之道，豈必上求之於天堂，而後始可闡申耶穌之道乎？豈不秀才仍可向兵說理？必謂說不清，亦非儒家所許。科學發明機器，儻發明耕耘機，謀求多產，當亦為儒家所許。惟發明原子彈，求能多殺人，則決不為儒家所許。

或又疑人以原子彈對我，我何以對人？則舜何以對其父母？周文王又何以對商紂？而孔子終以伯夷、叔齊為古之仁人。推此言之，自知為己之道。不明於己，又何更論及於家與國與天下之與後世？

中國人之教，亦只教人以為己，而務教之以求仁之道，斯則止矣。繼此而上，宜有大智，則非常人之所能預。而大智必終於不得違此仁，則可得而言，可得而知矣。

故惟中國人，乃能以一己之微小，而定為上下古今、宇宙萬物、人類大羣一中心。又能推擴此一己之微小於廣大悠久上下古今，以宇宙萬物、人類大羣為其外在一範圍。此亦可謂是中國人之「唯心哲學」。而如何達到此境界，則有一番大學問、大藝術存在。貴在能見之於當身之實行，非徒務空言想像之所能及，此則決然可知者。

# 五七　性情與自然

## ㈠

一般人想，人該有自尊自信之心。但他人對之不尊不信，他又何從得自尊自信？於是遂在外面客觀具體條件上來爭取。如今世界各種運動會，如五、六人，七、八人賽跑，我一身獨先，榮獲冠軍，而他人並不即此尊我信我。此處賽完，或去他處賽，我不必定獲冠軍；今年賽後，明年又得賽。果使我每賽獲冠軍，然而體力有限，年老後不能再賽，那番榮譽也便結束了。

有一拳王，連獲冠軍，名滿全球。論其獎金所得，也該一生溫飽無憂。然而年過三十，尚有後半世，還不止三十年。往年拳賽雄風，長在心頭，此心放不下。重登臺，失敗了，以前之榮譽翻成此後之遺憾，追念往昔，情何以堪！

臺中市一青年，遠赴美國參加青少棒賽，勝利還國，全國上下獎勵榮寵，已達其極。然而難乎為繼，進學校則課業不如人，結婚成家則生活不如人，淪為盜竊，身陷囹圄。中國人稱：「人怕出名，豬怕肥。」又說：「大器晚成。」年輕人享大名，終非好事。所以如運動會等，中國古人向不提倡。孔子曰：

十室之邑，必有忠信如丘者焉，不如丘之好學也。

參加運動會艱辛萬狀奮勉不已，究為忠於何人？豈忠於相競之敵？抑忠於旁觀者？惟得謂其忠於己而已，此之謂自私自利。其所信亦惟己；苟對他人有信，亦豈再有所爭？然則學運動比賽，即學對人不忠無信。提倡運動比賽，亦惟提倡不忠無信。西方崇尚個人主義，豈有忠信可言？在中國亦非不知運動有益，乃於農隙有結為漁獵之娛，集羣眾為一體，以田野禽獸、河海魚蝦為對象。人之有技，皆以忠於羣；亦惟互信，乃有合作。此乃封建社會一種大典禮。後代又增以敬神賽會。一切高技絕巧，訓練表現，皆以敬神，亦以娛眾親羣。絕不作彼我相爭，更不為自我表現。中國人凡有表現，皆求於古有宣揚，否則對神有貢獻，於羣有裨益，而豈一己之有可圖，又豈彼我之有可爭？惟可大眾娛樂，又可親切欣賞，如是則已。

富貴尤為客觀具體博取尊信之條件。然而孔子說：

富而可求也，雖執鞭之士，吾亦為之。如不可求，從吾所好。

富貴為何不可求？富貴乃相比較而來，無止境，亦無常態，苟其求之，心滋不安。最近臺北縣一議員賄選議長事發判罪，計其行賄費當達千萬。一老友語余，人生儘多樂趣，使我擁千萬家貲，一生飢寒無憂，卽一議員亦拒不為，何事競選議長？吾友深擅中國藝術，自有所好，宜其發此超乎常情之高論。今舉世之動亂，則全為求富求貴來。孔子所言，亦仍值深思。吾老友所言，亦終不失為一中國人意境。

中國人教人自尊自信，尤更教人尊信他人。孔子曰：

言忠信，行篤敬，雖蠻貊之邦行矣；言不忠信，行不篤敬，雖州里行乎哉？

孔子教人以「為己」之學，但忠信篤敬似在「為人」。為人卽以為己，忠信篤敬卽己心之德，得發舒，得成長，得圓滿，自是吾心一大樂；而又到處行得通，自己亦更受人尊信，此誠為己一大好學問，一大好藝術。孔子所好，正在好己之德，在好吾此心固有之「天眞」。孟子亦曰：

辭讓之心，恭敬之心，人皆有之。

對人能讓能敬，實獲我心，焉有不樂？

吾鄉距無錫城東南四十里，有一小丘，三千年前，吳泰伯居此，相傳稱讓王山。一千年後，東漢梁鴻夫婦又逃隱來此，故又稱鴻山。每逢清明，鄉人四集，跪拜瞻仰，盡懽一日而散。一鄉人莫不以得親吳泰伯、梁鴻為己榮。此風三千年不絕，余童年亦同享此樂。全國各地名勝古蹟，類此者何限？尊人信人，較之自尊自信，高下厚薄，相距何堪數計！

弟子尊孔子以為「聖」。孔子曰：

若聖與仁，則吾豈敢？抑為之不厭，誨人不倦，則可謂云爾已矣。

是孔子學不厭，教不倦。其學則曰：

述而不作，信而好古。

亦惟於古人知尊知信而已。故孔子乃一意承前，而其啓後乃亦因此而無窮。孔子死，弟子廬其墓，心喪三年；子貢又續居三年。心有所敬，非苦事，乃樂事。人人知敬父母，斯即人人有樂。西方人幸得一耶穌，進入禮拜堂，豈不亦西方人一樂？惟樂中仍有求，希望死後靈魂入天堂。中國窮鄉僻壤，皆有土地廟；一邑一都，皆有城隍廟；盡人得敬，斯即人人得樂。敬土地，敬城隍，亦有求，但惟求一鄉平安，斯較一己私求為勝。惟學則求己之進德成人，斯求斯樂斯益勝矣。

姑以文學言，唐韓愈文起八代之衰，為百世之師，而愈之自言則曰：

> 愈之所志於古者，不惟其辭之好，好其道焉爾。

其諫迎佛骨表，亦為尊信孔子，情不自禁而發。僅免一死，貶官遠謫，然而愈之心情態度則終不變，所謂樂此不疲，亦無奈己何也。有來從學者，愈必告以汝儻為古文，在當世無可求，無可得；若仍請不已，愈亦樂為之師。孔子所謂：

> 學而時習之，不亦悅乎？有朋自遠方來，不亦樂乎？

以己所樂，教人同樂，豈不亦己心一樂事？

柳宗元與韓愈同為古文，有人乞師事者，宗元以「蜀犬吠日」為喻拒之，謂惟韓愈願為人師，己則不敢為。即以此一端論，柳宗元心中實不能如韓愈之樂；斯其心境，亦決不能如韓愈之高。故後人論古文，柳亦終在韓下。韓愈早年即為伯夷頌，讀之可知其心境。然愈死，古文終亦衰。下歷數百年，北宋歐陽修起，而韓愈古文乃得大行。西方文學則不然。如希臘荷馬史詩，沿途歌唱，聽者羣集，斯為成功。戲劇亦然，亦意在廣集觀眾，凡所表演惟求廣攬人心，廣召羣歡，但並不求發自吾心之深處。一重內，一重外，此亦中西相異之一端。

曹孟德始創建安文學，曾為詩曰：

月明星稀，烏鵲南飛，繞樹三匝，無枝可依。

即知曹孟德終為世俗中一醉心利祿之人。月明之夜，烏鵲驚醒起飛；方其倦，亦隨枝可息，又何至無枝之可依？是則孟德之心，不如烏鵲之自由自在為多矣。蘇東坡前赤壁賦引此詩，當時東坡貶黃州臨皋一室，亦幾於無枝之可依矣；然而赤壁賦中所表現當時之東坡，則較之往年之孟德超脫多矣。所以韓愈文起八代之衰，終無取於孟德；而東坡則極慕韓愈。兩人同為詩文宗師，而曹操終亦不得為一文學家。今人評論古代文學，不復知計較及作者之心情，斯則失之遠矣。

藝術亦一如文學，伯牙鼓琴，志在高山，則琴中流露出高山聲；志在流水，則琴中流露出流水聲。是伯牙已能擺脫世間一切人事糾紛，而志在天地大自然，尤能志在大自然中之高山流水，而使琴與心一。此其藝術造詣固已迴出羣倫，惟鍾子期能知之，聞其琴而知其心。及鍾子期死，伯牙遂終身不復鼓琴。是則豈非得一知己，而轉喪其己，良可惜矣。孔子曰：

> 學而時習之，不亦悦乎？有朋自遠方來，不亦樂乎？

伯牙已能臻此兩境界。孔子又曰：

> 人不知而不愠，不亦君子乎？

則伯牙似尚未能臻此一境界。此可謂伯牙彈琴尚求人知，未能達於曠懷自樂之一境。以今人言，伯牙乃一藝術專家；以中國古人言，則伯牙似尚未得高為一君子。

今吾國人，對自己民族四、五千年相傳敬心、信心，全已失去；所幸者，今之美蘇，猶為吾國人敬心、信心之所在，安和樂利，惟此是賴。但一旦核子戰爭起，美蘇兩敗俱傷，則不知吾中國十億人心又將安放何處去？孔子曰：「學而時習之，不亦悦乎？」人生樂事，其端在此。終不知吾國人此下將何所習？此亦仍堪作深長思。

惟西方人相互間不忠無信，則非有「法」相繩，亦無以相處。惟中國羣相忠信，尊敬相處，乃必有「禮」，不復需有「法」。縱有之，乃對極少數偶有事。故言政，中國尚「禮治」，西方尚「法治」，亦其一異。今人則盡唱法治，即運動會亦尚法。教人尊法，即教人昌行「個人主義」，不忠無信，此義又誰歟知之！

㈡

人身頭部有腦，接受身內外種種感動，而作反應。西方科學家認為腦主宰了一身，但腦只是人身中一部分、一機器，又誰在主宰此腦呢？中國人言「心」，實不指胸中之心。此胸中之心，亦是人身一部分、一機器；而中國所言心，則乃主宰此身之全體，但無可指其具體之所在。正如中國人言「帝」，乃主宰著「天」，而亦無一具體可指。

中國人言：

心統性情。

「性」較隱不易知，而「情」則較顯易知。中國人謂喜、怒、哀、樂、愛、惡、欲為「七情」。喜怒之情尤顯而易知，俗稱「喜氣」、「怒氣」，此「氣」非有質之氣，但亦可見可知。氣之可見者曰

「象」，亦非有形，但可見可知，而亦無具體可指。

西方人好言具體可指者，如耶教信上帝，雖亦非具體可指，然西方人心中所信，實與中國人所信大不同。西方人言心，實多指物理學、生理學言，多具體可指，而與中國人所言之心大不同。如言喜怒，在心不在腦，亦非具體。而西方心理學家則必具體言之，如每一秒鐘心跳幾次，脈搏幾動，是為怒。但不知是怒了始有此心跳與脈搏，非是由此心跳與脈搏始成為怒。喜怒是「人生」，一身之心跳脈搏是「物理」，人生則有超物理以上者。

不僅人有喜怒，其他動物亦有喜怒。如家畜一鷄一狗，豈不亦有喜怒，與人共見？寧必測量其心跳脈搏而始知？不僅動物，植物亦然。周濂溪窗前草不除，說它生意與我一般。有生意，即有喜怒。不僅有生物，即無生物亦然。天地大自然亦有喜怒氣象。「暮春三月，江南草長，雜花生樹，羣鶯亂飛」，春氣來了，草呀、花呀、鶯鳥呀，莫不喜氣洋洋，那能說春無喜氣？

嚴冬肅殺，冰雪交加，草木萎枯。「歲寒然後知松柏之後凋」，實則松柏亦在凋，只凋得稍後而已。忽見梅花滿樹，又那能不令人心喜。所以生在寒帶，人易怒而少喜；生在熱帶，人易喜少怒；生在溫帶，人乃能兼喜怒而得其中。可見天地大自然亦有性情，人的性情則從天地大自然中生。

天地大自然性情易見者曰「風」曰「水」。和風柔水，易令人喜；狂風湍水，易令人怒。善相風水者，見此地風水好，勸人在此建宅或卜墓，庶生人、死者均易得喜氣；見此地風水壞，勸人勿建宅勿卜墓，庶少受惡氣感染，不致少喜多怒。我嘗與馬一浮在四川樂山其所創辦之復性書院中長談，我言：「此處江山佳勝，君居此安樂否？」彼告余：「風水與江浙故鄉大不同。風暴水粗，單說每天盥洗，江浙女性皮膚白手嫩，此間那能相比？年老了，每念故鄉居。」此見中國人言語文字，須從中國人傳統心情求解說，此乃中國心理學。談及風水，那能只據西方人心理謂其是迷信，不科學？

西方人不言「心」，乃言「靈魂」。人生前靈魂由天而降，人死後靈魂復歸天上。靈魂又像是一具體。中國古人則言人死「體魄」歸於地，「魂氣」則無不之。所謂「魂」只是一「氣」。今試分氣為「天然氣」與「人文氣」兩種。人文氣從天然氣來，但人文氣亦可影響天然氣。我遊北平，此乃中國八百年來一故都，人文薈萃，人文氣自與他處不同。江、浙兩省蘇州、杭州俱難相比。但江、浙積有兩千年來之人文氣，一離北平城郊，河北全省到處氣象，便難與江、浙相比。

「振衣千仞岡，濯足萬里流」，此亦一風一水，而壯志逸趣，想慕何極？但使振衣矮屋簷下，濯足臭陰溝中，復何志趣可言？故振衣濯足，人人能之，而千仞之岡，與萬里之流，此風此水，則非到處所有。人之性情志趣，則必外融於天地，而非可內限於一身。此則風水亦所當重視。

「風蕭蕭兮易水寒」，此亦一風一水。非此風此水，使壯士之不還。乃因此風此水，與壯士胸懷有相同之氣象，而遂生其感傷。壯士荊軻之不反，在此風下水濱，送行者早已知之，荊軻寧不自知，而慨然離去，此其所以為壯士也。故燕趙之士悲歌慷慨，關洛無之，江淮更無之。風水不同，斯人物亦不同，乃若性情之不同。性情非限於身體，實與天地萬物共此性情。必此心能「一天人、合內外」，而此性情之眞乃始見。則亦可謂風水卽性情、性情卽風水矣。

今人誤謂性情限於一身，滿足我之性情者則在外。一曰「物質生活」，一曰「都市生活」，一曰「政治生活」。物質愈充盈，都市愈繁盛，政治愈顯達，而吾身乃益見為渺小。性情無所發舒，於是奸淫竊盜，殘暴詐欺，奔走逢迎，層出不窮，亦無所不用其極。要之，是天人隔，氣象異，風水不同，而人之性情亦變；不得謂此非人之性情，而無奈其風水之不同，而命運亦隨而不同。然而此等皆中國古代人所說，今人則嗤鄙之不以掛口，又何論於存心？

余此喋喋，則惟有使人怒，難以引人喜。此亦風水使然，天地使然，於人又何尤？

(三)

吾家住外雙溪上，溪水常流，午間水已不是晨間水，晨間水盡流去了。流向何處去？向大海大洋中去。吾家住外雙溪上已踰十五年，十五年前所見溪水，此刻當盡在大海大洋中。子在川上曰：

逝者如斯夫！不舍晝夜。

孔子所見，人人能見，而孔子之所感所悟，則非人人所能感能悟。人生日長日老，到頭一死，但活人世界與死人世界切不斷，劃不開。前人已死，造成歷史，形成文化，依然在此人世，中國古人謂之「不朽」。涓滴成滄溟，人死則融入文化大海洋中，那裡就死了？中庸言：

小德川流，大德敦化。

孔子以後有孟、荀、董、揚、王通、韓愈，以至周、張、程、朱、陸、王諸賢，中國儒學如一條長江大河，而孔子則啓其端，為至聖先師，那就是如大德之敦化了。

積薪為火，薪盡而火傳。莊周言：

火傳也，不知其盡也。

此亦妙喻。但薪盡火傳，薪、火顯是兩物。莊周道家太看重了自然，而輕視了人文。不如孔子以流水喻，則溪澗海洋純是流水，人文終必融入自然中，而自然亦離不了人文，天人一體，逝者如斯，是天即是人，是人即是天，較莊子以薪火喻自勝。

再細言之，流水亦有滲入兩岸土壤中，盡其滋潤之功，而不流入海洋者；亦有日光蒸發，升入大氣層中，又凝結為雨點，下落地面者；惟天有淫潦，地有氾濫，則不為利而為害。孟子曰：

人無有不善，水無有不下。今夫水，搏而躍之，可使過顙；激而行之，可使在山。是豈水之性哉？其勢則然也。

是言人性非不善，亦可使為不善。中國古人好以水性喻人性，水之下流，猶今人言向前進步。火性則向上。而且水之流動，是水自身在流動，火之燃燒，則需另供燃料。莊子說薪盡火傳，其實薪束盡，火亦熄。火只是一作用，一現象，無實質，無本體。

抑且水火同須有防。水須有堤岸，自溝澮以至於江河，達於海洋，愈會通和合，為利當更大。火則須分別隔離，如一竈一燈，各有功用，但會通和合了，則成大火，將燬及全屋，災及鄰居。中國人好言水，又好言木，所謂水源、木本。「歲寒然後知松柏之後凋」，松柏與小草，生命不同，不同在其根。星星之火，可以燎原，小草受火，松柏亦可燬。金性近火，牛山之木，不能經斧斤旦旦之伐。故在自然中，金、火皆能傷及其外圍。

古人言：

東方之人仁，西方之人義。

仁是春生，義是秋殺。中國與西歐文化恰如其比。中國五千年文化傳遞，還是中國人；西方則希臘、羅馬以至現代英、法諸邦文化，一線相承，但主體則隨時不同。而且希臘城邦分離，為禍少；羅馬統一，為禍大；現代國家如英、法，因其科學發展，交通便利，為禍更大。故老子繼莊周，惟求「小國寡民，老死不相往來」，此亦有深意。中國儒家言，如一條水滾滾東流；西方如一堆火，這裡燒盡，蔓延到那裡。此刻英、法火勢已衰，但蔓延到美、蘇去。不知一旦核子戰爭後，是否仍然有蔓延？中國如水，羣木共受滋潤；西方如火，羣金同受銷燬。恐核子戰爭後，再不能有核子存在了。

西方文化正如一堆火，核子戰爭豈不可將人類燒盡？殺人的不說，來說利人的。當前正發明了機器人，長此蔓延，恐眞人必將讓位。有了機器，一切不再要有人，這豈是人生眞幸福，人類之眞所想望？若讀中國一部二十五史，人物登上歷史的，秦漢多過了三代，隋唐多過了秦漢，宋明清又多過了隋唐，那纔眞算得是人的進步，是中國人的幸福。但火炎上其勢易知，水潤下其利難睹，中西文化不同有如此。

中國人尚仁，總有所不忍；西方人重義，儘言應該，心無不忍。不忍人之心與應該做的事可相通，亦可相離。若只感得不忍，使許多事會感到不應該；若儘感得這事應該，則此心也只有忍了。在心情上，中國人是軟了些；在事行上，西方人是強了些。今天我們則只是愛強不愛軟，則也只有追隨西方吧！

# 五八　手段與目的

## ㈠

人生當求快樂，此屬人生大義，無可譏評。但何等事始是快樂，此則大值研討。人生所有事，可分「手段」與「目的」兩項。手段僅為達成目的，多屬不得已，非深具快樂性。目的完成，始是眞快樂，此亦無可疑。

原始人類，以「漁獵」為生，辛苦營求，非為可樂。待其有獲，返其穴居休息，始為可樂。或在穴洞壁上偶有刻劃，或月夜出穴洞門，老幼歌舞，洵屬樂事。待其由漁獵進入「畜牧」，乃為人生快樂邁進了一大步。既常羣居聚處，槖駝牛羊，又屬可愛。有感情，可安逸，較之漁獵時代顯已大異。然逐水草而遷徙，居穹廬中，斯亦可憾。轉入「耕稼」，乃又為人生快樂邁進了一步。一分耕耘，一分收穫，手段、目的融為一體。且畜牧為生，日宰所愛以圖飽腹，心有不忍；稼穡則收割已成熟之稻穀，非有殺生之憾。百畝之田，五口之家，既得安居，又可傳之百世，生長老死，不離此土，可樂益甚。所謂「安居樂業」，惟耕稼始有之。

農事亦有荒歉，三年耕，常有一年之水旱，農人則諉之曰「天命」。然天命有正反面。「但問耕耘，莫問收穫」，收穫乃其正面，荒歉則其反面。「樂天知命」，外面大自然與內部人生亦融成一體。天人合一，自安自足，是為農業人生最大快樂事。

由農業轉進更增有「工商業」，此又人生一大進步。但從此中西人生乃生起了大歧異。西方古希臘，自有城市工商業，而郊外農業，乃成為被奴役、被榨取之一羣，其生無樂可言。而城市工商業，則終是手段，非目的。必出外貿易，爭取利潤，亦無自安自足之感。羅馬繼起，以武力向外征服，與經商為生又不同。中古封建社會茲不論。文藝復興，都市工商業稍又復甦，乃建立歐洲現代國家。資本主義漸旺盛，亦終不能自安自足。乃向外競求殖民地之征服奴役與榨取，而發生最近之兩次世界大戰，歐洲全部人生備受大頓挫。

美國繼起，其民主自由之政體實為一手段，而工商資本之繁榮則為其目的。其最基本之精神，則為「個人主義」。故民主政治服從多數，多數則是，少數卽非；此正一種個人主義之十足表現。工商社會本屬一種個人主義之社會，資本愈集中，則少數個人之勢力乃日益膨大；於是被榨取、被奴役之次級商人，乃及大羣傭工，爭平等、爭自由之心理遂日益增強；民主政治由此建立。而今日美國社會，代表其政治力量者，乃日形分裂。擁有大量資本之猶太人，當占十分之三；黑人解放，生齒日眾，其力量亦當占十之三；來自歐洲之白種人及少數亞洲東方人，當僅占其力量之十之四。此種形勢，觀於美國最近之中東政策，而內情益顯。

次當論及猶太人。憑商業為生，而從不見其有一種建國能力，殆因猶太人最富個人主義。但單獨一個人，何得生存？故猶太人乃必信有上帝。耶穌亦猶太人，近人考其幼年，曾遊印度，或當受佛教影響。雖亦同信上帝，乃不謂上帝專愛護猶太人，並愛護及全世界人，乃有耶教之興起。但耶穌唱教實亦一種個人主義，仍非有政治興趣，故曰「凱撒之事由凱撒管」，置人世大羣事於不論，而專一注意於個別靈魂與上帝之接觸。靈魂信仰亦顯屬個人主義。惟耶穌心中之上帝，與其他猶太人心中所想望之上帝有不同。故猶太人不信耶穌教，而耶教盛行歐西，則亦非易事。

耶穌生前僅得信徒十二人，其中一人乃叛徒。耶穌死後，乃由羅馬帝國中央政府所在地大羣受壓迫民眾作地下活動，乃至羅馬皇帝亦不得不信從耶教，以期平安。故西方社會之有耶教，實亦如此下現代國家之有民主革命，同是下層多數人對上層少數人之一種反抗運動。即近代之共產主義，亦由猶太人發起，而亦同是一種多數被壓迫人向少數之反抗。一部西洋史，亦可說乃同向此一路線而前進。即如中古時期，耶教宣傳能於歐西人之個人主義中，培養出一些大羣的共同愛，北方蠻族能自封建社會中創建出現代國家，此即耶教教義深遠影響之一種表示。故西方雖說是政教分立，但有政亦終不能無教。

耶穌又言：「富人入天國，如橐駝鑽針孔。」此言亦猶太人所不能受。美國人自英倫三島遠赴新大陸，亦為堅守耶教教義，不為拓荒謀富。而猶太人之赴美，則專為財富，與英民移殖不同。兩次世界大戰後，美國社會最見繁榮，而美國猶太人之勢力亦日見龐大。以色列之獲建一國家，亦多仗美國。美國在全世界最親善者，除英國外，亦首推以色列，財力、武力不斷援助。然此數十年來，以色列乃不斷與阿拉伯諸鄰國衝突，惟求國勢向外擴張。石油問題興起，美國人乃不得不急起謀求中東之和平，而以色列則無動於衷。既不信耶穌，而又必占有耶路撒冷；自願有國，而巴勒斯坦人則儘可流亡。以色列之為國，乃毫無親友睦鄰之意嚮。希特勒盡力壓迫排斥猶太人，大量驅入集中營。列寧、史太林信奉馬克斯，其壓迫排斥猶太人亦如希特勒。即如美國猶太人，亦身在美國，心在以色列，不計苟無美國，何能再有以色列？圖以個人利益為第一，猶太人次之，以色列以外，舉世其他各國，美國在內，盡屬第三。猶太人之始終不能自建一國者，其主因正在此。而以色列之終不能親友睦鄰，其主因亦在此。求其癥結，則為猶太人之太過主張「個人主義」。

馬克斯亦猶太人，主張「唯物史觀」、「階級鬥爭」。階級鬥爭亦僅是一種手段，其本源則仍為一種物質人生之個人主義。「物質人生」與「個人主義」實一非二；亦唯個人主義，乃始有唯物史觀之主張；兩者實為一體，不主個人主義，便不可能有唯物史觀。歐西人縱不採用馬克斯之階級鬥爭，而仍多信從馬克斯之唯物史觀，亦正為其同抱有個人主義故。凡所作為，其目的則同屬個人相互間之鬥爭，惟手段有不同，只觀其同務工商業卽可知。

歐西工商業亦多屬個人、唯物，惟耶教則有一對上帝之共同愛，可為個人物質人生供一大補劑，使人心獲得一安樂之嚮往。西方人信奉耶教，正為補己之不足，但亦信奉唯物史觀。科學、宗教並存，大體亦如其政教之分立，凱撒、上帝相敵相爭。西方民主政治，乃求減低凱撒權力，而世界人事仍感日難處理。如今日美國政治三力量，即成一難題。西方民主政治，即從個人主義起，終難對付其個人主義之存在，此為西方一難題。

西方民主政治當推英美為標準，而英國之英格蘭、蘇格蘭、愛爾蘭亦互相分裂，較之美國聯邦為尤甚。其他各國多黨羣立可勿論；失敗之餘，困難重重，而猶能稍有起色者，為西德，而亦仍有東德之分裂。故個人主義可以共危難，難以共安樂，而亦終不得安樂。

原始漁獵人，其時尚無「羣」，爭取對象，惟在「自然」；亦可謂其生活方式即是「個人主義」。西方工商社會已有羣，惟爭取對象除自然外，更轉向其四圍之大羣，可謂乃原始漁獵人之一種進步。科學發明，自誇為「戰勝自然」，實則主要乃在戰勝同羣。原子彈、核子武器，可使大羣殲滅，雖其發明運用，非賴個人，必賴團體，其實亦仍是一種變相的個人主義。民主政治必分黨以爭，其實亦皆個人主義。人類既必賴羣以生，宜當有「大羣主義」以超乎「個人主義」與「團體主義」之上。更宜「天人合一」，超乎「自然」、「人文」對立之上。惟有大羣樂天知命，安分守己，抱有天人合一、內外融通之哲學觀，如是乃庶有快樂人生之可望。

近代英國哲人羅素，謂美、蘇、中可成世界三大強國，因此三國，皆可成一大農國；帝國主義崩潰，惟有大農國乃可不向外爭取，自安自足。但美國則偏重工商個人主義，前有門羅主義，但不願再向此途發展。蘇俄則向為農奴社會，迄未能徹底消滅，又醉心於西方帝國主義之舊傳統，信仰馬克斯階級鬥爭、世界革命之主張，更不肯向大農國自安自足之途發展。中國向以大農立國，深具一種大同太平之大羣主義，乃及樂天知命、安分守己、天人合一、內外融通之哲學觀；而今則景慕西方，爭學美蘇，自相分裂。舉世乃無一可求自安自足之大農國出現，人人懷抱一個人主義，向自然爭，向大羣爭，彼我各相爭；如此人生，又何得安樂？

現世界人生，既陷入一不快樂境界中，其尋求快樂，仍必採用一「爭」字為手段。但不知人生以安樂為目的，從此手段，決不能達到此目的。如欲為一拳王，日夜苦練，此又何樂？一旦登臺獲勝，榮膺拳王寶座，名利雙收，初若可樂。但以前是我立意要打倒人，此後則是別人立意要打倒我，仍得日夜苦練；再次登臺，若被打倒，一切落空，樂又何在？若獲連勝，仍是一該打倒的目標，仍該日夜苦練。但精力有限，年過三十，卽須勇退，否則終被打倒。人生如一場夢，醒來最多四十歲，此下又究將以何為生？

抑且爭勝負實如無勝負。如賽跑，搶先不到一秒鐘，爭前不過半肩頭。裁判既定，第一名以下，盡只為此第一名捧場。又如賽籃球，相差半球或一球，而勝負定；分數相等，加賽五分鐘再判。勝負定於法規，相爭類似兒戲，究於人生有何價值、意義可言？

更多者是觀眾，一場比賽，或數萬人，鼓掌如雷，歡聲四起，散場歸去，各如無事。今日全世界各種比賽，無可計數，種種差不多，場場全如此。人生快樂，幾盡此矣。其他如歌臺、舞廳，電影、電視、廣播，凡屬消遣娛樂諸項，實皆商業化，或供政治宣傳，絶少人生意義。甚至如繪畫、雕刻、文藝創作，亦盡成商品，以暢銷廣售為第一義。人生商業化，盡人、盡事皆商品，只屬手段；目的何在，無人知，亦無人問。今日之人生豈不如此？惟其如此，故不安不樂，求變求新，而又美其名曰「進步」。實則最多僅是商品進步，財富進步。而又以鈔票代黄金，通貨膨脹，商業不景氣，又成今日人生一大憂慮。要之，非靈魂上天堂，則無以結束此不安不樂之人生，雖凱撒亦無奈之何。耶穌教義如此，西方人羣所崇奉，卽所謂「十字架精神」，豈不然乎？

近人或言經濟當從穩定中求發展，但個人經濟終不穩定，大羣經濟始有發展。西方資本主義，乃於發展中失去其穩定；共產主義唯物史觀，根本不論所謂穩定，階級鬥爭則惟於發展上求破壞。中國向來經濟，縱謂其不符近代發展之水準，而穩定基礎則已深厚建立。近代國人一慕西化，或美或蘇，國家分裂，舊有基礎掃地無存，又何發展可言？羅素僅著眼外面物質條件，未注意到人文全體，則所言亦如夢囈，渺無可證。而世界人生前途，乃亦難想。抑並世其他各民族，如阿拉伯、印度已莫不採用西歐之科學、經濟物質建設，而猶求保存其自己之傳統。果使中國人亦能以西方之科學與經濟為手段，而善保其傳統，以人羣之大同與太平為目的，豈不可使大羣人生共享其快樂？願吾國人其深思之！

今人又言：「犧牲享受，享受犧牲。」不知此兩語亦全屬個人主義、物質人生所有；儻為大羣主義，則樂天知命，安分守己，非「犧牲」，亦非「享受」。卽為殺身成仁，捨生取義，亦在大羣中完成其一己，非犧牲，非享受。徒於語言文字上求變求新，而不求其內實深處，則終難免歧途之亡羊。

治中國近代史，西力東漸，乃最大一問題。但鴉片戰爭，割香港，闢上海為商埠；不過一百四十年，上海租界已收回，香港殖民地亦即將收回。此已一大變。而遠在英國勢力東來前，荷蘭人已先來臺灣，葡萄牙人又先來澳門，其影響乃遠異於後來之英法。尤如利瑪竇來中國，讀中國書，學習中國文化，徐光啓諸人之從學於利瑪竇，皆有遺書可證；豈不亦遠異於後起之所謂「西力東漸」？

利瑪竇前尚有馬可波羅，隨回教勢力而東來。所謂「西力東漸」，實阿拉伯回教在前，西歐耶教在後。而回教東來，則一變其一手持可蘭經、一手持劍之舊習，而轉融為中國傳統之和平化。印度佛教東來，尚遠在阿拉伯回教東來之前，但「涅槃」境界一轉而為「即心是佛」、「即身成佛」、「立地成佛」之中國禪宗化。在一部西力東漸史上，其先後變化有如此。

而在「西力東漸」之前，乃為「東力西漸」。蒙古在俄羅斯建汗國為最後。先之有突厥在歐土建土耳其國，更先有匈奴在歐土建匈牙利國，而土、匈兩國迄今依然存在。何以故？則因匈奴、突厥、蒙古尚在游牧社會中，大羣主義已漸萌芽，故其勢力每能衰而復盛。西方工商社會個人主義，其力量每一衰不復盛。此如人之老病而死，其生命又焉得復盛？中國人則又異於匈奴、突厥與蒙古，乃一以其和平姿態而漸展漸拓。如明初鄭和三保太監下西洋，迄今馬來亞、新加坡中國社會依然屹立。清代中國人至美國，迄今亦仍有中國社會之存留。此亦一種東力西漸，其情況亦與西力之東漸大異，豈不就史蹟而可知？而東西文化相異，亦從此可證。

中國封建時代有「井田制」，耕稼乃公職，非私業。惟九一而徵，什一而稅，輕徭薄賦，以公私皆足為主。故中國古代農業非私人資產，亦非勞工共產，乃國與民之公產；工商業亦皆分官授職，營公不為私。全社會成一政治結合，各個人在同一大羣中，各有其本分，相安而不爭。其理想境界則曰身修、家齊、國治而天下平。「修」即修其安分不爭之德，「齊、治、平」則在經濟上、職位上，人生各方面，相融相和如一體，以達於大同而太平。此即人生目的所在，亦快樂所在，非更有他求，而亦何爭之有？故可謂中國自有史以來即非一種「個人主義」，而為一種「大羣主義」。故曰「敬業樂羣」，其業乃為羣，故當敬，亦可樂，亦即是安分守己。若在今世，羣集一資本家大工廠中作勞工，被榨取、被奴役，業何可敬，羣何可樂？中國古人不重在分古今，乃重在分夷夏。從未嘗謂僅一言而可推之四海而皆準，行之百世而無疑，故須不斷有修、齊、治、平之功。

中國古人，亦非不知有平等、自由。大學言：

> 自天子至於庶人，壹是皆以修身為本。

此非平等而何？中庸言：

> 天命之謂性，率性之謂道。

此非自由而何？自修其身，卽自修其性。故孟子曰：

是不為，非不能。

若在近世工商社會，修身卽修在外部事物上，不修在內部心性上。所為乃為人，非為己；不為卽失業，無以自活。中國大羣社會，重為己，不為乃自暴自棄，故貴能知恥。所指各異，自不當相提並論。

中國秦漢以下，乃成一民族大國，亦卽一文化大國，道一而風同。農、工、商各業，雖與三代封建時不同，然一貫相承，非有大異。政治大方針，仍以重農為主。漢代田租，僅收三十分之一；唐代尤只收四十分之一。其對工業，凡民間普遍日用，如絲織，如陶瓷，一皆以官設局，既禁私人營利；而治其業者，世襲家傳，精益求精，皆得保有其一種絕高藝術，而不斷向前。故中國人並稱「工藝」，工業皆成藝術；不言「工商」，非為牟利。而商業得擅大利者，亦均由官統制，如漢武帝時代之「鹽鐵政策」，開近代西方國營經濟之先河，尚在耶穌紀元第一世紀，而迄為後世所沿用。如茶政，如運輸漕政，莫不皆然。近代國人，乃謂吾國乃是一「農業社會」，不知農業社會自有進步，一切工商業亦自可包括在農業社會之內。中國古人已早知防止商業資本主義之為害農業於未然。故中國商業實早盛於西方，惟重農輕商，則為中國所獨有。

西方古希臘，則即已重商輕農，故其人生亦常為一種「個人主義」。近代「集體主義」，亦即個人主義一變相，乃手段，非目的。中國則自古即為一種「大羣主義」，故詩曰：

溥天之下，莫非王土；率土之濱，莫非王臣。

此言其共成一體，非謂是帝王專制。農業普濟人，而己生益廣；商業榨取人，而己生亦益狹。中國封建時代，已早有一統一王朝在上；西方封建時代，欲求一「神聖羅馬帝國」而不可得。西方封建，乃經濟性；中國封建，則屬政治性。西方社會，以經濟相結合；中國社會，則結合於政治。秦代統一，其時人則曰：

車同軌，書同文，行同倫。

經濟、政治、文化、人生，同歸一統。何以能然？則因其人生之抱大羣主義，非個人主義故。今日國人，一尊西化，不肯言秦漢以下乃政治一統，而必曰「帝皇專制」。不知西方先求武力一統，故有羅馬帝國；次求財力一統，故有資本主義之帝國出現。單憑帝皇專制，則仍是一種個人主義，烏得望大羣之一統？中國大羣主義為西方所無，乃亦為近代國人所不知；則中國四、五千年來之大一統，捨「帝皇專制」四字外，又何以說之？

故中國乃為一種「道義政治」，非「權力政治」。道義之具體化則為「禮樂」。自秦以下，古代相傳之禮樂乃漸趨於社會化，實進步，非退步。故中國常以「禮俗」兩字連稱。禮已成為俗，而俗必源於禮。於是中國全社會人生乃成為一種「禮樂人生」。姑舉歲時節令一項言之。如舊曆歲除、元旦，新春過年，是中國社會一大禮，亦即中國人生一大快樂。家家戶戶，不論貧富貴賤，同此禮，即同此樂。此乃大羣一共同風氣。又如清明掃墓祭祖，亦是一大禮，亦民間一大樂。又如端午節紀念大詩人屈原，賽龍舟，飲雄黃酒，吃粽子，舉國一樂事，亦即舉國一大禮。又如中秋賞月、重九登高，皆是人生適應大自然共同一禮，亦即人生共同一樂。推此言之，中國民間種種樂事，莫不存有一禮，上通天神，下及萬物；廣大人生，有甚深之涵義。豈如今日種種運動競賽，專為私人或團體爭榮，為大眾尋樂作方便？此與中國之禮樂傳統，自見有別。

余幼年居鄉村，每年有迎神賽會。所迎或關公，或城隍神。神位前行伍，連綿亙數里。有樂隊，有古器物玉玩之展覽；有獅象龍虎、飛禽走獸之模型製造；有猴有犬，既馴又乖，投以食物，接噉逗歡；有樓船車騎之隊；有旗幟鑼鼓夾隊進行；有各種雜技表演。尤引人注目者，如高蹺，足縛丈餘雙木，人行如在空中。又作各色打扮，如八仙過海，鐵拐李、何仙姑，神態逼真，演技生動，非經長期練習不易臻此。然非為比賽，亦無報酬，胥出自願貢獻，同為鄉里造歡造福。羣村踴躍觀賞，並有遠地親戚前來，共娛盛會。要之，則象徵一和，不涵蓄一爭。此與近代盛行之運動會可謂迥不相侔。

又如神廟演戲，如關帝廟、城隍廟等，必建有戲臺，騎樓環拱，觀者盈座；臺前曠地，駢立皆滿。亦有擇空野臨時築臺。要之為敬神。而兼存娛眾之意。凡此等事，既非官辦，亦非商營，乃由地方士紳籌款運用，係地方一禮俗，也卽大羣主義禮樂人生之一種表現。

余家居蕩口鎮，鎮居鵝肫蕩之口，亦稱鵝湖。寬五華里，長十華里，平常禁漁捕。歲寒擇日開放，大小漁船畢集，或用大網，或用長鈎，或一船鷺鷥數十，滿湖皆是。鎮上士紳亦駕舟遊觀。余家某歲亦參加，旁近漁船獲大魚，競奉獻，卽烹作午餐。此日所得魚，除諸紳家得少量分送外，供全鎮人度歲購買，各漁船僅得額酬，非可私佔。其實此一禮俗，乃遠從西周封建時代沿襲而來。

中國各地風俗大同小異，果能網羅備載，比類以觀，又能追溯其淵源所自，闡詳其意義所在，則所謂大羣主義之禮樂人生，自可朗然在目。孔子曰：

貧而樂，富而好禮。

貧亦可樂，富當好禮，實則同是一樂。尤要者在大羣之同樂而無爭。孔子又曰：

君子無所爭，必也射乎？

古代射也是一禮，所爭亦當合於禮。現代人好言「中國國術」，亦稱「中國功夫」，播為電影，舉世愛睹。其實中國功夫之更要精義在於無所爭。「良賈深藏若虛」，中國功夫之傳習更受重視者，多在山林僧寺、道院中。如武當山、少林寺，絶技精工，超越一世；歷代相傳，不僅不與人爭，並亦不輕表演。方其濟危扶弱，乃是一種俠義精神，既非出鋒頭，更不求名利。若如近代電影所播，亦成一種比賽競爭，精神既失，面目亦必走樣。即如傳授太極拳，亦成商業化之一種謀生職業，亦非往日精神。然則今日國人高呼「復興文化運動」，必求中國傳統之一一現代化，乃一如清代武當、少林諸高手，一一應聘來港、臺拍電影，一切絶技盡演出在銀幕上，一經商業宣傳化，則除為賺錢外，前途復何望？

余在對日抗戰時，曾一度返蘇州，時印光和尚在靈岩山。寺僧盡散，一伙頭工人隨侍。除夕，印光賞以數百文。晚餐後，伙頭告：「當回家。」印光言：「汝今夜仍當返。」伙頭言：「既回家，當俟明晨來。」遂辭去。半山樹林中一強人，刼其錢去。伙頭念錢既被刼，不如仍返山寺。歸告印光。印光言：「錢仍當送回。」刼者因已晚，不下山，來叩山門求宿。伙頭開門見是林中刼者，云：「你果送錢來了。」刼者初不知應門者即是被刼人，至是遂直認，並請謁和尚，跪求留寺落髮。印光勸其歸，好自為人。此事傳出，來者如市。印光靜坐一室中，壁上一洞，裝一小木板；來者叩此板，得緣，板即開。印光或有言，或無言，言亦數語而止，板即復閉。余返蘇距此事已半年，幼年曾讀印光書，遂欲約友往訪，但聞日軍紛往，乃中止。中國尚讓不尚爭，尚退不尚進，尚靜不尚動。猶可謂中國人生有偏，但不得謂中國人生全走錯了路。尤其在亂世，尚讓、尚退、尚靜，苟存猶可樂。印光故事，前世屢有，見於記載，但亦終非儒家禮樂中正之道。故在亂世，釋老方外乃獲一般嚮往。武當、少林乃及抗戰時期之靈岩，凡所透露，實皆中國傳統大羣主義文化之一鱗片爪。今國人猶知仰慕，實屬手段，非目的。今國人眞所慕者乃如李小龍，若居之少林、武當及靈岩，則瞬息間當失其踪影。此又不可不辨。

余聞印光事，乃知在中國歷史上，逢亂世釋老盛行，亦大有故。即在歐土中古黑暗時期，各地教會之貢獻，其功亦不可沒。正為其同能不爭，能退能靜，故能有此。惟今日則鬥爭進取，技術紛繁，日演日進，日擴日大。此誠為大可怕之事，豈不當憬然深思？

工商社會與禮樂社會相交換，工作與娛樂亦顯然有分。工作乃手段，娛樂為目的。鬥爭比賽雖亦一手段，乃今日又成為人生一目的。流禍所及，所賴以防堵者，則為法律。自由與法律如胸如背，合成一體。自由則如洚水橫潰，法律乃如鯀之堤防。國際間兩次世界大戰後，洪水潰堤，依然隨時隨地可見；而個人自由之呼聲，依然甚囂塵上。世界禍亂日增，又豈得一一歸罪於馬列？蒿目世艱，尚復何言！

## (二)

維持生命，乃其手段。生命之伸展，始是目的。樹根在地下伸展，幹枝向地上伸展，乃此樹之生命本身。土壤、雨露、陽光，雖為樹生命所不可缺，但非樹生命本身，究與樹生命有別。人生亦然。農業、商業同為維持生命之手段，但農業是直接的，商業是間接的；農業較單純，商業則複雜，多曲折變化。在維持生命的手段上，多耗精神氣力，或可轉有損於生命本身之伸展；或則誤認手段即其目的，則其損害將更大。

論及伸展，須有環境。如一樹生在高山深谷中，易成長，易伸展，易得為千百年一老樹；若生在庭院中街市上，易受外面干擾，伸展難，更少百年以上的壽命。農人生活環境較安較寬，百畝之地，五口之家，子孫相傳，鄰里皆親族，外面干擾少，本身伸展則易；商人羣集都市中，出外經營，仍多在都市中，環境擁擠變動，不寬不安，其生命伸展亦就與農村人有異。

人類生命伸展，最要是男女結為夫婦，生男育女，由家成族，由一小生命而推廣緜延成為一廣大悠久之大生命。此是「人文生命」，較之其他生物之仍在「自然生命」中者大不同。農村居民稀少，村與村相隔亦遠，男女之間少往來，而又非親卽族，擇配不易。非父母之命，媒妁之言，不獲輕易成婚。商業都市，居人密集，男女往來易，於是比較挑選，而成婚機會反較難，常先有一段戀愛時期。但戀愛只是手段，結婚纔是目的，而易於使人誤認手段為目的。一旦戀愛成功，結成婚配，回憶往前一段戀愛生活，不可再來，反若有失。於是乃有「婚姻為戀愛之墳墓」之想法，過分看重了其手段之經過，反而輕忽了其目的之完成。上文所謂在手段上過分化費精神氣力，會轉損其目的之完成，此最是一好例。中國人重婚姻，西方人重戀愛，亦見其文化之相異。

實則眞生命之伸展，應在婚姻以後，乃見人生眞樂趣；而西方人乃多誤認人生樂趣在戀愛過程中。正如此身飽暖乃有人生眞趣，而人多誤認謀衣謀食各種手段，轉成了人生之樂趣。如商人經商發財，亦覺樂趣無窮；待其衣食無憂，卻茫不得眞人生之所在，還是經商發財去。但經商發財總是人生一手段，非生命之本身與目的，因而發財縱可樂，非眞樂，於是在此外來再求樂。飲食服裝，亦作種種講究；山珍海味，錦繡綾羅，亦得不到人生本身之眞樂。商業人生迷不知返，乃釀成了人生種種之苦痛。農業人生其手段直接單純，又因其日常與生命相親接，易從自然生活中透悟出人文生活之眞生命與樂趣，而又易於伸展。故農業文化乃與商業文化大不同。

即如文學。詩三百，首關雎：

關關雎鳩，在河之洲。

此是雎鳩生命本身之眞樂，由此興起了人生夫婦之眞樂來。

琴瑟友之，鐘鼓樂之。

琴瑟、鐘鼓亦盡是外面手段，而終不忘失夫婦結合之一段眞樂。但此段眞樂，則終不在琴瑟、鐘鼓上。西方文學則盡力寫戀愛，不知戀愛尚非人生本身眞樂所在。而又從文學演進出音樂，成為一項專門藝術，認為人生樂趣乃亦可於音樂中得之。今試問夫婦在閨房中深夜彈琴，與在音樂大會上以一音樂專家之美名出席彈琴，其人生樂趣，孰眞孰假，孰深孰淺？試就人生本身內心深處自尋味，自體會，究是如何？

所不幸者，既成一音樂專家，自會喜歡出席千萬人之音樂大會，得人歡呼鼓掌，認為此乃人生一大樂事。其配偶亦可出席大會中，隨眾高呼鼓掌，亦人生大樂。乃不知此樂非人人可得，亦非隨時隨地可得。得成為一名音樂家已不易，得在一音樂大會上表演又不易。人人盡從此等處來求人生樂趣，則花樣百出，曲折艱難，獲得一機會，而又轉瞬卽逝。事後回憶，則如夢如煙，已渺不存在。須另求機會，另作表演，乃可再得此瞬間之一樂。今日人生樂處，則多走在此途上，而人生本身則轉成一苦痛。

放翁詩：

夕陽古柳趙家莊，負鼓盲翁正作場。

在八百年前，中國一小農莊上之小集會，其規模簡陋，何堪與近代大都市之大集會相比？然論參加集會人之內心樂處，則宜可謂無大差別。甚至可說此八百年前小農莊一集會，其樂乃更眞誠、更親切。人既誤於以手段當目的，遂以會場大小、佈置華樸、人數多寡來作衡量。不僅認不到眞樂，而其損害於人生本身之伸展則更大。

即如一丘一壑，一小區處，甚至一矮簷下，一小窗前，亦隨處有人生眞樂可得，何必是名勝地、大建築？陳摶之居華山，林逋隱西湖，同得人生樂處。古人云：

風景不殊，正自有山河之異！

有和風，有輕陽，此即「風景」，到處可樂。以江山為風景，乃在江邊山上闢為觀光區，憑商業意味廣作宣傳，遊者麕集，肩相摩，踵相接，人看人，衣飾華麗，呼笑囂張，一團塵俗，謂之「觀光」，則手段已失其為手段，人生風雅有如此？

樂處在人生之本身。「本身」無可指說，人人反己即得。周濂溪教二程「尋孔顏樂處，所樂何事」。孔子「飯疏食，飲水，曲肱而枕之」；顏子則「一簞食，一瓢飲，在陋巷」；此皆維持生命之手段，生命本身不在此。孔顏所樂，亦不在此。生命有高低，孔顏所樂則在其生命之高處。平常人亦有生命，在其生命之平常處亦有可樂。而今人則在非生命處來求樂，並為求樂而損害及其生命之本身，而又誤謂為人生之進步，則誠可惋惜矣！

犬生亦有樂，今人不能從犬身興起己身之樂，乃以養犬為樂。人生如此，樂處愈多，反而無樂可得，乃惟攘奪鬥爭是務。如有名犬，身價千金，擁有財富，乃可購養。人生商業化，生命追隨財富，乃終無樂可言。

今人又言「美化教育」。人生美化，亦是一樂。一羣青年學生爭頭髮長短，爭學校制服之式樣、顏色，與教師爭，與學校爭，教育主要精神則擱置一旁。實則人生之「美」，即在人生本身之樂處。可樂即是美，非美始可樂。「窈窕淑女」，窈窕可樂，斯即美。「窈窕」乃指此淑女之生命本身言，非指三圍體段言。惟中國人能在生命本身來審美，故曰：「情人眼裡出西施。」人情即人生之本身。眼裡所出，即由看者生命本身出，此乃中國人一種唯心哲學，乃主觀，非客觀。西方人則另有一種美學，一切美乃外於人生而求，乃標舉其美，以供人生之獵取，此乃中國人所謂之「自討苦喫」。

凡今日人生種種進步，實亦皆是自討苦喫。第二次世界大戰結束，迄今僅四十年，苦頭愈喫愈多，抑且愈喫愈苦。其病只在誤認手段為目的，不知向人生本身求，只向人生外面求。今當有一悔悟之機。如紐約富商，多不喜住紐約，多去郊外覓新居，有遠去紐約數十里之外者。此即可生一悔悟。郊外居家，豈不樂？論其財富，即可不再往紐約作商業經營，衣食溫飽，終生維持，不憂不慮，何必晨出晚歸，只把郊外新宅作為夜間一休息所，精力恢復，仍赴城市掙扎？此非誤手段作目的一明證乎？一人退休，人人效法，不數年而風氣驟變。深言之，文化亦隨而變。不僅紐約一市變，可以推至美國全國變，而舉世亦隨之變。中國人論人生，其喫緊處只在此。

或疑美國商業衰退，他國乘機躍進，又如何？不知人生本身並不專在商業上，亦不盡在商業上。他國商業躍進，乃與其他躍進者爭，不與美國爭。美國正可置身事外，在人生本身求伸展。如日本侵略中國，起而與日本爭者當為美國。日本預防此爭，乃先發動「珍珠港事變」。於是由中日戰爭而引起了美日戰爭。近世共產主義，乃為商業資本主義所激起。資本主義有變，並世共產主義亦將隨而變。中國人所謂「究天人之際，通古今之變」，其所討論以求明通，所謂本末源流，人生大全體，已和合成一，而復何內外得失之分？故中國文化乃為人生本身求目的，而一切手段則盡在目的上，不易走失，而人生之樂亦隨以生。

孔子深得此樂，顏淵追而慕之，亦同得此樂。兩千五百年來之中國人，亦多追而慕之。孔顏難復生，而商業之在中國，則終有一節度限制，不得形成為資本主義，此即文化之大驗。

明初中國人經商南洋諸埠，遠在西方人東來之前，歷六、七百年之久，但終亦未形成資本主義，亦未有殖民政策與帝國主義之出現。凡其移民，與其土著相和相樂，相安以處。此亦有若西方商業文化之向外追求，但終能保留中國傳統不遠離其生命本身，遂能得此成效。此為人類世界史上不遠一明證。即美國舊金山華僑亦可同列此證。既與英人之移殖來者不同，亦與猶太人、黑人乃至日本人等之在美國者亦不同。此在中國文化傳統中，雖僅屬一枝節，既有明顯之示例，亦有潛深之涵義，幸吾國人其勿以輕心忽視之。

# 五九 傳統與現代化

## (一)

近代國人好言「現代化」，卻似不好言「傳統」。現代化實指「西化」，而傳統則似仍陷守舊中。但西方人實亦尊傳統。

姑以民族情感言，「民族」即一大傳統。美國脫離英倫而獨立，然英美兩國情感，常相和協。歐洲兩次世界大戰，美國均派兵參加，主要在英美關係上，民族情感乃其主因。戰事平息，美國人對西歐繼續作巨額經濟援助，實因親英而兼及其他歐邦。英之對美亦較對他邦為親。最近美蘇爭端，英國必站在美國一邊，亦其民族情感之一種表現。

不僅英美，即如猶太人，第二次大戰後以色列建國，舉世猶太人無不奉之為祖國，愛護無微不至。美籍猶太人亦然，美國乃成為以色列一不叛不變之盟友。此亦民族情感特為顯著之一例。其他如阿拉伯人、印度人、非洲人，亦何獨不然？如今兩伊戰爭，伊朗與伊拉克，亦有民族界線之潛存。全世界一切事變，一切紛爭，可謂民族情感為其主要一原動力，而民族情感則由大傳統來。故傳統可以現代化，而現代化則終不能脫離其傳統。

民族傳統中，有「語言」傳統。西歐語言分裂，拉丁語與希臘語不同。北方蠻族入侵，又因語言之變引起宗教分裂。各地羣以自己方言翻譯經典，於是乃有德、意、法、英各國語，代替了拉丁語。語言傳統，同時卽為民族傳統。此亦極自然而又無可奈何之事。今日歐洲之不能融和為一國，語言分歧亦其主要之一因。

但民族語言傳統，終偏在自然方面。不出數百里之遠，數百年之久，而語言必變。西方「文字」則附隨於其「語言」，而未能獨立，故其人文化之範圍常有限。惟中國文字則超乎語言之上，而能有其自身之展演，故其人文化之範圍特廣，綿延持久。中國民族生命，乃能廣大悠久，日進無疆，論其傳統，乃與西方特異。近人乃誤謂中國人重傳統，不知西方亦重傳統，惟其為自然所限，乃若與中國有異。

中國人又特重「雅」、「俗」之分。語言有地方性，稱「方言」，卽是「俗」；文字則全國性，不為時地所限，乃謂「雅」。西方人好言「變」，時地異則必變；中國人好言「常」，超於時地，乃見其常。非不有變，而變卽在常之內，故知常卽知變。但徒知變，則不定能知常。變而無常，今日不知明日，此方不知他方，則人道狹而不宏，暫而不久，如何能安能大？如中國人言「明日」，不言「他日」，他日乃今日之所未知未明，故貴能有明日，即其證。中國人又連言「通常」，此方通於彼方，今日通於明日，可通即見其有常。可通有常，皆人生之大道。中國人又言「通常日用」，日用處均能通常，斯見中國人生觀之期於可大而可久。

中國古人言：

書不盡言，言不盡意。

斯又見中國文化傳統之特深特異處。西方則似乎務求書盡言，言盡意；其他變化繼起，則又需重加討論。故中國人之出之語言、著之文字者，僅略道己意而止。其未盡者，則待聽者、讀者之自為體悟；其於吾言吾書能贊成同意否，則待其人之自加判定。即師弟子之間亦然。故言「教化」，聞我「教」者之自「化」，如陽光甘露，萬物化生。教者一如春風，學者乃如桃李。春風之化桃李，乃由桃李之自化。「學而時習之，不亦悅乎？」此待學者之自習，時習之而內心自悅，非教者強之悅。今問學者何以能自悅？則孔子言所不盡，以待學者之自證自知。

西方人則必言盡己意，務求他人之必信。乃若言者為上智，聽者為下愚。果使聞所言而不盡信，則曰：「我愛吾師，我尤愛眞理。」在言者方面，一若眞理言之已盡，無可疑，無可辨。聽者不信，則惟有自造一番語言，自創一番眞理。於是哲學思想，乃務於變，務於新，而其傳統則非可大可久。

在中國則為師者「述而不作」，仍有待於從學者之續加思索，續加討論，而遂成一傳統。故在西方為「個人主義」，在中國則為「大羣主義」。如中國人稱「一家之言」，乃子孫相傳之「家」，與西方之「專家」不同，即此一端已可見。

但柏拉圖理想國所主張，雖未為後代人接受，而其書中幾項重要觀念，則迄今兩千年來，在西方實永傳而無變。一重職業，職業則重商，更重軍。曰富曰強，資本主義與帝國主義乃為西方傳統立國兩大基本，兩大目標。而知識分子之最高尋求則在政治。此三大觀念可謂乃西方傳統，乃為西方文化一柱石。

故中國文化傳統中有「士」，而西方無之。中國之士曰「志於道」，西方則當謂「志於政」。耶教後起，乃始離於政而傳其道；傳教徒亦自成一職業。西方有大學，肇始於教會。初興分四科：神學、邏輯為傳教；另兩科法律、醫學，律師、醫生皆成職業。實則此下大學分院分系，各教授仍是一職業。可謂於「商」與「軍」之外，增出「學」之一業，如是而已。各業皆隸於政之下。西方政教分，故大學教授亦鮮有志於從政，理亂不問，黜陟不知。職業即人生，而文化傳統乃亦各自分別在其職業上。最高政治外，又增宗教，又增科學。而各業之為生，則主要仍賴於商；政治統制，則賴軍警權力。西方文化傳統，大體言之乃如是。

中國士人不曰志於政，而曰志於道。「道」非職業，非謀生途徑，故曰：

士志於道，而恥惡衣惡食者，未足與議也。

故士有進退、出處、辭受之自由，亦即隱顯之自由。士之出仕，不為君，乃為道。士之傳道，則為師。而中國社會則師猶尊於君。故「師道」猶在「君道」之上，「道統」猶在「政統」之上。此為西方觀念之所無。老子言君則曰：

太上下知有之，其次親之譽之，其次畏之，其次侮之。

此四語二十字，可謂中國人對君位一觀念，已盡其大致。而其論治道，亦涵有深義。豈如柏拉圖之言「哲人王」，總攬萬務，縷舉詳陳，連篇累牘，積千萬言而竭盡無遺乎？老子又曰：

信不足，有不信。猶兮其貴言。

為政者高高在上，而在下者不之信，豈言辭之所能為功？中國人能知看重對方地位，不以言辭強人信，不僅政治如此，即教育亦如此。孔子曰：

學而時習之，不亦悅乎？

自述己事，看人體驗。又曰：

有朋自遠方來。

師生相處如朋，非強之來。故曰：

禮聞來學，不聞往教。

其不來，與來而不知，則又曰：

人不知而不慍，不亦君子乎？

老子則曰：

知我者稀，則我者貴。

豈強人以必知？故中國人雖重師道，而尤貴不求人知。孔子曰：

辭達而已矣。

語言文字表達己意而止，又豈在求人之必信？孔子曰：

自古皆有死。

五字已足。西方人之三段論法則曰：

人必有死，蘇格拉底是人，蘇格拉底亦當死。

下兩語實已在前一語中，何必增此下兩語強人以必信？孔子又曰：

民無信不立。

此語大有深意，但孔子亦僅五字，未加發揮，以待人作深長思。又曰：

後生可畏，焉知來者之不如今？

又焉知來學者之不如我？喋喋以言，反使來者生厭，減其親敬，又或侮之則奈何？為師教人如此，為政治人更宜然。中國傳統政治，在上位者必少言，在下位者始多言，讀歷朝帝王詔令與歷朝名臣奏議可見。近代西方民主政治，總統競選，奔走道路，反覆多言，當選者未必增人信，落選者轉見受人侮。一切政事，又必出於大眾之會議，僅以多少數爭勝敗，親與敬在所不論。乃與中國傳統意旨大相違。

中國人言商，則必曰「貨眞價實，童叟無欺」，又曰「信義通四海」。信不信在人，義則在己，貨眞價實斯止矣。廣告宣傳，跡近欺人，異於信義。為政亦然，能守信義，又何來有革命？今人競好言「革命」，而不究革命所由來，此亦可謂競尚現代化，置傳統於不究。無本無始，又何以望於今？

再言宗教信仰。若果眞有一上帝，則老子言「下知有之」，亦至高至善矣。中國人之上帝乃如之。

耶教之上帝，使人「親之譽之」。回教之上帝，乃使人「畏之」。回教終不如耶教，亦在此。

以中華民族較之西方，顯見為乃一和平柔順之民族。蘇格拉底在雅典下獄死，耶穌在羅馬上十字架。此兩人講學傳道，未有犯法違紀之事，然皆陷於死。故爭取思想自由，乃成西方一傳統。在中國則如伯夷、叔齊，餓死首陽之山，乃其自願，非周武王逼之。而後世尤尊伯夷、叔齊在周武王之上。此為思想自由。

孔子辭魯司寇，周遊列國，雖不見用，備受崇敬。老而歸魯，魯之君卿仍加敬禮。若使伯夷、叔齊如孔子，宜亦受周公、成王之敬禮。實則孔子反時政亦如伯夷。兩人生於西方，恐其獲罪當不亞於蘇格拉底與耶穌。

秦始皇焚書案，伏生之徒，皆得歸隱。坑士乃坑方士，後世永詈秦始皇為暴君。漢臣亦有勸漢帝讓位被誅，然繼起言者不已，漢終讓位於王莽。可見中國思想自由已成傳統。

西方人好爭成功，但成功後不免繼之以失敗。逮其失敗，即不獲再有成功。全部西洋史盡如此。中國人則不尚進取，尚保守；不務成功，誡失敗。執中知止，謹小慎微，隨遇而安，無所入而不自得。故在先舉世之敗而亂，不害後起一人之治與成。伯夷、叔齊，孔子稱之曰：

求仁而得仁。

則伯夷、叔齊乃成功人物，非失敗人物。孔子曰：

不仕無義。道之不行，已知之矣。

孔子之周遊求仕，乃孔子之所以成其為孔子。孔子之道，不行於當代，而永傳於後世，則孔子亦一成功人物，非失敗人物。殺身成仁，捨生取義，殺身、捨生非其失敗，成仁、取義乃其成功。故全部中國史乃一部成功史。在個人則成聖成賢，在大羣則五千年來成為一廣土眾民大一統之民族國家，至今而仍屹立在天壤間，舉世無與匹，此即其成功之明證。西方人爭成功，羣意每受裹脅，不得不喪其自由，故爭自由乃為西方一傳統。近代民主革命、共產革命，皆由此傳統來。中國則自始即為一自由，但求無過，故言「行道」不言「爭自由」。

項王被圍垓下，單騎至烏江。亭長檥舟待，促速渡。項王曰：

籍與江東子弟八千渡江而西，今無一人還。縱江東父兄憐而王我，我何面目見之？縱彼不言，籍獨不愧於心乎？

顧見漢騎舊識呂馬童，曰：

吾聞漢購我頭千金，邑萬户，吾為若德。

遂自刎。項王年尚壯，江東地大，焉知不能再起？然項王終不勝其媿慚失敗之心，以生贈人，得後世廣大之同情。此亦一成功，非失敗。齊田橫逃亡孤島上，從者五百人。高祖得天下，召之，謂：

田橫來，大者王，小者乃侯耳；不來，且舉兵加誅焉。

橫應召，隨二客至洛陽前一驛，告其二客：

橫始與漢王俱南面稱孤，今漢王為天子，而橫乃為亡虜而北面事之，其恥固已甚矣。且陛下所以欲見我者，不過欲一見吾面貌耳。今陛下在洛陽，今斬吾頭，馳三十里間，形容尚未能敗，猶可觀也。

二客携頭往，乃亦自刎。島上五百人聞之，皆自刎。田橫雖亦如項王之失敗，而英名百世，則亦一成功人物。吾中華民族如項羽、田橫具壯烈性格之人物尚多有，而吾中華民族乃竟為一和平柔順之民族，其中乃有文化大精義，深值闡發。

故中國人不爭成功，而常能於失敗中得大成功。史籍昭彰，難以縷舉。即如關、岳，尊為「武聖」，豈非乃其失敗中之大成功？失敗在一時一事，成功則在此心此道。而此心此道，則可歷萬劫而長在，經百敗而益彰。其他如諸葛孔明、文天祥等，難列舉姓名以詳說者尚多。故西方歷史尊成功人物，中國歷史則多尊失敗人物。但人事多變，成功而終歸於失敗，失敗乃常保其成功。一則限於時代化，一則成為大傳統，此又雙方歷史文化一大不同處。

求成功，必務「進取」，誡失敗，常務「保守」。進取則必犧牲其當前，而企圖於將來。將來復將來，犧牲又犧牲，乃永無實際之成功，此之謂「功利主義」，而實非功利所存。前人稍有成功，後人保之益謹，守之益堅，使此成功永在人間，此之謂「道義」。故尚進取則必蔑古而尊今，尚保守則每尊古而謙今。尊今蔑古，則後亦自尊而蔑今；謙今尊古，則後亦自謙而尊今。蔑古故求變求新，尊古則守舊守常。一則常棄其所有，一則保其有而不失。故中國人言政治，有開創，有守成。但又言「自古無不亡之國」，故或禪讓，或革命，必有後王之興起。中國二十五史，自史記開始外，此下皆斷代史。西方歷史則與中國異。即如當前之美國，立國未達二百年，即已一躍而為世界之盟主，全世界事無不聞問。富益求富，強益求強。進取愈進取，駿馬千里，不知稅駕之所。中國則如一匹駑馬，五千年治亂相乘，何啻十駕，而尚有前程，待其緩駕。傳統不同，得失互見。若必務求現代化而棄傳統於不顧，則駑馬已棄，駿馬未得，稅駕無所，更何進退遲速可論？

孔子曰：

殷因於夏禮，所損益可知也。周因於殷禮，所損益可知也。其或繼周者，雖百世可知也。

其言「因」，卽所謂傳統；言「損益」，卽其當時之現代化。殷周湯武，何嘗非當時之現代化？孔子已早知必有繼周而起者，但又知其仍必因於周，而亦不能無損益。秦漢以下迄今兩千年何嘗不然？但所因少，則傳統弱，而不能常，如秦，如新莽，如三國魏晉，如隋，如五代，皆是已；所因多，則傳統強，而能常，如兩漢，如唐，如宋，如明是已。其間如五胡，如北魏，如遼，如金，如元，如清，皆以異族入主。因於中國者多，則亦能有常；因於中國者少，則無常。今人好言「革命」，革卽有所損當更多於所益。因與革之或當或不當，而得失高下定；又何得有革而無因？

至言學術思想，孔子「述而不作，信而好古」，亦有所因，亦有其損益。故孟子曰：

孔子，聖之時者也。

可謂孔子乃上承周公而亦現代化。孟子又曰：

乃所願，則學孔子也。

孟子則亦可謂乃承孔子而現代化。荀子亦然。孟荀之於孔子，其所損益各不同，而高下得失亦以是而判。兩漢以下，中國全部儒學史亦復如此，同因於孔子，同有所損益以求其現代化。故吾中華民族，乃積五千年來之人文而化成。或可謂中國民族文化乃由神農、黃帝、堯、舜、禹、湯、文、武、周公、孔子所開創，而此下則為守成。今則惟求因於西方，盡革故常，凡我所有盡必損，凡求所益則皆我之所本無。其在西方以及全部世界歷史中，亦無其例。此乃舉世人類自古未有之一番新期圖，其成其敗，又烏能遽加以論定？

莊周夢為蝴蝶，栩栩然蝶也。乃復化為莊周，又瞿瞿然周也。此僅莊周之一夢。今國人百年以來之猛求西化，乃一實，而非夢。我之固有，方將盡化為烏有。蝶乎蝶乎，翩翩而舞，又何得復化為莊周？我不知蝶之將何化，而莊周則已失。悲乎愴矣，莊周莊周，吾則猶望此百年之猶如一夢，則大夢猶可醒。天佑中華，斯文之幸。與我同感者，尚其善禱之！

## (二)

人之一生，自嬰孩墜地，迄於童年、成年、壯年、中年、老年、耆年，時時刻刻在變。當其在嬰孩、幼童時期，何能預知其將來中年、晚年之所為？逮其屆於中、晚，回視往年，亦往往如隔世。

余生前清光緒末，在無錫南鄉七房橋一小村莊中，是年臺灣割讓於日本。及余年過七十，乃播遷來臺。以今日所居臺北士林外雙溪，較之八十五年前所誕生之嘯傲涇上七房橋，顯然是兩個世界，漠不相同。然而在此兩個世界中，亦顯然有一不變者，厥為「我」之存在。存在於八十五年前之無錫七房橋者，是此我；存在於八十五年後臺北外雙溪者，仍是此我。我之一生，由幼至老，亦幾全變；然我心自知有一未變者，即我其人。

人生在其成年、壯年期，可以極多幻想，然此等幻想未必能實現。在其晚年耄年期，前途無多，幻想全消，漸多回憶。所回憶者，乃是我之眞實生命。我之一生之意義與價值，則全在此老年之回憶中。在余八十之年，寫為八十憶雙親一文，紀念我父我母。我之嬰孩期，卻不在我記憶之內；以其無可記憶，乃若無所存在。但卻能明白記得我父我母。我之生，即從我父我母來。我之嬰孩期，若我無生。我之生乃在我父我母之懷抱撫養照顧中，逐漸成長。待我五、六歲以下，始漸有記憶。然凡我所記憶者，亦全是我父我母之撫養照顧為主。我之在此家，僅若一遠來之客。我父我母與此家，乃我生之主，我僅是一附屬品，乃全於此附屬中成長。

及我成長為一人，為一我，後又漸變為一家之主。而我父我母，以老以死，生命失其存在。其猶有存在者，則惟在我之記憶中。我又念，父母生命其實仍存在，我卽我父母之化身化生。由嬰孩化為今日之耄老，亦猶由父母而化為今日之我。在變中有一不變者存在，及今回憶，若有一條線貫串此一切變，而此線則不變。此一不變之線，卽是我之「生命」。此一不變之生命，惟我知之，惟在我之記憶中知之。除卻記憶，則已無知；他人之不知，則更無論。

我又在八十四、五歲寫我之師友雜憶。遠自七歲起，我卽有師有友。及今八十五歲，回念亦近八十年。我之在此世界中，仍如一客，此世界乃我所寄旅之客店。我今方將離此寄旅而去，但此寄旅則常在，亦常變。我在此常變之寄旅中，所遇多矣，而惟我師我友，則若與我之生有大關係。我之得為今日之我，我父我母外，我師我友影響於我者實大。曾有一友朱懷天，較我年幼，先我而死。懷天之死，我亦僅二十餘歲。紀念之餘，我忽愕然驚惕，悟若懷天實未死，以其常在我記憶中；而我則實已死，因我之一切當在懷天記憶中，懷天旣死，此等記憶亦隨而失去。其他人不知我此一切，雖同在此世，然與我此一線之內在生命實無關。我之此一線，當不在此許多人心中，則我豈不雖生猶死。

我之師友雜憶一書中所記諸師諸友，十之九今皆已死去。我之回憶，乃存留其一部分。其實凡我之回憶，卽我生命之一部分。我嘗告人，我此一分回憶，幸而寫在我之八十四、五年，記憶早已衰退，所不忘者，正見其與我生命有親切真實之關係；所忘者，只可證其與我生命關係不親切、不真實，忘之亦可無憾。

我因此想，我之一生，實常在今日國人所提倡之「現代化」一詞中。如我某年得某師某友，某年又得某師某友，所變多，此非我生之一種現代化而何？然在我記憶中，亦常若有一條線貫串此多變而存在，此即我之「生命傳統」。必打破傳統來求現代化，則我之現代乃在臺北之外雙溪，而我猶憶我乃從無錫之七房橋來。幸而有此傳統常存我記憶中，故我乃覺有此一生命。若僅有現代化，失去此傳統，並求盡力打破此傳統，只知我在外雙溪，不記我從何來，則已失卻了此我，即不啻失卻了我此一生命；則一切完了，復何意義價值可言？

故知人生一切意義價值盡在記憶中，即盡在傳統中。惟此一傳統則勢必現代化，亦不得不現代化。但此一傳統只存在於我之以往記憶中，而現代化則屬外在未來之遭遇。記憶在我心之內，由我作主；遭遇在我身之外，非我之所能主。孟子曰：

口之於味也，目之於色也，耳之於聲也，鼻之於臭也，四肢之於安佚也，性也，有命焉，君子不謂性也。

中國古人分人生為兩大部分：一內在之「性」，人身五官四肢各有性；又一則外在之遭遇，是為

「命」，因其非我所能主。「身」之對「物」，此外在部分之關係實較大，人生對此部分不當儘追求，亦不能儘負責，推而外之諉之「命」。孟子又曰：

仁之於父子也，義之於君臣也，禮之於賓主也，智之於賢者也，聖人之於天道也，命也，有性焉，君子不謂命也。

此一部分中亦有「命」，如父母不能自主當生何等子女，子女亦不能自主當由何等父母生，此實命之大者。然父慈子孝各有「性」，「性」則內在於我，能由我自主，不當諉之「命」，而己不負責。如舜之父為瞽瞍，既頑，而母又嚚，然舜克盡其孝。又堯舜皆不以天下傳其子，而傳賢，實亦堯舜對子之慈。子既不肖，不能當天下之重任，傳之位，亦適以害其子，於子何益，故堯舜不為。此一部分，非「心」之對「身」，乃「心」之對「羣」。中國古人必教人在此上努力，而其本原則各在其一己之心性，亦無人不能由此努力者。近人爭言「自由」，惟此乃人生最大之自由。近人又爭言「平等」，亦惟此乃人生最大之平等。不僅人人自由、平等，並亦對內最能「獨立」，對外最能「博愛」。中國人所重之人生道義，亦盡在此。

近人又怪中國人不能在物質上求進步。其實物質生活之進步，非卽人生之進步。如我生八十五年前無錫嘯傲涇之七房橋，今居臺北士林之外雙溪，以兩地八十五年來之種種物質狀況言，確是大為進步。但我捫心自問，實不敢說我之晚年，心地人品，比我童年亦相隨進步。若果人生全視物質生活而定，我何待自己努力進修，只再求移居美國，或居舊金山，或遷紐約，豈不較今即為進步？抑余思之，余亦決不敢謂八十五年前嘯傲涇居民盡較八十五年後當前之外雙溪居民為落後。以心地言，以人品言，或多轉勝於今日。每念我父我母，如在天上，余惟自慚不肖。然以物質生活言，我父我母往年生活，何能與余今日相比？中國古人亦非不求進步，惟主要更在求為人之進步，故必論心地，必論人品；物質人生則在其次。

如言飲食。孟子曰：

口之於味，有同嗜焉。

易牙乃是古代之善烹調者，如使易牙生於今世，其所烹調，仍當為人人所同嗜。今世非無善烹調者，如其生在古代，古代人亦當同嗜其烹調。今日雞鴨魚蝦、果蔬百種，僅求大量生產，就余一人之口味言，終感往日童年嘯傲涇所嘗較今日外雙溪所食反更勝。我母亦擅烹調，一盆一碟，一肴一饌，皆慈母所製。又有種種醃菜臘肉，皆經慈母手製，美味無窮，至今難忘。較之今日進大餐廳，大宴會，人生情調終覺不及往日。今日享有一席宴會，當費八十年前舉家一月一年之所費；而宴會方畢，淡然遽忘，大異乎往時童年在家一日之三餐。此種人生，究為進步與否，凡有心人，皆當問之己心再自論定。

目之於色，有同美如子都，女性則如西施，此皆天賦，絕難模倣。要之，今日之美人，未必進步勝過古人。抑盡人亦不妄想嫁夫必如子都，娶妻必如西施。西方人好言戀愛，然又謂「結婚乃戀愛之墳墓」；又言「戀愛非占有，乃奉獻」。中國人重視婚後生活，尤勝於婚前戀愛。離嘯傲涇余家不五華里，有東漢梁鴻、孟光隱居古蹟。每值清明，四圍十里內，謁拜者畢集。梁鴻、孟光之故事，乃深入余童年之心中。此後能讀西方文學中之戀愛小說及劇本，又看電影，積數十年，乃終不忘梁鴻、孟光之為夫婦。即在此自由戀愛自由結婚之一節上，亦不得謂今日男女皆已進步，超出古人如梁鴻、孟光之上。惟論物質生活，則梁鴻、孟光自不能與今人相比。

耳之於聲，亦有同聽如師曠。音樂歌唱，此在今日尊為藝術。藝術亦在生命中，雖可與年俱進，亦不得謂今人必勝於古人。西方人亦不謂其今日之造詣必勝過三、四百年前之維也納。又西方人對中國烹飪、美術兩項，皆知愛好。中國民初「新文化運動」以來，對以往傳統競致不滿，羣肆詬詈，獨於烹飪、美術兩項，亦少批評。惟西方人對中國藝術，獨於音樂歌唱方面少所欣賞。即如平劇，亦中國近兩百年來一大創闢，繼元劇、崑曲後，一新放之奇葩，全國雅俗同所愛好。即以梅蘭芳一人論，亦平劇旦角中一大人物。余曾讀梅蘭芳舞臺生活四十年之第一册，知其初上舞臺，即已成名，而虛心好學，努力求進，終其生不懈。劇場佈置，上海遠勝於北平，但梅蘭芳表演，不聞亦以在上海為勝。此見進步主要在「人」不在「物」。好劇者，寧在北平聽，不樂在上海聽。此中意味更難言。中國劇一獨特處，正在其排除舞臺上一切佈置，求能更表現角色之演技、唱技來。

程硯秋親受業於梅蘭芳，然程之身材體段，與其歌喉聲帶，絕不能一效其師。乃自創新風格、新腔調。寓居北平之好賞平劇者，特為程硯秋創作新劇本，譜為新曲調，乃使梅、程各擅勝場。此亦在中國文化體系中，有其先例。如唐代李、杜之於詩，韓、柳之於文，亦復各就性近，分立疆界。杜為「詩聖」，乃指其代表傳統之正；李稱「詩仙」，仙非中國人物之正，出奇制勝，自創風格，而不害其傳統。韓、柳亦然。前之有陶潛之與謝靈運，後之有蘇東坡之與黃山谷；其他不縷述。梅蘭芳猶杜甫、韓愈，程硯秋猶李白、柳宗元。中國文化精神最重在「人」，而人又重在其「性」，較之西方文化顯有不同。如莎士比亞樂府，至今為西方人所崇重，四、五百年來，所創劇本更無推在莎翁之上者。是西方人亦認進步在人不在物，與中國同。然西方人推崇莎翁之劇，遠勝於舞臺上之演員；而中國則舞臺演員其受人重視、得人欣賞，乃更過於所演劇中之人物。梅蘭芳唱生死恨之韓玉娘，程硯秋唱鎖麟囊中之薛娘子，演劇者膾炙人口，造劇者轉不被尊，此已異矣。至今此兩劇仍流傳，演唱不絕，然梅蘭芳之為梅蘭芳，程硯秋之為程硯秋，則千古傑出，使人嚮往。縱或有人演技能超梅、程之上，而梅、程之為梅、程，則依然無傷。此乃中國文化精神之最特殊處。古今詩文名家，何止千萬，然李、杜仍為李、杜，韓、柳仍為韓、柳，不聞必先打倒李、杜、韓、柳，乃為能創新格。此即在西方亦然。文學、藝術史上，有了新的進步，仍保留舊的未進步者。國人傾慕西化，於中國舊傳統中歌唱名角中心愛好，而信念不能樹立，則愛心亦日趨淡薄。亦有稍涉藩籬，即昌言改革，惟變惟新，是所膜拜。不知變與新當求之內。梅、程幾十年舞臺生涯，何嘗不日變日新？求梅、程之進步，亦當在梅、程之心地、人品上求，始可得其進步之眞處深處。文壇上起一李白、韓愈，則文風自變自新。莊周言：

吹萬不同，而使其自己。

則變與新皆在「己」，捨己而求，又何變何新？

二十年前有電影明星凌波，以黃梅調唱梁山伯，一時聽者如醉如癡，羣情擁戴，凌波一如天神。此如遊子離鄉，老大回家。電影是現代化，而梁祝故事及黃梅調則屬舊傳統。耳之於聲有同聽，有不知其善而善者。然此一路之發展，終亦停下，不再繼續。又有李小龍，在電影中以演國術獲西方人欣賞。李小龍已死，而此一路線，則繼漲增高，至今未已。自心不敢有好惡，惟以異邦人他心之好惡為好惡，尚何藝術可言？孟子之所主要提示者，乃在此人心之同然。所謂「以先知覺後知，以先覺覺後覺」。如易牙之烹調，則莫不同嗜；師曠之歌吟，則莫不同聽。推而大之，彝倫大道，治平大法，人生日常亦有同然。如伊尹，如伯夷，如柳下惠，己性非不同於人性，貴其能善盡己性，止於至善。又能大而化之，則如孔子。故孟子曰：「知之於賢者，聖人之於天道。」其所追求，不在外，乃在內。堯舜性之，湯武反之；自誠明，自明誠，天人合一。孔子自「知天命」而達於「從心所欲不踰矩」。

欲在己，而矩在外。方者必同此矩，善者必同此性。中國人之理想人生正在此。

人自嬰孩，以至幼童，俱此心，未必識此性。從長者以為學，長者亦必有學。教子義方，乃父母之慈，然義方必待學而知。故學烹調必從易牙，學歌唱必從師曠，學為人則師聖賢。方人之自嬰孩、幼童而至於成年、中年、老年，何嘗不始終在現代化之中，有不欲其化而不可能者？然「化」則必有一預在之境，此境乃不先知。果僅從俗而化，則達於耄耋，回念嬰孩時，年齡已過，時代已易，日變日新，生已非舊，我之為我，不復存在。此誠人生一大悲劇。

西方人信有靈魂，死後上天堂。物質人生之日變日新，至是可一筆鈎消。世界有末日，但科學日興，宗教信仰日淡，人生在世乃惟求在末日前之眼前享受。世界末日雖未至，個人末日則轉瞬而臨，不容逃避，亦不容存疑。中國人想像不在此。西方乃個人主義，中國則為一宗法社會。百畝之地，五口之家，父以傳子，子以傳孫，百世不絕。於日變日新中有一大傳統，即物質人生亦在其內，並無止境。若論精神人生，父慈子孝，千古同然。「孝子不匱，永錫爾類」，人與人同類，則一人之孝可以傳於千萬世之人人。大舜已死，大舜之孝尚在斯世，此亦猶舜之靈魂不死。人間世即是一天堂，舜之死後靈魂，豈不猶常在此天堂？故在中國不必有如西方之宗教。中國人言「德」，德者，足於己無待於外，故曰「自得」。西方人言得，必求之外面物質界，故重「物質人生」；中國人言得，則求之一己內在之心性，故重「精神人生」。故中國乃以「心性」教，不以「靈魂」教。靈魂屬「個人」，心性則屬「羣體」。個人物質人生重「空間」，羣體精神人生重「時間」。此乃中西雙方文化傳統大相異處。

今論「心」與「物」之關係。大舜若生今世，亦當為其父母供一切物質人生之享受。物質世界日變日新之遭遇，凡以盡我心而已。此物質世界，可以日新日變，此心則一保恆常。果使吾心亦日變日新，我不為我，則此物質世界轉將不見其變其新。惟此物質世界由個人主義操縱，則日變日新而有原子彈殺人利器之產生，而猶日求其進步，世界末日終不可免。然又豈得謂人人乃必同具此殺人之心，以與生俱來？孟子曰：

惻隱之心人皆有之。

決不能謂「殺人之心，人皆有之」。科學發明而至原子彈，可謂心之踰矩矣。其實科學發明亦何待原子彈而心始踰矩？

故中國人對於宇宙人生眞理之探討，一是以「人本位主義」出發。在人本位之立場下，尤以探討「人心」為主要，更尤以探討「人心之所同然」為主要。此一人心之同然，由空間言，山之陬，海之涯，凡有生民，則無不同具此「心」，即同稟此「性」；惟因所生地區不同，而容或有異，則待教育修養之功。故曰：

夷狄而進於中國則中國之，中國而進於夷狄則夷狄之。

則中國人之重視「人文道統」，尤過於「自然血統」。誠使夷狄盡進於中國，則為世界之大同。苟其不能驟企於大同，則猶可得小康。一國同，斯為一國之小康；一家同，斯為一家之小康。亦求一人之同，「天壽不貳，修身以俟」，亦即為一人之小康。

以時間言，則上下千古，時代屢有變，而人心之所同然者仍不變。天如此，地如此，人亦如此。果其此性不變，此心不變，有其同然，有其常然，則先知先覺宜可修身以俟。藏道於身，即亦傳其道於世，歷之千古而不惑，質之聖人而無疑。此為中國人之一種大樂觀，並可隨時、隨地、隨人而加以證實。即此瞬息間，一心之存，已是把柄在握。一拳石成泰山，一滴水成巨海，當前一顆心，即證宇宙萬古人生之大同。宋儒張橫渠言：

為天地立心，為生民立命，為往聖繼絶學，為萬世開太平。

即此物此旨矣。其要則在「己」。故橫渠又曰：

言有教，行有法。晝有為，宵有得。息有養，瞬有存。

是在己之肯為之、力為之而已。

故中國此一道最「平等」。人人有此天賦，人人有此能力，上下與天地參，而人與天地平等，人與人之間又何不平等之有？又是最「自由」。彼亦人，我亦人，有為者亦若是，我何畏彼哉？非己不能，乃己不為，此非最自由而何？又最「博愛」。躋一世於大同，開萬世之太平，愛之博，又何踰於此？又最「獨立」。關鍵則在當前之一心。故中庸曰：

尊德性而道問學，致廣大而盡精微，極高明而道中庸。

要端則在能尊一己之德性。

「天、地、君、親、師」五字，在中國兩千年前已有。惟其有此道，故人得與天地參。亦惟其有此道，故師得與君、親伍。古人又言，「能為師始能為君」，則「師道」猶高出於「君道」，「道統」猶高出於「政統」。孔門四科首「德行」，師道最先亦在德行。不惟孔孟儒家為然，即墨家、道家亦無異。莊周內篇人間世之後，繼以德充符、大宗師、應帝王，有德始為師，能為師始為王。儒家言堯舜，墨家言禹，皆在此人世有德為師始膺此帝王之選。老子言：

失道而後德，失德而後仁，失仁而後義，失義而後禮。夫禮者，忠信之薄，而亂之首。

「忠信」即人之德性，十室之邑皆有其人，皆從大道來。故自大道以至於人之忠信，皆一統相承。決非有了「忠信」即失去了「道」。孔子曰：

述而不作，信而好古。

乃其尊傳統。孟子曰：

孔子，聖之時。

此則其主現代化。貴能由傳統中求現代化，非可打倒了傳統來求現代化。道家主「小國寡民」，「絕學無憂」，於帝王，則尊堯舜前之黃帝；於宗師，則尊孔子前之老聃。輕視道統，必求挽此世運，以返之上古原始淳樸之境。故不貴有「道問學」，而惟求「尊德性」，則亦仍以德行為本。中庸言：

博學之，審問之，慎思之，明辨之，篤行之。

凡一切學、問、思、辨，莫不為「行」，即人生實際作準備工夫，亦可知。

其他如詩三百首為文學，書與春秋為史學，先秦百家為子學，亦皆尊師重道。其道則俱為「人本位」。人道中有師，其含有一種教育意義，則仍無大異。西方古希臘如荷馬之文學，如蘇格拉底、柏拉圖之哲學，則同為一種「道問學」。要之，非「尊德性」，非與中國之師道相一致。所師在「學」，不在「道」。在知識技能，不在德性。惟待耶穌起，乃有一種教育精神，然乃宗教信仰，亦不同於中國之師道。故宗教家乃在「君、親、師」之外別有一格。而西方中古時期以下之教育，則全從宗教來。迄於近世，乃有「國民教育」，則從君道來。為一國民，異於中國理想之為一人。近世西方大學教育，宗教信仰亦轉淡薄，僅求為一「學者」，亦非教育其為一人。宗教為「神本位」，科學乃「物本位」，其他諸科，皆為「政治本位」或「商業本位」，皆非「人本位」，故亦不以德行為本。惟文學、藝術則於尊重神與物及政治、商業之外，而似稍近於中國人之重德性。惟其德性亦尊重一種特殊的自我表現，不以人心所同然之大羣體之德性為本，則仍與中國傳統有異。

近代國人羣言「時代化」，實乃「西化」。但西方亦自有傳統，故中國近代言時代化，必反中國自己之傳統，而不反西方傳統。如言新文學，不反莎士比亞，乃至不反荷馬。其他盡如此。然中國人豈能盡變成為西方人？求變於西方，究當變為美國、法國、德國、俄國？在西方，各有其習性傳統不同。而時代又不斷在變，在其時代變進中有挫折，有阻礙，亦將莫不回顧已往，求之傳統。如中古時期後有文藝復興，現代有復興宗教之想望。亦如老人衰病，每追念童年生活，此亦人心所同一極自然之現象。儻我中國人，亦能自隨其已往之傳統德性而為變，則在此時代化中，尚可容有中國傳統之存在。中國人所重，在人心之同然。故當嬰孩時，則有家庭教育，夫婦、父母、兄弟三倫，皆以教育其一家人心之同然。及其壯年成丁，出至社會，則有國家教育，君臣、朋友兩倫，皆教其一國人心之同然。其賢且俊者，則有聖人之教，以教其千古相傳人心之同然，而進於世界大同與天下太平。今日則羣慕西化，爭尚個人主義，夫婦、父子尚無同然之心，惟耶穌教上帝一神乃始為人心所同尊。自然科學所研究之一切有生、無生物，如電如磁，如洋老鼠，如小白兔，亦皆有同然之心與性，實驗所指示，無可加以反對；而人生一切則除法律規定外，乃盡得自由。中國人已往五千年之文化傳統，乃全無一回顧之價值。故使中國而現代化，則只許有現代中國人，乃不許有古代中國人。譬如人當青年期，絕不許其有嬰兒期；及至成年期，又絕不許其有青年期；嬰兒、青年期早已過，乃不許其內心之記憶存在；則人生豈不全成為無中生有？試問西方人生亦果然歟，抑亦非歟？

現代化亦可有種種不同，耶教外尚有回教存在，歐洲人外尚有阿拉伯人存在。則在現代化中，亦自可有孔子與中國人之存在。近代中國人高呼「現代化」，當於自己傳統有其一番記憶與回溯之心情。然乎？然乎？則又有明日現代化所當企足而待，似當不必一概抹殺。

涓滴之水，可以成溪澗。溪澗匯為江河，江河匯為海洋。海洋所積，亦惟涓滴之水而已。涓滴之水可以解渴，溪澗則可以淹人死，江河潰決為害益大。禹治水使江河仍為江河，溪澗仍為溪澗，涓滴仍爲涓滴，而不見水之害，仍存有水之利，人生乃以緜延而無盡。

人持刀殺人，斯爲大不仁。然執刀殺人，僅限於近其身旁之人。持一槍，則可以殺遠離身旁之人。改用大砲，乃可同時殺多人。人類自發明原子彈，美國人投之日本之廣島與長崎，殺人數十萬。使此投彈者，手持一刀入廣島、長崎，逢人卽殺，盡日夜之力，所殺數千人而止。苟使其人不患神經病，亦無可連續殺此數千人。今惟一舉手，投一彈之勞，死人數十萬，其人尚縹緲在雲中，或已駕飛機返，曾未稍動其心，烏得謂仁與不仁？

科學發明乃自然之理，依中國人語，亦可謂之是「天理」。然則近代人乃假天理殺人，人何以堪？今日之世，非洪水爲災，亦可謂是機器爲災。人生方賴於機器，而人力則微末之甚，人心則盡用在發明機器上，盡用在假天理以殺人，人又其奈天理何！

使有大禹復生，其又何以治此天理之災？老子曰：

其安易持，其未兆易謀。

今日世界各國尚未全擁有原子彈，一旦世界第三次大戰起，勢必爲原子戰爭，則不擁原子彈之國家，或反可少受其害。則今日所謂落後之國家，其受禍或亦將落後。此卽觀於第一次、第二次大戰之往例而可知。大禹治水，亦從未受災處著手。三過家門，亦卽其未受災處。惟未受災處乃能救災處，亦惟未受災人乃能救災人，此則決然可知。若競以災為福，則無災可救。今舉世所競稱之「現代化」，不如更其名曰「將來之時代化」，庶乎更有其意義。僅顧目前，不計將來，斯則其為害必更大。

要之，重「物」不重「人」，乃當前人類大弊所在。救弊者亦惟當奉此為最大之原則，外此則無足言矣。

# 六〇　歷史上之新與舊

生命一體，無所謂「新」、「舊」。強言之，生命乃是一舊，新在將來，尚未到達，無意義價值之存在。積舊成生，乃有眞實性。對此不滿，乃對未來之新有憧憬、有想望。

嬰孩出世，乃是一新生命，但空洞無積，尚待成長。果其夭折死亡，則不得視為一眞生命，因此不得入祠堂，亦無墳墓，不作久長之禮拜。成年婚嫁，始是生命開始。積累充實，必貴有壽。年老衰退，轉為消耗，而非成長，故曰：

老而不死，是為賊。

亦即失其生命之意義與價值。

中國歷史文化傳統大生命，三皇羲農時代，乃其嬰孩至幼童期。儻卽此夭折，文化更無傳遞，則其在後世，亦自無意義價值可言。黃帝、堯、舜乃為中華文化之成年期，自此遞傳遞久，遞積遞厚。

追溯以往，始彌覺其意義價值之深厚而無窮。及今思之，吾中華文化是否已屆老死之期，則尚難斷言。晚唐、五代，乃如一場大病；蒙古、滿洲入主，則如犯了一場風寒外感；我中華之文化傳統生命，則依然堅健不變。今國人崇慕西化，乃謂中國文化五千年來，從頭不是，非連根拔起，卽無可救藥。此實由中國史一氣相承，難於切斷，指出其中病之所在；則惟有一筆抹殺始稍近是。今再言，生命當視為自未來向過去，乃見其眞實而日長而日成；若視為由過去向未來，則生命乃日消日失，為走向死亡一條路。要之，中國文化生命則惟在一「舊」字上，由此舊乃可有其新，則斷無可疑。

故凡屬生命，則必好古戀舊，追溯既往，中西無不如此。惟西方之好古戀舊多在事物上，乃屬生命之外在表現，而非其內在眞實性之所在。希臘、羅馬亦多古蹟，西方人追戀無已，但盡屬物質的。精神方面如文學、科學、哲學等，固亦日新無已，但古舊亦仍為西方人所尊。惟所尊亦仍屬事物方面。學問亦如一事業，非個人眞實生命之所在，故亦僅傳其學，而不詳知其人。

如言文學，中國古詩三百首，作者都不可考，然誦其詩，而三千年前之古人生活如在目前。當年之生命精神，亦可依稀接觸。古希臘神話、童話，故事傳說，亦以怡情悦性，但古希臘之眞實人生則無可接觸。如誦離騷，屈原生命活躍在前。而誦荷馬史詩，荷馬之眞實為人則渺茫難尋。

孔子曰：

吾十有五而志於學，三十而立，四十而不惑，五十而知天命，六十而耳順，七十而從心所欲不踰矩。

孔子七十年之眞實生命，即明白傳達在此數語中。果能循此為學，則已學了孔子生命之眞實精神。故「學而時習」，乃覺「不亦悅乎」。「學」即學此眞實生命，只學到「三十而立」、「四十不惑」之階段，已屬其悅無窮；其「五十知天命」以下，則顏子所謂：

如有所立卓爾，雖欲從之，末由也已。

此皆生命之眞實境界，豈如希臘古哲學，凡其所論，僅是其人生命中思想上之一番表現，不得謂即其眞生命所在。比讀雙方書，自知其區別。

中國人惟多注意其生命之眞實，更過於其事物上之表現。故如唐堯、虞舜，建都何在，生前宮庭，死後墳墓，皆無可查究。留傳者惟其「德」，即其內在生命之所得。堯舜當時眞實生命內在所得，後人何由知之？則以心傳心，惟有以己之小生命，通入民族歷史文化傳統之大生命中去，斯乃可以得之。

孔子曰：

## 泰伯三以天下讓，民無得而稱。

無錫東南鄉，有泰伯逃來荆蠻後之故居，稱曰皇山，實一土丘，距余生處四、五華里。東漢梁鴻、孟光夫婦，亦來隱，故其山又稱鴻山。無錫南門外一水，則稱梁溪。泰伯距今逾三千年，梁鴻亦近兩千年，兩人皆無詳傳史蹟，而環此小丘十里內外之鄉民，則無不知吳泰伯與梁鴻，清明佳節亦無不來此膜拜。中國古人之所謂立德不朽，有如此。而全國各地類此之名勝古蹟又何限？此見歷史文化傳統，即民族大生命之所在，亦即全國人心所在，豈不眞實而有據乎？

堯舜之德難求，大禹治水乃具體易求。但三過其門而不入，其家何在，今亦難求。惟讀清初胡渭禹貢錐指，詳考歷代治黃河水利工程，四千年一貫相承，此亦有如禹之大生命之一貫相承。如四川灌縣有二王廟，乃秦代李冰父子治離堆沫水之患，亦迄今兩千年。自灌縣至成都，百里之間，農田灌溉，皆有成規，一貫相承。此亦不啻一大生命之持續。非親履其地，則無可想像而得之。

又有萬里長城，遠自戰國，下迄清代，積兩千年。乃中國歷史上極巨大一國防工程，亦民族生命之積累。雖不如大禹治水，李冰導江，有主要人物之代表可舉，然同是中國歷史上一大生命之表現，則亦明顯無疑。

立德、立功之外，有立言。所言亦貴其有德，乃可有功而不朽。孔子十有五而志於學，至七十而從心所欲不踰矩。此即孔子之立德經過，即其七十年之眞生命、眞學問。學問實即是生命，宜該可悅。後人儻能學如孔子，達於「立」與「不惑」之境，則在己之生命，亦當甚感其可悅。至於「知天命」以上，非常人所能企。顏子曰：

> 如有所立卓爾，雖欲從之，末由也已。

此「卓爾」者，卽孔子之眞生命。中國古人之學，卽在其生命上，非生命中一事；學之所得，亦卽是生命，非可謂於生命中別有所獲。如文學，古人曰：

> 詩言志。

所志卽其生命，所言亦卽其生命。屈原、宋玉之高下，亦在其生命上，不在其文字上。讀西方文學，則莎士比亞之樂府，非卽莎士比亞其人生命之所在，並亦無由知當時一般英國人之眞生活；僅得謂莎士比亞生命中有此一番表現，如是而已。莎士比亞與歸有光同時而略晚，試讀歸集，其為人，及其家及其時代，一一透出，可謂乃映出歸熙甫之生命；而莎士比亞之生命則難可稽考，至今成一謎。此卽中西文學一大不同之點。

如哲學，眞實生命中，可有各種思想。但思想亦僅生命中一事，不卽是生命。如耶穌，其生命豈只十字架一剎那可盡？而西方人則十字架卽代表了耶穌。重事物輕生命有如此。教會組織、教廷建築、教皇傳襲，全轉在事物上，而耶穌則成為神化，只可信，無可學。此亦西方文化一特徵。

西方人自始卽不悟到宇宙人羣之大生命所在。個人小生命剎那短促，意義價値有限，遂轉戀到事物上去。事物有新舊，而生命則無新舊。今日國人喜新厭舊，亦從西方觀念轉向事物去。至如生命，則耄老每念童時，豈有喜新厭舊之理？

埃及金字塔完成，埃及古生命則隨以永絕。希臘、羅馬亦然。最近西方人對希臘、羅馬之一物一事，好戀崇仰終不能已。余遊美國紐約附近，一中國古墓，乃從山西購來，石象、石馬、翁仲林立，規模依然。中國乃一宗法社會，此等墳墓寓有一種大生命精神。美國無宗法，但對此等古墓亦可寄其好戀之情。余又在大峽谷見一印第安人之博物館，印第安人幾已殲滅無遺，而美國西部影片則不斷流傳，印第安人之遺物亦加寶愛。此皆見西方人之戀舊。

中國人重視生命，輕視事物；尤重於能以一己小生命投入羣體大生命中。叔孫豹之「三不朽」，至今猶為國人傳誦。而孔孟儒家乃頗不提及。此因叔孫豹仍從個人小生命著想，不知不朽者乃德、功、言，小生命則終必泯滅。孔子之卒，歌曰：

泰山其頹，梁木其摧，哲人其萎。

曾子曰：

仁以為己任，死而後已。

「仁」即其大生命，死乃其小生命。孔子曰：

若聖與仁，則吾豈敢？抑為之不厭，誨人不倦。

其不厭、不倦者，即其生命。何所學？何所教？乃其生命之所依附於事物者。所學即學此大生命，所教亦教此大生命，此即孔子之所謂「道」。孔子乃未敢自信自任，而曰：

後生可畏。

則教育終於不絕。不朽乃在此，不在個人小己。故中國人乃論存亡絕續，不論新舊。

子路、冉有、公西華、曾點四人侍坐，孔子命各言其志。子路志在治軍，冉有志在理財，公西華志在外交，惟曾點言：

暮春者，春服既成，冠者五六人，童子六七人，浴乎沂，風乎舞雩，詠而歸。

孔子有「吾與點也」之歎。子路等三人皆志在事，其事皆有關羣體大生命，非私人名利富貴。然此等事須有修養，須得機緣，非可必得；浴沂風詠，乃屬日常生活，有志必可得。然小生命亦即大生命，故孔子有「與點」之歎。墨子繼孔子起，而其志則在事物上，較子路諸人而益甚。莊老則近曾點，而於事物方面又過分輕視。中國傳統文化，於孔門儒家外，不棄莊老道家，大體融括，可進可退，而大生命乃易從小生命中透出。此可謂是中國之文化精神。

以當前論，世界人類中國人為最舊。以小生命言，壽則舊；以大生命言，歷史綿延則舊。既生為人，當求舊不求新。今日國人乃至謂四十歲人已無生存價值。求新求變，電腦機器人乃為人生最高目標。如此則何不求早死？最近全世界恐怖事件猖獗，正可為此作例。

程明道言：

觀雞雛可以識仁。

「仁」即大生命。母雞孵小雞，一次可得一二十頭，依傍其母，或在腹下，或集左右，此即成一大生命之景象。今日養雞科學力求多產，不斷前進，而此大生命之景象，有近仁體者，乃不可復覩。今又力求人工受孕，循其所知，惟見機器之重於生命。然則喜好機器，厭惡生命，豈不將成為生命之性？

事物若稱為「花樣」，而事之變則較物為尤易尤大。如西方歷史，希臘人、羅馬人，以迄近代之英國人、法國人，又移轉為俄國人與美國人，其在人的方面，可謂日新無已，萬變不同，而其中實難有一貫的線索可尋。苟非有古器物之寶藏觀賞，則全部西洋史豈不如雲煙過眼，一去不回？又如波濤入海，轉瞬遷流，無可留戀，無堪愛好。而當前人尚猶昌言「突破」，則復何所謂「內在精神」之可言？

中國史則絕然不同。近百年來，殷契古文字、古器物發現，國人喜謂當於國史有大開創。其實中國史之意義價值則不在此。讀孟子書，商湯、伊尹之所作所為，讀司馬遷太史公書殷本紀，殷商一代之經過，意義價值已具。文字、器物之出土，對舊史或可稍有補充，稍有糾正，而大體則可謂其無影響。

最近大陸掘了秦始皇帝墓，轟動一世，爭來參觀。然欲瞭解秦代史，則史記始皇本紀及李斯列傳已夠詳明。阿房宮付之一炬，後人未加以惋惜；其墓地及殉葬諸品，則更無參考價值，何值重視！

余曾瀏覽一所歐洲中古時期之貴族堡壘，備極周詳；但欲明中國魏晉南北朝之門第生活，則世說新語、顏氏家訓諸書，已儘足尋討，何待當年王謝之居宅？

余又比較遊覽西方之哥德式教堂，以及文藝復興時期之新教堂建築，乃可約略想像西方教徒當年生活意想上之轉變。但研討佛教東來後之中國僧人信仰，則一讀高僧傳當可獲得，何煩必尋訪當年遺存之佛寺？又如清故宮，比之倫敦白金漢宮、巴黎凡爾賽宮，眞如大巫見小巫；然豈得憑此來衡量中西之帝王專制。又清室歷代帝王為政之詳，豈在故宮可覓？慈禧臥室陳設宛然，當年生活猶可想像，然慈禧之為人以及晚清之國運，則遊此室者焉從得之？不讀清史來遊南書房，則又胥不忽之。數百千年後，此宮保存，可供來遊者作一憑弔，史實則決不在此。在西方，則此等建築，豈不有莫大價值？倘歸消失，一部歷史又將從何說起？此亦中西雙方文化傳統大不同一良好之說明。

最近美國總統雷根遇刺，引起人身携帶武器一爭論。或認携帶武器可以自保，惟兇徒有武器，則益得恣行；又苟無殺意，身携武器亦何害。此亦言之有理。然美國百年來總統遇刺者有七人，每日遭兇殺者踰六十人。身懷武器，則易起殺念。但此亦傳統久遠，原始人無不隨身携帶武器。中國古俗，生男則門外懸弧，孔子像亦腰帶長劍。三國時曹操許劍履上殿，則其時男子帶劍依然是一尋常事。此俗革於何時，今不詳考。今日國人言中國守舊，不知亦有變，卽隨身不再帶武器亦其一例。中國發明火藥，但不製造槍砲。凡變必有因緣，最當注意。國人又言西方史在能變。如隨身帶武器，憑以殺人，係守舊，抑開新？尙待考論。所携帶之武器，則日新月異，為變甚大。則器多開新，人則守舊。論史當重物抑重人，卽此一例，中西雙方歷史文化傳統相異，又大可研尋。

中國古史堯舜禪讓，湯武革命，為聖帝明王之兩大作為，傳誦迄今三四千年。西漢尙有人勸王室早作禪讓，王莽因之而起。此下則少言禪讓，亦不言革命。以郡縣一統之大局面，革命不易。晚漢黃巾之亂，董卓、袁紹各方武力競起，直至曹操亦不敢輕受漢禪，但亦不敢輕言革命。歷史演變，又豈一兩語所能規範？如近代之爭民主、極權，亦是其例。

近代梁啓超言，中國有「造反」無「革命」。此言大值深玩。歷史形勢中國與西方大不同，故中國革命不易。法國巴黎，只放出獄中一羣囚犯，革命即成；中國無此可能。東漢以下，中國造反較之西方革命，事勢大過數十百倍，但終不能成為一種革命。此乃中國政治史走上了一條穩路，亦如中國人隨身不帶武器，而自覺安全，無畏懼心。此又中西歷史一大辨。孰為進步，孰為退步，待讀者自定之。要之，不當只憑外國史來作一切之衡量。

清代洪楊之亂，明屬民族革命，而亦只成一造反。近人又譏曾國藩既平洪楊，不身自為帝，為不明革命大義。不知曾國藩果有此意，同時如李鴻章、左宗棠乃至彭玉麐等，心下又如何？即如袁世凱洪憲稱帝，部下馮國璋、段祺瑞等，均表反對。歷史乃人心之積累，西方人不明於此，故其史學最後起，僅留一堆古器物，成為歷史之至寶。而今國人則目西洋史為最進步，此亦人心之變，良堪嗟嘆，更復何言！又如耶穌教，亦只一些物質建設與教會組織。破壞此等建設與組織，即成為革命。所謂信仰，豈只在此等建設與組織上？故對「事」與「物」之革命則易，對「心」與「性」之革命則難。中山先生革命，先言「排滿」。洪楊亦曰「排滿」，而繼之以「天父、天兄」，創為「天國」，到處焚毀孔子廟，不啻引耶穌革孔子命；不易入人心，故曾、左、胡、李乃得起而平之。中山先生則以民國第一任大總統位讓於袁世凱，是中山先生於湯武革命後，即繼之以堯舜禪讓。四千年前之歷史往事，仍見今日，而中山先生乃亦常在人心。鑑之以往，得人心則興，失人心則敗。然則人心何在，國人豈不當最作深究？

中國人心當從中國史中求，不得從西洋史中求。一切事物可變可新，此心則不易變不易新。今國人但言「專制政治」、「封建社會」，以西方語來批評中國，不求之列祖列宗我中國人之內心，則誠新之至，而無舊之可稽矣，夫復何言！故生命必表現於事物，而事物非生命。貴能從事物上來尋求生命，而事物乃亦儼若有生命。孟子曰：

登泰山而小天下。

泰山並不高，但自秦始皇帝以下，歷代帝王巡狩登泰山，直至宋眞宗，上下亦千年。隨時隨地，並有名人古蹟留傳。登泰山亦如讀一部中國史，有大生命之寄存。中國各地名勝如此者亦尚多。若果漫失其生命，而專一留情其事物，則亦無甚深意義價値之可言，而又何新舊之足辨！

## 六一　辨新舊與變化

中國重「守舊」，西方重「開新」，此亦中西雙方文化一相歧點。所謂新舊，對象不同。一對「器物」，一對「生命」。器物舊則變新，如衣如屋，新以替舊，此之謂「變」；但屬非生命。人身乃生命所寄，但亦同是器物，全身細胞不斷在變，新陳代謝，全非故物，但其生命則一線相承，我仍是我。自嬰孩至成年、中年、老年，有成長，有變換。一衣一屋，七十年均嫌老舊；生命得七十年，豈非人所想望？

抑且不止此。世代緜延，生命相傳，此則為大生命，中國人稱此謂「化」。中國人言：

天不變，地不變，道亦不變。

又曰：

贊天地之化育。

天地言「化」不言「變」。中國人觀念，天地卽一大生命，化育皆生命所有事。變則不同，器物可變，而生命則不可變。

中國人又言：

通天人，一內外。

孤男孤女不生，必男女和合通為一體乃有生。故生不由變，乃由化。夫婦為人倫之始，夫為婦外，婦為夫內，夫婦和合卽是「一內外」。人必分男女則屬天，故夫婦和合，亦卽「通天人」。父母生育子女，乃有老少之別，老屬舊，少屬新；非有舊，何來有新？舊亦仍在新中，此之謂「化育」。故人生必在「通」與「一」之中。

人有男女，禽獸有牝牡雌雄。人由猿猴化來，生有人，仍有猿猴，此亦一線相承，非可謂由猿猴變為人。故有開新，仍有守舊，而守舊中亦自得開新。

植物草木不顯有牝牡雌雄之別，微生物更顯是渾然一體。兩性分別從一體來，同一生命，一線相承，故曰「化育」。而天地則為化育之本，苟無天地，何來此生命？生命從天地化育來，有生、無生亦渾然一體，乃謂之「大自然」。

中國陰陽家，分陰分陽，謂陰陽和合乃生天地萬物。又分五行，火、木屬陽，金、水屬陰，土則得其中性。如此則一切無生、有生皆渾然成其為一體。人生亦在此一體中，故必通天人、一內外，而始全其生之眞。

中國為一大陸農國，人民日與大自然生命相親，故其五千年來歷史，亦惟見其生命之悠久而擴大。西方希臘乃一半島，離鄉越海，以商為生，以貨品貿易贏利，故其視器物較生命益相親，生活乃若僅為娛樂享受。後起諸國亦盡承希臘傳統，科學發展，四海如一家，而諸國間仍各分立，實則有國一如無國，與希臘之城邦亦無大差異。故「個人主義」與「唯物史觀」，成為西方人生之骨幹，亦卽西方人生之中心。於是貧富、強弱、貴賤，乃成為西方人生中一大分別。此亦與中國文化傳統不同一要端。

人之生命，千古如一，故後人必當奉前人為榜樣，惟日新其德，以趨赴其所理想。孔子生周代，其時最高榜樣為周文王與周公。但文王為開國之君，不可學，故孔子之志，惟在學周公，所謂「樂天知命」。但到後，乃知周公也學不得。其為魯司寇，不得行其道而去，周遊列國，歸老於魯。後代國人遂不學周文王、周公，而羣學孔子。孔子遂為中國此下兩千五百年來之「至聖先師」，永為後人作最高之榜樣。孟子所願則學孔子。若謂孔子為舊人，孟子為新人，則人類之學，乃為以新學舊。前起之舊，又何得學後來之新？是則守舊卽是開新，開新亦卽以守舊。二者間，實無甚大之區別，而能融為一體。新人生中存在有舊人生，而日進無疆，以日新而又新，此始謂之眞人生。

孟子曰：

有諸己之謂信，充實之謂美，充實而有光輝之謂大，大而化之之謂聖，聖而不可知之之謂神。

是人之日新其德，可以上躋於天，而使人同於神。其上躋天而為神者，則為人之「德」。德則賦於天，存諸己。中國人之所謂樂天知命卽在此。

生命至廣大，至悠久，又無疆。其所表現於動植物者至有限，卽人類亦然。孔子、孟子所表現，亦限於其時其地，不啻如一鱗一爪。中國人對生命之最高理想，則為修身、齊家、治國、平天下，以至贊天地之化育，以一己之小生命，融入自然大生命中，而成其為無限。在此必有一榜樣。孟子言「友一鄉之士」，「友一國之士」，「友天下之士」，更進而「上友古人」，其榜樣亦益高益遠，而吾之生命乃始得以日新。若限於其軀體，則亦一器物，而生命乃日以狹小短促，無以達其意義與價值之所在。西方個人主義與唯物史觀近之。

人類生命有其悠久之緜延，亦有其寬廣之展擴，斷不當拘於一己之軀體以為限。農人春耕、夏耘、秋收、冬藏，畢生以之。百畝之田，亦卽其生命之所寄。夫耕婦饁，幼童放牧牛羊，耆老看守門戶，一家五口生命融成一體。祠堂墳墓，鄰里鄉黨，死生相承，戚族相依，生命擴展，乃成姓氏。

「綠樹村邊合，青山郭外斜」，世代如是。天地大自然，亦融成一己之生命中。故農人之安土重遷，自有其內在深藏之生命意識，為之作主張。由是而修身、齊家、治國、平天下，頂天立地，皆歸併入其生命之範圍。同此天地，卽同此生命，乃始有一鄉之士、一國之士、天下之士、千古之士之分別，皆由其生命之悠久寬廣而有異。

生命有大小，而必有一中心。司空圖言：

超以象外，得其環中。

生命乃超乎軀體形象之外，非器物之所能限。然每一生命自成一環，而有其一中心。有此中心，乃得成環。人生中心乃其「己」。故中國儒家主「為己」之學。羣體生命必以各自之一己為中心。「己欲立而立人，己欲達而達人」，「立」卽立於其羣，「達」亦達於其羣。必立之己而達之人，一己之生命始為羣體大生命之中心。羣體生命緜延展擴，無疆無極，而一己之小生命乃亦由此而不朽。

董仲舒言：

正其誼不謀其利，明其道不計其功。

中國文化重「道義」，西方文化重「功利」。惟其重道義，故能融器物於生命中，而成為中國之藝術；惟其重功利，生命乃泯沒於器物中，而起有西方之科學。中國於羣體言「風氣」，西方於社會言「經濟」。風氣本源人心，乃生命之表現。曾國藩原才言：

風俗之厚薄自乎一二人之心之所向。

人心所向成風成俗，一二人之心可以感召千萬人之心，而成其共同之趨向。人才起於風俗，風俗厚，斯人才足以淑世濟人，而舉世大同，大道為公矣；風俗薄，則人務財利，道出於私，人各相競，而公道淪裂矣。故中國以大同為理想，而西方則以食衣住行之種種個體享受為理想。

中國人日進其德，而聖而神，此乃人生之最高藝術。正德、利用、厚生，亦皆寓藝術作用。烹調紡織，建築陶瓷，舟車運行，莫不有甚深之藝術性，卽生命性之貫徹。世運衰，而器物製造或仍遵舊規矩，尙有日新之機。禮失則求之野，器物較禮樂尤易留存。小之如鼻煙壺，無關一世之盛衰治亂，而終為中國人生日用中一最佳藝術品。更高藝術如書法，作者有盛衰，而筆墨紙硯之製造亦以器物而益精益美，轉不如人文之有衰落。可謂中國人之生命，其人文精神，固多寄存於書法中，而亦同樣寄存於筆墨紙硯中。文房四寶，乃人文精華之所聚，為此文房之主人，生活在人生藝術中，雖不成一書法家，而亦甚裨於其德性之修養。卽如山水名勝，如泰山、華嶽、洞庭湖、太湖、西湖、大明湖等，亦皆宇宙之精妙，藝術之結晶，為人生嚮往之高境界，使人心內德與之俱化。故中西方器物亦有大相異：西方器物多可入科學館，中國器物則當入藝術館。科學惟求其新，藝術惟求其舊，愈古愈舊則愈貴。此又中西守舊、維新一大不同所在。

湯之盤銘曰：

苟日新，日日新，又日新。

詩曰：

其命惟新。

易傳言：

天行健，君子以自强不息。

宋儒張橫渠言：

言有教，動有法。晝有為，宵有得。息有養，瞬有存。

中國人之精進有為日新其德，乃可返於天命之舊。此非天之日新其命，天則舊，而人日新；人則舊，而物日新。惟「舊」乃時間之悠久，惟「久」乃有意義價值可言。亦可謂新只是一「工夫」，而舊乃是其「本體」。晚清儒言：

中學為體，西學為用。

實則西學僅求用，果欲求其體，則非中學莫屬。依西方歷史言，迄今而其用日新；依中國歷史言，五千年來其體仍舊；斯亦其證矣。今日國人之求新，亦主在器物利用上；果使本體已失，又誰用此器物？

西方生理學以人之一切情感、智慧、意識胥本諸「腦」。腦乃人身頭部一器官，此證生命限於器物乃一科學眞理。中國人不言腦而言「心」，但心不在腦部，亦不在胸部。心乃超乎象外之生命之一環中。生命主於心。人心相同，故各自之小生命乃可融成一羣體之大生命，而在羣體大生命中亦可建立起各自之小生命。故人生大道卽在心，貴能大其心，以進入於人心之大同處，而斯則為「大人」；

小其心，則為「小人」。孔子曰：

十室之邑，必有忠信如丘者焉，不如丘之好學也。

學當本其自心之忠信以為學，亦即學其自心之忠信。以心學心，不限於器物，如此則謂之「靈」。又得通於天，通於地，通於大自然，而謂之「神」。故曰「神通廣大」，「出神入化」，乃中國人生理想之終極所歸。以今日語說之，當謂此乃一種「人文科學」，以異於西方人之所謂「自然科學」。若其心不能化又多變，中國人則稱之曰「變心」，決不當於人道，乃大要不得事。

西方人之「唯物史觀」，實亦不自馬克斯始。在先已有「石器時代」、「鐵器時代」、「銅器時代」、「蒸氣時代」、「電氣時代」之說法；迄今則已達「核子時代」。此謂人類生命受器物限制，隨器物而進退。今已世界大同，然交通器材仍有限制，田野小道，惟可賴腳踏車；都市大道，乃可行汽車；重洋大海，則賴海輪；高空往來，則賴飛機；而進入外太空，則又另有太空船；豈非仍各有限，難可突破？語言、文字亦如一種器物，凡屬人生情感、智慧、意識之相通，亦各有限制。故上帝意旨，耶穌聖訓，必賴教廷教宗、神父、牧師為之傳遞，乃成西方之宗教。西方各種學術思想，亦賴各種專門語言為之表達。此則西方人生當以唯物史觀為準繩，決非馬克斯一人所獨創，豈不明證顯然？故西方人如倡「平等」、「自由」、「獨立」三口號，正為在唯物中，深感人生之不平等、不自由、不獨立而來；中國則心心相通，大德敦化，小德川流，生命決非器物，故於平等中求加品第，自由中求加規矩，獨立中求加會通。此又為中西文化大不同之要點。

今日國人又好言「表現」，此亦向外一功利觀，以今日之人生來換取明日之人生。中國人則言：

君子闇然而日彰。

根深而枝亦茂。其根表現在外，則此樹生命即不保。枝葉日茂乃其新，深根埋藏則其舊。實則器物亦生命之枝葉，而生命則器物之根柢。一切學術思想，亦皆枝葉，亦皆器物。今人惟此之求，而漫不知生命之眞義，則又何新舊之足辨！

莊周言：

指窮於為薪，火傳也，不知其盡也。

西方文化如積薪，後薪繼前薪，故言「變」；中國文化如火傳，薪盡於為火，故言「化」。「個體」為薪，「大羣」則火。前薪、後薪有變，而火則傳。篇名養生主，生之主即「火」，而非「薪」。今人求變求新，乃惟薪之貴。貴其薪，又何來有火？庖丁解牛，善刀而藏，斯謂「技」而進乎「道」。今人則惟技是尚，鄙道不言。言及電腦機器人，莫不驚訝。言及孔、孟、莊、老，置若罔聞。此誠今日國人生活一寫照。

今再言社會，西方尚分裂，重個人主義，但猶有神父傳道，教授治學，不專在電腦機器人科技方面用心；民主、自由，則尚多數。中國主「道一風同」，乃為「四民社會」。士尚「道」，農、工、商皆尚「技」，但亦同崇「道」，故曰「技而進於道」。士則為四民之首。今則士階層已不再存在，農、工業亦將一隸於商，此即近代中國社會尚技不尚道一最顯著之大變。

道有是非。果以西方社會為一新，中國社會為一舊，厭舊喜新，則中國可厭，西方可喜。但中國較西方尚屬多數，必居少數於多數之上，豈不轉成為反西化？但國人一惟科技是重，若對電腦機器人不加提倡，而別有用心，則頑固守舊，若將不得同儕於人類。此其重視道一風同，則有若轉更甚於中國之舊。即就西方論，惟最近之唯物史觀之共產主義，乃庶近之。但其民主自由與階級鬥爭，亦同為爭多少數。爭多少數，則為個人之平等與自由。而今國人則似謂中西決不平等，中國決無自由。抑且依照西方，則共產主義豈不為一最新出、最當依從之一端？

今日西方各處實無不許共產主義之存在。其受詬病，乃在不許他人以自由。今國人若明此意，能以平等視新舊，而同許以自由，則或當為慕效西方一正途。國人其再深思！

# 六二　內與外

人類有天賦求知之本能，其他動物亦然。特人類求知，其路向與興趣有不同。概略言之，西方人求知重在「外」，由遠而近；中國人求知重在「內」，由近及遠；因此雙方文化有甚大之相異。

姑據近代西方自然科學之發展進程言，最先當追溯及於十六世紀中葉哥白尼之天文學。現代地質學，則肇自赫登所著地球的理論，已在十八世紀之末葉，相距當有兩個半世紀。而達爾文的物種原始更後起，已在十九世紀之中葉，上距哥白尼天文學創始已三百年，距赫登地質學肇端亦七十年。探討人心，事更在後。屬於自然科學中之所謂「心理學」，其先實只是「物理學」，漸次涉及「生理學」。其眞能直接有關人心的探討，如巴甫洛夫的「制約反射」，佛洛伊德的「精神分析」及「潛意識論」，則皆已在二十世紀之初葉，上距達爾文物種原始，又已逾半世紀之久。

孔德的「實證論」，認為人類知識之每一部門，均須經過三個歷史階段：一是「神學」的，次是「形而上學」的，三是「實證」的。他的科學分類，以數學為基礎。緊靠數學的是天文學，其次是物理學、化學、生物學，然後及於社會學、心理學。此一分法，實是根據近代西方之知識進程言。故西方人認十六、十七世紀為天文學支配的時代，十八世紀生物學研究開始，十九世紀乃可稱為生物學時代，醫藥知識也可包括在內。巴斯德號為「細菌學之父」，即與達爾文同時。孔德亦同時，為社會學粗創端緒。巴甫洛夫與佛洛伊德則更後。至於西方將在何時乃見有社會學、心理學時代，則尚渺無其兆。西方心理學，但尋究此心何從得知外面事物，卻不反求自知此心之眞情實況。故其處理外面事物，確有高明進步處；但對自身內心生活，則多未脫原始人野蠻境界。此為西方文化一大病。

至於中國，知識進展，果援用孔德語，則一開始即以心理學、社會學奠基。遠在春秋時代，孔子以仁設教，孝弟忠恕，皆本人心。「知」與「行」、「學」與「思」並重，無一語不可從事於實證。其全部思想體系之境界，早已明白超出了神學與形上學，而以社會學、心理學為其主要骨幹。至戰國時，孟子提倡「性善論」，心性之學成為儒學中心。莊老道家，持論取材，多言宇宙自然，較之儒家，若偏外向。其實莊老思想，亦一本人心為出發，一依人心為歸宿，與儒家無大相異。莊子內篇七篇首逍遙遊，鯤鵬與蜩與學鳩，皆以喻人心。故曰：

小知不及大知。朝菌不知晦朔，蟪蛄不知春秋。

所言雖皆外物，實指人心。又曰：

至人無己，神人無功，聖人無名。

亦皆注重人之內心立言。卒篇應帝王則曰：

至人之用心若鏡，不將不迎，應而不藏，故能勝物而不傷。

所重在內心不在外物，更可知。又曰：

南海之帝為儵，北海之帝為忽，中央之帝為渾沌。儵與忽試為渾沌鑿竅，日鑿一竅，七日而渾沌死。

儵、忽之與渾沌，皆以言人心。人心懷藏知識，若蘊而不發，則為「渾沌」；若發而向外，乃見其為「儵」、「忽」。是亦專就此心之內蘊與外發言。姑舉此始末兩篇以概其餘。可知凡不識人心，即不足以讀莊子書。

老子五千言亦無不然。如曰：

五色令人目盲，五音令人耳聾，五味令人口爽，馳騁畋獵令人心發狂，難得之貨令人行妨。是以聖人為腹不為目，故去彼取此。

此亦重內心，輕外物，主張節縮省減外面人事以內養其心。又曰：

不出户，知天下。不闚牖，見天道。其出彌遠，其知彌少。是以聖人不行而知，不見而名，不為而成。

尤見其由內及外、由近及遠之意。若以老子此言繩律近代西方之科學發展史，而以認識人心為要歸，亦所謂「其出彌遠」而「其知彌少」矣。彌遠在「物」，彌少在「心」。今日西方科學家之求知人心，亦一本於外。如巴甫洛夫以狗，佛洛伊德以人之肉體之病，此皆由外以知內，由「非我」與「非我之常」以知「我」，夫又何從得之？老子又曰：

天下有始，以為天下母。既得其母，以知其子。既知其子，復守其母，沒身不殆。

哥白尼之天文學，達爾文之生物學，皆在西方心理學正式興起以前，亦可謂皆人心所由始。若非有天有物，何從有心？故此皆可謂人心之母，而人心則為之子。但知其母，未必即知其子。如知天文與生物，未必即知人心。老子所謂「既得其母，以知其子」，今日西方科學距此尚遠。以己心識己心，其事若不難，故曰：

塞其兌，閉其門，終身不勤。開其兌，濟其事，終身不救。

今日西方之自然科學，即老子所言「開其兌」以求「濟其事」。老子言「開兌」，亦猶莊子言「鑿竅」。知識日啓，而己心轉昧。老子言「既知其子，復守其母」，亦猶莊子之言「渾沌」。人心明，乃可以保其天而全其物。在中國人心中，未嘗不有天地與萬物；然以西方近代科學之所得於天文學與生物學之知識視之，則中國人心，豈不如一片渾沌？其心渾沌，宜若於事無濟，然中國文化傳統母子相守，亦已五千年，迄今而不輟不息。若日開其兌以求濟其事，則近代西方之帝國主義、資本主義，日富日強，而病態百出，亦究不知其終於得救之在何日矣！

莊老之書好言「道」與「德」，皆直指人心言。後之道家批評儒學則曰：

中國之君子，明乎禮義而陋於知人心。

因禮義亦外在。又老聃告孔子以至道曰：

汝齋戒，疏瀹而心，澡雪而精神，掊擊而知。

是儒、道兩家皆主言人心，而道家尚嫌儒家之外向。惟儒家謂道德禮義一本之人心，而道家則主張去禮義而道德始全；其本原人心以立論，則兩家無大異。道家主張撥去外面人事以明己心，儒家則主張建本於內心以盡人事。由其於心理學上有異見，遂於社會學上有異想。

墨子主兼愛，欲人視人之父若其父，其立論根據，則在天志、明鬼，不內本於心甚顯。楊朱主為我，立論之詳無考，然曰「拔一毛利天下不為」，是亦在外物上計較，不憑內心作衡量。皆非中國人性情所喜。許行為農家言，主張「與民並耕而食，饔飧而治」，此亦重外而忽內。名家惠施、公孫龍，辨「白馬非馬」，辨「堅白石」，莊周之徒非之曰：

飾人之心，易人之意；能勝人之口，不能服人之心。

申韓法家則利用人心弱點以供統治者之驅使，司馬遷謂其原於莊老，然高卑深淺，迥不相侔。故先秦思想，流傳後代，主要惟儒、道兩家。鄒衍倡為陰陽家言，其意若欲融會儒、道。然所言泛及天地萬物、歷史遠古，氾濫向外；而歸本之於仁義，則近儒。要失儒、道之眞，雖盛於前漢，又轉入民間，至今不息，然終不得與儒、道兩家同列為中國學術之正軌。

魏晉以下，佛教東來，中國高僧，主要皆以一心說佛。最先如支道林說莊子逍遙篇，則曰：

逍遙者，明至人之心也。

慧遠在廬山，一心念佛，為淨土開宗。竺道生主張含生之類皆有佛性，則義近於孟子。天台宗唱為「一心三觀」。禪宗六祖慧能則曰：

但用此心，直了成佛。

又曰：

一切般若智，皆從自性而生，不從外入。

佛法為宗教，釋迦為教主，釋迦說法，應是僧人信仰對象，此亦在外不在內；而中國高僧，則一挽之向內。心即「佛」，心即「法」。心貴「悟」，不在「信」。生公云：

悟發信謝。

悟了便不需信。故佛法在中國，只成一種自心修行，終於失其宗教精神而成為中國傳統文化之一支，其主要即在此。

宋明理學，亦承此系統來。周濂溪教二程「尋孔顏樂處，所樂何事」。所樂本原於「性」，發見於「心」。佛家稍近悲觀，而儒家較樂觀，亦猶道家稍趨消極，而儒家較積極；其內本一心則同。此下遂分程朱、陸王「性學」、「心學」之兩派，然小異不掩其大同。亦可謂自孔孟儒家，莊老道家，以及兩晉以下迄於唐五代之佛學，皆此一脈。全部中國思想史，主要精神即在此。皆內本一心為其出發點，則無大相異。

如上述，中國人論知識與西方有不同。中國人論知識，主會通為一體；西方人論知識，主分別為各門。此層余已在他處別論。今就本篇宗旨言，則中國知識，自先秦儒、道，六朝隋唐佛學，宋明理學，皆可納入「心理學」範圍。此一說法，現代中西雙方，皆將不予以承認。惟為雙方學術思想作比較，方便立說，最少不妨謂中國人求知，皆從西方人所認為的「心理學」一門進入。即中國人求知，其興趣與路徑，喜好由內向外，由近及遠；與西方人之由外向內，由遠及近者，實相反。此可由雙方思想史、學術史作證，讀者善自體會之卽得。

亦可謂中國人求知路徑，乃從「心理學」轉入「社會學」。中國五倫，家、國、天下，皆然。「社會」一名詞乃自西方譯來，社會學乃成為近代建立一門新學問。但「自由」乃專指個人言，「刑法」則專從政治言，除卻自由與刑法，尚有何社會相處之道？大學「八條目」：格物、致知、誠意、正心、修身、齊家、治國、平天下。「知」、「意」、「心」三者在內，「身」、「家」、「國」、「天下」在外。先其內，然後及於外，正亦中國人求知由內向外、由近及遠之證。「格物」「物」字義訓，此處暫不深論。要之，為切近人生之日常事物則可知。故亦可謂大學之「致知、誠意、正心」，應屬心理學範圍；「齊家、治國、平天下」，應屬社會學範圍；而「修身」則介於二者之間，而綰合內外，使之成為一體。而「格物」則指凡事物之親接於其身之四圍者。依中國人觀念言，學本無內外，故大學言：

壹是皆以修身為本。

「身」卽其內外之合。

今若推此意言之，一部二十五史，上自黃帝、堯、舜，下迄今茲，緜延五千年，民族國家，日擴日大；修、齊、治、平，一切作為，一切措施，有漸進，無驟變，傳統弗輟，精神如常；正可謂此乃中國早有一門深允完美之社會學，乃得有此。亦可謂在中國社會學之內，並包有教育學、政治學、經濟學、法律學等各部門。在西方，「社會學」乃一獨立名詞，與教育、政治、經濟、法律等諸學分門別類。在中國學術史上，則本無此等分別，亦無此等名詞。中國學術以孔孟為儒家，莊老為道家，即以學者其人分，可謂親切而有味；西方則以人之所學分，乃至氾濫而無歸；此亦一近一遠之別。中國又分經、史、子、集，乃以時代書名分，亦為平易近人。實則經史合一，子集合一，非述而不作，即信而好古；志於道以遊於藝，博於文而約以禮；為學即以做人，做人即以為學；以立以達，為己為人，吾道一貫；較之西方之學術分類，智識爆破，其意義價值，誠大異其趣矣。中國之社會學，以現代人觀念言，可謂早經發展達於成熟階段，又與教育、政治、經濟、法律諸學相融合一。而中國之社會學，又一切建本於心理學，此即謂一切人事，皆當建基立本於人心。故套用孔德語，則當謂中國科學，乃以心理學為基礎。而最緊靠中國之心理學者，乃為中國之社會學。較之孔德為西方科學分類，正屬首尾倒置；此又不可不辨。

茲再依孔德之科學分類依次遞升，而及於「生物」與「醫藥」兩門。中國人亦早對生物界有廣泛之興趣與精詳之探討。即就中國詩人之比興言，其意義已極明顯。故詩三百，首言「關關雎鳩」。惟中國人對生物界之興趣，主要仍在其與內在人心有關。此層容當更端別論。其有關農事之生物方面，在中國亦極知研尋。此層亦暫不在此詳及。對切身之醫藥學言，在中國亦早有成績。姑舉針灸為例。此一術始見於史記扁鵲倉公傳。扁鵲先秦人，倉公漢初人，可知針灸一術在中國之遠有來歷。後代傳人，又見後漢書之華佗傳。又南史魯爽被俘於北，以善針術見寵。唐書刑法志，太宗嘗覽明堂針灸圖，見五臟皆近背，針灸失所，其害致死，遂詔無得鞭背。杜甫詩：

羸瘠且如何，魄奪針灸屢。

大概針灸一術，在中國至少已傳兩千年以上。最近始為西方醫學家所知，然又疑其為不科學。縱其術已顯能治病救死，而仍認為不科學。苟針灸常致人死，則其術亦必不傳。其術既傳達二千年以上，即有科學根據。惟其中奧妙，則仍未為現代西方科學家所知而已。吾友陸君，憑其針術，經美國內華達州諸醫嚴加考問，由其州議會立法，准中醫亦得懸牌。其他諸州繼起，今已得五、六州。由針灸圖並知中國亦已早有解剖術，漢書王莽傳有明證。而中西醫理，乃復有其大不同之點。舍親某夫人，患高血壓、心臟病、糖尿病，日服西藥十種以上，病日甚。余介其就診於臺籍某中醫，只切脈，不煩病人言，得其病患所在。謂：「西醫治病象，余治病源。高血壓、心臟病、糖尿病皆有來源，異同主從，人各有別。」服其方未兩月，病大瘥。此謂「病象」，即司空圖所謂之「象外」，「病源」則其所謂之「環中」。西醫主分別，重其外；中醫則主通體合治，重其內。此亦可為中西雙方對求知與趣路徑之不同作證。今中醫不受重視，並加鄙棄，羣目為不科學，則中醫之江河日下，亦固宜然。

再次述及「物理」、「化學」。中國以農立國，於水利工程特所注意。如四川灌縣之離堆都江堰，鑿自秦昭王時蜀守李冰，溉田達數縣。其工程之偉大，抗戰時避至後方者皆所親見。屢有西方水利專家來訪，中國人必問何以求改進？皆答：「如此工程，惟待長期研究，何遽敢言改進！」中國地大，道路交通工程，如蜀之棧道，抗戰時避難者亦多親歷。諸葛亮創為「木牛流馬」，以供運輸，此亦人人皆知。其他各地水利灌溉、道路交通兩項之偉大建設，幾於不勝縷舉。非深通物理學，何得有此成績？西方化學多從中國方士鉛汞鍊丹演化。中國人為切身實用，西方人則認為乃宇宙眞理所在。此亦雙方求知興趣與其路徑內外遠近、先後輕重相異之一證。內容方法，互有不同。若必以西方為科學，中國為不科學，則其間實無一鴻溝可劃。

最後及於「天文」、「地理」兩門。中國重農，授民以時，厝心曆法。但孔德所謂之「神學」與「形上學」，在中國思想史上，則神學早已捨棄，形而上學亦未發展。中國人乃從日常人生窺覘宇宙，不如西方哲學之先從宇宙論降及人生論。故如哥白尼、伽利略發明新天文學，在西方備受磨折，在中國則極易接受。又在中國，地理學之發展，更遠勝過天文學。天較遠，地較近，故在雙方進展先後又不同。又西方多注意「自然地理」，而中國則更注重「人文地理」。遠自禹貢及漢書地理志以下，中國人研究地理，皆重人文一面，而成績斐然，此不詳為闡述。在西方，地理一課，隸理學院，最近有隸社會學院者，乃始與中國人所研治之地理學意味較近。又南宋朱子據化石言地質變動，事在西曆十二世紀之開始，西方地質學尚起在後。

根據上述，西方近代自然科學之各部門，在中國亦已固有。惟雙方求知心理不同，其興趣與注意力有別，故其所得成績，乃及進展先後，亦遂不能一致。中國方面因其以本身為主，故其知識常求融通和會，合成一體。而且因其親接於人生，易使人興觀羣怨，所知明，所欲滅，人生易得一恰好之止境。大學所謂「格物致知」，「知止而後有定，定而後能靜，靜而後能安，安而後能慮，慮而後能得」。孟子亦曰：

> 學問之道無他，求其放心而已矣。

而西方人求知，則馳騖向外，意在遠處，遂使學問範圍四分五裂，各成專門，不相會通。中國古人則曰：

> 文思安安。

未嘗有文學、哲學各自分別成為一項專門學問之想像。但在古希臘人，則文學、哲學顯然分別。文學中如神話、史詩，亦遠離日常人生分別發展。中國古詩三百首，則均在親接日常人生處，既不分道遠颺，亦難各別門類；而且亦並無一「文學」獨立觀，詩歌卽在禮樂中，卽是政治教化會合中之一部門。「文學」一觀念之興起，則遠在東漢後，而其在日常人生政教會合之一體中，則實際仍未獨立。

至言「哲學」，則中國並無其名，更無哲學獨立其事。西方乃在各門學問與知識之日趨獨立中回頭來指導人生，中國則在通常人生之大體中隨宜分別而有各項學問與知識之呈現。此為中西雙方文化一大異趨。

西方科學，亦在人生遠處分別鑽研，由遠漸近，如天文學、地質學、物理、化學，漸至於生物學、心理學，而心理學則尚在初露端倪中。近代國人，震於當前西方一時之富強，而歸功於其科學進步，乃謂中國從來一切學術思想，全不科學。中國古人在身心性命，人道政教，切近人生之會通合一處，逐步向前，逐步發展，自有步驟，而今人則全不加以體會。中國人從來由內向外、由合趨分之一求知大體系，乃全不為今日國人所瞭解。

最近英人李約瑟，創為中國科學史，亦僅以西方觀念來衡量中國。其搜集材料，亦多賴中國人協助。然使此諸人在中國，恐不敢發此狂想。果有搜集，亦當受國人嗤罵。今由一英國人主其事，中國人乃以傳譯為榮。不知此書實無當於中國學術思想史之進展大體，亦於中國人求知精神之獨特路徑與其內在精神，無所發現。今若就中西雙方之文化相異，進而深究及於雙方求知心理上興趣與路徑之不同，在雙方學術思想史上，可以有同一題材，同一論點，而其所探討，則莫不有先後緩急、輕重詳略之相歧。則今日國人之所謂「科學」與「不科學」之分，殆皆一種目睫皮相之見。而李約瑟此書，較之百年來之國人見解，卻亦不可不謂其宏通遠過。此則言之誠堪深慨矣！

今果使吾國人能不忘舊統，遵其先轍，益加精闡，使將來中西雙方有異途同歸之一日，又有相得益彰之一境，則庶乎於人類文化，可以開新葩，結異果，將遠超乎近代人之所想像。此則決非吾儕今日僅知捨我從彼者之所能預知也。

（一九七七年八月十日中華日報副刊。）

# 六三　安定與刺激

人生首要在「安定」，但亦不能無「刺激」。安定中不斷有刺激，乃能不斷有進步。然若刺激過大，逾其限度，妨害了安定，則只可有變，不能有進步。失卻安定後，再來刺激，亦只有變，難有進步可期。故人生必以安定為首要。

證之歷史。中國地廣民眾，安定力強。犬戎滅西周，但崤函以東，齊、魯、晉、鄭尚皆安定。此下五霸、七雄，遞有變，亦尚遞有進步。秦漢一統，下至魏晉，五胡亂華，為中國有史以來第一次大刺激，但江南尚安定。中原故家大族相率南渡，文化傳統猶獲保存。故家大族留存北方者，胡漢合作，亦尚苟獲安定，故北方亦猶傳統不絕，以下開隋唐之盛運。

安史之亂，藩鎮割據，唐祚以絕。然五代時南方各國亦尚安定，遂下啓宋代之復興。遼、金、夏侵擾北方，而南宋仍得安定。蒙古入主，全國陷於異族政權之統治，為中國有史以來第二次大刺激，但社會尚安定，文化學術大傳統未斷，以下啓明代之光復。

滿清入主，為中國史上第三次大刺激。但政權雖轉移於上，社會仍安定於下。雖經揚州十日，嘉定、江陰屠城，大局未遭糜爛，文化傳統，幸猶存在。中國全部失其安定，此乃近百年來之事，是為中國史上第四次大刺激。

試讀西洋史，疆域狹小，其安定力實大不如中國。馬其頓崛起，希臘諸城邦即告覆滅。羅馬帝國疆境恢宏，跨越歐、亞、非三洲；然其安定力量，則僅在意大利半島，乃至僅限於羅馬一區域。蠻族入侵，帝國解體，遂下啓中古時期之黑暗。歐洲之安定力，乃僅分散在貴族堡壘及教會教堂之各別小區域中，其力量至為薄弱。及意大利半島沿地中海及北歐沿波羅的海一帶城市興起，乃至現代國家之成立，其安定力量始逐漸擴大，以上追希臘、羅馬時期，而尤超過之。然自兩次世界大戰以來，歐西之安定力量又待考驗。目前德國已分東、西兩邦，法、意內部共產勢力猖獗。英倫三島之聯邦組織，日形鬆散。而內部經濟，一蹶難振。此下各邦之演變，要難逆覩。故專就安定論，時間久，地域大，西方實遠不如中國。

而近百年來之中國，上下均失其安定。上層政府，辛亥革命，洪憲稱帝，宣統復辟，國民革命軍北伐，以至對日抗戰，下及國民政府遷來臺灣，種種事變接踵迭起。而社會情況，更可謂其變動不安定之程度，已達中國有史以來所未有。所謂變動不安定，不只外在之物質生活，更要在其內心。外在生活之安定，必建基於其內心。果使內心不安定，則一切外在生活，終無安定可言。無安定，又何得有進步？百年來之中國，只可說在一多變急變的時代中，卽斷不得稱為一進步的時代。若認凡變卽是進步，則目前中共統治大陸，乃中國有史以來惟一最大之變，豈可卽謂是中國有史以來惟一最大之進步？

中國社會主要在農業，農業人生比較安定。而中國社會組織，尤以家庭為基層，家庭尤為人生安定之溫床。希臘家庭，即遠不能與古代中國家庭相比。嬰孩初生，乃至最先三數年之幼稚時期，其父母即當抉擇或棄或養。此在小市邦少數公民權之授予，亦可謂有其打算。不僅斯巴達如此，雅典亦然。柏拉圖理想國，兒童公育之構想，亦承其社會傳統來。斯巴達、雅典之兒童教育，都使兒童很早即離開家庭，此與中國古代家庭大不同。果自中國人傳統觀念看，希臘家庭，可謂有名無實。在中國，如周先祖后稷之誕生見棄，又如夏禹之三過家門而不入，曾不一視其呱呱之初生兒，此皆成為中國古代莫大之傳說與嘉話。故在中國，父母之慈，子女之孝，視為當然。中國家庭制度，自始即與其他民族有不同；而中國之人生安定，則實自其家庭培養而來。

中國有冠笄之禮，起源亦甚古，自此始謂之成人；在此以前，皆屬兒童期，僅為家庭一附屬。至其離家遠遊，宦學事師，則為成年以後事。然猶曰：

父母在，不遠遊。

則成年而離家出遊，仍為稀有非常之事。至其幼童生活，則全屬家庭生活。成年後始稱「丁」。東晉時以十六為「全丁」，備成人之役；以十三為「半丁」，所任亦非童幼之事。而范寧疏謂其：

傷天理，違經典。宜修禮文，以二十為全丁，十六至十九為半丁，則人無夭折，生長滋蕃。

可見中國自古傳統，卽極重視此嬰孩以迄成年之一段。此一段，既不得目之為成人，因亦不屬於國家社會，全以歸付之於家庭，盡其培育之責。故在中國社會之每一人，乃能各自獲得其人生中一段較長期的安定基礎，可使其成年後出為國家社會服務，接受刺激，有一準備。

隋書食貨志：

男女三歲已下為黃，十歲已下為小，十七已上為中，十八已上為丁，從課役。六十為老，乃免。

可見中國人自成丁到老，有四十年之長時期，當出身擔當國家社會之任務。然六十後，又可退出社會，避免外面種種刺激，而回歸家庭，以重度其安定的晚年生活。小戴禮：

七十曰老，而傳。

則人生到七十，卽家事亦當傳付子孫，可不再管。中國人對老年生活，又有一番極周詳的安排，曰「養老」，曰「貴老」，曰「佚老」，曰「尊老」，國家社會，定有許多禮制。家有高年，更可蠲免其子孫之賦役，稱「老復丁」。此慈幼敬老之任務，則全歸之家庭。故禮記禮運篇有曰：

大道之行，使老有所終，壯有所用，幼有所長，矜、寡、孤、獨、廢疾者皆有所養。

此皆由政府社會同盡其力，而使每一家庭，皆得以善盡其長幼、終老、養孤獨廢疾之責任。

中國家庭所以得成其為一種集體安定生活之結合者，主要正在其家庭中有老有小。含飴弄孫，乃人生一大樂事。老人有小孩為伴，在其心理上，得更獲安定。小孩亦須有老人為伴，乃亦更易獲得其安定之心情。若老年在家，僅有子媳，各當忙於內外事務，老人雖得養，其心不安定。若幼年僅有父母，亦各忙於內外，幼年雖得養，其心終亦不甚得安定。故中國家庭之主要理想，尤在其能有老有小。能祖孫三代同居，乃更合理想。老與小在家庭，乃成為無用中之大用。壯年人仰事俯育，固是人生一重擔，但人生之主要樂趣亦在此。上不事老，下不育小，心中轉若有歉，所樂反減。在家不得生活安定，於是更向外面找刺激，而社會亦增其不安。

就上所述，因有一生活安定的家庭，始可有生活安定之社會與國家，乃可有生活安定之大羣與文化，乃可憑以應付外來種種的刺激，而仍不失其內在之安定。但不幸而當前的中國家庭，則正走上一條逐漸破壞的道路。首先是家庭中沒有了老人。戰國時商鞅為秦立法，民富子壯則出分，家貧子壯則出贅。當時極滋非議。今則不論貧富，子女成婚，卽獨立為家。家庭中只許有一代夫婦，此之謂「小家庭」。兄弟固必分財別居，公婆子媳亦當分財別居。老年夫婦固已寂寞，而鰥寡更甚。鰥者如魚目之永不閉，老人在床，終夜不寐，其內心之不安定可知。

當前不僅老人多已退出了傳統的家庭，卽幼童亦然。且不說托兒所，四歲已上，卽可進幼稚園。日入而息，勉可還家；日出而作，則已離家而去。其進入小學、中學則更然。近代學校，與以前私塾亦大異。中、小學前後十二年，所遇教師不下百人，同學不下千人。課堂學業外，尚有種種遊戲活動，集會郊遊，生活複雜緊張，多刺激；回家反感生活驟簡，刺激少，無興趣，乃仍求穿街越巷，呼朋邀友，另尋刺激。父母已非其生活中之重要對象，其在幼年，多半已過社會刺激生活。十八歲以後，少數進大學，多數入社會，早不知生活安定為何事。男女戀愛，尤為人生莫大刺激，由此成家庭。以前是男主外，女主內，門內安定，至少有女的守著。現在則男女各要獨立自由，各在外營謀打幹。縱使賦閒在家，不耐寂寞，同樣有不耐寂寞人同尋刺激，如打麻雀。在刺激中求安定，又那裏是眞安定！

除卻家庭，社會也另該有領導羣眾走向安定的一項力量。在中國，則在四民之首的「士」階層。進則從事政治，退則從事教育。國家有特定的考試制度，為士階層安排出路。考試不得意，處館遊幕，仍有出路。政府重視於上，社會敬禮於下，於物質生活外，其精神生活仍得有安定。俗話說：

「十隻黃貓九隻雄，十個教師九個窮。」但社會尊師重道，仍有安排。今日又不然。舊的考試制度已廢棄。進大學，出國留學，獲得國外最高學位，回國後仍得謀職業。一切職業，則胥以俸給衡量高下。沈淪為小學老師，則僅是一隻黃貓，各求為一雌貓，事何容易？斯其內心之不安定可知。舊日領導社會的士階層，又已沒落了。但國人則認為由農業社會轉進到工商社會，乃一大進步。人生僅限制在職業上，不著眼在心情上。求刺激，成為人生當然主要一大前提。人生安定了，又那會有進步？

但今日人人競求刺激，論其動機，實為求安定。有刺激，無安定，將使人生今日不知明日，連今日也將遑遑不可終。當今舉世在刺激中，但莫謂刺激人生是「現代化」，這是一種要不得的現代化。而且中國人，享受傳統安定人生已久，積習已深，一旦轉向，內心刺激當更大。現代中國，如墜深坑，如溺深淵，拯拔無從。當前中國人之莫大苦痛與迷惑正在此。

因此當前的中國人，盡求國外定居，在刺激的社會中，內心轉覺稍為安定。其留在國內，果能為一活動人物，羣生羨慕。然試問整個社會，何以自安？其前途又安在？今日國人，則又認社會安定為落後，盡量追隨於外來之刺激。其實刺激不求而自來，自身安定，乃能應付；自身不安定，刺激無法應付。乃又自詆為落後民族，自己文化乃一落後文化。如此則刺激來自內部，非內部徹底變動，生命徹底改造，將無安定可言。於是而求徹底改造士階層，徹底改造舊家庭，徹底改造舊文化，刺激人生始是新人生，安定人生則是舊人生。「原田每每，捨其舊而新是謀」，竊願為我今日國人詠之。

（一九七七年十月八日中華日報副刊。）

# 六四　器與識

「士先器識而後文藝」，此語發於唐初之裴行儉。因時人競譽王勃、楊炯、盧照鄰、駱賓王，行儉獨不之許，遂有此語。流傳迄今，已歷一千三百年。「文藝」何以當後，此暫不論；姑先分別闡釋「器識」兩字之來歷與意義。

論語言：

管仲之器小哉！

又曰：

君子不器。

朱注：

器者，各適其用而不能相通。成德之士，體無不具，故用無不周，非特為一才一藝而已。

今按：「器」分別供各種特殊使用，又人人時時處處皆得用之。君子在人上，當能用人，非供人用，故「不器」。不器非無用，乃用之更大者。又稱子貢為「瑚璉」之器。瑚璉玉製，用於宗廟，以盛黍稷，其器貴重而華美，亦非人人時時處處所得而用。故子貢要異於僅備一才一藝以供用者。老子曰：

大方無隅，大器晚成。

則老子乃重器之大。又曰：

樸散則為器，聖人用之，則為官長。

「樸」乃自然氣質。原始人生多「共相」，相互間無大差異。人文日進，於是各就才性所近，演成「別相」。如孔門，子路治軍，冉有理財，公西華掌外交，任職於政府，則皆老子所謂之官長。然必有用之者，老子屬之於聖人，是老子亦以聖人為不器。小器易造，大器難成。君子聖人，皆由學至。孔、老之義，實本相通。莊子言「無用之用」，仍不抹殺此「用」字，則人之貴能成器致用可知。易傳：

君子藏器於身，待時而動。

此卽孔子所謂「用之則行，舍之則藏」。又曰：

負也者，小人之事也。乘也者，君子之器也。

小人僅能負，大器乃能乘。若使負物者乘車，是小人而踞君子之位，終將招來寇盜。易傳陳義，亦無殊於孔、老。孔子又曰：

及其使人也，器之。

從政貴能使人，能量才任用，乃為大匠。若一窗一櫺，一榱一桷，此皆小器，僅備使用；能主宰使用之者，乃為大器，亦卽不器。則自春秋末孔子，下逮戰國莊、老、易傳，儒、道兩家，莫不重此「器」字。人生當為用於社會，貢獻於羣體，此亦中國傳統文化主要精神之所在。惟負物之與乘輿，用有不同，斯卽器有大小而已。

此下中國人，常言「器度」、「器量」，「器宇」、「器局」，器之大小，卽其為用之大小。史記：

晉公子從者皆國器。

漢書：

何武有宰相器。

三國蜀志：

蔣琬社稷之器。

此皆就政治言。政治貴大器，有大用，不貴掌權。

易傳：

備物致用。

又曰：

立成器以為天下利。

凡器皆所以致用求利。有自然器，即物；亦有人文器，乃由人類文化所造，則人亦猶物。器物待製造而成，人物則自教育修養而致。凡人與物，皆期於天下有所利用。人之於羣，亦如一器一物，以供羣之利用。天地生人，乃如一自然原料，人貴能本其文化理想，運用此原料，製成器物，以供羣用。故

中庸曰：

贊天地之化育。

又曰：

因其材而篤焉。

天地能造物，人則教化人，故人與天地，並稱「三才」。人物之成，既需教育修養，而大人物則更需有大學問、大修養。中國古人言：

十年樹木，百年樹人。

大人物之興起，乃需歷史性，經長時期之栽培。如何使用人，職在政治；如何栽培人，職在教育。故政治與教育之主腦人，皆須大器，或言不器。而推其本，則人亦自天地自然來。故曰：

作之君，作之師。

又曰：

天、地、君、親、師。

天、地與親皆自然，而君與師則出於人文。中國傳統文化為人文本位，其主要精義，更在作育君、師。此處乃所謂「天人之際」，非深曉於中國傳統文化之精義者，驟難與言。

孔門四科，德行為首。德行最是大器，亦是不器。有當於德行之科者，不僅備世用，亦知如何用世以淑世。成己成人，此卽君、師之大任。其他言語、政事、文學三項，志業各有專長，猶如今世之言專家，非通才，僅供人用，不能當化人教人之大任，則非君、師之選。

中國文化傳統，自堯舜以至周公，源遠流長，亦已遠踰千年以上。然其時則傳統在上，在君，在政治事業。文化日演日進，孔子出，集千年之大成，乃使「師道」更尊於「君道」，傳統乃轉移而在下。必由教及政，由師及君。莊子言「大宗師」、「應帝王」，非主無用，亦主有大用，而亦師在先，王在後。中國此一傳統文化意識，建立於春秋、戰國之儒、道兩家。下逮兩漢，民族日恢宏，邦國日展擴，世運日昌隆，豈無故而然哉？

然而晚漢之季，此一傳統文化忽遭挫折。古人所理想之所謂成器以備用者，至是乃不得不大有所變通。魏晉以下人，乃好言一「識」字。孔子以「仁」、「智」並言，「智」字中卽包「識」字。而魏晉以下人，則必舉「識」字來代替「智」字。此中意義有大轉變，非深通於此一時期之歷史演變者，亦將無以深悟於此轉變之意義。今苦驟難詳論，姑舉此下人之屢提此「識」字者，粗為引釋。

司馬德操告劉先主曰：

儒生俗士，豈識時務？識時務者在乎俊傑。

此一語，亦已流傳一千七百年，至今尚在人口。一時則有一時之所當務，時代變，則人之所務亦當變。識此變者，乃為俊傑。此可略分兩面言之：一曰「通識」，知於古，又當知於今。一曰「先識」，知於今，又當知於後。要當知於時之變。魏晉以下，中國傳統文化，似已走上了一條絕路，前無可通；墨守成規，則將器不成器，而用無可用。豈徒無用，轉將有害；不徒害己，亦以害羣。故魏晉以下人，其所務必將與兩漢大殊，須別具一番識見，自覓一條路向。此即司馬德操之所謂「識時務」。劉卲人物志亦言：

明能鑒機，謂之達識之士。

機亦一種器，而其器善變。時既變，所謂器者亦當變。故司馬德操之言識時務，與劉卲之言鑒機達識，其實皆承舊傳統來，亦求以致用，非與兩漢以前眞有違。後人率認兩漢以前為儒家傳統，崇尚人生之積極面；魏晉以下為道家傳統，改取人生之消極面。其實此兩面仍屬一體，皆主人生在大羣中如何致用，特補偏救弊，稍有變通而已。

此下人遂屢言此「識」字，如曰「淵識」、「遠識」，「明識」、「通識」，「博識」、「先識」；而後有「器識」二字連用者，則始見於沈約之文。沈約上距孔子，亦過九百年矣。晉書張華傳，亦以「器識宏曠」稱之。裴行儉之「器識」二字，乃由此來。而裴行儉上距孔子逾一千年。此「器識」二字之來歷乃如此。中國傳統文化緜延之悠長，積累之深厚，即觀於此兩字之成立而可見；而又豈粗心短視，所能窺測其義蘊之所在？

今試略再申之。天地生人，亦萬物之一，與禽獸無異。但人自有羣，自創文化，便與其他生物不同。人在大羣中，當如一器，以供大羣之用，而後羣道乃昌，人生日進。若由私人來運用大羣，則羣日窳而生亦絕。蓋人之有羣，本以對付自然，積久而人羣內部自生問題，非以對自然，乃以對人類之自身。此為人類文化問題中更大之問題，非僅以對付自然為問題。

古代如巴比侖人、亞述人、埃及人、希臘人，非不一時文化燦爛，而忽然崩潰毀滅，皆不起於外面對自然界的問題上，而起於內部人文方面「人對人」的問題上。人人重己輕羣，噬羣以肥，仕羣以爭，而不知奉己以獻羣。中國傳統文化，則人如一器，備供羣用。惟羣體日張，內部問題，日臻複雜，因於「器」字外又增一「識」字，教人籀出通則，以簡馭繁，活變活用。故在兩漢以下，雖演出了魏晉，但魏晉以下，終又孕茁了隋唐。唐初裴行儉「士先器識」四字，實乃遠承先秦，淵源儒、道，如深根老榦之上，萌出嫩芽新葩，其為具有深厚的生命意義、文化意義，稍思即知。

但今日國人，則鄙棄傳統，一意崇洋，於自己傳誦了千年以上之名言，可以漠不關心，而好拾西方人牙慧。聞「個人自由」則色喜，言「知識卽權力」則首肯。不知西方人諺，亦從西方文化中來。中西文化傳統不同，則所語宜亦有差別。試讀唐書裴行儉傳，其人勳業卓著，豈是一不自由人？其語流傳千古，有影響，豈得謂其無權力？惟中國古人好言「器」，求供羣用，卻不好言「權力」。中國古人又好言「識」，務於變通，卻不好言「自由」。果僅爭自由而無識，僅尚權力，而此權力乃不供大羣之用，則羣道何由而昌？羣之不存，己又焉附？然則徒誦洋言，為時代之鄉愿，作風氣之奴婢，亦僅證其器小識狹，而又何「文藝」之足云！

（一九七七年九月五日中華日報副刊。）

# 六五　孟子論三聖人

中國古有庖犧時，顯然還在畜牧時代。下及神農時，則已轉進到耕稼時代。五口之家，百畝之田，只要大家和平相處，宜可各自安居樂業。因此一般希望都在上面政治階層。自黃帝以下，堯、舜、禹、湯、文、武，唐、虞、夏、商、周各代，聖帝相傳。而西周的疆土已自黃河流域南踰淮、漢，而達於長江。三千年前的中國，已是廣土眾民，完成一大一統的國家，為舉世各民族所未有。其文化傳統之獨特成績，主要乃從上面政治階層來領導、來主持。

周公起，中國文化進展又跨前一大步。以前全靠一國之主、天下之君，來主宰、來發動，限制狹，機會少。周公臣而非君，西周一代禮樂制度全在他手裏創造完成。這在文化演進的希望上，又大大放寬。孔子畢生願望，便在學周公，故曰：

如有用我者，吾其為東周乎！

又曰：

> 甚矣，吾衰也！久矣吾不復夢見周公！

對大羣人類有貢獻，必要做堯、舜、禹、湯、文、武，其事難；降低一步，做一周公，其事易。中國的文化想望，更要是在政治上。這一點，我們是首該注意的。

其實周公的地位，亦很難期望。周公以文王為父，武王為兄，成王為姪，故雖居臣位，畢竟與其他為臣者仍然有大不同。故孔子在當時，雖羣尊以為聖，又說其「賢於堯舜遠矣」，而孔子在政治上的眞貢獻，究自不能與堯、舜、禹、湯、文、武相比，並亦不能與周公相比。下逮孟子，遂又有一番新觀念、新理論出現。歷敍上古聖人，卻特地舉出伊尹、伯夷、柳下惠三人，以下達孔子。後代人慣讀其書，習以為常，不感有詫異。其實在當時乃是孟子一番開天闢地、驚天動地的新創論、新獨見。卽在孔子亦似乎未嘗想到此處來。這眞見孟子苦心，而影響後世亦特大。

伊尹耕於有莘之野，本是一農夫。其身分地位與周公不同，而自任為天民之先覺，欲以斯道覺斯民，則不得不在政治上求伸展。五就桀，五就湯，終於得志，造成有商一代之治。湯卒，嗣王太甲無道，伊尹放之自攝政。太甲悔悟，始迎歸。臣放君，與周公之東征誅其兄管叔又更不同。孔子稱誦周公，因其制禮作樂，開出此下一番治國平天下之大道，使人有所依循。而孔子本是宋臣流亡在魯一孤兒。孟子先世，當更不如孔子。特提伊尹，稱之為「聖之任」，此乃激勵後人，天下興亡，匹夫有責，不論身分地位，皆當奮發興起，以大羣治平之大道，自負擔，自嚮往。這在教育意義上有其重大之啓迪。

但政治乃社會之上層，無論為君為臣，皆高出人上。果使人人盡皆熱中，此種風氣，禍患實大。孟子遂於伊尹後又提出一伯夷。當武王、周公興師伐紂，伯夷叩馬而諫。伯夷之意，君臣地位不能不尊，征誅革命終是一亂道，不當不防。周室既定天下，伯夷、叔齊乃恥食周粟，遁隱首陽山，采薇而食，終以餓死。兄弟為人，後世議論不定。孔子極尊周公，但亦稱伯夷為仁人，不論雙方行義不同，其居心則一本之大羣，一己之生死利害置度外，故孔子稱其「求仁而得仁」。孟子亦以大禹、周公、孔子三人並稱，皆指其對天下萬世大羣之造福言。是孟子非不重功業。又稱：

聞誅一夫紂矣，未聞弒君也。

則當不與伯夷同情。但道非一端，天有陰陽，地有向背，人道亦然。武王、周公之伐紂，有功大羣，事無可議。有人反對，並亦站在大羣立場上來反對，此等事非要不得，此等人亦不可缺。專據政治言，君尊臣卑，乃一必然定理；但有時臣亦可以反對君。武王、周公伐紂，即其一例。伯夷、叔齊以一窮匹夫，據定理來反對，寧死不屈，孟子特稱之為「聖之清」。所謂「清」，不僅無功業可言，亦復無權勢可仗，一身一志，求仁得仁，實則所得亦僅在其一心。然此心垂之萬古，激勵興發又何限？此其所以為聖。孟子曰：

人皆可以為堯舜。

惟其人皆可為，乃得為聖。實則爲堯舜尚有外面條件，為伯夷則可無外面條件，則伯夷之得為聖，亦顯然矣。

就政治言，有人願為伊尹，有人願為伯夷，此等政治，乃始可資人想望。若僅有伊尹，而無伯夷，則此等政治終距理想尚遠。但政治終是一大羣眾人之事，在大羣中求如伊尹、伯夷其人，亦終難得。於是孟子又特地提出了柳下惠。在春秋時，柳下惠似無大功績、大名譽，孟子特以繼伊尹、伯夷而合稱之為三聖人。在政治上，必求能負責任，伊尹為之代表，故曰「聖之任」。又求能不爭權位，而自守己意，有所反對，縱居少數，亦不屈從，伯夷為之代表，故曰「聖之清」。更求能和協相處，不求積極主張，亦不嚴格反對，不站在正反之巔峯面，只站在全體中之寬平面，一若可有可無，但亦不失其己。政治乃眾人事，而此乃眾人大家所宜有、所能有，始得和成一體，不相分裂。孟子則特舉柳下惠為之代表，而稱曰「聖之和」。此如甜、酸、苦、辣、鹹，各具一味，乃能調和為味。儻其本身無味，多加滲入，亦使全體盡成無味。伊尹只求為此食品之主味。伯夷則保有己味，而不加入此食品中。柳下惠則可以調入任何食品中，而不失其本所具有之一味，故曰：

雖袒裼裸裎於我側，爾焉能浼我哉？

任何一政治界，可以無伊尹，亦可以無伯夷，但終不可以無柳下惠。柳下惠之與伊尹、伯夷亦同樣難得。孟子特舉柳下惠，可謂深識，尤耐尋味。

孟子乃繼此三聖續舉孔子，認為孔子乃「聖之時」。時當任而任，時當清而清，時當和而和，集此三聖而兼之，乃為「集大成」。孔子決不如伊尹之五就桀，五就湯，又以割烹要湯。門人四子言志，而曰：

吾與點也。

陽貨欲見孔子，孔子不見，是孔子亦猶伯夷之清。及為魯司寇，主墮三都，此乃伊尹之任。社肉不至而出走，則又為伯夷之清矣。然猶周遊列國，曰：

不仕無義。道之不行，已知之矣。

是猶伊尹之任，而又終不失其伯夷之淸。其贊顏淵曰：

用之則行，舍之則藏，惟我與爾有是夫！

是孔子實兼任與淸，而始有柳下惠之和。柳下惠三仕，亦如伊尹之任；三已，亦如伯夷之淸。然而柳下惠終不能為伊尹與伯夷，更不能與孔子比。因柳下惠一由外面擺佈，不能如伊尹與伯夷之立意為此不為彼。然柳下惠終亦不失其己，斯其所以得與伊尹、伯夷為伍而同為聖。孔子曰：

不得中行而與之，必也狂狷乎？狂者進取，狷者有所不為。

孔子又最惡「鄉愿」，以為「德之賊」，未可與入道。伊尹之任，即是「狂」；伯夷之淸，即是「狷」；柳下惠不狂不狷，但亦決不為「鄉愿」，然亦非孔子之所謂「中行」。中行須能兼狂、狷，柳下惠不能。然在中行、狂、狷三者之外，亦自有此一路，孟子稱之曰「和」。但知和而和，則終不能與中行比。故孔子得兼柳下惠，而柳下惠不能兼伊尹、伯夷。孟子此論致廣大而盡精微，極高明而道中庸，尊德性而道問學。後世論聖人，亦羣尊伊尹、伯夷，乃終少道及柳下惠。實則後世之為柳下惠者，乃亦多過於為伯夷、伊尹。即非孟子此論所倡導，然孟子固已預矚其趨勢而莫之能違矣。墨翟繼孔子起，摩頂放踵，利天下為之，亦伊尹之流。莊周為宋漆園吏，楚聘以為相，周拒之曰：願為龜泥中。此伯夷之流。孟子願學孔子，辭受、進退、出處，備極講究。其得為中行與否，茲不論。然後起儒家則多近柳下惠。如荀卿，在齊稷下三為祭酒，又為楚之蘭陵令，此亦柳下惠之流矣。惟儒家終偏於仕進。既有儒，則墨家不復盛；道家偏於隱退，乃與儒抗衡。中國歷史乃成為儒、道兩分之天下，則益見中國文化深厚之所在。

秦漢以下，政治組織日形龐大，規制日形細密，人事日形複雜，伯夷一流在中國重視不衰。然能為伯夷者日少，亦可說竟無其人。伊尹一流，在政治上亦甚難表現。霍光追法伊尹，廢昌邑王，在中國歷史上殊不一二見。但霍光亦豈能望伊尹？惟如柳下惠之和，乃在中國政治史上最占重要，為絕不可少之多數。中國政治之長治久安，歷數千年，「和」之一德，最值稱道；「任」與「清」，皆出其下。亦因中國人天性最能和，而和之為功亦更大。柳下惠之為人，雖若出伊尹、伯夷之下，而其影響則猶遠在伊尹、伯夷之上。知人論世，決不當不與以注意。

漢高祖得天下，自稱能用三人。韓信肯出人胯下，而自負能聚市人而戰，多多益善。漢祖不知用，竟亡去；拜為帥，始留。此亦近「任」之一態。張良為報韓宿仇，遂從漢祖，然每不多言。天下定，即欲從赤松子遊。此即近「清」之一態。惟蕭何最無特殊可稱，近一「和」字。然漢之得天下，若蕭何終最不可缺。

此下如賈誼上治安策，任長沙王太傅，投文以弔屈原，及傅梁懷王，懷王墜馬死，誼亦憂傷以卒。此近「任」。汲黯治黃老言，面責武帝外好仁義而內多欲，武帝憚之。此乃「清」之一途。然賈誼、汲黯兩人，形迹皆微近「和」，卒不與伊尹、伯夷相類似。此乃中國歷史古今一大變，而治史者或未之注意。古人形相，乃有絕不再見於後世者。而如東方朔之徒，則顯有近於柳下惠之和。今終不能謂東方朔為人絕不如賈誼、汲黯，亦不能謂其在當時無影響、無功效。人之所敬在此，而所需要仍不能只在此，而不知有在此之外者。

光武時，嚴光聖之清，最為後人所推仰。然光武得天下，不賴於嚴光。三國人物最推管寧，亦伯夷之清。然嚴光、管寧亦終不脫柳下惠和之一途。又如徐庶，赴曹操之召，其言行乃不復見，此亦一伯夷，然亦終不脫和之一途。此亦見世變。而有志伊尹之任者則更不論。如諸葛孔明，自比管、樂，此即伊尹之任；然高臥隆中，劉先主三顧之於草廬之中，乃許出驅馳。可見後人形迹，自不得以古人拘之。

余嘗謂，自秦以下中國政府乃一「士人政府」。諸士參加政治活動，皆可謂由任、清、和三色所配成。又凡士皆儒，皆慕效孔子，以為最高之準則。故任不如伊尹，清不如伯夷，和亦不如柳下惠，雖不能如孔子之中行，要皆本其性之所近，斟酌於其所遭遇，而成一任、清、和之配合。此乃中國之「道統」，而「政統」亦追隨不離。兩千年來，未有大變。而近人不察，乃謂中國士人崇拜孔子，僅能為一臣，以奉侍君主而助成其專制，譏之曰「官僚」。以為中國政治無革命，非民主，為中國政治傳統一大汚點，而歸罪於孔子儒家。不知士之從政，果能任，能清，能和，則此政府自不待有革命，為君者亦不能恣其專制；則為之臣，為之官僚，又何罪之有？

中國政府，自宋以下，較之漢、唐，又一大變。其時如胡安定、范文正、王荊公、司馬溫公，皆任之一流。而孫泰山、石徂徠，則清之一流。而如周濂溪，則巍然為此下理學開山。其為通書，乃曰：

> 志伊尹之所志，學顏子之所學。

凡為儒士，則必以治平大道自任。孔子曰：

> 用之則行，舍之則藏。

此為中道。濂溪生平，僅為一小縣官。窺其意向，似決不欲為一隱淪，但畢生亦未一日臻顯達。既非志為伯夷，亦未能為伊尹，終亦近為一柳下惠。其愛蓮說有曰：

出汚泥而不染。

此亦猶柳下惠之言「焉能浼我」也。

繼濂溪而起者有張橫渠，欲「為天地立心，為生民立命」。不得志於仕宦，猶與其弟子劃地試行古井田制，是亦不失為伊尹之任。程伊川為帝師，爭坐講之制，其後終貶於蜀，似近伯夷之清。其兄程明道，從者如坐春風，較近中道，然亦安於卑微，猶柳下惠之和。以下理學家出處進退各不同。要之，皆在任、清、和之間，性之近，時之宜，而不一其趨；其道則一。

元興，許衡出仕，於當代非無貢獻。方其在流離中，坐一梨樹下，羣皆爭食樹果，衡獨不然。曰：

梨無主，吾心獨無主乎？

是衡亦決非鄉愿之歸。然後儒終鄙之，不得與同時劉因為倫。此見中國儒論之嚴。故每稱伊尹、伯夷，而頗不稱柳下惠。然柳下惠與伊尹、伯夷同為三聖人，又烏可輕？許衡不得望聖人之門牆，然亦具柳下惠之風矣。知人論世，或寬或嚴。前人鄙許衡，其論已嚴；今人輕鄙前儒，則適以證其無識。

滿清入主，李二曲、王船山、顧亭林、黃梨洲，乃至呂晚村等，此皆抗伯夷之清，不仕清廷。而夷夏之大防，較之殷周易代，大義所繫，抑猶遠之。所以不采薇餓死者，則因社會體制變。故顧亭林謂：

國家興亡，肉食者謀之；天下興亡，匹夫有責。

明代亡其國，而中國人則仍自有其天下，不隨國家而俱亡。既有其天下，自可復興其國家。故黃梨洲特著明夷待訪錄，維持此文化與道統，自可望政府與治統之復興。則晚明諸遺老，不僅為伯夷，亦復志於伊尹。周濂溪言：「志伊尹之所志，學顏子之所學。」在孔子、顏子時，用之則行，舍之則藏；在亭林、梨洲時，用之不行，只為伯夷，不為孔子。果孔子復生，亦必為亭林、梨洲晚明諸遺老，不復為孔子。是則亭林、梨洲晚明諸遺老，不學孔子，而孔子乃必反學於晚明。孔子聖之時，時之義亦大矣！斯晚明遺老之善學孔子，豈如近代國人之必以反孔非儒為善識時務之狂妄淺薄乎？

清政權既穩固，名儒仍出，仍以孔子為宗師。而如李恕谷、王白田、錢竹汀之流，依然不為伊尹之任，寧為伯夷之清；不得為伯夷之清，即為柳下惠之和。政權雖操於異族，而天下則依然是中國人之天下。文化歷史之大任，則惟儒士負其責。洪楊倡亂，號稱「太平天國」，奉耶穌為「天兄」，洪秀全自為「天弟」，所至焚燒孔廟。儻洪楊得逞，中國恐將不存在，降而為歐西人之寄子。如南北朝時，亦有北方中國人慕為鮮卑兒。幸有少數士人，出而任天下之興亡，其形跡則柳下惠之和，與伊尹之任相配合，其心則伯夷之心，其道統則仍宗師孔子。當洪楊時，乃有曾國藩、胡林翼、羅澤南諸儒之崛起，豈果為滿清政權作官僚？近日國人乃惟譏其不知革命，是亦淺之乎其視當時之諸儒矣。

民國創建，國人羣尊孫中山為「國父」，認其足以遠追美國之華盛頓。不知東西文化相異，傳統不同。華盛頓乃於英國外別創一美國，孫中山創建中華民國則仍自為中國。而以臨時大總統位，不數月，卽讓於袁世凱，以求中國之和平統一。「革命」之後，卽繼之以「禪讓」。此亦如洪楊平，湘軍卽解甲歸田。孫中山之與曾國藩，其斟酌輕重，天下為上，國家為下，道統為先，治統次之，皆以柳下惠之和繼伊尹之任，而皆有伯夷之一番心意存藏其肺腑深處。知人論世，首貴識時務。使孔子復生，亦當無以大異於曾國藩、孫中山之所為。抑別有更大之道義出乎曾、孫意想之外乎？此則有待眞識孔子大道者之重為闡申。要之，孫中山與曾國藩皆確然成為一中國人，皆確然無背於孔子之大道。後人善繼其風，則中國人之天下必依然常在無疑。

近代國人，則不以為滿足，必以「文化革命」、「全盤西化」為號召。毛澤東起，而有「馬、恩、列、史、毛」為文化與政治之新傳統。此五大偶像，每逢十月一日共黨國慶，高懸於北平之天安門。是則中國此下道統必出於馬克斯，治統必出於列寧、史太林，必使中國人嗣此長為猶太人、俄國人之義兒養子，乃始滿國人之心願。此誠言之若過激，而亦無以易其辭。毛澤東初得意，卽盛推黃巢、張獻忠、李自成，尊之曰「農民革命」。一若中國無此數人，卽無以預乎世界人類之行列。毛澤東不願為柳下惠無論。其晚年乃推崇秦始皇，其決不願為伊尹亦可知。伊尹僅為一臣，不爭為政治領袖，近代國人不滿中國之儒士亦在此，宜毛澤東無意為之。至毛澤東之不願為伯夷則更無論。尋之西方政治史，如伊尹、伯夷、柳下惠，實皆不易得，宜乎近代國人皆不復齒及此三人。毛澤東實亦近代崇尚西化一人物，非能卓然超乎一世，而自成其為毛澤東。

今日大陸漸知反蘇、反毛，乃又轉而親美、親西歐。要之，今日已無中國人之天下，不依仗一非中國人，即不足以自立於天地之間。至於國家興亡，政治轉移，此皆次要，不足深論。在今日，中國人若仍然希望自有一中國人之天下，則顧亭林言「天下興亡，匹夫有責」，在中國十億、十一億之匹夫中，儻能不斷出有伊尹、伯夷、柳下惠，豈不仍將有中國人之天下存在？而孔子大聖，則自可暫置不論。余讀孟子之三聖人論，終不免低徊往復，心嚮往之，而不能自已。

今試以孟子此意觀西方，則自古希臘以來，即為個人主義之商業社會，不論無一共同之國家，亦復無一共同之天下。若謂亦有一共同天下，則市場為其中心，即國家亦建立於市場之上。人各專一業以謀生活，哲學家、文學家、藝術家皆然，政治家亦無不然。有權有勢，以凌駕於市場之上，斯即成一政府。強迫市人納稅，既無制度，索取無厭，市人羣起反抗，遂有革命。民主政治即從此產生。故在民主政治下，主要問題，一切制度，惟以納稅人代表之多數意見而決定。多一票即為是，少一票即為非。然近代惟英、美乃有兩大政黨分立，可以計多少數。其他如法國等，不成兩大政黨，各小黨分立，多少數亦難計，乃亦無是非可分，遂終成一不安之局。知識分子各治專業，如研究一洋老鼠，即以洋老鼠為其研究對象。亦可在政治上各投一票，有其幾百萬分中之一分之價值與意義。實則其所寄居之市場與其研究之洋老鼠，即為其人之天下。如英國人遷來美國，即為美國人，不復為英國人，亦何得謂其有國家觀？故西方人之國家觀與其天下觀，實與中國人不同。近代中國人一意西化，其主要途徑，亦當先求人生之市場化與商業化。即為一哲學家、文學家，實亦等於以一工人資格之參加商場而已。故中國有士、農、工、商之「四民社會」，而西方無之。至少西方社會中無如中國之有「士」，則何來有伊尹、伯夷、柳下惠？更何論有孔子？耶穌教亦與中國之士異。故今日中國而求西化，首當求工商化、個人化。若不以此自足，則又有一途，即如毛澤東之馬列化。馬列社會主義，其實亦即如個人主義，惟許有工商集體，不許有宗教信仰；又僅許無產專政，不許有選舉；兩者間之差別在此。孔子曰：

伯夷古之賢人也，求仁而得仁。

今日西方人惟爭「人權」，不論「人道」。一人有一權，若能得多數權，即人生大道所在，又必隨時有變。然則伯夷之仁，孔子之聖，又何從見於西方之市場？

近日我國人用「文化」二字，傳譯西語。實則此語在西方甚後起，大意指人事形態之普遍傳佈，如鐵路、電燈等皆是。德國城市較落後，不願專為一追隨者，遂另用新語。大意指各地發展，有其自身之傳統性，如田野之生物。但中國自古早有「文化」二字，如曰：

人文化成。

「文」卽指「道」言。學求以「道」化其時代，則有伊尹之任；堅守其「道」，不惜違反其時代，則有伯夷之清；不違時，不失「道」，則有柳下惠之和。惟孔子亦任、亦清、亦和，能隨時而變其三態度，但終不失其為「己」，亦不失其為「道」。中國「文化」二字，兼人事與田野，亦不盡於人事與田野，更要當在大羣政治上，尤要則在每一人之德性修養上。依中國字義說之，「文化」卽「人道」。而其發展與變化，其主要關捩，則在少數人身上。中國人稱此少數人則曰「聖」曰「賢」。但人羣大道與個人德性，在西方歷史上，並無此同樣觀念之出現。依今日國人意見，則孔子亦可，伊尹、伯夷、柳下惠亦可，且先投入一市場，先做一平等之市民；否則加入無產階級為一勞動大眾；然後乃可追隨時代，服從多數，與之俱變，乃庶可耳。惟投入市場中，則必有「爭」，亦無所謂「和」。孟子之論三聖人，恐將無一而可。今日國人，對於古人輕肆譏評，固亦無怪。故中西雙方文化自有分別，該先做一番鄭重之分別研討。

# 六六　中與和

中庸言：

喜怒哀樂之未發謂之中，發而皆中節謂之和。

「中和」二字，乃中國文化傳統一大要義，亦即中國人生理想一大要義。小戴記禮運篇「喜、怒、哀、懼、愛、惡、欲」連言，後人乃以「喜、怒、哀、樂、愛、惡、欲」為「七情」。七情人人有之，方其未發，渾然一體，未見分別，故謂之「中」。發而中節，當有「內」、「外」兩義：外面事物上，當喜則喜，當怒則怒，各有大小，不失其分，此為對「外」之中節；所發或喜或怒，乃其一端，尚有未發者，不能因其發而傷其未發，是為對「內」之中節。父母之喪，哀莫大焉，然不當因其一端傷其全體，故當節。武王一怒而天下安，方其怒之發，亦尚有其喜與哀樂之未發，是對內亦當有其和。此渾然之體稟自天，其因事外發則在人，能「一天人、合內外」，斯為「致中和」。故致中和而

「天地位，萬物育」，天地萬物亦位育於此一體。故人生必有其未發，天地萬物亦各有其未發。尤貴已發者與未發者和，而未發則為之大本大源。故必知「中」乃知「和」，必得於內乃得於外，必求其全體乃始有部分之相當，此為中國最高人生理想之所在。

孟子論三聖人，柳下惠之和：

爾為爾，我為我，雖袒裼裸裎於吾側，爾焉能浼我哉？

是柳下惠和於外，而內不失其己。孔子聖之「時」，其出為魯司寇乃其「任」，辭位而去乃其「清」，老而歸魯乃其「和」。後世師孔子，政治大一統乃多見有和。嚴光之釣富春江上，林和靖之在孤山，乃其清而和。王荊公兩為宰相，老居金陵，乃其任而和。伊尹、伯夷之為人，後世乃少見。亦可謂耶穌聖之任，釋迦聖之清，孔子乃聖之和。中國乃一尚「和」之民族，而中國人多言「中」。釋迦之清，耶穌之任，但無和，乃亦不得謂之中。是則非存之內之謂中，亦必和於外乃始得謂之中。故「中」、「和」一體，乃一而二，二而一。無和則不中，無中亦不和。渾然一體，乃始謂之「中和」。

人生不能有內而無外，亦不能有外而無內，內外合一始是人生之眞體。擴而言之，宇宙萬物，不論有生無生，莫不皆然。其存於內者謂之「中」，其發於外者成為「和」。盡天地包萬物，只此「中和」兩字。故中庸又曰：

致中和，天地位焉，萬物育焉。

位即位於中，而育則育於和。人不知，誤分內為「己」而外為「物」，物我對立，則既不和亦失中。無中不和，烏得有天地萬物？

如外物引生我之「怒」，怒不在「我」，亦不在「物」，乃由物我之相交而發。惟貴發能中節，或小怒或大怒，恰符其分。物去事已，而怒亦隨止，復歸於中。惑者不察，妄以為怒在己，所怒在物，務求己之勝物，則怒不中節，每易逾分。又或遷怒他及，則怒為一妄，非人生之眞矣。

孟子曰：

武王一怒而安天下之民。

又曰：

聞誅一夫紂矣，未聞弒君也。

紂之為君，為之下者洵當怒。武王怒而誅紂，斯怒而中節不失其和。濫殺則增亂，非求治以安民。如沛公入關秦亡，事可已矣。項王來，又欲在鴻門宴上殺沛公，此則增怒、遷怒，怒不已而天下亂。不僅人事如此，卽天地大自然亦如此。老子曰：

飄風不終朝，驟雨不終日。

飄風驟雨，亦卽天地之怒。不終朝、不終日乃中節，而得和。

人生有喜、怒，亦有哀、樂，此皆人情。方其存中未發，則不可分，故不謂之「情」而謂之「性」。及其發，始有喜、怒、哀、樂之分，始見「情」。生、老、病、死，可樂亦可哀。可樂自當樂，可哀亦當哀。曾子曰：

愼終追遠，民德歸厚矣。

中國古禮有三年之喪，其哀至矣。然哀而中節，斯卽和，亦卽一樂。則怒亦卽喜，惡亦卽愛矣。釋迦乃以生、老、病、死為四大痛苦，欲求避去，此為失人情之常。去其情，卽去其生。求歸「涅槃」，而無奈其不合於天地萬物之眞相。

愛與惡亦一中和，有愛則必有惡，有惡則必有愛。合此喜、怒、哀、樂、愛、惡之六者則為「欲」。「欲」卽是一嚮往，一趨勢。人性卽一欲，人生亦僅是一欲，宇宙萬物仍僅是一欲。故七情乃歸宿在一「欲」字上。此一「欲」字，古人不僅不戒言，抑又鄭重言之。孔子曰：

我欲仁，斯仁至矣。

又曰：

己欲立而立人，己欲達而達人。

又曰：

七十而從心所欲，不踰矩。

欲而踰矩正猶情之發而不中節，此乃可戒。情發中節，欲不踰矩，此卽人生最高理想之所在。孟子亦曰：

可欲之謂善。

又曰：

養心莫善於寡欲。

惟「寡欲」乃始見「可欲」，亦非求「無欲」。後儒鑑於人欲橫流，乃轉言「無欲」。其實宇宙萬物天地人生只此一「欲」字，捨卻此一「欲」字，尚復何有？

然則人欲又何所畏？則在其妄分內外，必謂欲在「我」，所欲在「物」，乃爭於外以足其內。不知物我相交始有「欲」，達於一「中和」之境即是「道」，則欲又何足畏？如男女結為夫婦，父子合成一家，此乃「天理」，亦即「人欲」。非「欲」則無「理」可見，所貴則在其「中和」。富貴、權力、名位、功利，此皆近代一世人之所欲，則為中國後儒之所戒。

易言：

一陰一陽之謂道。

「德性」存於內，未發為中，屬於陰；「情欲」發於外，中節成和，卽屬陽。無德性卽不見情欲，非情欲亦不見德性。亦可謂「欲」存於內，而「情」發於外。喜、怒、哀、樂、愛、惡皆當從外發求和，而欲則其未發之中。又可謂七情皆其未發之中，而立德成性乃其外發之和。要之，一陰一陽始成道，一死一生乃為人。道家之神仙，釋氏之涅槃，一求不死，一求無生，斯則皆失之。故生必歸於死，今人則求發於外者之常存，而不復歸於未發，則誠大誤之尤。

今再言人文大道。宇宙大自然乃其未發之中，而人文則其已發之和。亦可謂原始邃古，犧、農、黃帝，尚是一未發之中；而堯、舜、三代以下，乃成一已發之和。又可謂堯、舜、三代，尚是一未發之中；而孔子以下，乃是一已發之和。中國人文演進，綿延貫徹，達於五千年之久，則因其常有一未發之中之存藏，乃亦常有其已發之和之呈現。若從後起道家神仙方士言，則人可有生而無死；從釋迦言，則人當無生亦無死；從耶穌言，則人死後靈魂上天堂，又另是一生。儒家言中和，則生是一已發之和，而死當為一未發之中。推此言之，則「今」乃一已發之和，而「古」則為其未發之中。司馬遷「究天人之際，通古今之變」，天人古今，一內一外，此卽一陰陽和合之大道。

朱子詩言：

舊學商量加邃密，新知涵養轉深沈。

犧、農、黃帝以來五千年，古聖先賢之前言往行，其猶傳今世者，皆舊學，此皆已發之和。內存之己，則皆未發之中。世態已變，人事非舊，凡所交接而引生者，則皆新知。求其發而中節，則貴能涵養。非舊學之邃密，又何以致新知之深沈？人生非盡於一世，則人之為學又豈限於一己？是則我之未發之中，不僅賦於天，抑且傳自古。古之舊，實亦即我之天。此則今之「中」，亦即古之「和」。古之已發乃在外，而我之未發於內者，則惟求加入此一「外」。此則外為主內為客，豈不成內外之倒置？內外可以倒置，而天人亦可互易。凡我之所發，而外及於人與物者，我若轉為之天，則天人亦成倒置。孔子之為至聖先師，不僅為後人之天。即自犧、農、黃帝兩三千年來之古中國，迄於孔子，而得會通融合，而成一大和，則孔子亦不啻為古中國之天。是則有人始有天，有已發始有未發，自然之與人文亦相倒置。有此人文，乃始有此自然。此之謂「通天人，合內外」。大中至和，乃無可分別，而自成為一體。故我之為我，不僅頂天立地，乃可旋乾轉坤。周濂溪之所謂「聖希天」，即此。如此而立大中，致大和，人生而達於此境，則更復何言？此寧不為人之大欲所在？故中庸言：

天命之謂性，率性之謂道，修道之謂教。

所修亦即天命之性，率性之道。人能修道立教，斯即人而即天，內而即外，亦即是和而即中，而豈語言文字之所能分別而解釋之？反而求之己心，則大學之所謂「明明德」。故朱子言「新知涵養轉深沈」，豈當前一事一物之知所能當？顏子曰：

如有所立卓爾。

司馬遷言：

高山仰止，景行行之。雖不能至，心嚮往之。

好學者其深體之！

今人慕效西化，分別天人、內外，務求由內克外，以人勝天，以今蔑古，以新破舊，以己凌人，則又何可與語此中和之大道？

# 六七　人物與事業

㈠

方今世界棣通，五大洲如一家，人生諸相，形形色色，繽紛雜呈。正宜放開眼光，放大心胸，闢新思路，創新見解。不宜孤拘一是，以排衆異。美、歐各大學設有「比較文學」一課，實具深義。惟不僅文學，即史學、哲學，凡諸學問，在今日均當作比較研究；自然科學，亦不例外。英國人李約瑟寫有中國科學史一書，材料雖不齊備，然椎輪大輅，略有規模，國人正可據此與西洋科學史作比較研究。

中國古代陸路交通，即已無遠弗屆，乃有指南車之發明；西方古希臘因航海經商，遂有幾何學；地理異，斯發明異。中國發明火藥，傳至西方，遂造槍砲殺人利器；人性異，斯發明又異。人類文化最大工具推印刷術，中國首先發明。如是推闡，便知人類發明自然科學，苟由獅、象、鯤、鵬或蜘上陳實已侵入文化比較之範圍。文化如一大建築，實係一大生命。建築必有基礎，生命必有根蛛、螞蟻來發明，其所發明必各不同，焉可拘一是以排羣異？性。中西文化相異，必有一基礎根性之所在。由此措思，如網在綱，如水得源，可以操一以馭萬，可以滙萬以歸一。可供比較一大方便。

文化包羅萬象，盡屬人事。中西雙方觀念，對此有輕重之分別。西方重「事」，中國重「人」，雙方文化大異即由此生出。

二十餘年前，余在美國耶魯大學論史學應重人物。耶魯歷史系前主任盧定教授一夕招宴，席後談此謂：「史學應重人，此義固然。但其人亦必具歷史事業，乃得入歷史。」余答：「君言正見雙方觀念不同。中國史上，不具歷史事業之人物為數當占十之三四，而且有極重要之地位。至其表現歷史事業者，其歷史地位反不重要，亦占大多數。一切歷史事業皆決定於人物，此為中國人觀念。此層大可深論。」

嗣余又論及文學，謂：「西方重作品，可不問其作者。如莎士比亞，至今其人尚在不明不詳之列，而其作品則膾炙人口。中國則惟元明以下，劇曲、小說之作者，如關漢卿、施耐菴乃至曹雪芹，亦可不問其人之詳，而僅讀其作品，一如西方之例。而文學正宗則不在此。如屈原與宋玉，陶潛與謝靈運，作品高下，定於作者。西方有了作品，即成為一作家；中國則先有作者，乃始有其作品：李、杜、韓、柳、蘇、黃，皆無逃此例。」

以上兩義，余皆曾撰文闡申，今乃擴大及於全文化。竊謂西方人重「事業」尤過於重「人物」，而中國人則重「人物」尤過於重「事業」。西方古希臘馬其頓之亞力山大，羅馬之凱撒，法國之拿破崙，皆歷史上第一號人物。前兩人且勿論，專言拿破崙。出生海外一孤島，未受高深教育，乘時崛起，一躍而為法國之大統帥，又為政府元首，軍事上、政治上輝煌成就且弗論。其對法律上、文學上，亦莫不表現其驚人之天才。然而終於軍敗身降，幽囚荒島上。又潛身逃回，再度興兵，終在滑鐵盧一戰再次軍敗投降，又再流放一更遠荒島上，羈留至死。

成敗人事難免。但就中國人觀念言，「有斷頭將軍，無降將軍」；何況以一全國三軍大統帥，又為國家政治元首，不惜兩次陣前投降，受敵人之宰制，在其為人品格上，終不得謂其無瑕疵。乃法國人一意崇拜，凱旋門永為巴黎市之主要中心，來遊者無不瞻仰。又增建拿破崙墓，為巴黎另一中心。全法國人至今仍以能有一拿破崙為榮。其他歐洲人，亦莫不於拿破崙加推敬。此乃西方人重功業不重品格一明證。

回論中國史。西楚霸王項羽與漢王劉邦爭天下，垓下之圍，烏江亭長檥船以待，勸項王速渡。項王慨然曰：「我率江東子弟八千人渡江而西，今以一身回，何面目重見江東父老？」此乃一番眞情實話，肺腑之言。一將功成萬骨枯，功成者尚如此，何論軍敗？然項羽事業雖敗，其烏江自刎，在其人之品格上，則可謂是一白璧，完好如初。事業可敗，品格不可敗。至今讀史者，對項王之自刎，無不抱同情，較之漢王成臯對語，「願分我一杯羹」，軒輊顯然。

同時有齊王田橫，兵敗於韓信，與五百壯士流亡一海島上。漢王既得天下，招之，謂：「橫來，非王卽侯，否則遭兵戎。」田橫卒赴召。距漢王闕下一驛，告其隨行二壯士，謂：「我與漢王並為一國王，今漢王為天子，我為荒島一亡命，何面目拜之階下？漢王欲見我一面，我死，汝二人携我頭去，漢王猶得見我如生前。」遂自殺。二壯士携其頭赴漢闕，漢王大驚，謂：「我欲見田橫，何忍置之死？」遂封二人，並命速召島上壯士來歸。此兩人回至田橫死地，亦自殺。其餘五百壯士留島上者，聞之，皆自殺，無一生留。田橫五百壯士墓，歷世受人崇拜。田橫事業無可言，然其不降志，不辱身，氣節浩然，可與日月爭光矣！

此等事，在中國歷史上屢見不一見。春秋時，介之推從晉公子重耳出亡，重耳回國賞從者，忘之推。推亦不言，偕其母隱山中。文公求之不出，乃焚山逼之，推與母皆焚死。推無其他事業，孤傲負氣，不願再受賞，不降志，不辱身，而其母從死，若終不可以為訓；但後世留傳，乃有寒食節，繼以清明掃墓，推行全國，至今不衰。可見中國人對此之同情，亦國民性之流露。論中國文化，當加注意。

其次又如公孫杵臼、程嬰故事，千古流傳。元人有搜孤救孤一劇，至今在京戲中尙流行。相傳此劇初至歐洲，德國大文學家哥德不勝欽慕，謂中國人作此劇時，德國人尙在林中擲石捕鳥為生。哥德所知中國文學並不深，惟較之當前國人專捧西洋文學，鄙中國舊文學如敝屣，棄之惟恐不盡不速，雙方意量相差，不啻天壤之相隔。儻從此等處輕視中國，乃庶近之。

唐代張巡、許遠守睢陽故事，亦為後世推敬。而民初提倡「新文化運動」者，斥之為「禮教吃人」。專就事業論，當時江淮亦賴以保全，唐室亦藉以中興。論兩人之本身，則睢陽終於失守，兩人亦相繼被擒身死，不知豎白旗，效西方求光榮之和平。比論文化者，豈盡向西一面倒？

余幼年曾讀一法國短篇小說，作家及篇名俱忘，猶憶其故事。法國一貴族老婦，寡居孤寂，來一村覓一養女。村東西各有一家，均僅母女同居。村東母拒之，謂不忍割捨親生女給人作養女。村西母允之，其女遂隨去，得入貴族學校受高等教育。越三年，返鄉省母，高車大馬，僕從如雲，禮品盈箱滿篋。一村鬨動，羣出聚觀，村東母女亦預其列。三年之隔，一女已儼然成貴族名媛，一女則貧寠如舊，依然一村女。此文作者似盛讚村西母之遠見達識，而村東母則為譏諷對象。余初讀，亦深受刺激。「悲莫悲兮生別離」，村西母驟失其女，晨夕思念何堪？其女驟落富貴熱鬧場中，豈能遽忘慈親？一夕懽聚，翌晨又散，縱母富女貴，較之村東母女貧賤中天倫之樂，孰得孰失？亦豈得謂西家全是，東家全非？竊謂此一故事，正可為中西文化作寫照。「商人重利輕離別」，中國人亦有此詠，而西方亦同有村東母女。故曰「人同此心，心同此理」，惟多少數則隨風以變，如是而已。

晚清王國維謂西方文學尤擅悲劇，曹雪芹紅樓夢得其近似。此下競尚西化，蔚成「紅學」，至今猶然。惟曹雪芹決非教人學賈寶玉、林黛玉，並謂「大觀園惟門前一對石獅尚保得乾淨」。曹雪芹意，乃教人勿做大觀園中人。紅樓夢雖非中國文學正品，亦尚未脫傳統，文學即人生，人生即文學，作家、作品融化合一，與西方文學之僅作客觀描述者大不同。而中國人生中亦儘多悲劇，如前述伯夷、屈原、項羽、田橫，豈不俱是悲劇人物？惟西方悲劇多捏造無收場，而中國悲劇則眞人眞事，並有完好流傳。乃可喜，非可悲。中西悲劇不同，亦卽文化不同。今人乃多嗤中國人好作團圓想，認為乃文學卑品。夫婦好合，乃為不可貴之收場。反之人情，豈果如是？

余讀西方小說，頗好托爾斯泰，乃一俄羅斯貴族，震於當時英、法人言平等，心存愧疚，所言切近人生，而又多悲天憫人之感，近於東方人情調。晚年不安於家，隻身出走，死於道路，可見其心情之一斑。作品可喜，作者可悲，仍是西方文化傳統，仍是一西方悲劇。中國如屈原，如陶潛，如杜甫，如蘇軾、黃庭堅，生平在坎坷困阨中，若亦是一悲劇。然其所悲在對外，其一己之內在心情，則自有安放，我行我素，無入而不自得。托爾斯泰則自心摩擦，自作矛盾。社會生理，個己心理，各有不同，人文化成之相異乃如此。

又如馬克斯，亦近代西方一哲人。自離德國大學教席，卽僑寓倫敦。終生羈居旅館中，完成其唯物史觀之大著作，撼動後世。然離去旅館覓一家宅，亦非馬氏所不能；終不此圖，亦見其心情有偏，更何論其思慮見解？馬氏重視人體兩手，動物中惟猿猴、猩猩亦能起立，但終無兩手。人類物質文明，分別有石器、銅器、鐵器、電氣諸時代，亦胥出兩手。然人之更異於其他動物者，兩手外尚有一口，乃有語言文字。思維之遞進，情感之相通，文化所賴，遠過兩手；乃馬氏不之及。尚有一腦，動腦與動手，為用大不同。馬氏論生產，重手不重腦，又何以成言？手、口、腦之外，尚有心。中國人特重此心。腦之用偏在理智，心則偏在情感；腦屬部分之用，心則全體之用。西方人重腦不重心，重理智不重情感。哲學思維僅尚理智，戒言情感，故其人生不全，並多病害。有智而不仁，有能而無情，馬氏之唯物鬥爭史以之。

西方之自然科學最所短缺者，亦在心理學方面。最先是物理，進之乃生理，實皆是唯物的。最後有佛洛伊德之精神分析，乃是一種病態心理，在戰爭中從醫院病牀上得來。日常心理，西方人向少研尋，但非實際人生所能缺。於是西方人乃極言男女戀愛，此誠亦人生。但中國人謂夫婦人倫之始，夫婦和合，乃有人倫。西方人重男女更過於夫婦，於是男女戀愛遂為文學主要一題材。近代國人又競相慕效，一若人生之愛惟在男女。轉歸宗教，則有博愛。馬氏共產主義主張階級鬥爭，乃必排斥宗教。資本主義偏在爭利，本亦無博愛可言。故「富人入天國，如槖駝鑽針孔」，耶穌聖經明言如此。則宗教家對資本主義亦所不許。但宗教家教人死後靈魂入天國，亦不重在日常人生之心地上立言。故西方宗教實不干涉人事。總言之，人生日常心理，西方人本未深入；而中國人教訓，則更重在心性上。此誠中西文化一大相異。故一重事業，一重人物，實重在心性品格上。今國人摒此不言，則其他尚復何言！

(二)

中國歷史以人物為主。耶魯盧定教授在港與余言：「世界禍亂，大率由智識分子引起。」嗣又言：「知識分子解釋安定一義，時有不同。某一時謂安定當在此，別一時謂安定當在彼。人事動亂，胥由此來。」余念此層仍可以前論人物與事業之辨為答。大抵人物必趨於安定，而事業則多趨於變動。人之一生，必經許多事變，但事變則盡在人之一生中。故事有變，人可無變，終有其前後相承之一貫性，即相同性，亦即其安定性。故重人物，則其歷史之進程必多安定性；重事業，則其歷史之進程必多變動性。

以西方史言。拿破崙、希特勒亦各有其一生之事業，個性不同，斯其事業亦不同。惟西方人重事過於重人，每以事業來評衡人物，故人物活動亦多注重在事業上。必求創造事業來增高其地位，其歷史進程，自趨於多變而難安定。中國人觀念，則重人更過於重事，立德更在立功之上；有德不必有功，更為一受人重視之人物。如周武王開有周八百年之天下，而伯夷、叔齊在當時並無事業可言，然其德之所表現，或可謂更超於周武王之上。故伯夷、叔齊亦名垂史乘，受後世尊重。

德性貴其「同」，事業貴其「異」。伯夷、叔齊以讓德稱，人人可讓，世世代代亦同可有讓，伯夷、叔齊之人之德之可尊乃在此。此即謂之「立德」。周武王伐紂有天下，乃一事業，遇此時際乃得為之，非盡人所能為。故雖立有大功，而其受後世人尊重，或反不如伯夷、叔齊。

不僅如此，即堯、舜、禹、湯、周文王，功在人羣，德冠萬世，然其德可效，其業不可效。周公旦不居天子位，而其立功亦如堯、舜、禹、湯、文、武，庶易為後人所效法，故孔子乃有志學周公。孔子未嘗不關切當身人事，有志為天下大羣立功，然不能求為堯、舜、禹、湯、文、武。儻當世或加信用，彼宜可得為一周公。故其周遊天下，遍歷諸國，其意即在此。然當時諸侯卒未能加以信用，終歸老於魯。生平教導後進，遂為中國之至聖先師。

可知孔子一生，非不有志於天下人羣，非不有志於政治功業，而最所重視者，乃其在己之德性。論其功業，遠不如堯、舜、禹、湯、文、武、周公；而論其德性，則與堯、舜、禹、湯、文、武、周公相似。從中國後代人看，則孔子之功業，亦已超堯、舜、禹、湯、文、武、周公一般聖君賢相之上。故孔子弟子謂：

夫子賢於堯舜遠矣。

何以故？因堯、舜地位人人所不得望，孔子則以社會一平民，其德性修養，講學明道，盡人可效法。豈非孔子功業已遠超堯、舜而上之？故教育事業有功人羣，應更超於政治事業之上，而「道統」則亦更高於「政統」、「治統」之上。政統數百年必變，道統則可歷萬世而不變。人羣中有道統存在，則終有前途可冀，其安定乃更超於其動亂之上。

就中國後代歷史人物言，東漢光武中興，太學同學得為開國元勳，名列政府高位者，不在少數。獨有嚴光未來。光武登帝位，下令遍覓之，得於富春江上，以漁釣為生。邀至京師，宮中親切晤談，入夜又邀同床而臥。親切愛敬如是，但嚴光終求還。光武不強留，放歸。嚴光並無事業可言，但亦中國一極有名之歷史人物，後人崇拜，尤在光武之上。故中國人崇拜政治人物極有限，而崇拜非政治人物則親切有加，尊敬更深。王莽亂世，功業成就，非可盡人效法光武；而嚴光之釣魚富春江上，則人人盡可效法。天生之德，同樣無虧。則其人豈不宜更受重視？故可親可敬在其人之可師法，而不在其不可師法處。

三國時代，有曹操與諸葛亮。事業成就，諸葛亮不如曹操；德性修養，則諸葛亮遠在曹操之上。曹操不僅是一政治家，同時亦是一軍事家、文學家。其事業表現，實遠超同時及前後其他歷史人物之上。但德性有虧，不忠漢室，存心篡弒，偽為周文王，待其子丕起為周武王。此種虛偽手段，更為後人輕鄙。此下中國歷史上之長期動亂，亦可謂曹操乃其罪魁禍首。而諸葛亮則奉侍蜀漢後主，鞠躬盡瘁，死而後已。事業並無成功，而德性則一如伊尹、周公。故其受後人崇拜，乃與曹操受後人之吐罵者，正相對比。同時又有管寧，避居遼東以師教為務，晚年復歸中原，不受曹操之邀請，清苦自守，迄於老死，更無事業可言。但論三國人物，則有更推管寧於諸葛亮之上，尊為三國時代之第一人。諸葛亮乃一政治人物，身為漢相，非能人人同有此遭遇；管寧逃亡授教，亂定還故國，食淡攻苦，清節自守，則人人均可效法；故管寧乃更為歷史人物之上乘。

唐末梁、唐、晉、漢、周五代，八姓十三君；又有十國，分疆割據；其為禍亂，較之三國時代益甚。宋興，天下始安定。其時有陳摶，隱居華山，無事業可言。又有林逋，隱居杭州西湖，無家無室，梅妻鶴子，終其生徜徉湖上，僅留詩數首而已，亦無事業可言。然論五代及宋初之歷史人物，則終必首推此兩人。馮道終生高居政治上位，經數代為宰相，自稱「長樂老」。國家興亡，政府更迭，絲毫無異於其身。當時亦受推崇，歐陽修為新五代史，乃加鄙棄。較之陳摶、林逋，乃如霄壤之別。陳摶、林逋德性無媿，供人效法，斯世終可望漸歸於安定；馮道無德可言，人人效之，禍亂曷極？

元代蒙古入主，天下大亂，黃東發、王深寧閉門著書，隱居明道，非有其他事業，但亦為歷史上有名人物。較之他代，未見遜色。政治動於上，而社會安於下。迄於明代興起，隱居山林，書院講學，九十年中繼踵相接，乃使明代依然得上承中國歷史文化之大傳統，而不感有中斷之痛，此元儒之功；而東發、深寧亦無媿為中國歷史上之第一流人物。

清代入主，晚明諸遺老，如顧亭林、李二曲、黃梨洲、王船山之流，皆無事業，而同為第一流之歷史人物。亭林言：

國家興亡，肉食者謀之；天下興亡，匹夫有責。

此諸人皆在野一匹夫，而實負天下興亡之大任。此下清代，仍得為一五千年歷史相承之中國，亦諸人之貢獻。

更當闡說者，中國史中，女性多占篇幅。全部二十五史，女性成為歷史人物者亦不少。並無事業可言，而其德性則同得成為一人物，名列史乘而無媿。依中國文化傳統言，則天下興亡，匹婦亦當有責。即如顧亭林嗣母，身受明廷褒獎，遺命後人勿仕異姓。亭林謂身受遺命，故此身萬不當出仕。此雖婉辭遜言，免遭不測之禍，然其母此言，亦足永垂史册矣。更有不知姓名，而亦得傳於史册者，則如今平劇中之韓玉娘。其人本無姓名，其傳見於明史、新元史，亦中國文化一特色。

中國乃一農業社會，耕耘百畝，一家溫飽，傳子傳孫，兩、三百年不變，故不言事業。宗親鄉黨，聚族而居，守望相助，休戚與共，特重人倫相處，而德性為之首。故重人物、輕事業，乃中國傳統文化一特徵。廣土眾民，一政府臨其上，即可安定無事。非異族侵凌，可以不見兵革。五千年歷史相承，敦品修行，可無他道。

余生清光緒乙未年，余家即聚族而居，一村百家以上，緜延五、六百年。村中有事，皆由族長裁判；即四圍農家，有事亦由我村中族長裁判。距城四十華里，舟行半日可達。然極少有上縣署涉訟，縣官亦少見下鄉。鄉人多畢生不見官吏；官民相親如一家，亦相隔如雲漢。惟安定中亦有動亂。余幼年即屢聞長老談洪楊之亂，舉族逃散。家有鴻議堂，即剿匪將帥在此集商得名。六歲庚子，有親戚仕宦天津，避難來居。辛亥，年十七，族中辦團練，祖孫同隊；余以一中學生，被命為教練，指揮諸祖、伯叔、兄長，演練兵操。至今思之，亂世應變，亦相親接，一如平居。一地如此，想他地皆然。

抗日軍興，余一人居雲南宜良山中寫國史大綱。山距宜良城八華里。環城四周，余遊踪所到，皆安堵如常，若不知在國家民族興亡關捩之大戰中。及移居四川成都郊外，常在鄉村茶肆品茗，遇一八十老人，生平足跡未進城市一步。其實此村距成都城僅二十華里。在此大戰亂中，而民間安定有如此。以余當身經歷，回念歷史上種種戰禍，恐無大異。一邑之禍亂，不害他邑之安定；一時之禍亂，不害他時之安定。政府少干涉民間，民間亦少預聞政事。民間事由民間管，政府則由民間賢人組成。有考試制度，縣試出秀才，省試出舉人，京試出進士。全國各地官吏，皆由進士、舉人出任。又必派赴異地任職，雲南人可遠仕黑龍江，福建人可遠仕甘肅、新疆，使全國如一家，大羣相處，安定無他虞。

余幼時在上海租界中始見有警察，俗稱「巡捕」。租界與中國社會異，諸方雜居，事端百出。尚有「喫講茶」，擇定一茶樓，爭議雙方均到，各申理由，供仲裁人評其是非。旁聽者亦許打抱不平，起立發言。亦有流氓參加，但決不願巡捕房干涉。其他各地尚未有警察，但社會安定則過於租界。

不久情形變，各鄉村、各市鎮，處理公共事務者，皆目為「土豪劣紳」。民間事盡由官府解決，乃有警察保護治安。實則所謂「土豪劣紳」，本亦地方鄉村人物，其所貢獻，未必下於警察。中國四、五千年，廣土眾民，長治久安，何待有警察？豈得謂全部中國史，禍亂其常，安定其變？史籍俱在，焉容強辯？

今日國人盡稱中國政治乃「帝皇專制」，然不派軍隊，不用警察，而能由帝皇一人專制全國亦一奇！又稱中國乃一「封建社會」，然民間無貴族，無堡壘，即所謂之「土豪劣紳」，亦不聞有保鏢、有衛士，人自叩門登堂，聽其裁處。封建權力豈果如此？

西方觀念傳入中國，而一切乃大變。爭慕事業，不尊人物。無事業，則不得為人。所謂「自由平等」，「平等」當指人，不指其人所擁有之財富與權勢。一切事業則不平等。「自由」指行為，爭富為資本主義之社會，爭貴為民主尚法之政治。自由爭富，終亦有貧，決不平等；自由爭貴，終亦有賤，仍不平等。倘言「獨立」，則人與人相爭亦非真獨立。故今人僅求此三者，乃僅得一不安定，斯禍亂隨之。

中國人不爭事業，僅爭為人，故曰：

彼丈夫也，我丈夫也，吾何畏彼哉？

其乃向內、向己爭，不向外、向人爭。所爭乃品德性行。孝、弟、忠、信，智、仁、勇，此須各自向內、向己爭，於是向外、向人乃益和。而且所爭必得，寧有人而不得為孝子忠臣者？如爭孝弟則家庭和，爭忠信則鄉黨和，爭知仁勇則國、家、天下和。不孝不弟，不忠不信，可以不齒之為人。斯非不平等、不自由，但不由軍警，不由法律，而人羣自臻於安定。

今論中國近代人物，一意西化，表現其大事業者，豈不當首推毛澤東？但毛澤東則終陷於失敗。惟就西方史、西方觀念言，拿破崙、希特勒何嘗非失敗？然拿破崙終在法國人心中為一大人物。拿破崙之為人，亦終自勝於希特勒與毛澤東。希特勒以西方人對付西方，亦終是西方歷史一大人物。毛澤東則以西方道理來對付中國人，甚至不許社會下層有嚴光、管寧，不許有陳摶、林逋。其最不可恕者，乃其僅提倡事業而不許有人物。此在西方亦少見。正為中國社會重視人物，乃一意痛加剷除。非以求安定，乃以創禍亂，其失敗則已昭然。

重「事」故尚「爭」，必分而日小；重「人」故尚「和」，必合而愈大。卽言學術，西方亦主分爭，如科學、哲學、文學皆相分爭。對外如此，對內亦然。必成為一專家，此乃事業，非人物。中國人則「立德、立功、立言」。凡所言，非在己之德，卽對羣之功；道一風同，非求各成一專家。司馬遷所謂「成一家之言」，乃指其羣相景從，從其人，從其言。故西方學術同歸於事業，而中國學術則本之德性。

言「進步」，亦指事業，非人物。西方重事業，故易見進步，然違離德性，故終難安定。中國重人重德，乃重「大同」，不言進步，但日趨和合，常見安定。苟有進步，則必仍在和合安定中。中西文化大別在此。西方學術分疆割席，各專一門，各求進步，亦人生中一事業。故貴自創造，自樹立，知人之所不知，言人之所不言，乃成其一己之表現。故曰：

我愛吾師，我尤愛真理。

但眞理卽在其表現中，乃點與線之眞理，非面與體之眞理。亦各有所見，各有所到，而未能會通和合發現一人羣共同之大眞理。故雖眞理，亦必隨時、隨地、隨事、隨人而變，終不能獲得一大同安定之境。

故西方學術特缺史學，晚近始有。因史學貴人，貴會通和合，一切人事皆歸納在內。史學非自我表現，亦非客觀。仁者見仁，智者見智。非己有德，不足以見人之德；非己之和且通，不足以見一世之和通。歷史記載人事，而史家自身之事則不預。但其所謂史，實卽其自身之事。故又與西方異。史學在西方為晚起，而終亦與中國史學異。中國貴「通史」，而西方無通史；亦如中國貴「通人」，而西方無通人。身、家、國、天下，各不相通，則亦何有事業相通？故西方人貴專業，無通業。既有史學，乃復有「歷史哲學」之出現。亦非根據歷史來創造哲學，乃根據哲學來創造歷史，如黑格爾。其在西方學術傳統中，仍為一種自我表現。人與中國有不同，對歷史所觀察、所發揚亦不同。歷史已過往，亦不安定，仍可各自創造。

繼黑格爾而起者，有馬克斯，創為唯物史觀。在其史觀中，乃更無人物地位存在，可謂乃十足表現了西方傳統。馬克斯既自創了一套哲學，乃又自創了一套史學，又自創了一套經濟理論，又自創了一套政治制度之理想。乃亦會通和合，兼哲學、史學、經濟、政治各項專門而併歸一途。其影響乃超出西方各項專門之上，而引起了世界人心之大動搖、大禍亂。盧定教授所欲著書，馬克斯必為其最當涉及之一例。

中國人從事學問，根本不在自我表現，更非求在人羣中自創一事業。所謂「學問」，乃在其如何在人羣中做一人。雖亦千差萬異，無可相同，堯自為堯，舜自為舜，周武王、伯夷、叔齊，周公、孔子，亦各自為人；然其大宗旨、大根本則亦無可相異。每一人各可有表現，亦可無表現；各可有事業，亦可無事業。即如韓玉娘，連其姓名亦不為人知，而見於史，並播為一戲劇，流傳人間。七、八百年來，世事大變，而人心終少變。韓玉娘之為人，則仍留在七、八百年來之人心深處。西方正為缺少此等人物，於是其文學戲劇，乃特為創造，以資彌補。而史學則特闖進了種種哲學觀點，以接近各時代個人之所理想。而歷史則如一堆材料，供其使用。為利為害，則在史學家，不在歷史本身。故史學亦史學家一事業。中國則人生乃是一事業，與西方人之事業觀又不同。

今再綜合言之。重事業，重各人在人羣中之特出表現，則其羣自易趨於變動。重人物，重各人在人羣中如何安分為人，則其羣自易趨於安定。羣在安定中，自易進步。以變動求進步，縱有進步，其羣仍難安定。本文大旨在此。至人心所樂，究在安定，抑在變動，或兩者融會如所謂「一陰一陽之謂道」，底細他詳，茲不贅。

（一九七九年一月十六日中央日報。）

# 六八　知識與德性

美國耶魯大學前歷史系主任盧定教授，余與相識近三十年。去歲香港重晤，在讌席上，盧定言，彼治西洋史，覺人類一切禍亂，皆自知識分子引起；不知中國史是否亦然？余答：「中國史，治平大道知識分子負其責。」盧定問：「何以能然？」余答：「西方知識貴客觀，以純理性求；中國知識兼主觀，融情感，不重純理性。」盧定謂：「知識中夾雜情感，易有私見，更增禍亂。」余曰：「此誠中西歧見所在。中國人言：『士先器識。』識屬智，與今人所謂有不同。」讌席上未能盡言，僅此而止。別後，盧定自美來書，重提此事。余復書：「中國道家老子言：『聖人不死，大盜不止。』『絕學無憂。』正與尊意合。但中國更尊儒，信奉孔孟。道家莊老特以補偏救弊。絕聖棄智，終非中國人所尚。」余欲特撰一文答盧定，事隔數月，乃始下筆為此篇。

儒家知識從德性起，德性中卽有情感。孟子曰：

堯舜，性者也，湯武，反之也。

性之，謂一切知識行為由天賦德性來；反之，謂見人如此，反而求之己，乃見其誠然。中庸言「自誠明」，即性之；「自明誠」，即反之。德性、知識，本末始終，一貫相承。德性為本、為始，知識為末、為終。情感即德性中一部分，而且為重要之一部分。人而無情，即無以見性，無以成德，亦無以為人。宋儒陸象山言：

堯舜以前曾讀何書來？

實乃讀了無字天書，即伊尹所謂「天民之先覺」。中國人「學」字有兩義：一曰覺，一曰效。覺即「自誠明」，性之；效則「自明誠」，反之。知識從德性來，而還以完成其德性。

德性由天賦。人同此性，亦同此德。時時、地地、人人、事事若不勝其相異，不勝其區別，而終必有其共同大通處。中國知識貴通，各種專門知識居其次。如農學、醫學、曆數、算學、水利工程等，皆重在事行；惟此等事皆於人羣生活關係極大，中國自古既有。然尤要者則在行，即做人方面，即人羣相處之道，所謂「修、齊、治、平」。故知識必貴通。詩經三百首，為中國最古文學鼻祖，然中國人不認其專是一文學。詩以言志，分賦、比、興，我所志貴能通於人人之志，並貴通於其他生命。如詠夫婦和合，即起興於雎鳩。而詩以用於政，分風、雅、頌，即通於政治之各方面。政治尤貴能通於事事。故不通人情，不通天道，卽無以言詩；不通政事，不通禮義，亦無以言詩。古希臘有荷馬史詩，為西方文學之祖，戀愛戰爭，雜以神話。然文學只是文學，非可通於社會人事，非可通於政治大道。中國古詩亦言戀愛戰爭，亦有神話，然其本源出發點，則在天道、人情、政府、社會之種種禮義法度。故於中國古詩中，有哲學，有政治學，有社會學、心理學種種知識學問，而融合會通以為詩。至少不通中國古代政事，卽不足以言詩。不通中國古代社會情況，亦不足以言詩。若以近代觀念，戀愛、戰爭、神話，分門別類求之，則全失中國古詩之大意。

又如尚書，更主要者為西周書，乃中國三千年前之原始史料。非通天道，卽中國古人之宇宙觀；非通政事，卽中國古人之政治學；卽無以言書，後世奉尚書為中國史學鼻祖，其實史學中，卽包有哲學、政治學等，非可專以史學求。故中國古代之文學與史學，皆通學，非專門之學；非可如後人觀念，專以文學與史學視之。

中國後世之史學與文學，其淵源皆從詩書來，亦非可以專門之知識技能為之限。卽如屈原之離騷，屈原非一文學家，而離騷非僅一文學作品。又如司馬遷作為史記，司馬遷乃以史學名家之第一人，史記為中國二十五史之第一史。然司馬遷師於孔安國、董仲舒，孔安國治尚書，董仲舒治春秋。司馬遷之史記，又明舉董仲舒所言春秋大義為其著書之大本大法。故以中國舊觀念言，史學必本源於經學。以近代新觀念言，則史學必旁通哲學、政治學。故司馬遷亦不得專以史學家目之。司馬遷之高出於其他史家亦卽在此。

唐代韓愈唱為古文，為此下一千數百年來中國散體文一大宗師。然韓愈自言：好古之文，乃好古之道也。則韓愈之文，乃以明道。故韓愈自比於孟子之距楊、墨，以闢佛自任。則韓愈固不以一文學專家自命。韓愈生平並未努力於史，然其言曰：

誅奸諛於既死，發潛德之幽光。

此兩語十二字，已見中國史學傳統主要精神之所在。亦可說中國史學仍即是一種做人之學。政治上為奸為諛，掌大權，乘大勢，得意一時，然史家乃誅之於後世。孔子作春秋，而亂臣賊子懼。孔子曰：

春秋，天子之事。

當時政治領袖不能誅奸諛，而後之史家誅之，使後之繼起者知有懼。則不通道，不通政，不懂做人，何得秉史筆？潛德尤不易知。孔子曰：

泰伯三以天下讓，民無得而稱焉。

此非潛德乎？司馬遷作史記，世家始吳泰伯。伯夷亦讓國為一平民，及其終餓死於首陽之山。孔子曰：伯夷，古之賢人也，求仁而得仁。司馬遷史記列傳首伯夷。此皆所謂「發潛德之幽光」。吳泰伯、伯夷遠在三千年前，然三千年來之中國人無不知尊崇此兩人，又連帶及於虞仲、叔齊，此皆由孔子、司馬遷之發其幽光。使非孔子、司馬遷之高瞻遠矚，亦何以識此兩人之能影響後世如是之悠久？但今人則俱不尊泰伯、伯夷，又不信孔子、司馬遷，則又奈之何！

孔子為魯司寇，位居三家之下，不久卽辭去。孔子亦一平民，然司馬遷史記作為孔子世家。孔子非有爵位傳其子孫，司馬遷寧不知？然古代天子諸侯，爵位皆絕，而孔子則後世崇奉為「至聖先師」，其家世相傳至今兩千五百年不絕。司馬遷自違其例，以孔子為世家，可謂有遠識，具百世之眼矣。

漢代崇經學，孔子春秋列為五經。孔子亦與周公並尊。孟子則在百家之列，與鄒衍、荀況、老、莊、申、韓為伍。韓愈特提高孟子，是亦「發潛德之幽光」。韓愈在當時僅弟子三數人，其學不再傳而絕。宋代歐陽修，始一意尊韓，此亦「發潛德之幽光」。歐陽修亦文亦史，其為新五代史，馮道始見貶斥，此則「誅奸諛於既死」。故中國之文學、史學，乃立名教之大防，文化傳統賴以維持，賴以發揚。西方人信靈魂，靈魂界與人生界分別存在。人生短暫多變，靈魂始悠久有常。人生善，死後靈魂升天堂；生而惡，死後靈魂下地獄。凱撒之事凱撒管，上帝、耶穌不之問。西方惟宗教始稍近於中國人之講究做人，但又大不同。中國則僅有此一人生界，奸諛縱得意於生前，亦必見誅於後世；潛德雖幽暗於一時，亦必光昌於百代。其權則在知識分子，中國稱為「士」。士者，知識分子之志道、明道、行道、傳道者之稱。孔子後，戰國時代即成為士、農、工、商之「四民社會」，而士居其首。故有「士貴王不貴」之論。其時則王者、卿大夫莫不貴士。下至漢代，遂成為「士人政府」。從政者必以士，故中國知識分子，其權則尤高出於政治人物之上。「道統」之尊於「治統」亦在此。如三國時，有曹操、司馬懿、諸葛亮，皆士，皆政治人物。然諸葛亮則流芳百世，曹操、司馬懿則遺臭萬年。南宋秦檜、岳飛亦皆士，皆政治人物。然岳飛流芳百世，秦檜則遺臭萬年。人孰不願為諸葛亮與岳飛？又誰願為曹操、司馬懿、秦檜？故中國人言：

三代以上惟恐好名，三代以下惟恐不好名。

名者，是非高下之準則，萬世人心共同向背之表示。中國人所謂知識，則首貴於知此。惟此等知識分子，實居社會之少數。中國社會多數多能尊崇此少數，服從此少數。故「千人之諾諾，不如一士之諤諤」，善鈞始從眾。西方社會不幸而不見此少數。西方知識分門別類，各務專門，鑽牛角尖，一為蠻，一為觸，不求相通。西方人重事尤過於重人，人即重其事。各項專門知識之求得，亦即事。中國則在知識與事業之上尚有人道，必求相通。中西史迹昭然。古代如蘇格拉底，其社會地位，豈能與孔子相比？中世如康德，社會地位又豈能與朱子相比？即論知識，蘇格拉底與康德乃西方一哲學家，孔子則中國一大聖，朱子則中國一大儒，此已大不同。若以中西社會整體與文化傳統中之地位相比，則更見其不同。

卽就近代論，中國在晚淸之末，民國之初，有康有為、章太炎。論其學問知識，決不能定其為一文學家，或史學家，或哲學家、政治學家等。然論其在社會上所具有之力量與影響，亦斷非西方任何一大學教授所能比。故中國一知識分子，其在社會上之地位與責任，實遠較一西方知識分子為重大。顧亭林言：

國家興亡，肉食者謀之；天下興亡，匹夫有責。

卽指知識分子言。惟知識分子，僅亦一匹夫，天下興亡，何從負其責？中國人言「天下」，乃指社會人羣，「興亡」則指文化道統。反而求之一身，反而求之一心，我身此心卽天下萬世人之心；此心所明卽是道，可以通於天下之廣大，萬世之悠久。顧亭林日知錄分三部分，第一部分卽「明道」。而亭林之影響於此下中國社會三百年，亦至大莫與京。康有為、章太炎，則不能與顧亭林相比。故使當前之中國，亦黯淡無前途。

謂「天下興亡，匹夫有責」，此亦一種甚深之情感，豈純客觀、純理性之哲學知識可比？故在中國有文學，有史學，而無哲學。近代國人好以一切比擬西方，則莊老道家庶近西方哲學氣味。因其疏外人事，戒用情感。其實深求之，亦不然；此處不詳論。五經中有周易，近人亦好以哲學稱之。然易本為卜筮書，此在周易上下篇有明文，在左傳中有具體事例可證。儻哲學而以預卜人事吉凶為其主要功能，則仍不失中國文化大義。於人事預求吉凶，則必於人事求其通；枝節紛爭，利於此，或害於彼，決非大吉。故易曰：

元亨利貞。

元者，事之始。亨者，事之通。事必求其始，求其通，又求能通於後事，乃始為有利之貞。又曰：

義者，利之和。

一事一物之利，非於相互間求其和，斯為不義，亦即無吉無利可求。

西方古希臘哲學與科學本屬同根，下迄近代，亦仍有其緊密之相聯。中國古代，農學、醫學、天文、曆數、水利工程之學，本已早有發展，此皆於人世有大利用。然偏屬物理，非人道，中國人乃以次要視之。西方人在此種種專門知識上求通，即彼方之哲學。中國人則在人羣修、齊、治、平大道之通則下，再來運用此種種專門知識。此即中西相異。

換言之，西方人求通於「物」，中國人求通於「心」。如發明蒸氣，即可通於其他事物，但心不通則爭益甚。西方自然科學乃為人生多引爭端，而其哲學終不能於此等爭端上求會通，則知識誠為人類禍亂之本源。中國人先求通之心，修、齊、治、平大道既立，縱於物有不通處，自可緩以圖之，無大不利，亦無大凶。

今日國人一意慕效西方，不知修、齊、治、平大道不可於蒸汽機、電機中求之，亦不可分門別類，政治學、法律學、經濟學、軍事學、外交學種種各自獨立。中國自然科學非無發展，但政治、法律、經濟、外交、軍事等，皆不成專學。如孔門，子路治軍，冉有理財，公西華外交，當一專職則可，仍必有主持大計總其成者在其上。今日西方大學教育，亦復分門別類，軍事更為專門。由中國觀念言，非先求人事之通，豈能有政治、法律、經濟、外交諸學？故縱謂西方人不通政治、法律、經濟、外交諸學，亦無不可。既非所通，而登高位，掌大權。民選僅憑多數，多數無知，不得積成一知。以無知從事大政，引起人羣之禍亂，非知識之罪，乃無知之罪。故近代西方民主政治下，非奸卽諛，否則無以膺眾選而當大任，而禍亂乃無終極。

中國大學之書，有「三綱領」，「八條目」。八條目之後四，曰「修身、齊家、治國、平天下」。而曰：

自天子以至於庶人，壹是皆以修身為本。

近代西方盛唱個人主義，但不言「修身」。帝國主義、資本主義皆重向外發展，但不言「平天下」。大學言平天下，則在「明明德於天下」。明德卽指人性，亦指人心；明此明德，修身、齊家、治國、平天下一以貫之，無他道矣。西方文學喜言戀愛，亦人性，但非明德，故戀愛非修齊之道。西方文學又好言戰爭，戰爭亦人性，但亦非明德，故戰爭非治平之道。

明德係何？則非大智不能知。大學八條目，其首二曰「格物、致知」。致知首貴知此明德。格物者，「物」乃射者所立之位，亦射者所欲射之標的。射不中的，不在易射者之位，亦不在易所射之的，而在善求其射之道。格物卽指不易其位與的言。如孝子，居子位而孝其父母，父母不懽，則益善求其道以孝。為子女而知如何能得父母之懽心，斯卽明其明德矣。西方人言戀愛，亦必求得對方之懽心。然僅止於男女之間，上不及於對父母之孝，下不及於對子女之慈，更不知「老吾老以及人之老，幼吾幼以及人之幼」，則其愛亦專而不通，卽非明德。故專門之知，非大知，斯為小人，非君子。唯君子為能善處羣。修身卽求善處羣；不修身，卽無以齊家、治國、而平天下。

故大學三綱領，「明明德」之下卽曰「親民」，夫親其妻，妻親其夫，上以親父母，下以親子女，盡人皆親，而後天下平。此曰「至善」。知為至善，卽當「止」，故曰「止於至善」。西方人言人生，知進不知止。戀愛成婚，卽為夫婦，當求白首偕老，而又言離婚自由。以中國人言，此非自由，乃不得已。周公大義滅親，亦不得已。戰爭亦人生中一不得已事，故曰「止戈為武」。必能以戰止戰，以爭止爭。但亦非失德以戰、昧德以爭之所能同日而語。

故中國人言修、齊、治、平乃做人大道，首貴在使人人知此心之明德而明之。此義發於大學。大學一書出於戰國之晚世，而不知究出於誰何人之手。至宋儒始尊以為四書之一，而成為中國人人一本必讀書。此亦可謂「發潛德之幽光」。今日國人盡譏中國人好古守舊。然古人何限，何以獨尊堯、舜、禹、湯、文、武、周公？何以於此外又尊吳泰伯與伯夷？古書何限，何以獨尊五經？而又於五經外又增以四書？此豈一意好古守舊者之所能與知？

宋儒張橫渠有言：

為天地立心，為生民立命，為往聖繼絶學，為萬世開太平。

如大學言明明德，即是「為天地立心」；大學言明明德以親民，即是「為生民立命」；表章大學，即「為往聖繼絶學」；而其意則在「為萬世開太平」。此豈又一意好古守舊者之所為？明道、伊川兩兄弟，即同時以張子西銘與大學一書開示學者，又豈專以好古守舊為學？若必專以好古守舊為事，則詩書之外，不容再有孔子春秋、屈原離騷，以及此下司馬遷之史記。孔子論語以後，亦不容再有孟子與大學、中庸之合成為四書。天下亦寧有無舊之新？又寧有無古之今？抑且新轉瞬成舊，今轉瞬即為古。本末終始，吾道一貫，又寧有古今新舊之可辨？然而吾今日之國人，則若西方無不新，號為「現代」。即希臘、羅馬猶然，因其為中國所未有。在中國則無不舊，是謂「古老」。不論唐、虞、三代，卽下至宋、元、明、淸亦莫不然，因其為中國之固有。此又為當前不爭之一種心理事實。然此種心理又何能不變？竊恐轉瞬之間，亦將成為一種陳舊古老心理。此則今日吾當前國人所當反而自問之己心者。此亦當前一莫大知識問題。

今再綜合言之。知識當為人生求，非為知求知。知識不當外於人生，而認其有客觀獨立之地位。如天文、曆數，以授民時。陰陽寒暑，晝夜晦明，日出而作，日入而息，不僅為農，亦人生日常所當循。抑且人事必有是非、邪正、利弊、得失相反之兩端，貴能執其兩端而用其中。中國人求知天，亦為道，卽為人生，非為知求知。西方人發現地繞日，非日繞地，此對西方宗教信仰有大爭議。中國人得此，惟加首肯，於中國相傳人生大道非有可爭。西方天文學為知求知，尋而益遠，所知益精益細，其對人生之意義價値亦日進而日微。增一新知，非必於道有裨。

中國古人言：

天地之大德曰生。

民吾同胞，物吾與也。

同此生命，卽同稟天德。惟「小德川流大德敦化」，德有大小。西方人發明生物進化論，亦於彼方宗教信仰有大爭議。中國人得此新知，於人生大道仍無大變，無多爭。西方生物學，一蠅一蚋，盡畢生之力以求，所求日精，所知日細，亦可謂於人生非有大裨益。而更可怪者，自然科學本求物理，而西方人乃循此以轉向人文。則人文又盡變為自然，乃天而非人，豈不卽人世而已變為天堂？

中西雙方求知態度不同，故其所求得之知識之內容方面亦不同，其於人生之意義價值亦不同，此則可一言而判者。其他種種，引申無極，本篇暫止於此，不復旁及。

（刊一九八〇年四月二十九日中央日報，原題名為中西知識問題，收入本書改題今名並作修改。）

# 六九　學問與知識

中國人重言「學問」，西方人重言「知識」。學問乃求取知識之工夫，知識則學問獲得之成果。西方人重「功利」，故重知識成果；中國人重「道義」，故重學問工夫。此又中西文化歧異一要點。

但學問則人人可同，知識則各別相異。故西方人求知識必求標新立異，出奇制勝。我之所知所有，當為他人之所不知所無。亦如商品，只此一家，別無分出，乃可廣事推銷，多獲贏利。此乃為自己謀，非為他人謀。商品出售，果於購買者有眞利實益與否，此為商人所不計。古希臘人謂「知識卽權力」。近代美國哲學家杜威謂知識當如一張銀行支票，可向銀行兌現，始有其意義與價值。

今日為知識爆破時代，然而社會不安，國際動盪，人生禍亂叢起，亟亟不可終日；幾於知識愈進步，而人生愈墮退；此實一至為明顯之事。如自然科學中之天文學，自哥白尼與伽利略發明了地球繞太陽轉，非太陽繞地球轉，太陽與月亮非可相等並視；此已為人類知識開示出一正確觀點，於日常人生有大貢獻。但繼此而進，直至今日，太陽系外之無數星雲，以及太陽系內環繞太陽之各恒星，如火星、土星之類，其種種知識，究與當前人類禍亂具何關係，有何挽救，豈不如河漢之不相涉？然而西方科學家，積數百年來對此方面耗費了大量心力、財力，旦夕以求。天文知識日進無疆，而此輩知識分子，竟不肯稍回頭來，先求解決了當前危機，再向此無限知識界探求。豈不如一企業家，只求自己商品推銷，更不在當前經濟危機上暫時有所措意，一色無異？

又如生物學發明了人類演進來源，此於當前人類日常生活之應有知識上，亦有相當效益。繼此而進，世界生物何限，下至深海底，上及太空界，千儔萬品，一一探索，此亦盡成為一種知識。但對人類當前危機究何關係，則亦置而不問。

自然科學界如此，哲學亦然。其實西方哲學知識亦從自然科學知識中來。自然知識無窮，斯哲學構想亦無窮。卽如西方宗教，實亦是一種知識。惟耶穌為一上帝獨生子，有關上帝、天堂、靈魂種種知識，只有耶穌得知，其他人只得對耶穌有信仰，不得在耶穌以外有知識發現。縱使自然科學乃及哲學有種種新發現、新解說，但信仰自信仰，仍可各不相牽涉。此亦如公司產生商品，各自牟利，互不相關。

中國人則不然。知識是各別的，而學問則是共同的。中國人獎勵人敎導人去學問，卻不在知識上來過分求分別。故中國人只稱「學人」、「學者」、「學士」，卻無「知識分子」一稱呼。孔子自稱「學不厭，敎不倦」，只自稱其學，並以學為敎，卽是亦敎人學。至於學之所得知識方面之高下是非，則屬次要問題。此亦猶農業之「但問耕耘，不問收穫」，同一意義。

「學」則必有「知」。中國人之學，主要在學做人，又更重在「行」。孔門七十二弟子，最能學孔子者，羣推顏淵。顏淵有言：

夫子步亦步，夫子趨亦趨。
既竭吾才，如有所立卓爾，雖欲從之，末由也已。

是顏淵主要在學孔子之為人，不在學孔子之知識。而如何為人，乃有其難知難學處。故孔子曰：

學而時習之，不亦悅乎？有朋自遠方來，不亦樂乎？人不知而不慍，不亦君子乎？

是孔子非不知自己為人有他人難知處，但只求自己為人，非為要人知我。不僅他人不能盡知我，即我亦何從盡知得他人。故孔子又曰：

後生可畏，焉知來者之不如今？

是孔子亦自承對後生有不知，則又焉知後生之必知我。至於行，則有一共同標準。孔子所學在此，其教人亦在此。

此一共同標準，中國人謂之「道」，道重在「行」。西方人則言「眞理」，眞理重在「知」。我所知不能盡與人同。亞里斯多德言：

我愛吾師，我尤愛真理。

師弟子間所知，亦不能無分別；與顏淵之稱「雖欲從之，末由也已」，大不同。故中國人言「尊師重道」，與西方人言「我愛吾師，我尤愛眞理」大不同。中國文化有傳統，一脈相承；而西方知識界則日變日新，師承傳統皆非所重。

中國人重做人，不重知識，故亦不重著書立說，為自己作表揚。中國相傳最古書籍有詩、書、禮、易、春秋五經。詩經三百首，作者可考最多只幾首，但絕不重要。此三百首詩之編集人，後世亦不知。書經數十篇，不知其作者，亦不知其編集人。易經、儀禮，作者亦不知。惟春秋乃孔子作。但孔子作春秋，乃根據魯史舊文，與自己著書立說亦大不同。然惟此已為中國古代私人著書之惟一例證。

孔子生平教育門人弟子，均出隨時告語答問，並未自寫數十條作為其授教之綱要，更未嘗作一教本。論語所載，皆出其門人弟子所記錄；逐條記錄者，亦多不知其主名。論語一書之編纂，亦不知出於孔子身後幾代誰人之手。墨子亦未嘗親著書。今傳墨子書，亦不出於墨子弟子，乃在數傳之後。孟子七篇，乃由其門人萬章、公孫丑之徒隨時記錄；或有孟子親所撰寫，然與立意自著書仍不同。

其他先秦諸子，大體皆然。惟道家如莊周、老聃，莊子內篇七篇，老子上下篇，當出莊老之親筆。莊子外雜篇，則不知出莊周後幾代誰何人之手，亦不自標姓名，惟傳師旨而止。今傳諸子書，惟荀卿、韓非兩人最多自撰之篇。或荀子為楚之蘭陵令，老於南方，遂多閉門撰述；而韓非則為韓之諸公子，不以傳授弟子為業，故亦多閒居之筆。

最晚如呂不韋，為秦相，廣招賓客，編撰呂氏春秋一書，但賓客姓名，亦所不知。西漢初，淮南王亦招賓客著書。賓客姓名略有傳，然何人作何篇，則均不可考。周易十傳，大、小戴禮記中所收各篇，後世最著名者如中庸、大學等，均不知作者姓名。要之，中國人觀念，著書乃以傳道，非以揚名。道為公，名則私。為社會大羣傳道，非為個人著作揚名。果圖私名，卽非公道。孔子曰：

述而不作。

先孔子，魯國有叔孫豹，有「立德、立功、立言」三不朽之說。隨時隨事所言當於道，後人記述之，其言卽不朽。則德、功、言不朽，皆公非私。孔子所言，由其門人弟子記下，非孔子自立言以求不朽。

故中國古代經子，皆非私人著書。史籍乃記古人前言往行，與著書自立說不同，故孔子作春秋。

但記述前言往行，宜亦有道，其道則在褒貶。孔子春秋雖因魯史舊文，然「筆則筆，削則削，游、夏之徒不能贊一辭」。春秋有三傳，公羊、穀梁傳其辭義，左氏詳其事迹，兩百四十年列國君臣前言往行記載甚備。此皆出孔子以前列國史書，其作者姓名皆不詳。司馬遷身為史官，承父遺命，作為太史公書，義法一本春秋，是為中國史學界繼孔子後著書有主名之第一人。後代史書，始多作者主名。然司馬遷自言：

究天人之際，通古今之變，成一家之言。藏之名山，傳之其人。

則其書亦為傳道，不為自立說、自成名。

經、史、子三種外有集部，今人稱之為「文學」。最早詩經三百首，繼之有屈原離騷，乃為中國文學有主名作者之第一人。然屈原忠君愛國，「離騷」者，猶罹憂也。屈原所憂在楚之君國，亦為公，不為私。離騷外，尚有他篇如九歌等，合稱楚辭。屈原弟子如宋玉、唐勒，慕效其師為文，但其地位斷不能與屈原相比。高下不在文辭，而在著作之心意，故雖同在楚辭中，意義價值自別。

其他戰國時代文學作品有主名可舉而獲後世之極高評價者，最著如樂毅報燕惠王書。樂毅亦如屈原，忠於燕，愛其君，而遭讒以去。其意亦本不求為一文學家，故其報燕惠王書，乃與文學家自創一文學作品之意義大不同。其次如李斯在秦諫逐客書，與秦國當時政事大有關，其書亦流傳，何嘗是李斯創意求為文傳名？又如其為嶧山碑，亦為秦代統一後一政事文件，非私人一文學創作。而李斯亦決非一文學家，但其作品則列入集部中。

漢初有賈誼作過秦論，此乃其青年從學，對當前史迹有莫大感觸所發抒。其上治安策陳政事疏，則對當時政治深思熟慮作莫大之貢獻。及其遠赴長沙，弔屈原，為鵩鳥賦，則其憂傷國事，感觸遭遇，滿腔心情所難禁之發洩。凡所寫作，皆以一己身世作題材，主要則在性情上，對於國與天下人羣有無上之關切；而豈有於著書立說，為一己之表揚？更豈寫為文學，以供他人之娛樂？彙而觀之，則亦經亦子，亦史亦集，何嘗如近人所想，乃有一套各自分別之專門知識，成為一專門之創造與發明？如賈誼，亦僅以一己之學公之當世。凡中國人之所謂學，經、史、子、集四部大體皆然。

此下演變，同此本源。今不逐人逐書加以詳論，姑舉其較特出者略為陳說。東漢初王充論衡，人則隱淪，書則網羅以前各家各說，而一一加以懷疑批評；是亦見其知識之廣，其人之傑出於儔類，而有近於今人所慕效西方著書立說之所為。近代學人章太炎，乃特加欣賞，謂中國有一王充，可以無恥。其自著書，名國故論衡。同時有國粹學報。太炎意以往陳迹當稱「國故」，不當稱「國粹」，又必一一再加以論定。此見中國古人尚學不尚知，「述而不作，信而好古」之傳統心情已大變。此下胡適之為先秦哲學思想史，不崇一家，不尊一說，所述必加批評，此亦太炎國故論衡之意。至於自著書自立說，則尚待後人努力。

中國之佛教，僧侶僅務傳譯，不事創作。或謂宗教信仰宜然。其實在印度，釋迦以後，佛教僧侶自著書自立說。中國僧侶則述而不作，亦如儒家。傳譯以外，則加闡說。同時五經有「義疏」，注外加注，此一風氣亦受當時佛門之影響。隋唐以下，天台、華嚴，中國僧人亦自成宗派，然不自創經典，仍據傳譯某部經為之會通闡說而止。同時有禪宗，則不立文字，僅有口說，受者寫為語錄。說者謂語錄乃禪門之新創，實則如論語，亦卽孔門之語錄。惟六祖壇經乃用當時通俗白話，與論語雅言有別而已。是南北朝、隋、唐之佛徒，可謂仍不失中國學人傳統。

唐韓愈以提倡古文名，自言：好古之文，乃好古之道。又以己之闢佛自比於孟子之拒楊、墨，毅然以師道自居，而曰：

> 並世無孔子，愈不當在弟子之列。

是韓愈以孔門之傳道者自任，非有意自創為一文人。惟道之所在，身、家、國、天下，出處進退，一飲一讌，一會一別，一死一葬，隨時隨地，隨人隨事，一吟一詠，一章一篇，皆以見道，亦卽如著書立說。韓、柳然，李、杜亦然，其詩其文，皆以傳道。後人乃以詩人、文人目之。寧待必自編一傳奇，自創一劇本，乃始得以文學家成名？

宋代歐陽修承繼韓愈，倡導為古文。然歐陽說詩說易，作為新五代史、新唐書，其學亦經亦史，其集卽亦自成一子。經、史、子、集四部之學，已兼有之，亦豈求為一文學專家？同時有曾鞏、王安石、蘇洵、軾、轍父子，其學其人，大體皆然。此等皆為中國之學人，與今世之所謂「文學家」、「知識分子」有辨。

理學家起，周濂溪作為易通書，大旨在說易，亦所謂「信而好古，述而不作」。張橫渠著正蒙，書名亦本之易，大旨仍在闡說古經典，非為自著書、自立說。二程兄弟，廣傳弟子，其學更見在其門人弟子之語錄。伊川生平唯著易傳一書，仍在闡說古經典；明道則無之。

南宋朱子，集周、張、二程理學之大成。著書說詩、說易、說禮、說春秋，又有四書集注，皆闡說古經典；有各朝名臣言行錄，乃屬史；其詩文成一集，即其一己作品之自成一子。其學亦經、史、子、集四部皆備。而生平講學大旨，則更詳見於其門人弟子之語類，亦非自著書，自立說，自成一專家，如今人所想像。朱子畢生勤學，乃可為中國傳統學人一榜樣。今人乃亦目為一知識分子，則不專門，非專家，氾濫無歸，又何堪與當前分門別類之知識分子相比？

朱子先有近思錄，薈萃周、張、二程言，分十四目，首「道體」。此見中國學問傳統，主求道，即「為己之學」。中國古人稱「道」，後稱「理」，「道學」亦稱「理學」。做人必講道理，出處進退、用捨行藏皆以道，一切財勢權力無如之何。西方重知識，求為人用，由中國觀念言，乃「為人之學」。乃有法律，保障自由、人權。此乃中西為人為學一大相歧點。

近思錄第二目「為學大要」，第三「格物窮理」，此言為學之綱要。四「存養」，五「改過遷善，克己復禮」，即言為學主在做人。六「齊家之道」，七「出處進退辭受之義」，八「治國平天下之道」，由修身推至於齊家、治國、平天下，四者一以貫之，而人道盡。九「制度」，十「處事之方」，十一「教學之道」，此皆由修、齊、治、平之道來。十二「改過及人心疵病」，十三「辨異端之學」，十四「聖賢氣象」，此三目乃言為人以聖賢為終極。故為學主做人明道，則重在大而通；知識則貴專而精。觀近思錄十四目，卽知中國學問在做人，而知識非其首要。書名近思錄，乃從論語子夏「切問而近思」來。學做人，故需切問近思。西方哲學貴能遠思，能自創說，不待切問而近思。此亦中西為學一歧點。

元代王應麟厚齋著困學紀聞。孔子言「生而知之，學而知之，困而學之」。陸象山言「堯舜以前曾讀何書來」，則生而知之。孔子「十有五而志於學，五十而知天命」，則學而知之。厚齋亡國遺民，自居為「困學」，而不敢言知，故曰「紀聞」，實如一部讀書筆記，然而經、史、子、集四部之書無不學。此可謂博學多聞。其實厚齋此書卽從朱子近思錄來。近思錄亦是一部讀書筆記，惟只記原文。厚齋之紀聞，則記其讀後之心得。得之古人，卽心悟於道。非如今人必自創造、自主張，乃為自我知識，非他人所能及。厚齋一代大儒，而自稱「困學紀聞」，中西學人意態豈不顯而易見？

清初顧炎武亭林，亦亡國遺民，著為日知錄，亦從論語子夏「日知其所亡，月無忘其所能，可謂好學也已矣」來。則亭林之所謂「日知」，亦猶厚齋之所謂「困學」。此皆見中國學人意態。其書亦卽一種讀書筆記，經、史、子、集無不學。厚齋、亭林乃皆以「博學於文」為教，其實卽孔子「述而不作，信而好古」之義。故中國人又稱學人為「讀書人」，謂「三日不讀書，便覺面目可憎」。讀書人求為一非可憎人，斯足矣。

亭林同時黃宗羲梨洲，著明夷待訪錄。其書根源經史，自成一家言。經、史、子、集四部之學，亦兼而有之。賈誼陳政事疏，董仲舒賢良對策，梨洲亡國遺民，無此機緣，乃錄以待訪。心抱亡國之痛，而仍不忘以天下為己任，此亦傳道弘道之心，上同於孔子之作春秋；而豈著書立說，自我創造，自我表現，以自揚己名，如今人所想像之知識分子、專門學者所當同類而語？

乾嘉以下，學風又變，分「宋學」與「漢學」。宋學尚言義理，而漢學僅治訓詁考據，發明古人之所言，斯止矣。戴震作孟子字義疏證，拈出孟子書中主要幾字，定其義訓。非我有言，乃闡述孟子之言，義理即在是，故曰：

訓詁明而後義理明。

此亦「述而不作」。乾嘉之學仍是中國舊傳統，舊築矱。其意若益謙，但實則為輕蔑鄙薄清廷之科舉功令，亦上承晚明遺老之意來。惟戴震之徒，有學無己，重知不重行，則與晚明遺老大異。而近人乃謂其有近似西方處，倍加稱重，斯又擬於不倫。惟高郵王氏父子著讀書雜志、經義述聞，乃一意於訓詁，不牽涉義理爭辨，此始有似於西方專門之學，為知識而知識，轉少大可譏評處。但其學術淵源，則中西終自大不同。昧於二王治學之用心，則亦不足以言二王之學。此義他詳，茲不贅。

乾嘉為學，亦文、亦史、亦子，不專一於治經。錢大昕著十駕齋養新錄，則亦為一部讀書筆記，遠追王、顧遺緒。同時有章實齋著文史通義，其書不僅求通文史之學，並經子之學亦求通於一道。自謂其學淵源宋學，與當時分別漢、宋以為學者不同。

晚清陳澧有東塾讀書記，亦如錢大昕養新錄，皆記錄其畢生為學，讀書所得，如是而已。何嘗標榜一己，自謂高出前人？中國學術傳統一大特性，即可由此而見。陳澧前有汪中，欲著述學一書，惜未成稿。「述學」者，即述其所學。中國古今學人，必重自述所學，學從何處來，不貴自創造。清末張之洞主張「中學為體，西學為用」，囑其門客為書目答問一書，亦舉古今書籍分類編目，讀此可知中學之大概。

當時分「義理、考據、辭章」為三學。今人謂辭章為文學，但中國文學亦非一專門之學。姚鼐為古文辭類纂一書，亦指示人如何讀前人文。曾國藩言：

國藩之粗解文章，由姚先生啓之。

乃自為十八家詩鈔，又命其門客為經史百家雜鈔。如何讀前人文，此即自己學文之途徑；如何讀前人書，亦即自己為學之途徑；捨此何以為學？故中國之學曰「尊師重道」，仍即孔子之所謂「信而好古，述而不作」。作為文章，尚不以自創造、自開新為上。惟作者自有其身世遭遇，不同於前人，則雖好古不作，而仍不害其有自己特殊之一分，如此而已。辭章如此，更何論於義理、考據，而可自誇有創造、有開新？曾國藩又有求闕齋讀書記，即東塾讀書記之先例。故曾國藩雖自稱學古文於姚惜抱，而又為聖哲畫像記。又於當時「義理、考據、辭章」三門學術之外，加入「經濟」一門。其所謂經濟，即屬治平大道。則湘鄉之學，又更在重行可知。

西學東來，世風大變，而無奈拘墟坐井，所變亦有限。章炳麟自號「太炎」，乃表其超於顧炎武；康有為自號「長素」，乃表其超於孔子。然康、章皆信重佛教。康有為著大同書，「大同」二字本之小戴禮記之禮運篇，而其書內容則多從佛說。太炎葑漢微言，排列孔子地位在佛門為第幾等。則此兩人亦皆「述而不作」，不自標彰其一己知識之特出而獨立，實仍未脫中國舊傳統。胡適之始轉而師法歐美，曰「賽先生」、「德先生」，全盤西化，但亦不謂有己見之特出獨立。自此以下，國人已不讀中國書，但依然「述而不作」，惟所述則在歐美，如是而已。然歐美之為學，則有「作」無「述」。是則今日國人之為學，豈不仍是一「中學為體，西學為用」之舊調？惟中國古人則主用夏變夷，近人則主用夷變夏。但西方主變，他日西方又變，則不知我國人又將何所承襲以自成其一己？

孔子曰：

知之為知之，不知為不知，是知也。

是知必當兼知其有所不知，學亦當兼知其有所不學。顏淵學孔子曰：

夫子步亦步，夫子趨亦趨。

在知識方面，易知則易學。又曰：

如有所立卓爾，雖欲從之，末由也已。

則在為人方面，有難知難學者。孔子所言，讀一部論語而可知。但孔子何由而出此言，又何為而出此言，則豈不難知而難學？若僅論知識，一部論語所言有限，我能超其所言而為言，豈不已超孔子而上之？孔子曰：

述而不作。

一部論語，實多述周公之所未及言，孔子則若自謂未有言。孟子曰：

孔子，聖之時者。

孔子已與周公異時，乃成其為孔子。孔子之難知難學處乃在此。今人則必曰「現代化」，生現代，當知現代，為現代人。現代與古代時不同，我乃得傑出於古人。但後人又必傑出於我。故僅知現代，僅學現代，不知有古人，不知有後人，則當成為一無知無學之人。孔子曰：

其或繼周者，雖百世可知。

則孔子為「聖之時」，與今人之所謂「現代化」又大異其趣矣。孔子又曰：

後生可畏，焉知來者之不如今？

則後生之可畏，乃為其亦能如前人。今人則又必謂人類進步，今人當決不能追隨後人，一如後人。斯則生為現代人，現代即變而去，又何知之有，何言之有？

# 七〇　知識與生命

中國古人極看重知識，孔孟儒家姑不論，即莊老道家亦然。莊子逍遙遊稱：

小知不及大知，小年不及大年。

知分大小，即其重視知識之證。又以「知識」與「生命」並言，更是其重視知識。中國人主從生命內部求知識，不向生命外面求；西方人則反之。此為中西雙方求知態度相異一大特徵。莊子養生主又稱：

吾生也有涯，而知也無涯。以有涯隨無涯，殆已；已而為知者，殆而已矣。

從生命外面求，時空事物，無邊無際，無窮無竭，以我短暫狹小之生命，向之求知，此為一危殆之道。果憑此為知，則惟有危殆而止。此非不重知識，乃主知識不應向外求。

人生外部最大莫如「天」。人類莫不知有天。然天實難知，天上是否有一帝，此事不易知。中國古人似亦信天上有帝。孔子於此不加深求，僅曰：

天生德於予。

又曰：

知我者其天乎？

則孔子似非不信天上有帝，但孔子僅從己言，不從天言。孔子僅自信有德。就一般言，此德應由天賦。孔子自謙又自尊，自安又自虛。德之所成，並世稀知，則曰知我惟天，但不言何待人知。人果不知，仍望天知。孔子又言：

五十而知天命。

孔子五十成德，乃謂上天命我如是，此其意態仍可謂極自尊又極自謙，極自虛又極自安。能如此足矣，又何煩確求天帝之知？

孔子重「道」，乃人生之道，當就人生求。墨翟反孔子。孔子言「孝」，墨翟言「兼愛」，必欲「視人之父若其父」，謂此乃本之「天志」。孔子並未明言天上有帝，惟人生自幼卽知孝父母，乃謂孝亦天命，如此而止。墨翟則似確信天上有帝，人生無不有父母，卽天志命我以兼愛。此非內求諸己，乃外求之天。儒、墨是非在此。莊子齊物論兼反儒、墨，然其求知意態則實近儒，不近墨。

莊子大宗師有曰：

> 知天之所為，知人之所為者，至矣。知天之所為者，天而生也；知人之所為者，以其知之所知，以養其知之所不知，終其天年而不中道夭者，是知之盛也。

是莊子言知，亦兼天人言。惟莊子之求知於天者，僅曰：

> 天而生。

人由天生，此易知。惟天之生人，欲其孝抑欲其兼愛，則不易知，故莊子不之言。然則人生當奈何？

莊子意，天既生我，我當盡其天年，而不中道夭，斯可矣。何以盡其天年？是必有道。而其道則半在人，半在天。在天者，我不知，則惟以我所知養我所不知而已，無煩深求。

此處莊子意頗近孔子。孔子曰：

知之為知之，不知為不知，是知也。

有所知，有所不知。知我所不知，亦卽是知。人能知己有不知，亦卽是知。寧知上天之必有帝，又如何為帝？此皆不易知。孔子曰：

祭神如神在。吾不與祭，如不祭。

人之祭神，固知神之所在，又果知神之若何而為神，孔子不深求。祭神如神在，僅求之吾心。人豈並己心而不知？知吾此心，臨祭而敬，斯卽如神之在矣。然則神卽在吾心之敬，若我不與祭，或心不生此敬，則祭如不祭。有神與無神事在外，孔子不論；祭與不祭在人事，孔子乃辨之。

或疑孔子果不知有神，何煩祭？但神之有無，孔子所不知，姑盡我之心而祭，此乃孔子對人生之慎，亦卽莊子所謂「以其所知養其所不知」。臨祭而敬，可得神懽，孔子知之；臨祭而不敬，不可得神懽，孔子亦知之；至於神之有無，則孔子所不知；惟盡其在我，臨祭而敬，斯可矣。若必廢祭先求神之有無，萬一果有神，我此不祭，先獲神譴，慎於人事者不當如是，故貴「以所知養所不知」。

「天」與「神」，孔子不知。「死」亦孔子所不知。或問死，孔子曰：

未知生，焉知死？

先從事於可知。莊子曰：

善吾生者，乃所以善吾死也。

此亦「以其所知養所不知」之一例。

個人如是，大羣亦然。中國自堯、舜、禹、湯、文、武、周公以來，積兩千年之久，若何則治，若何則亂，史迹俱在，宜可知。此下事變繁興，豈能一一逆知？孔子曰：

述而不作，信而好古。

其或繼周者，雖百世可知。

此亦「以其所知養其所不知」。而中國之大羣人生，乃自孔子迄於今又已兩千五百年，而尚未有艾。此亦可謂善盡其天年矣。

西方古希臘人亦重知識，並謂「知識卽權力」。但從人生外部求之，並又認為可以無所不知，有所全知，求得眞理，乃可憑以指導人生。然外於人生，又何人生眞理可得？西方人於科學、哲學皆有甚深造詣，但不知何以於異中求同。如古希臘有諸城邦，而無一統一領導之政府，有此民族，無此國家。馬其頓起，希臘卽亡。此未可謂盡其天年。柏拉圖懸書門外：「非通幾何學，勿入吾門。」但幾何眞理非卽人生眞理。從幾何學所得知識，乃部分知識，非全體知識。柏拉圖著理想國一書，不本之於實際人生，而僅憑理想。在當時無可通行，下及近世亦然。亞里斯多德繼柏拉圖而起，持論卽與柏拉圖相異，並曰：「我愛吾師，我尤愛眞理。」此與中國孔子、莊子所言甚不同。莊子並不師孔子，而所陳義理儘多相同處。何以故？以其同本之實際人生內部故。西方哲學則人持一說，至今無定見。

羅馬亦一城邦，憑武力統一意大利半島，又環地中海拓展形成一大帝國。但羅馬人不甚重知識，從希臘俘虜中獲得一知半解，卽告滿足。羅馬帝國崩潰，亦未可謂羅馬人已盡其天年。中古時期，耶教昌行。但耶穌乃猶太人，其教何以得盛行於歐西？因歐西人生不安，信仰天國上帝，心始稍安。但眞得安乃在死後；方其生前，固仍不安。循是以至現代國家興起，其生前之人心不安則如舊。一方效希臘人經商成為資本主義，一方效羅馬人整軍經武繼續帝國主義，富強不可一世。但經兩次世界大戰，國力均告衰退。以常理推之，能勿接踵希臘、羅馬遽此淪澌以盡，已為至幸；至於盛況再臨，歐西人已不作此夢想。豈得謂已盡其天年而非中道夭？

繼歐西而起者，曰美曰蘇，今稱世界兩大強。然第三次世界大戰是否不再繼起，無人能加保證。原子彈肆虐，兩敗俱傷，已有作此預言者。然則美、蘇如何終其天年而不中道夭，亦復無此把握。西方文化陷此悲境，即在其不能「以其所知養其所不知」，而僅求在不可知中求知，以為可以應變，而不知終是一危局。莊生則已先言之。

哲學、宗教既均不能解救此危機，試言科學。余生晚清光緒乙未，無錫鄉村中尚無電燈。十三歲入常州府中學堂，始見有電燈。及今回憶，余幼時十三年中，人生亦有快樂；十三年後，亦多極不快樂事。今人則謂科學使人生進步，實則科學僅與人一方便，非能使人生有進步。以余一人一生所知，此即一真理。科學發現，僅在物質上；人生安樂，則別有所在。至於人生之品質高下，則猶非安樂一端所能定。孟子曰：

生於憂患，死於安樂。

此則可與知者知，難為俗人言。余此下八十年來，科學種種發明，而人生則日增其不安不樂。此下之不安不樂，或將更過於今日。物質人生尚如此，品質人生更何論？

宰我以三年之喪問孔子，謂一年春夏秋冬四季，氣候變盡，守父母喪一年已可，何必三年？孔子意，父母死，究否有鬼，鬼經三年，其變又如何，皆所不知，亦不向此等處求知。只謂子生三年，然後免於父母之懷抱，故守喪三年，乃覺心安。今汝若覺一年心安，即守一年喪亦可。此非孔子深斥宰我，實告宰我以人生大道，貴在及己求之。孟子告曹交亦曰：

子歸而求之，有餘師。

古代是否有三年之喪，後人以考據家態度來疑孔子。實則「愼終追遠，民德歸厚」，孔子著意處正在人生之德上。莊子亦好言德，故有德充符之篇。西方人不言德，此又中西雙方言人生一大歧點。莊子大宗師又云：

以德為循者，言其與有足者至於丘也。

我何堪與無足者同至於丘，亦不能與無德者同臻於道。孔子曰：

十室之邑，必有忠信如丘者焉，不如丘之好學也。

人羣大道亦惟一本於人性之忠信，加之以學，乃可達於道。學即學己之忠信而已。行遠自邇，登高自卑，人之至於丘，亦惟在己之雙足。有足自能行而至，有德自能學而成，此亦「以其所知養其所不知」。不知孔子之道，豈不知己心之忠信？是在好學。孔子曰：

學而時習之，不亦悦乎？

學則自能悦，此亦人之德，在人自學而自知之。中國人教人，在教其內心之自知。西方哲學求知，則在人之外，不在人之內。故必有邏輯辯證，語言有組織，積累篇牘，強人以信。但人亦向外求，外又何限？求而得者不同，則曰：「我愛吾師，我尤愛眞理。」中國教人，只自述所知。人有同德，斯亦同知。故中國言「教」必言「化」，乃學者之自化，非教者所能強加之以化。莊子大宗師又言：

道可傳而不可受。

孔子之時習而悦，此即孔子之傳道。學者自學自習，乃學者之自得。故學貴自學，得貴自得。西方哲學亦志在傳道，而期人之受，不待其化。莊子又曰：

其嗜欲深者，其天機淺。

志在傳道，不待人之自化；志在受道，不求己之自得；此皆嗜欲。自化自得，此乃人之天機。以其所知養其所不知，天機自發，則所得日進，此乃是自然。

莊子善譬喻，養生主篇曰：

指窮於為薪，火傳也，不知其盡也。

人文大道，即今人所謂之「文化」，如一大燃燒體，發光發熱。人在大羣體中亦如一薪，能發光發熱，傳及他薪。此薪已燃燒成灰，他薪仍續燃燒。堯、舜、禹、湯、文、武、周公前薪已盡，孔子如後薪，發光發熱，但亦必盡。孔子曰：

後生可畏，焉知來者之不如今？

莊子、孟子，又屬後生，同一發光發熱，亦同歸於盡。而人羣至以永傳。西方哲學，各別成家。希臘、羅馬各自成一文化，又有現代西方文化。文化日進步，前人不如後人，則人死惟有上天堂。故西方宗教雖與科學、哲學各相異，而人各有其久傳永存之價值。但人之知識，只能知其一部分，不能知其大全體，空間然，時間亦然。中國則以知養其所不知，西方則以互不相知互相爭，此其異。

莊子大宗師又言：

古之真人，不忘其所始，不求其所終。

人生所始，如嬰孩三年，免於父母之懷抱，雖不自知，而能不忘。百年之生，亦非全知，而多能不忘。故中國人重記憶，乃重歷史。西方人則不重記憶，亦不重歷史。希臘、羅馬人，皆不言其始，乃亦不計其所終。現代西方人亦然。皆忘其所始，而又忍其所或終。故西方人乃輕其前後，而重視當身；求變求新，更求自創造；信當世，不信先、後天，乃至失其為人、為我，而卒亦無可知其所將終。心勞日拙，現世則已，其果何為？故中國人尊先賢，畏後生，所知皆從先賢來，能為後生開一始，斯可矣。此亦以其知養其所不知，以待其自化。何嘗如西方人，必求自創一眞理，為後人永守。後人承此心理，亦求變求新，而所謂眞理，亦隨此日變日新而俱去。中國人則不求變，不求新，惟此一化，乃自變自新，而仍在此一化中。「化」卽是道，萬化而不出此一道。惟儒家言道重人生，道家則推而至宇宙自然，非有他也。

莊子齊物論，一儒、墨之是非。然他篇如人間世、大宗師，多稱仲尼，亦及顏淵，乃不提墨翟、禽滑釐。雖亦寓言，而儒、墨不齊可知。故莊子言「至人」、「神人」，亦言「聖人」。外篇胠篋始曰：

聖人不死，大盜不止。

乃見非聖意。莊子言「道」亦言「德」，老子則曰：

失道而後德。

莊老相較，淺深自見。老子又言：

絶學無憂。

莊子內篇中有大宗師，既有宗師，則仍主有學。老子主張「小國寡民，老死不相往來」；而莊子內篇中有應帝王，既有帝王，則非小國寡民可知。則莊子對教育，對政治，仍與孔子儒家有吾道一貫先後相承之大義存在；而老子則言之過激。老繼莊後，一如荀子繼孟子之後。後人欲求異於孔子，乃多舉老聃，鮮及莊周。但阮瞻終以「將毋同」三字得掾，見世說新語；則中國文化儒、道兩家融通和會之大體系，實亦為歷代學人所同契。惟或偏莊老，或偏孔孟，乃若有其相異耳。

莊子應帝王又曰：

> 明王之治，功蓋天下，而似不自己。

孔子亦曰：

> 堯之為君也，蕩蕩乎，民無能名焉。舜恭己正南面而已矣。

「民無能名」，即「似不自己」。可見莊子與孔子意實無大異。又曰：

> 化貸萬物，而民弗恃。

此語尤有深義。中國人言教，每曰「教化」；言治，每曰「治化」；言天地，則曰「造化」。「化」待萬物之自化。大學言：

自天子至於庶人，壹是皆以修身為本。

修身即自化，故曰「反求之己」，「盡其在我」，則在外無所恃。西方人必求恃於外，希臘經商恃財力，羅馬整軍恃武力。直至近代資本主義恃財力，帝國主義恃武力。宗教恃上帝，科學恃自然萬物，必在外有所恃。此在中國謂之「霸道」。中國尚「王道」。孟子曰：

霸者以力服人，非心服也，力不贍也。王者以德服人，中心悅而誠服也。

尚德必修之身。韓愈曰：

足於己無待於外之謂德。

故能弗恃在外。則莊周道家言，實與孔孟儒義無大殊矣。

應帝王又曰：

南海之帝為儵，北海之帝為忽，中央之帝為渾沌。儵與忽時相遇於渾沌之地，渾沌待之甚善。儵與忽謀報渾沌之德，曰：「人皆有七竅，以視聽食息，此獨無有，嘗試鑿之。」日鑿一竅，七日而渾沌死。

七竅在養生主謂之「官知」，目視耳聽，求知皆在外。「渾沌」非無知，惟知在一身，融通和合，乃全體之知，非分別之知。若果無知，則何以能善待儵、忽？此即儒家所謂忠信之德。忠信非無知，亦乃一全體知，非部分知。死生存亡均已融為一體，何論人己物我？曾子曰：

為人謀而不忠乎？與朋友交而不信乎？

渾沌善待儵、忽，即此忠信之德。莊子：

德者，成和之修也。

其言修德卽猶儒家之言修身。忠信所以成和。而有子言：

禮之用，和為貴。

渾沌之善待儵、忽卽是禮。而老子又曰：

禮者，忠信之薄而亂之首。

則又拒禮於外，引而遠之矣。存之內，斯為忠信；表之外，斯為禮。禮卽內外一體，寧有表之外而無存之內者？不忠不信卽非禮。老子又曰：

六親不和，有孝慈；國家昏亂，有忠臣。

但孝慈卽六親之和，忠臣亦所以成國家之治。老子又曰：

同謂之玄，玄之又玄，衆妙之門。

玄同猶言渾沌，老子言乃眾妙所出，此猶近莊子。老子又曰：

古之善為道者，非以明民，將以愚之。

此則又失渾沌、玄同之義，莊子斷不為此言。惟曰「大巧若拙」，「大智若愚」，則庶近之。故「渾沌」乃大智之謂。視聽食息之知，外取於物，內供之己，物我別，人已亦別。近代個人主義之功利觀，一切皆賴七竅之分別知，而「渾沌」之全體知則已死。莊子之言，仍必會通之於儒義，乃得其眞解。

西方人求知重分別，乃尚空間擴張；中國人求知重和合，乃尚時間緜延。「儵」與「忽」，即指時間之無緜延而言；惟「渾沌」全體無分別，乃能緜延。中國自黃帝、堯、舜迄於今，緜延四、五千年之久，仍然一中國，則惟渾沌文化。西方自希臘、羅馬迄於今，則惟儵忽多變，而渾沌則已死。莊子應帝王言政治，其大義亦何異於孔孟？惟儵、忽分居南海北海，而渾沌乃居中央，空間不同，氣候不同，生物不同，斯其民族文化亦不同。斯亦一自然，無可奈何。故莊子意，必求為鯤鵬，能作逍遙之遊，庶可以有大知、大年。其言不如孔子之親切，有規矩。然能通莊子義，則更能通孔子義。中國民族文化之所謂「知」，其庶無所大違越於其所謂「道」，與西方人之言「知識」與「眞理」則大相異。

莊子與惠子辯。惠子曰：

人而無情，何以謂之人？

莊子曰：

吾所謂無情者，言人之不以好惡內傷其身，常因自然而不益生。今子外乎子之神，勞乎子之精，倚樹而吟，據槁梧而瞑。天選子之形，子以堅白鳴。

惠施名家，其源自墨來。離堅白，近似西方哲學家言，莊子譏之。西方人求知識，皆求益於生。中國崇德性，卽自然。好惡內傷其身，儒家謂之「欲」。故孟子曰：

養心莫善於寡欲。

求知識僅「養心」之一事。會通而觀，中國文化精神昭然若揭矣。今之求知者，又烏足以語此！

# 七一　知與情

西方人重「知」，中國人重「情」。知自外來，屬分別性；情由內發，屬和合性。孰輕孰重，人生隨之大異。

人之外界所知，萬事萬物，各有分別。即就能知言，目知色，耳知聲；目不能知聲，耳不能知色；則能知在我，亦有分別。今問目何以能視，耳何以能聽？則我不知。非習生理學、醫學耳目專科者不能知，即治生理學、醫學耳目專科，所知亦有限。耳目病求醫，不能治者尚多。則人雖能視能聽，實不知其何以視何以聽。

抑人生非為求視聽乃生此耳目。嬰孩墮地，已帶此耳目俱來。嬰孩何知，亦有目則視、有耳則聽而已。豈不在知之後面，仍為一不知。

人身外有五官，內有臟腑。臟腑更非所知。如胃腸主消化，並所不見，何知其若何為我消化？即胃腸專科醫生，所知亦有限。故胃腸有病，亦每不能盡治。

人之一身，近代知識所不知者何限？至於如何由此一身，而成其為一我；而我此百年之人生，自西方學術界言，則又有心理學、人生哲學、宗教神學種種分門別類之研究，而至今仍是一謎，未有明確之解答。

中國人重情不重知。孔子曰：

知之為知之，不知為不知，是知也。

人之知，必當同知其所不知。而知與不知融為一體，道家名之曰「自然」，儒家稱之曰「天」。我之為我，乃由天命、自然。一天人，合內外，樂天知命，主要在其情。五倫之情，在此不詳言。

西方小說中有魯濱遜飄流荒島，無所用其情，但必用其知。何以得生存在此荒島上，則一憑其知。其實今人處紐約、倫敦、巴黎各大都市，百千萬人羣麕集，亦何嘗不如魯濱遜之飄流荒島？今日四、五十億人類，羣居在此交通便利之現世界，又何嘗不如魯濱遜之飄流荒島？惟魯濱遜一人在荒島，其為生活則易；今日世界則如四、五十億魯濱遜同居一島，其生活則殊難。今日不知明日，且度今日，則已竭吾知而無遺。

今則稱之曰「個人自由主義」。然如何得成其為個人，又如何得完成其個人之自由，則恐非今日人類所能知。科學發達，有電腦，有機器人。電腦可代我記憶，供我諮詢；機器人可由我役使，順我指揮。電腦、機器人勝過人腦人身。何以故？電腦、機器人無個性，無感情，無欲望，乃可一任我之支配與命令。果使魯濱遜在荒島亦隨身有電腦與機器人，豈非一大方便？然在今工商大羣中，運用電腦與機器人，不啻以電腦來戰勝人腦，以機器人來代替眞人，今則稱之曰「戰勝自然」，「克服自然」。但世界四、五十億人，同是一自然；即我個人，亦仍是一自然。自然可戰勝克服，則人類將盡，而我個人又何以獨得存在？此雖不可知，實亦可知，可不煩深論。換言之，此種人生，只是以知來戰勝克服不知；而知與不知實為一體，不知無以為生，僅知亦無以生。此仍是一天命，亦仍是一自然，則雖不知而亦可知矣。

今再換言之，能知當時，安之樂之，斯已矣；此為重情之人生。必求戰勝當前，克服當前，不安不樂，以期求於將來之明天；此為重知之人生。而明天之不可知，則更過於今天之當前，則重知人生必深陷於不知中，宜為可知。

清末嚴復派赴英倫學海軍。西方知識重分別，學海軍亦當專心一意學。乃嚴復轉而寄情於英國其他各項學術思想，歸國後盡力翻譯，如穆勒父子之哲學，斯賓塞之社會學，亞當史密斯之經濟學，達爾文之生物學，及法國孟德斯鳩之政治學。在嚴復之意，此等學術思想皆可指導輔助吾國家民族之前進，或更勝於海軍武力。嚴復不知此乃以中國人心情來治西學，在西方則分門別類，各擅專長，豈可以一人精力盡通此諸方面？當時國人讀嚴復所譯，豈能由此進窺西學？知識重分別，不僅當前與將來有分別，此方與彼方亦同樣有分別。不知重分別，即不知西方之為學。

同時有辜鴻銘，生於南洋檳榔嶼，自幼即進英文學校讀書，長而遊學歐西，兼通英、法、德諸國文字，又通拉丁文、希臘文。西方書無所不讀，但專愛本國古典舊學，崇揚孔子春秋，與語孟四書。西方人則敬其學之異，而中國人則不知其淵源宗旨之所在，成為一時之怪人。

繼之有胡適之，亦以青年留學美國。先學農，又改治哲學。歸國後，宣揚西化，唱為「新文化運動」。自稱服膺美國杜威哲學，則當終身任一大學教授，庶不失西方學者典型；宣揚西化，可收躬行實踐之效。但適之於中西雙方文學、史學，皆稍窺藩籬，未能深入。乃肆意卑中揚西，批舊崇新，昌言高論，漫無防戒。其於西學，獨尊民主政治，名之曰「德先生」；又尊自然科學，名之曰「賽先生」。其於哲學，則斥之曰「玄學鬼」，主張「哲學關門」；其於宗教，則鄙夷不談。但文化當論全體，崇洋西化，豈能蔑去宗教、哲學於不談？西化重知識，貴專門，各務一項，亦屬自由。適之為學，似偏於通，不尚專，誠是中國風範。故適之似仍不失為一愛國家、愛民族之通人。但其求對當前國家民族學術上之改進，先則主張提倡白話，廢止文言；又繼之以「打倒孔家店」，以非孔、反孔作號召。其於知識是非姑不論，其於情感愛憎，則頗似失常。

陳獨秀與胡適之相友好，同為當時「新文化運動」一唱導主持人，乃一變而信仰共產主義。共產主義亦近代西方思想一支流。但如何以共產主義來改進中國，則千頭萬緒，問題複雜。此須長時期知識研尋，豈得如宗教，只求信仰，便卽實現？則陳獨秀最多亦仍是一愛國家、愛民族，重感情、尚實踐，與胡適之同為一未失中國傳統之時髦學人，如是而已。

當時「新文化運動」，陳、胡以外，尚有人主「線裝書扔毛厠」；或主廢止漢字，改用羅馬拼音，不得已則主漢字簡化。不讀古書，乃為惟一已見之成效。即尚有攻讀，亦多趨專門化，乃無所謂經、史、子、集，而「哲學家」、「文學家」、「史學家」等種種稱呼出現。學術思想之西化，此可謂其第一步。

中國人做學問，不重分門別類，更重會通和合；非為求知，乃為求道。所謂「道」，主要為「人道」，為人與人相處之道。其惟一基礎，為人與人之一番同情心。故中國人所謂「道」，則必兼「情」，本於情，始見道。西方人求知在求「眞理」，眞理在外面事物上，故重「客觀」，不須兼以情。以情羼之，易失眞理。中西求知態度大不同，而所知亦不同。中國人言修身、齊家、治國、平天下，皆屬道。人人同有身、家、國、天下，則其道大同，豈得分門別類以為學？而知識遂亦無門類可分。

姑舉最顯見者言，漢代司馬遷著為太史公書，今稱史記。自稱其書一本孔子春秋精神。然孔子春秋入經學，司馬遷史記入史學。中國經、史、子、集之分類，乃就其成書體裁言，不指其為學途徑言。若言為學途徑，則惟有一道。其道係何？曰為人之道。達此道，則非學問，非知識，惟其人而止。

唐韓愈以文學名家，但愈之自言曰：好古之文，好古之道也。「文以載道」，乃亦近代國人所詬病。其實中國傳統，文學自詩、騷以下，無不各歸於道，絕不許違道以為文。凡稱「文」，必通「道」。如言「文化」、「文明」、「文教」、「文章」，豈得分門別類，獨出一途徑，以成為文學？

宋代朱熹所著書，分別列入經、史、子、集四部中。然則朱熹之學，乃經學，抑史學，抑文學、哲學，抑渾沌含糊，不知門類，不明家派，以自成其學乎？以近代國人治學眼光來論朱子，則或稱朱子治哲學，或稱朱子治文學、史學，又別稱朱子治經學；則朱子可謂不知學、不成學，乃雜學，亦無學可言矣。

其他中國一切學人全類此。如歐陽修，究為經學，抑文學，抑史學，或別有其一套哲學，甚難判定。又如唐代陸贄，是否得稱為一經濟學者？宋代鄭樵，是否得稱為一社會學者？三國時諸葛亮，明代王守仁，清代曾國藩，是否得稱為一軍事學者？求把中國學人分門別類，納入西方學術規範，將見甚難安排。則中國民族，中國文化，豈為一無學無知之民族，無學無知之文化？則豈不又貶抑之過甚？

又如孔子言：

辭達而已矣。

又曰：

言之無文，行之不遠。

則文辭非可獨立成一項學問，乃以表達心情，而有文辭之修飾。文辭僅為一工具，中國古人稱為「藝」。故詩言志，言之不足則歌唱之，歌唱之不足則不知手之舞之足之蹈之。則歌唱音樂與舞蹈皆一藝，而又與文藝相通一貫，融和會合。又增之以臉譜、服裝、彩色、圖繪。如近世所傳播流行之平劇，不得不謂其亦是一項藝術，但亦不得謂其非一項文學。若必分別論之，則果為藝術，抑為文學，豈不又成一爭辯，而亦無可判定？故中國學術皆必通而為一；而西方如文學、音樂、繪畫、舞蹈，則皆可分門別類，互不相通，各自獨立，其和合乃偶然，其分別乃正途，此則與中國顯有異。

近代國人必稱中國無科學，而英人李約瑟乃著為中國科學史一書，歷舉史實，絕非空言。而在中國語文傳統中，則並無「科學」一名詞。李約瑟書稱中國科學源於莊老，其言是非，此不論。但莊老書中，絕無「科學」一詞，是莊老不知有科學可知。莊老書中亦論及政治、社會、經濟，並及宇宙萬象。近代國人則多稱莊老為「哲學」。然「哲學」一詞，亦如「科學」，均不見於中國學人之稱述。則莊老亦不知有哲學一項可知。然則以西方觀念言，莊老究為何等一學人，豈不仍當為爭議一問題？

西方人既重分別之知，遂多分別之名詞出現。如論「政治」，西方有「神權」、「君權」、「民權」之分。中國傳統政治，於此三類中當屬何類，已成一問題。論「社會」，中國本無此名稱。在西方則有「農奴社會」、「封建社會」、「資本主義社會」諸分別。中國社會又當納入何項，亦已成問題。依西方傳統觀念言，依其重客觀分別之知言，則當為中國政治、中國社會另立新名稱，始為得之。否則中國人以前不知有西方，西方人以前亦同樣不知有中國，西方以前所分別，本未包括中國在內。今求以此等已成名詞勉強把中國納入，斯卽為不客觀、不科學，亦可知。近代國人崇慕西化，惟當列中國於化外，始為得之。又豈得卽化中國為西方，而一體加以論列？其決不符眞象可知。

中國人重情，但西方人亦決非無情。中國人求知，與西方有不同。西方人求情，亦與中國有不同。此則仍是雙方一文化異同。如最近波蘭事變，西方人對之豈得謂無情？波蘭內部起此事變，又豈得謂波蘭人無情？果使中國古人處今日之波蘭，又將何以為情，何以自處？此則又有一分別，當提及。

西方人重知，重空間；中國人重情，重時間。西方人重擴張，中國人重緜延。歷史不同，在中國歷史演進中，當不致有如今日之波蘭。今再扼要言之，人生乃一綜合性，幼年、中年、老年，同是此一人，同是此一生；農人、工人、商人，亦同是一人。一切生活事業，可以隨時、隨地而異；其同是一人生，則無可分別。西方人重知、重分別，乃疏忽了此綜合性。如農業轉為工商業，西方人必認為乃人生一進步。故西方人昌言平等，而必於人生各方面，加以種種分別，成為一不平等。亦可謂西方一切知，乃不知此眞人生。既所不知，復何有情？中國重情，乃為對此人生有眞知。一旦面對西方人生，亦所不知，則宜乎其亦不知何以為情矣。如今日之波蘭，無論其為波蘭人，或非波蘭人，凡所表現之一切情，均可謂非人生眞情。徒有情，而此邦之人生則終趨於日亂而無可救治，亦宜矣。

今日之波蘭人，果能動其眞情，則波蘭共黨政權之軍事統治，宜亦可漸趨解消。波蘭四圍之非波蘭人，果能亦對波蘭動眞情，則波蘭內部之亂，宜亦可漸趨於平息。「欲速則不達」，重情則知忍知讓，知緩以待之。「飄風驟雨不終朝」，而何是非強弱之足爭？今則爭是非、爭強弱，亦無奈其無情何！則飄風驟雨雖不終朝，仍將復起。第一次、第二次世界大戰後，或仍將有第三次之大戰繼起，亦惟此之故。

然則求當前世界人生有一大轉變，先當變其情，而非變其知。惟情乃可和，而知必出於爭。對此「情」與「知」、「和」與「爭」之兩面，中西雙方觀念各不同。此則以中國觀念言，此情實乃一仁；惟知仁，乃得為大智。非仁且智，何以救世界、救人類？其果有當乎？世人賢達，尚其平心衡論之！

# 七二　修養與表現

國人自慕西化，民族傳統備受譴責，但尚稱讚我民族之同化力。西方尚分化，古希臘以一半島，城邦分裂未能成國。近代英倫三島，英格蘭、蘇格蘭、愛爾蘭各自分張。海外殖民，美利堅、加拿大、澳大利亞各自獨立，難於再合。全歐洲亦分數十國。此與中國傳統，一趨分，一趨合，顯見不同。中國人重「內心修養」，西方人重「向外表現」，此當為其主因所在。

重修養，每求親近人；重表現，好作相互比較。人之有羣，宜相親不宜相較，其義淺顯，勿煩深論。西方如奧林匹克運動會，淵源古希臘，一步一跳，盡作比賽，蔚成國際風尚。個人表演，勝者固若有榮；其於羣道，究何意義價值可言？

中國人崇尚孝弟忠信，非與人相爭，亦非自我表現。內盡己心，君子闇然而日彰，他人心悅而誠服；聲聞過情，乃己之恥。對人卽以立己。人己輕重之間，一施一受，於其深處有大分別。此誠羣道之大者。

西方人重己，求表現，不重人，不憚相爭，乃日趨於分化。如販賣黑奴去美國，亦已數百年之久。林肯總統解放黑奴，引起南北戰爭。解放後，為爭選票，黑人屢加優待。但美國人輕視黑人心理，則終不變。一住宅區，偶一黑人家庭遷入，同區美國人卽相率避去，轉瞬成為一黑人區。最近風氣猶如此。但儻一黑人，拳壇出賽，榮膺拳王寶座，或則以歌唱稱后，美國人亦競加重視。猶太人在商業上有表現，美國人始終重視之。則能「爭」始見重，其羣乃成一相爭之羣。相爭求成羣，則尚「法」。惟國際則尚無法。

世界第二次大戰，德、日為美之敵，英、法為美之友。大戰既平，德、日商場競爭之利勝於英、法，乃轉成美國之友。故能相爭，能為敵，始成友。西方傳統如此。今日西方羣相呼號者有三語：曰「自由」，曰「平等」，曰「獨立」。自由乃求獨立，獨立始見自由，此之謂平等。凡所表現，皆一種獨立相異之表現，一國、一家、一人皆然，故其羣必日趨於分化。

中國武術，播之銀幕，西方羣相豔羨。然中國人登武當山，進少林寺，潛隱終身，武術亦人生一修養，不為爭表現。擂臺爭霸，乃江湖上事，少林、武當中人所不為。今銀幕電視所表演之中國武術，則亦全為一種比賽，已非中國傳統精神。中國遠自唐代，酒樓旅館亦有歌伎，侑酒娛賓，亦寓有一種友情；亦有絕佳韻事，散見於詩詞、傳奇小說中。非在大庭廣眾中，作自我表現者可比。

中西雙方在學術上，亦有修養與表現之異。中國學問重修養，修養有得，乃以立其己而公之人。孔子學不厭，教不倦，乃曰：

人不知而不慍。

道家亦云：

知我者希，則我者貴。

自我表現，求知於人，豈得稱為學問？中國五倫，所重在對方，修養則歸之一己。學問亦盡在此。不惟儒家然，諸子百家亦無不然。墨家兼愛，偏重對外表現，後世不傳。道家最不重表現，乃得與儒家並尊。學於人，問於人，自稱「弟子」。孔子曰：

有朋自遠方來。

則以朋友視來學。韓愈亦稱：

弟子不必不如師，師不必賢於弟子。

孔子更稱「後生可畏」。要之，中國人重謙重恭，此皆人生一種修養美德，豈有相輕敵視以作自我表現之意？

西方自古希臘起，文學、哲學、科學諸項，皆貴自創造、自表現，不貴向人學、向人問，更不貴謙恭向人，以虛自居。來學來問者，亦同貴創造表現。故曰：

我愛吾師，我尤愛真理。

哲學家論學著書，必貴自表現，能有新名詞、新解說；又貴有邏輯，使人無可爭，無可辯。科學則必求證據，證據亦為表現，使人無可爭，無可辯。文學則講於道路，演於舞壇，聽者觀者羣集，能事畢矣。其重己輕人之表現，豈不昭然若揭，又何修養之云？故在西方亦可謂無學問，無修養，無傳統；亦如在奧林匹克運動場，敵對比賽，各自表現，如是而已。中國師、弟子相傳習，稱為「一家言」，此乃長老、後進之相傳；西方則分門別類，惟我獨尊，亦稱「一家言」，此乃一己之專門。學術如此，政治亦然。近代民主政治，其情益顯。分黨競選，演說宣傳，亦各自表現，相互為敵。今人則稱之曰「政治運動」，斯眞情實宛符矣。

西方自古希臘起，政治場合重演說，此卽一種表現，貴在能針對異方，以求一己之勝利。中國傳統政治重奏議，如賈誼治安策，精思熟慮，杜門撰寫，此則須先有修養。歷代名人奏議皆由其學問修養來，非作自我表現，更非與敵相爭。卽如董仲舒三年目不窺園，其天人對策，亦自抒其日常學問之修養。其主張罷黜百家，何乃是與百家爭？其在事先亦不待結黨求勝。「用之則行，捨之則藏」，此為在己之修養。若有表現，卽表現其平日所修養；而修養則非為求表現。讀論語「四子言志，吾與點也」章，可知其大意所在矣。

中國人不求表現，更有深意。伊尹五就桀，五就湯，乃曰：

予將以斯道覺斯民也。

所重在「道」，道為人不為己。伊尹處畎畝之中，而樂堯舜之道以自任。其學問卽修養。故曰：

隱居以求其志，行義以達其道。

其志在道，不在自我表現。其所表現，乃為道義。孔子曰：

不仕無義。

又曰：

四十、五十而無聞焉，斯亦不足畏也已。

修養在我，宜必有聞。故曰：

不患莫己知，求為可知也。

患莫己知，則須表現；求為可知，則貴修養。子夏曰：

仕而優則學，學而優則仕。

斯則修養始有表現，表現仍須修養。兩者之別乃如此。中國人言：

一視同仁。

同一己，同一羣，寧可橫加彼此，又必輕彼重此？中國人又曰：

夷狄而中國則中國之，中國而夷狄則夷狄之。

此亦非以中國與夷狄相敵視。但望夷狄能進入中國，則亦一視而同仁之。苟其不為中國，必為夷狄，則放之四海，不與同中國。故修養同，表現同，乃得同羣同仁；修養異，表現異，苟為不義，即不得視為同仁。春秋、戰國時，居民有自由遷移權。不願留此國，遷往他國，政府不之禁。孔子周遊齊、衞、陳、楚諸邦，然魯政府不之禁。梁惠王問孟子：

鄰國之民不加少，寡人之民不加多。

其對移民之一任自由，視春秋益寬放。中國人於「列國」之上又有一「天下」觀念。所謂「同中國」，實卽是「同天下」。故中國封建時代，實已是「天下一家」時代。如西周封建，其與周同姓之諸姬，與周通婚姻最密如諸姜，其為一家可勿論。興滅國，繼絕世，凡同屬中國歷史傳統，在先有貢獻，亦同獲封建，則「中國一家」，亦卽「天下一家」可知。此猶一己修養，同此道，乃得表現為同此仁、同此羣。

然亦有卽為同姓，血統雖一，而其風俗人情不能相同者，則不加封建，視為夷狄。卽如狐姬、驪姬，同一姬姓，亦為夷狄。故在中國封建時代，雖重「宗法」，更重「文化」。浸染於同一文化傳統中，卽同為中國人，不然則為夷狄。主要在「農業」與「游牧」之相異；以政治立場言，則在「封建」與「不封建」。以同屬人類言，則夷狄、諸夏亦得一視同仁。明於此義，則「夷狄而進於中國則中國之」，宜毋詫怪。秦代以郡縣政治統一中國，此乃政治體制之變；若論社會，則「車同軌，書同文，行同倫」，已同屬一道。此則為中國歷史上一大進步，卽中國古人之一視同仁、以天下為一家之觀念有以致之。

秦漢時代，夷狄強鄰有匈奴。當時中國人認匈奴為夏代之後，仍與中國同血統，乃遠移而至蒙古沙漠。惟匈奴以侵略為懷，而中國則以防禦通商、和親懷柔為對策。漢武帝時，始肆撻伐。其南來投降者，則仍處之中國境內，亦希其漸能同化為中國人。直至東漢之衰，魏晉之變，五胡亂華，在當時卽不啻是中國之內亂。五胡之間，界線分明。而胡漢合作，在中國人則不加歧視。每進益深，乃有北魏孝文帝之南遷。隋唐之世，中國乃復歸於統一。從政治論，則又是一大變。而從社會論，則遠自漢末，始終是一中國社會，一線相承，不得謂之有大變。

專論漢、唐兩代，政治社會傳統依然可謂無大變。但魏晉以下，則歷史之變不得謂不大。尤其在北方，王猛仕苻堅，其心亦求北方之安定，屢勸苻堅勿南侵，則其好好做一人之一番中國文化傳統修養，豈不深植心根？其他類似者，史書具在，難於縷述。曾子曰：

為人謀而不忠乎？與朋友交而不信乎？

孔子曰：

言忠信，行篤敬，雖蠻貊之邦行矣。言不忠信，行不篤敬，雖州里行乎哉？

親如州里，疏如蠻貊，忠信之道則一。當時北方胡漢合作，亦有忠信之道存乎其間。此亦中國文化傳統修養表現之一例。

至北周蘇綽，觀其文辭，及其施為，雖在夷狄，不失其仍為一中國人之傳統精神，則益明益顯。下迄隋代，王通居河汾，作為文中子一書，其所表現，亦卽中國文化傳統之一番極深修養，讀其書而可知。唐得承漢起，主要在從此等處求之。中國最能同化人，然亦最不易為他族人同化，自有其一番文化道義傳統。從歷史論，自見有一番表現，而主要本源，則在各個人之修養，豈僅望事業功名之表現所能到達其境界？故一部中國史，實卽一部中國人之修養史，而豈「表現」二字所能盡？

唐代安史亂後，藩鎮割據，下迄梁、唐、晉、漢、周五代，中國與夷狄重見分裂，人物修養有不如五胡、北朝之中國人，然亦未有絶迹。宋代興起，在遼在金，仍有不失傳統修養之中國人參其間。如元好問，仍為一中國傳統大詩人，非有修養，則決不得有此表現。其所修養，雖在當身當境，而上有千古，下有千古，有其一大傳統之存在。苟其僅求一己一時之表現，則必出於爭，無待於修養。故重修養，必能讓而退藏。希臘亡，希臘人又烏得與羅馬爭？則亦無可表現。而元好問則得在金人統治下，成一中國大詩人，仍有其代表中國之特殊表現。其他類此者不遑舉。元、清兩代，蒙古、滿洲入主，而中國社會可以傳統無變，一如其恒。其表現傳統文化之人物，更不勝縷舉。故中西歷史不僅分與合不同，其盛與衰亦不同。西方人好「爭」，其歷史乃衰而不復盛；中國人好「讓」，其歷史乃屢衰而屢盛。此又一相異。

最要者，表現不可傳，而修養則必有傳。求表現必各求創新，推翻前人，即其己之表現；修養則多依前言往行修之己，養之己，善與人同，樂取於人以為善。孔子曰：

三人行，必有我師焉。擇其善者而從之，其不善者而改之。

則不善者亦吾師，盡人而吾師矣。其弟子曰：

夫子何常師之有？

子欲居九夷，其弟子言九夷陋。孔子曰：

君子居之，何陋之有？

獨學而無友，則孤陋而寡聞。以一中國人居夷狄，依中國文化大統，夷狄亦盡可為師；此乃中國人修養之道。「隱居以求其志，行義以達其道。」「人能宏道，非道宏人」，宏道在己，貴有修養；所宏者道，敦行實踐；而豈「自我表現」之謂？

儒家重言「仁」，卽「人道」；道家重言「天」，卽「自然之道」。「天地之大德曰生」，人類亦由自然生。我之得為一人，必於天道、人道有修有養，使在我無忝，斯已矣。同於天與人者大，斯之謂「大道」；同於天與人者小，斯之謂「小道」。唯道家言天，範圍大；儒家言人，範圍小，但更親切近人。道則決非自我一人之道，乃大羣共遵之道；故道必傳自已往，以及於將來而有「統」。富貴財力，則不能有傳統。卽中國古代封建傳統，亦以宗法之道為之主。惟其傳在宗族，故必尊祖先，如商傳湯道，周傳文王之道，「血統」之上必有「道統」。中國人言孝，非謂依順父母。父母不道，能納之歸於道，始是大孝。老子曰：

立天子，置三公，雖有拱璧以先駟馬，不如坐進此道。

則大忠亦如大孝，忠其祖卽孝其親。忠祖孝親，卽道之所在。道有常有變，亂世尤易見。惟能撥亂，始有「小康」；而「大同」則仍在將來。故中國人重修養，其所表現則在更遠之將來。一人如是，家、國、天下皆然。

東漢轉而為魏晉，世衰道微。印度佛法東來，中國僧人幡然歸之。視西土印度為中國，自居為夷狄。佛之一言一行，靡不勤搜廣羅，以學以問，以修以養。積而久之，乃覺佛說紛乘，不得其中心所在。陳、隋以下，中國僧人乃有「判教」工作之興起。從各經典各異說中，加以組織，加以分別，以求其統之所在。遂有天台、華嚴兩宗，一主內，一重外。一為「一心三觀」說，一為「理事無礙，事事無礙」說。所持不同，難為再判。於是乃有禪宗，不立語言文字，惟主一「悟」，學問乃專在修養上，卽身可以成佛，立地可以成佛。其說瀰漫全國，歷宋、元、明、清長時期不衰。又有淨土宗，只一聲「南無阿彌陀佛」，聲在卽心在，一生唸此，亦卽此心之修養。所學在是，所問亦在是，不待再有學問。故「禪淨合一」，乃見佛法之中國化。一自然，一人文，自悟自發，正可見中國文化傳統主要精神之所在。

今若以孔子、釋迦、耶穌並稱為人類三大教，釋迦似乎最重思維，最重自由。菩提樹下枯坐不起，此卽在自由思維。傳其教者，亦各人人自由思維，自由創造，自由表現。而其傳終不大。佛學乃終於在印度失傳。耶穌教則歷中古時期以迄於今，其門徒組織有教會、教廷、教皇，主要在能結合成一團體，能爭能鬥。亦可謂佛教史乃一部自由思維史，耶教史則為一部集團鬥爭史。穆罕默德繼耶穌而起，其徒一手持可蘭經，一手持劍，其鬥爭精神乃益顯。孔子之教則在修養上，「學而時習之」，學習卽修養；「有朋自遠方來」，同講學，卽同修養；自修自養，故「人不知而不慍」。「禮聞來學，不聞往教」，孔子「學不厭，教不倦」，然亦來學則教，非登門強教，故孔子非教主。釋迦近如西歐一哲學家，然必出家離俗，故終為一教主。佛在教人「思」，耶穌在教人「信」，孔子則教人「修」，教人「養」。此為儒、釋、耶三教之大分別。惟修養中仍有思有信。耶、釋兩教亦各有其修養。論其表現，則耶穌之釘死十字架上，釋迦之離家出走坐菩提樹下，孔子較之，凡所表現乃最不驚世而動俗，亦最為平易而近人。孔子之告其門人曰：

吾無行而不與二三子者，是丘也。

斯其表現仍在大自然日常人生中，但有其一己之修養而已。中國社會與印度、西歐之相異亦在此。西化東來，最早已在晚明之衰世。其大量東來，則在清代之衰世。嘉、道以下，中國社會卽有變亂。使無西化之來，清政權亦必崩潰，此卽觀於中國史之傳統而可知。惟西化強勢逼人，印度佛教遠非其比。晚明時西人東來，尚見東方而生慕。晚清時西人東來，則見東方而知易加輕侮。而中國人之嚮慕西方，亦遠勝於其嚮慕印度佛法。好學心切，樂取於人，亦中國文化傳統之內心積習。一百年來，自身內部變亂日烈，鬥爭無已，則亦西化使然。

西方文化主自我表現，彼此相爭，空間然，時間亦然，後人之於古人亦無不然。故有新無舊，無傳統。若謂有傳統，則惟「爭求表現」之一事。文化愈進步，表現愈新奇，鬥爭愈激烈。迄於最近七十年，兩次世界大戰接踵繼起，其結果在西歐本土則已意衰力竭，相互間之鬥爭無可有新表現。而美、蘇二強，則在西歐本土之外，乃為舉世相爭主要之新對象。國人崇美、崇蘇，亦成國內一新鬥爭。果能急起直追，迎頭趕上，西化成功，則當為中、美、蘇三強鼎力相對之鬥爭。而就中國一國言，則實即一種內亂。加入西洋史，則不啻即美、蘇之相爭。情勢顯然如此，其果為已走上西化道路否，亦誠值近代我國人之深思。

湯之盤銘曰：

苟日新，日日新，又日新。

乃言修養，不言表現。上自三代，下迄漢、唐，中國人文傳統，亦各有其日新又新之景象，然乃日新於平安，非日新於鬥爭。西方人乃謂中國文化傳統至唐而息。其實就中國社會言，宋、元、明、清四代，依然有其日新又新，而人物修養之新，猶有過於漢、唐。北宋新舊黨爭方興之際，周濂溪教二程兄弟「尋孔顏樂處」，私人德性修養，乃更出於公眾政治表現之上。宋明理學遂為此下中國社會奠新基。程朱言「涵養」，象山則言「先立乎其大者」，陽明言「事上磨練」。陸王所言工夫較淺，然其重內心、不重向外表現則同。若重表現，則必論「方法」，不論「工夫」，此其別。

中國近代之崇慕西化，倘亦能如陳、隋以下佛教之有天台、華嚴、禪三宗繼起，西化仍轉為中國化，晚清儒有「中學為體，西學為用」之說，庶乎近之。一切相鬥相爭之商品武器，凡屬科技，亦皆包涵在我傳統之意義與價值之內，而一由我之文化傳統加以運用，則宜可為利而不為害，此亦利多而害少。有志治中國史者，當求之魏晉南北朝，當求之五代宋初，當求之元清之入主。孟子所謂「天之將降大任於斯人也」，願我國人賢達其勉之！

# 七三　為政與修己

天運循環，一治一亂。人生在宇宙間，其本身即是一大自然，何能自逃於此天運循環之外？自個人言，有生必有死；自大羣言，有治必有亂。惟雖有死，仍能生生不息；雖有亂，仍能治道常興；則人生與宇宙同其悠久，而可日臻於廣大與高明。中國文化傳統即具此理想，而一部中國史，亦即可為之證。

自黃帝、堯、舜、禹、湯、文、武迄於周公，已幾經治亂。周公制禮作樂，而天下大治。但自平王東遷，天下復亂；雖齊桓、晉文迭起稱霸，稍挽狂瀾，而終不能返之治。孔子起於魯，講學明道，以今語說之，謂之「思想自由」。墨翟、楊朱繼起，羣言紛擾，思想界亦臻於亂。隨後有莊周，思加澄清，乃求以人生回歸大自然。內篇七篇，首逍遙遊，即主擺脫人羣束縛，以翺翔於大自然中。次以齊物論，則高置大自然以駕於人文儒、墨之上。此下五篇，首養生主，終應帝王，先從個人小己立腳，最後躋於大羣天下之治。亦可謂其先猶楊朱之「為我」，而其終則墨翟之「兼愛」。莊周之意實已和融楊、墨而為一。

其實周公制禮作樂，本從大羣政治著想。其先黃帝、堯、舜以來，亦大體如是。孔子始改從下層在野個人小己為起點，故曰：

用之則行，捨之則藏。

人羣大道先立諸己，出處進退則以隨時宜。莊周之意，實無違於孔子。惟偏人文，偏自然，儒、道之歧乃在此。要之，此乃中國思想在當時一大轉變。先小己，後大羣，此一態度，孔子啓之，莊子承之。孔子以前，如伊尹、伯夷、柳下惠，乃至如傅說、膠鬲、箕子、比干諸人，莫不供其身於大羣人生，則不免以上層政治為務；否則為一小民，無以自表現。自有孔子，始於上層政治外，乃可自有一己獨立為人之道，以遯世而無悶。中國人文大傳統，於是乃開始有一新道，先有己，後有羣。其門人宰我贊之曰：

以予觀於夫子，賢於堯舜遠矣。

子貢曰：

自生民以來，未有夫子也。

孔子曰：

古之學者為己，今之學者為人。

其實自孔子始，乃始有「為己之學」。伯夷、叔齊、柳下惠，又豈得謂盡是為己之學？至如莊周言許由、務光，古代是否確有其人尚待考。介推之逃藏山中，僅為不願受賞，不得謂之「隱居以求其志」，與閔子騫之「則吾必在汶上」不同。孔子教人「隱居以求其志」，亦必「行義以達其道」。人羣除政治外，固可別有道。而莊周之道，則終與孔子不同。亦可謂有道家，而從政以外為己之道乃益廣。惟儒家之辭受出處進退，較之道家乃益大。

孔子之後有孟子，發揮孔子之道益明益顯。其曰：

人皆可以為堯舜。

不指從政言，乃指為人言。政亂於上，身修於下，其道仍在，而其羣終可以不敗。繼莊周有老聃，其書又偏言政治，實不如莊周之逍遙。故莊老同言自然，而莊周尤深遠。荀子繼孟軻而起，若以孔門四科言，則孟子應屬「德行」，而荀卿當列「文學」。以注重政治言，則荀孟之比亦如老莊。孟子後又有鄒衍，意欲會通莊周，以一陰一陽之道來言政，唱為五行家言；則政本於天，不本於羣中之己。通於天而略於人，所言較莊老為益疎。而一時其說大行，則學術思想之晦明升沈，誠有難以究詰者。易傳、中庸最後起，乃能融會儒、道而冶之一罏，然非精治孔、孟、莊、老四書，則亦無以掌握其深旨。呂不韋、淮南王又廣招賓客，欲薈萃百家，折衷一是，而未能達其所志。直待董仲舒起，周孔六經，定於一尊，而其餘百家盡遭廢棄。自孔子以來，則已歷三百年之久。學術定，而政治亦復歸於定。一治一亂，至是而循環復始。

大體論之，漢儒之學，其意所重，為政終過於修己，故孔子亦必依周公而尊。晚漢之亂，諸葛亮高臥隆中，自言：

苟全性命於亂世，不求聞達於諸侯。

於亂世中得全性命，此卽孔子、莊周修己之教。人知如此，則世亂亦可漸歸於治。而諸葛終許先主以馳驅，鞠躬盡瘁，死而後已，則所修於己者，終以施之於為政。其他如曹孟德、司馬仲達，皆以為政害其修己，而世亂乃不可救。王弼、何晏、阮籍、嵇康之徒，則為政意淡，而修己之功則近道而遠於儒。東晉南渡，大抵承此一途而前，門第廕庇之，大政不能上軌道，而猶知修己，終獲偏安。北方門第，亦尚知修己，終得胡漢合作，由亂返治。佛教東來，脫世離羣，而一以修己為務，亦於世運有大助。

其時為學，孔子前之詩書五經，孔子後之諸子百家，皆歸暗淡，難期昌明；而史學乃特盛。何者？戰國諸子意在開新，而魏晉以後則情尚念舊。既知修己，又得門第廕庇，門第安定則在鄉，故惓惓於家室，戀戀於州里。大羣亂，州里未必全歸崩潰，門第親族猶得維持自保，而一己之性命則猶可苟全。中國人文傳統，至是已積累深厚，則宜其隨時隨地有生機之萌茁。「風雨如晦，雞鳴不已」，今以兩晉、南北朝時代人之筆墨遺傳，言行記載，比之風雨中之雞鳴，宜亦無媿。

唐代興，其時學人，修己、從政，有分道揚鑣之勢。政治則復返之兩漢與周孔，而修己之學則由莊老以轉入釋迦，乃有不可復挽之勢。更要者，重視修己，已顯見高出於重視為政之上。風氣已成，有莫知其然而然者。故雖一國之政治最高領袖，帝王卿相之尊，其於修己之道，乃亦同尊出世之佛教。中國自孔子以下，有君有師，師或更尊於君。而至是則釋卽是師，師卽是釋。而中國之儒、道兩家，則轉退在師門之外。此則為當時一大問題。

其時中國僧人，乃不斷以中國自己傳統儒、道兩家精義融會入佛說，而迭創新義，邁向於中國佛教之建立。先之以天台宗之空、假、中「一心三觀」說，又繼之以華嚴宗之「理事無礙，事事無礙」說，以及禪宗之「明心見性，卽身成佛，立地成佛」說。如是乃使印度佛法出家逃俗之修己主義，與中國傳統大羣為政之學，解除其隔閡，而大義可潛通。乃有神會和尚創為大會，為政府募捐籌餉，以助政府之興軍平亂。民間之葬親送死，亦必召僧侶參預，出世入世，泯歸一體。而中國社會之師道，乃不啻全讓於寺院，學校則僅為從政入仕一門徑、一階梯。此誠中國文化傳統一未之前有之大變。而當時之中國人，則以政治已上軌道，乃於此而忽之。

中唐以下，韓愈起而闢佛，自比於孟子之拒楊、墨。作為師說，以「傳道、授業、解惑」之大任自居。其所謂「道」，即孔孟儒道；其所謂「業」，則修己為政，一以貫之之業；其所謂「惑」，則時人以修己之學為出世之途，而羣奉釋迦為一惑。自有韓愈，而孟子乃得與孔子同尊。中國後世羣言「孔孟」以代「周孔」，於是修己之學始更駕於為政之上。惟韓愈在當時，實未見有大效。或欲以師道事柳宗元，宗元以「蜀犬吠日」之喻辭不敢當。是亦可見當時中國社會之一般情況。

有唐一代，論其政治成就，良堪與漢媲美；至其學術，則經史方面，遠不能與漢相比，即較魏晉南北朝亦有遜色。惟杜佑通典，開後世「通史」之先河，獨步一代，實亦政治方面之貢獻。而子部則更見凋零。惟有佛法，一枝獨秀。當時人雖亦知為政之重要，而修養出世，終為最高期望之所寄。但精力餘賸，對於日常生活，抒情寫意，隨口吟詠，上接詩三百之十五國風，下承漢樂府之遺聲，乃至建安以下之新文學，而唐代之詩文集部乃冠絕前人，最稱旺盛。韓愈則謂：好古之文，乃好古之道。以文傳道，與先秦子部有異曲同工之妙。自宋以後，集部遂成為子部之變相，亦可謂乃子部之支流餘裔。由是經、史兩部，偏向上，與為政之學為近；子、集兩部偏向下，與修己之學尤切。而韓愈實為古今學術風氣轉捩一主要人物。

自經唐末、五代之亂，有宋興起，實可為中國歷史上之「文藝復興」時代。最先佛門信徒，亦知大羣政治不上軌道，即私人出世修養亦無法完成，於是在僧寺中提倡韓愈。而一時士人為學，其修己之功，亦較前人倍見深切。如胡瑗、孫復、范希文、石介，其在山寺苦學之情況，後世競傳為嘉話美談。而歐陽修亦以孤兒崛起，提倡韓愈，蔚成一代風氣，更為中國學術史上一偉績。一時羣士治學，莫不以修己為本。出仕從政，其政治理想，則輕薄漢、唐，而上慕堯、舜、三代。更值重視者，則帝王尊儒亦遠過於漢、唐。於是而有慶曆、熙寧兩朝之變法。范仲淹慶曆變法遭反對，即乞身引退。王荊公繼之以熙寧之新政，勉其君神宗當為堯、舜，勿慕漢、唐。王荊公亦治韓愈古文學，而益進欲為孟子，可謂當時一理想政治家。宋代之君，其尊賢下士之風亦益進於漢、唐。至如荊公、伊川之爭坐講，又史無前例。但古今情勢不同。戰國時諸子皆遊士，一得其君信從，即可大行其道。自漢以下，士人幾已盡入仕途，既羣重修己之學，則出處進退，各先定己志，以不屈為高。王荊公同時即有司馬溫公，一重經學，一重史學。荊公重經學，尚理想；溫公治史學，尚經驗，不主張忽漢、唐而肆意於前古。一時反抗新政者，多重修己；而奉行新政，則惟朝廷意志是從，轉多功利之徒。於是荊公新政不免失敗，而溫公舊黨繼起，乃亦無成就。而又有洛、蜀、朔三黨之分裂。在野修己之學，與在朝從政之道，如何得相濟相成，得一中道可尋，遂成為中國此下文化演進又一大問題。

繼此乃有新儒學興起。周濂溪著易通書有曰：

志伊尹之所志，學顏子之所學。

伊尹志在從政，顏淵學在修己。人之為學，必兼此兩者。張橫渠西銘則曰：

乾稱父，坤稱母。民吾同胞，物吾與也。

又曰：

存吾順事，沒吾寧也。

則人處天地間，亦如其處家。是亦為政，奚其為為政？修己、為政之學，猶是一貫相承。惟濂溪論學多本易，橫渠則兼本中庸，此兩書皆融會儒、道。而明道、伊川二程兄弟，乃更多本之論孟。南宋朱子，直接二程，著為論孟集注、學庸章句，以四書代五經。自洛、閩以下，中國千年來莫不以「孔孟」代「周孔」。宋學與漢學異，主要在此。漢儒終為經史之學，而宋儒乃近子部與集部，修己之學更駕於為政之上。後代學術無以踰之。

惟北宋開國，先已有遼；及金興，而宋南渡；及元起，而宋亡。在政治方面，宋多外患，不能與漢、唐比；學術方面，則經、史、子、集四部融會宏通，更勝漢、唐。羣士精力萃於下，尤勝其顯於上。蒙古入主，中國社會依然不搖不變，政失於上，而學存於下；不得謂元代中國儒生不知修己，無志行道。明代之學，皆由元而來。漢、宋開國皆無學，惟唐與明乃多擁有開國學人，而明則承自元，尤為難得；但亦有缺。唐代以佛門為盛，而明代學人，則羣以在野不仕為高。此雖太祖、成祖兩朝對士人用高壓政策有以激成，而此風實遠自元儒來，痕跡甚明顯。故明亦如唐，雖臻郅治，而根柢不深固。學人好隱在野之風，直待無錫東林講學，始求轉捩。而滿洲入關，此風終不可挽。

明末遺老多精究經、史、子、集四部之學，而矢志不仕。影響上及朝政，故清政視元，更多循中國傳統舊規。而雍正朝之文字獄，遂又造成乾、嘉之儒遠避政治，以「漢學」自標，而與漢儒「通經致用」之意則其趣大異。此乃清學之缺。道、咸以下，羣士奮身再出。而西風東漸，同、光之間，求有所變而未得其道。縱有「中學為體，西學為用」之呼聲，而其所謂「中學」，則已破碎不全，沈霾不彰，整理乏人，提倡無力，世風亦由此而大壞。

西學與中學異，正在「為政」與「修己」之兩端。在西方乃絕無與中國相似之蹤影可尋。西方古希臘，海外經商為其人生最要任務。中國人嗤之為市道。市道之交，乃敵非友，損彼利己，乃商場相交之宗旨；非忠信，無得和合為羣；故希臘小小一半島，終不能摶成為國。對內如此，對外愈然。人之無羣，則已不待修。最感苦痛者，乃為夫婦一倫。「商人重利輕離別」，夫婦不能久相聚，他可弗論。故西方文學題材最重戀愛，一若人生眞樂趣僅在此戀愛上；但亦如經商，同需向外追求。其知識界亦主向外追求。亦可謂整個西方人生盡在向外追求中，故其文學、哲學、科學莫非向外追求，與中國人之反求諸己，內修於身者，大不同。羅馬繼起，轉為軍力征服，仍屬向外。中古時期封建社會轉而向內，則惟以堡壘自守，其為無羣不相交則一。人生想望，惟在靈魂與天國。及文藝復興，新城市興起，現代國家創始，主要亦惟商業與軍力之二者，非剝取，即征服，精神仍向外。既無為一己之修，乃無為一羣之政。民主政治興起，結黨以爭，仍屬向外，惟所爭在國內不在國外，稍有相異而已。中國人言：

君子羣而不黨。

結黨與合羣不同。中國人之宗法家族門第乃合羣，非結黨。又如中國之鄰里鄉黨，乃家與家相羣而成。擴大而為天下，普天之下，仍是一羣。西方則有「社會」，社會與社會有別。如馬克斯所分「農奴社會」、「封建社會」、「資本主義社會」、「共產社會」。有分則必有爭。中國人則言：

大道之行，天下為公。

中國之人羣觀，從天地大自然生；西方之社會觀與其黨，則出於人為，仍屬向外爭取。故中國人言羣，只言和合；西方人則言組織，或言團結。即如夫婦婚禮，中國先拜天地，西方則必進教堂法堂，求取證明。一由內心，一依外力，是其大不同處。

西方宗教，其教會組織，亦如一政黨。羅馬教廷，亦儼然如一黨之大結合。商業上之大公司、大廠家，亦如一黨。軍隊結合可弗論；知識界分門別類，或科學，或哲學，或文學，亦儼如分黨，互不相通。惟專門知識終為少數人所有，而黨則尚多數。故在西方政治上，亦惟知識界最無力量，僅供利用，不作領導，直至今日猶然。即如馬克斯之共產主義，其影響於近代政治者為力至大。馬克斯亦主結黨，而學人結黨，為力終微，亦僅供政黨之利用。故西方共產主義必待蘇維埃列寧興起，乃得盛行。馬克斯之共產主義，僅屬經濟理論、社會理論，必待列寧起，始變為政治理論、國際理論。此一轉變，豈不顯然？故在今日之西方，尚未見一學人、一知識分子出而領導政治。西方人亦深慕中國之考試制度，於是在其實際之政治組織中，乃有專門知識之考試，成為政府中之職業人員；而最高領導，則仍屬於黨。此乃西方傳統大形勢所趨，有未可理解者。為政既不以學，亦未聞學以修己。外不尊其羣，內不尊其己，惟在人事上向外尋求，曰「富」曰「強」，財力、權力，外此則似無明顯之準則與號召。故西方傳統乃終不能擺脫希臘與羅馬之兩型。

近代國人對於西化一心向慕，所謂夫子步亦步，夫子趨亦趨。既竭吾才，必將見有卓爾而立、欲從末由之嘆。西方之特立處，乃在其外無羣，內無己。若謂有羣，則自希臘迄於今，亦歷四千年，而今日歐洲各國林立，仍是希臘都市一變形。大敵當前，僅得一經濟同盟而止。其遷移海外，如美利堅，如加拿大，如澳洲，乃及其他各地，亦各分裂，不相統一。則西方人之不能和合為羣，易趨分裂，難得和通，豈不昭然？

再則西方人無「己」。人之相處，必有對方始見有己。即如夫婦，中國人言「夫婦有別」，陰陽男女，親而無別，違逆自然，終非久道。西方則夫婦相別勝於相親，離婚自由，夫妻成為一法律上之結合。但法律力量有限，非可團結大羣。故夫婦在西方，尚能偕老；至如子女，則成年即離去。後一代人對前一代人，不抱有親切感。西方人之懷念往古，只在留存之物質，人則不再有可親。即如學術，重其著作，更過於其作者，重物不重人。而史學則至近代乃始成立。中國人觀念，人生樂處主要在人與人，不在人與物。故人生真樂最親最近實在家庭夫婦、父子、兄弟之三倫。三倫立，推以至於大羣，乃有君臣、朋友兩倫。在政治則有君臣，在社會則有朋友。故中國有「己」乃有「羣」，為政之道則以修己為本。爭權爭財，決非人生之大道，又何得以為政？

中國人之所以得維繫此羣道與己道於不壞者，其主要中心則為「師道」。在古代，則為孔子，或稱孔孟；在後代，則為朱子，或稱程朱；而中間之轉捩人物，則為韓愈。今則教育亦全趨西方化，有學校，無師道；傳授知識，各尚專門，又貴創造。最顯者如文學。中國文學，亦重傳統。韓愈文起八代之衰，而曰：好古之文，乃好古之道。文必統於道，而道則又必統於古。古今不成羣，則又何道之有？故中國之羣，不僅有其空間性，尤貴有時間性。修己之道亦然，不僅當為天下一士，尤貴能為千古一士。故曰「天、地、君、親、師」，親在家，君在國，而師則在天下。人生乃在天地間，所謂天地間，則古今中外，一以包之。「道」之意義價值乃在此，「羣」之意義價值同在此，而「己」之意義價值亦在此。故齊家、治國、平天下，乃一以修身為本。

韓愈雖稱為一古文家，而其學實通經、史、子、集四部之學以為學。其學不僅上通於為政，而必立本於修己；亦不僅為唐代一文人，乃貫通於全部中國學術史，而為一承先啓後之人物。繼之起者，為宋代之歐陽修，亦會通四部之學以為學，亦本於修己以通於為政以為學。宋代可謂乃中國一文藝復興時代，而歐陽修實有大功。今日則必分別文學於其他各項學問之外，而目為一專門之學；又好今不好古，乃目古文學為「死文學」，而韓、歐乃首在打倒之列；則又何中國學術史可言！又何中國文化史可言！於是今人乃惟知為政有學，而不知修己之有學；乃更不知修己乃為政之本，為中國文化之大傳統；則此下中國之前途，誠有難言矣。

除舊易，開新難。民國以來七十年，慕傚西方民主政治，而政黨制度終不能確立，則新政基礎亦終不得健全。西方政黨施行於小國寡民，猶經數百年之演進，亦惟英國能達成兩黨制，稍樹規模，為其他法、意諸國所不逮。美國在新大陸亦能建兩黨制，然自十三州迄於五十州，亦歷兩百年之久，實亦猶英國之有英格蘭、愛爾蘭、蘇格蘭，同為聯邦制，合之中仍有分，和之上仍有別。而中國則自秦漢以下為郡縣統一，書同文，行同倫，中央政府巍然在上。若謂是「帝王專制」，則此等專制其中應寓精義，豈不大可為近代所效法？又西方政黨，最先為納稅人達於某一稅額者擁有選舉權而成立；此下乃逐步達於普選；則其政治之重要性，乃在賦稅制度上。而中國傳統政治，則主要在察舉與考試制度之選賢與能上。故西方現代政治主要奠於經濟，奠於財；而中國傳統政治則主要奠於為臣之德性才學。雙方本源不同，精神不同。今日之中國，則廢學已有其效，而興財則未有其途，此為一大難題。大陸十億人口，共產黨員僅四千萬，既無學，又無財，高踞民上，何得相安？臺灣偏安，則言工商建國，不言品德建國。此亦與古相異。

中國傳統政治奠於學，而學者必先修己以道，故可進亦可退。其退而在野，則有家可親，有師可尊，而兼有朋友之交，故五倫中尚得其四，亦可樂以終身。今則此四倫亦皆破壞，士道已亡，惟有經商牟利，或結黨從政。而民國七十年來之政黨，乃胥由知識份子組成之。此又與西方政黨之由來有大不同。西方黨員多屬有財，可以退而在野；中國黨員則必進身在朝，有進無退。故雖一黨專政，而一黨之內仍不相安。如何善學西方，則西方人不我知，終亦無以為教。小國寡民，學於我，改學西方，則如日本。雖有成，而一敗塗地，以至今日，究不知其將來之所屆。今吾中國果能再獲統一，大陸重光，恐亦不當奉之以為學。此誠當前我國人一大惑不解之問題。

中國傳統有人品觀，人分上、中、下三品。孟子曰：

> 人之異於禽獸者幾希。

人之最下品，多數如原始人，近禽獸。人自大自然來，實終不能脫離其最原始之自然部份。求食謀生，用武自衛，凡屬人類，直至今日亦仍如此。然人生亦自有其演進。自有夫婦，有家庭，有父母、兄弟，出門而有朋友，有君臣，人在此羣體中生活，乃漸修漸養自下品以達於中品、上品，為君子，為賢聖。有少數之中品、上品人，人類乃得善成其為羣。孟子曰：

待文王而興起者，庶人也。豪傑之士，雖無文王猶興。

陸象山言：

堯舜以前曾讀何書來？

則人文演進，實非由上層政治之領導，乃由少數傑出人領導。中國人之所謂聖賢君子，皆以推尊之於上層政治為領導人，而非由政治領導而產生。故「道統」尊於「治統」，而「修己」先於「為政」。「作之君，作之師」，惟當於此求之。

中國人之此一人品觀，以西方傳統來衡量，則未必盡然。西方人一切進步，主要仍不脫食以謀生、武以自衛之兩途。雖其在物質條件上已與原始人大不同，然其主要觀念，則無大相異。故西方盛行「個人主義」，與中國傳統「大羣主義」大不同。個人與個人必相爭，又何能成羣以相安？惟賴法律加以制裁。以中國觀念言，則君子與賢聖，決不由法律來。法律乃以防制人，非以領導人。而西方之領導，則學術知識界，宗教、科學、哲學、文學，分門別類，人持一說，互不相通，亦形成一相爭之局。既無共通大道，則個人主義永難消失。於是人生之領導權，乃在其多數，尤在其科學發明對付外界事物之各項機器上。乃物質，非生命；乃無機，非有機；乃手段，非目的；乃工具，非本體。猶太人耶穌唱為人生原始罪惡之宗教，馬克斯唱為人類之唯物史觀。西方人有分別觀，無共同觀。其為羣之古今領導，實由此兩位猶太人所發明。西方人除財力、權力相爭外，不能自創一領導。西方悲劇正在此。

中國人則信己本之信天，重人更過於重物。故西方人主現實人生、物質人生之平等，爭財爭權，人類益臻於不平等；中國人則不看重現實人生之不平等，而主希賢、希聖以達於理想人生之平等。故西方歷史演進則財權日擴，成為一部「唯物史」；而中國歷史演進則賢聖踵起，乃成一部「人文史」。此乃中西雙方文化大不同處。

今日國人又盛唱「復興中國文化」之口號，試問此五千年來之廣土眾民大一統之民族國家，其道究何在？自孔子以下，孟、荀、莊、老乃及先秦諸子之修己、為政之理想，以及董仲舒、韓愈，漢唐兩代孔孟儒學之何以獨盛？宋、元、明、清四代之如何繼此發揚而光大？而尤要者，如元初南宋遺民黃東發、王伯厚，以及清初明遺民如顧亭林、黃梨洲、王船山諸人，如何政治崩潰於上，學行潛修於己，使中國傳統文化仍得漫衍於社會，而終有其光明之前途？變而不失其常，在野而終顯於羣之獨特造詣之於何而完成？以及中國文化之於現代化，如何獲得其融通？此非望於中國自身之學術界，則又於何望之？此恐終非幾句空洞口號之所能濟事，則終有待於「不待文王而興」之豪傑。惟我國人其自勉之！

# 七四　進與退

## (一)

中國社會崇「退讓」，西方社會重「進取」，此亦中西雙方德性風俗、文化傳統相異一要點。中國天地大，物產豐，退讓有餘步；西方天地小，物產瘠，非進取無以自存。積習成性，肇此兩型，而文化展演遂有大別。

「財富」與「權力」，為人羣相爭兩大端。「有錢能使鬼推磨」，財富多，權自大；權大財富亦自多。中國歷史上，讓位與分財，為兩大美德，故事傳述，歷代皆有；而政治上之權力退讓則尤多。堯舜禪讓，尚有許由、務光故事。司馬遷登箕山，明見有許由冢。孔子不言許由，故司馬遷亦不加傳述。

泰伯三以天下讓，孔子明稱之。伯夷、叔齊孤竹讓國，距泰伯、虞仲之讓不遠，孔子亦亟稱之。

可見讓國中國古代屢見。即論周公，亦可謂有讓國美德；而尚有大於此者，故後世不以此稱周公。春秋吳季札亦讓國，乃以釀吳國之亂。從功利觀點言，可不讓；讓乃其德性，亦其道義，尤為人羣功利中之更大者；故後人亦不以吳亂責季札。

中國人論學問尚「通」不尚「專」，通則大，專則小。道有大小，斯學亦有大小。「雖小道必有可觀，致遠恐泥」，功利乃小道，易起爭，爭於當前，貽害於後，無以致遠。中國人講學問又分等級，有小學，有大學。最大學問則曰治國、平天下。論語子夏言：

仕而優則學，學而優則仕。

從政即須學，學當能從政。政學通，既不當專以從政為學，亦不當專於為學而不能從政。求學非為謀求一職業，亦非向人作誇耀，乃在完成其德性以為人服務。而治平之道，則為服務人羣之最大者。故從政非為一己之功利，乃為大羣之功利，此即所謂「道義」。故從政不為爭權，乃為行道。在道義中則有退讓。伯夷、叔齊、吳季札之讓，亦行其道義而已。退讓而有背於道義乃懦怯，非退讓。中國教人做聖賢，不教人以富貴。富貴途上必多爭，不重富貴始能讓。伯夷、叔齊、吳季札，乃聖賢中人。非聖賢，何以當治平之大任？故大學之治國、平天下，必自修身、齊家始。身不修，家不齊，又何以治國、平天下？自堯、舜以至於吳季札，亦務在先修其身，非逃避責任；而其於重責大任則能讓，乃更猶勝於不讓而出其上。

孔門四科：德行、言語、政事、文學。「文學」限於書本文字，學貴人事致用，則莫大於治平之道，故文學之上，乃為「政事」。然立國天地間，貴能治其內，尤貴能平其外。天下不平，國終不治。「言語」指國際外交，乃更在政事之上。近人謂「弱國無外交」，不知弱國乃更貴有外交。孔子稍前有鄭子產，孔子屢稱之。鄭以弱小處晉、楚兩大間，子產周旋得其道，不僅鄭政得安，即晉、楚亦得和平相處。則外交之責任，豈不更大於內政？然治其內有道，交於外亦有道，非詭詐欺騙之所能勝其任。孔子亦相魯，與齊會夾谷，而齊人服，返侵地，魯國地位大增。子貢屢為魯出使，其貢獻亦在子路、冉有之上。僅為一國謀富強，適以啓爭而召亂。孔子亦稱管仲九合諸侯，一匡天下，不以兵革。又曰：「晉文公譎而不正，齊桓公正而不譎。」苟非明通於天下之大道，則何以任國際之外交？故孔門四科言語先於政事，其義尤深遠。

今人則以外交處於內政之下。不知國無大小強弱，其國際外交之意義價值，乃尤在一國內政之上。僅有國際公法、國際同盟，苟其無道，則徒法不能以自行。近代人能知此義者尠矣！惟求科學發明，經濟繁榮，乃及原子彈、核子武器殺人利器之日益精進，富強凌駕人上。資本主義與帝國主義亦僅以召亂致禍，天下益不平，而國內亦各不安。美國富強冠一世，然其最弱點則為外交無道。如雅爾達協定，以迄於今之承認中國大陸共產政權，豈此乃為外交之正道？孔子之道，其正其大，豈不鑒於當前世界局勢，而益見其彰明較著乎？

然孔門四科於言語、政事之上，猶有「德行」一科，此義益深遠，乃益不易為現代人所知。學貴能致用於人事，學者所以學為人，而為人之最高標準，則在其德性。用有大小，有大德，始有大用，非掌大權卽可有大用。德性通於人人，所謂通天下之道，實乃通天下人之德。故德行乃為四科之首，亦為四科之本。言語、政事、文學，亦未有外於德行而可成其為學者。謙讓亦德行之大者，亦惟謙讓，始能使人服。

如言「齊家」。「妻者，齊也」，夫能與妻齊，斯為夫婦之道，亦卽齊家之始。父母亦與子女齊。子女主孝，父母主慈。慈則必有教，而教則貴有義方。若惟教子女以服從，則豈「義方」乎？子女惟知服從，自陷於不義，亦陷父母於不義。豈有不義而可謂之孝？孔子教曾子：「大杖則走，小杖則受」，斯始為孝。可知父母與子女亦必有一齊。平等相待始為齊。但子之對其父母，可有不服從，而不能不孝。今人乃誤以服從為孝，則又大謬不然矣。西方人言「父權」、「母權」，「權」則主服從而不齊，而必出於爭，又何以為家？惟有小家庭，子女長大成婚，另立一家，始可免爭。然夫婦亦貴有離婚之自由，乃可免爭。一家如是，何以言國？大禹之治水，乃使水順流而趨下，非如鯀之為堤以防水，而反使水之橫決，為禍益大。故「治」者乃領導，非僅防制。近人言「法治」，則亦防制而已。若必求能領導，則在我必有其德性，乃能導人以德性。中國人所謂治平之道，盡於此。今天下乃如洪水為災，而惟鯀治之，斯誠可悲之尤矣。

今再言「修身」。必先能自治其身，乃始可以言治人。其身不治，焉能治人？近代民主政治必尚爭，大總統競選，必謂當此大任非我莫屬。不謙不讓，自中國人言之，決非修身之道。中國人言道，貴謙不貴誇，貴讓不貴爭。以周公之才與美，使驕且吝，則其餘不足觀。驕則不謙，吝則不讓，而必出於爭。管叔聯殷叛周，此即其自心驕吝之表現。周公東征平亂，而終不自居天子位，則其大義滅親，亦終無傷於其謙恭之為懷。孔子後儒羣尊周公以治平為任，而必以謙讓為德。能自謙讓，乃能使人心服。魯哀公之誄孔子，曰：

昊天不弔，不憖遺一老。

則哀公雖不能行孔子之道，而其心則固尊孔子。孔子之道縱不行於當世，亦復傳於後世。後代之君，皆知尊孔子，亦知尊儒尊賢。漢高祖愛戚夫人，欲以趙王易太子位。見四皓在太子旁，乃不易。四皓皆高年，高祖招之不至，心尊其人。太子能致之，高祖自以為不如，遂不敢再有易太子之心。此下為君者，未必多能尊賢用賢，而猶知謙與讓，不尊孔尊儒，而絕無明白反孔反儒以為尊。此則大道不行而未失。中國兩千年傳統綿延，其要端即在此。

曾子曰：

君子思不出其位。

孔子曰：

君子無所爭，必也射乎？

射者各就己位，各射己鵠，其中與否，乃與己爭，非與人爭，則其爭仍是一退讓。孔子當時，天子諸侯，列國卿大夫，儻多出位以爭，則何治平可言？惟求不出其位，則上下無爭。居其位而不得行其道，則以去就爭，所爭在去在退，不爭進取上位。身雖退而道則存。道在己，惟求藏而弗失；非道在外，乃求爭而取之也。中國歷史多有亂世，而猶有道，惟其道藏而不行，如是而已。今世則爭「權」不爭「道」，故必爭於外，不爭之己，則亦惟有進取，無退讓可言。

耶穌言「凱撒事由凱撒管」，西方宗教不言治道。近代科學如天文、地質、生物、心理、電磁、光力、農礦、漁牧，事事物物，無所不究，但亦不言治道。其他學術分野，如文學亦不言治道。如哲學，蘇格拉底僅言人生，瘐死獄中。柏拉圖榜其門：「不通幾何者勿進」，幾何學亦非治道。其為理想國，以哲人王掌治。實則其所想像，一國亦如一幾何圖形而已。後世如康德，亦何嘗措辭及於人類之治平大道？盧騷民約論，亦屬一人冥想，何嘗有歷史根據？馬克斯則唱為唯物史觀，則治平大道乃在財物分配，不在人。

近代西方大學，其先本由教會興起，此後分院分系，門類繁多，乃始有政治一系。不通法律、經濟、社會、教育種種人事，何得通政治？而於大學四年課程中，乃得完成其學業。最多亦只是些常識與技術，與中國人之所謂治平大道則無關。技術與技術間，則必出於相爭，而無退讓可言。

學問必有一對象；有關此一學問之知識，亦必有一來歷。治平大道，則本源於人類以往之歷史。治亂興亡，鑒古知今，此為史學。西方史學特遲起。大學興起時，亦尚有史學、文學是同是異之爭。黑格爾有「歷史哲學」，乃哲學，非歷史。其謂民族興衰，文化起伏，如日之自東西移，自中國、印度移至日耳曼民族，乃始到達於最高無上之境界。此何嘗是歷史眞相？並多爭意，絕少讓意。而當時日耳曼民族，竟亦受此鼓舞，孳孳日前。而其他西方史學家，竟亦無人出而加以糾正，此正亦同意於黑格爾西方勝東方之意見。而西方人之不重史學，亦可於此一端覘之。近代國人一切慕效西化，不惜捨己之田以芸人之田，此亦本之當前史實，而其意存謙退則亦可知。史學乃人類生命大總體之一項研究，當通體以觀；於古人知有讓，於其他國家、其他民族亦當知有讓，而不以一時代、一部分人之爭勝為目標，乃始有當於史學之大義。

歷史本是人事之懷念。西方人在人事懷念中，如戀愛、鬥爭、冒險諸端，乃及物質經濟建設、哲學思維、藝術創造，甚至如古希臘之奧林匹克運動會、羅馬之鬥獸場等娛樂事項，皆多稱述；而獨於政治一項，乃至一國家一民族之治亂興亡，其所懷念，若不甚親切。希臘亡，則推尊羅馬；羅馬亡，則迷惘於中古之封建社會；現代國家興起，乃一意於資本主義帝國主義之海外發展；似僅知一味向前，曾無鑒往知來，於古有借鏡、於今有警惕之心情。至於中國人之所謂治平大道，似無存胸懷間。世界第一次大戰時，德國人寫為西方之沒落一書，指陳病況，非不知前途有艱難；乃不見有痛悔前非，改弦易轍，針對病情，有所挽救之主張。第二次大戰後益然。頭痛醫頭，腳痛醫腳，亦毫無一舊方案可資依據。幾乎只是走一步算一步，過一程再一程。儻由積極轉消極，恐止於停步不前，似無其他可望。

人生在自然中，不得脫離自然而獨立。自然必同時有兩現象更迭互起，中國人謂之「一陰一陽」。如晝夜寒暑，晴雨明暗，一正一反，循環往復。人事亦然，而政治則為人事之尤大者。治亂興亡，人事之最大妙用，在能亂後復治，亡後復興。政治之大作用亦在此。孔子曰：

其或繼周者，雖百世可知。

中國史之偉大成就，五千年來依然一中國，而日漸擴大，正為有一治平大道之存在。

治平大道係乎人。「其人存，則其政舉；其人亡，則其政息。」人道必本於天道。有爭則必有讓，有進則必有退，而退讓尤當為之主。否則政治之對內對外僅成一鬥爭場合，又或只論法不論人，乃無政治可言。要之，知爭不知讓，知進不知退，則為其致命傷所在。

中國講治平大道，又必建基於修齊。身不修，家不齊，何能出而治國、平天下？而修身首貴讓。

惟知爭奪進取，則家亦不齊。故修齊治平，一本於禮，以讓為主。亦有爭，如射。孔子又曰：當仁不讓。治平即仁道，當孝不讓，當忠不讓。不讓於此，則讓於彼。如孔子為魯司寇，不得行其道，則讓位而去。此之謂大不讓，然亦決不爭。是其讓而爭益大，其退而進益遠。存其道斯存其人，而政必舉。故亂可以復治，亡可以復興。諸葛亮「苟全性命於亂世，不求聞達於諸侯」，是其退。劉先主三顧草廬，遂許以馳驅，是其進。而後世論三國人物，管寧猶在諸葛之上，則以其有退而無進。中國傳統尚德，而退尤為德之首，即此亦見。

若為政而必出於爭以進，一時亦未嘗不可以得意。如孔子在魯，治軍有子路，理財有冉有，外交有子貢；先得一都，如陽虎、魯哀公、季孫氏亦可如摧枯拉朽。其他類此者，一部二十五史當可千百見。如樂毅，可拒燕惠王命；岳武穆亦可自朱仙鎮回師肅君側。不退不讓，必爭必進，一部中國史，可從頭改寫。但恐不得成為一廣土眾民之大國，亦恐不得綿延五千年之久。如希臘，如羅馬，如現代之英、法，豈不亦各有其得意之一時？是在人善自擇之矣。

近代人物，當首尊孫中山先生。辛亥革命成功，遽辭臨時大總統職位，讓之袁世凱，而退居滬上。及廣州再起，又北上與張作霖、段祺瑞言和。苟使不死，此下不知究將成何局面？而中山先生之讓德，則亦可受後世無窮之推尊。能治其國，斯能進而平天下。西方如華盛頓，革命成功，遽告退位，此亦略有東方人氣味，惜乎其不多見。

董仲舒言：

正其義不謀其利，明其道不計其功。

如計功利，則必爭必進；如謀道義，則有退有讓。今則一世方務於功利，不知道義乃計永久之功利；披讀中西雙方歷史卽可知。幸讀者其亦審思而慎擇之！

㈡

人羣相處不能無政治，行政不能無領袖，而政治領袖之進退，乃為政治上一大問題。中國學人有兩大特點：一則無不關心政治，二則其對政治姿態每主退不主進。此可謂是孔子發之。墨家主兼愛，主尚同，對政治過分積極，無退義。道家主無為，意態消極，對政治可不聞問。獨孔子儒家，執兩用中，遂成中國學術大宗師，並為文化傳統一中心，決非無故而然。

孔子為魯司寇，居三家下第四位，可謂已極一時信用之至。但孔子所抱政治理想高，不遷就，不退讓，既不得行其志，終避位去魯。其周遊列國，亦備受禮重。然不符其理想，則寧不出仕，退老於魯。孔門四子言志，子路主治軍，冉有主理財，公西華主外交，獨曾點言：

春服既成，冠者五六人，童子六七人，浴乎沂，風乎舞雩，詠而歸。

孔子喟然有「吾與點也」之歎。果使孔子平日講學，不及於軍事財務及外交諸端，則三子何來有此志？但一意於進，則孔子所不與。後冉有為季孫氏家宰，季氏富於周公，孔子曰：

非吾徒也！小子鳴鼓而攻之可也。

此非斥冉子之善理財，乃斥其徒顯己長，違道義而不知退。故曰：

君子不器。

器則特見用於人。又曰：

古之學者為己，今之學者為人。

「為己」則自達其一己之理想，即以為人；「為人」則徒供人用，無理想、無己可知。

孔子又曰：

不仕無義。道之不行，已知之矣。

孟子曰：

乃所願，則學孔子也。

孟子不欲為齊之稷下先生，但願正式出仕；不符其理想，則寧退。故不仕乃無義，而不退則無志。志則「志於道」，斯仕必合於道。此下儒家辭受、出處、進退之節，大率皆如是。而中國社會亦羣知重此。漢初賈誼，抱有政治理想，而不得意於進，後世羣尊之。次有董仲舒，同抱有理想，同不得進，後世亦尊之。公孫弘拜相封侯，極一時之顯榮，而曲學阿世，後世乃無稱。「三代以下，惟恐不好名」，賈、董之名，賈、董生前豈知？但後之學人，寧退不進，乃羣以賈、董自勉自慰。

故秦漢以下兩千年之中國傳統政治，縱多不符理想，而終有一政治理想存藏於社會之下層，使上層政治領袖心知愧怍，有所羞耻，有其廉節，而現實政治亦遂不至於大壞。如曹操有述志令，不敢身受漢禪，不得已而貌為周文王。此亦有一種內心潛力隱作主宰，爭權爭位，亦必曲折以赴，不敢明目張膽，肆無忌憚以為之。故在中國歷史上，僞君子常多於眞小人，此亦文化傳統之潛力有以致之。

耶穌言：「凱撒事凱撒管。」既降生為人，塵世百年，不能無所作為，亦不得盡諉為凱撒事。為凱撒者，亦不得盡符於理想。西方自古希臘起，學人各務為一專家，如文學、哲學、科學等，不關心政治；即構思立論及於政治，亦非有心從政，實因其亦並無從政之機會。政教之分，早不自耶穌始。在如此情勢下之政治領袖，乃多如凱撒。希臘時代有蘇格拉底，羅馬時代有耶穌，皆受極刑。教人者與治人者，常可有大衝突，故學人常自居一旁，自守一職業，直至今世猶然。如大學教授，即以傳授專門知識為己任，而政治活動，則另有人為之。大學演進逐漸有政治、經濟、法律、外交諸課程，然亦皆如專門知識，備現實政治界引用，亦如孔子之所謂「器」；而「君子」一觀念，則為西方人所無。

政治領袖如何產生？近代西方民主政治由多數選舉決定。而多數民意，則僅為一種欲望，非可謂即是政治理想。此等欲望，要得要不得，又如何來達成，則仍待政治領袖作決定。西方政治領袖又必定期改選。也有在其任內引發內戰者，如美國林肯總統時之南北戰爭。惟一般有志政治活動者，多好進不好退。結黨競選，成為政治一大事。而政治領袖此種不好退之心理，其從政之或私或偏，亦所難免。

即如最近英、阿福克蘭戰爭，本因阿根廷當局身處困境，借出兵福島以轉移國人之視聽。英國亦自有困境，當局者本受羣情反對，正該引咎乞退，乃轉因出兵獲勝，又得安於其位。故政治本在解決問題，而西方政治則多引生問題。政治非以求安定，轉以增動亂，其病則在此。西方人好爭「平等」，重「法」不重「禮」，於上位政治領袖稱為「公僕」，亦不特加尊視。一旦退，即鄙夷如常人。故在位必憑其權力多求表現，即多滋事端亦所不惜。心理不平常，斯其表現亦宜然。

王荊公得宋神宗尊信，擢為首相，推行新政，亦其平日之政治理想所寄。反對者羣起，荊公終亦乞身引退。而神宗尊信不輟。既復起，又乞退。舊黨用事，盡廢荊公之所為，而荊公隱淪在野，亦惟以吟詠自遣。此亦中國政治家傳統風格。即其前，范仲淹慶曆變政，亦遭反對而退，亦寧靜如荊公。一部中國二十五史，以政治為中心，而尤以不得志而退居下僚乃及隱淪在野者為其主幹。人心重視從政，但不看重做官。從政乃以行道，做官則以求貴。能以「做官」與「從政」分作兩項看，此亦中國儒家修身養心一大要端。

故中國傳統，身居高位，必務自謙抑。尤其為一國之君，更不輕易表達其自己之主張。即如秦始皇帝焚書，亦下政府公議，而出丞相李斯之奏請。在歷代政治文件中，惟皇帝詔旨最無浮文費辭，不誇張，不闡揚，只簡單扼要一表示。絕少有政治上之大理論、大發揮。政治上之大理論、大發揮、大文章，則盡在奏議中。而宰相大臣亦少此類文字，大奏議則多出新進後起下僚低位。後世傳誦者，亦不為帝王之詔旨，而必為臣僚之奏議。此亦中國政治傳統精神之所在。奈今人則盡以「帝王專制」四字訶之。此亦自表達其不讀書、無知識而止，他又何言！

今人一依西方，好言平等。惟政治則顯不平等。中國人稱「選賢與能」，又稱「賢者在位」，不賢則不得高踞人上。然使其人果賢，苟居上位，則益當不敢以賢自負，必更自謙下。賢君則敬其宰輔，賢宰輔則敬其僚屬。苟其倨傲自肆，卽不宜踞上位。至少當貌為謙下，乃得有安居上升之望。此乃中國傳統政治風氣，亦傳統政治心理所使然。故中國傳統政治必尚「禮」，禮主敬，不僅當敬其在上位者，尤當敬其在下位者。在上位，既受人敬，斯亦不得不益謙。此亦中國尚禮精神之一種精義所在。故中國人又提倡「尊君」，而今國人則斥之曰「帝王專制」。必對人不尊，乃見為平等，斯誠無禮之至矣！

近代西方民主政治必自露頭角，廣自宣傳，到處演講，認為非我莫屬，意態自傲，恬不為怪。及其出膺大任，既有種種法制束縛，又有議會從旁監察，加之評議。果使其以謙退自居，將不得成一事。故西方政治家必當有傲氣，有霸道，法治則所以防其傲與霸。中國重禮治，好讓，所以全其謙；西方好爭，無法則益以長其傲。風氣相異，乃其心理相異，據此可見。

中國人在謙退中，實有一番自尊；西方人在爭傲中，其內裡實含有自卑。其中尚有心理深處，今不深論。惟中國人反己自問，能自知己尊，則樂此不疲矣；西方人務外，反諸己則常感自卑。此乃雙方心理有異。今日國人備受外力壓迫，乃亦常有自卑感，故崇慕西化而不知恥。專言政治，在下者不知尊其上，而在上者亦無自尊求退心，則政治自宜西化，再無舊轍可尋。新政治，舊心理，儼如河漢之隔，又烏得以新政治來推論舊心理？

今全國十億人口，使不先教以尊上，則政治何由得統一而安定？然又必社會同識尊賢更勝於尊上，乃使賢者甘居下不爭居上，於是乃能使社會下層高出於政治之上層，而政治亦得其安定。中國人羣知尊君，乃其尊孔尤勝尊君。即為君者，亦知尊孔。而治孔學儒家傳統者，又率重政治尊上位。斯則中國秦漢以來二千年長治久安之道之所寄。大羣相處，人心感召，成為風氣，尊賢、尊上，遂為中國人最所重視之兩要項。中國自秦漢以下歷兩千年，政風、學風，常此相沿，迄無大變，雖遭衰亂，仍得復興，此謂之政教合。但亦當深究其所以合。孔子之所以成為「至聖先師」，常受國人崇拜；中國之所以成為廣土眾民大一統之民族國家，其傳統文化之所以常照耀於當世，為其他民族所莫逮；則亦惟此之由。今則人心變，風俗變，政風、學風均隨而變。學者不復以人羣治平大道為己任，出仕從政，視為一己之私業；爭權謀位，與經商謀利，致富致貴，成為人生中兩重要專業，又受社會重視，羣奉以為趨新之西化。而西方世界，自兩次世界大戰，迄今未百年，每下愈況，前車屢覆，後車終蹈前軌，無可改轍，危機昭彰，舉世不安。誠使國人能於舊傳統之政風、學風，大體稍有領悟，重加研闡，或不僅可以救國，亦將可以救世。孔子曰：「後生可畏」，或終必有迷途知返之一日，企予望之，企予望之！

（三）

人生有快樂當求，但亦有苦痛當避。惟快樂每在外，不易知，不易求；苦痛則卽在身在心，既自知之，亦當易避。並有尋求快樂而轉增苦痛者，亦有避免苦痛而卽感快樂者。尋求快樂在遇事知有進，避免苦痛在遇事知有退。中國人生每在求其易，求其退，而不在求其難與進。此亦中國文化一要端。

男女各有求，在戀愛中求快樂，其事實不易，故西方文學多悲劇。夫婦和合，而快樂隨之，其事在我，較易著手。中國小說、戲劇中多以團圓收場，亦教人退而求其易也。父母子女，不和不睦，苦痛易生；兄弟姊妹，離心離德，快樂亦自遠離。故中國人以齊家為修身要務，亦卽教人求快樂而已。

人有志在求利，而離家去鄉，一時不感其苦痛者；亦有安於家鄉，而一時不感其為快樂者。則貴有知者之善為指示，善為教導。中國則得天獨厚，以農立國，安於家鄉，其樂無比，而其事亦易知易得。如古希臘以海嶼為生，所得於天薄，不如中國，固易知。而如印度，則得天似較中國更厚，身披一衣，卽可禦寒；手摘一果，卽可飽腹。生事易足，而轉亦感人生之多苦。生老病死，莫非人生苦

「商人重利輕離別」，為一時求利而輕離其家，斯則苦痛卽隨來，而快樂則可望而不可卽。

處，乃求「涅槃」。佛教雖有種種高深理論，雖儘求避免苦痛，而終亦無快樂可得。耶教雖亦知尋求快樂，但不求之於人生之當世，而求之死後之天堂，則亦終非人生之正道。

中國人雖知求快樂，而西力來侵，乃亦有快樂難求之感。西方人求富求強，乃使我有貧弱不能自安之苦。今日國人乃明白自認為後進國家，盡其所能以追隨西方而前進。而今日世界形勢，已明見前進無安樂之望，則當奈何？而國人對自己傳統文化之親敬心，則更為不可忽。舉其要而言之，則仍當知退不求進，知易不求難。我當不求富，僅求貧而安；當不求強，僅求弱而存；不求如美如蘇，同為世界大強國，而僅求得喘息之餘地，則庶可矣。

即以戰爭言，則先為不可勝，以待敵之可勝。何謂「不可勝」？我以廣土眾民十億人口之大國，而又有累積五千年文化傳統，使有自信，即為不可勝矣。以前如蒙古、滿洲，皆以異族入主，然僅掌握我之政權，不能轉變我之社會；彼則一意師法我之傳統以為治。今日則其事大不易，西方人不能移來我土，僅求我之服從，如最近俄國之於波蘭即其例。故最近世界已可使人不再有亡國之憂。一國之亡，轉增天下之大憂，如中東之巴勒斯坦即其例。自歐洲兩次大戰後，而天下形勢已變，此一層不當不知。

我既無亡國之憂，又何必定求強？但如當前日本之不求強而儘求富，則斷無美好前途可言。今日立國，儘可求為一中等國家，即人亦儘可求為一中等人，斯則為當前最可安而易求者。今日當前之最大問題，則為如何移易國人之慕外心為自信心。此須有人來作提倡，而其提倡則必有當前實例，使人易知易從。

當前大陸最大苦痛，則為一意慕效蘇維埃；一旦覺悟，乃求轉而慕效美國；此則大陸終將陷於不可救之深淵，而無以自拔矣。謂余不信，則靜觀四五年而即可知。然反面例易知，而正面例難求。吾當前國人果當何以自處，亦非無例可求。主要當戒者，在莫過分誇耀他人，自居為專家先知，而徒淆國人之視聽。果肯人人以中國人自處，人人以中等人自處，則庶乎近之。

近日有一驚人大罪案之發生，即搶刼某銀行之獨行大盜是也。方其案未破，人人認為此大盜不知係何等人物。及破案，則亦一計程車司機。識其人者，亦以尋常人視之，乃不知其能為此一大罪案。其犯此大罪，亦僅為不甘為一尋常人而已。人人不甘為一尋常人，此乃當前世界人類一共同心理；而種種危亂不安，則胥由此起。苟使人人皆肯安心為一尋常人，則世界自可改觀。而中國傳統文化則惟此是尚，即所謂「中庸」是也。人人肯為一中人，肯為一庸人，則社會自安，天下自平，無他道矣。

立人如此，立國亦然。百年前之大英帝國，自不當以一中等國視之。然今日已降為一中等國。果能即此自安，亦尚有其前途。而當前之英、阿戰爭，即英國人不肯以一中等國自安。此下後果尚難預言。要之，為禍不為福，則似可預言者。人人分析英、阿之戰，率以其所使用之武器言，不知尚有兩國人民之心理作用，則更為重要。今日人人言平等，但亦人人知有不平等。阿根廷自不能與英國作平等看，此雖阿根廷人亦自知之。故其雙方相戰，而阿根廷人之勇氣乃可倍加於英國人之上。即如以前大陸之援韓抗美，其使用之人海戰術，每一中國人面當美國大敵在前，生死已在預計中，能獲一小小酬報，則心慰無已。此則為美國人所不知。即如美國在南越之戰，其所遇北越人，作戰心理之強，亦何嘗不如此？即當前蘇俄之在阿富汗，亦有如此心理之對比。再就第二次世界大戰論，日本軍隊之對美軍，則奮勇有加。中國軍隊之對日軍，則亦如日軍之對美。就當時中國人心理言，非不知日本之軍備武裝視我遠勝。然而彼亦學習西化，與我相似，心有不服，斯則頑抗難馴。果使中國軍隊與美、英對壘，衷心崇仰，佩服已至，則不知仍能保有此一腔憤慨敵情否？惟當前人類同遵西化，而僅求平等，少如中國人之虛心熱忱，一以自卑為懷。遂使強者有其弱處，弱者有其強處，非武器一端之所能衡量。故今西方人競言平等，已使此世界難安於不平等之處。戰爭如此，商業亦然。今日世界經濟不景氣，亦有此等心理作用之存在。此亦中國人所謂中庸之道。且勿太尊視所謂先進國，太輕視所謂落後國，而一以中庸之道對付，宜亦可少其差失矣。

今人又好言自由。其實循乎中庸，則其自由亦易而多；必求超乎中庸，則其自由亦難而少。如一中等財富之家，則自由多；必為一上等財富之家，斯其自由必隨而少。家如此，國亦然。一中等國家，其自由轉多；力求為一超等大強國，其自由亦必減而少。如今美國，於英、於以色列、於日本，皆可謂其親善之邦。然其於此三國，所擁有之自由又幾何？即如其最近之對中國大陸與臺灣，首鼠兩端，捉襟見肘，亦見其左右之為難。要之，今日世界已同趨於西化，則天下惟有分裂，不和不讓，相爭不已。一若惟有美國，惟有民主、自由，乃可和合天下，而重歸之於一。則不知到此時亦尚有中國之存在否？今則自居為後進國，惟美國之馬首是瞻，到那時則豈不又將並此國家與民族亦相隨於盡，而惟美國之巍然獨存於一世之上乎？要之，今日國人只求站在美國一邊，其意若謂國內之錯綜複雜，自可迎刃而解。固不知吾國人之是否抱此期望，而據今日之言論行事為判，則一似非此亦無他途之可期。今日國人亦尚言「文化復興」，然所謂「文化」，亦有一準則，不合西化，不合美國，已盡屏於其所謂「文化」之外，其他復何言？中國人言「物極必反」，當前西方文化，亦可謂已到極而必反之程度，而國人則不知情。

然則今日國人思路之變，實已到達一急需之境。百年以前，國人惟慕西化；百年以來，世變已亟，而國人之思路尚不變，則何以為適應？中國實為一中庸性之民族，不喜走極端，好易而不喜難，好退而不喜進，此亦似為我國民性之弱點；然處當今之世，則轉見其優處。今日為國人計，當勿好高，勿騖遠，勿求速，勿求全，務盡一己之實力，惟期一己之安心。勿求為人上人，勿圖虛名，勿希奇功，腳踏實地，步步為營，樂天知命，不知不慍，各求為一普通尋常之中庸人。則極其所至，最低限度，宜可無大災禍之來臨。試細讀中國古聖先賢，上自孔孟，下迄程朱，凡所教人之言，莫不如是。若必輕鄙前人，爭為時髦，居心浮薄，宜非福澤之所歸矣。日日言現代化，則惟有隨現代以俱盡，其他則無可期。國人其尚加警惕之！

（一九八五年十一月東方雜誌十九卷五期。）

# 七五　積極與消極

人生意態，可分「積極」、「消極」兩種。就中國言，儒家思想是積極的，墨家更積極；楊朱是消極的，莊周、老聃同是消極，但不如楊朱之甚。人生應該積極，但不宜過分。中國後代，揚儒棄墨，可謂采酌有當。但積極人生，非可一步到達，漫長的過程中，終不免滋生流弊。莊老道家即針對此種種流弊而求挽救。中國後代，又採取了莊老道家來為孔孟儒家作補救，這見中國後人之聰明處。

印度人生比中國道家更消極，西歐人生則較中國儒家更積極。積極人生必求發展向前，換言之，亦是向外。外面有路發展，受害者先是其發展之對方，而發展主體，則暫時可以見其利，不見其害；待發展到外面無路，則受害者會轉回到發展者之自身。古代西方史且不論，就近代西方言，帝國主義殖民政策之向外發展，受害徧及全世界，但西歐各國，則欣欣向榮，一若可以漫無止境般向前。但外面可供發展之環境究有限，不數百年，轉回頭自相爭奪。第一、二次世界大戰，接踵迭起，西歐本身受創；抑且愈積極，則所受創傷亦愈深重。大英帝國國旗徧懸全世界，可以永不見日落，而且兩次大戰都站在勝利一面，乃其所受創傷獨甚。法帝國疆域較小，兩次大戰中都遭挫敗，而其所受災禍，似轉較英帝國為輕。德國為兩次大戰之主動，連遭覆滅，但其復興機運，卻較英、法為多。論短期，德國為積極；論長期，英、法更積極。論受害，短期德國為重；長期英、法更深。此乃愈積極則受害愈甚之眼前一好例。

兩次世界大戰以後，西歐傳統的積極人生，轉移到美國與蘇俄。四百年前英、法人向新大陸移殖，而有今天的美國。美國自始卽從西歐積極人生中產出。立國兩百年來，最先一百年，不斷由東向西移殖，亦積極向前，受害者屬印地安人。美國自身，則僅見其利，不感其害。但積極向前終有一限度，到今天，西部開發已告一段落。而自參加兩次世界大戰以後，美國一躍而為世界第一大強國。但全世界形勢已變，帝國主義已難再起，「殖民」漸轉為「殖財」。共產主義一方，又把殖財那條大路堵塞了。餘下的自由世界，又是滿目瘡痍，要殖財，且先得輸財。待其瘡痍漸復，一樣懂得堵塞殖財，甚至反殖財。資本主義沒有帝國主義為後盾，則其向前發展更有限。眼前自由世界經濟恐慌前起後擁，不啻告訴人們，積極的經濟人生，已到達了斷港絶潢，並無大海洋在前，可資恣意翻騰。積極人生向外翺翔之天地日形窄縮，於是轉回頭，在其自身內部見病害。目前美國社會腐蝕情形，觸目驚心。先識之士，認為古西方羅馬帝國之末日，不久會在美國社會重演，已不見為是杞人之憂。

其次賸下最積極者，只一個蘇維埃。它的武力、財力，皆遠不逮美國。正為如此，更激起其積極向前之意態。而且遠從帝俄時代起，俄國人早已追隨西歐積極向前，但為西歐所阻壓。東向西伯利亞之開發，亦遠不能如美國西部開發之順遂而愉快。俄國人數百年來積極向前之積壓心理，終於要一洩為快。然而更積極則更受害，歷史前例，無可否認。蘇維埃共產立國，至今已五十年之久。儻能改變意態，先整頓內部，逐漸從和平繁榮的大道上，安定自身；此種意態，像似消極，但消極中有積極，卻不失為一種無禍害之眞積極。無奈從帝俄以來，其一意向外向前之路線，急切間無法自變。君以此始，亦以此終。無怪今日蘇維埃之執迷不悟，而世界第三次大戰之陰影威脅，則愈逼愈厲。誰也不敢擔保其可以避免，誰也不能逆料其孰勝孰敗。但就前兩次教訓，大戰後之雙方，終必兩敗俱傷，而愈積極者愈受害；勝者一方之受害程度，必更在敗者一方之上。

其實從第二次大戰以來，各地戰事，此起彼落，並未間斷過。惟人們心中之三次大戰，則必將為一核子戰，主要必在美、俄兩個核子大國的身上。非更積極亦不能成為一核子大國，而核子戰又當以先下手為強。但先動手也不能禁制敵人回手。循此以下，雖有上智，亦無可預言其進程中一切可有之變化。但從整體論，仍當是最積極者，最受禍；依次及於核子裝備之較劣者；而無核子裝備之國家，則受禍當最淺。此一猜測，應可無誤。

上述是說人生愈積極，受禍當愈大。而不幸近世人心，但受數百年來西歐積極人生之迫害災禍太深重，而相率追隨盡走上積極的路，而惟恐或後。最先是爭財富，接著是爭強力。羣認為此是人生唯一正途。所以核子戰雖未起，而不夠核子戰的較低級戰爭，則風起雲湧，早在不夠積極的國家中興起。其實此等較低級戰爭，同樣有飛機、大砲、坦克，以及各種艦艇；陸、空、海規模較之第二次大戰，無多遜；較之第一次大戰，尤過之。積極人生，力求進步，謀財殺人的技巧，則為現代積極人生力求進步之主要項目，其前途自可想見。

尤可詫者，在積極人生中，一面要求能多殺人；另一面，又主張少生人。節制生育，乃現代化中一時髦宣傳。一面要少生人，另一面又要多產物。重物輕人，愛物惡人，已成為現代積極人生中一共同心理。在中國傳統文化中，如瓷器、絲綢，凡所產物，皆寓有極豐富的人生藝術精神，不僅供人以物質上之使用，還能供人以心靈上之享受。但從牟利觀點看，不夠積極。現在的瓷器與織品生產，已改換以機械為主，人工為副。在人造物之內，已逐漸減少了人工的成分。最好能沒有人工，始為現代生產之最高理想。而又惟恐人使用此等產物發生了心靈上之愛好，如此則將妨礙其繼起之推銷。所以每隔一兩年，必有新花樣、新品種。要推銷新的，自先要厭棄舊的，主要條件在不斷毀滅人心對舊有的愛好。

貨品如此，影響及於其他方面，如舞蹈、歌唱、戲劇、繪畫等娛樂方面，亦是只求變，只求新。亦可謂，是主要在使人心對藝術無愛好、無價值觀、無享受感，一味喜新厭舊，乃可繼續有新的推出。其實對新的也不能有真愛好，如是乃能日新又新。其實凡是有的必迅速地成了「舊」，只有現尚未有的纔是「新」。人心之喜新厭舊，乃轉變成厭惡一切所有，來想望一切所沒有。如是乃始是真積極。「現代化」成為「未來化」，亦可說是「幻想化」、「虛無化」，如此纔能使人不斷向前。但未來究是未來，究是一種幻想與虛無，如是則積極人生，豈不終將撲一空？

由藝術轉到文學亦如此，轉到其他思想，以及一切風俗習慣、人生行為，全如此。上面說過，積極人生必向外；鼓勵人向外，先求其不滿自我，感得內裏空虛。現代人，一面追求能多殺人，務使殺人武器之進步；一面追求多產物，能不斷賺人錢財。一是求人死，二是盼人窮。現代之積極人生，豈不在貶降人生價值，使其達於虛無化，使人當下無可留戀，纔肯積極向外向前？但向外，又是太廣漠，太無邊際；向前，必待決定一方向，方向愈單純，庶愈易前進。而現代人之向前，則主要在制人死命、要人窮，此之謂富強的人生。弱者不犯人，貧者不離人。貧弱人生，使人相親相和，走向善的路，但為現代人厭棄；必互求富強，相鬥相爭，乃使現代人想慕。

中國儒家所指導的，亦是一套積極人生。但儒家向外，主要以人類大羣為對象。分有家、國、天下三環，有夫婦、父子、兄弟、君臣、朋友之五倫；人生對象在此。至於「物」，僅供使用，非目標所在。而人生向外向前之主要中心及其立腳點，則為人之「心」。心與心相交，乃見為人之「德性」。此乃如父母之慈與子女之孝，論其向外，是一種貢獻；論其向前，則為自己內在德性之進修與完成。此乃一種「合內外」之道。自盡己性，自明己德，循此向前，可有無窮發展；但縱前行了一萬步，仍然站定在腳下，寸步未移。堯有丹朱，舜有商均，西伯昌有發與旦，子各不同，但其得為一慈父則同；舜有瞽叟，周公有文王，父各不同，但其得為一孝子則同。故人生向外，唯一道路只是貢獻。人生向前，其唯一到達點，則是各自小己德性之完成。貢獻出了自己，同時也即是完成了自己。惟其一切工夫，則仍必待自己，不能待於外。同有慈父，但丹朱、商均與發、旦終不同；同有孝子，但瞽叟與姬昌終不同。舜之孝不能使其父為姬昌，舜之慈不能使其子為姬旦，其中有「天命」。天命，即指人之無奈何之處。人人各得對外面他人作貢獻，人人各得對內面自己求完成。此是「天命」，亦即是「人性」。中國儒家務求人文大道與自然大道之合一，此即所謂「天人合一」。儒家指導積極人生一番大道理在此。此番道理，「通天人，合內外」，這是每一人之「性命」。

因此儒家的理想人生，乃是一種「人文本位」的人生。儒家的理想文化，乃是一種「人文本位」的文化。墨家兼愛，要人「視人之父若其父」，像比儒家孝道更積極；但不本於「人心」，而上推「天志」，把天高壓在人之上，天人不相應，內無所本，轉成一幻想之虛無。楊朱為我，「拔一毛而利天下不為」，此亦是人本位；但太消極了，把人的範圍，封閉在各自小己個人之內，與墨翟適成一對立。莊老亦主張消極人生，不贊成儒、墨，但亦不贊成楊朱。人事複雜，楊朱專以個人小己為立場，較儒、墨簡單化了。但天之生人，並不單獨只生一個我，人生不能有內無外，太封閉、太單純，亦將無前途。莊老主張「人相忘於道術，如魚之相忘於江湖」，此是一種「自然主義」，但同時亦是一種「人本位主義」。人生在自然中，不能不仰物為生。人生仰於外物，於是人與物爭，循至人與人爭，而莊老道家則不喜此一爭。莊老的人生理想，要人相忘不相爭。於是得在人生中，特別選取一理想環境。小國寡民，使民老死不相往來，庶可使人能相忘。莊老並不想要人回到原始狀態去，人類自需一種文化環境；莊老只希望此境能使人相忘相安，即此而止，不希望再向前。但此亦終是一幻想。

老子為此幻想提出了三項主張：一曰「慈」，二曰「儉」，三曰「不敢為天下先」。儒家之「仁」，墨家之「兼愛」，與楊朱之「為我」，意態皆較老子之「慈」為積極。但慈則不殺人。佛家講慈，故戒殺生。老子又提出一「儉」字。不僅經濟物質生活上要儉，即情感生活也要儉。老子並不教人不向前。飢求食，寒求衣，但得有一限度，便不貪著要賺錢。人生只隨著大化，又對外能慈，對內能儉，則自「不敢為天下先」。今天的積極人生，則殺人賺錢，事事務爭先；一落人後，便喫虧。並須迎頭趕上，又得制敵機先，「敢」字乃成人生第一步驟。然而最積極、最勇敢，則最受禍，此已明白昭示在前。但人類對此終不警惕。今天的世界，至少已分了「有」與「無」的兩方。「有」的世界早在財富上爭了先，「無」的世界只有在強力上爭先，再由強力來奪人財富。財富爭先，是一無形戰場；強力爭先，成一有形戰場。既已進入了戰場，則無形必會轉成有形。第三次大戰，已如箭在弦上，一觸即發。欲求和解，斷不能只許人有財富戰，不許人有強力戰。我在鈔票資本上占先，別人只有在核子彈與海底潛艇上另求占先。就實論之，亦並不是廢止一切武器，即是和平；貧富之間，早就不和不平。馬克斯的階級鬥爭史觀，是西方積極人生的寫照。最和平的共產主義，只有罷工運動。但在「有」的社會中可以罷工；「無」的社會中，根本無可罷工。禁止國外貿易，也不能使國內「無」的社會轉瞬變成「有」的。財富早成國際性，則核子彈與海底潛艇，當然亦成國際性。資本主義既成國際性，則共產主義當然亦必變成國際性。最先英倫島上之紡織業革新，一馬當先，繼之以販鴉片、販黑奴，又繼之以世界戰爭與共產主義之崛起，隴山西倒，洛鐘東應。針對此種種複雜，老子「慈」與「儉」與「不敢為天下先」之三語，似可加以消解與挽救。

然而老子此三語，依然有病。世界各大宗教，無不同樣提出慈。不僅印度佛教，即西方耶、回教何嘗不講慈？然而耶穌上了十字架；穆罕默德教人，一手持可蘭經，另一手持刀。耶穌說：「凱撒的事讓凱撒管」，於是自己只有上十字架。穆罕默德要兼管凱撒事，於是只有教信徒各自手裏拿一把刀。釋迦牟尼說：「我不入地獄，誰入地獄。」但塵世儻眞是一地獄，則不佩刀，惟有上十字架。佛教教義究竟比耶、回兩教更消極，所以釋迦牟尼不佩刀，也不上十字架。但佛教在印度，終亦不能存在；及其來中國，反獲暢行。此乃社會不同，此層須另再闡發。

要之佛、耶、回三教，皆以慈為主，而其推行究有限。抑且父慈而子不孝，待此子為人父，終將不成一慈父。老子主慈不教孝，故老子之道最後亦終成為權謀術數，慈的心腸也終會消失。

老子講儉，其道亦不能久。父慈不教子孝，其子必成一嬌子。受人慈而嬌，其人亦終將不能儉。西方中古時期，乃一耶教天下，然繼之者卽是文藝復興，工商業驟起。嬌兒驟離家庭，進入社會，可成一浪子。西漢初年，崇尚黃老無為，與民休息；繼之卽遊俠、貨殖迭興，便絕不是一儉的社會。故慈、儉均屬消極性，不足以垂教。

離了慈與儉，其心放縱無顧忌，則必敢為天下先。近代人無視傳統，倡言創造，不甘隨人後，定要超人先，必求能邁步闖入一新境界。不僅如哥倫布之尋覓新大陸，一切學術思想，均當擺脫前人束縛，闖開新境。哲學、文學全如此。但如此則究嫌與現實人生又多增了隔離。近代自然科學更親切闖進了現實人生。其先如天文學，發現地球繞太陽，不是太陽繞地球。又如生物學，天演進化，人類不從亞當、夏娃來，尙屬在當時現實人生之純信仰上起腳。違反了宗教而進入到現實眞人生，由消極轉積極。一切追尋向外，不顧內；向前，不顧後。人生只賸一「闖」字，即「創」字。「盲人騎瞎馬，夜半臨深池。」到此刻自然科學中又獲有兩大創新：一是核子武器，另一是人類登陸月球。但登陸月球，正如哥倫布登新大陸，把當時西、葡兩國原有問題帶去，循致印第安人遭消滅，非洲黑人被販賣。將來月球上，也必有新糾紛。若眞要解決當前地球上人類問題，此刻只安排了最後一著，即核子戰爭。此是現代積極人生之眞實相，豈不已彰灼共見？若果能采用老子慈、儉與不敢為天下先之三句教，人生意態稍轉消極，或許世界不致有今日。即在今日果能采用老子三句教，或許人生還可有轉向。

但人生究是複雜而又該積極向外向前的。莊老道家，目覩當時社會種種病態，想勒馬回頭，但馬頭勒回仍向前。兩漢儒家人生衍生了流弊，勒回馬頭轉向道家。但馬蹄停不下，老子之小國寡民，又轉成釋氏之出家入山寺。社會人生問題依然存在。果使社會大眾盡都出家入山寺，則全部人生問題都會帶進山寺去。幸而只是少數人披剃入山，但在此少數人身上，還帶著很多留在塵世的人生問題，不得解決。故依佛教義，只有人人悟徹涅槃大道，纔是人生問題之終極解決。但河淸難俟，此事又談何容易？

孔孟儒家所指導的人生，乃是一種通力合作的人生。即如一家庭，父母慈，子女不孝，即不能通力合作。近代中國人，慕效西方，務競變為一夫一妻制的小家庭。但小家庭也須夫妻通力合作，若儘講個人自由、獨立、平等，夫婦也會不合作。於是再把婚姻制度放寬，離婚自由，乃至於性解放，可以無夫婦，無父母子女，無家庭，但一樣有生育，有傳宗接代，豈不好？但問題又會轉移到別處去，而且可更複雜。核子戰爭，豈不更積極？但亦同時轉成了更消極。問題依然存在。須待全人類毀滅，纔是眞解決。

只有孔孟儒家人生，教人通力合作，得人人參加，要事事顧到，物物有分，時時不息。複雜成了簡單。長時不息，現代與古代合作，後代仍和現代合作，能使全人生在此大道中通力合作下永遠向前。

全人生卽是一「仁」字，通力合作卽是一「義」字。而仁之與義，只由我一人做起，故曰「為仁由己」。又曰「義內」，一切人生大道全在一己之內心。孔門教人，有「志道、據德、依仁、游藝」之四項，有「德行、言語、政事、文學」之四科。孟子較單純，荀卿卽複雜。程朱較複雜，陸王又單純。但要能於單純中展演出複雜，孟子之長卽在此；又要能於複雜中把握住單純，程朱所長卽在此。荀卿雖複雜，但失卻了作為中心之單純面；陸王雖單純，但忽略了向外向前之複雜面。所以衡量其得失而評定其是非者，則又待有不斷繼起之智慧。此卽是後世與前世合作，而貴其能不斷向前。

積極過了分，都不免急功近利。墨家兼愛，一遵天志，不顧人心，其病卽在急功利，怕複雜。道家從人類文化之病處看，釋、耶、回三教亦然，都嫌看得太單純。如進醫院檢查，可以只見病處，悲天憫人，而實無當人生之眞相，無怪其都要走上人生消極的路。近代人生，縱積極，但亦不勝其急功近利之心，太過分，亦是太簡單了，只認一條路。工品製造，商貨貿易，那能遽領全人生向前？而且廠商製造，必剝削了勞工；貨品推銷，又欺騙了買主。演而愈進，廣告費可以占了十七、八，成本只占十二、三。又必用種種方法，誘導人奢侈，激發人物質慾望，使外物供給永不能塡充內心需要，而後工商企業乃可立於不敗之地位。但另外問題卽由此引生。作始也簡，將畢也巨，今天工商社會之弊病卽在此。

所以近代的積極人生，並不能解決問題，乃僅以滋生問題。三數十年前，與三數十年後，問題性質已大不同。今天的大問題，並不在送人上月球，更不論去火星。今天的首要大問題，乃在如何消弭核子戰爭；退一步言，且先求禁止國際間之軍火販賣；然而此事已不易。回溯數十百年前，問題只在如何積極生產，如何向外謀財殖貨。但由於以前的問題，而引生出當前的問題。其實新舊問題只是同一根脈，概而言之，是積極人生過了分。今天卻該轉向消極。否則老問題終是解決不了新事變，一部近代歐洲史，可作例證。就美國言，它已躍踞世界列強之新霸位，此刻都希望它來解決世界問題。但它第一還是積極生產，連核武器以及種種殺人武器都在內；第二是向外推銷，連殺人武器也在內。美國最大強敵是蘇維埃，美、蘇競造核武器，但蘇維埃缺了糧食，正好向美國求購。美國既要生產核武器，又要生產糧食，心力分了。而蘇維埃則可以憑藉美國糧食接濟，來一意生產核武器。在目前的爭霸戰上，宜乎蘇維埃可以處處占盡了上風。

現代的積極人生，其最易見效處，正在其能不顧一切，單從一個目標闖向前。三、四百年來，西歐英法帝國主義便由此上路。英國是島國，目標更單純，故更見效。到目前形勢大變，武力鬥爭進占第一位，財富競賽退居第二位。中國大陸寧願民眾沒有褲子穿，第一目標是製造原子彈。而當前世界各國元首，競以能到北京朝見毛澤東一面為得意。不獲到北京一見毛澤東，總是現代政治鬥爭上一缺憾。美國總統尼克遜，獲到中國大陸朝見毛澤東，便認為新世界即將來臨。尼克遜被迫退位，但此一意想，仍為其繼任總統乃及美國大多數人所接受。甚至最近，毛澤東命在旦夕，而美國人急要在他死前能和中國大陸外交關係正常化，認為是當前迫不及待之急務。以如此之人心，可以想像世界之明日。

根據上所觀察，所以我認為當前世界的積極人生，實已前面無路，而不自覺地在轉向消極。其仍抱積極意態，以鬥爭搗亂為惟一首務者，則惟羣目蘇俄為然，故為舉世人俯首而下氣。但上面已指出，愈積極則愈受禍。西歐英法舊日帝國美夢何在？日本帝國主義首先嘗到原子彈滋味，武裝解除了，一意想做一經濟大國。日本想依靠美國武力來專做現代一經濟大國，正如蘇俄想靠美國農產品來在核子武器上壓倒美國。那都是單方戀愛，未必有美滿婚姻。而美國意態，則並不如往前英、法般積極，它因是一大陸國，儘可向內發展。但其得有今天，仍由接受了英、法往年這一筆積極人生的爛糊舊賬。而不幸美國又增添了自身內部一筆爛糊新賬，其社會日常人生之日趨於糜爛與腐化。物質豐盈，但求不務向外殺人，專一在其內部求安享，這亦會成一場夢。單謀財不殺人，美國已著先鞭，日本亦緊隨其後。而不知積極的經濟人生，到頭必會無出路，無前途。中國大陸經濟無基礎，急要武裝向外，民不聊生，大亂亦不旋踵而起。算惟有蘇維埃，最為當前敢於采取積極向前的一大國，經濟為次，武裝為先，已異於往前之英、法，更積極了，只想以「無」的來搶「有」的。它的途徑，卻更近於它往日親所受難的蒙古。惟蒙古只靠騎兵，而今天的蘇維埃，則靠核子武器，因此更可怕。即使萬無可能地禁止了核子戰爭，但其飛機炸彈、坦克大砲、潛艇襲擊，貽禍人類，也將在蒙古乃及第一、二次大戰之上。若使蘇維埃而終於得志，則為人生大道證明了惟有武力至上始是最高眞理，亦只為此數百年來西歐積極人生作一修正，得一結論，未始非對人類文化有一大貢獻。而無奈其不然。則蘇聯人今天的積極意態，亦不過為它自己多拉些陪葬者而止。此眞是近代積極人生一悲劇。儻或改鯨吞為蠶食，酌采消極意態，蘇聯的得志機會可較多。但美國乃在不知不覺中走上了消極，要蘇俄在深思遠慮中採取消極，但蘇俄無此心理修養，其事甚不易。

人事複雜，未來不可測，然而當前的那一套積極人生，已無前途，則早已彰灼可見。乃舉世迷惘，只就眼前頭痛醫頭，腳痛醫腳；「曲突徙薪」的設計，固絕不有其人，連「焦頭爛額」的救急，也不知從何下手。世界已有絕大多數人在轉向消極，但亦只是生活糜爛而已，更不知有其他的消極法。此已不是一「意態」問題，而是一「知識」問題。現代人的所有知識，已全屬專門化。積極人生急功近利，則必然會獎勵知識專門化。循至只知有頭有腳，不知有此身。只知有身，不知有此心。非不知有心，乃把此心亦封閉錮塞在專門化中，驅使它鑽牛角尖。蠻乎觸乎，互不相知。外交、軍事、經濟、法律，各有專家，專家內又得分專家，但全人生的大問題，則每一專家，都無法來解決。哲學、文學、藝術、科學，亦是各有專家，專家內又復有專家，但全人生的大問題，也不是此等專家所能領導。只因急功近利，專攻某一項，易見成績，而且誰也不能批評誰，誰也不能壓倒誰。每一專家都完成了，但每一問題都存在不解決。中國俗語說：「三個臭皮匠，湊成一個諸葛亮」，但現代的專家，卻非臭皮匠之比。其最大癥結，乃在各自傑出，無法配湊。儘大多數的知識分子，愈專門化，便愈成為少數。今日號稱為「知識爆炸」，其實是「知識分裂」。知識的力量日微，只能各為人用。循至今天，全人生的大問題，已不由知識來領導解決。專家知識所能領導解決的，全屬枝節上的小問題。製造核子彈，今天人類已有知識；但如何消弭戰爭，則今天人類並無此知識。登上月球，今天人類已有此知識；但如何使人各有一可以居之安而樂的家庭，則今天人類也無此知識。今天人類全認「小知識」為「大知識」；眞屬人類的大知識，則甘心自安於「無知識」。此是知識專家化之罪！

孔門儒家求知識的積極目標，則正在此全人生的大問題上。一則應使各人有一家而可以居之安與樂；一則應消弭戰爭，使大家和平相處。中國如一人，天下如一家。此種知識，不屬專門化，但是更專門的；似乎無用，而實更有用。不待焦頭爛額，而教人曲突徙薪，但焦頭爛額者終為上客，曲突徙薪則不見恩澤。故士志於道，則必能先天下之憂而憂，但又必以不恥惡衣惡食為條件。此等知識，中國儒家謂之「道」，可以行於全人類，可以行於千載之上，亦可行於千載之下。此為現代專家知識分子所絕不信。專家知識，只貴各自分述，隨時前進，隨於新事物而變，隨於新對象而爭。後一時代興起，前一時代卽遭遺棄。知識然，人生亦然。現代的積極人生，貴能以後一代遺棄前一代。後不顧前，而曾幾何時，現代亦成前代，而亦為後代所遺棄。但全人生之大問題，則必融會時空之異而存在。佛家說：

我佛為一大事因緣出世。

這算是認識了人生有此一大事，但非教人進山門求證涅槃境界所能解決。耶教則教人各自在死後靈魂進天堂，至於人生問題，暫讓凱撒去管，留待上帝來作末日審判。近代西方自然科學，則僅在每一人生前，各求其物質生活之滿足，把現世物質人生來代替天堂。至於人生全體大問題，則似乎只留待核子武器來作總解決。所以現代西方人，亦認為第三次世界核子大戰爭，乃是此世界之末日審判。可見西方近代的自然科學，外貌上雖若反宗教，而其內裏，則仍是耶教精神之原來模樣、原來想法。即是只管了當前物質人生，亦如耶教之只管死後靈魂上天堂，其他則全不管。至於中國儒家，則以「大道之行」為其終極目標。此大道，絕非佛教之涅槃境界，更非耶教之末日審判。大道行後，還得「天下為公」，須每一人各自繼續努力。全人生永遠有此大道，待人努力。故曾子曰「仁以為己任」，即是把此全人生大道，由每一個自我小己來擔任；「死而後已」，則是每一個自我小己之責任期限，到死而止。曾子那九個字，應是異時異地，每一人之共同職責、共同任務，誰也不能自外。

佛家精神，徹頭徹尾，是消極的。耶教精神，則在個人小我方面儘積極，務要各自靈魂上天堂；而大羣集體方面則仍是消極，且讓凱撒去管。總之在釋迦、耶穌兩人心中，有管有不管。而孔子心中，則全人生大體無不管。天不變，道亦不變。天地大自然生出人類，此是天之慈。人類把此全人生大體好好完整地繼續下去，來對天作交代，此是人之孝。所以在中國儒家思想中，可以包容有宗教精神，同時亦包容有自然科學精神；包容人類大羣，同時亦包容個人小己。但中國儒家思想，究竟是否可用來解決當前世界問題呢？可惜儒家思想極複雜，不單純，其他民族驟不易了解。當前的中國人，則只學儒家謙虛好學精神，一意虛心向外學，學習資本主義，亦想學習共產主義；學習耶穌教，亦想學習近代自然科學；學習原子彈殺人，同時亦學習死後靈魂上天堂；一切現代專家知識全想學。當前好學的，中國人可以首屈一指。但儒家所提出最重要的「仁以為己任」、「當仁不讓」的積極精神，當前的中國人則把它遺棄淡忘了。此一責任，且讓西方人來負，我們則惟西方馬首是瞻。而無奈西方人向來無此意想。至少我們今天最所歸嚮的美國人，也似乎無此意想。我們要反共，但美國不斷向共產大陸送媚眼，又不斷向蘇維埃求和解。在這一層上，至少是我們學西方、學美國，還學得不到家。如又想待西方來學我們東方，要教西方人也把自由世界和共產強權武力世界分劃清楚，那豈不更難了？但若眞通了中國儒家思想，則此等難題實也並不難。只要認清一大前提、大原則，再來運用現代西方各項專家知識，自會有一條路向前。此事說來話長，則只有姑此住筆了。

（一九七七年五月中華日報。）

# 七六 存藏與表現

(一)

中國與西方，社會不同，人生不同，因此歷史演進與文化傳統亦各不同。姑舉三項言之。孔子曰：

古之學者為己，今之學者為人。

中國乃一農業社會，耕稼本為己，賸餘乃及人。西方是一商業社會，須貨品先有銷路，供給了別人需求，自己纔有利潤可得，故其人生乃先為人。此其一。

人生有工作有休閒。農業工作卽為己，故於工作與休閒上不加大分別。商業工作在為人，獲得休閒乃為己，故視工作與休閒若為人生之兩體，意義價值均大不同。此其二。

中國人常講「中庸」之道，凡事甚難恰到好處，過與不及總不免。務農為己，一家百畝，常覺夠了，每不貪多；貪多反致荒蕪，並無益處。商業應外面需求，愈多愈好，每感欲罷不能，總喜增不喜減。此其三。

但就自然言，有時增不如減。如一日三餐，多喫反傷健康，少喫轉合衛生；又如睡眠，多睡反增倦。以言財富，貧而樂，其事易；富而好禮，其事難。抑且貧有限，勤勞卽可免此限；富無限，向外追求總難滿意。又安貧易，保富難。故以社會整體言，不患貧而患不均，但惟中國人始能有此想法；西方人惟望財富提高，無限度，有危險。

繼此又有兩觀念分歧。貧能儉，有貯蓄，三年耕有一年之蓄，九年耕有三年之蓄，則無患矣。求富則貴能經營，餘貲存積，不如再投入商場，多財善賈，富上加富。故貧人易於安其故常，此之謂「保守」；富人易於繼長增高，此之謂「進取」。保守心向內，進取心向外。此一歧，乃生出一切更大之不同。

無限進取，無限向前，但仍只為一己生活打算，而工作與休閒，在其意想中，分別乃更大。工作僅生活一手段，休閒轉成生活之目的。本來人生卽是一工作，休閒乃得繼續再工作，故工作、休閒，實是人生之一體。從自然生命言，休閒乃手段，工作為目的。今乃倒轉，休閒若轉成為目的。但人生不卽是休閒，於是乃又從休閒中別尋快樂，工作轉成負擔，不知人生快樂正在工作上。如此一倒轉，整個人生觀乃不得不大變。於是人生中乃又有專尋快樂之工作，西方文學卽由此起。甚至言文化卽起於閒暇。中國人則曰民生在勤，不啻認勤勞卽生命。日出而作，日入而息，工作中自有休閒。一陰一陽，陽卽工作，陰卽休閒，豈非一體？中國人重勤勞，亦非於休閒有輕忽。農民則減輕其租稅，工人則先加以廩給，工農皆世襲，積年累世於不慌不忙、不知不覺中得精進，勤勞乃成一快樂，豈休閒之務求？

再申言之，人生乃全從其生命之內部自身演進，生命以外，更無其他功利可圖。生命平安快樂，卽是生命進步。此非哲理，乃實事。人生自嬰孩始，嬰孩決不為其自身生活有計畫、有打算，更不把其當前生活作為一種手段，以別有期圖。一哭一笑，一休一息，卽其生命，亦卽其工作與快樂之所在。若謂嬰孩賴別人輔養，則長大成人後，豈不仍有賴於別人，不得獨立為生？魯賓遜漂流荒島，亦有一犬，並有漂流前之一切經驗，人生決非一人獨立為生可知。

孟子曰：

> 大人者，不失其赤子之心。

中國人最高理想之人生，要能勿失其赤子心，天眞快樂，本色依然。中國人最重孝弟之德，孝弟卽是赤子心。孔子曰：

德不孤，必有鄰。

能孝能弟，斯能在大羣中做一人，光大悠久，其本皆在此。

中國古代風俗，工農皆世襲。老斲輪言得心應手之妙，不能以喻其子。然其子自為嬰孩，即已視其父之斲輪。初長成人，亦即追隨習斲，亦自能得心應手。其孫又然，累代相傳。斲輪非其一家之勞作，乃其一家之生命。生命繼續不已。孔子曰：

後生可畏，焉知來者之不如今？

累代相傳之斲，必當較前進步，即其生命進步，其快樂又可知，又何待於斲輪外別求閒暇為樂？抑且僅求閒暇，亦非眞樂。孔子曰：

飯疏食，飲水，曲肱而枕之，樂亦在其中矣。

此樂乃「學不厭，敎不倦」之樂，卽孔子生命之樂。若在飯飲枕上求，非生命樂，為樂至淺且暫，實亦無樂可言。

中國人言樂，主「存藏」，不主「表現」。有存藏，自能有表現；能表現，仍貴能存藏。存藏在內為己，表現在外或為人。老斲輪所樂，即在其日斲不已、得心應手之生命中。非求其斲輪之得人欣賞，或獲厚利；更非於斲輪後求獲休閒，別尋他樂。子子孫孫，世襲其業，世傳其樂，人生如此，更復何求？此即中國文化眞精神所在。亦可謂中國文化乃一生命文化，存藏在己。「不失其赤子之心」，即此意。

人生嬰孩期，亦可謂即自然生命一種最高藝術之表現，此下各期生命貴能承之不失。赤子之心，即其生命藝術最深厚之根源。赤子初生，乃與自然大天地同體。中國最佳之田園詩、山林詩，亦可謂皆從此心來。最佳之亭園建築，亦從此心來。最佳之山水、禽鳥、花卉，一切繪畫，亦從此心來。此皆所謂「不失其赤子之心」之一種表現，即一種極深之守舊，所守即此心。人之耄老，登一山，沿一水，坐一園亭中，仰天俯地，樂不可言，亦仍此赤子心。天眞純潔，活潑自然，無厖雜，無糾纏，無拘束，此是人之眞生命，何樂如之。

今人最好言「新」。如旅途中，遇見家人，父母、夫婦、兄弟，或舊相識，其內心之樂，較之途逢新人，相差又如何？「少小離家老大回」，舊家舊鄉皆可喜。「鄉音無改」，斯即生命之無改，更可喜。「鬢毛催」，則無可奈何。身變而心不變，但兒童已相見不相識，笑問客從何處來；本屬舊人，乃成新知，則又可悲之至。實則生命是一舊，乃可樂。日新月異，生命何在，可樂又何在？

中國人又言：

人惟求舊，物惟求新。

此「物」字乃指日常所用言。若傳家保藏之物，則亦惟舊乃貴。如一花瓶，乾隆窰、景泰窰可貴，宋窰、唐窰尤可貴。如牆上一畫，明畫、元畫可貴，宋畫更可貴。天地大自然如一大物，中國之園亭建構，則把此大物依稀彷彿，存藏其中，常供遊人玩賞，又何等可貴！可知人心所貴，終在舊，不在新。中國山川名勝，豈不凡新皆由舊，愈舊而愈新。

如登泰山，如遊西湖，乃及其他名勝，其間皆存藏有累代積世相傳之人心。而此等心則決非功利、機械、變詐、爭奪、霸占心，大體是至誠惻怛之一片天眞赤子心。即如名勝中多有古刹，乃有前世高僧來此潛修；後人仰慕瞻拜，亦以新心接舊心，亦即孟子所謂「不失其赤子之心」，而生命快樂即在其中。埃及金字塔、羅馬鬥獸場，無可同類相視。

讀中國書，如遊中國名勝。如古詩三百首，每一詩，均三千年前中國人之生命心情，從一不知名人口中吐露，從一不知名人筆下寫出。如「關關雎鳩」，乃中國古人夫婦和愛心，任由後人心自加體會。文學全是一生命，是一古今不朽之大生命。一吟詠，一寫作，同是一生命工作，而快樂自在其中。天方夜譚一千零一夜，則與中國古詩三百大不同。其述故事，乃求聽者愛聽。乃為人，非為己。

希臘荷馬史詩亦然。大眾所喜，乃為文學。舞臺戲劇亦如是，乃為觀眾之欣賞。凡所表現，主要皆在外，不在內。

屈原離騷，猶「離憂」。心藏忠君愛國之憂，一吐為快。此亦生命一工作，亦生命一快樂。司馬遷太史公書亦然。其寫作心情，在報任少卿書中，已表露無遺，是亦司馬遷生命所在。以自己生命來體會到古人生命，宜其書之超絕千古，無與倫比。此等心情，此等工作，可謂乃中國傳統之文化心情、文化工作。故曰：

藏之名山，傳之其人。

人類自有一大生命存藏，中國之史學、文學，皆此大生命之工作表現。西方文學則皆以個人主義之小生命工作，故不求傳統，僅重開創。至於史學，則晚近始有，非古代西方人所重。

文史外，一切學問亦無不然。孔子曰：

學而時習之，不亦悅乎？有朋自遠方來，不亦樂乎？

學與習，皆卽己之生命，豈不可悅？遠方朋來，與我同此生命，豈不可樂？縱無人知，己之生命則仍然，故曰：

人不知而不慍。

必待外面人知，則生命之意義價值亦淺薄難定矣。

孔子言：

述而不作，信而好古。

此八字，述出了孔子畢生「學不厭，教不倦」之一番赤子之心來。赤子初生，其父母即是一古，與我同是一人，而信之好之。孔子之生，中國文化傳統已歷兩三千年，孔子乃此文化傳統中一嬰孩。及其長大成人，能為中國文化傳統一孝子、一忠臣，心願已足。人由天生，天命人在人羣中做一人，此乃人之性，即天之命。故中國人言「安分守己，樂天知命」。孔子之為人，亦何嘗不如此？

孔子曰：

吾無行而不與二三子。

此乃孔子之表現。顏淵言：

如有所立卓爾，雖欲從之，末由也已。

此則孔子之存藏。「泰山其頹，哲人其萎」，表現只是一時髦，一摩登。「逝者如斯」，生命如此，孔子大聖亦終如此。「高山仰止，景行行止，雖不能至，心嚮往之」，存藏乃始是眞生命、眞傳統。今人則必謂孔子乃二千五百年前一人物，此卽知表現不知存藏，其深受西化亦可知。故在西方人生中，獨耶穌一人能復活；在中國人生中，則人人皆得有不朽；此其異。

孔子作春秋，相傳由聞西狩獲麟而作。今人則謂之迷信。孔子聞獲麟而心憂，則孔子作春秋，亦猶後起之屈子作離騷，同是一生命工作。孔子春秋因魯舊史，亦是「述而不作」，惟寓褒貶深意。如隱公元年「春王正月」，「正月」前加一「王」字，此卽有深意。孔子亦未必對其弟子詳加解釋，或偶有申述，其弟子傳習之，又詳加討論，乃有公羊、穀梁、左氏三傳。而左氏傳尤網羅遺聞，詳加記載。此一經三傳，乃歷百年以上，不知幾何人之工作而始成。在中國則稱之曰春秋一家。此如百畝之田，父傳子，子傳孫，以耕以耘，乃一大生命工作，非小生命工作。至於論語，乃由孔子門人弟子，積數傳數十百人之合力而成。此亦一種家學，乃為後代儒家學之始祖。中國一切學問皆求成家，與西方之個人獨創，而今國人乃亦稱之為專家學者，又不同。

今再申言之，亦可謂中國大羣主義，為人卽所以為己。如孝弟忠信，卽以成賢成聖是矣。西方個人主義，為己亦卽以為人。如大資本家給養大批勞工，乃以造成大財富。當前資本主義、帝國主義向外侵略，而西洋文化遂亦遍布全世界。中國亦備受欺凌壓迫，而崇揚西化，乃有「新文化運動」。可見無內外，無羣己，而天人合一，乃一無可違背之大自然中一大生命。和合人文、自然，乃始兩得之；分別人文、自然，則必兩失之。討論中西文化異同，於此不得不深加注意。

天地萬物惟此心最能日變日新。湯之盤銘曰：

苟日新，日日新，又日新。

乃指此心言。日新而不失其舊，個人生命、大羣生命皆如此。中國人抱有「心生命」一觀念，「心統性情」，故中國生命哲學最好言「性情」。喜、怒、哀、樂、愛、惡、欲七情，喜、怒觸於外，發於內，最易見，亦暫而易變。哀、樂藏於內，更具時間性，不易見，不易變。愛、惡已由情轉性，亦卽欲。欲之正面卽愛，反面則惡。喜怒、哀樂亦皆欲之正反面。故「性」卽「欲」，「欲」卽「性」。惟性乃存藏於內，欲則必發於外。故性可常，而欲必變。西方人好言男女之愛，近於欲；中國人好言父母子女之慈孝，始見性。中西文化歧異只在此。

㈡

中國五千年文化有其一貫相承之傳統，舉其大者有二：一曰「政統」，一曰「學統」。政統在上，學統在野。先言學統。

先秦以下中國學術分兩大統：曰儒，曰道。儒統始於孔子，孔子自歎道不行，學不厭，教不倦。登其門受業者踰七十人，知名於時者不踰二十人，或先孔子卒。孔子身後，其弟子無一在朝得勢者，然儒學乃大行。李斯相秦始皇，公孫弘相漢武帝，兩人皆出儒統，然為儒林所鄙。儒統之傳，大賢豪傑多在野。宋代王安石、司馬光，兩巨儒皆在朝為相，然儒學大統則傳自同時在野之周敦頤，終其生僅為一小縣令。兩千五百年來儒學傳統大體皆如此。無權無位，羣所歸向，而儒學尊嚴乃成中國文化體系中一大傳統。

道家起自莊周，乃戰國時宋一漆園吏，位卑名微。繼之有老子書，其作者姓名更無考。兩人之弟子亦無知名。道學之傳，乃更無在朝踞高位掌大權者，其在野亦多隱淪，較之儒，益不顯。然在中國文化傳統大體系中，則道終與儒相抗衡。

次論政統。君位世襲，歷四、五千年不變，然朝代則屢變。但政統實不在王朝之血統，而在其歷代所通行之制度。故一部二十五史，自班固漢書以下，皆為斷代史。而唐之杜佑通典，宋之鄭樵通志，元之馬端臨文獻通考，後人稱之為三通。繼之又有續三通、九通、十通，實為中國之「通史」，專論制度沿革，乃見中國政統之所在。朝代變，制度不變，其中有歷夏、商、周三代而來者，有自秦、漢以下歷朝所新創者。然其大意義所在，則仍有承襲，未能大違於前古。古今一貫相承，此始可謂之政統。

各項制度，決不自帝王制定，亦絕少制定於宰相，乃出自在朝或在野某幾人之主張，經政府羣僚集議而成，詳見史籍，尤以三通及五禮通考為備。亦可謂政統大體源於學統，而又大體源於儒統。周公制禮作樂，遠在西周之初。秦漢以下，立法大意率本孔子。故中國人於政統、學統之上，又言「道統」，大體則自周、孔創其端。周公在朝，貴為攝政，其得創制成統則固宜；孔子在野，僅為一開門授徒之師，乃得為此下兩千五百年政統、學統、道統之祖師宗主，其事尤值深闡。

孔子既卒，非能自尊，乃由後世人尊之。在野多尊孔，在朝者則多來自在野。乃至貴為帝王，亦必尊孔。而在朝之尊孔，又終不如在野之盛。故歷代大儒多在野；達而在朝，其見尊之程度轉減，考之史籍可證。在野之足以轉移在朝，考之道家更可見。佛教東來，高僧多在山林，在野尊之，而在朝亦尊之，其事亦同似道家。又如蒙古入主，軍權則蒙古人親操之，財貨權則操於回人，而其君亦信奉中國之道教。社會則儒風終盛，元代政制亦隨此形式而變。中國政道傳統之在野勝於在朝，而儒統之終不可侮，專就元代歷史言，亦更可見。

故中國文化傳統其主要乃在野，其力若散不成統，而轉成為大統。元代道家，若有力成統，雖稱盛一時，而終卽於衰，不能如儒家之為統。其中有深義，討論中國文化傳統，必當注意。西方耶教亦在野，然必有教會組織，並擁戴一教皇。新教無教皇，但亦有教會組織。孔子卒，門人欲奉有子為師，曾子拒之，議遂罷。論語學而篇以有子、曾子語繼孔子，是當時孔門猶同尊此兩人。墨家有「鉅子」組織，但鉅子不由推選，而由前任指定，然墨家傳統終絕。兩漢儒統之昌，經學在朝乃亦轉不如在野之盛。及東漢之末，鄭玄以在野一徵君，括囊大典，集經注之大成，又卽有王肅起而持異。南宋朱子編北宋周、張、二程語為近思錄，又為四書集注章句，可謂集理學之大成，又卽有陸象山起與持異。故中國儒學，孔子下既無組織，又無定尊，一若散而無統；乃其為統之深沈博大，更遠勝於耶教。

佛教在中國，亦散而無統，歷代高僧，皆由後人尊奉，非以大組織成大力量。卽如達摩面壁，其後乃有禪宗。然自達摩始，祖師相傳，亦只六傳而止。此後支派叢立，禪風遍天下，但終亦非有一嚴格之組織。神會上憑政府力量，名噪一時，但後卽闃寂無聞。其遺集，直至近代，乃於巴黎所藏敦煌鈔本中得之。又如玄奘西遊，歸而得皇室尊養；然唯識一宗，乃亦不得與天台、華嚴、禪諸宗爭盛。故耶教在西方，兩千年來惟尊一耶穌。佛教在中國，歷代高僧，名言崇論，著述斐然。雖其教來自印度，然亦終與中國傳統相會相成。其在印度已中絕，而在中國則永傳無窮。觀佛斯知儒，是皆散而無統，又多在野不在朝，而終亦成為中國文化中一大傳統。

西方政統亦仗外力，帝王必擁兵擁財以自保其位。中國君位不掌財，不掌兵，乃在下者羣尊之以安其位而成其統。近代西方民主政治，兵權、財權仍由政府元首把握；中國則為君為相均不掌財權、軍權。西方民主選舉，又必結黨以爭；有黨乃有統，多黨或無黨，則其政必亂。中國傳統政治下，不許有黨，有黨則亂，無黨始治。此又中西一大異。

西方資本主義，亦賴組織成統。共產主義則於資本主義外，另有組織，另成系統。中國則凡屬生產事業，均不許有私家組織。如鹽如鐵，如絲如陶，後代有如瓷如茶，皆賴羣力經營，而政府則防其自有組織；故終無資本主義之出現。更後有漕運，雖政府主於上，而必長期結集羣力，乃有「幫會」之組織。然中國幫會對上不犯法，對下有通財之誼，濟貧卹災，並對社會有大功。明代中國人僑遷南洋各地，亦賴此等意義之變通，而亦有其長期之傳統；亦可不向上干涉政治，而在下自有其維持安定繼續發展之一道。治中國社會史，必當注意及此。

西力東漸，一時國人自認為中國民眾無組織，如一盤散沙；又認在上為「專制政治」，在下為「封建社會」。不知中國乃有一散而無統之大傳統，不仗外力組織，而其統乃益緊益密，有其不可解散之內力。此誠中國文化傳統一深藏之大特徵，必當體究深知。

論及中國學術思想，近代國人又必譏其無組織、無系統。孔子曰：

吾道一以貫之。

不仗外面組織，而能內部相貫通，中國社會如是，學術思想亦如是。卽專就儒家言，孔子以下，人人為學不同，人人立言又各不同，然同尊孔子，同為一儒。此眞散而無統，而自有其一貫相通之內在大傳統，非上下古今博通歷代儒家言，又何以知之？

就學術演變言，儒與儒相通，道與儒亦相通，釋與儒、道亦相通；又且學與政相通，朝與野相通，古與今相通。所以中國民族能不賴外面力量組織，而成為一廣土眾民之大一統，歷四、五千年至今，豈一種外力組織之所能至？

顏淵言孔子之教：

博我以文，約我以禮。

「文」散而無統，「禮」則通死生人我以為一體，斯有統矣。「人而不仁如禮何」，仁則本於心，心有同然，相通成體。「聖」卽「通」義，故曰：

聖人先得吾心之同然。

中國文化傳統之最高理想，當卽一「聖統」。其最先基本則為「心統」，可以各反己心而得之。中國古代儒家言「禮」，宋儒則參用道、釋，改言「理」字。朱子言：

禮者，天理之節文。

有節有文，斯則禮在人而可上通於天矣。張橫渠言：

為天地立心，為生民立命，為往聖繼絶學，為萬世開太平。

天地無心，則為之立心；生民無命，則為之立命；此乃中國往聖之絶學，繼此絶學，則可開萬世之太平。司馬遷言：

究天人之際，通古今之變。

今日國人競言求變求新，其意皆在外，曷不於己心求之？僅求之於外，事事物物，則不得不加以一力以為統，西方之「法統」卽在此。孟子曰：「人皆可以為堯舜。」今當易其辭曰：「凡吾中國人，則無不可為一理想之中國人。」中國文化大傳統，則即在吾國人之內心。反己以求，即心而得。今再易其辭曰：「中國文化傳統，即是一人心自由之傳統。」今吾國人競言自由，乃於外力組織中求，曷不於吾民族文化傳統中求，又曷不於己之內心求？

今再要言之，天地自然乃一大存藏，人生文化則只是其一表現。人之此心，則即表現即存藏。通天人，合內外，孔子所謂「吾道一以貫之」者，即此心。中國人知重此心，西方人則轉而重物。故中國人生主存藏，西方人生主表現。存藏可通，而能常；表現必別，又多變。雙方文化傳統，乃及一切學術思想，所異即在此。願吾國人賢達善加體認。

# 七七　入世與出世

中國人有「入世」、「出世」之兩辭。生命即是一入世。生前死後，情狀渺茫，不可捉摸。中國乃一人文本位之文化，方其未生，即有胎教；及其死後，葬祭之禮，慎終追遠，亦為生人。在中國傳統文化中，迄無一種出世之教。

世界各大宗教，則胥教人出世。從中國人立場言，各教徒亦仍在世間，所教亦仍是世間法。如釋迦牟尼，乃印度一王子，棄妻拋子，離家出走。菩提樹下枯坐有年，依然一在世人，未嘗出世。及其得悟，四出傳道，則更見是世人世法，惟與其他世人世法有異，如是而已。佛法來中國，中國人自以中國文化傳統加以體會解釋，佛法終於中國化。尤著者為禪宗，此心悟，即身成佛，立地成佛，則此佛豈不仍是一世間人，所悟仍是一世間法。信從諸僧侶，亦必自有工作，生活在世，惟出家不食葷有異而已。

中國語有云：

天下名山僧佔盡。

名山亦在世間，仍談不上出世。所謂出世，乃指不營幹塵俗事，不操心努力於人羣大眾之尋常事，獨身無家即其一端。衣、食、住三項物質生活，乃人生起碼必備條件，而僧侶則一衲一缽，沿門乞討，一窟一洞，一草蓬，一茆庵，暫避風雨，已算解決。其所操心努力日夜修行以副所期望者，可云僅屬內心精神方面，乃以謂之「出世」。

嘗憶民國十七、八年間，曾漫步至蘇州西南郊外天平山一佛寺。其方丈乃無錫同鄉，告余，年過四十，有妻室，有子女，忽決心出家為僧。一夕，到此山，愛其林樹叢草，遂終夜坐山頂敲木魚。山下農家聞之，晨來尋看，給以食物。如是積月，來者益眾。供給食物外，並為蓋一草蓬。於是積年不去，始終在山頂，長敲木魚渡夜。遠方聞風來捐助，乃成此寺，正在擴建中。佛像香案，規模儼然。此山乃不啻為此僧占了。此僧不為私，不為名利，並亦不為衣食。世俗人慕之，乃羣策羣力，共闢此山，共創此寺。「天下名山僧占盡」，率皆類此。僧尼既占此山，修理保護。遊山者來此，得食得宿。又得道路橋樑交通，種種方便，經亂不破壞。「老僧已死成新塔，壞壁無由見舊題」，其死生轉換亦與塵世無異。正因其志在逃世，與世無爭，乃得世人之共同贊助。為社會興起了多少至高精美之藝術境界，創闢了多少夐絕超卓之名勝；為亂世預先安排了許多乾淨土，為苦難者妥當佈置了各種方便的逃避處。佛教之在中國，亦正有其正面積極之貢獻。

猶太人流亡遷徙，為人類中遭遇最多苦難一民族，乃想望上帝之拯救。耶穌則謂上帝不僅將拯救猶太人，亦將同樣拯救世界其他一切人，乃有耶穌教之建立。但耶穌對世界人類有原始罪惡觀，謂人類皆自天堂因罪降謫而生。逮其回歸天堂，乃有世界末日。此與釋迦之由業轉世與其涅槃觀，可謂大體相似。但耶穌上十字架，仍言將復活，斯其一種熱烈堅強之入世精神，則較釋迦為益勝。

耶教徒在羅馬城中作地下活動，羣情同感，使羅馬皇帝亦不得不信其教。故耶教與佛教相比，一趨消極，一趨積極，兩適相反，但同趨於不爭。歐洲中古時期，封建堡壘遍地割據，而耶教寺院轉亦林立，苦難人民，轉相依附。治人者在堡壘中，而教人者則在寺院中。使無耶教宣揚教義，則舉世黑暗，乃無一線光明之呈現。至於「神聖羅馬帝國」之幻想，則不免與人爭，乃終不能實現。十字軍東征亦類此。要之，宗教出世非眞出世，乃以不與人爭，為世人定一新方針，闢一新途徑，而一世亦莫得與之爭，此則耶、佛兩教之同一精神。惟回教則乃與政治入世同有其好爭之現象，阿拉伯人之在此世界，乃亦無長時期之得意可希。

歐洲自中古時期進至於現代國家，人多歸功於文藝復興之城市興起。不知城市興起，耶教亦有功，而工商業之為力則亦有限。余嘗遊英倫之牛津、劍橋，教會之有功於西方社會者大矣。自然科學日以昌明，工商機械日以精進，世爭日烈，宗教信仰日衰，教育精神亦日以轉移。今之為教，主要乃在科學與工商業。此可謂乃一種入世教，主要在教人爭，受教者亦各為其一己之私爭，而宗教則退居在後。帝國主義殖民政策開其先路，宗教信徒則追隨其後，人乃目宗教為帝國主義之走狗。此實西方近代文化一最可悲觀之現象。如商人販黑奴，而教徒乃隨入黑奴羣中傳教，乃不能教商人不販黑奴，但亦終不能教黑奴出世；而主奴之爭一悲劇，乃終不能免。

中國傳統文化異於印、歐，乃在其文化體系中並不產生有宗教，主要在其政教合一。堯、舜、禹、湯、文、武、周公，聖君賢相，既主政，亦掌教。其政治地位之崇高，在其德，不在其力；尤在其能讓，不在其能爭。堯舜禪讓，乃為中國政治史上傳誦不絕一嘉話。政治本為公，不為私；乃為天下蒼生，不為一身一家。瘁心勞神，乃其職責所在，非於一己之私有期圖。天子高位，傳賢不傳子。道家言堯又以天子位讓之許由、務光，皆不受。其人其事無可詳考。要之，政治高位，在中國非人人所欲爭，則史迹昭然，可無多疑。故中國能有堯舜以下之大聖大賢，而不能有釋迦、耶穌。社會不同，文化傳統不同，斯人心、人事亦不同。出世、入世，形迹有異，而精神胸懷，亦有可相通以求者，不貴乎拘泥一格以求。

大禹治水，櫛甚風，沐烈雨，腓無胈，脛無毛，十三年在外，子生方呱呱，三過家門而不入，心惟在公不在私，較之耶穌、釋迦尤過之；但顯為一入世人物，非出世人物。舜以天下讓禹，又相似於羅馬教廷之教皇，而又甚有其相異。禹欲傳天子位於益，而舉國人民競擁禹子啓承襲皇位，此亦舉國人心所歸，豈由大禹用心爭奪來？中國此下君位世襲之制度，亦政治一本人心之精義所在，又豈得以「帝王專制」為詬病？

「夏尚忠，商尚鬼」，商民族於鬼神有更深之信仰，故商湯為諸侯時，有「葛伯仇餉」之故事。

及為天子，久不雨，築臺以禱，湯自為犧牲，臥臺上。其禱文曰：

朕躬有罪，無以萬方。萬方有罪，罪在朕躬。

是宗教精神與政治精神融凝一體，亦即中國傳統文化一特有之精神。

周初泰伯、虞仲兄弟讓國逃去荊蠻。西伯昌幽於羑里，三分天下有其二，以服事殷。武王伐紂，伯夷、叔齊扣馬而諫。伯夷、叔齊亦讓國。為政即當有其所以為教，周武王弔民伐罪，而不免有以兵力爭天下之嫌；使無伯夷、叔齊以及周公之繼起，周武王故事將何以教後世？而後世之尊伯夷、叔齊，乃亦更出於尊周武王之上。中國人心深有如此。

成王年幼，周公攝政。成王長而歸政，是周公實不啻以天子位讓成王。伊尹相太甲，放太甲於桐宮，自攝政。太甲悔過，伊尹迎之，歸政。是伊尹亦不啻以天子位讓太甲。讓國、讓天下，不僅有堯、舜、泰伯、虞仲、伯夷、叔齊，即伊尹、周公亦然。下至春秋，天下已亂，管仲相齊桓公，九合諸侯，一匡天下，不以兵力。孔子曰：

微管仲，吾其披髮左衽矣。

然東周王位猶在，齊仍守諸侯位。其他讓國之事亦屢見。此見中國古代尊天子，亦一如西方中古時期之尊羅馬教皇。惟所尊在教，故有讓位而弗居。湯武征誅，雖與堯舜禪讓並稱，然西周開國，乃上推之於文王。吳季札亦稱湯有慚德。孔子弟子子貢有曰：

紂之不善，不如是之甚也。

則「征誅」之與「禪讓」終有辨。一部中國古代政治史，東周以上，亦已近二千年，不以兵力，疆土日擴，民眾日繁，而一統之局面維持不輟，其他民族政治成績殆無其比。此非中國傳統文化一特徵而何？

孔子乃商人之後，而曰：

郁郁乎文哉！吾從周。

又亦常夢見周公，而曰：

如有用我者，吾其為東周乎？

然又曰：

道之不行，已知之矣。用之則行，捨之則藏。

又曰：

君子無所爭。

其告季孫氏則曰：

子為政，焉用殺？

不以殺伐為政，寧有殺伐爭政？天子之位無可爭，我則待用我者，如周公，亦可以行道於天下；世無用我者，則藏道以俟。孔子不得志於政，而一其志於教。古代政教合，至於孔子而政教分，此為中國文化一大轉變。政不行於上，而教明於下，則雖分猶不分。此為中國文化之大傳統。

孔子後，墨翟繼起，不學周公而轉學大禹。孔、墨之傳道，即猶古之居高位而傳政。楚欲攻宋，墨子弟子三百人，為宋守城，是亦當時國際間一隊義勇軍。當時從政者不能用孔、墨，而亦同知尊孔、墨之道，政亂於上，而教昌於下。此亦猶羅馬皇帝之同信耶教。惟耶穌不管凱撒事，而孔、墨則即以大禹、周公為志。故中國終是政教合，與西方大不同。

孟子曰：

聞誅一夫紂矣，未聞弒君也。

此為孔、墨所不言。但循此以往，政治終必出於爭。西歐英法之君，均有上斷頭臺者，而中國此下歷史少其例。孟子曰：

以齊王，猶反手也。

梁襄王問孰能一天下，孟子曰：

不嗜殺人者能一之。

古之言一天下，推本於天命，而孟子則轉主於民心。君者，羣也。王者，往也。大羣人心所歸往，斯則為君王矣。民心卽天命，民心變，斯天命亦無常，惟尊重人心則仍不至殺伐。故曰：

以力假仁者霸，以德行仁者王。以力服人者，非心服也，力不贍也。

則孟子之論仍為儒家正統無疑。秦以後，論語為人人必讀書，孟子則列於百家。論孟兩書，地位不同。論語重言天，孟子重言民。重言民，則可以有政治不再有宗教；重言天，則有了政治，終不免再生有宗教。所貴則在能兼言之。「誠」則心而天，「明」則天而心。中庸後出於孟子，而孔孟大義之相通，則於此見之。一部中國思想史不斷有進步，而亦終不失其「述而不作，信而好古」之精神，此又中國文化傳統一大特徵。

戰國策齊宣王見顏斶，顏斶言：

士貴耳，王者不貴。

此乃自古未有之高論。堯、舜、禹、湯、文、武，皆以王貴；孔子始以士貴。然孔子不言王不貴。王不貴，則政治失其地位，失其尊嚴，失其功能，而社會秩序散亂，羣道已隳，士又何貴？耶穌言上帝，但仍不廢凱撒。荀子言「法後王」，亦仍不失為儒統。魯仲連義不帝秦，曰：

惟有蹈東海而死。

此亦如伯夷、叔齊之不食周粟，此則王與士仍同貴。孟子不為稷下先生，寧為臣，道不行則辭而去，此乃不失儒家之正統。中國文化傳統，政教合一之精義，亦於此而見。

呂不韋以邯鄲商人為秦相，廣招羣士，創為呂氏春秋一書。榜懸之咸陽門，曰：能易一字，賞千金。實覬覦王位，遭變罹罪。果使得志，則士貴於王，政屈於教，流風所被，政統不立，則教統亦將亂，當猶不如西方之政教分。此則難以盡言。

秦始皇帝之焚書罷博士官位，則將使王貴於士，教屈於政，斯亦失之。漢淮南王、河間王皆廣攬羣士，勢駕中央政府之上。武帝乃表章五經，設立太學，創為士人政府。公孫弘以海上一牧豕奴，拜相封侯，而曲學阿世，不能正學以言。其過在下不在上，在士不在王。要之，士貴則王亦貴，武帝之創為士人政府，實中國文化傳統一大躍進。

中國五倫，君臣、朋友兩倫相通。劉先主臨終托孤於諸葛亮，曰：

若嗣子可輔，輔之；如其不才，君可自取。

豈不君臣亦如朋友？諸葛亮告後主，受先帝之託，鞠躬盡瘁，死而後已。此則君臣大義亦猶朋友。曹操、司馬懿志存篡弑，為後世鄙斥。道統尊王，父子相傳，以期舉世之平安。君位世襲可免紛爭，遂成為中國之「法統」。而「法統」之上尤有「道統」、「教統」，此乃為中國之「政統」。故中國歷史以士為貴。士不貴，為王者豈可蔑道統、教統於治統、政統之外？此則非中國文化傳統之所許。

近代國人尊尚西化，自秦以下鄙之謂「帝王專制」。不知君位世襲，乃一制度，非即專制。一部二十五史，昭彰可證。唐太宗欲讀當時史臣所為實錄，史臣拒之曰：「實錄國史，所以告後世，非陛下所當閱。」太宗不之強。即此一例，可概其餘。孔子作春秋，君臣同有褒貶。曰：

春秋，天子之事。

後世承之，一部二十五史中，君王之罪不絕書。幽、厲則為幽、厲，桓、靈則為桓、靈。桓、靈而得專制，何來董卓、曹操？專制而得其道，即非專制。

西方文化傳統，亦可謂其最失敗者乃在政治一項。希臘、羅馬、中古時期可勿論，專就現代言，果使政治得其道，西歐狹小一地區，不當多國分裂，又常相戰鬥，不得有一日之安定。哥倫布橫渡大西洋，戰鬥遂遍及於其他各洲。專就英國言，如今之美國、加拿大、澳洲，豈不皆由英民移殖，而亦分裂成國，不相統一。其他殖民地，今亦各自獨立。則英倫三島，亦仍此英倫三島而止。此卽政治失敗，亦其政教分立，有政無教所使然。

西方人政治無理想，當其艱苦困阨，則寄望於宗教天國出世；轉而為入世，乃有民主革命；又轉而向外，則為帝國兼併。美其名曰「爭自由」，「爭平等」，「爭人權」，而始終脫不了一「爭」字。當前世界有國一百五十以上，實不啻皆從爭來。宗教不足饜一世之望，政治亦然，乃轉而寄望於科學。則試問電燈、自來水豈能統治此世界？飛機、潛艇、大砲亦豈能統治世界？卽最高殺人利器如核子武器、原子彈，又豈能統治此世界？凱撒不能耶穌化，轉而原子彈、核子彈化，生民前途復何望？

中國人心理則不同。艱苦困阨，則望有聖君賢相出，以拯斯民於水火。其所想望，不在出世在入世，不在耶穌在凱撒。縱使聖君不易遇，尚可得賢相。秦以下，至少亦維持一廣土眾民之大國，迄兩千年之久。此亦非無弱點。「秀才遇了兵，有理說不清」，近代中國人遭遇西方壓力，乃深以為恥。如日本，本受中國化，改受西化，一躍而為世界大強國。佔據朝鮮、臺灣，食而不化，貪喫無饜，又求吞併全中國，引起第二次世界大戰，卒以無條件投降。往事不遠，猶在目前，豈不足引為炯戒？

民國肇建，七十年來，人人為愛國家、愛民族，不惜捨己從人。人以機關槍來，我亦以機關槍往。線裝書扔毛廁，出洋留學則為立國惟一大本。最近則學美學蘇，全國分裂為二。美、蘇形勢如何轉變，尚不易知；可知者，世界決不得安。全部歐洲史可作明證。教不問政，政不從教，政教分，乃其大病害。求之舉世其他民族，獨中國能政教合一。若西方人能專從耶穌教，亦不會產生機關槍，更何論原子彈？西方政治在教化之外，故其政府乃能有此殺人利器之發明。中國亦求進步如西方，乃自堯、舜、周、孔並加毀棄，不僅無政，並將無教。而競言爭平等、爭自由、爭民主、爭人權，則試問無政無教又於何爭之？若一意西化，則試問學蘇學美之爭，又作何解？中國傳統文化乃一入世精神之文化，而慕效西化，乃一意學凱撒，而不知西方文化中尚有耶穌，則宜其遠失之。當前即然，何論將來？

# 七八　宗教與道德

「宗教」與「道德」兩項，亦可說是今天世界人類一個大家應該注意討論的大問題。不管外行內行，應該大家都對這個問題用一些心，說一些話，總對這個問題可能有一些貢獻。我對任何宗教都沒有詳細研究過，一知半解都談不到。講話很粗淺，只可算是我個人的說法。

我認為每一個宗教都有它一種出世的精神。宗教是依然在我們人間世的，然而宗教的精神是一種出世的。我很粗淺的說，譬如佛教釋迦牟尼，他是一個皇太子，結了婚，有了小孩，他出家去，這當然是一種出世的精神。但是佛教，我認為至少在我們中國社會有很大的影響。講中國文化，講中國社會，不能不注意到佛教。

我不通佛教，我舉個門外漢的說法。我們中國有一句話，說：

天下名山僧佔盡。

中國的名山，好像說都被和尚佔領去了。我想這一句話並不是這個意思。我們可以說，中國的名山，一切名勝可供遊覽的地方，現在所謂觀光地，都是和尚在那裏開闢，在那裏保管的。倘使沒有和尚，就不曉得今天中國全國各地的名勝，名山勝景，是何景象了。

我到過華山。華山有五個峯，每一峯上，就有一所道院的建築。這樣的交通艱難，倘使沒有這幾個廟宇的話，華山簡直不能遊。不只華山，一切中國的名勝都是這樣的。為甚麼呢？因為和尚佛教徒他是出世的。所謂「出世」的，他沒有家，單身到和尚寺修行佛法，宣揚佛教，只為他對佛教有信仰。他的一切可說只為一信仰。我們換一句話講，是為一個「公」，要希望大家都有這個信仰，並不是為個「私」。因此他可以得到各方面的同情與幫助，來建築這個寺廟，來開闢此山林。到了天下亂，可是亂不到這許多山林名勝地方去。甚至於就在平地，譬如說，在杭州西湖，一切的風景，不僅是南高峯、北高峯，其他遊覽地所在，都是和尚出的力量，去開闢，去保守的。而且從唐宋以來到現在，一千年的西湖名勝還保留在那裏。這至少是中國文化的一角。我看在中國的社會裏，中國的藝術、文學、文化，可以說很大的一部分，都由佛教徒盡的力量，開創起來，保留下來的。

進而說到人物。如在華山，宋朝初年就有陳摶。陳摶不講，再講到不信宗教的人，住在泰山就有胡安定、孫泰山。我也曾經到過他們居住的廟裏去。再如范仲淹，我沒有到過他所讀書的和尚寺去。然而我們倘使拿這一個情形來看中國的歷史，我們來看東漢以後魏晉南北朝，直到今天，天下大亂，可以不亂到世外。名山大寺廟，都算是世外。我們還有一塊乾淨土，可以保留一點我們說是文化種子吧！甚至於也可以養很多人。這都是佛教徒的貢獻。

我們拿這個觀念來看耶穌教。耶穌是一個猶太人，猶太是人世間被擠在一旁的，不重要的，受苦受難的一個民族。尤其耶穌的生活是極清苦的，他僅有十二個門徒，然而他還死在十字架上。我特別注意他一句話，他說：「上帝的事情他管，凱撒的事情凱撒管。」這就是一種與世無爭的出世精神。他不管現世界政治上一切人世間的大問題，他只管出世的。那麼同印度釋迦不是同樣精神嗎？

我到羅馬看天主教徒地下活動的所在地。他們不管政治，只在羅馬掘了地道作為他們晚上的宣教場所。這仍是一種出世的精神。從而影響到羅馬皇帝也要信奉耶穌教，這個不講。羅馬帝國崩潰了，下面來了他們中古時期的封建社會。大家把中古封建時期中間有一段叫「黑暗時期」。有一個德國學者，我不記得他的姓名。他說：「倘使從另一個角度來看，譬如說，用耶穌教的角度來看，那個時期是黑暗的呢？恐怕我們這個時期是黑暗的，中古時期並不黑暗。」至少我們可以知道，沒有耶穌教，歐洲這一個中古時期，絕不能醞釀出下邊的現代歐洲來。因為耶穌教不與人爭，他是一個自居世外的。當時的封建貴族也不去管到它，所以還能有教會的存在和它的影響。

如說到教育，對整個人類的教育，西方當然有文學、哲學，後來有科學，有種種的學問；然而宗教又是特有一種教育精神。我到過英國牛津，我住的旅館外，就有一塊大的石碑。上面記載的是，當時一班教徒到牛津去建立牛津學院傳教，地方上的人表示反對，這一事的經過。這六、七百年來，我們不能不說牛津、劍橋的創立，對英國的教育，對此下的英國，有極大的影響。

美國最先的大學也都由教徒創辦的。我曾在耶魯住了一段時候。耶魯大學是一個教徒把他所有一條船上的東西捐出創辦的。哈佛以及一些其他學校，最初亦都由教會開始創辦。我們要想像四百年前美國人，陸續從英國跑到美洲去，那時的一種生活狀態。我們只要到美國任何一個鄉村，都有教堂，極小極僻的地方都有。為甚麼呢？他們教徒犧牲了自己，為宣傳他們的信仰。這不是對四百年來的美國人有很大的影響嗎？

特別在中國，我曾乘平綏鐵路，從張家口到包頭。在這條路上，從火車北窗看一帶陰山山脈，沿途有一所所的房子，分散在山坡上。這些房子都是歐洲天主教徒，到這個地方來傳教蓋的。我不懂佛教，然而我看了很多和尚寺，我不能不佩服佛教徒；我不懂天主教、耶穌教，至少看到了陰山山脈上沿途的天主教堂，他們歐洲人肯跑到中國，不是到北平，到上海，到通都大邑，而到蒙古山區裏邊去傳教，這種精神不亦很可佩服嗎？其實他們到美洲，到非洲去，也一樣。傳的甚麼，我們暫不論。然而他們是一種出世精神，與世無爭，這是很可佩服的。

歐洲商人販賣黑奴到美國，教徒不能管，「凱撒的事情凱撒管」。然而他們肯跟著這批黑奴，在黑奴隊伍裏去宣傳他們的教。他們去到非洲，也是一樣。我不懂宗教，然而我絕不敢菲薄宗教。無論是佛教、耶穌教、回教都一樣，至少他們都帶有一種與世無爭的出世精神。

上面說宗教是出世的，但宗教也可以世俗化。我們不必舉其他的例，單舉一個例。譬如說，梁武帝信佛教，他沒有出家，仍在皇宮裏做皇帝，這就可說是宗教的世俗化了。他來主持一個朝廷，管理一個國家，就出了大禍。我認為今天的世界，不僅中國、歐洲，乃至於全世界各地，都會出問題。恐怕大亂的日子不容易就結束。在這個情形之下，我們不得不懷念西方乃及東方一般宗教徒，一種與世無爭的出世精神。他們已曾為我們保留了一部分人類文化，乃及人類的生命。然而宗教世俗化了，就也不免起爭端，造禍亂，詳細情形不再多說。

中國人的文化傳統有一特性，主要的不是宗教的「出世」精神，而是一種聖賢的「淑世」精神。中國的聖人堯、舜、禹、湯、文、武、周公，都是政治上的領導人。可是他們的精神，不為自己，不為身，不為家，不為名，不為利；他們的淑世精神，同宗教的出世精神是一樣的。譬如我們講堯，他把皇帝的位傳給舜，不傳給自己的兒子。倘使照我們世俗的眼光來看，他把天下讓掉了。舜也不傳給自己的兒子，而傳給禹。禹的治水，三過家門而不入，這種精神就是宗教家的出世精神。禹下邊有湯，有周文王、武王、周公，我們不詳講。

中國後來的儒家孔孟，甚至於其他各家，墨家、道家，乃至於以後的一班有志為聖賢的學者們，他們並不講出世，他們只講修身、齊家、治國、平天下，這是入世的。然而他們的生活，他們的精神，是同宗教家的出世精神有相類似。所以我說，中國的讀書人是「半個和尚」，因為他不出家的；我又說，中國的讀書人是「雙料和尚」，因為他的精神是一種和尚出世的精神，也是神父、牧師的精神，即是宗教家的精神，是與世無爭的；然而他們注意努力的，都是入世的業務；這不成為一雙料和尚嗎？

我們不講別人，就講顏淵。「一簞食，一瓢飲，居陋巷，人不堪其憂」，比一山裏的和尚，比一個教堂裏的神父、牧師，他的生活不亦很相似嗎？他為甚麼呢？孔子說：

用之則行，捨之則藏。

可見顏淵有一套本領，但他這一套本領是為公，不為私的。像范仲淹、胡安定，像清朝初年的顧亭林、李二曲、王船山。我曾到過王船山在南嶽住的一個和尚寺，想像王船山的生活。李二曲的生活，只要看他的傳，亦就可以想像到。無論其為是出世的，無論其為是入世的，他們都可以說是修成了孔子所謂的「用之則行，捨之則藏」的一番本領。或許你藏在和尚寺裏，或許你藏在一個土室裏，中國一個讀書人，總是有他藏的地方。他或許可以保留著整個傳統文化的生命，就像清初的諸大儒，他們不都好算是一個雙料和尚嗎？

中國人辦學校，特別是宋、明以後的理學家，就是一種和尚精神，都是一種超然世外的講學。無論白鹿洞，無論象山，乃至於到陽明，他們的講學都不是為私，而是為公。我想我們的資本有兩種：一種是商業資本，一種我不知道該稱為甚麼。不是共產集團出自無產階級的，乃是人羣大眾共同的意願與力量所協助而成的。我們看美國的耶魯、哈佛，看英國的牛津、劍橋，它都是為公的。大家信仰它，這所學校就可維持下去，而且會日益擴大，都不靠政府的力量。照理中國人辦私立學校，應該照中國舊式書院的精神。我想這些學校應該避得遠一點，不要在熱鬧的地方。爭名者於朝，爭利者於市。能有一班有志的，有一種特別的風格，特別的信仰，可以政治變，他不變；社會變，他不變。這就會形成維持文化傳統的一番大力量。但現在的大陸就可怕了，共產黨一到，連和尚寺都要剷除，一切人都沒有地方避了。

我想共產主義有今天，還得想起馬克斯。馬克斯不做大學教授，跑到倫敦一個旅館，他雖不出家，幾十年在此旅館中，不事家人生產，專心寫他的書，為世界勞苦民眾說話。他的生活也可說是一種出世的，他的精神也可說是為公不為私的。自從馬克斯以來的世界，一百年來，科學繼續有它的進步。也可以說研究科學的大部分人，也都是為公不為私的。不過這裏面有一大不同。世界上各大宗教，都要先叫你離開了俗世，出了家，來修行，來宣傳，這就是宗教。中國人不許你離家，要孝悌，要忠信，要修身、齊家、治國、平天下，用「忠」字來對己對人，以至於天下。我們拿這兩種精神如何樣來實踐、來發揮，我們如何能在今天的學校教育裏來宣揚這種精神，這不是我們當前人生一個絕大的問題嗎？

我總覺得宗教的出世，實際並未出世，還在這世界上，然而他們不為私而爭。我們入世的，倘使也能不為私而爭，就如我們禮運篇所謂的「天下為公」。孫中山先生常寫這四個字。至少中國的學術傳統常是有一種為公的心，同和尚一樣，同天主教徒、耶穌教徒一樣，同回教徒一樣。大家是為了公，不是為私。我不信教，我想不信教的人很多。我們希望把這一種精神宣揚到社會上，大家都能不為私而為公。不講理論，不講信仰，大家都該對這番精神給以一地位。

他做了和尚，你也不必對他爭，說你錯了。他做了耶教徒，你也不必對他爭，說你錯了。你不信教，你不做和尚，不做一切教徒，就好了，這是不相干的。他一輩子吃辛受苦，做了一個和尚，他又與你無爭，這不就該算了嗎？中國文化傳統裏不自創宗教，但能容忍一切宗教。做了一個中國的讀書人，也該能「用之則行，捨之則藏」。我就算講錯了，只要與世無爭，我一個人講，不在國立大學，不在郡學、縣學中講，退避到山裏面一個小書院裏，聚著幾個人講，這應讓他保留下來。我們要有一種容忍的精神，要寬容，要忍耐。對於任何一種宗教，對於任何一種講道德的人，他既與世無爭，我們應對他容讓，不要去加以干涉。我們是個中國人，也算是一個中國的讀書人，如何來宣揚中國「修身、齊家、治國、平天下」這一套，又能「用之則行，捨之則藏」。藏在那裏？那麼你看顏淵就是藏了，他藏在陋巷的簞食瓢飲中。我們看做和尚的，做神父、牧師的，他們也都藏了。我想我們能不能來盡我們一番粗淺的容忍，至少該抱一種同情心，或許對將來的世界人生有一點幫助。凱撒的事凱撒管，我不說上帝的事讓我們管，因為這是有關信仰的話，讓對此有信仰的人去講。我們總該有一種出世的精神來入世，盡我們一番心，盡我們一番力。這是中國讀書人的一番道德精神。

中國人特具一番特別重視道德之精神，實不啻即為一種宗教精神，我無以名之，故名之曰乃一種「淑世教」，乃一種「天人合一教」，乃一種「一己教」。即以一己為教徒，同時亦即以一己為教主。儒家如是，道家之近似宗教更然，墨家又更然。故中國之「師教」，乃不啻實即是一種宗教。此乃中國傳統教育精神與其他民族之特異處。

（一九八〇年二月十一日中華日報副刊。）

# 七九　平等與自由

西方人太過重視物質生活，遂深感貧富之不平等。貧人多，富人少，不平等之刺激更明顯。由經濟財力轉移到政治權力上，又感到貴賤之不平等。貴少賤多，不平等之現象益明顯。

誰不欲富貴？誰甘於貧賤？但外面有種種條件，種種因緣，誰也料不到，誰也捉不住。中國人說富貴有命，則不由自主，豈不又加了一層不自由。因此「平等自由」的呼聲，一人唱之，千人諾之，成為人生最高理想，亦若是人生唯一目標。西方民主政治卽從此來。政府最高領袖由民選，算是一平等。任期、權力各有限，豈不更平等？但實際仍不平等，只在政治領袖方面加一些不自由而已。而且千萬人中難得有一人出來競選，出來競選的，亦難得當選，豈非又是一不自由？故西方民主自由，實是一種法治，在法律上儘多加上了種種限制，使在政治上位者感其不平等、不自由。人生盡由法治，又何意義價值可言？

在民主政治下有自由資本，又顯是一不平等。只許人自由競爭，但始終爭不到一平等，愈爭而愈不平等。於是又在法律上來加以限制，所得愈多，賦稅愈重；貧窮失業，則加以救濟。一切措施，只在人生之不平等、不自由中制裁其得意者，輔助其不得意者。抑制少許放肆，使多數獲得少許安慰，而其為不平等、不自由則依然如故。眞自由、眞平等，實只在許人爭，如是而已。

男女戀愛，稱為平等自由，但亦有種種因緣條件。其在通都大邑，或在窮鄉僻壤，卽一不平等。窮鄉僻壤對象少，通都大邑對象多。但亦有種種限制，種種束縛，與窮鄉僻壤亦無多異。此皆不自由。中國人言「相人偶」，佳偶相逢作一「遇」字。「偶」與「遇」，皆難得義。故佳偶乃巧遇，天生天成，來自天命，明非自由。卽生之於身，身之於家，亦偶所寄寓。以中國文字學言，天人內外之通合相偶亦然。自然皆偶然，非一己之所得自由。人生平等則是一不自由，儘爭自由，將更見為不平等；儘爭平等，將更見為不自由；如是而已。

美國一婦人，其夫為總統，貴為第一夫人，已躋不平等之上乘。不幸其夫遇刺死。倘此婦守節不再嫁，豈不更得國人崇敬？乃此婦又改嫁一世界首富希臘船王。不幸其夫又死。可見自由有限，不得常如己志。惟此婦仍求再嫁，此亦法律所許。然在首貴、首富外，欲覓第三人，究屬不易。是則自由改嫁易，欲覓三夫平等難，仍將以自由獲得不平等。一場春夢又一場，人生眞相，此婦誠一例。

西方有宗教，進入教堂，富貴貧賤，皆平等；又信仰自由；豈不乃一自由平等之人生？但耶穌上十字架，卽是一不自由、不平等；靈魂上天堂或下地獄，又是一不自由、不平等。故宗教信仰，乃亦仍不足以滿足實際人生之希望。

又如奥林匹克運動會，已成世界化。乃於法律規定之不自由中，許以爭奪之自由；於本屬人生平等中，來求取不平等。其勝負又有幸有不幸，果優劣顯然，則不成比賽。勝者得名得利，然全人生則已奉獻在此，一旦退休，幾無他業可再從事。但參加比賽者，畢竟亦有限。場外觀眾，數萬、數十萬，乃眞獲得一場平等自由之機會。然座位有不平等。不得自由入場。要之，則已為人生一快事。運動外，又有歌場、舞廳，購票入座，則亦仍有不平等、不自由。然則人生職業不平等，娛樂亦有不平等；職業不自由，娛樂亦有不自由。人生豈果如此？

中國社會亦有貧富貴賤之不平等，亦同希富貴。孔子謂富貴不可求。此乃實際人生中一眞情實況，中國人謂此不可求曰「命」，乃一種外力，非己所主。中國古人教人「知命」，則安和而不爭。命來自「天」，孟子曰：

莫之為而為者，天也。

即是一大自然。人生必有死，亦不能盡富貴。孰不願平等自由，而終不能平等自由，中國人歸之於「天命」。在此大自然中，有種種複雜因緣，複雜條件，產生種種複雜現象；究竟孰在為之，則無可指名，而名之曰「天」，亦曰「自然」，言其乃「自己如此」。人生亦大自然中一小自然，一切非可全憑作為，亦非可一切前知。但生命有一進程，物質生命之後，繼以精神生命，則亦確有能自作主張、自由安排處。孔子言「從吾所好」，所好乃曰「性」。「天命之謂性」，則自由不自由乃同歸天命，不足辨。

不論有生無生，凡物皆有性。「物」指其當前具體言，「性」指其變化之內在可能言。飢思食，寒思衣，亦屬性。溫飽後，更求多餘，則謂「欲」。但「性」與「欲」之界線極難分。孟子曰：

## 養心莫善於寡欲。

養其心即養其性，亦即養其情。所好之情已得，所欲乃未得。溫飽已得即可好，其所未得，不當一一加以欲而求。必寡欲而後性得養，此義耐深思。

性有好惡。山洞人出獵，偶多獲，留一羊。羊性善，而形美，可玩賞。繁殖多，洞外放牧，可免獵取之勞。一人如此，人人效之；一家如此，家家盡然。人羣自漁獵轉而為畜牧，為人生一大進步，此亦孔子之所謂「從吾所好」矣。

馬、牛、羊、雞、犬、豕，家有六畜，皆自從心所好來。放牧多閒，進而轉入耕稼，又為人生一大進步。此亦皆人性所好。漁獵求生，迫於欲；耕稼定居，出所好。非由教誨，一從性好，乃亦自然。耕稼餘暇，又為陶冶，同所性好，進而日美，亦從性好中流出，乃成人生中之藝術。百工愈分，日中為市，以所有易所無，各得所欲而退。則人之赴市場，亦從心所好，非以為利。別有國際商人，亦如農工，皆世襲，皆由公家給養。於是治國之外，又求其漸達於平天下，亦皆從其性好，非有他故。

性有所好，得其所好斯為「德」。民生在勤勞，非所欲；勤其所好，乃以成德。性之流而為欲，所當戒；性之養而成德，則當勉。堯舜以前，曾讀何書？性中有德，非有教者，乃讀無字天書來。雎鳩之德，人亦同好，夫婦遂為人倫之始；乃本之性，發於情，亦所好，而非欲。

孔子曰：

歲寒然後知松柏之後凋。

冰雪交加，眾木皆凋，松柏獨能後凋，此即松柏之德。人知好之，亦自能畜成其德。孔子慕松柏，後世人盡慕孔子。世運屈於嚴冬，必有大賢後凋之君子，歷世常青。世運之轉，人道不隨以遽絕，則亦賴之。

孔子又曰：

鳳鳥不至，河不出圖，吾已矣夫！

鳳凰非梧桐不棲，非練實不食。孔子之飯疏食飲水，曲肱而枕，亦似之。故鳳凰之來，乃世治之象。

晦盲否塞之極，許衡與眾坐大樹下，樹上果落地，羣爭取之，衡獨不取。眾曰：「果無主，何害拾取？」衡曰：「果無主，此心獨無主乎？」宋末大亂，生事艱難，衡能有守如此。一時之羣，亦知慕敬，遂以傳述。是衡亦元初一鳳矣。世運之轉，不得謂衡無其功。富貴不可求，此心有主，非可好乎！

古詩三百首有比有興，可以人而不如鳥乎？比之鳥而性自興。孔子曰：

志於道，據於德。

人生羣居大道，乃自人羣中各己之德來。孔子又曰：

未見好德如好色者。

色在外，好之乃成欲；德在內，好之乃為情。情可好，欲不可好。先知覺後知，先覺覺後覺，故貴以斯道覺斯民。

德，人所同好，亦人所同具。發揚己德，亦以成人，斯為人生中大人。故「據於德」又必「依於仁」。有子曰：本立而道生。孝弟也者，其為人之本與！人生即知愛父母，敬兄長，此為孝弟。居家為一好子弟，出卽為一好人，故曰孝弟為仁之本。舜之大孝，則為人生一種最高藝術。非有此藝，不成其孝。故「依於仁」，又必「游於藝」。藝則為人生行為中之可法可好。

周公之孝，亦同於舜。其制禮作樂治國平天下，亦為人生一大藝術。縱謂「民到於今受其賜」，舜與周公當之無愧。孔子大聖，則為人生一大藝術家。藝術之可貴，則貴在能以己之所好所樂同之人。但非唱一歌、作一畫之所能盡。

西方人分別「眞、善、美」，三者皆在外。但依中國人觀念，人生向外皆為「欲」。人欲之所嚮，則不眞、不善、不美。又中國人以眞、善、美為一，天人內外，同此一體。此心此德，卽眞善美之所在。孔子曰：

知之者不如好之者，好之者不如樂之者。

知之卽「眞」，好之卽「善」，樂之卽「美」，則此心亦卽同是眞、善、美。西方哲學僅求知，科學求好、求樂，皆有大欲存焉。中西人生之不同，此亦其一端。

中國人言：

死生有命，富貴在天。

此一「天」，此一「命」，莫能自外，亦莫能自異。中國人視人生，實亦一平等，但不能自由。家私萬貫之與不名一文，販夫走卒之與君卿高位，同是人，同有生；所不平等者，在其所遇，不在其德與性。德性內具於己，人得自由，非外力所能主使。顏淵曰：

舜何人也？予何人也？有為者亦若是。

有為卽是一自由，其決定則在己之志。孔子言：

志於道。

又曰：

士志於道，而恥惡衣惡食者，未足與議也。

「道」乃內在之精神人生，衣食則外在之物質人生。物質人生關係小，大體平等，無多分別。強生分別，但又不自由，無法相爭。精神人生則謂之「道」，大道、小道，君子之道、小人之道，其間有大分別，乃眞不平等，關鍵則在己心之所志。反求諸己，人各自由。志於此，而又恥於彼，則誠無足與議矣。

中國人所謂之人生不平等，指其「流品」。班固漢書古今人表，分人為上、中、下三品。每一品中又各分三品，共九品。上智、下愚暫不論。大聖、大賢，極惡小人，論其本源，則盡由其所志來，全由其己各自負責，則不平等仍屬平等。但人豈自願為一小人，而終於下流之歸？是其智不及，故必從事於學。孔子曰：

十室之邑，必有忠信如丘者焉，不如丘之好學也。

人性忠信，屬大平等。好學與不好學，則人不平等。心之所好，亦從天性來，乃人生一眞樂，又何外欲之求？故人既平等，又各自由。中國人論人生乃如此。

孔子言「上智下愚不移」，但又言「性相近」。非言人道之難移，乃言人道之易於有移也。「舜之居深山中，與木石居，與鹿豕遊，然聞一善言，見一善行，若決江河，沛然莫之能禦」，此乃舜之所以為上智。文滅道喪，晦盲否塞之際，有一上智者出，世道亦隨而移。「風雨如晦，雞鳴不已」，雞之鳴亦其性，聞雞鳴而起舞，此見人道之易移矣。至於下愚，亦人中之絕少數，不立志，不好學，亦其性。然既不為人移，亦不能移人，終不聞有舉世為下愚所移者。然則下愚之不移，又何病於大道之行？下愚亦當在人道涵育中，不必強求其移。

孔子又曰：

> 焉知來者之不如今？

人類長期緜延，前有大舜、周公，後有孔子，則焉知後世之不再有舜與周孔。孔子十五志學，卽志學於周公。「三十而立，四十而不惑」，強立不返。「五十而知天命」，則知來者之亦將如今，故能「人不知而不慍」。又能「六十而耳順」，聲入心通，視人一皆平等，莫不知其所以然，卽皆知天命之所在。「七十而從心所欲不踰矩」，此則此心卽天，天卽此心。孔子之一生，其學之隨年而移有如此。此卽上智之不移。孟子曰：

> 盡心知性，盡性知天。

亦豈有所移？

今日國人乃盡欲移我以效人，曰平等，曰自由，既見彼我之不平等，亦見我之不自由；則正為有一功利之欲害之，乃至於無情如此。但亦非不可移，則靜以待之可矣。

# 八〇　文與物

㈠

中國人常連用「文物」二字。「文」指人文，「物」指物質。人生有種種物質條件，但其意義價值則低於人文。西方人重視物質，更在人文之上。

中國緜亙五千年，為一廣土眾民大一統之民族國家，此為中國人文最高意義價值所在，並世諸民族無堪相比。西方人馬可波羅初來中國，作為遊記，所述卽偏在物不在文。西方人讀其書，疑其虛構不實，則對中國物質成就尚知景慕可知。及晚明利瑪竇來，於中國人文知所歆羨，乃一面傳教，一面求學，但其所學亦未到深處。此後英、法諸邦再通中國，則當已在清代乾隆盛世，乃曾無詑訝尋討之心。經濟通商，惟求獲得財貨利潤而止。晚清鴉片戰爭起，英國人割據香港，又得五口通商。西方人往來中國，獲遊內地者日多，但經商、傳教，而於中國之風俗人情，則初無感動；其視中國人，亦不過為一未開化之低級民族而止。同時中國人則已知崇慕西化。嚴復留學英倫，乃歸而徧譯英、法諸名著，全國傳誦。林琴南未出國門一步，不識歐邦一字，乃傳譯西方文學名著多及百種，名震一時。然在西方，則殊無此等事。

余嘗遊英倫，一私家收藏中國歷代名瓷，闢為一博物館。登樓循覽，亦甚美備。可知西方人之重視中國，乃在此等物質上，此卽其一例。又如敦煌古籍，英、法兩國學人運用不法手續偷運出口，分藏於倫敦、巴黎之博物院及圖書館中。依中國人觀念言，偷竊他人存藏，乃至偷竊於國外，此當為英、法兩國之奇恥大辱，而英、法人則視之為榮譽。英倫所藏，尚有印行本可購；巴黎所藏，則不加印行，求閱者必親去其圖書館中借閱傳鈔，至不方便。在此兩國，亦僅為一種物質搜羅，而其有關中國傳統人文之意義所在，則甚少研尋。

八國聯軍，庚子賠款，美國率先退回，供中國派遣學人赴美留學之用，清華大學由此創立。此見美國人對中國情意深厚，但美國亦無同樣派遣留學生來中國之意圖。美國林肯總統南北戰爭時，北美一將領退居紐約，一山東華僑丁龍傭其家。此將領深慕丁龍之為人，特捐款哥倫比亞大學，設一講座，專門研討中國文化。但久歷歲月，亦無成績可言。又哈佛大學與燕京大學合作，創哈佛燕京社，在北平廣購中國古籍。余曾親往哈佛參觀，網羅豐富。其他美國大學及博物館，收藏中國書籍書畫，規模可觀者尚不少。然亦多作物質搜藏，深入作人文研究者，則寥寥可數。中西藝術，卽專以繪畫一事論，雙方顯有不同。然當前中國藝術家擅西畫者蠭起雲湧，造詣亦多可觀；而歐美畫家則極少學習中國畫。近代國人每以閉門守舊，固步自封，固執不變，自譴自責。果試平心衡量，則西方人之守舊不變，固執自封，當更勝於中國。要言之，乃西方心理習慣之重物不重文，有以致此。

中國學術界又曾於第一次世界大戰後，敦聘美國杜威、英國羅素，先後來中國講學。其他西方名學者，來訪中國甚少見。即在西方本土，亦英自英，法自法，甚少往來共相研尋。如盧騷，如莎士比亞，豈不各自封閉於其一國之內？此見中西雙方人文之大異。惟歐陸第一次大戰，震天撼地，舉世惶惑，此下人生何去何從？中國乃此世界中除歐陸外一文化緜亙四、五千年之古老大國，其山川之壯麗，都邑之羅布，民物之繁盛，工藝之精絕，亦可謂獨特少偶。杜威、羅素畢生瘁精，正為探求人生眞理。尤其如杜威，中國有名留美學人多出其門。中國傳統極重視教育，師生相聚如一家，而中國以往之事業與理想，乃絲毫未入杜威心中，有所詢問，有所探究。及其親來中國，亦不聞其有觀摩切磋流連欣賞之心情。惟暢抒其一己之崇論宏議，幾如耶穌之傳教。彼似不知中國亦有宋明諸儒如程朱、陸王，亦曾暢發教育理想，與彼宗旨大異。及其歸，亦未聞其來中國具何感觸，獲何新知。此非又是一抱殘守缺、專己自信而何？遠不如羅素之來，尚提及中國老子書。及其歸，又窺涉及孔子論語。又謂此下世界，大陸國家蘇俄、中國、美國，有成為世界三強之希望。其持論較之杜威，尚見其胸懷之寬大，有變有新，如是而已。實亦未見其於中國人文演化，有更深入之研尋。關於中西文化交流，更非其意想所及。

並世有印度，亦為一文化古國，受英倫統治，亦已歷有年代。「泰山不讓土壤，所以成其高；江河不廢涓流，所以成其大」，但未聞英國於印度學術文化上有吸納，集思廣益，以自充擴。西方人一求前進，其實乃各自限於其一己之小範圍內；融會和通，似乎乃非其所願。英國人之視印度，亦僅如其佔有之一物。印度人之人文精神，則殊不足以動英國人參考觀摩之心。及今英國已退出印度，則往日之雪泥鴻爪，亦多無足留戀。然有一事則常留在英國人心中，亦留在西歐人心中，曰攀登喜馬拉雅山之最高峯。能一償此壯志，一完此豪舉，則傲視舉世羣倫而無媿矣。此亦西方人重物質生活、不重人文情趣一心理明證。

中國唐三藏玄奘法師，亦曾橫越喜馬拉雅山，西遊印度，然志在取經求法，不在跨越高峯。佛法之來中國已久，各宗派，各經典，中國均有傳譯，玄奘亦均有探究。獨唯識宗特少經典傳來，玄奘乃親往取求。其在印度，亦多遇其他各宗派僧侶，有所討論商榷。及其獲取大量唯識宗經典歸，廣羅門人，瘁精繙譯。玄奘亦非於佛法中專尊唯識一宗，乃以補中國傳譯之缺，以求佛法之全。又特賞窺基，許其不出家為僧，助成譯事。其意識之宏通廣大又如此。此後印度佛法衰，中國則迄今佛法依然流行。

近代國人崇慕西化，一如往昔之信仰佛法。海外留學，並羈居不再返國者，亦幾乎遍地有之。西化中各門類、各行業，無不參加。亦可見吾國人之虛心好學、求廣求通一種精神之表現。而西方則似不免有己無人，有爭不讓。專於己，不求通於人；攘於外，亦不求通於己。中西雙方人心之廣狹通塞，亦誠可由此而見。儻吾國人一如已往，崇慕西化，而仍能保持舊傳，則庶於國家民族前途大可增其福祉，亦於全世界人類能更有貢獻。「天下興亡，匹夫有責」，此亦中國人之傳統心情，國人賢達，其慎保勿失之！

㈡

子貢言：

夫子之言性與天道，不可得聞。

實則孔子亦未嘗不言性與天道。子曰：

十室之邑，必有忠信如丘者焉，不如丘之好學也。

「忠信」即人性，亦即天道。不僅人類有忠信之性，凡有生之物，草木、蟲魚、鳥獸，亦莫不有之。如一草一蟻，各盡力於其生，此即其「忠」；今日如是，亙千萬年亦復如是，此即其「信」。不僅有生物，即無生物亦然。水是水，石是石，是即其忠其信，即其性，亦即天道。

天道然，人道亦然。生而有男女之求，故夫婦和合。忠於己，即以忠於人。自父母而有子女，父慈子孝，忠於己即以忠於人，而人與己乃可互信。孔子曰：

言忠信，行篤敬，雖蠻貊之邦行矣。

「篤」者即篤於此忠信，「敬」者即敬於此忠信，而人道乃大行。中國人所謂「通天人，合內外」，亦如是而已。惟人生複雜多變，故須學乃能盡人以盡天，成己以成人，而推之於成物，而主要契機則在「己」。故人類之忠信，乃與萬物自然之忠信大不同。孔子曰：

古之學者為己，今之學者為人。

若不為己而僅為人，則於己不忠，而亦難信於人矣。

孔子又言「仁」。仁亦人之性。惟忠信，十室之邑有之，仁則非學養之高不能至。忠信如人之在嬰孩幼童期，仁則百年期頤，非盡人可達。孔子曰：

我欲仁，斯仁至。

乃勉人之辭。曰：

若聖與仁，則吾豈敢？

乃自謙之辭。孔子又曰：

志於道，據於德，依於仁，游於藝。

人之達於仁賴於藝。孔子當時有禮、樂、射、御、書、數六藝。孔子曰：

人而不仁，如禮何？人而不仁，如樂何？

則禮樂之本皆在人心之仁。周公修禮制樂，治平天下。順一家之心斯家齊，順一國之心斯國治，順天下之人心斯天下平，其本亦在仁。故必「依於仁」而始「游於藝」。藝亦須學，孔子即以六藝教，其本則在仁，在人之心，在道義，而功利亦兼在其內。

孔子又曰：

君子不器。

器則僅供人用，寧有人生乃僅供人用者？凡藝則必賴器，禮、樂、射、御、書、數皆有器。然器供人用，心則用此器者。人身亦如一器，心則用此身者。人生大道必養此身以供用，非即以養此身為人生之大道。誤以養身即為人生大道，一切藝皆為養此身，流於不仁，而藝遂為殺人之利器。如今之資本主義工廠機器，以及帝國主義之核子武器，皆是矣。

樊遲問為農為圃，孔子曰：

吾不如老農、老圃。

又曰：

小人哉，樊須也！

農圃亦有藝，人生所不可缺。十室之邑，必有忠信，為農為圃，豈無忠信？然僅求供用，則為小人。子路長治軍，冉有善理財，子貢能言語，擅任外交使節，但軍事、財務、外交亦皆藝。專於一藝，僅供人用，故孔子亦以子貢為器，但為「瑚璉」，藏於宗廟，不易使用，乃器中之貴者。而其斥冉有則曰：

非吾徒也。小子鳴鼓而攻之可也。

「君子不器」之義斯可知。

顏淵曰：

夫子博我以文，約我以禮。

「文」亦皆藝。孔門六藝，即夫子之文章。惟能博，斯可游。但必約以禮，即內心之自忠信而達於仁。故孔子稱之曰：

用之則行，捨之則藏，唯我與爾有是夫！

不限一藝，則不為一器。非無用，乃可大用。藏而不用，即吾道不行。孔子之學，其要在此。或疑此與科學現代化太不合。然如前英國首相邱吉爾，亦曾任海軍部長，但非學海軍出身。其在第二次大戰時，豈不對英國有大用？英國最先採用中國考試制度，然專治某業，僅能出任某一部之常務次長，而部長與政務次長則非專治此業者。又如美國今總統雷根，曾為電影名星，然並不以電影演員之一藝而獲選為總統。則今日西方政治上之用與不用，尚亦無逃於孔子當年之理想，但不能如孔子之明白提出以教人。

近代西方人所明白提出教人者，則以專習一藝為主。如專習廣告，則專為商業騙人；專習核子武器，則專為殺人劊子手。而對於超乎羣藝之上，以領導運用此羣藝之一道，則轉無此教，乃亦無此學。此則終成為西方文化一大病。或疑西方有哲學，不知西方哲學非如孔子之「志道、據德、依仁、游藝」之學。嚴格說來，西方哲學亦僅一藝，可列入孔門文章之內；而夫子之文章，則非西方哲學所能盡。近人或以孔子為一哲學家，則遠失之。

中國人之學都不限於一藝。即如文學，古代如屈原作離騷，豈得謂其乃有志專為一文學家，專限於一藝？後世如陶潛、杜甫、韓愈、歐陽修，亦豈得謂其專求為一文學家，專限於一藝？諸人實皆志道、據德、依仁而游於藝，乃發為詩文，則亦其游於藝之表現成就有如此。西方文學如小說、如劇本，則專為供人閒暇之娛樂。其故事不外戀愛、戰鬥、神怪、冒險、偵探等，緊張刺激，曲折離奇，出人意外，入人心中，如此而止；豈得與中國文學，上自詩、騷下變為陶、杜、韓、歐者相比。然中國亦有流傳在社會下層之小說、劇本，亦以虛造故事供人娛樂為宗旨，其內容，其題材，亦大體若與西方相似；然終不脫中國傳統，仍存有其志道、據德、依仁之意味，與詩、騷、陶、杜、韓、歐一脈之上層文學相髣髴。

即如水滸傳，敘述魯智深、林冲、武松、李逵諸人，豈不一一具有孝弟忠信、仁義武俠之純眞天性之流露？豈不與中國人相傳人倫大道有其內在精神之相關？尤其如忠義堂一百零八位好漢中，為之魁首，獨為一無才無能之宋江。此亦中國傳統政治理想之一端，豈西方小說劇本中所能有？西遊記中之唐僧亦然。據此一例，其餘可推。又如在晚清流傳之平劇，如過五關、白馬坡斬顏良，如四郎探母，如三娘教子，如二進宮，故事各異，而修身、齊家、治國、平天下人生大道，亦已散見雜出。如戀愛，如戰鬥，如神怪，如冒險、偵探等，平劇中亦色色俱備，然孝弟忠信仁義諸德，則為中國平劇中共同所有。此則西方小說、劇本中獨付缺如，即偶然觸及，亦不加重視。此誠中西文學一大相歧異處。

在中國，亦非無專擅一藝者。如在戰國，扁鵲之於醫，伯牙之於琴，陶朱公之於商，李冰父子之於水利工程，亦皆名傳一世，迄今未息。然試檢之班固漢書古今人表，此諸人亦備列，乃絕不登入上三等。中國人於人品高下自有衡量。尤其如名醫，豈不為歷代所重。如治水專家，更屬難能可貴。音樂占六藝中之第二，豈不為人人所同好？商人之見於史籍者，自春秋鄭國弦高以來，亦歷代有之。惟能游於此，斯為上乘；專於此，則終有不足。又如諸葛亮創為「木牛流馬」，近人稱之，謂其卽如近代之機器人；然諸葛亮之為諸葛亮，豈卽在此？

今日之世界，藝之進步則已前無古人，而又一日千里，無可計量。但有藝而無道，人專一藝，則人盡為器，但供使用。今日之世界，可謂乃一器世界，而不見為人世界。重其器，輕其人，誰用其器，妄自求用，世界之亂，其端在此。誠不知何以為救矣！今當易孔子之四語曰：「志於利，據於物，依於器，專於藝」，其庶有當於今日之世。而無奈其無當於性與天道，其奈之何！

今再退一步言之，亦可謂西方宗教亦卽志於道。然其道乃為靈魂上天堂，非為肉身處人世。宗教信徒為醫師、為律師，亦以救人，則亦依於仁而游於藝。然凱撒事歸凱撒管，則其道有限。果使主政者、從軍者、治學者、經商者，亦一切以宗教信仰為主，亦一切如在教堂中作禮拜，一切以十字架為精神，則西方世界亦當早已改觀。而無奈西方教徒之禮拜、之禱告、之歌頌，亦一切如一藝，其最高目的，亦僅止為一己之靈魂上天堂。而其視上帝，視耶穌，乃亦如一器一物，可以惟我之求，供我利用。則誠無奈之何矣。今再深切言之，不知有己，何從知有上帝？己如一物，上帝亦僅如一物，此眞無法相喻矣。中國人所謂「一天人，合內外」，乃由己之心合之、一之。己不立，則何天人、內外之有？故孔子之言「志道、據德、依仁、游藝」，非善通於中國學術、中國之文化者，亦誠無足以喻之。

# 八一　靜與滅

時間是生命中主要一項目，亦可說時間卽是生命。非有時間，生命當於何存在？人自嬰孩長大成人，乃至六十，花甲一周，則必稱觴祝壽。七十則稱古稀之年；八十以至一百，此屬人生難達之境。近代醫藥進步，八十不難，而百年則至今為稀。是生命必有時限。然五口之家，夫婦成偶，堂上父母，膝下子女，當有三代。又兼記憶，為孫一代追憶其祖父母，雖人已亡去，而事尚在心。則家庭生命在每一人之記憶中，普通當在一百五十年以上。如此子孫緜延，如舉孔子為例，至今已七十餘代，共達兩千五百年以上。若再自孔子上推，迄於殷商之先祖契，豈不遠踰三、四千年？其實趙、錢、孫、李百家姓，均可依此推算。人人如是，整個一民族如是，此之謂「大生命」。一部二十五史，實際只是此一大生命長時間之回憶而已。

但時間必親自經歷，頃刻有變，瞬息相異。禹惜寸陰，陶侃教人惜分陰，今人稱「分秒必爭」，又該惜秒陰。莊子說：

朝菌不知晦朔，蟪蛄不知春秋。

此是倏忽即不存在之小生命。孔子曰：

歲寒然後知松柏之後凋。

人人皆欲效松柏，不願為朝菌、蟪蛄。但今日又人人言「求變求新」。從生命言，則「變」與「新」之上，該有一「不變」、「不新」者始得。孔子在川上言：

逝者如斯夫！不捨晝夜。

時間如是，生命也如是。能在不捨晝夜之逝去中，常見此川流，此須一項大學問。便該連帶說到「靜」與「動」。動是過去，是變；靜則不動、不過去、不變，如此常在。但川流中每滴水，果亦不動、不變、不過去，豈不成了一條死水？必水滴變，川流不變，人類生命即如此。

首要條件在能單純。時間是單純的，須要添進內容，否則一片空洞，便無本體可覓。孟子言「天時、地利、人和」。非陰陽晝夜、春夏秋冬，即無天時可言；非山川田野、水陸高低，即無地理可言。

人生亦然。嬰孩卽賴父母養育，成人亦必羣居為生，故人和乃始是人生。卽一身之內亦必和，其食衣住行亦必與外物和。天人內外相和，乃見為單純。大生命乃始見單純，小生命則轉而為複雜。但複雜則仍必在單純中，故人生大道貴能在複雜中求單純。

生命本質極單純。如川流，純為水滴相和，若雜以泥土沙礫，則水流不暢；上游盈科而後進，源泉混混，乃能不捨晝夜而前進。兩旁又必有堤岸夾峙，否則四周氾濫，卽亦無流。人類生命乃不啻如天地大生命一堤岸。不接於目，卽無色；不接於耳，卽無聲；不接於鼻，卽無香；不接於舌，卽無味。天地雖大，接於身，乃始有之。故此身乃為天地大生命一和，其單純有如此。若使不賴於目而接天下之色，此卽不見有色而為盲；若使不賴於耳而接天下之聲，此卽不聞有聲而為聾。老子曰：

五色令人目盲，五音令人耳聾。

欲保其聰明，則必減其在外之聲色，務勿淫於視聽，而後聰明可保。莊子曰：

道不欲雜，雜則多，多則惑。

卽此旨。

世俗人生往往求多有，求增不求減，而尤以自然科學發達後之近世為然。即如電之發明，有電燈，有電話，有電影，有電視，凡耳目所不及，電皆為之增其功能，使視聽遠超於耳目為用之上。天賦人以耳目，而科學濟之以電。視聽日增，聰明日減；色聲日多，影響日小。前人以一分視聽達十分聰明，今人則以十分視聽，而僅保有一分之聰明。前人覩一桃花色，聽一流水聲，詩意自然生於其心；今人目盡天下色，耳盡天下聲，而所謂詩意則渺不得其存在。聲色紛乘，雅興轉塞。亦可謂科學日進，詩情日退。詩情乃自然人生之所有，科學則反抗自然、戰勝自然，固宜有此趨勢。

不僅如上述，一切人生內涵，日淺日狹，外力強而內心弱。耳目生於天，一切科學機械發明創自人。然耳目之用，於心為親切；而機械之用，則僅以代耳目，與心隔了一層，不親不切。耳目之用本於心，故能長此心之聰明；機械之用來自外，則轉以窒塞此心之聰明。老子曰：

有之以為利，無之以為用。

機械外物乃一有，心則乃一無。故一切科學發明若於人身為有利，實於人心乃無用。人之生命主要在心不在身。故科學日發明，而心生命則日衰退。今世乃不啻以物世界來代替了人世界，即心世界。

人之生命乃天地大生命中一小生命，如川流中一水滴，故其生命實在孤獨處。求生命則必求有一「我」，我即一孤獨之我。浮現在外，在眾多處，一與人同，則何有所謂我？而科學機械之用，則必在眾多處，不在孤獨處。如電影，由一人觀之，其影像可與眾人共觀相同。但電影乃是一商品，其攝製則只求眾人觀，不供一人觀，宜其與生命意義有別。換言之，科學實不為生命用，轉以用生命。主客易位，此下之世界勢將成為一機械世界，不復是一人世界。數百千枚核子武器，即可主宰全世界人類而有餘，即其證。

何以謂科學非生命？因生命必有情，而科學則無情。中國以農立國，農民日與大自然大生命相接觸，可謂中國古人早已讀了一部無字天書。學問全從生命來。孔子言：誦詩三百，可以多識鳥獸草木之名。姑以草木言，中國人愛楊柳，自古詩人筆下無不詠柳。楊柳富感性，春光初到，柳最先知，桃李未花，柳條已青。柳又富耐性，秋冬羣木凋謝，柳條猶在，故詩人亦多詠衰柳。「楊柳依依」，唐人栽之灞橋之兩旁，左宗棠栽之赴新疆之路上，以其若特賦遊子以同情。而夕陽衰柳，尤能耐此寂寞。此感性、耐性，乃中國人心所同尚。柳無花，而有絮，亦具特性。中國詩人賦楊柳層出不窮，亦可謂楊柳乃中國人一至親密友矣。

柳之外有竹。「綠竹漪漪」，竹之入詩亦歷三千年如柳。中國人言：「不可居無竹」，居不見竹，亦如行不見柳，同為人生一憾事。柳則柔婉多情，而竹則剛直有節，個性不同，故柳則栽之牆外路邊，而竹則植之庭前階下。「能益多師是吾師」，天地羣生可為我師我友者，復何限？是在我善擇之而已。蘭則盛唱於屈原之離騷，菊則盛唱於陶潛之詩，林和靖有梅妻，周濂溪則愛蓮，中國人之花卉草木，則莫不深通之於性情。天地一大生命，亦惟此性情而已。性情相通，斯生命相通。中國人對此大生命之認識與體驗，則多見之文學中，其實亦可謂是一套人文科學或哲學。

草木外言鳥獸。中國人於家畜中最喜羊，「美」、「善」、「祥」、「羣」、「義」、「養」諸字，皆從「羊」。若言利用，不如犬、馬、牛；若言鬥爭，羊最懦弱。中國古人教牧羊者曰：

視其後者而鞭之。

則羊性亦自能向前，而牧羊亦當一任羊性之自由。中國人又特喜龍。易乾卦言，潛龍在淵，見龍在田，飛龍在天，則龍乃一三棲動物。「君子無入而不自得」，惟龍有之。但龍少見，或僅一想像。惟「亢龍有悔」，在人羣中能「見羣龍無首」，乃為大吉。此又是何等景象！生命第一要求當為存在，其次始有表現與活躍。羊能善存在而不爭，龍能表現又活躍，但亢龍有悔，則活躍亦有其限度。西方人信仰有靈魂，乃可不尊存在，僅求表現活躍，乃求為亢龍而不悔。

中國古人又以麟、鳳、龜、龍為「四靈」。麟、鳳稀見，龜則泥塗中物，易見常見，而能藏身自保，與物無爭，又能壽，故亦為中國人所尊。中國人尊龍，同時又尊龜。此又是何等景象！龜甲用以供占卜，藏之宗廟。莊子辭楚相，曰：寧為曳尾塗中之龜，不願藏甲於宗廟。曳尾塗中，則猶潛龍之勿用。「苟全性命於亂世，不求聞達於諸侯」，中國人生理想之所貴乃在此。但既曳尾塗中，而仍能藏甲於宗廟；既能藏甲於宗廟，而又願曳尾於塗中。出處進退，隱顯榮辱，一以貴之，此誠中國人文社會一特徵。而龜又常見易見，中國人乃奉之為四靈之一，屢見文學歌詞中。「天將以夫子為木鐸」，中國文學中有烏龜，斯亦不啻以烏龜為木鐸矣。殺身成仁，捨生取義，當別論，茲不詳。

中國古代，象亦易見。象亦龐然大物，其性亦和善不爭。但象為人用，尚不如羊之無用。佛法東來，始屢言及象，然終不為中國人所尊。佛法亦好言獅。獅噬人，象供人用，兩者皆失之，遂皆不為中國人所尊。龜不噬人，亦不供人用，然自保能壽，中國人尊龜過於獅、象。近代生物學家好言蜂、蟻，謂其能羣；但蜂、蟻以功利為羣，羊則性情之羣，而龜則不羣。中國人於天地羣生間，自有其別擇取捨可知。

易乾象龍，坤象馬。馬効馳驅，亦供人用。然言牛馬與言犬馬大不同：牛馬供人用，犬馬則見性情。中國以農立國，牛司稼，豈不為用大？然中國人尊馬不尊牛。牛供人用，隨人駕使，乃不如馬之尤見有性情。馬有駿駑之別，駿馬一日千里，聞有千里馬，不聞有千里牛。牛略同如象，不見個己之別，而犬馬則有之。有性情，則有個己之別矣。羊亦若無個己之別，然羊性之能羣，則又在牛馬之上。朱子言格物窮理，中國人能於有生物中窮格其理，自有一種人文科學之發明。

柏拉圖懸榜門外：「不通幾何學勿進吾門。」幾何僅一形式，非有生命，亦無性情。嚴格求之，世間乃無眞方眞圓，僅有約略相近似之方圓，眞方眞圓只在天上。中國人則謂「規矩方圓之至」，方圓屬「自然」，規矩屬「人文」，能善用規矩製器，此卽善用自然以興人文，而天人合一矣。僅從方圓求方圓，此之謂不通人情。如言孝弟忠信，乃從人之性情言，各得性情之眞，卽可為萬世之榜樣。

西方人乃避此不言，謂感情作用卽無當於理性之眞；此又天人顯有分別。

故中國古人於天地萬物，不論有生、無生，能善觀而善為取捨，能比能興，此乃中國文化之眞源。善觀是其智，而善為比興取捨則其仁。仁乃人類一種同情心。自具性情，乃能外擇於物，以取其性之所近，而捨其性之所遠。中國人好羣，故有取於羊；中國人好長保其生命，故有取於龜；兩者實相通。不能羣，烏能長保其生命？人各不能長保其生命，則其羣亦不立。故中國人好羣，又好有個性。惟求其個性之不害羣而又能傑出於羣，則必有大利於其羣矣。僅知有羣，不知有個性，則亦為中國人所不喜。

周濂溪太極圖說：

太極動而生陽，動極而靜，靜而生陰，一動一靜，互為其根。

又曰：

主靜立人極。

「人極」與「太極」不同。太極自無生有，人極則自有生無。羊、虎同羣，性不同，羊不殺虎，虎必殺羊。人為五行之秀，萬物之靈，使人治其羣，則驅虎於深山，善牧其羊。此則羊與虎皆所不能，惟人能之。故太極之下，惟可立人極。天地能兼生羊與虎，但不能使羊與虎必相遠勿相近，惟人能之。故曰人能「贊天地之化育，而與天地參」。如火盛，人能噴水以滅火；水盛，人能築為堤防，使水不氾濫。人能盡五行之性，以善其人羣，此乃一種人文科學。何以能此？則必全人之性，存而勿失，此曰「靜」，故「主靜立人極」。

人有「欲」，則動而向外，孟子稱之曰「放心」。心放在外，則「性」亦漸失而不見。故曰「存心養性」，先存其心，而後性有所養。靜則心不動而存。故孟子曰：

我四十不動心。

又曰：

養心莫善於寡欲。

「欲」與「情」有別，先養其性與情，則所欲皆一發於正。性情為之本，則所欲亦可一內外。務於外，求其所欲，則內失性情之正，而欲乃無窮，終不能達，亦於外物有害。如是則人生一於動而無靜，與天地之「一動一靜，互為其根」者又大相違。中國人稱之為「天人之爭」。「天」指「性」言，「人」指「欲」言。宋儒曰「性卽理」，則「性」、「欲」之爭卽「理」、「欲」之爭。戴東原孟子字義疏證主得所欲卽為理，較宋儒言，可謂大失之。當謂符於理乃為可欲，則始得之。

近代科學家乃謂發明物理可以滿足人欲，斯又失之。人欲日滋月長，無可滿足。所謂「物理」，亦本於人之性情而見。以「人情」見物理，與以「人欲」見物理，所見之「理」大不同。如虎遇羊，認為可噬，此乃在虎有欲噬之心，非在羊有可噬之理。而虎之欲噬之心，則本於其性。性不同，斯理亦不同。人性之善，較近於羊；而人性之智，則遠過於羊。故人性可以謂之仁，而羊性則終不得目之為仁。蓋仁必兼智，智必待學。孔子曰：

十室之邑，必有忠信如丘者焉，不如丘之好學也。

西方人之學，則重智不重仁，又不同。孔子本於性情以為學，西方之自然科學則不仁無情，有失於人之全性。不仁無情而濟之以學，則其為害恐將有甚於其為利矣。此誠近代國人好治西學者之所當究。

人性皆然，何以東西方有如是之不同？孔子曰：

性相近，習相遠。

西方古希臘以商業為主，商業內不足而求之外，求有得，則益進不已，遂惟見欲而不見性。然亦不得謂西方人性惡，能改其習而返之正，則善性亦自見。但「少成若天性」，積幾千年之傳統，一旦改弦更轍，亦自難。惟當就其習以為改。或主先復興宗教，使與科學持衡得平，為其改革之一途。但如最近耶、回之爭，則又無奈之何矣！

陸象山言：

人方求增，我惟求減。

西方財富權力，日增無止境。人生正當理想，亦莫如求減。權力減，財富減，庶得與貧弱日增其同情。私欲日減，同情日增，則人性漸復。或疑事減則若閒，不知人生正大有事在。居家則奉老撫幼，此屬門內事；出門則愛國家，愛民族，以忠信愛其羣，豈不大有事在？事在性情、在生命，與在功利、在物欲，所事不同。孟子曰：

必有事焉而勿正，心勿忘，勿助長。

西方人所有事，重在功利物欲，所患不在忘，在助。揠苗助長，反以喪苗之生。象山主求滅，亦在求其勿助長。其門人乃一意靜坐，若將忘其必有事，宜為朱子所斥。西方人求助長，印度人則求忘。濂溪主靜立人極，靜非忘，滅亦非求無事。惟事來務助長，則必功利物欲之歸矣。

生命寓於時間，時間當下卽是，亦轉瞬卽逝。勿可忘，忘則不覺有時間之存在；但亦不可助長，求其時之住，與其延長，與其速，與其卽來，皆不可能。時間剎那卽變，但變亦有常。時間永古長在，但亦倏忽卽變。如嬰孩以至老死，乃有新生繼起，此卽道家所言之「自然」。道家轉而為長生家言，則又失其眞。長生家有鉛汞之術，乃引生西方之化學。但鉛汞非生命，求以非生命助長其生命，西方一切現代科學皆由此。乃使此下將成為一物世界，而駕於生命之上，生命僅居次位。果使生命得替代，則此下將為一無生命之世界。馬克斯之唯物史觀是矣。人之求於物質機構者，其果如此乎？中國古人言：

近人多言科學可減少工作時間。盡得閒暇，自尋快樂，豈非人類文化一大進步？然生命卽工作。

小人閒居為不善。

於工作外求閒暇，閒暇中求快樂，人生一切墮落，一切罪惡，皆由此起。「一陰一陽之謂道」，工作勞動乃生命之陽面，閒暇休息乃生命之陰面，一動一靜，互為其根。人當於工作中有閒暇，閒暇中有工作，和合為一體；果分別為二，則無往而不失其生命之正矣。故娛樂、工作亦為一體。

中國文學自豳風以至清末，多憫農詩。而農自可樂。工附於農，不附於商，工農皆一生命表現，亦卽藝術表現，亦卽德性表現。西方商業社會盛行博物院，其中陳列多采自巴比倫、埃及，希臘僅居其次。尤著者乃如埃及之金字塔。凡此皆非人生工作，乃於人生外別創工作。不於工作上表現出生命，乃俯順屈服犧牲生命以為工作，表現生命中一奴性，亦以顯示當時埃及皇帝無上之欲望與權力，以一人之意志，奴役萬人之生命，乃有此金字塔之製成。中國最近發掘得秦始皇墓，庶相近似。然始皇墓始終湮沒不彰，不為漢後人所知。阿房宮為人所知，則一炬成灰，後世不加惜，反加快。而如四川灌縣之水利工程，則修益加修，精益加精，直至於今不廢。李冰父子二王廟，亦永受後人祭祀崇拜。卽以灌縣離堆工程與二王廟之建築，與埃及金字塔相比，亦可見中西文化相異之一斑。離堆工程，自秦迄今兩千年，殺身捨生者又何限，但皆成仁取義而去。故離堆工程遂得為中國名勝古蹟之一。

娛樂亦性情。工作者先有樂，乃可得人之同樂。金字塔乃孟子所謂之「獨樂樂」，灌縣離堆工程則孟子所謂之「眾樂樂」。金字塔遂使埃及人永失其生命，而灌縣離堆工程則使兩千年來四川人同得其樂。故離堆工程乃一生命工程，而金字塔則不得稱為生命工程。亦可謂近代西方科學之一切進步，多非生命進步。而中國自大禹以至李冰父子，大聖大賢，一切工程、一切建設，不僅科學，亦寓有宗教教育之大生命意義在內。凡中國至今尚存之一切傳統、一切建設、一切工程，皆如此。此皆中國人所謂之「禮樂」，乃卽生命之崇高表現，而豈專在物質機械上用心者可比？

娛樂中又有繪畫與歌唱。此兩事原始人類卽知卽能，然中西雙方傳遞有不同。西方人繪畫但求其與外物近似，如畫山水，卽坐山水前臨摹，謂之「寫眞」。中國人五日一山，十日一水，提筆作畫，乃畫我心中之山水，故曰「寫意」。寫眞卽科學，寫意乃人文。心領神會，卽同是我之生命。故中國人畫人物亦曰「傳神」。西方人論女性體段重三圍，中國人則曰「臨去秋波那一轉」。三圍之美具體在彼身，誘生我欲；臨去秋波，抽象一動，在彼亦在我，此謂之情。使其無此一轉，則三圍之美又與我何涉？故三圍僅物質之可欲，而一轉乃生命之相通。中西雙方審美觀念之不同又如此。近人又必謂西方重客觀乃科學，中國主觀非科學。但非主無客，無情不美。中國俗語「情人眼裏出西施」，實亦一種人文科學。

歌唱，歌者先自樂，而聞者亦同其樂，此乃生命之眞樂。歌以求人樂，則歌者先無樂，聞者之樂亦復不眞。詩三百，歌者先有其樂。離騷、九歌，亦歌者先有其哀。漢樂府亦詩、騷之流，每一歌中亦自具一番眞情。唐詩人白樂天，詠潯陽江頭商人婦之琵琶曲，亦以自鳴其哀怨，斯始為貴；若以歌為技，為謀生一職業，斯又何貴？

中國近代京劇，有諷有諫，有勸有懲，功在教諭風化。操此業者，固亦藉以謀生，然畢生情趣，亦寄寓其中，故不為高雅君子所棄。又演劇娛神，民亦同樂。若以演劇為純商業，觀劇為純娛樂，則中國風俗初不如此。譚鑫培、梅蘭芳名震一世，但其登臺，終非專供人樂。而善唱善演，亦終不如畫家之閉門揮毫自得其樂之為高。此皆中國舊觀念，莫不有甚深生命意義寓之。

中國又有武功一項，如武當山，如少林寺，道士僧尼，出家閒暇，乃以習武，不為表演，不為比賽，師徒相傳，積數百年，乃成絶藝。偶一用之，乃為俠義，無他心。得人崇敬，亦出真誠。清末義和團，亦本俠義心，事敗稱「拳匪」。但憑鎗炮殺人滅國，恣意所欲，中國人心有不服，乃稱「八國聯軍」，莊嚴肅穆，又何詞譏之！此則史學、文學分道揚鑣，各自專門，記載史事不知以文學用心，乃有此弊。至於中國功夫，亦非西方所能。最近忽有人在電影中表演，大獲西方人佩服，「中國功夫」乃成現代一專門名詞。但此等功夫純是一種生命精神之凝聚。若在電影表演，則是西方功夫，決非中國功夫，此又不當不辨。惟今國人一經西方人稱讚，又有重利可得，相習成風，則誠可悲歎矣。

中國人傳統心習，看不起機器。但機器勝過工夫，即據義和團一例可見。中國以人為萬物之靈，機器則靈過於人。人轉為機器操作，得閒暇，別尋快樂，乃成為人生之惟一目的，則人生之意義與價值又何在？孔子曰：

> 飯疏食，飲水，曲肱而枕之，樂在其中矣。

又稱顏淵曰：

> 賢哉回也！一簞食，一瓢飲，在陋巷。人不堪其憂，回也不改其樂。

孔顏所樂，即在其日常工作中。西方人謂文化自閒暇來，中國則文化自勤勞來。文化即人生，人生乃勤勞，非閒暇。

故工作當自性情來，不當自欲望來。性情中亦自有欲望，但不當為欲望而漫失其性情。性情出於天賦，亦即自然，中國人合稱之曰「性命」。天人合一即在此。不知性命，徒求生活，則獸生、禽生，生而無靈，何得謂之人生？中國人最所尋求者正在此。尋得到此，則工作閒暇、快樂苦痛皆一以貫之，又何分別可言？尋不到此，而惟機器功利之為見，則人生最高境界亦惟一項機器、一番功利而止。象山之言「減」，濂溪之言「靜」，諸葛亮言：

澹泊明志，寧靜致遠。

澹泊斯能減而靜。孔子曰：

富貴不可求，從吾所好。

孔子之所好，亦惟心存澹泊始能明之。中國人之理想人生大率如是，而豈能語於今日之西方功利昌行之世！

# 八二　廣與深

人生有「廣狹」與「深淺」之兩面。如服裝，率趨時髦，無多分別。儀表則見教育修養，言辭則深淺更易辨，觀其行為則人無遁形矣。人生自衣裝、儀表、言語、行為以及其心地五方面，逐層推進，遞見其深度。孔子曰：

不患莫己知，求為可知。

求知於人，自當於此五方面努力。然孔子又曰：

人不知而不慍，不亦君子乎？

則知人不易。老子曰：

知我者稀，則我者貴。

則人之可貴，正在其有難知處。

人如此，民族更然。大概言之，西方人求之外，貴推廣。中國人求之內，貴深存。其先乃由其生事來。中國務農，歷千年少變，求於外者易，乃轉而求之內。古詩：

日之夕矣，牛羊下來。

農人向晚得閒，遠眺村外，山坡草原，易見此景。日日可見，年年可見，一生一世，人人世世常可見，似無足道。但山下全村各戶孰不有牛羊，放牧山上，結隊而下，豈非各戶豐衣足食之根源所在？然其存之心者既久，乃百千萬戶生命之大共體，安其平居，樂其常然。深言之，此乃一種「生命境界」。生命與大自然合一，亦卽「天人合一」。人之小生命，乃與其宇宙大生命融洽浸潤，儼成一體。故「日之夕矣，牛羊下來」八字，雖不失為一幅好風景，但詩人吟詠，則不專為風景。此八字是何等境地，何等情味，乃得為中國文學上品，傳誦三千年！中國文學乃有其特殊極深處。人生卽文學，此又中國人生一特殊極深處。

陶淵明為一田園詩人，其詩有曰：

狗吠深巷中，鷄鳴桑樹顛。

鷄鳴狗吠，從來如此。老子言：

小國寡民。甘其食，美其服，安其居，樂其俗。鄰國相望，鷄犬之聲相聞，民至老死不相往来。

此為一天下太平景象，鷄鳴犬吠，國際聲氣相通。犬吠非為鬬噬聲，鷄鳴亦非驚惶聲，一片和平歡暢聲，不啻為人生安樂大道作呼嚷。今雖村居，亦遍聞機車聲、警笛聲。一不慎，而死生隨之，尚何鷄鳴犬吠之有？故古人言鷄鳴犬吠，即人生一共相。人類之生長，即在此境界中，我此生命即此境界。若無多味，卻有深味。而且此味常在心頭，既親切，又悠久。中庸所謂：「致廣大而盡精微。」鷄鳴犬吠之境界豈不廣大？而人生之精微亦無逃於此矣。中庸又曰：「極高明而道中庸。」日聽此深巷犬吠、桑樹鷄鳴，豈不極平常、極庸俗？而宇宙大自然之與人生相會合，其高明處，則亦已深藏其中。中庸又曰：「尊德性而道問學。」其實鷄鳴犬吠，乃與人生之內在德性昕合無間，能學問，始見此德性之可尊。

淵明詩又云：

采菊東籬下，悠然見南山。此中有真意，欲辨已忘言。

籬邊種菊，偶往采摘，抬頭見山，此乃人生易遇事。而遠山景色入吾心頭，即不啻我當時生命之一部分。一番眞義，乃非言辭所能表達，故乃欲辨而忘言。陶詩所描寫、所吐露，通常言之，乃屬一種農村人生。實則推至一切人生，乃至宇宙大自然，同此一眞義。但在中國，乃非哲學，為文學。故可謂中國乃一種文學人生，亦卽人生文學。深處難求，而淺處則易遇易見。

唐人孟浩然詩：

綠樹村邊合，青山郭外斜。開軒面場圃，把酒話桑麻。

中國農村四圍綠樹，遠山一抹，到處易見，千年常然。鷄犬與桑麻，皆農村人生之共相。但鷄犬虛景，堪欣賞；桑麻實物，須營求。中國詩人先言鷄犬，次及桑麻，亦不得謂非世道人文中一進步。開軒面圃，兩人對酌言談，此境易得，亦可常而不變。一經詩人指點，卻見此種人生大可享受，大可玩味，何待厭棄他求？天地之境界，人生之情調，文學之本事，一以貫之，卽已成一套人生哲學。反己求之，向內求之，卽易得矣。此之謂「自得」。「足於己，無待於外」，斯又為有德之言。故曰：「學而時習之，不亦悅乎？」

中國文學，上古西周如是，南朝晉宋如是，唐如是，宋亦如是。陸放翁晚年鄉居，作詩如寫日記。日常所見所聞，所遇所值，皆入詩中。孔子「六十而耳順，七十而從心所欲不踰矩」，外所接觸，既無違忤；內所發抒，亦無踰越；乃盡在人生大道中。孟子曰：

> 可欲之謂善，有諸己之謂信，充實之謂美，充實而有光輝之謂大，大而化之之謂聖，聖而不可知之謂神。

孔子晚年人生，可謂已達「聖」與「神」之境界。放翁晚年生活，亦可謂成一片大好文章，但較之孔子，則還遠有層次。人生深淺卽在此。

清代鄭子尹，以一經學家兼詩人，老居遵義山中其母墓旁。日有思，夜有夢，皆追憶其母之一片孝心，而皆以見於詩。除此一片孝心外，詩中亦更無多有。孝卽人生，卽人生千萬歲大道，但可當下卽得，亦卽其詩之所由成家。詩之與心與其人，三者合一，而其較之古詩人，乃至於孔子，亦各見深淺。中國人生有一言卽得者，亦有萬言難盡者，亦可於此求之矣。儻於人生外，別求文學，得為一文學家，既有名，又有利；但一為文人，便無足道。此中深意，大須領略。

堯典曰：

詩言志。

中國人言志，不言求富求貴，而必志於道。此道卽人生之大道。人生並不由外面事零碎拼湊而成，乃由一整體人生中流露出此一切事。一切事皆內本於心。志，心之所存，乃人生之主腦。「詩言志」，卽猶近人言文學表達人生。王之渙詩：

欲窮千里目，更上一層樓。

拘於字句，則更上一層樓乃一小事，又何意義價値可言？左思詩又有：

振衣千仞岡，濯足萬里流。

振衣濯足，乃人生尋常事，不知所比興，則亦無意義價値可言。蘇軾詩：

橫看成嶺側成峯，遠近高低各不同，不識廬山真面目，只緣身在此山中。

此詩亦詠人生。離卻人生，廬山面目卽不用人識，亦無待吟詠。藝術亦然。山在心中，畫山乃畫意、畫心。畫中有詩，詩中有畫，若儘在詩中去求畫，畫中去求詩，則必兩失之。苟其作者於人生深處無體會，則其詩其畫皆不得臻上乘。書法亦與人品有大關係，更難言宣，惟有心領。

西方人生則不同。古希臘人乃生活在工商都市中，必向外求取利潤。身在都市中，心在都市外。身在工商業中，心在工商業外。其整體人生猶待別求。故希臘有哲學，先創宇宙論，乃以尋求人生論，並無中國人「一天人，合內外」之觀念。文學亦向人生外事中求，事務非卽生活，乃生活中一手段。文學亦如商品，偽造故事，驚心動魄，得人愛好，乃可沿途歌唱。如荷馬史詩，或戀愛，或戰爭，或神話，驚險奇變，乃始視之為人生。此下又有冒險、偵探等故事。要之，非見作者心，乃以迎合讀者心，一如商品，惟求合購買者之心。此心乃惟求推廣，不求深入。推而愈廣，不僅益淺難深，抑且散而無存。

再言工業。工業附屬於商，與附屬於農者有不同。中國陶瓷業，能在其作品上十分表現出作者個人之心情。僅以給用，非為商品牟利。又世襲其職，歷代安心，精益求精，其所作業卽其人生全體所在，故得成為藝術精品。一如詩之為文學，同是通天人、合內外。故藝術卽人生。西方則乃以商業心情製造，求廣銷，獲重利；亦人生一手段，非卽人生。心情異，則其作品亦不同。中國莊子稱此心為「機心」。中庸則言「誠」，實與莊子「機心」相對。道家言人生，每於其向外處深言；儒家言人生，則多在其向內處。故中國人必兼通儒、道，乃能得人生之全。文學亦無逃於此。

西方繪畫亦附帶有商業心情。故必開畫展，作畫者每以觀者心為心，求廣銷。其心外向，又焉能深入？與中國畫又不同。中國於畫品中見人品，亦曰「寫意」。但作畫先求形似，尚有外面拘束。書法則可一任其意之所至，而流露出其內心之蘊藏。詩文則更可傳其內心，而更達於充實光輝之一境。故中國之文學家，則尤在書畫家之上。

中國文學中亦有劇曲歌唱舞臺表演，但其品格則較低，故戲劇不得預於中國文學之正統。登臺演奏，不論生、旦、淨、丑，演員與劇中角色不同，故只論演技，乃成人生一業務，亦藉以謀生。不如吟詩作畫，其本身卽人生，非業務。儻亦認為一業務，則一文不值矣。登臺演戲者，後臺卸裝，始是其本人，觀劇聽唱亦僅是人生一娛樂，與詩、畫之為人生修養，深淺不同。

由此可見，「人」與「事」當分別看。人乃生命一本體，事則生命一表現。從廣處求，則吟詩、作畫、演劇，可以推而愈廣。從深處求，則詩最深，畫次之，劇則淺。中國詩最先，畫次之，劇最後，此卽中國人生貴從深處求一顯證。西方演劇，乃文學之開始，文學內容亦卽舞臺之本事，讀劇本不如在舞臺下看。多人欣賞，推廣更要於深入。故事有大小，人品無高下。吟一詩，聽者少；作一畫，觀者多；演一劇，觀者更多。西方人生重在外面廣處，則莎士比亞之劇本，宜為文學之上選矣。

故戲劇乃西方文學之正統，與中國大異。孰是孰非，此為雙方文化傳統人生大道所繫，非可一言而定，又豈重洋蔑己一時流俗之所能定。

西方人論人生，重事不重人。如莎士比亞其人莫可考，然其劇則幾百年不衰。中國「日之夕矣，牛羊下來」八字，作者亦難考，亦難上臺表演。然能賞及此，即證其人品之高。此即雙方人生不同一例。西方人重事，又重財富，但求推廣，不求深入。孔子曰：

為富不仁。

深而求之心，則為富稀能免於不仁。孔子又曰：

富而可求，雖執鞭之士，吾亦為之。

孔子非不知富亦可求。季氏富於周公，乃冉有為之求之，而孔子曰：

非吾徒也。小子鳴鼓而攻之可也。

孔子又曰：

賜不受命而貨殖焉，億則屢中。

是則子貢亦能求富。則孔子之所謂不可，乃在道義上。孟子曰：

非不能也，是不為也。

富人亦必求所好，財富乃是一手段。今雖貧，亦能從所好，則何富之求？豈不更直接、愈易簡矣。富不可求，貴更不可求。孔子之稱賞顏淵則曰：

用之則行，舍之則藏，惟我與爾有是夫！

貴亦在求用，求貴亦仍是一手段。若僅知求貴，則更求權、求強、求武力、求能殺人，推之愈廣，而愈無止境。希臘人僅求富，羅馬人則轉而求貴，既武又強，乃亦終歸於崩潰。孔子雖不求貴，而為用則可達千萬年無竭。

中國乃廣土眾民一大國，主政者貴莫能比。乃孔子之稱舜，則曰：

恭己正南面而已矣。

有此天下，而心若無事。此種人生境界，乃純屬內心，中國人稱之曰「德」。德者，得也。得於心，非得於外。韓愈釋之曰：

足乎己，無待於外。

足於己，即是富；無待於外，則不煩權力以爭。中國從來之政事，乃亦與西方政事大不同。西方政事重在外，必以權力相爭；中國人則曰「盡職」，曰「讓」，曰「為政以德」，皆向內求。孟子曰：

以力服人者，非心服也。以德服人者，中心悅而誠服也。

故西方之為政者求之事，為富而強，以力相爭；中國人為政，則求之心。一人之心即千萬人之心，一世之心即千萬世之心。得於心，斯得於人人，得於世世，可以無他求。

然而此心則當向深處求之。「他人有心，予忖度之」，此心卽忠恕之心。舜居深山之中，與野人居，與鹿豕遊，及其見一善行，聞一善言，沛然若決江河，此則舜心開。中國人稱人生最快樂事卽曰「開心」。心開則同得他人心。大學言「正心、誠意」為「修身、齊家、治國、平天下」之本，卽此意。西方人向外求，此心專在事上，知事不知人，又或專知一事，不知他事。政治屬眾人事，當開放政權，由眾人為之。西方則結黨競選一領袖，名之曰「民主」，實非民主，仍由少數人擅權行政，其心亦仍重事不重人，於是政爭無已。競選必求多數，日趨卑俗，則政事乃無日進向上之望。求富求強，推而廣之，惟在力，而離道則日遠。

政治固當下通卑俗，卽文學、藝術何莫不然？惟政事、文學同當求深更在求通之上。男女同有戀愛，但必深入於為夫婦。夫婦一倫，其心情可以普天下歷百世而常然。今儻謂戀愛乃「青春心」，夫婦不得謂非「老成心」。人生豈得常在青春中，而無老成？故婚姻乃始得人心之同。然而西方人又常以商業視人生，貴異不貴同，乃謂「婚姻乃戀愛之墳墓」；則家國大同、天下太平豈非卽人生羣居之墳墓？故知戀愛與戰爭，當不得為文學之正宗材料，因其乃在人生之幼稚期、未成熟期。淺露與深藏，亦可論其文而知其人矣。如左傳一書所載戰爭與戀愛之故事，極為繁多，但當看左傳書中對此等故事如何描寫法，始見文學之奧妙。今讀西方文學中之戀愛與戰爭，則不得不謂其顯較淺出。然而遂謂西方人無深入處，則又不然。惟能多賺錢，多殺人，乃西方深入處。豈不然？果能於人道有深入，則此兩道決不深入；苟於此兩道有深入，則其一切皆淺出；此又可得而定者。

韓愈言好古之文，好古之道。今人則貪財、好色、能武、善殺盡謂之文學，則宜韓愈之深見鄙斥矣。文學必求深入人心之同然。唐人詩：

打起黃鶯兒，莫教枝上啼，啼時驚妾夢，不得到遼西。

春鶯羣啼，何等佳事，把它打起，寧不殺風景？但她得好好做夢，此乃夫婦情感，非男女戀愛。而遼西兵役非當時人心所安，亦言外可見。即此一詩，寥寥二十字，兒女私情，亦即治平大道之所本。中國文學深入人心之高處有如此。

孔子曰：子為政，焉用殺？又曰：

聽訟，吾猶人也，必也使無訟乎！

既不用殺，又能使人無訟，當必有一套學問，能深入人心，一如文學。但文學範圍狹，政治學範圍更廣。子貢聞一以知二，顏淵聞一以知十，故孔門為政，子貢當不如顏淵。子路僅限於治軍，冉有僅限於理財，則更非為政上選。故中國為學，求通不求專，通於人心，不專於人事。

西方科學重「事」更重「物」。發明蒸氣，一切人事大變，人生亦為之大變。發明電氣亦然。當前世界乃有石油之爭。石油乃能主宰人生，一國缺石油，其國卽大變。愈進步，其國之變乃愈大。但掌有石油主權之阿拉伯國家，卻不知如何來善用此大權。猶如擁有原子彈，亦不知究當如何來善為使用。人生前途，則全已為此等石油、原子彈諸魔羣妖所困擾、所折磨，並將為之所吞噬。不知人類化了幾許血汗精力創造發明此諸妖魔，乃轉為此諸妖魔所困擾、所折磨、所吞噬，而無奈之何，亦可怪矣！今世界都市林立，凡困擾折磨吞噬人之諸妖魔，皆薈萃於此都市中，農村則少見。但舉世羣棄農村，湧入都市，認為是人生之進步。苟無農村，人類生存又何賴？

余漫遊歐美，好訪其鄉村。一日薄暮，在倫敦郊外與兩英人交談。知余來自美國，問：「美、英孰優？」余對美不如英。兩英人驚喜，續問余言何據？余答：「此刻村人老幼散步田塍，仰天俯地。美國則大馬路上汽車奔馳，烏得有此？」兩英人頷首，但又慨然言：「美國生活不久卽迫來，吾儕此刻景象，又烏能長有？」又指山坡草地言：「此等均歷五百年以上，在美國最多不逾四百年。」因不勝嗟歎。

人生難言，民族文化更難言。如俄國，顯屬西方文化之一部分，而地居寒帶，又多業農，其民族性顯與其他西方民族有不同。余讀托爾斯泰小說，每愛其和平忠厚，有惻隱辭讓心。在西方文學中，體制題材大同，而心情迥異。又如索忍尼辛，逃居美國，乃能直言美國種種缺點，心存故國長處，乃若一時陰雲蒙蔽，恨不能頃刻大放其光明。又如沙卡洛夫，見稱為其國氫彈之父，殺人利器由其創製，乃竭意擁護人權，遭政府拘禁，寧甘忍受，不樂流遁他邦。凡此人物，顯若與其他西方各國有別。俄羅斯本屬一農國，工商都市尚未發展，文化系統顯屬西方，而人心深處則潛存有東方氣息。托爾斯泰之小說，便多染鄉土氣，即其證。馬克斯猶太人，本無國家觀，提倡共產主義，以無產階級為號召。但產業觀起自工商都市，猶太人乃一商業民族，馬克斯僑居倫敦，故其所謂「無產」，乃指資本社會下之工人言，不指農人言。農人乃眞有生產；資本企業乃製造，非生產；財富、武裝，乃人生中之假生產。故資本社會實可謂一「無產社會」，乃轉而凌跨駕馭在「生產社會」之上，而恣其所欲。馬克斯之共產主義，實應限制商業，使其轉在農工之下，務使人人生產，而不佔私有之大財富；此則當轉成為中國社會。馬克斯不知有中國，只就西方都市商業社會發論，故其共產思想，仍不失為西方文化之一支。

列寧依借馬克斯共產主義為號召，推翻俄皇專制，解放農奴，使其盡為自由農民，使人人有生產，而不再受商業資本之剝削。索忍尼辛之寄想或即在此，但惜其無此知識，因亦不能明白創此理論。而蘇俄自史太林以下，則轉成為西方傳統帝國主義之變相，僅求在力上推廣，不向心處深求。而更側重在唯物觀點上，憑物而喪心，乃致力於發明氫彈，又求保有人權。此見俄國人之內心衝突，誠不失為人類一悲劇。近代國人，尊慕西化已甚，雖亦崇奉馬、恩、列、史，而國內乃竟無索忍尼辛、沙卡洛夫其人者出，此亦誠堪嗟嘆矣！

印度亦農國，非商國，地居熱帶，民生不在勤，轉生厭怠心，遂有佛教出世思想。但雖求出世，不失慈悲心、辭讓心，戒淫戒殺，與西方文學題材大異其趣。但佛教專重私人人生，不牽涉大羣政治，故在印度終自衰歇。其來中國，在大一統政治下，轉得滋長，亦因其有深入人心之一部分使然。近代印度人甘地，久居英國，其對西方資本帝國文化終不能無反對心。乃提倡「不合作運動」，此亦農業民族尚和平退讓、不尚鬥爭一特徵。中國戰國時代有許行，創農家言，謂：

賢者與民並耕而食，饔飧而治。

帝王與農民同生活，再加上一套政治責任，則其責任又何由完成？故孟子非之曰：

勞心者治人，勞力者治於人。治於人者食人，治人者食於人。

惟政治勞心與資本家之勞心又不同。資本家勞心於其財富事業之向外推廣，中國理想中政治家之勞心，則勞於能深入人心。即以己心通他心，復以他心通大羣心。即以其人之心，治其人之身，修身、齊家、治國、平天下，其道一以貫之，亦貫之於此心而止。故在修、齊、治、平之上，復有正心、誠意之教。此等知識，則非專務財貨事業之推廣者所能知。現代印度已久受西方帝國主義之殖民統治，乃轉與中國大陸同親蘇聯，但中、印之與蘇，亦終不能會通合一走上同一道路去。

人類文化終不能離其生事，以空言爭。而人之生事，則須積年累月，以悠久時間之浸潤，深入人心而始然。既不能推廣向外求，亦不能於短時間速成。「欲速則不達」。今日世界問題，究將於何得解決，得安定，誠難得定論；而又加以欲速之心，亦誠難言之矣。司馬遷史記孔子世家贊：

詩曰：高山仰止，景行行止。雖不能至，然心嚮往之。

孔子遂成為中國之至聖先師，文化傳統一大宗師。西方則人爭平等，事難實現。阿拉伯人天方夜譚，能言鳥終於在登山尋求人手中。近代攀登喜馬拉雅山者又幾人？惟耶穌乃上帝獨生子，信仰及此，西方宗教乃得成立。

近代美國哲學家杜威，有「眞理如銀行，支票能兌現」之喻。兌現乃銀行與持票人彼我間立時立刻事，非必有時間緜亙。顏淵之讚孔子則曰：

夫子步亦步，夫子趨亦趨。

如有所立卓爾，雖欲從之，末由也已。

則孔子之可貴，乃在其有無可兌現處。故中國有「道統」，有「政統」，有自孔子至孫中山，緜延兩千五百年，一線相承之民族文化傳統。但身修、家齊、國治、天下平，若果問何年何月得實現，則誠淺之乎其為問矣。當知修、齊、治、平乃「道」，言道則再不言「得」，而改言「德」。或問：「夫子聖矣乎？」孔子曰：

若聖與仁，則吾豈敢？抑為之不厭，誨人不倦。

或曰：「夫子既聖矣。」「學不厭、教不倦」，乃孔子之「道」，「聖」則孔子之「德」。故中國人一切人生皆僅言「道德」，不言「功利」；而西方人則一切言功利，不言道德。道德在「心」，深處難求；功利在「事」，淺處易見。人心深淺卽在此。此又為研討中西文化異同者所當知。

（一九八五年十一月國文天地六期，題為廣與深的人生藝術。）

# 八三　多數與少數

㈠

西方言民權，人人平等，故惟多數為貴。然人性終喜於多數中特出為少數。如何乃為特出？自多數言之，最易見者為財富。人擁十萬、百萬，我獨千萬，斯為特出矣。故商人謀財富，其意亦並不僅為身家圖享受。稱為「富翁」，便見特出，心自喜悅。然其評價標準則終在羣眾之多數，此亦不可否認。

財力之上復有武力。「一將功成萬骨枯」，則武力亦當仗多數。羅馬武力震耀，環地中海歐、亞、非三洲，無不慴伏。雄心之滿足，猶勝於希臘之富商，斯亦足以自豪。然其評價標準，則仍在多數之羣眾。西方近代之資本主義、帝國主義，乃胥由古希臘、羅馬之舊傳統來。

不僅如此，荷馬為史詩，評定其價值者，乃為其沿途四圍之聽眾。使無此聽眾，荷馬亦何由成名？雅典市區有劇場，每一劇之演出，亦仗觀眾而成名。即至近代，莎士比亞不知其究為何人，然一劇登臺，觀者累月盈年而不衰，斯即成名矣。其評價標準亦在多數觀眾，不在作劇者之一己。其他文學，亦多以暢銷書成名。

文學然，藝術亦然。近世西方畫家必開畫展，競售一空，斯即成名矣。西班牙近代大畫家畢加索言：「我畫之價值不在我所畫，而在我畫上之題名。」人尊其名，即畫價高昂。其評價之標準，仍在外面多數，不在內之一己。則文學、藝術亦盡如一商品，必入市場，乃有價值可言。西方人重多數，則其趨勢必如此。而人性之喜於羣眾中求表現，其例猶不止此。

古希臘即有奧林匹克運動會，古羅馬有鬥獸場，直至近代，種種競技比賽，尤層出無窮。於是有拳王爭霸賽，兩人拳擊，事何足貴，貴在有萬千之觀眾。然使一出拳，對方即倒地不起，斯亦不足觀。故拳王相擊，往往雙方不相上下，歷十數回合，僅以分數定高下。此則拳逢敵手，愈緊張愈可看。實則一兩分上下，所差無幾，而拳王之榮座，即在此十數回合中之一兩分上。既得名，又得利，人生無上光榮即在此。然一過三十，則務求急流勇退，又豈能終其生登拳王寶座而不退者？然則人生價值，豈真在此三十年前之剎那間乎？但多數羣眾喜觀此剎那間，則價值亦即在此剎那間。

拳王之外，有歌王。歌之為技，豈論勝負？而歌王之得名，終亦定於多數之聽者。入場券可稽，券多售即獲利多，享名大，歌王之名亦定。然多數聽眾之興趣則易變，慣聽則厭，驟聽則覺新奇。別有譁眾取寵者出，而歌王寶座亦易位。故歌王亦常有後生新秀起而代興者。凡西方之喜新喜變，乃多以博取羣眾多數一時興趣為主要條件。

賽拳、賽歌之外，又如賽馬、賽車。羣馬奔馳，眾所樂觀，其到達終點，僅一頭之差，而勝負定。賽車亦多爭在分秒間。其他各種競賽，勝負之分亦甚微。亦有賽程已畢，勝負不分，乃延長若干時，甲隊得一分，乙隊卽告負。果使再延長，焉知乙隊不轉增一分。要之，勝負多暫定於僥倖，具何價値，又當別論。人生如兒戲，富強豈卽人生眞價値所在？賽拳、賽馬、賽球、賽車，循至如登高山，遊大海，空中飛行，飲啤酒，喫生蠔，吸鼻烟，人生一切事皆可賽。然果能化世界各大都市盡成為大運動場，化世界第三次大戰為一奧林匹克大會，豈非西方文化之終極理想所在，人類莫大幸運之所係乎？

惟人生既過分崇尚多數，終亦不免輕忽少數。而少數則誠有傑出於多數者。在古希臘之雅典，卽有蘇格拉底在街道上宣講哲理，遂以招忌，竟入獄判死；豈能亦如唱詩演戲，僅供大眾之娛樂？羅馬統治之下，耶穌漁村論道，信徒十二人，終亦與兩盜犯同上十字架。其徒轉入羅馬城，潛為地下活動，聽眾愈多，信徒日增，上撼帝國政府，皇帝亦轉信其教。信耶穌，抑信地下羣眾？自少數轉而為多數，其形勢乃大變。羅馬帝國崩潰，羅馬城獨有教皇遞傳弗絕，以迄於今。教皇非卽耶穌，乃為羣眾多數所仰望，遂為不可侮。非耶穌教言不可侮，乃多數信徒之勢力不可侮而已。耶穌言：「凱撒之事由凱撒管」，耶穌不與凱撒爭。教會中擁戴一教皇，斯則宗教亦凱撒化，而於是有政教之相爭。西方中古時期以下之一部政教相爭史，其與奧林匹克運動會之種種相爭，有其異，亦有其同。要之，其同屬西方文化傳統，則迄今無變。

政治本為大羣中少數人之事，革命則為下層多數與上層少數爭。英、法兩國皇帝皆上斷頭臺，亦如蘇格拉底之下獄判死罪，耶穌之上十字架；不論其間相異處，實同是多數得意，少數被壓制。今日已為民主政治，少數政治人物皆受多數擁戴而起。然美國大總統任期四年，期滿需再選，連選得連任，亦僅兩次八年而止；非遇國家有大事變，多數急切感有需要，則不易競選第三任。英國首相無任期，一旦國會中多數投不信任票，惟有解散國會改選。果改選後，仍不獲多數信任，則惟有退職一途。多數則總喜變換一局面，一新耳目，或無理由可言。如邱吉爾在英國，當世界第二次大戰時，厥功甚偉，戰事方畢，即不獲再當選。非邱吉爾更無連任之價值，亦當時多數人心之喜變而已。

故言「民主政治」，必兼言「法治」。其所謂「法」，亦以保護多數，抑壓少數。即一國行政首長，亦稱曰「公僕」，其他政治人物，亦同為僕可知。麥克阿瑟不失為近代軍人中一傑出人物，當南北韓戰爭時，始終不敢轟炸鴨綠江大橋，乃遵杜魯門總統之禁令。然仍不免陣前撤職，以一老兵資格返國，深受紐約數十萬市民之歡迎。要之，其奉命守法，亦當為被歡迎之一條件。又英國分英格蘭、愛爾蘭、蘇格蘭三部分，美國自十三州擴大至五十州，各自分裂，並不受中央嚴格之統制。可見民主政治終為一柔性的平弱政治，非為一剛性的強硬政治。其上層之統治權，必日削日縮，而其下層之選舉及議會表決權，則日擴日大。尤其罷工潮，風起雲湧。更如美國早期之黑奴，轉升為選民，亦同為美國之主人翁。在被歧視之心理下，既缺乏適當之教育，而生齒日繁，救濟金日益增，選舉權亦日益普及。今已有黑人競選副總統，不久將來或可有黑人總統出現。黑白人多少數之消長，亦堪為美國當前一隱憂。

至於一輩大學名教授名學者，自屬人羣中之少數，乃都絕不抱政治野心，躲避一旁，理亂不知，黜陟不聞；此亦受多數之抑制。參加競選，恐決不為多數所擁戴。至於辭世而去，淪為一陳死人，其為羣眾大多數所忽視，更不待論。故西方史學最為後起，亦受此崇尚多數之心理影響使然。

轉論中國則大不然。中國人崇尚少數。前人之稱述於後世者，則尤屬少數中之少數，乃尤受國人之崇尚。孔子曰：

述而不作，信而好古。

以此語之西方人，將難獲贊同。卽中國多數人，亦難瞭其深意。故孔子曰：

人不知而不慍。

又曰：

知我者其天乎？

又曰：

不患莫己知，求為可知。

此亦決不求為羣眾多數人所知；卽求之少數人，亦非必相知，則惟有期於上天之知。故孔子「三十而立」，卽求超乎此羣眾多數而自立；「四十而不惑」，卽不再惑於羣眾多數；「五十而知天命」，則知己之所立，乃受命於天，非多數人可知，其意亦甚明矣。此意卽道家亦言之，故曰：

知我者稀，則我者貴。

惟儒、道兩家並為後世所尊，則中國文化傳統崇尚少數，亦居可知矣。

以言文學。古詩三百首，雅、頌施於宗廟朝廷，其為上層少數中人作，亦流傳於上層少數間，可弗論；卽十五國風，有出自里閭民間者，然經列國君卿大夫采錄潤色，亦流行在上層，不再屬多數。孔子作春秋，「筆則筆，削則削，游、夏之徒不能贊一辭」。游、夏乃孔門文學之徒，游、夏尚然，其他可知。及漢代司馬遷繼孔子春秋作為史記，乃曰：

藏之名山，傳之其人。

則其不求人知之意，亦昭然若揭矣。

以言音樂。伯牙之知音，亦僅鍾子期一人。下里巴人決不能與陽春白雪同類等視，則文學、藝術之一切評價，決不在多數亦可知。漢代有司馬相如，以辭賦擅盛名，揚子雲效之，亦名聞當時。久而悔之，曰：

童子雕蟲篆刻，壯夫不為也。

乃效論語為法言，又效周易為太玄。劉歆笑其太玄人莫曉，曰：

吾恐後人用覆醬瓿也。

揚子雲笑而不應。然又嘗曰：

後世復有揚子雲，必知太玄。

揚子雲之見重於後世，乃更勝於司馬相如。但孔子則曰：

知我者其天乎？

大聖人、大文學家，品格高下，此亦其一端。孔子又曰：

古之學者為己，今之學者為人。

為己之學乃貴納己於道。道者，人生大道，古今上下盡人當然，則乃貴其最多數之同然；此必求之最少數。但「士為知己者死，女為悅己者容。鍾子期死，伯牙終身不復鼓琴。」則人生為人，果為少數，尚有快樂可尋，亦有意義價值可言；果必為多數，則將無言可立，亦無德可成。孔子曰：

道之不行，已知之矣。不仕無義。

出仕亦行義，治平為多數，亦即己之大德。張橫渠言：

為生民立命，為萬世開太平。

而豈多少數財富權力之足計？依仗外力，亦決非中國人所謂之為人。初唐詩人陳子昂有詩曰：

前不見古人，後不見來者，念天地之悠悠，獨愴然而涕下。

此乃中國大文學家之志氣。前之作家已作古，後之作家未出世，當我此生，多數羣眾誰歟知我？則天地悠悠，惟有抱一愴然獨立之感而已。人生最少數為一己，中國人生大道，其最所寶貴者，亦即在此一己。韓昌黎倡為古文，亦曰：好古之文，乃好古之道。又曰：

千里馬常有，而伯樂不常有。

當其生，來從學者，不過三、四人。下歷兩、三百年，北宋歐陽修起，而古文始大行。是歐陽修乃始為韓愈之伯樂。苟使對韓、歐間一番情意不認識、不同情，則何從來讀一部中國文學史？

南宋詩人陸放翁又有詩曰：

斜陽古柳趙家莊，負鼓盲翁正作場，死後是非誰管得，滿村聽說蔡中郎。

此負鼓盲翁之來此村莊唱說蔡中郎故事，有似於古希臘荷馬之唱史詩；其所唱亦趙五娘、張老爹之流，心存諷勸，有裨教化，較之荷馬之僅唱戀愛、戰爭、神話以博眾歡者有不同。然蔡伯喈何嘗有此故事？放翁亦南宋一文學家，心存好古，情切求眞，而村人所喜，此千載以上之往事，又何從去管其是非？

元代之戲曲，有明之說部，接踵迭起。此等彈詞、戲曲、小說，始與西方文學依稀髣髴可相比擬。然在中國文學史中，此等終視為稗官，為閒書，僅供羣眾一時之消遣與娛樂，不得與上乘正統文學為伍。金聖歎放誕高論，乃以西廂記、水滸傳與騷、莊、馬、杜同列為才子書，但亦未為後人所遵奉。近代國人則競慕西化，遂喜捧西廂記、水滸傳，認為如此始是眞文學。羣斥中國文學正統如騷、莊、馬，謂其是「古文」，是「死文學」，是「封建文學」、「貴族文學」，不得與近代之「白話文學」、「活文學」、「平民文學」、「社會文學」相提並論。其間乃可見中西文化傳統一大分別，一尚多數，一尚少數。最多亦只能說是各有得失，烏得謂在彼者盡是，在此者盡非？

政治亦然。人羣中必有智愚、賢不肖之分，愚不肖常占多數，賢智常占少數。中國提倡賢人政治，賢人乃可代表羣眾民意之深處，多數則僅能代表民意之淺處。既有賢人政府，則不須再求崇尚多數之民主政治。中國人言「天賦人性」，不言「天賦人權」。孔子曰：

性相近，習相遠。

又曰：

十室之邑，必有忠信如丘者焉，不如丘之好學。

忠信屬天性，平等相近。惟人文社會須有學，學有廣狹深淺，故「千人之諾諾，不如一士之諤諤」，是非得失又豈得以多少數為定？故又曰：

善鈞從衆。

在少數賢人中而有意見相歧，則始從其多數，實乃少數中之更少數。道家尚自然，但亦不諱言少數。少數中有孔子，亦可有盜跖。道家乃以孔子與盜跖並舉，而曰：

聖人不死，大盜不止。

但其自修為人則仍貴為一少數，不貴取法於多數。故道家言政治領袖亦仍言「聖人」，則其尊少數可知。儒家主性善論，認為社會中出一孔子自可減少盜跖之產生。孔子之告季孫氏曰：

子為政，焉用殺？

則孔子不誅少正卯可知。故政治重教化，重領導，不貴仗法律制裁。孔子又曰：

聽訟，吾猶人也，必也使無訟乎！

人羣中能無訟，則又何大盜之有？此乃儒家思想。至於荀子主性惡，韓非出其門，乃兼道家言而轉主法治。然韓非亦崇尚少數，與西方人所言「法治」仍不同。故自中國傳統文化言，則韓非不如老子，而老子猶不如孔子，其間自有一衡量標準。自近代國人論之，乃惟韓非是尚。

中國人言政治尚少數，主尊君。君乃一國政治之元首，尤少數中之少數。然君亦有道，苟失其道，孟子曰：

> 聞誅一夫紂矣，未聞弒君也。

孟子又曰：

> 民為貴，社稷次之，君為輕。

若以今日西方觀念言，則「民權」為上，「神權」次之，「君權」尤其下。中國人則言「天生民而立之君」，政治乃為民眾而有，少數亦為多數而有，而多數則當尊少數，民亦當尊君。不僅尊君，即臣亦當尊。孔子惟慕效周公，出仕為臣，非欲為君。若人各求為君，則啓爭道。孔子曰：

> 君子無所爭，必也射乎？

射乃中國一禮，禮貴讓，不貴爭。中國言「禮治」，不言「法治」，亦貴讓，不貴爭。從政為臣如伊尹、周公、孔子，皆尊君。無意為君，非無意行道。自秦以下，一部中國政治史，慕為伊尹、周公、孔子者何限。而近代國人，又必譏斥之謂儒家僅有意為一官僚，為專制君主撐腰助勢，曾不聞西方民主政治之美意。如此言之，則中國自民國以前所未聞於西方者多矣，自黃帝、堯、舜以來，四千年全部中國政治史，豈不盡成一片黑暗？

少數人之可貴在其能。心在大眾，能為大眾謀，能領導大眾共趨一大道，而志不在為小己個人謀。孔子曰：

士志於道，而恥惡衣惡食者，未足與議也。

孟子曰：

憂以天下，樂以天下。

范仲淹為秀才時，即以天下為己任，亦曰：

先天下之憂而憂，後天下之樂而樂。

故此少數人，乃能代表多數。中國社會士、農、工、商，士最少數，而居四民之首。「士希賢，賢希聖」，聖賢則士中之尤少數。此與西方崇尚多數民權社會大不同。社會不同，斯政治亦不同。此意在近代，惟孫中山先生知之。「五權憲法」中，有「考試權」與「監察權」。中國考試由察舉來，察舉、考試兩權皆操在上層從政者之少數，不操之在下層社會之多數。察舉、考試之用意在選賢與能，果使多數人來負此選賢與能之責，則其事當不易勝任。中山先生言，一大學教授與一洋車夫出街競選，此大學教授恐難當選。故在五權中，特設考試權。不僅「被選人」應先由考試通過資格，即「選舉人」亦然。顯與天賦人權，人人平等之說法，大相違異。故西方民主政治必尚普選，而五權憲法中之考試權則對選舉權加以嚴格之限制。

又中山先生似不主有「黨」。彼謂「國民黨即是革命黨」，此意乃謂在革命時應有黨，一俟革命成功，經「軍政」、「訓政」而至「憲政」階段，則不須再有黨。在民主憲政完成後，須多黨，抑兩黨，抑一黨專政，中山先生都不言及。果經嚴格考試，選舉已成少數人事，「君子羣而不黨」，又何必分黨以爭？

五權中於「立法權」外，又增「監察權」。自中國政治史言，監察權無所不及，立法、行政一切均應不斷在被監察中。唐代「中書省」偏近立法，「門下省」即偏近監察，而「尚書省」則偏近行政。上推漢代，「宰相」偏近立法，「九卿」偏近行政，而「御史大夫」即偏近監察。在中國人觀念中，立法、行政、監察當分三大部，司法則只在行政中占一部分，遠不能與監察相比。惟立法與行政，則其事甚難顯然劃分。西方國會，實是一審議機關，最先惟租稅一項必付審議，此下凡經審議者，皆由憲法規定，則何得目此為立法機關？如美國之總統與英國之首相，凡負全國行政首長之權位者，豈不已兼立法與行政兩權而有之？如美國總統卡特，廢止承認中華民國，改與大陸共產政權建交，此非一種絕大之立法事項乎？然其權在總統，不在國會。國會僅負審議之權，而仍不能不承認此一立法之有效。建交如此，宣戰亦如此。其權皆在政府；國會之權，則甚有限。

西方政治上之有國會，亦僅對政府有其一種審議權而止。國會代表民眾，顯然為民眾多數監督政府少數之一機構。而在中國，則立法、行政、監察三權，胥由政府分別擔任。惟設官分職，職與位有其不同而已。君亦一位，惟君若無職，故在歷代職官表中不列君。而立法、行政、監察諸權，亦皆不在君職之內，則君僅乃一虛位。故曰：堯舜之有天下，而若無與焉，民莫得而稱之。堯舜即懸為中國君道之楷模，後世中國賢臣莫不盼其君之為堯舜，則亦望其主持大計，不實際多參預政事而已。但中國人乃絕不倡言虛君，為君者亦得預聞政事，然政府一切立法、行政、監察諸項，則皆有分職，為君者不得越位而侵之。漢有宰相，有大司馬，有御史大夫，有九卿。唐有中書省、門下省，與尚書省之六部。各有職責。又有言：

將在外，君命有所不受。

然則中國自秦以下，不近於西方之虛君制，卽近於西方之君主立憲制。以中國歷史上之君權，較之近代英、美之總統與首相，其權迥不相侔。惟中國之君位為獨尊，而西方之總統與首相則有權而不尊，如是而已。

故西方政治可謂主要在去其尊，而爭其權。其所尊，則國旗、國歌。英國尚有君，其君之得尊，則亦如國旗、國歌而止。中國政治可謂主要在定其尊，而泯其爭。今日國人則競曰此乃一「帝皇專制」之政治，則何不一讀自秦以下之中國政治制度史，如唐杜佑通典以下之三通、九通，何一制度乃由帝皇所制定？何一制度乃不見君權之限制？唐太宗曾欲一讀當時史臣所為國史記錄，其意乃懼國史所載流傳後世，或將見譏及君；是亦可謂一賢君，然當時史臣竟拒而不許。此等故事，在西方政治史上亦曾有類是者否？近代美國大總統，當其去位以後，必寫一回憶錄，亦必為一暢銷書，出版商競出鉅款相爭取。卽如最近之尼克遜，以彈劾退位，乃亦得寫一回憶錄，亦博取出版商之鉅款，國會無權禁止。中西文化傳統不同，國情不同。中國國君不自發議論，自表意見，卽讀歷代詔令可見，更何論著書作自傳？

中山先生三民主義中「民權」一講，重言申明，「權」在民眾，而「能」在政府。此一觀念，則仍是中國觀念。果使民眾無此能，又何得有此權？今日國人則競謂有此權，斯卽有此能。如選舉，民眾有此權，但豈眞有「選賢與能」之能？故西方民主政治必由政黨操縱，政黨之操縱人，卽已屬少數。故美國兩百年來歷任大總統，其眞賢眞能者，亦只華盛頓、林肯等少數而止。賢能總在少數，能知尊少數，始可望賢能之時出。若僅知尙多數，則惟有限之以法。孟子又曰：

徒法不能以自行。

則行使法治，亦仍貴有少數之能知此義者。舉世諸民族，惟中國人知此，故能成為一廣土眾民之大國，傳世緜延於五千年之久。此卽具體客觀之明證。故一部中國政治史，乃中國文化傳統中一大成就、大貢獻。今日國人，知者其誰？中國古帝王有堯、舜、禹、湯、文、武，今日國人不信，目之為是「託古改制」之一片謊言，而孔孟則眞不失為助長君權造謠欺世之大奸。於是而有自秦以下兩千年來之「帝王專制」，中國民族乃亦誠為一卑下無能、奴性深厚之劣等民族。中山先生「三民主義」其首卽為「民族主義」，此乃指有五千年深厚文化傳統之中國民族言，非專指當前國人言。林肯解放黑奴，大義昭然，但其許黑人以平等選舉權，則尙可商榷。中山先生之「三民主義」，絕不當與林肯之「民有、民治、民享」，相提並論，混為一談。中山先生又特唱「知難行易」之說，知難卽屬少數，行易則屬多數。然則果當重多數抑重少數，中山先生之意亦可知。

中庸有言：

尊德性而道問學，致廣大而盡精微，極高明而道中庸。

廣大面、中庸面，乃大羣中多數人所處。多數所同，乃在其先天所賦之德性。能於共同德性上繼續加以後天之問學，則屬少數人事。能向少數人問學，又能向已往古代少數中之更少數人問學，問學不已，始可於廣大中發見精微，於中庸上表顯高明，而後乃始羣學大昌。中國民族乃於天下人羣中獨知尊少數。然就一時一處言，少數之不勝多數，亦屢有之矣；則宜乎今日國人之無以自處於斯世，而惟古人之是罪矣。然吾古人則已為吾中華創成此一廣土衆民之大國，其賢其能，亦可謂已在並世各民族中最占上乘。今日國人方競尚西方之崇尚多數，而不知吾民族之獨當崇尚，此又吾今日國人所當深切反省之一事。

㈡

中國人重少數，西洋人重多數。其實此乃重「抽象」與重「具體」之一分別。多數人僅知具體，惟少數人乃能知抽象。如言生命，多數人僅知食、衣、住、行一軀體之生命，獨少數人乃知天命與人性之為生命。中國人重少數，故重言「道」；西方人重多數，則僅言「理」。中國人能舉其共通處，而西方人則只指其分別處。如中國人言「天」，乃一共通體；西方人則言「上帝」、「天堂」與「靈魂」，皆天體中之分別處。故中國人不能有如西方人之宗教信仰，而西方人亦決不能有如中國人之天道觀。

惟其中國人重抽象，故多言其共通處。此一時，彼一時，此一地，彼一地，皆可有其相互共通之處。故孔子言繼周已往，雖百世可知。百世已達三千年之久。三千年前人，已可知三千年後事。故中國人好言「常」，輕言「變」，乃若無進步可言。此之謂「達觀」。由一己即可推而知大羣，由當前即可推而知古今。此等知識，只能為少數人所具有，故曰「先知覺後知，先覺覺後覺」，而中國之聖人乃能為百世師。

西方人重具體，則此刻無以知彼刻，此處亦無由知彼處。故其尚多數，又必為短時期之多數。縱云信賴多數，亦必為短時期信賴，稍隔幾年，此多數又必變。三年前之多數，三年後已必變，不可信，故必三年一選舉。而西方人乃無一三年以上繼續可行之大道。換言之，西方人生乃短行程的。如希臘、羅馬、中古時期、現代國家中之英、法與當前之美、蘇，皆短時期必變。然則今日以後，又當為如何一世界？此則無人能知，亦惟上帝與耶穌始知。故西方科學之與時俱新，依宗教家言，實乃凱撒事，非上帝事。凱撒事，上帝所不管，則可謂宗教與科學從西方文化言，乃同一規轍，實無二致。近代人言自由、平等、獨立，豈不信仰上帝與科學創造，同屬其內，更無越出乎？

西方人重隨時變，故重「物質」；中國人重常不變，故重「精神」。今人言「宗教精神」，又言「科學精神」，其實乃會通中西雙方觀念言之，始有此。西方之宗教與科學，皆具體可指可數，在其具體以上，別無精神可言。如最近通行之電腦，豈眞如眞人之腦，有何精神可言？又如大量殺人之核子武器，亦只可謂其有能力，不得謂其有精神。即如上帝與耶穌，亦只可謂其有能力，不得謂其有精神。「能力」始是西方觀念，「精神」則屬中國觀念，兩者絕不相同。

故中國人言「智慧」，而西洋人則言「知識」。知識乃知具體分別的，智慧所知則抽象共通的。故凡屬具體分別事，中國人皆不之重。如言富貴，即具體的。中國人言：

貧而樂，富而好禮。

樂與好禮，乃屬融通抽象的。如顏淵之一簞食，一瓢飲，居陋巷，而不改其樂。簞食、瓢飲、陋巷，雖具體，顏子之樂則係抽象，人人可以慕而效之，舉世千年皆然。又如依共產主義言，顏淵若同在一無產階級中，然無產階級多屬唯物的，顏子則屬唯心的，其間有大不同。

余又謂西方惟猶太人有「世界觀」，卽「天下觀」，如耶穌與馬克斯皆是。實則耶穌亦可謂主唯物。其所信仰之上帝與天堂與靈魂，皆屬具體化，當可包括在馬克斯之唯物論中，與中國人所言之「天」與「性命」者大不同。

中國人重少數，故於大羣中有聖賢，先知先覺，先得吾心之同然；西方人重多數，乃無中國之人品觀，無等級之分，人人平等。舉手投票，僅論多數。果使千萬人同投一票，票數相等，僅一票之差，孰從孰違，亦由此一票而定。此一票，當可分屬任何人，非特定於某一人。雖亦下愚一最無知識人，其所投之票，亦與上智所投票，同有分別從違勝負之力量。其所重，實在票不在人，故曰「平等」，其眞義乃在此。若在中國，則顏淵已不能與孔子相平等，何論其他七十二賢？既不平等，乃亦無可言自由與獨立。故孔子雖曰：

學而時習之。

必又繼之曰：

有朋自遠方來。

既曰：

學不厭。

又必繼之曰：

教不倦。

顏淵則必曰：

夫子步亦步，夫子趨亦趨。

非好學不倦，又何得為顏子？故中國人論道、論人生，首言「仁」。仁不見於單獨之一人，必大羣同居乃始見。朱子言：

仁者，愛之理，心之德。

西方人僅知言「愛」，不知言「仁」，猶其僅知言「心」，不知言「德」。故西方列國數千年來，乃獨無一「仁」字。中西文化不同，即此可知矣。

又西方人本以「個人主義」為人生之實體。個人既獨立為生，社會羣居與相對立，故又有「社會」一名詞。在中國，則生命本屬羣體，個人不能單獨為生，仁則此心始合大羣之生命體。生命中有身、家、國、天下之別，而獨無「社會」一名稱。曰身、曰家、曰國、曰天下，人羣大生命有此四大分別；一心之仁，可以包容無遺。既無個人生命可言，乃亦不用與「個人」相對立之「社會」一名稱。西方人言「家」言「國」，亦個人聚居為生。所謂家與國，亦如一社會，乃其個人生命所在一分別之名稱。而西方乃獨無「天下」一名稱，僅有「國際」一名稱。個人相聚為生，有法律規定，以免其相爭無底止；國與國亦然，乃有國際公法。中國人觀念，則生命乃一大羣體，或見之於身，或見之於家與國與天下，外在有大小之異，而實同此一生命。惟此生命，乃屬抽象性，非具體性。西方人無此生命觀，故無中國之「仁」字，乃有中國人所不用之「社會」一名詞。

近代國人以西方人用「社會」一詞，又用「法律」一詞，乃稱西方人有「公德心」。不知由中國觀念言，可謂有「公道」，無「公德」。「道」必屬於公，「德」則屬於私，公私則相通。由各人之私德，發而為大羣之公道。故論語言：

志於道，據於德。

非各人之私德，即無以成大羣之公道。今國人則以西方人之守法謂公德，不知「德」必內屬心，無公可言。「法」則外於心，而強心以必從，乃無德可言。西方人本無「德」之一觀念。德者，得也。西方人所得，皆屬外在具體物質方面者；中國人所得，乃有在心體之抽象方面者，而名之曰「德」。此皆不得不加之以明辨。

又中國人言「禮」，禮卽一生命之體。惟身之為體，屬於具體，而禮則為一抽象之體。禮之抽象存在，卽其心之仁。故曰：

人而不仁，如禮何？

人生未有外於仁而可以為禮者，法則可以外於仁而立。西方重個人主義，乃重「法」；中國重羣體主義，則重「禮」。故曰：

相鼠有體，人而無禮。

此見禮乃人生之抽象體。大羣人生之有禮，則猶如一鼠之生命之有其體。禮卽人生之體，卽據此詩句而自見。今人乃又以禮為法，一若禮、法相同，則又無中西之辨矣。

今再言「公私」。西方人之生命，既屬個人主義，乃有私而無公。制為法律，以公限其私，故其為國民則曰「公民」，國際立法乃稱「公法」。中國則生命即一至公之大羣體，故有公無私。私則屬物質方面，如身為一人之私，故曰私身。但家、國、天下則均非私。如言私家，則父母豈為一子一女所私？已有兄弟，則父母已非一人所得私。又父母亦有兄弟姊妹。人有父母，又有外父、外母，又有伯、仲、叔、季之諸父，乃及母之亦有姊妹、兄弟為諸舅、諸姨。專推父母一倫，即可廣大無涯，豈獨專於一父一母而已乎？故中國之孝道，乃一極廣大之道。而德則限於一身一心，無可推廣為公德。如舜之孝其父，乃可推及其嗣母，並以此心推及於廣大人羣，而成為一大仁之心。但舜之德，則獨為私有。舜有此心此德，不得謂即其弟象亦所同有，而成為公心公德。其弟象若亦欲如舜之孝，則必象之自修其心其德，而成其為象之孝。故中國人之道德，實即公私之辨。老子言：

失道而後德。

此謂失其公乃有私。其實則本之德乃有道，本之私乃有公。人生必由私以及公，故修身養性，乃中國大羣人生大本大源之所在。

今再言「本源」之辨。中國人生之大本大源，則盡在其一己之私處。孔子曰：

為仁由己，而由人乎哉？

「己」卽其私處，「仁」卽其公處。「德」卽其私處，而「道」卽其公處。西方人主個人人生，乃從社會大羣中立法，以限制此各別個人之人生，則公私為對立的。中國人則以大羣人生為本，乃從大羣中之個人生命為此大本之分枝，故個人之私生活，各盡其禮，以達於大羣生命之共體，則積極為公，公私乃一貫相通，無可分別。中國人之言「性命」卽此義。故「權利」可分別，而「性命」則無可分別。「法治」乃為權利，不如「禮治」之為性命，此又中西生命與文化一大不相同處。

今再言「同異」。西方個人主義必尚「異」，非相異無以見其相互之個性。但相異必相爭，尚多數乃以平息爭端，則其尚多數乃人為一法治，非生命本質。中國乃大羣人生，故尚「同」，其重少數乃謂聖人先得吾心之同然。故中國重師教尤重於法治。其在西方，天堂中無數靈魂，一上帝獨司其懲罰，此上帝卽為一專制獨裁者。其獨生子耶穌，降在世間，乃謂「凱撒事凱撒管」，則凱撒亦得專制，故耶穌終於上十字架。其後耶穌信徒在羅馬作地下活動，甚至凱撒亦不得不信耶穌教。此下民主政治之尚多數，淵源卽在此。故尚多數，乃一種政治運動，實為自然生命一對抗、一反動，非生命之自然。中國人尚少數，先知先覺，先得眾心之同然，則中國之尚少數，乃含有尚多數之眞實性。故中國人言大同、太平，皆非西方人所知。抑且西方之尚多數，實係相爭一手段。惟其尚異，乃重多數；中國尚同，乃重少數。中國人之所謂相反相成，乃如此。

西方科學亦以數學為基礎，一切科學脫離不了數字。中國科學則以「時」為重，不以「數」為重。時乃富生命性，數則無生命性。一曰「質」，一曰「量」。中國人言「氣質」，西方人言「數量」。如中國農業米、麥、豆、蔬皆重質，西方商業交易則更重量。西方人之所謂「進步」，主要則皆在數字上。如原子彈殺人最多，斯為武器中之最進步者。但在人道中言，則斷非進，當成為一大退步。中國人言進退皆重質，此豈西方人所知？

近人又譏中國為「多神教」。不知西方惟獨上帝一神，即成專制獨裁；中國則上帝外尚有山川諸神，又有城隍土地，到處皆神，乃為分職羣治，而非專制獨裁。

中國於政治之上，尚有「教化」，「師道」尤尊於「君道」。然「人之患在好為人師」，中國之為師者，乃由從學者自加擇取。故孔子既言「學而時習之」，又言「有朋自遠方來」。中國五倫，君臣一倫外，有朋友一倫，師道則即在朋友一倫中，故曰：

三人行，必有吾師焉。

蓋師乃由為弟子者自由擇取之。如西方教皇，又必由大主教選舉，由多數中選出此一人來。儻在春秋時，由魯國大眾來選一師，則孔子恐終不中選。或如子貢，其庶幾近之。故中國無選舉，儻有之，必由少數選，不由多數選。而此少數，則由指定，非由多數選出。西漢時代之有選舉即如此。此又中西文化之大相異處。

中國亦有科學，遠起墨家，大成於陰陽家言。「陰陽」本於天；又言「五行」，金、木、水、火、土，則本之地。會合天地萬物，求其相通之用處，故曰「格物」。「格」有限止義，亦有到達義。物各有其限止，亦各有其所能到達之處，故曰「格物致知」。則中國人認為人類知識乃由格物來。但中國人言「知識」與言「性情」不同，性情本於天，而知識則創自人。故自格物致知，而達於正心誠意，乃自知識上達於性情，可謂由人以達天。若依西方言，則當自科學上達於宗教。但西方則宗教、科學各自平等，自由獨立，互不相關。故中國學問必歸於「一」，故尚「通」；而西方學問則達於「多」，各尚「專」。專此專彼，各相異，宜必相爭，而無和可言。能和則能平，不能和則惟有尚多數，乃可屈指計數而得之，是非曲直皆在此。

今再言「窮」與「通」。西方人主「個人主義」，故重「分別」；中國貴「大羣主義」，故主「會通」。莊周言：一尺之棰，日取其半，萬世不竭。此則數學而通於哲學矣。果能日取其半，是必有其他一半之存在。然其半太微，乃不能復以半取之，但非已竭，乃只不可分而已。讀中國思想史，中國先秦諸子亦各自分家，相互獨立，最後則匯歸於儒、道兩家，而終得其大會通。若如中國例，西方宗教必當匯歸於科學，科學亦當匯歸於宗教；而西方則終不能有此趨向。中國學問必相通，猶如做人亦必其道相通。故中國無專門學問，亦如生命無個人主義。凡西方各項專門之學，在中國傳統中均不得有其存在之地位。苟有存在，則必相通。在中國則稱此曰「藝」，亦即「術」，而儒學為其代表。故儒為「術士」之稱。又曰：

志於道，據於德，依於仁，游於藝。

大者曰六藝。藝卽術也，術卽藝也。中國一切人生，可謂之乃藝術人生；中國一切學問，亦可稱之為藝術學問。一切知識皆藝術，必具一美性。

西方人分「眞、善、美」為三大類，在中國則三者亦相通。得其一，卽可通於其二，未有眞而不善不美，亦未有善而不眞不美，並未有美而不眞不善。故中國無此眞、善、美之三分法，僅以一「誠」字盡之，而眞、善、美則胥在其一「誠」之中。西方藝術亦為一專門之學。苟既不獲兼顧旁通，在中國則不得謂之「藝」，亦不得謂之「術」，故中國人則言「道藝」，又言「道術」。在西方則並無此一「道」字，而藝術亦成為一專門。專門則窮而不通，又烏得謂之為藝術？在中國則誠不辭之尤矣。卽一語一字之微，亦可證文化大體之異同。今若以中國人語，謂宗教乃西方文化中一藝術，科學亦西方文化中一藝術，則庶乎近之。故藝必貴能「游」，游卽互相灌漑，互相融通，而不貴其自封自閉於一技一能之內。

近人又言中國人好「靜」，西方人好「動」。其實西方言專門卽主靜，中國人尚通重藝術卽主動。如藝五穀，靜在畎畝中，豈不日有生意動向？故中國人能靜中有動，而西方人則惟有一動，反見其為靜而不變矣。無生意之動，豈能與有生意之靜相比？卽此亦可觀中西文化之相異矣。

如此拉雜言之，將無所終極，姑止於此，以待讀者之自為尋索。此亦多少數相比之一例。故中國人不貴多言，而此文之拉雜，則亦終不免其為趨於西化之例矣。中國人則必有所止，乃能無窮。姑止於此，庶其稍有當於「知止」之一義。有極而無極，此之謂太極，讀者其深思之！

（一九八六年七月作。）

# 八四　福與壽

「福壽」二字為中國通俗人生之兩大目標。福，條件具備義。如有嚴父慈母，有良配偶，有佳子女，一家和樂，此即是福。其事非我所能主，若出天賜。今人稱「幸福」，亦庶得之，蓋福皆自幸運來。俗又稱「享福」，有福須知享，若有福不自知，不能享，則有福如無福，亦無多意義矣。

福自外至，非可自造。俗稱「造福人羣」，我為他人為大羣，可為之造福，但不能為己自造；惟可自求，詩曰：

自求多福。

人生孰不有父母，父母不能盡賢，亦不能盡如己意。古人常「福德」連稱，則惟有自盡己德，善修孝道，使父子之間少衝突，少扞格，多和洽，多諒解，斯亦自求多福之一道。人孰不有夫婦婚配，關雎之詩曰：

窈窕淑女，君子好逑。

使己能為一君子，能知求窈窕淑女為配，此亦自求多福之一端。有子女，能教以義方，此亦自求多福。

富貴亦人生之福。但孔子曰：

富而可求也，雖執鞭之士，吾亦為之。如不可求，從吾所好。

又曰：

不義而富且貴，於我如浮雲。

中國人講道設教，貴於人人可能。富貴則不然，一人居高位，斯必千萬人居其下。一人擁財富，斯必千萬人相形見貧乏。人人求富貴，斯必啓爭端。少數人得之，必多數人失之。多數人之所失，成為少數人之所得，其道不可由。至於家庭，則人人可得；邦國天下，則人人不可失。故夫婦、父子、長幼、君臣、朋友，中國人定為五倫。孝、弟、忠、信，中國人定為至德要道。「為人君止於仁」，果使在上位者能仁，豈不即是在下者之福？又曰：

> 貧而樂，富而好禮。

果使居貧能樂，斯亦是福。富而好禮，則貧者亦自得其福矣。

惟「自求多福」雖為中國人通俗人生之主要教訓，而福終在外不在己，乃終不免有無福之人生。中國歷史人物最受中國人崇仰景慕者，必推至聖先師孔子。而孔子實為一無福之人，且為無福中之尤無福者。孔子早孤，幼年即喪父；逮及成年，又喪母；故孔子乃為一無父母之人。大舜父頑母嚚，而大舜猶得盡其孝道，父母感格。孔子方成人，父母俱亡，其福薄矣。孔子有兄，故字仲尼，今國人稱之曰「孔老二」。然其兄從不見稱述，殆一庸俗人。孔子出妻，則夫婦一倫之福，孔子亦不能享有。子伯魚先孔子卒，則父子之福，孔子亦薄於人。家庭之福，在孔子亦有憾。

孔子曾為委吏、乘田，孔子曰：

> 吾少也賤，故多能鄙事。

則孔子在早期任職上，亦無福可知。年三十左右，卽開門授徒，以教為業。逢國難，曾避至齊，不久而返。年五十始出仕，位司寇，為魯政府三家以下之第一高位。然以不得行其志辭位。去衞，雖受尊寵，然有祿無職，終亦離去。遭難於宋，至陳得安。又罹亂，有絕糧之困。在外十四年，不得意，仍返魯，以老而死。則孔子生平事業，亦極摧抑流離之苦，無福可言。

故孔子一生，惟有學與教。自稱：

> 學不厭，教不倦。

又曰：

> 學而時習之，不亦悅乎？有朋自遠方來，不亦樂乎？

此卽孔子之「自求多福」。孔子最稱賞之弟子為顏淵，先孔子卒。孔子最熟稔之弟子為子路，亦先孔子卒。當此二人之卒，孔子均發「天喪予」之歎。則孔子卽在師弟子之間，實亦可謂無福。中國人旣以自求多福為通俗人生之最主要教訓，而獨選一最無福之人生如孔子，而崇奉之為至聖先師，斯亦見中國人之深智高慧，可謂能善擇其師矣。

孔子之後有墨翟，亦如黥布，乃以黥墨之罪為刑徒。其道以自苦為極，腓無胈，脛無毛，摩頂放踵，利天下為之，以大禹治水為榜樣，謂：

非禹之道，不足謂墨。

其徒千人，然於墨子之家世妻室子女，更無一語道及，則其私人生活乃一薄福人可知。其徒如禽滑釐以下，莫不皆然。有鉅子孟勝，與其徒一百八十人，盡死楚難。此一百八十人有家屬否，皆不可知，則墨徒皆薄福人。

儒、墨之繼起有道家莊周，為宋漆園吏。宋乃其時一小國，漆園吏尤卑職。楚聘莊周為相，周辭焉，曰願為曳尾塗中之龜。其妻死，莊周鼓盆而歌。周之私人生活，可知者僅此。則周之為薄福人亦可知。其他如孟子，後車數十乘，從者數百人，傳食諸侯，見梁惠王、齊宣王，皆當世鉅君，皆受敬禮。然孟子卒辭官而歸。僅知其有一老母，列女傳謂其欲出妻，老母禁之。其他盡不知。則孟軻亦一薄福人。

呂不韋以鉅商為秦相，廣招賓客，著書懸咸陽門上，能易一字，賞千金。斯其富貴，可謂超絕同時諸子百家之上。然其書雖傳，其人終不受後世之推崇。其他諸子如匡章，如許行之徒，皆名高一世，而其皆屬非福生活，此不詳舉。

以言文學，詩三百以後，屈原離騷最受後代尊崇。尊其辭，乃因尊其人。而屈原沉湘以死，其福薄更可知。「風蕭蕭兮易水寒，壯士一去兮不復還」，後世尊荊軻，此兩句詩乃亦兩千年傳誦不絕。其實此種風氣，乃遠起孔子以前。如伯夷、叔齊，孤竹君之二子，其父欲傳國於叔齊，伯夷讓以去，叔齊亦隨而去，則此兩兄弟之父，非為能知其子者。及周武王興師伐紂，伯夷、叔齊在途中扣馬而諫。周一天下，伯夷、叔齊恥食周粟，採薇首陽之山，餓而死。此兩人究有妻室子女否，今不知。要之，為薄福人。孔子稱之曰：

求仁得仁，又何怨？

是孔子只教人求仁，不教人求福。孟子尊伯夷為「聖之清」，清亦無福之稱。伯夷、叔齊以前，尚有西周泰伯、虞仲，以讓位於其弟王季，遠適荊蠻。在當時，其生活之艱辛困苦，亦為一無福人。而孔子稱之曰：

三以天下讓，民無得而稱焉。

孔子又稱殷有三仁：比干諫而死，微子去之，箕子囚焉。是亦皆無福之人。孔子以前，其他無福人備受後世推尊者，尚不勝舉。是中國人以自求多福為通俗人生之目標，而所推崇，則多係無福之人。此非中國文化傳統中至堪闡申一大項目乎？

以今語言之，「福」乃人之「生活」，「德」則人之「生命」。中國人看重生命之意義價值，遠在生活之上。固然生命必表現為生活，但生活只是生命之外皮，人生一切意義價值全在內，不在外。中國五千年歷史緜延一廣大之民族國家，此卽中華民族之生命。近代西方一切科技發展，物質進步，至富且強，以爭以奪，此只是西方人之生活。至論西方人之生命，則自希臘、羅馬，以至現代之英、法，皆短命，皆苦命，昭彰目前，無待深言。

中國人常「德性」連言，故「生命」亦言「性命」。諸葛亮「苟全性命於亂世，不求聞達於諸侯」是也。中庸：

天命之謂性，率性之謂道。

「性命」連言卽是「天人合一」，人生大道盡是矣。至於名為聞達，此乃人之生活際遇，宜屬無足深論。也有聞達而福薄者。諸葛孔明高臥隆中，劉先主三顧草廬，遂許以馳驅。及其晚年，六出祁山，鞠躬盡瘁，死而後已，卒以食少事繁，病死五丈原軍中。其家惟有桑八百株。詳考其終生，亦一無福人，但諸葛亮乃為三國時代大賢之首選。

又如南宋岳飛父子同受斬於風波亭，但其受後世尊崇，則同時如韓世忠諸人亦遠不能比。果專就生活言，韓世忠尚獲騎驢西湖之上，豈不較岳飛為勝？若就生命言，人孰無死，而岳武穆之生命，則可與宇宙共存。故中國人之所崇敬尊仰，則在彼不在此。史迹昭然，人心若揭，我無以名之，竊名之曰此乃中國人之「同情心」。

孔子不言「求福」，而言「求仁」。「仁」即是一種同情心。我之幸，當知同情人之不幸；我之不幸，則更當同情人之不幸。以其同情而加以愛敬，斯對人為有福，而己之福亦在其中矣。中國人既以自求多福為通俗人生之主要目標，遇有不幸薄福，而非其人自身有不當行為所招致，則人盡付之以同情。孔子之教仁，非違乎人心以為教，實本乎人情以為教。而人生之福，亦端賴之。

孟子曰：

> 天將降大任於是人也，必先苦其心志，勞其筋骨，餓其體膚，空乏其身，行拂亂其所為；所以動心忍性，增益其所不能。

人孰不能孝，而舜之父頑母嚚，超乎常情，而舜心仍不忘乎孝，而其孝乃有人之所難能。人盡付以同情，舜之孝名洋溢乎鄰里，以上聞乎朝廷。而堯遂妻以二女，以詳覘其日常之行，而遂擢用之於政府，而終受堯禪為天子。此則以不幸而致厚福，乃非常人之所及。禹父治水無道而殛，禹繼父業求幹父蠱，此亦不幸薄福。十三年勞苦不休，終平水患，而亦得受舜禪為天子。舜與禹能人所不能，皆其不幸薄福之所致。橫渠西銘謂「貧賤憂戚，庸玉汝於成」，故中國人常能在危亂困阨中自奮發，自振作，在薄福中得大福，此亦天命。故中國人能安命，而不務求福，此乃中國最高人生哲學，乃能文化綿延達於五千年之久而不衰，而為務求多福者所不及。孔子「五十而知天命」即此意。

中國人既主自求多福，其所求不在外，而在內。所謂「福」，亦可謂只在人之心情。其心能同情人，斯即對人對己皆有福；如互不同情，即互相無福。孝即對父母之同情，父母與己皆有福；不孝則父母與己皆無福。故求福貴安心，於人有同情，於己無私欲，以福讓人，則己益多福。老子曰：

既以為人己愈有，既以與人己愈多。

此惟求福人生足以當之。故老子又曰：

人各安其居，樂其俗，老死不相往來。

此惟農業社會、宗法社會有此俗，有此樂。而行遊求樂之人生，乃為中國所忽視。離鄉去家，遠出在外，羈旅孤單，是樂非所樂，福亦非福矣。故「商人重利輕別離」，為中國人心所不忍。「重利」乃一種手段，非卽福；「輕別離」，則父母、妻室、子女、家鄉人情皆淡，無福可言矣。而且商人必取於人以為己利，人己之間，先後顯別；公私之分，輕重倒置。外在條件摒棄不論，惟圖一己之私，又何福之言？

「福」猶「幅」，人生必有一幅度。父母、夫婦、兄弟、君臣、朋友皆在人生幅度之內。如點線面，非面無線，非線無點。非外在之幅度，卽無內在之基點。故有「德」乃有「福」，卽猶言有「羣」始有「己」，亦卽言有「天」始有「人」。此就空間言，時間亦然。使無過去、未來，又何得有現在？此又卽人生之幅度，亦卽人生之福，非福卽無由得人生。故人生之福乃在過去，乃在未來，而豈得限於眼前一時之有福？

商人向外謀利，非卽是福，此已盡人皆知。故必俟獲利，乃退而求樂，乃始謂福。但眞實人生則早已失去，非能向人生求樂。乃於人生外求樂，故業商而所樂則在商之外。中國人則於人生中求樂，於人生幅度內求樂。幅度大，則稱多福，家庭鄉里，歲月時令，當下眼前皆是。故中國社會乃不以求福為宗旨。德卽是福，生命卽是生活，人盡由之，而知者其誰！此乃人文教化之功，故稱「文化」。若西方人則人盡務於物，物競天擇，優勝劣敗，全部西方史盡成一部物競史，將來誰是優勝者，則人無能言。此亦誠可謂乃一福薄之社會矣，而又何文化之可言？

姑舉臺灣言。中國乃一大陸國，亦沿大海，乃中國人不以出海遠遊為樂。今人所詬病者，此亦其一端。但閩、廣人渡海來臺，臺灣乃一島，四面大海，孤居島上，仍不以出海為樂。今臺灣人亦能製造遊艇，但僅供外銷。除漁民外，臺灣人仍安居島上。寧非一怪事？

臺灣亦多崇山峻嶺，遊山亦人生一樂事，乃臺灣另有山地民族居之。平地人不登山，亦不動其心。即如日月潭，亦一勝境，乃由山地人發現；非日本人來，平地人若不知有此潭。安土重遷，中國民族性可詬病者誠其一端。然中國人自有樂趣，並不在攀嶺越海。居臺灣即知大陸。山川勝境何可勝言？然大陸人亦不務遊山玩水。隱士居山，道、釋登山拜神。林和靖梅妻鶴子，在西湖孤山中，西湖實亦一小地面，而林和靖乃終身安居不出。今日西化東漸，人盡以登山玩水為人生一樂事，則林和靖復生，亦不得有此雅興矣。遊人麕集，何從得安？

中國文學中，亦有山水之樂，並成文學一大題材。然名山大川，亦如孔、墨為人，以非羣眾所居，故遂尊為名勝，親近乃人生一大樂。譬如飲酒，一杯在手，亦人生一樂，但不沉溺杯中。賓朋讌席，相互舉杯，必有禮數。而西方人則飲酒盡量，彼此不相照顧。人生樂趣相異有如此。故中國人生為線的、面的、體的，有幅度的；而西方人生則為點的，分別獨立，不相關連，無幅度。此亦人生相異淺顯之一例。

尤著者，如當前舉世盛行之運動會，尤如拳王爭霸，打倒對方，即為成功。年過三十，便該退出。儻求繼續，敗績繼踵。但此下四十、五十、六十、七十、八十，五十年之長時間，回視其早年生活，豈不已如隔世？果求另創一新人生，則幼年已失，又何得開始？行屍走肉，情志全消，人生苦痛，又何以自解而自遣？此惟點的人生，不顧前後，僅爭一時，寧有是處？抑且盡人為運動員、拳王打手，社會成何社會？世界成何世界？中國則家、國、天下，時空廣大而悠久，有其面，乃始有其太平、大同之人生。中國人教人，俗有「體面」二字亦其義。如言孝，自幼到老，百世千世，豈不成體成面？此之謂幅度，亦即謂之福。

又如運動中有少年棒球賽。十年前，臺中某少棒隊赴美競賽，榮獲冠軍，歸國來備受歡迎，獎勵無不至。隊中尤傑出者某少年，斯亦登上了人生之最高峯。此下何以為繼？為之長、為之師者，又將何以為教？轉瞬十多年來，乃為一淪落不肖之人。中國人言：「衣錦尚絅」，「大器晚成」。未成年，出鋒頭，但足喪其前途。

一人如此，國家民族亦然。猶太人積世未能成國，第二次大戰後，歐洲人為之創設一以色列，又貸之財，助之軍；而不此之安，侵略鄰邦，奴役異族，為中東平增禍害，或當為此下第三次大戰作導火線。已往數千年歷史經驗，乃盡不在記憶中。如此不仁無義，此亦開創猶太人三、四千年來未所前有之故事。今日國人方務競財富，求以「經濟大國」進為「文化大國」，不知當前世界，言財富，言文化，正如運動場上比賽，一人得勝，餘人盡負，而此一人亦不得為常勝將軍。而且運動項目繁多，專在一項目獲勝，與其他項目渺不相干。自求多福，吾國人其深思之！

尚書洪範「五福」：

一曰壽，二曰富，三曰康寧，四曰攸好德，五曰考終命。

中國人重「孝、悌、睦、婣、任、卹」，通人我以為德。子孫綿延，即祖宗常在。故「不孝有三，無後為大」，有後即有福。中國通俗人生亦以「福壽全歸」為主要目標，實則福非限於一人，壽亦非限於一人，皆在外不在內。至於富，農業社會無大富，經商求富，則一人富而萬人窮，為中國人所不取。「富」無限，儘求不得所終極；「壽」有限，百歲即天年盡；故壽、富不可求。

「康寧」亦在外，不在內，亦不可求。如生亂世，居危邦，苟全性命寧非大福？惟「攸好德」，則全在己，而人可求。有德亦即有福。其最無福者，轉易養成大德，為聖為賢，造福人羣。故洪範列之第四，在壽、富、康寧之後。而「考終命」最居其末，則更非易求而亦更當有求。即如伯夷、叔齊，大德無虧，而餓死首陽山，孔子曰「求仁得仁」，孟子以為「聖之清」，兼仁與聖，此「考終命」之尤大者。

伯魚死，孔子非不心痛，然猶能忍。顏淵死，孔子哭之慟，又曰：

天喪予！天喪予！

孔子福薄，僅希傳道於後世，顏子最其所望。孔子畏於匡，顏淵後。子曰：

吾以汝為死矣。

顏淵對曰：

子在，回何敢死？

則顏淵愼重其生命求以傳師道，居陋巷，簞食瓢飲，不改其樂。豈不知攝生自衛，而卒不壽。但後世以「孔顏」並稱，則亦可謂之「考終命」矣。子路死於衛，孔子早知其不歸，雖亦慟之曰「天喪予」，但子路終不得謂「考終命」，其與後世諸葛亮、岳飛之死亦有辨。孔子曰：

吾五十而知天命。

國人欲遵孔子之道，以維持我中華五千年傳統之文化，洪範之「考終命」，烏得不深究其涵意？今百年來，國人慕西化，競求財富。孔、顏之貧，不得為典型。彼此不知足，相與無同情，相爭相奪，至於相殘；較之中國故有人生，利弊得失，宜可自明。

就通俗言，如當前之美國，富強冠一世，安定亦愈常，然每年交通失事身亡者何限，何得謂之

「考終命」？其他不獲「考終命」者，尚難計數。而此一富強大羣之最後「考終命」又當何若？洪範列「考終命」於「五福」之最後，如我中華以五千年歷史成一廣土眾民之大國，豈不賴於有好德，殆亦可有「考終命」之望矣。中國人之人生求福，亦可謂乃是最難得，而又最易求者。人生福中不知福，不安於己，不安其常，爭求於外，但求大變，則咎由自取。「考終命」之望，竊恐其或亦將有變矣。願我國人其再三深思之！

# 八五　同異得失

中國人重「同」不重「異」。同為人，同處世，則有為人處世之道。如同為子，同有父母，乃同有孝道。然舜則父頑母嚚，舜必仍守孝道，乃成為大孝。周公旦父文王，母太姜，皆聖賢，其孝易。舜弟象傲，舜守友道則難。周公兄武王，其守弟道易。然武王卒，周公有兄管叔，姪成王年尚幼，天下初定，求治則難。周公輔成王，誅管叔，大義滅親，而周公孝弟之道亦懸為後世法。舜與周公非求與人異，乃其所遭遇不同，遂得不與人同，為人中之大孝大聖。

孔子聖之時。孔子與舜與周公之時又不同。孔子幼而孤，母亦早逝，其兄無聞，少而賤。然孔子為中國之大聖，其為後世法，則尤過於舜與周公。因孔子非在上位，終其身不得志，不如舜與周公之得意於從政。而其教人以為人處世之大道，則可以歷千萬世而不變，又人人得為之。故孔子賢於堯舜，而為生民以來所未有。

故為人處世不當求異於人，惟當安其同於人，同於一鄉之人，更貴其能同於一國之人，天下之人，而尤貴其能上下古今同於百世、千萬世之人。何以同？同在「道」。在家為子弟，有孝弟之道；

立身處世，則有忠信之道；更大有仁道。盡人未必能守此道，行此道，而我之為人處世則必求其道，是則為我之志。論其志，非求異於人，乃求盡其道而已。道則為人之標準，亦即為人之範疇。

孟子亦幼孤，其母三遷，則其亦少賤可知。韓愈幼時，父母雙亡；隨其兄，兄亦卒；隨其嫂，與一姪，三人同一家，乃得長大成人。頌伯夷，慕其聖之清；闢佛，自比於孟子；好古之文，上同於兩漢、三代，以下異於後起之八代。范仲淹早孤，母貧改嫁。仲淹讀書僧寺，斷虀畫粥，近成人，始復姓范。其為秀才時，乃以天下為己任，先天下之憂而憂，後天下之樂而樂。是仲淹亦與人同有憂樂，但其所憂所樂則有異。慶曆變政無成，而仲淹終為此下千載一大儒。

孔、孟、韓、范，皆中國古聖先賢，莫不以同於人為志為道，而非求異於人；終異於人，乃使人仰望不可及。顏淵讚孔子曰：

如有所立卓爾，雖欲從之，末由也已。

孔子亦求在人中能有立，而其立卓爾，使人學從末由，歷兩千五百年至今猶然。孟、韓、范亦可謂卓爾有立，亦皆已在一兩千年之上。孟子曰：

天將降大任於斯人也，必先苦其心志，勞其筋骨，餓其體膚，空乏其身，行拂亂其所為；所以動心忍性，增益其所不能。

苟使生在一平常家庭、平常時代中，得為一平常人，斯即其人之幸福。然而人生不能常希望有此福。惟其生不如人，喫得苦中苦，乃為人上人，一若天之將降大任於斯人。使無此等人，則人羣之福無由來。

人生不自知，亦不由自主，皆若有「命」。誰命之？亦不知，乃曰「天命」。父母子女，皆不自知，亦不自主。生而為人之子女，為人之父母，皆若有命。其他遭遇皆然，則惟安之而已。為父母則必慈，為子女則必孝，為人則必仁，此曰「道」。「命」異而「道」同，惟有大小、高下、深淺之別。「十室之邑，必有忠信」，此乃指小道言；「天生德於予」，孔子之德，乃成大道。孔子又曰：

道之不行，已知之矣。不仕無義。

道不行而仍必以行道為己任，此又誰知之？故孔子曰：

人不知而不慍。

知我者其天乎？

然孔子「五十而知天命」，孟子則「四十不動心」，是亦卽知命矣。至范希文為秀才時，卽以天下為己任，是其知天命尤早於孔孟。此非其優於孔孟，乃孔道昌明，後生可畏，大賢日出，乃愈後而愈盛。然天又何不命人盡皆為堯舜，為聖賢，又何必降大任於人中之少數？此則天命不易知，而孔子亦少言之，故必謂之「命」。道家言「自然」，其實亦猶言「天命」，而所言各異。後代中國人則卽以「自然」言「天」，會通儒、道而一言之。

天生人必命其同為人，又必命其各為一已。「人」相同，「已」各異。孔子曰：

古之學者為己。

卽必求己在人中能自立，成其己。此亦卽可謂之「知命」。然己有立，卽不得盡同於人。如只知求同於人，而不知有己，則為「鄉愿」。孔子曰：

過我門而不入我室，我不憾焉者，其惟鄉愿乎！

鄉愿僅得為一鄉之愿人，無預於一國與天下。何者？一鄉之內可相同，一鄉之外卽不相同。故一鄉稱之曰愿人，他鄉未必然。如孝，中國有百孝圖，其孝各異而各成其為孝，此則見孝道之大。如聖，孟子以伊尹、伯夷、柳下惠為三聖，乃無一與孔子同。孔子以下，中國人再不以聖歸之他人。然兩千年來，大賢輩出，亦無一相同。再言學，人各學名儒大賢，未聞其學能盡同於人。若果有之，則不成其為學，亦不成其為儒與賢矣。

故最能異於人者，亦惟中國人為然，但非其所求。中國人但求同為人，而不失其己。失其己又何得為人？果求異於人以為己，則既異於人，又焉得己之仍為人？西方人則若必求異於人，而稱「個人主義」。但既同是個人，則亦無以相異矣。此處乃有中西雙方對「天命」觀念一大分別。中國人認為天只生人，非各別生每一人，故曰：

天生民而立之君。

既生了大羣人，乃於大羣人中立一統治此大羣人之君。君為民立，亦本天命。故惟君乃稱「天子」，乃得上通於天。而祭天之禮，則惟掌於天子，大羣民眾不得預。故中國古代尊君如尊天。黃帝、堯、舜、禹、湯、文、武，則為聖君、聖天子。其有不稱職者如紂，則孟子稱之曰「一夫」。然聖君、聖天子克配上帝者，實不多有。乃如周公，不為天子，不為君，亦克盡為君、為天子之大任。孔子則惟有志於周公，又極稱管仲。管仲亦僅一臣。孔子亦為魯司寇，然終不得志而去，終其生，乃僅為一平民，僅為平民中一師，而後人則尊之曰「至聖先師」。而中國後人所嚮往者，則為孔子一人，不為君，不為臣，僅為一民。惟有道為人師，則亦克配上帝，不媿其生矣。

孟子於孔子以上，又稱伊尹、伯夷、柳下惠三聖。此三人皆不為君，亦有不得於君而不克為臣，並亦未嘗開門授徒如孔子，然而其道則同可為人師。故荀子曰：

天、地、君、親、師。

縱其道不得為人師，然為人父母，亦代天地自然盡其生人之道，斯亦足尊矣。為人父母外，貴能為之師。孔子曰：

三人行，必有我師焉。

此則盡人可尊。其有不可尊，則不得謂之人。如紂，稱一夫可誅，則亦不得為人矣。中國人之人生大道乃如此。大學言：

為人君止於仁。

其實人道卽止於仁。孔子曰：

我欲仁，斯仁至。

此為最自由，亦為最平等，並為最獨立。近代人高呼「自由、平等、獨立」三口號，其實中國人言人道已盡之，而天道亦無外於此。

西方人則認為天生個人，如亞當、夏娃，故個人可直接上通於天。而人與人之相交，則與天無預。故耶穌言上帝之事由他管，凱撒事凱撒管。凱撒所管，卽人與人相交之事。人在禮拜堂中，人人可直接通上帝，最為自由、平等、獨立；一出禮拜堂，亦求自由、平等、獨立，則別有凱撒管。但凱撒終不能使人人自由、平等、獨立。此為西方人生實際上一大問題。

天命又有長短，如天生人，則其命可長至千萬億兆年；如天生個人，則其命只限百年。千萬億兆年斯有「常」，百年則無常而必「變」。中國人尊其常，常中有變，則安之、樂之而已。西方人尊其變，而常則所不計。既有長短，又有得失。如舜為大孝，舜之生命百年則盡，而孝道則與世長存。孔子主仁道，孔子之生命亦百年而盡，而仁道則與世以長存。故中國謂人生有道，得其道則雖死如生。如舜如孔子，雖謂其至今猶在可也。西方人則謂身在卽人生，其身亡人死則生亦隨之盡，無道可言。

故西方之個人主義則必求無死，乃信仰死後靈魂上天堂，可以彌其缺失。此乃中西雙方生命觀念之不同，亦即可謂天命之不同。誰是而誰非，西方人則以宗教為判。孔子不言天道，故孔子雖為師，而非宗教，實可謂之無教。孔子曰：

學不厭，教不倦。

孔子之教，亦僅教人之學而已。耶穌則不學而教，並亦不教人以學，惟求能信而已。但縱信耶穌，又豈得亦同為上帝之獨生子？故信孔子，則可同為孔子；信耶穌，則不得同為耶穌。今再分析言之，亦可謂天命孔子，乃與其命耶穌者不同。此又誰與辨之！

然而有得於人道，則必有失於其人。如為人子必孝，則於其保持個人主義者必有失。有得於個人主義，則必有失於孝道。故盛唱個人主義，則必孝道無存。又中國人謂「樂天知命」，孝弟忠信皆天命，盡人道而樂亦在其中。西方人則謂天生個人，又以罪降謫而生，則個人之生，本無樂可言。樂則在個人自求之，而或得或失，則亦盡待個人之各自努力。又有得於千萬億兆年之常，則不能不於百年之變有所失；有得於百年之變，亦不能不於千萬億兆年之常有所失。故西方人盛唱個人主義，而終必主張有世界之末日。百年已盡，則世界末日我已上天堂，又與我何關乎？此又中西雙方人生之大異所在。凡此亦皆有關於洪範「攸好德、考終命」之大義，茲不具詳。

# 八六　德與性

中國人生，余謂乃「音樂人生」，亦可謂是「超空人生」，即抽象人生，而非具體人生。具體人生重軀體，重物質；抽象人生則重心靈，重情感。中國人連言「禮樂」，「禮」具體落實，「樂」抽象超空。其實禮樂兼言，禮亦超空。如賓主之禮，必超賓主以上；夫婦父子之禮，亦超夫婦父子以上。凡屬人生，必超個體人生以上。羣性之具體實際，即失人生之真。

何謂「超空」？積四、五千年，廣土眾民之統一大國，「國」之外尚有「天下」，此一民族生命，則不得不謂之超空。然超空必有落實處，故曰：

尊德性而道問學，致廣大而盡精微，極高明而道中庸。

精微中有廣大，廣大中亦有精微。中庸之上有高明，高明之下有中庸。德性中有學問，學問中亦當不忘有德性。故惟精微必求廣大，中庸必求高明，而凡所學問決不能忘其德性；亦當知德性必待學問，高明必求中庸，而廣大亦必有其精微，乃始得之。

中國人最好言「德性」。但言「德卽性」，非云「性卽德」。水性動，盈天地，億兆年，到處可見水，而「動」之一字盡之。石性靜，盈天地，億兆年，到處可遇石，而「靜」之一字盡之。但動靜之中，仍各有「德」。中國人不重言「人事」，而重言「人性」。然水可淹死人，石可壓死人，故中國人言「性」則必言「德」。亦可謂「德」卽「性」之精微處，亦卽「性」之高明處，而有待於人之學問以成。易言：

成性存存，道義之門。

成性卽德，失德則性亦不存。核武器之建造，亦賴學問。但未成其德，亦不足謂性。西方科學不尊德，亦可謂之不盡性，卽不自然。西方宗教信人死靈魂上天堂，雖亦人所欲，但賴上帝之力，既非人性，亦非德。凱撒事凱撒管，亦非性所欲，卽非率性之道，亦無德可稱。中國人言性必言德。孟子主性善，而曰：

人皆可以為堯舜。

乃重德言，但非忘性。故一切學問皆重德。發財做官，求富求貴，或可不重德，亦非性，故中國人以為戒。孔子言：富貴不可求，從吾所好。求富貴當向外，所好則向內求。向外求無常而必變，向內求則有常可守。德有常，據德乃有道。孔子言：

天生德於予。

「德」言天生，亦由「性」來，而與性有不同。「性」人人相似，「德」必志於學，磨練修養以成。少數傑出者乃有大德。孔子又曰：

十室之邑，必有忠信如丘者焉，不如丘之好學也。

忠信德之基，亦卽性。孔子好學，超於全天下億兆世之全人類，故謂「至聖先師」。學而非性無德，亦不得謂之學。

子夏曰：

商聞之矣，死生有命，富貴在天。

「在天」指其在外不在己，「有命」指其有常不可變。謂人人盡得在天之富貴，可逃有命之死生，此則愚而惑矣。故孔子言：

不義而富且貴，於我如浮雲。

曾子言：

慎終追遠，民德歸厚。

死則一切歸休，但必慎其終，又當追於遠。視死者長如生，於變中得求常，此可謂性之德。人具好生之性，則可成其慎終追遠之德矣。是為中國儒家教民育德一大節目。

西方人亦非不知好生惡死、慎終追遠，然求之於外、於物、於事，而不知求之於內、於心、於德。如埃及之金字塔、木乃伊，惟少數富貴人所能，多數無可模倣。宗教家之信仰靈魂、天堂，雖亦在終處、遠處，然各為私人一己打算。其慎其追，各在其人一己身上，非對他人之忠信。故可謂西方人縱知性，不知德。此又中西文化一大異。

中國人對天地，亦言其德，不言其性。如曰：

天地之大德曰生。

天地生萬物乃自然，可謂乃天地之性。然而必謂之德，此卽猶人性忠信之德。若必謂之迷信，則不失為違性非德之言矣。

深言之，「性」有限，可變；「德」無限，可常。衣、食、住、行乃性，其對象皆在外在物，故其事有限而可變。孝弟忠信之德亦屬性，其對象在內在心，故其事乃無限而可常。「孝子不匱，永錫爾類」，孝德無限可常。西方人好言男女戀愛只是「性」，中國人更好言夫婦和合則成「德」。但主性，則戀愛自由，離婚亦自由；惟重德，則百年偕老，乃為夫婦一倫之常道。天地生萬物，廣大無限，悠久不變，故乃言德不言性。

中國人言萬物，亦好言其德，如陰陽家言五行之德。西方自然科學研討物性，但不知欣賞其德。五穀養人卽其德；商品則惟求贏利，非可謂有德。農、商社會觀念不同，此亦其一大異。故西方學問家，決不言及「德」字。其知識對象，求專求有限，又必言「變」，而不言「常」不言「通」，一若常卽無進步，通卽非專門。不知其內在之德，則可通可常而亦有進。此為西方求知態度一缺憾。今日國人一尊西化，求常則曰「守舊」，好德則曰「迂腐」，我民族五千年文化舊傳統乃無可言。今苟謂「性」屬自然，「德」乃人文，則亦可謂全世界人類文化學惟中國為首創。

德貴同。孟子曰：

聖人先得我心之所同然。

即指德言。少數傑出人之德而下同於普通廣大之羣眾，乃有所謂「德化」，亦即所謂「人文化成」。故中國人言「文化」，亦言「德化」，又言「教化」。中庸曰：

小德川流，大德敦化。

川流亦貴在通，涓滴必歸於大海。大德則貴在化，安重敦厚不動如山，而化及天下萬世，此為「敦化」。西方人貴言流動，其中乃無「通」義。西方人言文化，其中亦無「德」意。電燈、自來水，流行遍及全世界，然各是一物，何嘗有德與心之相通？普遍流行，乃商業意義，又何有所謂「德化」？故西方文化流行，乃物與物之流行，必分裂而相爭。

西方學者，大科學家、大哲學家、大文學家，可謂其有大業，但不得謂其有大仁大德。西方一切事，以中國人觀念言，皆可謂之為「缺德」。發明核武器，此非大缺德而何？於西方學術界求一「德」字，則誠難之又難矣。西方人言眞、善、美，亦皆指外不指內。卽言善，亦指對外及物，非指內心所存。若存於內不及外，則一無意義價值可言。然則自中國人言，無之內而行之外，又何德何道之有？

果從西方觀念言，則僅有個人，無家、無國、無天下。家則夫婦可合可離，國則政府權力必歸之多數，天下則商戰兵爭。中國人言「君」卽「羣」所歸往，故必言「君德」，而不言「君權」。中國人言天下，則曰「大同、太平」，非如近代西方人之言「國際」。此正中國文化理想所寄，而為西方文化理想之所缺。中國人又貴少數，學術人物，大智大德，上通天人之際，下明古今之變者，又得幾人？然而中國傳統文化不斷綿延，不斷擴大，則胥賴此少數。

少數、多數卽德、性之別。性則多數所同，德乃少數之異。惟德仍性中所有，少數亦必出於多數之中。隔離多數，卽不成少數。故政府必有首長，軍隊必有統帥，宗教必有主教與牧師，學校必有教授，工廠必有管理員與工程師，古今中外一切社會莫不如是。不得謂政府重少數卽專制。經濟重少數則成資本主義，重多數則為共產主義。中國則貴「執兩用中」，「貧而樂，富而好禮」。西方哲學言「惟心」、「惟物」，心物、內外亦非可嚴格分別，無物卽不見心，無心卽不見物。而中國人言「心」，則有「人心」、「道心」之別。分言之，則必知有合；合言之，又必知有分；乃見中道。今日國人非不當知有西化，但只知開新，不知守舊；只重現代化，而不知有傳統；只重視專門，而不知有通識；只重視功利，而不知有道義；則終不免偏執一端，而無「中」可用矣。但我國家自古即稱「中國」，今又何辭以變之？豈得謂「民國」即開新進步，「中國」即守舊退步？則惟兼而通之曰「中華民國」，乃始有當於人心。

朱子中庸章句序，陽明答顧東橋書之所謂「拔本塞源論」，實已先余此篇而深發其義，讀者其細參之。

# 八七　尊與敬

中國人極重社會風氣，善風良俗，可以數千年不變，如敬老尊賢。古代井田制度，年老歸田即成無業。然六十杖於鄉，七十杖於國，不僅家人侍養，亦獲鄉里邦國人之崇敬，所以高壽為人生一大幸福。而老年人慈祥安和之心情，無形中亦於社會一大影響，樂生之情，油然而生。

人羣中必有才智俊秀異人，縱非大聖大賢，即鄉里之賢，必受鄉里之推尊。鄉里事皆受其判斷，從其指揮。余生三十年，每見此風尚在。周圍三十里內，鄉村、市鎮必各有賢，一切事由其主持。故鄉里間經年可不上官府，官府亦經年不下鄉里。不僅如此，即府城、縣城亦然。

余生前清光緒乙未年，後甲午戰爭一年。六歲庚子年，八國聯軍入京師。十一歲光緒卒，十七歲辛亥革命。余此十二年間，亦已稍有知識，至今尚多能追憶。要之，政府動亂於上，而社會仍安定於下。固是疆土遼濶，中央與地方疏隔不親；而社會風氣亦有種種作用，敬老尊賢乃其一端。

今則老年不僅不受敬，甚至無依靠，如此則心不安。人生必期望老壽，老壽不安，則成年人亦心不安。賢不尊，則別求表現以自尊。求富求貴，專為一己謀，不為他人謀。他人亦惟尊富貴，不尊賢。風氣如此，社會又何得安？果歸咎於政府，則舉國上下俱不安。人之才情意氣，必有所發洩，轉求發洩於國外，資本主義、帝國主義乃為羣心所共趨，而舉天下亦不安。

才性各異，亦有不務外求財富、權位，而拳拳以杜門讀書自樂者。此亦可謂有賢於人。余幼年尊師重道之風猶有存，私塾師亦備受尊敬，年老則所受尊敬益甚。余在新式小學、中學讀書，年長諸師，其受尊程度亦較新進為高。及自為小學、中學教師，雖年幼，亦備受社會推敬。師心安，學校亦安，全校諸生亦皆安心，受學無他心。

其實當時尊師之心，亦即傳統尊賢敬老之心。師即賢即老，人人心中皆知對他人有尊敬，此即中國人相傳之所謂「禮」，而「樂」亦隨之。不僅受尊敬者心安而樂，即尊敬他人者，其心亦安亦樂。中國人教人尊敬人，由家庭始。子弟地位輕，父兄地位高。即對死者亦然，論語曰：

慎終追遠，民德歸厚矣。

要之，教人不忘其子弟心，不忘其對人尊敬心，而又使人人能得人之尊敬，則生男育女以至老壽，生命自安自樂，亦自足矣，他復何求？故必自修身、齊家，乃至於治國、平天下；此乃中國傳統文化一貫大道之所在。

「新文化運動」以下，中國人心大變，不求尊人敬人，務求人尊人敬；不甘為子弟，盡求為父兄。但聞有青年為國家之棟樑，為求變之新進，其受尊敬有如此。苟為子弟，焉得求父兄之尊敬？人無子弟心，又焉得有父兄心？為父為兄，不復見尊敬，遂競求之外，曰財富，曰權位，曰名譽，成為人生之歸宿。而人心又難於驟變，中國傳統向不教人尊財富，故求人尊敬，亦不重財富，而更重權位與名譽；但財富亦非所鄙。尊家長則斥之曰「封建」；尊政府則斥之曰「專制」；尊師則斥之曰「頑固守舊」；鄉里都邑亦有賢，苟得尊敬，則斥之曰「土豪劣紳」。全國家、全民族，則斥之曰「不開化落後」。風氣所趨，不論歷史與現代，乃無可尊、無可敬，而其實際存心，則仍在求人尊、求人敬。其惟一道途，惟一方法，則先尊敬西方，乃可得人尊敬；而其影響乃深及於舉國之上下。故當前立國為人之大道，惟曰尊西方、敬西方，所幸者則「尊敬」二字仍自中國之舊傳統。果尊西方，則當尚爭奪，不務尊敬。故當前之中國社會，爭奪是其實，而尊敬則其虛。此為當前大禍深病之所在。

此種大禍深病，其影響之及於家庭者暫不論，其影響於政治者，則先成軍閥割據之局。各地軍人非欲自建一國，但不受中央命令，中央亦無奈之何，斯即為割據矣。其他各部門、各機關，苟能割據，亦同以自豪。其影響及於學校者，則風潮迭起，政府亦無如之何。其影響之及於學術者，則創造開新，各別自由，古人、今人，同無尊敬；人自為說，相互間亦各不尊敬。但如此始可免人斥罵，要已為風氣之先驅，現代化之榜樣，亦得自慰自安矣。故社會動亂於下，政府亦終難安定於上。「治安」二字，亦終難言。

中國人之言尊敬，不僅當廣及於全天下、全人類，並當廣及於天地萬物，眾祀林立，普遍皆是。

今國人則又斥之謂「多神教」，屬迷信，不科學。果使環我生而多神，可敬可尊，予茲藐焉，混然中處，斯何大福幸而得之？孟子曰：

可欲之謂善，有諸己之謂信。

可敬可尊，寧非可欲？我心誠然，何謂不信？西方人無尊無敬，乃獨尊耶穌，以尊其所信之上帝。但上帝、耶穌皆遠在天國，環顧四周，仍無可尊可敬。則此塵世之生，惟往天國，又何追求？一心之尊敬，乃由天賦。他人既無可尊敬，乃猶求他人之尊我、敬我，則惟有在物質條件上求之。條件有限，乃相爭相奪，而終不獲他人之尊敬，誠人生一悲劇矣。

中國人信尚尊敬，首為父母，可尊可敬。大舜、周公，父母不同，尊敬則一，乃亦同受人尊敬。則同孝父母，亦同受人尊敬。人孰不有父母，果能孝，亦孰不受人之尊敬？有所尊、有所敬，斯能讓，故孟子曰「人皆可以為堯舜」，卽不啻言人皆可以得人之尊敬。得人尊敬，則心樂心慰無餘憾矣。中國社會之可大可久，則惟此之賴。

今國人則儘言自由、平等、獨立，而全社會，通古今，乃不見有可尊可敬。而尊敬之心，則所天賦，終亦常存。故尊器尊物，尊財尊利，尊勢尊權，尊名尊位，無所往而不見尊，獨不尊己尊人。一若天生斯人，乃獨無可尊。西方人雖尊上帝，亦尊上帝之在天堂其位其勢，而非尊上帝之為人；雖尊耶穌，亦尊其為上帝之獨生子，上十字架而復活，但亦非尊耶穌之為人。今國人則尊西方人，但西方人亦非可尊，亦尊其財、其利、其權、其勢而已。果使中國傳統文化復興，能尊敬父母，又能敬老尊賢，又能尊師重道，斯治國之上達於平天下；又必能尊敬及於外國，及於西方，及於全人類；則此一片尊敬之心，充實光輝，以達於聖而神之境界；而中西雙方以及全世界社會人生，亦未嘗不可臻於化而達於道一風同之境。

東漢魏晉南北朝，佛教東來，迄於隋唐而大盛。然中國孔子、老子，亦同受尊敬。印度佛教衰亡，而釋迦在中國，則仍受尊敬。寧得謂西方一切，斷不能與中國舊傳統共存並立？

抑且蒙、滿入主，中國人亦能尊能讓，但自尊自敬則如故，好古守舊亦如故。不久而蒙、滿亦同化。晚清西化尊紅樓夢，一時稱「紅學」，但不尊曹雪芹，不得稱「曹學」。實則慕西化乃慕西物，非尊西人。他年物世界變，人當盡失。只求中國仍有人，則此物世界乃為中國人所有。換言之，當為中國遠自堯、舜、禹、湯、文、武、周公、孔子，以及伯夷、叔齊、顏淵、孟軻一脈之所有。此義則惟好古守舊者知之；尚物維新，恐所難知。再論西化，不論美，不論蘇，亦可自由通商，亦可勞工同利；只求不違人本性之大道，則西方人亦當與周公禮樂、孔子仁道相同化，而豈核子武器所能判此世界之大運？孔子曰：

其或繼周者，雖百世可知。

今亦可謂，雖有繼美、蘇而起者，亦百世而可知矣。國人必求美、必求蘇，乃使一國分裂，並不和同。若能求之道，求之仁，則反之己而得，歸而求之有餘師。是則果知尊己，即知尊人；能自敬，亦能敬他；平安和樂盡隨之。此乃中國古義，幸國人其試一再思之！

今國人提倡新文學，必求將中國舊文學盡情屏棄；詩、騷以下，一應作者盡失尊敬。但新文學作家，亦恐失其尊敬。新思想亦然，中國人已遭屏棄，則思想無論新舊，亦將同遭屏棄。百年來史實經過，豈不顯已成例？數十年前，提倡西化，受人尊敬，今則姓名湮晦，不在人口耳間。果中國當西化，百年來先知先覺又何限？當一體尊之敬之，此風氣乃可發展旺盛；今則亦加屏棄。西化東漸至少歷百年，而今日仍然提倡趨新，豈不仍在守舊之列？風氣變，不當謂由我乃始變。我亦隨人腳步，不尊敬他人，乃求人之尊敬於我，則又烏從而得之？

孔子曰：

述而不作，信而好古，竊比於我老彭。

近代國人亦信西方，好西方，述西方。言文學，則必莎士比亞；言哲學，則必康德。然終不敢自比莎士比亞、康德，得與其下三、四流人物相擬，則沾沾自喜矣。謙退之懷，亦猶孔子之自比老彭。如是則孔子又烏不如今人？但生在兩千五百年前，當時不知有今日之西化耳。後人迭尊孔子，亦為不知有西化，其有信、有好、有述，與其謙退之懷，則仍與近代國人無異。同為中國人，同此心情，過分加以申斥，豈不與其尊敬西方之胸懷相違異？

卽在西方，亦知尊古敬古，有信、有好、有述。英國則有英國之古，法國則有法國之古，其他各國莫不然。猶有其共同所尊、所敬、所信、所好、所述之古，則為希臘與羅馬。今日國人於希臘、羅馬，亦不勝其尊敬之情。但一遊長安、洛陽、曲阜各地，則不敢有尊有敬，有信有好。豈不同是一古，亦何不效西方能稍肖其好古之胸懷？於西方則有信，於中國則無信，豈其然乎？實則今日國人所信，亦已早不在西歐，僅在美、蘇兩國。豈不國人又效孔子之為「聖之時」？似宜對孔子稍加同情，不予斥責，庶乃於人道有當。孟子拒楊、墨，自稱：「予豈好辯哉，予不得已也。」今日國人宏揚美式民主自由，必於蘇式之共產極權加以力辯，則豈不亦當於孟子稍予以同情。苟於孔孟然，則於其他中國人亦所宜然。今日國人亦稱愛國家、愛民族，則對國家民族稍有一分尊敬，豈不亦如西方之各自尊重其國家？今人西化，有國旗、國歌，能對古人亦如一面旗、一首歌，豈不甚佳？中國人重禮樂，亦如今日之有國旗、國歌，又何必於禮樂則必加鄙棄？

要之，人羣相處，不宜對他人無一分尊敬心。外國人亦然，本國人宜更然。現代同時人宜然，前代古人亦宜然。今日國人，對美、蘇人知尊敬，對自己父母當亦知有一分尊敬，對祖宗亦然。吾國人稍加尋思，於當前風氣稍有助益，庶於本文所言，亦不深斥，則豈作者一人之萬幸乎！

# 八八 德行

## (一)

孔門四科首「德行」。此「德行」二字，乃西方所無。如戰國有陰陽五行家，言五行生剋，亦稱「五德終始」，是「五行」即「五德」，實皆本於「性」，故曰「德性」，亦曰「德行」，或稱「性行」。孔子言有「狂狷」與「中行」之分，「中行」即德行或性行。衣、食、住、行，乃個人自然生活中事；孝、弟、忠、信，乃大羣人文生命之行；兩者絕不同。

易言：

果行育德。

乃謂以果決、果斷、果敢之行，以漸滋生長完成其德。故果行乃非人生日常之行，雖非成德之行，乃育德之行；乃「生命性」之行，非「生活性」之行。「性」屬自然，「德」則人文。孔子曰：

十室之邑，必有忠信如丘者焉，不如丘之好學也。

果行育德，即是「學而時習」。中國之所謂學，乃生命之學，乃本於自然以達於人文，乃「天人合一」之學。故中國有「教育」一名辭；西方則傳授知識，有教無育。亦可謂西方人僅注重外在之自然方面，不注意到內在人文方面，故其學乃以成「物」，非以成「人」。

人謂中國傳統亦同有哲學，其實亦可謂中國傳統亦同有科學。惟中國哲學僅可謂多自然哲學，即偏在天的一面；而中國科學則多偏在人文方面，即如陰陽家五行、五德之說，即可為人文科學一代表。中國陰陽家言，乃匯通儒、道以立說。其實如墨家，如道家，皆可謂其有合於人文科學，但偏在自然哲學方面；儒家則較近於人文哲學與自然科學方面。要言之，自然與人文、哲學與科學之會通合一，乃為中國學術思想主要一大綱領。德行之學，則可謂乃自然科學、人文哲學之會通，而孔門儒家為之主導。孟子繼孔子後有「三聖人」論，其實伊尹之任，伯夷之清，柳下惠之和，皆德行之學，皆人文哲學，而皆植根於自然科學，如是而已。

此下三千年，中國學術思想率無以逃於此。今人率尊西化，乃無德行之學可言。曰「平等」，曰

「自由」，曰「獨立」，非德性，非人文生命所有，故可謂非人生之本行，乃人生之外行，僅以成物相爭，非能以成德自立。舉世禍殃，乃無可逃避矣。可歎何如！

㈡

「行業」二字可連言。然中國人則重「行」甚於重「業」。俗言「三百六十行，行行出狀元」。此「行」字卽指「業」言，然必改言「行」，以其重要出人者在行不在業。如孝、弟、忠、信，乃從事各業者所共同應具之行為。從事工商業仍當孝、弟、忠、信，則同得為堯舜。謂之為「狀元」，乃言其為人上人，出人頭地，如山東有乞丐武訓是已。實則狀元並非能出人頭地，卽仕為宰相，亦非出人頭地。古今為宰相而遭人鄙視詬罵者何限？卽貴為皇帝亦多遭人鄙視詬罵。孟子曰：

聞誅一夫紂矣，未聞弒君也。

為君當有君行，如堯舜，卽君中之狀元，故曰「行行出狀元」。中國人又常連言「學業」，然從事此業不為謀生，志於學，志於道，敬業樂羣，乃不為一身謀，而為大羣謀。故「學行」連言，猶多於

「學業」連言，學業終與其他行業有不同。俗又言「惟有讀書高」，則學業又為百業中之狀元矣。

「職事」二字亦可連言。惟「職業」連言，則似最屬後起。言「職業」言「行事」，則「職」近「業」非所重，「事」屬「行」始當重。如紂為君，箕子、比干、微子為臣，論職則君尊臣卑，論事則紂可誅，而箕子、比干、微子，孔子稱之為「三仁」，永受後代崇仰。一職有一職當行之事，故曰：

為人君止於仁，為人臣止於敬。

果居臣位，而其上不當，則可辭職不居，如孔子之辭魯司寇是也。故「職業」有定分，而「行事」則可自由。亦有為一小吏，而其人乃高出君相之上者；史乘所載，歷代有之。

遠溯太古，原始人類即有職業、行事可分。如出而漁獵，可稱是職業。歸洞窟中，男女老幼羣聚團居，言笑歡樂，或石上雕刻、繪畫，或玩弄牲畜如羊、彘之類，或月夜在洞外歌唱、舞蹈；此當屬行事，非職業。循此以下，畜牧時代，耕稼時代，迄於今，職業、行事依然有分。大體言之，職業主要多對外物，行事主要則對同羣。職業必由個人分別操作，行事則必聯合他人。職業所以維持生活，而行事則為生命之發抒。職業必有外在約束，而行事則出一己志願。職業乃屬人生之手段，而行事則為人生之本身。

務農、經商，同屬職業。但業農自給自足，其事單純。日出而作，日入而息，家人團聚，職業、行事分別易顯。業商則銷售貨品，必待他人購取，以其贏利維持生計，事已複雜。又供求雙方交涉多，家人共聚期轉促。疏者親，親者疏，職業與行事易混淆，難顯分別。抑使職業重於行事，而個人意義乃日增。中國人多業農，遂重家庭，重宗族，羣體意識更深於個體；而西方古希臘人多業商，家庭觀念較淡，宗族觀念更渺然，而個人主義則日重。此皆由職業而影響其行事。

近代科學發展，利用機器，工商業性質大變，乃以集體為主，而有公司與工廠之組織。參加其業者，不僅隸屬於集體組織之下，抑又隸屬於各項機器之下，每一個人多失去其自主性。又有女工、童工，一家皆散入工廠中，於是職業團體乃代私人團體而出現。即每一職業團體中之少數主持人，所謂企業家或資本家，上面復有政治壓逼，賦稅重重。於是「自由、平等、獨立」之呼聲，乃日呼日高。實則此等口號，乃從各人內心發出，乃人類生命之自然要求。於是先有「政治革命」，乃有近代之民主政治；繼之有「職業革命」，乃有更近代之共產主義，乃及集體罷工運動之出現。此可謂是人生行事。於是職業則多具服從性，而行事則多具反抗性。此誠近代人生一大變。

實則此一大變，乃胥由職業之團體組織化來。職業本為維持生活，應由私人各自負責，乃屬自由、平等、獨立性的；行事為生命之發抒，各人之小生命投入羣體之大生命中，此為生命發抒之惟一趨向。如家、如國、如天下，有羣體，斯見大生命；而此大生命則屬小生命之集體，當以各自小生命為中心。如夫婦，為夫始有婦，為婦始有夫，則夫婦互為此一體之中心。如父母、子女，為父母始有子女，為子女始有父母，則父母、子女亦互為此一體之中心。若各自自由、平等、獨立，則無此一體可言。故在職業上，始有自由、平等、獨立可言，乃帶有反抗性；在行事上，應無自由、平等、獨立可言，乃帶有服從性。如父母對子女言自由、平等、獨立，則不盡為父母之責任；如子女對父母言自由、平等、獨立，則不成為子女之身分。即夫婦亦然。由一家推之一國，君民上下，必當明責任，明身分，更無自由、平等、獨立可言。為君為卿，有其君卿之責任；為民眾，為百姓，有其民眾百姓之身分。即如近代之民主政治，國民只有一票選舉權，政治元首既經選定，則為國民者應向之服從。雖在選舉上少數服從多數，但在選舉後則多數仍服從少數。要之，政治以服從為主，不以反抗為主。若論職業，則應許反抗，可以辭職，可以轉業，豈得不許其自由？

如上所分析，「政治」應屬行事，不屬職業。中國向來為君主政體，然為君者，亦當知服從道義，服從制度。為臣者雖有出處、進退、辭受之自由，然居其位，則有其責，無所逃其任。即在近代民主政治，元首亦當服從法律。推而言及國際，亦屬政治問題。孟子曰：

以大事小者樂天者也，以小事大者畏天者也。

仍當一本道義，相互服從，天下始得平。豈得各以自由平等獨立為言？則天下必入於亂矣。

中國周易六十四卦，首以乾坤兩卦，乾主健主陽主動，可謂具自由性；坤卦主順主陰主靜，可謂具服從性。「一陰一陽之謂道」，乾屬天，坤屬地，人生天地間必同具此乾坤兩道，始得成為人道。故無嚴格之自由與服從可分，但亦可謂人之行事則屬「天道」，人之職業則屬「地道」。近代之職業集體化，則不啻以天道轉隸於地道，而人道失其正，乃為近代人生一大問題所在。

然近代之職業集體化，乃由利用機器來。人生職業本為對物，今則物為人用，聽人支配，可省人力，則人之生命應可在行事上多發抒，而在職業上少拘束。然事實上乃有大不其然者。則在利用機器益增多產，而徒增貧富之別，其病乃在資本主義之為祟。果使如馬克斯之「賸餘價值論」，能使資本家所得之利潤平均分配，則其為害可減。但亦只解決了其問題之一半，其所解決之一半，乃在贏方，卽賣方；不在輸方，卽買方。而尤要不得者，在其「唯物史觀」與「階級鬥爭論」。「唯物」則將無人類可言，而勞工亦僅為一機器，尤為一最微末、最卑下之機器；「鬥爭」則更無和平可言。故共產主義之為害，乃更超於資本主義，而將不可救藥。

今果使廢去資本主義，而並世科學落後諸民族，均教以利用機器，從事農工業，則人類生產當儘夠其維持生活。而商業牟利之性質，則必加改良，僅求通有無，以信義為主，一如中國傳統之所為，以農工為本，而商業僅為其副。則職業性之壓逼自可日減，而人類乃儘可向人生方面一途發抒邁進，而人生理想庶可正常而勿歧。

惟更有其重要者，「自由、平等、獨立」三口號，並非人生大道所在。抑且其語空洞，實無具體領導功能，於此最當加以糾正。而反抗性則尤須提防。非遇甚不得已，則不宜肆行反抗。反抗若屬積極性，其實轉屬消極；服從若屬消極性，其實正是積極。於此當深辨。而更主要者，則為務使人明得「職業」與「行事」之分別。職業乃人生中所不得免，當屬人生消極方面；行事乃人生所應有，正屬人生之積極方面。果能明此，則自能重行事而輕職業，即重「德行」而輕「事為」。中國傳統中之士，則正為惟求有德行，而非職業。仕宦從政，亦為求行事而非職業。學以明道，則「學」亦一「行」，而非事為職業。至於職業，則最多能不違一「義」字，但終當不起一「道」來。人羣中能多不謀職業，而惟勞心明道、努力行事之人，則病害宜少發生之餘地，而亦庶乎其幾矣！

## (三)

今人言人生，好言「行」，言「活動」，言「向前進步」。孔子曰：

> 己欲立而立人，己欲達而達人。

「行」乃是生命一重要性，「立」是其起始，「達」則其歸終，各有其意義與價值。西方人只言「行」，乃若個人生活性；中國人必言「立」、「達」，其「行」乃若大羣生命性。

宋代王荆公，其先有志儒學，及相神宗，推行新法，反對者羣起。荆公不之顧，亦卒無以消散反對者之氣氛，乃乞身退。神宗再起用之，所遭反對益盛。不得已，又乞身退，居於金陵之鍾山，以吟詠終老。如荆公，可謂有所立無所達；然讀其晚居鍾山詩，想像其生活，亦可謂在私人則有所達，終不失為一儒、一學者，是卽其所達也。其性褊急，執意肆行，事功無所成，而志節則完好。故後之學者亦終以平恕責之而止，不更加以深斥。

西漢末，王莽亦以厲行新法遭亂身死。然其與荆公終不同。王莽篡漢，改創新朝，其先之恭儉自約，博得眾譽，其志所在，無以自白。荆公則為國為民，其意在公，昭然明顯。行有未得，則潔身而退，亦只可謂其未達於大賢，未可疑其自始卽非一君子。若王莽則令人疑其為一偽君子，眞小人；乃其立身不正，非拘於今人所謂「君主專制」一觀念而責之。

後漢末曹操乃與王莽同稱。曹操天才橫溢，政治、軍事、文學皆超卓絕世。雖終身未敢正式篡位，乃以待其子而自居為周文王，偽跡無以自掩；此亦其居心立己之未達於正。若論成敗，則曹操未有敗，而身後則名裂，此見中國論人之嚴。

孔子「罕言利，與命與仁」。中國人言「立己」，首在立其志、立其德，為仁人。「命」則其所遭遇。孔子之為大聖，在其志、在其德。其道未行，則時代之命。孔子三十而立，其授徒，其出仕，其去衞、去陳，其歸老，則未有一念之私以求有利於一身。如王莽，如曹操，使能忠於平帝、獻帝，亦未嘗不足有為於其時。其自私自利，而不得為一仁人，則非時代限之如此。春秋責備於賢者，兩漢之亡，後人不以責之平、獻兩帝，而必責之莽、操，此於大羣生命可謂有眞知卓見。中國人之論立己大義有如此。

宋神宗尊信王荊公，使在相位，不以朝臣之羣加反對而加以罷免，後人則賢之。果使神宗早免荊公，則荊公退居下位，或亦如歐陽修、曾鞏，轉以益成其學，而宋祚亦不遽衰。然君職當用賢，荊公一時之賢，神宗能信用之，斯卽無足深責。其責則在荊公不能寬裕以教，和協以濟，其失敗亦不得諉之於時代。堯能用舜，斯堯責已盡。舜之殛鯀而用禹，舜責亦已盡。使孔子居司寇不去，終亦不得行其道，斯孔子亦無以為大聖。中國人論立己大義又如此。

今人則先求己利，如為商卽是。中國科舉制度，商人不得應試，因求己利，則己先不立，更無以立人之上矣。如為勞工，僅求一身溫飽，亦為己利。然其利小，則亦不深責。但其不能立身則一。孟子曰：

勞心者治人，勞力者治於人。治於人者食人，治人者食於人。

勞力為己，勞心乃為人非為己，非為己乃可食於人。孔子為魯司寇，高官厚祿，非求而至，然而孔子乃辭而去。惟立己，能有所為，亦能有所不為。有進亦有退，自有立場，屹立不動，不隨外面形勢而轉移，始見其有「己」。如求富貴，則必隨人腳跟轉，依人意向移，無己可立矣。

孔子於門人獨許顏淵，曰：

> 用之則行，舍之則藏，惟我與爾有是夫！

實則其他門人皆求有立，子貢、子路亦未見其失身。冉有使季氏富於周公，孔子曰：

> 非吾徒也。小子鳴鼓而攻之可也。

實則冉子亦顯其理財之能，非為向季孫氏求進，而孔子非之。故知進不知退，騁其才能以顯其長，皆非立己之道。求富求貴，益可不論。

今人則知有「進」，不知有「立」。在資本主義下，求為一大企業家、大富豪，而百千萬勞工屈居其下，微薪薄酬，勤苦度日。人與己同是一人，故立己、立人非有二道。己當立，人亦當立，惟當各自從立己做起。剝奪勞工之剩餘價值，以為己利，既非立人之道，即亦非立己之道。又且經商贏利，如在賭場，有贏必有輸，己之富乃以形人之貧。輸者既竭，又何得贏？故商業有不景氣，商業進步必有止境。人不立，則己亦倒，何能以一贏長立於羣輸中？共產主義繼起，當前實例已顯。然共產主義乃主「無產階級專政」，人各無產，則又何立？

抑且求「富」必繼之以求「貴」，否則又何以保其富？故資本主義之後，必繼之以民主政治。其先選舉資格乃以納稅額之高下為定，繼之以普選。然仍賴財富，始能操縱選舉。其在國際間，則尚武力，乃有帝國主義。立國猶立人，勝於他人，非所以立己；勝於他國，亦非立國之道。西方有羅馬帝國，繼之為大英帝國，今皆何在？非道則不可久，亦其宜也。又共產主義必自稱為「世界主義」，此亦一種變相的帝國主義。要之，今日世界趨勢，有己則無人，皆非中國傳統立己、立人、立國之道。

孔子曰：

志於道，據於德，依於仁，游於藝。

可謂乃中國人立己之道之四綱領。最後「游於藝」一項，包括最廣。食、衣、住、行諸端所需，以及一切禮樂，皆即「藝」。立己不以損人，斯可矣。今人之藝，則務爭勝競利。即如樂師、樂工，中國古代早有之，乃一公職，守其職以維生命，維生命乃義非利。後代有樂妓，亦公職，亦以維生命。今之音樂家，則爭利並爭名。中國古樂師，亦有聲名可傳，如師曠、伯牙，名傳於今越兩千年，乃羣譽之，非己之求。能立於己，則不待求於外矣。繪畫亦公職。中國以宗法社會而創為封建政治，同一氏族組成同一國家，各業皆公營，非圖私利。立國為公，立己亦為公。漸解放，漸為私，此則為小人，非君子。立己則自求為君子，不為小人。「小人」則即今之所稱「個人」是也。

近人則音樂、繪畫皆成商業。畫家有展覽會，畫品標價出售，中國無此例。人慕其畫，請託求乞，而厚加餽贈，此屬禮，不屬商。其他如漁獵，亦由政府民眾集體為之，所獲歸之公，由公散之私。余幼年鄉間有一湖，廣五里，長十里，入冬定時大捕魚，亦公非私，即古禮之遺。即為人，亦不稱私，故人之幼年稱「子弟」。子弟、父兄，亦公非私。非有父兄，焉得子弟之稱？非人亦焉得己稱？故「立己」乃立「羣」中之「己」，非外於羣而有己。故立「己」在立其「德」。如為子弟，則有孝友之德；如為朋友，則有忠恕之德。豈立己之為立其財富、立其權位乎？今人又好稱「人權」。依中國古人觀念，人之於人，皆非貴有權。若謂有之，則子弟亦惟有孝友之權而已。人之為君子、為小人，他人無其權，惟己有之，故貴自立。今人又不稱「子弟」，改稱「青年」。此則西方之個人主義，乃可平等、自由、獨立於社會羣體中，而他人不得相干涉。又常言「青年為國家之棟樑」，但從不聞人言「子弟為國家之棟樑」。此惟「西方」二字可以明辨其意旨之所在。

近人又有各種運動，皆重比賽，重競爭，必使一己超出他人之上；亦如財富、權位，己為冠軍，則他人僅得為亞、為季，而餘人則盡歸於失敗。豈非人之失即己之得乎？人盡如此，國亦然。如最近以色列之與巴勒斯坦，只許以色列立國，再不許巴勒斯坦同樣立國。其他國與國間亦儘相爭，更不相容。今日之國際相爭，亦如開一世界大運動會。中國言立己、立人之道，豈固如此？故中國只求治平，求己國之治，不在他國之亂。而今日立國，則必言富強，然絕未聞己國之富必待他國之同富，己國之強必待他國之同強。此如運動會，決不能使預賽者之同為冠軍。中國少林寺以擅武藝聞，然打擂臺則屬江湖事，決不聞少林高僧亦為之。

今人好言自由、平等、獨立，竊謂此三語亦惟中國人立己之道最足以當之。孟子曰：

人皆可以為堯舜。豈人所不能哉？所不為也。

人皆可以為，斯為最自由。如富如貴，非人皆可為，則無自由可言。人之德性，最為平等。如孝，如忠信，豈不人人能之？忠信或遭不利，人斯不為。然不忠不信，又豈必盡有利？儻人人盡為我，先以利計，又誰為必能得利？此則有「命」。今人又不信命，而惟好利，則將無所不為，而終亦無利可得。此可謂之愚而不仁。但時代如此，風氣如此，而我能獨立不懼，強力不反，此之謂能立，此之謂有「己」。若人盡好富，我亦好富，人盡好貴，我亦好貴，「生斯世為斯世也善」，此為孔子所深鄙之「鄉愿」。今則尊之曰「現代化」、「大眾化」，而惜其無一己之獨立精神。彼不自惜，斯亦無奈之何矣！

孔子曰：

不患莫己知，求為可知。

富貴名位，人孰不知？己亦知富貴名位，乃不知其「己」。以今語言，則為不知有他自己獨立之人格。孔子之謂「可知」，卽指己之人格言。中國人又說：

得一知己，死而無憾。

又曰：

人之相知，貴相知心。

己之心難以告人，惟富貴名位可以告人。故今日之人生，乃為一爭富爭貴、爭名爭位之人生。其心則用在爭，在富貴名位，則又何能有一獨立之己？自由則在爭平等，爭富爭貴，實卽在爭一不平等，如是而已，他復何知？

然則居今之世，而求立己之道又奈何？曰不求富，不求貴，不好名，不好位，不務前進，寧後退。處治世宜如此，處亂世則更然。今之世宜當為亂世非治世，則立己之道在是矣。或疑何以為國家，為民族？曰：己之不立，而惟有富貴名位之是圖，則又何國家民族之有？今之人為己爭，乃謂為國家民族爭，則國家民族前途乃全在己之富貴名位上，又豈然乎？范仲淹為秀才時，以天下為己任；

能不富不貴，無名無位，而即自任以天下之重，此始是其已立。顧亭林言：

天下興亡，匹夫有責。

匹夫豈必有富貴名位？或曰：居今世，不鬥爭，不前進，則受輕蔑，受蹂躪。曰：立己貴有自信，亦貴能信及人。苟惟富貴名位之可信，此亦不信己，又不信人，孔子曰「民無信不立」是矣。故孔子「十有五而志於學，三十而立，四十而不惑」，「學」即學其信而好古而已，「立」即立己，「不惑」亦即信其己之學，則「立己立人」自「信己信人」始。否則請信孔子，捨此復何道之從？

今人又好尚「多數」。惟今人僅尚一世之多數，中國人則尚千萬世之多數。孔子為至聖先師，其在中國已得兩千五百年之多數信仰，則孔子之自立其己，又豈不可信、不可好乎？國人試以此思之，宜亦知所以立己之道矣。若並此而不之信，不之好，則又何言！

（四）

某西人治中國儒學有年，著有多書，謂中國儒學與西方「個人主義」相通。此層大值深究。孔子曰：

古之學者為己，今之學者為人。

孔子意，為己之學，乃學己之何以為人；為人之學，乃學己之何得為人用。人之生，乃求做一人，非求為人用，故孔子曰：

君子不器。

器即為人所用。學做人，當從自己做起。學為一人，乃共通義。當從己始，亦共通義。則此非個人主義可知。

孔子曰：

學而時習之。

「習」乃「行」，即習做人，故中國人之學，重「行」猶過於重「知」。書有之：

匪知之艱，行之維艱。

明亦重行。陽明唱「良知」之學，為「知行合一」，曰：

不行只是不知。

其重行又可知。近代孫中山先生唱為「知難行易」之說，乃告其黨人信彼言而行，是亦重在行。不僅儒學重行，墨家、道家亦重行。凡所陳義，皆必以躬行實踐，乃所謂「學」，豈著書立說之謂「學」乎？此一義最當認識明白。

孔子最稱顏淵為好學，曾曰：

吾與回言終日，不違如愚。退而省其私，亦足以發。

省其私，即省其行。聞師言而發之行，斯謂好學矣。儻惟發之言語議論，則口耳之學，不足稱矣。顏淵亦曰：

夫子博我以文，約我以禮。

「文」即「人文化成」之「文」，非指書本文字。孔門四科，游、夏列「文學」，亦可謂「文章」，非如後世之所謂文學。四子言志，子路志在治軍，冉有志在理財，公西華志在外交，此亦盡可歸入「文章」中。但常日用心在是，專一求用，機會未到，則人生落空，或不免於沈悶，並存未得知我之憾。故孔子獨與曾點，因其能不志於見用，而蕭然自得，則未失人生之正常。獨孔子稱顏淵則曰：

用之則行，舍之則藏，惟我與爾有是夫！

誠使顏淵一旦得用，當能大行其道，猶不限於治軍、理財之一端一節上，此即顏淵所謂之「夫子博我以文」也。然方其未得用，「一簞食，一瓢飲，在陋巷，人不堪其憂，回也不改其樂」，即在日常人生中亦有可樂，何必如曾點之必「浴乎沂，風乎舞雩，詠而歸」之乃為樂乎？如子路，如冉有，雖能不憂簞食瓢飲，然仍亦有不見用之憂。顏淵之獨出於人人，即顏淵所謂之「夫子約我以禮」也。是則孔門以及儒家之為學，「行」固要，「藏」亦要；或者藏更要於行。有志於儒學者，必先識此。故後世儒家每以「孔顏」並稱，良有深意存其間矣。

己之「行」與「藏」，關鍵在乎人之「用」與「舍」，卽人之知與不知。孔子曰：

不患莫己知，求為可知。

知不知在「人」，可知則在「己」。然學益進，則可知益深益難。孔子又曰：

人不知而不愠。

又曰：

知我者其天乎？

則孔子之不為人知，乃孔子終身之學使然。老子亦曰：

知我者希，則我者貴。

前述某西人，乃以此等意識為近於英雄豪傑，求以高出人者作自我表現。但中國人之所謂聖賢，非在求表現以異於人。凡其異於人者，乃其同於人之益廣大，益精微；不僅同於一世之人，抑亦同於古今千百世之人。孔子曰：

十室之邑，必有忠信如丘者焉，不如丘之好學也。

是孔子非不同於人。人之不能同於孔子，則在其學。故論中國之學，亦必先知論其人。其人不足道，其學又何足論？此乃中國人意見。

用與不用，亦有條件。魯哀公、季孫氏非不欲用孔子，亦如梁惠王、齊宣王非不欲用孟子。然所欲用者，乃孔孟之「才」與「智」，非能用孔孟之「德」。才智足以供人用，德則學以自成其己，而非以供人用。英雄豪傑乃以才智供人用，成德則為聖為賢，為己之學。孔子曰：

君子不器。

因君子以德稱，非供人用。使喪其德以供人用，則曲學阿世，豈孔孟之所願？今人皆以才智事業論學論人，則豈能知孔孟之所學？

人之製器為用，此亦「通天人，合內外」之一事。但器為物，惟聽命於人，易滋人欲，長人傲。親於器而疏於人，使為己之德日趨於薄。電腦、機器人，可得則必得；夫婦父母子女，可離亦即離。而核武器、原子彈一枚，即可殺數十萬人，乃為人類謀求和平所必需。則今日世界「器」為主，「人」為奴，已為「物世界」，而非「人世界」。人則惟求於物世界中寄存，而猶有難得者，又何德之足言！中國儒家為己之學，即成德之學。德非外力可成，而由己之成德，乃亦成人成物，物亦可以為人用，此之謂「通天人，合內外」。為己即所以為人，但此非人人能為，必由少數人導其先路，有施而不求報。此乃中國儒學之精義。

中國人言，人生每分「動」、「靜」，人性亦可分「個性」與「羣性」。當其動，則個性易見；靜則羣性乃滋。如原始人時代，以畋以漁，獵取食物以維其生，是其動則賴個己之才智。逮其獵取已夠一日之生計，歸居洞窟，男女老幼聚處，則羣性賴以長育。人生當嬰孩期，衣食賴人，不能自主，其時則靜過於動，而羣性乃特顯。逮其成人，中年、壯年期出至社會任事，是時則動多於靜，始多表現其個性。老而退休，復歸於靜，羣性又特顯，如含飴弄孫之樂是也。故一家中，必貴有老有幼，「老吾老，幼吾幼」，乃中年、壯年人事。而「男主外，女主內」，亦偏動偏靜。而女性則偏靜，亦偏於顯其羣性。凡生物莫不如此，而人類之生則其著耳。

中國以農業社會為主，故其人生較偏靜，較富羣性，而家庭亦特見重；西方以工商社會為主，故其人生較偏動，亦較富個性之表現，而家庭地位之穩固，則遠不如中國。中國儒學則求其人在中年、壯年期投入社會，而勿忘其自身本具之羣性之重要。夫婦、父子、兄弟、君臣、朋友之五倫，皆重羣性。太過於發展個性，則無五倫可言矣。孔子論道首重「仁」，仁卽羣性。孟子曰：

大人者，不失其赤子之心者也。

赤子之心，亦惟見其富羣性，而個性較若未見其確立。人道之大，乃在羣性中培養其個性。赤子之心，豈不知有父母親長，而轉若不知有其己。孔子「十有五而志於學，三十而立」，卽立其一己。大學之道，「壹是皆以修身為本」，修身卽修其一己，但非外於人羣以立己，乃內在於人羣中立一己。仁、義、禮、智皆在羣中，而皆立於己，成於己。「己」不與「羣」為對立，而己立則為羣之中心。此己之能為羣之中心者，在其「德」。孔子少言「性」，重言「德」，「十室之邑必有忠信如丘者焉」，是其性；「不如丘之好學」，則德不如。而孔子又曰：「天生德於予」，則德亦天賦之性，而有待於學以成。惟「性相近，習相遠」。又曰：「學而時習之」，人生之「習」，能一本於「學」，則庶幾其近於孔子之儒學矣。

顏淵之贊孔子曰：

如有所立卓爾，雖欲從之，末由也已。

此贊孔子之人，非贊孔子之學。宰我曰：

夫子賢於堯舜遠矣。

子貢則曰：

自生民以來，未有夫子者。

此亦贊其人，非贊其學。孟子曰：

乃所願，則學孔子也。

亦學孔子之人。故曰「知人論世」，世不同，斯人亦不同。學古人必知古人之世，世既變，斯為人之道亦當變，而其中存有不變者，知此則能自立其己矣。某西人言中國儒學亦猶西方之「個人主義」，能由此窺入，則不失儒學之眞矣。

今人乃捨己以為學，一若學是學，己是己，學為己之人生中之一部分。學以為人，以供世用，非以學為己，卽非學己之為人。如是而來批評古人之學，謂學術思想皆有其時代背景，則當改孟子言為「知學論世」，不當仍謂「知人論世」矣。

舜之孝，乃行於舜之家庭中。我之家庭與舜不同，則所行自不同，而仍當同於孝。孔子之學乃行於孔子之世，我之世與孔子不同，則所學亦不同，而仍當「志於道，據於德，依於仁，游於藝」則一。孟子稱伊尹為「聖之任」，伯夷為「聖之清」，柳下惠為「聖之和」，而孔子則為「聖之時」。此伊尹、伯夷、柳下惠之三聖，皆特顯其「個性」，而孔子則更顯其「羣性」，以其最能追隨於時代，而若不見孔子之個性。然寧得謂孔子無個性？此則為孔子所最惡之「鄉愿」矣。今人好言「現代化」，當知於現代化中立一「己」，或為伊尹，或為伯夷，或為柳下惠，皆得為聖人；而惟孔子乃「至聖」。能明斯義，庶可與論中國之儒學。若己實無意於做一伊尹，或伯夷，或柳下惠，更無論於孔子，而輕以論孔子之學，則風馬牛不相及，亦以自表現其一己之所學而已。此孔子所謂「道不同，不相為謀」也，其於孔子又何預！

然則當今之世，欲學孔子又奈何？孔子生在兩千五百年前，又何嘗知有今世？則亦惟有自為其己，自志於學，自立自成其己而已。惟孔子曰：

述而不作，信而好古。

果欲學孔子，亦惟對孔子有信，能述而止矣。至於己之為己，則仍待己之自反。孔子曰：

後生可畏，焉知來者之不如今？

則孔子不拒來者，惟來者自拒孔子。則孔子曰：

桓魋其如予何？

亦惟一任之而已，此亦所謂「不相為謀」也。孔子之「個人主義」殆如此。歷代以來，凡有得於儒學之眞傳者，殆亦如此而已。孔子曰：

足食足兵，民信之矣。

不得已則去兵，去食。而曰：

> 民無信不立。

「信」即羣性完成之最要因素。夫與婦相信，父母與子女相信，人與人相信，國與國相信，而天下平。何以得人信？則在對人無欲。而女性陰靜，尤易有信。佛徒言「善男信女」，發揚羣性在起信，發揚個性在行善，而善必在羣中見。中國儒學精神在做人，主要在由己做起。然不能離羣以為己，必處羣始有己，故為己即所以為人，貴於羣性中培其己。

孔子曰：

> 知者樂水，仁者樂山。知者動，仁者靜。知者樂，仁者壽。

故中國人於尊賢外，又必敬老。濂溪太極圖說亦曰：

> 主靜立人極。

而婦女老幼皆偏靜偏羣，若較弱，較無用。今人撇開做人來講儒學，不反求之己，不本於內在之性情，不本於人羣相處，而徒以西方哲學家活動分子之言來治儒學。儒學之受人詬病，好靜不好動，在其弱，似無用，在其如羣中之婦女老幼。而今人方各自務為一壯丁，務各自騁其才智為一英雄豪傑，以超出於人羣之上，如此乃為道地的「個人主義」。苟使婦女老幼亦競倡個人主義，曰「自由」，曰「平等」，不僅違其性，亦徒自喫虧。中國儒學則務求人人可守可行，儘為大羣著想，惟由己做起而已。「天下平」即平在此，殆非個人主義之可盡。此亦吾今日國人所當反身自省者。

# 八九 客觀與主觀

近日國人皆好言「客觀」，以為認識眞理必從此入，「主觀」則不足恃。實則此觀念乃從西方來，在西方全文化體系中，幾乎無一處不見客觀精神之洋溢；中國則異。

先言宗教。宗教在西方文化中，似亦為人生大本大綱所繫。然其教主耶穌乃猶太人。猶太民族奔波流離，受人宰制，由中亞本土播遷埃及，復自埃及重返本土，莫非在其他民族驅逼中。自由為猶太民族所想望，而自力無可恃，惟待上蒼有帝加以拯救。耶穌乃謂上帝不獨救猶太人，亦救世界其他一切人。在漁港窮鄉中，僅得信徒十二人。終判罪上十字架。後其教傳入羅馬，在帝國主義下受壓迫，無生活自由之多數民眾聞而悦之。其先乃在地窟中活動，久而寃氣上升，洋溢及於全羅馬，皆信耶教，上撼政府，卽政府元首亦不得不信。不久帝國崩潰，耶教勢力仍在其封建黑暗社會中潛滋暗長，而羅馬教皇聲勢權威遂凌駕於各地封建貴族之上，於是上帝遂成為超人類而客觀獨立存在之一地位。

其前，希臘人亦如猶太人，未能成立一國家；諸城市各自分裂，各有自由，而日常生活尤賴於其海外之經商。工業製造亦胥賴於海外之需求。海外人所愛，不得不努力以赴。從事工商業，不得單憑己心，而必曲從他人心以為心，始可於貿易上博利潤。故希臘人亦如猶太人，在其內心深處同感人事控制，非可專仗己力。雖其享有城邦政治之自由，較之猶太人處境遠為優勝，然終感外於我者，猶有一客觀具體之存在。惟猶太人則展演出上帝信仰，而成為「宗教」；希臘人則表現其眞理尋求，而成為「哲學」。哲學與宗教有別，而其為一種向外探索則無異。

蘇格拉底之覓得正義，乃從集體討論，滙合眾意而來。此與孔子所謂反己求之，「知我者其天乎」之意態，既已迥不相同。柏拉圖懸書門外：「不通幾何學勿入我門」，亦與孔子之言「過我門而不入我室，我不憾焉者，其惟鄉愿乎」之寓意，絕然相異。幾何學上之點、線、方、圓、勾、股、角、度，皆在外，不在內；皆在物，不在心。更推而外之，方圓諸形，皆有一超於物而獨立客觀之存在。於是遂有一套「形而上學」與「宇宙論」之確立。要之，哲學與宗教同有一種向外尋求之精神。而向外尋求，必先主張有一客觀存在，則無異。循此以往，兩者配合，西方中古時期教會中乃有「神學」興起。此乃希臘哲學羼進耶教信仰，而由此即有「文藝復興」。希臘人之城市生活，商業活動，亦羼進耶穌教之信仰上帝、靈魂升入天堂之一種出世精神之中，而重求現世人生之滿足。此則顯為一種希臘精神之復活，然其一種向外尋求之共同趨嚮，則仍然無異。

自此乃有現代科學之興起。姑舉牛頓為例。力學三定律創始於牛頓對於地心吸力之發現。蘋果落地，此乃一常見現象，但蘋果離樹何以下落不上升，此在西方早成一問題。牛頓亦一耶教徒，雖不從事商業，而其一向之心理習慣則仍是一種向外尋求。偶得暇，乃注意到此。試問此於人事何干？自中國人觀念言，似屬一種無聊閑思。相傳牛頓畜兩貓，一大一小，乃於書房壁上鑿兩洞，亦一大一小，以便兩貓之進出。牛頓在日常人生上粗疏如此，亦可謂「飽食終日，無所用心」矣，遂得用心在蘋果落地一問題上。西方人因謂文化從閒暇中來，亦與中國觀念不同。若從中國人觀念，修身、齊家、治國、平天下，自堯、舜、禹、湯、文、武、周公，一日二日萬幾，於何得閒暇？民生在勤，小人閒居為不善。文化應從勤勞來，不從閒暇來。此見雙方用心之不同。

牛頓之發明，不為反宗教。惟凱撒之事由凱撒管，牛頓於信上帝一念之外，無所用心，閒暇中乃在於人事絕不相干處用心，始得有此結果。中國人非無科學發現，然皆發現在與人事有緊密相關處。如天文、曆法、水利、農田之類，皆喫緊人生，而非向外尋求；皆以人事為主，而非在人事外有一客觀存在之尋求。此即中西雙方文化精神一絕大不同之所在。

再言達爾文生物進化論，顯為反宗教。但達爾文之用心，亦不為反宗教，乃係心有閒暇，喜好觀察生物品種，遂求得隨一海輪向外尋索之機會，搜羅既富，有此發明。非作哲學思維，非為宗教信仰，而所得遂有超乎哲學與宗教之外者。是亦一種向外尋求，是亦一種客觀，其與哲學與宗教精神，亦無二致。但如哥白尼之天文學、達爾文之生物學，在西方亦曾引起極大爭議，而傳來中國，反易接受，並不與中國傳統思想有大衝突。此亦一異。

循此以下，直至近代，美國有杜威，英國有羅素，皆曾在民初來中國，極得國人信服。杜威「實用主義」之哲學，主張「眞理如一支票，須能兌現」。此則仍是西方工商社會功利觀點，一切以外來所得為衡量。此卽杜威心中之客觀，亦可謂實無客觀眞理，惟外來所得乃始為眞理。羅素則分言「創造衝動」與「占有衝動」，似認為占有未能滿足人之內在要求，故須不斷創造。但「占有」偏內，「創造」向外，而言「衝動」，更屬內心向外一現象。故杜威、羅素仍是在西方重外不重內之傳統文化中未能突破。否則「詩言志」，「辭達而已」，皆一心之由內而外，又豈創造之足云？

故西方文化，自始卽在其社會內不足之一種不安心情中進展。希臘農人僅供奴役榨取，工商業又各隨城市分裂。猶太人則以借貸博利潤致富，斯尤為等而下之之一種商業。羅馬人憑武力向外攫取，成為一帝國。中古時期封建社會中之農民，亦僅供奴役榨取，貴族則各困在其堡壘中，以武力自守。文藝復興，城市興起，「希臘型」之工商業又復盛。現代國家興起，「羅馬型」之帝國亦隨之復起，又兼以向外殖民。自西班牙、葡萄牙而至荷蘭、比利時，以迄英、法兩大帝國，西方人之勢力遂普遍侵入全世界，然其社會內不足之不安心情則依然如故，故西方人終必向外依存。由於此一形勢而發展，則亦無怪乎其重視外面各種客觀條件。

近代美國，卽自西方傳統之向外尋求來。東部十三州獨立成國，又不斷向西部發展，乃成今日之美國。乃為一大型國家，擁有大型農業，又兼以現代科學之大型工商業。此與希臘、羅馬，以及現代西歐西、葡以至英、法諸國各不同。乃可獨立自存，自足自安，不煩再向外索取。「門羅主義」適切其國情。乃其心理積習，終至成一「移民國家」，憑外不憑內，則依然西方傳統。以如是一富強大國，而內心依然不足不安，乃有星際發展、太空發展之一種新嚮往、新尋求。而其國內動力亦影響及於國外，而使全世界各地社會亦羣增其一種不足不安之情緒，以釀成當前之禍亂。

東歐俄羅斯亦可為一大型農國，濟之以現代科學，亦可和平自守，自足自安。然馬克斯之共產主義，本出於猶太人之想像，仍偏向外，既主階級鬥爭，又主世界主義。今天的蘇維埃，乃並不重農業生產，又不重工商貿易，而傾其全力於海、陸、空三方之武裝發展，一意趨向於為羅馬型之帝國；仍不脫西方傳統心理之束縛，於可以自足自安之環境下，必求為一種不足不安。故美國與蘇維埃，雖一為資本社會，一為共產社會，而其內在心理則實同為西方文化之傳統。

中國則自始即為一統一大國，自堯、舜迄於夏、商、周三代，即已成為一封建式之統一。雖下有各諸侯，而上則有一共主，有一天子，有一最高之中央政府。此與希臘之城邦，羅馬之帝國，各不同。社會生產則一以農業為主，「普天之下，莫非王土」，而井地授田，僅收其九一、十一之租稅，農民生活可以自足自安。農業亦非不有賴於外力，而此外力之存在，則既可知，又可信。如水旱之災，積三年之久，不能不有一次；又不能免兩年、三年繼續之水旱；然亦很少有積至三年之上者。故三年耕，有一年之蓄；九年耕，有三年之蓄；水旱之災，即可預防，不足為害。其所依仗乃在己，不在人；乃在內，不在外。專問耕耘，莫問收穫，克勤克儉，不忮不求，內心自得平安；恬澹知足，自可維持於久遠。

農業之外，次及工業。古有「疇人」之官，天文曆數，敬授民時。其事與農業最有極深之關係，政府特設官專司其事，歲加廩餼，供其生活。蓋其人既非貴族，亦非農人，故易其名曰「疇人」。疇者，已耕之田。其人既專司其職，不違耕種，故政府授廩亦猶授田，用以代耕。又使其子孫世襲其業，亦猶受田之世襲。孟子曰：

勞心者治人，勞力者治於人。治於人者食人，治人者食於人。

疇人之官，即勞心而食於人者。故中國古代自然科學之發展，乃與農業有甚深關係。亦猶古希臘人因商輪遠航，而發明幾何學。可見比論各項學術，必從其文化之全體系求之，此其一例。

推此言之，中國古代各業工人其實亦皆疇人之類。如陶業，如紡織業，如皮革業，在民間則亦農村中之副業。其事皆屬農，而政府亦特設官司之，令各業皆世襲，皆有廩餼，用以代耕。令各業工人，在其生活上，皆得內足自安，遂能一心專治所業。成器皆以上供，不許粗製濫造私自販賣以牟利，故得精益求精，其成器皆成為一藝術品，非商品。故中國人常連稱「工藝」，中國之工業既亦一種藝術。論語言：

百工居肆。

此「肆」字，乃指政府特設造作之所。以今語言之，乃廠房，非店舖。其時尚未有店舖林立之街市。

工人居城市，各工肆皆官設，其義屬公不屬私。百工居肆，其事亦為公不為私，故工人亦當得稱之為疇人。

次言商業，亦復如是。民間交易，止於日中為市，非有私家經營之商業。凡商亦皆由政府設官分司。論語言：

不受命而貨殖。

則貨殖之必先受命可知。左傳中偶見有商人，皆屬政府指派，尤要在作國際商。如鄭商人弦高，乃得偽犒秦師，偽傳鄭政府之意旨。若如後世一私家商人，豈敢出此而不受敵人之疑？

此為中國式之封建社會，與西方封建大不同。中國式之封建，工商業皆由國營，與農業融為一體；既非一資本社會，亦非一共產社會，而自成一生產集團。其上有貴族武力保護，更上又有一中央政府。故曰「治國、平天下」，如治水，使水流得其平，各業生產，亦務求其相流通，而各得一平。務求不復有外力干擾，而各得一既足且安之人生。

中國封建社會崩潰，乃在其既足且安之人生中，而驕淫奢佚。貴族如是，平民效之，乃離其本業，各有期求；與西方社會之內不足而必向外求之者不同。中國古人一「禮」字，乃從此來。人生有禮，如水流有堤，防其氾濫，而必導其流通。周公言禮治，而孔子唱仁道。仁從內心言。「為富不仁」，在中國古代封建農業社會中，各求內足自安，又何可向外求富，以自造一不足不安之人生？此又為中國古社會與希臘之絕大不同處。

其後封建社會崩潰，貴族消失，農、工、商諸業，轉歸私人經營。司馬遷史記中乃有游俠、貨殖兩列傳，可見當時社會形形色色，皆已大變。然自晁錯等盛唱重農主義，桑弘羊等又有鹽鐵政策，後世宗其意，工商資本主義遂絕不在中國社會中出現。中國遂始終成為在統一政治下以農業為中心之社會。工商業亦得絕大發展，然終以不害農業為本。又國內貿易遠超於國外貿易。非無大都市，然亦皆對內相通，非向外樹敵，如西方之例。生產各業既各對內自足，亦自不感有一客觀存在之外力堪加憂慮，而必待探索。故外力存在，自不如西方之受重視；而道德、藝術，則為中國社會之所尚。

工業如陶瓷，歷唐、宋、元、明以迄清代，皆有官窯，其出品皆受限制，須得保持其精美之水準。故中國工業均有一藝術水準，並世無其倫比。而商業如茶，如鹽，如絲綢、陶瓷，凡大利所在，皆官督商辦，為人羣通有無，尚信義，有道德美意存其間，而不許為私利爭。一切學術思想，其間亦存有一番公心可知。此一番公心，又必向內求。於是在中國，乃有其一番獨特突出之「心性學」，既不如西方之宗教與科學，亦不如西方之哲學，而有其內在深潛之一番修養與體認。

自孔子提出「仁」字，而孟子繼之提出「性」字。仁乃人心，亦人性。而喜、怒、哀、樂之種種感情，乃特為中國人所重視。在西方如宗教，如科學，如哲學，皆不重情。「情」字當屬主觀，非客觀。而中國人乃特重此各人私有之主觀。其實主觀卽客觀。「他人有心，予忖度之」，人同此心，卽己心可以推他心。「人之相知，貴相知心」，能以己心推置他人腹中，斯乃人生一絕大道德，亦絕大藝術。

「天命之謂性」，在中國乃有「通天人，合內外」之理想。我之內在，卽同於外在。我之主觀，卽同於客觀。天卽在人中見，客卽在主中存。不有主，何來客？不有人，何來天？雙方非對立，乃互成。中國人理想中，第一等人為聖人，「聖」字卽寓「通」義。惟聖人之心乃可通彼我，通古今，通於全人類，而因以通於天地萬物。因人類為天地萬物之中心，而我心又為全人類之中心，故我之一心，實可以上通天地，旁通萬物。耶穌為上帝之獨生子，然必以上帝之心為心；而堯、舜、孔子乃中國聖人，貴於能以己心見天地心。實則天地無心，卽以人心為心，亦卽以聖人心為心。此乃中國人意見。故西洋哲學必從宇宙論轉入人生論；中國無如西方之哲學，若謂有之，則實當自人生論轉入宇宙論。先立乎其內，然後可以推及乎其外，此為中國思想之特有路向，與其特有進程。人心相通，斯為人生道德之主要，亦卽人生藝術之主要。

周濂溪太極圖說，陰陽、五行，太極、無極，此為其宇宙論部分；然歸結於「主靜立人極」，則為其人生論部分。天地大自然有其「太極」，而實是無極；人生則貴能自立其極，此之謂「人極」。求立人極，須能主靜。此「靜」字，非從人生言，人生不能有靜而無動，乃從人生內在之心言。此心則貴能有一不變之定向。故濂溪主靜立極之心，卽孟子所言之「不動心」。在實際人生中，不免有「欲」，如飢欲食，寒欲衣，勞欲息，倦欲臥；隨所遇而生其欲，斯其心常動無定向，必向外求之。

濂溪曰：

無欲故靜。

能在實際人生中，節欲、寡欲，而至於無欲，斯能不動其心矣。諸葛孔明有言：

澹泊明志，寧靜致遠。

「志」即人心之不動而有定向處，非澹泊不能明，澹泊即無欲。有此定向不搖動之志，斯能寧靜而致遠。一人如此，全人類亦如此。此即人類文化一遙遠前程之起腳點。如此則中國人意見，乃謂人類文化前程乃起腳於一己內在現有之一心。此非主觀而何？

然實際人生烏能無欲？莊子養生主有言：

官知止而神欲行。

自然之欲，如飢欲食，寒欲衣，此即人之性。惟莊子不謂之「性」，而名之曰「神欲」。神欲即性。

儒家所言「無欲」「寡欲」，斯指違性之欲言。不僅物質人生中多易引生出違性之欲，即在精神人生中，亦多引生出違性之欲。如宗教信徒一心欲死後靈魂上天堂，而不免隔絶人事，男則為神父，女則為修女。自儒家義言之，斯亦一種違性之欲。故西方宗教家乃以上帝心為主，中國儒家孔孟則以人性、人心為主。一內在，一外在，其別判然。

羅素言，現代世界惟美、蘇、中三國有其前途，因其同為一大陸農國。此不失為能洞矚有遠見之言。然美、蘇兩國，同束縛於西方文化內不足而一心外向之心理習慣，於可止中不知止，仍然一心向外。或以經濟，或尚武力，終於挑撥起外面種種糾紛衝突，使各陷於不足不安。循此不已，恐終將引起第三次世界大戰之大悲劇，乃使世界人生文化前途形成一大停頓。惟有中國，一心內向，自足自安。其文化傳統常教人克勤克儉，不忮不求，於無欲中見性，於澹泊中見心，於可止處且止，於一定向中寧靜致遠，而可以推己及人，以達於彼己俱足，人我俱安，世界大同，天下太平之一理想新境界。而惜乎現代之中國人，則捨己之田，芸人之田，亦惟西方文化是慕。不學蘇，則學美，多欲而不知靜。只認有客觀眞理，不知尚有一主觀眞理。斯則不僅為中國一悲劇，亦為全世界人類一悲劇，誠大可謂乃極可惋悼傷痛之一事。

（一九八二年六月二十七日青年戰士報。）

# 九〇 理想與存養

人生有實際與理想，兩者當兼顧。縱是個人主義，亦該為超個人的社會大眾存一理想；縱是社會羣體，但亦該為羣體中各個人存一理想。

萬物並生育於天地之間，取於物以自給其生，此乃自然，不得已；至若取於人，終是要不得。漁獵、畜牧、耕稼莫非取於物，但商業則乃取於人。果是有供乃有取，但取於人以自給之心，恐終是要不得。

幼嬰非能取於人，乃人自育之；耄老非能取於人，乃人自養之。幼吾幼，老吾老，人各顧其私，而有益於天下之大公。自有幼稚園，有老人院，老幼各由公養，而人心之私反以大減。故惟督其私，庶以全其公。個人主義則太偏於私，無公可言。

至若拳擊、運動等，則更無可言。參加各項運動會，亦惟為一時快意。但損己害人，事又何限？人生不快樂事多，乃有不顧一切，而惟求一時快意者。國際戰爭屢發，亦可謂乃求一時快意。故勿使人多不快意，斯其人亦不惟求快意；勿使人太不自由，斯其人亦不惟求自由。注意其消極反面，而積極正面乃有不求正而自正者。小而修心養性，大而治國平天下，皆當注意及此。

父母寵愛其子女，常驕縱使其快意，則不如意事必連續而至。今日全世界皆求一時快意，則惟核子戰爭最為可然。言此何堪嗟歎！

中國有一古老道德舊傳統，但今日則改而趨向於一個前所未有的新社會。舊道德與新社會間，不免有隔閡；應各求遷就，使舊道德能適應新社會，而新社會亦能符合舊道德，始是當前一正途。今日又稱「知識爆破時代」，而知識在對物。中國人重道德，則是人對人，主要在幼童時期卽須教養。今日則在小學中卽提倡所謂「視聽教育」，幼童頭腦全花在對物上，對人的意識日淡日薄，天眞已漓，成年後又如何再教他對人？這實是當前教育上一大問題。

中國乃一廣土眾民大一統的國家，君位最高，然尊其位非卽尊其人。司馬遷史記以下，全部二十五史，帝王本紀僅為時事紀年標幟。歷代開國之君，秦始皇、漢高祖以來，都遭譏議，惟東漢光武帝一人最少；但其受後人推崇，則尚遠不如同時富春江上垂釣之嚴光。守成諸君，惟漢武帝、唐太宗、清康熙三人多得後人稱述。然漢武帝、唐太宗晚節皆有虧，獨康熙一人較完好。其當治平盛世，畢生數十年享安樂生活，亦無過甚差失者，惟清乾隆一人，然亦未得後人之稱重。中國人崇禮，賓主相交，貴各盡其禮。「為人臣止於敬」，亦自盡其禮而已。對富貴而過分卑謙，只自表其鄙賤，故歌功頌德亦所當戒。而居高位則更當自抑遜。試讀歷代帝王詔書，可知其立言陳辭之節制矣。凡此有關人心風氣，乃為論歷代政治制度者所未及。

道家言「因應」。事物之來，我但求所以應之而已，且莫問其所由來。如子女，或不孝，為父母者只求所以應，則可不見為子女之不孝，而終不失父母之慈；父母或不慈，為子女者只求有所應，則可不見為父母之不慈，而終不失子女之孝。儒家則謂「盡其在我」。果必問此事物由來，則用心移在外，而在我轉有所不盡矣。故「物理」與「人道」有別。中國人只問所以應，其所見物理亦不同；西方人只問所由來，則其所盡人道亦不同。此所謂「重內」「重外」之分。

生、老、病、死，人所同然。中國人生則謀養育之，老而謀侍奉之，病則求何以療治，死乃謀如何葬祭，而人道盡矣。釋迦必問生老病死何由來，乃逃家出走，而發明其一套「涅槃」之理論。西方人亦追問人生來歷，遂有「靈魂自天堂謫降」之說。於是其論人道亦相異，要之不本於人生之本身。其遇病，中國則因病治病，故中國醫學終不忘失人身之整體；而西方醫學則重解剖，俾使認清人身之各部分，於是目病治目，耳病治耳，而人身整體之氣血相通則轉多忽視。故即論自然，中西觀念亦不相同。

近代國人每好本西方思想來研討中國文化傳統，遂多格不相入處。如中國重禮樂，必牽涉到中國人之鬼神觀。但今人則謂中國人之「鬼神觀」迷信不科學，而西方人之「靈魂觀念」則謂是宗教信仰，又可外於科學來作研討。果能以中國之「鬼神觀」與西方人之「靈魂觀」作一比較，則中西文化相異，庶亦有一契入處。又如中國人之「民族觀」，乃中國社會結構一要項，亦可謂中國乃一「民族社會」、「宗法社會」，而近人又以「封建觀念」加以鄙斥，不加研尋，則一部中國社會史又將何從說起？

討論中國文學，亦當從中國文化大全體中探求其意義與價值之所在。如舉極微末之一端言，平劇中有白蛇傳，法海和尚懲治蛇精，此乃佛門大經大法，無可非議。然此故事屢經演變，白蛇精乃為盡人所同情，而法海所為乃轉使人內心反對。此中大有深意。中國人之文化理想，有曰「夷狄而中國則中國之」，今則蛇而人，斯亦人之而已，又烏得必以其蛇而斥之？尤其是最後祭塔一齣，白蛇精所生子獲中狀元，親赴雷峯塔設祭，白蛇精從被幽中得出，親晤其子，一段唱腔，哀怨欣悅，聽者神往。較之三娘教子、岳母刺字各有勝場，而或覺情味更深。此固見平劇之藝術精美，但亦在文學傳統中有其宜加闡發處。

「立場」二字，不知起始何年，或傳譯西語，茲不詳考。但此二字在中國文化傳統中亦有涵義可申。「立」屬私，「場」屬公。如父慈子孝，父、子地位不同，斯則慈、孝有殊，但「家」之立場則同。苟非有家之共同立場，亦將無父子地位之分別。君仁臣敬，地位不同，但「國」之立場則同。苟無國，亦無君臣分別之地位。其父攘羊，其子證之，孔子曰：

吾黨之直者異於是，子為父隱，父為子隱。

在家的立場上宜如此。瞽叟殺人，舜為天子，在國的立場言，宜治瞽叟以罪。但舜就家的立場言，則只有竊其父而逃。立場不同，而道亦異。立場有大小，家與家之共同立場則為「國」；國與國之共同立場為「天下」。周武王伐紂，伯夷、叔齊叩馬而諫，議論行事各不同，其以天下為立場則同。西方人言「個人主義」，依中國觀念言，個人在人羣中有地位，但「地位」非即「立場」。僅以個人為立場，則惟自私自利，謀富謀貴，此乃小人之至，而非人道所許。共產主義分「有產階級」與「無產階級」，但此兩階級應以「社會」為共同立場，不應在「階級」立場之上更無立場。如國與國之上，尚有一「天下」共同立場。「己所不欲，勿施於人」，此乃中國之恕道。於是在共同立場下，始有和平相處之道。至馬克斯之「唯物史觀」，則雖號為「世界主義」，而人類立場專在「物」，人之自身乃亦無立場可言，則與西方之「個人主義」實相同。

「處境」與「立場」有異。人類大羣與其他有生物同處天地中，但立場可各不同。道家言「自然」，可謂多發明了人類的「處境」；儒家言「道」，則著重在人類之「立場」。今人言「人本位」，應主立場言。人本位之下，又可有「民族本位」，但不可言「家本位」，則「立場」與「本位」又不同。今人治學，貴能於現行新名詞一一闡申其涵義，此亦可謂「訓詁明而後義理明」。

最近在夏威夷開一世界性的朱子學會議，余以不能親自出席，特撰文囑人在場宣讀。大意謂中國人為學不重求異，重在求同，故不貴一己特創著書立說，而以朱子為例。初疑如此立言，決不受人歡迎。乃事後代為宣讀者告余，歐美學人頗重此文，不少人在演講中提及，並有人謂西方哲學本亦如余文所指，特康德以下，近數百年來始不然。故專據近代歐美來比論中西，乃見有大相異處。余意則謂中西文化自始卽相異，在此不詳論。但近代西方學人乃多治漢學，出席此會議者亦頗衆，並有主古代歐洲亦與中國同道者。此可見最近西方人途窮思變，乃與我國人之一尊西化大異其趣。此亦微露其端倪而已，此下為變尚多。國人主新主變，試靜待數十年或百年以上，再觀西方之所變所新，再試立說，宜亦未為太遲。

人生應歷三階程：一為對「物」；次為對「人」；三為對「己」，卽對「心」。如原始人出外漁獵，求取食物，此為第一階程「人對物」。漁獵有獲，歸其洞窟，男女老幼，相聚羣居，此為第二階程「人對人」。在此第二階程中，有其喜、怒、哀、樂，此為第三階程「人對心」。第一階程為維持生命之手段，第二階程乃眞實生命，第三階程則為生命之深入與光輝。以嬰孩言，當其初出母胎，驟見陽光，感受空氣刺激，以驚以喜，放聲啼哭，實則發自其內心，此為人生第一階程，而第三階程已為之主。隨卽有父母家人披以襁褓，哺以飲食，此卽人生第二階程。嬰孩天生，原始人則屬人生，文化理想貴能由人生回向天生，故孟子曰：

大人者，不失其赤子之心者也。

人之老，無不回念其幼齡生活，此乃最自然、最幸福之生活。無幼年，何來有中年？無老年，則中年一切辛勞皆無留味。人能善盡其幼年與老年，則中年辛勞始可自慰而無憾。今人太過重視中年生活，童稚與老年失其照顧，恐終非人生之理想。

董仲舒言：

正其義不謀其利，明其道不計其功。

今人乃謂中國重「道義」，西方重「功利」。其實功利卽在道義中，道義卽功利之大者。「義」字从羊从我，卽我之私人權利。故攘人之羊，乃大不義。羊美食，此乃「人對物」自然方面事。但他人之羊，己不可攘，此乃「人對人」人文方面事。故必先知仁，乃有義。老子謂：「失仁而後義」，卽明其先後。其實原始人各在洞窟中畜羊，已是仁義。人生本已在仁義中，惟當戒不仁不義。老子謂：「失道而後德，失德而後仁」，亦明其先後。人在洞窟中畜愛其羊，此亦有道有德。故道德仁義，惟恐失之，非患不得。故孟子有「由仁義行」與「行仁義」之分別。今人則盡計功利，不守道義，貧由富人餓死，弱由強人殺死，不仁不義，又何功利可言？

孔子言治道，曰：

足食，足兵，民信之矣。不得已而去兵、去食，民無信不立。

韓非言治道，則曰「耕戰」，又曰：

儒以文亂法，俠以武犯禁。

則二者當去。秦始皇帝喜讀韓非書，漢武帝則表章五經，罷黜百家。秦始皇帝開始統一中國，而統一之局維持兩千年以來，則有賴於漢武帝。今人則言工商建國，農與兵皆當機器化、工業化，物力居上，人力為次。又分「開發國家」與「未開發國家」兩等，開發皆指工商業言。未開發國家中能知從事開發者，則為「落後國家」。工商業落後，而再從事上進，則當從「民生工業」改進為「策略工業」。民生工業主內部之自給自足，策略工業則主向外推銷。最高先進則為推銷軍用品；至於推銷農產品，則仍為落後。主向外推銷，則必重大貿易商，必重機器化生產，又曰自動化生產，不賴人力。

孟子有「王霸」之辨，曰：

王者以德服人，霸者以力服人。

近代則盡仗力，無德可言。又必能仗物力，推銷軍火，即得他人信服。然則此後世界進步，將為「物世界」，而「人世界」則為落後未開發世界。宗教信帝力，但帝力終不如物力之客觀具體而可信。民主政治則力在多數。捨卻一「力」字，尚何可言？

南郭子綦隱机而坐，荅焉若喪其耦，曰：

今者吾喪我。

鄭玄言「仁者，相人偶」。一人隱机，本已無偶。「耦」亦寄寓義，心寓於身，身與心偶。「吾喪我」謂「心」忘其「身」，則此心可作「逍遙遊」、「齊物論」矣。此卽渾沌之帝，無分別，無對偶；則隱机喪我，亦卽此心投入大自然與為一體，亦成為神矣。道家以靜坐工夫學為神仙，卽本此。至於吐納鉛汞之術，並此身而長存，則更屬後起。儒家不主「忘我」，只求「知己」，必與人相偶，與人對立，始有己。故「己欲立而立人，己欲達而達人」。人己一體，始是「仁」之境界。宋儒亦靜坐，如「程門立雪」是矣。「靜」非以「忘我」，乃以「存我」，一時視聽俱泯，思慮不起，亦如渾沌，然乃以養其一體之眞而已；此之謂「存養」；醒則尚有「進學」工夫。至象山之靜坐，只主明一心，不知此心必有耦，捨卻人倫，捨卻此身，此心復何在？固當於「存養」之外，復有「進學」，不得卽以存養為進學，此則陸學之偏。近代則專以此心對物，不以此心對人，專尚知識，不重情感，是為「個人主義」。其心只在一身，此亦與儒家言「立己」不同。

文學而商品化，則於文學價值必有減失。如近代電影編製劇本者，內心空洞，僅為揣摩觀眾心理，戀愛、神怪、戰爭、冒險，曲折離奇，緊張刺激，皆為迎合觀眾要求。其實觀眾亦以空洞心情，徒求消遣娛樂，走入電影院。兩皆虛無，而千萬影片，層出不窮，如是而已。當在三十餘年前，大陸以梁山伯、祝英臺故事用紹興調播為電影，香港、南洋各地一時風靡，香港某電影公司遂以黃梅調改編，全臺灣觀眾如痴如狂。有兩老友面告，彼等皆連續觀賞至六、七次不厭。迄今此片尚重製新版，達三次以上。梁祝故事不知始起何年，由何人編造，中經幾何轉變，久已家喻戶曉，耳熟能詳。但古老傳說受人歡迎，乃大出時代新人精心創作之上，此亦有大值深思者。化腐朽為神奇，豈亦如此之類乎？而眾人之喜新厭舊，如梁祝此片，亦可供作一大諷刺矣。又如桑園會，秋胡戲妻，此故事始見於漢樂府，當已有兩千年之歷史，及今演為平劇，受人喜愛；而如搜孤救孤，此故事起在孔子前，則至今已逾兩千五百年；何待創作，始得成為文學？故中國文學乃係長壽的，而西洋文學則多較短命。故中國文化理想，「一天人，合內外」，「大人而不失其赤子之心」，否則又烏得有若是之長壽？

中國為一「人對人」世界，而西方則為一「人對物」世界。南北朝時代，佛教傳播，如道安、慧遠、竺道生諸高僧，雖非佛徒，同知崇仰。至如雲岡石刻，極壯偉宏麗之致，然國人少所稱道。西化東漸，雲岡石刻之價值遂超道安、慧遠、竺道生諸高僧而上之。唐代佛教大盛，天台、華嚴、禪三宗，以及玄奘行事立說，雖非佛徒，同亦傳述加敬。敦煌在偏遠地，洞窟中遺留有佛教文物，國人初未注意；英、法人來此，大量竊取，藏入倫敦、巴黎國立博物院中，舉世哄傳。國人遊英、法能傳抄影印加以闡說，即為無上新發明。而舊所稱述傳誦之諸高僧、諸經典，則轉可置之不問，懵焉不知。

「佛、法、僧」同為釋門三寶，今則見之物乃加珍視，傳之人則盡加鄙視。卽此一端，其他亦可推。

余幼時鄉里間到處有土地廟，備受鄉人崇敬。稍長得進入城市，遊城隍廟，莊嚴肅穆，亦受感動。後乃飽聞國人言，此等皆不科學，皆迷信，足徵吾民族之落後。及遊歐美，到處見禮拜堂，較之幼年所見之土地廟、城隍廟，建築上已無可倫比，而其得人崇敬，則尤遠超於余幼年所知土地、城隍之上。然念上帝、天堂、靈魂，亦未經科學證明。苟使西方人心中抹去了一上帝，各地皆毀去了禮拜堂，則今日之西方世界，豈不更將有甚大變化，難以揣想？今日國人既盡排除了一切不科學之迷信，而耶教信仰亦未得吾國「新文化運動」者之盡量宣傳，但一時亦尚為盛行。「民無信不立」，今日西方人既信科學，又信宗教，復信財富，更信核武器，所信複雜，轉亦不知何以為立。而我國人，則國家民族古今一切言論行為盡所不信，惟信西方人所謂之科學。「任重道遠」，專習西方科技中一項目，又何以勝此重任、上此遠道？且此又為西方每一科技所不論。然則「聽天由命」，恐仍不出吾古人之所言矣。其奈之何！其奈之何！

余又聞非洲人言，彼輩所願，乃一非洲黑人之上帝。中國亦有上帝，但分派土地、城隍，赴各城市、各鄉村管理一切，不由上帝一人獨管，亦不只派一獨生子來作代表，故能於此廣土眾民緜延四、五千年之大國，管得有條有理，使被管者皆得互信互安。此等管法，雖非自然科學可證，但在人文科學中，亦說得通。何以今日國人於政治上則必斥為「帝皇專制」，而在信仰上則又斥「多神」？必使一神盡管此上下古今一切世界人事，則誠難乎其為神矣！耶穌言：「凱撒事凱撒管」，則西方人心中之上帝，不管人間政治。帝王能專制，則儘可專制，則中國傳統政治之「帝王專制」，豈不早得上帝之默許？其中是非，誠難得定。不知吾國人究何去何從？或由非洲人言，則中國人豈不亦願有一中國之上帝？

耶穌當時自稱為「上帝獨生子」，但不言有母。耶教中有「聖母」，乃後起事。但耶穌有母，豈不上帝亦有妻？則亦為多神，非一神。今國人信耶教，必尊之曰「一神教」，但亦信有聖母，然又寧得謂聖母非神？又寧得謂上帝夫婦不平等？中國古代君王亦有后，但其臨朝聽政則后不得預，此卻近西方之上帝。近世西方國際外交，或總統，或首相，皆夫婦相偕，此事始於第二次大戰後之巴黎和會，美國總統所提倡。此眞「凱撒之事上帝不管」。若在中國，則祭天大禮亦惟君王一人主祭，后不能預，此則較近當年耶穌設教之眞情矣。然今日國人又必斥我中國為重男輕女，夫婦不平等。要之，今日國人心理，在西方則無一而非，在中國則無一而是。實則今日國人所崇信者，實非西方之上帝與耶穌，僅乃西方當前之富強。果使耶穌今日生中國，其言論行事，或仍將上十字架，如是則國人模倣西化始可謂得其眞傳矣！

中國傳統文化深邃精義之所在，乃為對時間之認識。儒書中庸稱之曰「悠久」，道家莊周則名之曰「儵忽」。莊子應帝王：

南海之帝為儵，北海之帝為忽，中央之帝為渾沌。

不加分別，斯為「渾沌」；一加分別，即成「倏忽」。倏忽積而為悠久，悠久實即是倏忽。貴為天子，賤為庶民，其分別亦在倏忽間，不百年同為枯骨，同淪腐朽，其分別又何在？西洋史上先有羅馬帝國，後有大英帝國，及今視之，豈不倏忽同盡？老子言：

> 同謂之玄，玄之又玄，眾妙之門。

一切諸異，不必強為之同，時過即同。「眾妙之門」亦在時。「苟日新，日日新，又日新」，孔子聖之時，正為其與日俱新耳。自「十有五而志於學」，至於「七十而從心所欲不逾矩」，畢生盡在化境中。今人只顧目前，不能同其舊，烏能開其新？「捨其舊而新是謀」，另起爐竈，既非是舊，亦即非新；既非倏忽之事，亦非悠久之事。不知倏忽，斯不知悠久；不知悠久，宜亦不知其倏忽矣。

「本」與「舊」不同，舊可失，本不可失。孔子十有五而志於學，夢見周公，乃在其志學之後；為魯司寇不得志，則辭去，不復夢見周公，乃自歎其衰。則舊可去，本不可去。美國立國兩百年，豈為獲交於以色列？今乃不能捨去以色列，則往後之美國，亦可想而知矣。大英帝國先則逐步攫取，次則逐步退回，今香港不久亦重歸中國大陸。歐西人不再執世界之牛耳，美、蘇抗衡之局代興，但核武器競賽，究何結局，此亦難判。要之，西方人重「物」輕「人」，此下當不再主宰此世界。而吾國人則一意崇慕西化，又當如何？孔子曰：

後生可畏，焉知來者之不如今？

吾中華自羲、黄以來，歷五千年，孔子亦兩千五百年下一後生。自此兩千五百年，代有後生，善為主持。則今日處其變，他日處其常。後生可畏，又焉知來者之不如往？企予望之，企予望之！

# 《錢穆先生全集》總書目

## 甲編

國學概論
四書釋義
論語文解
論語新解
孔子與論語
孔子傳
先秦諸子繫年
墨子　惠施公孫龍
莊子纂箋
莊老通辨
兩漢經學今古文平議
宋明理學概述
宋代理學三書隨劄
陽明學述要
朱子新學案（全五册）
中國近三百年學術史（一、二）
中國學術思想史論叢（全十册）
中國思想史
中國思想通俗講話
學籥
中國學術通義
現代中國學術論衡

## 乙編

周公
秦漢史
國史大綱（上、下）
中國文化史導論

中國歷史精神
國史新論
中國歷代政治得失
中國歷史研究法
中國史學發微
讀史隨劄
中國史學名著
史記地名考（上、下）
古史地理論叢

## 丙編

文化學大義
民族與文化
中華文化十二講
中國文化精神
湖上閒思錄
人生十論
政學私言
從中國歷史來看中國民族性及中國文化
文化與教育
歷史與文化論叢
世界局勢與中國文化
中國文化叢談
中國文學論叢
理學六家詩鈔
靈魂與心
雙溪獨語
晚學盲言（上、下）
新亞遺鐸
八十憶雙親師友雜憶合刊
講堂遺錄（一、二）
素書樓餘瀋
總目